V&R

Novum Testamentum et Orbis Antiquus / Studien zur Umwelt des Neuen Testaments

Band 114

Markus Lau

Der gekreuzigte Triumphator

Eine motivkritische Studie zum Markusevangelium

Vandenhoeck & Ruprecht

Das Werk wurde für den Druck überarbeitet.

Dieses Buch ist mit großzügiger Unterstützung des Hochschulrats der Universität Freiburg (Schweiz), des Bibel+Orient Museums Freiburg (Schweiz) und des Bistums Osnabrück (Deutschland) veröffentlicht worden.

Bibliografische Information der Deutschen Nationalbibliothek:
Die Deutsche Nationalbibliothek verzeichnet diese Publikation in der Deutschen Nationalbibliografie; detaillierte bibliografische Daten sind im Internet über https://dnb.de abrufbar.

Wissenschaftlicher Satz: satz&sonders GmbH, Dülmen
Druck und Bindung: Hubert & Co BuchPartner, Göttingen
Printed in the EU

Vandenhoeck & Ruprecht Verlage | www.vandenhoeck-ruprecht-verlage.com

ISSN 1420-4592
ISBN 978-3-525-59373-8

Inhalt

V. Abkürzungs-, Quellen- und Literaturverzeichnis

VI. Register

Vorwort

> „Ich möchte, dass ein Text unterirdische Verzweigungen hat, Fallen, Mehrdeutigkeiten, die man beim ersten Lesen nicht einmal annähernd als solche wahrnimmt …"
>
> (aus: T. Glavinic, Meine Schreibmaschine und ich. Bamberger Vorlesungen [Edition Akzente], München 2014, 113)

Die vorliegende Studie wurde im Herbstsemester 2015 von der Theologischen Fakultät der Universität Freiburg (Schweiz) als Dissertation angenommen. Für den Druck habe ich sie gekürzt, einige Schreibfehler korrigiert und neu erschienene Literatur in Auswahl eingearbeitet. Die Publikation hat sich aus einer Reihe von Gründen leider verzögert. Umso mehr freue ich mich, dass die Arbeit nun auch als Buch vorliegt.

Die Studie setzt einen (freilich vorläufigen) Schlusspunkt unter einen langen Arbeitsprozess, der seinen Ausgangspunkt an der Katholisch-Theologischen Fakultät der Universität Münster genommen hat. In diesem Prozess konnte ich als Assistent mit vier Professorenpersönlichkeiten zusammenarbeiten, von denen ich Entscheidendes für mein exegetisches Arbeiten gelernt habe. Alle haben mich auf ihre je eigene Weise geprägt. Jedem von ihnen bin ich zu großem Dank verpflichtet. Und wenn ich beim einen dies und beim anderen jenes hervorhebe, so geschieht das in betonender und gerade nicht ausschließender Weise.

Dass ich mich für das Neue Testament als theologisches Fach entschieden habe, verdankt sich den Einleitungsvorlesungen von Prof. Dr. Martin Ebner (Münster/Bonn), die mich zu Beginn meines Studiums in Münster entscheidend in ihren Bann gezogen haben. Er ist mein erster exegetischer Lehrer, bei dem ich als studentische Hilfskraft und als wissenschaftlicher Mitarbeiter arbeiten durfte. Seine Art biblische Texte auf ihre Funktion hin zu befragen, sie im Horizont ihrer Entstehungszeit zu lesen, auf Textdetails präzise zu achten, Unterschiede in den Erzählungen nicht einzuebnen, sondern theologisch zu interpretieren und die Ergebnisse des exegetischen Forschens in verständlicher Sprache zu präsentieren, sind für mich ein bleibender Anspruch. Diesem Programm fühle ich mich in großer Dankbarkeit verpflichtet. Die erste Prägung ist immer besonders tiefgreifend.

In Freiburg (Schweiz) habe ich von Prof. Dr. Max Küchler, dessen letzter Assistent vor seiner Emeritierung ich werden durfte, viel über das antike Judentum, biblische Archäologie, Ikonographie und Numismatik gelernt und ich konnte zugleich erleben, dass „Leben mehr ist als Bücherschreiben". An seinem Lehrstuhl und in unseren gemeinsamen Lehrveranstaltungen hat er mir größtmögliche inhaltliche Freiräume gelassen. Jerusalem, „sein" Jerusalem, hat er mir in insgesamt vier gemeinsamen Lehrveranstaltungen im Theologischen Studienjahr der Dormitio-Abtei/Jerusalem in einer Weise nahe gebracht, die mich für diese großartige und tiefgehend widersprüchliche Stadt nachdrücklich begeistert. Ihm danke ich von Herzen für die Begleitung meiner Arbeit, für seine Bereitschaft, das Erstgutachten zu übernehmen, für seine freundschaftliche Verbundenheit, sein Vertrauen und für seine wissenschaftliche wie menschliche Großzügigkeit, die Türen öffnet, sich selbst zurücknimmt und sich mehr um den anderen als um sich selbst sorgt.

Mit der Emeritierung von Max Küchler und der Wiederbesetzung des Lehrstuhls bekam ich die Gelegenheit, mit Prof. Dr. Dr. Thomas J. Bauer (jetzt Erfurt) zusammenzuarbeiten. Anhaltend fasziniert bin ich vor allem von seiner philologischen Kompetenz und von seinem profunden exegetischen wie althistorischen Wissen. Seine ihn auszeichnende ruhige, unaufdringliche und verbindliche Art haben das gemeinsame Jahr in Freiburg besonders geprägt. Sehr dankbar bin ich ihm für die Freiräume, die er mir für die Arbeit an diesem Projekt gelassen hat – und für die anhaltende Ermutigung, dass diese Arbeit ganz sicher an ein gutes Ende kommen wird.

Prof. Dr. Thomas Schumacher, dem jetzigen Lehrstuhlinhaber, danke ich in gleicher Weise für die Freiräume, die er mir für die Fertigstellung der Arbeit großzügig gelassen hat. Sehr dankbar bin ich ihm für den Diskurs über die eher steilen Thesen der vorliegenden Studie und für seine Bereitschaft, das Zweitgutachten zu meiner Dissertation zu übernehmen. Mehr noch danke ich ihm für die freundschaftliche Verbundenheit und die kreative Arbeitsatmosphäre. Von ihm lerne ich vertieft den Wert historischer Semantik bei der Analyse biblischer Texte kennen sowie das spannende Feld der reflektierten und selbstbewussten Vernetzung von Exegese und systematischer Theologie.

Für die Bereitschaft, meine Arbeit im Rahmen der das Promotionsverfahren abschließenden *Defensio* mit mir zu diskutieren und durch zielführende und kreative Fragen den entwickelten Gedankengang zu schärfen und weiterzuentwickeln, danke ich den Herren Professoren Dr. Luc Devillers OP, Dr. Max Küchler, Dr. Franz Mali, Dr. Thomas Schumacher und DDr. Helmut Zander.

Für die Aufnahme meiner Arbeit in die Reihe NTOA möchte ich dem Herausgeberteam der Reihe danken, die unkompliziert und sehr wohlwollend meine Arbeit aufgenommen haben. Dem Verlag Vandenhoeck & Ruprecht, vor allem Miriam Espenhain, Renate Rehkopf und Christoph Spill, danke ich für Begleitung bei der Drucklegung des Buches – und für die immense Geduld, die dabei aufzubringen war.

Für großzügige Druckkostenzuschüsse bin ich dem Hochschulrat der Universität Freiburg (Schweiz), dem Bistum Osnabrück sowie dem Bibel+Orient Museum Freiburg (Schweiz) sehr zu Dank verpflichtet. Sehr dankbar bin ich auch allen Museen, Datenbankbetreibern und weiteren Institutionen, die mir die Rechte zum Abdruck von Abbildungen eingeräumt haben und deren Copyright selbstverständlich gewahrt bleibt.

Dass die vorliegende Studie noch vor ihrem Erscheinen von der Akademie der Wissenschaften zu Göttingen mit dem Hanns-Lilje-Preis 2016, von der Universität Freiburg mit dem Liechtensteinpreis 2017 und von der Armin-Schmitt-Stiftung mit dem Armin-Schmitt-Preis 2017 ausgezeichnet wurde, ist mir eine große Ehre und zugleich eine bleibende Verpflichtung.

Ein ganzes Heer von Kolleginnen und Kollegen sowie Freundinnen und Freunden (und oft sind diese Gruppenbezeichnungen erfreulich deckungsgleich) hat das Manuskript dieser Arbeit gelesen und Tippfehler gejagt. Ihnen allen danke ich dafür sehr. Besonders nennen will ich Dr. Michael Hölscher (Mainz), Dr. Susanne Luther (Mainz/Groningen) und Dr. Barbara Zimmermann (Münster), die jeweils große Teile oder das Gesamt der Arbeit gelesen und intensiv Thesen und Texte mit mir diskutiert haben. Diesen Dienst der Diskussion haben mir auch Prof. Dr. Matthias Schmidt (Gießen) und Prof. em. Dr. Otto Wermelinger (Freiburg [Schweiz]) geleistet, der zudem durch großzügige Bücherspenden meine exegetische Bibliothek nachhaltig bereichert hat. Herzlichen Dank!

Mein letzter und größter Dank gilt meiner Familie und meiner Frau Christina Mönkehues-Lau. Meinen Eltern, Angelika und August Lau, verdanke ich so vieles – nicht zuletzt haben sie mir mein Studium ermöglicht und sind in jeder Hinsicht menschliche Heimat. Meine Geschwister und ihre Familien erinnern mich daran, dass man sein Leben auch jenseits von Theologie und Universität ganz anders glücklich und im besten Sinne erfüllt leben kann. Sie spiegeln mir zugleich – für sie vermutlich gänzlich unbewusst –, wie letztlich doch privilegiert das Arbeiten an einer Universität und damit oft jenseits allzu harter ökonomischer Logiken und Zwänge ist. Mit meiner Frau Christina und unserer Tochter Friederike teile ich in engster Weise mein Leben. Das Wort Danke wird diesem bemerkenswerten und im Letzten unerklärlichen, ja wundersamen Zustand kaum gerecht. Ihnen beiden und meiner ganzen Familie ist dieses Buch gewidmet.

Freiburg (Schweiz) im Frühjahr 2019 Markus Lau

I. Ausgangs- und Standpunkte

1. Der Sieger auf der Straße

Siegesfeiern und Siegesparaden erfreuen sich ungebrochener Konjunktur. Ob am Ende einer spannenden Fußball- oder Eishockeysaison, nach einem harten Wahlkampf oder (leider auch) einem gewonnenen Krieg: Der[1] oder die Sieger lassen sich öffentlich feiern und ziehen dazu oft durch die Straßen einer für sie bedeutenden Stadt. Dabei präsentieren sie sich nicht nur selbst, sondern auch Symbole ihres Sieges (wie etwa Pokale) und damit letztlich Insignien ihrer „Macht" und ihres durch den Sieg gewonnenen Prestiges. All das geschieht natürlich vor und mit großem Publikum. Anhänger und Fans umlagern ihre Helden, veranstalten für sie einen von lautem Hupen klanglich untermalten Autokorso, schwenken Fahnen und Plakate, ringen um ein Autogramm. Am Straßenrand oder an den Bildschirmen finden sich weitere Zuschauer, die das Spektakel beobachtend miterleben.

Derart gefeierte und feiernde „Sieger" stehen in einer ausgesprochen langen Tradition. Sie reicht mindestens zurück bis zu den römischen Triumphzügen – jenem gewaltigen, von Aufwand und Prachtentfaltung gekennzeichneten Ritual am Ende eines siegreich geführten Krieges, das sich in den Straßen der Stadt Rom abspielte, sogar nur dort gefeiert werden konnte, um als Ritual *rite* und damit wirkmächtig vollzogen zu werden, und einen römischen Feldherrn buchstäblich zum Triumphator machte, ihm dauerhaft Ruhm und Ehre zusprach und ihn zu einem der ganz Großen im Imperium Romanum werden ließ.

Auf Teilnehmer wie Zuschauer eines Triumphzugs, überhaupt auf den antiken Menschen, muss dieses Ritual mit seiner inszenierten Prachtentfaltung, mit seinen steinernen Erinnerungsmonumenten, den Triumphbögen, die das jeweils punktuelle Ereignis idealerweise in die „Ewigkeit" hinein verlängern, und mit seinen in Münzform praktisch portablen Andenken tief beeindruckend gewirkt haben.

Die frühen Christen sind da keine Ausnahme. Auch sie werden als Menschen des 1. Jh. n. Chr. von Triumphzügen gehört, die einschlägige Motivik auf Münzen in ihrem Geldbeutel gesehen oder in Rom sogar Triumphzüge miterlebt haben. Auch sie werden mit den Ansprüchen und der Propaganda der Triumphatoren konfrontiert worden sein. Auch sie werden auf die eine oder andere Weise in die Vollzüge und die Logiken der Triumphzüge ein-

---

1 Im Blick auf geschlechtergerechte Sprache verwende ich beide Geschlechter in Variation und in Kombination. Sollte spezifisch nur ein Geschlecht gemeint sein, so vermerke ich das eigens.

gebunden gewesen sein, auf der Seite der gefeierten Sieger wie auf der Seite der bezwungenen Gegner, der Verlierer, zu denen etwa die Juden im Jahre 71 n. Chr. gehörten.

Der Welt der Triumphzüge, ihrem kulturellen Magnetfeld, konnten sich Christen nicht entziehen – und sie wollten es augenscheinlich auch nicht. Kreativ, wie das für uns durch seine literarischen Zeugnisse greifbare Urchristentum war, haben die frühen Christen die Zeichenwelt des Triumphzugs, seine Semantik und seine Realien, genutzt, um die Geschichte ihres ganz speziellen „Triumphators" und seines ganz anderen Triumphzugs zu erzählen: Jesus, seine Lebensgeschichte und das Evangelium über ihn, das mit seinem Tod und seiner Auferweckung noch längst nicht an sein Ende gekommen war, sondern in atemberaubender Geschwindigkeit einen „Siegeszug" der etwas anderen Art durch die ganze damals bekannte Welt antrat. Um diese Geschichte Jesu und damit implizit auch etwas von der Geschichte Gottes zu erzählen und um die Ausbreitung des Evangeliums in Worte zu fassen, greifen frühe Christen in ihren literarischen Produkten auf die Welt des Triumphzugs zurück, mal unmittelbar und direkt – wie in 2 Kor 2,14[2] oder in Kol 2,15[3] –, mal mehr chiffriert und damit dezent in die Texte eingespielt – wie in Offb 19[4] oder Eph 2.[5] Die frühen Christen überkleiden damit Jesus gleichsam mit der Pracht des römischen Triumphornats oder stilisieren die Ausbreitung des Evangeliums als triumphalen Siegeszug.

Dieses literarische Vorgehen war für antike Ohren, gleich ob es sich um christliche, jüdische oder pagane handelt, fraglos irritierend, denn die Figur des Jesus von Nazaret und seine Lebensgeschichte passen nicht recht zum Bild eines im Krieg erfolgreichen Triumphators. Das Leben Jesu als Ganzes oder in Teilen mit Anspielungen auf Triumphzüge zu erzählen, glich und gleicht insofern einer kühnen Metapher, die bei einem antiken Publikum Irritationen geweckt haben dürfte, damit provozierend wirkte und zur Reflexion über Jesus, seine Botschaft, aber auch über das Imperium Romanum und seine Triumphatoren und vor allem das Zueinander dieser Größen einlud. Die kühne Metapher „Triumphzug" band ja als literarische Technik zwei Realitäten aneinander, die wenig miteinander gemein hatten: das Leben und Sterben des zum Kreuzestod verurteilten Jesus von Nazaret und die mit einem Triumphzug

---

2 Vgl. zur Triumphzugsmetaphorik in 2 Kor 2,14 etwa C. Gerber, Paulus, 185–187; J. Kügler, Paulus; A. Wypadlo, Paulus; S. J. Hafemann, Suffering, 7–87, bes. 18–39; S. J. Hafemann, Roman Triumph, 1005–1007; G. H. Guthrie, Imagery; L. J. Kreitzer, Coinage, 126–144; M. Gruber, Gefangene; und jüngst C. Heilig, Triumph.

3 Vgl. zur Triumphzugsmotivik in Kol 2,15 R. Yates, Christ Triumphant; L. J. Kreitzer, Coinage, 126–144; A. Hock, Christ; S. J. Hafemann, Roman Triumph, 1005–1007.

4 Zu Offb 19 und den möglichen Anspielungen auf einen Triumphzug vgl. die Monographie von D. A. Thomas, Context; vgl. auch A. Hammes, Johannesapokalypse, 169–172.

5 Zu einer zeitgeschichtlichen Lektüre von Eph 2 vor dem Hintergrund der Plausibilitäten des Imperium Romanum und auch des Triumphzugs vgl. E. Faust, Pax Christi, 360–430.

gekrönte Karriere römischer Feldherren bzw. des Kaisers. Diese Leben konnten kaum verschiedener gelebt werden und sollten sich doch gerade durch die Anwendung der Triumphzugsmetapher auf Jesus gegenseitig beleuchten; aus der christlichen Binnenperspektive werden die Ansprüche und Gewissheiten, die mit dem römischen Triumphzug verbunden waren, mehr oder weniger deutlich in Frage gestellt und einer grundlegenden Kritik unterworfen. Denn der wahre, ja einzige Triumphator ist eben nicht der römische Kaiser.

Auch das MkEv bedient sich – so die Grundthese dieser Arbeit – dieser literarischen Technik und rekurriert in chiffrierter Form auf die Welt und die Realien des Triumphzugs, um einen bestimmten Abschnitt aus dem Leben Jesu im Licht des Triumphzugs zu erzählen: seinen Weg ans Kreuz, die Passionsgeschichte. Das MkEv stellt seinen Leserinnen und Lesern einen gekreuzigten Triumphator vor Augen. Mit diesen beiden Größen, dem MkEv und dem römischen Triumphzug, beschäftigt sich die vorliegende Studie.

2. Ausgangsfrage, These, Ziele und Aufbau der Studie

Die leitende *Ausgangsfrage* meiner Untersuchung lautet: Wird im MkEv für antike Leserinnen und Leser erkennbar – und vom Autor evtl. bewusst intendiert – auf das Ritual römischer Triumphzüge angespielt, um das Leben Jesu (bzw. einen bestimmten Aspekt aus diesem Leben) im Licht dieser in der Umwelt der mk Gemeinde verankerten Größe zu erzählen? Meine *These* lautet dabei: Das MkEv spielt chiffriert, d. h. im Sinne einer verdeckten Referenz, die von antiken Leserinnen und Hörern – eben den Angehörigen der mk Gemeinde – gleichwohl wahrgenommen und entschlüsselt werden konnte, auf das Ritual römischer Triumphzüge an. Diese Anspielungen, die literarisch insbesondere die mk Erzählung von der letzten Phase des Lebens Jesu begleiten, wenngleich sie nicht auf die mk Passionsgeschichte beschränkt sind, haben einen pragmatisch-funktionalen Wert. Sie erfolgen nicht um ihrer selbst willen, sondern tragen eine Botschaft, die sich im Sinne einer pragmatisch-funktionalen Lektüre des MkEv, also mit Blick auf die Frage, was der Text in seiner Zeit bewirken wollte, erfassen lässt. Dabei leisten die Triumphzugsanspielungen, die sich näherhin als eine *Triumphzugsparodie* verstehen lassen, m. E. einen Beitrag zu zwei Diskursfeldern, um die das MkEv, die mk Gemeinde und der Autor des Textes vor dem Horizont der Entstehungszeit des Textes ringen. Es geht (1.) um die kritische Auseinandersetzung des MkEv mit seiner imperial-römischen Umwelt, speziell um eine Kritik römischer Triumphzugspraxis und römischer Triumphatoren – und das sind im 1. Jh. n. Chr. im Wesentlichen die jeweiligen Kaiser. Diese Kritik wird freilich im Blick auf die mk Gemeinde geäußert, deren Haltung zu Triumphzug und Triumphatoren der mk Text beeinflussen will. Es geht (2.) um eine christologische Frage nach dem rechten Verständnis des mk Jesus und um damit verbundene Fragen nach den inhaltlichen Konturen von Jesusnachfolge im mk Sinne.

Aus der Fragestellung und diesen nur vorläufig skizzierten Thesen ergeben sich die *Primär- und Sekundärziele* meiner Studie. Zu den Primärzielen gehören:

1. eine ausführliche Darstellung des römischen Triumphzugs als eines Rituals;
2. ein Vergleich zwischen dem ganzen[1] MkEv und dem gesamten Triumphzugsritual: Wo gibt es im MkEv Anspielungen? Wie erfolgen diese Anspielungen? Welche Motivbestandteile des Prätextes bleiben erhalten, welche werden verändert eingespielt (Mutation), welche entfallen (Leerstellen/Selektion)?

---

1 Mit „ganz“ ist hier das Suchraster gemeint, das das ganze MkEv in den Blick nimmt; näher thematisiert werden dann natürlich nur solche Perikopen, die im Blick auf die Fragestellung der Studie von Bedeutung sind.

3. eine pragmatisch-funktionale Auswertung der Triumphzugsallusionen im Blick auf die mk Gemeinde und ihre historische Situation;
4. eine zumindest rudimentäre[2] hermeneutische Reflexion über literarische Allusionstechniken, insbesondere angesichts chiffrierter Referenzen.

Zu den Sekundärzielen gehört u. a. der Versuch, zusätzliche Argumente für die Verortung und Datierung des MkEv zu gewinnen und Lösungen für im exegetischen Kreuzfeuer stehende mk Erzähldetails zu bieten, die bisher nicht schlüssig und adäquat[3] interpretiert werden konnten, weil ein passender Schlüssel fehlte.

Nach all diesen Aspekten dürfte klar sein: Mich interessieren der mk Text und der römische Triumphzug jeweils in einer bestimmten Perspektive. Den Triumphzug thematisiere ich nicht um seiner selbst willen, sondern in funktionaler Hinordnung auf eine motivkritische Analyse des MkEv. Dafür allerdings muss er gründlich beschrieben werden, um nicht *a priori* Anspielungen im mk Text zu übersehen, die ein antiker Leser aufgrund seines durch Sozialisation erworbenen Weltwissens, seiner kulturellen Kompetenz, vielleicht ganz automatisch als solche entziffern konnte. Und im MkEv interessieren mich „nur" – freilich unter Wahrung der Gesamttextperspektive, die im Rahmen der pragmatisch-funktionalen Auswertung am Ende der Untersuchung in den Blick kommen wird (IV[4]) – die Perikopen und Erzähldetails, die für die Triumphzugsthematik einschlägig sind. Es wird also im ganzen MkEv nach Anspielungen auf den Triumphzug gesucht – genauer thematisiert werden freilich nur die Perikopen, in denen sich eine Anspielung wahrscheinlich machen lässt. Eine solche Beschränkung in der Fragestellung und thematische Selektion sind angesichts der Fülle an Literatur, an Untersuchungsperspektiven und methodisch-hermeneutischen Zugriffsmöglichkeiten geradezu Bedingungen, um einigermaßen innovatives exegetisches Arbeiten überhaupt zu ermöglichen. Dass dies zur Kritik herausfordert und den Vorwurf der thematischen Ausblendung provoziert, steht außer Frage. Um dieser präskriptiv zu begegnen, bemühe ich mich um größtmögliche Transparenz im Blick auf meine Standpunkte und Forschungsinteressen. Diesem Ziel dienen dieses Teilkapitel und die jeweils im Rahmen der Analyse der mk Perikopen angeführten erläuternden Vor- und Zwischenbemerkungen.

Im Blick auf den *Aufbau* ist die Studie in vier Hauptkapitel gegliedert. Das eröffnende Hauptkapitel I ist mit „Ausgangs- und Standpunkte" überschrieben, weil es mehr umfasst als eine klassische Einleitung und Hinführung zur

---

2 Eine gründliche Reflexion dieser Thematik wäre fraglos eine eigene Monographie wert.

3 Freilich steckt in diesem „nicht schlüssig und adäquat" schon die *Crux* solcher Überlegungen, denn ob eine Interpretation überzeugend ausfällt oder nicht, ist bis zu einem gewissen Grad Ansichtssache der jeweiligen Exegetinnen und Exegeten.

4 Querverweise innerhalb der Arbeit erfolgen stets unter Nennung des Hauptkapitels (I–IV) und der jeweiligen Teilkapitel.

Thematik. Es will in der Tat meine Ausgangs- und Standpunkte darlegen: meine Erkenntnisinteressen und Ziele (I 2), den Standpunkt der Forschung (I 3), meine Optionen im Blick auf einige grundlegende hermeneutisch-methodischen Fragestellungen (I 4), deren Diskussion im Rahmen dieses ersten Hauptkapitels breiten Raum einnimmt, und schließlich auch meine Positionen in den klassischen Einleitungsfragen zum MkEv (I 5). Das Hauptkapitel II beinhaltet eine gründliche Darstellung der Vergleichsfolie, also des römischen Triumphzugs, der in seinen vielfältigen Facetten vorgestellt werden soll. Im Hauptkapitel III erfolgt dann der motivkritische Vergleich zwischen dem römischen Triumphzug und dem MkEv. Die Darstellung folgt dabei einer argumentativen Logik, die sich auch aus der Rezipientenperspektive antiker Leserinnen und Leser empfiehlt. Am Beginn steht die Analyse derjenigen Perikope, die im Sinne eines Anspielungsclusters (vgl. zum Anspielungscluster unter I 4.2.4.3) verstanden werden kann und die die Leserinnen und Leser des MkEv am deutlichsten auf die Spur des Triumphzugs setzt: Mk 15,16–20. Es ist diese Perikope, die die Leserinnen und Leser wohl zuallererst Triumphzugsallusionen im MkEv entdecken lässt. Deswegen ist es sachlich angemessen, mit ihr zu beginnen. Die restliche Textwelt des MkEv, also Mk 15,21–16,8, wird dann sukzessive im Blick auf Triumphzugsanspielungen untersucht, wobei nur die Perikopen gründlicher analysiert werden, in denen sich Triumphzugsanspielungen plausibilisieren lassen. Über das Konzept der „Neulektüre" (vgl. III 5) wird schließlich der restliche Text (Mk 1,1–15,15) in die Analyse eingebunden und motivkritisch untersucht. Auch hier kommen selbstverständlich nur die Perikopen in den Blick, die im Sinne der Fragestellung einschlägig sind.[5] Das Hauptkapitel IV interpretiert schließlich synthetisch die Triumphzugsallusionen im Blick auf die Anspielungstechnik sowie die Funktionalität und Pragmatik der Allusionen angesichts der Erstadressaten des Textes im 1. Jh. n. Chr.

5 Der motivkritische Vergleich in Hauptkapitel III folgt in seiner Struktur also weder dem syntaktischen Aufbau und Ablauf des Triumphzugs (von den rechtlichen Voraussetzungen bis zum Ende des Rituals), noch hangelt er sich dem Aufbau des MkEv (also von Mk 1,1–16,8) sukzessive entlang. Er ist an einer argumentativen Logik orientiert, die aus der Rezipientenperspektive plausibel ist.

3. *Status quaestionis*: Zum Standpunkt der Forschung

Das MkEv vor dem Hintergrund römischer Triumphzüge zu lesen und diese als Vergleichsfolie für die Interpretation mk Erzähldetails oder ganzer Perikopen zu nutzen – das ist keine ganz neue Idee, wie eine Durchmusterung der Forschungsgeschichte zeigt, die hier fokussiert hinsichtlich der Thematik „MkEv und römischer Triumphzug" vorgestellt und kritisch gesichtet werden soll.

Es war der 1995 unternommene innovative und äußerst diskussionswürdige Vorstoß des amerikanischen Exegeten Thomas E. Schmidt, den Kreuzweg Jesu in der Darstellung des MkEv im Licht eines römischen Triumphzugs zu lesen und auf Anspielungen abzuklopfen.[1] Konsequent orientiert er sich dabei am von ihm postulierten mehrheitlich paganen Publikum des MkEv. Die mk Gemeinde verortet er in der Stadt Rom. Für Schmidt lassen sich einige der kleinen Erzähldetails in Mk 15,16–39, diesem Textstück gilt sein Hauptinteresse, nicht aus dem AT ableiten und bedürfen insofern einer anderen, eher vor dem Hintergrund griechisch-römischer Kultur orientierten Erklärung.[2] Seine Ausgangsthese lautet: „In Mark's gospel, the crucifixion procession is a kind of Roman triumphal march, with Jerusalem's Via Dolorosa replacing the Sacra Via of Rome."[3]

Diese These Schmidts steht freilich in einem größeren Rahmen und ist nicht in einem forschungsgeschichtlichen Vakuum entstanden. Sie klinkt sich in einen ausgesprochenen Trend der Markusforschung ein, der das MkEv insgesamt vor dem Hintergrund der imperial-römischen Lebenswelt der Kaiserzeit liest. Gefragt wird also, wie sich das MkEv mit den kulturellen, sozialen, religiösen und vor allem machtpolitischen Realitäten der imperial-römischen Umwelt der mk Gemeinde auseinandersetzt. Zu diesem Themenkomplex sind in den letzten Jahren einige bemerkenswerte Arbeiten erschienen, die an dieser Stelle in Auswahl zu nennen sind (sofern sie die Triumphzugsthematik behandeln, werden sie in Kapitel I 3.4 näher vorgestellt).

Im deutschen Sprachraum ist es vor allem Gerd Theißen, der in verschiedenen Beiträgen (1992; 1999; 2007) das MkEv als „Anti-Evangelium" zur Propaganda des flavischen Kaiserhauses liest.[4] Ihm sind vor allem Exegeten aus der Schule von Hans-

---

1 Vgl. T. E. Schmidt, Narrative; T. E. Schmidt, March.

2 T. E. Schmidt, Narrative 1 f.

3 T. E. Schmidt, March, 30. Vgl. auch T. E. Schmidt, Narrative, 1.

4 G. Theissen, Entstehung, 88; vgl. auch G. Theissen, Lokalkolorit, 270–284; G. Theissen, Evangelienschreibung, bes. 394–399. Neben Theißen ist auch Klaus Wengst zu nennen, dessen Arbeit zur *pax Romana* aus dem Jahr 1986 nach Widerstand und Anpassung u. a. der mk Gemeinde an die Plausibilitäten des Imperium Romanum fragt (vgl. K. Wengst, Pax Romana, 73–92).

Josef Klauck[5] gefolgt: Martin Ebner[6] hat ab 2003 eine Reihe von eigenen Arbeiten zu dieser Thematik vorgelegt und auch Bernhard Heininger[7] hat sich 2010 zustimmend in diese Lektüreperspektive des MkEv eingereiht. Breit thematisiert wird die Auseinandersetzung des MkEv mit der römischen Lebenswelt auch in der Habilitationsschrift von Karl Matthias Schmidt aus dem Jahr 2010, der als Promovend Klaucks letztlich auch noch in dieser Schulrichtung steht.[8] Zudem hat Heinz Blatz[9] 2016 eine unter Begleitung von B. Heininger verfasste Dissertation veröffentlicht, die sich mit den mk Wundergeschichten beschäftigt und diese vor dem Hintergrund von kaiserlichen Wundererzählungen und einer flavischen „Semantik der Macht" interpretiert. Insbesondere mit Fokussierung auf den jüdisch-römischen Krieg und damit implizit natürlich auch vor dem Hintergrund des Imperium Romanum wurde das MkEv 2013 von Andreas Bedenbender[10] und 2016 auch von Gabriella Gelardini[11] gelesen, die sich vor allem mit der militärischen Semantik innerhalb des Textes beschäftigt.

Im englischsprachigen Raum bildet die Dissertation von Adam Winn[12] aus dem Jahr 2008 einen wichtigen Markstein des Diskurses, insofern er das MkEv dezidiert als eine literarische Auseinandersetzung mit den religiösen und machtpolitischen Ansprüchen des flavischen Kaiserhauses liest, dessen Propaganda und Herrschaftsansprüchen (Kaiser Vespasian ist der wahre Herr der Welt) auch einige Mitglieder der mk Gemeinde erlegen seien.[13] Hier greife das MkEv korrigierend ein: „Mark presents Jesus as a legitimate world ruler, one who is in all ways superior to the current world ruler, Vespasian."[14] Dem MkEv sei so ein letztlich subversiver Zug eigen. Natürlich rekurriert auch Winn auf englischsprachige Vorarbeiten. Zu nennen ist hier zunächst der im Jahr 2000 publizierte Markuskommentar von Craig A. Evans,[15] von dem Winn seine Grundlektüreperspektive und die Ausgangsidee zu

---

5 H.-J. Klauck, Wort, 88, selbst greift 2009 ebenfalls den Gedanken des mk Anti-Evangeliums auf.

6 Besonders einschlägig ist M. Ebner, Evangelium. Vgl. aber auch die übrigen Arbeiten Ebners zum MkEv.

7 Vgl. B. Heininger, Theologie.

8 K. M. Schmidt, Wege, 287–522.

9 Vgl. H. Blatz, Semantik.

10 Vgl. exemplarisch A. Bedenbender, Orte, bes. 56–58; A. Bedenbender, Topographie; A. Bedenbender, Botschaft (im Blick auf mk Triumphzugsallusionen rekurriert er insbesondere 295–297 auf die Aufsätze von T. E. Schmidt, March; T. E. Schmidt, Narrative, die Monographie von K. M. Schmidt, Wege, und die Zusammenfassung des Befundes bei M. Ebner, Mk; eigene neue Beobachtungen stellt er in Bezug auf mk Triumphzugsallusionen nicht vertiefend vor). Bedenbenders Arbeiten beinhalten viele diskutable und anregende Beobachtungen. Irritierend und inhaltlich nicht überzeugend wirkt indes manchmal seine allegorisch anmutende Verknüpfung von Zeitgeschichte und mk Erzähldetails.

11 Vgl. G. Gelardini, Christus Militans.

12 Vgl. A. Winn, Purpose.

13 Zu den Details und einer kritischen Würdigung der ganzen Arbeit vgl. meine Besprechung M. Lau, Rez.

14 A. Winn, Purpose, 200.

15 Vgl. C. A. Evans, Mk.

seiner Dissertation übernommen hat. Einschlägig sind ferner die monographischen Arbeiten von Samuel G. F. Brandon (1951),[16] Richard A. Horsley (2001),[17] Brian J. Incigneri (2003),[18] Ched Myers (1988, zuletzt 2008)[19] und Hendrika Roskam (2004),[20] die zwar in den Detailanalysen recht unterschiedlich ausfallen, aber doch alle darin übereinstimmen, dass das MkEv gewinnbringend vor dem Hintergrund des Imperium Romanum gelesen werden kann und mindestens eine Facette seiner Pragmatik ihren funktionalen Sitz im Leben in der wie auch immer näher zu charakterisierenden Auseinandersetzung mit den Realien der imperial-römischen Umwelt hat.

Aus dem Bereich der skandinavischen Exegese ist schließlich auch die Studie von Hans Leander[21] aus dem Jahr 2013 zu nennen, der im Sinne postkolonialer Exegese nicht nur die Rezeption des MkEv im europäischen Kolonialismus im Blick hat, sondern auch das MkEv vor dem Hintergrund des Imperium Romanum liest.[22]

Freilich ist das alles nur die Spitze des Eisberges. Wollte man diesen von der Spitze bis zum Grund ausloten, so müsste man mindestens das gesamte 20. Jh. auf entsprechende Beiträge zu mk Einzelperikopen oder dem ganzen MkEv abklopfen, hat doch bereits 1903 der französische Althistoriker, Archäologe und Altertumskundler Théodore Reinach[23] in einem kleinen Aufsatz die Gerasenergeschichte (Mk 5,1–20) mit den Realitäten des Imperium Romanum vernetzt und damit implizit erste Grundlagen für eine Analyse des MkEv in dieser Perspektive gelegt.

Die Textbeobachtungen von T. E. Schmidt, die die argumentative Basis für seine soeben knapp skizzierte These bilden, sollen im Folgenden kurz vorgestellt und im Anschluss kritisch gewürdigt werden. In einem nächsten Schritt kommen zwei Autoren in den Blick, die gleichsam unerkannte Vorfahren für die von T. E. Schmidt vorgetragene These sind und diese – freilich mit anderer inhaltlicher Zuspitzung – zu Beginn des 20. Jh. vorgestellt haben. Hernach fokussiere ich auf die „Erben" Schmidts, also diejenigen Autorinnen und Autoren, die Schmidts Entdeckung zustimmend aufgenommen und fortgeführt haben. Abschließend werden die „Baustellen" benannt, die sich angesichts der Forschungslage ergeben und im Laufe dieser Untersuchung bearbeitet werden sollen.

---

16 Vgl. S. G. F. Brandon, Fall, 185–205 („The Markan Reaction to A. D. 70": Das MkEv sei die erste Reaktion der paganen [römischen] Kirche auf die Zerstörung Jerusalems; es versuche Jesus möglichst unjüdisch erscheinen zu lassen, um das Christentum angesichts der jüdischen Katastrophe aus der Schusslinie paganer Kritik und Angriffe zu bringen [204]).

17 R. A. Horsley, Story.

18 Vgl. B. J. Incigneri, Gospel.

19 Vgl. C. Myers, Strong Man.

20 Vgl. H. N. Roskam, Purpose.

21 Vgl. H. Leander, Empire.

22 Vgl. H. Leander, Empire, 151–321.

23 Vgl. T. Reinach, Nom.

3.1 Der Triumphzug ans Kreuz: Die Entdeckungen T. E. Schmidts

Schmidt identifiziert „a number of striking parallels to the Roman triumph“,[24] die Markus[25] als ein „sublevel“,[26] als hintergründige Bedeutungsebene, in die Kreuzigungserzählung eingebaut habe. Zehn von Schmidt benannte Parallelen und damit Fälle von potentieller Allusion sollen hier zunächst aufgelistet werden:[27]

1. Auffällig sei zunächst der Begriff Prätorium (Mk 15,16), der u. a. an die Prätorianergarde, also die kaiserliche Elitetruppe, erinnere, die an Triumphzügen sicher beteiligt gewesen sei.
2. Vor Beginn des Triumphzugs versammelte sich in Rom auf dem Marsfeld eine größere Anzahl von Soldaten. Dies findet nach Schmidt eine Parallele in der auffälligen Formulierung, um Jesus sei die ganze Kohorte, nach Schmidt sind das rund 200 Mann, versammelt worden. Dieses erzählerische Detail, welches auf der historischen Ebene kaum Sinn zu haben scheint, weil ein offenkundig in sein Schicksal ergebener Gefangener nicht einer solchen Bewachungstruppe bedürfe, erhalte eine schillernde Konnotation als Triumphzugsanspielung.
3. Die im Text erwähnten Purpurkleider und die Dornenkrone seien Anspielungen auf das purpurne Triumphzugsornat des Triumphators und die vom Sklaven über das Haupt des Triumphators gehaltene Krone.
4. Die spöttisch gemeinte Huldigung durch die Soldaten in Mk 15,18 weise auf die Huldigung des Triumphators durch seine Soldaten hin, die unmittelbar vor Beginn der Triumphzugsprozession stattfinde.
5. Das von Markus nur in 15,20 verwendete Verb ἐξάγω markiere eine Prozession, wie sie für den Triumphzug typisch sei, jedoch nicht für den Transfer eines Gefangenen zur Hinrichtungsstätte. Das Verb φέρω in V. 22 könne im Übrigen ebenfalls als Triumphzugsanspielung gelesen werden. Der Triumphator bewältige die Prozession ebenfalls nicht zu Fuß, sondern in einem speziellen Wagen. Auch er werde eher zum Zielpunkt des Triumphzugs gebracht.
6. In einem Triumphzug werde üblicherweise *ein* geschmücktes Opfertier, in der Regel ein Stier, mitgeführt. Sein Schmuck führe zu einer Identifikation mit dem Triumphator.[28] Auf Reliefdarstellungen, die Szenen von

24 T. E. Schmidt, March, 32.

25 Zum Autorkonzept vgl. I 4.1.2 und I 5.4.

26 T. E. Schmidt, Narrative, 1.

27 Vgl. dazu T. E. Schmidt, Narrative, 6–16; T. E. Schmidt, March, 32–36.

28 Vgl. T. E. Schmidt, Narrative, 9: Schmidt spricht hier explizit nur von dem *einen* geschmückten Stier („the sacrifical bull“), der als Opfertier diene. Dieser Singular ist auffällig

Triumphzügen visualisieren, stehe neben dem Opfertier ein Kultdiener mit einer Doppelaxt, der den Stier töten müsse. Diese Rolle übernehme nach Schmidt Simon von Kyrene: „Like the official who bears the ax, Simon carries the instrument of the sacrifice's – in this case Jesus' – death: the cross.“[29]

7. Die Übersetzung des Namens Golgotha mit Κρανίου Τόπος (Schädel-Ort) in V. 22 evoziere beim römischen Publikum des Markus eine Assoziation zum römischen Kapitolshügel (Schädel-Hügel), dem Zielpunkt des Triumphzugs.[30]
8. Dass Jesus mit Myrrhe gewürzter Wein gereicht werde und dieser ihn zurückweise, findet nach Schmidt eine Entsprechung im Ablauf des den Triumphzug beschließenden Opfers auf dem Kapitol. Auch hier werde dem Triumphator Wein (als Getränk) angeboten,[31] den der Triumphator aber zurückweise, also nicht trinke, sondern ausschütte – entweder direkt auf den Altar, oder auf das Opfertier. Diese symbolische Handlung sei Teil des Opferrituals. Die enge Verbindung von Wein und Opfer finde sich auch bei Markus. Unmittelbar nachdem Jesus den Wein ablehne, werde er gekreuzigt, was nach Schmidt einem Opfer gleichkomme.[32]
9. Der Kreuzestitulus, König der Juden, entspreche den *tituli*, die römische Gefangene mit sich trügen und zugleich habe er auch eine Entsprechung im Triumphzug, insofern dort Tafeln mitgeführt würden, die ihrerseits die vom Triumphator Besiegten benennen würden.[33]
10. Die Erwähnung von zwei Mitgekreuzigten zur Rechten und zur Linken Jesu finde in dem zwar selten belegten, aber doch manchen Triumphzug kennzeichnenden Personaltrio, bestehend aus Triumphator und Mittriumphierenden bzw. bedeutenden Persönlichkeiten (etwa Konsuln), eine Entsprechung. Auch sie nähmen zumeist den Triumphator in die Mitte und befänden sich so rechts und links von ihm.[34]

---

und – wie sich zeigen wird (I 3.2.2.2) – angesichts der Realitäten des Triumphes sachlich falsch.

29 T. E. Schmidt, March, 33.

30 Vgl. T. E. Schmidt, Narrative, 10f.

31 Die Formulierung bei T. E. Schmidt, Narrative, 11, bleibt etwas undeutlich, insofern sich nicht sicher erschließen lässt, was sich Schmidt unter „the triumphator (or sacrificant in general) was offered a cup of wine, which he would refuse and then pour on the altar“ im Blick auf das Angebot von Wein genau vorstellt: Wird dem Triumphator nach Schmidt der Wein mit der Intention gereicht, dass dieser ihn eigentlich trinken könne und solle, oder wird er ihm mit der Absicht der Libation gereicht? Wie stellt sich Schmidt also das Verhältnis von „offered“ und „refuse“ vor?

32 Vgl. T. E. Schmidt, Narrative, 11f.

33 Vgl. T. E. Schmidt, Narrative, 13f.

34 Vgl. T. E. Schmidt, Narrative, 14f.

Für Schmidt handelt es sich bei der Markuspassion im Blick auf die von ihm ausgemachten Anspielungen[35] um einen Anti-Triumphzug, eine Erzählung, bei der der vermeintliche Triumphator zu einem kultischen Opfer („sacrifice“[36]) werde. Schmidt verortet diesen Anti-Triumphzug im Gegenüber zu den Selbst-Deifikationstendenzen der Kaiser Gaius Caligula und Nero. Die Leser des MkEv könnten angesichts dieser Parallelen gar nicht anders, als Jesus, den *Herrn*, mit dem jeweiligen Kaiser, als dem *Herrn*, vergleichen. Für das MkEv ist das Ergebnis dieses Vergleichs allerdings klar: Jesus und nicht der römische Kaiser ist der wahre Triumphator, ein Mensch, in dem sich letztlich sogar Gott selbst zeigt.[37]

3.2 Kritische Würdigung der Überlegungen und Beobachtungen von T. E. Schmidt

Der Ansatz von Thomas E. Schmidt liefert eine produktive Folie für die Lektüre von Mk 15. Schmidt gelingt es, den Text konsequent im Licht der sozialen Welt des Imperium Romanum zu lesen, Details des Textes als Allusionen zu identifizieren und für den Text eine neue, bisher kaum erkannte Bedeutungsebene argumentativ zu fundieren und inhaltlich für die Interpretation zu öffnen.

Trotz dieses prinzipiell innovativen und für die vorliegende Untersuchung zentralen Zugriffs auf den mk Text und trotz treffender Einzelbeobachtungen, auf die ich im dritten Hauptkapitel dieser Arbeit weiter eingehen werde, bedürfen die Ausführungen Schmidts gleichwohl der Kritik. Dabei konzentriere ich mich auf jene Aspekte, die unmittelbar beim Vergleich von MkEv und Triumphzug von Relevanz sind.[38]

---

35 Der Vollständigkeit halber ist noch die von Schmidt selbst nur mit deutlicher Zurückhaltung genannte „Stundenzählung“ zu erwähnen, die evtl. auch als auf den Triumphzug anspielend verstanden werden kann, insofern diese nach Schmidt mit dem Triumphzug dahingehend korrespondiere, als dieser auch einen ganzen Tag beanspruche, vgl. T. E. Schmidt, Narrative, 12f. Der anspielende Charakter erscheint auch Schmidt als sehr vage, so dass sich die Stundenzählung kaum als Parallele bzw. Anspielung werten lässt.

36 T. E. Schmidt, March, 37.

37 T. E. Schmidt, March, 37; T. E. Schmidt, Narrative, 16–18.

38 Andere kritikwürdige Aspekte – wie etwa die sachlich falsche und aus Mt 20,20f eingetragene Behauptung, die Mutter der Zebedaiden würde im MkEv (!) um die hervorgehobenen Plätze für ihre Söhne bitten (vgl. T. E. Schmidt, Narrative, 14) – werden nicht eigens genannt.

3.2.1 *Eine verkürzte Textauswahl und Realienerfassung*

Im Blick auf mögliche Parallelen ist zunächst die Begrenzung auf die Textstrecke Mk 15,16–32[39] bzw. Mk 15,16–39[40] auffällig, wenngleich sie angesichts des Formats „Zeitschriftenaufsatz" verständlich ist. Allerdings werden so von Anfang an mögliche weitere Parallelen innerhalb des MkEv aus der Untersuchung ausgegrenzt. In gleicher Weise fällt die trotz einer Reihe von Quellenverweisen doch eher knappe Darstellung des römischen Triumphzugs als Hintergrundfolie für die Markuspassion auf. Der Triumphzug als sozial-, kultur- und religionsgeschichtliche Realie und Ritual ist deutlich facettenreicher, als es die Darstellung Schmidts erahnen lässt.[41] Auch in dieser Perspektive fallen also mögliche weitere Entdeckungen nahezu zwangsläufig unter den Tisch.

3.2.2 *Sachliche Unausgewogenheiten, Ausblendungen und kritische Anfragen*

Im Detail halten einige der Überlegungen, behaupteten Allusionen und vorgetragenen Interpretationen Schmidts einer kritischen Prüfung nicht stand. Das betrifft zunächst das vermeintliche Prätextmotiv für die mk Rede vom Prätorium, sodann den von Schmidt massiv betonten kultischen Opfergedanken im Rahmen von Triumphzug und mk Passionsgeschichte und die dafür ins Feld geführten Beobachtungen und Überlegungen.

3.2.2.1 *Das Prätorium und die Prätorianer*

Bei näherer Betrachtung der Belegstellen, die von T. E. Schmidt benannt werden, erscheint eine Allusion des Begriffs πραιτώριον (Mk 15,20), der im MkEv eindeutig als *Ort* verwendet wird, auf die *Personengruppe* der Prätorianer nicht plausibel. Eine gesondert betonte Beteiligung der Prätorianer am Triumphzug[42] ist kaum aus den Quellen ableitbar, jedenfalls nicht angesichts der von Schmidt angeführten Quellenverweise. Denn die vier Belege Schmidts[43] halten einer Überprüfung nicht stand:

---

39 T. E. Schmidt, Narrative, 1.

40 T. E. Schmidt, March, 30.

41 Diese Verkürzung zeigt sich auch angesichts der verwendeten Sekundärliteratur, die im Blick auf die Realie Triumphzug faktisch nur aus der freilich grundlegenden Studie von H. S. Versnel (vgl. H. S. Versnel, Triumphus) besteht, obwohl am Ende der 90er Jahre des 20. Jh. weitere einschlägige Literatur vorhanden war. Dadurch werden auch die vielfach durch Verweise in den Anmerkungen eingespielten Primärquellen stets durch die deutende Perspektive der versnelschen Triumphzugssicht gelesen.

42 Dass die Prätorianer am Triumphzug beteiligt waren und ihn mitvollzogen haben, steht dabei außer Frage. Nur spielen sie im Triumph keine hervorgehobene Rolle, sondern sind Teil der militärischen Präsenz.

43 T. E. Schmidt, Narrative, 6 Anm. 16.

Suet., Calig 19,3 spricht zwar von Prätorianern, schildert aber keinen Triumphzug. Gaius Caligula lässt sich außerhalb Roms bei einer Wagenfahrt in einem Zweiergespann über einer improvisierten Brücke, die die Bucht von Baiae per Pferd passierbar machte, in der Tat von Prätorianern begleiten. Er trägt dabei, wie der Text eigens festhält, allerdings die für einen Wagenlenker typische Kleidung. Das ist dann aber kein Triumphzug, denn Triumphzüge finden erstens stets in Rom statt (vgl. II 2), als Gefährt dient zweitens eine Quadriga (vgl. II 3.2.2.1) und der Triumphator trägt drittens Triumphalkleidung und nicht das Outfit eines Wagenlenkers (vgl. II 3.2.1.2.2). Einzig die Erwähnung eines Gefangenen, der parthischen Geisel Darius, der vor dem Wagen des Caligula hergeht, lässt die Assoziation des Triumphzugs zu. Denn auch bei einem Triumphzug wurden Gefangene vor der Triumphquadriga mitgeführt und zum Teil hingerichtet (vgl. II 3.4). Gleichwohl handelt es sich nicht um einen Triumphzug und auch nicht um eine Art der Triumphzugsparodie (vgl. dazu II 5.5), dient die Fahrt mit dem Zweiergespann über die improvisierte Brücke doch einem ganz anderen propagandistischen Zweck, wie Sueton eigens notiert: Sie ist die positive Erfüllung einer an sich negativen Weissagung des Astrologen Thrasyllos, der dem Kaiser Tiberius, der als Vorgänger des Caligula in Sorge um seine Nachfolge war, prophezeit hatte, Caligula „werde genausowenig Kaiser werden, wie er die Bucht von Baiae zu Pferd überqueren könne“ (Suet., Calig 19,3 [Martinet]). Mit seiner Brückenbaukonstruktion, die aus aneinander geketteten und mit einer Erdschicht planierten Schiffen bestand, versucht Caligula diese Vorhersage *ad absurdum* zu führen und den Bestand seines Kaisertums handfest unter Beweis zu stellen.

Der zweite Beleg Schmidts, *Dio C. LXII 4,3*, schildert ebenfalls keinen Triumph, ruft aber zumindest Triumphmotivik auf, insofern Kaiser Nero das Triumphornat trägt. Nur vollzieht er damit keinen Triumphzug. In Begleitung von Senat und Prätorianern erscheint er in dieser speziellen Aufmachung auf dem Forum, besteigt die *rostra* und nimmt auf der *sella curulis* sitzend die Huldigung[44] des armenischen Königs Tiridates, den er zuvor durch ein Diadem als abhängigen Klientelkönig von Armenien inthronisiert hatte, entgegen.[45] Für eine besondere Bedeutung der Prätorianer beim Triumphzug ist diese Stelle nun wiederum kein Beleg, insofern Nero lediglich im Rahmen einer Audienz- und Inthronisationsszene in Triumphkleidung auftritt.

Ohne den Kontext des Triumphzugs erscheint auch der dritte Beleg Schmidts, *Tac., Hist II 59*: In diesem Abschnitt erzählt Tacitus vom Geschick einzelner Offiziere im Dreikaiserjahr und vor allem von einer Episode aus dem Leben des Kaisers Vitellius, die in Lugdunum (Lyon) spielt (Vitellius

---

44 Das Stichwort προσκυνέω fällt in diesem Zusammenhang mehrfach, vgl. dazu auch Mk 15,19c.

45 Vgl. zur Sache und zur möglichen lk Anspielung auf dieses Ereignis in Apg 12,20–22 K. M. Schmidt, Friede.

„inthronisiert“ gleichsam seinen noch unmündigen Sohn, indem er ihn mit Insignien der Macht ausstattet). Einen Bezug auf die Prätorianer oder gar einen Triumphzug kann man diesem Text indes nicht entnehmen. Insofern hat der Verweis keinen argumentativen Wert.

Jos., Bell VII 123 schließlich – Josephus beginnt hier mit der Schilderung des flavischen Triumphzugs – erwähnt die Prätorianer überhaupt nicht, sondern spricht von Soldaten (στρατιωτικοί) und ihren Offizieren (ἡγεμόνες), die zu Beginn des Triumphes angetreten waren.

Angesichts dieses Befundes kann eine gesonderte Rolle der Prätorianer im Kontext des Triumphzugs nicht nachgewiesen werden. Sie sind gewiss Teilnehmer am Triumph, verschwinden aber gleichsam in der Masse der römischen Soldaten. Wenig spricht insofern dafür, dass Markus mit der Erwähnung des Prätoriums auf die Prätorinaner im Triumph alludieren will. Richtig ist hingegen, dass eine große Anzahl von Soldaten am Triumphzug beteiligt ist, wofür etwa die soeben erwähnte Josephusstelle ein exzellenter Beleg ist, wenn sie von „allen Soldaten“ (στρατιωτικοῦ παντός) spricht. Insofern ist die von Schmidt als auffälliges Erzähldetail im mk Text wahrgenommene Kohorte (σπεῖρα) – dabei handelt es sich allerdings um deutlich mehr als die von Schmidt genannten 200 Mann Truppenstärke[46] – in Mk 15,20 als mögliche Allusion auf den Triumphzug zu werten. Es bleibt dann zu fragen, ob der von Markus verwendete Begriff πραιτώριον ein anderes Allusionsobjekt im Kontext des römischen Triumphzugs hat.

3.2.2.2 Ein kultisches Opfer?

Ein weiterer Kritikpunkt betrifft den von Schmidt deutlich betonten Opferkontext von Triumphzug und mk Antitriumpherzählung. Jesu Tod am Kreuz wird vor dem Hintergrund der ausgemachten Triumphzugsanspielungen als „sacrifice“[47], also als kultisches Opfer, verstanden. Zu dieser Deutung gelangt Schmidt durch eine Reihe von Beobachtungen und Schlussfolgerungen: Simon von Kyrene wird als Anspielung auf den eine Axt tragenden Kultdiener verstanden. Jesus gerät so in die Rolle des Opfertiers, das im Triumphzug nach Schmidt durch seinen Schmuck gleichsam als Repräsentation des Triumphators verstanden werden kann.[48] Wenn dann Jesus auch die Rolle des Triumphators spielt, kommt es in seiner Person zu einer schillernden Überlagerung: Er ist Opfer und Opfernder zugleich. Denn es ist ja der Triumphator, der nach Schmidt im Kontext des Triumphzugs Wein als Getränk erhält, ihn zurückweist und dann im Rahmen des Tieropfers auch den Wein durch Libation opfert. In diesem Sinne soll auch Jesus den Wein vor der Kreuzigung abgelehnt haben.

46 T. E. Schmidt, March, 32. Zur Realie vgl. ausführlicher unter III 1.6.

47 T. E. Schmidt, March, 33.

48 T. E. Schmidt, Narrative, 9.

Und eben dieser Wein symbolisiere gleichsam das Blut des Opfers, hier also das Blut Jesu. In den Worten Schmidts: „The wine obviously signifies the precious blood of the victim, and the links between sacrificant, wine, and victim signify their identity."[49]

Diese sehr weitgehende Interpretation überzeugt m. E. nicht, weil Schmidt Voraussetzungen macht und Überblendungen vollzieht, die weder vom mk Text noch vor dem Hintergrund des Triumphzugs und auch nicht angesichts der antiken Opferpraxis gedeckt sind. Im Einzelnen:

Übertrieben erscheint zunächst die Deutung *Simon von Kyrenes als Kultdiener für das Opfer*, in deren Folge Jesus die Rolle des Opfertiers spielt. Diese Rolle weist Schmidt der Figur des Simon zu, weil dieser das Kreuz und mithin des Tötungsinstrument trägt und sich damit in unmittelbarer Nähe zu Jesus aufhält. Schmidt steht offenkundig das Bild eines das Kreuz Jesu tragenden und Jesus begleitenden Simon vor Augen. In diesem Bild erkennt er eine Allusion auf den eine Axt tragenden und das Opfertier begleitenden Kultdiener. Gegen diese Deutung spricht der mk Text in zweifacher Weise: (a) Anders als der Kultdiener, der freiwillig und gegen Bezahlung seiner Arbeit nachgeht, wird Simon gezwungen, das Kreuz zu tragen. Das verwendete Verb ἀγγαρεύω[50] spricht hier eine deutliche Sprache. Simon ist also eher ein für den Moment Gefangener und damit Jesus vergleichbar. (b) Schließlich ist es der Kultdiener selbst, der mit geübtem Schlag das Opfertier tötet. Wenn das Kreuz als Tötungsinstrument benutzt wird, dann ist Simon aber daran schon nicht mehr beteiligt, er hat die Bühne der Erzählwelt bereits wieder verlassen. Es sind die Soldaten, die Jesus kreuzigen (Mk 15,24), also in der von Schmidt gedachten Analogie zur Opferung des Tieres gleichsam die Axt schwingen. Für die Deutung Simons als Kultdiener bleibt damit ausgesprochen wenig Raum. Sie erscheint gekünstelt und vom Text nicht gedeckt.

Recht unsicher erscheint auch die von Schmidt postulierte und angesichts der ansonsten vorhandenen Dichte von Belegen aus der Primärliteratur auffallend unbegründete Behauptung, das *Opfertier repräsentiere* durch seine „Verkleidung" *den Triumphator* selbst. Eine solche Funktion des Zeremonialschmucks wird von Schmidt indes nicht begründet und wird auch in einschlägiger Literatur nicht vertreten.[51] In der schmidtschen Argumentation ist

---

49 T. E. Schmidt, Narrative, 11.

50 Das Verb weist auf das Recht der jeweiligen Besatzungsmacht hin, Dienstleistungen von der einheimischen Bevölkerung zu verlangen, in diesem Fall also der römischen Besatzungsmacht im Blick auf die Bevölkerung Palästinas. Vgl. dazu M. Ebner, Feindesliebe, 124f; J. Gnilka, Mk II, 315 Anm. 32.

51 Im Kapitel zum Zeremonialschmuck der Opfertiere in der Studie von A. V. Siebert, Instrumenta, 137–146, findet sich keinerlei Hinweis auf eine derartige Funktion des Zeremonialschmucks bei Opfertieren, obwohl Siebert auch auf den Schmuck von Tieren in Triumphzugsdarstellungen zu sprechen kommt, der sich nicht vom Schmuck der Opfertiere in anderen rituellen Kontexten unterscheidet.

diese Funktionszuschreibung aber eine wesentliche Brücke, um die Identität von Opferndem und Geopfertem zu behaupten. Und mehr noch: Auch die von Schmidt behauptete Existenz *eines* Opfertieres im Triumph stellt eine in der Sache unangemessene Reduktion dar. Tatsächlich werden im Triumph viele Tiere, die *allesamt* geschmückt sind, geopfert. Dann aber lässt sich die Identität zwischen Opfertier und Opferndem kaum mehr als These halten. Man kann sich des Eindrucks nicht erwehren, dass Schmidt hier bewusst den Singular benutzt, um eine Analogiebeziehung zwischen Opfertier und Triumphator postulieren zu können. Das überzeugt angesichts der Realien des Triumphes nicht. Schließlich ist zu fragen, ob das zweifellos vorhandene Tieropfer am Ende des Triumphzugs überhaupt eine Art Reinigungsopfer für den Triumphator und Kriegsherrn darstellen sollte – nur dann wäre ja eine symbolische Identifikation von Tier und Opferndem, der als Kriegsherr der Reinigung von Blutfluss bedurfte, im Sinne einer Stellvertretung denkbar. Das wird zu prüfen sein (vgl. II 4; III 3.4.5). In der jetzigen Form ist die Aussage Schmidts nur eine sehr vage These, der wesentliche Voraussetzungen bereits weggebrochen sind.

Schmidt versteht das mk Erzähldetail, dass Jesus *mit Myrrhe gemischter Wein* gereicht wird, den er indes ablehnt, als Anspielung auf ein Libationsopfer. Das ist sowohl im Blick auf die Realien eines Libationsopfers wie auch angesichts der mk Erzählweise sehr fragwürdig. Und das aus mehreren Gründen: (a) Im Rahmen eines Libationsopfers, das Teil des Tieropfers beim Triumphzug sein kann, kann Wein auf ein Opfertier oder aber direkt auf einen Altar oder die Erde ausgegossen werden. Dabei kommt es aber nicht zu einer expliziten *Ablehnung* des Weines durch den Opfernden, wie Schmidt meint.[52] Denn das Trinken des zu opfernden Weines ist beim Opfer in aller Regel gar nicht angezielt.[53] Die Logik, die Schmidt für den Triumphzug behauptet, nämlich das Ineinander von „the triumphator […] was offered a cup of wine“ und „he would refuse“[54] findet sich schlechterdings nicht. Wenn dem Triumphator Wein gereicht wird, dann stets mit dem Ziel, dass dieser Wein jetzt für ein Libationsopfer genutzt wird. Das Trinken ist nicht intendiert. Zu einem Akt des „refuse“ kommt es also gar nicht. Die Logik von Angebot und Ablehnung findet sich in Mk 15,23, aber nicht im Triumph. Dorthin überträgt Schmidt es aus dem MkEv. Und selbst in den Fällen, in denen aus der Spendenschale

52 Die Belege von T. E. Schmidt, Narrative, 11 Anm. 33, der hier auf I. S. Ryberg, Rites, Abb. 51.61b.64.97c (u. ö.), verweist, zeigen auf den entsprechenden Abbildungen in keinem Falle eine Ablehnung von Wein im Sinne eines Getränkes. Einen wirklichen Nachweis für seine These nennt er also nicht. In die gleiche Kerbe schlägt die Kritik dieser Deutung durch A. Yarbro Collins, Mk, 741.

53 Vgl. dazu M. Haase, Trankopfer, 752, der festhält, dass die griechischen und lateinischen Begriffe, die in aller Regel durch den deutschen Begriff „Trankopfer“ übersetzt werden, die „Semantik des Trinkens“ gerade nicht beinhalten, „sondern verschiedene Arten des Gießens bezeichnen“.

54 T. E. Schmidt, Narrative, 11.

für das Libationsopfer, der *patera*, im Kontext eines Opfers der Wein von den Opfernden tatsächlich getrunken wird, geschieht dies doch *nach* dem Opfer.[55] Von einer Ablehnung eines vor dem Opfer angebotenen Weintrunks kann auch hier nicht die Rede sein. (b) Der bei Libationen im Rahmen von Tieropfern geopferte Wein ist in der römischen Welt in aller Regel ungemischt.[56] Genau das erzählt das MkEv aber nicht. Der Jesus gereichte Wein ist gerade vermischt – mit Myrrhe (ἐσμυρνισμένον). (c) Die Terminologie bei Markus lässt keinen Opferkontext erkennen. Die Soldaten versuchen Jesus Wein zu geben (ἐδίδουν), den er aber nicht annimmt (οὐκ ἔλαβεν). Opferterminologie ist nicht vorhanden, ein *Ausschütten* des Weins auf die Erde, einen Altar, gar das Kreuz oder sogar auf Jesus selbst wird nicht erzählt. Das Verb λαμβάνειν weist schlicht darauf hin, etwas in die Hände bzw. nicht in die Hände zu nehmen, also die Annahme zu verweigern (vgl. Mk 6,41; 7,27; 8,6; 9,36 u. ö.). (d) Im Blick auf die Realie Wein im Kontext von Opfern kann man sich des Eindrucks nicht erwehren, dass die von Schmidt aufgestellte Behauptung, der Wein stehe symbolisch für das Blut des Opfers, die wiederum nicht durch Quellen oder Argumente belegt ist, stark von einer christlich geprägten Vorstellungswelt bestimmt ist.[57] Es drängt sich der Verdacht auf, dass Schmidt die Realie Wein vor dem Hintergrund der Abendmahlsszene in Mk 14,22–25 liest. Belege für eine derartig symbolische Aufladung von Wein im Rahmen von Libationen beim Triumphzug sucht man bei Schmidt jedenfalls vergebens. *Fazit*: Es gibt in Mk 15,23 keinen Hinweis auf einem Libationsritus. Warum Jesus mit Myrrhe gemischter Wein angeboten wird und warum er diesen ablehnt, lässt sich auf der Basis der Überlegungen Schmidts (bis jetzt) nicht im Licht des Triumphzugs befriedigend beantworten. Darauf werde ich im dritten Hauptkapitel meiner Arbeit zurückkommen (vgl. III 2.6).

---

55 Vgl. etwa die Schilderung bei Vergil, Aen I 723–747, vor allem 736f [Fink]: „So sprach sie und goss etwas Wein auf den Tisch den Göttern zur Ehre. Nach dem Trankopfer setzte sie die Schale als erste an die Lippen". Für weitere Belege und allgemein zur Verwendung der *patera* als Trinkgefäß vgl. A. V. Siebert, Instrumenta, 40f.

56 Ungemischter Wein ist im römischen Kontext, und um den geht es hier, typisch für Libationen. Geradezu definitorisch hält Plinius in seiner Naturkunde fest: „Und weil die Religion die Grundlage des Lebens ist, wird es für Sünde gehalten, den Göttern Weine zu opfern, außer von dem unbeschnittenen Weinstock, auch nicht [...] Weine, die durch eine von oben hineingefallene Verunreinigung beschmutzt wurden, und ebenso die griechischen (Weine), weil sie Wasser enthalten" (Plin., Hist Nat XIV 119 [König]). Vermischte Weine sind für Römer eben keine „Götterspeise", im Gegensatz zur hellenistischen Opferpraxis, bei der z. B. im Kontext festlicher Mähler gemischter Wein geopfert werden kann, vgl. P. Lampe, Herrenmahl, 186f. Vgl. auch die Belege und Ausführungen bei M. Ebner, Mahl, 70 Anm. 21; M. Klinghardt, Gemeinschaftsmahl, 59 mit Anm. 60, sowie den materialreichen Überblick bei K. Hanell, Trankopfer.

57 Zum immerhin vorhandenen Zusammenhang von Wein und Blut in der paganen Antike vgl. K. Kircher, Bedeutung, 74–90; zur Verwandlung von Wein in Blut vgl. Vergil, Aen IV 450–455; beides wird bei T. E. Schmidt aber nicht erwähnt.

Schließlich fällt eine bezeichnende *Leerstelle* auf. Im Rahmen des Triumphzugs kann es zur Hinrichtung eines mitgeführten, feindlichen Feldherrn, des königlichen Gefangenen (vgl. II 3.4), kommen. Aber diese Hinrichtung ist kein kultisches Opfer. Es wäre daher zumindest zu diskutieren, ob Jesus nicht vielmehr diese Rolle neben der des Triumphators im mk Anti-Triumphzug spielen soll. Diesem Diskurs entzieht sich Schmidt, weil er diesen Ritualbaustein nicht erwähnt.

Insgesamt erscheint die starke Betonung des Opfercharakters des jesuanischen Sterbens in der Markuspassion durch Schmidt nicht überzeugend. Explizite Opferterminologie, wiewohl sie dem Urchristentum nicht unbekannt ist,[58] findet sich in der Markuspassion als dem eigentlich sachgerechten Ort für eine solche Opferdeutung kaum. Hier müsste Markus doch deutlicher werden, wenn er eine solche Deutung des Todes Jesu vertreten wollte. Diese Deutung wird erst durch die motivkritische Analyse Schmidts in den Text eingetragen, der die Kategorie „Opfer“ im Kontext des Triumphzugs vorfindet, sie eigentümlich und sachlich nicht ganz angemessen verstärkt und in letztlich recht fragwürdiger Form auf den mk Text anwendet. Die weitere Untersuchung wird diesen Themenkomplex wieder aufgreifen (vgl. III 3.4.5; IV 2.1).

3.2.3 Zwischenfazit

Trotz der hier vorgebrachten Kritik ist Schmidts Beitrag ein erster innovativer und zugleich eben kritikbedürftiger Entwurf, ein Ansatz mit Entwicklungspotential, den es im Folgenden aufzugreifen und fortzuführen gilt. Dabei ist zunächst kurz nach unmittelbaren, aber ungenannten Vorbildern für die Überlegungen Schmidts zu fahnden. Im sich anschließenden Kapitel werden sodann die schon vorhandenen „Erben“ der Idee von T. E. Schmidt mit ihren jeweiligen Neuentdeckungen und Interpretationen des mk Textes vorgestellt werden.

3.3 Unerkannte Vorbilder: Die Ahnen einer „neuen“ Idee

T. E. Schmidt rekurriert ausweislich des Anmerkungsapparates in seinen Aufsätzen nicht auf ihm vorgängige exegetische Arbeiten zum MkEv, die Triumphzugsanspielungen im mk Text ausmachen. Liest man seine Studie in dieser Perspektive, so gewinnt man den Eindruck, dass die Idee, Triumphzugsallusionen in der mk Passionsgeschichte und speziell in Mk 15 zu entdecken, erstmals von Schmidt entwickelt worden ist. So werden seine Arbeiten auch in der

58 Vgl. etwa die Tradition in Röm 3,21–26.

weiteren Forschung rezipiert.[59] Dem ist aber nicht so. Es gibt zumindest zwei unerkannte und entsprechend ungenannte Vorbilder.[60]

Der ab 1911 an der Universität Wien lehrende Neutestamentler *Theodor Innitzer*, ab 1932 Erzbischof von Wien, hat eine umfängliche Kommentierung der ntl. Passions- und Ostergeschichten vorgelegt. Sie erschien 1913 in zweiter,[61] 1925 in dritter und nach dem Zweiten Weltkrieg in vierter Auflage (1948), die ich im Folgenden zitiere. Mit Blick auf die Verspottungsszene der Evangelien schreibt er:

> Was nun die Verspottung Jesu selbst anbelangt, fragt es sich, was die Soldaten damit bezwecken wollten. Bisher nahm man allgemein an, sie wollten mit Jesus eine satirische Königskrönung spielen und ihn zugleich als den Judenmessias verhöhnen. In neuerer Zeit wurden dagegen gewichtige Bedenken erhoben. Einmal spenden die Soldaten Jesus keine Krone als Königsabzeichen. Dieses war zur Zeit Christi kein Goldreifen, sondern das Diadem, die weiche, wollene Stirnbinde. Nach den Evv setzten aber die Soldaten Jesus einen Kranz auf. Dieser ist ein rein militärisches Abzeichen, der soldatische Siegeskranz. Der rote Mantel, den sie Jesus umhängen, ist der rote Feldherrenmantel (paludamentum). Der Stab, den sie ihm in die Hand geben, kann ein Schilfrohr, aber auch ein fester Stock gewesen sein; er kann wohl dem scipio eburneus, dem Elfenbeinstab entsprechen, den der römische Feldherr beim Triumph in der Hand trug. Das Ganze stellt eher die Travestie einer Siegesfeier dar.[62]

Natürlich ergeben sich im Vergleich zu den Arbeiten T. E. Schmidts gewichtige Akzentverschiebungen. Entscheidend ist vor allem, dass Innitzer die vier ntl. Passionsgeschichten miteinander kombiniert und den dabei entstehenden Erzählstrang analysiert. Auch erachtet er die so entstandene Passionsgeschichte als historisch referentiell und ist damit durchaus Kind seiner Zeit und seiner Konfession. Entsprechend fragt er, was die Soldaten in historischer Perspektive mit ihrer Verspottung Jesu bezweckt haben. Seine Antwort lautet, dass sie die „Travestie einer Siegesfeier"[63] spielen und Jesus als Triumphator ausstaffieren. Innitzer erkennt also deutlich früher als T. E Schmidt in Mk 15,16–20 und seinen Parallelen Triumphzugsmotivik.

Mit dieser in der vierten Auflage seiner Studie vorgetragenen Deutung greift Innitzer im Übrigen seinerseits auf eine Arbeit des Exegeten *Josef Pickl* zu-

---

59 Vgl. etwa die Kommentierung von A. Yarbro Collins, Mk, 725.729; M. Ebner, Markusevangelium, 178.

60 Den Hinweis auf die These von T. Innitzer verdanke ich einer im Blick auf die Überlegungen Innitzers kritischen Fußnote bei D. Dormeyer, Passion, 188 Anm. 742.

61 Die erste Auflage erschien 1892 und wurde durch Franz Xaver Pölzl besorgt. Alle weiteren Bearbeitungen erfolgten durch Theodor Innitzer.

62 T. Innitzer, Kommentar, 221 f.

63 T. Innitzer, Kommentar, 222.

rück,[64] der 1935 herausgearbeitet hatte, dass die Verspottung Jesu nicht eine „satirische Königskrönung",[65] sondern das „ganze Theater [...] die lächerliche Siegesfeier des Messiaskönigs"[66] darstelle, in deren Rahmen immer wieder auch Triumphmotivik anzutreffen sei.

In der Verspottung Jesu erkennen beide Autoren also Anspielungen auf römische Siegesfeiern, speziell auf den Triumphzug und grenzen sich gegen ein ebenfalls im Blick auf Mk 15,16–20 beliebtes Deutungsmuster ab, das in der Verspottung Jesu die Parodie einer Königsinthronisation erblickt. Pickl wie Innitzer sind insofern, bei allen aus heutiger Perspektive notwendigen hermeneutischen Unterschieden in der Art exegetischen Arbeitens,[67] unerkannte Vorbilder für die Arbeiten von T. E. Schmidt. Auf ihre Beobachtungen zu Mk 15,16–20 werde ich entsprechend im Rahmen von Kapitel III zurückkommen.

3.4 Die weitere Forschung im Gefolge von T. E. Schmidt

Schmidts Entdeckungen sind in der Forschung zum MkEv inzwischen von einer Reihe von Exegeten aufgegriffen und positiv fortgeführt worden – bezeichnenderweise vor allem von denen, die das MkEv (auch) als Dokument der Auseinandersetzung einer Christengemeinde mit den Ansprüchen und Herausforderungen des Imperium Romanum, vor allem, aber nicht ausschließlich der Flavierdynastie, verstehen. Um den Fortgang der Diskussion exemplarisch aufzuzeigen und die Neuentdeckungen im Blick auf die Thematik zu nennen, wird eine Auswahl von Arbeiten vorgestellt, die in gewisser Breite auf Triumphzugsanspielungen im MkEv in der Nachfolge Schmidts zu sprechen kommen und dabei auch weitere Aspekte herausarbeiten.[68] Die detaillierten Auseinandersetzungen mit diesen Beiträgen und ihren Thesen werden im Rahmen der Textanalysen des Kapitels III erfolgen. Nicht zu Wort kommen an dieser Stelle diejenigen Autoren, die der Triumphzugsthese in der schmidtschen Prä-

---

64 Vgl. J. Pickl, Messiaskönig, 134–141.

65 J. Pickl, Messiaskönig 134.

66 J. Pickl, Messiaskönig 139.

67 Weder die Vermischung der vier Passionsgeschichten noch die optimistische Annahme historischer Referentialität ohne Rekurs auf Kriterien der historischen Rückfrage lassen sich aus heutiger Perspektive hermeneutisch rechtfertigen.

68 Hingegen gehe ich nicht auf Arbeiten ein, die die Triumphzugsanspielungen nur streiflichtartig berühren, wie dies etwa bei C. C. Black, Mk, 321; H. Blatz, Semantik, 170–172; E. S. Johnson, Confession, 406 Anm. 3, der Fall ist. Letzterer nutzt die Entdeckung Schmidts, um den römischen Kulturhorizont des MkEv speziell für die Gottessohnaussage des römischen Centurios in Mk 15,39 heranzuziehen; ähnlich auch D. Álvarez Cineira, Statement, 163; M. Peppard, World, 130f mit Anm. 207; G. Guttenberger Ortwein, Status, 191.

sentation explizit skeptisch gegenüberstehen.[69] Eine Auseinandersetzung mit ihren Gegenargumenten erfolgt wiederum im Rahmen der Textanalysen des Kapitels III bzw. in hermeneutisch-theoretischer Perspektive in Kapitel I 4.2.

Im zweiten Band der umfänglichen Kommentierung des MkEv in der Reihe Word Biblical Commentary rekurriert *Craig A. Evans* mehrfach auf die von Schmidt vorgetragenen Triumphzugsanspielungen[70] und ordnet sie in sein Verständnis der mk Erzählpragmatik ein, für deren Entschlüsselung er in sehr instruktiver Weise auf Realien der griechisch-römischen Welt zurückgreift: Markus stilisiere Jesus als unmittelbaren Rivalen der römischen *Caesaren*, als den wahren Gottessohn, den Retter und Herrn der Welt. Das MkEv präsentiere insofern eine Kontrastchristologie und ein Oppositionsevangelium zu den Evangelien und übrigen Propagandamaßnahmen wie auch Herrschertitulaturen, Kaiserkultelementen und sonstigen Herrscherritualen der römischen Kaiser.[71] In diesem Kontext hätten auch die Triumphzugsanspielungen in Mk 15 ihren spezifischen Sinn, die Jesus und die römischen Triumphatoren[72] hintergründig kontrastierten.

Martin Ebners Arbeiten zum MkEv, die den Text des Markus auch, aber nicht ausschließlich, als literarische Auseinandersetzung mit den „Evangelien" der Flavier verstehen und das MkEv als herrschaftskritisches Anti-Evangelium lesen, greifen ebenfalls mehrfach auf die Arbeiten Schmidts zurück, die Ebner als „äußerst diskutablen Versuch"[73] charakterisiert. Gegen Schmidt macht er darauf aufmerksam, dass die Rede vom „Prätorium" (Mk 15,16) als Anspielung auf das Feldherrenzelt verstanden werden kann, in dem der Triumphator vor dem Triumphzug übernachtet hat[74] – eine deutlich plausiblere Interpretation als der Verweis Schmidts auf die Prätorianergarde. Entsprechend seiner Grundlektürehaltung bezieht Ebner die Triumphzugsanspielungen dichter auf die Zeit der Flavier, speziell ihren Triumphzug. Vor diesem Hintergrund weist er stärker noch als Schmidt auf das Triumphzugstrio, Vespasian, Titus, Domitian, im Vergleich zum Kreuzigungstrio, Jesus und die zwei Räuber rechts

---

69 Exemplarisch sei nur auf den Kommentar von R. T. France, Mk, 636 Anm. 39, aus dem Jahr 2002 und auf den Kommentar von A. Yarbro Collins, Mk, 725.729, aus dem Jahr 2007 verwiesen.

70 Vgl. C. A. Evans, Mk, LXXVf.XC.488f.500 (dort kritisch im Blick auf den von Schmidt als Allusionsobjekt verstandenen „Schädelort" im Sinne einer Anspielung auf das Kapitol in Rom).

71 Vgl. die konzise Übersicht bei C. A. Evans, Mk, LXXX–XCIII.

72 Weil C. A. Evans, Mk, LXIIf, das MkEv auf das Ende der 60er Jahre datiert, also noch vor die Tempelzerstörung und den Flaviertriumph, nennt er zwar eben jenen Triumph als einen späteren Triumphzug neben anderen, vermeidet aber einen engen Vergleich.

73 M. Ebner, Evangelium, 32 Anm. 18. Eine vergleichbare Wertung der schmidtschen These und Ausdeutung der Triumphzugsanspielungen im Blick auf das MkEv findet sich auch bei B. Heininger, Theologie, 199f mit Anm. 59.

74 M. Ebner, Mk, 161f.

und links neben ihm, hin – eine Gegenüberstellung, die subtil Macht und Ohnmacht demonstriere und vor dem Hintergrund des Zebedaidenwunsches nach den gewiss mit Macht konnotierten Ehrenplätzen rechts und links von Jesus (Mk 10,37) besondere Bedeutung für das mk Verständnis von Jesusnachfolge gewinne.[75] Ebner notiert schließlich kurz, dass Jesus eine Doppelrolle als Triumphator und Gefangener spielt und es zu einem Rollentausch kommt, wenn der Triumphator selbst hingerichtet wird.[76]

Parallel zu Ebner liest *Brian J. Incigneri* in seiner Studie, „The Gospel to the Romans", das MkEv als kritische Auseinandersetzung mit dem Imperium Romanum, namentlich mit dem flavischen Kaiserhaus. Die zeitgeschichtliche Situation der mk Gemeinde in Rom im Übergang vom Dreikaiserjahr hin zum Beginn und zur Festigung der flavischen Herrschaft zeichnet Incigneri instruktiv nach[77] und kommt in diesem Zusammenhang auch auf den Flaviertriumph zu sprechen, den in seiner Sicht die intendierten Leser des MkEv live miterlebt haben. Es verwundert daher nicht, dass die von Schmidt entdeckten Triumphzugsanspielungen in diesem Kontext aufgegriffen und wie bei Ebner enger auf die Flavier bezogen werden: So bezieht auch er die beiden Mitgekreuzigten auf die Söhne des Vespasian, Titus und Domitian.[78] Neu gegenüber Schmidt ist die Annahme, dass Markus eigentlich zwei Triumphzüge erzähle: den Weg an das Kreuz in Mk 15 und auch den Einzug Jesu in Jerusalem in Mk 11 – eine bei Incigneri[79] noch mit wenigen Argumenten untermauerte, wohl eher intuitive Beobachtung, die es im Laufe dieser Arbeit zu prüfen und evtl. auszubauen gilt.

Adam Winn beschäftigt sich in seiner Dissertation „The Purpose of Mark's Gospel", deren Untertitel die Fluchtlinie der Untersuchung nennt („An Early Christian Response to Roman Imperial Propaganda"), mit den Herausforderungen, vor denen die christliche Gemeinde des Markus angesichts der imperialen Propaganda der Flavier stand. Es verwundert nicht, dass er in diesem Kontext sowohl auf den Flaviertriumph als eben auch auf die mk Rezeption dieses Ereignisses zu sprechen kommt.[80] Mit einem etwas unkritischen Rekurs auf die Aufsätze Schmidts[81] versteht Winn Mk 15 als durchsetzt von Erzähldetails, die einen Triumphzug assoziieren lassen. Das Ziel dieser Anspielungen bestehe darin, auch den Moment der finalen Schwäche und Unterlegenheit Jesu noch durch eine vermittels der Triumphzugmotivik eingespielte „Christology

75 Vgl. etwa M. Ebner, Markusevangelium, 178f.

76 Vgl. M. Ebner, Mk, 162; M. Ebner, Jesus, 168.

77 Vgl. das von B. J. Incigneri, Gospel, 156–207, treffend mit „climate" überschriebene Kapitel.

78 Vgl. B. J. Incigneri, Gospel, 184.

79 Vgl. B. J. Incigneri, Gospel, 168.

80 A. Winn, Purpose, 129–132.164f.192–194.

81 Vgl. von ihm auch A. Winn, Political Ideology, 327f (mit einer vergleichbaren Rezeption der Überlegungen Schmidts).

of power“[82] zu überhöhen. Schließlich sei es das Ziel des Markus, Jesus als in jeder Perspektive dem Kaiser Vespasian überlegen zu zeigen, um der imperialen Propaganda, der sich auch einige Christen der mk Gemeinde nicht entziehen konnten, mehr als auf Augenhöhe zu begegnen.[83]

Eine Weiterführung des Vergleichs von Triumphzug und MkEv findet sich auch im Rahmen des dritten Hauptkapitels der Habilitationsschrift „Wege des Heils“ von *Karl Matthias Schmidt*. Ihm geht es in diesem Kapitel um eine Lektüre der mk Erzählung vor dem Hintergrund der „flavischen Erfolgsgeschichte“.[84] Dabei kommt Schmidt auch auf den flavischen Triumphzug zu sprechen und rekurriert in diesem Kontext auf die Arbeiten von Thomas E. Schmidt.[85] Als dezidiert neue Allusionsobjekte – und nur um solche soll es an dieser Stelle gehen[86] – identifiziert er die Übermittlung des Todes Jesu durch den römischen Centurio an Pilatus (Mk 15,44f). Dahinter verbirgt sich in der Sicht Schmidts das von Markus aufgenommene und dabei freilich verändert eingespielte Triumphzugsmotiv „Meldung des Todes des feindlichen Heerführers an den Triumphator“, wobei im MkEv die Nachricht nicht den Triumphator erreicht (der ist in paradoxer Verkehrung selbst der Hingerichtete), sondern den höchsten Vertreter Roms in Jerusalem.[87] Ebenfalls eine Triumphzugsanspielung, in diesem Falle auf den Flaviertriumph, liege dem frühmorgendlichen Gebet Jesu in Mk 1,35 zugrunde, das eine Parallele zum morgendlichen Gebet des Vespasian vor seinem Triumphzug darstellen soll[88] – dies zeigt sich allerdings nur angesichts des subtilen Lektürekonzepts, das Schmidt im Blick auf das MkEv vertritt. Für ihn handelt es sich bei Mk 1,35–45 um eine österliche Erscheinungsgeschichte Jesu, die man im Sinne einer „Komplettierungslektüre“[89] nach Mk 16,8 zu lesen hat.[90]

2013 hat *Allan T. Georgia* in einem längeren Aufsatz die Thematik des Triumphzugs erneut und unter Rekurs auf Thomas E. Schmidt aufgegriffen.[91] Für Georgia greift das MkEv auf die Realitäten des Triumphzugs zurück, vor

---

82 A. Winn, Purpose, 132.

83 A. Winn, Purpose, 200.

84 K. M. Schmidt, Wege, 288.

85 Vgl. K. M. Schmidt, Wege, 404–454.

86 Karl Matthias Schmidt interpretiert darüber hinaus eine Vielzahl der bereits bei Thomas E. Schmidt vorhandenen Grundbeobachtungen neu und anders. Aber davon wird erst im weiteren Fortgang der Untersuchung zu handeln sein.

87 Vgl. K. M. Schmidt, Wege, 428–430.

88 Vgl. K. M. Schmidt, Wege, 449.

89 K. M. Schmidt, Wege, 6.

90 Zur näheren Begründung vgl. K. M. Schmidt, Wege, 1–174, bes. 96–104. Dieses in sich interessante und Mk 16,7f als literarischen Rückverweis an den Anfang des Evangeliums ernst nehmende Konzept, wäre eine eigene, durchaus kritische Diskussion wert, die an dieser Stelle zu führen indes nicht nötig ist.

91 Vgl. A. T. Georgia, Triumph.

allem auf die rituellen Strukturen und Funktionslogiken, die den Triumphzug kennzeichnen: „Mark's narrative exhibits an eclectic bricolage of appropriated cultural and religious source material that borrows the *logic* of the Roman triumph".[92] Unter Rekurs auf die Triumphzugsstudie von M. Beard zeichnet Georgia nach, dass im Triumphzug eine enge Beziehung zwischen dem feindlichen königlichen Gefangenen, der im Triumph hingerichtet wird, und dem Triumphator besteht (vgl. dazu II 3.4). Dabei führe diese Beziehung dazu, dass der Status dieses Gefangenen im Triumph aus Sicht des römischen Publikums massiv erhöht werde. Der vorgeführte königliche Gefangene erscheine als das Gegenbild zum Triumphator, als idealer Gefangener und – zwar besiegter, aber ehemals – mächtiger Gegner, der es würdig ist, im Triumph vorgeführt zu werden und das Pendant zum Triumphator zu bilden. Nach Georgia lassen sich nun im mk Text Anspielungen weniger auf einzelne, präzise zu identifizierende und eng mit dem MkEv zu vergleichende Ritualbausteine[93] ausmachen. Vielmehr werde von Markus auf die Strukturen und Logiken des Triumphzugsrituals alludiert.[94] Solche strukturellen Allusionen finden sich nach Georgia sowohl in Mk 15 als auch in Mk 11. Letzteres war bei T. E. Schmidt nicht im Blick und erweitert insofern den textlichen Fokus.[95] Als forschungsgeschichtliche Referenz für mögliche Triumphzugsanspielungen in Mk 11 verweist Georgia auf einen Beitrag von W. B. Tatum aus dem Jahr 1998,[96] der Jesu „triumphal entry" nach Jerusalem „as a mockery of Roman triumphal imagery"[97] lese. Georgia zitiert aber auch Stimmen, die für Mk 11 einen anderen Motivhintergrund vertreten. Ich werde darauf in Kapitel III 8 zurückkommen. Die Funktion dieser mk Anspielungen besteht für Georgia darin, den Tod Jesu sinnstiftend zu deuten, indem Jesus zwar als Gefangener im Triumphzug gekennzeichnet wird, aber gerade in der Rolle des königlichen Gefangenen eine massive Statuserhöhung erfährt, die folgerichtig im Bekenntnis

92 A. T. Georgia, Triumph, 18 (Hervorhebung im Original).

93 Für Georgia liegt hier das eigentliche Problem des Ansatzes von T. E. Schmidt. Schmidt habe zwar den richtigen Instinkt, er übertreibe aber, insofern er präzise motivische Parallelen aufzuweisen suche (vgl. A. T. Georgia, Triumph, 19).

94 Vgl. A. T. Georgia, Triumph, 29–34.

95 Vgl. zu Mk 11 auch schon B. J. Incigneri, Gospel.

96 Vgl. W. B. Tatum, Entry (Tatum thematisiert die Triumphzugsthematik im Übrigen ohne erkennbaren Rekurs auf die Thesen von T. E. Schmidt). Ich habe mich entschieden, bei der in diesem Kapitel vorliegenden Durchmusterung der Forschungsgeschichte keine Beiträge zu Jesu „triumphal entry" in Mk 11 zu besprechen. Das hat einen sachlichen Grund: Denn die häufiger in der Literatur anzutreffende Bemerkung, Jesu Einzug nach Jerusalem sei „triumphal" und es handle sich eben um einen „triumphal entry", meint – mit wenigen Ausnahmen (vgl. III 8) – gerade nicht, dass es sich um einen Einzug nach dem Muster eines Triumphzugs handle oder Triumphzugsmotivik sich spezifisch nachweisen ließe. „Triumphal" wird also in einem uneigentlichen Sinne gebraucht – oder anders gesagt: Nicht jeder „triumphal entry" ist auch ein Triumphzug bzw. hat mit diesem zu tun.

97 A. T. Georgia, Triumph, 20.

des römischen Hauptmanns mündet, dass dieser Mensch wirklich Sohn Gottes war.[98]

Gabriella Gelardini hat schließlich 2016 in ihrer in Basel eingereichten Habilitationsschrift *Christus Militans* das militärische Vokabular des MkEv ausführlich erhoben und in den zeitgeschichtlichen Horizont des ersten jüdisch-römischen Krieges eingezeichnet. Dabei nimmt sie insbesondere den Triumphzug der Flavier in den Blick und zieht diesen für das Verständnis der mk Passionsgeschichte heran.[99] Über T. E. Schmidt und die weitere Forschung hinausgehende neue Allusionsobjekte innerhalb des MkEv entdeckt Gelardini dabei m. E. nicht. Allerdings kombiniert sie die bisherigen Beobachtungen neu, insofern sie im Gefolge der Arbeiten Ebners und Georgias Jesus die Doppelrolle von Spotttriumphator und königlichem Gefangenen zuweist, dessen Tod sie – ohne explizite Anknüpfung an die Überlegungen von T. E. Schmidt, dessen Arbeiten nach Ausweis des Literaturverzeichnisses nicht konsultiert worden sind – im Sinne eines kultischen Reinigungs- und Sühneopfers versteht, das Reinigung und eine neue Gottesbeziehung ermöglicht, wobei durch die mk Terminierung dieses Opfertodes an Pessach zusätzlich das jüdische Element des Exodus und der Befreiung anklinge. Jesu triumphaler Opfertod transformiere aus Sicht der Leser des MkEv die Niederlage im jüdisch-römischen Krieg in einen letztgültigen Sieg, der in der Durchsetzung des Reiches Gottes gipfele.[100]

3.5 Forschungsgeschichtliche „Baustellen“: Zur Auswertung der Forschungsgeschichte und Zuspitzung von Fragestellung und Arbeitsprogramm

Dieser Literaturüberblick mag genügen, um zu zeigen, dass in den Spuren von T. E. Schmidt explizit (und implizit) weitergedacht und neue Entdeckungen gemacht worden sind. Offensichtlich handelt es sich beim römischen Triumphzug um eine produktive interpretatorische Folie für das MkEv. Auf den ersten Blick eigenwillige Erzähldetails des MkEv, die im Horizont der erzählten Zeit, also gleichsam in der Perspektive einer historischen Rückfrage, nur wenig Sinn ergeben, können, sofern sie als Anspielungen auf den Triumphzug identifiziert werden, vor diesem Hintergrund besser und spannungsfreier verstanden werden.[101] Dass es sich bei den Beobachtungen Thomas E. Schmidts entspre-

98 Vgl. A. T. Georgia, Triumph, 33.

99 Vgl. G. Gelardini, Christus Militans, 437–448.872.875.886–894.

100 Zur Kritik an der Verwendung der Kategorie des Reinigungsopfers für den Triumphzug und implizit auch das MkEv vgl. unter II 4; III 3.4.5.

101 Vgl. das von M. Ebner, Evangelium, 30 mit Anm. 9, genannte Kriterium.

chend nicht um eine kurzlebige und geradezu sprichwörtliche „Eintagsfliege" handelt, zeigt der Fortgang der Diskussion sehr schön: Eine ganze Reihe von kleineren und größeren Anspielungen auf das Ritual eines römischen Triumphzugs konnten entdeckt und ausgewertet werden.[102]

Auffällig bleibt angesichts des Forschungsstandes indes die relative Beschränkung auf Mk 15 als Vergleichpunkt: Das ganze MkEv kommt in der Exegese kaum als Vergleichsgröße für den Triumphzug in den Blick, so dass potentielle Anspielungen schon aufgrund der Textbeschränkung unentdeckt bleiben müssen.[103] Zudem begnügen sich die meisten Autoren damit, die Vergleichsrealie Triumphzug eher rudimentär zu beschreiben[104] – auch dies kann dazu führen, dass Anspielungen unentdeckt bleiben. Das ist nicht als grundsätzliche Kritik an den vorgestellten Beiträgen zu verstehen, deren Zielrichtung und Programm oft keine andere Darstellung zulässt. Wohl aber zeigt es an, dass es lohnend sein kann, den Vergleich zwischen der möglichst grundsätzlich zu beschreibenden Realie Triumphzug und dem gesamten MkEv, freilich mit einem aufgrund der Anspielungsdichte gegebenen Schwerpunkt bei Mk 15, durchzuführen. Dazu soll in dieser Arbeit ein wesentlicher Beitrag geleistet werden.

---

102 Implizit mag die Forschungsgeschichte und die Präsenz der These in der Exegese auch ein latentes Indiz sein, dass der These eine gewisse Plausibilität zu eigen ist (vgl. zur allerdings schwachen „Beweiskraft" der „history of interpretation" R. B. Hays, Echoes, 31).

103 Am weitesten gehen in diesem Sinne die Arbeiten von K. M. Schmidt und A. T. Georgia über Mk 15 hinaus.

104 Die Beiträge von T. E. Schmidt, K. M. Schmidt und A. T. Georgia bilden hier in unterschiedlichen Graden eine Ausnahme, wobei in keiner Arbeit der Triumphzug wirklich umfänglich erfasst wird.

4. Hermeneutisch-methodische Vorüberlegungen und Klärungen

Die hermeneutisch-methodischen Vorüberlegungen beziehen sich auf zwei Einzelaspekte. Beginnen möchte ich mit einigen Anmerkungen zum komplexen Themenkreis der Autorintention und der Lektüre aus Rezipientenperspektive (I 4.1). In einem zweiten Schritt will ich zunächst kurz mein methodisches Vorgehen im Allgemeinen thematisieren. Im Besonderen geht es mir dann aber um die Methode der Motivkritik, die letztlich das Makrodesign der gesamten Arbeit bestimmt (I 4.2). Dabei will ich zunächst erläutern, was ich unter diesem Begriff verstehe. In der Hauptsache möchte ich sodann eine argumentationstheoretische Frage diskutieren und mich mit einem Problemkomplex auseinandersetzen, der sich angesichts meiner Hauptthese stellt: dem Problem vager, verdeckter Anspielungen und ihrer argumentativen Plausibilisierung im exegetischen Diskurs.

Keine Frage: Hinter diesen Stichworten verbergen sich große, umstrittene und viel diskutierte Themen der literaturwissenschaftlichen und geschichtstheoretischen Debatten. Insofern steche ich mit meinen Ausführungen immer in ein „Wespennest". Der Vorwurf, die Themen jeweils nur anzureißen, ist in gewisser Weise berechtigt; allerdings ist es auch nicht mein primäres Ziel, eine Arbeit zu diesen hermeneutischen Grundfragen zu schreiben. Nur dispensiert dies m. E. nicht davon, zu diesen Themen Stellung zu beziehen, sich innerhalb der Debatten zumindest grundlegend zu positionieren und offenzulegen, in welchem Sinne ich bestimmte Begriffe verwende, welche Voraussetzungen zugrunde liegen und welche Grundentscheidungen und Überzeugungen mich prägen und leiten. In einem solchen Dilemma[1] steht letztlich jeder, der hermeneutisch verantwortet biblische Exegese zu Sachfragen jenseits von rein oder mehrheitlich theoretisch-hermeneutischen oder rein textimmanenten Fragestellungen, die zweifellos ihre Berechtigung haben, betreiben will.

---

1 Ein solches Dilemma liegt vor, weil eine Arbeit, die sowohl die hermeneutisch-methodischen Grundfragen umfänglich behandelt als auch ein weit gefasstes Thema (wie das hier verhandelte) bearbeitet, in einem sinnvollen Umfang kaum zu schreiben ist. Vgl. dazu die stattlichen Monographien von K. Dronsch, Bedeutung, und S. Finnern, Narratologie, die sich beide in bewundernswerter Form der literaturwissenschaftlichen, sprachphilosophischen, linguistischen oder narratologischen Diskussion stellen, aber dafür ein eher übersichtliches ntl. Textgelände bearbeiten (Finnern: Mt 28,1–20; Dronsch: die Bedeutung von ἀκούειν im Rahmen von Mk 4,1–34). Ich möchte versuchen, hier eine gewisse Balance zu finden.

4.1 Autorintention, Lektüre aus Rezipientenperspektive und „der Text“

4.1.1 Poröse Texte und der Abschied von der Autorintention? – Ein Problemaufriss

„La mort de l'auteur“ titelte 1968 Roland Barthes[2] in einem wegweisenden Aufsatz und befeuerte damit wesentlich eine literaturwissenschaftliche Diskussion, die nach der Rolle und Bedeutung eines Autors im Gegenüber zu seinem Text und den Lesern dieses Textes fragt.[3] Worum es dabei geht, lässt sich an zwei Beispielen verdeutlichen, die bezeichnenderweise beide von Romanciers stammen, die zugleich auch als Hochschullehrer wissenschaftliche Texte verfassen und dabei den Prozess des Schreibens und der Lektüre ihrer Werke reflektieren: mal implizit – dafür steht hier der Jurist Bernhard Schlink –, mal explizit – dafür steht der Semiotiker Umberto Eco. Beginnen möchte ich mit Letzterem. Eco berichtet in seiner kleinen Studie „Nachschrift zum ‚Namen der Rose‘“ über die Rezeption seines Romans Folgendes:

> Nichts ist erfreulicher für den Autor eines Romans, als Lesarten zu entdecken, an die er selbst nicht gedacht hatte und die ihm von Lesern nahegelegt werden. Als ich theoretische Werke schrieb, war meine Haltung gegenüber den Rezensenten die eines Richters: Ich prüfte, ob sie mich verstanden hatten, und beurteilte sie danach. Mit einem Roman ist das ganz anders. Nicht daß man als Romanautor keine Lesarten finden könnte, die einem abwegig erscheinen, aber man muß in jedem Fall schweigen und es anderen überlassen, sie anhand des Textes zu widerlegen. Die große Mehrheit der Lesarten bringt jedoch überraschende Sinnzusammenhänge ans Licht, an die man beim Schreiben nicht gedacht hatte. [...] Als ich die Rezensionen las, machte es mir besondere Freude, wenn ein Kritiker [...] eine knappe Bemerkung hervorhob, die William gegen Ende des Inquisitionsprozesses macht [...]. „Was schreckt euch am meisten an der Reinheit?“ fragt Adson, und William antwortet: „Die Eile.“ Ich mochte diese zwei Zeilen sehr und mag sie noch heute. Dann aber wies mich ein Leser darauf hin, daß auf der folgenden Seite Bernard Gui [...] sagt: „Die Gerechtigkeit hat keine Eile, wie die Pseudo-Apostel meinten, und Gottes Gerechtigkeit kann sich Jahrhunderte Zeit lassen.“ Und der Leser stellte mir die berechtigte Frage, welche Beziehung ich zwischen der von William gefürchteten Eile und dem von Bernard gefeierten Mangel an Eile habe herstellen wollen. Da ging mir auf, daß hier etwas Beunruhigendes geschehen war. Der kurze Wortwechsel zwischen Adson und William

---

2 Vgl. R. Barthes, Tod.

3 Die Debatte ist freilich älter als der Beitrag von Barthes. Barthes selbst reagiert vor allem auf den Versuch von E. D. Hirsch, Validity, den Autor und seine Intentionen wieder zum Dreh- und Angelpunkt der Textinterpretation zu machen. Und Hirsch versucht, mit seinem Ansatz einen dezidierten Kontrapunkt in den laufenden Dekonstruktivismusdebatten seiner Zeit zu setzen. Die Diskussion bewegt sich also im Feld des *linguistic turn*. Zur Forschungsgeschichte vgl. T. A. Schmitz, Literaturtheorie 126–154; S. Finnern, Narratologie 23–46.

hatte im Manuskript noch gar nicht gestanden, ich hatte ihn erst beim Korrigieren der Druckfahnen eingefügt: Aus Gründen der rhythmischen Harmonie (*concinnitas*) brauchte ich noch einen trennenden Akt, bevor ich dem Inquisitor von neuem das Wort erteilte. Und während ich William die Eile verabscheuen ließ [...], war mir natürlich ganz entfallen, daß wenig später auch Bernard Gui von der Eile spricht. Für sich genommen ist Bernards Bemerkung nichts als eine Redensart [...]. Konfrontiert mit der von William angesprochenen Eile bewirkt jedoch die von Bernard angesprochene Eile einen hintergründigen Sinn, und der Leser fragt sich mit Recht, ob die beiden Personen das gleiche sagen [...]. Der Text ist da und produziert seine eigenen Sinnverbindungen.[4]

Bernhard Schlink spricht im Gegensatz zu Umberto Eco nicht bzw. nur implizit über seine literarischen Arbeiten, ihm geht es in seiner Laudatio[5] auf den Verfassungsrechtler Ernst-Wolfgang Böckenförde um eine Würdigung des wissenschaftlichen Werkes Böckenfördes. In diesem Zusammenhang kommt Schlink auf ein aus seiner Sicht wesentliches Merkmal von Texten zu sprechen, die aufgrund ihrer Qualität zum „intellektuellen Hausgut" geworden sind.[6]

Den Sätzen, Sätzen der Rechtswissenschaft und Sätzen anderer Wissenschaften, die zu unserem intellektuellen Hausgut gehören, ist gemeinsam, dass sie über sich hinausweisen. Ich meine jetzt nicht, dass sie *in* eine Zeit hinein gesprochen wurden, aber *über* diese Zeit *hinaus* gehört werden. Ich meine ihre Porosität, ihre Durchlässigkeit für die Interessen, Gedanken und Fragen des Leser [sic!] oder Hörers. Die Sätze, die zu unserem intellektuellen Hausgut gehören, bergen Geheimnisse, die den Leser oder Hörer nachdenken, fragen, suchen lassen, die ihn *in seiner Weise* suchen und *in seiner Weise* finden und sich dadurch den Satz aneignen lassen.

Diese *Porosität* der Texte, die Offenheit der Texte für die jeweilige Aneignung durch den Leser und die Hörerin führt freilich auch zu vermeintlichen „Missverständnissen". Schlink formuliert weiter:

Wie viele Fragen, so viele Antworten, richtige und falsche, so viele Verständnisse und Missverständnisse. Böckenförde hat die Missverständnisse seines Satzes zu berichtigen versucht, ohne sie aus der Welt schaffen zu können. Das ist für ihn als Autor des Satzes unbefriedigend. Für den Satz ist es unschädlich. Alle großen Sätze und alle großen Texte leben auch von ihren Missverständnissen. Ohne auch für sie offen zu sein, können sie nicht die Porosität haben, die den Leser und Hörer dazu einlädt, sich auf den Satz und den Text einzulassen, sich ihn anzueignen und in sein intellektuelles Hausgut zu übernehmen.

Die Porosität kann man nicht machen, die Missverständnisse nicht wollen – in der Wissenschaft nicht wie auch nicht in der Belletristik. Die Porosität ergibt

4 U. Eco, Nachschrift, 11–14. Weitere analoge Beispiele bei U. Eco, Ironie, 228–234.

5 Die Laudatio wurde anlässlich der Verleihung des Sigmund-Freud-Preises für wissenschaftliche Prosa 2012 der Deutschen Akademie für Sprache und Dichtung gehalten.

6 Für das Folgende vgl. B. Schlink, Laudatio, 3f (Hervorhebung im Original).

> sich daraus, dass es für den Autor bei aller Gewissheit des Schreibens doch noch Geheimnisse gibt, Rätsel, offene Fragen. Geheimnisse, die der Autor nicht in den Text schreibt, sondern die ihren Weg in den Text von selbst finden, auch da, wo der Autor seiner Sache gewiss ist und auch gewiss sein kann. Die Geheimnisse nehmen dem Text nicht, was in Gewissheit geschrieben wird. Sie nehmen ihm nichts, sie geben ihm etwas – die Einladung an den Leser, sich wirklich auf den Text einzulassen.

Beide Beispiele beschreiben im Kern das gleiche Phänomen, das sich primär, aber nicht ausschließlich,[7] bei literarischen Texten stellt. Der literarische Text, der von einem konkreten Autor verfasst wird und von konkreten Leserinnen und Lesern gelesen und interpretiert wird, ist ein „offenes Kunstwerk",[8] er ist – mit Schlink gesprochen – „porös". Er produziert wie eine „Maschine"[9] die auf Textbeobachtungen beruhenden, plausiblen Interpretationen der Leserschaft. In der Folge scheint es prinzipiell einem Fehlschluss des jeweiligen Lesers gleichzukommen, wenn er seine Textinterpretation automatisch als Autorintention versteht. Plausible Textinterpretationen, die argumentativ fundiert sind, müssen nicht *per se* die dem Autor bewusste Intention treffen – das zeigt das Beispiel von Eco sehr schön. Solche Interpretationen fördern vielmehr die „Geheimnisse, die der Autor nicht in den Text schreibt, sondern die ihren Weg in den Text von selbst finden",[10] zu Tage. Der Leser arbeitet mithin bei der interpretierenden Erschließung eines Textes massiv mit, auch und gerade dann, wenn er auf der Basis fundierter Textbeobachtungen für seine Sicht des Textes argumentiert.[11] D. h. aber, dass der Leser nur Autorintentionen konstruiert, wenn er seine textbasierte Lesart als vom Autor intendiert deklariert. Er erliegt einem Fehlschluss.[12] Aus der Sicht des Autors ist das alles freilich

7 Wissenschaftliche Sachtexte, wie etwa auch diese Studie, versuchen durch Leseführung, Argument und präzise Formulierung das potentielle Missverständnis zu begrenzen und eindeutige Autorintentionen zu kommunizieren. Sie versuchen die „Offenheit des Kunstwerkes", seine „Porosität" insofern zu begrenzen. Das gelingt freilich auch nur bedingt. Mit Schlink könnte man gar formulieren: Je größer ein Text ist, je stärker seine intellektuelle Brillanz ist, desto offener ist er für seine Rezeption und auch für das Missverständnis.

8 Zu diesem Konzept vgl. etwa U. Eco, Lector, 5–14.

9 U. Eco, Nachschrift, 9. Dabei ist das Bild der „Maschine" etwas schief, weil es suggeriert, dass der Text automatisch Interpretationen generieren könnte. Eco selbst zeigt auf, dass das unpräzise ist, denn die „Maschine" kann nur im Zusammenspiel mit der Leserin aktiv werden. Treffend ist hier T. A. Schmitz, Literaturtheorie, 101: „Das literarische Werk [...] ist nicht in demselben Maße ein existentes Objekt wie ein Tisch; man kann es eher mit einer Partitur vergleichen, die sich erst dann in Musik verwandelt, wenn sie gespielt wird. So ist auch ein Text nur potentiell vorhanden, bis ein Leser ihn in die Hand nimmt und in seiner Lektüre konkretisiert".

10 B. Schlink, Laudatio, 4.

11 Vgl. U. Eco, Lector, 8: „Der Leser – als aktives Prinzip der Interpretation – gehört zum generativen Rahmen ein und desselben Textes".

12 Zum intentionalen Fehlschluss vgl. B. Schmitz, Prophetie, 66–68.

ambivalent, da er sich potentiell falsch verstanden fühlen kann.[13] Dieses Risiko geht letztlich jeder ein, der einen Text publiziert.[14] Positiv formuliert: Wer einen Text publiziert, der ist schöpferisch tätig und entlässt sein Geschöpf, seinen Text, sofort in die Freiheit der Rezeption. Dem Autor kommt damit gerade im Fall von literarischen Texten keine eigentliche Deutungshoheit über seinen Text mehr zu, selbst wenn er sich am Deutungsgeschäft beteiligt. Vor letzterem warnt Eco mit spitzer und zugleich latent ironischer[15] Feder: „Der Autor müßte das Zeitliche segnen, nachdem er geschrieben hat. Damit er die Eigenbewegung des Textes nicht stört."[16]

Dieser „Tod des Autors", die Erkenntnis, dass die Autorintention ein äußerst fragiles Konzept zu sein scheint, da man sich als Leser subjektiv, wenngleich in einem Wechselspiel mit dem, was der Text bietet,[17] an der Produktion von Textdeutungen beteiligt und nicht einfach analytisch-objektiv die Autorintention erhebt, hat eine Vielzahl von literaturwissenschaftlichen und geschichtstheoretischen Folgen in Form von neuen hermeneutischen Konzepten, Fragestellungen, Methoden und Einsichten in die Möglichkeiten und Grenzen historischer Analyse gezeitigt. Die Frage nach der Intention des empirischen Autors[18] wurde von einer neuen Konzentration auf den Akt des Lesens, also die Rezeption eines Textes[19] sowie auf den Text selbst[20] überlagert. Und natürlich hat es auch einen forschungsgeschichtlich durchaus typischen Kontrapunkt gegeben, in dessen Rahmen die „Rückkehr des Autors"[21] gefeiert wird. Der Tod des Autors, so scheint es, ist vielleicht doch zu früh verkündet worden. Das

---

13 Schlink deutet an, dass es Böckenförde mit manchen Interpretationen seiner Texte so gegangen ist, und auch Eco spricht von „abwegigen Lesarten".

14 Das gilt auch für einen wissenschaftlichen Text, dessen Rezeption vom Autor, trotz des Einsatzes rezeptionssteuernder Mechanismen, letztlich nicht gesteuert werden kann. Das Missverständnis oder das Aufdecken von offenen Flanken in der Argumentation, von unbedachten Voraussetzungen oder mehrdeutigen Formulierungen ist möglich und gehört zum wissenschaftlichen Alltag.

15 Ironisch insofern, als Eco seinem eigenen Rat natürlich nicht folgt, sondern sich etwa in der Nachschrift mindestens auf einer Meta-Ebene an der Deutung seines Romans beteiligt.

16 U. Eco, Nachschrift, 14.

17 Der Text setzt insofern potentiell auch Grenzen der Interpretation (s. u.).

18 Zu den verschiedenen Autorkonzepten vgl. die konzise Übersicht bei M. Fludernik, Erzähltheorie, 23–25.32f.37.42–44.69f; B. Schmitz, Prophetie, 58–108.

19 Vgl. zur Rezeptionsästhetik und zum *reader-response criticism* U. Poplutz, Spannung, 20; T. A. Schmitz, Literaturtheorie, 100–108; M. Oeming, Hermeneutik, 89–91.

20 Vgl. zu Strukturalismus, Formalismus und Narratologie T. A. Schmitz, Literaturtheorie, 28–90; M. Oeming, Hermeneutik, 63–66 (zur berechtigten Kritik an manchen Spielformen synchroner Analyse, die z. T. ein Konglomerat eher belangloser, weil inhaltlich kaum weiterführend interpretierbarer Daten erhebt, vgl. 69).

21 Vgl. den Sammelband von F. Jannidis/G. Lauer/M. Martinez/S. Winko (Hg.), Rückkehr. Vgl. auch die bei S. Finnern, Narratologie, 50 Anm. 115, genannte Literatur. Der empirische Autor bzw. die empirische Autorin spielt ferner in denjenigen literaturwissenschaftlichen Ansätzen eine große Rolle, die Literatur untersuchen, deren Autoren Minder-

Konzept des Autors/der Autorin erweist sich als hartnäckiger und langlebiger, als es seinen „Gegnern“ lieb ist.

Diese literaturwissenschaftlichen Debatten, oft zusammengefasst unter dem Schlagwort *linguistic turn*, sind zumindest in Teilen auch in der Exegese rezipiert worden. Auch in der Exegese gibt es ausschließlich am Text als Kunstwerk oder am Rezeptionsvorgang orientierte Ansätze und Forschungsbeiträge; auch in der Exegese wird nicht mehr überall unreflektiert nach der Autorintention gesucht. Gleichwohl weigern sich viele Exegetinnen und Exegeten – ich selbst rechne mich grundsätzlich dieser Gruppe dazu – beharrlich, den Text nur als Kunstwerk oder nur aus der Perspektive eines heutigen Lesers zu untersuchen. Sie wollen den Text als Kommunikationsmedium zwischen Menschen und im Horizont seiner Entstehungszeit lesen, weil sie sich bewusst sind, dass er zunächst aus dieser Zeit stammt, diesen Zeitgeist atmet und in vollem Umfang, d. h. syntaktisch, semantisch, kulturell, religiös und sozial, ein antikes Codesystem realisiert. Und dies alles gilt es bei der Textinterpretation eben auch zu beachten, weil sonst leichtfertig ein antiker Text mit seinen Plausibilitäten, der innerhalb von Glaubensgemeinschaften zudem kanonischen Rang hat, in die Gegenwart übertragen wird. Zu diesem Zweck wird etwa auf das Konzept der antiken Erstleserschaft zurückgegriffen und gefragt, wie ein solches Lesepublikum den Text verstehen und mit Sinn füllen konnte.[22] Gefragt wird also nicht (oder mindestens nicht primär) nach der Intention eines Markus oder Paulus, sondern nach der interpretierend-verstehenden Rezeption der Texte des Markus oder des Paulus durch eine antike Leserschaft, die auf der Basis des Textes, also in der Konstruktion des interpretierenden Exegeten, näher spezifiziert wird (die mk Gemeinde in Rom, Galiläa oder Syrien; die Adressaten des Römerbriefes in Rom [und Korinth als Nebenadressaten[23]]).

Freilich trifft auch diesen Ansatz der Bannstrahl des Konstruktivismusvorwurfs, der schon im Rahmen der Kritik am Versuch, die Autorintention zu erheben, virulent war. Denn letztlich wird hier das subjektive, vom heutigen Leser gebildete Konstrukt des Autors und seiner Intention durch das ebenso subjektive und vom heutigen Leser gebildete Konstrukt des antiken Erstlesers und seiner Textrezeption ersetzt.[24] Ist das aber ein wirklicher Gewinn? Und

---

heiten angehören oder sich latenter Diskriminierung ausgesetzt sehen (etwa postkoloniale Literatur, Frauenliteratur, *queer literature*), vgl. M. Fludernik, Erzähltheorie, 23.

22 Exemplarisch erfolgt das bei K. M. Schmidt, Wege, 2.10 (der trotz seiner Orientierung an der Rezeption des mk Textes durch die Leser auch vom Konstrukt der Autorintention spricht); S. Schreiber, Weihnachtspolitik, 21–24 (mit einer knappen Reflektion zur Sache und einer Absage an das Konstrukt Autorintention [23]).

23 Vgl. dazu C. Hartwig/G. Theissen, Gemeinde.

24 S. Schreiber, Weihnachtspolitik, 23, formuliert vorsichtig: „Um mich dem Modell-Leser des lukanischen Textes *virtuell* annähern zu können, folge ich dem Paradigma einer sozialgeschichtlichen Exegese“ (Hervorhebung, M. L.).

kommt man überhaupt am Vorwurf und der Gefahr von subjektiven Konstrukten vorbei, wenn man historische Prozesse bzw. Texte analysieren will? Ist nicht jede sprachlich codierte Interpretation von in Sprache verfassten Texten notwendig relativ und führt letztlich in die Bedeutungslosigkeit, weil eben scheinbar „alles geht" und es einen wirklich objektiven Kontrollposten zur Bewertung von Textinterpretationen augenscheinlich nicht geben kann?[25] Lohnt sich dann überhaupt die ganze Mühe einer Situierung von Texten im Horizont ihrer Entstehungszeit?[26] Diese Fragen aus dem Feld des *linguistic turn* haben die Exegese also in zweifacher Hinsicht getroffen: Sie fragen grundsätzlich den Modus der interpretierenden Lektüre eines Textes an und fordern im Speziellen diejenige exegetische Richtung heraus, die historische Prozesse bis hin zu historischen „Fakten" untersuchen will und die oft – wenngleich nicht immer ganz präzise – mit dem Label „historisch-kritisch" versehen wird.

Das mag als Illustration der Sachproblematik durchaus schon genügen, auch wenn wir bisher nur an der Oberfläche der literaturwissenschaftlichen Diskussionen gekratzt haben. Im Folgenden geht es mir darum, meine Optionen und Überzeugungen, die sich auf die verhandelte Sache beziehen, darzulegen. Ich will klar benennen, in welchem Sinn und mit welchem Bewusstsein ich im weiteren Verlauf der Arbeit von Autorintentionen, Textfunktionen und dem antiken Lesepublikum spreche. Ich bin dabei keinem theoretischen Modell in ausschließlicher Weise verpflichtet, sondern greife auf Diskurselemente unterschiedlicher Provenienz zurück, die ich synthetisch verbinde.[27]

---

25 In aller Schärfe auch gefragt bei T. A. Schmitz, Literaturtheorie, 143; G. Häfner, Konstruktion, 73 f.89.

26 Dass sich dieses letztlich geschichtswissenschaftliche Unternehmen auch in der ntl. Wissenschaft trotz der Möglichkeit der subjektiven Konstruktion weiterhin lohnt, zeigen die Überlegungen von G. Häfner, Konstruktion. Allerdings wird auch die ntl. Exegese bei der Formulierung ihrer Gewissheiten etwas bescheidener auftreten müssen, wie etwa M. Ebner, Testfall, 494 f, im Blick auf das Feld der historischen Rückfrage nach Jesus formuliert: Exegese „tut gut daran, sich des Urteils ‚faktual' vs. ‚fiktiv' als objektiver Einschätzung zu enthalten. Mit den Begriffen ‚(historisches) Faktum' und ‚Fiktion' lässt sich allenfalls das Rezeptionsgeschehen als Kampf um Deutungshoheit beleuchten. Sie betreffen das Urteil der Rezipienten bzw. den Anspruch des Autors. Der Exeget muss sich allerdings immer bewusst bleiben, dass er dabei selbst schon wieder (Re)Konstruktionsarbeit leistet, die intentionale Faktualität setzt, wobei eigene Interessen einfließen."

27 Damit ist auch gemeint, dass ich bestimmte Elemente aus literaturwissenschaftlichen Theorien und Modellen positiv nutze (etwa Ansätze des *new historicism*, Überlegungen und Thesen von Stanley Fish, Hans Robert Jauß, Wolfgang Iser oder Umberto Eco), ohne mich damit vollständig mit diesen Theorien, die sich zum Teil auch widersprechen, zu identifizieren. Insgesamt bin ich im Blick auf die verhandelten Sachfragen an einer anwendbaren Theorie interessiert.

4.1.2 Intention, Konstruktion, Community und die scheinbare Macht des „Nichts anderes als"

Ich bin davon überzeugt, dass Autoren – und so auch Markus – von Intentionen geleitet sind, wenn sie Texte verfassen. Ihre Texte sind nicht absichtslos geschrieben worden. Funktionslose Texte gibt es nicht.[28] Diese Autorintentionen schlagen sich im jeweiligen Text nieder, sie sind in ihm als „Botschaft" enthalten, bilden eine potentiell recht massive[29] Sinnlinie.[30] Ich bin ferner davon überzeugt, dass ein Text prinzipiell auch Sinnlinien enthalten kann, die der Autor nicht intendiert hat, die aber gleichwohl vorhanden sind und im Akt des Lesens argumentativ plausibel entdeckt werden können. Diese Entdeckung der Sinnlinien erfolgt im Zusammenspiel von Text und Leser, d. h. sie werden vornehmlich im Akt des Lesens konstituiert,[31] sind aber – wenn sie durch Textbeobachtungen fundiert werden sollen[32] – *irgendwie* schon im Text grund-

28 Zu diesem fundamentalen Grundzug aller Erzählungen vgl. U. Poplutz, Spannung, 21 (freilich ohne Verwendung des Autorenbegriffes): „Jede Erzählung zielt auf Wirkung. Jede Erzählung plädiert für ein bestimmtes Anliegen und setzt dieses mit den Mitteln der Gestaltung in Szene." Das gilt im Übrigen dezidiert auch für antike Literatur, die sich der Funktionalität literarischer Texte deutlich bewusst ist, wie etwa die aristotelische Dramentheorie mit ihrer Betonung der kathartischen Funktion zeigt (eine Zusammenstellung der maßgeblichen antiken Texte zu einer Literaturtheorie findet sich bei K. M. Schmidt, Wege, 14f).

29 Dass sich die Autorintention als eine massive Sinnlinie im Text manifestiert, ist freilich meine Setzung.

30 Ich teile entsprechend nicht die Überzeugung von R. Barthes, Tod, 189–193, dass es sich beim Autor eigentlich nur um einen Schreiber handelt, der nicht in der Lage ist, seine Psyche oder seine Sprache zu kontrollieren und daher entsprechend auch keine von einer Intention geprägten Texte verfassen kann. Das scheint mir anthropologisch zu kurz zu greifen und das im diachronen literaturgeschichtlichen Querschnitt doch beobachtbare Phänomen von Selektion, Mutation und damit Innovation im Prozess der Literaturwerdung nicht abzubilden. Und selbst wenn Barthes recht hätte und ein Text nur ein mehrdimensionaler Raum wäre, „in dem sich verschiedene Schreibweisen [...], von denen keine einzige originell ist, vereinigen und bekämpfen" und der Text nur „ein Gewebe von Zitaten aus unzähligen Stätten der Kultur" wäre und die „einzige Macht" des Schreibers darin bestünde, „die Schriften zu vermischen und sie miteinander zu konfrontieren" (190), so könnte sich doch gerade in dieser Macht, die Barthes selbst konstatiert, etwas von der reflektierten, d. h. bewussten Intention eines Schreibers / Autors zeigen. Zur Kritik am radikalen Ansatz Barthes vgl. T. A. Schmitz, Literaturtheorie, 140–142; S. Finnern, Narratologie, 50: „Der ‚Tod des Autors' kann als überwunden angesehen werden." Ähnlich auch B. Schmitz, Prophetie, 78.

31 Deswegen ist U. Poplutz, Spannung, 21, zuzustimmen: Ein Text ist „inkomplett [...], solange er nicht gelesen wird".

32 Hier liegt wohl der eigentliche Unterschied zwischen einer applikationsartigen Textbenutzung (bis hin zum Missbrauch) und einer Textinterpretation. Die Rückbindung an den Text im Rahmen einer Diskursgemeinschaft, die sich dem Zwang des vernunftgeleiteten und d. h. in diesem Fall textbezogenen Argumentierens verpflichtet weiß, ist entscheidend.

gelegt (das entspricht den Schlinkschen „Geheimnissen“).[33] Diese Sinnlinien nenne ich im Blick auf meine Grundfragehaltung nach der Textpragmatik auch Textfunktionen. Als interpretierender Leser, als Exeget, spreche ich dem Text aufgrund meiner Exegese und damit meiner Textbeobachtungen, die ich als Argumente nutze, Funktionen zu. Das ist zunächst meine Rekonstruktions- oder Konstruktionsarbeit.[34]

Ich lese darüber hinaus den Text des MkEv im Horizont seiner Entstehungszeit und -situation,[35] die ich in Teilen aus dem Text des MkEv selbst konstruiere. Damit trage ich dem Umstand Rechnung, dass das MkEv nachweislich ein antiker Text ist, der aus einer bestimmten Zeit stammt und einen kulturellen Code verwendet, den ich mindestens in Teilen nur verstehen kann, wenn ich mir antikes Weltwissen aneigne. Diese kulturelle Differenz gilt es zu beachten und wenigstens für bestimmte Aspekte der Textinterpretation – so

---

33 Mit U. Eco, Grenzen, 144, gehe ich also davon aus, dass ein Text zwar potentiell multiple Interpretationen bei seinen Lesern anregen kann, er aber nicht jede beliebige Interpretation erlaubt. Vgl. auch U. Eco, Lector, 140f; U. Poplutz, Spannung, 27: „Bei der mentalen Konstruktion des Textes handelt es sich allerdings nicht um einen Akt reiner Willkür, denn die Textstrukturen geben einen Rahmen für jeden dieser kognitiven Akte vor.“ Vom Text her lässt sich also im Rahmen einer Interpretationsgemeinschaft eine interpretative Lesart korrigieren (so schon U. Eco, Nachschrift, 12). Das bedeutet freilich, dass es zwar nicht *die* richtige Lesart gibt, aber mindestens doch einige einigermaßen unwahrscheinliche, wobei der jeweils durch die Interpretationsgemeinschaft gedeutete Text zum Richtmaß über die Textangemessenheit einer Interpretation wird. Oder wieder in den Worten Ecos: „Ich werde behaupten, daß eine Theorie der Interpretation – auch wenn sie davon ausgeht, daß Texte offen für multiple Lesarten sind – auch von der Möglichkeit ausgehen muß, einen Konsens zu erreichen; wenn schon nicht in bezug auf die unterschiedlichen Bedeutungen, die der Text ermutigt, so doch zumindest in bezug auf jene, die der Text entmutigt“ (U. Eco, Streit, 51). Vgl. dazu auch M. Mayordomo-Marín, Anfang, 50f; M. Oeming, Hermeneutik, 101: Die „Anarchie des Lesers“ wird durch den Text reguliert. Dem stimme ich zu. Zu weit geht dann allerdings seine Schlussfolgerung: „Die *Differenzierung* zwischen Exegese als Erhebung der ursprünglichen Intention eines Autors und seines Textes und späteren Anwendungen, die sich von der Ursprungsintention mehr oder weniger weit entfernt haben, ist möglich und dringend nötig. Es gibt auch *falsche* Deutungen!“ Das ist zu positivistisch gedacht und rechnet eben doch mit der Möglichkeit, dass die Exegese die ursprüngliche Intention sicher erheben kann. Treffender hingegen G. Häfner, Erosion, 186f, der von einer begrenzten Offenheit der Textinterpretation spricht. Vgl. insgesamt auch die sehr hilfreichen Überlegungen bei S. Gehrig, Leserlenkung, 13–50 (Interpretationsgrenzen als Rahmen, in dem mehrdeutige Interpretationen möglich sind, wobei der Text als Rahmen Grenzen setzt).

34 Zur Konstruktivität der exegetischen Arbeit und zu den oft unbewussten Voraussetzungen, die schon im Exegeten/in der Exegetin schlummern, vgl. M. Oeming, Hermeneutik, 91f. Vgl. auch die geglückte Formulierung bei K. Backhaus/G. Häfner, Konstruktion, 135: „Exegeten sind Konstrukteure, die auf dem schmalen Gerüst zweitausend Jahren alter Konstruktionen konstruieren.“

35 Als grundsätzliche Lektüremöglichkeit eines Textes auch konstatiert und entsprechend methodisch rückgebunden bei B. Schmitz, Prophetie, 100.

gut als möglich – zu überbrücken.[36] Ich entscheide mich also dafür, nach der Textfunktion im Gewand eines antiken Lesers zu fragen: Welche Funktion entfaltet das MkEv – in meinem Fall geht es vor allem um die Triumphzugsanspielungen – angesichts der kulturellen, religiösen, sozialen und machtpolitischen Realitäten seiner antiken Umwelt? Welchen pragmatischen Sinn konstruiert eine antike Leserin bzw. ein antiker Hörer – konstruiere ich als Leser, der in die hypothetische Haut eines antiken Lesers schlüpft – bei der lesenden oder hörenden Wahrnehmung des MkEv? Ich sehe in diesem Zugriff eine gute Möglichkeit, die kulturelle und zeitliche Differenz, die mich vom Text trennt, versuchsweise zu überbrücken.[37] Dass ein solches Vorgehen auch literaturwissenschaftlich sinnvoll ist, formuliert prägnant etwa H. R. Jauß: „Das Literarische der Literatur ist nicht nur synchronisch durch die Opposition von poetischer und praktischer Sprache, sondern auch diachronisch durch die Opposition zum Vorgegebenen der Gattung und zu der vorangegangenen Form in der literarischen Reihe bedingt. Wenn das Kunstwerk gegen den Hintergrund anderer Kunstwerke und durch Assoziation mit ihnen wahrgenommen wird [...], muß die Interpretation des Kunstwerks auch seine Beziehung zu anderen, vor ihm existierenden Formen berücksichtigen."[38] Zu diesen dem MkEv vorauslaufenden Formen rechne ich auch den Triumphzug. Gleichwohl ist meine Lektüre des MkEv vor dem Hintergrund der Entstehungssituation des Textes nicht die einzig mögliche oder gar die einzig „richtige" Art, einen biblischen Text zu lesen, aber es *ist* eine *mögliche* Lektüreperspektive, die es je nach Erkenntnisinteresse zu beachten gilt.

Ich bin zudem davon überzeugt und mir dessen vollauf bewusst, dass besonders gute Argumente (Textbeobachtungen), die ich für eine spezifische Textfunktionszuschreibung vorbringe, keineswegs implizieren, dass ich mit dieser begründeten Textfunktionszuschreibung auch die Intention des Autors getroffen hätte, die im Text m. E. grundsätzlich vorhanden ist. Ich habe dann „nur" –

36 Zur Notwendigkeit eines mit dem Text mindestens in Ansätzen gemeinsamen kulturellen Codesystems für die Textinterpretation, das sich für antike Texte etwa durch traditions-, religions-, motiv- und sozialgeschichtliche Studien erarbeiten lässt, vgl. U. Poplutz, Spannung, 24f; M. Mayordomo-Marín, Anfang, 50f. Im Hintergrund stehen etwa Überlegungen zur prinzipiellen Geschichtlichkeit und Kontextgebundenheit von Literatur, die sich auch bei H. R. Jauss, Literaturgeschichte, finden.

37 Ich folge mit der Kombination der Fragen nach der Textfunktionalität und nach dem historischen Kontext des Textes einer Leitfrage von W. Iser, Akt, IV: „Was ist die Funktion literarischer Texte in ihrem Kontext?".

38 H. R. Jauss, Literaturgeschichte, 23 (im Original teilweise kursiv). Zur Einbettung von Texten in ihren zeitgeschichtlichen Entstehungskontext vgl. grundlegend auch den Ansatz des so genannten *new historicism*, dessen große Stärke, bei allen vorhandenen Problemen, darin besteht, Text und Kontext gegenüber der dekonstruktivistischen Loslösung des Textes aus seinem Kontext wieder stärker zusammenzurücken. Vgl. dazu insgesamt T. A. Schmitz, Literaturtheorie, 175–192. S. Finnern, Narratologie, 45f, spricht gar von einer kulturellen und historischen Wende in der Narratologie.

sofern meine Argumente stichhaltig sind – eine *mögliche* Funktion des Textes aufgedeckt – oder lesend konstruiert. Eine Garantie, dass meine Textfunktionszuschreibung auch der Autorintention entspricht, gibt es nicht. Aber ich bin auch davon überzeugt, dass es eine reine *Setzung mit Behauptungsrest* ist, dass ich die im Text vorhandene Autorintention bei meiner konstruierenden Textfunktionszuschreibung notwendig nicht treffen kann. Die Behauptung, meine Textfunktionszuschreibung sei reine Konstruktion und könne automatisch – also im Sinne eines notwendigen Fehlschlusses – nicht die Autorintention treffen, ist ein typisches „Nichts anderes als-Argument".[39] Solche Argumente, die einen Sachverhalt allein auf einen anderen reduzieren (etwa: Religion ist nichts anderes als Projektion), haben eine ausgesprochene Verführungskraft und sind im wissenschaftlichen Diskurs machtvoll. Sie haben aber oft auch einen blinden Fleck in Form eines Behauptungsrestes, weil sie die Reduktion des einen Elementes allein auf ein anderes nur behaupten, aber nicht argumentativ beweisen können. Es könnte ja eben doch anders sein. Die Gleichung: „Textinterpretation durch den Leser trifft notwendig und automatisch nicht die Autorintention", ist eine solche Behauptung, die im Letzten nicht beweisbar ist. Dann aber ist es prinzipiell möglich, dass ich bei der Herausarbeitung einer Textfunktion auch die Autorintention erhebe. Ein solcher „Volltreffer" kann sich ereignen! Die Empirie im Falle noch lebender Autoren, die einen Standpunkt außerhalb des zu analysierenden Textes einnehmen können, zeigt ja entsprechend auch, dass sich gelingendes Verstehen ereignet. Dem Autor und seiner Intention mit Roland Barthes das endgültige Sterbeglöckchen zu läuten, ist daher verfrüht.[40] Insofern spreche ich auch weiterhin von „Autorintentionen", dies freilich aber nur mit gewisser Vorsicht. Denn es gibt, sofern der Autor im biologischen Sinne tot ist, keinerlei „objektive" Kontrollinstanz, die verbürgen könnte, dass ich eben diese Autorintention auch getroffen hätte. Und ebenso klar ist: Wenn ich die Autorintention als „Volltreffer" bezeichne, dann ist damit gerade nicht gemeint, dass diese die einzig richtige Lesart für

39 Zu diesem Argumentationstyp vgl. die fundamentaltheologischen Überlegungen von J. Werbick, Glauben, 58–70, bei dem ich diesem Argumentationstyp und seiner Kritik begegnet bin. Bei G. Häfner, Konstruktion, 93, klingt eine ähnliche Überlegung im Blick auf den geschichtstheoretischen Diskurs an: „Die unumgängliche Perspektivierung [sc. die durch die sprachliche Einkleidung eines Ereignisses erfolgt, M. L.] bedeutet nicht, dass die Sprache ein Ereignis notwendig *verzeichnet*. Die Erkenntnis, dass die Sprache kein Spiegel der oder Fenster auf die Wirklichkeit sein kann, begründet nicht die skeptische Position, Sprache sei eine Trennwand zur Wirklichkeit."

40 Vgl. F. Jannidis/G. Lauer/M. Martinez/S. Winko, Rede, 34: „Der Bezug zwischen Autor und Text ist solange als sinnvolle Analysekategorie anzuerkennen, bis das Gegenteil erwiesen ist und dieser Nachweis nicht mit den kaum konsensfähigen philosophischen Prämissen der autorkritischen Position belastet ist." Die hier angesprochene Prämisse entspricht dem, was ich als Behauptungsrest des „Nichts anderes als-Arguments" bezeichnet habe.

den Text darstellen würde oder dass diese Lesart wertvoller[41] wäre als jene Lesarten, die im Text als dem Autor unbewusste „Geheimnisse" schlummern. Die vermeintliche oder wirkliche Autorintention ist eine mögliche und plausible Lesart für den Text, der aber – wie gezeigt – für ein antikes wie ein modernes Lesepublikum mehr und andere Lesarten plausibel ermöglicht, als sie vom Autor intendiert waren.

Die einzig mögliche Kontrollinstanz für die „Bewertung" von Textinterpretationen ist im Rahmen der Wissenschaft daher die *scientific community.*[42] Wenn ich viele gute Argumente für meine Sicht des Textes und seiner Funktionalität anführen und damit andere Mitglieder der Wissenschaftsgemeinschaft überzeugen kann, dann ist die *Wahrscheinlichkeit*, dass ich mit meiner Lektüre die Autorintention getroffen habe, deren Gegebensein ich als massive Sinnlinie und pragmatische Botschaft im Text annehme, in Relation zu anderen Textinterpretationen mit weniger guten Argumenten höher. Insofern hat für mich der Autor, der eine (oder die?) Hauptsinnlinie des Textes verantwortet, weiterhin Bedeutung und Gewicht – ohne dass ich diese Instanz unreflektiert zu einer Art Autor-Gott stilisieren müsste, gegen den sich R. Barthes[43] so massiv wehrt. Ob ich aber diese Autorintention wirklich erfasst habe, darüber gibt es keine letzte Gewissheit.[44] Im Idealfall könnte es, wenn sich sehr viele Textbeobachtungen finden lassen, die in einer interpretatorischen Linie stehen, und es beinahe so etwas wie einen Konsens in der *scientific community* gibt, zu einer Art asymptotischen Annäherung an die (vermeintliche) Autorintention kommen. Dabei muss sich die gesamte *scientific community* bewusst sein, dass ihre Erkenntnisse und Gewissheiten, auch ihre Konsense, letztlich im Fluss sind

41 Nach der Autorintention zu fragen, ist auf der anderen Seite aber gleichwohl wertvoll, insofern der Autor eine reale Größe im durch den Text vermittelten Kommunikationsgeschehen ist.

42 Zur Bedeutung der *scientific community* als Interpretationsgemeinschaft, in deren Kontext und Grenzen Individuen Texte interpretieren, vgl. O. Keel, Minima methodica, 215.220 (die Wissenschaftsgemeinschaft als Richterkollegium, das über Plausibilitäten und Wahrscheinlichkeiten urteilt, wobei allein Argumente zählen), sowie das Referat der Arbeiten von S. Fish bei T. A. Schmitz, Literaturtheorie, 142–145. Zur Bedeutung der Diskursgemeinschaft vgl. auch G. Häfner, Konstruktion, 91. Dass dabei auch die vorherrschende exegetische Diskursgemeinschaft ihre Grenzen hat und Diskursmacht ausübt, indem sie etwa abweichende Interpretationen als „Sondermeinungen" (dis-)qualifiziert, ja in der Tendenz ein träges System ist, das grundlegenden Innovationen und dem Ruf nach einem Paradigmenwechsel zunächst meist skeptisch gegenüber steht, ruft insbesondere die postkoloniale Theologie und Exegese in Erinnerung, vgl. exemplarisch T. Zirpel, Exegese, 268–272.

43 R. Barthes, Tod, 190.

44 Im Konzept von B. Schmitz, Prophetie, 101, ist der Überstieg von der textinternen Autorfiguration zum realen Autor mit dieser letzten Unsicherheit behaftet: Die „Identifizierung einer textintern eruierten Autorfiguration mit einem realen Autor [sc. kann, M. L.] lediglich vermutet und entsprechend plausibilisiert werden, nie aber mit Entschiedenheit gewusst und behauptet werden. Zu betonen ist daher, dass die im Text eruierte Autorfiguration keineswegs identisch mit dem realen Autor sein muss, aber sein kann."

und scheinbare „Wahrheiten“ als nur vermeintliche enttarnt werden können.[45] Das ist auch wissenschaftlicher Fortschritt.[46] Diese latente Relativität,[47] die Vorläufigkeit und Unsicherheit der eigenen wie der gemeinsamen Arbeit gilt es nicht zu kaschieren oder gar zu abrogieren, sondern auszuhalten,[48] ohne einer „Diktatur des Relativismus“ das Wort zu reden und hermeneutische Auswege[49] zu suchen, die keine sind, oder in den Indifferentismus des „alles geht, alles ist gleich gültig und damit gleichgültig“ zu verfallen. Das Ernstnehmen der potentiellen Vorläufigkeit wissenschaftlicher Erkenntnisse ist, positiv gewendet, zugleich auch die Anerkenntnis einer potentiellen Pluralität von „Wahrheit“ und einer immer nur möglichen Annäherung an diese. Mehr ist in einer argumentierenden und ehrlichen Wissenschaftsgemeinschaft nicht möglich und mit weniger als der argumentativ fundierten Suche nach und dem Ringen um solche „Wahrheiten“ sollte man sich nicht zufrieden geben.

Für mich bedeutet dies alles, dass ich prinzipiell nur mit gewisser Zurückhaltung von „Autorintentionen“ spreche – und wenn ich dies tue, dann im Bewusstsein, dass es sich allenfalls möglicherweise um eine solche handelt.

---

45 „Wahrheit“ kann insofern letztlich nur in Gemeinschaft gesucht werden, aber der gemeinsame Konsens verbürgt und begründet nicht die „Wahrheit“ einer Textinterpretation.

46 Nach T. S. Kuhn, Struktur, findet wissenschaftlicher Fortschritt sogar primär auf diesem Wege statt: Ein herrschendes Paradigma gerät angesichts von Anomalien, die das Paradigma nicht erklären kann, in die Krise und wird im Rahmen einer wissenschaftlichen Revolution durch ein neues Paradigma ersetzt. Ein Paradigmenwechsel hat stattgefunden. Dieser Prozess ist prinzipiell infinit. Vgl. auch die zugespitzte Formulierung eines meiner gegenwärtigen Lieblingsautoren (vgl. auch das Motto zu Beginn des Vorworts): Wir übersehen heute, „dass jede bekannte Lösung eines bestimmten komplexen Problems keine ist, sondern nur eine gut getarnte Arbeitshypothese. Wer gierig nach kanonisierten Informationen ist, tätigt eine Dauerinvestition in die Schrottaktie des gesicherten Wissens.“ (T. Glavinic, Gebrauchsanweisung, 216). Das ist vielleicht etwas zu apodiktisch formuliert, trifft aber möglicherweise doch einen Charakterzug des wissenschaftlichen Fortschritts.

47 Vgl. die eindrücklichen Überlegungen bei G. Häfner, Konstruktion, 89–96 („Dies ist kein sicheres Wissen, es ist diskutabel und falsifizierbar“ [92]); A. Merz, Genderforschung, 602f („Historische Rekonstruktion hat es immer mit Wahrscheinlichkeitsurteilen und dem Abwägen von Plausibilitäten zu tun“); O. Keel, Minima methodica, 215 („reine Objektivität“ ist im Rahmen historischer Urteile „ausgeschlossen“). Dass unsere Lebenswelt gleichwohl mit historischer Objektivität operiert, steht außer Frage (wenn etwa ein Bild Caspar David Friedrichs als Fälschung deklariert wird, dann ist das ein historisches Urteil mit objektiv manifesten Folgen, etwa im Blick auf den Wert dieses Werkes).

48 Für M. Oeming, Hermeneutik, 43, liegt in der „Regionalisierung der Wahrheit“, von ihm als widersprüchliche Vielfalt der Meinungen selbst auf kleinem Raum (etwa innerhalb Deutschlands) verstanden, ein Grund für die latente Ignoranz gegenüber exegetischen Einsichten, die gerade in ihrer Vielfalt den biblischen Text eher verschleiern, als ihn erklären. Das mag stimmen, ändert aber nichts an der Faktizität der beschriebenen Situation. Sie wäre vielmehr als Chance zu begreifen.

49 Etwa in Form der autoritativen Deklaration von Wahrheit.

Eine weitere Differenzierung und terminologische Klärung ist in diesem Kontext angebracht: Wenn ich im Folgenden von Autorintention und dem Autor des MkEv spreche, dann meine ich diejenige Person, die den Text des MkEv als Schriftsteller auf der Ebene des Endtextes[50] geschrieben und damit verantwortet hat und die von der Figur des Erzählers zu unterscheiden ist (auch wenn es letztlich der Autor ist, der dem Erzähler eine Stimme gibt). Hilfreich sind hier in erzähltheoretischer Diktion die Kategorien von H. Love.[51] Er unterscheidet vier Autortypen:

1. *executive author*: Mit diesem Begriff wird die Person bezeichnet, die als Urheber den Text faktisch geschrieben oder diktiert hat.
2. *declarative author*: Damit ist die Person gemeint, die aufgrund des Titelblattes, des Impressums, der Überschrift oder des Inhaltsverzeichnisses als Autor genannt wird. Fallen *declarative author* und *executive author* faktisch nicht zusammen, handelt es sich entweder um einen Ghostwriter oder aus der Perspektive des *declarative author* auch um ein Plagiat. Handelt es sich faktisch um die gleiche Person, die aber nominell unter zwei verschiedenen Namen auftritt, so liegt ein Autorenpseudonym oder auch Pseudepigraphie vor.
3. *revisionary author*: Hierbei handelt es sich um die Instanz, die für kleinere Textänderungen verantwortlich zeichnet, etwa den Herausgeber eines Sammelwerkes. In der ntl. Exegese könnte man etwa in der Johannesforschung darunter den Redaktor letzter Hand fassen, also etwa die so genannte „kirchliche Redaktion" des JohEv.[52]
4. *precursory author*: Mit diesem Begriff bezeichnet Love die Autoren, deren Texte als Quellen in den Text des *executive author* eingeflossen sind. Im Falle des MkEv also etwa die atl. Autoren, die im MkEv zitiert werden.

Wenn ich im weiteren Verlauf dieser Arbeit vom Autor des MkEv und seinen Intentionen spreche, dann meine ich jeweils den „*executive author*" bzw. vermerke explizit, wenn es mir um eine andere Autorinstanz geht.

Ich spreche daher grundsätzlich von meinen Zuschreibungen einer Textfunktion an den Text, die ich im Blick auf den Text als einem antiken Dokument formuliere, wobei ich mich des Konstruktes „antiker Erstleser, antike Erstleserin" bediene. Ich lese den Text also im Horizont seiner Entstehungszeit und als Kommunikationsmittel zwischen Autor und Adressatenpublikum, unter dem ich die mk Gemeinde verstehe. Im Blick auf diese antiken Erstleser, für die der Text zuallererst gedacht war, frage ich: Was können sie als Triumphzugsallusionen innerhalb des MkEv lesen? Wie werden sie auf diese Spur gesetzt? Was werden sie dabei angesichts der eingespielten Realie des Triumphzugs und ihres Wissens um dieses Ritual als „Leerstellen" wahrnehmen (Selektion) und

50 Tiefgreifende literarkritische Spekulationen vermeide ich weitgehend. Mir geht es vor allem um den Endtext des MkEv und seinen Autor.

51 Vgl. zum Folgenden H. Love, Authorship, 31–50; M. Fludernik, Erzähltheorie, 25.

52 Zu diesem Konzept vgl. J. Kügler, Johannesevangelium, 212–214.

wo werden sie den Eindruck haben, dass die vorgegebene Motivtradition spezifisch verändert wird (Mutation)?[53] Schließlich: Wie werden sie die Einspielung der Realie Triumphzug mit Sinn und Bedeutung füllen (Textpragmatik)? Meine Textlektüre stelle ich dezidiert in den wissenschaftlichen Diskurs und damit zur intersubjektiven Kritik, indem ich textbezogen argumentiere und meine hermeneutischen sowie methodischen Voraussetzungen nenne. Deshalb ist auch in dieser exegetischen Arbeit der Willkür nicht Tür und Tor geöffnet. Ich erhebe in keinem Fall den Anspruch, die einzig richtige Lesart für die von mir behandelten mk Texte zu präsentieren – wenngleich ich glaube, dass die hier vorgetragene Lesart einige mk Textdetails neu und im Vergleich zu anderen Deutungen überzeugender interpretieren kann – oder *die* Autorintention schlechthin zu erheben. Wohl aber möchte ich eine plausible, mögliche Lesart vortragen und meine Textfunktionszuschreibungen argumentativ begründen. Dabei gehe ich letztlich davon aus, dass der Autor des MkEv die Anspielungen auf das Ritual des Triumphzugs bewusst gesetzt hat, um eine inhaltliche Botschaft zu transportieren, der man sich interpretierend zumindest annähern kann. Das ist im Letzten nicht zwingend zu beweisen, weil der Text eben ein Eigenleben führt und Sinnlinien im Zusammenspiel mit den Lesenden produziert, wohl aber ist meine Interpretation argumentativ zu plausibilisieren.

4.2 Die Magie der Anspielungen:[54] Überlegungen zur Methodologie, zu chiffrierten Referenzen und zu den Schwierigkeiten ihrer Plausibilisierung

Die Anwendung anerkannter und erprobter exegetischer Methoden garantiert zwar keine objektive, von (oft unbewussten) subjektiven Voreinstellungen befreite Lektüre und Analyse eines ntl. Textes.[55] Sie macht aber das jeweilige Vorgehen und Argumentieren intersubjektiv besser nachprüfbar. In diesem Sinne wende ich in meiner Arbeit eine Reihe exegetischer Methoden explizit an, um die mk Texte zu analysieren.[56] Dabei bin ich keinem festen und sklavisch zu applizierenden „Methodenarsenal" verpflichtet. Das heißt, dass

---

53 Anders gewendet: Wo und wie wird der „Erwartungshorizont" der antiken Leser aufgrund ihrer Kenntnis der Grundtradition erfüllt bzw. überraschend anders gefüllt. Zum literaturwissenschaftlichen Konzept des „Erwartungshorizonts" vgl. H. R. Jauss, Literaturgeschichte; U. Poplutz, Spannung, 25 f.

54 Die Titelformulierung dieses Teilkapitels geht zurück auf den Titel der Monographie von D. M. Salzer, Die Magie der Anspielung.

55 Vgl. dazu C. Schramm, Alltagsexegesen, 508–510.

56 Dabei stütze ich mich vor allem auf die Methodenlehrbücher von M. Ebner/B. Heininger, Exegese; W. Egger/P. Wick, Methodenlehre.

ich Methoden nutze, die ihre Wurzeln sowohl in der synchronen wie diachronen Frageperspektive haben. Die Auswahl der jeweiligen Methode ist vom zu analysierenden Text sowie meinem Grunderkenntnisinteresse, eben meinem Untersuchungsziel, bestimmt. Ich präsentiere also jeweils die einer bestimmten Methode verpflichteten Analysen und Ergebnisse, die m. E. für Text und Fragestellung besonders gewinnbringend sind. Das bedeutet auf der Mikroebene, also im Blick auf die Analyse einzelner Perikopen im dritten Hauptkapitel, dass sich neben der stets vorhandenen Gliederung des Textes sowie einigen kompositionsanalytischen Beobachtungen, die der Vorstellung desselben dienen, ein potentiell jeweils unterschiedliches methodisches Vorgehen findet. Anders auf der Makroebene: Denn im Blick auf das Design der gesamten Untersuchung bin ich im Wesentlichen einer einzigen exegetischen Methode verpflichtet. Ich nenne sie mit einem klassischen Begriff „Motivkritik".

Motivkritik als Methode der ntl. Exegese will bestimmte Elemente eines ntl. Textes mit seiner antiken Umwelt vernetzen, den Text also im Horizont seiner Entstehungszeit und ihrer Realien lesen. Motivkritik begreift diese Textelemente als geprägte Motive, die mit einer spezifischen Konnotation, die sich aus dem Gebrauch des Motivs in der Umwelt ergibt und die den antiken Erstadressaten eines Textes bekannt war, in den ntl. Text eingearbeitet wurden. Im Rahmen dieser Übernahme eines Motivs in einen ntl. Text kann das Motiv neue Bedeutungsaspekte annehmen. Umgekehrt können klassische Bedeutungsnuancen bewusst ausgeblendet bzw. durch den neuen Kontext negiert werden. Exegetische Varianten und Spielformen solcher Motivkritik begegnen etwa unter den Stichworten „Traditionskritik", „religionsgeschichtlicher Vergleich", „zeit-, sozial- und kulturgeschichtliche Exegese"[57] und machen einen gewichtigen Forschungszweig in der ntl. Wissenschaft aus, der sich grundsätzlich durch Interdisziplinarität auszeichnet. Denn wer Motivkritik betreiben will, der muss in einen Dialog mit den Ergebnissen der Forschung von Altertumswissenschaft, Alter Geschichte, Archäologie, Epigraphik, Papyrologie, Numismatik, Orientalistik, Kunstgeschichte, Altphilologie usw. treten, insofern für die Identifizierung und inhaltliche Charakterisierung eines geprägten Motivs „Zeitreisen" in die Antike nötig sind. Die so erarbeiteten Wissensbestände sind mit der jeweils konkreten Realisierung eines Motivs in einem ntl. Text zu korrelieren. „Verstehen basiert hier auf Vernetzen"[58].

Solcherlei motivkritisches Vernetzen von Texten miteinander bzw. von Texten mit nichttextlichen Realien kann in unterschiedlicher Perspektive erfolgen: (1.) als Nachweis von *parallelen* Phänomenen, die die Partizipation urchristlicher Texte an der antiken Lebenswelt, ihre Verankerung in dieser Welt aufweisen und sie als eigene Stimmen in antiken Diskursen verstehen, die

57 Vgl. M. Ebner/B. Heininger, Exegese, 244–246.

58 M. Oeming, Hermeneutik, 39.

sich vorsichtig mit anderen Stimmen innerhalb solcher Diskurse[59] vergleichen lassen; (2.) als Nachweis von durch den Autor bewusst gesetzten oder für das Erstadressatenpublikum im Text manifesten und erkennbaren *Anspielungen*, die – ob intendiert oder nicht – zwei Motivvarianten so zueinander in Beziehung setzen, dass im Vergleich zwischen dem älteren Prätextmotiv aus der Umwelt und der jüngeren ntl. Realisierung dieses Motivs eine spezifische, freilich jeweils näher zu bestimmende Sinnkonnotation im Blick auf das ntl. Motiv und damit den ntl. Text zu Tage tritt; (3.) als Nachweis einer *Rezeption* ntl. Motive in jüngeren Texten auch nichtchristlicher Provenienz mit ihren jeweiligen Motivrealisierungen. Denn auch ntl. Texte und Traditionen können ihrerseits zu Prätexten werden.[60] Entscheidend sind im Blick auf diese drei Typen motivkritischer Vernetzungen jeweils die Abhängigkeitsverhältnisse und die Datierungen der Texte, die die Motive enthalten.

Im konkreten Fall dieser Arbeit geht es um eine Vernetzung zwischen der Realie „Triumphzug", die sich als Prätextmotiv aufgrund der Komplexität des Rituals durch eine Vielzahl von Einzelmotiven auszeichnet, und dem Text des MkEv, präziser: bestimmten Textdetails dieser Jesuserzählung. Dabei werden die Motivparallelen oder Motivähnlichkeiten jeweils als *Referenzen* auf das Prätextmotiv des Triumphzugs verstanden, die zu einer für die antiken Adressaten erkennbaren und vom Autor potentiell intendierten *Triumphzugsparodie* führen.

Intertextualität: Fällt das Stichwort Motivkritik im oben beschriebenen Sinne, so dürfte die Assoziation des schillernden Begriffes „*Intertextualität*"[61] nicht fern liegen. Dies umso mehr, wenn etwa von „Prätexten" die Rede ist. In der Tat gibt es deutliche Parallelen zwischen motivkritischen exegetischen Analysen und Textdeutungen auf der Basis des Intertextualitätskonzeptes, zumindest, wenn man einen engeren Intertextualitätsbegriff[62] anlegt, der Texte nicht wahllos miteinander vernetzt, sondern etwa auf die chronologischen Abfassungsverhältnisse achtet. Fraglos kann das Konzept der Intertextualität mit großem Gewinn in die ntl. Exegese eingebracht

59 Zur Methode der Diskursanalyse im Rahmen der ntl. Exegese vgl. S. LUTHER, Sprachethik, 23–66.

60 Solchen Phänomenen geht exemplarisch H.-J. KLAUCK, Religionsgeschichte, nach, wenn er die Rückwirkungen christlicher Literatur und christlichen Gedankenguts auf Petronius, Achilleus Tatios, Flavius Philostrat sowie Chariton bedenkt.

61 Vgl. zur Sache nur S. ALKIER, Intertextualität; U. BROICH/M. PFISTER, Intertextualität; S. GILLMAYR-BUCHER, Intertextualität; J. HELBIG, Markierung; S. HOLTHUIS, Intertextualität; H. F. PLETT, Intertextuality; D. M. SALZER, Magie, 17–21; P. STOCKER, Theorie, 9–117; T. A. SCHMITZ, Literaturtheorie, 91–99.

62 Dieser engere Intertextualitätsbegriff lässt sich mit S. ALKIER, Intertextualität, 62f, noch in eine eher produktionsorientierte und eine eher rezeptionsorientierte Perspektive differenzieren. Beide Perspektiven scheinen mir für eine am Verständnis des biblischen Textes orientierte Exegese gewinnbringend zu sein und haben gewisse Berührungen mit der Methode der Motivkritik.

werden.[63] Auf der anderen Seite ist der Begriff inzwischen so weit verbreitet und in seiner Definition so unscharf geworden,[64] dass seine Verwendung im Kontext dieser Arbeit keinen Gewinn darstellen würde, da über das klassische Konzept der Motivkritik die Sache, um die es mir geht, ausreichend beschrieben ist. Ich verzichte daher im Folgenden weitgehend (wenngleich nicht ganz) auf den Begriff der Intertextualität.

Freilich liegt genau darin eine ganz wesentliche Herausforderung dieser Arbeit. Des Öfteren begegnete mir im Verlauf der Erstellung dieser Studie die kritische Anfrage: „Das klingt ja alles ganz spannend, aber wo steht bei Markus eigentlich nun etwas vom Triumphzug direkt im Text? Worin besteht die textliche Basis für diese These? Ist die These überhaupt plausibel und lässt sie sich mittels Textbeobachtungen argumentativ fundieren?“ Diese Fragen, die letztlich auf der Ebene des exegetischen Diskurses angesiedelt sind – also im Bereich des der Vernunft verpflichteten Abwägens von argumentativ genutzten Textbeobachtungen und von Wahrscheinlichkeitsurteilen –, sind berechtigt und zielen letztlich auf die Art der mk Triumphzugsanspielungen. In der Tat sind diese „nur“ als chiffrierte, gleichsam verdeckte Referenzen vorhanden. Sie erfolgen nicht durch ein eindeutiges Stichwort – etwa aus der Wortfamilie „Triumph“[65] – und tauchen entsprechend nicht massiv und vollkommen eindeutig im Text auf, sondern erscheinen mehr wie ein dezent mitklingender Oberton,[66] den man hören, überhören oder freilich auch nur *scheinbar* hören kann, bei dem man sich also geradezu akustisch täuschen kann. Der eine sieht Anspielungen im Text, der andere sagt mit Blick auf die Behauptung solcher Anspielungen: „Davon findet sich doch nichts im Text“. Und genau darin besteht der zentrale Einwand, der in der exegetischen Wissenschaft im Nachgang zu den Publikationen von T. E. Schmidt gegen die These einer Triumphzugsallusion innerhalb des MkEv erhoben worden ist. Mit den Worten A. Yarbro Collins: „The parallel, however, seems far-fetched.“[67] Eine mk Anspielung auf den römischen Triumphzug erscheint zwar irgendwie möglich, aber ist eben doch eine allenfalls ferne Parallele, ist weit hergeholt und nicht sehr wahrscheinlich. Die hier auszuarbeitende These wäre dann eine recht

---

63 Dies geschieht etwa bei A. Merz, Selbstauslegung.

64 Zur Kritik am Intertextualitätsbegriff vgl. E. Esch-Wermeling, Paulusschülerin, 31; zur Kritik an seiner unreflektierten Verwendung im Sinne eines „Etikettenschwindels“ vgl. T. A. Schmitz, Literaturtheorie, 93.

65 Als Problem für die Plausibilisierung von Anspielungen auf den Triumphzug im MkEv auch gesehen von D. A. Thomas, Context, 69.

66 T. E. Schmidt, Narrative, 1, bezeichnet die Triumphzugsanspielungen als „sublevel“; G. Guttenberger Ortwein, Status, 191, hält fest, dass die mk Anspielungen auf den römischen Triumphzug „sehr subtil“ ausfallen.

67 A. Yarbro Collins, Mk, 725. Vgl. auch A. T. Georgia, Triumph, 18, der im Blick auf den Diskurs über die Arbeiten von T. E. Schmidt formuliert: „This suggestion was certainly creative, but it failed to convince many“.

steile, die für das Verständnis des mk Textes letztlich kaum einen Gewinn mit sich bringen würde. Verkürzt und zugespitzt gesagt: Die These leidet unter einem Plausibilisierungsproblem! Dieses Schicksal teilt die These dieser Arbeit im Übrigen mit vielen exegetischen Arbeiten, die einen ntl. Text enger auf eine Realität aus der (vermeintlichen oder faktischen) Umwelt dieses Textes beziehen wollen.

Diesem Fundamentalvorwurf und dem dahinter stehenden Problem der irgendwie vagen Anspielung, die nur bedingt argumentativ zu plausibilisieren ist, gelten die folgenden Unterkapitel. Sie wollen dem „*far-fetched*-Vorwurf"[68] bzw. „*far-fetched*-Problem", so möchte ich es zukünftig nennen, produktiv begegnen, d. h. die Problematik ernst nehmen und den vorhandenen Einwand, so gut es geht, entkräften.

Worum es mir dabei im Näheren geht, lässt sich gut im Anschluss an Überlegungen formulieren, die S. Schreiber angesichts des Phänomens der chiffrierten Referenz angestellt hat.[69] Thematisch geht es ihm um Formen verborgener Kritik am römischen Herrschaftssystem in einigen Paulusbriefen. Weil es sich dabei um *verdeckte* Bezugnahmen auf die politischen Realitäten des Imperium Romanum im Rahmen der Paulusbriefe handelt, setzt auch er sich mit den hermeneutischen Problemen vager Anspielungen und ihrer Plausibilisierung im exegetischen Diskurs auseinander:

> Dies bringt die methodische Schwierigkeit mit sich, auf Anspielungen und versteckte Äußerungen hören zu müssen, die sich nur mittelbar als politische Kritik verifizieren lassen. Die Suche nach lediglich angespielten und daher weithin verborgenen Tönen in den Texten droht in die methodische Aporie zu führen, das Nichtgesagte behaupten zu müssen. Aber genau diese Ambivalenz zwischen offenen und verborgenen Aussagen entspricht der politischen Lage der ersten Christen. Bezieht man die sozialgeschichtlichen Voraussetzungen der Textentstehung als wesentlichen Faktor in das methodische Instrumentarium ein, wird das Auffinden verborgener politischer Kritik nicht zur exegetischen Willkür, sondern ist gerade im Rahmen der konstruierbaren Kommunikationssituation der Briefverfasser bzw. -adressaten gefordert. Dass man auf der Basis dieser hermeneutischen Option mit Hypothesen arbeiten muss, liegt ebenso auf der Hand wie es unvermeidlich ist. Die Aufgabe der exegetischen Arbeit besteht dann darin, politische Interpretationen als *sprachlich möglich* und *historisch wahrscheinlich* zu erweisen.[70]

---

68 Mit dem Phänomen chiffrierter Referenzen als einer Form der sehr dezenten Anspielung setzen sich auch Literaturwissenschaft und Altertumskunde auseinander, wie sich im Folgenden zeigen wird. Zur Forschungsgeschichte im Blick auf Anspielungen vgl. nur J. Stanzel, Anspielung, 95f.

69 Vgl. S. Schreiber, Paulus, 345.

70 S. Schreiber, Paulus, 345 (Hervorhebung im Original).

Diese von Schreiber skizzierte „Aufgabe der exegetischen Arbeit" aufgreifend, nämlich die Möglichkeit und Plausibilität einer chiffrierten Referenz aufzuweisen, möchte ich im Folgenden darstellen, unter welchen Bedingungen eine chiffrierte Referenz in einem Text im exegetischen Diskurs vertretbar ist. Wann ist also die Behauptung einer chiffrierten Referenz plausibel und welche Argumente, die gegen die Behauptung einer chiffrierten Referenz angeführt werden, können vielleicht gerade nicht überzeugen und laufen fast zwingend ins Leere? Schließlich: Welche weiteren Parameter gilt es im sich als hermeneutisch tückisch erweisenden Gelände der chiffrierten Referenzen zu beachten?

Um im Blick auf diese Fragen festen Boden unter die Füße zu bekommen, wird zunächst das Phänomen der Anspielung, der Allusion, klassifiziert und typisiert (I 4.2.1). Im Rückgriff darauf stellt sich das bereits skizzierte Problem der chiffrierten Referenz nochmals verschärft und in aller Deutlichkeit. In einem zweiten Schritt werde ich sodann Charakteristika der chiffrierten Referenz beschreiben (I 4.2.2) und aufzeigen, was speziell diesen Allusionstyp auszeichnet. Dabei wird sich zeigen, dass im Wesen der chiffrierten Referenz auch die argumentative Problematik der diskursiven Behauptung wie Bestreitung einer solchen Allusion begründet liegt. Dass bereits antike Texte die Möglichkeit einer chiffrierten Referenz bedenken bzw. solche überliefern, gilt es anschließend aufzuzeigen (I 4.2.3), um nachzuweisen, dass eine solche literarische Technik in antiker Literatur denkbar ist und damit prinzipiell auch in ntl. Texten vorkommen kann.

Ist so der Boden gleichsam bereitet, will ich mich auf der *argumentationstheoretischen* Ebene mit dem „*far-fetched*-Problem" auseinandersetzen (I 4.2.4), indem ich zunächst die Grundbedingungen reflektiere, die erfüllt sein müssen, damit im Rahmen einer historischen Untersuchung überhaupt argumentativ plausibel mit der Möglichkeit einer chiffrierten Referenz gerechnet werden kann. Es geht also um den Aufweis von notwendigen Bedingungen der Möglichkeit einer chiffrierten Referenz. In einem zweiten Schritt will ich klassischen Argumenten (zu diesen gehört auch der „*far-fetched*-Vorwurf"[71]

71 Letztlich ist der „*far-fetched*-Vorwurf", wie sich zeigen wird, eine Variante des „Beliebigkeitsarguments", das gerne im Rahmen der Auseinandersetzung mit Arbeiten, die auf Intertextualitätskonzeptionen und -phänomene im engeren oder weiteren Sinne rekurrieren, eingesetzt wird. Ich zitiere exemplarisch aus einer Rezension von H.-C. Kammler, Rez., 728f, die sich mit einem der Intertextualität verpflichteten Aufsatz von Z. Garský beschäftigt (erschienen im Sammelband J. Frey/U. Poplutz [Hg.], Narrativität und Theologie im Johannesevangelium [BThSt 130], Neukirchen-Vluyn 2012, 67–101): „In hermeneutischer Hinsicht ist zu fragen, ob es unter rezeptionshermeneutischen Vorgaben überhaupt noch intersubjektiv kommunikable und von der wissenschaftlichen Interpretationsgemeinschaft kontrollierbare Kriterien gibt, um zwischen sachgemäßer und unsachgemäßer Textinterpretation und damit zwischen Ex-egese und Eis-egese zu unterscheiden. Ist der Raum möglicher Interpretationen hier nicht so weit und so unscharf, dass beim ‚Spiel der Interpretationen' (insbesondere auf der Ebene der Intertextualität!) der Beliebigkeit Tür und Tor geöffnet

selbst), die im Rahmen der Bestreitung einer chiffrierten Referenz immer wieder zu finden sind, auf den Grund gehen und aufzeigen, dass es sich zwar um wirkmächtige Argumentationsmuster handelt, diese aber im exegetischen Diskurs gleichwohl nur bedingt zu überzeugen vermögen, weil die Argumente selbst paradoxerweise aus dem Wesen der chiffrierten Referenz erwachsen können. Schließlich greife ich – freilich noch ganz im Gewand theoretischer Überlegungen – auf das Feld konkreter Textbeobachtungen und die Forschungsgeschichte aus, indem ich potentielle Textphänomene benenne, die die exegetische Behauptung einer chiffrierten Referenz in einem manifesten Text wahrscheinlicher machen. Erweisen muss sich das natürlich konkret im Rahmen der Textanalysen mk Perikopen im dritten Hauptkapitel dieser Untersuchung. Ein kurzes Fazit wird die wesentlichen Aspekte nochmals bündeln (I 4.2.5).

Weil die in diesem Teilkapitel verhandelten Aspekte ohnehin kompliziert sind, möchte ich mich um terminologische Klarheit bemühen. Folgende Sprachkonventionen werde ich daher durchgehend einhalten:[72]

- Prätext = der angespielte Text, wobei ich Text in einem weiten Sinne verstehe. Konkret handelt es sich um das Gesamt des Triumphzugsrituals;[73]
- Prätextmotiv = der Einzelbaustein innerhalb des Prätextes, auf den konkret eine Anspielung erfolgt;
- manifester Text = der anspielende und konkret greifbare Text. In dieser Arbeit handelt es sich dabei um das MkEv;
- anspielendes Segment = der Einzelbaustein innerhalb des manifesten Textes, der auf einen Prätext alludiert. Konkret handelt es sich um Textsegmente und Erzähldetails des MkEv;
- Allusion = Anspielung; die beiden Begriffe werden synonym verwendet;
- Allusion / Anspielung = Oberbegriff für alle Formen von Anspielungen auf einen Prätext; Teilmengen sind in dieser Arbeit Zitat, (markiertes) Pseudo-Zitat sowie freiere Referenz (in ihren unterschiedlich deutlichen Formen);
- freiere Referenz = nicht zitathafte oder nicht den Kriterien eines markierten Pseudo-Zitates entsprechende Form der Anspielung mit unterschiedlichen Graden der Deutlichkeit;

sind?". Diesen Grundvorwurf in seiner „far-fetched-Variante" möchte ich zu reflektieren und bis zu einem gewissen Grad zu entkräften suchen.

72 Mit Adaptionen übernommen von D. M. Salzer, Magie, 21–29. Zur Notwendigkeit klarer Terminologie vgl. die kritische Übersicht differierender Bezeichnungen bei D. Rusam, Lukas, 34f.

73 Mit V. K. Robbins, Texture, 40–68, lässt sich der Prätext des Triumphzugsrituals noch präziser als „cultural" oder „social intertexture" beschreiben (Anspielung auf einen Traditionsstrang oder auf soziale Institutionen). Weitere Kategorien zur Differenzierung von Intertextualität sind bei ihm „historical intertexture" (Anspielung auf eine historische Situation) sowie „oral-scribal intertexture" (Anspielung auf ein konkretes Wort oder einen konkreten Satz). Vgl. zu Robbins D. Rusam, Lukas, 35.

- chiffrierte Referenz[74] = Form der dezenten/vagen Anspielung auf einen Prätext; Unterform der freieren Referenz.

Insgesamt verfolge ich mit den Ausführungen des Kapitels I 4.2 mehrere Ziele: Ich möchte (1.) das Wesen der chiffrierten Referenz zumindest *in nuce* beschreiben.[75] Das ist nötig, weil in ihrem Charakter auch die Problematik ihrer Plausibilisierung im exegetischen Diskurs gründet. Ich will (2.) der Problematik solch vager Referenzen, eben dem „*far-fetched*-Problem", produktiv begegnen und die in dieser Arbeit vertretene Hauptthese einer mk Triumphzugsparodie argumentationstheoretisch stärker fundieren. Es gilt mithin, dem „*far-fetched*-Problem" etwas von seiner argumentativen Kraft zu nehmen (zu den Grenzen der Argumentation vgl. I 4.2.6). Damit leisten die Ausführungen dieses Kapitels einen Beitrag zur Reflexion der komplexen Fragen nach literarischen Anspielungstechniken im Bereich freierer Referenzen, zu denen auch der Typ der chiffrierten Referenz gehört.

Angemerkt sei schließlich noch, dass ich an dieser Stelle nur *argumentationstheoretische* Überlegungen vortrage, die sich losgelöst von konkreten Texten mit dem Phänomen der chiffrierten Referenz und ihrer argumentativen Plausibilisierung beschäftigen. Die eigentliche Überzeugungsarbeit im Blick auf meine These wird erst im Rahmen der Textarbeit des dritten Hauptkapitels erfolgen. Im Rahmen des Kapitels I 4.2 werden dazu einige Grundlagen gelegt, auf denen ich im weiteren Verlauf der Arbeit meine Argumentation aufbauen werde.

74 In der Literaturwissenschaft spricht man auch von „chiffrierten Anspielungen", was im Blick auf die Sache treffend ist, ich hier aber vermeide, um den Begriff Anspielung als Oberbegriff für das Gesamt von Allusionsphänomenen zu reservieren. Vgl. etwa die Studie von A. Borais, Poetik, 128, der chiffrierte Anspielungen als „versteckte Hinweise" (128) versteht (relativ synonym auch „parodistische Anspielung" [202]; „verdeckte Anspielung" [137]). Die Literaturwissenschaftlerin B. Plett, Allusion, 10f, spricht neben „kryptischen" auch von „verhüllten" Allusionen (wobei sie Allusion als Teilmenge der Kategorie Anspielung versteht). U. Eco, Ironie, verwendet die Termini „Doppelkodierung" und „intertextuelle Ironie", um Anspielungsformen zu beschreiben, die der chiffrierten Referenz mindestens ähnlich sind (vgl. zur Sache auch Z. Garský, Wirken, 301–306). Weil ich allerdings auf den Begriff Intertextualität weitgehend verzichten möchte und mir der Begriff der Ironie falsche Assoziationen zu wecken scheint (vgl. dazu die Einschränkungen bei U. Eco, Ironie, 234f, der selbst erklärt: „intertextuelle Ironie [ist], technisch gesehen, keine Form von Ironie"), vermeide ich den Rekurs auf diesen bereits in die Diskussion eingebrachten Begriff und nenne die hier interessierende Anspielungsform *chiffrierte Referenz*. Um dabei einem Missverständnis vorzubeugen: Wenn hier von *chiffrierten* Referenzen die Rede ist, dann ist damit nicht automatisch eine Aussage über einen Autor und seine Intention verbunden. „Chiffriert" dient als Adjektiv zur Beschreibung eines Typs von Referenz und impliziert nicht automatisch einen bewussten Akt des Autors, der eine Anspielung chiffrieren/codieren will. Auch aus reiner Rezipientenperspektive lässt sich eine Referenz als chiffriert klassifizieren.

75 Anders gesagt: Ich erarbeite zumindest Fragmente zu einer Theorie der Allusion und speziell der vagen Allusion.

4.2.1 Zur Typisierung von Anspielungen

Das Phänomen der Anspielung lässt sich heuristisch in drei Typen differenzieren:[76] als explizit markiertes Zitat (oder Pseudo-Zitat), als nicht explizit markiertes Zitat sowie als freiere Referenz. Wie bei allen Systematisierungen gilt auch hier, dass die konkrete Wirklichkeit eines Textes nur bis zu einem gewissen Grad durch die Systematisierung abgebildet wird. Es gibt eben immer auch Schattierungen, Mischformen und Zweifelsfälle.

4.2.1.1 Das explizit markierte Zitat oder Pseudo-Zitat

Ein *explizit markiertes* Zitat liegt dann vor, wenn ein schriftlich manifester oder mündlich stabiler, in jedem Fall identifizierbarer Prätext in einem manifesten Text wörtlich wiedergegeben wird und dieses Zitat als ein solches durch ein eindeutiges Signal[77] markiert wird und damit als eine Art „Fremdkörper" im manifesten Text erscheint[78] (... wie geschrieben ist beim Propheten, der sagt: ...; ... da wurde erfüllt[79] das Gesagte durch ...). Im NT gilt dies z. B. für eine Reihe der atl. Reflexionszitate im MtEv (Mt 1 f), für das Psalmzitat in Apg 13,33 oder auch das Aratus-Zitat von Apg 17,28.[80]

Davon zu unterscheiden sind die so genannten Pseudo-Zitate, bei denen zwar eine Markierung einen Text als Zitat ausweist, de facto aber keine[81] oder keine ganz wörtliche Wiedergabe des Prätextes erfolgt, sondern es zu bewussten oder unbewussten Modifikationen[82] des „zitierten" Gutes kommt.[83] Bei einem weiten Verständnis von Pseudo-Zitat wäre etwa die Zitatkombination von Ex 23,20; Mal 3,1 und Jes 40,3 in Mk 1,2f ein Beispiel, die in Mk 1,2

---

76 Ähnliche Systematisierungen mit z. T. variierender Nomenklatur finden sich bei H. Omerzu, Rezeption, 39f; D. M. Salzer, Magie, 21–26; H. F. Plett, Poetics, 314–320; S. Holthuis, Intertextualität, 89–147 (Zitat, Allusion, Paraphrase); B. Plett, Allusion, 10 (Anspielung mit den Unterformen Zitat und Allusion); M. Ebner/B. Heininger, Exegese, 242; zur Notwendigkeit und den Problemen solcher Systematisierungen vgl. S. E. Porter, Use.

77 Zu solchen Markern vgl. D. M. Salzer, Magie, 45–58 (vgl. dazu auch I 4.2.2.1).

78 Zur Definition eines Zitats vgl. H. F. Plett, Poetik, 81; D. M. Salzer, Magie, 23f, auf die ich mich hier im Wesentlichen stütze.

79 Zur Bedeutung von „erfüllen" als Markierung eines Bibelzitats vgl. D. M. Salzer, Magie, 47.

80 Eine Übersicht zu Zitaten im NT findet sich etwa bei V. Wittkowsky, Zitate; eine Reflexion über Zitate und das Zitieren im Rahmen von Erwägungen zur Intertextualität mit einer Anwendung auf ntl. Texte findet sich S. Pellegrini, Elija, 135–145.

81 Zu solchen Formen der angetäuschten Zitation bei nicht vorhandenem Prätext, auch „Pseudo-Intertextualität" genannt, vgl. H. F. Plett, Poetik, 84.

82 Solche Pseudo-Zitate werden auch „modifizierte Zitate" genannt, vgl. C. Blumenthal, Gott, 33 Anm. 66.

83 Vgl. dazu D. M. Salzer, Magie, 24f. Zur Praxis solcher Pseudo-Zitate bei Matthäus und Lukas vgl. G. Geiger, Zitate.

durch das semantische Signal „Gleichwie geschrieben ist bei Jesaja …" eingeleitet und dem Propheten Jesaja als Ganzes zugeschrieben wird.[84] Bei einem engen Verständnis von Pseudo-Zitat könnte man die Änderung zu „*deinem* Weg" in Mk 1,2 im Vergleich zum Prätext als ein Pseudo-Zitat werten. Für die Kategorie „markiertes Zitat/Pseudo-Zitat" ist dabei die Länge des konkret zitierten Prätextes nicht von Bedeutung (anders als beim nicht explizit markierten Zitat). Auch das markierte Zitat nur eines einzelnen Wortes fällt unter diese Kategorie.[85]

4.2.1.2 Das nicht explizit markierte Zitat und die Plagiatsdebatte

Machen es schon die markierten Zitate den Bibelwissenschaftlern nicht leicht, weil etwa das Auffinden des Prätextes aufgrund verschiedener Textformen (im Prätext wie im manifesten Text) nicht immer gelingen will oder die markierte „Zitation" mit höchst eigenwilliger Freiheit erfolgt, so ist die exegetische Arbeit mit nicht explizit markierten Zitaten noch viel stärker problembehaftet, weil hier grundsätzlicher als bei einem *markierten* Zitat in Frage steht, ob überhaupt Zitation vorliegt.[86] Entscheidend für die Klärung solcher Fragen sind vor allem *quantitative Überlegungen zur Länge des zitierten Stoffes und qualitative Beobachtungen zur Wörtlichkeit.* Für das NT gesprochen: Je wörtlicher und damit spezifischer (zum Sonderfall des Sprichworts s. u.) sowie länger eine Entsprechung zwischen einem ntl. Text und einem *greifbaren,* älteren Text, der vielleicht als Prätext fungiert, ausfällt, desto wahrscheinlicher liegt ein wirkliches Zitat vor, das als solches interpretierbar und damit exegetisch belastbar ist. Umgekehrt formuliert: Ein nicht explizit markiertes, potentielles Zitat darf nicht zu sehr vom (vermeintlichen oder faktischen) Prätext abweichen, wenn man noch positiv für eine echte Zitation argumentieren will, wobei dieses „nicht zu sehr" näher zu definieren wäre. Ntl. Beispiele für nicht explizit markierte Zitate sind z. B. alle Texte im NA[28], die kursiv gedruckt sind und bei denen kein semantisches Signal ein Zitat als solches markiert.

Die Entscheidung, ob ein nicht explizit markiertes Zitat vorliegt, ist freilich eine Streitfrage. Ein gutes Beispiel dafür liefert ein Vergleich zwischen NA[28] und dem Münchener Neuen Testament im Blick auf Mk 4. Beide setzen Mk 4,12 als (nicht explizit markiertes) Zitat von Jes 6,9f kursiv, hingegen kursiviert das Münchener Neue Testament auch „die Vögel des Himmels nisten"

---

84 Vgl. ausführlich zu dieser Zitatkombination C. BLUMENTHAL, Gott, 19–31.93f.

85 Für ein (spät)antikes Beispiel vgl. das Homerzitat in der Theklawundergeschichte (II/10) der Schrift „Leben und Wunder der heiligen Thekla": Hier wird nur das Wort „ἐπέγραψε" als Zitat markiert und damit eingespielt. Vgl. zu dieser Wundergeschichte sowie zur Funktion des Zitats M. LAU, Stein. Skeptischer zur Möglichkeit eines Einzelwortes als Zitat D. M. SALZER, Magie, 24. M. E. entscheidend ist bei einem Einzelwort die Markierung als Zitat.

86 Vgl. J. STANZEL, Anspielung, 93, der festhält, dass „mit dem Grade der Verdecktheit des Zitats" „die Entzifferungsleistung" notwendig steigt.

in Mk 4,32, um es als Zitat von Ps 103,12 LXX auszuweisen, während NA[28] (im Unterschied zu NA[27]) keine Kursivierung (mehr) aufweist. Offensichtlich ist die Bewertung eines Textsegments als nicht explizit markiertes Zitat „Ansichtssache“.[87]

Das zeigt auch der immer wieder geführte Streit um die Bewertung einer Publikation als *Plagiat*.[88] Auch hier gibt es – sofern es sich nicht um ein großflächiges „*Copy-and-Paste*“-Plagiat handelt – keine Raster, die mechanistisch angewandt werden könnten und dann notwendig und für alle unstrittig zur Bewertung eines Textes als Plagiat führen.[89] Was ein Plagiat ist, ist eben oft mühsam in Kommissionen und vor Gericht festzustellen. Im Blick auf Verbalplagiate,[90] die einem nicht explizit markierten Zitat am nächsten kommen, ist dabei der Grad der Übereinstimmung zwischen den beiden Werken entscheidend.[91] Dieser bemisst sich nach qualitativen (Wortwörtlichkeit) und quantitativen Parametern (Länge des übereinstimmenden Materials), wobei letztere in Relation zur Gesamtlänge der verdächtigen Publikation zu stehen scheinen.[92] Leider gibt es aber auch hier keine allgemein akzeptierte Kriteriologie jenseits des jeweiligen Einzelfalls. Anders gesagt: Was ein Plagiat ist, ist zunächst genauso umstritten wie die Frage nach einem nicht explizit markierten Zitat. Und natürlich stellen die Parameter für den positiven Nachweis eines Plagiats bewusst hohe Anforderungen, da die Folgen eines nachgewiesenen Plagiats für den Plagiator verheerend sein können. Für die plausible Behauptung eines nicht explizit markierten Zitats in antiker Literatur wird man hingegen im Blick auf die Länge des übereinstimmenden Gutes nicht allzu hohe Hürden definieren müssen; andererseits sollten die bei einem Plagiat möglichen Abweichungen zwischen Vorlage und

87 Das ist zu einem gewissen Grad methodisch unbefriedigend, auch wenn es ein Ausdruck der latenten Relativität textinterpretatorischer Arbeit sein könnte (s. dazu I 4.1.2).

88 Der Rekurs auf die moderne Kategorie des Plagiats dient der Illustration des Problems. Ich bin mir bewusst, dass diese moderne Kategorie nicht einfach auf antike Literatur übertragen werden kann, insofern die Antike ein anderes Verständnis von Copyright und Plagiat hatte.

89 Entsprechend wird auch in den Gesetzen zum Urheberrecht nicht exakt definiert, wann etwas ein Plagiat ist. Vgl. F. Fischer, Literaturplagiat, 17; R. Schimmel, Plagiat, 1.

90 Zum Verbalplagiat vgl. G. Fröhlich, Plagiate, 82. Verbalplagiate können in Form eines Total- oder Teilplagiats auftreten, bei dem in „*Copy-and-Paste*“-Manier ein fremder Text ohne Änderung der Formulierung in die „eigene“ Arbeit aufgenommen wird; sie können auch in Form einer modifizierenden Montagetechnik (F. Fischer, Literaturplagiat, 21) auftreten, bei denen der zitierte Text mal leicht, mal stärker überarbeitet wird. Der Fall des ehemaligen deutschen Bundesministers zu Guttenberg ist ein Beispiel für eine drastische Form der modifizierenden Montagetechnik mit in der Regel nur sehr dezenter Überarbeitung des Quellmaterials.

91 Vgl. F. Fischer, Literaturplagiat, 22: „Es gilt also, genau und umfassend darzustellen, welche Elemente beider Werke übereinstimmen.“ In exegetischer Terminologie gesprochen: Plagiatsjäger lesen synoptisch!

92 V. Rieble, Wissenschaftsplagiat, 11, spricht von einer „Abschreibepraxis unterhalb der Eingriffsschwelle. Mal eben ein paar Seiten – das geht schon“ – wenn das Gesamtwerk jenseits des plagiierten Stoffes Substanz hat. Ob das allerdings eine sinnvolle Rechts- und Verfahrenspraxis ist, wäre zu prüfen (vgl. die Bedenken ebd., 12).

Plagiat im Falle des nicht explizit markierten Zitats gegen Null gehen, um im Sinne der Wortwörtlichkeit eben von einem nicht explizit markierten *Zitat* sprechen zu können.

Ausgehend von einer vorsichtigen Adaption der heutigen Plagiatskriterien auf antike Literatur und das Phänomen des nicht explizit markierten Zitats im NT, möchte ich folgende Mindestanforderungen im Sinne notwendiger Bedingungen definieren: Ein nicht explizit markiertes Zitat *kann* vorliegen, wenn es zu einer *wortwörtlichen* Übereinstimmung[93] zwischen einem älteren, noch greifbaren Text und einem ntl. Text kommt und dabei das wortwörtlich übereinstimmende Textmaterial mindestens[94] *zwei oder drei autosemantische*[95] *Begriffe* in einer syntaktischen Einheit enthält.[96] Dabei gilt: Je höher der spezifische Charakter der autosemantischen Begriffe ist, also je weniger sie – auch und gerade in dieser Kombination – zur Alltagssprache[97] gehören, desto wahrscheinlicher liegt ein nicht explizit markiertes Zitat vor. Diese Definition bedeutet zugleich, dass die Zuschreibung der Kategorie „Zitat“ nicht von einer irgendwie gearteten Markierung eines Textsegments als Zitat abhängig ist. Auch nicht explizit markierte Textsegmente können (nicht explizit markierte) Zitate sein.[98] Deshalb ist der Text von Mk 4,32 unter Rekurs auf diese Kriterien in der nächsten Auflage von NA m. E. (wieder) zu kursivieren.

---

93 Handelt es sich nicht um wortwörtliche Übereinstimmungen, liegt entsprechend kein Zitat vor. Es könnte sich freilich dennoch um eine Allusion des dritten Typs, also um eine freiere Referenz, handeln.

94 Das Quantitätskriterium im Rahmen nicht explizit markierter Zitation zu handhaben, ist die eigentliche Herausforderung: „With regard to QUANTITY, quotations show a great variability“ (H. F. Plett, Poetics, 315), stellt H. F. Plett fest und nennt dann drei mögliche Größen: „the complete pre-text“, „larger sections of texts“ und „morphological or syntactic units“. Letzteres stellt bei ihm die Untergrenze dar, die ich nochmals genauer zu fassen versuche.

95 Zu dieser Unterscheidung vgl. W. Egger/P. Wick, Methodenlehre, 146.

96 Ein modernes Beispiel aus der Musikwelt kann diesen von mir favorisierten quantitativen Faktor nochmals illustrieren. Der deutsche Bundesgerichtshof urteilte am 13.12.2012 (Aktenzeichen I ZR 182/11), dass die exakte Übernahme (*sampling*) einer Rhythmussequenz von *zwei Sekunden* aus einem Stück der Musikgruppe „Kraftwerk“ in einem Lied von ca. 4 Minuten Länge der Künstlerin S. Setlur, in dessen Rahmen die umstrittene Rhythmussequenz im Hintergrund fortlaufend wiederholt wird, eine Urheberrechtsverletzung, also ein Plagiat, darstellt.

97 Zur Alltagssprache wären etwa auch die Sprichwörter zu rechnen, die in ihrer Semantik oft schillernd sind und damit eine bestimmte Typik aufweisen, auf der anderen Seite eben gerade als Sprichwort so weit verbreitet sind, dass sich angesichts ihrer Verwendung in einem Text ein zitathafter Verweis auf einen bestimmten Prätext, in dem das Sprichwort ebenfalls zu finden ist, nicht plausibel begründen lässt (s. dazu auch I 4.2.4.1).

98 Hier folge ich einer Überlegung bei S. E. Porter, Use, 92.

4.2.1.3 *Freiere Referenzen*

Diese letzte Kategorie ist recht unspezifisch formuliert[99] und deckt sehr unterschiedliche Phänomene ab. Dazu gehören etwa Motivanklänge im Sinne von Anspielungen auf geprägte Bildfelder und Wendungen, Gattungsanalogien, die über gattungsgemäße Motivparallelen hinausgehen, die Einspielung eines Einzelstichwortes mit Verweiskraft auf die Realien der Umwelt, parallele Thematiken, parallele erzählerische Strukturen (bis hin zur Paraphrase[100]) oder auch ein paralleles Figureninventar[101]. Es liegt auf der Hand, dass sich Anspielungen dieses dritten Typs in der Tendenz noch schwerer argumentativ plausibilisieren lassen, als dies bei explizit markierten oder nicht explizit markierten Zitaten der Fall ist.[102] Drei ntl.Beispiele mit m. E. abnehmenden Gewissheitsgraden im Blick auf die potentielle Plausibilität einer Anspielung können das knapp verdeutlichen.

1. Eine ganze Reihe von Exegeten[103] interpretiert die Gerasenergeschichte in Mk 5,1–20 unter Rekurs auf die Realien des römischen Militärs, weil der Name der Dämonen, Legion (Mk 5,9), hier eine für viele und auch für mich[104] recht eindeutige Allusion darstellt und sich weitere Allusionen auf die Welt des römischen Militärs in der Perikope nachweisen lassen.
2. M. Küchler interpretiert das Motiv der „Fülle" in Joh 1,16 („Denn aus seiner Fülle haben wir alles empfangen") als für den Rezipienten erkennbare Referenz auf das vor allem numismatisch breit belegte Motiv der Fülle, ikonographisch visualisiert durch überquellende Füllhörner. Er resümiert: „Wenn nun die sprachliche Metapher von Joh 1,16 […] im antiken allgegenwärtigen Kontext der Füllhornbilder gelesen oder vorgelesen wurde, war der rezeptive Boden gründlich bereitet: Die Gruppe, die sich da in römischer Zeit mit ‚wir' in den Text bringt, stellt jubelnd fest, dass sie […] eine Überfülle von Gnadenerweisen, nicht vom *Imperium Romanum* und nicht von einem hellenistischen, jüdischen oder römischen Herrscher ‚empfangen' hat, sondern von ihrem epiphanen Gott […] Das ist dankbares Bekennen empfangener

99 Bei H. Omerzu, Rezeption, 39, firmiert sie unter dem Label „freiere Anspielungen"; D. M. Salzer, Magie, 26, nennt sie nur „Referenz" und unterscheidet zwischen „periphrastischen" und „onomastischen" Referenzen, die zwar nicht die Oberflächenstruktur des Prätextes im manifesten Text wiedergeben (wie dies bei Zitaten der Fall ist), aber die Tiefenstruktur des Prätextes einspielen. Das Adjektiv „freiere" in der Titelformulierung bezieht sich im Übrigen vergleichend auf die zuvor behandelten Anspielungstypen.

100 Vgl. H. Omerzu, Rezeption, 39.

101 Zum Figureninventar vgl. W. G. Müller, Interfigurality.

102 Nach B. Plett, Allusion, 10f, bewegen sich solch kryptische Allusionen, so ihr Terminus zur Beschreibung der Sache, „am Rande der Möglichkeit des Wiedererkennens", können aber gleichwohl vom Autor intendiert sein.

103 Vgl. exemplarisch nur M. Ebner, Medium; M. Klinghardt, Legionsschweine.

104 Vgl. M. Lau, Legio.

Gaben und gleichzeitig Kritik an jeglicher anderen Größe, die göttliche Fülle auszuteilen vorgibt.“[105] M. E. stellt die ikonographisch belegte Füllhornmotivik einen produktiven Resonanzraum zum Verständnis dieses joh Motivs dar, das so gleichsam geerdet wird und dem ein herrschaftskritischer Zug abgelauscht werden kann – aber das wird gewiss nicht jeder so sehen.

3. G. Theißen entdeckt in seinem Aufsatz „Kritik an Paulus im Matthäusevangelium?“ Formen verdeckter mt Polemik gegen Paulus. So wertet er etwa Mt 23,15 als einen potentiellen „Hieb gegen Paulus“, weil die von Matthäus im Weheruf entworfene Situation missionierender Pharisäer keinen Anhalt in der antiken Lebenswelt des Matthäus habe, aber gut auf Paulus als ehemaligen Pharisäer passe.[106] Man kann Theißen mit dieser Lesart aufgrund seiner Argumente folgen, es regt sich aber auch dezidierter Widerspruch. Pointiert findet sich dieser etwa bei M. Konradt: „Das grundlegende Problem dieser These ist, dass sie sich nicht an hinreichend engen bzw. auffälligen Konvergenzen im Wortlaut oder gar eindeutigen (antithetischen) Bezugnahmen auf Paulusbriefe festmachen lässt.“[107]

Und genau an diesem Punkt stellt sich erneut das „*far-fetched*-Problem“. Es hat bei Anspielungen des Typs der freieren Referenz gleichsam seinen eigentlichen „Sitz im Leben“. Besonders virulent wird das Problem, wenn die behaupteten Anspielungen dezent, vage oder subtil ausfallen und nicht durch einen eindeutigen Marker, etwa in Form eines klaren Stichworts (wie etwa „Legion“, vgl. zu diesem Beispiel auch unter I 4.2.2.1), evoziert werden. Solch verdeckte – so der Terminus bei G. Theißen – oder – wie ich sie in dieser Arbeit nenne – chiffrierte Referenzen sind eben keine direkten Aussagen, sondern stellen Assoziationsmöglichkeiten dar,[108] die gleichwohl vom Autor intendiert und/oder im Text vorhanden sein können. Genau ein solcher Fall liegt mit der hier vertretenen These einer Triumphzugsallusion und Triumphzugsparodie im MkEv vor. Ein ganz eindeutiger und in der Forschung unumstrittener oder wenigstens in einem größeren Part der ntl. Wissenschaft akzeptierter Verweis auf die Realie des Triumphzugs findet sich im MkEv augenscheinlich nicht (etwa im Gegensatz zu 2 Kor 2,14). Die Triumphzugsallusionen stellen eben chiffrierte Referenzen dar. Deshalb ist im Folgenden vertieft zu fragen: Was macht das Wesen einer chiffrierten Referenz aus? Was ist für sie charakteristisch? Gibt es das Konzept der chiffrierten Referenz der Sache nach in antiker Literatur? Und wie argumentiert man für oder gegen chiffrierte Referenzen? Was macht die Behauptung einer solchen Referenz argumentativ plausibel? Inwieweit können klassische Gegenargumente überzeugen? Wie lässt sich also

105 M. Küchler, Fülle, 154.

106 G. Theissen, Kritik, 483 (dort auch die weitere Argumentation).

107 M. Konradt, Matthäus, 212.

108 So wiederum G. Theissen, Auferstehungsbotschaft, 59 Anm. 1.

grundsätzlich – d. h. auch jenseits des hier zu untersuchenden Falles – für chiffrierte Referenzen argumentieren? Wann ist also, mit M. Konradt gesprochen, eine hinreichend enge oder auffällige Konvergenz gegeben?[109]

4.2.2 Zum Charakter chiffrierter Referenzen

Im Folgenden ist der Blick zunächst auf das Phänomen der chiffrierten Referenz selbst zu richten. Es gilt, charakteristische Merkmale derartiger Referenzen zu beschreiben – und zwar spezielle jene, die die Eigenschaft der Chiffrierung zu einem Gutteil ausmachen. Dies geschieht nicht ausschließlich um seiner selbst willen, sondern schon mit Blick auf das Hauptziel, dem Vorwurf des *„far-fetched"* etwas den „Wind aus den Segeln zu nehmen" (s. dazu unter I 4.2.4.2). Auf drei Aspekte will ich abheben, die sich m. E. fast immer im Rahmen der chiffrierten Referenz finden lassen und damit typisch für chiffrierte Referenzen sind.

4.2.2.1 Dezente Stolpersteine: Explizite und implizite Markierungen

Ein Hauptaugenmerk der Intertextualitäts- und Anspielungsforschung gilt den Techniken der Markierung von Intertextualität.[110] Untersucht wird, welche Signale innerhalb des manifesten Textes den Leserinnen und Lesern vermitteln, dass sie es bei einem Textdetail mit einem anspielenden Segment zu tun haben. Was fungiert also gleichsam als Stolperstein für die Leserinnen und Leser des Textes? Dabei lassen sich mit H. Plett[111] zwei Formen der Markierung unterscheiden: explizite und implizite Markierung. Explizite Markierung

109 Vgl. M. Konradt, Matthäus, 212.

110 Vgl. die monographische Studie von J. Helbig, Markierung (mit Forschungsgeschichte), sowie die Beiträge von U. Broich, Markierung; S. Holthuis, Intertextualität, 108–114. Im Rahmen der Kriteriologie für die Beurteilung der Intensität von Intertextualität, die M. Pfister, Konzepte, 25–30, aufgestellt hat und die innerexegetisch breit rezipiert worden ist (vgl. nur U. Luz, Intertexts, 123f; A. Merz, Selbstauslegung, 105–113; E. K. C. Wong, Evangelien, 17–23), kommt der Markierung wesentliche Bedeutung zu. Pfister bestimmt sechs Kriterien, Referentialität, Kommunikativität, Autoreflexivität, Strukturalität, Selektivität und Dialogizität, um die Intensität (und damit implizit auch die Intentionalität) eines intertextuellen Verweises graduell zu bestimmen. Die Kriterien dienen dabei im Sinne einer Mehr-oder-Weniger-Erfüllung als Gradmesser für die Intensität der Intertextualität, wobei die Kriterien unabhängig voneinander vom anspielenden Segment im manifesten Text erfüllt werden können (27). So zeichnet ein Plagiat eine schwache Referentialität und Kommunikativität aus (das Plagiat soll ja gerade nicht erkannt werden und ist deshalb weitgehend unmarkiert), legt aber höchste Strukturalität an den Tag, weil es den Prätext intensiv nachahmt und nicht etwa beiläufig anzitiert. Die Markierung von Intertextualität entspricht dabei einer hohen Referentialität und hohen Kommunikativität (26f). Ich werde im Folgenden diese Kriterien Pfisters jeweils meinen Überlegungen zuordnen.

111 Vgl. H. F. Plett, Poetik, 85.

kann durch semantische, graphemische oder phonetische Signale im Text erfolgen,[112] etwa durch Zitateinleitungsformel, Kursivdruck, die Veränderung der Stimme beim Vorlesen oder eben auch Doppelpunkt mit Anführungs- und Schlusszeichen sowie Fußnote[113] mit Quellenangabe.

Im Bereich der freieren Referenzen (wie notwendig auch des *nicht explizit markierten* Zitats) finden sich solche expliziten Markierungen nicht. Gleichwohl kann es zu einer impliziten Markierung kommen, die den Leser ein anspielendes Segment erkennen lässt. Bei einer solch impliziten Markierung, die – und das ist entscheidend – selbst eine Eigenschaft des anspielenden Segments ist,[114] handelt es sich nach D. M. Salzer[115] um ein semantisches Phänomen: „Diese Markierung ist auf die Spannung zwischen der Sprache des Zitates[116] selbst und der des unmittelbaren Kotextes im manifesten Text zurückzuführen, die zu einem beträchtlichen Kontrast führt."[117] Eine solche Spannung innerhalb eines Textes, die ein anspielendes Segment implizit markiert, kann auf unterschiedliche Weise hervorgerufen werden. Entsprechend *können*[118] sprachliche Codewechsel im Sinne eines Wechsels des Sprachsystems, auffällige Brüche im semantischen Inventar, erzählerische *gaps*, historisch unplausible Erzählmomente, auffällige Gattungsanomalien, literarkritische Brüche, eigentümliche Abweichungen vom zugrunde liegenden kulturellen Skript Formen der impliziten Markierung sein, die auf ein anspielendes

112 Nach H. F. Plett, Poetics, 321 f. Graphemische und phonetische Signale spielen in ntl. Texten angesichts der faktischen Textüberlieferung (sozusagen „ohne Punkt und Komma" und ohne „Anführungs- und Schlusszeichen") keine Rolle.

113 Zu solchen „Nebentexten" und weiteren Formen der Markierung vgl. U. Broich, Markierung, 35–38 (Nebentexte, die ebenfalls Intertextualität markieren können, sind jenseits der sehr deutlich verweisenden Fußnote: Titel, Untertitel, Klappentext, Vor- und Nachwort sowie eine spätere „Nachschrift": Als Beispiel dient Broich hier die bereits zitierte Nachschrift zum „Namen der Rose" von U. Eco).

114 Kritisch zu dieser impliziten Form der Markierung U. Broich, Markierung, 34. Der Zusammenfall von Markiertem und Markierung falle aus der Rezipientenperspektive nicht explizit genug aus und habe nicht genügend Verweiskraft. Das ist bedenkenswert, und darin zeigt sich etwas von der Schwierigkeit, chiffrierte Referenzen argumentativ plausibel zu behaupten.

115 Zu weiteren Formen der impliziten Markierung vgl. S. Holthuis, Intertextualität, 111; J. Helbig, Markierung, 91–111.

116 Damit kann an dieser Stelle natürlich nur das nicht explizit markierte Zitat gemeint sein.

117 D. M. Salzer, Magie, 53. Salzer wie auch Plett formulieren ihre Ausführungen zur Markierung im Blick auf *Zitate* und *Pseudo-Zitate*. H. F. Plett, Poetik, 87 f, deutet aber an, dass sich diese Überlegungen auch auf andere intertextuelle Phänomene, eben auch auf die chiffrierte Referenz, übertragen lassen.

118 Es steht außer Frage, dass die genannten Elemente nicht automatisch eine implizite Markierung darstellen müssen.

Segment verweisen.[119] Die exegetische Methodik hält unterschiedliche Instrumente bereit, um solchen Phänomenen auf die Spur zu kommen. Daher werde ich im Rahmen der Textuntersuchungen stets hervorheben, was im mk Text als implizite Markierung fungiert und den Leser gleichsam stolpern lässt – sofern denn eine solche implizite Markierung vorhanden ist (was im Falle von chiffrierten Referenzen nicht immer der Fall sein muss).

Die massivste Form einer impliziten Markierung stellt nach D. M. Salzer[120] der Wechsel der Sprache (etwa von Hebräisch zu Griechisch im gleichen Text) dar, zumal wenn dieser noch mit einem kontrastreichen Wechsel im Blick auf das semantische Inventar kombiniert ist. Ein solcher *Codewechsel* liegt in Mk 5,9 vor und macht diese Referenz im Vergleich zu anderen, weniger deutlich markierten Referenzen im exegetischen Diskurs plausibler. Das plötzliche Auftreten eines Latinismus in einem griechischen Text, der die Bezeichnung für eine römische Militäreinheit in die Erzählung von einem dämonisch Besessenen, der in den Gräbern von Gerasa haust, einträgt, lässt die Leserinnen und Leser aufhorchen und der vermeintlichen Anspielung im Blick auf ihre Bedeutung für das Verständnis des Textes, die Textpragmatik, nachspüren. Der Name des Dämons zieht die Leserinnen und Leser also gleichsam in die zunächst verborgenen Substrukturen des Textes und damit in die Welt des römischen Militärs hinein.

Zum Wesen der chiffrierten Referenz als einer Spezialform der freieren Referenz gehört nun, dass sich eine explizite Markierung gerade nicht finden lässt, sondern allenfalls, aber auch nicht immer,[121] Formen der impliziten Markierung vorhanden sind, die selbst Teil des anspielenden Segments sind. Dabei gilt – und das ist im Blick auf die exegetische Plausibilisierung chiffrierter Referenzen wichtig: Je stärker eine solch implizite Markierung ausfällt, je massiver mithin die evozierte Spannung erscheint, je deutlicher sich dadurch eine Art Störgefühl[122] auf Seiten der Rezipienten einstellt, desto eher liegt auch eine (chiffrierte) Referenz vor und lässt sich eine solche argumentativ plausibel machen.[123]

---

119 Den Codewechsel zählt J. Helbig, Markierung, 117–121, hingegen bereits zu den Formen einer expliziten Markierung.

120 Vgl. D. M. Salzer, Magie, 53; vgl. auch H. F. Plett, Poetik, 85 („interlinguale Interferenz").

121 D. M. Salzer, Magie, 58, hält fest, dass sich im Falle der (freieren) Referenz implizite Markierungen meist nicht finden lassen. U. Broich, Markierung, 32: Markiertheit ist kein „notwendiges Konstituens von Intertextualität." J. Helbig, Markierung, 87–91, spricht von einer „Nullstufe" der unmarkierten Intertextualität, die allerdings das Risiko in sich trägt, die Anspielung zu gut zu tarnen und für den Leser unkenntlich zu machen (was etwa bei einem Plagiat vollauf beabsichtigt wäre).

122 Zu den anspielenden Segmenten als „Störstellen" im zunächst am Literalsinn orientierten Lektürevorgang vgl. U. Tischer, Anspielung, 23.

123 H. F. Plett, Poetik, 84, hält analog fest: „Je fremder die sekundärsprachlichen Kodes von Prätext und Text einander sind, desto stärker ist der intertextuelle Charakter des Zi-

4.2.2.2 Semantische Polyvalenz und das public and hidden transcript

Es gehört zum Wesen chiffrierter Referenzen und macht ihren eigentümlich dezenten Charakter aus, dass sie nicht eindeutig sind. Sie werden, das ist evident und zeigt sich gerade auch in der strittigen Diskussion um solche Referenzen, nicht wie ein markiertes Zitat von allen (oder doch zumindest den meisten Lesenden) wahrgenommen, und ihre konkrete Existenz in einem Text wird nicht von allen Lesern des Textes anerkannt. Der Text, der potentiell eine chiffrierte Referenz enthält, kann offensichtlich auch ohne Wahrnehmung einer derartigen Anspielung sinnvoll gelesen[124] und verstanden werden. Chiffrierte Referenzen zwingen insofern nicht, sondern sind eher leise mitklingende Ober- und Zwischentöne, die zusätzliche Bedeutungsaspekte einbringen können. Der Text hat aber auch ohne Wahrnehmung dieser Ober- und Zwischentöne Bedeutung. Eine chiffrierte Referenz produziert also zwangsläufig Doppel- und Mehrdeutigkeiten, die den Text prägen. Dieses Phänomen bringt es mit sich, dass das anspielende Segment innerhalb des manifesten Textes, das die potentielle chiffrierte Referenz ausmacht, semantisch polyvalent ist.[125] Der manifeste Text kann je nach Kontext bzw. je nach Interpretationsrahmen, in den er gestellt wird, in mehrfacher Perspektive Sinn ergeben und plausibel interpretiert und damit verstanden werden. Das anspielende Segment einer chiffrierten Referenz im manifesten Text macht also auch auf der Textoberfläche, d. h. ohne Wahrnehmung seines anspielenden Charakters Sinn; es hat eine Art Literalsinn.[126] Das ist zunächst eine basale Alltagserfahrung, die im Hintergrund vieler kommunikativer Missverständnisse steht.

Jenseits der Alltagserfahrung spielt die semantische Polyvalenz etwa in den soziologischen Theorien von James C. Scott eine zentrale Rolle. Auf dessen Theorie vom *public and hidden transcript*,[127] die auch in der ntl. Wissenschaft rezipiert worden ist,[128] lohnt es an dieser Stelle einzugehen, weil im Zusammenhang dieser Theorie dem Phänomen der chiffrierten Referenz und der

---

tatsegments markiert […] Umgekehrt gilt aber auch: Je ähnlicher die sekundärsprachlichen Kodes von Prätext und Text einander sind, desto eher wird die Intertextualität des Zitats verschleiert." Letzteres macht die Chiffrierung einer Referenz besonders effektiv und ihre argumentative Behauptung oft eben fragwürdig.

124 Diesen Aspekt beschreibt und bedenkt in aller Breite U. Eco, Ironie, der die Möglichkeiten „mehrdimensionaler Lektüre" (so schon im Titel des Beitrags) im Rahmen von Anspielungen analysiert.

125 Vgl. auch B. Plett, Allusion, 13f.

126 Vgl. C. Perri, Alluding, 300: „The allusion-marker [gemeint ist das anspielende Segment, M. L.] has an un-allusive ‚literal' meaning within the possible world of the alluding text".

127 Grundlegend dazu J. C. Scott, Domination.

128 Vgl. S. Schreiber, Caesar; S. Schreiber, Paulus; N. A. Beck, Cryptograms; A. Standhartinger, Welt; C. Heilig, Methodology, 50–67, sowie die beiden Sammelbände von R. A. Horsley, Transcripts; Shadow.

damit eng verbundenen semantischen Polyvalenz zentrale Bedeutung zukommen. Scott analysiert Kommunikationsformen und Kommunikationsprozesse im Rahmen von durch massive Hierarchiegefälle geprägten Beziehungsgefügen. Dabei kommt es ihm 1. auf die Kommunikations- und Ausdrucksmöglichkeiten der Subalternen im Gegenüber zu den Mächtigen und 2. auf die internen Kommunikationen innerhalb der Gruppe der Subalternen an. Also: Wie kommuniziert ein Angestellter mit seinem Chef und im Blick auf seinen Chef mit den übrigen Angestellten? Wie äußert sich ein Klient gegenüber seinem Patron und wie wird er über sein Patron-Klient-Verhältnis im geschützten Binnenraum der Klientengruppe sprechen? Und wie spricht ein Sklave mit seinem Herrn und mit seinen Mitsklaven über sein Verhältnis zum Herrn? Scott unterscheidet nun zwei Kommunikationsbereiche: Das *public transcript* sind die für die Öffentlichkeit und den jeweiligen Machthaber gedachten Äußerungen der Subalternen.[129] Was diese wirklich über den oder die Machthaber denken, wird hier in aller Regel nicht explizit greifbar, wobei der Grad der Oppression und die Gefahr der Sanktionierung offener Rede die „Ehrlichkeit" der Äußerungen im Bereich des *public transcript* steuern. Was die Subalternen wirklich über die Machthaber denken, wird im Binnenraum des Vertrauens, also in der Regel unter Seinesgleichen (in der *peer group*), ausgedrückt. Scott nennt diesen Bereich der Kommunikation und die zugehörigen Kommunikationsinhalte das *hidden transcript*.[130] Je größer die Spannung und der inhaltliche Widerspruch zwischen den beiden Bereichen ausfallen, desto massiver dürften die Oppressionsstrukturen ausgebaut sein bzw. auf Seiten der Subalternen negative Konsequenzen offener Rede zumindest vermutet werden. Allerdings schleichen sich, so Scott, die Inhalte des *hidden transcript* da und dort eben doch in die Öffentlichkeit des *public transcript* ein – und zwar in verschleierter Form, um den Subalternen zu schützen. Grundsätzlich lassen sich dabei zwei Verschlüsselungstechniken unterscheiden:

1. die Maskierung des *executive author* durch ein Pseudonym oder durch Anonymität;[131]
2. die Maskierung „der Botschaft selbst: durch *polyvalente Elemente* der Sprache wie *Anspielung*, Metaphorik, Symbolik, so daß eine Doppeldeutigkeit entsteht, zwei ‚Lesarten', von denen eine immer (relativ) harmlos ist."[132]

129 Vgl. J. C. Scott, Domination, 2: „I shall use the term *public transcript* as a shorthand way of describing the open interaction between subordinates and those who dominate."

130 Vgl. J. C. Scott, Domination, 4: „I shall use the term *hidden transcript* to characterize discourse that takes place ‚offstage,' beyond direct observation by powerholders."

131 Dafür sind etwa anonyme Flugblätter, die sozusagen Klartext schreiben, also die Inhalte des *hidden transcript* offenlegen, ein gutes Beispiel.

132 So in der hilfreichen Zusammenfassung bei S. Schreiber, Caesar, 72 (Hervorhebung, M. L.).

Solche Doppeldeutigkeiten eines Textes, die sich der Magie der Anspielungen verdanken, gründen in der semantischen Polyvalenz, wie sie sich etwa bei chiffrierten Referenzen zeigt. Und nur wer die Anspielung als solche erkennt, wer also über das entsprechende Insiderwissen[133] verfügt, der kann die Verschleierungstaktik durchbrechen und dem Text eine zusätzliche Sinnebene entnehmen. Dabei muss diese zusätzliche Sinnebene im Übrigen inhaltlich nicht automatisch die Form einer Herrschaftskritik annehmen. Die chiffrierte Referenz muss nicht *per se* Ausdruck einer Unterdrückungs- und Gefährdungssituation sein, wie sich das angesichts des Modells von Scott zunächst nahelegt. Chiffrierte Referenzen können auch aus anderen Gründen literarisch eingesetzt werden (vgl. IV 2.2). Das gilt unbeschadet der Leistungsfähigkeit des Modells von Scott. Mehrdeutigkeit in einem manifesten Text durch semantische Polyvalenz zu produzieren, ist in diesem Sinne ein zentrales Merkmal chiffrierter Referenzen. Das macht den besonderen Reiz und die strategische Funktionalität dieses Allusionstyps aus, bedingt aber zugleich auch die Schwierigkeit der Plausibilisierung solcher Allusionen im exegetischen Diskurs, weil die potentielle Allusion eben gerade nicht eindeutig ist und dies auch nicht sein will (s. dazu unter I 4.2.4.2).

4.2.2.3 Anspielung und Innovation: Selektion und Mutation im Rahmen der chiffrierten Referenz

Chiffrierte Referenzen sind in aller Regel innovativ. Sie aktualisieren ein Prätextmotiv. Oft überraschen sie dabei denjenigen, der die Allusion entschlüsseln kann, weil es zu einer Spannung zwischen seinem Erwartungshorizont und der konkreten Realisierung des Prätextmotivs im manifesten Text kommt.[134] Denn im Rahmen der Allusion werden nur bestimmte Elemente des angespielten Prätextmotivs eingeblendet. Andere hingegen werden aus der Rezipientenperspektive aufgrund des vorhandenen Vorwissens um das Prätextmotiv zunächst kognitiv ergänzt und bei genauer Textwahrnehmung im manifesten Text vermisst. Mehr noch: Zum potentiellen Selektionsprozess gesellt sich oft auch ein potentieller Mutationsprozess. Im Rahmen der Allusion wird dabei das Prätextmotiv mit neuen Komponenten und Nuancen angereichert, die nicht

133 K. Nelissen, Lesebrille, 199, spricht mit Rekurs auf G. Genette, Palimpseste, 10f, von einer „Anspielung für eingeweihte Leserkreise“. Genette seinerseits zeichnet an zwei Beispielen nach, wie sehr eine solche Anspielung, die er im Sinne eines engen Intertextualitätsbegriffs als weniger explizit und weniger wörtlich als ein Zitat oder ein Plagiat definiert, einen informierten Leser benötigt.

134 Zur Nichterfüllung des Erwartungshorizontes vgl. T. A. Schmitz, Literaturtheorie, 104. Zu solchen Innovationsprozessen kommt es im Übrigen nicht nur im Rahmen von chiffrierten Referenzen, sondern auch im Falle von Pseudo-Zitaten. Vgl. zur Sache auch B. Plett, Allusion, 13. Zum Zusammenspiel von Tradition und Innovation vgl. auch J. Kügler, Paulus, 169.

ursprünglich zum Prätextmotiv gehören, dieses aber im Rahmen der chiffrierten Referenz besonders konturieren, vielleicht sogar konterkarieren (etwa im Rahmen von Parodie und Ironie) und den Prätext in neuem Licht erscheinen lassen.[135]

Mit C. Breytenbach[136] lassen sich vier Grundformen von Aktualisierung im Rahmen einer Allusion unterscheiden, von denen die letzten drei zum Bereich der innovativen Allusion gehören: die Wiederholung des Prätextmotivs, die Ersetzung des Prätextmotivs, die Verkürzung des Prätextmotivs sowie die Ergänzung des Prätextmotivs. Noch präziser ist D. M. Salzer,[137] die im Blick auf Pseudo-Zitate sechs Typen von Innovation durch Mutation und Selektion benennt, die sich mit leichter Adaption auch auf den Fall der chiffrierten Referenz übertragen lassen: Konflation, Permutation, Synonymie, Substitution, Verminderung/Reduktion und Erweiterung/Augmentierung.

Der Innovationsgrad einer chiffrierten Referenz, der sich durch Selektion von Prätextmotivbestandteilen und Mutation des Motivs im manifesten Text ergibt, führt beim Rezipienten zu einem mehr oder weniger massiven Störgefühl, das ihn aufhorchen und nach dem Sinn dieser irgendwie „schief" wirkenden Allusion fragen lässt.[138] Und genau das kann dann zum Einfallstor für die Botschaft des manifesten Textes werden.

Freilich gilt es auch die Grenzen des innovativen Anspielens auszuleuchten. Man wird nämlich auch fragen müssen, wie viel Innovation in Form von Selektion und Mutation eine chiffrierte Referenz vertragen kann und wann eine Grenze überschritten ist, bei der ein massiv mutiertes Motiv aufgrund des Grades an Innovation nicht mehr das Prätextmotiv als solches erkennen lässt. Die Problematik kann an zwei Beispieltexten verdeutlicht werden, die sich einer exegetischen Studie von B. Mutschler verdanken.[139] Mutschler befasst sich in seiner Untersuchung mit dem Ritual der „Audienz" und will Mk 15,16–

---

135 Für M. Pfister, Konzepte, 28f, stellen Selektivität und Innovation im Sinne einer bewussten Auswahl des Prätextmotivs gepaart mit einer im Vergleich zum Prätext innovativen Neugestaltung im manifesten Text Kriterien für die Intensität von Intertextualität dar. Eine hohe Selektivität und eine hohe Dialogizität im Sinne einer spannungsvollen Auseinandersetzung mit dem Prätext (etwa in Form von Parodie, Travestie usw.) sprechen für intensive (und damit mutmaßlich intendierte) Intertextualität.

136 Vgl. C. Breytenbach, Markusevangelium, 198f, dem es allerdings bei der Beschreibung dieser Kategorien um referentielle Intertextualität zwischen manifestem Text und ebenfalls greifbarem Prätext geht. Die Kategorien sind gleichwohl hilfreich und lassen sich adaptieren.

137 Vgl. D. M. Salzer, Magie, 25.34.

138 Das kann zugleich eine Form der impliziten Markierung sein und als mehr oder weniger dezenter Stolperstein fungieren.

139 Vgl. zum Folgenden B. Mutschler, Verspottung, sowie ausführlich zur Kritik der Arbeit M. Lau, Rezension. Die Wahl just dieses Beispiels liegt aus zwei Gründen nahe: Zum einen arbeitet Mutschler zu einem Zentraltext meiner Untersuchung (Mk 15,16–20), zum anderen steht das Deutungsmuster „Audienz*parodie*" in gewisser Parallele zur in dieser

20 als parodierte Königsaudienz verstehen. Um diese Parodie deutlicher zu beschreiben, verweist Mutschler auf die bei Philo von Alexandrien erzählte Carabas-Geschichte, bei der es ebenfalls zu einer parodierten Königsaudienz komme (Flacc 36–39). Diese vergleicht er mit Mk 15,16–20, wobei er ein fünfteiliges, beiden Geschichten gemeinsames Grundmuster erkennt:[140]

1. Vorbereitung der Szenerie
2. Begrüßung durch die „Untergebenen"
3. Vorbringen von Anliegen seitens der „Untergebenen"
4. Huldigung durch die „Untergebenen"
5. Entkostümierung des „Herrschers"

Nach Mutschler wird dieses Muster in Mk 15,16–20 wie folgt realisiert:

Strukturmerkmale der „Audienzszene"	*Mk 15,16–20*[141]
1. Vorbereitung der Szenerie	[16]Die Soldaten aber führten ihn ab, hinein in den Palast, der das Prätorium ist, und rufen die ganze Abteilung zusammen [17]und ziehen ihm einen Purpurmantel an und setzen ihm einen Akanthuskranz, den sie geflochten haben, auf.
2. Begrüßung durch die „Untergebenen"	[18]Und sie fingen an, ihn zu grüßen: „Heil dir, König der Juden!"
3. Vorbringen von Anliegen seitens der „Untergebenen"	[19]Und sie schlugen seinen Kopf mit einem Rohr und spuckten ihn an,
4. Huldigung durch die „Untergebenen"	und sie fielen auf die Knie und huldigten ihm.
5. Entkostümierung des „Herrschers"	[20]Und als sie ihn verspottet hatten, zogen sie ihm den Purpurmantel aus und zogen ihm sein Obergewand an.

In der Carabas-Geschichte des Philo werden die Strukturmerkmale der Audienz bzw. dann der Audienzparodie ebenfalls realisiert, allerdings im Vergleich zu Mk 15,16–20 mit gewissen Unterschieden:

Studie vertretenen Triumphzugsparodie (zur Parodie allgemein und zu mk und paganen Triumphzugsparodien vgl. II 5.5; IV 1.8).

140 Vgl. B. Mutschler, Verspottung, 41–43, die Anführungs- und Schlusszeichen bei den Begriffen „Untergebener" sowie „Herrscher" habe ich eingefügt, um den Charakter der Parodie deutlicher zu machen.

141 Ich biete an dieser Stelle die Übersetzung von B. Mutschler, Verspottung, 1.

Strukturmerkmale der „Audienzszene"	*Philo, Flacc 36–39 [Gerschmann]*
	[36]Da lebte ein Geisteskranker namens Carabas, dessen Leiden nicht in tierischer Wildheit ausbrach [...] Seine Krankheit verlief ruhiger und sanfter. Er brachte Tag und Nacht unbekleidet auf den Straßen zu und scheute weder Hitze noch Frost, Kinder und müßige Burschen trieben ihr Spiel mit ihm.
1. Vorbereitung der Szenerie	[37]Die nahmen den unglücklichen Menschen mit ins Gymnasium und stellten ihn auf einen erhöhten Platz, wo er allen sichtbar war; sie stülpen ihm ein Blütenbüschel von Papyrus als Krone auf den Kopf und umhüllen seinen Körper mit einer Matte als Mantel; anstatt eines Szepters gibt ihm einer ein kurzes Stück einheimischen Papyrus, das er am Wegrand gesehen und abgerissen hatte. [38]Und als er nun wie bei Bühnenpossen die Zeichen der Herrschaft trug und zum König geschmückt war, stellten sich junge Leute mit Stöcken auf den Schultern wie Lanzenträger rechts und links als Leibwache auf.
2. Begrüßung durch die „Untergebenen"	Dann traten andere vor ihn hin, teils als wollten sie ihn begrüßen,[142]
3. Vorbringen von Anliegen seitens der „Untergebenen"	teils wie um einen Prozess zu führen, teils als suchten sie in öffentlichen Angelegenheiten seinen Rat.
4. Huldigung durch die „Untergebenen"	[39]Dann brach die ringsum stehende Menge in ein unsinniges Geschrei aus: „Marin", riefen sie – so wird angeblich bei den Syrern der Herrscher genannt [...]
5. Entkostümierung des „Herrschers"	—

Beide Erzählungen stellen für Mutschler parodierte Audienzszenen dar. Mit Blick auf die Carabas-Geschichte überzeugt mich diese Deutung, mit Blick auf Mk 15,16–20 bleiben m. E. größere Zweifel.[143] Woran liegt das? Warum lässt sich nach meinem Leseeindruck die eine Geschichte sinnvoll als parodierte Königsaudienz interpretieren, die andere aber nicht? Mutschler selbst gibt einen ersten Fingerzeig: Er konstatiert massive Abweichungen zwischen dem Grundmuster der Königsaudienz, also dem Prätextmotiv, und Mk 15,16–20.[144] Diese

142 B. Mutschler, Verspottung, 24, übersetzt hier „als ob sie ihn grüßen wollten" (ὡς ἀσπασόμενοι) und trifft an dieser Stelle m. E. besser den griechischen Text als die Übersetzung Gerschmanns, die die Wendung mit „ihm huldigen" übersetzt.

143 Die Arbeit ist in der Markusforschung bisher wenig rezipiert worden. Vgl. immerhin K. M. Schmidt, Wege, 412 Anm. 333, der ebenfalls kritisch bleibt.

144 B. Mutschler, Verspottung, 61 f.

Abweichungen werden insbesondere im Vergleich zur Carabas-Geschichte deutlich. Fraglos gibt es eine überraschend große Nähe zwischen der Carabas-Geschichte und Mk 15,16–20,[145] aber an einer für die Rückbindung an das Prätextmotiv der Königsaudienz entscheidenden Stelle kommt es zu einem gewichtigen Unterschied. Der Motivbaustein „Vorbringen von Anliegen" wird nach Mutschler in Mk 15,16–20 durch „mit einem Stock schlagen, anspucken" realisiert.[146] Es findet also eine massive Mutation statt, indem das Prätextmotiv vollauf invertiert wird. In der Carabas-Geschichte wird just dieser für das Prätextmotiv der Königsaudienz zentrale Baustein[147] nicht als unmittelbar mutiert erzählt: „Dann traten andere vor ihn hin [...] teils wie um einen Prozess zu führen, teils als suchten sie in öffentlichen Angelegenheiten seinen Rat" (Flacc 38[148]). Die sich hier im Sinne einer Audienz als Bittsteller an den Herrscher wenden, machen eben nichts anderes. Sie üben keine Gewalt aus, sie stehen nicht als Lanzenträger neben Carabas, sie „tun nur so als ob" – im Text allein durch ὡς mit Partizip[149] ausgedrückt. Für sich genommen lässt sich im Blick auf ihre erzählte *Aktion* nicht unmittelbar zwischen echter Audienz und Audienzparodie differenzieren. Dass es sich um eine Audienzparodie handelt, wird erst durch den Kontext sichtbar (Carabas nimmt unfreiwillig am Spiel der Kinder teil, er ist verkleidet, die Bitten werden zum Schein vorgebracht). Das ist m. E. der entscheidende Unterschied zur Jesusverspottung in Mk 15,16–20. Das Zentralmotiv des Vorbringens von Anliegen, das wesentlich zum Ritual der Audienz gehört, wird bei Mk 15,16–20 selbst „invertiert" und damit bis zur Unkenntlichkeit mutiert, so dass aufgrund der Vielzahl von Abweichungen zum Prätextmotiv die Anspielung nicht mehr zu erkennen und damit eine solche Interpretation m. E. auch nicht mehr argumentativ zu plausibilisieren ist. Im Falle der Carabas-Geschichte bleibt dieses Motiv erkennbar erhalten und wird erst durch den Kontext, in dem sich eine Reihe von mutierten Anspielungen auf das Prätextmotiv findet, zur Parodie gebrochen.

---

145 Diese Parallelen sehr gründlich herausgearbeitet zu haben (in der Exegese sind sie freilich grundsätzlich schon gesehen worden, vgl. nur R. Pesch, Mk II, 470f), ist ein bleibendes Verdienst der Arbeit Mutschlers. Nur ist m. E. die Schlussfolgerung verfrüht. Aufgrund der Parallelen zwischen den beiden Geschichten auf ein gemeinsames Grundmuster – parodierte Königsaudienz – rückzuschließen, führt an dieser Stelle zu weit.

146 Vgl. B. Mutschler, Verspottung, 42.

147 Zum Audienzritual vgl. H.-J. Eckstein, Schlüsseltext, 41–43; H. Gabelmann, Tribunalszenen. Gabelmann untersucht vor allem die ikonographische Präsentation von Audienz- und Tribunalszenen, bei denen häufig der sitzende Herrscher mit ihm gegenüber huldigenden Bittstellern dargestellt wird. Das entspricht den Motiven 3–4 bei Mutschler. Ikonographisch lässt sich also eine Audienzszene auf diese Zentralmotive fokussiert darstellen.

148 Εἶθ' ἕτεροι προσῄεσαν, οἱ μὲν ὡς ἀσπασόμενοι, οἱ δὲ ὡς δικασόμενοι, οἱ δ' ὡς ἐντευξόμενοι περὶ κοινῶν πραγμάτων.

149 Zur Bedeutung von ὡς + Partizip vgl. E. Bornemann/E. Risch, Grammatik, 253.

Losgelöst von diesem Beispiel bedeutet dies auf der Ebene der Frage nach Kriterien für die Grenzen innovativen Anspielens im Rahmen chiffrierter Referenzen: Ein oder mehrere zentrale Motivbausteine des Prätextes müssen im Rahmen chiffrierter Referenzen, wie sie etwa im Falle einer Parodie zu finden sind, in nicht mutierter Form eingespielt werden. Sie erscheinen vielmehr wie zwar dezente und damit immer noch chiffrierte, aber doch eigentliche, weil nicht selbst mutierte Parallelen. Erst durch den Kontext darf sich die Parodie als solche zeigen. Was dabei jeweils als zentraler Motivbaustein zu gelten hat, hängt vom jeweiligen Prätext ab und ist nicht losgelöst vom konkreten Einzelfall zu bestimmen.

Summa: Eine mehr oder weniger dezente Form der impliziten Markierung, semantische Polyvalenz und Innovation qua Mutation und Selektion innerhalb gewisser Grenzen gehören zum Wesen chiffrierter Referenzen. All diese Elemente tragen ihren Teil dazu bei, dass ein Text mehr- und uneindeutig wird. Er kann als chiffrierte Referenz gelesen werden, aber er muss es nicht.

Mit solch dezenten Anspielungen befasst sich nun nicht nur die biblische Exegese, sondern etwa auch die Altertumswissenschaft. Und dies nicht zuletzt auch deshalb, weil antike Texte selbst ein Bewusstsein für die Möglichkeit chiffrierter Referenzen haben. Einige Beispiele mögen das aufweisen (vgl. auch die Texte unter II 5).

4.2.3 Chiffrierte Referenzen in antiker Literatur: Fallbeispiele

Dieses Kapitel zeigt auf, dass sich antike Texte und ihre Autoren, namentlich die Literatur der Kaiserzeit, der Mehrdeutigkeit eines Textes, die durch freiere und chiffrierte Referenzen evoziert wurde, bewusst waren und dieses Phänomen im Rahmen der Rhetorik auch theoretisch reflektiert wurde.[150] Im Blick auf die hier vollzogene Auseinandersetzung mit dem „*far-fetched*-Problem" lässt sich auf diese Weise zeigen, dass chiffrierte Referenzen in der Antike plausibel und möglich waren, ja dass ein Lese- und Hörpublikum mit ihnen sogar rechnete. Entsprechend stellt das MkEv mit seinen von mir vermuteten chiffrierten Referenzen auf den Triumphzug, denen ein funktionaler Charakter zukommt, weder ein Geniestreich noch ein Sonderfall in der Antike dar. Es partizipiert vielmehr an einer durchaus gängigen literarischen Praxis. An einigen Beispielen sei das aufgezeigt.

---

150 Vgl. grundlegend zu Allusionstechniken, chiffrierten Referenzen und Leserlenkung durch Anspielung in antiker Literatur die Arbeiten von S. Bartsch, Actors; D. Gall, Technik, 12–49; M. Hausmann, Leserlenkung (Leserlenkung des Tacitus durch eine „Doppelbödigkeit der Darstellung", die durch „unausgesprochene Anklagen", die „zwischen den Zeilen [...] anklingen" erreicht wird [143]); E. Stärk, Anspielungen; U. Tischer, Anspielung 11–44; einige schöne Beispiele auch bei A. Standhartinger, Welt, 155–159.

Die ersten Beispiele gehören in die Gruppe der so genannten „*Anspielungsverbrechen*“,[151] also der vermeintlichen oder faktischen Kritik an einer Führungsfigur, meist dem Kaiser. Die Kritik am Herrscher wird dabei nicht direkt vorgetragen, sondern durch eine mehr oder weniger deutliche Anspielung bewirkt. Ob diese Kritik vom Urheber des Textes intendiert war oder nicht, war dabei in aller Regel unerheblich. Entscheidend war vielmehr die Rezeption von Seiten der sich kritisiert fühlenden Person bzw. ihre Suche nach einem Vorwand, um einen unliebsamen Gegner aus dem Weg zu räumen. In den Viten Suetons sind eine Reihe solcher Anspielungsverbrechen aus der frühen Kaiserzeit überliefert. Zwei davon seien genannt. Über Kaiser Gaius Caligula schreibt Sueton (Suet., Calig 27,4 [Martinet]):

> Den Autor einer Atellane[152] ließ er wegen eines winzigen Verses, der einen zweideutigen Witz enthielt (*ob ambigui ioci versiculum*), mitten in der Arena des Amphitheaters verbrennen.

Leider ist uns der manifeste Text, also das „winzige“ Verslein, mit seinem angeblich anspielenden Segment von Sueton nicht überliefert worden. In der Wertung des Sueton ist es aber eindeutig, dass der Witz, den Caligula als Anspielung auf seine Person und damit als Kritik auffasst und mit dem Tode bestraft, durch eine Ambiguität hervorgerufen wird. Das inkriminierte Verslein hat also offensichtlich ein anspielendes Segment enthalten, das auf der Textoberfläche unverfänglich, bei entsprechender Rezeption aber als Kritik verstanden werden konnte. Die Zweideutigkeit verdankt sich mithin einer Form der Anspielung, wobei sich freilich nicht aufklären lässt, welchen Chiffrierungsgrad die Anspielung aufwies. Daran hat Sueton auch kein Interesse. In seiner Darstellung muss es sich bei diesem „Vorfall“ um eine Lappalie, eben einen „winzigen Vers“ gehandelt haben, zielt diese Erzählsequenz aus der Caligulavita doch darauf ab, die besondere Grausamkeit und Maßlosigkeit des Caligula vorzuführen. Der Kaiser fühlt sich – in der Darstellung Suetons – zu Unrecht bedroht, d. h. die Anspielung und ihr kritisches Potential will Sueton als nicht zu offensichtlich und massiv erzählen.

Wesentlich glimpflicher als dieser Witzemacher kommt ein Priester der Mater Magna davon, der angeblich Kaiser Augustus verballhornen will. In diesem Fall überliefert uns Sueton nicht nur das Faktum der Deutung eines Textes als Anspielung, sondern auch den manifesten Text mit seinem anspielenden Segment. Das ist für die Beurteilung des Chiffrierungsgrades der Anspielung hilfreich (Suet., Aug 68 f [Martinet]):

> Als an einem Tag, an dem Schauspiele stattfanden, auf der Bühne einmal ein Priester der Magna Mater, während er die Handpauke schlug, den Vers sprach:

151 Vgl. U. Tischer, Anspielung, 12 Anm. 5, mit zahlreichen Beispielen.

152 Das ist eine eher derbe Form des Schauspiels, vgl. J. Blänsdorf, Atellana.

> „Siehst du, wie das männliche Liebchen mit dem Finger den Kreis regiert?" (*videsne, ut cinaedus orbem digito temperat*), hat das gesamte Volk diesen Vers für eine Verunglimpfung seiner Person [sc. des Augustus, M. L.] gehalten und ihm [sc. dem Priester, M. L.] unter größtem Beifall beigepflichtet.

Mit diesem Beispiel liegt der schöne Fall vor, dass ein antiker Text A (der Text des Sueton) einen anderen antiken Text B (den Vers des Kybelepriesters) überliefert und als Zitat markiert und auch von der antiken Deutung des Textes B durch das Publikum berichtet. Den vom Kybelepriester vorgetragenen Vers deutet das Publikum[153] als kritische Anspielung auf Kaiser Augustus, obwohl weder eine eindeutige Kritik noch der Name oder die Person des Kaisers innerhalb des Verses anzutreffen sind. Wie kommt es zu dieser Deutung? Aus unserer Sicht wirkt der Vers zunächst ausgesprochen kryptisch und seine Deutung als Kaiserkritik überraschend, so dass der Vers aus heutiger Perspektive als chiffrierte Referenz zu verstehen ist. Um das kritische Potential des Verses zu entschlüsseln, bedarf es motivkritischer Arbeit.[154] Diese zeigt, dass der Vers des Priesters als manifester Text zwei anspielende Segmente enthält, die als chiffrierte Referenzen auf einen Prätext anspielen: das Leben und Wirken des Kaisers Augustus. Gleichwohl sind diese Anspielungen nicht zwingend, weil der Text auch ohne Wahrnehmung seines Anspielungscharakters Sinn ergibt und als Selbstaussage des Kybelepriesters verstanden werden kann. Wie es bei chiffrierten Referenzen üblich ist, ist also auch dieser Text mehrdeutig. Diese Mehrdeutigkeit wird durch die semantische Polyvalenz der Wörter *orbis* und *cinaedus* evoziert, die als chiffrierte Referenzen fungieren. Die semantische Polyvalenz sorgt dafür, dass sich der Vers sowohl auf den den Vers sprechenden Priester der Mater Magna beziehen kann als auch im Sinne einer chiffrierten Referenz auf Kaiser Augustus. Im Blick auf beide Personen entfalten *orbis* und *cinaedus* nämlich eine jeweils spezifische Bedeutung.

Auf der Textoberfläche gelesen kann der Vers als eine ironische Selbstbeschreibung des gerade die kreisrunde (*orbis*) Handpauke schlagenden, also mit den Fingern (*digitus*) trommelnden Kybelepriesters rezipiert werden. Dass er sich selbst dabei als *cinaedus* bezeichnet und damit eine pejorative Bezeichnung für Menschen mit nach antiken Maßstäben sexuell deviantem Verhalten wie männlicher Homosexualität („Weichling") oder Promiskuität („Wüstling") auf sich appliziert, gleicht dann einem ironischen Spiel mit dem für einen Kybelepriester typischen Eunuchen-Dasein.

---

153 Freilich kann es sich bei der Deutung durch das Publikum um die Deutung Suetons selbst handeln, der die ganze Situation fingiert. Aber auch das würde immer noch einen Einblick in einen antiken Deutungsprozess geben und damit die Möglichkeiten einer chiffrierten Referenz beleuchten.

154 Vgl. für die Erklärung des Hintergrunds H. Martinet, Kaiserviten, 1062f, auf den ich mich im Folgenden stütze.

Versteht man den Vers hingegen als Anspielung auf Augustus, dann handelt es sich in der Tat um eine Verunglimpfung des mächtigen Weltenherrschers (*orbis*), der mit wenig Mühe und leichter Hand (*digitus*)[155] die Geschicke der Welt lenkt, aber in seinem persönlichen Verhalten eine ausschweifende oder aus männlicher Sicht verpönt weibliche sexuelle Betätigung (*cinaedus*) an den Tag legt.

In der Darstellung des Sueton, der diese Szene in eine Schilderung der sexuellen Eskapaden des Augustus einpflanzt und damit diese Deutung kontextuell vorbereitet, hat das Publikum sich eindeutig für diese zweite Deutungsvariante entschieden, wiewohl – das sei nochmals vermerkt – diese Interpretation angesichts des manifesten Textes und der Rahmensituation (ein Schauspiel) nicht zwingend war. Der Vers des Priesters erscheint daher als und wirkt wie eine chiffrierte Referenz. Das zeigen sein Inhalt, der eben weder Augustus direkt nennt, noch unmittelbar Kritik an ihm übt, und seine Rezeption durch das Auditorium und durch Sueton.

In der antiken *Rhetorik* der Kaiserzeit wird schließlich theoretisch reflektiert, was bei manchen Anspielungsverbrechen faktisch passiert, und es werden Tipps gegeben, wie man die Kritik am Herrscher bzw. höhergestellten Persönlichkeiten möglichst gut verschleiert, damit der kundige Hörer oder Leser sie zwar erkennt, der Sprecher oder Autor aber gleichwohl nicht Kopf und Kragen riskiert. Einschlägig sind hier die Ausführungen der Schrift *De elocutione* (§ 287–295), die faktisch von einem unbekannten Autor stammt, aber Demetrius von Phaleron[156] zugeschrieben worden ist, sowie die Hinweise in den *institutionis oratoriae* Quintilians (35–ca. 96 n. Chr.). Letzterer schreibt (Quint., Inst Orat IX 2,65f [Rahn]):

> Jetzt ist es nämlich so weit, dass wir zu der Art kommen, die am häufigsten ist und auf die man, denke ich, vor allem wartet, die Figur nämlich, bei der wir in einer Art von Argwohn (*suspicionem*) das verstanden wissen wollen, was wir nicht sagen, nicht gerade das Gegenteil wie bei der Ironie, sondern etwas Verstecktes und dem Spürsinn des Hörers zum Suchen Überlassenes. Diese Art wird [...] bei uns heute fast ausschließlich Figur (*schema*) genannt [...] Sie findet sich in dreifacher Verwendung: erstens, wenn es zu unsicher ist, offen zu reden (*si dicere palam parum tutum est*); zweitens, wenn es sich nicht schickt; drittens in einer Art, die nur um der schönen Form willen verwendet wird und allein durch

155 Zur Metaphorik des Fingers als Metonymie für die Macht eines Herrschers oder Gottes vgl. Lk 11,20. Zum Hintergrund vgl. K. Gross, Gotteshand.

156 Unter seinem Namen wird auch ein antiker Briefsteller überliefert, der den Typ des „chiffrierten Briefes" (ἀλληγορικός) kennt, dessen eigentliche Botschaft sich nur den Eingeweihten erschließen soll. Das ist ein weiteres Beispiel für den bewussten Einsatz von Chiffrierungen und damit auch von chiffrierten Referenzen. Der Briefsteller stammt möglicherweise aus Ägypten und datiert in das 3. Jh. n. Chr. Nach H.-J. Klauck, Briefliteratur, 158f, ist das im Briefsteller verarbeitete Material aber älter und könnte bis in das 2. Jh. v. Chr. datieren.

die Neuheit und Abwechslung, die sie bietet, mehr Genuss bereitet, als wenn die Mitteilung direkt erfolgte.

Diese rhetorische Figur, *schema* genannt,[157] erfasst recht präzise das, was sich aus heutiger Perspektive als chiffrierte Referenz[158] ansprechen lässt und meint: Eine Aussage mit einem versteckten Hintersinn, den der Autor nicht direkt äußert und den der Hörer geradezu detektivisch enttarnen muss, wobei der Autor/Sprecher durch „doppeldeutige Gedanken" (*ambiguitate sententiae* [Quint., Inst Orat IX 2,68 (Rahn)]) dezente Hinweise zur Entschlüsselung des Nicht-Gesagten, aber Gemeinten gibt. Nach Quintilian ist diese Redefigur nicht etwa ein Sonderfall antiker Rhetorik, sondern eine Figur, „die am häufigsten ist (*frequentissimum est*) und auf die man [...] vor allem wartet (*expectari maximo*)". Chiffrierte Referenzen sind in der Kaiserzeit also verbreitet![159] Den Sitz im Leben dieser rhetorischen Figur bestimmt Quintilian dreifach: Sie kommt zum Einsatz, wenn eine direkte Aussage ohne chiffrierte Referenz für den Sprecher 1. gefährlich oder 2. situativ unangemessen wäre. Daneben kann 3. das *schema* auch aus Gründen der rhetorischen Ästhetik und zur Unterhaltung verwendet werden.

Schließlich warnt Quintilian vor zwei Fehlern beim Einsatz des *schema*. Zum einen sei es schädlich, diese rhetorische Figur zu häufig innerhalb eines Kontextes einzusetzen, weil sie dann an Überzeugungskraft verliere (Quint., Inst Orat IX 2,72). Zum anderen müsse der Chiffrierungsgrad im Rahmen der Anspielung ausreichend groß sein, damit die Figur gelinge. Fällt die Anspielung zu direkt, explizit und manifest aus, so werde die Figur gleichsam plump und verliere ihre Wirkung (Quint., Inst Orat IX 2,69 [Rahn]):

> Wenn eine Figur offen sichtbar ist, verdirbt sie gerade das, was an ihr Figur ist [...] Jedoch kann man dabei Maß halten, vor allen Dingen dürfen sie [sc. die *figurae*, M. L.] nicht offenkundig[160] sein (*ne sint manifestae*). Das sind sie aber dann nicht, wenn sie nicht aus zweifelhaften oder doppelsinnigen Worten genommen werden von solcher Art, wie wenn etwa jemand über eine moralisch beargwöhnte Schwiegertochter sagt: „Ich habe eine Frau genommen, die nach dem Geschmack meines Vaters war."

157 Vgl. zum *schema* F. Ahl, Criticism; U. Tischer, Anspielung, 29–38; S. Bartsch, Actors, 67.93–97; S. Schreiber, Paulus, 342; H.-J. Klauck, Herrscherkritik, 265f; S. Schreiber, Caesar, 78f.

158 So auch H.-J. Klauck, Herrscherkritik, 265: „Die Rhetorik kennt für solche verdeckten Anspielungen eine eigene Gedankenfigur, [...] die [...] *schema* heißt."

159 Vgl. U. Tischer, Anspielung, 35.

160 H. Rahn übersetzt *manifestae* mit „handgreiflich"; mir scheint hier „offenkundig" die Sache etwas besser zu treffen.

Was Quintilian hier empfiehlt, ist geradezu eine Aufforderung, das anspielende Segment im Sinne einer chiffrierten Referenz möglichst im Vagen zu halten, damit sich die Wirkung der Anspielung voll entfalten kann.

Schließlich sei ein spätantikes Beispiel aus dem 5. Jh. genannt, das die Möglichkeit einer chiffrierten Referenz, die man hier präziser als *hidden transcript* ansprechen kann, im 2. Thessalonicherbrief reflektiert. Kein geringerer als Augustinus referiert mit Blick auf 2 Thess 2,7[161] folgende Überlegungen (Aug., CivD XX 19 [Thimme]):

> Ich muss wirklich gestehen, dass ich nicht weiß, was der Apostel hier [sc. in 2 Thess 2,7, M. L.] sagen will. Doch will ich die Vermutungen von allerlei Leuten, die ich gehört oder gelesen habe, nicht verschweigen. Einige meinen nämlich, dies beziehe sich auf das römische Reich und der Apostel habe es nicht offen nennen wollen, um sich nicht dem Vorwurf auszusetzen, er sei dem römischen Reiche, an dessen Ewigkeit man glaubte, übel gesinnt. Dann hätte er bei den Worten: „Es regt sich bereits das Geheimnis der Bosheit" wohl an Nero gedacht, dessen Taten schon damals denen des Antichrists zu gleichen schienen.

Und nach der Darstellung und kritischen Bewertung einer Reihe weiterer Mutmaßungen über 2 Thess 2,1–10 resümiert Augustinus schließlich:

> Demnach deutet der eine die dunklen Worte des Apostels so, der andere so.

„Dunkle Worte" in einem öffentlichen Gemeindebrief, die nach der Ansicht mancher eine verborgene Kritik am römischen Reich beinhalten – das beschreibt recht präzise das Ineinander des *public und hidden transcript*, bei dem die Mehrdeutigkeit und damit die „Dunkelheit" einer Aussage zum Einfallstor für das subversive, weil herrschaftskritische *hidden transcript* wird, das sich durch eine chiffrierte Referenz im Text ausdrückt. Augustinus rechnet also mit einer chiffrierten Referenz in einem ntl. Text.

Angesichts der Beispiele zeigt sich, dass sich in antiken Texten Formen der freieren Referenz, auch der chiffrierten Referenz, finden lassen und mit ihnen taktisch umgegangen wurde. Autoren wie Rezipienten rechnen also mit vagen Anspielungen.[162] Das ist, bei allen Unterschieden im Detail,[163] zunächst zu

---

161 Der Vers ist tatsächlich schwer verständlich: τὸ γὰρ μυστήριον ἤδη ἐνεργεῖται τῆς ἀνομίας· μόνον ὁ κατέχων ἄρτι ἕως ἐκ μέσου γένηται. Vgl. die Übersetzung und Interpretation von W. Trilling, 2 Thess, 69.93–102: „Denn schon wirkt das Geheimnis der Bosheit. Nur (dauert es) noch (solange), bis der, der aufhält, entfernt ist."

162 Für politische Anspielungen in den römischen Tragödien zeigt E. Stärk, Anspielungen, 126, dass diese Anspielungen mit dem Beginn der Kaiserzeit einsetzen. Er summiert (130): „Am Ausgang der Republik konnte man damit rechnen, daß die Zuschauer auch ohne Zutun der Schauspieler die zur Aufführung kommenden Tragödien nach allfälligen Zeitbezügen absuchten."

163 Insbesondere im Blick auf die Gattung des *schema* scheint zu gelten, dass der Sitz im Leben dieser Gattung der öffentliche politische Diskurs der Oberschicht ist (vgl. S. Schrei-

würdigen und spricht im Blick auf die grundsätzliche Möglichkeit chiffrierter Referenzen im MkEv eine klare Sprache: In antiker Literatur darf man mit solch chiffrierten Referenzen rechnen. Das gilt ohne Einschränkung dann auch für ntl. Texte, die in z. T. schwierigen gesellschafts- sozial- und religionspolitischen Situationen eine revolutionäre Botschaft zu verkünden hatten.

4.2.4 Argumentationstheoretische Reflexionen über das Phänomen der chiffrierten Referenz

Im Folgenden geht es darum, die bisherigen Überlegungen des Kapitels I 4.2 wissenschaftstheoretisch und argumentationstechnisch fruchtbar zu machen: Welche Auswirkungen haben die vorausgehenden Überlegungen und Beobachtungen auf den exegetischen Diskurs über chiffrierte Referenzen? Wie lässt sich für solche Referenzen argumentieren und wie lässt sich vielleicht auch nicht gegen sie argumentieren? Auch jetzt bewegen sich die Überlegungen weiterhin ausschließlich im theoretisch-hermeneutischen und wissenschaftstheoretischen Bereich. Dabei geht es in einem ersten Schritt um Grundbedingungen, die erfüllt sein müssen, um in historischer Perspektive überhaupt von einer Anspielung im Allgemeinen und einer chiffrierten Referenz im Besonderen sprechen zu können (I 4.2.4.1). In einem zweiten Schritt geht es sodann um die argumentationstheoretische Bedeutung der Charakteristika chiffrierter Referenzen selbst. Es gilt aufzuzeigen, dass bestimmte klassische Argumente, die gegen die exegetische Behauptung einer chiffrierten Referenz ins Feld geführt werden, nur bedingt argumentativ überzeugen können, weil sich ihre scheinbare argumentative Kraft aus dem Wesen der chiffrierten Referenz selbst speist, die klassischen Gegenargumente das Wesen der chiffrierten Referenz dabei aber nicht hinreichend in Rechnung stellen (I 4.2.4.2). Schließlich möchte ich einige grundsätzliche Überlegungen zu Textbeobachtungen und Wahrscheinlichkeitsurteilen anführen, die im Rahmen von vernunftgeleiteten Plausibilitätsabwägungen die Behauptung einer chiffrierten Referenz im exegetischen Diskurs stärken können (I 4.2.4.3).

Im Idealfall lassen sich die Interdependenzen zwischen dem jeweiligen Aspekt und der prinzipiellen Möglichkeit sowie der argumentativen Plausibilität chiffrierter Referenzen in einer Art „Je-desto-Satz“ oder „Wenn-dann-Gefüge“ erfassen. Um schließlich aufzuzeigen, worin der konkrete Gewinn der Überlegungen für die These dieser Untersuchung besteht, findet sich, wo immer möglich, ein kurz gehaltener Abschnitt *„Für MkEv und Triumphzug gilt“*, der aufzeigt, was der beschriebene Aspekt für die konkrete Thematik

---

BER, Paulus, 342). Das MkEv spielt da sicher in einer anderen „Liga“. Das hat dann freilich auch Auswirkungen auf die Frage nach der Pragmatik der mk chiffrierten Referenzen.

dieser Studie austrägt, wobei keine ausführlichen Begründungen, sondern nur Verweise in die folgenden Kapitel erfolgen.

4.2.4.1 Grundbedingungen: Chronologie, Topographie, Popularisation

In einem ersten Zugang gilt es drei Grundbedingungen zu thematisieren, die erfüllt sein müssen, damit sich in historischer Perspektive überhaupt von einer chiffrierten Referenz in einem manifesten Text sprechen lässt. Sind diese Grundbedingungen erfüllt, dann ist eine chiffrierte Referenz möglich! Ob sie auch wahrscheinlich ist, steht auf einem anderen Blatt. Die Grundbedingungen stellen also notwendige Bedingungen der Möglichkeit dar, um argumentativ verantwortet eine chiffrierte Referenz überhaupt behaupten zu können – und zwar unabhängig davon, ob diese Behauptung die Allusion als autorintendiert versteht oder aus Erstrezipientenperspektive erfasst. Alle drei Grundbedingungen gründen letztlich darin, dass Anspielungen im Rahmen eines *engen* Intertextualitätskonzepts grundsätzlich einen gemeinsamen kommunikativen Raum, ein geteiltes Weltwissen zwischen Autor und Adressatenschaft bzw. zwischen Text und Lesenden voraussetzen.

a. Chronologie: Die Abfassungsverhältnisse beachten

Grundsätzlich gilt, dass die Behauptung einer Anspielung die chronologischen Verhältnisse zu beachten hat. Ein vermeintlicher Prätext, wobei Text hier in einem weiten Sinne gemeint ist, muss älter als der manifeste Text sein, in dem die Anspielung erfolgt, oder muss doch zumindest mit diesem zeitgenössisch sein. Zudem muss der Prätext zur Entstehungszeit des manifesten Textes noch dergestalt vorhanden gewesen sein, dass er im kulturellen Gedächtnis von Autor bzw. Rezipienten verankert war oder materialiter zur Lebenswelt von Autor bzw. Rezipienten gehörte. Er muss also zum kulturellen Code der Kommunikationssituation gehört haben können.[164]

Für MkEv und Triumphzug gilt: Der Triumphzug ist nachweislich ein altes Ritual, das bereits vor dem MkEv existierte und nachweislich zur Entstehungszeit des MkEv bekannt war (vgl. II).

b. Topographie: Entstehungsorte und Lokalkolorit

Diese chronologische Perspektive ist durch eine topographische zu erweitern. Denn je näher sich der Text, sein Autor und die Erstrezeptionsgemeinschaft an der lokalen Lebenswelt des Prätextes befinden, desto dezenter, leiser und

164 Diese Grundbedingung entspricht in etwa dem ersten („availability“) der sieben Kriterien von R. B. Hays, Echoes, 29–32, mit denen dieser versucht, intertextuelle Echos (konkret zwischen den heiligen Schriften Israels als Prätexten und den Paulusbriefen als manifesten Texten) zu plausibilisieren. Zur weiteren exegetischen Anwendung der Kriterien von Hays vgl. K. M. Schmidt, Wege, 11–13; A. Merz, Selbstauslegung, 102–104; C. Heilig, Methodology, 35f.

verschlüsselter kann eine mögliche Anspielung auf den Prätext ausfallen, weil der Autor bei seinem Adressatenpublikum ein Wissen um den angespielten Prätext und das Prätextmotiv voraussetzen kann (Lokalkolorit).[165] Umgekehrt und an einem fiktiven Beispiel formuliert: Die potentielle Anspielung des Paulus auf ein lokales Phänomen in Syrien im 1. Jh. n. Chr. werden die Adressaten des Römerbriefes nur bedingt erfolgreich entschlüsseln können. Paulus müsste Klartext schreiben, wenn er sicher verstanden werden wollte.

Für MkEv und Triumphzug gilt: Der Triumphzug ist ein römisches Ritual (II 2) und insbesondere in dieser Stadt bekannt, wiewohl sich zeigen lässt, dass der Triumph auch jenseits Roms eine bekannte Größe darstellt. In der Stadt Rom oder in ihrem Umfeld lässt sich mit Gründen, die jenseits der Triumphzugsthematik liegen, auch das MkEv verorten (I 5.2). Entsprechend kann Markus prinzipiell eine Kenntnis des Triumphzugsrituals, mindestens seiner für alle sichtbaren Elemente (s. dazu II 7), bei seiner Gemeinde voraussetzen und potentiell auch chiffriert darauf anspielen.

c. *Popularisation: Zwischen Allgemeinplatz und singulärem Sonderfall – Die Bekanntheit und Spezifik des Prätextmotivs in der Antike*

Auch die Popularisation, also die Bekanntheit, Verbreitung und Prominenz, eines Prätextmotivs entscheidet mit darüber, in welcher Weise auf dieses Motiv angespielt werden kann. Je bekannter das Motiv dabei ist, desto voraussetzungsreicher kann auch die Anspielung auf dieses Motiv ausfallen[166] – und zwar auch unabhängig von evtl. topographischer Nähe. Umgekehrt: Eine chiffrierte Referenz auf ein Element des Lokalkolorits einer Stadt in Spanien wird in Kleinasien kaum entschlüsselt werden können. Freilich darf das Motiv auch nicht so bekannt sein, dass es sich bereits aus seiner spezifischen Verwendung gelöst hat. Dann ließe sich nämlich ungleich schwerer argumentativ begründen, dass im manifesten Text eine Anspielung auf einen *spezifischen* Prätext erfolgen soll.[167] Wenn es sich etwa beim zu untersuchenden Motiv um ein Sprichwort handelt, dann ist eine Allusion auf einen bestimmten Prätext nur schwer zu behaupten, weil es sich eben auch um alltagssprachliche Verwendung handeln kann. D. h. es ist nicht nur zu prüfen, wie weit verbreitet, sondern auch wie spezifisch verbreitet ein Prätextmotiv in der Antike ist. Folglich gilt:

---

165 Vgl. in einer allgemeinen Formulierung auch U. Tischer, Anspielung, 31: „Die Wissens- und Rezeptionsstrukturen von Sender und Empfänger müssen soweit übereinstimmen, daß der Rezipient in der Lage ist, das richtige Wissen an der entsprechenden Stelle mit dem Text zu assoziieren."

166 So auch U. Broich, Markierung, 32: Ein Autor kann „auf jede Markierung [sc. des anspielenden Segments, M. L.] verzichten, wenn sein eigener Text auf Texte verweist, die einem breiteren Leserpublikum bekannt sind." Als Kriterium auch angedeutet bei R. B. Hays, Echoes, 30 („volume").

167 Vgl. dazu D. M. Salzer, Magie, 25.

Je bekannter das Motiv in seiner speziellen Typik – also jenseits einer alltagssprachlichen Verwendung – ist, desto voraussetzungsreicher und dezenter kann darauf angespielt werden.

Für MkEv und Triumphzug gilt: Der Triumphzug ist, wie sich zeigen wird (vgl. II 6), ein überaus bekanntes Ritual. Es braucht in der Antike nicht viele und nicht sehr spezielle Worte, um den Kontext des Triumphzugs aufzurufen. Der Triumphzug ist darüber hinaus in der Kombination seiner rituellen Bausteine singulär und damit im höchsten Maße spezifisch. Ein Triumphzug lässt sich entsprechend von anderen Formen einer *pompa* unterscheiden. Entsprechend kann im MkEv voraussetzungsreich und chiffriert auf dieses Ritual angespielt werden. Die Leser des MkEv als Zeitgenossen der Triumphzüge und ihrer auch ikonograpischen Repräsentation können diese chiffrierten Referenzen gleichwohl entschlüsselt haben.

Zwischenfazit: Die in dieser Arbeit vertretene These erfüllt sämtliche dieser Grundbedingungen. Mehr noch: Mit dem Triumphzug liegt ein römisches Ritual vor, das in seiner speziellen Typik sehr bekannt und zugleich unverwechselbar war. Für das MkEv, seinen Verfasser sowie sein Erstadressatenpublikum, die ich sämtlich in einem römischen Kontext verorte (vgl. I 5.2), lässt sich daher annehmen, dass voraussetzungsreiche Anspielungen, wie sie bei chiffrierten Referenzen zwangsläufig vorhanden sind, prinzipiell möglich sind. Das macht eine mk Triumphzugsparodie, literarisch durch chiffrierte Referenzen evoziert, freilich noch nicht wahrscheinlich, aber eben immerhin möglich.

4.2.4.2 Klassischen Gegenargumenten auf den Zahn gefühlt

Gegen die Interpretation eines Textdetails auf dem Hintergrund eines nur chiffriert eingespielten Prätextes werden neben textbasierten Argumentationen und alternativ vorgebrachten Deutungsmustern von Zeit zu Zeit auch geradezu klassische Argumente in stereotyper Weise angeführt. Fasst man sie typisiert und damit gewiss vereinfacht zusammen, dann lauten sie z. B.: „Ein hinreichend eindeutiger Rückverweis ist nicht vorhanden." „Die Berührungen sind zu schwach ausgeprägt und weichen vom vermeintlichen Prätextmotiv doch sehr ab. Die Sache ist daher sehr weit hergeholt" („*far-fetched*-Vorwurf"). „Der Text lässt sich sinnvoll auch ohne diesen komplexen Motivhintergrund verstehen." Das sind wirkmächtige Argumentationsmuster. Gleichwohl möchte ich ein „Aber" anbringen.

Semantische Polyvalenz und der mit einer chiffrierten Referenz immer auch verbundene Innovationsgrad im Rahmen der Aktualisierung des Prätextmotivs, die zusammengenommen zur Mehrdeutigkeit eines Textdetails[168] ent-

---

168 Diese Mehrdeutigkeit lässt eben fragen: Handelt es sich bei dieser Textstelle um ein anspielendes Segment und hat der Text einen „doppelten Boden" oder lässt er sich nur im Kontext des manifesten Textes, also intratextuell und gerade nicht intertextuell, lesen?

scheidend beitragen, lassen chiffrierte Referenzen immer irgendwie vage und dezent erscheinen. Das sind Charakteristika chiffrierter Referenzen. Das heißt aber, dass das Problem, chiffrierte Referenzen im exegetischen Diskurs argumentativ glaubhaft und plausibel zu machen, im Wesen dieses Allusionstyps selbst begründet liegt: Dass der eine Ausleger eine chiffrierte Referenz entdeckt und der andere Exeget den gleichen Text ohne eine solche Allusion lesen kann und entsprechend die Existenz einer Referenz an dieser Stelle evtl. entschieden abrogiert, resultiert aus der mit diesem Allusionstyp konstitutiv verbundenen Mehrdeutigkeit selbst. Solche Allusionen erscheinen vage und uneindeutig, weil sie vage und uneindeutig sein sollen. Die Offenheit, die Abweichungen vom Prätextmotiv und die Nicht-Eindeutigkeit sind intendiert und gehören zum Wesen solcher Referenzen.

Daraus ergeben sich für den exegetischen Diskurs und den Streit um die Existenz chiffrierter Referenzen an einer konkreten Textstelle mindestens zwei Folgerungen:

1. Im Streit um chiffrierte Referenzen wird man sich immer im Raum der Wahrscheinlichkeiten bewegen und mit Wahrscheinlichkeitsurteilen begnügen müssen, die allerdings keineswegs beliebig sind. Auch im Raum der Wahrscheinlichkeiten gibt es plausiblere und weniger plausible Lesarten, die sich argumentativ gegeneinander abwägen lassen. Nur absolute Gewissheiten sind nicht zu erreichen und vor allem auch nicht argumentativ zu begründen.[169]
2. Die klassischen Gegenargumente beschreiben zwar möglicherweise treffend den Textbefund, sie haben aber nur eine begrenzte argumentative Kraft im Blick auf ihr Ziel, die Existenz einer chiffrierten Referenz zu bestreiten. Denn das, was sie gegen die These einer chiffrierten Referenz erheben:
   - die Uneindeutigkeit des Verweises aufgrund des Mangels einer deutlichen Markierung,
   - die Möglichkeit, das Erzähldetail sinnvoll auch ohne Rückgriff auf die Kategorie der chiffrierten Referenz und also ohne die Hinzuziehung eines Prätextes zu verstehen,
   - die Abweichungen vom vermeintlichen Prätextmotiv,

   all das *kann* auch selbst aus dem Wesen einer chiffrierten Referenz erwachsen:
   - aus der nur schwach impliziten oder gar fehlenden Markierung, die zum Wesen chiffrierter Referenzen gehört,
   - aus der semantischen Polyvalenz, die Mehrdeutigkeiten produziert und dazu beiträgt, dass aus der Perspektive der Leserinnen und Leser die Verweiskraft eines Erzähldetails prinzipiell nicht auf einen alludierten

169 Vgl. U. Tischer, Anspielung, 23: „Objektive und absolute Kriterien kann es daher weder für das Erkennen noch für das Auflösen von Anspielungen geben."

Motivhintergrund beschränkt sein muss und der Text daher sinnvoll auch ohne Wahrnehmung seines alludierenden Charakters gelesen werden kann,
- aus dem Grad von Innovation, der bei der Aktualisierung eines Prätextmotivs Abweichungen, Leerstellen und überständige Textelemente im Vergleich zum Prätextmotiv produziert.

Daraus folgt: Die Schwierigkeit der Plausibilisierung einer chiffrierten Referenz liegt in der Natur der Sache selbst begründet und erwächst aus dem Wesen der chiffrierten Referenz. Aus den Charakteristika der chiffrierten Referenz erwächst aber zugleich die nur begrenzte Durchschlagskraft der klassischen Gegenargumente. Sie verlieren angesichts der Möglichkeit, dass sie ihre Wurzel, ihr argumentatives Potential, in der chiffrierten Referenz selbst haben und damit möglicherweise das bekämpfen und in Frage stellen, woraus sie ihre argumentative Kraft ziehen, etwas von ihrer Härte und ihrem Totalitätsanspruch, der sie zuweilen wie „Diskursverweigerungsargumente" erscheinen lässt. Man kann eben mit dem Hinweis auf den so vagen Textbefund nur sehr begrenzt gegen chiffrierte Referenzen argumentieren, wenn es für diesen Referenztyp doch konstitutiv ist, vage zu sein.[170] Freilich bedeutet das gerade nicht, dass man diese klassischen Gegenargumente einfach umdrehen könnte und die Existenz des Gegenarguments zum Beweis für die chiffrierte Referenz erheben könnte. Das wäre im Raum von Wahrscheinlich- und Möglichkeiten ein falscher Schluss. Die Begrenztheit der Gegenargumente suspendiert denjenigen, der für eine chiffrierte Referenz argumentiert, auch nicht von der Aufgabe, durch Textbeobachtungen aufzuzeigen, dass ein Rückverweis vielleicht doch eindeutiger ist, als bisher gedacht, oder dass die Abweichungen vom Prätextmotiv weniger massiv ausfallen, wenn man jenes Motiv nur genauer analysiert. Gleichwohl nimmt das Wissen um das Wesen chiffrierter Referenzen den Gegenargumenten und damit auch dem „*far-fetched*-Vorwurf" etwas von ihrer bzw. seiner Massivität.

4.2.4.3 Textbeobachtungen und Wahrscheinlichkeitsurteile

Abschließend seien einige Überlegungen vorgestellt, die im Gewand theoretischer Überlegungen bereits auf das Feld konkreter Textbeobachtungen[171] (a.+b.) bzw. auf den vorhandenen exegetischen Diskurs (c.) zu einem Text

170 Hier liegt also letztlich der Fall vor, dass die Wirkung und Folge einer Ursache die Ursache selbst wieder in Frage stellt. Anders gesagt: B folgt aus A und B stellt die Existenz von A in Frage. Das macht die positive Behauptung wie die Bestreitung chiffrierter Referenzen so schwierig.

171 Dabei geht es an dieser Stelle weniger um einzelne Textdetails wie etwa eine implizite, aber doch deutliche Markierung, die freilich im Rahmen der konkreten Textanalysen von Bedeutung sein werden und dann eben auch argumentative Kraft entwickeln können. Angezielt sind hier großflächige Textphänomene.

vorgreifen. Ich will fragen, welche Faktoren die Behauptung einer chiffrierten Referenz im exegetischen Diskurs argumentativ plausibler und damit die Existenz einer solchen Referenz wahrscheinlicher machen.

a. „Keine Eintagsfliegen": Mehrfache Allusionen auf einen Bezugsrahmen und seinen lebensweltlichen Kontext

Es ist eine der Grundüberzeugungen der klassischen Redaktionskritik: Wer mit einer bestimmten Absicht etwas redigiert, der wird sich nicht nur an einer Textstelle von dieser Absicht leiten lassen. Auch an anderen Textstellen wird es zu redaktionellen Eingriffen kommen. Ein synoptischer Vergleich in redaktionskritischer Perspektive spürt solchen Prozessen nach. Diese Grundlogik lässt sich auf die Thematik chiffrierter Referenzen übertragen. Eine chiffrierte Referenz lässt sich mit höherer Plausibilität dann behaupten und als potentiell autorintendiert ausweisen, wenn sich zeigen lässt, dass im Verlauf des Gesamttextes mehrfach auf den an der konkreten Stelle chiffriert angespielten Prätext und die Welt, aus der er stammt, Bezug genommen wird, sei es chiffriert oder auch in deutlicher Form.[172] Mit den Worten H. Omerzus, die sich mit der Rezeption des Psalters in frühjüdischen Texten beschäftigt: „Aktualisierungsprozesse sind als wahrscheinlich anzunehmen, wenn ein Text *mehrere* Bezüge zu einem Prä- oder Hypotext aufweist bzw. im konkreten Falle auch sonst die Kenntnis bzw. der Gebrauch des Psalters erkennbar ist."[173] Folglich ist die plausiblere Lesart eines Textes jeweils die, die mehr Erzähldetails spannungsfrei und kohärent in *ein* Deutesystem einordnen kann.

Für MkEv und Triumphzug gilt: Es ist die Überzeugung dieser Arbeit, dass sich Triumphzugsanspielungen nicht nur in einer mk Perikope, etwa ausschließlich Mk 15,16–20, finden lassen. Auch im weiteren Verlauf der mk Passionsgeschichte finden sich solche Anspielungen, wie schon die Forschungsgeschichte (I 3.4) gezeigt hat. Über diese bereits bekannten, freilich nochmals zu untersuchenden Textstellen und Motivanspielungen hinausgehend wird im Verlauf der Arbeit gezeigt, dass sich auch an anderen Stellen Triumphzugsanspielungen nachweisen lassen. Das MkEv verweist mithin mehrfach auf diesen Motivkomplex. Dass das MkEv zudem gewinnbringend unter Rekurs auf den lebensweltlichen Kontext der Triumphzüge, eben das Imperium Romanum, interpretiert werden kann, der Text sich also in dieser kulturellen Welt verankert, ist im Laufe der Forschung zum MkEv vielfach gezeigt worden (vgl. I 3). In dieser Perspektive liegt es dann sogar nahe, die römische Lebenswelt als Resonanzraum für eine motivkritische Untersuchung der mk Jesuserzählung heranzuziehen. Zugespitzt formuliert: Weil das MkEv gewinnbringend

---

172 Vgl. ähnlich R. B. Hays, Echoes, 30; M. Pfister, Konzepte, 28–30 (im Hintergrund stehen die Pfisterkriterien der Strukturalität und Selektivität); J. Helbig, Markierung, 98; U. Eco, Ironie, 230.

173 H. Omerzu, Rezeption, 40.

mit Realien der römischen Lebenswelt korreliert werden kann, hat auch eine Bezugnahme auf den römischen Triumphzug eine gewisse Wahrscheinlichkeit für sich.

b. Cluster und Einzelmotiv: Die Einspurung der Leserinnen und Leser

Im Folgenden geht es um einen Spezialfall der mehrfachen Allusion auf *einen* Prätext. Diesen Spezialfall nenne ich *Anspielungscluster*. Dabei handelt es sich um ein quantitatives Phänomen. Wenn sich auf engem literarischen Raum, etwa im Rahmen einer Perikope, mehrere Allusionen finden lassen, dann verweist ein solches Bündel von Anspielungen die Leserinnen und Leser des Textes wesentlich eindeutiger auf einen bestimmten Prätext, als dies etwa bei verstreut über den ganzen Text auftretenden Einzelmotivanspielungen der Fall ist.

Ein solches Cluster[174] leistet dabei einen ganz spezifischen Beitrag im Rahmen chiffrierter Referenzen. Es fungiert als eine Art leserlenkender Fokussierungsfilter, durch den die Leserinnen und Leser eines manifesten Textes, in dem den Lesenden ein spezifisches Anspielungscluster begegnet, auf einen bestimmten Prätext eingespurt werden.[175] Das Cluster eröffnet eine zusätzliche Verstehensebene für den Text und gibt eine Richtung vor, in der plötzlich auch andere Erzähldetails, die bei der ersten Lektüre zwar sinnvoll verstanden werden konnten, aber in keiner Weise einen zusätzlichen Hintersinn zu enthalten schienen, eine neue Sinnspitze erhalten und zu anspielenden Segmenten werden. Ist also durch ein Anspielungscluster erst einmal ein bestimmter kultureller Resonanzraum eröffnet, legt sich im Kopf der Lesenden also gleichsam ein Schalter um, dann lassen sich über die Erinnerung an vorher Gelesenes bzw. bei weiterer oder erneuter Lektüre[176] des Textes einzelne im Text vor-

---

174 Zu Referenzclustern als einer Ausprägung der mehrfachen Allusion vgl. auch die kurze Übersicht bei J. Helbig, Markierung, 101f.

175 Das Phänomen der Einspurung des Lesers durch Rahmung bzw. Vorschaltung eines Textes im Rahmen der Theklaakten untersucht ausführlich E. Esch-Wermeling, Thekla, 189–204. Ihre Überlegungen zur Leserlenkung habe ich hier für den Bereich der Allusionen adaptiert. Ähnliche Überlegungen, allerdings im Blick auf Intertextualitätsmarker, finden sich bei U. Broich, Markierung, 33.42f.45: Ein deutlicher Verweis auf einen Prätext sei im Blick auf den Leser wirkungsvoller als viele über den Text versteckte Verweise. Und wenn es einen deutlichen Verweis gegeben hat, dann kann der Leser, so Broich, aus der Erinnerung heraus auch vollauf unmarkierte Textsegmente als anspielende Segmente entziffern.

176 So auch K. Nelissen, Lesebrille, 195, am Beispiel des Romans „Der Idiot" von F. M. Dostojewski, bei dem auf S. 705 ein eindeutiger Verweis auf die Werke N. W. Gogols erfolgt, der jäh einen neuen Resonanzraum für den Gesamttext des Romans eröffnet. Der Leser, so Nelißen, „sollte sich die neue Brille bei der nächsten Lektüre bereit halten". Ein umgehender Lektüreabbruch und Neustart auf S. 1 sei nicht nötig, weil „die Geschichte […] auch für sich genug her" gibt. Anders gesagt: Der Roman funktioniert auch ohne Kenntnis dieses alludierten Hintergrunds, obwohl er bei Kenntnis der Anspielungen auf die Werke Gogols eine zusätzliche Sinnebene entfalten kann. Auch der Text Dostojewskis ist also mehrdeutig

handene Erzähldetails wesentlich leichter als (isolierte) chiffrierte Referenzen verstehen und in den durch das Anspielungcluster eröffneten Horizont einzeichnen. Diese Textdetails, die wie verstreute Mosaiksteine des alludierten Motivhintergrunds wirken, erhalten jetzt plötzlich eine weitergehende Bedeutung. Diese spätere „Verwandlung" eines scheinbar unauffälligen Textdetails in ein anspielendes Segment, hervorgerufen durch ein Anspielungscluster, gehört auch zur Magie der Anspielungen.

Im Blick auf die übergreifende Leitfrage nach einer Plausibilitätssteigerung im Rahmen der exegetischen Behauptung chiffrierter Referenzen gilt entsprechend: Je mehr Anspielungen im Cluster identifiziert und plausibilisiert werden können, je deutlicher diese ausfallen und je mehr Cluster im manifesten Text vorhanden sind, desto dezenter können zum einen verstreute Anspielungen im Rahmen des gesamten manifesten Textes ausfallen und desto plausibler lässt sich eine verstreut zu findende chiffrierte Referenz grundsätzlich behaupten.

Für MkEv und Triumphzug gilt: Mit Mk 15,16–20 ist ein solches Anspielungscluster[177] vorhanden, das die Leserinnen und Leser des MkEv im Laufe der Passionsgeschichte, genauer: zu Beginn des Kreuzweges Jesu, auf die Triumphzugsthematik einspurt (vgl. III 1). Nachdem damit der assoziative Boden bereitet ist, können auch andere Textdetails, die für sich genommen nur schwer den Triumphzugskontext aufrufen und als chiffrierte Referenzen erscheinen, in diese Deutungslinie eingezeichnet und als Kette von Allusionen interpretiert werden. Das gilt für Mk 15,21–16,8 wie auch für die Kapitel Mk 1,1–15,15, die als Textgelände im Rahmen einer erneuten Lektüre des MkEv, auf die der Text selbst angelegt ist (vgl. III 5), ebenfalls im Licht des Anspielungsclusters gelesen werden können.[178] Das Allusionscluster von Mk 15,16–20 kann aufgrund des mk Konzepts der Neulektüre[179] insofern auch im Blick auf bereits Erzähltes seine Wirkung entfalten.

---

und verfügt offensichtlich über chiffrierte Referenzen, die aber erst dank eines in der Sache sehr eindeutigen Anspielungsclusters auf der S. 705 klar zu Tage treten. So leicht macht es uns das MkEv nicht, insofern es zwar ein Anspielungscluster gibt, aber die Allusionen im Rahmen dieses Clusters nicht ganz eindeutig ausfallen.

177 In eine ähnliche Richtung gehen die Überlegungen bei D. A. THOMAS, Context, 70, die er unter Rekurs auf die Analysen von T. E. Schmidt im Blick auf Mk 15 formuliert und dann für Offb 19 fruchtbar machen will: „it is the *arrangement* of these details in a certain sequence that produces a cumulative effect, evoking triumphal imagery".

178 Dass sich Details des mk Textes bei einer Neulektüre prinzipiell anders, nämlich eben im Licht der gesamten mk Jesuserzählung, verstehen lassen und zusätzliche Bedeutungsnuancen erhalten, die bei der Erstlektüre nicht zu entdecken waren, zeigt etwa auch C. BLUMENTHAL, Gott, 90f, am Beispiel von Mk 1,1 auf.

179 Streng genommen könnte das Cluster auch dann seine Wirkung entfalten, wenn der mk Text nicht auf eine Neulektüre angelegt wäre. Im Rahmen der *Erinnerung* an bereits Gelesenes/Gehörtes könnte das im Cluster angelegte Allusionspotential beim Rezipienten eben auch zur Auswirkung kommen und sich rückwirkend ein „Aha-Effekt" einstellen. Freilich

c. Ein neuer Schlüssel für alte Probleme: Ein forschungsgeschichtliches Argument

Die Behauptung, ein Textdetail stelle eine chiffrierte Referenz auf einen Prätext dar, hat schließlich dann argumentativ höheres Gewicht, wenn durch diese neue Lesart ein Erzähldetail, das bisher in der Forschung nicht oder nur sperrig und unbefriedigend erklärt werden konnte,[180] spannungsfreier erläutert werden kann.[181] Wenn sich etwa ein mk Erzähldetail weder historisch plausibel in der Zeit Jesu interpretieren[182] noch vor einem atl. oder anderweitig gearteten Hintergrund überzeugend erklären lässt, die hier vertretene These einer Triumphzugsallusion hingegen das Erzähldetail spannungsfrei in das Geflecht potentieller Anspielungen einbinden kann, dann hat dieser neue Schlüssel zu einem alten Problem zumindest für den Moment die größere Wahrscheinlichkeit im exegetischen Diskurs auf seiner Seite.

Für MkEv und Triumphzug gilt: Im Rahmen der Textuntersuchungen des Kapitels III lässt sich gerade mit Blick auf Mk 15,16–20 (vgl. III 1), mit Blick auf den *titulus crucis* von Mk 15,26 (vgl. III 2.8), mit Blick auf die Speisung der 5000 Männer in Mk 6,30–44 (vgl. III 6) sowie mit Blick auf die Verklärungsperikope von Mk 9,2–13 (vgl. III 7) aufzeigen, dass bisher nicht befriedigend erklärte Erzähldetails im Rahmen der Suche nach Triumphzugsallusionen spannungsfreier interpretiert werden können oder im Text vorhandene Erzähldetails, die bisher in der exegetischen Forschung weitgehend übersehen oder jedenfalls nicht interpretiert worden sind, überhaupt erst entdeckt und interpretiert werden.

4.2.5 *Ein bündelndes Fazit*

Im Sinne eines bündelnden Fazits seien die Hauptaspekte der bisherigen Überlegungen nochmals zusammengefasst. Die vorangehenden Teilkapitel verfolgen mehrere Ziele:

---

bietet die Neulektüre die größeren Chancen, im Lichte des Clusters neue Anspielungen im bereits gelesenen und jetzt neu zu lesenden Text zu entdecken. Und diese Chance gibt der mk Text seinen Leserinnen und Lesern (dabei – das sei deutlich benannt – geht die Funktion des offenen Endes in Mk 16,1–8, das zur Neulektüre herausfordert, nicht darin auf, die Wirkung des Allusionsclusters zu entfalten; das offene Ende hat in vielerlei Hinsicht eine Bedeutung innerhalb des MkEv).

180 Freilich beinhaltet eine solche Wertung immer auch ein subjektives Moment: Was etwa eine *crux interpretum* des mk Textes ist, bleibt bis zu einem gewissen Grad Ansichtssache.

181 So auch R. B. Hays, Echoes, 31 f („*satisfaction*").

182 Ähnlich M. Ebner, Evangelium, 30: „Bewusste Anspielungen des Autors lassen sich dann vermuten, wenn erzählerische Auffälligkeiten im Zusammenhang mit der Zeitgeschichte besser erklärt werden können als mit dem erzählten Geschehen: der Jesusgeschichte in Palästina."

1. Die Überlegungen vermitteln einen Überblick zum Phänomen der Anspielung, insbesondere der chiffrierten Referenz.
2. Sie benennen deutlich das Plausibilisierungsproblem, das sich bei der Behauptung einer chiffrierten Referenz stellt, und bestimmen verschiedene Parameter und Bedingungen, die im Rahmen wissenschaftlicher Diskussionen um solch chiffrierte Referenzen zu beachten sind. Diesem Ziel diente
   - die Bestimmung der Charakteristika chiffrierter Referenzen;
   - der Nachweis, dass in antiker Literatur chiffrierte Referenzen der Sache nach verwendet wurden und ihr strategischer Einsatz reflektiert wurde;
   - die Formulierung von Grundbedingungen, um die Möglichkeit chiffrierte Referenzen überhaupt plausibel behaupten zu können;
   - die Reflexion über den Zusammenhang zwischen dem Wesen einer chiffrierten Referenz und ihrer argumentativen Plausibilisierbarkeit wie auch Bestreitbarkeit;
   - die Bestimmung von Markern, die über den Grad der Plausibilität einer behaupteten chiffrierten Referenz im exegetischen Diskurs mitentscheiden können.
3. Die Ausführungen treten schließlich dem Plausibilisierungsproblem möglichst produktiv entgegen, das im Blick auf die Hauptthese dieser Arbeit als „*far-fetched*-Vorwurf" begegnet, um die hier vertretene Hauptthese in ihren hermeneutischen Rahmen zu stellen und auf der theoretischen Ebene, also vor aller Textarbeit, zu stützen. Dabei gilt im Blick auf die Abwägung von Plausibilitäten angesichts chiffrierter Referenzen:
   - Die exegetische Behauptung einer chiffrierten Referenz in einem manifesten Text ist sinnvoll möglich, wenn die Faktoren der Chronologie, Topographie und Popularisation als ermöglichende Grundbedingungen beachtet und im Sinne der obigen Darstellung erfüllt werden.
   - Die exegetische Behauptung einer chiffrierten Referenz gewinnt an argumentativer Plausibilität, wenn sich 1. im manifesten Text mehrfache Allusionen auf einen Prätext sowie seinen lebensweltlichen Kontext finden und glaubhaft machen lassen; 2. leserlenkende Anspielungscluster innerhalb des manifesten Textes nachweisen lassen; 3. nicht befriedigend erklärte Textdetails, die zu forschungsgeschichtlichen Problemen mutiert sind, durch den neuen Interpretationsrahmen sinnvoll erklären lassen.
   - Die exegetische Behauptung einer chiffrierten Referenz wird schließlich nur bedingt durch klassisch-stereotype Gegenargumente falsifiziert, weil die Textphänomene, auf denen diese Argumente basieren, paradoxerweise selbst aus dem Wesen chiffrierter Referenzen erwachsen können.

In diesem Raum der Wahrscheinlichkeiten und Plausibilitäten kommt es nun entscheidend auf möglichst plausible Textbeobachtungen und ihre Korrelation mit einem Prätextmotiv an, die in den exegetischen Diskurs gestellt werden müssen. Dabei ist insbesondere auf die hier thematisierten Phänomene der

Markierung, der Innovation und Transformation durch Selektion und Mutation, auf Anspielungscluster wie auch auf semantische Polyvalenz zu achten.

4.2.6 Die Grenzen der Argumentation und die Person der Exegetin/des Exegeten

Trotz all dieser Aspekte, die das Phänomen der chiffrierten Referenz literaturwissenschaftlich und historisch bedenken und für die grundsätzliche Möglichkeit solcher Anspielungen auf der theoretischen Ebene argumentieren, ist es keine Frage: Diese Arbeit und ihre Hauptthese werden nicht alle Leserinnen und Leser überzeugen. Es wird sich Widerspruch regen. Das ist normal und gehört zum wissenschaftlichen Alltagsgeschäft.

Entscheidend sind dabei neben der Frage nach einer möglichst guten und plausiblen, vor allem textbasierten Begründung meiner These, die ich liefern muss, letztlich auch die Vorentscheidungen und Überzeugungen des diese Arbeit lesenden Exegeten bzw. der Exegetin. Also: Wer prinzipiell Bedenken hegt, historische Texte mit zeitgeschichtlichen Situationen oder kultur- und sozialgeschichtlichen Phänomenen wie dem Triumphzug zu vernetzen, wer sich vom Konzept des Autors vollauf verabschiedet hat, wer dem NT nicht auch eine politische Komponente zugestehen will, wer prinzipielle Schwierigkeiten sieht, Erzähldetails als chiffrierte Referenzen auf etwas zu sehen, was eben nicht explizit im Text steht, wer also nicht mit der Mehrdeutigkeit eines Textdetails rechnet, den wird diese Arbeit und ihre These mutmaßlich kaum überzeugen. Abstrakter und mit dem Altphilologen Peter von Möllendorff auf einen Aspekt enggeführt: Von „nicht zu unterschätzender Bedeutung [ist auch, M. L.], welchen Grad der Spekulation […] der einzelne Forscher für hermeneutisch förderlich und methodisch zulässig hält".[183] Das kann nur jede und jeder für sich selbst entscheiden. Zugespitzt und unter Ausblendung aller Schattierungen trennscharf gefragt: Sind Sie als Leserin oder als Leser dieser Arbeit ein Minimalist, der das historisch Mögliche und Wahrscheinliche lieber ganz eng fasst und auf Spekulationen vollständig verzichtet? Oder sind Sie ein Maximalist, der auch an einer steilen These Freude hat und gut begründeten Spekulationen, die aber den Bereich des Wahrscheinlichen und Möglichen nicht verlassen (können), gegenüber aufgeschlossen ist, im Bewusstsein, dass damit der Wissenschaft eben auch ein Dienst geleistet werden kann, weil sich auch auf diesem Wege Erkenntnisfortschritte einstellen können?[184] Gehören Sie zur ersten Gruppe, dann hoffe ich, dass Sie die Lektüre nicht einstellen und diese Arbeit doch noch die eine oder andere Überraschung für Sie bereithält. Vor allem aber hoffe ich, dass ich Sie zu einem vorsichtigen Perspektivwechsel

---

183 P. v. Möllendorff, Intertextualität, 431.

184 Formuliert in Anlehnung an P. v. Möllendorff, Intertextualität, 418f.

einladen kann. Gehören Sie zu den Maximalisten, dann bewegen Sie sich bei der Lektüre dieser Arbeit in der Tendenz auf vertrautem Terrain. Denn es liegt in der Natur chiffrierter Referenzen, dass es eine *zwingende* Beweisführung nicht geben kann, und sich die Arbeit damit letztlich im spekulativen Raum der Wahrscheinlich- und Möglichkeiten bewegen wird.[185] Innerhalb dieses Raumes möchte ich mit möglichst stichhaltigen Argumenten aufweisen, dass eine mk Triumphzugsparodie möglich und sogar wahrscheinlich und damit argumentativ plausibel ist. Mehr, etwa eine zwingende Letztbegründung, lässt sich bei einer solchen These nicht leisten, weniger als eine gute, plausible und vom Text her sich entwickelnde Argumentation darf freilich auch nicht sein, damit sich die Überlegungen nicht in den Bereich der reinen Rezipientenassoziation möglicher Anspielungen und damit in den Bereich der Beliebigkeit verflüchtigen. Auch die Arbeit mit Hypothesen und im Raum der Wahrscheinlich- und Möglichkeiten darf nicht zur exegetischen Willkür führen! Es gilt auch hier ein Maximum an argumentativer Kraft und sorgfältiger exegetischer Abwägung[186] aufzuwenden, auch und gerade im Bewusstsein um die begrenzten Möglichkeiten einer zwingenden Argumentation. Entscheidend ist in der Situation der begrenzten Argumentation, dass man sich die Wissenschaftlichkeit und die kritische Suche nach „Wahrheit“ auch im Raum der Wahrscheinlichkeiten nicht gegenseitig abspricht, so lange prinzipiell in vernunftgeleiteten Bahnen argumentiert wird. Das will ich im Folgenden weiter tun. Die hermeneutisch-methodischen Grundlagen hoffe ich dafür nun gelegt zu haben.

---

185 Vgl. auch S. Schreiber, Paulus, 345.

186 Es versteht sich von selbst, dass gerade bei einer These dieses Typs die Gefahr gegeben ist, gleichsam „das Gras wachsen zu hören“, also im Sinne einer Überinterpretation an allen möglichen und eben dann auch unmöglichen Stellen Triumphzugsanspielungen zu entdecken (vgl. auch die ähnlich gelagerten Überlegungen bei U. Tischer, Anspielung, 20 Anm. 23; 24f). Diese Gefahr ist eine reale, genauso wie die Gefahr der *„satisfaction of search“* eine real gegebene ist. Oft findet man, was man sucht und blendet unbewusst jene ebenfalls vorhandenen Textdetails aus, die zur Suche nicht passen. Diesen Gefahren kann letztlich nur durch eine kritische Distanz zur verhandelten Sachfrage, durch eine genaue Wahrnehmung des Textes und der Forschungslandschaft mit ihren alternativen Interpretationen, die freilich selbst wieder kritisch zu prüfen sind, begegnet werden.

5. Einleitungsfragen zum MkEv

Ein abschließendes Kapitel gilt den klassischen Einleitungsfragen. Auch im Blick auf diese soll hier unter Würdigung der vorhandenen Argumente in den laufenden Debatten eine Positionierung erfolgen, wobei ich mich für die Fragen nach dem Profil der mk Gemeinde (I 5.3) und dem des Autors (I 5.4) auf die Hauptlinien des Diskurses beschränke, bei den für meine Thematik zentraleren Fragen nach Datierung (I 5.1) und Verortung (I 5.2) des Textes hingegen gründlicher vorgehe. Dabei zeigt sich, dass die Beantwortung der einzelnen Einleitungsfragen in der Forschung argumentativ oft überlappend erfolgt. Wer etwa mit den neronischen Verfolgungen im Blick auf die Datierung des MkEv argumentiert, der wird auch in der Frage der Verortung des MkEv zur Option „Rom" neigen (müssen), womit immer auch die Gefahr von Zirkelschlüssen verbunden ist. Zudem sind die Fragen nach dem Entstehungsort des MkEv und dem Profil der mk Gemeinde zwangsläufig miteinander verbunden. Ich versuche gleichwohl, die Argumentation präzise zu trennen und Übergänge als solche zu kennzeichnen.

Gesamtgliederung: Auch die Frage nach der Gesamtgliederung des MkEv gehört in den Bereich der Einleitungsfragen. Hier setze ich – trotz durchaus möglicher alternativer Gliederungsmodelle – das konzentrische, fünfteilige Gliederungsmodell von B. van Iersel[1] voraus, das mich sehr weitgehend überzeugt und das im Blick auf manche Nuancen noch von M. Ebner[2] präzisiert worden ist.

→ In der Wüste (Mk 1,1–13)
    Scharnier: Der Auftritt Jesu (Mk 1,14f)
        In Galiläa und der Dekapolis (1,16–8,21)
            Auf dem Weg (8,22–10,52)[3]
        In und um Jerusalem (Mk 11,1–15,39)
    Scharnier: Die Frauen und der Rückblick nach Galiläa (Mk 15,40f)
Im Umfeld von Jerusalem und im Grab (Mk 15,42–16,8)[4]

---

1 Vgl. B. M. F. van Iersel, Mk, 67–74; B. M. F. van Iersel, Mc 68–86.

2 Vgl. M. Ebner, Markusevangelium, 154–157.

3 Mit den beiden rahmenden Blindenheilungen (Mk 8,22–26; 10,46–52) und den Wiederholungsstrukturen im Inneren des Wegabschnitts (Leidensankündigung: 8,31f; 9,30f; 10,32–34; Schülerunverständnis 8,32f; 9,32.34; 10,35–41; Schülerbelehrung 8,34–38; 9,33.35–37; 10,42–45).

4 Die Einrückungen zeigen jeweils sich entsprechende Abschnitte im konzentrischen Aufbau an. Der Pfeil deutet zudem bereits auf das Lektürekonzept hin, das sich angesichts des offenen Endes in Mk 16,8 nahe legt (vgl. III 5).

5.1 „Im Krieg" – Zur Datierung des MkEv

Für die Datierung des MkEv lassen sich textimmanente sowie textexterne Argumente anführen. Sie alle wurzeln in der Interpretation mk Textdetails, sind Folgen exegetischer Theorien oder verdanken sich Handschriftenfunden und sind im Letzten mehr oder weniger gut begründete Datierungs*versuche*. Eine eindeutige und unmittelbare Datierungsangabe für das Gesamtwerk findet sich im mk Text nicht.

Textexterne Argumente beruhen etwa auf der handschriftlichen Überlieferung mk Texte oder auf der mit der guten Gründen vermuteten Markuspriorität im Rahmen der Zwei-Quellen-Theorie oder der Farrer-Goulder-Goodacre-Hypothese („Mark without Q"). Sie spielen für die Datierungsdiskussion gegenwärtig keine gewichtige Rolle,[5] insofern sie nur einen vagen *terminus ante quem* liefern können bzw. selbst von den ebenfalls hypothetischen Datierungen anderer Schriften abhängen.

Für die möglichst präzise Datierung des MkEv sind daher textimmanente Argumente entscheidend. Hierbei hat sich die Forschung vor allem auf Mk 13[6] und die Frage konzentriert, ob das MkEv die Tempelzerstörung im August 70 n. Chr. voraussetzt. Dabei dient Mk 13 in seiner jetzigen Form sowohl als Argument für eine Datierung vor die Tempelzerstörung wie auch nach der Tempelzerstörung, was nicht zuletzt der umstrittenen Entstehungsgeschichte von Mk 13 und den mehrdeutigen Erzähldetails geschuldet ist.[7] In jedem Fall wird das MkEv „im Krieg bzw. in Kriegsnähe" datiert. Zumindest in der Tendenz scheint sich aber gegenwärtig eine Mehrheit der Exegeten für eine Datierung nach 70 n. Chr. zu entscheiden.[8] Als Hauptargument dient die visionäre Erzählung der Tempelzerstörung in Mk 13,2, die recht präzise die historische Situation einfängt, von der Flavius Josephus berichtet (Jos.,

---

5 Vgl. etwa I. Broer, Einleitung, 83f. Zur Diskussion um einen vermeintlich mk Text (Mk 6,52f) in den Schriften Qumrans vgl. S. Ernste, Markustext, 140–143; D. Stöckl Ben Ezra, Markus-Evangelium, 179 (7Q5 bezeugt keinen Markustext).

6 Andere Textstellen, die für eine präzise Datierung des MkEv herangezogen werden, sind: Mk 12,9; 15,38. Vgl. dazu L. Schenke, Mk, 33f.

7 Vgl. zur Diskussion um Tradition, Redaktion (und damit implizit auch um die Datierung des MkEv) sowie Pragmatik von Mk 13 etwa G. Theissen, Lokalkolorit, 133–176.270–286; E. Brandenburger, Markus, 13; C. Jochum-Bortfeld, Widersprüche, 165–169; J. S. Kloppenborg, Evocatio; K. M. Schmidt, Wege, 71–78 (Schmidt vertritt die These, das Mk 13,3–32 eine spätere Interpolation in den mk Text sei, Mk 13,2 hingegen mk sei).

8 So das zutreffende Urteil bei J. S. Kloppenborg, Evocatio, 420; P. Dschulnigg, Mk, 55f, mit einem breiten Literaturüberblick, der selbst allerdings eine Datierung in die Jahre 64–66 n. Chr. favorisiert (mit den neronischen Verfolgungen als *terminus post quem*). Vgl. auch die ausführliche Diskussion der Problematik bei A. Winn, Purpose, 43–76 (der den Text auf nach 70 n. Chr. datiert) sowie die gegenteilige Position mit ihren Argumenten bei M. Hengel, Entstehungszeit (Datierung zwischen dem Winter 68/69 n. Chr. und dem Winter 69/70 n. Chr. [43]).

Bell VI 249–270.271–287.316; VII 1–3), und für die auch die archäologischen Zeugnisse[9] sprechen, was sich vor allem im Vergleich mit Mk 14,58 zeigt. Dazu einige entscheidende Detailbeobachtungen:

> 13,2: καὶ ὁ Ἰησοῦς εἶπεν αὐτῷ· βλέπεις ταύτας τὰς μεγάλας οἰκοδομάς· οὐ μὴ ἀφεθῇ ὧδε λίθος ἐπὶ λίθον ὃς οὐ μὴ καταλυθῇ.
>
> Und Jesus sagte ihm: „Siehst du diese großen Gebäude?[10] Ganz sicher nicht wird zurückgelassen hier Stein auf Stein, der nicht gewiss niedergerissen wird."
>
> 14,58: ἡμεῖς ἠκούσαμεν αὐτοῦ λέγοντος ὅτι ἐγὼ καταλύσω τὸν ναὸν τοῦτον τὸν χειροποίητον καὶ διὰ τριῶν ἡμερῶν ἄλλον ἀχειροποίητον οἰκοδομήσω.
>
> Wir hörten ihn sagen: „Ich werde niederreißen diesen Tempel, den handgemachten, und nach drei Tagen einen anderen, nicht handgemachten aufbauen."

Im Vergleich zu Mk 14,58 (Zerstörung allein des Tempels) spricht Mk 13,2 von Gebäuden im Plural, die vernichtet werden, wobei die Art der Zerstörung näher spezifiziert wird: Stein um Stein wird niedergerissen werden. Mk 13,2 stellt sich das augenscheinlich als Schleifung der eigens als groß klassifizierten Gebäude[11] bis zu den Grundmauern vor. Im Unterschied zu Mk 14,58 (Jesus reißt nieder) wird allerdings nicht gesagt, wer für die Zerstörung verantwortlich ist. Der Konjunktiv Aorist Passiv (καταλυθῇ) verdeckt den eigentlichen Urheber. Schließlich ist auch nicht von einer Neuerrichtung des Tempels oder weiterer Gebäude die Rede. Ein positiver Ausblick fehlt Mk 13,2.

Diese von Mk 14,58 abweichenden Erzähldetails passen gut zu den historischen Ereignissen der Tempelzerstörung, die bei Josephus erzählt werden und die im Blick auf die Ereignisgeschichte als historisch zuverlässig gelten.[12] Wie Mk 13,2 lässt sich auch Josephus entnehmen, dass die Römer nicht einfach nur das eigentliche Tempelgebäude zerstört haben. Die Zerstörungswut der römischen Truppen, von der Josephus mit dem Ziel einer latenten Entlastung des Titus an mehreren Stellen innerhalb des Berichtes spricht (Bell VI 254–

---

9 In der Tat ist die von Herodes dem Großen geschaffene gewaltige Tempelplattform (140.000 m^2!) nicht zerstört worden. So können noch im 4. Jh. n. Chr. Eusebius von Caesarea und Kyrill von Jerusalem den ehemaligen Tempelplatz als Ruinenlandschaft mit zum Teil landwirtschaftlicher Nutzung beschreiben, wobei die bearbeiteten Steine der ruinenhaften Tempelgebäude als Spolien dienten. Texte und Informationen bei M. Küchler, Jerusalem, 133–144. Diese Situation passt gut zur mk Erzählweise und zum Bericht des Josephus.

10 Das ist angesichts von Mk 13,1 sicher als rhetorische Frage zu verstehen.

11 Die mk Erzählweise macht durch οἰκοδομάς und ὧδε deutlich, dass es um diese *Gebäude* geht. Insofern sprechen die noch heute vorhandenen *Mauern* am Rande der Tempelplattform bzw. die *Tunnel* im Sockel oder neben der Plattform nicht gegen eine Bezugnahme von Mk 13,2 auf die historischen Ereignisse (so aber die Fluchtlinie der Argumentation bei H. Lichtenberger, Mythos, 99, für den Mk 13,2 deshalb sicher in die Zeit *vor* 70 n. Chr. datiert).

12 Zur Übereinstimmung der Berichte des Josephus mit der archäologischen Situation vgl. etwa den Beitrag von R. Reich, Destruction.

260), richtete sich gegen alle Gebäude im Umfeld des Tempels.[13] Dabei erfolgt die Zerstörung durch Feuer,[14] was Josephus im Ergebnis aber mit dem Verb κατασκάπτω/dem Erdboden gleichmachen (Jos., Bell VI 281) umschreiben kann.[15] Es bleibt im Blick auf die Gebäude eben tatsächlich kein Stein auf dem anderen; nur die Tempelplattform bleibt erhalten. Sodann stimmen Mk 13,2 und die Ereignisgeschichte auch darin überein, dass auf dem verwüsteten Tempelplatz nach der Zerstörung kein neuer (jüdischer/römischer) Tempel errichtet worden ist.[16] Der fehlende positive Ausblick, der jedoch konstitutiv zu Mk 14,58 gehört, entspricht der historischen Situation. Interessant ist schließlich auch die in Mk 13,2 vorhandene Passivform καταλυθῇ. Gerd Theißen wertet auch sie für den Vergleich zwischen Ereignisgeschichte und mk Erzählweise aus und versteht die im Blick auf die eigentlichen Handlungssubjekte offene Form dahingehend, dass sie auch Raum für die Römer als eigentliche Aggressoren lässt.[17] Vielleicht kann man hier sogar noch einen Schritt weiter gehen.[18] Denn die Form καταλυθῇ lässt nicht nur Raum für die Römer, sondern im Sinne eines *passivum divinum* auch für Gott.[19] Und jenseits aller theologisch-exegetischen Konsequenzen, die mit einem *passivum divinum* an dieser Stelle verbunden wären, passt gerade dieses offene Changieren zwischen

13 Vgl. Jos., Bell VI 316: „Als die Aufrührer in die Stadt hinunter geflohen waren und der Tempel selbst sowie alle umliegenden Gebäude in Flammen standen …" (O. Michel/O. Bauernfeind).

14 Es ist D. Lührmann, Mk, 217f, zuzustimmen, dass das Fehlen der Rede vom Feuer in Mk 13,2 einen Bezug des Verses auf die Ereignisgeschichte nicht verunmöglicht.

15 Dabei bezieht sich das Verb in Jos., Bell VI 281 vorderhand nur auf zwei Tore, die von den Römern zunächst verschont und erst später zerstört worden sind. Allerdings verbindet Josephus die Aussage über die Zerstörung der Tore mit dem Rest der in Bell VI 281 summarisch erzählten Gebäudezerstörung durch ein an dieser Stelle am besten mit „auch" zu übersetzendes καί, so dass sich das Verb eben auch auf die gesamte Gebäudezerstörung beziehen lässt. Dafür spricht auch Jos., Bell VII 1–3, insofern hier explizit von der Schleifung des Tempels und der umgebenden Gebäude nach dem Brand die Rede ist.

16 Vgl. M. Küchler, Jerusalem, 141–144.

17 G. Theissen, Testament, 64.

18 Auffällig ist ja allemal, dass sich Markus sonst nicht scheut, von römischen Legionen (Mk 5), Truppen, Soldaten und Offizieren (Mk 15) zu sprechen. Insofern ist seine Zurückhaltung an dieser Stelle doch bemerkenswert und lässt fragen, ob mit καταλυθῇ nicht eine Größe jenseits der römischen Truppen angezielt ist.

19 Ein solches ist hier angesichts der Grammatik des Verses nicht auszuschließen (vgl. DBR § 130,1); von einem *passivum divinum* sprechen im Blick auf Mk 13,2 auch S. Lücking, Zerstörung, 153 (über dessen weitere Schlussfolgerungen man allerdings streiten kann) und in einem Aufsatz aus dem Jahr 2009 auch G. Theissen, Bedeutung, 189. Mk 13,2 erfährt überraschenderweise keine Erwähnung in der wohl neuesten Untersuchung zur Thematik von B. Pascut, Passivum Divinum, obwohl Mk 13,2 m.E. die Kriterien Pascuts (332f) für ein *passivum divinum* erfüllt. Zum *passivum divinum* als vermeintlichem Spezifikum jesuanischer Sprechweise und zu seinen Wurzeln im AT vgl. J. Jeremias, Abendmahlsworte, 194f; C. Macholz, Passivum divinum.

menschlichen Akteuren und einem göttlichen Subjekt wiederum besonders gut zu einem Erzählzug des Josephus im Blick auf die Tempelzerstörung. Denn bei Josephus wird zwar deutlich, dass es römische Soldaten waren, die den Tempel und die umliegenden Gebäude zerstört haben. Aber hinter und über diese menschlichen Agenten hinaus, scheint für Josephus auch Gott selbst eine Rolle bei der Tempelzerstörung zu spielen. Gleich zu Beginn des Abschnittes über die Tempelzerstörung formuliert Josephus, dass Gott selbst den Tempel zum Feuer verurteilt habe (Bell VI 250). Und über den einzelnen Soldaten, der ohne Angst und ohne Befehl als Erster Feuer an das Tempelhaus selbst legte, heißt es bei Josephus, dass dieser aus einem „übermenschlichen Antrieb heraus" (δαιμονίῳ ὁρμῇ)[20] derart gehandelt habe (Bell VI 252). Hat in der Sicht des Josephus also gleichsam die göttliche Hand die Hände des römischen Soldaten gelenkt? Was die Römer tun, erscheint aus höherer Warte jedenfalls wie die unbewusste Erfüllung eines Auftrags durch den Gott des Josephus, der sich so immer als souverän erweist und durch die Zerstörung seines Tempels gerade nicht desavouiert wird. Das ist gleichsam die Deutung eines für Juden eigentlich katastrophalen Ereignisses durch einen romfreundlichen Juden, der seinen Gott geradezu „retten" und der faktischen Tempelzerstörung noch eine irgendwie positive Konnotation abringen will. Dieses In- und Zueinander von göttlichem Subjekt und menschlichen Akteuren könnte in der Tat eine Entsprechung in der Passivformulierung von Mk 13,2 haben, wobei dann zu fragen wäre, woher diese Deutung der Tempelzerstörung eigentlich stammt[21] und wie der Text des MkEv und das Bellum Judaicum des Josephus zueinander stehen. Unter Ausblendung dieser weiterführenden Fragen passt die offene Passivformulierung von Mk 13,2 jedenfalls recht gut zur Ereignisgeschichte und eben auch zu einer zeitgenössischen Deutung dieses Ereignisses.

Dabei hat das MkEv an den soeben herausgearbeiteten Details der Tempelzerstörung, von denen in Mk 13,2 die Rede ist, zunächst kein weiterführendes Interesse, wie die Wiederaufnahme der Thematik in Mk 14,58 zeigt. Erzählstrategisch entscheidend ist im Vergleich von Mk 13,2 mit Mk 14,58 vielmehr, dass sich Mk 14,58 angesichts der Worte Jesu in Mk 13,2 als Falschzeugnis

---

20 Der Terminus δαιμόνιος kann bei Josephus direkt mit der positiv konnotierten göttlichen Sphäre verbunden sein; vgl. etwa Jos., Bell VII 318f, wo δαιμονίου προνοίας unmittelbar als τῇ παρὰ τοῦ θεοῦ συμμαχίᾳ gewertet wird. Eine negative Einfärbung ist dem Begriff in Bell VI 252 nicht anzumerken (vgl. auch Bell IV 622).

21 Eine positive Wertung der Tempelzerstörung, literarisch durch eine Rückprojektion auf die Ereignisse von 587 v. Chr. evoziert, findet sich auch in 4 Esr (um 100 n. Chr.). Vgl. zur Wertung der Tempelzerstörung als einer „Heilsmaßnahme Gottes" (184) in 4 Esr den Beitrag von K. Schmid, Zerstörung, der allerdings keinen Vergleich zu Josephus oder gar Mk 13,2 zieht. Allgemein zu Deutungen der Tempelzerstörung H.-M. Döpp, Deutung; G. Theissen, Bedeutung; M. Lau, Katastrophenmanagement.

erweist.[22] Dafür wären aber die Details, die Mk 13,2 eben auch bietet, nicht nötig gewesen. Das spricht gerade angesichts der Detailübereinstimmungen von Mk 13,2 mit der Ereignisgeschichte m. E. für eine Reminiszenz an die historischen Ereignisse, um die auf der Erzählebene Jesus schon lange im Voraus weiß,[23] und damit für eine Entstehung des Textes nach 70 n. Chr.[24]

Vielleicht lässt sich diese Datierung nach dem Gang dieser Untersuchung sogar noch etwas präzisieren. Dies wäre dann der Fall, wenn sich zeigen ließe, dass sich mk Erzähldetails als Anspielungen auf den Triumphzug der Flavier im Sommer des Jahres 71 n. Chr.[25] verstehen lassen. Für den Augenblick aber genügt es vollauf, von einer Datierung nach dem Sommer des Jahres 70 n. Chr. auszugehen, wobei zunächst offenbleiben muss, ob das Evangelium in großer Nähe oder einer zumindest relativen Ferne[26] zu diesem Zeitpunkt entstanden ist. Für den Gang dieser Untersuchung ist eine Datierung nach 70 n. Chr. im Übrigen nicht eine notwendige Bedingung, insofern der Triumphzug ein Phänomen ist, das auch vor 70 n. Chr. breit bezeugt ist.

---

22 G. Theissen, Testament, 64: „Wenn man (wie der Mk-Evangelist selbst) 13,1f als Korrektur von Mk 14,58 ansieht, wäre es eine Korrektur, die Jesu Wort an die tatsächlichen Ereignisse anpasst."

23 Zu diesem Erzählzug vgl. die Verheißungs-Erfüllungs-Schemata in Mk 11,2f.4–6; 14,13–15.16, die die Verlässlichkeit anderer jesuanischer Voraussagen, die innerhalb des Textes nicht mehr als erfüllt erzählt werden (etwa Mk 14,28), unterstreichen (vgl. dazu M. Ebner, Mk, 145f). In diesem Sinne würde die Übereinstimmung von jesuanischer Voraussage und faktischer Tempelzerstörung die Kompetenz Jesu im Blick auf die Vorhersage zukünftiger Ereignisse „beweisen".

24 Entscheidend ist für mich tatsächlich Mk 13,2. Die Gegner einer Datierung nach 70 n. Chr., die zu Recht darauf verweisen, dass viele Erzähldetails von Mk 13 zwar unter dem Eindruck des nahen oder bereits begonnenen jüdisch-römischen Krieges entstanden sind, aber nicht zwangsläufig die Tempelzerstörung voraussetzen, können eben nicht gut die relativ präzisen Details von Mk 13,2 erklären. Mk 13,2 kündigt ja nicht einfach nur die „Zerstörung des Tempels" an, wie etwa L. Schenke, Mk, 34, etwas verallgemeinernd formuliert (er selbst datiert zwischen 66–69 n. Chr.), sondern behauptet, dass die großen Gebäude im Umfeld des Tempels auch niedergerissen werden. Das lässt sich unter Berücksichtigung der weiteren Ähnlichkeiten zwischen Mk 13,2 und der historischen Situation am einfachsten als *vaticinium ex eventu* verstehen. Vgl. auch H. Schwier, Tempel, 358; M. Ebner, Markusevangelium, 170f; gegen I. Broer, Einleitung, 85f, der ebenfalls nach der Tempelzerstörung datiert, aber Mk 13,2 nicht als *vaticinium ex eventu* verstehen möchte.

25 Vgl. dazu bereits K. M. Schmidt, Wege, 510.

26 M. Ebner, Mk, 14, spricht davon, dass „die Jahre nach 70 n. Chr. in Frage" kommen.

5.2 Rom vs. Syrien – Zur Verortung des MkEv

Wurde in älteren Einleitungswerken noch Galiläa als möglicher Entstehungsort des MkEv und damit Sitz der mk Gemeinde genannt,[27] so konzentriert sich die Diskussion gegenwärtig vor allem auf die Optionen Syrien vs. Rom. Auch in diesem Fall macht es uns das MkEv nicht leicht, insofern ein eindeutiger Verortungshinweis fehlt.

5.2.1 Die Argumentation zugunsten der beiden Grundoptionen

Für die Variante „Syrien“ werden in der Forschung im Wesentlichen folgende Argumente angeführt: (1.) *Traditionsgeschichte*: Das MkEv basiert zu einem Teil auf mündlichen Jesustraditionen. Das verlangt eine gewisse räumliche Nähe zum Raum Palästina, wobei eine Herkunft aus Palästina selbst aufgrund von Fehlern in der erzählten Geographie unwahrscheinlich ist.[28] (2.) *Adressatenpublikum*: Jüdische Bräuche werden im MkEv z. T. voraussetzungsreich erzählt, z. T. aber auch erklärt. Das lässt auf ein gemischtes Publikum von Heiden- und Judenchristen schließen, wie es in Syrien vorhanden ist.[29] (3.) *ein Quadrans = zwei Lepta*: „Gegen Rom spricht auch, dass er [sc. Markus, M. L.] die kleinste Münze in Rom, den Quadrans, mit zwei noch kleineren Münzen gleichsetzt, was nur für herodäische Münzprägungen im Osten zutrifft (vgl. Mk 12,42 wörtlich).“[30] In Mk 12,42 wird also eine römische Münze mit zwei typisch „östlichen“ Münzen gleichgesetzt und damit indirekt erklärt. (4.) *Kriegsnähe*: Mk 13 lässt erahnen, dass das MkEv um die kriegerischen Ereignisse in Palästina weiß. Syrien ist dafür ein besonders geeigneter Ort, insofern es zum „Aufmarschgebiet“[31] der Truppen Vespasians im jüdisch-römischen Krieg gehörte.

Für die Variante „Rom“ hingegen sprechen die folgenden in der exegetischen Wissenschaft angestellten Beobachtungen und Überlegungen:[32] (1.) *Tradition*: Die altkirchliche Tradition verortet das MkEv seit dem 2./3. Jh.

---

27 So etwa bei W. Marxsen, Einleitung, 128. Zur Kritik an derartigen Verortungsthesen vgl. nur I. Broer, Einleitung, 87; M. Hengel, Entstehungszeit, 43f. Neuerdings wird die Galiläahypothese wieder vertreten bei H. N. Roskam, Purpose, 94–114; H. J. de Jonge, Plight, 60–63; bei D. Stöckl Ben Ezra, Markus-Evangelium, 176f, deutet sich zumindest an, dass er das MkEv ebenfalls in Palästina verortet.

28 Vgl. dazu G. Theissen, Einleitung, 64; I. Broer, Einleitung, 87.

29 Dazu L. Schenke, Mk, 41, der eine Entstehung in Antiochien für wahrscheinlich hält.

30 G. Theissen, Einleitung, 65.

31 L. Schenke, Mk, 41.

32 Vgl. zur Sache insgesamt die breite Diskussion – auch der Syrienvariante – bei A. Winn, Purpose, 76–91, der abschließend für Rom als Entstehungsort votiert.

n. Chr. in Rom.[33] Das kann kirchenpolitisch strategische Gründe haben,[34] was den Verdacht einer unhistorischen „Erfindung" wachruft, ist aber auch als zuverlässige Überlieferung der historischen Situation denkbar (weitere Überlegungen zu diesem Traditionsargument finden sich unter I 5.4). (2.) *Latinismen*: Das MkEv weist eine im Vergleich zu anderen ntl. Schriften große Anzahl von Latinismen auf,[35] die zwar nicht unmittelbar für Rom als Entstehungsort sprechen, aber doch zumindest eine römisch geprägte Lebenswelt für die mk Gemeinde erwarten lassen. (3.) *zwei Lepta = ein Quadrans*: In Mk 12,42 werden die zwei Lepta durch einen Quadrans erklärt. „Der Erzähler erklärt also eine Spezialmünze aus den östlichen Provinzen mit einer Münzform, wie sie eigentlich nur in der westlichen Reichshälfte bekannt ist."[36] Auch das spricht in der Tendenz für eine Entstehung des MkEv in Rom. (4.) *Syrophönizierin*: Die ethnische Bezeichnung „Hellenin, Syrophönizierin" (Mk 7,26) für eine Frau in der syrischen Stadt Tyrus macht, so Martin Hengel, bei einer Entstehung des Textes in Syrien keinen Sinn, weil sie dort sachlich nicht verständlich sei. In Rom allerdings ist der Begriff „Syrophönizier" zur Unterscheidung von anderen Phöniziern belegt.[37] (5.) *Tempelvorhang und Himmelsspaltung*: Mit Blick auf die Spaltung des Tempelvorhangs in Mk 15,38, die durch Stichwortentsprechungen mit der Himmelsspaltung von Mk 1,10 eng verbunden ist,

---

33 Belegtexte bei I. Broer, Einleitung, 86.

34 Zu solchen Überlegungen vgl. etwa D. Trobisch, Endredaktion, 75–78.122–124.137–139.

35 Eine Auswahl findet sich bei M. Ebner, Markusevangelium, 171; umfängliche Listen bei DBR § 5; R. H. Gundry, Mk, 1043f; eine strukturierte Übersicht auch bei A. Bedenbender, Botschaft, 281f. Eine vorsichtige Würdigung dieses Sprachmerkmals im Blick auf den Entstehungsort des MkEv findet sich bei P. Dschulnigg, Sprache, 276–280. Zur vehementen Kritik an allen Versuchen, über die Latinismen eine Verortung des MkEv vorzunehmen vgl. R. v. Bendemann, Latinismen, der zunächst die Anzahl der Latinismen auf philologischem Weg zu minimieren sucht und die gleichwohl vorhandenen Latinismen durch den Vergleich mit anderen Werken als statistisch unauffällig charakterisiert bzw. sie als konventionalisierte Lehnwörter ausweist, die im Sinne habitualisierter Latinismen unspektakulär seien (43), so dass sie für eine Verortung des Textes keine argumentative Kraft mehr entfalten könnten (zur Kritik an diesen Überlegungen s. u.). Differenzierter fällt die Würdigung des Textbefundes bei D. Stöckl Ben Ezra, Markus-Evangelium, 176.181f, aus, der die Anzahl von Latinismen im Text als signifikant erachtet („Das M. [sc. Markusevangelium, M. L.] ist unter den frühchristl. griech. Werken zugleich dasjenige mit den meisten Latinismen u. Aramaismen"), diesen Befund aber als für die Verortungsfrage gleichwohl nicht auswertbar erachtet, weil die Latinismen mehrheitlich aus der Welt und Sprache des Militärs stammten und im ganzen Mittelmeerraum verbreitet seien.

36 M. Ebner, Markusevangelium, 171; M. Hengel, Entstehungszeit, 44.

37 M. Hengel, Entstehungszeit, 45, mit entsprechenden Belegtexten, wobei ein wenig im Dunkeln bleibt, warum „Syrophönizierin" innerhalb Syriens eine unsinnige Zuschreibung sein sollte.

argumentiert Martin Ebner[38] für eine Verortung des MkEv in Rom. Denn auf diesem Tempelvorhang war das ganze Himmelsfirmament abgebildet (vgl. auch unter III 3.5).[39] Insofern gibt es zwischen Mk 1,10 und Mk 15,38 nicht nur semantische Bezüge, sondern auch motivische Entsprechungen. Im MkEv zerreißt zweifach der Himmel. Diese Verbindungen können indes nur Leser erkennen, die um die Himmelsdarstellung auf dem Vorhang wissen. Nachdem dieser Vorhang im Gefolge des jüdisch-römischen Krieges seinen Weg nach Rom gefunden hat und wahrscheinlich auch im Triumphzug des Jahres 71 n. Chr. in Rom gezeigt worden ist, machen die durch Stichwortverbindungen gestalteten erzählerischen Bezüge an diesem Ort einen besonderen Sinn.

5.2.2 „Zwei Lepta, das ist ein Quadrans" (Mk 12,42): Die ausschlaggebenden Textdetails

Beide Argumentationswege, die hier letztlich nur in Ausschnitten[40] dargestellt wurden, beziehen sich u. a. auf konkrete Textphänomene und berühren sich in einem Punkt unmittelbar: in der Analyse von Mk 12,42. Von diesem Vers ausgehend, lässt sich dann auch eine Tendenzentscheidung in der Streitfrage der Verortung des MkEv treffen. Die Frage, die in der ntl. Wissenschaft unterschiedlich beantwortet wird, lautet, welche Münze durch welche andere Münze in V. 42 erklärt wird. Ein Blick auf die Details von Mk 12,41f im Verbund mit anderen mk Versen, die sprachlich z. T. ähnlich gestaltet sind, kann hier hilfreich sein:

> 12,41f: Καὶ καθίσας κατέναντι τοῦ γαζοφυλακίου ἐθεώρει πῶς ὁ ὄχλος βάλλει χαλκὸν εἰς τὸ γαζοφυλάκιον· καὶ πολλοὶ πλούσιοι ἔβαλλον πολλά [42]καὶ ἐλθοῦσα μία χήρα πτωχὴ ἔβαλεν λεπτὰ δύο, ὅ ἐστιν κοδράντης.
>
> Und sitzend gegenüber dem γαζοφυλάκιον[41] schaute er zu, wie das Volk Kupfer(münzen) in das γαζοφυλάκιον (ein)warf. Und viele Reiche warfen viel (ein). [42]Und kommend eine bettelarme Witwe, warf sie zwei Lepta (ein), das ist ein Quadrans.

In Mk 12,42 begegnet uns eine der für das MkEv typischen ὅ-ἐστιν-Formeln. Sie finden sich jenseits von Mk 12,42 noch in Mk 3,17; 5,41; 7,11.34;

38 Zur Sache M. Ebner, Markusevangelium, 172. Das Argument macht im Übrigen eine Datierung nach dem Sommer 71 n. Chr. nötig.

39 Zu diesen Realien und zum Bezug zwischen den beiden Szenen vgl. D. Ulansey, Veil.

40 Ich habe mich insgesamt auf die Darstellung der Positivargumente beschränkt und weitgehend die Argumente ausgeblendet, die jeweils von den Vertretern der einen Seite (Rom oder Syrien) gegen die andere Option angeführt werden.

41 Zur Bedeutung dieses Begriffs und zur Frage, was in Mk 12,41–44 eigentlich erzählt wird, ein Spendenvorgang oder eine Einzahlung in das Tempelbankdepot, vgl. M. Lau, Witwe.

15,16.22.34.42 und damit etwa im Vergleich zu den übrigen ntl. Evangelien[42] sehr gehäuft im MkEv – mit einem auffälligen Schwerpunkt in Mk 15. Die Formel, in drei Fällen noch ergänzt durch den Terminus μεθερμηνευόμενον (Mk 5,41; 15,22.34), verbindet jeweils zwei Begriffe oder Wendungen miteinander, wobei ausnahmslos der erste Begriff kulturell spezifisch kodiert oder im Gegenüber zum griechischen Text bzw. zum als Erklärung verwendeten Latinismus fremdsprachlicher Natur ist. Dieser wird durch den zweiten Begriff erläutert, z. T. übersetzt, in jedem Fall aber sicher vereindeutigt.[43] Schematisiert ergibt sich:

A (komplex/unverständlich), ὅ ἐστιν/das ist B (erklärend).

Vers	A	das ist/ὅ ἐστιν	B
3,17	Βοανηργές	ὅ ἐστιν	υἱοὶ βροντῆς
5,41	ταλιθα κουμ	ὅ ἐστιν μεθερμηνευόμενον	τὸ κοράσιον, σοὶ λέγω, ἔγειρε
7,11	κορβᾶν	ὅ ἐστιν	δῶρον
7,34	εφφαθα	ὅ ἐστιν	διανοίχθητι
12,42	λεπτὰ δύο	ὅ ἐστιν	κοδράντης
15,16	αὐλῆς[44]	ὅ ἐστιν	πραιτώριον
15,22	Γολγοθᾶν τόπον	ὅ ἐστιν μεθερμηνευόμενον	Κρανίου Τόπος
15,34	ελωι ελωι λεμα σαβαχθανι	ὅ ἐστιν μεθερμηνευόμενον	ὁ θεός μου ὁ θεός μου, εἰς τί ἐγκατέλιπές με
15,42	παρασκευή	ὅ ἐστιν	προσάββατον

Zweifellos will Mk 12,42 – im Sinne der ὅ-ἐστιν-Formel – die zwei Lepta (A) durch einen Quadrans (B) erklären, analog zu allen anderen Fällen der Formelverwendung. Das allein entscheidet freilich noch nicht, welche Interpretation von Mk 12,41f plausibler ist, sondern gibt nur einen ersten Fingerzeig. Für die Verortungsfrage sind die numismatischen Realien entscheidend, die zu den Details von Mk 12,41f gehören.

In den beiden Versen begegnen letztlich drei numismatisch relevante „Nominale“: χαλκός, λεπτόν und κοδράντης. Im Blick auf χαλκός ist nicht sicher,

42 Sonst nur noch Mt 1,23; 27,33; Joh 1,41.

43 Und dabei kann es durchaus zu Spannungen kommen, insofern die Erläuterung z. T. nicht recht zum Erläuterten passen will (vgl. III 1.5).

44 Insofern die Formel stets das bestimmte Relativpronomen im Nominativ bzw. Akkusativ Singular Neutrum verwendet, ist allerdings nicht immer ganz sicher auszumachen, worin der exakte Bezugspunkt liegt, der durch die Formel erklärt werden soll. In den meisten Fällen wird das durch den Kontext oder die Art der „Übersetzung“ deutlich, im Fall von Mk 15,16 ergeben sich zumindest mögliche Alternativen (vgl. III 1.5).

ob es sich in Mk 12,41 um ein konkretes Nominal, nämlich eine kleine Kupfermünze innerhalb des griechischen Münzsystems[45] handelt,[46] oder χαλκός einfach als Kollektivbezeichnung das Herstellungsmaterial, eben Kupfer (bzw. Kupferlegierungen wie Bronze), meint, aus dem verschiedene Nominale geprägt worden sind (der römische As etwa genauso wie die griechische Obole). In jedem Fall darf man angesichts von Mk 12,41 an Kleingeld denken.

Numismatisch interessant ist auch der Begriff λεπτόν. Dahinter verbirgt sich nämlich kein eindeutiges Nominal. Lepton ist ein relativer Begriff der griechischen Sprache, der das jeweils kleinste Nominal eines Münzsystems bezeichnet.[47] Was das konkrete Lepton ist, ist also variabel und hängt vom jeweils gültigen Münzsystem ab. Der in Mk 12,42 gewählte Begriff signalisiert also zunächst, dass die Witwe die kleinstmöglichen Münzen in das γαζοφυλάκιον wirft. Das sind in der erzählten Welt am Tempel von Jerusalem die so genannten Perutot,[48] griechisch auch Hemichalkion (= halber Chalkos) genannt.[49] Diesen konkreten Begriff zur Bezeichnung eines Nominals verwendet der Text in V. 42 nicht, sondern weicht auf den unspezifischen griechischen Begriff λεπτόν aus (von dem ausgehend dann rückzuschließen ist, um welche Münzen es hier geht) und erklärt diesen wiederum unter Rekurs auf den Quadrans.

Bei diesem *Quadrans* handelt es sich schließlich um ein dezidiert römisches Nominal. In der exegetischen Literatur findet sich oft die Angabe, dass es sich um die kleinste römische Münze handelt.[50] Diese Aussage ist zwar in ihrer Absolutheit angesichts der numismatischen Realien nicht ganz richtig,[51] spiegelt aber doch etwas vom antiken Allgemeinwissen wider. Bei Plutarch (Cic 29,5), Petron (Sat 43,1) und in den juristischen Ausführungen des Gaius (Inst I 122) wird der Quadrans jeweils direkt (so bei Plutarch, s. u.) bzw. der Sache nach als kleinste römische Münze bezeichnet. Besonders eindrücklich ist Plut., Cic 29,5, weil hier im Blick auf griechische Nominale mit der Katego-

---

45 Der griechische Begriff wird freilich auch für lokale Aes-Münzen in Palästina verwendet.

46 Nach S. Alkier, Geld, 321, hat eine Drachme, die ihrerseits in ntl. Zeit dem Wert eines Denars angeglichen worden ist (M. Reiser, Numismatik, 460.476; B. Schwank, Münzen, 226; S. Alkier, Geld, 314), den Gegenwert von 48 Chalkoi.

47 Lepton „ist die übliche unspezifische Bezeichnung für die jeweils kleinste Aes-Münze", so R. Ziegler, Münze, 132; vgl. auch W. Weiser/H. M. Cotton, Geldwährungen, 247.260; D. Sperber, Background, 185.190; S. Alkier, Geld, 321 Anm. 51; M. Reiser, Numismatik, 477 f.

48 Auch Perutah scheint ein relativer Begriff zu sein, der das jeweils kleinste Nominal bezeichnet; vgl. D. Sperber, Background, 185 Anm. 6.

49 Nach W. Weiser/H. M. Cotton, Geldwährungen, 258, wurden dieses Nominal ab 6 n. Chr. von den römischen Prokuratoren in Palästina eingeführt. War vorher der Chalkos das Lepton (bzw. die Perutah), so ist es nun das Hemichalkion.

50 So etwa bei M. Ebner, Markusevangelium, 171.

51 Nach R. Göbl, Numismatik I, 159, handelt es sich bei Sextantes und Unciae um im Vergleich zum Quadrans noch kleinere Nominale innerhalb des römischen Münzsystems.

rie Lepton operiert und dieses in ein Verhältnis zum dezidiert als römische Münze bezeichneten Quadrans gesetzt wird (zum Inhalt dieser Stelle s. im nächsten Petitabsatz).[52] In dieser Tradition steht angesichts der Umrechnung von zwei Lepta, also zwei Kleinstmünzen, in einen römischen Quadrans als Kleinstmünze auch das MkEv. Noch entscheidender für die Frage nach der Verortung des MkEv ist aber ein anderes Charakteristikum des Quadrans. Es handelt sich, wie R. Göbl herausstellt,[53] zum einen um eine seltene Münze, die zum anderen, so C. E. King,[54] fast nur in der Westhälfte des Reiches und vor allem in Rom geprägt und verwendet wurde. Insbesondere scheint der Quadrans im syrischen Münzsystem nicht vorzukommen.[55] Insofern rekurriert das MkEv bei der leserorientierten Erklärung von zwei Lepta, also von zwei Kleinstmünzen, bei denen es sich in der erzählten Welt um lokale Bronzeprägungen des palästinischen Raumes handelt, die mit einem griechischen Spezialbegriff denotiert werden, auf ein Münznominal, das vor allem in und um Rom verbreitet war. Das spricht doch deutlich für die Romvariante im Rahmen der Verortungsdiskussion. Mit M. Reiser lässt sich zudem festhalten, dass das MkEv ausschließlich mit Münzen operiert, die zum römischen Münzsystem gehören (Denar: Mk 6,37; 12,15; 14,5) bzw. eine solche Münze zur Erklärung heranzieht (Quadrans: Mk 12,42). Das MkEv „bezieht sich also ganz auf das römische Nominalsystem und scheint mit Lesern zu rechnen, die mit den Verhältnissen im Osten des Reiches nicht vertraut sind."[56] Auch das ist ein weiteres indizienbasiertes Argument für eine Verortung des MkEv mindestens in der Westhälfte des Imperium Romanum.

---

52 Plut., Cic 29,5: τὸ δὲ λεπτότατον τοῦ χαλκοῦ νομίσματος κουαδράντην Ῥωμαῖοι καλοῦσιν/Aber die kleinste Kupfermünze nennen die Römer Quadrans (TLG/eigene Übersetzung).

53 R. Göbl, Numismatik I, 78.

54 Die Untersuchung von C. E. King, Quadrantes, weist durch statistische Vergleiche nach, dass der Quadrans faktisch nur in der Gegend um Rom und Pompeji verbreitet und im Verhältnis zu anderen Nominalen eine eher *selten* geprägte Münze war (56.77–80.82). Besonders interessant: *Jährliche* Emissionen von Quadranten lassen sich, wenngleich nur in kleiner und im Vergleich zur Gesamtzahl der Funde aus den Regierungszeiten früherer Kaiser geringerer Stückzahl, erst für die *flavische* Regierungszeit nachweisen (74), was im Blick auf die Datierungsfrage des MkEv einen dezenten Fingerzeig gibt. Vgl. auch S. Ostermann, Lepton, 42–48, mit Angaben zum Verhältnis des Quadrans zu anderen römischen und griechischen Nominalen (ein Quadrans entspricht nach Ostermann – analog zu Mk 12,42 – einem Dilepton, also zwei Lepta).

55 So W. Weiser/H. M. Cotton, Geldwährungen, 254, mit einer im Letzten leider etwas ungenauen zeitlichen Einschränkung: Quadranten und Semisse kommen im syrischen System „zunächst" nicht vor. Wenig später (257) formulieren sie dann, dass ab flavischer Zeit auch Semisse in Syrien verwendet wurden. Ob das unmittelbar auch für die Quadranten gilt, bleibt m. E. unklar.

56 M. Reiser, Numismatik, 478, der in Anm. 97 unmittelbar fortfährt: „Dieser Befund passt zur römischen Zählung der Nachtwachen in Mk 6,48". Beide Aspekte scheinen für ihn Indizien im Blick auf die Verortung des MkEv zu sein.

Angesichts der numismatischen Realien wie auch der Funktion und dem mk Einsatz der ὅ-ἐστιν-Formel werden damit unspezifisch (λεπτόν) benannte Münzen aus dem Raum Palästina durch eine augenscheinlich nur im Westen und vor allem in Rom bezeugte Münze, die in Form eines *Latinismus* in den Text eingebracht wird, erklärt.

Für Reinhard von Bendemann[57] verfängt diese Argumentation aus zwei Gründen nicht: 1. Er rechnet mit der Möglichkeit von Quadranten in der östlichen Reichshälfte, die durch die Legionen dorthin gelangt sein könnten. Dafür fehlen allerdings (bisher) belastbare Belege. 2. Bei der in Mk 12,42 belegten Formel – λεπτὰ δύο, ὅ ἐστιν κοδράντης – könnte es sich um eine sprichwörtliche Verwendung von Lepta und Quadrans handeln. Damit dürfte von Bendemann vermutlich meinen, dass es sich um eine Form des zu einem Sprichwort geronnenen Allgemeinwissens (Quadrans und Lepta als jeweils kleinste Münzen) handelt, das nichts über den Standort des Erzählers / Autors sowie den seines Adressatenpublikums verrät. Das scheint mir als Gegenthese aus zwei Gründen nicht zwingend gegen die hier vorgetragene These zu sprechen: Es wäre nämlich (1.) zu prüfen, ob eine solche sprichwörtliche Redeweise überhaupt belegt ist. Der Verweis von Bendemanns auf Mt 5,26 (Quadrans als gleichsam „letzter Rest“) reicht dafür zum einen nicht aus, weil bei Matthäus von Lepta keine Rede ist; zum anderen steht der Verweis auf Mt 5,26 isoliert da, insofern die zweite Belegstelle von Bendemanns für sprichwörtliche Redeweise, nämlich die soeben schon genannte Stelle, Plut., Cic 29,5, m. E. sicher nicht sprichwörtlichen Charakter hat. Wie Mk 12,42 geht es Plutarch an dieser Stelle nämlich um eine auf das Nominal Quadrans gestützte *Erklärung*.[58] Plutarch will den Spitznamen „Quadrantaria“ für die Schwester des Clodius, Clodia, erklären. Sie trüge, so Plutarch, diesen Spitznamen, weil einstmals einer ihrer Liebhaber ihr nicht Silber- sondern Kupfergeld in einem Beutel (als Bezahlung für die Liebesdienste?) zugesandt habe. Und die kleinste Kupfermünze heißt eben, so Plutarch, bei den Römern Quadrans. So erklärt also das Nominal den Spitznamen (und wird allenfalls indirekt selbst erklärt), wie in Mk 12,42 das Nominal den Wert von zwei lokalen Lepta erklärt. Mit einer sprichwörtlichen Redeweise im Blick auf die Münzen hat das aber nichts zu tun. Darüber hinaus spricht (2.) die mk Struktur und Verwendung der ὅ-ἐστιν-Formel gegen sprichwörtliche Redeweise in Mk 12,42: Die Formel will, wie oben gezeigt, grundsätzlich erklären. Wieso ὅ ἐστιν dies in Mk 12,42 angeblich nicht will, wie von von Bendemann behauptet (es handle sich nicht um eine „Währungsumrechnungsformel“ [51]), bleibt mir unklar, insofern er keine tragfähigen Argumente für seine Position benennt.

Die herausgearbeitete funktionale Verwendung des Quadrans in Mk 12,42 macht m. E. nur im Blick auf die Situation der Erstadressaten und ihren Le-

57 Vgl. R. v. Bendemann, Latinismen, 51 mit Anm. 42.

58 Das sieht auch M. Hengel, Entstehungszeit, 44, im Rahmen seiner Argumentation zugunsten einer Entstehung des MkEv in Rom so. Allerdings vermutet er, dass Plutarch den römischen Quadrans durch den Verweis auf Lepta für sein griechisches Publikum erklären will (beide Nominale kommen ja im Text vor). Das trifft m. E. nicht die Fluchtlinie des Textes.

bensraum Sinn[59] und ist ein deutliches Indiz für die Verortung des MkEv – dies umso mehr, als in Mk 15,16 ebenfalls ein Latinismus zur Erklärung eines hier sogar eigentlich verständlichen griechischen Terminus gebraucht wird. Die Latinismen sind folglich nicht einfach nur im Text verstreut zu finden, sondern dienen fallweise auch zur näheren Erklärung von Erzähldetails, haben also eine spezifische Funktion im Blick auf das Adressatenpublikum.[60] Mir scheint daher insgesamt die vor allem von Martin Ebner pointiert vorgetragene Deutung – der Quadrans erklärt die Lepta,[61] nicht umgekehrt – sachlich eindeutig angemessener zu sein, was für eine Verortung des MkEv in *Rom (oder seinem näheren Umfeld)* spricht.

5.2.3 Römische „Schriftgelehrte" und die mk γραμματεῖς: Ein neues Verortungsindiz

Diese Verortungsthese kann schließlich noch durch ein weiteres, bisher meines Wissens im Diskurs noch nicht genanntes Indiz gestützt werden. Dieter Lührmann, der das MkEv „in einem näheren oder weiteren Umkreis von Palästina"[62] (evtl. Syrien) verortet und insofern für die folgenden Überlegungen ein unverdächtiger „Zeuge" ist, zeigt in seiner Kommentierung des MkEv auf, dass die Hauptgegner Jesu in der literarischen Inszenierung des Markus die jüdischen Schriftgelehrten, die γραμματεῖς, sind. Sie sind die am häufigsten aktiv auftretende jüdische Gruppe,[63] die nahezu ständig im Konflikt mit Jesus liegt. Lührmann zieht daraus den m. E. plausiblen Schluss, dass „man in den Schriftgelehrten Autoritäten der jüdischen Gesprächspartner der Leser des Markusevangeliums sehen muß."[64] Das MkEv ist eben auch, um einen von Ulrich Luz[65] geprägten Begriff aus der Mt-Forschung zu verwenden, eine „inklusive Jesusgeschichte", in der schemenhaft und in die Zeit Jesu verlagert

59 An diesem Punkt überlagern sich latent die Fragen nach der intendierten Adressatenschaft und der Verortung des Textes.

60 Gerade dieser Aspekt bleibt m. E. in den Ausführungen von Bendemanns unterbelichtet, insofern er nicht die jeweils funktionale Verwendung der Latinismen innerhalb des MkEv analysiert. Zugespitzt formuliert: Er analysiert sie philologisch, aber nicht textpragmatisch (mit Ausnahme der Ausführungen zur ὅ-ἐστιν-Formel in Mk 12,42, die mich aber nicht überzeugen [vgl. R. v. Bendemann, Latinismen, 51]).

61 So auch ganz eindeutig M. Reiser, Numismatik, 477.

62 D. Lührmann, Mk, 7.

63 Rein quantitativ ist zwar von einem oder den Hohepriestern 22-mal im MkEv und damit häufiger als von den Schriftgelehrten (21-mal) die Rede. Als aktive Gruppe treten sie jedoch seltener als die Schriftgelehrten auf, weil von den Hohepriestern auch als nicht aktiv Handelnden gesprochen wird (vgl. Mk 2,26; 14,47.54.66).

64 D. Lührmann, Mk, 51 (vgl. auch 157). Vgl. zur Sache ausführlicher auch D. Lührmann, Pharisäer.

65 Vgl. U. Luz, Jesusgeschichte, 20.75–79.

die Geschichte der mk Gemeinde einen Widerhall findet. Die Schriftgelehrten des MkEv sind insofern eine Chiffre für die jüdischen Gesprächspartner bzw. Gegner der mk Gemeinde. Für diese Sicht spricht auch, dass in Mk 7,1.5; 9,14 die Schüler Jesu als Konfliktgegner der Schriftgelehrten erscheinen bzw. ihr Verhalten kritisch angefragt wird, wobei Jesus sich jeweils in diese Konflikte einschaltet.[66] Im MkEv werden diese Schriftgelehrten immer γραμματεῖς bzw. γραμματεύς genannt,[67] wiewohl die griechische Sprache zur Kennzeichnung und Charakterisierung dieser jüdischen Gruppe andere Bezeichnungen zur Verfügung stellt, die z. T. auch im ntl. Griechisch Verwendung finden.[68] Für das MkEv sind sie indes stets γραμματεῖς.

Dieser Befund ist nun für die Verortung des MkEv insofern interessant, als der im MkEv durchgehend verwendete griechische Titel γραμματεύς/γραμματεῖς im Sinne einer festen terminologischen Bezeichnung für Juden bzw. für jüdische Gruppen[69] zum Lokalkolorit römischer (!) Synagogalgemeinden gehört[70] – und zwar nahezu ausschließlich. Denn den Titel γραμματεύς im Kontext jüdischer Synagogalgemeinden findet man *nach der Zeitenwende* häufig in Rom und jenseits von Rom extrem selten belegt. Einschlägig ist hier der breit aufgearbeitete epigraphische Befund. So verzeichnet das von Jean-Baptiste Frey verantwortete „*Corpus Inscriptionum Judaicarum*" (= CIJ) unter den 499 sicher jüdischen und sicher in Rom situierten Inschriften nicht weniger als 24 Belege für den Titel γραμματεύς.[71] In vier Fällen (CIJ 221.225.284.456) wird der griechische Terminus dabei als Lehnwort in lateinischen Inschriften wiedergegeben. Das spricht für einen festen titularen Gebrauch des Begriffs. In allen Fällen ist die Bezeichnung auf Einzelpersonen bezogen, wobei sich sechsfach auch ein dem γραμματεύς zugeordnetes Kollektiv in Form einer Synagogalgemeinde findet (CIJ 7.18.67.284.318.433), was im Übrigen ein schöner Beleg für eine größere

---

66 Den umgekehrten Fall bietet Mk 2,16.

67 Vgl. Mk 1,22; 2,6.16; 3,22; 7,1.5; 8,31; 9,11.14; 10,33; 11,18.27; 12,28.32.35.38; 14,1.43.53; 15,1.31.

68 Mögliche Titel sind etwa νομικοί, νομοδιδάσκαλοι, πατρίων ἐξηγηταὶ νόμων, σοφισταί, ἱερογραμματεῖς, ῥαββί. Präzise Informationen dazu bietet der Klassiker E. Schürer, Geschichte, 372–377. Die Titel ῥαββί sowie διδάσκαλος fallen im MkEv im Übrigen immer nur im Blick auf Jesus.

69 Als Amtsbezeichnung bzw. als allgemeiner Titel für einen Schreiber/Sekretär kommt γραμματεύς freilich auch jenseits des jüdischen Kontextes vor und ist dann auch über die Stadt Rom hinaus breit bezeugt. Vgl. nur D. Schinkel, Kanzler, 140–144.

70 Darauf macht bereits D. Lührmann, Pharisäer, 184, aufmerksam.

71 Vgl. den Index bei J.-B. Frey, CIJ (falsch ist allerdings der Verweis auf Inschrift 328; richtig muss es 318 lauten). Zu weiteren Fehlern bei Frey, die letztlich zur Zahl 24 führen, vgl. H. J. Leon, Jews, 183f mit Anm. 2. C. Claussen, Versammlung, 280, kommt unter Rekurs auf D. Noy, Inscriptions II, 538, auf 26 Belegstellen für den Titel γραμματεύς in Rom.

Anzahl synagogaler Gemeinden mit je unterschiedlichem Namen in Rom ist.[72]

Dass es sich bei diesen 24 Belegen nicht um eine zu vernachlässigende Größe handelt, vermag eine – wenn auch nur exemplarische – epigraphische Gegenprobe zu zeigen, die den Befund vorsichtig zu bestätigen scheint: Die Bände des Corpus „*Inscriptiones Judaicae Orientis*" (= IJO)[73] für „Eastern Europe" und „Kleinasien" verzeichnen ganze drei Belege für den Titel γραμματεύς. Dabei handelt es sich in einem Fall um ein augenscheinlich paganes Amt.[74] In den beiden übrigen Fällen[75] findet sich γραμματεύς in einer zu den römischen Belegen scheinbar parallelen Verwendung, bei der jeweils im Singular von einem γραμματεύς in Relation zu einer Gruppe / Synagogalgemeinde die Rede ist. Entscheidend ist dabei allerdings, dass dies zwei Belege in einem Corpus von immerhin 258 jüdischen Inschriften für den ganzen kleinasiatischen Raum sind.[76] Noch deutlicher fällt der Befund aus, wenn man den ersten Band von „*Jewish Inscriptions of Western Europe*" (= JIWE), der die Funde aus Italien (ohne Rom), Spanien und Gallien präsentiert, mit dem zweiten Band, der die römischen Belege aufführt, vergleicht. 26 römischen Belegen stehen tatsächlich null Belege (bei 228 präsentierten Inschriften in JIWE I) aus den übrigen Provinzen gegenüber. Schließlich fördert eine sukzessive Durchmusterung des *Corpus Inscriptionum Iudaeae / Palaestinae* (= CIIP) mit seinen aktuell 2648 Inschriften und Inschriftfragmenten nur ganze zwei Inschriften zu Tage, die den Titel Schriftgelehrter / Schreiber aufweisen. Es handelt sich um zwei hebräisch-aramäische[77] Ossurarinschriften für die Schriftgelehrten / Schreiber Yehosef (CIIP I / 1 Nr. 86) und Yehuda (CIIP I / 1 Nr. 244). Die Inschriften wurden in Jerusalem gefunden (auf dem Skopus [Nr. 86] sowie dem Ölberg [Nr. 244]) und datieren in den Zeitraum 1. Jh. v. bis 1. Jh. n. Chr. Dieser Befund lässt die etwa auch bei J. T. Burtchaell, L. I. Levine, C. Schams und C. Claußen[78] vertretene Annahme zu, dass γραμματεύς eine Amts-/Funktionsbezeichnung für Juden im

72 C. Claussen, Versammlung, 280, listet auf der Basis der Inschriften eine Synagoge der Siburesianer, der Vernaclesianer, der Augustenser sowie der Sekenier auf.

73 Der Band IJO III, der die Zeugnisse aus Zypern und dem syrischen Raum versammelt, verzeichnet überhaupt keinen Eintrag zu γραμματεύς.

74 Vgl. IJO I Nr. Ach41.

75 Vgl. IJO II Nr. 44.151.

76 Im Durchschnitt ist damit in etwa auf jeder 21. jüdischen Inschrift in der Stadt Rom und auf jeder 129. jüdischen Inschrift in Kleinasien von einem γραμματεύς die Rede. C. Claussen, Versammlung, 280, nennt gar nur einen einzigen epigraphischen Beleg außerhalb Roms (identisch mit IJO II Nr. 151).

77 Damit findet sich unter den 2648 Inschriften keine einzige, die den griechischen Titel γραμματεύς verwenden würde. Das ist bemerkenswert.

78 Vgl. J. T. Burtchaell, Synagogue, 252; L. I. Levine, Synagogue, 409; C. Schams, Scribes, 235; C. Claussen, Versammlung, 280; vgl. auch die Überlegungen zu IJO II Nr. 44 von W. Ameling im Rahmen des Korpusbandes.

Kontext einer Synagogalgemeinde ist, die insofern typisch römisch ist, als sie nahezu ausschließlich[79] in der Stadt Rom belegt ist.

D. h. aber, dass die sich im MkEv hinter dem Titel γραμματεύς/γραμματεῖς verbergenden jüdischen Gegner Jesu – faktisch handelt es sich um die jüdischen Gegner der mk Gemeinde – ganz spezielle „römische" Juden sind, wie es sie auch nach dem Judenedikt des Claudius wieder bzw. noch immer in Rom gab.[80] Das spricht dann erneut als Indiz für eine Verortung des MkEv in Rom.

Freilich birgt diese These einige vermeintliche „Schönheitsfehler" und provoziert Einwände, die ich nicht verschweigen, sondern denen ich prospektiv und – soweit möglich – argumentativ begegnen will.

Der Sachgehalt des Titels γραμματεύς in römischen Synagogalgemeinden. Es gehört zum exegetischen Standard, den bzw. die ntl. γραμματεύς/γραμματεῖς – zumal als Gruppenbezeichnung – regelmäßig mit „Schriftgelehrte/r" zu übersetzen und unter γραμματεύς/γραμματεῖς Toraspezialisten zu verstehen. In diesem Sinne habe auch ich von dem/den mk γραμματεύς/γραμματεῖς als Schriftgelehrten gesprochen. Die hier vorgetragenen Überlegungen, die einen Bezug der mk Rede von γραμματεύς/γραμματεῖς auf die speziell für Rom belegten γραμματεῖς bedenken, setzen nun aber implizit voraus, dass sich hinter dem gleichen griechischen Terminus auch das Gleiche verbirgt und wir es auch in Rom mit Toraspezialisten, eben mit Schriftgelehrten, zu tun haben. Das aber ist im Blick auf die römischen γραμματεύς umstritten, was nicht zuletzt an der grundsätzlichen Mehrdeutigkeit, der semantischen Polyvalenz, des Begriffs γραμματεύς liegt. Denn der griechische Begriff γραμματεύς kann im jüdischen Kontext im Sinne eines Homonyms mehrere Realien bezeichnen: den Schriftgelehrten in Jerusalem wie den im Kontext der Synagoge, den höheren Verwaltungsbeamten im Umfeld des Königs und (vielleicht) auch einen vom Schriftgelehrten unterschiedenen Amts- und Funktionsträger in einer Synagogalgemeinde, dessen genaues Aufgabenprofil aber umstritten ist (s. u.).[81] Was γραμματεύς dabei jeweils bezeichnen soll, ist einigermaßen unklar, weil sich nur schemenhaft diachrone Entwicklungen in der Wortbedeutung abzeichnen und daher der Begriff grundsätzlich zunächst in seiner Mehrdeutigkeit ernst genommen werden muss. Letztlich muss daher der Kontext, in dem der Begriff γραμματεύς fällt, mitentscheiden, in welchem Sinne γραμματεύς jeweils gemeint ist. Dabei scheint es, dass in der LXX das Wort γραμματεύς sowohl die Bedeutung „königlicher Verwaltungsbeamter" (etwa 3 Kön 4,3 LXX) wie auch – nach J. Jeremias sogar erstmals[82] – die Bedeutung

79 Es kommt hinzu, dass wir es im Falle der Inschrift von IJO II Nr. 44 mindestens mit einem römischen Bürger (Lucius Lollius Iustus) zu tun haben. Vielleicht handelt es sich hier um einen Bürger der Stadt Rom, der die Heimat verlassen hat.

80 Zu den jüdischen Synagogalgemeinden in Rom vgl. L. I. Levine, Synagogue, 97–99.263–266; zu Juden in Rom vgl. auch P. Lampe, Christen, 26–28; H. J. Leon, Jews. Zur Reichweite des Claudiusedikts (umstritten ist, ob es sich auf alle Juden bezogen hat oder nur auf Judenchristen), das zu Beginn der Herrschaft Neros seine Gültigkeit verlor, vgl. H. Botermann, Judenedikt; M. Ebner, Markusevangelium, 173.

81 Vgl. zur Sache etwa J. Jeremias, γραμματεύς; L. I. Levine, Synagogue, 409; C. Schams, Scribes; J. Marcus, Mk, 523f.

82 J. Jeremias, γραμματεύς, 740f.

„Schriftgelehrter“ (etwa 2 Esr 7,6.11 LXX) angenommen hat. Mit J. Jeremias lässt sich zudem feststellen, dass die Bedeutung „Schriftgelehrter“ für γραμματεύς/γραμματεῖς etwa bei Philo und Flavius Josephus nicht mehr belegt ist.[83] Wenn letzterer von γραμματεύς spricht, dann im Sinne der Amtsbezeichnung für einen oder mehrere Verwaltungsbeamte (Schreiber, Staatssekretäre), die jeweils in Relation zu Einzelpersonen[84] und Gruppen[85] stehen bzw. dem Tempel[86] als Verwaltungsbedienstete zugeordnet sind. Wenn Josephus Schriftgelehrte meint, dann benutzt er etwa die Wendung ἐξηγηταὶ τῶν πατρίων νόμων (Ant XVII 149) oder – das aber singulär – den Begriff ἱερογραμματεῖς (Bell VI 291). In keinem Fall findet sich im Übrigen bei Josephus ein γραμματεύς in Relation zu einer Synagogalgemeinde. Auch das bestätigt vorsichtig den schon angesichts der epigraphischen Quellen erhobenen Befund: Ein synagogales Amt γραμματεύς – zunächst gleich welchen Inhalts – ist offenbar nicht weit verbreitet, sondern konzentriert sich augenscheinlich auf römische Gemeinden. Aus dieser Perspektive scheint es, dass die Bedeutung „Schriftgelehrter“ für γραμματεύς im 1. Jh. n. Chr. wieder außer Mode kommt, wobei das NT im Blick auf diese Entwicklung resistent ist[87] oder aber die exegetische Grundgleichung γραμματεύς = Schriftgelehrter nochmals zu überprüfen wäre. Nimmt man sich dieser Aufgabe zumindest für das MkEv an, dann zeigt sich, dass eine Übersetzung des Titels γραμματεύς mit „Schriftgelehrter“ sinnvoll und der kontextuellen Verwendung des Titels angemessen ist. Denn innerhalb des MkEv sind die γραμματεῖς, die in der erzählten Topographie des Textes in Synagogen, Häusern und im Umfeld des Tempels auftreten können, regelmäßig mit der *Lehrthematik* verbunden (so schon bei ihrem ersten „Auftritt“: Mk 1,22), wobei Reinheitsfragen (Mk 2,16; 7,1.5), eschatologische Diskussionen (Mk 9,11) und messianologische/christologische Fragestellungen (Mk 12,35 [indirekter: 2,6; 11,27]) im Zentrum stehen.[88] Für das MkEv ist γραμματεύς dabei ein offensichtlich prestigeträchtiges Amt: Nach Mk 12,38 f gehören zu ihm eine besondere Kleidung,[89] Ehrenplätze beim Mahl und in der Synagoge sowie Ehrbezeugungen im Alltag; an all dem lässt der mk Jesus im Übrigen kein gutes Haar. Nimmt man diese Beobachtungen zusammen, dann erscheinen die γραμματεῖς

83 Auch notiert bei H. Blatz, Semantik, 224.

84 In der Regel ist der jeweilige Herrscher gemeint: Bell I 529 (vgl. Ant XVI 319); Ant VI 120; VII 110.293.319.364; X 55.58.59.94.95.149; XI 22.26.29.248.250 (der γραμματεύς als Vorleser); XI 272.287; XX 208.209 (der Schreiber des Tempelvorstehers).

85 Als Gruppen erscheinen Dorfgemeinschaften (Bell I 479) und der politische Rat/βουλή (Bell V 532).

86 Ant IX 164; XI 128; XII 142.

87 So J. Jeremias, γραμματεύς, 741.

88 Auf die Verbindung der mk γραμματεῖς mit dem Thema der Vollmacht (ἐξουσία) weist H. Blatz, Semantik, 224 f, hin, der zudem die bedenkenswerte Beobachtung notiert, dass die mk γραμματεῖς nicht mit der Schrift argumentieren (sind sie dann als Schriftgelehrte wirklich zutreffend charakterisiert?), dabei aber etwas aus dem Blick verliert, dass sie gleichwohl mit der Thematik der Lehre verbunden sind.

89 Für K. H. Rengstorf, ΣΤΟΛΑΙ, 403, zielt Mk 12,38 nicht auf eine spezifische Sonderkleidung ab; es gehe vielmehr um das Tragen von Festtagskleidung zur falschen Zeit. Unabhängig von allen Details grenzt das Tragen der στολή die Schriftgelehrten in jedem Fall von ihren Mitmenschen ab und zeichnet sie gesondert aus.

am sinnvollsten als Schriftgelehrte mit umfänglicher Lehrkompetenz umschrieben, die ihr Amt vor allem im Umfeld von Synagogen ausüben, in Jerusalem aber auch Teil des Synhedrions sind. Passen diese mk γραμματεῖς nun aber auch inhaltlich zu den römischen γραμματεύς der Inschriften?

Angesichts der relativen Unsicherheit, was unter einem jüdischen γραμματεύς jeweils zu verstehen ist, verwundert es nicht, dass in der Forschung umstritten ist, in welchem Sinne auf den römischen Inschriften von γραμματεύς die Rede ist. Der Diskurs verläuft entlang der Fragen nach dem genauen Aufgabenprofil eines „römischen" γραμματεύς und seiner sozialen Stellung in der Gemeindehierarchie. Also: Was macht ein γραμματεύς und welches Prestige bringt seine Arbeit mit sich? Für H. J. Leon ist der γραμματεύς einer römischen Synagogalgemeinde für die schriftliche Verwaltungsarbeit zuständig („secretary of the congregation"[90]): Die Führung von Protokollen, Mitgliederlisten und des Archivs sei seine Aufgabe gewesen.[91] Sein sozialer Status innerhalb der Gemeinde sei ein hoher. Deshalb werde das Amt auch eigens auf den Inschriften vermerkt. Es handle sich um „one of the chief offices of the congregation".[92] Mit Rekurs auf die Arbeiten von H. J. Leon, D. Noy[93] und J. T. Burtchaell[94] bestimmt auch W. Ameling den synagogalen γραμματεύς als eine Art Sekretärsamt, neigt aber dazu, seinen sozialen Status anders als Leon niedriger einzuschätzen. Vor allem ist sich Ameling sicher, dass es sich nicht um einen γραμματεύς im Sinne eines Schriftgelehrten handeln kann.[95] Die gleiche Sicherheit zeigte sich schon bei Leon.[96] Beide widersprechen damit einem in der Forschung am Ende des 19. Jh. bestehenden relativen Konsens im Blick auf die γραμματεύς der römischen Synagogalgemeinden.[97] Denn für E. Schürer und A. Berliner galt es als ausgemacht, dass es sich bei den γραμματεῖς in Rom (auch) um Schriftgelehrte handelte. Diese These hat nun in der rezenten Untersuchung von C. Claußen eine vorsichtige „Auferstehung" erlebt. Für ihn spricht zunächst die inschriftliche Bezeugung für ein ranghöheres Amt, sodann „verbietet es sich, dieses Amt [sc. des γραμματεύς, M. L.] einfach mit der üblichen griechischen Bedeutung ‚(Ab)Schreiber' gleichzusetzen",[98] da γραμματεύς breit in der Bedeutung „Schriftgelehrter" bezeugt sei. Insgesamt „wäre ein etwas fließender Übergang in Richtung der bereits in Esr 7,6 belegten Torakundigen eigentlich nicht verwunderlich".[99]

90 H. J. Leon, Jews, 184.

91 H. J. Leon, Jews, 194.

92 H. J. Leon, Jews, 184. Im Blick auf die inhaltliche Charakterisierung des Aufgabenprofils klassifiziert J.-B. Frey den römischen γραμματεύς analog zu Leon, äußert sich aber nicht eindeutig zum sozialen Status (vgl. CIJ XCII–XCIV).

93 Vgl. JIWE II Nr. 1 (10).

94 J. T. Burtchaell, Synagogue, 251–253.

95 Vgl. den Kommentar zu IJO II Nr. 44 (193f mit Anm. 186).

96 H. J. Leon, Jews, 185.

97 Vgl. E. Schürer, Gemeindeverfassung, 30f; A. Berliner, Geschichte I, 70 (Berliner nimmt an, dass die römischen γραμματεῖς sowohl Schriftgelehrte waren als auch Sekretärsaufgaben wahrgenommen haben).

98 C. Claussen, Versammlung, 281.

99 C. Claussen, Versammlung, 281.

In dieser augenscheinlich unsicheren Situation sollte zunächst beachtet werden, dass das MkEv und die – wie der Vergleich mit anderen Inschriftenkorpora sowie dem Werk des Josephus zeigt – in ihrem Sprachgebrauch singulären römischen Inschriften stets den gleichen griechischen Terminus verwenden. Jenseits aller möglichen Bedeutungsvarianz ist das zunächst festzuhalten. Dabei ist die vorhandene Singular-Plural-Differenz[100] in sich unproblematisch, da die Inschriften zwar jeweils von einem γραμματεύς sprechen, der Befund aber eben auch zeigt, dass es mehrere γραμματεῖς in Rom gibt, insofern mehrere Synagogalgemeinden mit (mindestens) je einem γραμματεύς nebeneinander bestehen. Das MkEv würde diese dann als Kollektiv ansprechen. Darüber hinaus zeigen die Inschriften ein Synagogenamt an, das doch zumindest so prestigeträchtig war, dass seine Träger ihren Status als γραμματεύς epigraphisch fixieren ließen. Die entscheidende Frage lautet also: Warum kann ein solcher γραμματεύς kein Schriftgelehrter sein? Was hat also die Forschung, wie sie bei H. J. Leon, W. Ameling, D. Noy und J. T. Burtchaell sichtbar wird, dazu veranlasst, die ältere Annahme, wie sie bei E. Schürer und A. Berliner belegt ist und bei C. Claußen wieder hervorlugt, aufzugeben und ausschließlich für ein Sekretärsamt zu optieren? Wenn ich richtig sehe, dann wird im Wesentlichen ein einziges Argument bemüht, um die Bedeutung „Schriftgelehrter" für die römischen γραμματεῖς auszuschließen.[101] H. J. Leon führt aus, dass die γραμματεῖς keine Schriftgelehrten sein können, weil sich auf *einer* Inschrift (CIJ Nr. 102) derart viele Fehler fänden, dass ihr Urheber, Victor, ein γραμματεύς, gewiss nicht im Umgang mit Buchstaben geübt sein könne, wie es für einen Schriftgelehrten zu erwarten sei.[102] Der sachliche Befund ist im Blick auf die Inschrift zutreffend. Ein überzeugendes Argument in der Sache liegt gleichwohl nicht vor, denn (1.) muss Victor nicht zwangsläufig auch als Steinmetz gearbeitet haben, wenn er als Urheber/Auftraggeber der Inschrift erscheint, was allerdings zugleich die Frage aufruft, warum er dann eine derart fehlerhafte Inschrift zu Ehren seiner früh verstorbenen Tochter Gemellina akzeptiert hätte. Zudem ist (2.) nach der Reichweite der Beobachtung zu fragen. Selbst wenn der γραμματεύς Victor nur unzureichend alphabetisiert wäre, so besagt das doch noch nichts für die übrigen γραμματεῖς. Weil ein γραμματεύς nicht gut schreiben kann, kann man nicht folgern, dass dies für alle gelten müsste und es sich dann eben nicht um Schriftgelehrte handeln könne. Mit einem derartigen Argument würde man von den Fehlern eines Einzelnen auf die potentiellen Fehler einer ganzen Gruppe schließen, was einem logischen Fehlschluss gleichkäme. Schließlich gilt (3.), dass die als Argument angeführten Fehler in der Inschrift bei gleicher Logik auch gegen ein

---

100 Das MkEv bietet die γραμματεῖς so gut wie nur im Plural (auch in Mk 12,28 wird der eine Schriftgelehrte durch seinen Bezug zum Kollektiv der Schriftgelehrten definiert, was den einzig tatsächlichen Singular in Mk 12,32 relativiert).

101 Dass auf den Inschriften auch hinsichtlich des Lebensalters von sehr jungen γραμματεῖς die Rede sein kann, lässt sich nicht als Argument gegen das Verständnis „Schriftgelehrter" bzw. als Argument für das Verständnis „Sekretär" anführen. Für beide Funktionen braucht es ein gewisses Alter sowie einen gewissen Bildungsgrad. Eher ist die Nennung des γραμματεύς-Titels bei „Kindern" ein Indiz dafür, dass die Funktion γραμματεύς (auch) genealogisch definiert wird, was wiederum auf ein prestigeträchtigeres Amt hinweisen könnte (vgl. C. Claussen, Versammlung, 281).

102 H. J. Leon, Jews, 185 Anm. 1.

Verständnis der γραμματεῖς als Sekretäre der Synagogalgemeinde sprechen müssten, denn auch Sekretäre und Schreiber sollten ja mit Buchstaben umgehen können. Schlussfolgerung: Die Fehler auf der Victor-Inschrift lassen sich als Argument in der Streitfrage schlechterdings nicht nutzen. Es spricht mithin nichts zwingend gegen ein Verständnis der römischen γραμματεῖς als Schriftgelehrte, es spricht aber auch nichts zwingend für ein solches Verständnis. Angesichts dieser Patt-Situation[103] ist also keineswegs auszuschließen, dass es sich bei den römischen γραμματεῖς um Schriftgelehrte handelt, was einen Bezug des MkEv mit seiner Rede von den γραμματεῖς auf diese römischen Schriftgelehrten möglich erscheinen lässt.

Datierung der Zeugnisse. Die für den Titel γραμματεύς herangezogenen römischen Inschriften werden in das 1.–5. Jh. n. Chr. datiert, wobei die Frühdatierung dem relativen Konsens einer Mittel- bis Spätdatierung gewichen ist.[104] Das ist angesichts der in dieser Arbeit vertretenen Datierung des MkEv in die 70er Jahre des 1. Jh. n. Chr. problematisch, insofern es zu dieser Zeit zwar sicher Juden in Rom gab, sich aber nun augenscheinlich keine Quellen finden lassen, die den Titel γραμματεύς für römische Synagogalgemeinden dieser Zeit belegen. Freilich ist – wie ich zu zeigen versucht habe – der Titel als Bezeichnung für Schriftgelehrte (oder auch ein Synagogenamt) auch jenseits der Stadt Rom nach der Zeitenwende kaum im jüdischen Kontext (abgesehen eben von den ntl. Evangelien) belegt. Die hier vorgetragenen Überlegungen müssen daher implizit postulieren, dass der Titel γραμματεύς bereits im 1. Jh. n. Chr. in römischen Synagogalgemeinden in Verwendung war und sich bis in die Zeit der epigraphischen Zeugnisse durchgehalten hat, auch wenn dafür direkte Belege aus dem 1. Jh. n. Chr. fehlen. Wie bei allen „*e-silentio*-Argumentationen" ist das eine offene Flanke der Gesamtargumentation.

γραμματεύς/γραμματεῖς *bei Matthäus und Lukas.* Schließlich ist dem potentiellen Vorwurf zu begegnen, dass doch auch Matthäus und Lukas in ihren nach gegenwärtigem exegetischen Forschungsstand nicht in Rom zu verortenden Jesusgeschichten noch oft von γραμματεύς/γραμματεῖς sprechen. Kann dann aber die mk Rede von γραμματεύς/γραμματεῖς noch ein Verortungsindiz sein, wenn doch auch diese Autoren und damit implizit ihr Lesepublikum noch unter dem Titel γραμματεύς/γραμματεῖς etwas, nämlich wohl Schriftgelehrte, verstehen können? Ein redaktionskritischer Blick auf die Details kann helfen, diesen Einwand zu entkräften und den mt bzw. lk Sprachgebrauch vielleicht sogar als ein unterstützendes Argument im Sinne der hier vorgetragenen These zu werten. Quantitativ stehen zunächst den 21 mk Belegen für γραμματεύς/γραμματεῖς 22 Belege bei Matthäus und 14 im LkEv[105] gegenüber. Im LkEv finden sich also deutlich weniger Belege für γραμματεύς/γραμματεῖς. Und auch im Blick auf das MtEv handelt es sich trotz des rein

---

103 C. Schams, Scribes, 235–238, summiert daher (237f): „It must be emphasized, however, that there is no evidence to support any theory about the functions of scribes in the Roman communities."

104 Zu den Datierungsfragen dieser Inschriften vgl. L. I. Levine, Synagogue, 97.264. C. Claussen, Versammlung, 280, datiert in das 3./4. Jh. n. Chr., C. Schams, Scribes, 237, in das 2./3. Jh. n. Chr.

105 Für Lukas insgesamt: 14+4: Apg 19,35 bietet γραμματεύς als paganen Titel; Apg 4,5; 6,12; 23,9 (jüdische Schriftgelehrte in Jerusalem).

quantitativ starken Befundes um eine Reduktion des titularen Gebrauchs im Vergleich zum MkEv. Denn zum einen ist in Mt 13,52 (möglicherweise auch in Mt 23,34) von christlichen Schriftgelehrten die Rede, zum anderen sind sechs der Belege der Stilistik der Weherede gegen Pharisäer und Schriftgelehrte in Mt 23 geschuldet und fallen insofern nicht massiv ins Gewicht. Jenseits dieser quantitativen Grundbeobachtung zeigt sich bei synoptischer Lektüre qualitativ, dass Matthäus in elf Fällen die mk Redeweise von γραμματεύς/γραμματεῖς abändert, indem er den Titel durch andere Begriffe ersetzt[106] oder ganz streicht.[107] Bei Lukas bietet sich ein ähnliches Bild. Er nimmt zwölffach Streichungen[108] und Ersetzungen[109] vor. Dieses redaktionelle Vorgehen der beiden synoptischen Seitenreferenten[110] mag dann doch ein Indiz dafür sein, dass ihnen die bei Markus massiv belegten γραμματεύς/γραμματεῖς nicht mehr ganz verständlich waren, was letztlich ein Indiz[111] für das Lokalkolorit des Begriffs im MkEv ist.

Unter Würdigung der übrigen Argumente,[112] die für Rom oder doch mindestens eine von römischer Kultur geprägte Lebenswelt im Westen des Imperium Romanum sprechen,[113] schließe ich mich der soeben angestellten Überlegungen dieser Verortungstradition an. Das MkEv ist in der westlichen Reichshälfte entstanden, wobei Rom eine sehr plausible Verortungsoption ist, für die im Idealfall meine Untersuchung noch weitere Argumente anführen kann, ohne dass eine Verortung des MkEv in Rom eine notwendige Bedingung für meine These darstellen würde, insofern der Triumphzug ein auch jenseits der Stadtgrenzen Roms bekanntes Phänomen war, wie im zweiten Hauptkapitel

---

106 Ersetzungen: Mt 22,34 (Mk 12,28); Mt 22,41 (Mk 12,35) [Ersetzung jeweils durch „Pharisäer"].

107 Streichungen: Mt 9,11 (Mk 2,16); Mt 12,24 (Mk 3,22); Mt 15,1 (Mk 7,5); Mt 17,14 (Mk 9,14); Mt 21,23 (Mk 11,27); Mt 22,40 (Mk 12,32); Mt 26,3 (Mk 14,1); Mt 26,47 (Mk 14,43); Mt 27,1 (Mk 15,1).

108 Streichungen: Lk 4,32 (Mk 1,22); Lk 9,37f (Mk 9,14); Lk 10,28 (Mk 12,32); Lk 18,32 (Mk 10,33); Lk 22,47 (Mk 14,43); Lk 22,54 (Mk 14,53); Lk 23,35 (Mk 15,31). Streichungen in größerem Umfang nimmt Lukas für Mk 7,1.5; 9,11 vor.

109 Ersetzungen: Lk 10,25 (Mk 12,28) [νομικός]; Lk 11,14f (Mk 3,22) [„einige" aus der Volksmenge].

110 Ähnliche Beobachtungen macht auch A. F. J. Klijn, Scribes, 259–262.

111 Mehr als ein schwaches Indiz ist es in der Tat nicht, insofern Matthäus und Lukas gleichwohl noch eine Reihe von Belegen bieten.

112 Selbst wenn R. v. Bendemann, Latinismen, mit seiner Kritik an der Bewertung der Latinismen richtig liegt (m. E. jedoch nicht im Blick auf Mk 12,42), so hebelt doch dies nicht das Argumentbündel für die hier vorgetragene Verortung des MkEv aus.

113 Man wird in diesem Kontext nicht übersehen dürfen, dass zwei der vier Hauptargumente, die für die Syrienoption angeführt werden, in gleicher Weise für Rom sprechen können: Auch in Rom lässt sich mit einem gemischten Publikum von Heiden- und Judenchristen rechnen und auch in Rom ist der jüdisch-römische Krieg präsent – und zwar als gewonnener.

zu zeigen sein wird. In Rom (oder seinem Umfeld) lebte Markus und seine Gemeinde,[114] deren religiöses Ausgangsprofil ich im nächsten Schritt thematisieren werde.

5.3 Heidenchristen, Judenchristen oder „mixed church" – Zum Profil der mk Gemeinde

Über die mk Gemeinde[115] als dem intendierten Erstadressatenpublikum, für das diese Jesuserzählung zuallererst verfasst worden ist und die in Jesus den Christus und Gottessohn erkennt, ließen sich unter der Überschrift „zum Profil der mk Gemeinde" zahlreiche Aspekte bedenken: Die soziale Schichtung der Gemeinde, das Verhältnis zur römischen Umwelt in den 70er Jahren des 1. Jh. n. Chr., die „Amtsstrukturen", das theologische Profil, die ekklesiologische Konzeption, die Ethik, die inneren Konflikte und Diskurse usw. Im Sinne klassischer Einleitungsfragen werde ich mich auf die Frage nach dem religiösen Herkunftsprofil beschränken, also fragen, ob die Mitglieder der mk Gemeinde im Blick auf ihre Ursprungsidentität sich als Jüdin / Jude ansprechen lassen, aus der paganen Welt stammen oder es sich um eine gemischte Gemeinde, eine „mixed church",[116] handelt.[117]

---

114 Ich setze also explizit voraus, dass der Entstehungsort des Textes, der der Ort des Autors ist, auch der Ort ist, an dem sein Adressatenpublikum lebt.

115 Auch wenn ich von der mk Gemeinde bisher stets im Singular gesprochen habe und weiter sprechen werde, so will ich damit nicht ausschließen, dass es sich um einen lokalen Verbund von mehreren (Haus)Gemeinden gehandelt haben könnte. Anders etwa als L. Schenke, Mk, 30, gehe ich allerdings davon aus, dass die Erzählung eben auf eine bestimmte Gemeinde oder einen städtischen Gemeindeverbund und nicht „die ganze Christenheit" abzielt. Zu dieser letztlich auch hermeneutischen Grundentscheidung vgl. exemplarisch die Diskussion bei R. Bauckham, Gospels, und D. C. Sim, Gospels. Sims Argumente überzeugen mich schon aus prinzipiellen Erwägungen heraus (fokussierte historische Analysen der Jesuserzählungen wären andernfalls beinahe sinnlos) stärker. Vgl. dazu auch die Forschungsgeschichte (speziell für das MkEv) bei A. Yarbro Collins, Mk, 96–102; B. J. Incigneri, Gospel, 30–34 (der sich ebenfalls gegen die These eines globalen Adressatenkreises wendet).

116 Der Begriff stammt eigentlich aus der Mt-Forschung, vgl. den Titel der Studie von R. H. Gundry, Matthew, lässt sich aber auch auf das MkEv anwenden.

117 Dass es sich bei den Bezeichnungen „Judenchristen" und „Heidenchristen" um durchaus problematische heuristische Kategorien handelt, ist mir bewusst. Man müsste bei der Verwendung dieser Begriffe viel stärker differenzieren und bestimmen, was in der Antike jeweils die Kriterien sind, die eine Person erfüllen muss, um als Jüdin / Jude bzw. Heidin / Heide bzw. dann auch als Christin / Christ zu gelten. In diesem Zusammenhang wäre ferner zu thematisieren, wie sich die mit einem solchen Label Bezeichneten selbst verstehen. Ich verwende in Ermangelung von praktikablen Alternativkategorien, die präziser wären, gleichwohl die Begriffe Judenchrist / Heidenchrist, die sich in der Forschung eingebürgert haben. Zur Problematik der Terminologie vgl. aber zumindest T. L. Donaldson, Category.

Wie diese letztlich äußere, von heute her denkende Beschreibung der mk Gemeinde sich zu ihrem Selbstverständnis verhält, ob etwa die mk Gemeinde sich selbst als von den jüdischen Gemeinden unterschiedene Christengemeinde versteht, ob sie sich als von anderen paganen Vereinen unterschiedener Verein sieht oder ob sie sich bleibend als Teil des jüdischen Gottesvolkes begreift, das steht auf einem anderen Blatt und ist an dieser Stelle nicht unmittelbar zu thematisieren.

Die Frage nach dem religiösen Ausgangsprofil der mk Gemeinde ist für meine Untersuchung insofern von Gewicht, als etwa einer rein judenchristlichen Gemeinde Anspielungen auf einen Triumphzug evtl. schwerer zu vermitteln waren als einer rein heidenchristlichen Gemeinde, wenngleich die Verortung der Gemeinde in Rom oder im Umfeld dieser Stadt in diesem Punkt ohnehin von größerer Bedeutung ist (denn auch Juden in Rom oder seiner Umgebung kennen Triumphzüge). Dabei präjudiziert die Entscheidung für den Entstehungsort Rom (oder sein Umfeld) und damit Sitz der mk Gemeinde die Frage nach dem religiösen Ausgangsprofil nicht, insofern in Rom jüdische Synagogalgemeinden existierten, aus denen sich theoretisch rein jüdische oder gemischte Christengemeinden entwickeln konnten bzw. die eben auch als negativ konnotiertes Gegenüber zu rein pagan-christliche Gemeinden dienen konnten.[118]

Auch in diesem Fall kann nur die Analyse des mk Textes Argumente für die eine oder andere Position liefern und eine Entscheidung ermöglichen. Ansatzpunkte innerhalb des MkEv sind zum einen Textstellen, die als Erläuterungen von unmittelbar vorher Erzähltem fungieren, zum anderen diejenigen Textpassagen, bei denen der Autor Traditionswissen voraussetzt, also Details erzählt, die gerade nicht mehr erörtert werden (müssen). Was setzt der Autor also an Wissen bei seinen Leserinnen und Lesern[119] voraus und was erklärt er eigens? Insofern es an dieser Stelle um das *religiöse* Ausgangsprofil der mk Gemeinde geht und, wie die exegetische Forschung zeigt, faktisch vor allem die Frage im Raum steht, ob es einen jüdischen Anteil in der mk Gemeinde gegeben hat,[120] lässt sich zusätzlich ein Fokussierungsrahmen gewinnen: Wo wird das Verständnis typisch jüdischer Traditionen und Realien vorausgesetzt und wo werden sie eigens erklärt? Je größer dabei der Anteil an Erklärungen ist, desto ausgeprägter dürfte – auf den ersten Blick jedenfalls – das pagan-christliche Profil der Gemeinde gewesen sein. Der Erzähler unterstellt jedenfalls seinen Leserinnen und Lesern in solchen Fällen eine Unkenntnis der Tradition (oder

---

118 Zur Sozialgeschichte von Juden und Christen in Rom vgl. P. Lampe, Juden.

119 Ich vermeide hier den schillernden Begriff des „impliziten Lesers“ (vgl. dazu W. Iser, Leser), an den man in diesem Kontext meiner Fragestellung natürlich denken kann. Zur Kritik des Begriffs vgl. M. Mayordomo-Marín, Anfang, 78f. Ebenso verzichte ich auf den Begriff des „Modell-Lesers“, der von U. Eco in die Diskussion eingebracht wurde, wiewohl er für die verhandelte Sache treffend ist.

120 Vgl. exemplarisch nur die Ausführungen bei H. Omerzu, Geschichte, 77–79.82.

will sie sie bewusst in die Irre führen oder – sofern die Leser die erklärte Tradition doch kennen – irritieren). Eine zusätzliche Feineinstellung ergibt sich im Blick auf das „Wie“ der Darstellung bzw. Erklärung von jüdischen Traditionen: Erklärt die Erzählstimme im Licht unseres Wissens um die Traditionen sachlich angemessen oder wirken die Erläuterungen letztlich „schief“ und verzerrend? Je negativer die Charakterisierung der erklärten Traditionen dabei ausfällt, desto größer ist in der Tendenz die theologische und ideologische Distanz zum Judentum bzw. zu jüdischen Synagogalgemeinden, wobei in solchen Fällen freilich auch ein „Bruderstreit“ um die richtige Interpretation des gemeinsamen Erbes im Hintergrund stehen kann, so dass eine negative Charakterisierung jüdischer Traditionen *per se* nur bedingt etwas über das religiöse Ausgangsprofil der mk Gemeinde aussagt. Der Grad an negativer Charakterisierung und evtl. gehässiger Verzeichnung von Traditionen ist daher jeweils näher zu bestimmen.

Im Folgenden werden einige zentrale Aspekte genannt, die für die Frage nach dem religiösen Ausgangsprofil der mk Gemeinde wichtig sind.

1. *Die heiligen Schriften Israels*: Das MkEv erzählt die Jesusgeschichte mit deutlichen Rückbezügen auf die heiligen Schriften Israels, die sich etwa in explizit markierten und nicht explizit markierten Zitateinspielungen[121] oder auch in Motivübernahmen finden.[122] Die wenn auch selektive[123] Kenntnis dieser Traditionen darf man daher für den Autor wie auch für das Erstadressatenpublikum voraussetzen.[124]
2. *Jüdische Gruppenbezeichnungen*: Begriffe wie Pharisäer, Schriftgelehrte, Hohepriester, Älteste oder Synhedrion werden ohne nähere Erklärungen in den Erzähltext eingefügt und mehrfach verwendet. Das Adressatenpublikum wird diese Realien kennen.[125] Anders hingegen liegt der Fall m. E. bei der jüdischen Gruppe der Sadduzäer:[126] Diese werden nur ein einziges Mal im mk Text genannt und dort im Blick auf einen ihrer Hauptlehrinhalte sogleich inhaltlich charakterisiert (Mk 12,18). Offensichtlich setzt der Autor nicht

121 Mk 1,2f; 4,12.32; 6,34; 7,6f.10; 8,18; 9,11.48; 10,6–8.19; 11,9f.17; 12,10f.19.26.29–33.36; 13,14.24–26; 14,27.34.62; 15,24.34.

122 Vgl. dazu etwa J. Majoros-Danowski, Elija; H. Omerzu, Geschichte.

123 Auffällig ist der sachliche Fehler bei der Einspielung atl. Traditionen in Mk 2,26, insofern Davids Gegenüber nicht Abjathar, sondern Ahimelech war, vgl. D. Stöckl Ben Ezra, Markus-Evangelium, 188. Weiß der Erzähler es nicht besser? Liegt ihm eine im Vergleich zu unserer Textkenntnis alternative Tradition vor? Oder sollen die Leserinnen über den „Fehler“ stolpern und hat er insofern eine spezifische Funktion?

124 Zu den Schriftzitaten im MkEv vgl. B. M. F. van Iersel, Mk, 58–67; H. Omerzu, Geschichte, 82f (Literatur); D. Stöckl Ben Ezra, Markus-Evangelium, 186–188; C. Blumenthal, Gott.

125 D. Lührmann, Pharisäer, 172.

126 Gegen D. Lührmann, Pharisäer, 174.

voraus, dass sein Lesepublikum unter diesem Gruppenbegriff unmittelbar etwas verstehen kann.

3. *„Ihre Synagogen"*: Die vor allem aus dem MtEv bekannte Formulierung „ihre Synagoge/n", die eine wie auch immer näher zu bestimmende Distanz zur Synagogalgemeinde ausdrückt, findet sich zweifach im MkEv: Mk 1,23.39.[127] Diesen zwei Verwendungen stehen allerdings sechs Fälle gegenüber, bei denen von der Synagoge ohne jede Distanzierung gesprochen wird. Auffällig ist dabei, dass das „ihre Synagoge" in Mk 1,23 durch einfaches „die Synagoge" in Mk 1,21.29 gerahmt wird, wobei immer die gleiche Synagoge gemeint ist. Eine entschiedene Distanz zur „Synagoge" lässt sich für das MkEv also nicht behaupten.
4. *Erzählfiguren*: Als Erzählfiguren, die zur Identifikation einladen bzw. als negativer Gegenhorizont dienen, werden sowohl jüdische wie pagane Figuren angeboten.[128] Wenig einladend wirken auf der paganen Seite etwa die römischen Soldaten (mit Ausnahme des Centurios von Mk 15,39) oder Pontius Pilatus in der Passionsgeschichte; ganz anders hingegen fällt die Charakterzeichnung der eindeutig paganen Erzählfiguren in Mk 7,24–37 aus. Diese Nichtjuden reagieren überaus positiv und vorbildlich auf Jesus bzw. können ihn überzeugen, dass etwa Heilung und Heil nicht allein auf Juden beschränkt sind (Mk 7,24–30).[129] Ambivalent wirkt auch das Bild auf der jüdischen Seite. Den schon genannten Gegnern Jesu, den Schriftgelehrten, steht in Mk 12,28–34 ein einzelner Schriftgelehrter gegenüber, der durch eine indirekte Charakterisierung seitens der Erzählfigur Jesus positiv gezeichnet wird (Mk 12,34) und insofern nicht nur ein Gegenbild zu seinen Schriftgelehrtenkollegen ist, sondern auch eine positive Identifikationsfigur darstellt. Ein ähnlicher Kontrast ergibt sich im Blick auf anderes Synagogenpersonal: Der Synagogenvorsteher Jairus (Mk 5,21–24.35–43) wird deutlich freundlicher gezeichnet als etwa die Leute in der Synagoge von Mk 3,1–6, die Jesus argwöhnisch beäugen, um ihn anklagen zu können, und am Ende

127 In Mk 10,3 findet sich mit „Was gebot *euch* Mose?" eine ähnlich distanzierende Formulierung.

128 Diesen Befund stellt D. Stöckl Ben Ezra, Markus-Evangelium, 193f, vollkommen schief dar, um seine These vom MkEv als nahezu rein jüdischem Evangelium zu stützen: Nichtjuden würden nur sehr vereinzelt im mk Text auftauchen und erscheinen kaum als Vorbilder für die Leser, jüdische Figuren würden tendenziell nicht in ungünstigem Licht dargestellt, das gelte etwa für Herodes Antipas in Mk 6: Die Schuld am Tod des Täufers trage Herodias, nicht Herodes Antipas selbst. Das wird dem Textbefund kaum gerecht, wirkt doch Antipas wie eine Marionette der Herodias und lässt sich – als König! – gegen seinen Willen (vgl. V. 20.26) instrumentalisieren. Die Wertung der Antipasfigur ist umso verblüffender, als unmittelbar danach D. Stöckl Ben Ezra von Pilatus als Marionette spricht und dies – in der Sache im Übrigen vollkommen zutreffend – als negative Darstellung einer paganen Figur wertet.

129 Vgl. dazu C. Gerber, Heilung.

der Perikope – als Pharisäer und Herodianer bezeichnet – einen Todesplan gegen Jesus schmieden.

5. *Aramäisch, Hebräisch und Griechisch*: Aramäische und hebräische Wörter finden sich zwar im Text (Mk 3,17;[130] 5,41; 7,11.34; 14,36; 15,22.34), werden aber – oft unter Rekurs auf die ὅ-ἐστιν-Formel – ins Griechische übertragen. Mindestens das Adressatenpublikum wird also Aramäisch und Hebräisch als Sprachen nicht verstanden haben.[131]
6. *Erklärung jüdischer Traditionen*: Die Erklärung jüdischer Traditionen ist ein schwierig zu handhabendes Kriterium – aus hermeneutischen Gründen wie auch angesichts des mk Textes. Ich beginne mit Letzterem: Im MkEv als jüdisch markierte Bräuche werden z. T. vom Erzähler oder von Erzählfiguren erklärt, z. T. wird ihr Verständnis aber auch vorausgesetzt. Das macht einen in der Sache ambivalenten Eindruck. Zwei Beispiele: In der Sache erklärt wird etwa das Korbaninstitut in Mk 7,11–13; unerklärt und damit als verständlich vorausgesetzt bleibt hingegen etwa die Thematik des Reinigungsopfers nach Aussatz in Mk 1,44, insofern der Text ganz und gar offen lässt, worin ein solches Reinigungsopfer besteht und was Mose nun genau angeordnet hat. Das Adressatenpublikum scheint diese Leerstelle aus seiner kulturellen Enzyklopädie heraus offensichtlich ergänzen zu können.[132] Gewichtiger als der ambivalente Textbefund ist das hermeneutische Hintergrundproblem.[133] Denn die interpretierende Bewertung eines Textdetails als voraussetzungsreich bzw. voraussetzungslos ist nicht immer eindeutig zu handhaben, was die Argumentation mit dem Faktor „Erklärung jüdischer Traditionen“ zu einer im Letzten zweischneidigen Angelegenheit macht. Es gibt nämlich kein festes Kriterium, um eine „Erklärung“ als für ein pagan-christliches Publikum ausreichend und für ein jüdisches Publikum überflüssig zu werten bzw. eine Erzählung als so voraussetzungsreich zu sehen, dass nur ein judenchristliches Publikum den jeweiligen Text verstehen kann.[134] Zwei weitere Beispiele: (1.) Genügt die Erklärung „Sieh, was sie tun an den Sabbaten, was nicht erlaubt ist“ (Mk 2,24), um die Problematik

130 Für „Boanerges“ in Mk 3,17 ist die Etymologie insgesamt unsicher, vgl. R. Buth, Etymology; J. T. Rook, Boanerges; D. Parker, Sons.

131 Über die Sprachkompetenzen des Verfassers ist damit allerdings noch nichts gesagt.

132 Ein ähnlicher Fall liegt mit Mk 13,14 vor. Was der „Gräuel der Verwüstung“ ist, müssen die Leserinnen und Leser, die hier unmittelbar angesprochen werden, sich selbst erschließen, wofür nicht nur atl. Schriftkenntnis (Dan 9,27), sondern auch die Fähigkeit zum Transfer in die Gegenwart nötig sind.

133 Vgl. dazu auch D. Stöckl Ben Ezra, Markus-Evangelium, 183.

134 Zudem operiert dieses Kriterium mit der Voraussetzung, dass wie eine Erklärung wirkende Erzähldetails auch als solche gedacht sind und der Erzähler seine Leser angemessen informieren will. Er könnte – wie bereits beschrieben – den Leser aber auch bewusst in die Irre führen wollen oder den Leser, sofern der Erzähler voraussetzen kann, dass der Leser die Täuschung/falsche Erklärung als solche entlarven kann, bewusst irritieren wollen.

von Mk 2,23 zu verstehen? Ist dabei das Ährenraufen oder das Gehen der Schüler das Problem der Pharisäer? Und kann ein pagan sozialisierter Leser die inhaltliche Fluchtlinie der Perikope Mk 2,23–28 in der vorliegenden Form überhaupt verstehen?[135] (2.) Ist die Paschathematik in Mk 14,1 f.12 für pagane Christen mit erläuternden Erklärungen versehen oder wird doch so voraussetzungsreich erzählt, dass eigentlich nur Judenchristen die Sache verstehen können. Dass hingegen der Rüsttag (auch) Bezeichnung für den Tag vor dem Sabbat ist, müssten Juden wissen; insofern ist das eine tatsächliche Erklärung für Nichtjuden (Mk 15,42).[136] Ist aber etwa „als man das Pascha schlachtete“ (Mk 14,12)[137] oder die Rede vom „Ungesäuerten“ (Mk 14,1.12) auch eine zureichende Erklärung für Nichtjuden? Können Nichtjuden, wenn für sie der Begriff Rüsttag erklärt werden muss, unter den Stichworten „Ungesäuerten“ und „Pascha“, die jeweils gerade nicht näher erläutert werden, etwas verstehen? Das ist letztlich eine Ermessensfrage,[138] die die Handhabung des Kriteriums „Erklärung jüdischer Traditionen“ schwierig macht.

7. *Jüdische Identitätsmerkmale – und ihre wertende Darstellung*:[139] Scheinbar etwas festeren Boden hat man unter den Füßen, wenn man auf Traditionen und kulturell-religiöse Praktiken achtet, die für das Judentum so zentral waren, dass sie zu Identitätsmerkmalen wurden, an denen sich entscheiden konnte, ob man Jüdin/Jude war oder nicht. Neben der Beschneidung sind etwa das Einhalten der Speise- und Reinheitsgebote, der Ehegesetze und wohl auch die Sabbatobservanz zu nennen.[140] Das Thema *Beschneidung* wird im MkEv nicht verhandelt. Allein und ausschließlich aus dieser Beobachtung lässt sich sowohl folgern, dass Beschneidung eine Selbstverständlichkeit ist, wie auch, dass sie für die mk Gemeinde (oder Teile der Gemeinde) keine Rolle mehr spielt oder nie gespielt hat. D.h. allein aus dem Schweigen über die Thematik lässt sich keine Schlussfolgerung ziehen. Im Blick auf die *Ehegesetzgebung* hat das MkEv Mischehen zwischen Juden und Nichtjuden augenscheinlich nicht im Blick. Gleichwohl wird die

135 Ein ähnlicher Fall liegt in Mk 3,1–6 vor.

136 Vgl. P. Dschulnigg, Mk, 407.

137 Diese Erklärung ist in der Sache im Übrigen falsch: Der erste Tag des Festes der Ungesäuerten, der mit „als man das Pascha schlachtete“ erläutert wird, ist der 15. Nisan; die Lämmer werden aber am 14. Nisan geschlachtet. Das ist zwar der Tag, an dem die Ereignisse von Mk 14,12–72 spielen, aber die Bezeichnung als „erster Tag des Festes der Ungesäuerten“ ist irreführend, insofern dieses Fest erst am Abend des 14. Nisan beginnt. Vgl. zu diesem Fehler auch D. Stöckl Ben Ezra, Markus-Evangelium, 188; D. Lührmann, Mk, 235.

138 Für M. Ebner, Markusevangelium, 173, ist etwa Mk 14,12 eine Erklärung, für G. Guttenberger, Ethnizität, 142, ist Mk 14,12 voraussetzungsreich erzählt.

139 Zu den jüdischen Identitätsmarkern vgl. M. Ebner, Rechtfertigungslehre.

140 Vgl. aus jüdischer Sicht: ep Ar 139–142; Jub XXII 16. Aus der paganen Außensicht: Tac., Hist V 5.

Ehegesetzgebung in Mk 10,2–12 thematisiert, wobei Jesus jüdische Scheidungsregeln verschärft, ohne dass diese Verschärfung als eine Annäherung an pagane Plausibilitäten verstanden werden könnte. Vielmehr positioniert er sich in einer innerhalb des Judentums diskutierten Streitfrage.[141] Auch das lässt sich nicht eindeutig für die hier verhandelte Sachfrage auswerten. Ans „Eingemachte" geht es schließlich beim Thema *Sabbatobservanz*. Einschlägig sind hier die Sabbatgeschichten aus Mk 2,23–28; 3,1–6. Dass der mk Jesus am Sabbat eine Synagoge aufsucht, steht in der mk Erzählwelt außer Frage (vgl. Mk 1,21; 3,1 f; 6,2), wird aber eben auch zum Problem, weil er sich inner- und außerhalb der Synagoge für einen Sabbat unangemessen verhält, so der Vorwurf seiner Gegner. In diesem Zusammenhang wird die Sabbatthematik in einer Weise dargestellt, die eine gewisse Ferne zum Judentum vermittelt, denn die in Mk 3,4 formulierte Frage, ob es erlaubt sei, am Sabbat ein Leben zu retten oder zu töten, wird im Horizont der Therapie von Mk 3,1–6, in der es gerade nicht um Lebensgefahr geht,[142] dem jüdischen Diskurs um erlaubte und unerlaubte Tätigkeiten am Sabbat nicht gerecht.[143] Kann für eine rein judenchristliche Gemeinde aber in dieser Weise über jüdische Traditionen geschrieben werden? Das ist zunächst schwer vorstellbar. Ein abschließendes Wort gilt den *Reinheitsvorschriften*, die in Mk 7,1–23 Thema sind. Die Lage ist auf den ersten Blick eindeutig: Die V. 2–5 spitzen einige Reinheitsregeln, die sie zugleich erklären, nicht nur in beinahe spöttischer Form zu, sie sprechen auch undifferenziert[144] und distanzierend von der Praxis „aller Juden". Wenn zudem in Mk 7,19 alle Speisen für rein erklärt werden, wird ein typisches Identitätsmerkmal des Judentums außer Kraft gesetzt. Das „offenbart für Verf. wie Adressaten den Blickwinkel von Außenstehenden"[145], also Nichtjuden oder vollständig hellenisierten Juden. Aber auch in dieser Frage regt sich begründeter exegetischer Widerspruch. Exemplarisch nenne ich W. Stegemann[146] sowie Y.

141 Vgl. P. Dschulnigg, Mk, 268; I. Pollmann, Motive, 172f, die Mk 10,2–12 als einen judenchristlichen Gemeindediskurs versteht.

142 Insofern spitzt V. 4 die therapeutische Wunderhandlung Jesu dramatisch zu und instrumentalisiert sie für den Diskurs über die Reichweite der Sabbatgesetzgebung und die Autorität des Menschensohnes (vgl. 2,28) im Blick auf eine Neubestimmung der Sabbatgesetzgebung.

143 Vgl. dazu M. Ebner, Markusevangelium, 173. Keinerlei Distanzierung will D. Stöckl Ben Ezra, Markus-Evangelium, 191, erkennen: Der mk Jesus bewege sich mit seinem Sabbatverhalten und seiner Interpretation und halachischen Begründung der Sabbatgesetze noch ganz im Rahmen des rabbinischen Judentums.

144 Und gerade deshalb auch sachlich in ihrer Verallgemeinerung falsch, vgl. B. Repschinski, Gesetz, 178.

145 M. Ebner, Markusevangelium, 173.

146 W. Stegemann, Speisegesetze.

Furstenberg,[147] die nachzuweisen versuchen, dass der mk Jesus in keiner Weise die Reinheits- und Speisegebote der Tora aufheben wolle, sondern sich gegen eine zu seiner Zeit neue, von den Pharisäern zusätzlich promulgierte Reinheitsanforderung, eben das Händewaschen vor der Mahlzeit, wehre. Die Pharisäer hätten eine *pagane* Tischetikette in ihr Reinheitssystem übertragen und dabei einen „theologischen" Kategorienfehler gemacht, insofern sie gegen die Tora davon ausgegangen seien, dass koschere Speisen durch unreine Hände verunreinigt werden könnten und so die Mitessenden durch den Kontakt mit von anderen verunreinigten Speisen selbst unrein werden könnten. Dagegen poche der mk Jesus in Mk 7,1–23 auf die Einhaltung der klassischen Torareinheits- und Speisegebote und beziehe mithin gegen eine in ihrer Wurzel pagane, von den Pharisäern neu promulgierte Tradition Stellung. Wenn dem so wäre,[148] dann ließe sich Mk 7,1–23 gerade nicht als entscheidender Beleg für eine pagan-christliche mk Gemeinde auswerten, sondern für das genaue Gegenteil. *Quid nunc*?

Schon ein schneller Blick in die exegetische Forschungslandschaft zeigt, dass auf der Basis all dieser textlichen Phänomene sehr unterschiedliche Schlüsse im Blick auf das religiöse Profil der mk Gemeinde gezogen werden: Während eine rein judenchristliche mk Gemeinde nur selten vertreten wird,[149] finden sich sowohl Exegeten, die für eine vor allem pagan-christliche Gemeinde argumentieren,[150] als auch – und m. E. in jüngster Zeit verstärkt – Bibliker, die von einer „mixed church" ausgehen.[151]

---

147 Y. Furstenberg, Defilement; vgl. auch D. Stöckl Ben Ezra, Markus-Evangelium, 190.

148 Die Grundidee ist ausgesprochen bestechend; unsicher bin ich mir, ob sich auf diese Weise eben auch die (literarkritisch auffallend) nachklappende Bemerkung von Mk 7,19 auf der Ebene des Endtextes, also dem Text der mk Gemeinde, aushebeln lässt. Zum Versuch Mk 7,19 gleichsam „toratreu" in den Kontext einzubinden, vgl. W. Stegemann, Speisegesetze, 44–48.

149 Vgl. aber etwa J. Majoros-Danowski, Elija, 24–35.241; D. Stöckl Ben Ezra, Markus-Evangelium, 186, der pointiert formuliert: „Wie Sprache, Vorstellungswelt u. Theologie erkennen lassen, ist das M. [sc. Markusevangelium, M. L.] ein jüd. Ev., das für Leser geschrieben wurde, die mit jüd. Traditionen u. Institutionen vertraut waren." Und mit Blick auf einen möglichen paganen Hintergrund des MkEv formuliert er weiter: „Der nichtjüd. Hintergrund zum M. ist begrenzt" (191). „Selbst die Möglichkeit von Anspielungen oder Reminiszenzen [sc. auf nichtjüdische Quellen und Realien, M. L.] wird gering eingeschätzt" (192). Diese Deutung scheint mir den herausgearbeiteten Textbefund wie auch den exegetischen Diskurs zum MkEv nicht differenziert genug im Blick zu haben und fällt einseitig im Blick auf die Abrogation paganer Hintergründe für das MkEv aus.

150 So z. B. M. Ebner, Markusevangelium, 172–174; G. Theissen, Testament, 65; E. Schweizer, Mk, 9.

151 U. a. I. Broer, Einleitung, 87 f; C. Jochum-Bortfeld, Widersprüche, 170 f; S. Schreiber, Begleiter, 97; R. Feneberg, Jude; K. M. Schmidt, Wege; G. Guttenberger, Ethnizität, 140–149; H. Omerzu, Geschichte, 78.82 f (Literatur); A. Bedenbender, Botschaft, 89–91.

Eine abschließende Positionierung jenseits der Mittelposition fällt mir schwer. Eine ausschließlich judenchristliche Gemeinde erscheint angesichts der mindestens ambivalenten Darstellung und Erklärung jüdischer Bräuche (ein bleibendes Problem dürfte Mk 7,19 sein) sowie der positiven paganen Erzählfiguren nicht eben wahrscheinlich; eine rein pagan-christliche Gemeinde, die nicht ausschließlich aus den so genannten Gottesfürchtigen[152] besteht, ist mit Blick auf die in die Jesusgeschichte eingewobenen jüdischen Erzählmotive, die z. T. eben nicht erklärt werden, ebenfalls nur bedingt plausibel. Mir scheint in diesem Falle daher die Mittelposition einer gemischten Gemeinde, die, so meine zusätzliche Vermutung, mit jüdischen Synagogalgemeinden im Streit über bestimmte Sachthemen[153] steht und deren pagan-christliche Mitglieder mindestens rudimentär jüdische Traditionen und Gebräuche kennen, am plausibelsten zu sein, da sie eine Vielzahl von Textphänomenen erklären kann und zugleich den eigenwillig ambivalenten Charakter der Darstellung mancher jüdischer Bräuche nicht abrogieren muss. Insofern ermöglicht der Vorwurf, der in Mk 7,2 im Blick auf die Schüler Jesu ausgesprochen wird und der mit G. Guttenberger[154] auf die mk Gemeinde übertragen werden kann, eine Art Schlüssellochblick auf und in die mk Gemeinde: Es sind *einige* seiner Schüler, die mit unreinen Händen essen, also bestimmte Reinheitsregeln nicht einhalten; aber es gibt augenscheinlich auch die anderen innerhalb der Schülergruppe, die sich an diese Reinheitsregeln halten – ein literarischer Fingerzeig auf das Bild einer religionssoziologisch gemischten Gemeinde.

Römische Christengemeinden, die sich aus Juden- und Heidenchristen zusammensetzen, gibt es augenscheinlich schon länger in der Hauptstadt des Imperium Romanum. Ein beredter Zeuge ist in diesem Sinne der Römerbrief des Paulus, der sich an eine oder mehrere derart gemischte Gemeinde/n zu richten scheint.[155] Es wäre daher durchaus zu reflektieren, ob sich das MkEv an die Gemeinde/n in Rom richtet, der bzw. denen bereits der Römerbrief gegolten hat, was mir durchaus möglich erscheint. Wenn dem so wäre und der Verfasser des MkEv den Römerbrief gekannt hat, dann wäre auch zu prüfen, ob es im MkEv ein „Echo" auf den Römerbrief, also Bezugnahmen auf den Brief bzw. seine Thematik, gibt und wie dieses Echo ausfällt.[156] Würde man zudem noch weitere urchristliche Schriften, für die mit guten Gründen eine Entstehung in Rom angenommen wird oder die sich an römische

152 Textliche Spuren von Gottesfürchtigen wie im LkEv oder der Apg finden sich im MkEv augenscheinlich nicht.

153 Etwa: Sabbatobservanz, Reinheitsregeln, Christologie, Verhältnis zum römischen Staat, Lehrkompetenz/-vollmacht im Blick auf die Torainterpretation.

154 G. Guttenberger, Ethnizität, 143.

155 So die plausiblen Überlegungen bei S. Schreiber, Römerbrief, 289–291.

156 Das wird erwogen bei E. K. C. Wong, Evangelien, 47f; J. C. Fenton, Paul; W. R. Telford, Theology, 164–169; J. Marcus, Mk, 73–79; T. Schumacher, Funktion; vgl. jüngst auch die beiden Sammelbände O. Wischmeyer/D. C. Sim/I. J. Elmer, Paul; E.-M. Becker/T. Engberg-Pedersen/M. Müller, Mark.

Christen wenden,[157] in die Überlegungen miteinbeziehen, so ließe sich vielleicht sogar eine Art Theologie- und Gemeindegeschichte für das frühe römische Christentum schreiben,[158] also nachzeichnen, wie das paulinische Erbe aufgegriffen und jeweils adaptiert wurde. Das wäre freilich Stoff für eine andere Arbeit.

Mit diesen Ausführungen zum Profil der mk Gemeinde als einer „mixed church", die die mk Anspielungen auf den Triumphzug durchaus entziffern kann, ist auch bereits implizit einiges über den Verfasser des MkEv gesagt.

5.4 „Markus" – Zum Profil eines urchristlichen Autors

In aller Regel wird der Verfasser des MkEv „Markus" genannt. Dabei gibt es innerhalb des Textes nur einen einzigen Hinweis auf diesen Verfassernamen: die Evangelienüberschrift εὐαγγέλιον κατὰ Μᾶρκον.[159] Bei dieser Überschrift handelt es sich m. E. um einen sekundären Zuwachs zum bereits verfassten und vom Erstadressatenpublikum rezipierten MkEv, der vermutlich im 2. Jh. n. Chr. dem Evangelientext beigefügt wurde.[160] Daher muss man in der Folge konstatieren, dass wir *auf der Basis des Textes* nicht wissen können, wie der Name des eigentlichen Verfassers des Werkes lautete. Das MkEv wurde für uns in dieser Perspektive also von einem Anonymus verfasst. In den Kategorien von Harold Love kommt „Markus" folglich dem am nächsten, was man als *declarative author* bezeichnen kann, der Anonymus hingegen stellt den *executive author* dar.[161]

Diese Beobachtung hat Auswirkungen auf das im Blick auf die Verortungsfrage des MkEv vorgebrachte klassische Argument der altkirchlichen Tradition (s. I 5.2). Denn die sekundäre Zuordnung des MkEv zum Petrusschüler und Dolmetscher Markus,

---

157 Zu denken ist etwa an Hebr, 1 Klem und den Hirt des Hermas.

158 Zu einem solchen Projekt vgl. bereits P. Lampe, Christen.

159 Gegen NA[28] votiere ich auf der Basis der Argumente von M. Hengel, Evangelienüberschriften, 527–531; S. Petersen, Evangelienüberschriften, 253f, für die Langform der Evangelienüberschrift.

160 Für die Argumentation vgl. S. Petersen, Evangelienüberschriften, 267–274; D. Trobisch, Endredaktion, 59f.66–68.75–78; M. Hengel, Evangelienüberschriften, 563f.566f, die allesamt vom sekundären Charakter der Evangelienüberschrift gegenüber dem Evangelientext ausgehen, das Hinzuwachsen der Evangelienüberschriften zu den Evangelien aber sehr unterschiedlich datieren und geistesgeschichtlich verorten. Die von mir genannte Datierung in das 2. Jh. n. Chr. basiert auf D. Trobisch und S. Petersen. Vgl. zur Sache auch C. Heil, Evangelium, 73 mit Anm. 56.

161 Vgl. H. Love, Authorship, 43–46.

die in der frühchristlichen Literatur mehrfach belegt ist[162] und die die eigentlich mehrdeutige Evangelienüberschrift – welcher Markus gemeint ist, wird vom Text des MkEv her überhaupt nicht klar – vereindeutigend interpretiert,[163] könnte zwar noch historische Wirklichkeit spiegeln, wahrscheinlich ist das aber nicht.[164] Denn besagter Markus, nach der Überlieferung der Alten Kirche ein langjähriger Wegbegleiter des Petrus, der – auch aufgrund von 1 Petr 5,13 – eng mit der Stadt Rom (= Babylon) verbunden war, müsste doch, gerade wenn er Petrus begleitet hätte (und vielleicht auch mit dem Johannes Markus von Apg 12,12.25 identisch sein soll), die Geographie Palästinas besser kennen, als es die eigenwillige Topographie des MkEv zeigt.[165] Die erzählte Welt des MkEv spricht nicht für einen mit Palästina vertrauten Petrusbegleiter, genauso wenig wie das mindestens ambivalente Petrusbild, das im MkEv entwickelt wird.[166] Markus hätte dann ein eher distanziertes Verhältnis zu seinem Lehrmeister gehabt, was nicht recht zu den Notizen aus der Alten Kirche zu passen scheint.

Ist es also eher unwahrscheinlich, dass dieser Markus das MkEv verfasst hat, so wird man fragen müssen, warum eine uns unbekannte Instanz – David Trobisch, dem ich hier folge, nennt sie die Endredaktion des christlichen Kanons – wohl im 2. Jh. n. Chr. zwei grundlegende Entscheidungen im Blick auf unseren Text getroffen hat. Nämlich (1.) den Petrusschüler Markus für die Autorschaft einer bereits vorhandenen urchristlichen Jesuserzählung auszuwählen; und (2.) aus dem Fundus vorhandener urchristlicher Jesuserzählungen ausgerechnet den bereits vorhandenen Text des „MkEv“ dieser Person zuzuordnen. Trobischs Thesen über die urchristliche Kanonbildung geben für die erste Frage eine Antwort. Für D. Trobisch, der alle ntl. Angaben über einen Markus zu einer Art Personallegende zusammenzieht und davon ausgeht, dass die Leser der kanonischen Ausgabe ein synthetisches Leseverhalten[167] an den Tag legen, um die Autorenangaben der Evangelienüberschriften aufzuschlüsseln,[168] wird Markus zum Verfasser eines Evangeliums stilisiert, weil er als kanonische Erzählfigur (mit Auftritten in Apg, 1 Petr, Kol, Phlm; 2 Tim) Apostelschüler[169] ist und zugleich zwischen den beiden Antipoden Petrus und Paulus steht

---

162 Eine praktische Zusammenstellung der Texte, die vor allem bei Eusebius überliefert worden sind (Papiasnotiz, Irenäus von Lyon, Klemens von Alexandrien; Origenes, Tertullian), findet sich bei K. Jaroš, Autoren, 52–54.

163 Papias und Irenäus als früheste Zeugen sind dann von dieser sekundären Evangelienüberschrift abhängig. Oder sind sie gar für diese mitverantwortlich?

164 Unsicher ist, ob das MkEv ursprünglich mit einem anderen Autorennamen versehen war, der durch die neue Benennung verdrängt worden und sich auch in frühesten Handschriften nicht erhalten hat, oder ob der Text ohne Namenskennzeichnung geschrieben worden ist. Hingegen ist anzunehmen, dass die mk Gemeinde den Verfasser des Textes namentlich kannte.

165 Zu den geographischen „Fehlern“ im MkEv vgl. I. Broer, Einleitung, 78f; G. Theissen, Testament, 64.

166 Dazu M. Ebner, Schatten.

167 Vgl. D. Trobisch, Endredaktion, 77.

168 Vgl. D. Trobisch, Endredaktion, 75–78.137–139.

169 Das verbürgt gleichsam die Nähe zum normativen Ursprung und ist eine Art Qualitätsausweis für die Erzählung, die im MkEv geboten wird.

(Ausgangspunkt ist Apg 12,12.25), die er damit – verkürzt gesagt – harmonisch[170] verbindet.

Diese pragmatische Funktion der Verfasserzuschreibung „Markus" an den Text des MkEv schränkt nun allerdings den Argumentationswert des Verweises auf die altkirchliche Tradition für eine Verortung in Rom erheblich ein.[171] Denn die aus der altkirchlichen Tradition abgeleitete Rom-Verortung steht und fällt mit der Person des Markus als römischem Petrusschüler. Pointiert formuliert: „Das MkEv stammt aus Rom, weil es von Markus geschrieben wurde, der mit Petrus in Rom war." Wenn das aber eine sekundäre Zuordnung aus dem 2. Jh. n. Chr. ist, die einen funktionalen Gebrauchswert hat, so besagt die „Markus-Verfasserschaft" zunächst gar nichts im Blick auf die Frage nach dem Entstehungsort des MkEv im 1. Jh. n. Chr.[172] Deshalb sollte man nicht unbefangen die altkirchliche Tradition oder gar 1 Petr 5,13 als Argument für den Entstehungsort Rom anführen, wenn man zugleich davon ausgeht, dass der Petrusschüler Markus nicht der Verfasser des MkEv ist.

Hat dann aber der Verweis auf die altkirchliche Tradition überhaupt keinen argumentativen Wert? Mir scheint das im Letzten nicht der Fall zu sein. Denn es ist eben auch zu fragen, warum nun ausgerechnet der Text des MkEv mit der Figur des Markus verknüpft worden ist, der in der Wahrnehmung der Alten Kirche seinerseits ganz besonders eng mit der Stadt Rom verbunden war. Man kann hier gewiss nur spekulieren. So lässt sich zumindest vermuten, dass die Korrelation von Markus und MkEv vielleicht aus lokalen Gründen besonders nahe lag. Das würde bedeuten, dass dem „Römer" Markus eben das Evangelium zugeordnet worden wäre, das selbst nach Rom gehörte und dort beheimatet war: Pointiert gesagt: „Weil das Evangelium in Rom beheimatet ist, deshalb wird es dem „Römer" Markus zugeordnet." Freilich, das ist nicht mehr als eine Hypothese. Will man das Traditionsargument indes „retten" und gleichwohl aus guten Gründen nicht vom Petrusschüler Markus als Verfasser des MkEv ausgehen, dann wird man einen solchen Weg beschreiten müssen, wobei dann die altkirchliche Tradition nur in einer sehr indirekten Weise für Rom als Entstehungsort des MkEv spricht.

Mit der Tradition nenne ich den Verfasser des MkEv, also den *executive author*, weiterhin Markus. Auf der Basis des mk Textes und unter Rekurs auf die Ausführungen im Abschnitt I 5.3 lässt sich über das religiöse Herkunftsprofil des Verfassers in aller Kürze sagen, dass es sich um einen gebildeten Jesusanhänger handelt, der jüdische Traditionen (inkl. der heiligen Schriften Israels in den Varianten der LXX wie augenscheinlich auch des hebräischen/aramäischen Textes[173]) gut bis sehr gut kennt und sich gleichzeitig die Freiheit nimmt, diese

170 Nach D. Trobisch sind die Darstellung von persönlicher Harmonie zwischen den urchristlichen Autoren bei gleichzeitig faktisch vorhandener sachlich-theologischer Pluralität wichtige Leitziele der Endredaktoren des NT (vgl. D. Trobisch, Endredaktion, *passim*).

171 Vgl. auch M. Ebner, Markusevangelium, 169f.

172 So auch P. Vielhauer, Geschichte, 347.

173 Welchen atl. Text das MkEv voraussetzt und durch Zitate oder Allusionen einspielt, lässt sich nicht verallgemeinernd festhalten (vgl. dazu den Forschungsüberblick zur Verwendung atl. Texte im MkEv bei U. Rüsen-Weinhold, Septuagintapsalter, 216–222; vgl.

z. T. in einer sehr eigenen Weise darzustellen. Den palästinischen Raum kennt er nicht aus eigener Anschauung. Er lebt in einer pagan geprägten Welt, in der es freilich jüdische Synagogalgemeinden gibt (vgl. I 5.2). Ob es sich um einen Diasporajuden oder einen Gottesfürchtigen handelt, lässt sich m. E. nicht abschließend entscheiden.[174] Seine Umwelt nimmt der Autor dabei durchaus kritisch wahr.

---

auch D. Stöckl Ben Ezra, Markus-Evangelium, 187). Insofern ist bei den entsprechenden Textstellen jeweils einzeln zu prüfen, welcher AT-Text in welcher Form bzw. Übersetzung zitiert oder eingespielt wird.

174 Zu dieser Kurzcharakterisierung vgl. M. Ebner, Markusevangelium, 169–173; I. Broer, Einleitung, 86–88.

II. Der römische Triumphzug

Nach diesem Anweg will der zweite Hauptteil das Ritual des Triumphzugs gründlich und doch zugleich fokussiert beschreiben, um die für die motivkritische Arbeit zentrale Deutungs- und Hintergrundfolie aufzuarbeiten. Die Fokussierung erfolgt dabei entlang zweier Perspektiven: einer chronologischen wie einer phänomenologischen.

Die Ausführungen erfassen den Triumphzug mit einem angesichts der Datierung des MkEv sinnvollen zeitlichen Schwerpunkt vom Ende der Republik bis in die Anfänge des 2. Jh. n. Chr. Die spätantike Entwicklung des Triumphzugs bleibt dabei genauso unberücksichtigt wie die spezifische Ausprägung des Zuges in republikanischer Zeit oder in der Königszeit und damit in der Frühphase des Triumphes bzw. seiner entwicklungsgeschichtlichen Vorformen. Die Genese[1] des Triumphes wird allein im Horizont der Frage nach der Funktion des Rituals thematisiert.

Im Blick auf die unterschiedlichen Typen von „Triumphzügen“ wird die maritime Variante des Triumphzugs, der *triumphus navalis*,[2] nicht behandelt, weil er für das MkEv als Parallele nicht einschlägig erscheint. Zudem kommen die Triumphzugsvarianten *triumphus in monte albano* sowie die *ovatio* nur am Rande in den Blick.[3] Das Hauptaugenmerk gilt dem so genannten *curulischen* Triumph, der Vollform des Triumphzugs. Dieses Ritual wird gründlich und orientiert am Verlauf der Feier vorgestellt: Wer macht wann was unter Einsatz welcher Instrumente an welchen Orten? Ziel ist also eine deskriptive Präsentation des Triumphes auf der Grundlage von Primärquellen in Text und Bild sowie auf der Basis der Hauptlinien[4] der gegenwärtigen Forschung zum Triumphzug.

---

1 Vgl. nur die sechs Phasen der Triumphzugsentwicklung bei E. Künzl, Triumph, 97; vgl. auch die Überlegungen zu den etruskischen Wurzeln des Triumphes bei H. S. Versnel, Triumphus, 11–55.201–303; vgl. auch M. Beard, Triumph, 305–318.

2 Inwiefern sich der *triumphus navalis* vom curulischen Triumph unterschied, ist weitgehend unklar, vgl. M. Beard, Triumph, 63.

3 Vgl. zu den unterschiedlichen Formen des Triumphes die kurze Charakterisierung bei W. Ehlers, Triumphus, 496f.

4 Es versteht sich von selbst, dass eine Rezeption der historischen und philologischen Forschung zum Triumphzug nicht allen Verästelungen der unterschiedlichen Diskurse folgen kann. Das wäre mit Blick auf das Ziel dieser Arbeit weder angemessen noch leistbar. Zu den grundlegenden monographischen Arbeiten, auf die im Folgenden immer wieder Bezug genommen wird, gehören M. Beard, Triumph (zur antiken und modernen Forschungegeschichte im Blick auf den Triumph vgl. 52–57); T. Itgenshorst, Triumph (vgl. von ihr auch weitere Aufsätze, die ich in dieser Studie rezipiert habe); E. Künzl, Triumph; mit Abstrichen auch H. S. Versnel, Triumphus. Aufgrund der Dichte an Quellenbelegen ist zudem W. Ehlers, Triumphus, noch immer unverzichtbar. Vgl. auch die konzise Forschungsgeschichte bei I.

Dabei wähle ich einen Darstellungsmodus, der zwar immer wieder auf individuelle Triumphzüge zu sprechen kommt, aber insgesamt eine Art „idealen" Triumph beschreibt.[5] Damit ist das zugrunde liegende Ritual[6] gemeint, welches mit jedem Triumphzug neu und jeweils individuell vollzogen wird und das sich aus der Masse von Triumphzügen gleichsam gattungskritisch erschließen lässt. Dieses Grundritual steuert, einer *sozialen Gattung*[7] gleich, die konkreten, durchaus einer Ritualdynamik[8] unterworfenen Aktualisierungen im Rahmen individueller Triumphzüge. Trotz dieser Ritualdynamik müssen Rituale mit gewissen Abweichungen dennoch relativ gleichförmig und ste-

---

Östenberg, World, 2–6, deren Monographie insbesondere für den Bereich der Präsentation von Beute, Bildern, *tituli* usw. im Triumphzug einschlägig ist (vgl. auch die weiteren Aufsätze aus ihrer Feder, die ich im Folgenden ebenfalls breit rezipiert habe).

5 Ähnlich geht J. Rüpke, Domi militiae, 224, vor und beschreibt in aller Kürze einen „idealtypischen" Triumph. Im Vergleich dazu ist der Zugriff auf die Triumphthematik bei D. A. Thomas, Context, 21–60, der innerexegetisch meines Wissens noch immer die breiteste Würdigung und Nutzbarmachung des römischen Triumphes für eine konkrete Analyse ntl. Texte bietet, eher an einem historischen Aufriss orientiert, der einzelnen Kaisern und ihren Triumphen im 1. Jh. n. Chr. nachgeht und dann primär (und in der Sache letztlich verkürzt) nach der Bedeutung der Triumphe fragt.

6 Der Triumphzug wird heute weitgehend als Ritual verstanden, vgl. etwa B. Stollberg-Rilinger, Rituale, 109 (der Triumph wurde „zum bedeutendsten Ereignis der römischen Ritualkultur schlechthin"); T. Itgenshorst, Triumph, 189–193; K.-J. Hölkeskamp, Triumph, 259; J. Rüpke, Religionswissenschaft, 106; J. Rüpke, Statuenrituale, 15; A. T. Georgia, Triumph; M. Beard, Triumph, 58.80–85; J. Schäfer-Schmitt, Funktionalisierung, 301 (der Triumph ist „hochgradig ritualisiert"); R. Brilliant, Triumph, 222 („highly ritualized public display of victor, victim, and victory"); E. Flaig, Politik; I. Östenberg, World, 7.10–12 („the triumph as a ritualized play" [7]); R. Payne, Triumph, 9 (der Triumph „was a sacramental rite"); vgl. auch den Titel des Sammelbands von A. Spalinger/J. Armstrong, Rituals of Triumph, der sich u. a. auch mit dem römischen Triumphzug befasst.

7 Dieses Verständnis des Rituals als sozialer Gattung impliziert zugleich, dass ein solch idealer Triumph eine virtuelle Größe darstellt, die freilich trotz ihrer Virtualität die konkrete Ausgestaltung real vollzogener Triumphzüge steuert, auch wenn möglicherweise kein Triumph dem „idealen Triumph" vollständig entspricht. In eine ähnliche Richtung gehen die Überlegungen bei W. S. Sax, Rituale, 222, der sich gegen eine ontologische Definition des Rituals ausspricht und das Ritual unter Rekurs auf die von Ludwig Wittgenstein geprägte Kategorie der „Familienähnlichkeit" versteht. Das Ritual ist dann eine Klasse von ähnlichen, aber nicht ganz identischen Handlungen. M. E. lässt sich durch den Vergleich der ähnlichen Handlungen auf das hintergründig wirkende Ritual als die konkreten Handlungen steuernde soziale Gattung schließen.

8 Zur Ritualdynamik des Triumphzugs, die eine Rekonstruktion *des* Triumphes schwierig macht, vgl. auch M. Beard, Triumph, 82f. Variable Elemente im Rahmen des Triumphzugs waren vor allem im Rahmen der Beutepräsentation und Leistungsschau vorhanden, so auch S. T. Schipporeit, Wege, 96. Eine hervorstechende Ritualdynamik kann freilich vor allem in diachroner Perspektive die Funktionalität des Rituals auszeichnen, vgl. dazu unter II 4 sowie T. Itgenshorst, Princeps (für die Veränderungen vor allem in der *Funktionalität* und *Bedeutung* [weniger im Blick auf den rituellen Vollzug] des Triumphes im Übergang von Republik zu Prinzipat).

reotyp ablaufen, um als konkretes Ritual von den Beteiligten – und das sind auch die Zuschauer (vgl. II 3.8) – wiedererkannt[9] zu werden, um damit auch *rite* vollzogen zu werden und gerade dadurch ihre intendierte Wirkung[10] zu entfalten. Deshalb lassen sich Triumphzüge auch über den jeweils konkreten Triumphzug hinausgehend in vergleichender Perspektive beschreiben und als im Hintergrund wirkende soziale Gattung[11] (= Ritual), die aber eben gerade nur als virtuelle Größe existiert, erfassen.[12] Das soll hier geschehen, indem ein „idealer" Triumphzug beschrieben wird.[13] Abschließend wird zu fragen sein, welche Elemente des komplexen Rituals Triumphzug, des „idealen Triumphes", Markus und der mk Gemeinde bekannt gewesen sein können, was also durchschnittliche Menschen der Antike über das Ritual des Triumphzugs wussten bzw. wissen konnten (II 7).

---

9 Vgl. G. Neumann, Rituale, 46.

10 Zum Aspekt des *rite* vgl. nur G. Theissen, Rituale, 16.27; B. Stollberg-Rilinger, Rituale, 7f (mit dem schönen Beispiel der „missglückten" ersten Eidesleistung Barack Obamas am 20. Januar 2009: Obama und *Chief Justice* Roberts hatten bei der Zitation der standardisierten Eidesformel das Adverb „faithfully" syntaktisch an die falsche Stelle gesetzt; dieser kleine Fehler im Ablauf des Rituals führte dazu, dass der Eid von Obama am nächsten Tag erneut und korrekt gesprochen wurde: das Ritual muss richtig vollzogen werden, um zweifelsfrei zu wirken, um also aus dem Senator Obama den Präsidenten Obama zu machen). Zur Gleichförmigkeit von Prozessionen vgl. auch H. Beck, Züge, 74. Treffend hält K.-J. Hölkeskamp, Triumph, 260, fest: „Traditionell setzte sich ein solcher Zug [sc. ein Triumphzug, M. L.] aus bestimmten, über die Jahrhunderte weiterentwickelten, aber grundsätzlich feststehenden Elementen und Gruppen von beteiligten Personen zusammen." Ähnlich G. S. Sumi, Triumph, 122 (der Triumphzug „did tend to follow a standard ritual framework"). Zu den strikten Regeln einer Ritualsyntax vgl. nur J. Rüpke, Religionswissenschaft, 99; zur Regelbefolgung in Ritualen vgl. auch G. Theissen, Religion, 172.

11 Dass Rituale Texten gleichen (das impliziert meine Beschreibung des Rituals als sozialer *Gattung*), wird etwa auch bei G. Theissen, Rituale, 30.35, vertreten.

12 Diese Grundvoraussetzung teilen letztlich alle althistorischen Arbeiten, die das Phänomen Triumphzug in allgemeiner Perspektive beschreiben und nicht nur auf einzelne Triumphzüge zu sprechen kommen, um diese zu beschreiben.

13 Eine ganz eigene und andere Frage besteht darin, ob alles, was in den antiken Quellen, die von mir und den Althistorikerinnen und -historikern genutzt werden, über den Triumph erzählt wird, auch die Realität der faktisch gefeierten Triumphzüge trifft. Das wäre im Einzelfall zu entscheiden. Für den hier verhandelten thematischen Zusammenhang ist zunächst entscheidend, dass ich mich (1.) um die Rekonstruktion eines „idealen Triumphes" im Sinne einer Gattung bemühe, und dass (2.) die antiken Quellen, die ich verwende, großteils dem MkEv chronologisch vorausgehen und damit aus Sicht des MkEv, des Markus und seiner Adressaten das Phänomen Triumphzug mitbestimmen. Anders gesagt: Die „story [sc. des Triumphzugs, M. L.] is always in the telling", so M. Beard, Triumph, 41. Die Realität des Triumphes wird auch von den Erzählungen über den Triumph, die nicht immer im Sinne historischer Referentialität verlässlich sind, mitbestimmt. M. Beard bedenkt darüber hinaus ausführlich den Zusammenhang von wissenschaftlicher Triumphzugsrekonstruktion und Quellenlage und sucht über weite Strecken ihrer Monographie bisherige (freilich relative) Forschungskonsense als auf der Basis weniger Quellenbelege beruhende Forschungsmythen zu entlarven (36–41.72–106).

Die Beschreibung des komplexen Rituals „Triumphzug" beginnt mit einem Blick auf das so genannte *ius triumphandi*, d. h. die rechtlichen Voraussetzungen, die es vor dem eigentlichen Triumphzug zu prüfen und durch den Triumphzugsaspiranten zu erfüllen galt (vgl. II 1). Im Zentrum der Darstellung steht freilich der Triumphzug selbst, der im Blick auf die Orte (vgl. II 2), an denen er stattfindet, und seinen konkreten Ablauf, der sich anhand der beteiligten Personen und ihren Handlungen bestimmen lässt, geschildert werden soll (vgl. II 3) – immer in Rückbindung an die Quellen und die in stattlicher Zahl vorhandene althistorische Sekundärliteratur. Die Darstellung wird beschlossen von der Frage nach dem Wesen und den Funktionen eines Triumphzugs, also nach der Pragmatik des Rituals (vgl. II 4).

Vor der Anwendung der so erarbeiteten Vergleichsfolie auf das MkEv im dritten Hauptteil stehen schließlich zwei weitere Teilkapitel: Zum einen sollen Texte aus der Umwelt des NT in den Blick genommen werden, die mit dem Ritual des Triumphzugs literarisch „spielen" und dieses als Motivfeld nutzen, um den Triumph zu metaphorisieren, denen es also nicht um die reine Beschreibung eines konkreten Triumphzugs und seiner Spezifika geht (vgl. II 5). Zum anderen wird die Popularisation im Sinne der Bekanntheit sowie die hohe Spezifik des Rituals im Vergleich zu anderen Formen der *pompa* aufgewiesen (vgl. II 6). Mit diesem komplexen Marschgepäck wenden wir uns dann dem MkEv zu.

1. *Ius triumphandi* – Ein rechtliches Nadelöhr für das Ritual

Der Triumphzug war die wohl größte Ehrung, die ein römischer Feldherr zu seinen Lebzeiten erreichen konnte.[1] Wenig überraschend ist es daher, dass die Feier eines curulischen Triumphes an genaue rechtliche Regelungen und Bedingungen geknüpft war.[2] Denn längst nicht jeder militärische Erfolg berechtigte zum Triumphzug. Systematisiert lassen sich zwei Klassen von Bedingungen unterscheiden:[3] Bedingungen, die sich an der Person des künftigen Triumphators orientieren, und solche, die den Krieg, welcher dem Triumphzug vorausging, betreffen. Die eigentliche rechtliche Hürde, quasi die Überprüfung der Bedingungen, bestand in Verhandlungen mit dem Senat. Schauen wir uns diese Voraussetzungen im Einzelnen an. Dabei versteht es sich von selbst, dass

---

1 Vgl. Liv. XXX 15,12: „Bei den Römern gebe es nichts Großartigeres als den Triumph" [Hillen]; vgl. auch Cic., Brutus, 62: Cicero behandelt hier das Problem der Geschichtsklitterung aufgrund einer überbordenden Panegyrik Verstorbener im Rahmen der *laudatio funebris*. Hier werde vieles genannt, was nicht passiert sei, so Cicero. An erster Stelle und noch vor dem Amt des Konsuls nennt er falsche Triumphe (*falsi triumphi*), die den Ruhm des Verstorbenen und seiner Familie massiv mehren sollen. Ein bewilligter Triumph ist also ein Primärinstrument zur Steigerung von Ehre und Prestige. Vgl. zur Wertung des Triumphes als der höchsten Ehrung im Rahmen römischer Kultur auch E. Künzl, Triumph, 7; T. Hölscher, Provokation, 93; M. Beard, Triumph, 1; H. Beck, Züge, 84; P. J. Holliday, Triumphal Painting, 132; W. Ehlers, Triumphus, 495; E. Flaig, Politik, 32; J. Rüpke, Statuenrituale, 12 („höchste Form formalisierten Prestiges"); R. Payne, Triumph, 18 („Triumph hunting became a major occupation of Roman generals" [79]). T. Itgenshorst, Augustus, 454f, betont, dass es die Triumphzugspolitik des Augustus war, die den Triumph erst zur höchsten, von allen gesuchten Ehre machte – ein politischer Schachzug des Augustus, um seine eigene Herrschaft, die sich auch auf seinem eigenen dreifachen Triumph begründete, abzusichern und das Recht zum Triumph letztlich auf den regierenden Kaiser zu begrenzen. In republikanischer Zeit sei der Triumph, so Itgenshorst, *eine* der größten, aber nicht die von allen Feldherren angestrebte Ehre gewesen.

2 Das ist durchaus typisch für Rituale: G. Theissen, Sakralmahl, 169f, führt aus, dass viele Rituale hierarchische Beziehungen abbilden bzw. schaffen. Weder kann jeder ein Ritual leiten bzw. durchführen noch kann jeder an einem Ritual teilnehmen. In diese Linie einer Hierarchiebegründung bzw. -stabilisierung lassen sich auch die rechtlichen Voraussetzungen für den Triumphzug gut einordnen. Sie begrenzen die Möglichkeit zum Triumph. Dies beinhaltet einen doppelten Vorteil: Das *ius triumphandi* schützt das Gemeinwesen vor überzogenen Forderungen eines Feldherrn: Es gibt auch für Sieger kein natürliches Anrecht auf einen Triumph; das Gemeinwesen ist einem Sieger, der seinen Sieg in höchster Form feiern und zu einem Triumphator werden wollte, also nicht schutzlos ausgeliefert. Gleichzeitig stärken die rechtlichen Anforderungen aber auch die Position des Triumphators. Er hat hohe Vorbedingungen erfüllt und wird zu Recht bzw. nach rechtlicher Prüfung ein „großer Mann" (vgl. dazu unter II 4.4).

3 Einen hilfreichen Gesamtüberblick samt zahlreicher Quellenbelege gibt W. Ehlers, Triumphus, 497–501; vgl. auch M. Beard, Triumph, 199–214.

in der historischen Wirklichkeit immer wieder Ausnahmen von diesen Regeln gemacht wurden und Triumphzüge bewilligt wurden, deren vorausgehender Krieg nicht den Regeln des Triumphrechts entsprochen hat.[4] Die Bewilligung oder Ablehnung eines Triumphzugs war – gerade angesichts der Bedeutung des Rituals – ein zutiefst politisches Geschäft.[5] Die folgende Darstellung ist insofern gewiss idealisiert, spiegelt aber gleichwohl den durch Quellen für das 1. Jh. n. Chr. belegten Bestand von historisch faktischen oder eben auch fiktiven Anforderungen für die Bewilligung eines Triumphzugs wider.

1.1 Ein Ritual nicht für jedermann – Anforderungen an die Person des künftigen Triumphators

Im Blick auf die Person des zukünftigen Triumphators ist das *imperium* eine zentrale Voraussetzung.[6] Nur ein mit *imperium* ausgestatteter Feldherr konnte einen Triumph für einen gewonnenen Krieg beantragen und feiern. Der Antrag des Feldherrn war in der Regel der Ausgangspunkt des ganzen Prozesses. Waren mehrere Feldherrn am Krieg beteiligt, so stach der Träger mit dem höchsten *imperium* die anderen *imperiums*-Träger aus. Beim *imperium* handelt es sich – etwas generalisiert ausgedrückt[7] – um die Amtsgewalt sowie die militärische Befehlsgewalt, die Vollmacht, der obersten römischen Beamten,

---

4 Vgl. dazu T. Itgenshorst, Triumph, 180–188.

5 Vgl. dazu T. C. Brennan, Triumphus, 316–318; vgl. auch M. Beard, Triumph, 190–218.

6 Vgl. W. Eder, Triumph, 837; E. Künzl, Triumph, 30; W. Ehlers, Triumphus, 497f. Dem widerspricht neuerdings T. Itgenshorst, Augustus, 446 Anm. 34, die darauf hinweist, dass Belege für diese Voraussetzung aus republikanischer Zeit fehlen und erst die Triumphalfasten aus augusteischer Zeit einen solchen Eindruck vermitteln würden. Wenn dieser Einwand berechtigt ist, so ist er doch für unseren Kontext von untergeordneter Bedeutung, insofern für das MkEv die Verhältnisse im 1. Jh. n. Chr. entscheidend sind, es also um den kaiserzeitlichen Triumph geht.

7 In den Bereich komplizierter staatsrechtlicher Regelungen gelangt man, wenn die rechtlichen Feineinstellungen in den Blick kommen, die beim Übergang von der Monarchie zur Republik nötig wurden. In der Monarchie wie auch im späteren Prinzipat gibt es letztlich nur eine Person, die über ein ausreichendes *imperium* für einen Triumphzug verfügt: König und Kaiser selbst. In der Republik sind Ämter hingegen mindestens doppelt besetzt (mit Ausnahme des Diktators): Zwei Konsuln haben das gleiche *imperium*. Wer aber erhält den Triumph für einen gemeinsam errungenen Sieg? Vgl. zu diesem Fragekomplex nur H. S. Versnel, Triumphus, 164–195, der sich ausführlich mit dieser Fragestellung im Gefolge der Arbeiten von Theodor Mommsen und Richard Laqueur (vgl. R. Laqueur, Wesen: entscheidend ist das Recht zu den Auspizien) beschäftigt. Vgl. auch den Fall konkurrierender Triumphansprüche eines Prätors und eines Konsuls angesichts eines gemeinsamen Sieges, den Valerius Maximus (Facta et Dicta memorabilia II 8,2) erzählt: Das höhere *imperium* des Konsuls gibt hier den Ausschlag. Für unseren Untersuchungszusammenhang, der uns

die auch das Recht zu den Auspizien beinhaltete.[8] Diese Beamten wurden in republikanischer Zeit von der Volksversammlung gewählt. Das Wesen dessen, was *imperium* meint, ist dabei generell durch die Struktur von Befehl und Gehorsam geprägt. Wer ein *imperium* hat, der kann innerhalb eines bestimmten Rahmens Befehle erteilen, denen andere ohne Wenn und Aber folgen müssen.[9] Der konkrete Inhalt von *imperium* lässt sich dabei im Einzelnen näher differenzieren. Zu den Rechten des Imperiumträgers gehörte: 1. der Oberbefehl über das Heer, 2. die Auslegung von Recht, 3. die Verhaftung von Bürgern, 4. die Bestrafung von Bürgern an Leib und Leben, 5. die Einberufung von Bürgerschaft und Senat und schließlich 6. z. T. auch die Ernennung des Nachfolgers.[10] Äußeres Zeichen des *imperium* war die Begleitung durch eine genau festgelegte, nach Rang gestufte Anzahl von Liktoren. Mit dieser Bedingung ist der Kreis möglicher Triumphatoren von vornherein auf die Spitze der aristokratischen Elite beschränkt.

Im Prinzipat fällt dieses höchste, allen anderen übergeordnete *imperium*, das *imperium proconsulare*, in aller Regel mit der Person des Kaisers zusammen, der seine Vollmacht an andere Beamte in Teilen delegieren kann. Es wird ihm nach wie vor durch den Senat bzw. das Volk verliehen,[11] wenngleich

---

ehedem in die Phase des Prinzipats führt, genügt indes die Feststellung, dass das *imperium* eine zentrale Voraussetzung für die Möglichkeit zum Triumph war.

8 Vgl. J. Bleicken, Verfassung, 98; L. de Libero, Imperium, 955–958; J. Rüpke, Domi militiae, 41–51. In der späten Republik bezeichnet *imperium* die kumulierte Einheit von ziviler und militärischer Gewalt, die ursprünglich getrennt waren. Die militärische Befehlsgewalt, das *imperium militiae*, endete – mindestens für die Gruppe der Promagistrate (Prokonsuln, Proprätoren) – beim Übertritt des Pomeriums, der sakralen Grenze der Stadt. Sie schied zwischen dem *imperium domi* und dem *imperium militiae*. Daher lagerte der Feldherr mit seinen Truppen zumeist auf dem Marsfeld außerhalb des Pomeriums, hätte er doch sein *imperium* und damit auch das Recht zum Triumph beim Übertritt des Pomeriums verloren. Außerhalb des Pomeriums wartete er entsprechend auf einen Senatsbeschluss, der ihm ein außerordentliches *imperium* für die Zeit des Triumphes innerhalb der sakralen Stadtgrenze (*domi*) zubilligte. Vgl. dazu W. Kunkel/R. Wittmann, Staatsordnung, 15–21, bes. 16 Anm. 38; H. Galsterer, Pomerium, 86f; K.-J. Hölkeskamp, Triumph, 262; zum sakralen Hintergrund des Pomeriums J. Rüpke, Religion, 179f; J. Rüpke, Domi militiae, 30–41.

9 Einschlägig ist in dieser Perspektive der ntl. Rezeptionshorizont für das Phänomen *imperium*. Sowohl in Mk 1,27 als auch Lk 7,8 wird nämlich *imperium*/ἐξουσία durch den Zusammenhang von Befehl und Gehorsam näher exemplifiziert (vgl. III 9).

10 A. Rosenberg, Imperium, 1201–1211.

11 Vgl. für Augustus die *Res Gestae*; in RG 1 wird berichtet, dass der Senat Octavian ein *imperium* verliehen hat. Vgl. auch L. Wickert, Princeps, 2270–2273. Für Kaiser Vespasian vgl. das entsprechende Bestallungsgesetz (CIL VI 930; deutscher Text bei H. Freis, Inschriften, Nr. 49) *Lex de imperio Vespasiani* (vermutlich vom 22.12.69): In seinem verlorenen ersten Teil dürfte die Verleihung des *imperium proconsulare* und weiterer Kompetenzen geregelt worden sein (vgl. L. Schumacher, Inschriften, 95f). Da sich der Text als *lex* (Z. 29.34) versteht, erfolgt die Verleihung aller im Text genannten Kompetenzen, die in Form eines

diese Übertragung z. T. nur nachvollzieht, was andernorts bereits entschieden wurde.[12] In aller Regel vollzieht daher der Kaiser den Triumph. Die wenigen Ausnahmen der Kaiserzeit des 1. Jh. n. Chr., bei denen nicht der Kaiser, sondern eine andere Person triumphierte, sind schnell aufgezählt: Tiberius[13] feierte 12 n. Chr. einen Triumph über Pannonien und Dalmatien, Germanicus 17 n. Chr. über Germanien und schließlich Titus 71 n. Chr. über die Juden.[14] Aber auch bei diesen Triumphzügen war der amtierende Kaiser an exponierter Stelle am Triumphzug beteiligt. Beim Triumph des Titus handelt es sich um einen gemeinsamen Triumph mit seinem Vater Vespasian, der während des Einzuges in die Stadt in seiner eigenen Triumphquadriga dem Sohn vorausfuhr. Augustus zwang den Feldherrn Tiberius, seinen Adoptivsohn und Nachfolger, im Triumphzug 12 n. Chr. bevor er zum Kapitol hinauffuhr, die Quadriga zu verlassen und sich vor ihm niederzuwerfen (Suet., Tib 20).[15] Lediglich im Triumphzug des Germanicus hat der amtierende Kaiser Tiberius wohl keine gesonderte Rolle gespielt. Er nahm auf einem Ehrenplatz im Circus Maximus am Triumphzug als Zuschauer teil.[16] Allerdings scheint dem Kaiser der Erfolg seines Adoptivsohns Germanicus nicht behagt zu haben. Kurze Zeit nach dem Triumph wurde er durch den Senat mit einem besonderen *imperium maius* ausgestattet, das sich auf die *transmarinae provinciae* bezog. Damit sind die Provinzen östlich des Hellespont oder der Adria gemeint, jedenfalls weit genug entfernt von Rom. Der aufstrebende Triumphator Germanicus wurde weggelobt.[17] Trotz dieser Ausnahmen,[18] die im Übrigen immer Angehörige des regierenden Kaiserhauses betreffen,[19] zeigt sich also, dass das einzig wahre

---

Senatsbeschlusses aufgelistet werden, sogar durch Volksbeschluss, vgl. A. Pabst, Annäherungen, 131 f.

12 Einschlägig ist wiederum die *Lex de imperio Vespasiani*: In den erhaltenen Z. 29–32 werden Vespasians bereits seit dem 1. Juli 69 getroffenen Entscheidungen, die eines kaiserlichen *imperium* bedurft hätten, nachträglich rechtlich legitimiert. H. Bellen, Geschichte, 79; A. Pabst, Annäherungen, 131 f; L. Schumacher, Inschriften, 95 f.

13 Tiberius konnte bereits am Ende des 1. Jh. v. Chr. eine *ovatio* (9 v. Chr.) sowie einen Triumph über Germanien (7 v. Chr.) feiern.

14 Vgl. E. Künzl, Triumph, 119. J. Engels, Exempla-Reihe, 156 f.

15 Vgl. E. Künzl, Triumph, 122; zur Sache auch T. Itgenshorst, Princeps, 33: „Tiberius war als Triumphator hier nicht Herr des Verfahrens […] er war – selbst als Triumphator – an Rang dem Princeps eindeutig unterlegen."

16 Vgl. E. Pohlmey, Triumph, 51–75, bes. 69.

17 Vgl. W. Eck, Germanicus, 964 f.

18 Eine weitere Ausnahme, die allerdings nur eine *ovatio* betrifft, stellt der Fall des Aulus Plautius dar, der 47 n. Chr. über Britannien ovieren durfte, allerdings in Begleitung des Kaisers Claudius; vgl. I. Östenberg, Conquest, 67 Anm. 69.

19 Vgl. S. T. Schipporeit, Wege, 95; M. Beard, Triumph, 69 f; T. Itgenshorst, Augustus, 438. Der letzte Triumphator, der nicht über eine derart enge Verbindung zum Kaiser verfügte, war der Prokonsul L. Cornelius Balbus, der 19. v. Chr. einen Triumph für seine Feldzüge in Afrika erhielt.

imperium, das zum Triumphzug berechtigte, in der Kaiserzeit dem Kaiser selbst eignet. Er ist der geborene Triumphator.[20]

Soldatische Akklamation zum Imperator: Man wird angesichts der Anforderungen des *ius triumphandi* an die Person des Triumphzugsaspiranten nicht übersehen dürfen, dass spätestens in der Spätphase der Republik *de facto* auch die durch die Truppen des Feldherrn vorgenommene Akklamation ihres Befehlshabers zum Imperator eine Voraussetzung für das Anrecht auf einen Triumphzug geworden ist.[21]

1.2 Ein Ritual nicht für jeden Krieg – Anforderungen im Blick auf den vorhergehenden Krieg

Nicht jeder Krieg berechtigte dazu, einen Triumphzug zu feiern. Ganz abgesehen davon, dass – dies ist sozusagen die basale Vorbedingung – natürlich nur ein in der Wahrnehmung Roms grundsätzlich *gewonnener Krieg* überhaupt die Chance auf einen Triumphzug hatte,[22] sind es im Blick auf den Krieg fünf konkrete Bedingungen, die zur Voraussetzung für das Recht auf einen Triumphzug wurden:

1. ein so genannter *bellum iustum* musste geführt worden sein;
2. die Zahl von 5000 in *einer* Schlacht getöteten feindlichen Kämpfern war zu erreichen;
3. die Zahl der Gefallenen aus den eigenen Reihen durfte nicht zu groß sein;
4. das Herrschaftsgebiet Roms, das Imperium, musste durch den Krieg erweitert worden sein;
5. der Feldherr durfte nicht ohne seine Truppen zurückkehren.

Im Folgenden nehmen wir diese fünf Bedingungen sukzessive in den Blick.

1.2.1 Bellum iustum / ein gerechter Krieg

Kriege sind religiös konnotiert. Das Kriegsglück wurde dabei im Prinzip nur dem zuteil, der die Götter auf seiner Seite wusste. Und natürlich konnten die Götter nur dem *gerechten* Krieger den Sieg verleihen.[23] Als Folge dieser ge-

---

20 Vgl. auch A. Alföldi, Repräsentation, 144; W. Ehlers, Triumphus, 499; J. Rüpke, Domi militiae, 233f; R. Payne, Triumph, 13; M. Beard, Triumph, 70.

21 Vgl. dazu nur J. Rüpke, Domi militiae, 206f; M. Beard, Triumph, 201.

22 Der Triumph konnte trotz eines finalen Sieges sogar verweigert werden, wenn dem Sieg eine Niederlage vorausging. E. Künzl, Triumph, 30.

23 Vgl. dazu etwa Liv. XLIV 1,9–12; Jos., Ant XV 138: „Diejenigen, die die Gerechtigkeit auf ihrer Seite haben, mit jenen ist Gott; wo aber Gott ist, da ist auch Fülle [sc. an Soldaten, M. L.] und Tapferkeit" (eigene Übers.).

danklichen Verbindung entwickelte sich in der Römischen Republik[24] und im Prinzipat[25] die Idee des gerechten Krieges (*bellum iustum*/πόλεμος δίκαιος[26]), der zu einer rechtlichen Voraussetzung für einen Triumphzug wurde.[27]

Freilich ist die Definition eines Krieges als „gerecht" immer Element der späteren Siegergeschichte. Auf der realhistorischen Ebene ist ein *bellum iustum* kaum mehr als eine Fiktion: Selten genügte einer der zum *bellum iustum* erklärten Kriege der im Römischen Reich gängigen Definition für einen solchen gerechten Krieg.[28] Nichtsdestotrotz hat das *bellum iustum* als Rechtsfiktion für den Triumphzug und im militärischen Alltag[29] Bedeutung.

Dabei sind es im Wesentlichen drei Merkmale, die einem Krieg die Eigenschaft „gerecht" verleihen konnten:

(1.) Ein gerechter Krieg verlangte nach einem gerechten Grund (*causa belli*). Als solche Gründe seien exemplarisch genannt:[30] Die Vertreibung von Feinden, die Rache, Vergeltung und Strafe für erlittenes Unrecht, die Abwehr von Angriffen, der Freiheitskampf und auch der Bündnisfall. Der gerechte Grund sorgte dafür, dass die Kriegsschuldfrage immer zu Gunsten Roms ausfiel.

(2.) Ein gerechter Krieg bedurfte einer formalen, ritualisierten Kriegseröffnung. Für dieses Ritual war ein eigenes Priesterkollegium zuständig: die

---

24 Einschlägig für die Phase der Republik: S. Albert, Bellum iustum; zum Konzept des gerechten Krieges insbesondere bei Cicero vgl. A. Keller, Cicero.

25 Einschlägig für die Phase des Prinzipats: M. Mantovani, Bellum iustum.

26 Alternative Formulierungen im Lateinischen sind *arma – telum – pugnare/pius – iustitia*; im Griechischen finden sich alternativ: ὅπλα/ὅσιος – νόμιμος bzw. deren Negationen. Vgl. M. Mantovani, Bellum iustum, XI.

27 Vgl. E. Künzl, Triumph, 30. W. Eder, Triumph, 837. Liv. XXXVIII 47,5 führt aus, dass ein als *ungerecht* deklarierter Krieg ein Grund für die Verweigerung eines Triumphzugs sein kann.

28 Vgl. M. Mantovani, Bellum iustum, IXf.

29 Ein instruktives Beispiel für die motivierende und legitimierende Funktion der Grundidee des *bellum iustum* überliefert Flavius Josephus (Ant XV 127–146): Herodes der Große richtet sich im Blick auf den Krieg gegen die Nabatäer an seine Soldaten. Josephus erzählt, wie Herodes geschickt die Terminologie vom gerechten Krieg, vor allem vom gerechten Grund für den Krieg, nutzt, um seine Soldaten zu ermutigen. Im Ergebnis konstatiert Josephus: „Diese Rede hob den Mut der Juden [für die Schlacht, M. L.] gewaltig" (Ant XV 147 [Clementz]).

30 Vgl. dazu umfassend M. Mantovani, Bellum iustum, 1–59. Im Hintergrund erscheint dabei zumeist die „Fiktion" eines gebrochenen Vertrages zwischen dem Feind und dem römischen Volk.

Fetialen.[31] Der Kriegseröffnungsritus[32] sah vor, dass Mitglieder des Fetialkollegiums zunächst in „diplomatischer" Mission das zukünftige Feindesland aufsuchten und Genugtuung für das erlittene Unrecht verlangten bzw. andere Forderungen erhoben – entsprechend den „gerechten" Gründen für den Krieg (*rerum repetitio*[33]). Nach 33 Tagen, diese Zeitspanne verbrachte der Fetiale – die Forderungen wiederholend – im Land des potentiellen Gegners, kehrte er, sofern den Forderungen von der Gegenseite nicht entsprochen wurde, nach Rom zurück, nicht ohne anzudeuten, dass nun in Rom nach einer anderen Möglichkeit gesucht werde, die eigenen Forderungen durchzusetzen. In Rom wurde dann über Krieg und Frieden beschlossen. Dies war zunächst eine Entscheidung des Volkes bzw. Senates; der rituelle Kriegsbeginn lag indes wiederum bei den Fetialen. Ein Fetiale, der *pater patratus*, warf eine blutige[34] Lanze in das Feindesland und sprach dazu entsprechende Formeln.[35] Wie wichtig den Römern dieser Ritus war, zeigt sich insbesondere, wenn der Blick auf die zahlreichen außeritalischen Kriege fällt. Hier hatte der Fetiale kaum die Möglichkeit, die Lanze in Feindesland zu schleudern. In diesem Fall wurde der Ritus in Rom vollzogen: der Fetiale warf die Lanze in ein Stück Land, welches beim Tempel der Bellona, der römischen Göttin des Krieges, lag und Feindesland symbolisierte.[36] Der Krieg war damit korrekt eröffnet.

(3.) Schließlich musste ein *bellum iustum* entsprechend den Regeln des Kriegsrechts *ordentlich* geführt werden.[37] Dazu gehört zum einen eine möglichst *redliche* Kriegsführung, wobei dies im Einzelfall natürlich Definitions-

---

31 Zur Datierung: Insbesondere in republikanischer Frühzeit waren die Fetialen für den sakralen Rechtsverkehr zwischen den Völkern zuständig (F. Prescendi, Fetiales, 496). Wenngleich sie im Laufe der Jahrhunderte an Bedeutung verloren und der Kriegseröffnungsritus, sofern er überhaupt noch ausgeübt, von Senatoren übernommen wurde, so lebte doch das Ritual als solches im kollektiven Gedächtnis fort und stand zur symbolischen Kommunikation bereit. So war es Octavian selbst, der als Fetialpriester 32 v. Chr. den Krieg gegen Kleopatra nach altem Ritus eröffnete, womit er zugleich seinen Widersacher Antonius zum Reichsfeind deklarierte. Vgl. dazu M. Mantovani, Bellum iustum, 66–70 (mit weiteren Beispielen aus dem Prinzipat); zu Octavian auch K. Latte, Religionsgeschichte, 297. Mit einer „Erfindung" des Rituals samt Rückdatierung in die Vorzeit rechnet J. Rüpke, Religion, 111 f; J. Rüpke, Religionswissenschaft, 100–102.

32 Zum Ritual insgesamt vgl. F. Prescendi, Fetiales, 496 f, und K. Latte, Religionsgeschichte, 121–124. Zu Funktion und Vorgehen der Fetialen vgl. auch die anschauliche Schilderung bei Liv. I 32,5–14.

33 Hinter dieser Wendung (auch: *res repetere*) scheint noch der ursprüngliche Grund für eine kriegerische Auseinandersetzung auf: Geraubte Güter werden zurückgefordert, vgl. K. Latte, Religionsgeschichte, 121; J. Rüpke, Religion, 111.

34 Ob die Lanze nur eine rote Färbung aufweist oder wirklich in Blut getaucht worden ist, ist umstritten, vgl. K. Latte, Religionsgeschichte, 122 Anm. 1.

35 Texte bei Liv. I 32,13.

36 Dazu vgl. K. Latte, Religionsgeschichte, 122 Anm. 3; F. Graf, Bellona, 556; J. Albers, Campus Martius, 202.

37 Vgl. M. Mantovani, Bellum iustum, 70–79.

sache – also allein eine „Frage der Optik“[38] – war. Zur „Redlichkeit“ zählt ferner ein faires, ritterliches Vorgehen, möglichst frei von Tücke und Hinterlist. Zum anderen war es die *Ordentlichkeit* der Kriegsführung, die das Kriegsrecht forderte. Damit ist z. B. der Einsatz nur offizieller Soldaten gemeint, die regulär ausgehoben und klar als Soldaten erkennbar sein sollten. Abgelehnt wurden durch diese Forderung etwa jede Form eines Guerillakrieges oder reine Plünderungs- und Raubzüge.

Nur ein derart begründeter, eröffneter[39] und geführter Krieg, eben ein *bellum iustum*, ermöglichte einen Triumphzug. Damit waren etwa Bürgerkriege,[40] die Niederschlagung von Sklavenaufständen sowie Seeräuberkriege von vornherein nicht triumphwürdig.[41] Ebenfalls nicht für einen Triumph geeignet erschienen Kriege, die in anderer Form gegen das Fetial- oder Kriegsrecht verstoßen hatten. Ein Paradebeispiel dafür überliefert Livius[42] (XXXVIII 44,9–46,15):[43] Der Prokonsul – so der Titel bei Livius – Gnaeus Manlius Vulso kehrte nach aus seiner Sicht erfolgreichem Krieg gegen die keltischen Galater nach Rom zurück (um 188 v. Chr.) und forderte für sich einen Triumph zur Ehre der Götter (44,10). Die Verhandlungen mit dem Senat im Tempel der Bellona zeigen schnell: Der Triumph wird zunächst verweigert. Dabei wird in der Begründung ein ganzes Arsenal an Argumenten aufgeführt: Der Prokonsul habe mit Heimtücke und List (*insidiis, fraude,* XXXVIII 45,2) versucht, den Seleukidenherrscher Antiochos III. gefangen zu nehmen, obwohl es sich doch um Friedensverhandlungen mit Antiochos gehandelt habe. Nachdem diese Festsetzung des Seleukiden misslang und es dem Prokonsul nicht gelungen

38 M. Mantovani, Bellum iustum, 70.

39 Aulus Gellius, Noctes Atticae, V 6,21 nennt noch gegen Ende des 2. Jh. n. Chr. eine Kriegseröffnung, die *non rite* erfolgt sei, als Grund für die Ablehnung eines Triumphzugs.

40 Valerius Maximus, Facta et Dicta memorabilia II 8,7 führt eigens aus, dass gewonnene Bürgerkriege grundsätzlich nicht triumphwürdig waren, „weil diese Siege zwar notwendig, aber doch immer als betrauernswert galten, da sie nicht durch das Vergießen fremden, sondern heimischen Blutes errungen worden waren“ [Blank-Sangmeister].

41 Vgl. E. Künzl, Triumph, 30; M. Mantovani, Bellum iustum, 60; H. S. Versnel, Triumphus, 164–168. Kriege gegen solche Gruppen konnten kein *bellum iustum* sein. Schließlich handelte es sich nicht um einigermaßen klar definierte und organisierte Gemeinwesen, denen man nach Fetialritus den Krieg hätte erklären können, weil man sie als rechtsfähige, und zwar vertragsbrüchige Partner erkannte, sondern um eher lockere, nicht rechtsfähige und letztlich unwürdige Gruppen. Es braucht also ein „Mindestmaß staatlicher Organisation, das der Gegner aufweisen muß“ (J. Rüpke, Domi militiae, 121), um einen evtl. triumphwürdigen gerechten Krieg gegen ihn zu führen.

42 Vgl. zur Darstellung der Triumphzugsthematik bei Livius, insbesondere zu den Verhandlungen zwischen Senat und Triumphzugsaspirant, die grundlegende Studie von M. R. Pelikan Pittenger, Triumphs (zum Fall des Manlius Fulso vgl. 213–230).

43 Dabei ist es für unseren Zusammenhang unerheblich, ob die Erzählung historische Details zuverlässig überliefert oder sich vor allem dem Gestaltungswillen des Livius verdankt. Der Text spiegelt in jedem Fall Aussagen über den Triumphzug, wie sie im 1. Jh. v. und n. Chr. für Livius und sein Publikum plausibel waren.

sei, einen Krieg anzuzetteln, sei er ohne rechte Begründung zu den Galatern weitergezogen und habe dort ohne Senatsbeschluss, ohne Auftrag des Volkes und ohne vorherige Verhandlungen und Forderungen einen Krieg begonnen. Im Ganzen sei dies kein Krieg, sondern ein privater Raubzug (*privatum latrocinium*, XXXVIII 45,7) gewesen, den der Prokonsul obendrein auch noch auf ungünstigem Gelände und zu einem schlechten Zeitpunkt geführt habe. Der Prokonsul hat in der Darstellung des Livius also gegen Redlichkeit und Ordentlichkeit der Kriegsführung, gegen das Fetialrecht und die Forderung nach einem gerechten Grund für den Krieg verstoßen. Wahrlich kein triumphwürdiger Krieg[44] – aber ein gutes Beispiel für die rechtlichen Anforderungen, die an einen Triumph gestellt wurden.

1.2.2 Der Blutzoll des Feindes: Mindestens 5000 Tote

Als weitere Voraussetzung für einen Triumphzug kommt die Zahl von 5000 in einer Schlacht getöteten feindlichen Kämpfern hinzu.[45] Diese Forderung belegt Valerius Maximus. Sein Werk, *Facta et Dicta memorabilia*, gewidmet Kaiser Tiberius (entstanden vermutlich zwischen 27 und 32 n. Chr.)[46] kommt in einem eigenen, für unseren Zusammenhang sehr wichtigen Abschnitt zum Triumphrecht, *de iure triumphandi*, auch auf diesen Sachverhalt zu sprechen. Er schreibt:

---

44 Durch geschicktes politisches Taktieren gelang es dem Prokonsul dann allerdings doch noch, seinen Triumph zu feiern, wenn auch mit einiger zeitlicher Verzögerung.

45 Die Vertreibung von Feinden ohne Blutvergießen berechtigte insofern nicht zum Triumphzug. Vgl. Aulus Gellius, Noctes Atticae V 6,21; Liv. XXXVIII 47,5: Der Forderung des Q. Fabius Labeo nach einem Triumph hielt man entgegen, dass er „den Feind überhaupt nicht gesehen habe" [Hillen]; vgl. auch E. Künzl, Triumph, 30; H. S. Versnel, Triumphus, 167. Das blutige Töten und Zählen von Getöteten fungiert also als „Leistungskriterium" zur Beurteilung von Kriegen, vgl. J. Rüpke, Domi militiae, 248.

46 Zu dieser Spätdatierung vgl. A. Weileder, Valerius Maximus, 26–28; eine mittlere Frühdatierung (frühe Regierungsjahre des Tiberius) mit Diskussion der Alternativen bei A. Themann-Steinke, Valerius Maximus, 17–28. Zur Funktion der Exemplareihe J. Engels, Exempla-Reihe, 159–169: Engels sieht die Funktion der Exemplareihe in einer prinzipatsfreundlichen Propaganda im Sinne der von den Kaisern an den Tag gelegten Tendenz, das Recht zum Triumph soweit einzuschränken, dass es faktisch nur noch dem Kaiser selbst zukommt. Der Verweis des Valerius auf die vielen Beispiele aus der Phase der Republik, in denen es im Wesentlichen auch um eine Begrenzung des Triumphzugsrechts auf wenige gehe, solle zeigen, dass die kaiserliche Politik im Sinne einer Orientierung an den Werten der Alten (*mos maiorum*) legitim ist. Die gegenteilige Funktion der Exemplareihe, also verdeckte Kritik an der kaiserlichen Praxis, sehen F. Goldbeck/P. F. Mittag, Triumph, 56–64, mit den m. E. besseren Argumenten als für Valerius Maximus entscheidend an. In diese Richtung geht auch T. Itgenshorst, Triumph, 180–188, die vermutet, dass Valerius Maximus dem republikanischen Senat und seinen Rechten mit der Konstruktion bzw. Erfindung dieses Triumphrechts „ein Denkmal" setzen will (187).

> Manche Feldherren wünschten, dass ihnen auch für unbedeutendere Gefechte Triumphe zuerkannt würden. Um diesen Einhalt zu gebieten, wurde gesetzlich vorgeschrieben, dass nur der einen Triumph feiern dürfe, der in einer einzigen Schlacht 5000 Feinde getötet habe. Unsere Vorfahren meinten nämlich, dass nicht die Vielzahl, sondern der Glanz der Triumphe das Ansehen unseres Staates mehre.
> Damit aber in seinem Verlangen nach Lorbeer niemand ein so ausgezeichnetes Gesetz umgehen könne, wurde es durch ein zweites Gesetz, das die Volkstribunen L. Marcius und M. Cato einbrachten, abgesichert und gestützt: Es droht nämlich den Feldherrn, die es in ihrem Bericht an den Senat wagen sollten, falsche Angaben über die Zahl der in der Schlacht getöteten Feinde oder der gefallenen Bürger zu machen, Strafe an, und es schreibt den Feldherrn vor, sobald sie die Stadt betreten, vor den städtischen Quästoren zu schwören, dass sie dem Senat beide Zahlen wahrheitsgemäß gemeldet haben (Facta et Dicta memorabilia II 8,1 [Blank-Sangmeister]).

Eine genaue Datierung des ersten Gesetzes, das die Zahl 5000 getöteter Feinde festhält[47] – man wird dieses Gesetz wohl nicht dahingehend verstehen dürfen, dass durch die Hand des Feldherrn selbst die 5000 den Tod gefunden haben müssen –, ist bisher nicht gelungen.[48] Allerdings ist sie für die Fragestellung dieser Arbeit auch unerheblich, insofern mit Valerius Maximus ein Zeuge für dieses Gesetz existiert, der im Blick auf die Entstehungszeit seines Werkes deutlich vor dem MkEv zu datieren ist. Das gilt im Übrigen für alle von Valerius Maximus genannten Regeln, für die aufgrund der funktionalen Darstellungstendenz nicht immer eindeutig geklärt werden kann, inwiefern sie auch für die Zeit der Republik gelten – ein Problem, das in unserem Zusammenhang zu vernachlässigen ist, weil es nicht um eine historische Darstellung des republikanischen Triumphes geht.

---

47 Von dieser Regel berichtet auch Paulus Orosius, Historien V 4,7 mit Blick auf das Jahr 143 v. Chr., ein möglicher *terminus ante quem* für dieses Gesetz.

48 Zu Versuchen einer Datierung nach dem Jahr 181/180 v. Chr. vgl. R. Develin, Tradition, 436 (das Gesetz sei als Reaktion auf einen für die Konsuln Cornelius Cethegus und Baebius Tamphilus bewilligten Triumph zu verstehen, dem im eigentlichen Sinne kein Krieg, sondern nur die Vertreibung von Feinden ohne Blutvergießen vorausging; vgl. Liv. XL 38). Das zweite Gesetz, das den Schwur vor den Quästoren Roms sowie die Strafandrohung beinhaltet, stammt aus dem Jahr 62 v. Chr. Zur gesamten Exemplareihe vgl. J. Engels, Exempla-Reihe, 151–169; F. Goldbeck/P. F. Mittag, Triumph, 55–64; A. Themann-Steinke, Valerius Maximus, 442–483; sehr kritisch im Blick auf den historischen Quellenwert des Valerius Maximus für die republikanische Zeit ist T. Itgenshorst, Triumph, 180–188 (sie hält das Gesetz, das 5000 Tote als Bedingung für einen Triumph festlegt, für ein „Phantom" [188]; das mag im Blick auf die republikanische Zeit richtig sein, mit Valerius Maximus ist das Gesetz aber für die Kaiserzeit belegt – und wenn auch „nur" als Fiktion, aber auch auf historisch greifbare Fiktionen kann man sich literarisch in Form von Anspielungen berufen; vgl. auch die Überlegungen bei M. Beard, Triumph, 209–212).

Objektiv fraglich bleibt im Blick auf diese Mindestforderung außerdem, wie sie im Einzelnen überprüft werden konnte. Römer legen zwar Wert auf eine Bestattung ihrer eigenen Gefallenen, die unmittelbar nach der Schlacht zusammengesucht und in der Regel verbrannt wurden.[49] Es scheint aber unwahrscheinlich zu sein, dass man in diesem Zusammenhang die eigenen Toten und die gefallenen Gegner genau zählte. Vielleicht war ein konkreter Nachweis von Seiten des gesetzgebenden Senats aber auch gar nicht angezielt. Einen Fingerzeig gibt hier der erste Satz des zitierten Abschnitts, der es erlaubt, die Funktion des Gesetzes – seinen Sitz im Leben – in einem anderen Zusammenhang zu verorten. „Manche Feldherren wünschten, dass ihnen auch für unbedeutendere Gefechte Triumphe zuerkannt würden. Um diesen Einhalt zu gebieten [...].“ Es geht um die Abwehr ungerechtfertigter Triumphzugsforderungen seitens einiger Imperiumsträger, um eine Zurückdrängung der Gier „nach Lorbeer“. Das Gesetz ermöglichte es also, auf einer sicheren rechtlichen Basis die Forderung nach einem Triumphzug seitens mancher Feldherren im Gefolge militärisch nur „leichter Geplänkel“[50] effizient auszuhebeln. Ein Rekurs auf das Gesetz mit seinem gerade schwer zu überprüfenden Tatbestand gab dem Senat somit mehr Spielraum bei der Ablehnung von Triumphzugsforderungen.[51]

1.2.3 Der Blutzoll Roms: Ein Maximum gefallener Soldaten?

Aus der eben zitierten Passage des Valerius Maximus, genauer: aus dem zweiten Gesetz, lässt sich zudem entnehmen, dass auch die Zahl der gefallenen Bürger, also von Römern/römischen Soldaten,[52] für die Beurteilung der Triumphwürdigkeit des Krieges von Bedeutung war. Leider nennt Valerius Maximus kein Quorum mit exakten Zahlen, so dass wir nicht wissen, wo gleichsam eine „Schmerzgrenze“ seitens des Senats lag. Deshalb ist nicht sicher, inwiefern das in den Historien des spätantiken Autors Paulus Orosius (V 4,7) überlieferte Beispiel des Konsuls Appius Claudius repräsentativ ist. In der Mitte des 2. Jh. v. Chr. fordert er einen Triumph für seinen Sieg gegen die keltischen Salasser. Dieser Triumph wird ihm mit der Begründung verweigert, dass er vor seinem Sieg – und hier fällt auch die Zahl von 5000 getöteten Feinden – eine große Zahl seiner Soldaten verloren habe (auch bei dieser Gruppe seien 5000 Tote zu beklagen). Aber auch wenn wir keine exakten Zahlen nennen können, so

---

49 Vgl. J. Rüpke, Domi militiae, 202–204.

50 J. Engels, Exempla-Reihe, 159.

51 Vgl. auch die Überlegungen bei M. R. Pelikan Pittenger, Triumphs, 104–114.

52 Wie eng hier der Begriff *civium* zu verstehen ist, ob also nur gefallene Römer mit Bürgerrecht oder allgemein die Zahl der Gefallenen auf römischer Seite – etwa auch von Söldnern in Diensten Roms – eine Rolle spielt, lässt sich nicht entscheiden.

scheint doch die Frage nach den im Kampf gefallenen Römern eine Rolle für die Zuerkennung eines Triumphes gespielt zu haben.

1.2.4 Das Reich mehren

Eine vierte Bedingung im Blick auf den geführten Krieg bestand darin, dass durch den Krieg der Herrschaftsbereich Roms vergrößert werden musste. Eine reine Rückgewinnung ehemals schon römischer Gebiete, die von Feindeshand erobert worden waren, reichte nicht aus, ebenso wenig wie die Unterwerfung von ehemaligen und nun abgefallenen Verbündeten. Auch in diesem Falle ist es Valerius Maximus (II 8,4), der zwei Beispiele von Triumphzugsablehnung durch den Senat auf der Basis eines derartigen Gesetzes nennt: Quintus Fulvius und Lucius Opimius. Dieses Gesetz mag es historisch nicht gegeben haben,[53] aber selbst wenn dem so wäre, so ist es für Valerius Maximus gleichwohl möglich, das Gesetz als (wohl nicht auf Durchschaubarkeit angelegte) Fiktion funktional einzusetzen. Er rechnet damit, dass es von seinem Publikum im 1. Jh. n. Chr. als gewohnter Brauch, als Voraussetzung für die Genehmigung eines Triumphzugs, akzeptiert wird.

1.2.5 Die Truppen heimführen als Zeichen des finalen Sieges

Kehren wir nochmals zur Grundbedingung für einen Triumphzug zurück: dem Ende des Krieges durch römischen Sieg. Zu einem solchen, im Ergebnis erfolgreichen Krieg gehört aus Sicht des Triumphrechts schließlich auch, dass das kriegsführende Heer in Gänze oder doch zumindest große Kontingente[54] der Truppen nach Beendigung des Krieges wieder in die Heimat zurückkehren konnten. Insofern ist auch die Rückführung der Soldaten eine Bedingung für die Gewährung eines Triumphes,[55] zumal sich der Triumph auch als Ritual der Kriegsbeendigung verstehen lässt. Hier zeigt sich am sinnfälligsten die Grundbedingung für einen Triumphzug: ein gewonnener Krieg. Für den abschließenden Sieg über die Feinde, für die Errichtung von *pax Romana*, stehen

53 So U. Lucarelli, Vergangenheit, 272. Bezeugt wird es indes noch in einer zweiten Quelle: beim spätantiken Autor Ammianus Marcellinus (330–395 n. Chr.) in seiner „Römischen Geschichte" (XVI 10,2; XXV 9,9 f). Der Hinweis findet sich bei A. Themann-Steinke, Valerius Maximus, 461, die im Blick auf die historische Infragestellung des Gesetzes weit vorsichtiger ist.

54 Dass Besatzungstruppen zur Sicherung der *pax Romana* im besiegten Land verbleiben konnten, versteht sich von selbst (vgl. etwa Liv. XLV 38,13).

55 Darauf macht A. Themann-Steinke, Valerius Maximus, 464, aufmerksam. Vgl. zudem Liv. XXXIX 29,4 f. J. Rüpke, Domi militiae, 225, schränkt die Geltung dieser Bedingung des Triumphrechts auf die Zeit von 211 v. Chr. bis in die 170/160er Jahre des 1. Jh. v. Chr. ein.

die heimgekehrten Soldaten als sichtbare Zeugen ein. Ohne heimgeführte Soldaten gab es keinen Triumphzug. Das muss auch Marcus Marcellus erleben, als er – in der Darstellung des Livius (XXVI 21,1–13) – aus der Provinz Sizilien zurückkehrt und den Senat um einen Triumph für seine erfolgreiche Kriegsführung ersucht, obwohl eben jener Krieg noch nicht beendet war und er den Befehl über seine Truppen, die in der Provinz verbleiben mussten, an seinen Nachfolger abgeben musste. Nach zähen Verhandlungen wird ihm der Triumph verweigert. Livius schreibt: „Das [sc. die Verweigerung des Triumphes, M. L.] würde nicht so entschieden, wenn der Krieg in seiner Provinz nicht noch weiterginge. Schließlich sei das Heer als Zeuge jedes verdienten und unverdienten Triumphes nicht da" (XXVI 21,4 [Feix]). Am fehlenden Heer erkennt man also den noch ausstehenden Gesamtsieg. Deshalb marschieren in aller Regel auch Abordnungen des siegreichen Heeres im Triumphzug mit.[56]

1.3 Die Überprüfung der Voraussetzungen: Senatsverhandlungen, *Senatus Consultum* – und eine eigenartige Inschrift

Die eigentliche rechtliche Überprüfung der dargestellten Voraussetzungen für den Triumphzug fand im Kontext von Senatsverhandlungen statt.[57] In diesem Zusammenhang lieferte der *Quaestor Urbanus*, vor dem die Feldherren ihre Kriegsleistungen beeiden mussten, seinen Bericht über die vorausgegangenen Kampfhandlungen ab. Es war Aufgabe und Recht des Senats, im Blick auf diesen Bericht und den argumentativ wie rhetorisch ausgefeilten Antrag des Feldherrn einen Triumphzug zuzubilligen oder zu verweigern. Die Verhandlungen des Kandidaten mit dem Senat fanden außerhalb des Pomeriums statt, zumeist im Tempel der Bellona.[58] Beim Übertritt des Pomeriums hätte der Feldherr sein *imperium* verloren und damit auch die Möglichkeit, überhaupt einen Triumph zu beantragen. Damit ergibt sich gleichsam eine mikrolokale Rahmung des Krieges: Denn am Tempel der Bellona nahmen auch die außeritalischen Kriege, sofern sie nach dem Fetialritus korrekt eröffnet worden waren, ihren Ursprung.

Keineswegs ist für die republikanische Zeit davon auszugehen, dass die Verhandlungen mit dem Senat nur eine rein rituelle Schauveranstaltung waren. Vielmehr wurde ergebnisoffen verhandelt.[59] Die rechtlichen Bedingungen, die

56 Vgl. auch E. Flaig, Politik, 37.

57 Zu den Senatsverhandlungen, wie sie im Werk des Livius erzählt werden, vgl. grundlegend auch M. R. Pelikan Pittenger, Triumphs.

58 Vgl. M. Beard, Triumph, 201.

59 Vgl. H. Beck, Züge, 80.

für die Genehmigung eines Triumphzugs zu erfüllen und die zum Teil eben nur schwer überprüfbar waren, gaben dem Senat hier Verhandlungsfreiheit in beide Richtungen.[60]

In Prinzipatszeiten änderte sich dies allerdings. Dem Kaiser konnte man schlecht einen Triumphzug verweigern. Das heißt aber nicht, dass die Anforderungen des *ius triumphandi* einfach eliminiert worden wären oder die Senatszustimmung unnötig geworden wäre. Vielmehr dürften diese Elemente im Sinne der Fiktion einer weiterhin bestehenden Republik in Ehren gehalten worden sein. Es ist in dieser Perspektive alles andere als zufällig, dass Valerius Maximus zu Beginn des 1. Jh. n. Chr. eine Exemplasammlung zum *ius triumphandi* vorlegt. Jetzt bot die zum Teil vage Ausformulierung und schlechte Überprüfbarkeit des Triumphrechts für den Senat immer die Möglichkeit, sich den Wünschen des triumphierenden Kaisers gesichtswahrend zu fügen.

Der enge Zusammenhang von Senatsbeschluss und faktischem Triumphzug auch in der Kaiserzeit hat sich ikonographisch auf Münzen eben dieser Epoche erhalten. Als Beispiel kann eine Münze des Caligula[61] dienen (vgl. Abb. 1), die auf dem Avers eine Triumphquadriga mit dem triumphierenden Germanicus (Triumph über die Germanen 17 n. Chr.), dem Vater des Caligula, und auf dem Revers[62] ein im Vergleich zur restlichen Beischrift überdimensioniert wirkendes S C (*senatus consultum*) zeigen. Die Münzen könnten ausdrücken, dass die Fahrt in der Triumphquadriga, also der Triumphzug des Germanicus, auf der Basis eines Senatsbeschlusses erfolgte und vollauf legitim war.[63]

Verhandlungen über einen Triumphzug in republikanischer Zeit konnten sich entsprechend lange hinziehen. So musste Licinius Lucullus rund drei Jahre (66–63 v. Chr.) auf seinen Triumph über Mithradates warten, ehe dieser endgültig vom Senat genehmigt wurde. Innenpolitische Auseinandersetzungen

60 Vgl. J. Engels, Exempla-Reihe, 153; T. C. Brennan, Triumphus, 318. J. Rüpke, Domi militiae, 239, versteht die Anforderungen des Triumphrechts als „Differenzierungsregeln" für die Triumphverhandlungen – auch angesichts einer mit der Expansion des Imperium Romanum einhergehenden, geradezu inflationären Sieghaftigkeit, die „das Höherlegen der Meßlatte für die Bewilligung eines Triumphzuges" (238) nötig machte.

61 Caligula bemühte sich in den ersten Jahren seiner Herrschaft um ein demonstrativ gutes Verhältnis zum römischen Senat, vgl. A. Winterling, Caligula, 53 f. Die sich immer mehr verstärkende Feindschaft gegenüber Aristokratie und Senat tritt bei Caligula nach den gescheiterten Plänen für einen eigenen Triumphzug sehr offen hervor (A. Winterling, Caligula, 114 f).

62 Das Revers zeigt *in nuce* auch den Grund für den Triumphzug an: Die Rückeroberung verlorener Feldzeichen (konkret wohl ein Legionsadler aus der Varusschlacht) sowie der Sieg über die Germanen (vgl. zum Germanienfeldzug des Germanicus W. Eck, Germanicus, 964).

63 Zur Funktion von SC auf kaiserzeitlichen Bronzemünzen vgl. T. Leidig, Bronzemünzen (SC als „Propagierung der kaiserlichen Herrschaft als nach augusteisch-republikanischem Staatsrecht legitim, indem für die kaiserlichen Ämter und Ehren [...] der sie begründende Senatsbeschluß demonstrativ herausgestellt wird" [67 f]); im Hintergrund steht die Arbeit von K. Kraft, Senatus Consulto.

Abb. 1: Dupondius des Caligula, Rom, 37–41 n. Chr.: Av.: Germanicus steht in der Triumphquadriga nach rechts; Überschrift: GERMANICUS CAESAR; Rv.: Germanicus in Brustpanzer und Tunika nach links stehend, er hebt den rechten Arm und hält im linken Arm einen Legionsadler; Beischrift SIGNIS RECEPT / DEVICTIS GERM sowie beiderseits der Figur S C [Quelle: RIC I^2 57; © Münzkabinett der Staatlichen Museen zu Berlin, Objektnummer: 18205079].

hatten den Triumphzug verhindert.[64] Andere Feldherren schreckten, trotz großer militärischer Erfolge, vor der Beantragung eines Triumphes zurück, weil sie nicht alle Bedingungen für den Triumphzug in Gänze erfüllt hatten.[65] Hier zeigt sich, dass ein erfolgreicher Feldherr nicht automatisch mit einem Triumph rechnen konnte. Neben der prinzipiellen Frage, ob ein Triumph gewährt wird, wurde bei den Verhandlungen auch die finanzielle Seite des Triumphzugs besprochen. Im Klartext: Wer bezahlt das gigantische Spektakel? Zumeist wurden die Kosten von der Staatskasse getragen.[66] Es war aber auch möglich, dass die Finanzierung aus der Kriegsbeute erfolgte oder der Triumphator mit seinem Privatvermögen für die Angelegenheit aufkam.[67] Am Ende der Verhandlungen stand jeweils ein Senatsbeschluss (*senatus consultum*), mit dem der Triumphzug bewilligt oder abgelehnt wurde. Ohne einen positiven Entscheid gab es keinen Triumph.

---

64 Vgl. E. Pohlmey, Triumph, 7; Plut., Lucull 37.

65 Marcus Licinius Crassus wagte es nicht, obwohl er sich als „tüchtiger Feldherr erwiesen“ hatte (Plut., Crass 11,7), einen Triumph zu beantragen und begnügte sich mit einer *ovatio*, weil aus einer Schlacht einige Sklaven entkommen waren, die erst durch Pompeius vernichtet wurden. Pompeius erhielt daraufhin einen Triumph, weil er den Senat auf eben diesen Sachverhalt aufmerksam gemacht hatte. Weitere Beispiele auch bei E. Pohlmey, Triumph, 8–15.

66 Vgl. W. Eder, Triumph, 837.

67 Vgl. E. Künzl, Triumph, 30 f.

Im Falle einer senatorischen Ablehnung der Triumphzugsforderung ergaben sich zwei Möglichkeiten. (1.) Der Senat konnte für den Antragssteller eine *ovatio* genehmigen.[68] Dabei handelt es sich um eine „Light"-Version des Triumphzugs, eine Art Kompromisslösung zwischen triumphwilligem Feldherrn und Senat. Der siegreiche Feldherr ging in diesem Falle zu Fuß oder ritt auf einem Pferd.[69] Die Benutzung der Triumphalquadriga war ihm verboten.[70] Er trug nicht die dem Triumphator vorbehaltene Kleidung, sondern erschien in der *toga praetexta*. Statt eines Lorbeerkranzes hatte er einen Myrtenkranz auf dem Haupt. Sein Zug zum Kapitol – der Zugweg dürfte der eines normalen Triumphes gewesen sein – wurde nicht von Trompeten, sondern von Flöten begleitet. Dem Feldherrn folgten wohl auch keine Soldaten, sondern der Senat.[71] Die *ovatio* glich damit im Ganzen mehr einem unkriegerischen und festlichen Zug.[72] Die Verleihung einer *ovatio* war dann geboten, wenn die Leistungen eines Feldherrn zwar zu ehren waren, der Senat aber gleichwohl keinen Triumph bewilligen wollte, etwa weil die Erfüllung aller Rechtsvoraussetzungen für einen Triumphzug zweifelhaft bzw. zum Teil nicht erfolgt war oder innenpolitisch-strategische Gründe einen Triumph nicht angeraten sein ließen.[73] Auch manche Feldherren entschieden sich aus politischem Kalkül

---

68 Zur *ovatio* vgl. Aulus Gellius, Noctes Atticae V 6,20–27 (mit einer ausführlichen Schilderung der *ovatio* im Vergleich zum curulischen Triumph); Plut., Marc 22; Liv. XXVI 21,5–13; ferner R. Develin, Tradition, 434–436; E. Künzl, Triumph, 100f; F. Goldbeck/P. F. Mittag, Triumph, 64–71; J. Rüpke, Domi militiae, 227f; M. Beard, Triumph, 62f. Eine andere Alternative, einen siegreichen Feldherrn zu ehren, ohne ihm das Recht auf einen Triumphzug zuzusprechen, bestand in der Verleihung der *ornamenta triumphalia*. Worum es sich dabei konkret handelt, ist bis heute ungeklärt. Sicher ist aber, dass die Verleihung der *ornamenta triumphalia* zumeist mit der Errichtung einer Ehrenstatue auf dem Augustusforum verbunden war (vgl. zur Sache T. Itgenshorst, Princeps, 41–43; M. Beard, Triumph, 70; J. B. Meister, Triumphator, 80). Diese Form der Ehrung wurde durch Octavian eingeführt und steht gewiss im Zusammenhang mit der Einschränkung der Triumphzüge auf Angehörige des Kaiserhauses bzw. vor allem die Kaiser selbst. Die *ornamenta triumphalia* waren in diesem Sinne ein Ersatz für vom Feldherrn erfolgreich und eigentlich triumphwürdig geführte Kriege – und insofern in gewissem Sinne eine Art „Trostpreis", auch wenn sie durchaus als prestigeträchtig gelten können (vgl. auch P. Kehne, Augustus, 206; S. T. Schipporeit, Wege, 125f). Über die Zeremonie der Verleihung ist ansonsten nichts bekannt (E. Künzl, Triumph, 119f). Eine dritte Alternative bestand wohl in der Zubilligung eines *triumphus navalis*, so J. Engels, Exempla-Reihe, 153.

69 Vgl. T. Itgenshorst, Princeps, 34.

70 Vgl. W. Ehlers, Triumphus, 503.

71 So Aulus Gellius, Noctes Atticae V 6,27. Als Unterschied zwischen Triumph und *ovatio* auch notiert bei Liv. III 10,4.

72 Vgl. die Bewertung bei Plut., Marc 22,1–4.

73 Plut., Marc 22,1 nennt zwei solcher Gründe: Der Krieg in Sizilien war noch nicht beendet; ein dritter Triumph wurde Marcellus nicht gegönnt.

heraus für diese Form der Ehrung, um geschickt ihre *modestia*/Bescheidenheit zu zeigen.[74]

(2.) Konnte ein Feldherr weder die Senatszustimmung zum Triumph noch das Recht zur *ovatio*[75] erreichen, blieb ihm – sofern er auf eine pompöse Feier nicht verzichten wollte – nur die Möglichkeit, den so genannten *triumphus in monte albano* zu feiern.[76] Dieser Triumphzug, in Anlage und Durchführung dem stadtrömischen Triumph wohl recht ähnlich,[77] bedurfte nicht eines entsprechenden Senatsbeschlusses, ja konnte gegen den ausdrücklichen Willen der Behörden gefeiert werden.[78] Er war ein „Privatvergnügen" des Triumphators, insofern eine Finanzierung durch den Senat oder aus anderen öffentlichen Mitteln nicht erfolgte.[79]

Allerdings sind auch die Triumphatoren der Albaner Berge – wie im Übrigen auch diejenigen Feldherren, denen eine *ovatio* zuerkannt worden war – in die *Triumphalfasten* genannten Inschriften aufgenommen worden und wurden so Teil der erinnerten und schriftlich fixierten Gemeinschaft von Triumphatoren. Das ist angesichts der unterschiedlichen Bewertung der verschiedenen Triumphformen durchaus überraschend und erklärungsbedürftig, weil es nicht zur Senatspolitik in republikanischer Zeit passt.[80] Wozu sollte man Triumph und *ovatio* zunächst differenzieren und manches Triumphzugsansinnen ablehnen, wenn doch im Anschluss eine Art erinnertes Kollektiv von „Triumphatoren" entsteht, das die abgelehnten Triumphzugsaspiranten ausdrücklich einschließt? Eine Erklärung für dieses Phänomen kann die Geschichte der Inschrift selbst liefern.

Als Triumphalfasten bezeichnet man listenartige Inschriften, die auf dem Forum Romanum gefunden wurden und die die Namen der „Triumphatoren"

---

74 Gefährlich hingegen konnte die Ablehnung eines bereits zuerkannten Triumphes für den Feldherrn werden, wenn in ihr Hochmut erkennbar wurde. Ein solcher, historisch wohl fiktiver (vgl. F. Goldbeck/P. F. Mittag, Triumph, 56.62) Fall wird bei Valerius Maximus erzählt, der von der Exilierung des Triumphzugverweigerers spricht (Facta et Dicta memorabilia II 8,3).

75 Umgekehrt gilt, dass es einem Feldherrn unbenommen war, neben der Ehrung durch eine *ovatio* auch noch auf eigene Kosten *in monte albano* zu triumphieren. So macht es etwa Marcus Marcellus, nachdem er für sich keinen Triumphzug erreichen konnte.

76 Zum *triumphus in monte albano* vgl. allgemein T. C. Brennan, Triumphus, 320–329 (nach dem Jahr 172 v. Chr. ist kein solcher Triumph mehr bekannt; er scheint ab der späten Republik nicht mehr eine gangbare Alternative zu Triumph oder *ovatio* gewesen zu sein, was wohl am 172 v. Chr. *in monte albano* triumphierenden Proprätor und Schreiber C. Cicereius lag, in dessen unrühmliche Fußstapfen niemand treten wollte).

77 Freilich mit topographischen Abweichungen. Zielpunkt war aber immerhin auch ein Jupitertempel, der des *Jupiter Latiaris* auf dem *Mons Albanus*.

78 T. C. Brennan, Triumphus, 315.320, nennt den Triumph *in monte albano* nicht ohne Berechtigung eine „protest action" (315) gegen die Triumphvergabepraxis des Senats.

79 Vgl. Liv. XXXIII 23,3.8. Vgl. auch G. S. Sumi, Triumph, 123.

80 Als Auffälligkeit auch notiert bei T. Itgenshorst, Augustus, 445.

(inklusive Filiation, Rang/*imperium*, Datierung des Triumphes, der *ovatio* bzw. des Triumphes *in monte albano* und Nennung des besiegten Gegners[81] sowie einmalig auch der Weihung der *spolia opima*[82]) beginnend bei Romulus (753 v. Chr.) bis zum Jahre 19 v. Chr. (Afrikatriumph des Cornelius Balbus) aufführen. Sie waren zusammen mit den Konsularlisten in den Durchgängen des augusteischen Partherbogens angebracht,[83] der in unmittelbarer Nähe des Divus-Julius-Tempels auf dem Forum stand und an die Wiedergewinnung der 53 v. Chr. von Crassus an die Parther verlorenen römischen Feldzeichen durch Augustus erinnerte.[84] Dieser dreitorige Bogen (vermutlich um 19–16 v. Chr. auf Veranlassung des Senats errichtet, wobei Augustus und seine Parteigänger gewiss Einfluss auf die konkrete Ausgestaltung genommen haben), der nach der archäologischen Rekonstruktion mit 18 Metern Breite und fünf Metern Tiefe eindrucksvolle Ausmaße hatte, trug ein Statuenprogramm, das Augustus in einer Triumphalquadriga zeigte (mittlerer Bogen), flankiert von zwei Parthern, die ihm auf den Seitenbögen die zurückgewonnenen Feldzeichen reichten. Auf einer Reihe von Münzen aus Spanien und Rom hat sich dieses imposante Denkmal erhalten (vgl. Abb. 2 und 3).

Dieser Bogen wurde bei den Triumphzügen ab der augusteischen Zeit gewiss durchschritten,[85] gehörte also mit seinen Triumphalfasten zum Ritualraum. Dabei erinnerte er wie kein anderes Bauwerk im Stadtzentrum an die siegreichen Kriege Roms und die Erfolge römischer Feldherren. Der Bogen summierte sie geradezu, wobei Augustus als sichtbare Krönung und Vollendung aller Triumphe erscheint, wenn er auf der Spitze des Bogens als in Stein verewigter Triumphator steht.

---

81 Diese Auflistung besiegter Gegner führte dem Betrachter die siegreiche Ausdehnung des römischen Reiches eindrucksvoll vor Augen, vgl. T. Itgenshorst, Princeps, 45.

82 Dazu insbesondere M. Spannagel, Exemplaria, 245–252.

83 So S. T. Schipporeit, Wege, 115, auf den sich auch die folgenden Ausführungen zur archäologischen Rekonstruktion des Bogens und zu den Triumphalfasten stützen (113–128). Vorsichtiger im Blick auf Datierung und Verortung der Triumphalfasten ist M. Beard, Triumph, 61–67, bes. 64.

84 Diese Wiedergewinnung war faktisch nicht das Ergebnis kriegerischer Auseinandersetzungen, sondern von Verhandlungen und angedrohtem Einsatz von Militär, vgl. S. T. Schipporeit, Wege, 109.111. Entsprechend hat Augustus auf dieser Basis keinen Triumphzug gefeiert. Gleichwohl ist dieser diplomatische Erfolg in einen militärischen Sieg umgedeutet worden, vgl. Ovid, Fast V 580–594. Und so wird er auch auf dem Bogen dargestellt, vgl. S. T. Schipporeit, Wege, 124; M. Spannagel, Exemplaria, 225–229. Im Blick auf die Umdeutung in einen militärischen Sieg deutlich zurückhaltender hingegen I. Östenberg, Conquest, 59–65.

85 So S. T. Schipporeit, Wege, 128–130; W. Martini, Raum, 83.

Abb. 2: Aureus, Colonia Patricia (Cordoba)? (Hispania), 18–17/16 v. Chr. Av.: Kopf des Augustus nach rechts blickend; Umschrift: S P Q R IMP CAESARI AVG COS XI TRI POT VI; Rv.: Dreitoriger Triumphbogen (= Partherbogen) mit frontaler Quadriga auf Mittelbogen, auf den Seitenbögen Parther, die Augustus einen Legionsadler (rechter Seitenbogen; die Figur trägt in der linken Hand zudem einen nach unten gerichteten Bogen als Zeichen der friedlichen Unterwerfung) und Feldzeichen (linker Seitenbogen) entgegenstrecken; Umschrift: CIVIB ET SIGN MILIT A PART RECVP [Quelle: RIC I^2 135; © Münzkabinett der Staatlichen Museen zu Berlin, Objektnummer: 18202564].

Abb. 3: Denar des L. Vinicius, Rom, 16 v. Chr. Av.: Kopf des Augustus nach rechts blickend; Rv.: Dreitoriger Triumphbogen (= Partherbogen) mit frontaler Quadriga und Inschrift in der zentralen Attika des Mittelbogens: S P Q R IMP CAE, sowie Parthern auf niedrigeren Seitenbögen; Unterschrift: L VINICIUS [Quelle: RIC I^2 359; © American Numismatic Society, http://numismatics.org/collection/1944.100.38331 (26.04.2018)].

Neuere Forschungen[86] zu den Triumphalfasten, die auf den vier Eckpilastern des zentralen Tordurchgangs angebracht waren und auf denen die Namen der Triumphatoren fortlaufend geschrieben standen, können nun mit guten Gründen[87] zeigen, dass diese Inschriften nicht von einem anderen, älteren Bauwerk im Sinne von Spolien auf den neu errichteten Partherbogen übertragen worden sind.[88] Sie sind vielmehr exklusiv für diesen Bogen in einem Arbeitsgang[89] angefertigt worden. Die hier gebotene Zusammenstellung von Triumphatoren ist entsprechend eine „Erfindung" aus augusteischer Zeit.[90] Das heißt nicht, dass die inschriftlichen Daten unhistorisch wären. Die genannten Ereignisse haben *grosso modo* stattgefunden.[91] Neu und unrepublikanisch ist hingegen die Zusammenstellung aller „Triumphatoren" in *einer* Liste. Altes Material wird also neu kombiniert. Dabei sind nun zwei Aspekte äußerst auffällig. (1.) Die Listen präsentieren die Triumphatoren Roms, die Ovierenden und die „Triumphatoren" *in monte albano* zwar durch die präzise Benennung des jeweiligen Ereignisses differenziert, aber doch in *einer* Liste. Hier steht zusammen, was in republikanisch-senatorischer Perspektive ganz und gar nicht zusammengehört.[92] (2.) Die Listen brechen mit Cornelius Balbus nicht einfach ab oder sind nur fragmentarisch überliefert. Sie enden vielmehr bewusst mit ihm. Die Inschrift ist so gearbeitet, dass sie mit diesem Namen beschlossen wird. Für weitere Triumphatoren ist kein Platz vorgesehen. Das zeigen eigens angebrachte

86 Instruktiv S. T. Schipporeit, Wege, 115–128, dem ich hier folge. Vgl. mit leichten Differenzen in der Frage von Datierung und Verortung der Inschrift auch T. Itgenshorst, Augustus, 437–439.443 (die Liste sei zum dreifachen Triumph des Augustus 29 v. Chr. erstmals erstellt und an einem heute unbekannten Ort erstveröffentlicht worden. Im Anschluss sei sie sukzessiv bis zu Balbus [19 v. Chr.] erweitert und dann am Partherbogen abschließend fixiert worden). Itgenshorst folgt hier im Wesentlichen der Arbeit von M. Spannagel, Exemplaria, 235–255. Vgl. zur Sache auch I. Östenberg, Conquest, die allerdings versucht, den triumphatorischen Charakter des Bogens in Abrede zu stellen, was angesichts der Triumphalfasten und des als Triumphator dargestellten Augustus nicht zu überzeugen vermag (vgl. M. Spannagel, Exemplaria, 238 f).

87 Zur Einzelbegründung vgl. S. T. Schipporeit, Wege, 120–124.

88 So aber T. Itgenshorst, Augustus, 437–439.443; M. Spannagel, Exemplaria, 235–255.

89 Das recht gleichmäßige Schriftbild der Inschrift verweist auf eine geringe Zahl beteiligter Steinmetze. Ein sukzessives Wachstum der Liste über ein Jahrzehnt (von 29–19 v. Chr.), wie von T. Itgenshorst, Augustus, 437–439.443, angenommen, ist daher weniger wahrscheinlich (zumindest sofern wir es hier mit dem Original der Inschrift zu tun haben), so S. T. Schipporeit, Wege, 121 f.

90 In dieser grundsätzlichen Datierung sind sich S. T. Schipporeit sowie M. Spannagel, Exemplaria, 249 f, und T. Itgenshorst, Augustus, 437–439.443, bei allen sonstigen Detailunterschieden einig.

91 Vgl. dazu T. Itgenshorst, Augustus, 447 f. Deshalb bleiben die Triumphalfasten eine wichtige Quelle für die Rekonstruktion historischer Prozesse.

92 Das beobachtet auch U. Walter, Kalender, 50: „Was während der Republik ein politisch höchst kontroverses Ritual gewesen war, war nun zu einer chronologischen Aufzählung [...] harmonisiert."

Pickungen an, die das Inschriftenfeld nach der Nennung dieses Triumphes beschließen, obwohl der Stein prinzipiell Raum für eine Erweiterung der Liste geboten hätte.[93] Überboten wird dieses Ende der Liste mit Cornelius Balbus nur noch von Augustus,[94] der im Wortsinne über der Liste als Triumphator auf der Spitze des Bogenmonuments steht. Das ist kaiserliche Bau- und Inschriftenpolitik par excellence.[95] Augustus ist das Ende aller Triumphe:[96] Er rahmt zusammen mit Romulus, dem sagenhaften Gründer Roms, die Liste derer, die triumphiert haben.[97] Dabei steht er selbst nicht als Schlusspunkt am Ende der Liste,[98] er ist vielmehr ihre überragende Krönung,[99] der Abschluss und die

93 Vgl. dazu S. T. Schipporeit, Wege, 117 Abb. 7; 121; T. Itgenshorst, Augustus, 449; M. Spannagel, Exemplaria, 250; U. Walter, Kalender, 48f, spricht davon, dass die Liste „autoritative Vollständigkeit" beanspruche.

94 Nach M. Spannagel, Exemplaria, 249f, und T. Itgenshorst, Augustus, 439.443, sei der dreifache Triumph des Augustus im Jahr 29 v. Chr. der ursprüngliche Abschluss der Liste gewesen. So hätte sich eine schöne Rahmung zum dreifachen Triumph des Romulus zu Beginn der Liste ergeben. Diese These, die sich mit der Schipporeits dahingehend trifft, dass Augustus als Abschluss und Vollendung der Triumphliste gewertet wird (nur ist es bei Schipporeit die Figur des triumphierenden Augustus auf der Spitze des Bogens, die den Abschluss bildet), ist ebenfalls beachtenswert, bringt allerdings die Schwierigkeit mit sich, dass erklärt werden muss, warum Augustus es akzeptiert haben sollte, dass die schöne Symmetrie und die hinter ihr stehende pragmatische Aussage durch eine Erweiterung der Liste bis zu Balbus zerstört wird. Dieser Schönheitsfehler und die gleichmäßige Form der Inschrift sprechen dann doch für die von Schipporeit angenommene Ersterstellung der Liste nach dem Jahr 19 v. Chr., also zur Errichtung des Partherbogens.

95 Zu dieser Inschriftenpolitik vgl. auch G. Alföldy, Augustus. Er zeichnet minutiös nach, wie Augustus das Medium Inschrift als politisches Instrument für seine Zwecke massiv nutzt. Die eher bescheiden anmutende „epigraphische Tradition der römischen Republik wurde innerhalb eines Menschenlebens [sc. das des Augustus, M. L.] durch das abgelöst, was sich als ‚imperiale Epigraphik' bezeichnen läßt" (322). Zur kaiserlichen Baupolitik gehört gewiss auch die Positionierung des Bogens auf dem Forum Romanum in unmittelbarer Nähe zum Divus-Julius-Tempel, von dessen Gottheit her der Triumphator Augustus seine Gottessohnschaft ableitet.

96 Es ist auffällig, dass keiner der Augustus nachfolgenden Kaiser die Liste fortgeführt hat und sich selbst in die Liste einschreiben ließ. Das Ende der Liste mit Balbus wurde also als Abschluss akzeptiert. Das unterscheidet die Triumphalfasten von den Konsularlisten, die ebenfalls am Partherbogen angebracht waren. Diese Liste wurde, nachdem auf dem vorbereiteten Inschriftenfeld kein Platz mehr vorhanden war, rechts daneben einfach weitergeführt, so T. Itgenshorst, Augustus, 438 Anm. 7.

97 Nach S. T. Schipporeit, Wege, 112f, verstand sich Augustus als zweiter Romulus.

98 Er ist aber Teil der Liste, insofern die *ovationes* des Augustus in den Jahren 40 und 36 v. Chr. genannt werden. Der dreifache Triumph des Jahres 29 v. Chr. dürfte ebenfalls Teil der Liste sein, leider sind aber diese Zeilen nicht überliefert. Mindestens die *ovatio* des Jahres 40, die sich auf eine diplomatische Versöhnung mit M. Antonius bezieht – es geht also um ein Bürgerkriegsereignis, das als „Versöhnungveranstaltung" (T. Itgenshorst, Augustus, 444) weder triumph- noch ovatiowürdig war –, erhält durch die Listung einen republikanischen und damit im Blick auf das Triumphrecht legalen Anstrich.

99 Vgl. S. T. Schipporeit, Wege, 127.

Vollendung einer Entwicklung, die mit Romulus ihren Anfang nahm. Mit ihm, so kann man diese Komposition von Bauwerk und Inschrift interpretieren, kommen Ausbreitung und Entwicklung des Imperiums, die bei Romulus ihren Anfang nahmen, an ihren Höhepunkt, der zugleich den Anfang einer neuen Periode des Friedens (*pax Romana*) und der goldenen Zeiten markiert.[100] Und ein zweiter Aspekt: Augustus stutzt durch die Listung die republikanischen Eliten zurecht,[101] indem er die curulischen Triumphatoren mit den Ovierenden und den „Triumphusurpatoren“ der Albaner Berge in der Retrospektive auf eine Stufe in der Erinnerung stellt. Das ist im Letzten ein Sargnagel für die republikanische Elite,[102] für die senatorische Triumphvergabepolitik, die hier geradezu konterkariert wird, ja für die Republik selbst; und es ist ein Manifest für das sich herausbildende Prinzipat. Diese Liste ist Teil einer Entwicklung, die das Recht zum Triumph als einer zunehmend individuellen Siegesfeier zu einem ausschließlich kaiserlichen Privileg macht (vgl. dazu auch II 4.4).[103]

---

100 So interpretiert I. Östenberg, Conquest, 56.68–70, die Triumphalfasten, deren Entstehung ja im unmittelbaren zeitlichen Kontext der Saecularfeiern des Jahres 17 v. Chr. steht, die wiederum eng mit der Idee des goldenen Zeitalters verbunden sind. Für Östenberg ist der Partherbogen vor allem ein Friedensmonument, weil Augustus die Feldzeichen auf diplomatischem und nicht auf kriegerischem Wege zurückgewonnen hat. Im Blick auf Anspielungen des Bogens und der Inschriften auf das goldene Zeitalter vorsichtiger hingegen S. T. Schipporeit, Wege, 124.

101 T. Itgenshorst, Augustus, 446, spricht passend davon, dass die Liste den „Eindruck von Homogenität und Gleichwertigkeit“ vermittelt, „der in keiner Weise der Realität des Rituals in republikanischer Zeit entsprach.“ Vgl. auch J. Rüpke, Statuenrituale, 22.

102 Deshalb ist es auch nicht wahrscheinlich, dass Erstellung und Fixierung der Liste auf Betreiben des Senats erfolgt sind, der ansonsten ja den Bau des Bogens in Auftrag gegeben hat.

103 Vgl. S. T. Schipporeit, Wege, 126.128.

2. Ritualräume: Der Weg der Prozession

Ein curulischer Triumph, die Vollform der *pompa triumphalis*, konnte nur an einem Ort gefeiert werden: in Rom. Hier war der Prozessionsweg des Triumphzugs, der sich auf etwa vier Kilometern Länge durch das Innere der Stadt schlängelte, traditionell vorgegeben.[1] Auf diesem Weg, vom Start bis zum Ziel, vollzog sich das Ritual, ja das Ergehen des Weges war Teil der rituellen Handlung.

Dabei ist mit Wechselwirkungen zwischen dem Ritualraum und dem Ritual selbst zu rechnen. Äußerst auffällig ist in diesem Kontext, dass eine große Zahl von Monumenten, die mit dem Triumphzug verbunden waren (etwa Triumphbögen, aus im Triumphzug mitgeführter Beute errichtete Tempel, Triumphfriese, Ehrenstatuen), im Ritualraum, also am Zugweg, errichtet worden sind.[2] Das ist gewiss kein Zufall. Auf diese Weise konnte bei jedem neuen Triumphzug die Erinnerung an einzelne vergangene, durch das jeweilige Denkmal[3] gleichwohl für die Erinnerung gesicherte Großtaten aktualisiert werden.[4] Ein neuer Triumph wird damit immer auch in die Linie vorausgehender Triumphe

---

1 Von einem vorgegebenen und über die Jahrhunderte im Wesentlichen unveränderten Triumphzugsweg geht W. Martini, Raum, 76 („kanonische Route", 83, die er freilich anders rekonstruiert als etwa Künzl oder Eder), aus. S. T. Schipporeit, Wege, 128–130, diskutiert hingegen die Möglichkeit, dass Augustus (und ihm folgend alle weiteren Kaiser) den Weg des Triumphzugs in seiner finalen Phase auf dem Forum Romanum geändert hat: Er führe entgegen der republikanischen Gewohnheit – zu dieser Zeit passierte der Triumphzug die Regia auf der nördlichen Seite –, nun über das südliche Forum Romanum, wofür die hier errichteten Triumphbauten (vor allem der Partherbogen) sprächen (diese Änderung entspricht im Übrigen der von W. Eder, Triumph, 838–840, grundsätzlich angenommenen Route des Triumphzugs auf dem Forum Romanum). Gewissen Einfluss auf den Weg des Triumphzugs dürfte auch die Ausweitung des Pomeriums durch Kaiser Vespasian (74/75 n. Chr.) gehabt haben – ein Recht, das ihm in der *Lex de imperio Vespasiani* (Z. 14–16) bereits explizit eingeräumt worden war –, obwohl er gerade den Bereich des Marsfeldes von seiner ansonsten recht massiven Erweiterung ausnahm. Dieser Bereich lag weiterhin außerhalb der heiligen Stadtgrenze (vgl. die aufgrund fehlender Legenden nur recht mühsam nutzbaren Karten mit den verschiedenen Wegen bei W. Martini, Raum). Vgl. zu den potentiellen Veränderungen der Triumphzugsroute auch I. Östenberg, Route, 304. Ich beschränke mich in meiner Darstellung allein auf die großen Wegstationen des Triumphzugs. Zu den umstrittenen Details vgl. W. Martini, Raum; S. T. Schipporeit, Wege; E. Künzl, Triumph, 15–19; W. Eder, Triumph, 838–840; M. Beard, Triumph, 92–105.335.

2 Vgl. W. Martini, Raum; J. Albers, Campus Martius, 202–205.

3 Dabei ist ein Triumphbogen ein Paradebeispiel für den Typus der Denkmalarchitektur, die auf die Schau durch Betrachter angelegt ist, sonst aber keinen weiteren baulichen Zweck verfolgt; vgl. C. Höcker, Triumph- und Ehrenbogen, 841.

4 Ähnlich S. T. Schipporeit, Wege, 99. Vgl. allgemein im Blick auf die Zugwege der verschiedenen *pompae* im öffentlichen Raum Roms, der als Gedächtnisort die ruhmreiche Geschichte der Stadt aufrief, H. Beck, Züge, 79.97; K.-J. Hölkeskamp, Triumph, 264–266.

eingebunden, was für den aktuellen Triumphator wie auch für seine Vorgänger ehrenvoll war, aber auch als Ausdruck eines latenten Wettbewerbs um erinnerte Ehre[5] und aktuellen Ruhm verstanden werden kann: Triumphzüge können insofern diachron miteinander konkurrieren.[6] Bei einem Triumphzug wird entsprechend immer auch die ruhmvolle Geschichte Roms und seiner „großen Männer" neu ergangen und damit anamnetisch und vergleichend aktiviert.

Der Triumphzug selbst begann außerhalb des Pomeriums, der rituellen Stadtgrenze, auf dem Campus Martius, also in unmittelbarer Nähe zum Ort der Senatsverhandlungen im Tempel der Bellona. Hier verbrachte der Triumphator die Zeit vor dem Triumphzug (zum genauen Ort s. II 3.2.1.1), hier lagerte auch das Heer (üblicherweise im Circus Flaminius[7]) bis zum Beginn des Zuges. Die Überschreitung des Pomeriums erfolgte durch die *porta triumphalis* (s. II 3.2.2.2). Von dort ging es über das Forum Holitorium und – vermutlich nach einem Abstecher über das nördlich gelegene Velabrum[8] – das Forum Boarium

5 T. Hölscher, Provokation, 88–96, spricht von einem „veritablen Denkmälerkrieg" (88), in dessen Auseinandersetzung um die je größere Ehre auch die Triumphzugsdenkmäler eingebunden sind. Vgl. auch die Überlegungen in T. Hölscher, Transformation; T. Itgenshorst, Triumph, 89–147.

6 Vgl. dazu auch J. Rüpke, Domi militiae, 237–239.

7 Vgl. J. Albers, Campus Martius, 63.

8 W. Martini, Raum, 82–86, rekonstruiert gegen Künzl, Eder u. a. einen Triumphweg, der nach dem Forum Holitorium nicht auf direktem Weg zum Forum Boarium führt, sondern nördlich auf den Vicus Iugarius abbiegt, über das Velabrum (eine Talsenke zwischen Palatin und Kapitol) sowie durch den Tiberiusbogen führt und damit – entlang der Nordseite der Basilica Julia – ein Betreten des Forum Romanum schon vor dem Zug durch den Circus Maximus mit sich bringt. Erst im Anschluss würde der Zug nach Querung des von Martini hier verorteten augusteischen Partherbogens mit seinen Triumphalfasten wieder nach Süden (auf dem Vicus Tuscus) in Richtung Forum Boarium und Circus Maximus abknicken – eine These, die ihre argumentative Kraft daraus zieht, dass sie verschiedene Triumphdenkmäler auf dem südlichen Forum Romanum enger mit dem Zugweg verbindet und die Erwähnung des Velabrum im Kontext der Triumphzüge Julius Caesars und des Pseudo-Triumphes Neros erklären kann (vgl. Suet., Caes 37,2 [wobei die Wendung *Velabrum praetervehens* auch dann noch Sinn ergeben könnte, wenn der Zug geradewegs vom Forum Holitorium zum Forum Boarium und damit am Velabrum vorbei führen würde]; Nero 25,1f [*per Velabrum*]). S. T. Schipporeit, Wege, 103f.128–130, nimmt ebenfalls einen solchen „Abstecher" nach Norden an, geht aber davon aus, dass der Weg noch südlich der Basilica Julia auf den Vicus Tuscus abbog, das Forum Romanum also in dieser Phase noch nicht erreicht wurde. Die auf dem südlichen Forum Romanum gelegenen Triumphzugsdenkmäler (die erst aus der Zeit des Prinzipats stammen), vor allem den Partherbogen, erreicht der Triumphzug freilich dennoch, nämlich in seiner finalen Phase kurz vor dem Aufstieg zum Kapitol. Wieder anders rekonstruiert I. Östenberg, Route, 307–320, den Weg des Triumphes: In ihrer Rekonstruktion wird das Velabrum nicht vor dem Zug durch den Circus Maximus betreten, sondern erst im Anschluss. Im Hintergrund steht ihre Überlegung, dass der Triumphzug den Circus Maximus nicht von West nach Ost durchzog, sondern zwar von Westen den Circus betrat, an seinem östlichen Ende aber umkehrte und wieder durch die westlichen Ausgänge hinauszog.

zum Circus Maximus, der in voller Länge durchzogen wurde (vgl. Abb. 4). Anschließend bog der Zug nach Nordosten ab, umrundete somit gleichsam den Palatin, und bewegte sich in Richtung des Forum Romanum (heute in Richtung des Kolosseums bzw. des konstantinischen Triumphbogens). Etwa in Höhe des Kolosseums bzw. des Konstantins- und Titusbogens drehte der Zug nach Westen ab und bewegte sich zum Forum Romanum bergan. Über die Via Sacra durchzog man das Forum – wobei man (mindestens in der Zeit des Prinzipats) verschiedene Triumphzugsdenkmale querte –, um schließlich zum Jupitertempel auf dem Kapitol aufzusteigen. Hier endete der Triumphzug. Während man sich beim Zugbeginn auf dem Marsfeld juristisch außerhalb Roms, aber in unmittelbarer Nähe des Jupitertempels befand, hatte man am Ende des Zuges die Stadt quasi zu Füßen liegen.[9] Es handelt sich also im eigentlichen Sinne um einen rituell gestalteten und symbolisch aufgeladenen *Einzug* in die Stadt.[10] Der Triumph ist also zunächst und primär eine *Prozession*, die Zurücklegung einer Wegstrecke hinein in die Stadt Rom.

Triumphzug und adventus: Der Triumphzug weist als Einzugsritual,[12] das einen siegreichen Feldherrn von der Stadtgrenze in die Stadt Rom hineinführt, Ähnlichkeiten mit dem Ritual des *adventus* auf, das sich vielleicht aus dem Triumphzug entwickelt hat.[13] *Adventus* meint die rituell gestaltete Ankunft einer bedeutenden Person an den Grenzen einer Stadt: eines Kaisers, Feldherrn, Statthalters, sonstigen hohen Beamten oder Staatsgastes. Ein *adventus* kann sich in jeder Stadt vollziehen. Im Rahmen dieser Studie geht es natürlich um die Ankunft und den Einzug in Rom. Ein solcher *adventus* gibt dem hohen Besucher die Gelegenheit, sich eindrucksvoll in der Öffentlichkeit zu präsentieren, seine Macht und Herrschaft zu demonstrieren; ein *adventus* zeichnet zugleich auch die Besuchten aus, die einer solchen Aufwartung offenkundig würdig erscheinen und die im Rahmen des *adventus* die Gelegenheit haben, in ihrem Sinne Bitten an den Besucher heranzutragen, der während des

---

Das östliche Tor sei überhaupt nicht groß genug gewesen, um einem Triumphzug Durchlass zu bieten. Außerdem hätte die Mittelachse des Circus Maximus die Sicht für die südlich sitzenden Zuschauer auf den nördlich der Achse nach Osten vorbeiziehenden Triumphzug versperrt. Insofern aber der Triumphzug auf Sichtbarkeit angelegt sei, sei es wahrscheinlicher, dass die Prozession dann auch südlich der Mittelachse Richtung Westen verlaufen sei. Erst im Anschluss wäre der Weg über das Velabrum und dann weiter in Richtung Forum Romanum genommen worden. Eine Umrundung des Palatins habe nicht stattgefunden. Das ist eine bestechende These, deren archäologischen Evidenzen im Blick auf die Torbreiten im Osten aber noch näher zu prüfen wären. Zudem gibt es kaum antike Quellen, die für diese Rekonstruktion unmittelbar sprechen würden (das gilt allerdings auch für die in der Forschung mehrheitlich angenommene „Standardroute", der ich hier folge).

9 So E. Künzl, Triumph, 15–19.

10 Einen guten Überblick gibt auch der Artikel von W. Eder, Triumph, 838–840; hilfreich ist aufgrund der Quellenbelege auch W. Ehlers, Triumphus, 501 f.

11 Ähnlich auch M. Beard, Triumph, 101–105.335.

12 Vgl. dazu J. Rüpke, Domi militiae, 226f; D. A. Thomas, Context, 39–42.

13 So auch die Vermutung bei G. S. Sumi, Triumph, 123.

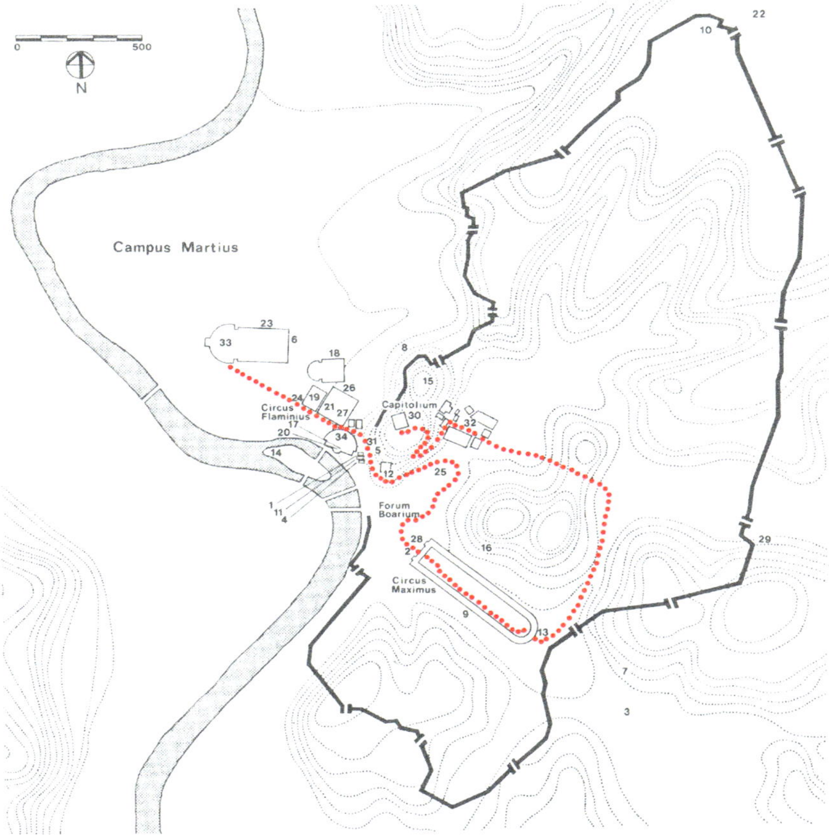

Abb. 4: Der Weg eines Triumphzugs durch Rom mit den wichtigsten Stationen: rot punktiert = der rekonstruierte Zugweg vom Marsfeld zum Kapitol mit dem Abstecher über das Velabrum (bei 25); 30 = Tempel des Jupiter Capitolinus; 32 = Forum Romanum; 34 = Marcellustheater [Quelle: P. J. HOLLIDAY, Triumphal Painting, 132[11] (bearbeitet von C. Sutter)].

adventus ja physisch präsent und ansprechbar ist. Dazu wird die Stadt, die durch den *adventus* geehrt wird, festlich dekoriert, eine mit Blumen und Olivenzweigen ausgestattete Abordnung von Bürgern geht unter Führung der Stadtelite aus der Stadt dem Gast entgegen, begrüßt ihn *extra muros* und geleitet ihn im Rahmen einer Prozession in die Stadt hinein (*introitus*). In der Stadt, vornehmlich im Theater, können dann im Rahmen einer Audienz Akklamationen und Bitten vorgebracht oder Gunsterweise erteilt werden. Ein Opfer für die Götter schloss sich an.[14] Am

14 Zum hier natürlich verkürzt geschilderten Ablauf eines *adventus* vgl. knapp G. S. SUMI, Triumph, 123, sowie die ausführliche Studie zum *adventus* in der Kaiserzeit von J. LEHNEN,

Ende konnten öffentliche Spiele stehen. Ein Beispiel für den *adventus* eines hohen Militärs liefert Flavius Josephus (Bell VII 100–104 [Michel/Bauernfeind]), der über den Besuch des Titus in Antiochia am Orontes erzählt:

> Als aber die Einwohner von Antiochien erfuhren, dass Titus in der Nähe sei, hielt es sie vor Freude nicht mehr hinter den Mauern, und sie eilten ihm mehr als 30 Stadien weit entgegen. Dabei strömten nicht nur die Männer, sondern auch Scharen von Frauen mit Kindern aus der Stadt heraus. Sobald sie aber Titus kommen sahen, stellten sie sich auf beiden Seiten des Weges auf, streckten ihm zur Begrüßung die Hände entgegen und geleiteten ihn dann unter dem Zuruf aller erdenklichen Segenswünsche in die Stadt zurück. Unaufhörlich waren aber alle ihre Glückwünsche von der Bitte begleitet, doch die Juden aus der Stadt zu vertreiben. Nun ging Titus zwar auf diese Bitte überhaupt nicht ein, sondern hörte nur stillschweigend an, was sie sagten; aber da es völlig ungewiss war, was für Gedanken und Absichten er wohl hegen mochte, schwebten die Juden darüber in großer Angst und Pein.

Natürlich lassen sich Triumphzug und *adventus* im Detail unterscheiden. Gleichwohl weisen beide Rituale doch strukturelle und motivische Gemeinsamkeiten auf, die die Rituale mindestens ähnlich erscheinen lassen.[15] Bei beiden Ritualen handelt es sich im Kern um öffentlich inszenierte, von Prachtentfaltung und Machtdemonstrationen geprägte und unter Beteiligung der lokalen Eliten vollzogene Einzüge von Einzelfiguren in Städte. Im Kontext der Untersuchung von Mk 11,1–11 (vgl. III 8) werden wir darauf zurückkommen.

Adventus principis, 105–196.405–407; zum Ritual des *adventus* in der Republik vgl. C. Ronning, Stadteinzüge, 61 f. Eine konzise innerexegetische Aufarbeitung des *adventus* findet sich bei M. Ebner, Spiegelungen, 105–107.

15 So auch E. Künzl, Triumph, 79.106.128f; zur Nähe zwischen *adventus* und Triumph vgl. auch B. Stollberg-Rilinger, Rituale, 108; Gemeinsamkeiten und Unterschiede nennt auch J. Lehnen, Adventus principis, im Fortgang seiner Untersuchung (vgl. z. B. 185).

3. Ritualagenten und die „Liturgie" des Triumphes: Personen, Worte, Instrumente und Taten

Entscheidend für Darstellung und Verständnis eines Rituals sind die rituellen Handlungen und die Ritualagenten. Dabei entscheidet die rituelle Handlung über die konkrete Rolle des jeweils am Ritual beteiligten Ritualagenten. Oder exegetischer gesprochen: Die Zuordnung einer Erzählfigur zu einem Event der Erzählung entscheidet über die Zuweisung einer spezifischen Aktantenrolle an eine Erzählfigur. Da sich Handlung in Wort und Tat auf der einen und Handlungsträger auf der anderen Seite insofern nicht sinnvoll voneinander trennen lassen, sollen diese beiden Hauptebenen des Triumphzugsrituals nun in einem Durchgang vorgestellt werden, wobei ebenfalls die ritualtheoretisch wichtige Ebene der Instrumente und damit auch der Materialität des Rituals in den Blick kommt.

3.1 Die Prozessionsreihenfolge: Wer ist am Triumphzug beteiligt?

Einen guten Überblick über Ritualagenten und rituelle Handlungen gewinnt man zunächst angesichts der Prozessionsreihenfolge, die während der *pompa*, dem Ein- und Umzug der rituell Handelnden in der Stadt Rom, eingehalten wurde.[1] An der Spitze des Prozessionszugs befanden sich Trompeter,[2] die mit ihrem Klang die Rückkehr des siegreichen Feldherrn verkündeten. Ihnen schloss sich die Elite des Staates, Senat und Magistrate, an. Nach dieser ersten Gruppe reihte sich die für das Publikum des Triumphzugs erste spektakuläre Einheit an, die eroberte Beute. Diese Beutegegenstände wurden auf Ferkula genannten Tragegestellen zur Schau gestellt. Zu ihnen gesellten sich eigens angefertigte Bilder vom Feldzug, die im Sinne von Schlachtengemälden die nun im Triumph gefeierten Ereignisse für die römische Bevölkerung sichtbar machten. Dazu gehörten auch Tafeln, die schriftlich die erfolgreichen Ereignisse und besiegten Feldherren fixierten. Statuen der römischen Götter konn-

1 Vgl. dazu die konzise Darstellung bei K.-J. Hölkeskamp, Triumph, 260 f. Dabei handelt es sich gewiss um eine idealisierte Darstellung, d. h. im Einzelfall sind Ausnahmen und Abweichungen in der Reihenfolge oder auch das Fehlen bestimmter Elemente durchaus möglich. Mit leichten Abweichungen im Blick auf das Personal vgl. auch H. Beck, Züge, 82.

2 Zu Trompeten im Triumphzug vgl. auch M. Beard, Triumph, 221.

ten ebenfalls mitgeführt werden. Triumphkränze aus Gold, die dem Feldherrn von Verbündeten oder Besiegten übersandt worden waren, schlossen sich an. Stiere für das Opfer auf dem Kapitol folgten.[3] In gewisser Weise zur Beute gehörten auch die nach den Opfertieren mitgeführten königlichen Gefangenen des unterlegenen Gegners, die im Rahmen des Triumphzugs vorgeführt und z. T. auch hingerichtet wurden. Die Mitte des Zuges bildete die Gruppe um den Triumphator.[4] Ihm unmittelbar voraus gingen seine Liktoren,[5] deren *fasces* zu diesem Anlass sowohl die eigentlich innerhalb des Pomeriums verbotenen Beile enthielten wie auch mit Lorbeer umwickelt waren. Ihnen folgte der Triumphator im Triumphwagen. Mit ihm im Wagen stand ein Staatssklave. Hinter dem Wagen ritten die Offiziere des Heeres, welches der Triumphator zum Sieg geführt hatte. Evtl. durch den Krieg befreite römische Bürger oder Parteigänger Roms folgten auf die militärische Elite.[6] Den Schluss des Zuges markierten die in militärischer Formation und Ordnung, also in Truppeneinheiten, sich bewegenden römischen Soldaten.

Insgesamt führt diese Prozessionsordnung zu einer Dreiteilung der *pompa* (vgl. die Darstellung auf der nächsten Seite). Die erste Gruppe besteht aus der Staatselite und allen Elementen der „Leistungsschau“. Die dritte Gruppe bilden die Offiziere und Mannschaften des Militärs sowie die befreiten Römer. In der Mitte – und durch die zahlenmäßig fraglos größeren Gruppen eins und drei gerahmt – befindet sich der Triumphator mit seinen Liktoren und dem Staatssklaven. Schematisiert ergibt sich damit folgende Prozessionsreihenfolge (die Pfeile markieren die Marschrichtung).

Im Kontext dieser *pompa* – zu Beginn, auf dem Weg und am Ziel – fanden nun verschiedene rituelle Handlungen statt, man könnte auch von Ritualbausteinen, Riten oder in eher gattungstheoretischer Diktion von Motiven sprechen, die in ihrer sequentiellen Gesamtheit – in ihrer Syntax – das Ri-

---

3 Nach Liv. XLV 39,12 laufen diese indes an der Spitze des Zuges.

4 Zum Triumphator als Zentrum und Spiegelachse der Prozessionsreihenfolge vgl. I. Östenberg, World, 263. Der Triumphator trennte dabei *grosso modo* zwischen „den anderen“, den Besiegten und Fremden, die vor ihm gingen (die Staatselite gehörte selbstverständlich nicht zu diesen „anderen“), und den Römern, die ihm nachfolgten.

5 Im Umfeld der Liktorengruppe können sich auch zusätzlich Weihrauchträger aufgehalten haben, darauf machen J. Kügler, Paulus, 160f; G. H. Guthrie, Imagery, 86–88; H. Beck, Züge, 93, aufmerksam.

6 Mit solchen ist freilich nur zu rechnen, wenn dem im Triumph gefeierten Sieg zum einen eine Niederlage vorausging, in der Römer oder mit Rom Verbündete in Gefangenschaft geraten waren, zum anderen diese Niederlage noch nicht allzu lange zurück lag, da sonst die Gefangenen inzwischen verstorben waren oder aber sich in ihre neue Lebenswelt integriert hatten. In diesem Sinne haben es etwa einige der nach der Niederlage des Crassus 53 v. Chr. in das Partherreich Verschleppten entschieden abgelehnt, gut 30 Jahre später dem Ruf des Augustus in die Freiheit und nach Rom – für diese Heimholung von Bürgern und verlorenen Feldzeichen wurde ihm der Partherbogen errichtet – zu folgen. Vgl. M. Spannagel, Exemplaria, 231.235; I. Östenberg, Conquest, 64.

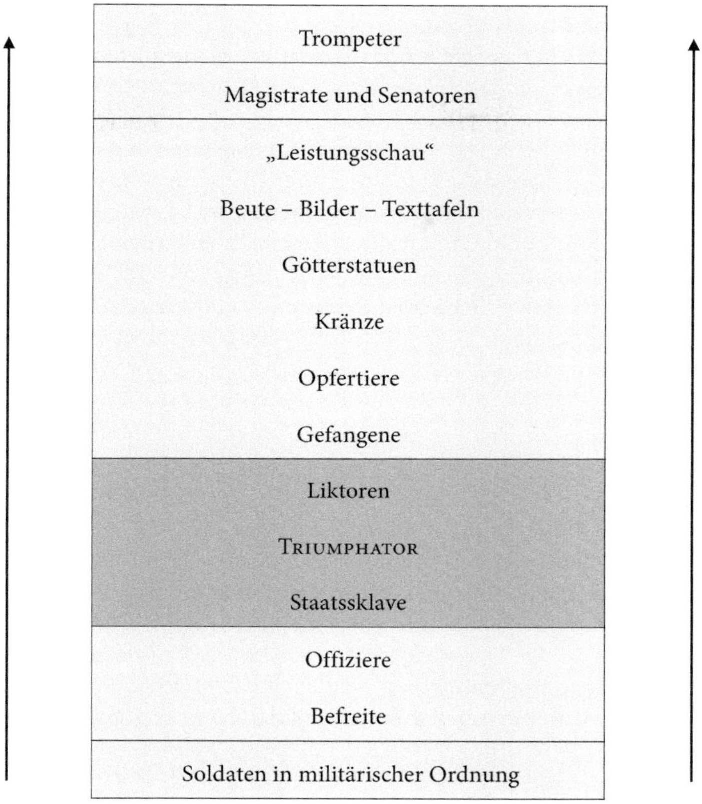

tual Triumphzug ausmachen.[7] Diesen Handlungen nähere ich mich über die sie tragenden Personen, vor allem über die Figur des *Triumphators*. Von den „kleineren" Ritualagenten bespreche ich den *Staatssklaven*, den *Todesboten*, den oder die *königlichen Gefangenen* und die vom Triumphator *Befreiten* – darüber hinaus gehe ich zudem auf die Gruppen *Publikum*, *Soldaten* und römische *Elite* ein. Nicht in den Blick kommen hingegen die Trompeter, die Träger von Beutestücken, Triumphkränzen und Triumphbildern, die Liktoren des Triumphators und die Begleiter der Opfertiere, weil in diesen Fällen das mit der jeweiligen Person verbundene Handlungselement besser über die Zentralfigur des Triumphators eingebunden werden kann. Es ist – um ein Beispiel zu nennen – eben nicht entscheidend, wer die Beute trägt, sondern wer die Beute gemacht hat und sie damit im eigentlichen Sinne als „seine" Beute der Bevölkerung präsentiert. Ebenfalls nicht bzw. nur ganz am Rande thematisiert

7 Vgl. dazu auch knapp die einer strukturalen Semiotik verpflichtete Analyse des Triumphes als „syntagmatische Kette" bei E. FLAIG, Politik, 34f.

werden – wenngleich eine genauere Beschäftigung durchaus reizvoll wäre – die *virtuellen* „göttlichen“ Begleiter des Triumphzugs, die nur in der ikonographischen Repräsentation der Triumphzüge auf Münzen oder Reliefs sichtbar werden: etwa Virtus, Honos oder Victoria.

Bevor die differenzierte Darstellung der Ritualagenten beginnt, kann noch eine grundlegend gemeinsame Handlung aller Ritualagenten (mit Ausnahme des Publikums) festgehalten werden: die gemeinsame Bewältigung einer *Wegstrecke*, deren Zielpunkt indes nicht alle erreichen. Ebenso gemeinsam ist allen, dass jeder am Triumphzug Beteiligte – mit Ausnahme des Publikums, der mitgeführten Gefangenen sowie der Befreiten – einen Kranz auf dem Kopf trägt.[8] Freilich unterscheiden sich diese Kranzarten erheblich.

3.2 Der Triumphator

In den folgenden Unterkapiteln werden alle wesentlichen Aspekte des Triumphzugs dargestellt, die sich unmittelbar an der Person des Triumphators festmachen lassen. Weitere Aspekte, die freilich auch mittelbar mit dem Triumphator in Verbindung stehen, nenne ich bei den Personen, die den betreffenden Handlungsaspekt in der Hauptsache tragen. Um die Präsentation innerhalb dieses Teilkapitels zu systematisieren, wähle ich eine topographisch-chronologische Grundstruktur, die sich der Einteilung des Triumphzugs in drei Phasen verdankt:

1. die Vorbereitungen vor dem Abmarsch der Prozession, die in der Nacht und am Morgen außerhalb des Pomeriums stattfinden;
2. diejenigen Bausteine des Rituals, die auf dem Weg zu verorten sind;
3. die finalen rituellen Handlungen, die sich auf dem Kapitol vollziehen.

3.2.1 Auf dem Marsfeld

Vor dem Beginn des eigentlichen Ein- und Umzugs in und durch die Stadt Rom stand nicht nur der Krieg, dessen Triumphwürdigkeit in den Senatsverhandlungen geprüft wurde. Vor dem Beginn des Zuges im Sinne des Prozessionsbeginns standen einige rituelle Handlungen, die selbst schon Teil des Triumphzugs sind, wenngleich sie eben vor dem Beginn der *pompa* standen. Sie vollzogen sich in der Nacht vor dem Triumphzug und am frühen Morgen des Triumphzugs und waren sämtlich auf dem Marsfeld lokalisiert. Höhepunkt

---

8 So B. Bergmann, Kranz, 40.95.

waren dabei gewiss der Kleiderwechsel sowie die sonstige Ausstattung des Feldherrn mit den Insignien des Triumphators.

3.2.1.1 Die Nacht auf dem Marsfeld und der Auftakt am frühen Morgen

Die Nacht vor dem Triumphzug verbrachte der Feldherr gemeinsam mit seinen Soldaten auf dem Marsfeld, also außerhalb des Pomeriums. Das gilt für Republik wie Kaiserzeit und entspricht den Anforderungen des *ius triumphandi*. Flavius Josephus hält diese Nacht auf dem Marsfeld für die Flavier eigens fest, wenngleich seine Beschreibung des genauen Übernachtungsortes undeutlich bleibt[9] (Bell VII 123 f [Michel/Bauernfeind]):

> Es war noch dunkle Nacht, als bereits das ganze Heer in Reih und Glied unter seinen Offizieren ausgerückt war und um die Tore[10] (περὶ θύρας ὄντος) stand, und zwar nicht um die des oberen Palastes, sondern um die in der Nähe des Isistempels, denn dort[11] hatten die Feldherrn während jener Nacht geruht (ἐκεῖ γὰρ ἀνεπαύοντο τῆς νυκτὸς ἐκείνης οἱ αὐτοκράτορες).

Selbstverständlich schlief der designierte Triumphator auf dem Marsfeld nicht in einem Mannschaftsquartier. Für ihn standen exklusivere Lokalitäten zur Verfügung. Zwei Typen lassen sich unterscheiden: das Feldherrenzelt und die *villa publica*.

In frührepublikanischer Zeit wird es auf dem Marsfeld jeweils eine Art Feldlager gegeben haben, in dem auch der designierte Triumphator nächtigte. Der dafür angemessene Ort war das in solchen Lagern stets vorhandene Feldherrenzelt. Es wird Prätorium genannt (s. Abb. 5 Nr. 2).[12]

Zum Begriff Prätorium:[13] Der Begriff Prätorium kann in der römischen Antike eine Reihe unterschiedlicher Realitäten bezeichnen. Mit einer Ausnahme handelt es sich stets um ein Gebäude bzw. eine Behausung, wie eben ein mehr oder minder mobiles Feldherrenzelt. Im Einzelnen meint Prätorium:

- das Feldherrenzelt in einem römischen Feldlager bzw. das eher villenartige Wohnhaus des Legionskommandeurs in einem fixen Legionslager oder das einfacher

9 Zu den Schwierigkeiten der genauen Lokalisierung, vor die der Text des Josephus stellt, vgl. H. Schwier, Tempel, 318–321.

10 Tore meint hier die Eingangstore zu einem Gebäude und nicht freistehende Tore (= πύλη; vgl. Jos., Bell VII 130).

11 Mit „dort" ist m. E. nicht der Isistempel, der unter Caligula auf dem Marsfeld errichtet worden war, als solcher gemeint, sondern eben jener von Josephus nicht näher spezifizierte Ort „in der Nähe des Isistempels".

12 Vgl. E. Künzl, Triumph, 35: Auf dem Marsfeld werden die Feldherren „oft auch nicht getrennt von ihren Soldaten gewohnt haben, sondern im Feldherrenzelt (*praetorium*) im Zentrum des Militärlagers bei ihren Soldaten geschlafen haben".

13 Hilfreich J. B. Campbell, Praetorium; vgl. auch W. Bauer, Wörterbuch, *s. v.*

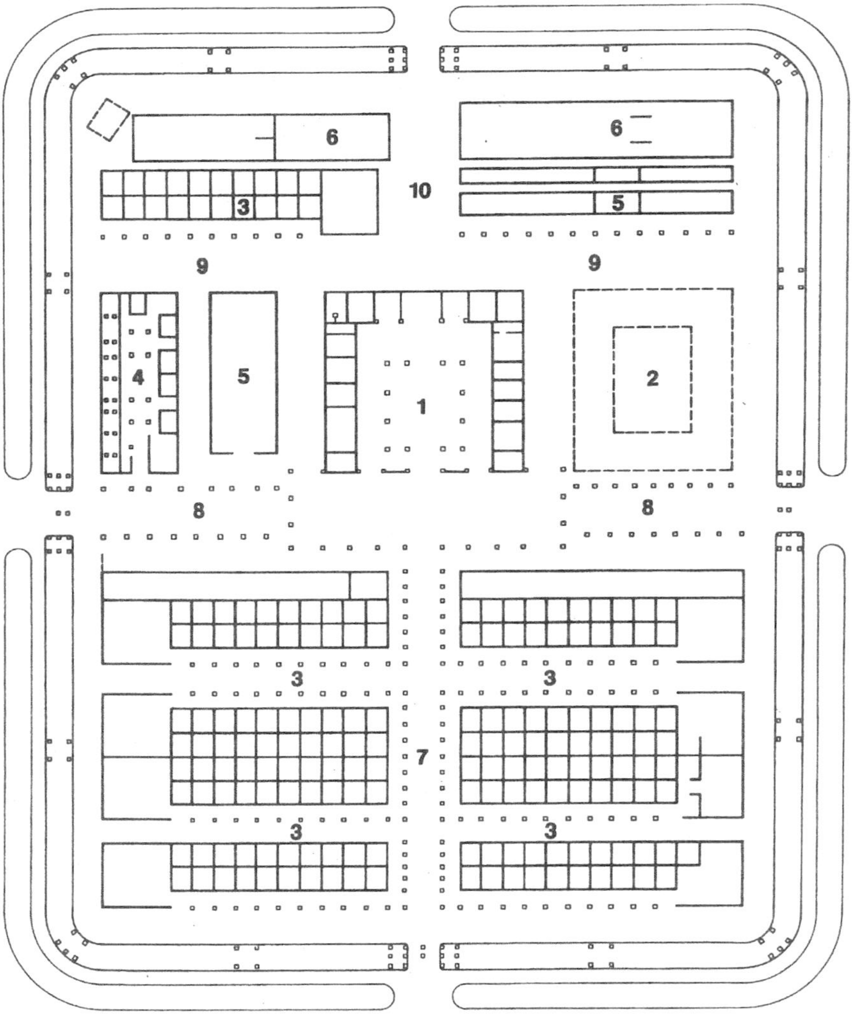

Abb. 5: Plan des römischen Militärlagers in Künzig (Niederbayern): 1 = *principia*; 2 = *praetorium*; 3 = *centuriae*; 4 = *valetudinarium*; 5 = *horrea*; 6 = *stabulae*; 7–10 = Straßen: *via praetoria, via principalis, via quintania, via decumania* [Quelle (mit Adaptionen übernommen): M. Ebner, Stadt, 47; vgl. auch J. Martin, Rome, 128].

gehaltene Wohnhaus des Kommandanten der Auxiliartruppen in einem römischen Legionslager;[14]
- den Amtssitz eines Provinzstatthalters;[15]
- eine Klasse von Gasthäusern für Elitereisende (die Provinzstatthalter sowie andere hohe Beamte) im *cursus publicus*;[16]
- den Palast des Königs bzw. Kaisers;[17]
- als Sammelbezeichnung auch die Prätorianerkohorten.[18]

Mit der Errichtung der *villa publica* (wohl im Jahr 435 v. Chr.[19]) und der allmählichen Bebauungsverdichtung auf dem Marsfeld, die sich vor allem im 2. Jh. v. Chr. im Zuge einer Art Sakralisierung dieses Gebietes vollzog,[20] zu der auch die aus der Triumphzugsbeute von den Triumphatoren gestifteten Tempel beitrugen,[21] und die einem wirklichen Feldlager zunehmend den Platz nahm, bestand für den designierten Triumphator eine weitere Möglichkeit, die Nacht vor dem Triumphzug sowie letztlich auch die Zeit der Senatsverhandlungen über die Zuerkennung des Triumphes zu verbringen.[22] Bei der *villa publica* handelt es sich um einen großen, öffentlichen bis heute in der exakten Lokalisierung umstrittenen Gebäudekomplex mit Parkanlage, der sowohl den römischen Censoren zur Ausübung ihres Amtes diente als auch der Ort war, an dem die Botschafter befreundeter Völker und Herrscher in Rom begrüßt und einquartiert wurden.[23] Aber auch ein Massaker an 4000 Gefangenen, die

---

14 Vgl. Polyb. VI 27,1; vgl. Caes., Bell Civ I 76,2 dazu auch K. Gilliver, Imperium, 75–104; M. Ebner, Stadt, 46; Y. Le Bohec, Castra. Das Prätorium befindet sich in republikanischer Zeit, in der die Lager offensichtlich quadratisch angelegt waren, im Zentrum eines solchen Lagers; in Prinzipatszeiten bildete die *principia*, ein säulengesäumter offener Hof, in dessen Kontext sich auch das Waffenlager, Verwaltungsgebäude sowie das Depot für die Feldzeichen befand, das Zentrum und auch das Kommandozentrum der jetzt rechteckig strukturierten Legionslager; das Prätorium als großes Wohnhaus des Kommandeurs lag dann unmittelbar neben der *principia*. Zu diesem Wandel vgl. ausführlich A. Johnson, Kastelle, 152–162.

15 Vgl. Cic., Verr II 4,65.

16 Vgl. die Inschrift CIL III 6123, die von einem Infrastrukturprojekt des Kaisers Nero im Jahr 61 n. Chr. spricht: Nero ließ an den von Soldaten geschützten Straßen *tabernae* (Schuppen, einfache Herbergen) und *praetoria* (Komfortunterkünfte) errichten; vgl. zur Realie und zum Text der Inschrift H. Bender, Straßen, 19–27; T. Pekáry, Reichsstraßen, 164–167; E. J. Holmberg, Geschichte, 77.

17 Vgl. Suet., Calig 37,2; Juv., Sat X 161.

18 Vgl. Tac., Hist II 11,3.

19 Vgl. zu dieser Datierung Liv. IV 22,7. Zur villa publica selbst vgl. F. Coarelli, Rom, 10.240; J. Albers, Campus Martius, 51f.156f.281f.

20 Vgl. dazu J. Rüpke, Religion, 174.

21 Vgl. J. Albers, Campus Martius, 65.202; P. Zanker, Augustus, 32f.

22 Vgl. E. Künzl, Triumph, 32; sehr kritisch zur Übernachtung des Triumphators in der *villa publica* ist M. Beard, Triumph, 95f.

23 Die *villa publica* ist daher das erste öffentliche Gebäude auf dem Marsfeld ohne sakrale Funktion, so J. Albers, Campus Martius, 51.

Cornelius Sulla 82 v. Chr. umbringen ließ, wird in der *villa publica* verortet.[24] Ob der Begriff Prätorium auf die *villa publica* übergegangen ist, lässt sich bisher nicht feststellen.

Der Tag des Triumphes, der ein Festtag für ganz Rom war (s. II 3.8), begann je nach Jahreszeit früh, in jedem Falle mit dem Sonnenaufgang.[25] Im Umfeld seines Nachtquartiers[26] traf der Triumphator, der noch seine seinem Stand angemessene „Alltagskleidung" trug, auf seine Soldaten sowie die Elite des Staates, also den Senat, die höchsten Beamten und die Spitzen der sonstigen Aristokratie.[27] Dazu nahm der Triumphator auf einer vermutlich für diesen Anlass errichteten Bühne Platz. Nach Flavius Josephus (Bell VII 126–129) hatte die sich jetzt vollziehende Begegnung zwischen dem Triumphator und den Soldaten sowie der Staatsspitze drei Phasen: lautstarke Huldigung durch die Soldaten – Gebet des Triumphators mit verhülltem Haupt (*caput velatum*) – Ansprache des Triumphators an die ganze Versammlung.

Diese Begegnung zwischen dem Triumphator, der Staatsspitze und den Soldaten entspricht in Teilen einer typischen *adlocutio*-Szene,[28] wie sie sich vielfach auch auf Münzabbildungen erhalten hat (vgl. Abb. 6).

Diese Begegnung zwischen Triumphator und Soldaten sowie der Staatsspitze mündete in ein vom Triumphator für die Soldaten ausgerichtetes Frühstück, das offensichtlich fester Bestandteil des Triumphzugsrituals war.[29] Der designierte Triumphator selbst stärkte sich im kleinen Kreis und begab sich zur *porta triumphalis*, um den gewiss bedeutsamsten Teil des Rituals vor dem Beginn der eigentlichen Prozession zu vollziehen: Die Transformation zum Triumphator durch einen Kleiderwechsel sowie die Ausstattung mit den sonstigen Insignien des Triumphes.

---

24 Vgl. E. Künzl, Triumph, 32.

25 So eigens für den Flaviertriumph bei Jos., Bell VII 124 notiert: περὶ αὐτὴν ἀρχομένην ἤδη τὴν ἕω προΐασιν Οὐεσπασιανὸς καὶ Τίτος δάφνῃ μὲν ἐστεφανωμένοι [...].

26 Es ist auffällig, dass sich diejenigen Bestandteile des Triumphes, die außerhalb des Pomeriums zu verorten sind, geographisch oft nicht ganz präzise erfassen lassen. Sie spielen alle *irgendwie* auf dem Marsfeld, aber oft an unterschiedlichen Orten, die in den Quellen manchmal nur vage benannt werden. Überzeugend formuliert daher J. Albers, Campus Martius, 204, der sich mit dem Auftakt des Triumphes auf dem Marsfeld beschäftigt: „Im Gegensatz zum fest gefügten und weitestgehend unveränderten Ablauf innerhalb der Stadt waren die extrapomerialen Aktionen also scheinbar uneinheitlich."

27 In diesem Sinne E. Künzl, Triumph, 35, auf der Basis von Jos., Bell VII 125; nach J. Rüpke, Domi militiae, 224, kommt es zur Begegnung mit der Staatsspitze indes erst bei der *porta triumphalis*.

28 Vgl. für konzise Informationen C. Cichorius, Adlocutio.

29 Vgl. Jos., Bell VII 129: μετὰ δὲ τὰς εὐχὰς εἰς κοινὸν ἅπασιν Οὐεσπασιανὸς βραχέα διαλεχθεὶς τοὺς μὲν στρατιώτας ἀπέλυσεν ἐπὶ τὸ *νενομισμένον ἄριστον* αὐτοῖς ὑπὸ τῶν αὐτοκρατόρων εὐτρεπίζεσθαι.

Abb. 6: Sesterz des Caligula, Rom 37–38 n. Chr.: Rv.: Auf einem mit Bossen verzierten Podest steht der Kaiser in langem Gewand und spricht mit erhoben-ausgestrecktem rechten Arm zu den Soldaten, hinter ihm steht ein Stuhl auf dem Podest; fünf Soldaten (mit kurzem Gewand, hochgebundenen Sandalen, Helmen und Schilden) stehen symbolisch für die Gesamtheit der Soldaten, über ihnen vier von Adlern gekrönte Feldzeichen; Beischrift: ADLOCUT COH [Quelle: RIC I^2 32; © Münzkabinett der Staatlichen Museen zu Berlin, Objektnummer: 18215935].

3.2.1.2 Die äußere Transformation zum Triumphator

Besondere Gewänder und bewusste Gewandwechsel sowie die Übergabe von Insignien gehören von jeher zu den eindrücklichsten Bestandteilen vieler Rituale. Sie machen die instrumentelle Seite von Ritualen aus. Sinnfällig wird das noch heute sichtbar, wenn etwa im Rahmen des Taufrituals ein weißes Gewand dem Täufling überreicht und angelegt wird. Nicht minder sinnfällig ist das Ordensgewand bei der Einkleidung, Mitra, Ring, Brustkreuz und Stab bei der Bischofsweihe oder auch das ganz gewiss mehr unfreiwillige Anlegen von Häftlingskleidung, die aus einem Freien einen temporär Unfreien macht. Gewandwechsel transformieren Menschen, vor allem ihren Status. Sie führen den Menschen – typisch für Übergangsriten – vom einen Zustand in einen anderen und drücken diesen Transfer sinnfällig aus, insofern Gewänder Indikatoren für den jeweiligen Status sind, der sich an ihnen ablesen lässt.[30] Das alles gilt selbstverständlich auch für die Antike, wie etwa die verschiedenen Formen der römischen Toga samt der rituellen Gewandwechsel (etwa das Ablegen der *toga praetexta* und das Anlegen der *toga virilis* oder *pura* als Zeichen für den Transfer vom Jungen zum erwachsenen Mann) zeigen.

Auch der mit dem Triumph belohnte Feldherr wird durch einen Gewandwechsel und die Ausstattung mit spezifischen Insignien zum Triumphator transformiert. Aus dem Kandidaten wird *der* Triumphator. Er schlüpft gleichsam in eine neue Haut. Und das ist im Falle des Triumphators schon fast wörtlich zu verstehen. Denn die Transformation betrifft nicht nur seine Kleidung und die Insignien seiner Macht, sondern eben auch seine Haut. Wir haben es mit einem mehrstufigen Prozess der „Verwandlung“ zu tun, der den ganzen Menschen betrifft: von Kopf bis Fuß. Entscheidend dabei: Die Transformation

30 Vgl. dazu insgesamt C. Strecker, Theologie, 195f (für die Metaphorik des Gewandwechsels im Kontext der Taufformel von Gal 3,26–28); C. Wetz, Eros, 104–131 (am Beispiel der Gewandwechsel in Joseph und Aseneth).

zum Triumphator durch *Make-up*, neue Gewänder und spezifische Insignien macht aus einem erfolgreichen Militär oder einem Kaiser nicht nur einen Triumphator, sondern führt letztlich zu einer Imitation des Jupiter Capitolinus.[31] Denn das *Make-up* des Triumphators entspricht dem Antlitz einer Statue dieses im Kapitol verehrten Gottes. Dort werden auch die Gewänder des Triumphes, die in der Antike auch als Gewänder Jupiters galten, verwahrt. Und genau dorthin bewegt sich der gesamte Triumphzug. Der Triumphator erscheint im Triumphzug somit beinahe wie eine lebendige Statue[32] oder besser: eine Epiphanie des kapitolinischen Jupiter.[33] Dabei wird – wie sich zeigen wird – die drohende Apotheose des Triumphators stets bewusst in der Schwebe gehalten. Er ist eben nur beinahe ein Gott – aber für immer ein Triumphator.[34] Das wird im Einzelnen zu zeigen und abschließend (s. II 4.4) zu reflektieren sein.

3.2.1.2.1 Ein neues Gesicht: Make-up

Die Transformation zum Triumphator und damit die Nachahmung des Jupiter Capitolinus setzten im Gesicht an. Dieses wurde mit Mennige (*minium*) zinnoberrot gefärbt.[35] Über diesen Brauch informiert Plinius im Rahmen seiner Darstellung metallurgischer Realien (Hist Nat XXXIII 111f [König]):

> In den Silberbergwerken findet man auch den Zinnober (*minium*), der jetzt unter den Pigmenten großes Ansehen genießt und einst bei den Römern nicht nur in höchster, sondern auch in heiliger (Verehrung) stand. Verrius zählt die Gewährsmänner auf, denen man notwendigerweise glauben müsse, dass man an Festtagen das Gesicht am Standbild sogar des Jupiter und die Körper der Triumphierenden mit Zinnober zu bestreichen pflegte; solcher Art (geschmückt) habe Camillus triumphiert; diesem religiösen Brauch entsprechend werde auch jetzt noch [...] von den Zensoren vor allem der Zinnoberanstrich für das Standbild des Jupiter in Auftrag gegeben.

---

31 Vgl. E. Künzl, Triumph, 96f (dort auch Diskussion der alternativen Deutung der gesamten Aufmachung des Triumphators als Fortleben der Tracht der frühen Könige Roms [8.–6. Jh. v. Chr.]; vgl. zu dieser Deutung auch die abwägenden Überlegungen bei H. S. Versnel, Triumphus, 56–93 [die Aufmachung charakterisiere den Triumphator „as both Iuppiter and king" (92)]; kritisch zu dieser Deutung T. Köves-Zulauf, Worte, 85 Anm. 35: Auch das Königsgewand der frühen Könige imitiert das Jupiterornat, so dass es sich letztlich immer [auch] um eine Imitation Jupiters handelt). Zur Aufmachung des Triumphators und zur inhaltlichen Bedeutung des Gewandes vgl. die kritischen Bemerkungen bei M. Beard, Triumph, 225–233.

32 Vgl. dazu J. Rüpke, Statuenrituale.

33 Vgl. auch J. Rüpke, Domi militiae, 224.

34 Zum In- und Nebeneinander dieser beiden Perspektiven vgl. auch die Überlegungen von M. Beard, Triumph, 233–238, die in ihrer Studie unter dem passenden Zwischentitel „Playing God" (219) stehen.

35 Vgl. nur E. Künzl, Triumph, 88.95f.106; W. Ehlers, Triumphus, 507f; A. Alföldi, Repräsentation, 146 Anm. 6; J. Rüpke, Statuenrituale, 14 mit Anm. 19.

Mit dem Schminken des Gesichts[36] imitierte der Triumphator, das deutet sich im Text des Plinius bereits an, das uralte Jupiterbild im archaischen Kapitolstempel. Dieses Bild war eine Terrakottaarbeit mit zinnoberroter Bemalung, die offensichtlich mindestens zu Festtagen erneuert wurde. Das Bild ging auf den Künstler Vulca von Veji zurück, der es – so schreibt Plinius (Hist Nat XXXV 157 [König]) – im Auftrag des römischen Königs Lucius Tarquinius Priscus im 6. Jh. v. Chr. schuf:

> Vulca sei aus Veii herbeigerufen worden, damit Tarquinius Priscus bei ihm das Bild Jupiters in Auftrag gebe, das für das Kapitol geweiht werden sollte; dieser Jupiter sei aus Ton gewesen und man habe ihn deswegen regelmäßig mit Zinnober bestrichen; aus Ton seien auch die schon oben erwähnten Viergespanne [sc. Quadriga, M. L.] auf dem Giebel von Jupiters Tempel gewesen.

Im Jahr 69 v. Chr. wurde dieses Urbild durch eine kolossale Sitzstatue, über deren Färbung keine Informationen vorliegen, ersetzt. Der Brauch, sich das Gesicht im Triumph zinnoberrot zu färben, blieb allerdings erhalten[37] und damit auch die Erinnerung an dieses alte Kultbild, die ja auch von Plinius in seinem im 1. Jh. n. Chr. verfassten Werk bezeugt wird.

3.2.1.2.2 Ein neues Gewand: toga picta, tunica palmata und alba vestis triumphalis

Der nächste Schritt der Transformation bestand in einem Kleiderwechsel. Der Triumphator legte das seinem Stand entsprechende Gewand ab und zog die Gewänder des Triumphes an. Als solche galten die *toga picta*, die *tunica palmata*, die summierend auch *vestis triumphalis* genannt werden,[38] sowie die *alba vestis triumphalis*. Diese Gewänder wurden im Tempelschatz des kapitolinischen Jupitertempels verwahrt und für den jeweiligen Triumphzug von dort geholt.[39] Sie waren schon deshalb fest mit Jupiter verbunden. Und mehr noch: Die Gewänder des Triumphators galten manchen antiken Autoren als die Gewänder, die zur Aufmachung des Jupiter selbst gehörten. Das Triumphgewand ahmte die Kleidung Jupiters nach. Das drückt sich am deutlichsten in der summierenden Bezeichnung *ornatus Iovis* für das Gesamt der Triumph-

---

36 Entgegen der Aussage des Plinius, es habe sich um eine Art Ganzkörper-*Make-up* gehandelt, geht die Forschung nur von einer Färbung des Gesichtes aus, vgl. dazu W. Ehlers, Triumphus, 507 f.

37 Martial belegt in seinen Epigrammen eine solche Färbung des Gesichts für den triumphierenden Domitian (VIII 65).

38 Vgl. W. Ehlers, Triumphus, 504.

39 Vgl. E. Künzl, Triumph, 90; W. Eder, Triumph, 837; A. Alföldi, Repräsentation, 146 f (zur möglichen phasenweisen Lagerung der Kleider im Mars-Ultor-Tempel vgl. unter II 3.2.1.2.3). Zur Form der Gewänder vgl. ausführlich mit zahlreichen Belegen W. Ehlers, Triumphus, 494.504 f.

gewänder sowie der weiteren Triumphinsignien aus. Einschlägig ist Livius (X 7,9 f [Hillen]):

> Wem „von den Göttern oder Menschen kann es [...] unwürdig erscheinen, dass die Männer, die ihr mit kurulischen Stühlen und der purpurverbrämten Toga (*toga praetexta*), mit der Palmentunika (*tunica palmata*), der bestickten Toga (*toga picta*), dem Triumph- und dem Lorbeerkranz geehrt (*corona triumphali laureaque honoraritis*), deren Häuser ihr durch Anbringen vom Feind erbeuteter Waffen (*spoliis hostium*) ausgezeichnet habt, auch noch die Kennzeichen eines Pontifex und Augurs hinzufügen? Wer, mit der Tracht Jupiters, des Besten und Größten, geschmückt (*Iovis Optimi Maximi ornatu decoratus*), auf vergoldetem Wagen durch die Stadt gefahren und zum Kapitol hinaufgestiegen ist, soll der nicht mit der Henkelschale und dem Krummstab gesehen werden [...]?"

Tunica palmata, *toga picta* sowie der Triumph- und Lorbeerkranz – das ist für Livius und sein Publikum das Ornat Jupiters. Die enge Verbindung zwischen der Aufmachung des Triumphators und Jupiter Capitolinus drückt sich also auch in der summierenden Benennung der Kleidung sowie Insignien des Triumphators aus. Neben *ornatus Iovis* findet sich in ähnlicher Funktion im Übrigen auch die Bezeichnung *tunica Iovis*, die speziell die Tunika des Triumphgewandes als Tunika des Jupiter kennzeichnet.[40] Schon in dieser Perspektive wird deutlich, dass für ein antikes Publikum der Triumphator deutliche Assoziationen an den Gott Jupiter weckte.

Bei der *toga picta* handelte es sich um eine Toga, also ein umhangartiges Obergewand. Sie war in ihrer Grundfarbe purpurn gehalten (daher manchmal auch *toga purpurea* genannt) und von Goldstickereien durchwirkt. Die Form der Goldstickereien hat möglicherweise schon in der Antike variiert. Wahrscheinlich handelte es sich um palmenförmige Applikationen (deshalb hat die Toga manchmal auch den Beinamen *palmata*); belegt sind aber auch sternenförmige Stickereien.[41] Das Untergewand, die *tunica palmata*, war ebenfalls purpurn gefärbt und wies palmenartige Verzierungen aus Goldfäden auf (vgl. dazu auch Abb. 7). Die *alba vestis triumphalis* ist schließlich eine erst gegen Ende des 1. Jh. n. Chr. definitiv greifbar werdende neue Form des Triumphzugsgewandes,[42] die entweder parallel zu den bisherigen Triumphgewändern verwendet wurde oder diese ablöste. Ihr hervorstechendes Merkmal ist die

---

40 Vgl. Juv., Sat X 38; vgl. auch E. Künzl, Triumph, 95 (dort zusätzlich auch *insignia Iovis* als Sammelbezeichnung); weitere Belege bei A. Alföldi, Repräsentation, 147.

41 Zur Ornamentierung mit Sternen vgl. kritisch W. Ehlers, Triumphus, 505 (eine Sternverzierung sei für Republik und frühe Kaiserzeit unwahrscheinlich, die Verzierung allein mit Palmen hingegen naheliegend); zur Verzierung mit Sternen vgl. auch A. Alföldi, Repräsentation, 150 Anm. 1.

42 Vgl. E. Künzl, Triumph, 90; A. Alföldi, Repräsentation, 150 (die *alba vestis triumphalis* ist sicher für die Zeit Nervas belegt).

weiße Farbe, die das Purpur als Grundfarbe des Gewandes ablöst. Tunica und Mantel sind dabei durch goldene Borten sowie Stickereien verziert.

Insgesamt handelt es sich fraglos schon angesichts der Herstellungskosten für ganz durchgefärbte Purpurgewänder um kostbarste Prachtgewänder, die wohl insbesondere bei Sonnenschein den Triumphator geradezu im Licht funkeln ließen. Über den triumphierenden Aemilius Paullus notiert Livius entsprechend, dieser habe in Gold und Purpur geglänzt (*auro purpuraque fulgens*; XLV 40,6 [Hillen]).

3.2.1.2.3 Die Insignien des Triumphes: Adlerszepter, Lorbeerzweig und Kränze

Die Transformation zum Triumphator erfasste abschließend auch Hände und Haupt. Diese letzte Phase der „Verwandlung" erfolgte weitestgehend erst, nachdem der Triumphator die Triumphquadriga bestiegen hatte. In den Händen hielt der Triumphator dann einen frisch geschnittenen Lorbeerzweig sowie ein Adlerszepter, auf dem Haupt trug er einen frischen Lorbeerkranz sowie – in allerdings nur sehr indirekter Form – einen schweren Kranz aus Gold. Auf Münzen haben sich diese Insignien des Triumphes wie auch eine Abbildung des Triumphgewandes erhalten (vgl. Abb. 7).

Unmittelbar auf dem Haupt trug ein Triumphator einen *Lorbeerkranz* (*corona laurea/corona triumphalis*[43]).[44] Dieser Kranz wurde ihm zusammen mit dem Recht zum Triumph vom Senat beim Beschluss über den Triumphzug verliehen. Der Triumphator erhielt ihn also bereits vor dem Beginn des eigentlichen Rituals. Deshalb konnte der Triumphator den Kranz, aber eben nur diese spezielle Insignie, bereits vor dem Beginn des rituellen Kleiderwechsels tragen. Schon am frühen Morgen des Triumphtages durfte er sich ihn

Abb. 7: Denar des Augustus, Colonia Patricia (Cordoba)? (Hispania), um 18 v. Chr.: Rv.: Drei Insignien des Triumphes: das Adlerszepter, die vielfach verzierte *toga picta* über der *tunica palmata* sowie die *corona etrusca* als Lorbeerkranz mit Tänien und Mittelmedaillon; Beischrift: S P Q R PAREN CONS SU [Quelle: RIC I² 97; © Münzkabinett der Staatlichen Museen zu Berlin, Objektnummer: 18207567].

43 Zur Identifikation der *corona triumphalis* mit der *corona laurea* vgl. B. Bergmann, Kranz, 52f.

44 Vgl. zur Realie insgesamt W. Ehlers, Triumphus, 505f; B. Bergmann, Kranz, 51–58; A. Alföldi, Repräsentation, 157f, diskutiert zustimmend die Möglichkeit, dass der Triumphator einen Goldkranz unmittelbar auf dem Haupt trug.

aufsetzen.[45] Der Lorbeer für diesen Kranz wie auch für den Zweig, den der Triumphator in Händen hielt, wurde im Gelände der *Villa ad gallinas albas* geschnitten.[46] Dabei handelt es sich um einen Landsitz der Livia, der Frau des Kaisers Augustus. Der dort wachsende Lorbeer geht legendarisch auf ein aus den Klauen eines Adlers und damit vom Himmel gefallenes weißes Huhn zurück, das Livia in die Hände gestürzt sein soll. In seinem Schnabel trug das Huhn einen Lorbeerzweig, der auf dem Landgut eingepflanzt wurde und von dem der Lorbeer für den Kaiser im Triumph stammt. Ein solcher Lorbeerkranz hatte im Allgemeinen mehrere Funktionen und symbolische Bedeutungen:[47] Er war zunächst der Kranz, der die Gottheiten Apollo und Jupiter kennzeichnete.[48] Sodann wurde er im Rahmen von speziellen Kulthandlungen getragen, wurde im Sport bei den pythischen Spielen in Delphi als Siegestrophäe verliehen und war Auszeichnung für die siegreichen Soldaten nach dem Krieg. Der römische Senat konnte zudem das Recht, einen Lorbeerkranz im Alltag zu tragen, als besondere Ehrung verleihen. Der Lorbeerkranz auf dem Haupt des Triumphators kennzeichnete diesen angesichts der genannten Bedeutungen gewiss primär als militärischen Sieger. Der Kranz fügte sich zudem exzellent in das Konzept der Angleichung des Triumphators an Jupiter ein; und dies angesichts der Herkunft speziell dieses vom Himmel gefallenen Lorbeers umso mehr, war doch der Adler das Symboltier des Jupiter. Im Gegensatz zu den übrigen Kleidern und Insignien des Triumphes durfte der Triumphator die *corona laurea* auch nach dem Triumphzug behalten[49] und sie zu besonderen Anlässen in der Öffentlichkeit tragen, um sich als Triumphator auszuweisen. Sie folgte dem Triumphator sogar mit ins Grab.

Neben diesem Lorbeerkranz „trug" der Triumphator zumindest symbolisch einen zweiten Kranz, *corona etrusca* genannt, der mit den Gewändern im Tempel des kapitolinischen Jupiters verwahrt wurde und entsprechend auch nicht in den persönlichen Besitz des Triumphators überging (vgl. II 3.2.3). Der Triumphator „erhielt" ihn erst in der Triumphquadriga. Der Kranz bestand

---

45 Genau so erzählt es auch Josephus (Bell VII 124 [Michel/Bauernfeind]): „Als die Morgenröte gerade aufging, traten Vespasian und Titus heraus. Sie waren schon mit Lorbeer bekränzt, aber noch mit den herkömmlichen Purpurgewändern angetan." Mit den „herkömmlichen Purpurgewändern" dürfte die *toga praetexta* gemeint sein. Oder sollte sich die Bemerkung dahingehend verstehen lassen, dass Vespasian und Titus im Triumphzug die zum Purpur kontrastierende weiße *alba vestis triumphalis* trugen und das purpurne Triumphatorengewand bereits zur Alltagskleidung der Kaiser geworden war? Das erscheint zumindest möglich.

46 Vgl. zu dieser Tradition die ausführlichen Erzählungen bei Suet., Galba 1; Plin., Hist Nat XV 136f.

47 Vgl. die sehr hilfreiche Zusammenstellung bei B. Bergmann, Kranz (auf den nicht paginierten letzten Seiten des Buches).

48 Vgl. auch J. Rüpke, Domi militiae, 215.

49 So B. Bergmann, Kranz, 51f.

Abb. 8: Dupondius des Caligula, Rom, 37–41 n. Chr.: Av.: Germanicus steht in der Triumphquadriga nach rechts, in der linken Hand das Adlerszepter, in der rechten einen Lorbeerzweig. Der Wagenkasten ist mit einer geflügelten Victoria verziert, die die linke Hand in Richtung eines überdimensionierten Kranzes ausstreckt; Überschrift: GERMANICUS CAESAR [Quelle: RIC I^2 57; © Münzkabinett der Staatlichen Museen zu Berlin, Objektnummer: 18205079].

aus Gold und Edelsteinen und wurde vom Staatssklaven über das Haupt des Triumphators gehalten (nähere Informationen zu diesem Kranz, seiner Gestalt, symbolischen Bedeutung und dem eigentümlichen Ritus des Über-dem-Kopf-Tragens finden sich unter II 3.3).

Der *Lorbeerzweig*[50] in der meist rechten[51] Hand des Triumphators (vgl. Abb. 8) stammte ebenfalls aus der *Villa ad gallinas albas*. Als Siegessymbol verweist dieser Zweig in Händen des Triumphators indirekt auf jene Instrumente, die der erfolgreiche Feldherr vor dem Triumphzug virtuell oder faktisch in Händen halten musste: Waffen zum Angriff und zur Verteidigung. Der Lorbeerzweig zeigt insofern an, dass Waffen jetzt nicht mehr nötig sind, mithin steht er für das „Ruhen der Waffen“[52] und damit den errungenen Sieg und die Wiederherstellung von Frieden.

Das *Adlerszepter*[53] in der meist linken Hand war aus Elfenbein[54] gefertigt. Es verwies durch die kraftvolle Symbolik des Adlers erneut auf Jupiter, seine Herrschaft und seine Macht,[55] erinnerte freilich aber auch an den Legionsadler (*aquila*) als wertvollstes Feldzeichen jeder Legion und damit an den militärischen Hintergrund des Triumphes. Das Szepter wurde mit den übrigen Triumphgewändern und der *corona etrusca* im Jupitertempel auf dem Kapitol

50 Vgl. dazu W. Ehlers, Triumphus, 507; E. Künzl, Triumph, 87.

51 So ist es auf den allermeisten Münzen abgebildet; literarisch belegt auch bei Plut., Aem 34,6; weitere Belege bei T. Schäfer, Relief, 144 Anm. 13; vgl. auch M. Pfanner, Titusbogen, 65.

52 So G. Seelentag, Kinder, 175.

53 Vgl. W. Ehlers, Triumphus, 507; E. Künzl, Triumph, 87.90f.

54 So Juv., Sat X 43; weitere Belege bei T. Schäfer, Relief, 143 Anm. 12. Schäfer hält fest, dass das Szepter „auf sämtlichen Wiedergaben von Triumphzügen vorhanden“ ist, „auch wenn der Adler teilweise abgebrochen ist“ (143f Anm. 12); das spricht ganz entschieden für die Bedeutung dieses Elements im Rahmen des Triumphzugs (zur Ausnahme eines Augustusdenars vgl. Abb. 12 und Abb. 21).

55 Zum Adlerszepter als Szepter des Jupiter vgl. vor allem A. Alföldi, Repräsentation, 230–233.

verwahrt, in späterer Zeit vielleicht (und möglicherweise auch nur phasenweise) auch im Mars-Ultor-Tempel auf dem Augustusforum[56] (letzteres gilt auch für die Triumphquadriga).[57]

Zu den Insignien des Triumphators gehören auch zwei für die Zuschauer des Triumphes recht unspektakuläre Details an Finger und Hals. Denn dort trug der Triumphator zum einen einen Fingerring aus Eisen, zum anderen eine goldene Bulla. Beides hatte vermutlich apotropäische Funktion.[58] Ein solcher Schutz war für den Triumphator angesichts seiner fast übermenschlichen Stellung im Triumphzug nötig, um jedes Unheil von ihm, damit auch vom Ritual und letztlich auch vom Gemeinwesen, das sich im Triumphzug selbst feierte (s. II 4.3), fernzuhalten.[59]

Ein so ausgestatteter Triumphator, der als jupitergleicher Herrscher[60] erschien, konnte dann die Prozession, also den eigentlichen Einzug in die Stadt Rom, vollziehen. Dazu musste das inzwischen durch das Frühstück versorgte Heer wieder in Reih und Glied antreten und die gesamte Prozession entsprechend den rituellen Gepflogenheiten, die sich auch in der Prozessionsordnung ausdrückten, ihre Aufstellung nehmen.

3.2.2 Auf dem Weg

Nach all diesen Vorbereitungen, die z. T. schon im unmittelbaren Umfeld der *porta triumphalis* stattfanden, konnte der Einzug in die Stadt beginnen. Mit einer Geschwindigkeit von etwa einem Kilometer in der Stunde[61] und sicherlich einer Reihe von durch Rückstau erzwungenen Pausen, die freilich der Präsentation der Beute wie des Triumphators gute Dienste leisteten, schlängelte sich der Zug die etwa vier Kilometer lange Strecke zum Kapitol durch die Stadt.

---

56 Zu diesem Forum, seinem Bauprogramm, seiner ihm inhärenten Triumphmotivik und zum Mars-Ultor-Tempel auf dem Forum vgl. U. Theisen, Triumph, 155–160; F. Coarelli, Rom, 107–110; P. Zanker, Augustus, 213–217; F. V. Hickson, Augustus, 133f; M. Beard, Triumph, 43f; M. Spannagel, Exemplaria (insgesamt).

57 Nach Suet., Aug 29,2 ordnete Augustus an, dass die Insignien des Triumphes im von ihm neu gegründeten Mars-Ultor-Tempel auf dem ebenfalls neu errichteten Augustusforum abzulegen waren. Dessen ungeachtet blieb, wie etwa der Text des Flavius Josephus zeigt, auch nach Augustus weiterhin das Kapitol mit dem dortigen Jupitertempel Zielpunkt des Triumphzugs; vgl. zur Problematik auch T. Itgenshorst, Princeps, 33f.

58 Vgl. dazu E. Künzl, Triumph, 87f; K.-J. Hölkeskamp, Triumph, 261 (für den Eisenring vgl. auch Plin., Hist Nat XXXIII 11).

59 Vgl. auch W. Ehlers, Triumphus, 496.

60 Vgl. die abschließende Deutung der Aufmachung des Triumphators bei E. Künzl, Triumph 97: „Purpurtunica und Purpurtoga, Adlerszepter und Goldkranz kennzeichnen den Triumphator mit dem leuchtend roten Antlitz als *rex* und Iuppiter zugleich." Vgl. auch J. Rüpke, Domi militiae, 232.

61 Vgl. dazu die Überlegungen bei E. Künzl, Triumph, 68.

Mehrtägige Triumphe: Wenn die zu präsentierende Beute, die Anzahl der Opfertiere und die mitgeführte Menge an Soldaten, Gefangenen und Befreiten zu groß war, dann ließ sich der Triumphzug faktisch nicht innerhalb eines Tages bewältigen. So ergaben sich auch mehrtägige Triumphfeiern, die durchaus im Interesse der Triumphatoren waren, konnten sie doch insgesamt nur zur Prestigesteigerung beitragen.[62] Ein schönes Beispiel findet sich bei Livius (XXXIV 52,4–10 [Hillen]), der den dreitägigen Triumph des Titus Quinctius Flaminius (194 v. Chr.) nach dem Sieg über Makedonien und König Philipp wie folgt schildert:

> Er triumphierte drei Tage lang. *Am ersten Tag* führte er die Rüstungen und Waffen und die Bildwerke aus Erz und Marmor vor; davon waren mehr Philipp weggenommen als aus den Städten Griechenlands erbeutet. *Am zweiten Tag* Gold und Silber, verarbeitet, unverarbeitet und gemünzt. An unverarbeitetem Silber waren 43.270 Pfund, an verarbeitetem viele Gefäße jeder Art, die meisten getrieben, einige von höchster Vollkommenheit. Auch viele Gefäße aus Bronze, von Handwerkern hergestellt. Dazu zehn silberne Schilde. An gemünztem Silber waren 84.000 attische Münzen, sie nennen sie Tetrachmen [sic!], das Silbergewicht jeder Münze entspricht ungefähr drei Denaren. An Gold waren 3714 Pfund, ein Schild ganz aus Gold und 14.514 Gold-Philippeen. *Am dritten Tag* wurden 114 goldene Kränze, Geschenke von den Gemeinden Griechenlands, vorübergetragen. Vor dem Wagen wurden die Opfertiere geführt und bedeutende Gefangene und Geiseln, darunter Demetrios, der Sohn König Philipps, und der Spartaner Armenes, der Sohn des Tyrannen Nabis. Dann fuhr Quinctius selbst in die Stadt ein. Dem Wagen folgten zahlreiche Soldaten, da das ganze Heer aus der Provinz zurückgeführt worden war.

Für die Stadtbevölkerung (s. u.) war eine solche Prozession fraglos ein imposantes Schauspiel, präsentierte sich doch nicht nur der siegreiche Feldherr bzw. Kaiser als Triumphator. Eindrucksvoll muss auch die „Leistungsschau“ gewesen sein: die Präsentation möglichst reichhaltiger, exklusiver und exotischer Beute, der Gefangenen, von Schlachtgemälden, Kränzen, Befreiten usw. Im Folgenden werden alle wesentlichen Aspekte des Triumphzugs, die diesen Mittelteil des Rituals ausmachen, vorgestellt.

3.2.2.1 Das Gefährt des Triumphators: Die Triumphquadriga

Die Triumphquadriga (*currus triumphalis*) war das Gefährt, in dem der Triumphator im vollen Ornat die Wegstrecke des Triumphes in aller Regel bewältigte. Die Quadriga wird er im Umfeld der *porta triumphalis*, jedenfalls vor der Passage durch das Tor, bestiegen haben. Auf Münzen wie auch auf Reliefs hat sich eine Reihe von Abbildungen der Triumphquadriga erhalten. Es handelt sich stets um einen einachsigen Wagen, der von vier Tieren gezogen wird und als Stehwagen ausgelegt ist.[63] Von diesem Gefährt muss es offensichtlich mehrere

62 Vgl. E. Künzl, Triumph, 83; W. Ehlers, Triumphus, 501 f.
63 Vgl. zum Wagen auch W. Ehlers, Triumphus, 503 f.

Versionen gleichzeitig gegeben haben. So konnte Julius Caesar bei seinem gallischen Triumph (46 v. Chr.) nach einem Achsbruch seines Wagens am Velabrum rasch auf ein Ersatzgefährt umsteigen (vgl. Dio C. XLIII 21,1 f[64]). Auch für den gemeinsamen Triumphzug[65] der Flavier Vespasian und Titus nach dem Krieg gegen die Juden muss es zwei Triumphgespanne gegeben haben. Das setzt zumindest die Erzählung des Josephus voraus,[66] wenn es im Text heißt, dass aus der Perspektive der Zuschauer nach der Präsentation von Beute, Gefangenen u. a. „Vespasian als Erster vorbeifuhr und Titus (ihm) folgte, Domitian aber nebenher ritt/Οὐεσπασιανὸς ἤλαυνε πρῶτος καὶ Τίτος εἵπετο, Δομετιανὸς δὲ παρίππευεν" (Jos., Bell VII 152 [Michel/Bauernfeind; eigene Übersetzung]). Pferde sind es auch, die in aller Regel als Zugtiere für den Wagen fungieren (vgl. Abb. 9). Vermutlich handelt es sich jeweils um vier Schimmel.[67]

Pferde als Zugtiere, das war allerdings nicht allen Triumphatoren genug. Eine sehr spezielle Gattung von Zugtieren versuchte Pompeius im Rahmen seines ersten Triumphzugs (81/80/79 v. Chr.) zu realisieren, den er für seinen Sieg „über Afrika" erhalten hatte. Der Exotik des besiegten Gegners entspre-

---

64 Von diesem Unfall erzählt auch Suet., Caes 37, allerdings ohne einen Ersatzwagen zu nennen. Seine Erzählung hebt darauf ab, dass Caesar zumindest den letzten Teil der Wegstrecke, den Weg hinauf zum *Kapitol*, zu Fuß zurückgelegt hat.

65 Vespasian und Titus hatten sich, obwohl jedem von ihnen ein eigener Triumphzug angeboten worden war, für einen gemeinsamen Triumph entschieden (vgl. B. Levick, Vespasian, 71; Jos., Bell VII 121). Hinter diesem Familientriumph steht freilich nicht einfach Bescheidenheit, sondern kluges politisches Taktieren. Denn Vespasian ging es seit Beginn seiner Herrschaft dezidiert auch um den Aufbau einer Dynastie (vgl. zum dynastischen Programm der Flavier grundsätzlich G. Seelentag, Kinder). Angesichts seines Alters von etwas über 60 Jahren (geboren am 17. November 9 n. Chr.) war die Frage der Nachfolge stets virulent. Vespasian brachte dafür seine beiden Söhne, Titus und Domitian, strategisch in Stellung und präsentierte sich und sie in Kombination als die starken Männer Roms (G. Seelentag, Kinder, kann aufzeigen, dass Vespasian von 69–71 n. Chr. beide Söhne in gleicher Weise förderte und erst mit dem Triumph von 71 n. Chr. eine hierarchische Überordnung des Titus über Domitian durch Vespasian einsetzte). H. Bellen, Geschichte, 85, resümiert mit Blick auf Titus: Vespasian ließ „seinen Sohn Titus in so auffälliger Weise an der Herrschaft teilhaben, daß der flavische Prinzipat gewissermaßen schon in die nächste Generation verlängert wurde." Der gemeinsame Triumph, bei dem Domitian trotz seiner hierarchischen Unterordnung unter seinen älteren Bruder gleichwohl in unmittelbarer Nähe zu den Triumphatoren auf einem Schimmel (Suet., Dom 2,1) ritt, ordnet sich in dieses dynastische Programm bestens ein. Es spiegelt sich in durch Domitian gestalteter Perspektive auch auf dem Bogenmonument, das Teil des Beutereliefs am Titusbogen ist, das Domitian zentriert und von Titus und Vespasian flankiert auf dem Pferd reitend abbildet (vgl. Abb. 13).

66 Bei Paulus Orosius, Historien VII 9,8, wird indes überliefert, dass Vespasian und Titus in *einem* Wagen gemeinsam fahren. An der Symbolik des gemeinsamen Triumphes ändert das freilich wenig.

67 Belegt für den dritten Triumphzug des Pompeius 61 v. Chr.; vgl. K.-J. Hölkeskamp, Triumph, 268, der vermutet, dass es sich bei den Schimmeln um eine Tradition handelt, die „seit Jahrhunderten üblich" war; anders E. Künzl, Triumph, 85, der davon ausgeht, dass die Schimmelquadriga „seit Caesar üblich gewesen" sei.

Abb. 9: Denar des Augustus, Lyon 13–14 n. Chr.: Rv.: Vier Pferde ziehen die Triumphquadriga nach rechts, Tiberius in der Triumphquadriga mit Adlerszepter in der linken und Lorbeerzweig in der rechten Hand. Die Zügel sind am Wagenkasten fixiert; Unterschrift: TI CAESAR [Quelle: RIC I^2 222; © Münzkabinett der Staatlichen Museen zu Berlin, Objektnummer: 18211329].

chend, zugleich als Ausdruck „höchster Kühnheit“[68] und schließlich wohl auch in Anspielung auf den Gott Dionysos[69] sowie den Welteneroberer Alexander den Großen[70] ließ er die vier Pferde zunächst durch ein Gespann von vier Elefanten[71] (vgl. Plut., Pomp 14,4; Plin., Hist Nat VIII 4; Granius Licinianus 36) ersetzen. Die Sache konnte nur scheitern. Denn das Gespann wäre aufgrund seiner Überbreite[72] spätestens in der *porta triumphalis* (s. u.) buchstäblich stecken geblieben. Gerade noch rechtzeitig erkannten Pompeius und die Regisseure seines Triumphes dieses drohende Debakel und setzten nach zwei erfolglosen Versuchen letztendlich auf die bewährten Pferde.

Der Wagen des Triumphators wird in den bildlichen Darstellungen zumeist mit Verzierungen des Wagenkastens dargestellt.[73] Neben geometrischen Formen finden sich auch Adler sowie die Siegesgöttin Victoria, zuweilen in Kombination mit einem überdimensioniert wirkenden Kranz, evtl. einer Abbildung der *corona etrusca* (s. II 3.3). Gelagert wurde der Wagen zumindest für eine Zeit im Mars-Ultor-Tempel.[74] Das deuten eindrückliche Münzbilder an (vgl. Abb. 10 und 11).

---

68 Zur Wertung der Elefantenquadriga als bewusst inszenierter und politisch kalkulierter Provokation vgl. T. Hölscher, Provokation, 83.

69 Zu Dionysosassoziationen im Rahmen des Triumphzugs vgl. J. Kügler, Paulus, 161 f; M. Beard, Triumph, 17; zum Einfluss hellenistischer Dionysosprozessionen auf den Triumphzug vgl. P. J. Holliday, Triumphal Painting, 132.

70 Zur Nachahmung Alexanders des Großen durch Pompeius vgl. K.-J. Hölkeskamp, Triumph, 268; D. Michel, Alexander, 37; M. Beard, Triumph, 13 f.

71 Wohl erst im 3. Jh. n. Chr. hat Pompeius Nachahmer gefunden, vgl. E. Künzl, Triumph, 85.

72 Die von vier Pferden gezogene Triumphquadriga hat eine Breite von gut vier Metern, vgl. S. T. Schipporeit, Wege, 102.

73 Detaillierte Beschreibungen bei T. Schäfer, Relief, 144–146.

74 Vgl. dazu B. Bergmann, Kranz, 69 f; A. Alföldi, Repräsentation, 146 f.

Abb. 10: Sesterz des Vespasian, Rom, 73 n. Chr.: Rv.: Vespasian steht in der Triumphquadriga nach rechts, in der linken Hand das Adlerszepter, in der rechten einen Lorbeerzweig, die Zügel liegen auf dem Wagen auf. Der Wagenkasten ist seitlich mit einer geflügelten Victoria verziert, an der Front ein überdimensioniert wirkender Kranz; Unterschrift: S C [Quelle: RIC II/1^2 577; © Numismatische Bilddatenbank, Eichstätt].

Abb. 11: Denar des Augustus, Colonia Patricia (Cordoba)? (Hispania), um 18 v. Chr.: Rv.: Der verzierte Triumphwagen (vier stilisierte galoppierende Pferde krönen die Front des Wagens, über dem Wagen ein Legionsadler oder – wahrscheinlicher – das Adlerszepter) steht mit hochgestellter Deichsel in einem Rundtempel mit vier Säulen, dem *provisorischen* Mars-Ultor-Tempel;[75] Beischrift: S P Q R [Quelle: RIC I^2 120; © Münzkabinett der Staatlichen Museen zu Berlin, Objektnummer: 18202558].

Unterhalb des Triumphwagens hing ein Phallus, dem mit Plinius (Hist Nat XXVIII 39) apotropäische Funktion zugeschrieben werden kann.[76] Als hoher[77] Stehwagen mit besonders großen Rädern[78] (vgl. Abb. 12) zielte die Triumphquadriga auf Sichtbarkeit. Der Triumphator, der nur vom Staatssklaven (s. II 3.3) begleitet allein im Wagen stand,[79] sollte von allen Seiten gut einsehbar

75 So die Identifikation bei B. Bergmann, Kranz, 70; es handelt sich um den provisorischen, primär zur vorläufigen Aufnahme der von den Parthern zurückerhaltenen Feldzeichen gedachten (vgl. auch den Tatenbericht des Augustus: RG 29), ebenfalls von Augustus (um 19/18 v. Chr.) errichteten Tempel für Mars Ultor auf dem Kapitol (vgl. dazu auch P. Zanker, Augustus, 190.198; I. Östenberg, Conquest, 58), der in seiner Funktion ab etwa 2 v. Chr. durch den das Augustusforum dominierenden Podiumstempel für Mars Ultor abgelöst worden ist.

76 Vgl. E. Künzl, Triumph, 85; kritisch zur Historizität des Phallus und damit der Notiz bei Plinius M. Beard, Triumph, 83 f.

77 So die Charakterisierung der Triumphquadriga bei Juv., Sat X 36 (*curribus altis*).

78 Vgl. E. Künzl, Triumph, 68.

79 Allenfalls konnten noch die kleinen Kinder des Triumphators auf dem Wagen mitfahren (Appian, Rom Hist VIII 66; vgl. auch M. Beard, Triumph, 224).

Abb. 12: Denar des Augustus, Rom?/Brindisi?, 29–27 v. Chr.: Rv.: Bekränzter Augustus in der Triumphquadriga mit einem Zweig in der rechten und den Zügeln in der linken Hand,[83] die Quadriga ist figürlich verziert und wird von vier Pferden nach rechts gezogen, auffällig ist das geradezu überdimensioniert wirkende große Rad; Unterschrift: IMP CAESAR [Quelle: RIC I² 264; © Münzkabinett der Staatlichen Museen zu Berlin, Objektnummer: 18207256].

präsentiert werden.[80] Er selbst stand entsprechend im Wagen und hielt das Adlerszepter sowie einen Lorbeerzweig in den Händen.[81] Die Zügel wurden daher notwendigerweise am Wagen selbst befestigt. Die faktische Führung der vier Pferde übernahm eine Begleitperson, zumeist ein Sklave.[82]

3.2.2.2 *Die porta triumphalis und der Beginn der Prozession*

Bei der *porta triumphalis* handelt es sich um ein bis heute nicht genau lokalisiertes Tor, das südlich des Kapitolshügels im Kontext des Forum Holitorium oder des Forum Boarium gelegen haben muss.[84] Über die Gestalt des Tores lässt sich entsprechend nichts Definitives sagen. Für die Triumphzüge spielte es eine entscheidende Rolle. Denn im Umfeld dieses Tores erfolgte die Ausstattung des Triumphators mit den Insignien des Triumphes, hier opferte der Triumphator vor Beginn des Zuges[85] bei den Götterstatuen im Umfeld des Tores und notwendigerweise bestieg der Triumphator auch hier die Tri-

80 Das erweckt fraglos den Eindruck einer lebenden Statue, vgl. treffend T. Köves-Zulauf, Worte, 85; J. Rüpke, Statuenrituale, 14f.18–20.

81 So etwa auf dem Becher von Boscoreale (s. Abb. 19).

82 So auch T. Schäfer, Relief, 144; M. Pfanner, Titusbogen, 67.

83 Diese Münzabbildung zeigt den seltenen Fall des die Zügel selbst führenden Triumphators, wohl im Sinne einer gezielten, politisch aufgeladenen Aussage: Der Kaiser zeigt sich als autarker Wagenlenker. Die allermeisten Münzbilder mit dem Triumphator in der Quadriga zeigen hingegen Lorbeerzweig und Adlerszepter in seinen Händen und die Zügel am Wagenkasten vorne befestigt, vgl. T. Schäfer, Relief, 144 Anm. 14.

84 Zur Diskussion um die Lage des Tores vgl. F. Coarelli, Porta Triumphalis, 333f; J. Rüpke, Domi militiae, 228 (nach Rüpke handelt es sich um kein einzelnes und spezifisch definiertes Tor, vielmehr konnte bis in die späte Republik hinein jedes Tor als *porta triumphalis* fungieren); E. Künzl, Triumph, 37f; M. Beard, Triumph, 96–101. Vgl. insgesamt auch H. S. Versnel, Triumphus, 132–163.

85 Vgl. K.-J. Hölkeskamp, Triumph, 263. Nach J. Rüpke, Domi militiae, 224, traf hier auch der Triumphator auf die Staatselite, die sich jetzt in die Prozession einreihte.

umphquadriga, mit der er das Tor passierte.[86] Es ist also der Ort, an dem im eigentlichen Sinne die Prozession ihren rituellen Auftakt (mit Gewandwechsel, Opfer und Besteigen der Triumphquadriga) nahm,[87] an deren Ende wiederum kultische Opfer und ein Gewandwechsel stehen. Opfer und Kleiderwechsel markieren also Auftakt und Abschluss der Prozession und rahmen insofern das ganze Geschehen.[88] Schon das spricht für eine rituell aufgeladene Bedeutung des Tores in der Triumphzugschoreographie. Dem korrespondiert, dass das Tor offensichtlich auf dem Pomerium, der sakralen Grenze der Stadt, lag und damit zwischen den Bereichen *domi* (zu Hause) und *militiae* (im Felde) trennte.[89] Diese rituelle Bedeutung des Tores wird noch dadurch verstärkt, dass es offensichtlich nur zu den Triumphzügen geöffnet und nur in diesem rituellen Kontext passiert werden durfte.[90] Unsicher ist allerdings, ob nur der Triumphator durch das Tor fuhr,[91] oder auch der gesamte Zug diese Engstelle passierte.[92] Über die konkrete rituelle Bedeutung und den Zweck des Zuges durch die *porta triumphalis* herrscht keine Einigkeit. Wird das Tor vom ganzen Triumphzug – und damit auch von allen Soldaten – passiert, so liegt der Gedanke nicht fern, dass die Passage durch das Tor einer rituellen Reinigung des vom Blutvergießen

---

86 Vgl. insgesamt Jos., Bell VII 130f, der zunächst von einer Separation der Triumphatoren von den Soldaten spricht: Nur die Triumphatoren machen sich auf den Weg zum Triumphtor. Dort erfolgt dann nach einer kurzen Mahlzeit der Kleiderwechsel und das Opfer bei den am Tor vorhandenen Götterstatuen. Der Zug durch das Tor ist nach Josephus ein uralter Brauch (αἰεί), der dem Tor auch seinen Namen gegeben hat. Unklar bleibt bei Josephus leider, wer im eigentlichen Sinne das Tor passiert.

87 Dieser Auftakt und Einzug ist „ein entscheidender Moment im Ablauf des triumphalen Rituals“, so mit Recht S. T. Schipporeit, Wege, 103.

88 Vgl. K.-J. Hölkeskamp, Triumph, 263.

89 Vgl. J. Rüpke, Religion, 118.176. Insofern sich das Pomerium seit der Zeit Sullas verschiedentlich verschoben hat, wird man mit Neubauten der *porta triumphalis* rechnen müssen (vgl. E. Künzl, Triumph, 40f).

90 Vgl. K.-J. Hölkeskamp, Triumph, 263. Auf die Öffnung des Tores allein für die Triumphzüge deutet vor allem Cic., Pis 55 hin: Cicero hält in seiner Rede gegen Piso fest, dass dieser der einzige mit konsularischer Vollmacht ausgestattete Statthalter Makedoniens war, für den sich das Triumphtor nicht *geöffnet* habe (*quasi vero id aut, ego scire debuerim aut vestrum quisquam audierit aut ad rem pertineat qua tu porta introieris, modo ne triumphali, quae porta Macedonicis semper pro consulibus ante te patuit; tu inventus es qui consulari imperio praeditus ex Macedonia non triumphares* [Fuhrmann]). Eine Ausnahme stellte der Leichenzug (*pompa funebris*) des Augustus dar, der aus der Stadt hinaus durch die *porta triumphalis* geführt werden sollte. Dieser Zug durch das Triumphtor wird dabei als ganz besondere Ehrung verstanden, was entschieden dafür spricht, dass das Triumphtor wirklich nur für Triumphzüge gedacht war (vgl. Suet., Aug 100,2; Tac., Ann I 8,3). Zur Diskussion um die Öffnung des Tores nur zu Triumphzügen oder auch im sonstigen Alltag vgl. P. J. Holliday, Triumphal Painting, 133 mit Anm. 31.

91 So S. T. Schipporeit, Wege, 102.

92 Implizit z. B. angedeutet bei J. Rüpke, Domi militiae, 228.

im Kontext des Krieges verunreinigten Heeres gleicht.[93] Ebenso denkbar ist allerdings, dass der Zug durch das Tor sinnfälliger Bestandteil eines Einzugsritus ist, der gleichsam der krönende Abschluss der Heimkehr nach dem erfolgreich geführten Krieg ist.[94] Vollzieht hingegen primär oder ausschließlich der Triumphator die Passage durch die *porta triumphalis*, dann könnte es sich eher um einen Ritus im Rahmen eines Übergangsrituals[95] handeln, das den siegreichen Feldherrn zum Triumphator transformiert. Wir werden auf diesen Aspekt der Transformation zum Triumphator zurückkommen (s. II 4.4).

Zur Semantik des Einzugs: Eine Reihe von Forschern hat bemerkt, dass der Einzug in die Stadt, die Überschreitung des Pomeriums und damit die Passage durch die *porta triumphalis* semantisch relativ stereotyp ausgedrückt werden. Im Lateinischen dominieren bei Livius und anderen Autoren die Begriffe *in urbem inire, triumphans urbem intrare, transvehi, ingredi.*[96] Im Griechischen sind es die Begriffe εἴσοδος und εἰσάγειν, die für den triumphalen Einzug in die Stadt zumindest bei Polybios relativ stereotyp verwendet werden.[97] Es scheint sich dabei um formelhafte Wendungen zu handeln, die den Übertritt des Pomeriums als rituellen Akt phrasenhaft versprachlichen. Insbesondere beim griechischen εἰσάγειν bzw. ἄγειν wird man zudem beachten müssen, dass der Begriff und einige seiner Komposita nicht selten im Kontext von Prozessionen anzutreffen sind.[98] Dabei kann ἄγειν die Leitung der Prozession meinen.[99] Im Triumphzug ist das die Aufgabe des Triumphators, der den Befehl zum Aufbruch und damit zum Beginn der Prozession gibt.[100] Der Terminus ἀπ-άγειν kann hingegen die Teilnahme an einer Prozession auch gegen den eigenen Willen,

---

93 Vertreten etwa bei J. Kügler, Paulus, 159. Referat der Position samt Kritik bei E. Künzl, Triumph, 42. Dezidierte Kritik auch bei J. Rüpke, Religion, 118.

94 Zum Zug durch die *porta triumphalis* als Bestandteil eines Einzugsrituals vgl. J. Rüpke, Domi militiae, 228f.

95 E. Künzl, Triumph, 42, versteht die *rites de passage* (vgl. zum Begriff A. v. Gennep, Übergangsriten) m. E. fälschlich als „Durchzugsriten“ und kritisiert daher die Deutung des Zuges durch das Triumphtor als *rite de passage* (vgl. E. Künzl, Triumph, 43f). Das trifft angesichts des Missverständnisses allerdings nicht die Deutung des Durchzugs als Übergangsritual.

96 Auflistung nach S. T. Schipporeit, Wege, 102f; J. Rüpke, Domi militiae, 228 (mit einer Reihe von Belegen: 228 Anm. 82). Im Hintergrund steht die verdienstvolle Arbeit von J. E. Phillips, Verbs (mit einer Vielzahl von Belegen: 54 Anm. 1), die die Verwendung des Präfixes „*trans*“ im Kontext der Triumphbeutelisten des Livius untersucht und die Frage beantworten will, welcher Trans-fer durch die Komposita mit „*trans*“ ausgedrückt werden soll („Across what are the captured prisoners, money, weapons, and so forth being led or conveyed?“ [54]). Seines Erachtens kann es sich dabei nur um die Grenze des Pomeriums handeln, die im Triumphzug überschritten wird und über die dann die Beute transferiert wird.

97 Belege bei T. Itgenshorst, Triumph, 60–66.

98 Vgl. für das Folgende T. Paige, Pompe, 58–64 (mit den entsprechenden Belegen); H. Scherer, Pompe, 106.

99 Instruktive Nachweise bei T. Paige, Pompe, 59–62.

100 Vgl. nur Jos., Bell VII 131.

etwa das Mit- und Weggeführt-Werden als Gefangener bezeichnen. Es hat einen negativen Klang.[101] Und wenn schließlich εἰσ-άγειν die Bedeutung von „in Form einer Prozession Hineinziehen" haben kann, wie das eben für Triumphzüge belegt ist, dann liegt es nahe, anzunehmen, dass ἐξ-άγειν das Hinausziehen in Form einer Prozession meinen kann. Die Wortfamilie findet sich also im Umfeld von Prozessionen und damit auch Triumphzügen eindeutig belegt. Dessen ungeachtet können ἄγειν und seine Komposita selbstverständlich vielfältige Bedeutungen auch jenseits jedes Prozessionskontextes annehmen. Es ist der Kontext, der über die jeweilige Bedeutungsnuance entscheidet. Für die Analyse von Mk 15,16–20 wird das zumindest am Rande bedeutsam werden.

3.2.2.3 Beutepräsentation und Leistungsschau

Nach dem Zug durch die *porta triumphalis* nahm die Prozession ihren Lauf durch die Stadt. Sie passierte dabei eine Vielzahl symbolisch hochbedeutsamer Heiligtümer und Orte, an denen unter Umständen auch kurze religiöse Zeremonien abgehalten wurden. So kam sie auch an einer Statue des Herkules Triumphalis vorbei, die aus Anlass des Triumphes mit den Insignien eines Triumphators ausstaffiert wurde.[102] Das wohl wesentlichste Element im Rahmen der rituellen Bewältigung der Wegstrecke bestand sicherlich in einer besonderen Form der „Leistungsschau". Denn im Triumphzug wurde eine Vielzahl von Personen und Gegenständen präsentiert, die die gesamte Prozession zu einem möglichst dramatischen, exotischen und eleganten Spektakel machten und letztlich die Größe des Sieges und den Ruhm des Triumphators verkündeten und für alle sichtbar unter Beweis stellten.[103] Zugleich war das ein Ausweis für die inzwischen erreichte Ausdehnung des römischen Herrschaftsgebiets in fernste Gegenden, deren Spezifika nun in Rom gezeigt werden können: Der Triumphzug bot dazu eine Bühne, auf der die eroberte Welt inszeniert werden konnte.[104] Im Folgenden werden die Hauptaspekte dieser Leistungsschau thematisiert. Lediglich die mitgeführten königlichen Gefangenen sowie die vom

---

101 Vgl. T. Paige, Pompe, 63f.

102 Belegt bei Plin., Hist Nat XXXIV 33; vgl. K.-J. Hölkeskamp, Triumph, 263; S.T. Schipporeit, Wege, 104f. Zu dieser Statue und den weiteren Herkulesmonumenten und Herkulesheiligtümern im Umfeld des Forum Boarium vgl. auch H. Krasser, Leitmotiv, 266, der von einer „monumentalen Erinnerungslandschaft römischer Sieghaftigkeit" spricht, die im Rahmen des Triumphes stets durchschritten wird und den jeweiligen Triumph als Siegesfeier in eine schon als gewohnheitsmäßig anzusprechende römische Sieghaftigkeit einbindet.

103 Vgl. auch E. Flaig, Politik, 34f, der die gezeigte Beute als „Indikator des Prestiges" versteht, der vom Triumphator errungen worden ist. Insgesamt zur präsentierten Beute, den „fruits of victory" (I. Östenberg, World, 1), vgl. die monographische Studie von I. Östenberg, World; vgl. auch die Überlegungen bei M. Beard, Triumph, 31.

104 In dieser Perspektive ist der von I. Östenberg, World, gewählte Titel „Staging the World" ausgesprochen passend. Zur Beute vgl. insgesamt auch M. Beard, Triumph, 143–186.

Triumphator Befreiten werden in jeweils eigenen Kapiteln gesondert in den Blick genommen (vgl. II 3.4; II 3.5).

3.2.2.3.1 Beutestücke

Beute zu machen, war eines der Hauptziele des Krieges, sie im Triumphzug zu präsentieren, für jeden Triumphator unumgänglich. Die Beute war der sichtbare Nachweis seines Erfolges und stand im Rahmen des Triumphzugs mit aller Wahrscheinlichkeit auch im fokussierten Interesse der Zuschauer. Die Beute zeigte, dass Rom erfolgreich war und es sich lohnte, Krieg zu führen. Beim römischen Historiker Livius haben sich zahlreiche Auflistungen von in Triumphzügen präsentierter Beute erhalten. Nur ein Beispiel, das von der Beute des M. Acilius angesichts seines Sieges über König Antiochos und die Ätoler erzählt, soll das illustrieren (XXXVII 46,3f [Hillen]):

> Vorangetragen wurden bei diesem Triumph 230 Feldzeichen und 3000 Pfund unverarbeitetes Silber, an gemünztem 113.000 attische Tetrachmen [sic!] und 249.000 Kistophoren, außerdem viele getriebene Silbergefäße von großem Gewicht. Er ließ auch königliches Silbergeschirr und prächtige Kleidung vorübertragen und 45 goldene Kränze, Geschenke verbündeter Gemeinden, sowie Beute jeder Art. 36 bedeutende Gefangene führte er vor, Heerführer der Ätoler und des Königs.

Die Menge an in Triumphzügen gezeigten Beuteobjekten, die in diesem kurzen Abschnitt teils summierend („Beute jeder Art"), teils spezifisch benannt werden, lässt sich mit gewissen Randunschärfen einigermaßen systematisieren und inhaltlich klassifizieren. Transportiert werden die allermeisten Beutestücke auf so genannten Ferkula, teils einfachen, teils mehrstöckigen Tragegestellen, die je nach Gewicht von mehreren Männern geschultert werden.

Edelmetalle

Ob in klingender Münze, als Kunstwerk oder luxuriöser Gebrauchsgegenstand verarbeitet oder aber als rohes und unverarbeitetes Material – Edelmetalle, also Gold, Silber sowie die Legierung Bronze, standen in Triumphzügen hoch im Kurs.[105] Kaum eine Aufzählung von Beutestücken kommt ohne die Erwähnung von gemünztem, verarbeitetem oder unverarbeitetem Edelmetall aus. So bringt Lucius Scipio Asiaticus um 188 v. Chr. folgende Mengen gemünzten und verarbeiteten Edelmetalls mit nach Rom (Liv. XXXVII 59,3–5 [Hillen]):

> 234 goldene Kränze, 137.420 Pfund Silber, 214.000 attische Tetrachmen [sic!], 321.070 Kistophoren, 140.000 Gold-Philippeen, an Silbergefäßen – sie waren alle ziseliert – 1423 Pfund, an goldenen 1023 Pfund.

---

105 Vgl. zu diesen Objekten der „Leistungsschau" ausführlich I. Östenberg, World, 58–79.

Die Verfügungshoheit über diese gewaltigen Mengen von Geld und Wertgegenständen lag prinzipiell beim Triumphator. Allerdings gab es die allgemeine Erwartung, dass der Triumphator die Beute möglichst vergemeinschaftete, also an Soldaten und Volk Geldgeschenke verteilte und ansonsten die gemünzten oder unverarbeiteten Edelmetalle in den Staatsschatz überführte.[106]

Exotika

Exotische Kriegsbeute war in Triumphzügen natürlich besonders beliebt, konnte das Publikum doch auf diese Weise einen Eindruck von Mensch, Kultur und Lebenswelt, Natur und Technik der besiegten Gegner erhalten.[107] Je exotischer und ausgefallener die präsentierten Objekte waren, desto besser.[108] Pompeius zeigt in seinem Asientriumph[109] (61 v. Chr.) importierte Pflanzen, nämlich indische Ebenholzbäume,[110] als Exotika.[111] Und im Flaviertriumph werden nicht nur Tiere[112] der unterschiedlichsten Gattungen und exotische Pflanzen, nämlich Balsamstauden, präsentiert, sondern auch Schiffe[113] vorgeführt (Jos., Bell VII 136.147).

Kunstobjekte, Wertgegenstände und Identitätssymbole

Neben den bereits genannten Kunstobjekten aus Edelmetall wird in den Beuteberichten eine Vielzahl weiterer Kunst- und Wertgegenstände genannt.[114] Das können Edelsteine[115] sein, wertvolle Gewänder,[116] Schmuck, elfenbei-

---

106 Vgl. E. Künzl, Triumph, 111; exemplarisch auch Liv. X 46,5 [Hillen]: „Das ganze Geld und das Silber (*aes argentumque*) wurde in die Staatskasse eingebracht.“

107 Vgl. I. Östenberg, Animals, 497–499.

108 Dabei dürfte es vor allem für das Publikum wenig Unterschied machen, ob die präsentierten Objekte erobert oder als Geschenke und Loyalitätsbekundungen von Verbündeten freiwillig übergeben wurden.

109 Der allerdings auch als Triumph „über die ganze Welt“ gefeiert wurde (vgl. K.-J. Hölkeskamp, Triumph, 268); vgl. auch ausführlich zu diesem Triumph M. Beard, Triumph, 7–41. Im Triumph ist sinnfällig auch ein Globus mitgeführt worden, um die Unterwerfung der ganzen Welt anzuzeigen.

110 Zu im Triumphzug vorgeführten Bäumen vgl. insgesamt I. Östenberg, World, 184–188: Pompeius hat dabei Indien, anders als sein im Triumphzug imitiertes Vorbild, Alexander der Große, nicht erreicht. Die Ebenholzbäume standen, so die Vermutung Östenbergs, in den königlichen Gärten derjenigen Herrscher, die Pompeius besiegt hatte. Für das römische Publikum war diese Detailfrage vermutlich weniger entscheidend: Für sie war Indien „an unknown wonderland on the eastern edges of the world“ (186), von dessen Exotik Pompeius im Triumphzug einen (gut kalkulierten) Eindruck vermitteln konnte.

111 Vgl. K.-J. Hölkeskamp, Triumph, 267.

112 Zu Tieren, vor allem Elefanten, im Triumphzug vgl. I. Östenberg, World, 168–184.274f; I. Östenberg, Animals, 499–505; R. Payne, Triumph, 54f.

113 Vgl. dazu auch I. Östenberg, World, 46.52.

114 Vgl. insgesamt auch I. Östenberg, World, 91–119.

115 Vgl. etwa Jos., Bell VII 135.

116 Ein entsprechendes Beispiel bei Liv. XXXVII 46,4 (*vestem magnificam* [Hillen]).

nerne Elefantenstoßzähne,[117] perlenbesetzte[118] Kunstwerke, königliches Tafelgeschirr, Möbel, Standbilder und Statuen besiegter Herrscher oder Götter,[119] Herrschaftsinsignien wie Thron und Szepter.[120] Letztlich kann in diesem Sinne alles zur Beute werden, was sich nur irgendwie transportieren lässt, was prestigeträchtig ist und entsprechend Ausdruck von *luxuria* sein kann.

Wenn im Triumphzug die Herrschaftsinsignien der besiegten Gegner vorgeführt werden, dann handelt es sich natürlich auch um symbolisch aufgeladene *Identitätsobjekte* – und zwar für die Besiegten wie für die Sieger. Paradebeispiele für diese Art von Beutestücken liefert der Flaviertriumph in Wort und Bild.[121] Denn die Flavier lassen einige der typisch jüdischen Identitätssymbole aus dem Tempel von Jerusalem präsentieren. Fraglos haben diese Objekte aus Edelmetall, Pergament oder wertvollem Stoff auch einen materiellen Wert. Ihr ideeller Wert für Juden und für die Römer als Eroberer dieser Objekte war aber gewiss ungleich höher.[122] Josephus schreibt ausführlich über diese Beutestücke (Bell VII 148–150 [Michel/Bauernfeind]):

> Unter allem zeichnete sich das am meisten aus, was man im Tempel in Jerusalem genommen hatte: ein viele Talente schwerer goldener Tisch und ein ebenfalls aus Gold gefertigter Leuchter, in seiner Ausführung aber ganz verschieden von der Art, wie sie bei uns gewohnt ist. Mitten aus dem Sockel ragte nämlich ein Schaft empor, der nach Art des Dreizacks in dünne, nebeneinanderstehende Äste verlief; jeder dieser Äste trug an seiner Spitze eine aus Erz getriebene Lampe. Es waren deren sieben,[123] um die von den Juden der Siebenzahl entgegengebrachte Hochschätzung zu veranschaulichen. Als Abschluss der Beutestücke wurde das Gesetz der Juden vorbeigetragen.

117 So bringt der bereits genannte Lucius Scipio Asiaticus aus Asien nicht nur haufenweise Edelmetalle mit, sondern auch „1231 Elefantenzähne“ (Liv. XXXVII 59,3 [Hillen]).

118 Zur Präsentation von Perlen in Triumphzügen vgl. I. Östenberg, World, 105–108; T. Hölscher, Provokation, 95f. Perlen gelten in der römischen Antike als Zeichen für einen geradezu überbordenden, mehr orientalischen Luxus, der die Grenze zu eitler Dekadenz nahezu überschritten hat; vgl. auch M. Beard, Triumph, 10.

119 Zu diesen Statuen vgl. I. Östenberg, World, 79–90. Östenberg diskutiert letztlich ablehnend (vgl. 85.89) die Frage, ob sich mit den im Triumphzug mitgeführten Götterstatuen, die aus dem eroberten Gebiet stammten, der Gedanke von gefangenen fremden Göttern verbindet.

120 Auflistung nach K.-J. Hölkeskamp, Triumph, 267; vgl. auch M. Beard, Triumph, 9.

121 Ausführlich kommt auch I. Östenberg, World, 111–119, auf diese speziellen Beutestücke zu sprechen.

122 Treffend analysiert I. Östenberg, World, 115f, diese Beutestücke daher in zwei Perspektiven: „Spoils of richness“ (115) und „Symbols of defeat“ (116).

123 Vgl. zur Übersetzung dieser josephischen Leuchterbeschreibung, die gut mit der Abbildung auf dem Titusbogen korrespondiert, die ausführliche Kommentierung zu der Stelle bei O. Michel/O. Bauernfeind, 246–248 Anm. 80.

Schaubrottisch, Menora und Torarollen werden nach Josephus im Triumphzug präsentiert. Möglicherweise gilt dies auch für die Vorhänge, die im herodianischen Tempel angebracht waren und das Tempelgebäude strukturierten. Dass diese Vorhänge als Beute den Weg nach Rom gefunden haben, steht in der Erzählwelt des Josephus fest, werden sie doch zusammen mit anderen Objekten aus dem Tempel (etwa dem Gewand des Hohepriesters) an die Römer übergeben und später im Palast des Vespasian verwahrt.[124] Und wenn Josephus im Rahmen seines Berichtes über die Beutepräsentation schreibt (Bell VII 134 [Michel/Bauernfeind]): „es folgten Gewebe vom seltensten Purpur und solche, die nach babylonischer Art mit bis ins Einzelne durchgearbeiteten Darstellungen bestickt waren", dann kann sich diese Bemerkung evtl. auch auf die Tempelvorhänge beziehen, die nach Jos., Bell V 212–214 u. a. auch aus purpurner Wolle bestanden, bestickt waren und insgesamt ein babylonisches Gewebe darstellten (s. dazu III 3.5).

Es ist gewiss kein Zufall, dass auf dem Beuterelief des Titusbogens, der in seiner Gestaltung auf die Flavier, vor allem auf Domitian, zurückgeht, aus der Vielzahl von Beutestücken primär jüdische Identitätssymbole aus dem Kontext des Tempels abgebildet werden: die sehr dominant wirkende Menora,[125] der Schaubrottisch[126] sowie zwei Posaunen, die ebenfalls für den Tempelkult bedeutsam waren (vgl. Abb. 13).

Es sind diese aus dem jüdischen Tempel stammenden Beutestücke, die im Flaviertriumph in die Stadt Rom hineingetragen worden sind und – so erzählt Josephus (Bell VII 161 f) – dort dauerhaft in einem neu von Vespasian aus der Kriegsbeute errichteten Tempel für die Friedensgöttin (*templum pa-*

---

124 Vgl. Jos., Bell VI 387–391; VII 162.

125 Vgl. zur Menora des Titusbogens, vor allem auch zum Diskurs über die Gestaltung des Fußes, J. Voss, Menora, 74.

126 Auf dem Tisch lässt sich zudem ein Gefäß entdecken, das evtl. zur Darbringung der Erstlingsfrüchte gedacht war oder als Mischgefäß für Weihrauchopfer diente. Evtl. ist es mit jenem kelchartigen Gefäß („Omerkelch") identisch, das auf jüdische Aufstandsmünzen des ersten jüdisch-römischen Krieges geprägt worden ist. Vgl. dazu H. Schwier, Tempel, 324.

127 Zur Datierung sowie für die Beschreibung des Reliefs vgl. die grundlegende Studie von M. Pfanner, Titusbogen, 71–75.91 f. Die manchmal vorgebrachte Vermutung, Beute- und Triumphatorenrelief seien erst nach Domitian angebracht worden, ist nicht stichhaltig. Denn auf dem Bogenmonument, das rechts auf dem Beuterelief abgebildet ist, wird zwischen Titus und Vespasian an pointierter Stelle Domitian auf dem Pferd reitend abgebildet. Das spricht entschieden für eine Datierung noch in die Zeit Domitians und vor seine *damnatio memoriae* (vgl. M. Pfanner, Titusbogen, 91 f.101 mit Tafel 56).

128 Vgl. I. Östenberg, Triumph, 817. Die *tabula ansata* scheint die Standardform gewesen zu sein, in der *tituli* für Triumphzüge gestaltet worden sind, wenngleich die *tituli* in den Quellen stets *titulus* und nicht *tabula* genannt werden, vgl. I. Östenberg, Placards, 466.

129 Standardmäßig werden vier Träger pro Ferkulum eingesetzt. Das auch im Blick auf die Materialität hohe Gewicht der Beutestücke wird in diesem Falle also nochmals betont.

Abb. 13: Beuterelief des Titusbogens in Rom (entstanden unter der Herrschaft des Domitian[127]): Der Triumphzug bewegt sich von links nach rechts auf ein ornamentiertes, schräg zum Triumphzug gestelltes Bogenmonument zu, auf dem zwei Quadrigen einen einzelnen Reiter rahmen. Beschreibung (von rechts nach links): An der Spitze des Zuges trägt eine Einzelperson eine Tafel in Form einer *tabula ansata*,[128] die als *titulus* sicherlich die auf dem nachfolgenden Ferkulum getragenen Beutegegenstände identifizierte. Auf dem folgenden, von acht[129] Männern getragenen Ferkulum befindet sich der Schaubrottisch; vor dem Schaubrottisch kreuzen sich zwei Posaunen, die auf dem Ferkulum befestigt sind und vom Schaubrottisch abgestützt werden. Ein weiterer Träger eines *titulus* vermittelt zum nächsten, wiederum von acht Männern getragenen Ferkulum, auf dem sich die Menora befindet. Ein dritter Träger eines *titulus* verweist prospektiv auf die nächsten Beutestücke – zu erwarten wäre angesichts der bisherigen Übereinstimmungen in der Reihenfolge mit der Erzählung des Josephus nun die Torarolle –, deren Abbildung aber offenkundig nicht vorgesehen war, folgt doch die Rahmung des Reliefs, das damit bewusst endet [Quelle: eigene Photographie].

cis) ausgestellt wurden. Lediglich die Torarollen[130] sowie die reich verzierten Tempelvorhänge aus dem Inneren des Jerusalemer Tempels ließ Vespasian in

---

130 Dass es ausgerechnet die Torarollen sind, die auf dem Beutefries des Titusbogens nicht mehr abgebildet sind, könnte angesichts ihrer mehr privaten Aufbewahrung im Palast des Vespasian Sinn ergeben. Die übrigen Stücke waren angesichts der öffentlichen Präsentation im Kontext eines Tempels sicherlich in der Öffentlichkeit präsenter, so dass eine Verlinkung mit dem Titusbogen, der ja unmittelbar und massiv auf den Flaviertriumph verwies, hier viel deutlicher in Erinnerung rief, dass die Präsenz von Schaubrottisch und Menora in Rom sich

seine unmittelbare Nähe bringen und in seinem Palast verwahren. Sie waren dadurch nur noch einer Oberschichtsöffentlichkeit zugänglich. All diese jüdischen Objekte aus dem Jerusalemer Tempel befanden sich nun in Rom. Das Beuterelief des Titusbogens verkündet insofern, was auch die flavischen Münzen promulgieren: *Judaea capta!*

Militaria: Waffen, Rüstungen, Tropaia, Feldzeichen und spolia opima

Zur präsentierten Beute gehörten auch die Instrumente des Krieges:[131] Waffen aller Art,[132] Rüstungen,[133] Feldzeichen[134] und sogar Rammsporne[135] von Schiffen. In einer rhetorisch gewiss überhöhten Auflistung gibt Diodorus Siculus in seinem nur fragmentarisch überlieferten 31. Buch der griechischen Weltgeschichte (XXXI 8,10 [Wirth]) anlässlich des Makedonentriumphes des Aemilius Paullus (167 v. Chr.) eine Übersicht der präsentierten Waffen:

> So zogen am ersten Tag 1200 Wagen ein, beladen mit weißen Schilden, die aus rohem Leder gearbeitet waren, dazu andere 1200 mit Schilden aus Metall, und weitere 300, berstend voll mit Lanzen, Spießen, Bogen und Speeren [...] Es gab auch noch viele andere Wagen, die Waffen vieler Art transportierten, dazu 800 Stangen, an denen vollständige Rüstungen hingen (κάμακες ὀκτακόσιαι καθωπλισμέναι).

Bei den zuletzt genannten 800 Stangen, an denen Rüstungen und wohl auch Waffen befestigt waren, handelt es sich um so genannte Tropaia.[136] Tropaia sind Sieges- und Machtsymbole, die aus den erbeuteten Utensilien des besiegten Gegners bestehen: Helm, Schild, Waffen, Rüstung, Kleidung. Diese Objekte werden anthropomorph drapiert und symbolisieren den besiegten Gegner wie auch den Sieg. Dabei wird Holz als Hilfsmittel für das Arrangement der Tropaia verwendet, wobei senkrechte Pfähle manchmal in Kombination mit Querbalken benutzt werden (vgl. Abb. 14). Das erweckt durchaus den Eindruck eines gekreuzigten Menschen, wie etwa ein Miniaturmodell eines

---

dem Sieg der Flavier verdankte. Der Beutefries des Bogens ist dann wie eine Art Kommentar zu den im *templum pacis* ausgestellten Objekten und verknüpft nachhaltig den Triumph der Flavier mit diesen Objekten.

131 Vgl. generell zu diesen Beutestücken I. Östenberg, World, 19–46.

132 Ausgestellt werden, wie in modernen Militärparaden auch, sogar schwere Artilleriegeschütze (Katapulte, Ballisten), die zur Belagerung und Zerstörung von Städten und Stadtmauern dienten; vgl. I. Östenberg, World, 41–46.

133 Vgl. nur Liv. XXXIX 7,2 (eine Vielzahl gallischer Waffen sowie von Rüstungen, die den Gegnern abgenommen wurden, werden im Triumph präsentiert).

134 Belegt z. B. bei Liv. XXXVII 46,3; zu den eroberten Feldzeichen, den „signs of success" (38), vgl. auch I. Östenberg, World, 38–41.

135 Vgl. für Pompeius mit Belegen und Kommentierung K.-J. Hölkeskamp, Triumph, 267; vgl. auch I. Östenberg, World, 46–57.

136 Vgl. für das Folgende R. Hurschmann, Tropaion.

Abb. 14: Denar des Caesar, Hispania, 46–45 v. Chr.: Rv.: Tropaion mit gallischen Waffen an Längs- und Querbalken: je zwei Speere, Schilde sowie Kriegstrompeten, ein Schuppenpanzer und ein Hörnerhelm, ein gefesselter Gallier rechts zum Tropaion aufblickend, links eine trauernde Gallierin; Unterschrift: CAESAR [Quelle: © Münzkabinett der Staatlichen Museen zu Berlin, Objektnummer: 18217059].

Tropaions aus dem 1. Jh. n. Chr. zeigt.[137] *Tituli* können über den Anlass der Aufstellung des Tropaions informieren.[138] Ursprünglich waren Tropaia ein temporäres Siegeszeichen im Feld, das wie eine Vogelscheuche abschreckend auf den besiegten Gegner wirken sollte. Im Laufe der Zeit entwickelten sie sich zu dauerhaften Siegessymbolen, die auch als solche im Triumphzug mitgeführt werden konnten, um an ihnen erbeutete Waffen und Rüstungen präsentieren zu können. Ikonographisch haben sich Tropaia auch auf Münzen erhalten. Dabei wird eine Szene, die sich auch im Triumphzug wiederfinden lässt, auf eine der Münzseiten geprägt: Gefangene, die unterhalb eines Tropaions sitzen (s. dazu auch Abb. 17).

Ganz besondere Beutestücke, die eng mit der Geschichte des Triumphzugs verbunden sind und deshalb hier ausführlicher dargestellt werden sollen, stellen in diesem Zusammenhang die Rüstung, also sozusagen das Gewand, sowie die Waffen des feindlichen Feldherrn bzw. des besiegten Königs dar. Sie werden summierend *spolia opima* genannt.[139] Nur ganz wenigen Triumphatoren ist es gelungen, dieses Elitestück unter den Beuteobjekten nach Rom zu holen. Urmodell ist Romulus selbst, auf den die römische Tradition auch das Gesamtritual des Triumphzugs zurückführt. Plutarch verbindet seine Erzählung über den Triumph des Romulus sogleich mit etymologischen Überlegungen zur Herkunft des Begriffs *opima* (Rom 16,4–8[140] [Künzl[141]]):

---

137 Vgl. R. Grüssinger, Bilder, 30 Abb. 9.

138 Belegt bei Pausanias V 27,11. Eine entsprechende Abbildung bei E. Künzl, Triumph, 128 Abb. 88 (Tropaion mit Victoria, die den entsprechenden Sieg auf einem Schild notiert).

139 So schon die Definition bei Plut., Marc 8,4 [Ziegler]: „Die erbeuteten Waffen nennen sie [sc. die Römer, M. L.] allgemein *spolia* und diese insbesondere *spolia opima*“. Vgl. zur Realie der *spolia opima* als materiellem Objekt der Erinnerungskultur A. Hartmann, Relikt, 454–461; J. Rüpke, Domi militiae, 217–223 (mit weiteren Differenzierungen in drei Typen von *spolia opima*); allgemein auch H. S. Versnel, Triumphus, 304–313.

140 Vgl. zu dieser Tradition auch Liv. I 10,2–7.

141 Vgl. E. Künzl, Triumph, 141 f.

> Romulus aber, der sich überlegte, wie er am besten die Einlösung des dem Gott gegebenen Votums mit einem Schauspiel für die Bürger verbinden könnte, fällte im Lager eine sehr große Eiche, gab ihr die Form eines Tropaions, und befestigte die Waffen des Acron [sc. des besiegten gegnerischen Feldherrn, M. L.] daran in richtiger Ordnung. Er selbst gürtete sein Gewand und bekränzte sein volles Haar mit Lorbeer. Er nahm das Tropaion auf die rechte Schulter, wo er es aufrecht hielt, und begann seinen Triumphmarsch mit einem Siegeslied, während ihm das Heer in Waffen folgte, und die Bürger sie mit Freude und Staunen empfingen. Dieser Zug wurde dann Ursprung und Modell der römischen Triumphzüge (ἡ μὲν οὖν πομπὴ τῶν αὖθις θριάμβων ἀρχὴν καὶ ζῆλον παρέσχε). Die Trophäe wurde als die Weihegabe für Jupiter Feretrius bezeichnet, nach dem lateinischen Wort *ferire* für vernichten. Romulus hatte gelobt, seinen Gegner zu vernichten und niederzuwerfen. Solche Beutewaffen nennen sie *spolia opima*, weil *opes*, wie Varro sagt, das lateinische Wort für Reichtum ist. Besser allerdings wäre eine Verbindung mit dem Wort für Tat, welches *opus* heißt. Nur ein Feldherr, der persönlich den gegnerischen Feldherrn tötete, darf die *spolia opima* weihen. Nur drei römischen Feldherrn widerfuhr diese Ehre; als erstem dem Romulus für seinen Sieg über Acron von Caenina, dann dem Cornelius Cossus, der den Etrusker Tolumnius tötete, und schließlich dem Claudius Marcellus, der den Gallierkönig Britomartus überwältigte. Cossus allerdings und Marcellus benutzten bereits ein Viergespann für ihren Einzug mit den Tropaia in die Stadt; dass jedoch schon Romulus mit dem Wagen gefahren sei, schreibt Dionysios zu Unrecht. Es heißt nämlich, dass unter den Königen als erster Tarquinius, der Sohn des Demaratus, den Triumph in dieser prunkvolleren Form organisiert habe […] Und alle Statuen des Romulus mit dem Tropaion, die man in Rom sehen kann, zeigen ihn zu Fuß.

Der Text des Plutarch zeigt nicht nur, dass der Triumph und die Weihung der *spolia opima* genetisch eine Einheit bilden, er nennt auch die wesentlichen Konstituenten, die mit der Weihung der *spolia opima* verbunden waren. Nutznießer war Jupiter Feretrius, der in einem Tempel auf dem Kapitol verehrt wurde. Dieser Tempel galt als der älteste Tempel Roms, wurde der Tradition nach von Romulus selbst und eigens für die Aufbewahrung der *spolia opima* gegründet,[142] verfiel im Laufe der Zeit und wurde von Augustus neu errichtet.[143] Nur hier konnten die *spolia opima* geweiht werden. Als *spolia opima* galt, auch das hält Plutarch deutlich fest, nur die im Zweikampf[144] auf Leben und Tod durch den römischen Feldherrn erbeutete Rüstung und Bewaffnung des feindlichen Feldherrn.

In die Fußstapfen des Romulus ist, das war für Plutarch bereits Geschichte, die er referieren konnte, der Militärtribun Aulus Cornelius Cossus getreten,

---

142 Vgl. Liv. I 10,2–7.

143 Vgl. Liv. IV 20,7. Vgl. zum Tempel und seiner Geschichte auch P. ZANKER, Augustus, 63.110.190.

144 Zum Zweikampf im Kontext der Erbeutung der *spolia opima* vgl. Plin., Pan 17,3.

der den Etruskerkönig Lars Tolumnius um 430 v. Chr.[145] im Krieg tötete, seine Rüstung im Triumphzug präsentierte und anschließend, der Sitte des Romulus folgend, dem Jupiter Feretrius auf dem Kapitol weihte. Das hohe Prestige dieses Beutestücks merkt man der Erzählung des Livius (IV 20,1–4 [Hillen]) fraglos an. Denn Cossus präsentiert die Rüstung nicht etwa in seinem Triumphzug,[146] sondern in dem des Diktators Mamercus Aemilius Mamercinus.[147] Und dabei stiehlt er dem eigentlichen Triumphator fast vollständig die Schau:

> Nachdem die Sache überall zu einem guten Ende gebracht war, kehrte der Diktator auf Senatsbeschluss und auf Geheiß des Volkes im Triumph in die Stadt zurück. Bei weitem am meisten Aufsehen bei dem Triumphzug erregte Cossus, der die erbeutete Feldherrnrüstung des getöteten Königs mit sich führte (*longe maximum triumphi spectaculum fuit Cossus spolia opima regis interfecti gerens*). Auf ihn sangen die Soldaten kunstlose Lieder, in denen sie ihn mit Romulus verglichen. Er brachte die erbeutete Rüstung in feierlicher Weihe als Geschenk im Tempel des Jupiter Feretrius in der Nähe der von Romulus erbeuteten Rüstung an, die als erste die Bezeichnung „Feldherrnbeute“ erhalten hatte (*prope Romuli spolia, quae prima opima appellata*) und bis zu diesem Zeitpunkt die einzige geblieben war. Er hatte die Blicke seiner Mitbürger vom Triumphwagen des Diktators weg auf sich gelenkt und den Ruhm dieses Tages fast allein geerntet. Der Diktator legte einen goldenen Kranz von einem Pfund Gewicht aus öffentlichen Mitteln als Geschenk für Jupiter auf dem Kapitol nieder.

Man spürt geradezu, dass die Stiftung des goldenen Kranzes des triumphierenden Diktators für den kapitolinischen Jupiter, die von Livius beinahe nachklappend genannt wird, als Gegengewicht zur Weihung der *spolia opima* an Jupiter Feretrius fungieren sollte. Allein: Ein Pfund Gold wiegt das Prestige der *spolia opima* auch nicht im Mindesten auf. Die Lieder der Soldaten im Triumph galten eben nicht dem Triumphator, dem sie eigentlich zu gelten hätten, sondern dem „Zweiten Romulus“, Cossus. Und die Blicke des Publikums hingen nicht am Triumphator in seiner Quadriga, sondern am Erbeuter der *spolia opima*.

Der dritte im Bunde ist dann Marcus Claudius Marcellus, der 222 v. Chr. dem Kelten Viridomarus/Britomartus Rüstung und Waffen abnahm. Auch in diesem Falle lässt sich das hohe Prestige dieses Beutestücks aufweisen. Denn

---

145 Die Datierungen von Triumph und Krieg schwanken zwischen etwa 437 und 426 v. Chr.

146 Darin unterscheiden sich die Darstellungen bei Livius und Plutarch, für den Cossus offenkundig der Triumphator war, wenn er ihn in einer Quadriga in die Stadt einfahren lässt. Wenn die Darstellung des Livius richtig ist, dann war im 5. Jh. v. Chr. das Recht, die *spolia opima* zu weihen, noch nicht auf den Inhaber des höchsten Imperiums, der auch das Recht zu den Auspizien hatte, beschränkt – ein Gedanke, der Livius offenbar selbst etwas eigenartig erscheint, schließt er doch unmittelbar an den Bericht über die Weihung der *spolia opima* durch Cossus Überlegungen an, ob Cossus die Weihung der *spolia opima* als Militärtribun oder nicht doch später als Konsul (428 v. Chr.) vorgenommen habe (als Konsul wären ihm das höchste Imperium sowie das Recht zu den Auspizien zu eigen gewesen), vgl. Liv. IV 20,5 f.

147 Diktator in den Jahren 437, 434 und 426 v. Chr.

die Heimholung und Weihung der *spolia opima* durch Marcellus wird eigens in den Triumphalfasten anlässlich seines Triumphes verzeichnet.[148] Die Erzählung des Plutarch über diese dritte Weihung der *spolia opima* liest sich bis in die Details hinein wie ein Echo auf das Urbild des Romulus-Triumphes (Marc 8,1–3 [Ziegler]):

> Als nun der Senat dem Marcellus allein einen Triumph bewilligte, hielt er seinen Einzug, einzig bewundert schon wegen der sonstigen Pracht, des mitgeführten Reichtums, der Waffenbeute und der Riesengestalten der Gefangenen; als das erfreulichste und neuartigste Schauspiel von allen aber führte er sich selber vor, wie er dem Gott die volle Waffenrüstung des Barbaren darbrachte. Denn er hatte den geraden und hohen Stamm einer wohlgewachsenen Eiche fällen und in die Form eines Siegesmals (ὥσπερ τρόπαιον) bringen lassen. Daran ließ er die Waffenstücke befestigen und aufhängen, jedes in der rechten Ordnung wirkungsvoll angebracht. Als sich jetzt der Zug in Bewegung setzte, bestieg er selbst, das Beutestück geschultert, das Viergespann[149] und führte dieses schönste und herrlichste aller Siegesmale im Triumph durch die Stadt. Das Heer folgte, mit den schönsten Waffen geschmückt, und sang dazu Lieder, die man zu dem Zweck gedichtet hatte, und Siegesgesänge auf den Gott und den Feldherrn. So zog er einher, und als er in den Tempel des Jupiter Feretrius gekommen war, stellte er das Beutestück auf und weihte es, und zwar als dritter und letzter bis zum heutigen Tage.

Diese Weihung der *spolia opima* durch Marcellus im späten 3. Jh. v. Chr. stellt die letzte Weihung von *spolia opima* dar.[150] Die Bedeutung der *spolia opima* ist allerdings in der Folgezeit keineswegs in Vergessenheit geraten und wird auch gewiss im Kontext der Triumphzüge der späten Republik und der Kaiserzeit erinnert worden sein. Das zeigt zunächst eine Münze aus dem Jahr 50 v. Chr., die die Erinnerung an die über 150 Jahre zurückliegende Großtat des Marcellus ikonographisch fixiert. (vgl. Abb. 15)

Das weiterhin vorhandene Bewusstsein für die überragende Bedeutung der *spolia opima* zeigt sich auch in der Lobrede Plinius des Jüngeren auf Kaiser Trajan, die in die Zeit um 100 n. Chr. datiert. Plinius überschüttet, der Gattung entsprechend, Kaiser Trajan mit Lob. Im Kontext eines in diesem Zusammen-

---

148 Das ist bei Romulus indes nicht der Fall. Für die Zeit des Cossus fehlt leider das entsprechende Stück der Inschrift.

149 Anders als Romulus nutzt Marcellus aber, der Entwicklung des Rituals entsprechend, die Triumphquadriga und steht mit dem Tropaion in seinem Wagen. Wir finden hier also den ganz seltenen Fall, dass sich in der Triumphquadriga selbst ein Spitzenstück der Beute befindet.

150 Zum nicht ausgeübten Sonderrecht Caesars, *spolia opima* dem Jupiter Feretrius zu weihen vgl. P. Kehne, Augustus, 198.

Abb. 15: Denar des P. Cornelius Lentulus Marcellinus, Rom, 50 v. Chr.: Rv.: Marcellus trägt ein Tropaion mit den *spolia opima* nach rechts zum tetrastylen Tempel des Jupiter Feretrius, in dessen Cella bereits ein Sockel für das Tropaion steht; Umschrift: MARCELLUS COS QUINQ [Quelle: © Münzkabinett der Staatlichen Museen zu Berlin, Objektnummer: 18202015].

hang von Plinius imaginierten[151] Triumphzugs des Trajan kommt Plinius auch auf die *spolia opima* zu sprechen (Plin., Pan 17,3 [Kühn]):

> Und auch die ehrenvollste Beute (*opima*) könnte dir zufallen! Es müsste nur einer der Könige es wagen, gegen dich anzutreten – aber die Angst würde ihn packen, nicht nur vor deinen Speeren, sondern auch vor deinem drohenden Anblick, und läge auch das ganze Schlachtfeld zwischen ihm und dir.

Freilich hält Plinius das nur als theoretische Möglichkeit im Rahmen des ohnehin noch erträumten Triumphzugs des von ihm Gelobten fest. Dass schon seit Jahrhunderten keine *spolia opima* mehr erobert worden sind, wird auch Plinius bewusst gewesen sein. Zudem wird auch Plinius ahnen, dass sich Trajan nicht auf einen Zweikampf mit potentiell tödlichem Ausgang einlassen würde. Und so liefert Plinius geschickt auch gleich die Begründung mit, warum Trajan die *spolia opima* faktisch nicht wird erobern können: Es ist die Feigheit des Gegners, der schon vor dem Blick des Kaisers erzittert und jeden Zweikampf von vorneherein verhindert.

Schließlich zeugt zwischen diesen beiden zeitlichen Eckpunkten auch der berühmte Konflikt zwischen Marcus Licinius Crassus und Augustus in den frühen Jahren des Prinzipats von der Bedeutung der *spolia opima*.[152] Wenig überraschend ist dabei zunächst, dass mit dem Beginn des Prinzipats faktisch keine Weihungen der *spolia opima* mehr stattgefunden haben. Zum einen erfüllen die Kaiser ja in aller Regel nicht die Anforderungen, die mit der Weihung

151 Je nach Datierung der Lobrede steht der erste faktische Triumphzug Trajans, 102/103 n. Chr. über die Daker, noch aus oder liegt bereits zurück. Datierungsvarianten (101 n. Chr.; nach 107 n. Chr.) werden bei W. Kühn, Panegyrikus, 1, erwogen, wobei sich Kühn für 101 n. Chr. entscheidet und im Blick auf die Triumphzugsimagination des Plinius von einer „echte[n] Prophezeiung“ (187) spricht.

152 Vgl. zu diesem Themenkomplex auch P. Kehne, Augustus; J. W. Rich, Augustus; H. I. Flower, Tradition, 49–53.

der *spolia opima* verbunden sind: den Kampf Mann gegen Mann, Kaiser gegen feindlichen Feldherrn / König. Zum anderen können die monarchisch regierenden Kaiser allzu große Männer neben sich nicht dulden. Das zeigte sich schon bei der sukzessiven Einschränkung des Rechts zum Triumph allein auf die Kaiser (s. unter II 1.1). Denn ein Triumph ließ den Triumphator automatisch zu einem Großen, eben zu einem mächtigen Mann werden. Und gleiches gilt auch für eine Weihung der *spolia opima*. Auch diese hätte den Weihenden zu einem großen Mann und damit zu einem indirekten Konkurrenten des Kaisers gemacht. Eine Konkurrenzsituation wie zu Zeiten des Cossus und des Mamercinus sollte es aber nicht wieder geben. Die Schau wollte sich ein Kaiser nicht stehlen lassen. Zum Testfall sollten in diesem Sinne die militärischen Erfolge des Marcus Licinius Crassus werden. Denn nach dem Sieg des Crassus (29 v. Chr.) über den Anführer der Bastarner, König Deldo, erhob Crassus den Anspruch, die von ihm erbeutete Rüstung des Königs als *spolia opima* im Triumphzug vorzuführen und dann zu weihen. Es ist nicht überraschend, dass Augustus ihm dieses Ansinnen zumindest in Teilen verweigerte. Eine Weihung der *spolia opima* kam für ihn nicht in Frage. Symptomatisch ist in diesem Zusammenhang, dass Augustus seine Ablehnung letztlich mit einer Spielart des *ius triumphandi* begründete: Er, Crassus, habe ja letztlich nur als untergeordneter Feldherr, als Prokonsul,[153] unter dem Imperium und den Auspizien eines Höheren, eben des Konsuls – und das war 29 v. Chr. Augustus selbst[154] –, gekämpft. Und das Recht, die *spolia opima* zu weihen, habe eben nur der Feldherr mit dem höchsten Imperium.[155] Dass Augustus sich in dieser Situation nicht auch energisch gegen einen Triumphzug für Crassus stellte, den dieser tatsächlich am 4. Juli 27 v. Chr. in Abwesenheit des Augustus feierte, mag man der klugen Symbol- und Realpolitik des Kaisers zurechnen. Aber auch eine solche Politik hat ihre Grenzen – und die wären mit einem triumphierenden und die *spolia opima* weihenden Crassus für Augustus offenkundig überschritten worden.

153 Als solcher wird Crassus in den Triumphalfasten anlässlich der Nennung seines Triumphes geführt.

154 Vgl. D. Kienast, Kaisertabelle, 65.

155 Auf diesen Gedanken läuft die etwas offen gehaltene Formulierung bei Dio C. LI 24,4 [Cary] hinaus: „Crassus himself slew their king Deldo and would have dedicated his armour as *spolia opima* to Jupiter Feretrius had he been general in supreme command (καὶ τόν γε βασιλέα αὐτῶν Δέλδωνα αὐτὸς ὁ Κράσσος ἀπέκτεινε· κἂν τὰ σκῦλα αὐτοῦ τῷ Φερετρίῳ Διὶ ὡς καὶ ὀπῖμα ἀνέθηκεν, εἴπερ αὐτοκράτωρ στρατηγὸς ἐγεγόνει)"; vgl. zur Sache auch H. I. Flower, Tradition, 52; P. Kehne, Augustus, 199–206; T. Itgenshorst, Augustus, 451 f.

Umstritten ist unter Althistorikern,[156] ob Augustus die Heimholung der an die Parther verlorenen Feldzeichen[157] im Jahr 19 v. Chr. als bewusste Parallelisierung zur Weihung der *spolia opima* inszenierte, um sich in eine Linie mit Romulus zu stellen, ohne selbst die *spolia opima* wirklich erbeutet zu haben. Diesen Mangel würde dann das Programm *signis receptis*, das vor allem numismatisch durch zahlreiche Emissionen und durch die Errichtung des Partherbogens mit seinem Bildprogramm propagiert wurde, auszugleichen versuchen.

Über die Details kann man im Blick auf Letzteres gewiss streiten, beide Vorgänge zeigen aber deutlich: Um die Zeitenwende und auch im 1. Jh. n. Chr., eben in der Lebenszeit eines Livius und eines Plutarch, denen wir ja die wesentlichen Erzählungen über die *spolia opima* verdanken, war ein Bewusstsein für die hochsymbolische Bedeutung der *spolia opima* als extrem prestigeträchtiger Beute vorhanden, die den Stiftenden in die wirklich exklusive Reihe der Stifter einreihte, die bei Romulus, dem sagenhaften Gründer der Stadt, ihren normativen Anfang nahm.

Kränze als Festgaben und Loyalitätsbekundungen

Nicht nur erbeutete Wertgegenstände wurden im Triumphzug mitgetragen, sondern auch die mehr oder weniger freiwilligen[158] Loyalitätsbekundungen verbündeter oder unterworfener Städte, Völker oder Herrscher. Diese Loyalitätsbekundungen erfolgten in aller Regel in Form goldener Kränze.[159] Auch sie werden in den einschlägigen Primärquellen akribisch quantifiziert, weil sich über die Anzahl der gezeigten Kränze der Erfolg des Krieges und die Bedeutung des Sieges herausstellen und vergleichen ließen.[160]

Der Verbleib der materiellen Beutestücke

Vespasians Umgang mit der Kriegsbeute, von dem bereits die Rede war, war weitgehend typisch. Die Triumphatoren behielten einen handverlesenen Teil der Kriegsbeute für sich und stellten diesen oft repräsentativ an und in ihren

---

156 Vgl. dazu M. Spannagel, Exemplaria, 224–255; S. T. Schipporeit, Wege, 111–113.125 f; I. Östenberg, Conquest; H. I. Flower, Tradition, 55–58.

157 Pikanterweise hatte 53 v. Chr. der gleichnamige Großvater eben jenes Marcus Licinius Crassus, dem Augustus die Weihung der *spolia opima* verweigerte, diese Feldzeichen verloren.

158 Zum Verhältnis von Zwang und Freiwilligkeit im Rahmen solcher Geschenke vgl. I. Östenberg, World, 119.125–127.

159 Denkbar sind natürlich auch Loyalitätsbekundungen und Geschenke in anderer Form, etwa durch exotische Tiere, vgl. I. Östenberg, World, 171.

160 Nur ein Beispiel: Liv. XXXVII 46,4 (45 goldene Kränze als *dona sociarum civitatium* [Hillen]); weitere Beispiele bei E. Künzl, Triumph, 76; zur Realie vgl. auch B. Bergmann, Kranz, 41–48; I. Östenberg, World, 119–127 (mit Abbildungen von solchen Kränzen auf Ferkula); T. Schäfer, Narrativ, 63 Abb. 10; 66–68 mit Abb. 15.

Palästen und Villen aus.[161] Das sicherte natürlich stets die Erinnerung an den jeweiligen Triumph und fixierte ihn dauerhaft am Stammsitz der Familie des Triumphators. In diesem Sinne schreibt Plinius (Hist Nat XXXV 7 [König]): „So stellten die Häuser [...] für immer den Triumph zur Schau."[162] Die Beute diente der Zur-Schau-Stellung des Sieges und sicherte die Erinnerung an das einmalige historische Ereignis.

Der gewiss überwiegende Teil der Kriegsbeute floss indes in die öffentlichen Kassen, wurde den Göttern gestiftet und geweiht (s. II 3.2.3.2), z. T. an Alliierte Roms für erwiesene Loyalität verschenkt[163] bzw. wurde zweckgebunden für Bauprojekte verwendet, die den öffentlichen Raum gestalteten.[164] Freilich war auch damit stets die Erinnerung an die jeweiligen Siege und Triumphe verbunden, die den Bau eines neuen Tempels, eines Forums, Verwaltungsgebäudes oder einer Spielstätte ermöglichten (wie etwa das *Amphitheatrum Flavium* [Kolosseum], das ebenfalls aus der Kriegsbeute des ersten jüdisch-römischen Krieges errichtet worden ist[165]).[166] Der einmalige Sieg war so in doppelter Weise – als gebautes Monument wie auch durch die entsprechende Bauinschrift – in Stein verewigt. Wertvolle Kunstobjekte, besonders prestigeträchtige Beutestücke oder besondere Waffen konnten zudem unmittelbar in Tempeln oder an öffentlichen Gebäuden ausgestellt werden.[167] Das alles hielt in je eigener Weise die Erinnerung an vergangene Triumphe wach und ermöglichte es, die heimgeführten Beutemengen, ihre Exotik und Pracht miteinander zu vergleichen. Die Triumphatoren konnten so gleichsam einen diachronen Diskurs über Kriegsleistungen und damit über Ruhm und Ehre führen. Und natürlich versuchte dabei jeder neue Triumphator implizit oder explizit im Sinne eines Wettbewerbs „durch die Zeiten" seine Vorgänger zu übertreffen, hatte doch das römische Publikum die Chance zum Vergleich.[168] Von einem solchen Vergleich erzählt auch Livius (X 46,4 [Hillen]): „Man betrachtete die von den Samniten erbeuteten Waffen und *verglich* sie im Hinblick auf ihre Pracht und ihre Schönheit mit den vom Vater des Konsuls erbeuteten Waffen, die durch die Ausschmückung zahlreicher öffentlicher Gebäude bekannt waren." Der Ritualraum Rom bot also nicht nur die Chance, die Beute einmalig im Triumphzug zu präsentieren, sondern erlaubte es auch, besonders exklusive

161 Vgl. zur Aufteilung der Beute auch E. Flaig, Politik, 39.

162 Das galt sogar auch dann noch, wenn das betreffende Gebäude den Besitzer wechselte. Die Beutestücke, die das Gebäude auszeichneten, durften nicht entfernt werden. Vgl. die entsprechenden Regeln bei Plin., Hist Nat XXXV 7; vgl. auch M. Beard, Triumph, 29f.

163 Vgl. I. Östenberg, World, 273.

164 Vgl. auch J. Rüpke, Domi militiae, 210.

165 Vgl. dazu G. Alföldy, Bauinschrift.

166 Für das Folgende vgl. auch die Überlegungen bei T. Hölscher, Provokation, 90f.

167 Vgl. auch T. Itgenshorst, Triumph, 89–147; M. Beard, Triumph, 18–31.

168 Vgl. dazu auch E. Flaig, Politik, 36f.

Beutestücke dauerhaft im Ritualraum präsent zu halten oder durch beutefinanzierte Neubauten den Ritualraum zu gestalten. Das einmalige und zeitlich begrenzte Ereignis Triumphzug wird so über die präsentierte Beute verstetigt. Der Sieg, der Sieger, aber auch die Verlierer bleiben präsent.[169]

Gefangene

Neben den königlichen Gefangenen, die im Triumphzug ihrer Bedeutung gemäß als eigene Gruppe in großer Nähe zum Triumphator präsentiert wurden (s. II 3.4), fanden sich im Triumphzug weitere Gefangene, die mitten unter den übrigen Beutestücken und damit wie ein Gegenstand, ein Stück lebende Beute, vorgeführt wurden.[170] Sie illustrierten wie ein lebendes Bild den besiegten Gegner und wurden aus der Masse an Kriegsgefangenen aufgrund ihres körperlichen Eindruckes, ihrer Schönheit oder besonderen Typik, die für die Illustration der Spezifik des besiegten Gegners entscheidend war, ausgewählt.[171] Davon berichtet Flavius Josephus (Bell VI 417f [Michel/Bauernfeind]). Im Rahmen einer regelrechten Selektion von jüdischen Gefangenen,[172] die auf dem Tempelplatz versammelt worden waren, lässt Titus über seinen Freund Fronto die einen sofort hinrichten. Andere werden in die Bergwerke, wieder andere zur Hinrichtung oder *ad bestias* in die Provinzen geschickt, während „die hochgewachsenen und schönsten Jünglinge“ ausgewählt wurden, „um sie für den Triumphzug aufzusparen.“

Die Rolle und das Verständnis der Gefangenen als Beutestück wird angesichts einer Form der höchst eigenwilligen Präsentation dieser Gefangenen im Triumphzug besonders deutlich. Denn diese Gefangenen marschieren nicht alle einfach im Triumphzug mit, sie werden zumindest teilweise auch auf den Ferkula getragen, so wie man es mit vielen anderen Beutestücken auch gemacht hat. Das ist literarisch wie ikonographisch überliefert. Flavius Josephus schreibt im Blick auf den Flaviertriumph (Bell VII 147 [Michel/Bauernfeind]):

> Auf jedem Gerüst hatte man dem Befehlshaber der jeweiligen eroberten Stadt [sc. die durch Abbildungen der Stadt und entsprechende Beute präsentiert wurde, M. L.] in derselben Verfassung, in der er in Gefangenschaft geraten war, seinen Platz angewiesen.

---

169 Vgl. auch T. Hölscher, Transformation, der sich mit den Mechanismen und Instrumenten beschäftigt, die einen Sieg dauerhaft in politisches Kapital und damit Macht transformieren konnten (vgl. bes. 39–45 zur Rolle der „Monuments of Memory“ [39]).

170 Zu dieser Masse von Gefangenen vgl. insgesamt I. Östenberg, World, 128–163.

171 Vgl. zur Auswahl von Kriegsgefangenen für das Spektakel des Triumphzugs auch I. Östenberg, World, 152–156; M. Beard, Triumph, 118f.

172 Die Wortwahl erfolgt hier bewusst und zeigt in historischer Perspektive verbindende Linien im Schicksal von Menschen jüdischen Glaubens auf, die und deren Schicksal nicht in Vergessenheit geraten dürfen.

Abb. 16a+b: Marmorfries vom Apollo-Sosianus-Tempel auf dem Marsfeld in Rom; a: Gesamtansicht der erhaltenen Fragmente; b: Detailansicht mit den gefesselten Gefangenen sowie dem Tropaion auf dem Ferkulum; Datierung: augusteische Zeit. Heute in den Musei Capitolini Rom (Inv.-Nr.: 2776) [Quelle: http://arachne.dainst.org/entity/1085711 (26.04.2018)].

Ikonographisch gibt es zwei sehr schöne Zeugnisse, die die auf Ferkula getragenen Gefangenen darstellen. Das erste (vgl. Abb. 16a+b) stammt vom Marmorfries des Apollo-Sosianus-Tempels (auch Tempel des Apollo *in Circo* genannt) auf dem Marsfeld in Rom und zeigt eine Teilszene aus einem Triumphzug des Augustus (29 v. Chr.).[173] Auf einem rechteckigen Ferkulum, das für den

173 Vgl. dazu E. Künzl, Triumph, 73; zum Bau des Tempels durch Gaius Sosius und dem damit verbundenen politischen Programm vgl. P. Zanker, Augustus, 74–76; 78 Abb 55:

Abb. 17: Ferkulum mit zwei Gefangenen und Tropaion nach links getragen. Herkunft: vermutlich Rom; Datierung: zweite Hälfte des 2. Jh. n. Chr.[176] Heute im Museo Nazionale Rom (Inv.-Nr.: 8640) [Quelle: http://www.imperiumromanum.com/militaer/triumph/triumph_06.htm (26.04.2018)].

Moment auf dem Boden abgestellt ist, sitzen zwei gefesselte Gefangene,[174] zwischen ihnen ein mit Waffen, Rüstung und Schilden geschmücktes Tropaion. Eine Gruppe von Trägern steht um das Ferkulum herum. Ein Trompeter vermittelt zu drei geschmückten Stieren als Opfertieren mitsamt entsprechenden Begleitern, die nach links gehen und damit die Richtung des ganzen Zuges angeben.

Auf einem weiteren römischen Marmorrelief, das vermutlich den Triumph des Kaiser Lucius Verus über die Parther 166 n. Chr. darstellt, finden sich zwei Gefangene in typisch östlicher Aufmachung, die augenscheinlich ungefesselt in einem Trauergestus[175] auf einem rechteckigen, verzierten Ferkulum kauern, während zwischen ihnen ein Tropaion steht. Gut zu erkennen sind auch die bekränzten Träger des Ferkulums (vgl. Abb. 17).

Anders als die königlichen Gefangenen wurden diese besiegten und im Triumphzug vorgeführten Gegner allerdings nicht hingerichtet, sondern in

---

Gaius Sosius war ursprünglich ein Gegner des Augustus und Parteigänger des Antonius; nach dem Sieg des Augustus wechselte er die Seiten und suchte – u. a. auch durch diesen Tempelbau – die Gunst des Augustus zu erlangen (gewisse Parallelen zu Herodes dem Großen drängen sich geradezu auf). Entsprechend wird auf dem Fries auch ein Augustustriumph abgebildet und nicht der Triumph „über Judäa“, den Gaius Sosius selbst im Jahr 34 v. Chr. feiern konnte (vgl. dazu auch T. Itgenshorst, Augustus, 450; T. Itgenshorst, Princeps, 45; I. Östenberg, World, 146). Eine knappe Baubeschreibung findet sich bei F. Coarelli, Rom, 244 f.

174 Die Gefangenen werden von I. Östenberg, World, 146, als Gallier identifiziert.

175 Der auf Hand, Arm und Knie abgestützte Kopf erinnert an die Ikonographie der *Judaea-Capta*-Münzprägung.

176 Vgl. auch E. Künzl, Triumph, 76 f.

der Regel als Kriegsgefangene der Sklaverei zugeführt.[177] Ihre Präsentation als Beutestück und damit als *res*[178] setzt sich hier in gewisser Weise fort, waren Sklaven doch zumindest dem bürgerlichen Recht[179] nach nicht als Personen anzusprechen.[180]

3.2.2.3.2 Triumphgemälde, tituli und die Pragmatik der Bilder

Die Kriege, die vor einem Triumphzug erfolgreich zu führen waren, fanden in der Regel in von der Stadt Rom weit entfernten Gebieten statt. Trotzdem konnte die Stadtbevölkerung Roms als Publikum einen medial aufbereiteten Eindruck vom Kriegsgebiet und vom Kriegsverlauf erhalten. Denn im Triumphzug wurden seit dem 3. Jh. v. Chr. auch Bilder auf Tafeln oder Stoffbahnen/-stücken bzw. plastisch gearbeitete Darstellungen mitgeführt, die in

177 Vgl. J. Rüpke, Domi militiae, 210; E. Herrmann-Otto, Sklaverei, 192. Vgl. aber M. Beard, Triumph, 139–141, die aufweist, dass einige der Kriegsgefangenen auch Karriere im römischen Reich machen konnten und langfristig zu Römern wurden (Flavius Josephus wäre dafür in gewisser Weise ein Beispiel). Mit dem Triumphzug endete gleichsam die Feindschaft und wurden die Gefangenen zu Mitgliedern des römischen Reiches transformiert (auch das ist dann eine Form von *rites de passage*). Das führt zur höchst seltsamen Situation, dass es in der Geschichte des römischen Triumphzugs den Fall des Publius Ventidius Bassus gibt, der 38 v. Chr. einen Triumph über die Parther feiern kann, nachdem er selbst noch im Knabenalter als Gefangener im Triumphzug des Pompeius Strabo vorgeführt worden war. Aus dem Gefangenen ist ein Triumphator geworden (zu dieser ungewöhnlichen Karriere vgl. M. Beard, Triumph, 141).

178 In diese Richtung geht die Wertung der Sklaven vor allem in der Agrarfachschriftstellerei, die Sklaven mehr oder weniger deutlich als reine Produktionsmittel versteht, die kapitalistisch zur Gewinnmaximierung genutzt werden müssen (vgl. etwa Cato, De Agri Cultura 2,7 [Auflistung von Verkaufsgütern, darunter auch nicht mehr effektive Sklaven]; 10f [die Sklaven werden unter die übrigen Produktionsmittel gerechnet, die man für die Bewirtschaftung von Öl- und Weingütern benötigt]; Varro, Rerum Rusticarum I 17,1 [Flach] berichtet von einer Einteilung der landwirtschaftlichen Produktionsmittel in drei Klassen: „Nun will ich darlegen, mit welchen Mitteln die Felder bestellt werden. Diese Mittel teilen die einen in zwei Gruppen auf [...], die anderen in drei Gruppen, den sprachfähigen, den halbsprachfähigen und den stummen Teil der Gutsausstattung – den sprachfähigen, unter den die Sklaven, den halbsprachfähigen, unter den die Rinder, den stummen, unter den die Fuhrwerke fallen" [*„alii in tres partes, instrumenti genus vocale et semivocale et mutum – vocale, in quo sunt servi, semivocale, in quo sunt boves, mutum, in quo sunt plaustra"*]).

179 Die Differenzierung zwischen Naturrecht und bürgerlichem Recht im Blick auf Sklaven findet sich bei Ulpian, Dig L 17,32 [Eck]: „Nach bürgerlichem Recht gelten Sklaven nicht als Personen; dies betrifft aber nicht auch das Naturrecht, weil danach alle Menschen gleich sind."

180 Die herrschsüchtige Frau aus der berühmten Szene bei Juv., Sat VI 219–233 [Adamietz] spricht den Sklaven gar das Mensch-Sein als solches ab: „[Frau:] Errichte das Kreuz für den Sklaven! [Mann:] Für welches Verbrechen hat der Sklave die Hinrichtung verdient? Wen gibt es als Zeugen? Wer beschuldigte ihn? Hör ihn an: geht es um den Tod eines Menschen, ist ein Zögern nie zu lang. [Frau:] Du Narr, ist denn der Sklave ein Mensch? Nichts habe er verbrochen, mag sein: aber ich will es so, ich befehle es, statt einer Begründung gelte mein Wille."

der Retrospektive entscheidende Szenen aus dem Krieg dramatisch visualisierten.[181] Dazu gehörten perspektivisch unterschiedlich gestaltete Darstellungen der möglichst exotischen Natur, der Landschaften, der Flüsse[182] und der Städte, in denen gekämpft wurde. Hinzu kamen wichtige Schlachten,[183] evtl. Verhandlungen zwischen den Kombattanten, Stadteroberungen,[184] besonders erfolgreiche römische Soldaten sowie realistische oder auch bereits allegorisch[185] inszenierte Abbildungen der besiegten Gegner.[186] Sogar Landkarten und plastische Modelle besiegter Städte oder einzelner Bauwerke hat es gege-

181 Vgl. für die Triumphalgemälde, von denen sich keines erhalten hat und die heute nur noch literarisch überliefert sind, insgesamt die grundlegenden Überlegungen bei P. J. Holliday, Triumphal Painting; T. Hölscher, Bildsprache, bes. 29–33; I. Östenberg, World, 189–261 (die darauf hinweist, dass solche Repräsentationen nicht nur durch gemalte Bilder, sondern auch unter Rekurs auf andere Medien im Triumphzug präsentiert worden sind); hilfreich auch N. Hoesch, Triumphalgemälde, 847f.

182 Die Flüsse werden dabei durch plastisch ausgearbeitete Personifikationen zumeist liegender männlicher Figuren dreidimensional dargestellt (ein Beispiel einer auf einem Ferkulum liegenden Flusspersonifikation hat sich auf dem Titusbogen in Rom erhalten, vgl. I. Östenberg, World, 216 mit Abb. 24; eine „modernere“ Analogie bildet etwa Berninis Vierströmebrunnen auf der Piazza Navona in Rom); vgl. insgesamt I. Östenberg, World, 215–218.230–245.

183 Zur Darstellung von Schlachtszenen vgl. grundlegend I. Östenberg, World, 245–261. Östenberg stellt überzeugend heraus, dass gerade Schlachtszenen multimedial dargestellt worden sind und neben der Malerei auch Skulpturen und Schauspielerei zur Anwendung kamen und im Triumph auf Ferkula präsentiert wurden. Ob ihre weitergehende These, die Schlachtszenen sollten vor allem Kriegsgeschick und evtl. Kriegsverbrechen der königlichen Gefangenen präsentieren, zu überzeugen vermag, steht auf einem anderen Blatt. Vgl. aber M. Beard, Triumph, 145–147, deren Überlegungen in eine ähnliche Richtung gehen.

184 Insbesondere die Zerstörung der Stadtmauern wurde dabei abgebildet (als Motiv genannt etwa bei Ovid, Epistulae ex Ponto II 1,37–39; Jos., Bell VII 143); der Fall der Stadtmauern stand offensichtlich prototypisch für die Eroberung einer Stadt.

185 Vgl. die Überlegungen bei P. J. Holliday, Triumphal Painting, 136, der zeigen kann, dass es allegorische Repräsentationen auch von besiegten Städten und ganzen Völkern gab (136–138). Allegorische, personalisierte und symbolische Repräsentationen besiegter Gegner gehörten generell zum imperialen Bildprogramm. Sie finden sich auch auf Münzprägungen der Kaiserzeit. Instruktiv sind die Capta-Prägungen des Augustus (mit einem Krokodil als Allegorie auf das besiegte Ägypten bzw. einer armenischen Tiara als Allegorie auf das besiegte Armenien), der Flavier (mit einer gefangenen Jüdin oder einem gefangenen Juden sowie einer Palme als Allegorie für die besiegten Juden [zur Palme als Repräsentation des geographischen Raumes Judäa auf flavischen Münzen vgl. A. Moresino-Zipper, Palme]) sowie des Trajan (mit zwei gefangenen und entwaffneten Parthern). Es ist nicht ausgeschlossen, dass etwa die Ikonographie der *Judaea-capta*-Münzen auch auf den Triumphgemälden der Flavier präsent war.

186 Zur Abbildung besiegter Gegner, die durch Allegorisierung oder Personifikation kumulativ als besiegtes Volk oder eroberte Gegend dargestellt werden konnten, vgl. auch I. Östenberg, World, 219–230.265; M. Beard, Triumph, 143–147.

ben.[187] Flavius Josephus (Bell VII 142–146 [Michel/Bauernfeind]) beschreibt ausgesprochen detailreich die Vielzahl von Abbildungen, die beim Triumphzug der Flavier mitgetragen wurden und entwirft auf diese Weise gleichsam ein literarisches Gemälde, das aus einer Collage der vielen Triumphgemälde besteht:

> Vom Krieg selbst aber wurde durch viele Nachbildungen ein eindrückliches Bild seiner immer wieder wechselnden Gestalt gegeben. Da konnte man sehen, wie gesegnete Landstriche verwüstet wurden, wie sämtliche Schlachtreihen der Feinde dahin sanken; man sah die einen auf der Flucht, die anderen auf dem Weg in die Gefangenschaft, das Zusammenbrechen gewaltig hoher Mauern unter dem Ansturm der Belagerungsmaschinen, die Zerstörung der Widerstandskraft der Festungen und die Einnahme starkbemannter Stadtmauern von oben her. Weiter konnte man sehen, wie sich das Heer in die Stadt ergoss, überall Tod verbreitend; dargestellt waren auch Gruppen wehrloser Menschen, die mit erhobenen Händen um Gnade flehten, Heiligtümer, die man gerade in Brand gesteckt hatte, und Häuser, die über ihren Bewohnern zusammenstürzten. Dann, nach vielen Bildern der Verwüstung und Trostlosigkeit, folgten Darstellungen von Flüssen. Diese durchzogen aber nicht bebaute Felder, auch spendeten sie keine Labsal für Menschen oder Vieh, sie strömten vielmehr durch noch ringsum brennendes Land [...] Die künstlerische Ausgestaltung [...] führte die Ereignisse, denen, die sie nicht gesehen hatten, so lebendig vor Augen, als wären sie selbst dabei gewesen.

Plakate mit kurzen Texten, *tituli* genannt,[188] konnten die derart abgebildeten Szenarien kommentierend für all jene erschließen, die des Lesens mächtig waren. Grundsätzlich wurden in den Triumphzügen also nicht nur Bilder mitgeführt, die über den vergangenen Krieg informierten, sondern auch Tafeln und Plakate (*tituli*) gezeigt, die in listenartiger Form Kriegserfolge verzeichneten – so etwa die Summen des eroberten Geldes, eine Auflistung der unterworfenen Gegner, neu gegründeter Städte und Kolonien – oder auch die Beute im Einzelnen beschrieben.[189] Belegt sind auch *tituli*, die in knapper Form parolenartige Slogans präsentierten. So hat das berühmte und zum Sprichwort gewordene „*veni, vidi, vici*" im pontischen Triumphzug Caesars seinen ersten Sitz im Leben (Suet., Caes 37,2).[190] Es sollte, so Sueton, auf den schnell errungenen

---

187 Vgl. P. J. Holliday, Triumphal Painting, 137.143; I. Östenberg, World, 199–215 (mit der Abbildung eines auf einem Ferkulum getragenen Modells einer Brücke [202 Abb. 23]).

188 Vgl. dazu nur P. J. Holliday, Triumphal Painting, 135.146; I. Östenberg, Triumph, 816–818; und speziell I. Östenberg, Placards.

189 Instruktive Beispiele bei Plut., Pomp 45, der verschiedene *tituli* nennt, die als Auflistungen von Kriegserfolgen im Rahmen des dritten Triumphes des Pompeius gezeigt wurden; Appian, Rom Hist XII 117, zitiert einen *titulus*, der summierend von 800 erbeuteten Schiffen mit Rammsporn, 29 gegründeten Städten und sechs besiegten Königen spricht.

190 Vgl. zu diesem *titulus* und für das Folgende auch I. Östenberg, Triumph.

Sieg verweisen.[191] Durch die Verwendung der ersten Person Singular wird freilich auch massiv dem Ruhm des Triumphators Vorschub geleistet: Er hat quasi im Alleingang den Sieg errungen. Für die Beteiligung von anderen, allen voran den kämpfenden Truppen, lässt das „*veni, vidi, vici*“ keinerlei Platz. Eine Mischform aus pointiertem Slogan sowie listenartiger Aufzählung der Kriegserfolge findet sich bei Diodorus Siculus (XL 4 [Wirth]). Er zitiert einen ausführlichen *titulus*, den Pompeius in seinem Triumph über Asien 61 v. Chr. zeigen ließ und der im Anschluss öffentlich präsentiert wurde:[192]

> Pompeius ließ die eigenen Taten, die er in Asien vollbracht hatte, aufzeichnen und die Tafel als ein Weihgeschenk aufstellen (ἀναγράψας ἀνέθηκεν). Die Abschrift davon sagt folgendes: „Pompeius, der Sohn des Cnaeus, der Große, Imperator, hat die Küsten der bewohnten Welt und alle Inseln innerhalb des Ozeans von dem Kriege mit den Seeräubern erlöst[193] (ἐλευθερώσας). Er rettete das Reich des Ariobarzanes, das damals belagert war, Galatien samt den jenseits gelegenen Gegenden und Herrschaftsgebieten, Asia, Bithynien, er schützte Paphlagonien und Pontus, Armenien und Achaia, dazu Iberien, Kolchis, Mesopotamien, Sophene, Gordyene. Er unterwarf den König der Meder Dareios, den König der Iberer Artokes, den König der Juden Aristobolus (βασιλέα Ἀριστόβουλον Ἰουδαίων), den König der nabatäischen Araber Aretas sowie das Gebiet Syriens, das an Kilikien grenzt, Judaea, Arabien, das Gebiet der Kyrenaika, die Achaeer, Jazygen, Suanier, die Heniochen und die übrigen Völkerschaften, die zwischen Kolchis und der maiotischen See das Küstengebiet bewohnen, dazu deren Könige, neun an der Zahl, und alle Stämme, die zwischen dem Pontos und dem Roten Meer wohnen. Er hat die Grenzen des Imperiums denen der bewohnten Erde angenähert (καὶ τὰ ὅρια τῆς ἡγεμονίας τοῖς ὅροις τῆς γῆς προσβιβάσας) und die Einkünfte der Römer gesichert. Andere wiederum hat er vermehrt. Den Feinden hat er die Statuen und die Bilder der Götter und auch die übrigen Gegenstände von Wert genommen und der Gottheit 12.060 Goldstücke sowie 307 Talente Silber geweiht.“

Dieses schöne Beispiel erwähnt nicht nur typische Beutestücke und erinnert mit seiner Aufzählung von Völkerschaften, Gebieten und den Grenzen der Erde entfernt an Apg 2,9–11, sondern das Beispiel zeigt auch, dass ein *titulus* auch die im Triumphzug mitgeführten königlichen Gefangenen (s. dazu II 3.4)

---

191 Und zwar gerade im Gegenüber zu den früheren, langwierigen Auseinandersetzungen Roms mit Pontus, darauf macht I. Östenberg, Triumph, 821, aufmerksam: „ *Veni vidi vici* was an utterly effective text that announced Caesar's speedy victory in contrast to earlier never-ending campaigns in Pontus“.

192 Vgl. zu den genannten Königen auch nochmals unter II 3.4 das Zitat von Appian, Rom Hist XII 117.

193 Die Übersetzung mit „erlöst“ erscheint nicht recht passend; „befreit“ wäre angemessener.

näher identifizieren[194] und ihre frühere Stellung nennen konnte,[195] die nun – das ist beachtenswert – den eigentlichen Grund abgab, warum gerade diese Person im Triumphzug präsentiert wurde.[196] Der *titulus* identifizierte insofern nicht nur, sondern stellte auch den Grund und damit die „Schuld" fest, die den Identifizierten in die prekäre Rolle eines Gefangenen gebracht hatte. Schließlich konnten – wie bereits gezeigt (s. Abb. 13) – die präsentierten Beutestücke durch *tituli* für das Publikum kommentiert werden.

Diese Form der multimedialen Aufbereitung des vergangenen Ereignisses, die im Bereich der Malerei nur auf der Basis eines Imports griechischer Kultur und Kunstfertigkeiten möglich war,[197] ließ die Zuschauer nicht nur am vergangenen Kriegsgeschehen partizipieren,[198] wie das Josephus im oben zitierten Beispiel am Ende seiner Beschreibung eigens notiert („Die künstlerische Ausgestaltung [...] führte die Ereignisse, denen, die sie nicht gesehen hatten, so lebendig vor Augen, als wären sie selbst dabei gewesen"; Jos., Bell VII 146 [Michel/Bauernfeind]), sondern erfüllte auch propagandistische Zwecke. Denn durch die möglichst pathetische[199] Visualisierung konnten der heldenhafte Kampf, die Gefährlichkeit des Gegners, die Leistungen des Triumphators und damit auch die Berechtigung des Triumphes dargestellt werden.[200] Die Bilder verstärkten den Eindruck, dass es sich bei diesem Triumphator wahrlich um einen großen Mann handelte, der völlig zu Recht den Triumph feierte. Wenig verwunderlich ist angesichts solcher Ziele, dass die Realitätsnähe der

---

194 Vgl. auch I. Östenberg, Placards, 464, die sich auf Ovid, Tristia IV 2,19–28 bezieht: „Not least important were the written placards (*tituli*) which, carried in the midst of the pageant, informed the spectators of the names and nature of the individuals and items on display [...] we should assume that placards preceded spoils, prisoners and representations as a rule rather than as exceptions".

195 Auch Plin., Pan 17,2 [Kühn] bezeugt, dass die Namen der königlichen Gefangenen im Triumphzug durch *tituli* präsentiert worden sind, wenn er davon spricht, dass er im Triumphzug des Trajan die geschlagenen Heerführer und ihre „klangvollen Namen" erkennen kann.

196 Treffend I. Östenberg, World, 260: *tituli* „accompanied prisoners, spoils, and representations, identifying them by spelling out their names and at times describing the reasons for their presence". In dieser Perspektive hat ein solcher *titulus* nicht nur die Funktion eine Person zu identifizieren. Er fungiert zugleich als Schuldtitulus. Vgl. nochmals I. Östenberg, World, 263: *tituli* „described the former crimes of the captives".

197 In der Triumphmalerei werden, wie etwa T. Hölscher, Bildsprache, 20–33, zeigt, griechische Formen der Kunst übernommen.

198 Treffend formuliert M. Beard, Triumph, 32: „The triumph [...] re-presented and reenacted the victory. It brought the margins of the Empire to its center" – und das geschieht in besonderer Weise auch durch die Triumphmalerei.

199 Nach T. Hölscher, Bildsprache, 29, suchte die Triumphmalerei ab dem 1. Jh. v. Chr. vor allem „rührende und sensationelle Effekte" zu erreichen, um ihre Botschaften nachhaltig zu transportieren.

200 So P. J. Holliday, Triumphal Painting, 134f.141; T. Hölscher, Bildsprache, 32.

Abbildungen zugunsten einer möglichst eindrücklichen Visualisierung in den Hintergrund trat.[201]

Nach dem einmaligen Ereignis des jeweiligen Triumphzugs verschwanden die Triumphgemälde nicht einfach von der Bildfläche. Sie wurden vielmehr in die Form einer „Dauerausstellung" überführt und entweder in den öffentlichen Räumen des Palastes oder der Villa des Triumphators oder an prominenter Stelle in der Stadt langfristig präsentiert.[202] Das ließ den Triumphgemälden einen weiteren Bedeutungsaspekt zuwachsen. Denn durch die „Dauerausstellung" wurde das punktuelle Ereignis des Triumphes und des siegreich geführten Krieges[203] für zukünftige Generationen zu einem durch die Bilder materiell fixierten Ereignis der Vergangenheit. Die Triumphe und Siege blieben präsent und konnten so Teil der auf Erinnerung an vergangene Großtaten basierten Identität der römischen Stadtbevölkerung bzw. – sofern die Bilder in den Privathäusern der Triumphatoren ausgestellt waren – ihrer Elite werden. Und: Triumphgemälde ermöglichten es, dass einzelne Triumphzüge miteinander in diachrone Konkurrenz traten und Triumphe kurz-[204] und langfristig verglichen werden konnten.[205] Das betraf die dargestellten Objekte und damit die eigentlichen Leistungen im Krieg, aber auch die künstlerische Qualität der Darstellung selbst.[206] In beiden Bereichen versuchten sich die Triumphatoren gegenseitig zu übertreffen[207] – frei nach dem Motto: „höher, schneller, weiter".

---

201 Vgl. P. J. Holliday, Triumphal Painting, 138.141.

202 Vgl. T. Hölscher, Bildsprache, 29; P. J. Holliday, Triumphal Painting, 134f.145.147 (mit Beispielen); vgl. auch Plin., Hist Nat XXXV 22f.27. Das ist ein zur Ausstellung von Teilen der Kriegsbeute analoger Vorgang.

203 Dabei wird das Kriegsgeschehen in der Retrospektive stets durch den günstigen Filter des Triumphzugs erinnert, der den Krieg nachträglich als überaus erfolgreich klassifiziert. Der Triumphzug malt insofern als ganzer auch ein Bild des geführten Krieges.

204 Ein schönes Beispiel für den kurzfristigen Vergleich zwischen zwei Triumphzügen anhand der im Triumphzug präsentierten Modelle besiegter Städte findet sich bei Quint., Inst Orat VI 3,61: Während Caesar die Modelle der Städte aus Elfenbein fertigen lässt, werden im nur kurz nach dem Triumphzug Caesars stattfindenden Triumph des Fabius Maximus die Stadtmodelle aus Holz hergestellt. Quintilian berichtet dann von einer vergleichenden Wertung zwischen den beiden unterschiedlichen Modellen, die für Fabius Maximus wenig schmeichelhaft ausfällt. Seine Modelle seien im Vergleich nur die Aufbewahrungskästchen für die ungleich wertvolleren Elfenbeinstücke Caesars.

205 Vgl. J. Rüpke, Domi militiae, 238; E. Flaig, Politik, 36f.

206 Die künstlerische Qualität der Triumphgemälde wird von P. J. Holliday, Triumphal Painting, 143, als hoch eingeschätzt (vorsichtiger: N. Hoesch, Triumphalgemälde, 847). Manche Triumphatoren haben dazu offensichtlich auf den Import von Spitzenkünstlern aus Griechenland gesetzt; vgl. Plin., Hist Nat XXXV 135 [König]: Aemilius Paullus lässt aus Athen einen Maler „zur Verherrlichung seines Triumphes (*ad triumphum excolendum*)" kommen.

207 Vgl. P. J. Holliday, Triumphal Painting, 142f. Ähnlich R. Laqueur, Wesen, 234.

3.2.2.3.3 Opfertiere und Götterstatuen

Der Triumphzug lief auf ein großes Opfer auf dem Kapitol zu. Die dafür benötigten Tiere wurden bereits im Triumphzug mitgeführt. Auch sie gehören in gewisser Weise in den Bereich der Leistungsschau, weil sie in ihrer Pracht und Masse die Größe des Dankes an die Götter und damit auch die Größe des Sieges versinnbildlichten. Im Idealfall handelte es sich um weiße Stiere.[208] Diese Tiere wurden aus Anlass des Triumphes besonders schön geschmückt.[209] Sie waren mit Bändern und Kopfschmuck verziert und die Hörner waren z. T. vergoldet. Eine besonders gut erhaltene Abbildung findet sich auf einem Silberbecher aus Boscoreale,[210] der einen Stier mit Bändern über dem Rücken, einem dreieckigen Stirnschmuck sowie vom Kopf herabhängenden Troddeln im Triumphzug präsentiert.

Der Transport der Tiere im Spektakel des Triumphes war gewiss ein schwieriges Unterfangen, zumal wenn es sich um eine größere Herde von Tieren handelte (im Triumph des Aemilius Paullus waren es z. B. 120 Stiere[211]). Schon deshalb mussten die Tiere engmaschig vom Kultpersonal bereits auf dem Weg begleitet werden. Der Becher von Boscoreale zeigt denn auch, wie einer der Kultdiener den Stier am Strick nach hinten zieht und damit in der Fortbewegung zügelt (vgl. Abb. 18).

Die primären Nutznießer dieser Opfertiere waren im Übrigen schon im Triumphzug präsent, insofern *Götterstatuen* im Triumphzug mitgeführt wurden. Mit der für einen jüdischen Autor gebotenen Distanz schreibt Flavius Josephus über diese Statuen römischer[212] Götter im Flaviertriumph (Bell VII 136.151 [Michel/Bauernfeind]):

> Auch Statuen der bei ihnen verehrten Götter von erstaunlicher Größe, künstlerisch hervorragend gearbeitet und alle ohne Ausnahme aus kostbarem Material, wurden vorbeigetragen. Außerdem zogen viele Männer mit Statuen der Siegesgöttin vorüber, die alle aus Gold und Elfenbein angefertigt waren.

Fraglos geben diese Götterstatuen dem Triumphzug, der durch die Staffage des Triumphators, durch die Opfertiere und das große Schlussopfer ohnehin

---

208 Vgl. E. Künzl, Triumph, 82.

209 Generell konnten im Rahmen von Opferritualen die zu opfernden Tiere geschmückt werden.

210 E. Künzl, Triumph, 81 Abb. 50, zeigt eine weitere Abbildung mit einem geschmückten Stier im Triumphzug. Die Abbildung bei E. Künzl, ein Detail aus Abb. 16, stammt vom Relief des Apollo-Sosianus-Tempels auf dem Marsfeld. Die Ähnlichkeiten mit der Abbildung des geschmückten Stieres auf dem Becher von Boscoreale sind insbesondere im Blick auf den Kopfschmuck sehr deutlich.

211 Vgl. E. Künzl, Triumph, 82.142f (mit den Quellenbelegen).

212 Dass es sich hierbei nicht um eroberte fremde Götterstatuen handelt, wird aus dem Text m. E. unmittelbar deutlich und wird auch von I. Östenberg, World, 85 Anm. 417, so vertreten.

Abb. 18: Geschmückter Stier im Triumphzug begleitet von Kultpersonal. Detail eines Silberbechers aus Boscoreale mit einer Abbildung von Teilszenen aus dem Triumph des Tiberius, entstanden (vermutlich) in spätaugusteischer Zeit, heute im Louvre, Paris [Quelle: © RMN-Grand Palais (Musée du Louvre)/Hervé Lewandowski].

numinos konnotiert ist, ein weitergehendes sakrales Gepräge. Ein Triumphzug ist eben immer auch ein religiöses Fest (s. II 4.2).

3.2.3 Auf dem Kapitol

Hatte der Triumphzug den Weg (über den steilen *clivus capitolinus*) bis zum Kapitol genommen und war der Tod des oder der feindlichen königlichen Gefangenen (s. II 3.4) von einem Boten verkündet worden, konnten die Schlussfeierlichkeiten des Triumphes beginnen. Sie vollzogen sich im Wesentlichen auf dem Kapitol und bestanden aus einem großen Opfer, der Weihung von Beute an die Götter, einem Festessen sowie der rituellen Entkleidung des Triumphators samt Rückgabe seines Ornats an Jupiter.

3.2.3.1 Der Ort des Geschehens: Das Kapitol

Das Kapitol war gleichsam das Zentrum der Stadt Rom und des Imperium Romanum.[213] Auf dem Kapitolshügel, einem der sieben Haupthügel Roms, der schon im 14. Jh. v. Chr. besiedelt war, standen die wichtigsten Tempel der Stadt: der uralte Tempel für Jupiter Feretrius, den Romulus selbst gegründet haben soll, und vor allem der Tempel für die kapitolinische Trias, Jupiter, Juno und Minerva. Letzterer Tempel, der primär dem Jupiter Optimus Maximus Capitolinus galt, hat eine lange und wechselvolle Geschichte. Seine mythischen Anfänge gehen noch auf die Königszeit zurück, die erste bezeugte Einweihung erfolgt freilich erst 509 v. Chr., dem vermeintlich ersten Jahr der römischen Republik.[214] Als Tempel für eine Trias von Göttern liegt es nahe, mit drei Cellae für die jeweiligen Götter zu rechnen; dabei dürften Juno und Minerva den Jupiter eingerahmt haben, der gewiss im Zentrum der Tempelanlage platziert war. Der Tempel hatte für die damalige Zeit kolossale Ausmaße: ca. 53 m Breite bei 63 m Länge. Feuersbrünste vernichteten den Tempel 83 v. Chr., 69 n. Chr. sowie 80 n. Chr. Stets wurde der Tempel in relativ kurzer Zeit neu und in aller Regel prächtiger errichtet. Dieser Tempel bildete das sakral-ideelle Zentrum Roms. Dies war der Ort, an dem die Feldherrn vor dem Beginn des Krieges für den Erfolg opferten; hier begannen die Konsuln ihre Amtszeit und hielten die erste Senatssitzung ab; und hier endete auch der Triumphzug. In der Welt der römischen Republik und des kaiserzeitlichen Imperium Romanum galt das Kapitol als „Haupt der Welt“[215]. Diese Bezeichnung hält nicht nur die symbolisch-politische Bedeutung dieses Ortes fest, sie erinnert auch mit der mehrdeutigen Bezeichnung „Haupt“ an eine römische Tradition, die den Kapitolshügel als Schädelhügel versteht, auf dem sich ein in wunderbarer Weise erhaltener menschlicher Schädel finden ließ. Livius schreibt (I 55,5 f [Hillen]):[216]

> Nachdem man dieses Zeichen, das ewige Dauer verhieß, erhalten hatte, folgte noch ein anderes Zeichen vom Himmel, das die Größe des Reiches ankündigte: beim Ausheben der Fundamente des Tempels [sc. des kapitolinischen Jupitertempels, M. L.] stieß man, wie es heißt, auf ein menschliches Haupt (*caput humanum*), dessen Antlitz noch ganz unversehrt war. Diese Erscheinung war ein direkter Hinweis darauf, dass hier das Bollwerk der Herrschaft und das Haupt der Welt sein werde (*quae visa species haud per ambages arcem eam imperii caputque rerum fore portendebat*). So verkündeten es die Seher.

---

213 Vgl. zum Kapitol und seinen Bauten F. Coarelli, Rom, 39–49; R. Förtsch, Capitolium, 972 f.

214 Zur Geschichte des Tempels vgl. auch den historischen Abriss bei Tac., Hist III 72.

215 Vgl. H. Beck, Züge, 79.

216 Vgl. auch Plin., Hist Nat XXVIII 14–16; Liv. V 54,7.

Das Prodigium[217] des wunderbar erhaltenen Schädels wird also zum glücksverheißenden Vorzeichen, dass hier das Haupt der Welt entstehe. Die Bezeichnung Kapitol, die für Hügel und Tempel gleichermaßen steht und die auch zum Beinamen Jupiters wurde, hat in dieser Tradition ihren Urgrund. Sie erinnert an den menschlichen Schädel wie an die Vormachtstellung Roms, die sich auf dem Kapitolshügel symbolisch verdichtet, in gleicher Weise. Vor diesem „Haupt der Welt", in dem der höchste Gott selbst seinen Wohnsitz hatte, zu dem der ganze Triumphzug auf dem Weg war, versammelten sich auf dem Plateau des Hügels die Teilnehmer des Triumphzugs und warteten auf die Ankunft des Triumphators und den Beginn des großen Schlussopfers.

3.2.3.2 Opfer, Weihgaben und Festessen

Im großen Schlussopfer vor dem kapitolinischen Jupitertempel wurden die im Triumphzug mitgeführten Stiere rituell geschlachtet und den Göttern, vor allem Jupiter, geopfert.[218] Dieses Opfer stellt die Einlösung eines vor dem Krieg den Göttern gegebenen Votums dar. Ein solches Votum wird den Göttern ein großes Tieropfer und evtl. auch die Weihung von Kriegsbeute oder die Errichtung eines Tempels aus der Beute für ihre Hilfe bei der Kriegsführung versprochen haben. Und genau diese Unterstützung haben die Götter mit dem siegreich geführten Krieg, der nun mit dem Triumph gekrönt wird, deutlich unter Beweis gestellt. Das Schlussopfer löst diese Dankesschuld ein.[219] Insofern rahmen religiöse Riten in Form von Votum und Einlösung des Votums den gesamten Krieg, der mit dem Triumphzug rituell beschlossen wird.[220] Diese Rahmung gibt dem Krieg und dem Triumph ein sakrales Gepräge. Mehr noch: Der Triumphzug wird zum Fest für die Götter, deren Ehrung und Dank er beabsichtigt. Deutlich wird das etwa bei Livius (XXXVII 59,1 [Hillen]):

> Verdientermaßen wurde also den unsterblichen Göttern die größtmögliche Ehre erwiesen, weil sie den gewaltigen Sieg auch noch leicht gemacht hatten, und dem Feldherrn der Triumph bewilligt.

Insofern sind auch die Götter Nutznießer des Triumphes. Durch Opfer werden sie ernährt und geehrt, aus der Kriegsbeute werden ihnen Tempel gebaut oder bestehende Heiligtümer mit Weihgaben ausgezeichnet.

---

217 Vgl. speziell zu diesem Vorzeichen die Analyse im Rahmen der umfänglichen Studie von D. Engels, Vorzeichenwesen, 331–338.

218 Vgl. zum Schlussopfer und zu den Techniken des Opferns und Schlachtens E. Künzl, Triumph, 82f.

219 Vgl. E. Künzl, Triumph, 111f.

220 Vgl. H. Beck, Züge, 83: „Damit schloss sich symbolisch der Kreis des Krieges".

Ein festes Dankgebetformular? In der Forschung[221] wird zuweilen die These vertreten, dass der Triumphator im Kontext des Schlussopfers ein im Wortlaut feststehendes Dankgebet zu sprechen hatte. Erhalten hat es sich als überliefertes Zitat nicht. Gleichwohl gibt es Rekonstruktionsversuche, die sich aus den Komödien des Plautus speisen, in denen triumphierende Sklaven auftreten und formelartige Gebete sprechen, die Eduard Fraenkel[222] als Basis für die Rekonstruktion eines historischen Dankgebets des Triumphators dienten (Plaut., Persa 753–757 [Rau]):

> Der Feind ist geschlagen, gerettet das Volk, es ist Friede geschlossen, beruhigt der Staat. Der Krieg ist erloschen, das Glück war mit uns, unser Heer und die Schanzen sind unversehrt: Dass du gütig geholfen hast, Juppiter und ihr anderen himmlischen Götter all, dafür weiß ich und statt ich euch Dank ab, weil brav ich mich rächen konnte an meinem Feind! Deshalb will ich nun teilen mit meinen Helfern die Beute, und jeder bekommt etwas ab.
>
> *Hostibus victis, civibus salvis, re placida, pacibus perfectis, bello exstincto, re bene gesta, integro exercitu et praesidiis, cum bene nos, Iuppiter, iuvisti, dique alii omnes caelipotentes, eas vobis habeo grates atque ago, quia probe sum ultus meum inimicum. Nunc ob eam rem inter participes didam praedam et participabo.*

Ob es dieses Gebet wirklich gegeben hat, muss freilich dahingestellt bleiben.

Neben dem blutigen Opfer für die Götter, das aller Wahrscheinlichkeit nach mit einem Weinlibationsopfer verbunden war,[223] oblag es dem Triumphator in dieser Schlussphase des Triumphes auch, die evtl. erbeuteten *spolia opima* dem Jupiter Feretrius zu weihen. Auch andere Weihungen von Beutestücken (vor allem der eroberten und präsentierten Waffen[224]) an die Götter waren möglich. In jedem Falle hatte der Triumphator im Kontext des großen Schlussopfers den Lorbeerzweig, den er während des Zuges in seiner Hand gehalten hatte,[225] sowie den Lorbeer der *fasces* der Liktoren[226] in den Schoß der Jupiterstatue abzulegen. Er weihte ihn damit dem Gott.[227]

---

221 Vgl. nur W. Ehlers, Triumphus, 510; J. Rüpke, Domi militiae, 225; R. Payne, Triumph, 63f.

222 Vgl. E. Fraenkel, Plautus, 234–239.

223 Vgl. R. Payne, Triumph, 61f.

224 Vgl. E. Flaig, Politik, 37.

225 Vgl. H. Beck, Züge, 82f.

226 Vgl. dazu die Bemerkung des Augustus in RG 4 [Giebel]: „Zweimal habe ich den Triumph gefeiert in Form der Ovation und dreimal in Form des kurulischen Triumphs [...] Der Senat hatte noch mehr Triumphe für mich beschlossen, die ich jedoch alle zurückwies. Den Lorbeer von den Rutenbündeln legte ich auf dem Kapitol nieder nach Erfüllung der Gelübde, die ich vor jedem Krieg feierlich abgelegt hatte".

227 Vgl. B. Bergmann, Kranz, 51f. Der Triumphator behält damit nur noch den Lorbeerkranz, den er unmittelbar auf dem Haupt trägt. Bergmann kann mit guten Gründen zeigen, dass der Triumphator die *corona etrusca* sowie die Lorbeerzweige, nicht aber den

An diese kultischen Akte schloss sich ein großes Festessen an.[228] In jedem Falle lud der Triumphator dazu die aristokratische Spitze des Staates zum gemeinsamen Mahl ein.[229] Aber auch für die übrige Stadtbevölkerung[230] und in manchen Fällen wohl auch für die Landbevölkerung der Dörfer um Rom[231] wurden Mähler ausgerichtet. Mit diesen Mählern ist streng genommen das Kapitol nicht mehr der Ort der Handlung. Die Handlung differenziert sich letztlich über das ganze Stadtgebiet Roms aus. Das Festmahl des Triumphators mit seinen Ehrengästen wird dabei mit aller Wahrscheinlichkeit in seinem Palast oder seiner Villa gehalten worden sein.[232] Aufgrund dieses Ortswechsels ist leider auch nicht sicher, ob der Triumphator dieses Festmahl im Triumphornat beging oder bereits die Insignien des Triumphes wieder im Tempel des kapitolinischen Jupiters deponiert waren.[233]

3.2.3.3 Der Gewandwechsel und die Rückgabe der Kleidung

Ob die rituelle Entkleidung und Rückgabe des Triumphornats an Jupiter vor oder nach dem Festmahl stattfand – in jedem Falle durfte der Triumphator das Triumphornat, mit Ausnahme des Lorbeerkranzes,[234] nicht behalten. Adlerszepter, *toga picta* und *tunica palmata* wurden zusammen mit der *corona etrusca*, die der Staatssklave während der Prozession dem Triumphator über das Haupt zu halten hatte, wieder in den Tempelschatz des Jupitertempels auf dem Kapitol verbracht.[235] Dort gehörten sie hin, galten sie doch als Jupiter-

---

Lorbeerkranz weiht bzw. an Jupiter übergibt. Der Lorbeerkranz bleibt dauerhaft im Besitz des Triumphators. An diesem Punkt unterscheidet sie sich vom Mainstream der Forschung, die eine Weihung auch des Lorbeerkranzes annimmt (vgl. nur S. T. Schipporeit, Wege, 108; W. Eder, Triumph, 838).

228 Vgl. auch A. Themann-Steinke, Valerius Maximus, 468f, mit zahlreichen Belegen; vgl. auch M. Beard, Triumph, 261–263.

229 Vgl. für die Flavier Jos., Bell VII 156. Zur Einladungspraxis, die die jeweils amtierenden Konsuln zunächst einschloss und sogleich wieder auslud, vgl. Plut., Quaest Rom 80 [Scheid]: „Warum luden sie [sc. die Triumphatoren, M. L.] die Konsuln ein, und ließen ihnen dann sagen, sie bräuchten nicht zum Essen zu kommen? Ist es, weil dem Triumphator der Ehrenplatz beim Essen gegeben werden musste und nach dem Mahl ein Geleit? Wenn nun aber die Konsuln anwesend sind, können diese Ehren keinen anderen als ihnen selbst zukommen."

230 Tiberius richtete bei seinem Triumph 12 n. Chr. an „1000 Tischen" ein Mahl für die Stadtbevölkerung Roms aus (Suet., Tib 20); die Flavier lassen für die nicht zum Triumphatorenfestmahl eingeladenen übrigen Triumphteilnehmer zu Hause Festmahlzeiten vorbereiten (Jos., Bell VII 156).

231 Belegt für den Triumph des Lucullus (Plut., Lucull 37,4).

232 So eigens notiert für den Flaviertriumph, vgl. Jos., Bell VII 156. Nach P. J. Holliday, Triumphal Painting, 133, fand das Festmahl des Triumphators hingegen im Tempel Jupiters statt.

233 E. Künzl, Triumph, 106, tendiert augenscheinlich zur letzteren Option.

234 So mit guten Gründen B. Bergmann, Kranz, 52.

235 So auch E. Künzl, Triumph, 90; B. Bergmann, Kranz, 59. Zur möglichen zeitweiligen Lagerung des Triumphornats im Mars-Ultor-Tempel vgl. II 3.2.1.2.3.

ornat. Sie waren sein Eigentum.[236] Mit dieser Entkleidung und Rückgabe der Insignien des Triumphes an Jupiter vollzog sich die Rückverwandlung vom jupitergleichen Triumphator zum Menschen. Diese Re-Transformation war wichtig. Denn sie sorgte dafür, dass aus dem für einen Tag Gottgleichen am Ende des Triumphes wieder ein römischer Aristokrat oder Kaiser wurde. Die scheinbare Epiphanie eines Gottes in Gestalt eines Menschen war begrenzt – und musste es gerade in republikanischer Zeit auch sein. Denn in Anwesenheit eines Aristokraten, der dauerhaft wie ein Gott erschien, ließ sich in republikanischer Zeit schlecht Politik machen. Solch übergroße Männer waren gefährlich (vgl. II 4.4). Deshalb war die rituelle Rückverwandlung zum Menschen ein notwendiges Element im Rahmen des Rituals. Das Ritual selbst setzte die entscheidenden Grenzen.

Gleichwohl verblasste nicht einfach der Status des Triumphators. Zwar war die Erscheinung als Jupiter und der konkrete Triumphzug zeitlich begrenzt. Dennoch blieb der Triumphator zeitlebens ein Triumphator. Dafür sorgte nicht nur die *corona laurea*, die in den Besitz des Triumphators überging, sondern auch die Verwendung der Kriegsbeute, die in Stiftungen und Ausschmückungen des öffentlichen wie des privaten Raumes floss; dafür sorgten entsprechende Inschriften und Münzbilder, dafür sorgten schließlich auch die bei der *pompa funebris* mitgetragenen Insignien des Triumphes, die den Verstorbenen oder einen anderen Familienahnen als Triumphator kennzeichneten (s. II 6.2). Fraglos wurde man im Imperium Romanum als Triumphator erinnert, auch wenn man nicht mehr im Gewand des Triumphators auftreten konnte und das zeitlich begrenzte Ereignis des Triumphzugs bereits Geschichte war. Man ist eben nur für einen Tag ein Gott, aber für immer ein großer Mann, eben ein Triumphator.

Ein ewiger Triumph? – oder: Wenn der Gewandwechsel „ausfällt“: Die Rückgabe des Gewandes an Jupiter bzw. die Weihung der Insignien des Triumphes sind zentrale Bestandteile des Triumphrituals, die nicht einfach ausfallen können. Gleichwohl gibt es einige signifikante Ausnahmen, die diesen rituell vollzogenen Gewandwechsel letztlich konterkarieren.[237] Diese Ausnahmen bestehen im Versuch, die Triumphgewänder über die *corona laurea* hinaus auch jenseits des Triumphes oder anderer Rituale[238] im Alltag erneut zu tragen. Damit wird die demonstrative Re-Transformation vom Jupitergleichen zurück zum Triumphator ausgehebelt. Der Triumphator erscheint unmittelbar als ein solcher mitten im Alltag. Das ist eine neue Form der dauerhaften Erinnerung an einen konkreten Triumph. Denn der bisher durch die visuelle Wahrnehmung der dauerhaft präsentierten Kriegsbeute, der Triumphbilder, der *tituli* oder der durch Kriegsbeute finanzierten Bauten assoziativ erinnerte Tri-

---

236 So auch W. Ehlers, Triumphus, 495.

237 Vgl. M. Beard, Triumph, 272–277.

238 Die Triumphgewänder konnte man auch bei der *pompa circensis* (vgl. E. Künzl, Triumph, 105) tragen (s. dazu unter II 6).

umphator trägt sein Triumphator-Sein nun unmittelbar auf der Haut. Ein solcher Versuch ist bereits für die Phase der Republik notiert. Es ist der römische Feldherr Marius, der nach seinem mit einem Triumph gewürdigten Sieg über den Numidier Jugurtha (104 v. Chr.) außerhalb des Rituals im Triumphgewand auftritt – im Senat und damit in einer Alltagssituation. Das war ein gewiss kalkulierter Affront gegen die anwesenden Senatoren und als eine solche anmaßende Provokation wurde die Verletzung des üblichen Dresscodes von der Nobilität auch gewertet.[239] Die ablehnende Reaktion der übrigen Senatoren zwang Marius, die ihm eigentlich zustehende Kleidung, die *toga praetexta*, zu tragen und die Triumphgewänder umgehend wieder abzulegen. Die Zeiten sollten sich allerdings ändern: Denn was in der Republik noch eine Provokation war, wird mit dem Übergang zum Prinzipat[240] und dann vollauf in der Kaiserzeit zu einer besonderen Form der Ehrung und Auszeichnung der Kaiser. Es wurde zu ihrem Vorrecht, die Triumphgewänder auch im Alltag zu tragen und damit dauerhaft wie Triumphatoren zu erscheinen.[241] Das Triumphgewand war zum Kaiserornat geworden. Und vielleicht ist dann auch die ab dem Ende des 1. Jh. n. Chr. fassbar werdende alternative Triumphkleidung der *alba vestis triumphalis* eine Reaktion auf diese Übernahme der bisherigen Triumphbekleidung in das Alltagszeremoniell des Kaiserhauses.

Mit der Rückgabe der Triumphkleidung und der Insignien des Triumphes, mit dem großen Opfer und dem Festmahl des Triumphators und seiner Ehrengäste war das Ritual des Triumphzugs abgeschlossen. Alltag konnte wieder einkehren. Die Erinnerung an den Triumphzug, an den Triumphator und an den siegreich geführten Krieg blieb freilich durch die unterschiedlichsten Erinnerungsmedien präsent.

* * *

Über den Triumphzug ist nach diesen Überlegungen zum Triumphator als dem Protagonisten des ganzen Rituals natürlich noch längst nicht alles gesagt. Im Folgenden kommen die weiteren für das Ritual bedeutsamen Einzelfiguren und Personengruppen in den Blick, freilich immer rückgebunden an die Person des Triumphators und verbunden mit einer Perspektive, die auf die Frage nach der Funktionalität des ganzen Rituals (vgl. II 4) abhebt.

---

239 Vgl. zum Fall Plut., Mar 12,5; T. Hölscher, Provokation, 85.

240 Zum Fall des Pompeius, der offensichtlich um 63 v. Chr. (temporär oder auf Dauer?) das Recht hatte, Elemente des Triumphzugsornats außerhalb des Triumphes zu tragen vgl. M. Beard, Triumph, 30; zum Recht Caesars, die Triumphgewänder außerhalb des Rituals zu tragen (vgl. Dio C. XLIV 4,2) vgl. P. Kehne, Augustus, 198. Zum gleichen Recht für Augustus vgl. J. Engels, Exempla-Reihe, 158 Anm. 48; 160 Anm. 52.

241 Vgl. E. Künzl, Triumph, 90.106; G. S. Sumi, Triumph, 122; vgl. zur Sache insgesamt A. Alföldi, Repräsentation, 93.100.121.126 f.143 f.230; T. Itgenshorst, Princeps, 41.

3.3 Der Staatssklave

In unmittelbarer Nähe zum Triumphator befindet sich der Staatssklave (*servus publicus*),[242] der in aller Regel direkt hinter dem Triumphator im Triumphwagen stand. Mit dem Triumphator war er nicht nur durch die unmittelbare persönliche Nähe engstens verbunden, er trug zu diesem speziellen Anlass neben seiner Amtstracht (*limus*[243]) auch einen eisernen Fingerring, wie ihn der Triumphator auch selbst zu tragen hatte.[244] Die apotropäischen Elemente, die sich schon beim Triumphator finden ließen, setzen sich hier fort. Zwei Aufgaben gehören im Kontext des Triumphzugs zur Rolle des Staatssklaven.[245] Er hatte zum einen mit offensichtlich beiden Händen[246] einen Kranz, *corona etrusca* genannt, über das Haupt des Triumphators zu halten.[247] Dieser Aspekt hat sich als ikonographische Konstellation auf einem Silberbecher aus Boscoreale erhalten, der einige Teilszenen aus einem Triumphzug des Tiberius präsentiert (vgl. Abb. 19). Zum anderen musste der Staatssklave dem Triumphator Worte ins Ohr raunen, die Tertullian in folgender Weise überliefert (Apol 33,4 [Becker / Georges]):

> Schau hinter dich! Denke daran, dass du ein Mensch bist! / *Respice post te! hominem te memento*![249]

---

242 Zu dieser Klasse von Sklaven, ihren Aufgaben sowie ihrer sozialen Stellung vgl. E. Herrmann-Otto, Sklaverei, 179f.

243 So E. Herrmann-Otto, Sklaverei, 180.

244 Vgl. Plin., Hist Nat XXXIII 11. Vgl. zur Sache auch K.-J. Hölkeskamp, Triumph, 261.

245 Vgl. dazu insgesamt die konzisen Überlegungen bei P. J. Holliday, Origins, 29f; zur Rolle und Funktion des Staatssklaven vgl. auch die im Blick auf die Historizität kritische Rekonstruktion bei M. Beard, Triumph, 85–92.

246 Das zeigt jedenfalls die Gestaltung des Boscorealebechers (vgl. Abb. 19). Der apotropäische Eisenring befindet sich damit im unmittelbaren Kontext der numinos aufgeladenen *corona etrusca*.

247 Vgl. nur B. Bergmann, Kranz, 58.

248 Zur Interpretation des Bechers und seines Bildprogramms vgl. P. Zanker, Augustus, 229f; B. Bergmann, Kranz, 90–92.98.

249 Aus der Formulierung Tertullians wird allerdings nicht deutlich, dass der Sklave diese Worte spricht. Im Text heißt es einfach, dass diese Worte von hinten (*a tergo*) zu ihm gesprochen werden. Das lässt zunächst offen, wer aus der Gruppe der hinter dem Triumphator gehenden Personen diese Worte spricht. Faktisch liegt aber ein Bezug auf den Staatssklaven nahe, wenn der Triumphator die Worte auch wirklich hören können sollte (so auch T. Georges, Tertullian, 493); zudem sprechen andere Quellen (Juv., Sat X 41; Plin., Hist Nat XXXIII 11) eindeutig vom Sklaven als demjenigen, der diese Worte zum Triumphator spricht. Tertullian ruft diese römische Tradition im Übrigen in Erinnerung, um nachzuweisen, dass die römischen Kaiser selbst sich nicht als Götter verstanden haben und folglich die Weigerung der Christen, den Kaiser als Gott zu verehren, gerade dem Selbstverständnis der Kaiser entspricht.

Abb. 19: Der Staatssklave hinter dem Triumphator mit der *corona etrusca* in beiden Händen. Detail eines Silberbechers aus Boscoreale mit einer Abbildung von Teilszenen aus dem Triumph des Tiberius,[248] entstanden (vermutlich) in spätaugusteischer Zeit, heute im Louvre, Paris [Quelle: © RMN-Grand Palais (Musée du Louvre)/Hervé Lewandowski].

Ähnliches[250] findet sich bei Epiktet (Diss III 24,85; Oldfather/eigene Übersetzung):[251]

250 Vgl. auch Plin., Hist Nat XXVIII 39 (der Triumphator wird im Triumphzug aufgefordert, zurückzublicken) sowie Dio C. VII 21,9 (der Sklave fordert den Triumphator auf, hinter sich zu schauen – was innerhalb des Textes sogleich metaphorisiert wird: Der Triumphator soll sich an das noch Folgende in seinem Leben, nämlich an seinen Tod und damit implizit an sein Mensch-Sein erinnern); zur Quellenlage insgesamt T. Köves-Zulauf, Worte, 78f.

251 Vgl. zur Stelle auch noch unter II 5.3.

[...] wie diejenigen, die hinter den Triumphierenden stehen und (sie) erinnern, dass sie Menschen sind[252]/[...] οἷον οἱ τοῖς θριαμβεύουσιν ἐφεστῶτες ὄπισθεν καὶ ὑπομιμνήσκοντες, ὅτι ἄνθρωποί εἰσιν.

Beide Elemente sind erklärungsbedürftig. Bei der *corona etrusca*,[253] die mit ihrem traditionellen Namen wohl auf die etruskischen Wurzeln des Triumphzugs verweist,[254] handelt es sich um einen unhandlichen, weil sehr schweren oder sehr großen,[255] mit Edelsteinen[256] und vergoldeten Eichen- oder Lorbeerblättern[257] verzierten Kranz aus Gold, der Teil des zentral gelagerten Triumphzugsornats war und mindestens auf diese Weise einen engen Bezug zum kapitolinischen Jupiter hatte.[258] Ikonographisch hat sich die *corona etrusca* in ihrer numismatischen Repräsentation erhalten (vgl. Abb. 20).

Dass dieser Kranz über dem Haupt *gehalten* wurde, hatte gewiss nicht nur praktische Gründe, trug doch der Triumphator bereits seinen Lorbeerkranz (*corona laurea*), sondern symbolisierte zugleich auch die Welt des Göttlichen und die göttlich-menschliche Spannung, in der der Triumphator stand. Im Verbund mit den übrigen Bestandteilen des Triumphzugsornats gehört die *corona etrusca* fraglos zu den Elementen, die den Triumphator jupitergleich stilisieren konnten und ihn wie einen sichtbar erschienenen Gott wirken ließen. Die Apotheose war zum Greifen nahe – und wird doch unmittelbar durchbrochen. Denn auf der anderen Seite wird durch die gewiss eindrückliche Inszenierung eines menschlichen „Stativs", das den Kranz über dem Haupt des Triumphators hält, auch überdeutlich gezeigt, dass der Triumphator diesen Kranz gerade

252 Beide Zeugnisse treffen sich präzise in diesem Punkt: Der Triumphator wird an sein Mensch-Sein erinnert.

253 Vgl. zu dieser Insignie insgesamt die monographische Studie von A. Coen, Corona; eine detaillierte Diskussion dieses Kranzes findet sich auch bei B. Bergmann, Kranz, 58–92.

254 Vgl. dazu B. Bergmann, Kranz, 236 Anm. 202 (mit Literatur), und zu den etruskischen Wurzeln des Triumphes etwa J. Rüpke, Domi militiae, 223f; W. Ehlers, Triumphus, 493f.

255 Mit spitzer Feder formuliert Juvenal (Sat X 39–42), dass der Kranz den Staatssklaven tüchtig zum Schwitzen brachte (vgl. auch zum Diskurs über die Handlichkeit des Kranzes B. Bergmann, Kranz, 236 Anm. 208).

256 Zur Edelsteinverzierung vgl. B. Bergmann, Kranz, 58.236 Anm. 197.

257 B. Bergmann, Kranz, 60–92, diskutiert breit die Laubgestalt des Kranzes und votiert gegen die Mehrheitsmeinung (Eichenlaub; vgl. nur E. Künzl, Triumph, 87) für einen Lorbeerkranz.

258 B. Bergmann, Kranz, 73–91, bestreitet nicht nur, dass es sich um einen Eichenlaubkranz gehandelt hat, sondern sieht auch keine plausible Verbindung zwischen dem Laubtyp Eiche und dem Gott Jupiter. Für sie verweist der Kranz entsprechend nicht auf Jupiter (74). Sollte Bergmanns Rekonstruktion der Kranzform stimmig sein (gewichtige Gegenstimmen und ihre Argumente listet sie selbst auf: 73f.237 Anm. 10) und damit über die Laubform kein Bezug zu Jupiter möglich sein, so ruft m. E. die zeitlich fast durchgehende Aufbewahrung des Kranzes im Verbund mit dem Triumphornat im Tempel des kapitolinischen Jupiters (so nach einer längeren Diskussion der Problematik dann auch B. Bergmann, Kranz, 69–73) letztlich aber doch den Kontext des höchsten Gottes auf.

Abb. 20: Denar des Augustus, Colonia Patricia (Cordoba)? (Hispania), um 18 v. Chr.: Av.: Leere Triumphquadriga nach rechts; Paneele des Wagens mit Darstellungen der Victoria verziert, vier galoppierende Pferde krönen die Front des Wagens; Überschrift (rechts): CAESARI; Rv.: Die *corona etrusca* als Lorbeerkranz mit Tänien und Mittelmedaillon im Kontext weiterer Insignien des Triumphators; Beischrift: S P Q R PAREN CONS SUO [Quelle: RIC I^2 99; http://www.coinarchives.com (26.04.2018); vgl. dazu auch B. Bergmann, Kranz, 88].

nicht trägt.[259] Dieser Kranz ist ihm nicht zu eigen, er wird ihm nicht zu einer Art zweiten Haut, es ist nicht seine Krone, die er für einen Moment oder gar dauerhaft tragen dürfte.[260] Sie geht auch nicht in seinen Besitz über. Der Jupitergleiche bleibt damit letztlich in der Sphäre des Menschen. Der gehaltene Kranz sagt dem Triumphator: „Du bist kein Gott!“ Und es ist zu vermuten, dass auch das Publikum diese Inszenierung und die mit ihr verbundene Botschaft verstehen konnte.

Auf der gleichen Linie liegt m. E. auch die mündliche Botschaft des Staatssklaven an den Triumphator.[261] Der vom Sklaven vermutlich mehrfach wieder-

---

259 Er wird insofern auch nicht durch den Staatssklaven *gekrönt*, weil er die *corona etrusca* im Rahmen des Rituals nie *tragen* wird.

260 So auch B. Bergmann, Kranz, 59.

261 Der Versuch von T. Köves-Zulauf, Worte, 87f, das im Werk des Plinius tatsächlich nur durch eine 1587 von J. Dalechamp vorgenommene Konjektur gelesene *respice* als „spätere Entstellung“ (87) eines ursprünglichen und auf die Anfänge des Triumphes zurückgehenden *recipere* zu werten und *recipere* bzw. *recipe* im Sinne eines „fahr nicht so schnell/lass den Abstand zu den zu Fuß folgenden Soldaten nicht zu groß werden“ zu verstehen, ist zwar angesichts des Hinweises auf den Konjekturcharakter des plinianischen Textes an dieser Stelle hilfreich, kann aber inhaltlich nicht wirklich überzeugen, weil der Triumphator die Regulierung der Fahrtgeschwindigkeit der Triumphquadriga gar nicht in Händen hielt.

holte Erinnerungsruf beinhaltete zwei unmissverständliche Aufforderungen: Folgt der Triumphator der ersten Aufforderung und blickt tatsächlich[262] oder auch nur in einem inneren Akt des Erinnerns hinter sich, dann sieht er nicht nur die evtl. von ihm Befreiten und den Staatssklaven, sondern angesichts ihrer Massivität vor allem seine Soldaten: das Fußvolk wie die Offiziere. In Kombination mit der zweiten Aufforderung, sich an das eigene Mensch-Sein zu erinnern, die sicherlich in semantischer Opposition zum inszenierten Gott-Sein des Triumphators steht, besteht der Sinn des Satzes primär darin, dem Triumphator bewusst zu machen, dass die Leistungen, die in diesem Triumphzug gefeiert werden, ein Gemeinschaftswerk sind. Es waren die Soldaten, die letztlich den Sieg errungen haben. Der Satz ruft dem Triumphator mithin in Erinnerung, dass er trotz seiner Kleidung und der übrigen Staffage gerade kein Gott, kein sichtbar erschienener Jupiter ist, sondern ein Mensch,[263] der seine Ehrung zu einem Gutteil den Leistungen seiner Soldaten verdankt. Das ist ein gleichsam leises und auf den engen Raum des Triumphwagens beschränktes widerständiges Element, das der singulären Glorifizierung des Triumphators entgegensteht. Er ist eben nur beinahe ein Gott. Der Vergöttlichung des Triumphators wird damit Einhalt geboten. Darin liegt wohl die Hauptfunktion des Staatssklaven im Triumphwagen. Seine Worte wie seine Aktion laufen auf dieses gemeinsame Ziel hinaus. In diesem Sinne fasst Juvenal (Sat X 41 f [Adamietz]) die Funktion des Staatssklaven präzise zusammen:

> [...] Schwitzend hält ihn [sc. den Kranz, M. L.] der Staatssklave und fährt, damit der Konsul sich nicht überhebe, im selben Wagen mit / [...] *tenet sudans hanc publicus et, sibi consul ne placeat, curru servus portatur eodem.*

Wenig verwunderlich ist angesichts dieser Funktion des Staatssklaven, dass er im Rahmen von Darstellungen, deren Bildprogramm dem Triumphator schmeicheln soll oder auf ihn selbst zurückgeht, entweder überhaupt nicht

---

Faktisch führte nicht er die Zügel der Quadriga. Sie waren am Wagenkasten befestigt; die Führung des Gespanns übernahm eine Begleitperson (vgl. T. Schäfer, Relief, 144; vgl. immerhin auch die Überlegungen bei T. Köves-Zulauf, Worte, 91 Anm. 72). Ohnehin war die Zuggeschwindigkeit nicht von den Pferden der Triumphquadriga abhängig, sondern von der Geschwindigkeit der Ferkulumsträger, so dass sich die ganze Prozession von vorne zurück staute. Insofern wäre die Aufforderung des Staatssklaven, der Triumphator möge doch *recipere*, um den Abstand zu den Soldaten nicht zu groß werden zu lassen – eine Aufforderung, die T. Köves-Zulauf, darin der hier vorgetragenen Deutung des *respice post te* wiederum recht ähnlich, als Mahnung, sich nicht über die Soldaten allzu sehr zu erheben und sich losgelöst von ihnen als alleiniger Sieger zu verstehen, interpretiert –, ins Leere gelaufen. Vgl. zur These von Köves-Zulauf auch J. Rüpke, Domi militiae, 232 f mit Anm. 122.

262 Mit W. Ehlers, Triumphus, 507, der treffend festhält, dass das *respice* nicht metaphorisch gemeint ist.

263 Vgl. auch T. Georges, Tertullian, 493.

Abb. 21: Denar des Augustus, Rom?/Brindisi?, 29–27 v. Chr.: Rv.: bekränzter Augustus *allein* in der Triumphquadriga mit einem Zweig in der rechten und den Zügeln in der linken Hand, die Quadriga ist figürlich verziert; Unterschrift: IMP CAESAR [Quelle: RIC I^2 264; © Münzkabinett der Staatlichen Museen zu Berlin, Objektnummer: 18207258].

Abb. 22: Aureus des L. Cornelius Sulla und des L. Manlius, Italien, 82 v. Chr.: Rv.: Sulla als Triumphator allein in der Triumphquadriga mit einem Caduceus (?) in der rechten und den Zügeln in der linken Hand, von rechts fliegt eine *Victoria* dem Triumphator entgegen und *überbringt einen Kranz* (mit Tänie?); Unterschrift: L SULLA [Quelle: © Münzkabinett der Staatlichen Museen zu Berlin, Objektnummer: 18201551].

abgebildet oder durch eine geflügelte Victoria ersetzt wird (vgl. Abb. 21–23). In der ikonographisch fixierten Erinnerung wird also die Funktion des Staatssklaven geradezu konterkariert.[264] Die Siegesgöttin begleitet nun den Triumphator und erhöht damit seinen Status zum epiphanen Jupiter. Für den Staatssklaven bleibt bei dieser erinnerten und sich faktisch in der Retrospektive vollziehenden „Apotheose“ kein Platz mehr.[265]

264 So auch P. J. Holliday, Origins, 29.

265 Ausnahmen bilden der Boscorealebecher sowie ein Marmorrelief aus Palestrina (2. Jh. n. Chr.), das Kaiser Trajan in der Triumphquadriga und den Staatssklaven abbildet; vgl. T. Schäfer, Relief, 142.144; E. Künzl, Triumph, 28; R. Brilliant, Triumph, 226; kritisch zur Deutung des Marmorreliefs: B. Bergmann, Kranz, 98–108 (weder werde ein Triumphzug noch Trajan abgebildet; das Relief stamme wahrscheinlicher aus einem sepulkralen Kontext und zeige einen *processus consularis*; als Triumphzug deutet M. Beard, Triumph, 88 f, das Relief).

266 Entsprechend wird der Bogen in die Regierungszeit Domitians und unmittelbar nach der Konsekration des Titus datiert (vgl. M. Pfanner, Titusbogen, 91 f).

267 Vgl. dazu B. Eberhardt, Titusbogen, 263 f.

Abb. 23: Triumphatorenrelief des Titusbogens in Rom (entstanden unter der Herrschaft des Domitian): Titus in der Triumphquadriga, *eine geflügelte Victoria steht hinter ihm*, mit der rechten Hand hält sie die *corona etrusca* über das Haupt des Triumphators. Der Bogen verkündet insgesamt die Apotheose des Titus, der in der Inschrift als *DIVO* TITO DIVI VESPASIANI F VESPASIANO AUGUSTO tituliert wird.[266] Dazu passt die Begleitung des Titus durch eine Göttin bestens[267] [Quelle: eigene Photographie].

3.4 Die königlichen Gefangenen und der Todesbote

Die aus heutiger Sicht besonders hässliche Kehrseite des Triumphzugs kommt mit den feindlichen Gefangenen in den Blick, den eigentlichen Verlierern des Spektakels. Sie fanden im Rahmen des Triumphzugs den Tod. Damit sind nicht jene Gefangenen gemeint, die aufgrund ihres körperlichen Eindruckes zu Illustrationszwecken auf den Ferkula mitgeführt wurden. Es handelt sich vielmehr um hochkarätige Spitzengefangene, vor allem um die im Krieg besiegten Könige,[268] ihre Verwandten oder sehr hohe Offiziere – eben die Elite des

268 Das Ideal bestand tatsächlich darin, einen König vorzuführen und diesen vor allem im Kontrast zum Triumphator, dessen Kleidung ja auch königliche Konnotationen aufwies (s. II 3.2.1.2), zu präsentieren; vgl. I. Östenberg, World, 264.279–283. Im Triumphzug

unterlegenen Gegners.[269] Ich nenne sie summierend „königliche Gefangene". In der Inszenierung des Triumphzugs waren diese Gefangenen ein lebender Teil der Beute.[270] Sie waren zudem strukturell das Gegenstück zu den vom Triumphator befreiten Gefangenen. Letzteres wird besonders in der Prozessionsreihenfolge deutlich, gehen doch die Gefangenen – durch die Liktoren vom Triumphator getrennt – vor der Quadriga, die vom Triumphator Befreiten hingegen – durch die Offiziere vom Triumphator getrennt – hinter der Quadriga.[271] Dabei ist das „Vor-dem-Wagen-Gehen/Mitgeführt werden" geradezu zum *terminus technicus* für das Mitführen von Gefangenen im Triumphzug geworden.[272] Zwei Beispiele können das illustrieren. In seinem Tatenbericht hält Augustus summierend fest (RG 4 [Giebel]):

> Bei meinen Triumphzügen wurden vor meinem Wagen neun Könige oder Kinder von Königen mitgeführt / *in triumphis meis ducti sunt ante currum meum reges aut regum liberi novem.*

Und aus dem Werk des Livius sei nur folgende Stelle zitiert (III 29,4 [Hillen]):

> In Rom berief der Stadtpräfekt Q. Fabius den Senat ein, und der ordnete an, Quinctius solle mit seinem Heer, wie er komme, im Triumph in die Stadt einziehen. Vor dem Triumphwagen schritten die Anführer der Feinde (*ducti antem currum hostium duces*).

Auch ikonographisch hat sich ein entsprechendes Zeugnis[273] in Form eines Münztyps erhalten, der genau dieses Motiv des Gefangenen vor dem Triumphwagen aus dem Motivrepertoire des Triumphzugs abbildet (vgl. Abb. 24).

Dieser *terminus technicus* macht deutlich, dass im Triumphzug die königlichen Gefangenen schließlich auch in engster Beziehung zum Triumphator standen und diese beiden Figuren miteinander verglichen werden konnten. Dazu trug auch die Aufmachung der königlichen Gefangenen bei. Denn diese Könige, ihre Anverwandten und Mitglieder ihrer Elite wurden im Triumphzug regelrecht zur Schau gestellt und bewusst als Könige, aber eben als gebrochene

---

als königlicher Gefangener vorgeführt zu werden, stellte damit den ehemals hohen Status geradezu unter Beweis.

269 Vgl. zu den Gefangenen im Triumphzug insgesamt I. Östenberg, World, 128–163, bes. 131–141; vgl. auch M. Beard, Triumph, 107–142.

270 Vgl. Plut., Aem 34,4 [TLG/eigene Übersetzung], der den gefangenen König Perseus explizit „als Teil seiner [sc. also der makedonischen, M. L.] Beute" bezeichnet (ἐγεγόνει μέρος τῶν αὐτοῦ λαφύρων).

271 I. Östenberg, World, 263, stellt heraus, dass der Triumphator ohnehin den Fixpunkt und damit die Spiegelachse der ganzen Prozessionsreihenfolge bildet.

272 Vgl. M. Beard, Triumph, 124f.

273 Vgl. auch die Überlegungen von T. Schäfer, Relief, 148f, zur Abbildung eines Gefangenen samt bewachendem Soldaten vor einer Triumphquadriga auf einem kaiserzeitlichen Triumphrelief.

Abb. 24: Aureus des Vespasian, Lugdunum, 71 n. Chr.: Av.: Vespasian bekränzt nach rechts; Umschrift: IMP CAESAR VESPASIANVS AVG TR P; Rv.: Vespasian als Triumphator in der Triumphquadriga nach rechts fahrend mit einem Zweig in der rechten und Szepter in der linken Hand, hinter ihm lässt sich eine Darstellung der Victoria erahnen, vor ihm ein Trompeter, ein Soldat (nach hinten blickend) und ein Gefangener mit gefesselten Händen und Bart (evtl. eine Darstellung des Simon bar Giora); Unterschrift: TRIUMP AUG [Quelle: RIC II/1² 1127; © The Trustees of the British Museum, London, Registration number: 1864,1128.255].

Könige, die sich in Gefangenschaft befinden, inszeniert.[274] Die königlichen Gefangenen trugen daher oft Kleidung, Schmuck[275] oder andere Attribute[276] ihrer Heimat und ihres früheren Standes. Das konnte einen durchaus prächtigen Eindruck machen,[277] zumal die königlichen Gefangenen den Triumphzug z. T. nicht zu Fuß bewältigten, sondern in einem Wagen gefahren wurden.[278] Der Eindruck, den sie in dieser Perspektive machten, war in der Tat ein königlicher. Im scharfen Kontrast dazu stehen die ebenfalls getragenen Fesseln

---

274 Vgl. für das Folgende auch I. Östenberg, World, 153–156. M. Beard, Triumph, 133–139, diskutiert die Möglichkeit, dass diese Zur-Schau-Stellung im Wortsinne den Triumphatoren die Schau gestohlen hat, insofern sich das Interesse des Publikums mehr auf die Gefangenen als auf den Triumphator richtete. So würden paradoxerweise die Besiegten wie die Sieger wirken.

275 So Jos., Bell VII 138 [Michel/Bauernfeind]: „Sogar an der Schar der Gefangenen vermisste das Auge nicht den Schmuck; denn hier sollte die Pracht und Schönheit der Kleidung die unangenehmen Eindrücke körperlicher Misshandlung dem Blick der Zuschauer entziehen."

276 Vgl. Plut., Aem 34,1: König Perseus trägt als Gefangener im Triumphzug die hohen Schuhe, die für seine Heimat typisch seien.

277 Ovid, Tristia IV 2,27 spricht von einem gefangenen Kriegsführer, der im Purpurmantel gewaltig glänzt.

278 Vgl. M. Beard, Triumph, 124.128 (Abb. 22).134 (Abb. 24).

und Ketten,[279] die – so erzählen es Josephus[280] und Ovid[281] – um den Hals gelegt waren. Sie zeigten überdeutlich an, dass hier nicht etwa Könige als Ehrengäste an einer Prozession teilnahmen, sondern Könige als Gefangene vorgeführt wurden. Gerade dieser Kontrast verhöhnte die mitgeführten Gefangenen in zutiefst spöttischer Weise.[282] Vermutlich, darauf deutet Jos., Bell VII 138 hin, wurden die Gefangenen vor dem Triumphzug auch körperlich misshandelt.[283] Verspottung und Gewalt gegen die königlichen Gefangenen gehörten also zum Triumphzug und zu seiner Vorbereitung. *Tituli* konnten die Gefangenen jeweils für das Publikum näher identifizieren und zugleich ihre „Schuld“ benennen.[284] Für die inhaltliche Form dieser *tituli* könnte etwa ein *titulus*, den Appian (Rom Hist XII 117 [White/Künzl[285]]) zitiert, ein Fingerzeig sein. Dieser *titulus*, der nach Appian im Rahmen des Asientriumphes des Pompeius (61 v. Chr.) präsentiert wurde, listet neben anderem auch sechs besiegte Könige auf:

> Im Zuge mitgetragen wurde folgende Inschrift auf einer Tafel: [...] Besiegte Könige (βασιλεῖς ἐνικήθησαν): Tigranes von Armenien, Artokes von Iberien, Oroizes von Albanien, Dareios von Medien, Aretas aus dem Nabatäerland, Antiochos von Kommagene.

Die Struktur der Auflistung ist sehr gleichförmig. Nach dem gemeinsamen Titel „König“ steht jeweils der Name sowie die Herkunft und damit das Herrschaftsgebiet. Über diese drei Elemente – Titel, Name, Herrschaftsgebiet – werden, so darf man vermuten, generell die im Triumphzug vorgeführten königlichen Gefangenen identifiziert worden sein.

---

279 Vgl. zur Fesselung auch I. Östenberg, World, 156–158; M. Beard, Triumph, 124; vgl. auch Plin., Pan 17,1 f.

280 Jos., Bell VII 154.

281 Ovid, Tristia IV 2,21; Epistulae ex Ponto II 1,43.

282 Vgl. dazu auch S. J. Hafemann, Roman Triumph, 1005; R. Payne, Triumph, 75; zur Verspottung der Gefangenen vgl. auch I. Östenberg, World, 156–159, bes. 157: Die Vorführung der Gefangenen diene dem „ironical mocking“. Generell zu Gewalt und Spott im Umgang mit Gefangenen im Imperium Romanum K. M. Colemann, Charades.

283 Ovid, Tristia IV 2,34 spricht im Blick auf die Gefangenen von schmutzigen Gesichtern und zottigen Haaren, was einen zumindest verwahrlosten Eindruck macht.

284 Darauf deuten nicht zuletzt auch die Tafeln hin, die auf dem Beuterelief des Titusbogens abgebildet sind. Und wenn schon die Beutestücke durch *tituli* identifiziert werden, dann gewiss auch die im Triumphzug vorgeführten besiegten Gegner (so auch die Überlegungen bei M. Pfanner, Titusbogen, 74). Dass die Namen der gefangenen Herrscher im Triumphzug lesbar mitgetragen wurden, legt auch Ovid, Tristia IV 2,20 nahe. Vgl. dazu auch I. Östenberg, Placards.

285 Vgl. E. Künzl, Triumph, 146.

Das Ende des Triumphzugs erlebten diese königlichen Gefangenen nicht mehr mit.[286] Sie wurden im *Tullianum* durch Erdrosselung getötet.[287] Über diesen besonderen Ort schreibt Sallust (Catil 55,3–6 [Lindauer]):

> Im Gefängnis gibt es, wenn man links ein wenig hinansteigt, einen Raum mit der Bezeichnung Tullianum, etwa zwölf Fuß in den Erdboden eingetieft; ihn sichern auf allen Seiten Mauerwände und oben ein aus steinernen Bögen gefügtes Gewölbe; sein Aussehen ist durch die Verwahrlosung, Dunkelheit und Stickluft grauenhaft und entsetzlich. In diesen Raum wurde Lentulus hinuntergelassen, und dann erdrosselten ihn die Henker für Kapitalverbrechen ihrem Auftrag gemäß mit dem Strang.

Beim *Tullianum* handelt es sich also um ein Verlies, den Hochsicherheits- und Todestrakt des römischen Staatsgefängnisses (*carcer*), das selbst schon oberhalb des Forum Romanum, aber noch nicht ganz auf der Höhe des Jupitertempels auf dem Kapitol lag. Die hier geübte Praxis der Hinrichtung durch Erdrosseln wurde auch auf die Gefangenen im Triumph angewandt. Ihre Tötung entspricht also einer Hinrichtung.

Hinrichtung oder kultisches Menschenopfer? In der älteren Forschung wurde z. T. die Annahme vertreten, bei der Tötung der Gefangenen im Triumph handele es sich um ein kultisches Menschenopfer[288] für die Götter.[289] Ein solches Verständnis mag vielleicht im Blick auf die Frühzeit des Triumphes noch angemessen gewesen sein, scheint es doch kultische Menschenopfer auch im römischen Kontext gegeben zu haben, wenngleich sie eine sehr seltene Praxis waren.[290] Für die republikanisch-spätrepublikanischen und kaiserzeitlichen Triumphe liegt eine solche Deutung der Tötung indes nicht nahe. Gegen eine solche Deutung sprechen nämlich gleich mehrere Gründe: 1. Die Tötung durch Erdrosseln entspricht der im *Tullianum* geübten *Hinrichtungsart* für Kapitalverbrechen, wie Sallust zeigt. 2. Bei der Erdrosselung

---

286 Manche königliche Gefangene scheinen durch Suizid ihrer öffentlichen Präsentation und damit Demütigung sowie der Hinrichtung bewusst entgangen zu sein, vgl. M. Beard, Triumph, 114–117. In solchen Fällen konnten dann Repliken der zu früh Verstorbenen im Triumphzug vorgeführten werden, vgl. M. Beard, Triumph, 13.143–147. Andere Gefangene haben beim Triumphator um Gnade und Erbarmen ersucht, was ihnen z. T. auch gewährt worden ist, vgl. I. Östenberg, World, 160–163.

287 Vgl. etwa E. Künzl, Triumph, 90. Manche dieser Gefangenen dienten auch als Geiseln und wurden dann natürlich nicht hingerichtet (zur Begnadigung s. u.), vgl. I. Östenberg, World, 163–167.

288 Zum Menschenopfer vgl. nur J. Scheid, Menschenopfer, mit den antiken Quellenbelegen.

289 Vgl. ausführlich E. Wallisch, Opfer; auch vertreten bei R. Payne, Triumph, 15; J. Kügler, Paulus, 161: der Hinrichtung komme „kultische Qualität" zu. Zum Diskurs über diese Deutung der Tötung und alternative Deutungsmuster vgl. auch I. Östenberg, World, 161–163; knapp auch M. Beard, Triumph, 129.

290 Vgl. anlässlich eines römischen Menschenopfers die betont negative Wertung einer solchen Praxis bei Livius (XXII 57,6) als einer bei Römern völlig unüblichen Form des Opfers.

kommt es zu keinem Blutfluss, der aber für die allermeisten Opferhandlungen konstitutiv ist.[291] 3. Der Ort der Tötung in einem Kellerverlies wäre angesichts der normalen Orte für kultische Opfer an Altären[292] im Kontext von Tempeln ungewöhnlich.[293] 4. Menschenopfer werden in der römischen Kultur, wenngleich nicht völlig ausschließlich so doch sehr weitgehend, negativ bewertet[294] und sind seit 97 v. Chr. gesetzlich streng verboten.[295] Es wäre verwunderlich, wenn ausgerechnet beim römischen Spitzenritual des Triumphzugs gegen dieses Gesetz verstoßen und eine kulturell völlig unrömische Praxis geübt würde. Mit der sehr viel größeren Wahrscheinlichkeit handelt es sich bei der Tötung der königlichen Gefangenen mindestens in spätrepublikanischer und kaiserzeitlicher Zeit also um eine unkultische Hinrichtung eines feindlichen Feldherrn bzw. Königs, die freilich in einen rituellen Zusammenhang eingebettet ist. Nur ist nicht jede rituelle Tötung kultisch konnotiert oder gar ein kultisches Menschenopfer.[296] Dabei kann die Hinrichtung als Element im Zuge eines rituellen Prozesses der Kriegsbeendigung (s. II 4.3) und/oder als individuelle Bestrafung des Hingerichteten für gegen Rom oder seine Vertreter verübte Verbrechen (vor oder während des Krieges) verstanden werden.[297]

Diese Hinrichtung der königlichen Gefangenen vollzieht sich zwar im Abseits eines dunklen Verlieses, wirkt sich aber unmittelbar auf den sich öffentlich vollziehenden Triumphzug aus. Denn nachdem die Gefangenen den Triumphzug bis zu diesem Punkt bewältigt hatten und nun aus der Prozessionsordnung ausgegliedert und zur Hinrichtung abgeführt wurden, stoppte der Rest des Triumphzugs. Der Triumphator konnte erst nach dem Tod der Gefangenen den Opferritus beim Jupitertempel beginnen. Er musste also auf die Nachricht vom Tod des feindlichen Herrschers, die ihm eigens von einem *Boten* zu überbringen war, warten. Recht präzise wird das bei Flavius Josephus beschrieben (Jos., Bell VII 153–155 [Michel/Bauernfeind]):

---

291 Dies gilt umso mehr angesichts eines Wechsels in der Tötungsmethodik. Denn in der Frühzeit des Triumphes wurde die Hinrichtung mit dem Beil, also blutig, vorgenommen (vgl. E. Künzl, Triumph, 90). Dieser Wechsel zu einer unblutigen Tötungsmethode spricht nachdrücklich gegen eine kultische Opfervorstellung bzw. für einen Wandel im Verständnis der Tötung: weg vom kultischen Opfer hin zur unkultischen Hinrichtung eines Gefangenen.

292 Auch das bei Suet., Aug 15 [Martinet] berichtete Töten von Menschen „nach Art der Opfertiere“ findet an einem Altar statt. Ein insgesamt sehr ungewöhnlicher Vorgang.

293 Vgl. aber immerhin die Notiz des Livius (XXII 57,6): Ein griechisches und ein gallisches Paar werden als Menschenopfer in einem *unterirdischen Verlies* lebendig begraben.

294 So insgesamt J. Scheid, Menschenopfer, 1257.

295 Vgl. Plin., Hist Nat XXX 12 [König], dem allerdings bewusst ist, dass ein solches Gesetz nur notwendig ist, weil es solch „abscheuliche Opferhandlungen“ auch bei den Römern gegeben hat.

296 So auch J. Scheid, Menschenopfer, 1255.

297 Die letztere Deutung wird bei I. Östenberg, World, 162, vertreten. Diese Deutung impliziert gegenüber der zuerst genannten Interpretation, der in dieser Arbeit der Vorzug gegeben wird, dass nicht notwendig immer ein feindlicher königlicher Gefangener hingerichtet werden muss.

Das Ziel des Festzuges war der Platz beim Tempel des Jupiter Capitolinus; dort angelangt, hielt man an. Es war nämlich eine alte, von den Vätern ererbte Sitte, an dieser Stelle zu warten, bis ein Bote den Tod des feindlichen Feldherrn meldete. In diesem Fall war es Simon, der Sohn des Giora,[298] der soeben den Triumphzug als Gefangener hatte mitmachen müssen; jetzt wurde er, einen Strick um den Hals, unter ständigen Misshandlungen von seinen Henkern auf den Platz oberhalb des Forums geschleift, wo nach römischem Recht die zum Tode verurteilten Verbrecher hingerichtet wurden. Als nun sein Tod gemeldet wurde, brachen alle in lauten Jubel aus, und die Triumphatoren begannen mit den Opfern.

Offensichtlich konnten das abschließende Dankopfer an die Götter und damit der Abschluss des Triumphes erst erfolgen, wenn diese königlichen Gefangenen getötet waren und der Bote dies verkündet hatte. Hier zeigt sich sehr schön, dass eine der Funktionen des Triumphzugs die Kriegsbeendigung war (s. II 4.3). Und erst mit dem Tod des gegnerischen Königs oder des feindlichen Feldherrn war der Feind wirklich endgültig und abschließend besiegt und ein vollständiger Sieg errungen, war Frieden im Sinne der *pax Romana* eingekehrt.[299] Die Hinrichtung stellt dann den wirklichen Moment des Kriegsendes. Deshalb ist die Unterbrechung notwendig und deshalb kann erst im Anschluss die große Abschlussfeier des Triumphes beginnen.

Triumphetikettierung: Dieses für den Triumphzug zentrale Moment des vollständigen Sieges über den jeweiligen Gegner und des damit verbundenen Kriegsendes drückt sich generell auch in der Benennung und Differenzierung der Triumphe aus. Denn diese werden in den antiken Quellen nicht nur nach dem triumphierenden Feldherrn benannt, sondern sehr oft auch nach dem besiegten Gegner und damit letztlich dem Kriegsschauplatz.[300] Schon die Triumphalfasten verzeichneten meist mit der Wendung „*de* + Ablativ" auch diejenigen, *über* die triumphiert wurde. Als besiegte Gegner können Volksgruppen, Regionen und Personen[301] fungieren.

---

298 In Bell VI 434 bezeichnet Josephus Simon als für den Triumphzug aufbewahrtes/aufbewahrter σφάγιον. Für E. Wallisch, Opfer, 102, ist das ein Beleg für das Verständnis der Hinrichtung als kultisches Schlachtopfer (die Übersetzung von Michel/Bauernfeind geht in die gleiche Richtung und übersetzt mit „als Schlachtopfer"); so auch K. M. Schmidt, Wege, 430. Zwingend ist dieser Schluss allerdings nicht, insofern σφάγιον nach Ausweis des LSJ sowohl das kultische Opfer (*sacrifice*) wie auch das alltagssprachlich gemeinte Opfer (*victim*) meinen kann. Man könnte σφάγιον in Bell VI 434 daher auch mit „als Hinzurichtender" übersetzen (in der LCL-Ausgabe [Thackeray] wird die Wendung daher m. E. passend mit „reserved for execution at the triumph" übersetzt).

299 Treffend bezeichnet K. M. Schmidt, Wege, 430, die Hinrichtung als „Friedensfanal".

300 Vgl. K.-J. Hölkeskamp, Triumph, 258; vgl. auch Liv. X 30,8 (*de Gallis Etruscisque ac Samnatibus triumphavit* [Hillen]); Liv. XXXVII 46,2 (*triumphans de rege Antiocho* [Hillen]). Selbst ikonographisch ist das belegt, wenn auf einem Aureus des Kaisers Claudius ein Triumphbogen die Aufschrift DE BRITANN im Architrav trägt (RIC I^2 33).

301 Werden Einzelpersonen genannt, so handelt es sich um Könige, die auf den Triumphalfasten auch eigens mit diesem Titel bezeichnet werden, vgl. I. Östenberg, World, 134; M. Beard, Triumph, 121.

Besonders deutlich wird die differenzierende Funktion der Triumphbenennung im Rahmen der Nennung der besiegten Gegner bei Plut., Pomp 45 [Ziegler]. Zur Unterscheidung der drei Triumphe des Pompeius[302] und natürlich auch zur Illustration der Leistungen des Triumphators schreibt er: „Er aber, der den ersten Triumph *über Afrika*, den zweiten *über Europa* und nun diesen letzten *über Asien* einherführte, schien mit seinen drei Triumphen gewissermaßen die ganze bewohnte Erde unter sein Joch gezwungen zu haben.“

Natürlich gab es Ausnahmen von der Hinrichtungspraxis, bei denen die königlichen Gefangenen zumindest teilweise verschont wurden.[303] Flavius Josephus selbst ist ein solcher Fall. Als Kommandant der Festung Jotapata im ersten jüdisch-römischen Krieg wäre er ein prädestinierter Gefangener für den Triumphzug und auch die Hinrichtung gewesen. Sein Schicksal sollte ein anderes werden.[304] Von einer weiteren Ausnahme berichtet Appian (Rom Hist XII 117 [White/Künzl[305]]) im Kontext des Asientriumphes des Pompeius (61 v. Chr.):

> Vor Pompeius im Triumphzug gingen die Feldherrn, Söhne und Offiziere der gegnerischen Könige, einige als Kriegsgefangene, andere als Geiseln, insgesamt 324 Mann. Unter ihnen waren Tigranes, der Sohn des Tigranes, ferner fünf Söhne des Mithridates, […], ferner des Mithridates Töchter, […]. Olthakes, Fürst der Kolcher, wurde auch mitgeführt, ebenso wie Aristobulos, König der Juden (᾿Ιουδαίων βασιλεὺς ᾿Αριστόβουλος), die Herrscher der Kilikier, die weiblichen skythischen Herrscher, drei Herrscher der Iberer und zwei der Albaner sowie Menandros aus Laodikeia, der die Kavallerie des Mithridates befehligt hatte. Von den abwesenden Feinden zeigte man Bilder […] Bei seiner [sc. Pompeius, M. L.] Ankunft auf dem Kapitol verzichtete er auf die beim Triumph sonst üblichen Hinrichtungen der Gefangenen, sondern schickte sie wieder auf Staatskosten in ihre Heimat, mit Ausnahme der Könige. Von diesen wurde Aristobulos sofort hingerichtet, Tigranes später.

Freilich kann ein solcher Akt nur solange als besondere Form der Milde verstanden werden, wie ein Bewusstsein dafür vorhanden war, dass diese Feinde Roms samt ihrer Familien eigentlich den Tod verdient hätten. Und genau das zeigt Appian ja auch in seiner im 2. Jh. n. Chr. entstandenen Schrift, wenn er vergleichend auf die sonst übliche Praxis verweist. Und ein weiterer Aspekt: Auch wenn gegenüber diesen Erste-Klasse-Gefangenen Milde geübt wurde, so kommt es doch immer zu mindestens einer Hinrichtung aus dem Kreis

302 Vgl. dazu auch M. Beard, Triumph, 14f.

303 Vgl. zu diesen Ausnahmen auch I. Östenberg, World, 160–163. Z. T. beruhte diese Schonung auch auf der vorherigen Bitte um Gnade.

304 Die verschonten Gefangenen konnten zurück in ihre Heimat transportiert werden, in ein alternatives Exil geschickt, in Haft gehalten oder auch römische Bürger werden, vgl. zu den verschiedenen Formen des Umgangs mit verschonten Gefangenen auch I. Östenberg, World, 160.

305 Vgl. E. Künzl, Triumph, 145f.

dieser Gefangenen: Im Falle des Flaviertriumphes ist es Simon bar Giora, im Falle des Pompeius sind es Tigranes und der König der Juden, Aristobul.[306] Offensichtlich ist, sofern königliche Gefangene mitgeführt werden, mindestens eine Hinrichtung nötig, um den Krieg auch rituell zu beenden.[307]

Ein Gefangener des Triumphzugs am Kreuz? Zu einem Freskofragment aus dem Arieti-Grab: Von Triumphzügen gibt es nicht nur Detailabbildungen auf Münzen oder Triumphbögen. Auch auf einer Reihe von Freskofragmenten, die aus einer 1875 von Antonio Arieti auf dem römischen Esquilinhügel entdeckten Grabanlage stammen, hat sich ein Triumphzug in einer Art Bildergeschichte erhalten.[308] Die Fragmente zeigen nicht nur Kampfszenen, die vielleicht den Krieg symbolisieren, dessen siegreiches Ende im Triumph gefeiert wurde, sondern auch sechs in typischer Triumphzugsaufmachung schreitende Liktoren, hinter denen vier Pferde abgebildet sind.[309] Eine Triumphquadriga samt Triumphator, der angesichts von sechs Liktoren den Rang eines Prätors gehabt haben muss, lassen sich angesichts der fragmentarischen Überlieferung der Fresken sinnvoll ergänzen. In diesem Kontext findet sich auch die Abbildung eines gefangenen, nackten Mannes, der ein *Patibulum* trägt, an dem die Hände des Mannes fixiert sind. Es braucht nicht viel Phantasie, um in diesem Mann einen im Triumphzug mitgeführten Gefangenen zu sehen. Dabei verweist das *Patibulum* als mitgeführter Querbalken auf die *Kreuzigung* als Hinrichtungsart.[310] Ob im Rahmen von Triumphzügen die feindlichen Gefangenen überhaupt durch eine Kreuzigung hingerichtet werden konnten, wissen wir nicht. Denkbar wäre das

306 Historisch liegt Appian hier im Übrigen nicht richtig. Der Hasmonäer Aristobul II. wird zwar von Pompeius nach Rom gebracht und wohl auch im Triumphzug als König der Juden vorgeführt (dieser Aspekt wird bereits vor Appian auch von Plut., Pomp 45 berichtet, der vom βασιλεὺς Ἰουδαίων Ἀριστόβουλος im Triumphzug spricht), er stirbt aber erst nach Flucht und erneuter Gefangennahme in den Wirren des Krieges zwischen Caesar und Pompeius 49 v. Chr. in Rom durch einen Giftanschlag, den Anhänger des Pompeius ausgeführt haben (zur Faktengeschichte vgl. T. J. Bauer, Welt, 45–47; I. Östenberg, World, 161; M. Beard, Triumph, 130).

307 Anders I. Östenberg, World, 161, die vermutet, dass es Triumphzüge gab, bei denen kein königlicher Gefangener hingerichtet wurde. Ihre These speist sich aus einem „*e-silentio*-Argument", insofern es eine Reihe von Triumphzugsschilderungen gibt, bei denen von einer Hinrichtung nicht die Rede ist. Das kann sich aber freilich auch den Darstellungsinteressen der jeweiligen Autoren verdanken. Der Begrenztheit ihrer Argumentation ist sich Östenberg im Übrigen selbst bewusst.

308 Vgl. zu diesem interessanten Fund und seiner Interpretation P. J. Holliday, Origins, 36–43; J. G. Cook, Tomb, 428–437. Die Datierung der Anlage wie der Fresken ist umstritten; ein Zeitraum vom 3.–1. Jh. v. Chr. wird in der Forschungsliteratur genannt.

309 Abbildungen der Fresken sowie einer 1875 gefertigten Zeichnung finden sich bei P. J. Holliday, Origins, 38 f. 41.

310 So auch die Überlegungen bei J. G. Cook, Tomb, 437–453, der das Fresko mit dem Patibulumsträger für Joh 19,17 fruchtbar macht. Zur Realie der Kreuzigung und zum *Patibulum* vgl. auch G. Samuelsson, Crucifixion, *passim* (vgl. die Vielzahl von Verweisen auf das entsprechende Stichwort *Patibulum* [357]); M. Ebner, Jesus, 164–166; vgl. generell auch die klassischen Arbeiten von M. Hengel, Kreuzigung; H.-J. Klauck, Kreuzesstrafe; H.-W. Kuhn, Kreuzesstrafe.

etwa bei einem Sieg in einem Krieg gegen Sklaven.[311] Nur gilt die Niederschlagung von Sklavenaufständen eben gerade nicht als triumphwürdige Tat (s. II 1.2.1). Welchen Realitätsgehalt angesichts der faktischen Hinrichtungspraxis im Rahmen von Triumphzügen die Darstellung eines Triumphgefangenen mit Kreuzquerbalken hat, lässt sich nicht sicher eruieren. Es mag daher auch dahingestellt sein, auf welchen konkreten Triumphzug sich die Bildergeschichte bezieht.[312] Entscheidend ist für unseren Zusammenhang, dass die ikonographische Darstellung eines Triumphzugs, also die Triumphzugsrezeption durch einen Künstler im Rom des 3.–1. Jh. v. Chr., auch einen zu Kreuzigenden, der selbst das „Kreuz“, genauer das *Patibulum*, trägt, unter die im Triumphzug mitgeführten Gefangenen einreihen kann. Die Kreuzigung als Hinrichtungsart und der Triumphzug schließen sich insofern nicht aus und können assoziativ miteinander verbunden werden. Ein Gekreuzigter kann auch ein im Triumphzug präsentierter Gefangener sein. Das zeigt das römische Fresko vom Esquilien.[313]

3.5 Die Befreiten

Das Gegenstück zu den mitgeführten feindlichen Gefangenen waren die von den römischen Truppen Befreiten. Es handelt sich in der Regel um vormalige Kriegsgefangene und Sklaven, die in der Vergangenheit auf Seiten Roms standen oder gar römische Bürger waren und in die Hände des jetzt besiegten Gegners gefallen waren, sei es als Soldaten in Kampfhandlungen, sei es als Bewohner eroberter Gebiete.

Im Triumphzug trugen die Befreiten demonstrativ die Kleidung und Aufmachung soeben freigelassener Sklaven (*liberti*).[314] Der griechische Historiker Polybios hat diese Form der Kleidung summierend in einer scharfen Kritik am bithynischen König Prusias II. beschrieben (XXX 18,2f [Paton/eigene Übersetzung]):

> Dieser Prusias ist aber keineswegs der königlichen Stellung würdig gewesen, das lässt sich aus diesen (folgenden) Dingen schließen: Erstens nämlich: Als römische Gesandte zu ihm kamen, ging er ihnen entgegen, den Kopf geschoren, ein

---

311 Vgl. dazu die bei P. J. Holliday, Origins, 42, referierten Überlegungen.

312 Zu Versuchen der historischen Aufschlüsselung und Rückfrage vgl. P. J. Holliday, Origins, 42; J. G. Cook, Tomb, 433–435.

313 Dass im Triumphzug mitgeführte Tropaia die assoziative Verknüpfung von Kreuzigung und Triumphzug noch verstärken konnten, belegt etwa das Miniaturmodell eines vermutlich aus Italien stammenden Tropaions aus dem 1. Jh. n. Chr. eindrücklich, vgl. R. Grüssinger, Bilder, 30 Abb. 9.

314 Vgl. K.-J. Hölkeskamp, Triumph, 261; W. Ehlers, Triumphus, 509. Zur Tracht freigelassener Sklaven vgl. L. Schumacher, Sklaverei, 293f.

> weißes[315] Filzhütchen und eine Toga und römische Schuhe tragend (ἐξυρημένος τὴν κεφαλὴν καὶ πιλίον ἔχων [λευκὸν] καὶ τήβενναν καὶ καλικίους) – alles in allem die Aufmachung gebrauchend, wie sie die bei den Römern soeben Freigelassenen tragen, die *liberti* genannt werden (οἵαν ἔχουσιν οἱ προσφάτως ἠλευθερωμένοι παρὰ Ῥωμαίοις, οὓς καλοῦσι λιβέρτους).

Am eindrucksvollsten waren bei dieser Aufmachung neben dem Filzhütchen[316] gewiss die geschorenen Haare und damit der kahle Kopf. Genau diesen Aspekt hält etwa auch Livius (XXXIV 52,12 [Hillen]) für den Triumphzug des Titus Quinctius Flaminius fest: „Ein besonderes Gesicht gaben dem Triumphzug die Leute, die aus der Sklaverei befreit worden waren und die mit geschorenem Kopf folgten." Kleidung und Aufmachung charakterisierten diese Teilnehmer des Triumphzugs also deutlich als Personen, die letztlich nicht aus eigener Kraft den Status der Freien erhalten hatten, sondern diesen dem Wirken anderer verdankten. Sie wirken eben wie *liberti*, denen durch Freilassung (*manumissio*) die Freiheit geschenkt wurde. Und das lenkt ganz automatisch den Blick auf diejenige Person, die aus den Sklaven *liberti* gemacht hat: den Triumphator, der für die *liberti* zu einer Art *patronus* wird. Dadurch waren die Befreiten in besonders enger Weise an den Triumphator-Patron gebunden,[317] verdankten sie doch ihm die Rückgewinnung ihres vorherigen Status und das Ende von Kriegsgefangenschaft und Sklaverei.[318] Durch das Wirken des Triumphators können sie sich als Befreite fühlen. Und genau das inszeniert auch der Triumphzug: den Triumphator als Befreier aus Sklaverei, Gefangenschaft und Knechtschaft und die Befreiten als *liberti* und damit Nutznießer der Leistungen des Triumphators.

3.6 Das Militär: Offiziere und Mannschaften

Am Schluss des Triumphzugs marschiert das siegreiche Heer, d. h. die Offiziere und Mannschaften, die ggf. durch die vom Triumphator Befreiten voneinander separiert waren.[319] Faktisch wird es sich dabei jeweils nur um Abordnungen

---

315 Die Bezeichnung des πιλίον als λευκόν ist textkritisch unsicher.

316 Nach L. Schumacher, Sklaverei, 293f, hatte die Filzkappe kegelförmige Gestalt und wurde als *pilleus libertatis* zum Symbol politischer Freiheit. Sie konnte ikonographisch sogar stellvertretend (*pars pro toto*) den freigelassenen Sklaven repräsentieren und symbolisieren, wie Schumacher anhand von Grabsteinen (vgl. Abb. 131) nachweisen kann.

317 Vgl. dazu L. Schumacher, Sklaverei, 291.293.298; E. Herrmann-Otto, Sklaverei, 201.

318 Kriegsgefangenschaft bedeutet im Übrigen in aller Regel automatisch ein Leben als Sklave, vgl. E. Herrmann-Otto, Sklaverei, 192.

319 Es ist umstritten, ob es sich bei den Trägern von Beute, Triumphbildern und Kränzen im ersten Teil des Zuges auch um Soldaten handelt, die zu den siegreichen Truppen gehören

der Legionen und Auxiliartruppen gehandelt haben.[320] Ihre Präsenz verdeutlicht, dass der Sieg wirklich errungen war und die Truppen im Wesentlichen heimgeführt werden konnten. Vor dem Triumph lagerten die Soldaten gemeinsam mit dem Triumphator selbstverständlich außerhalb des Pomeriums auf dem Marsfeld. Die konkreten Lokalitäten mögen dabei gewechselt haben.[321] Am Morgen des Triumphes nahmen die Soldaten militärische Aufstellung,[322] d. h. sie gliederten sich in „Cohorten und Zenturien"[323] und bewältigten in dieser Ordnung den Triumphzug. Zur Aufmachung der Soldaten gehörte jeweils ein Lorbeerkranz als Zeichen des Sieges und der Festfreude.[324] Auch im Krieg errungene Ehrenzeichen wurden getragen.[325] Flavius Josephus berichtet gar, dass die Soldaten beim Triumphzug der Flavier Seidengewänder trugen – eine Praxis, die wohl nicht dem Normalfall entsprach (Jos., Bell VII 126).

Im Triumphzug mitzumarschieren und damit physische Präsenz zu zeigen war das eine, eine besondere Form der „phonetischen Präsenz" war das andere. Denn die Soldaten vollzogen nicht einfach still den Triumphzug mit. Sie waren laut. Cicero (Pis 60) spricht explizit vom *clamor militum* im Kontext des Triumphzugs. Die Botschaften der Soldaten sind dabei auffällig und aus heutiger Sicht überraschend. Drei Typen lassen sich unterscheiden:[326]

Die Soldaten skandierten zunächst den berühmten und in seiner Etymologie[327] schwer zu bestimmenden Ruf *io triumphe*.[328] Dieser Ruf mag als Akklamation ein Epiphanieruf (gewesen) sein,[329] er kann gleichwohl auch als

---

und vielleicht durch diese Aufgabe besonders ausgezeichnet und aus der Masse an Soldaten am Ende des Zuges ausgegliedert wurden (vgl. die Überlegungen bei E. Künzl, Triumph, 79f; kritisch hingegen B. Bergmann, Kranz, 229f Anm. 95; 251 Anm. 334).

320 Vgl. E. Künzl, Triumph, 81.

321 Nach J. Albers, Campus Martius, 63, war der Circus Flaminius nach seiner Errichtung der bevorzugte Unterbringungsort der Soldaten.

322 Vgl. Jos., Bell VII 123: Das Heer stellt sich in Reih und Glied (κατὰ λόχους καὶ τάξεις) auf; so auch die Formulierung bei Plut., Aem 34,7. Sehr ähnlich auch Liv. XLV 40,4 [Hillen] („dann kamen die Reiter in Schwadronen und die Kohorten der Fußsoldaten, jede nach Manipeln geordnet" [„*deinde equites turmatim et cohortes peditum suis quaeque ordinibus*"]).

323 K.-J. Hölkeskamp, Triumph, 261.

324 Vgl. B. Bergmann, Kranz, 92–94.

325 So E. Künzl, Triumph, 88; B. Bergmann, Kranz, 92 mit Anm. 332. Der Lorbeerkranz und das Tragen der Auszeichnungen sind etwa bei Liv. XLV 38,3–12 belegt.

326 Vgl. insgesamt auch die Übersicht bei M. Schanz, Literatur, 21f; W. Ehlers, Triumphus, 509; zur Sache auch M. Beard, Triumph, 244–249.

327 Vgl. schon die Überlegungen bei Varro, De Lingua Latina VI 68, der den Ruf den Soldaten zuweist, ihn vom griechischen Terminus θρίαμβος ableitet und als Verweis auf den Gott Liber (Dionysos) versteht.

328 Vgl. K.-J. Hölkeskamp, Triumph, 261; belegt etwa bei Tibull II 5,117f; Horat., Carm IV 2,49; Ovid, Tristia IV 2,52.

329 Zur Funktion von *io triumphe* vgl. W. Eder, Triumph, 836; E. Künzl, Triumph, 97f (ein Epiphanieruf, der sich ursprünglich auf Dionysos bezogen hat, aber auch in den Triumph-

Festruf fungieren[330] und wäre dann etwa mit „Juhu, Triumph!" zu übersetzen. In jedem Falle handelt es sich um eine affirmative Aussage, die im Sinne einer Zustimmung zum Triumphzugsgeschehen verstanden werden kann.

Neben dem akklamatorischen *io triumphe* sangen die Soldaten Loblieder auf den Triumphator und Siegeslieder angesichts des erfolgreichen Krieges. Auch skandierten sie Parolen, die dem Triumphator schmeicheln sollten. So erzählt etwa Livius (V 49,7), dass die Soldaten des M. Furius Camillus diesen bei seinem Triumph über die Gallier als „Romulus", „Vater des Vaterlandes" sowie als „zweiten Gründer der Stadt" priesen. Solche Lieder und Parolen besingen fraglos die eigenen Leistungen der Soldaten,[331] sie ehren aber letztlich immer auch den Triumphator.

Umso überraschender ist schließlich die dritte Gruppe von Äußerungen. Es handelt sich um z. T. sehr derbe[332] Spottlieder auf den Triumphator. Er, seine Leistungen und seine menschlichen Eigenheiten werden von den Soldaten in bissig-ironischer und beleidigender, eben verspottender Form aufs Korn genommen. Im Hintergrund des Spottes mag Unmut über die Kriegserlebnisse oder auch die Erwartung einer zu geringen Entlohnung[333] für den Militärdienst stehen – vielleicht gehörte der Spott auch einfach „zum guten Ton" eines Triumphzugs und war grundsätzlich ein konstantes Element des Rituals.[334] Berühmt sind jene Spottlieder, die die Soldaten Caesars im Triumph über die Gallier auf ihren obersten Heerführer anstimmten:

> Gallien hat Caesar unterworfen (*subegit*), Nikomedes den Caesar.[335] Sieh, nun trägt Caesar den Sieg davon (*Caesar nunc triumphat*), der ganz Gallien unterwarf, nicht triumphiert Nikomedes, der den Caesar unterwarf (Suet., Caes 49 [Martinet]).

---

zug passt, insofern dieser durchaus dionysische Anklänge hatte [vgl. dazu auch J. Kügler, Paulus, 161 f] und manche Triumphatoren sich als Epiphanie des Dionysos inszenierten [so etwa Pompeius bei seinem afrikanischen Triumph 81/80/79 v. Chr.]).

330 Analog etwa zum *io saturnalia*, das beim Staatsbankett zum Saturnalienfest zu hören war; vgl. T. Klauser, Akklamation, 221 f.

331 Dass der Triumphzug auch für die beteiligten Soldaten ehrenvoll und ruhmreich ist, hebt Liv. XLV 38,3–8.12 deutlich hervor.

332 Zu Obszönitäten in den Triumphliedern vgl. F. Hickson Hahn, Obscene Songs, 153–169.

333 So die Überlegungen bei T. Itgenshorst, Augustus, 441 f. Explizit als Grund auch genannt bei Plin., Hist Nat XIX 144.

334 Martial I 4,3 spricht von einer *Gewöhnung* des Kaisers (gemeint ist Domitian) an die Verspottung im Triumph („*consuevere iocos vestri quoque ferre triumphi*/Scherzworte musstest du *stets* auch bei deinen Triumphen ertragen" [Barié/Schindler]).

335 „Unterwerfen" ist hier doppeldeutig gemeint: Die Soldaten werfen Caesar vor, eine homosexuelle Beziehung mit Nikomedes IV. Philopator, dem König von Bithynien, eingegangen zu sein, wobei sie Caesar offenbar den passiven Part des Unterworfenen zuwiesen und ihn damit in die Nähe eines *effeminatus*, eines verweiblichten Mannes (vgl. H. Herter, Effeminatus) rückten.

Städter, passt auf eure Frauen auf! Den kahlen Ehebrecher bringen wir mit. Gold hast du in Gallien durch Huren durchgebracht, das du hier [sc. Rom, M. L.] dir geborgt hast (Suet., Caes 51 [Martinet]).

Die Soldaten, die den Triumphator im Triumphzug begleiten, legen angesichts solcher Verse also eine höchst eigenwillige Mischung von Verehrung und Verspottung des Triumphators an den Tag.[336]

Dass Soldaten ihren obersten Befehlshaber öffentlich[337] im Rahmen eines rituellen Aktes verspotten, ist in ritualtheoretischer Perspektive höchst bedeutsam. Hier zeigt sich nämlich ein Charakteristikum einer ganzen Reihe von Ritualen.[338] Viele Rituale, nicht nur Übergangsrituale, bieten nämlich Raum, um Tabus auszuleben und eine Anti-Ordnung im Rahmen des Rituals zu zelebrieren, die einer Parodie[339] der normalen Ordnung gleicht. Das ist beim heutigen Karneval genauso der Fall wie bei den antiken Saturnalien, beim mittelalterlichen Kinderbischofsspiel des 6. Dezembers oder beim britischen Boxing-Day. Die Pragmatik eines solchen Rituals ist durchaus konservativ: Denn die Anti-Ordnung wird rituell geordnet ausgelebt, um die grundsätzliche Ordnung im Alltag nicht zu gefährden. Solche „Riten dienen der Chaosabwehr“[340] und stabilisieren den geordneten Alltag. Im Blick auf den Triumphzug garantiert dann die rituelle Verspottung des obersten Befehlshabers die Einhaltung der militärischen Befehlskette im Alltag.

Ein solches Element der Anti-Ordnung stellt im Übrigen der gesamte Triumphzug dar. Denn er hebelt die rechtliche Grenze aus, die das Pomerium eigentlich setzt und deren Überschreitung einem Tabu gleicht. Im Triumphzug bleibt nämlich das *imperium militiae* des Triumphators, das mit dem Übertritt des Pomeriums eigentlich endet, in Kraft, seine Liktoren dürfen im Triumphzug die Beile in den *fasces* tragen und schließlich dürfen im Triumphzug

---

336 Vgl. zu Lohn und Spott im Triumphzug auch K.-J. Hölkeskamp, Triumph, 261; E. Künzl, Triumph, 88.90; T. Itgenshorst, Augustus, 441f; H. Beck, Züge, 82.93.98.

337 Dass Untergebene über ihre Befehlshaber lästern und spotten, ist – solange es im geschützten Bereich der *peer group* passiert – natürlich Alltag.

338 Vgl. zur Realisierung des Tabus und der Anti-Ordnung im Ritual die Überlegungen bei G. Theissen, Religion, 171–173, der mit Recht festhält, dass das Ausleben eines Tabus im Ritual nicht nur ein Element der Schwellenphase in Übergangsritualen ist, sondern sich in einer Vielzahl von Ritualen findet. Vgl. auch zur Umkehrung und Parodie der normalen Ordnung B. Stollberg-Rilinger, Rituale, 160–175, bes. 166f.

339 So formuliert H. Beck, Züge, 98, für den Triumphzug als Form der Parade/Prozession: „Dabei gehörte es zum spezifischen kommunikativen Code der Paraden, dass bei ihnen in ritualisierter Form Spott artikuliert werden konnte und auch tatsächlich artikuliert wurde – dass es also möglich war, die bestehende Ordnung zu parodieren.“

340 Treffend G. Theissen, Religion, 172.

bewaffnete[341] Soldaten in den innersten Bereich der Stadt eindringen. Das ist eigentlich gefährlich. Denn bewaffnete Truppen in der Stadt unter dem Kommando eines erfolgreichen Feldherrn hätten, zumal in republikanischer Zeit, das Machtgefüge der Republik und die Herrschaft des Senats empfindlich stören können. Paradoxerweise sichert nun gerade diese Zurschaustellung militärischer Macht und der impliziten Herrschaftsansprüche des Triumphators den inneren Frieden und bannt einen Putschversuch, weil das Ritual des Triumphzugs die Ordnungsbahnen vorgibt, in denen dieser Tabubruch sich vollziehen darf. Es handelt sich gleichsam um eine rituelle Entwaffnung der Bewaffneten[342] und des Mächtigen, die im Blick auf den Triumphator – das sei vorausgeschickt – nur bis zu einem gewissen Grad erfolgreich war (vgl. II 4.4).

Am Ende des Triumphzugs konnten die Soldaten schließlich Belohnungen erwarten. Teile der Kriegsbeute wurden üblicherweise an sie verteilt.[343] So wurden sie auch materiell an den Erfolgen der Kriegsunternehmungen beteiligt.

3.7 Die Staatselite

Der Rolle des Senats als Gegenüber eines triumphwilligen Feldherrn bei den Verhandlungen über einen Triumphzug entspricht der Ort der Senatoren und Magistrate im Rahmen des bewilligten Triumphzugs. Sie bilden, nachdem sie den Triumphator am Morgen vor Beginn des Triumphzugs begrüßt haben,[344] die Spitze der Prozession und führen den Triumphator gleichsam in die Stadt hinein.[345] Dies gibt dem gesamten Ritual einen verbindlichen, staatsöffentlichen Charakter. Ein vom Senat angeführter Triumphzug ist keine Privatangelegenheit, sondern wird durch das Geleit zu einem Staatsakt. Die

---

341 Die antiken Quellen berichten von bewaffneten und unbewaffneten Soldaten im Triumphzug, vgl. M. Pfanner, Titusbogen, 86; von bewaffneten Soldaten, die im Triumphzug die Stadt betreten, geht auch T. Itgenshorst, Triumph, 211, aus.

342 Vgl. T. Itgenshorst, Triumph, 210f: Das Triumphzugsritual diente dazu, den „Rollenwechsel der Soldaten von der kriegerischen zurück in die zivile Sphäre“ (211) zu gestalten.

343 Vgl. E. Künzl, Triumph, 83. Besonders großzügig war etwa Gnaeus Manlius Vulso: Er lässt im Rahmen seines Triumphzugs aus der Beute den einfachen Soldaten 42 Denare, den Centurionen 84 Denare und den Rittern/Reitern 126 Denare zukommen – zusätzlich zum bereits verdoppelten Sold (vgl. Liv. XXXIX 7,2). Vom gegenteiligen Fall, dem Ausbleiben jeglicher Sondervergütung, erzählt Liv. X 46,6.

344 E. Künzl, Triumph, 35.

345 Das ist der typische Platz der Staatselite in republikanischer Zeit. Unsicher ist, ob in der Kaiserzeit im Gefolge einer möglichen Modifikation der Prozessionsreihenfolge unter Augustus die Staatselite am Ende der ganzen Prozession folgte, vgl. I. Östenberg, World, 263 mit Anm. 14.

Begleitung durch den Senat signalisiert dabei nochmals und für die gesamte Öffentlichkeit sichtbar den erfolgreichen Abschluss der Verhandlungen über den Triumphzug. Die Begleitung zeigt, dass der gefeierte Feldherr wirklich ein Triumphator ist und triumphwürdig, d. h. vor allem erfolgreich, für Rom gekämpft hat. Insofern ist die Senatsbegleitung eine besondere Auszeichnung des Triumphators,[346] der an diesem einen Tag den Senatoren an Rang und Ehre weit überlegen ist. Gleichwohl – und das ist für den Triumphator die Kehrseite der Begleitung seines Zuges durch den Senat – ruft die Präsenz der Senatoren subtil in Erinnerung, dass sich der Triumphator nicht aus eigener Kraft das Recht zum Triumph nehmen konnte. Er musste es sich vom Senat verleihen lassen und ist damit – in republikanischer Zeit – immer auch ein Triumphator von Senates Gnaden.[347] Unter den Bedingungen der Kaiserzeit kann die Senatsbegleitung freilich viel stärker als Ausdruck der Loyalität zum triumphierenden Kaiser verstanden werden.

3.8 Das Publikum: Das Volk am Wegesrand

Triumphzüge sind Massenspektakel. Sie sind nicht zuletzt für die Zuschauer, die die Prozession am Wegesrand mitverfolgen können, inszeniert.[348] Ein Triumphzug ohne Publikum wäre zwar denkbar, würde aber ein geradezu irritierend lächerliches Bild des „Stell dir vor, es ist ..., und keiner geht hin“ abgeben. Die stehenden und sitzenden Zuschauer sind insofern das Gegenüber zur Gruppe der sich im Triumphzug Bewegenden; sie sind Teil des Triumphzugs und nehmen als Zuschauer aktiv an ihm teil.[349] Den Zuschauern wird dabei präsentiert, was im Triumphzug mitgeführt wird, also vor allem die Beute, die Bilder des Krieges und des Sieges, der strahlende Sieger und natürlich

---

346 Die Begleitung evtl. sogar Abholung durch den Senat ist grundsätzlich eine besondere Form des Ehrerweises. So wird Augustus im Jahr 19 v. Chr. nach seiner diplomatisch erfolgreichen Parthermission (Heimholung der Feldzeichen), während er sich noch auf dem Weg nach Rom befindet, von einer ranghohen Senats- und Magistratsdelegation in Kampanien abgeholt und festlich nach Rom geleitet, „eine Ehrung, wie sie bis heute für niemanden außer für mich beschlossen worden ist“, so berichtet es Augustus in seinem Tatenbericht (RG 12 [Giebel]). Vgl. zur Sache auch S. T. Schipporeit, Wege, 109.

347 Darauf weist H. Beck, Züge, 80, hin.

348 W. Martini, Raum, 89, bezeichnet das Volk als wesentlichen Adressaten des Triumphzugs. Grundlegend zur Kommunikation mit der Öffentlichkeit im Rahmen von Prozessionen H. Beck, Züge (speziell zur Triumphzugsprozession: 80–84). Zur Berücksichtigung der Zuschauer im Rahmen von Ritualanalysen vgl. M. Oppitz, Rändern, 274.

349 H. Beck, Züge, 75: „Eine Prozession kann [...] nicht ohne eine entsprechende Öffentlichkeit gedacht werden“. J. Rüpke, Religion, 101: „Auch das Säumen des Weges ist eine Form aktiver Teilnahme“. Vgl. auch R. Brilliant, Triumph, 221; I. Östenberg, World, 12.14.263.

auch die Verlierer. „Logenplätze“ für das Volk, die eine maximale Sicht auf den Triumphzug versprachen, bot vor allem der Circus Maximus, der mit seiner Länge von knapp 500m 150.000–250.000 Menschen fassen konnte.[350] Daneben kamen natürlich auch noch die Theater als bevorzugte Schauplätze in Frage, die im Rahmen der Triumphzüge evtl. passiert wurden.[351] Dass dabei Ein- und Ausgangstore, Nadelöhren gleich, Stockungen produzierten und damit längere Betrachtungsphasen[352] ermöglichten, war intendiert. Schließlich dürften für die Triumphzüge auch eigens Holzgerüste als temporäre Tribünen errichtet worden sein.[353] Schätzungen gehen daher von insgesamt 300.000–400.000 Zuschauern bei einem Triumphzug während der Kaiserzeit aus.[354]

Neben der reinen Schau kam es dem Publikum[355] zu, sich bei Eintreffen des Triumphators von den Plätzen zu erheben,[356] ihm Blumen zuzuwerfen,[357] ihm zu applaudieren[358] und wohl auch zu akklamieren.[359] Jener berühmte Festruf der Soldaten, *io triumphe* („Juhu, Triumph“), wird bei Horaz (Carm IV 2,49f) andeutungsweise auch als Akklamation des Publikums überliefert.

Man wird nicht fehlgehen, wenn man das *io triumphe* der Zuschauer als Akklamation[360] versteht, die eine grundsätzliche Zustimmung zum Triumphzugsgeschehen ausdrücken will.[361] Das Publikum spricht durch die affirmative Bekundung, bei der

350 Vgl. W. Martini, Raum, 86.

351 Vgl. zum Zug durch die Theater S. T. Schipporeit, Wege, 102; J. Albers, Campus Martius, 204. Im Hintergrund steht u. a. auch die Aussage des Josephus, dass der Flaviertriumph den Weg durch die Theater (Plural!) genommen habe, damit das Volk eine besonders gute Sicht auf das Dargebotene habe (Jos., Bell VII 131).

352 Zur Spekulation über Passierzeiten beim Triumphzug vgl. E. Künzl, Triumph, 74.

353 Vgl. E. Künzl, Triumph, 69; W. Martini, Raum, 89.

354 So bei E. Künzl, Triumph, 72.

355 Vermutlich trugen die meisten Zuschauer auch weiße Festtagskleidung, so I. Östenberg, Route, 313 Anm. 43.

356 So E. Künzl, Triumph, 70, auf der Basis von Suet., Caes 78,2.

357 So E. Künzl, Triumph, 88. Belegt bei Ovid, Tristia IV 2,50; Epistulae ex Ponto II 1,36 (das Publikum wirft dem Triumphator Rosen auf den Weg, die in ihrer Masse bereits die Steine des Weges rötlich verfärbt haben).

358 Belegt bei Ovid, Epistulae ex Ponto II 1,35.

359 Vgl. insgesamt mit Quellenbelegen W. Ehlers, Triumphus, 502. I. Östenberg, World, 1, fasst die Beteiligung des Publikums zusammen: „the spectators awaited, watched, read, admired, applauded, ridiculed, lamented, explained, and discussed the wide variety of displays“; ähnlich R. Brilliant, Triumph, 221 (zu den gruppendynamischen und sozialpsychologischen Effekten gemeinsamer Akklamationen im Rahmen des Triumphes vgl. insgesamt R. Brilliant, Triumph); kritischer zum Verhältnis zwischen Publikum und Triumphator T. Itgenshorst, Augustus, 441, die von einem grundsätzlich gespannten Verhältnis zwischen beiden Größen ausgeht (mit m. E. im Blick auf die Generalisierung der Aussage nicht überzeugenden Argumenten).

360 Dass es sich um eine Akklamation handelt, zeigt etwa T. Klauser, Akklamation, 221, auf.

361 Zu den Funktionen von Akklamationen vgl. A. Chaniotis, Acclamations, 202.

erlebten Prozession handle es sich eben um einen Triumphzug, dem Triumphator damit die Rolle positiv zu, die er im Triumphzug bereits erfüllt. Das ist für den Triumphator durchaus angenehm, weil er sich von der Einmütigkeit der Masse getragen fühlen kann. Das Publikum vollzieht zugleich nach, was im Kreis der Elite, des Senats als Gegenüber zum Feldherrn bzw. Kaiser, beschlossen worden ist. Die Öffentlichkeit ratifiziert also gleichsam die an höherer Stelle getroffene Entscheidung und das rituelle Geschehen. Hier zeigen sich in der Form einer Akklamation[362] als Kommunikationsmittel vielleicht noch Reste alten republikanischen Denkens im Sinne einer Mitbestimmung des Volkes auch im Kontext des Triumphzugs.[363] Oder etwas kritischer formuliert: Die Akklamation kann auch als ein Surrogat[364] für nicht mehr vorhandene politische Partizipation und Mitbestimmung verstanden werden.

Das Publikum am Wegesrand war in mehrfacher Weise Nutznießer des Triumphzugs. Auf der materiellen Ebene unterbrach ein Triumphzug zunächst einfach den normalen Arbeitsalltag und bescherte als Festtag arbeitsfreie Zeit.[365] Zudem konnte die Stadtbevölkerung am Festtag des Triumphes vom Triumphator mit Geschenken aus der Kriegsbeute bedacht werden.[366] Auch öffentliche Speisungen[367] und im Anschluss an den Triumph gegebene Agone[368] für das Volk sind bekannt.[369] Zudem hatte der Triumph, der ja mit einem immensen finanziellen Aufwand verbunden war, auch wirtschaftlichen und kulturellen Nutzen für das römische Volk. So kann der Agrarschriftsteller Varro (Varro, Rerum Rusticarum III 2,15f) berichten, dass sich der Absatz von Drosseln angesichts der vielen Festmähler, Triumphe und Vereinsfeiern

---

362 A. Chaniotis, Acclamations, 200, definiert Akklamationen u. a. als „multifunctional acoustic signals in asymmetrical communication". Das passt bestens zur Akklamation während des Triumphzugs. Wenn das Publikum und die Soldaten mit dem Triumphator akklamierend kommunizieren, dann handelt es sich um eine asymmetrische Kommunikationssituation par excellence, für die die Akklamation angemessen ist. Exegetisch gesprochen: Die Akklamation hat in asymmetrischen Kommunikationsprozessen einen ihrer Sitze im Leben.

363 Vgl. zur Akklamation als Form der Abstimmung und Zustimmung T. Klauser, Akklamation, 222; zum aktiven Part der einfachen Bevölkerung im Rahmen *republikanischer* Triumphzüge vgl. H. Beck, Züge, 83f.

364 Nach einer Idee von H.-U. Wiemer, Akklamationen, sowie H.-U. Wiemer, Surrogat, der Akklamationen in spätantiken Poleis untersucht.

365 Für G. Theissen, Religion, 23.172, ist die Unterbrechung des Alltags Charakteristikum vieler Rituale. Mit Triumphzügen waren nicht selten auch mehrtägige Festspiele verbunden, die zusätzliche Vergnügungen für die Stadtbevölkerung boten (ein Beispiel bei Suet., Caes 39).

366 Vgl. etwa H. Beck, Züge, 83, mit den Beispielen in Anm. 25.

367 Zu den (eher seltenen) Volksspeisungen vgl. M. Beard, Triumph, 259–261.

368 Vgl. M. Beard, Triumph, 49.

369 Vgl. etwa Suet., Tib 20 (1000 Festtafeln für die Speisung des Volkes sowie 300 Denare pro Kopf als Geldgeschenk). Weitere Belege bei E. Künzl, Triumph, 84.

vervielfacht habe und Spitzenpreise[370] gezahlt würden. Der Bau von entsprechenden Volieren lohne sich daher dauerhaft, gibt er seinem fiktiven Gesprächspartner mit auf den Weg, denn: Wie „viele Jahre kommt es nämlich vor, daß du einmal nicht einen Festschmaus (*epulum*) oder eine Siegesfeier (*triumphum*) erlebst oder Vereine nicht *schmausen (collegia non epulari)* siehst? Vielmehr findet wegen der Verschwendungssucht [...] gewissermaßen täglich ein Festschmaus innerhalb der Tore Roms statt" (Varro, Rerum Rusticarum III 2,16 [Flach]). Kulturell brachte der „Import" von Kunstgegenständen und natürlich Fachkräften aller Art eine Bereicherung mit sich.[371]

Auf der immateriellen Ebene ist entscheidend, dass das Publikum mit dem Triumphzug letztlich die Inszenierung eines großen Sieges Roms unter der Führung eines großen Mannes erlebt. Vom Glanz des Sieges und vom Glanz des Triumphators springt dabei auch etwas auf die Zuschauer über. Denn für alle Römer bzw. sich dem Imperium zugehörig fühlende Betrachter des Triumphes[372] stärkt der Triumphzug und die Feier eines glorreichen Sieges fraglos die eigene Identität: „Wir sind Sieger! Unser Reich und unser Einflussbereich wurden erweitert! Wir haben Beute gemacht! Unser Feldherr bzw. unser Kaiser ist erfolgreich und bietet uns Sicherheit!"

---

370 Nach Varro, Rerum Rusticarum III 2,15 ließ sich eine Drossel zum Preis von 3 Denaren verkaufen. Angesichts von 5000 verkauften Drosseln ergab das die schöne Summe von 15.000 Denaren bzw. 60.000 Sesterzen (1 Denar = 4 Sesterzen).

371 Vgl. M. Beard, Triumph, 159f.

372 Freilich ist mit einer sozialen, politischen, religiösen und ethnischen Schichtung innerhalb des Publikums zu rechnen. Die Triumphzüge werden eben auch von solchen Leuten gesehen worden sein, die sich strukturell oder faktisch auf der Seite der Verlierer und Gefangenen befunden haben. Auf sie kann das Triumphzugsspektakel provokativ, demütigend, herausfordernd oder bedrückend gewirkt haben. Oder es bringt sie – wie etwa Flavius Josephus, der ja im Rahmen des Flaviertriumphs eigentlich auf der Verliererseite stand und selbst ein Kandidat für eine Vorführung als Gefangener im Triumphzug war – in Erklärungsnot. Zum Platz von Kollaborateuren im Triumphzug, die mit Rom paktiert hatten, vgl. M. Beard, Triumph, 109 (der Kollaborateur war Ehrengast beim Triumphzug, eine Rolle die wohl nur Hartgesottenen wirklich ehrenwert erscheinen konnte).

4. Der Triumphzug: Ein multifunktionales Ritual

Rituale haben Funktionen, Zwecke und Effekte. Sie wollen etwas bewirken und werden in diesem Sinne sich selbst zum Zweck.[1] Man vollzieht Rituale, um das zu erreichen, was eben nur oder zumindest primär durch das Ritual erreicht werden kann. Das gilt auch für den Triumphzug, der ein komplexes, sehr altes, über lange Zeit praktiziertes und kostspieliges Ritual ist. Ein Triumphzug ist eine rituelle Handlung, der eine funktionelle Pragmatik zu eigen ist. Aber was bewirkt der Triumphzug genau? Welche Funktion hat er? Das ist eine in der einschlägigen Forschung immer wieder diskutierte und unterschiedlich beantwortete Frage. Die Breite an plausiblen Antworten und Funktionszuschreibungen lässt die Vermutung zu, dass der Triumphzug nicht nur eine einzige Funktion hatte. Schon in diachroner Perspektive liegt es ja mehr als nahe, dass der Triumphzug in unterschiedlichen Zeiten verschiedene Zwecke erfüllte, die in einzelnen Riten des Rituals besonders deutlich hervortraten. In diesem Sinne werden sich im Gesamtritual Triumphzug mehrere Funktionen überlagern.[2] Das Ritual ist daher mehrdeutig. Und Mehrdeutigkeit kennzeichnet viele Rituale.[3] Im Folgenden soll die Bedeutung und Funktionalität des Triumphzugs in vier Perspektiven in den Blick genommen werden, die komplementär zueinander stehen. Zunächst wird die besonders umstrittene Deutung des Triumphzugs als Reinigungsritual vorgestellt. Im Anschluss blicken wir kurz auf den Triumphzug als Dankfest für die Götter. In einem dritten Schritt werden die Aspekte besonders in den Blick genommen, die den Triumphzug als Kriegsbeendigungsritus und kollektive Siegesfeier erscheinen lassen. Und schließlich wird der Triumphzug in seiner Funktion als individuelle Siegesfeier und „Großer-Mann-Maschine“ analysiert.

---

1 Vgl. G. Theissen, Religion, 172.

2 Bereits in der mythologisch aufgeladenen Erzählung von den Anfängen des Triumphes unter Romulus wird deutlich, dass der Triumph mehrere Funktionen hat. Plutarch schreibt (Rom, 16,4 [Künzl (vgl. E. Künzl, Triumph, 141)]: Romulus habe sich überlegt, „wie er am besten die Einlösung des dem Gott gegebenen Votums mit einem Schauspiel für die Bürger verbinden konnte“ und habe zu diesem Zweck den Triumph begründet. Der Triumph hat für Plutarch also bereits an seinen Anfängen zwei Funktionen: Er stellt die Einlösung eines Votums im Blick auf die Götter dar und ist zugleich ein Schauspiel für das Volk.

3 Treffend formuliert J. Rüpke, Domi militiae, 225: „Bei einem so komplexen und alten Ritual wie dem Triumph kann nicht erwartet werden, daß alle Elemente einem einzigen Aspekt untergeordnet sind. Ohnehin zeichnen sich Rituale durch Mehrdeutigkeit aus.“ Vgl. auch das Kapitel „Funktionen [Plural!, M. L.] des republikanischen Triumphrituals“ bei T. Itgenshorst, Triumph, 209–218, 209; M. Beard, Triumph, 332f, listet ebenfalls eine Vielzahl von Funktionen des Triumphes auf.

4.1 Der Triumphzug als Reinigungsritual?

Sühnung von Blutschuld ist ein Problem, das in der Antike viele Kulturen betrifft.[4] Blutfluss als Resultat von Mord, Totschlag, Körperverletzung, Hinrichtung oder auch im Rahmen des Kriegshandwerks war im Prinzip auch für denjenigen gefährlich, der den Blutfluss zu verantworten hatte. Blutfluss brachte Unruhe in die von den Göttern gewollte Ordnung. Blutfluss konnte auf den Verursacher des Blutflusses wiederum selbst zurückfallen und als Blutschuld an ihm kleben, die ihn aus der von den Göttern garantierten Heilsordnung in eine geradezu chaotische Sphäre des Unheils und der Gefahr beförderte. Sühneriten, die als Reinigungsrituale oft selbst mit der Substanz Blut[5] operierten, sollten diese gefährlichen Auswirkungen des Blutflusses bannen und die gestörte Ordnung wieder herstellen. Im Prinzip war auch der dem Triumphzug vorausgehende Krieg ein Teil dieses blutigen Handwerks, das auch den Sieger im Krieg gefährdete. Blut klebte an seinen Händen.

Einige Forscher sehen daher im Triumphzug ein spezifisches Reinigungsritual, dass die durch den Blutfluss verunreinigten Soldaten und den Feldherrn rituell reinigte.[6] Ansatzpunkt ist im Rahmen des rituellen Geschehens dabei der Zug durch die *porta triumphalis*, der als Durchzugsritus zu verstehen sei. Und solche Durchzugsriten seien, so diese Richtung der Forschung, im Rahmen von Reinigungsritualen nicht untypisch.[7] Dabei vermittelt die auf dem Pomerium gelegene *porta triumphalis* zwischen dem gefährlichen und militärisch konnotierten Draußen, in dem das Kriegshandwerk zu betreiben war, und dem friedlichen Drinnen, das von den gefährlichen Auswirkungen des Blutflusses frei bleiben sollte. Und genau an diesem Übergang erfolgen die Sühnung der Blutschuld und die Reinigung des Heeres. Hinzu kommt, dass der Weg des Triumphes einer Umkreisung des ältesten Teils der Stadt Rom, des Palatinhügels, entspricht. Und solche Umkreisungsriten haben nach Wolfram Martini ebenfalls sühnende Funktion.[8]

---

4 Vgl. dazu auch meine Überlegungen in M. Lau, Hände, die sich mit Formen der Sühnung von Blutschuld in Dtn 21 und Mt 27 beschäftigen (zur Blutschuld und Sühnung vgl. vor allem 45f mit Anm. 11). Zum Gesamtkontext Blut, Blutschuld, Opfer und Sühne vgl. auch A. Angenendt, Revolution, dessen Leidenschaft für diesen Themenkomplex ich schon als junger Student in Münster begegnen durfte.

5 In der Regel das Blut von Tieren, das stellvertretend für das Blut des Menschen floss und als Sühnopfer fungierte.

6 Vertreten etwa bei W. Martini, Raum, 89; W. Ehlers, Triumphus, 495f; H. Beck, Züge, 80, der diese Funktion für die Anfänge der Triumphzüge als leitend erachtet und eine diachrone Entwicklung hin zur Siegesfeier mit „Schau und Spektakel" (80) konstatiert; eine ähnliche diachrone Entwicklung vertritt B. Stollberg-Rilinger, Rituale, 109. Als eine Funktion des Triumphes neben anderen auch vertreten bei P. J. Holliday, Triumphal Painting, 132. Kritische Diskussion dieses Ansatzes auch bei E. Künzl, Triumph, 42.

7 Vgl. knapp E. Künzl, Triumph, 41f.

8 Vgl. W. Martini, Raum, 89.

Der Triumphzug ein sühnendes Reinigungsritual? Dezidierter Widerspruch gegen diese Funktionszuschreibung findet sich bei Jörg Rüpke.[9] Er schreibt:[10]

> Weder kann der Route ein Umkreisungsritus (um den Palatin) entnommen werden [...] – der Abschluß fehlt ohnehin –, noch bringt die *porta triumphalis* ein purifikatorisches Element in den Triumph.

Entscheidend dürfte in diesem Kontext sein, dass für Jörg Rüpke eine *porta triumphalis* als fester Ort vor der spätrepublikanischen Zeit gar nicht existierte. Jedes Stadttor konnte, so Rüpke,[11] im Rahmen des Triumphes als *porta triumphalis* fungieren. Kein Tor sei *stets und ausschließlich* das Tor des Triumphes gewesen. Ein derart variables Tor tauge aber nicht als spezifischer Ort für einen im Rahmen des Triumphes entscheidenden Reinigungsritus. Wenn diese These stimmig ist, dann würde das in der Tat die Reinigungsfunktion des Triumphzugs sehr in Frage stellen. Dies umso mehr, als nicht sicher ist, ob überhaupt das ganze Heer oder nicht nur der Triumphator allein dieses Tor passierte. Ein zweiter Einwand kommt hinzu, den z. B. Thomas Köves-Zulauf erhebt[12] und der seine Wurzel in einer einfachen Überlegung hat: Auch ein Heer, das sich als Verlierer vom Schlachtfeld zurückziehen muss und natürlich keinen Triumphzug feiern durfte, bedürfte eigentlich der Reinigung von Blutschuld. Dafür aber gibt es kein Ritual in der römischen Welt. In der Folge erscheint es dann umso fraglicher, warum sich ausgerechnet ein siegreiches Heer von Blutschuld hätte reinigen müssen, wenn dies für ein geschlagenes Heer nicht notwendig war. Wie auch immer man sich in dieser Frage entscheiden will: Ohnehin kann die Funktion des Triumphes als Reinigungsritual nur eine Funktion neben anderen gewesen sein.

4.2 Der Triumphzug als Dankfest für die Götter

Eine (weitere) Funktion des Triumphes bestand gewiss auch darin, den Göttern im Rahmen eines ausgesprochen kostspieligen und in seiner Durchführung aufwändigen Rituals zu danken.[13] Diese Einlösung einer Dankesschuld gegenüber den Göttern hat fraglos mit den vor dem Krieg gelobten Opfern und Weihgaben zu tun, die als Reaktion auf die potentielle Huld der Götter

9 Vgl. J. Rüpke, Religionswissenschaft, 106; J. Rüpke, Religion, 118 (in überraschend parallelen Formulierungen). Kritisch auch E. Künzl, Triumph, 42.

10 J. Rüpke, Domi militiae, 229.

11 Vgl. J. Rüpke, Domi militiae, 228 f.

12 Vgl. T. Köves-Zulauf, Worte, 82; ähnlich M. Beard, Triumph, 333.

13 So etwa auch P. J. Holliday, Triumphal Painting, 132; R. Laqueur, Wesen, 215; T. Itgenshorst, Triumph, 212–214.

während des Krieges versprochen worden waren.[14] Und die Götter hatten sich ja als hilfreich erwiesen und standen auf Seiten Roms. Gerade der siegreich geführte Krieg war dafür der schlagende Beweis. Der versprochene Dank war nun einzulösen. Die Gelegenheit dazu bot der Triumphzug. Dabei stand der Dank an die Götter allen sinnfällig vor Augen. Mitgeführte Götterstatuen und ein Triumphator, der den höchsten Gott selbst imitierte, markierten die Präsenz der Götter im Ritual. Und diesen Göttern galten ja auch die vielen mitgeführten und besonders geschmückten Opfertiere, die am Ende des Triumphes rituell geschlachtet und den Göttern geopfert wurden. In den Kontext der Einlösung einer Dankesschuld gehört auch die Praxis der Weihgaben sowie die Errichtung von neuen Tempeln für die Götter aus der Kriegsbeute. Die Dankesschuld wurde also durch das Dankesfest des Triumphes und die nachgeordneten Bauprojekte eingelöst. Der Dank an die Götter war insofern eine der augenfälligen Funktionen eines Triumphes.

4.3 Der Triumphzug als Ritual der Kriegsbeendigung und als kollektive Siegesfeier

Der Triumphzug ist als Ritual auch Teil eines Prozesses der Demilitarisierung der kriegsführenden Truppen.[15] Er ist ein Ritual der Kriegsbeendigung.[16] Dabei ist Krieg eine notwendige Bedingung für den Triumph. Das legt das *ius triumphandi* eindeutig fest, wenn es einen erfolgreich geführten Krieg zur Voraussetzung für den Triumph erklärt. Ohne Krieg und ohne siegreich beendeten Krieg – die Truppen müssen ja heimgeführt sein – gibt es keinen echten Triumph. Er krönt und beschließt den Krieg. Dabei wird der dem Triumph vorausgehende Krieg im Ritual nicht verschwiegen. Im Gegenteil: Er wird durch die vielfältigen Elemente der Leistungsschau sowie durch die Soldaten massiv präsent gesetzt. Besonders deutlich wird der Aspekt der rituellen Kriegsbeendigung durch die Hinrichtung der königlichen Gefangenen, also der Anführer des im Krieg unterlegenen Gegners.[17] Diese Hinrichtung ist im Verlauf des Rituals ein markanter Ritus mit zäsurierender Funktion. Er stoppt das ganze rituelle Geschehen, das erst nach der unterbrechenden Hinrichtung wieder aufgenommen und zu seinem Ende geführt werden kann. Darin zeigt sich etwas von der Bedeutung dieser Hinrichtung. Erst durch diese

---

14 Vgl. auch W. Ehlers, Triumphus, 495f.

15 Die einzelnen Phasen und rituellen Elemente dieses Prozesses zeichnet J. Rüpke, Domi militiae, 199–234, minutiös nach.

16 Vgl. dazu besonders J. Rüpke, Domi militiae, 225f; vgl. auch E. Flaig, Politik, 32; T. Itgenshorst, Triumph, 212.

17 So auch J. Rüpke, Domi militiae, 226.

Hinrichtung ist der Feind endgültig und abschließend besiegt, ist der Sieg ultimativ und absolut errungen, ist auch der Frieden[18] wiederhergestellt. Erst jetzt kann den Göttern für den Sieg gedankt und der Höhepunkt des Triumphes gefeiert werden. Erst jetzt ist der Feind wirklich *capta et devicta*, ist der Krieg beendet.[19] Der Triumphzug hat ihn rituell beschlossen.

Ein Triumphzug, der einen erfolgreich geführten Krieg rituell beendet, weist natürlich auch den Charakter einer rituellen Siegesfeier auf. Im Triumphzug können sich dabei nicht nur der Triumphator, sondern auch die Masse der Soldaten und das stadtrömische Publikum als Sieger fühlen.[20] Der Triumphzug ist insofern auch eine kollektive Siegesfeier.[21] Der Sieg[22] wird präsentiert und gemeinsam gefeiert und alle[23] werden – freilich in unterschiedlichen Graden – zu Nutznießern des Sieges. Geldgeschenke, Freizeit, militärische Auszeichnungen und öffentliche Mähler ließen die Massen am militärischen Sieg und seinen Früchten partizipieren. Eine zumindest indirekte Breitenwirkung hatten auch die Bauprojekte, die sich aus der Kriegsbeute finanzieren ließen, sowie die positiven Auswirkungen auf die römische Wirtschaft und Kultur. Als eine solche kollektive Siegesfeier stärkt der Triumphzug das Wir-Gefühl und bildet Gruppenidentität aus. Die Römer können sich als mächtige Sieger fühlen.[24] Der Triumph vermittelt ihnen eine kollektive Identität als Sieger.[25] Der Triumphzug hat insofern eine soziale Funktion, als er den Zusammenhalt und die Identität innerhalb der (stadt)römischen Bevölkerung stärkt.[26]

---

18 Vgl. zur transformatorischen Dimension des Triumphes, der Krieg in Frieden und Sieg in Herrschaft wandelt, H. Krasser, Leitmotiv, 273.278. In dieser Perspektive gehört der Triumphzug zu den *rites de passage*: er strukturiert und gestaltet rituell den Übergang von Krieg zu Frieden.

19 Zur Begnadigung der feindlichen Gefangenen vgl. aber auch unter II 4.4.

20 Das gilt zumindest für alle Zuschauer, die sich als Römer verstehen.

21 Vgl. E. Flaig, Politik, 33; R. Payne, Triumph, 10.

22 I. Östenberg, World, 274f, stellt überzeugend heraus, dass dabei nicht nur der Sieg über den Gegner gefeiert wird, sondern auch der Sieg über die wilde Natur begangen wird, die von Rom gezähmt („triumph of civilization" 274) worden ist und nun Rom dienstbar ist. Dazu dient die Präsentation von exotischen Tieren wie auch die Personifikationen von Naturphänomenen (wie etwa Flüssen).

23 Mit Ausnahme der besiegten Gegner.

24 Vgl. auch T. Itgenshorst, Triumph, 211f: „So feierten die Bürger nicht nur den erfolgreichen Befehlshaber und dessen Heer, sondern gleichsam sich selbst" (212).

25 Auf die identitätsstiftende Funktion des Triumphes für das Volk weist auch J. Schäfer-Schmitt, Funktionalisierung, 298.301, hin: „Eine wichtige Funktion des Triumphes ist die Erinnerungsstiftung. Die Erinnerung an den Sieg wird durch den Triumph nicht nur bei den am Sieg Beteiligten aufrecht erhalten, sondern weit verbreitet und in das Gedächtnis der Masse überführt" (298). R. Brilliant, Triumph, 221, spricht treffend vom Triumph als „center of social memory".

26 Die Stiftung von Gruppenidentität ist ein Merkmal vieler Rituale, vgl. D. J. Krieger/A. Belliger, Einführung, 15.30; G. Theissen, Rituale, 16–18; C. Wulf, Erzeugung, 179.189–191; G. Theissen, Religion, 59 (mit Blick auf das Judentum).

4.4 Der Triumphzug als individuelle Siegesfeier und als „Großer-Mann-Maschine"

Freilich ist der Aspekt der kollektiven Siegesfeier nur die eine Seite der Triumphzugsmedaille; vereinfacht gesagt ist dies die republikanische Seite. Hinzu tritt nämlich das Element einer individuellen Siegesfeier des Triumphators. Im Triumphzug wird auch stets der Sieg eines Einzelnen, eben des Triumphators, inszeniert und gefeiert. Der Sieg erhöhte dabei den gesellschaftlichen Status des Siegers massiv.[27] Dieses Moment der individuellen Siegesfeier war schon den Triumphzügen der republikanischen Zeit inhärent.[28] Im Laufe der Zeit hat sich dieser Charakterzug aber je und je verstärkt und die anderen Bedeutungen des Triumphes z. T. in den Schatten gestellt. Als Katalysator in diesem Prozess, der vermutlich nicht intendiert war, sondern aus dem Ritual wie von selbst erwuchs, dürften die Techniken der Erinnerung an den jeweiligen Triumph (etwa durch Bauten, Bilder und Münzen[29]) gewirkt haben, die überhaupt erst den Vergleich und damit eine diachrone Konkurrenz zwischen einzelnen Triumphzügen und damit Triumphatoren ermöglichten.[30] Als je größerer und bedeutenderer Triumphator erschien dabei der, der mehr Leistungen (in Form von Beute und eroberten Gebieten) vorweisen konnte. Die Logik der Leistungssteigerung im Sinne eines „höher, schneller, weiter"[31] und der Selbstpräsentation des Triumphators als eines wirklich großen Mannes und Siegers überlagerte dabei mehr und mehr den Aspekt der kollektiven Siegesfeier oder den Gedanken eines Dankfestes für die Götter.[32] In diesem Prozess gehen vermutlich die sukzessive Bedeutungssteigerung des Triumphzugs hin zur größten Ehrung in der römischen Welt, die zu erreichen und vergeben war (vgl. II 1) und die ihrerseits eine Folge der tatsächlichen Expansion des

27 Vgl. dazu exemplarisch H. Beck, Züge, 80.84; J. Rüpke, Domi militiae, 232.

28 Vgl. auch E. Flaig, Politik, 33, das Volk feiert im republikanischen Triumph „sowohl den Sieg des Gemeinwesens als auch den Feldherrn"; vgl. auch T. Itgenshorst, Triumph, 215–217: der republikanische Triumph stellte dem Volk fähige Männer als Kandidaten für die höchsten Ämter des Staates vor.

29 Vgl. dazu auch T. Itgenshorst, Triumph, 89–147, die die unterschiedlichen Monumenttypen, die als Erinnerungsträger fungieren, minutiös auflistet (neben Münzen, Bauten und Bildern u. a. auch noch Spiele, Beuteweihungen, Stadtgründungen, Ehrenstatuen, Theaterstücke, Siegerbeinamen). Vgl. auch die Überlegungen bei M. Beard, Triumph, 18–31 („The Art of Memory" [18]): Treffend formuliert sie, dass der Triumphzug als „show lives on only in memory" (19). Als Instrumente der Erinnerung nimmt sie besonders Münzen, Bauten, Inschriften, Beutestiftungen und Feste in den Blick.

30 Vgl. dazu die Überlegungen bei R. Laqueur, Wesen, 234; E. Flaig, Politik, 36f.

31 Treffend spricht S. T. Schipporeit, Wege, 97, von einem spätrepublikanischen „Agon um den größeren und spektakuläreren Triumph".

32 Das hat bereits 1909 R. Laqueur, Wesen, 219.230f.236, beobachtet. Vgl. auch die knappen Notizen bei B. Stollberg-Rilinger, Rituale, 109, die diesen Shift in das 4. Jh. v. Chr. datiert; von einem solchen Wandel geht auch H. Beck, Züge, 80, aus.

Imperium Romanum war,[33] mit dem Aspekt der zunehmenden Individualisierung, die vor allem auf die Person des Triumphators abhob, Hand in Hand. Der Triumphzug diente also je länger je mehr vor allem der Präsentation eines individuellen Siegers, der sich noch dazu als jupiter- und damit gottgleich inszenieren konnte. Mit der ausgehenden Republik und der heraufziehenden Herrschaft eines Einzelnen im Prinzipat fand diese Entwicklung ein gesamtgesellschaftliches Pendant,[34] wenngleich die Treibsätze für diese Entwicklung bereits in der Republik vorhanden waren. Wenn etwa der Triumphator Caesar in seinem pontischen Triumph einen *titulus* mit dem Slogan „*veni, vidi, vici*", präsentieren konnte, dann ließ das wenig Platz für die Leistungen der Vielen. Für alle wurde nun sichtbar, dass es hier nicht mehr primär um einen Sieg Roms ging, sondern die individuelle Person des Triumphators im Zentrum stand. Die ersten Person Singular überlagerte und verdrängte sozusagen die ersten Person Plural des Kollektivs.[35]

Mit dieser Entwicklung ist ein Mechanismus verbunden, den vor allem Egon Flaig, präzise erfasst und beschrieben hat.[36] Er versteht den Triumphzug als ein Ritual, das, einer Maschine[37] gleich, große Männer, eben Triumphatoren, produziert. Das Ritual „verwandelt" also den Feldherrn zum Triumphator und großen Mann.[38] Dabei werden *durch das Ritual* die Leistungen der Vielen, vor allem der Soldaten, auf eine einzige Person gebündelt: den Triumphator. Er hat den Sieg errungen – den doch faktisch die Soldaten im Feld erkämpft haben. Es ist das Ritual des Triumphzugs selbst, das die Soldaten gleichsam

33 Vgl. auch E. Flaig, Politik, 32: „Doch je mehr Kriege Rom führte, je großräumiger die Operationen wurden, desto höher wurde die Messlatte gesteckt, sodass seit dem Beginn des 3. Jahrhunderts v. Chr. der Triumph zur höchsten Auszeichnung geworden war."

34 Nach E. Flaig, Politik, 40–48, ist der Triumphzug selbst ein Motor in dieser Entwicklung hin zum Prinzipat.

35 Im Blick auf die Triumphe Caesars formuliert K.-J. Hölkeskamp, Triumph, 269, dass nun „die politische Klasse […] selbst zu den Besiegten" gehörte. Das „*veni, vidi, vici*" war entsprechend auch ein Sieg über die römische Aristokratie und die Macht des Senats, vgl. dazu auch I. Östenberg, Triumph, 814.818.821–827.

36 Vgl. dazu E. Flaig, Politik, 39f, kritisch zu diesem Ansatz H. Beck, Züge, 80 mit Anm. 16, der den Triumph fraglos als individuelle Siegesfeier versteht (der Triumph als „der ewige Ruhm des Einzelnen" [80]), aber den Soldaten und der aristokratischen Elite Roms eine aktivere Rolle zubilligt und das Bild der „symbolischen Enteignung" für zu zugespitzt erachtet. Die Kritik scheint im Blick auf die Phase der Republik, um die es Beck geht, nicht ganz unberechtigt; für das Prinzipat scheint mir die Analyse Flaigs sehr stimmig.

37 Vgl. E. Flaig, Politik, 40: „Wie eine soziale Maschinerie erzeugte [der Triumph, M. L.] serienmäßig ‚große Männer', die für immer als Triumphatoren in das kollektive Gedächtnis Roms eingingen."

38 Das ist ein durchaus typischer Zug vieler Rituale, man denke nur an die vielen Initiationsrituale (etwa in Form einer Weihe): Der Vollzug des Rituals transformiert Menschen, vgl. J. Assmann, Kunst, 111.

entwaffnet, sie „symbolisch enteignet“[39] und ihren Erfolg in einer Person bündelt. Aus dem Sieg der Vielen und dem Sieg Roms wird der Sieg des Einen. Ihm gehörte der Sieg. Im Triumphzug erfolgt durch das Ritual selbst also die individuelle Aneignung einer kollektiven Leistung. Diesen Leistungstransfer inszeniert und feiert das Ritual und lässt diese Logik gerade dadurch Wirklichkeit werden.

Ein Ritual, das automatisch große Männer produziert, war nicht nur für die Republik und namentlich den römischen Senat gefährlich. Die fein austarierten Machtbalancen zwischen den Adligen der römischen Oberschicht drohten durch die zu groß und bedeutsam werdenden Triumphatoren aus dem Gleichgewicht zu geraten.[40] Vollends gefährlich musste ein solches Ritual in der Kaiserzeit werden. Ein monarchisch regierender Kaiser konnte unmöglich einen Triumphator und damit gefährlich mächtigen und mit höchstem Prestige ausgestatteten Mann neben sich dulden. Entsprechend haben die römischen Kaiser, angefangen bei Augustus, das Recht zum Triumph sukzessive (und mit ganz wenigen Ausnahmen, s. II 1.1) auf den regierenden Kaiser beschränkt.[41]

---

39 E. Flaig, Politik, 39.

40 S. T. Schipporeit, Wege, 121, spricht davon, dass schon in republikanischer Zeit „die Wiedereingliederung des Triumphators [...] in die zivile städtische Gemeinschaft nicht immer ganz reibunglos“ verlief; vgl. dazu auch K.-J. Hölkeskamp, Triumph, 268f; R. Laqueur, Wesen, 233; T. Itgenshorst, Augustus, 439–443 (der Triumphzug als ein „außerordentlich konfliktträchtiges Ritual“ [439] der Republik, weil die „Wiedereingliederung des Feldherrn in die Gemeinschaft der Senatoren in Rom“ [440] oft nicht konfliktfrei verlief). Insgesamt zu dieser Entwicklung E. Flaig, Politik, 40–48: Insofern der Triumphzug große Männer produzierte, indem er die vielen am Krieg Beteiligten gleichsam semantisch entwaffnete und die Leistungen der Vielen individualisierte, kam es auch zu einer semantischen Entwaffnung der republikanischen Staatsform selbst. Denn die durch den Triumphzug produzierten großen Männer ließen sich nicht mehr in das Kollektiv der Nobilität einbinden und wurden auf Dauer zu zerstörerischen Kräften im republikanischen Gefüge. Im Hintergrund wirkt sich ein Reziprozitätsmechanismus aus. Insofern der errungene Sieg schlechthin die Leistung des Siegers war, war das Kollektiv nun dem Sieger zu Dank verpflichtet und schuldete seinerseits dem Sieger etwas, der für das Kollektiv gekämpft und ihm den Sieg gleichsam „geschenkt“ hatte. Das gesamte Kollektiv stand insofern bei einem Individuum in Dankesschuld und war nun ihm verpflichtet. Der Triumph produzierte insofern nicht nur die großen Männer, sondern auch eine kollektive Dankesschuld, die die großen Männer mehr und mehr unkontrollierbar machte. Für Egon Flaig ist diese Entwicklung einer der Sargnägel der Republik.

41 Vgl. zur Beschränkung des Triumphes auf den jeweiligen Kaiser T. Itgenshorst, Augustus; T. Itgenshorst, Princeps (zur Triumphzugspolitik des Augustus insgesamt); M. Beard, Triumph, 69f; F. V. Hickson, Augustus, 124.137–130; F. Goldbeck/P. F. Mittag, Triumph, 70; U. Theisen, Triumph, 159. Augustus hat zudem die wenigen Triumphatoren, die es zu seiner Zeit noch neben ihm gab, dazu angehalten, mit der Kriegsbeute Gebäude zu finanzieren, die nicht primär das Lob des Triumphators verkündeten (wie etwa Triumphbögen), sondern die von allgemeinem Nutzen waren; vgl. S. T. Schipporeit, Wege, 97; T. Itgenshorst, Augustus, 450f. In diesen Kontext gehört schließlich auch der Kampf des Augustus gegen eine Weihung der *spolia opima* durch Crassus (s. II 3.2.2.3.1; vgl. auch I. Östenberg, Conquest, 67).

Alles andere wäre angesichts der Macht des Rituals, das einen beinahe jupitergleichen Mann produzierte, zu gefährlich gewesen.

Die clementia des großen Mannes: In diesem Zusammenhang wird man *thetisch* fragen dürfen, ob die zu beobachtende Schonung von königlichen Gefangenen,[42] die nicht mehr hingerichtet, sondern auf Staatskosten versorgt oder wieder in ihre Heimat verbracht wurden, ihren Sitz im Leben in diesem Bedeutungswandel des Triumphes hatte. Wenn der Triumph nicht mehr primär der rituellen Kriegsbeendigung, sondern der Produktion und Inszenierung eines großen Mannes diente, dann liegt es nahe, anzunehmen, dass die Schonung der königlichen Gefangenen als Ausdruck der *clementia* des Triumphators bzw. Kaisers verstanden werden sollte. Dies umso mehr, als *clementia* seit der Herrschaft des Augustus als eine der Kardinaltugenden des guten *princeps* galt,[43] die er dann gerade im Triumph unter Beweis stellen konnte.

Der Triumphzug als Maschine, die große, jupitergleiche Männer produziert – so überzeugend die Deutung des Triumphes als individuelle Siegesfeier und Großer-Mann-Maschine aus meiner Sicht ist, so sehr muss doch auch festgehalten werden, dass in religiöser Perspektive keine Apotheose des Triumphators erfolgt, wenngleich sie zum Greifen nahe scheint. Durch die Aufmachung und das gesamte Zeremoniell erscheint der Triumphator fraglos wie der Gott Jupiter. Aber die drohende Vergöttlichung, die das Ritual mit sich zu bringen scheint, wird doch durch das Ritual selbst und hier speziell durch einzelne Riten kontrolliert. Dazu gehören die apotropäischen Elemente im direkten Umfeld des Triumphators (Eisenringe, Phallus), der Spott der Soldaten, die Rückgabe des *ornatus Iovis*[44] und vor allem die Worte und Taten des Staatssklaven. Zugespitzt formuliert: Der siegreiche Feldherr ist für einen Tag beinahe ein Gott,[45] aber für immer ein Triumphator und damit ein großer Mann.[46] Mit einer äußerst geglückten Formulierung von Thomas Köves-Zulauf gesprochen: Er ist ein „Jupiter in der Zwangsjacke“[47] – in der Zwangsjacke, die das Ritual

---

42 Sie setzt, soweit ich sehe, im 2./1. Jh. v. Chr. langsam ein; vgl. auch I. ÖSTENBERG, World, 160–163.

43 Vgl. U. THEISEN, Triumph, 157.

44 Für J. RÜPKE, Domi militiae, 231, verhindert die Aufmachung des Triumphators als Jupiter die Vergöttlichung, insofern die Individualität des Triumphators hinter der Maskierung verschwindet und der Triumphator wie eine Statue Jupiters erscheint (vgl. dazu auch J. RÜPKE, Statuenrituale, 15).

45 Treffend V. BINDER, Triumph, 174: der Triumph als „die Gelegenheit, in der Gottmenschentum für einen Tag rituell möglich und akzeptabel ist“.

46 Nicht ganz präzise scheint mir daher die Formulierung von J. RÜPKE, Domi militiae, 232, zu sein: „Der Triumphator wird wieder normaler Mensch, legt sein Gottsein ab.“ Ein wirklich „normaler Mensch“ war der Triumphator nicht mehr, sondern eben ein großer Mann.

47 T. KÖVES-ZULAUF, Worte, 89.

selbst dem Triumphator angelegt hat, die ihn zwar zu einem großen Mann macht und zugleich verhindert, dass er zum Gott wird.

Das ist vielleicht einer der eigentümlichsten Züge des Triumphzugs: Das Ritual produziert Sieger und damit, letztlich ungewollt, große Männer und will diese Produktion gleichzeitig zumindest dergestalt kontrollieren, dass die Differenz zwischen Mensch und Gott gewahrt bleibt.

5. Triumphzugsmotivik im literarischen Einsatz: Beobachtungen zum Transfer- und Metaphorisierungspotential und zur literarischen Funktionalisierung des Triumphes

Über Triumphzüge und Triumphatoren wird in antiken Texten nicht nur gehandelt, um sie als solche zu beschreiben oder ihre Spezifika wie etwa die gemachte Beute, besondere Gefangene, die politische Bedeutung für den jeweiligen Triumphator oder unvorhergesehene Ereignisse für das jeweilige Lesepublikum hervorzuheben. Antike Autoren greifen auch auf die Realien des Triumphzugs zurück, um unter Rekurs auf diese Realien etwas zu erzählen, was gerade nicht im eigentlichen Sinne ein Triumphzug ist. Diese Autoren wollen, wenn sie auf Triumphzüge bzw. Triumphzugsmotivik zu sprechen kommen, etwas ausdrücken, was über eine unmittelbare oder mittelbare Beschreibung eines Triumphes oder seiner näheren Kontexte hinausgeht. An einigen Beispielen[1] sei das im Folgenden aufgezeigt, um nachzuweisen, dass dem semantischen und motivischen Feld des Triumphzugsrituals ein Transferpotential zu eigen ist und es funktional als Trope (dann vor allem metaphorisch) oder etwa auch als dem Vergleich dienendes Beispiel fungieren kann. In den Blick kommen dabei Texte, die um die Zeitenwende bzw. im 1. Jh. n. Chr. verfasst worden sind und von griechischen und lateinischen Autoren stammen: Es sind Ovid, Seneca, Epiktet und – nach einem summierenden Fazit – Sueton, der das Beispiel einer historisch wohl tatsächlich gefeierten kaiserlichen Triumphparodie erzählt.

Dieser Nachweis geschieht im Übrigen nicht nur, um eine weitere Facette des Triumphzugsrituals in der Antike zu beschreiben und aufzuweisen, wie weit verbreitet die Kenntnis dessen ist, was einen Triumphzug ausmacht. Der Nachweis des Transfer- und Metaphorisierungspotentials und der literarischen Funktionalisierung von Triumphzugsmotivik hat auch einen zusätzlichen argumentativen Wert für die Analyse des mk Textes. Denn es lässt sich auf diesem Wege zeigen, dass das, was im MkEv geschieht, nämlich ein über chiffrierte Referenzen (vgl. I 4.2) evoziertes literarisches Spiel mit den Realien des

1 Diese Beispiele ließen sich etwa unter Rekurs auf die Werke des Horaz oder Vergil und vor allem des Plautus, Tibull oder Properz vermehren, vgl. M. Steudel, Literaturparodie, 180f; B. Weinlich, Amores, 29; L. Athanassaki, Triumph; E. Fraenkel, Plautus, 231–250 (der Sklave in der Rolle des Triumphators); T. Itgenshorst, Triumph, 43–55 (zu Plautus); V. Binder, Triumph (zu Horaz); I. Petrovic, Aitiologie (zu Properz; zur möglichen Parodie des Triumphes im Werk des Properz vgl. 196 mit Anm. 25); D. Pausch, Heimkehr (zu Vergil); J. Schäfer-Schmitt, Funktionalisierung (zu Ovid und vor allem zu Epistulae ex Ponto II 1); vgl. allgemein zum Transferpotential und zur Triumphzugsmetaphorik die knappe Übersicht bei M. Beard, Triumph, 49–51 („Often […] the forms, conventions, and hierarchies of the triumph provided a vocabulary for discussing quite different aspects of Roman life.“ [50]).

Triumphzugs, das aber gerade nicht dazu dient, einen wirklichen Triumphzug für Jesus zu erzählen, in antiker Literatur nicht völlig singulär ist. Zwar gibt es nicht unmittelbare Vorbilder für den spezifisch mk Einsatz der Triumphzugsrealien, wohl aber gibt es in antiker Literatur zumindest parallele Vorgänge, die zeigen, dass der Triumphzug ein antikes Ritual ist, mit dem man eben schon in der Antike (jenseits des MkEv) literarisch spielen konnte. Und manche der dabei verwendeten literarischen Techniken lassen sich auch im MkEv finden.

5.1 Ovid: Liebe, Gewalt und Triumphmetaphorik

„Liebe ist eine Art Kriegsdienst" (Ars Amatoria II 233 [Holzberg]). „Jeder, der liebt, ist Soldat, und sein eigenes Lager (*castra*) [sc. Feldlager, M. L.] hat Amor" (Amores I 9,1 [Holzberg]). In dieser Form kann der römische Dichter Ovid[2] (43–17 n. Chr.) formulieren, einer der antiken Lehrmeister in Sachen Liebe. Er nutzt, wie das in der römischen Liebeselegie nicht untypisch ist,[3] Militärmetaphorik, um die Liebe in all ihren Facetten – vom beginnenden Liebeswerben, über die erfolgreiche Eroberung, die sich manchmal wie ein heißer oder kalter Krieg anfühlende Liebesbeziehung, den schmerzenden Verlust bis hin zum Rosenkrieg – vergleichend zu charakterisieren und durch Metaphern zu beschreiben. Eine Variante der Militärmetaphorik stellen dabei Anspielungen auf den Triumphzug dar. Solche Anspielungen finden sich nicht selten im Werk Ovids. In diesen Anspielungen werden die Realien des Triumphzugs als Beispiel, Vergleich oder Metapher genutzt. An vier Einzeltexten sei das aufgezeigt.[4]

Für die in diesen Texten begegnende Androzentrik und die Verobjektivierung von Menschen weiblichen Geschlechts als zu erobernde Größe sind dabei im Übrigen Ovid und seine Zeit verantwortlich.

---

2 Vgl. zu seiner Biographie nur P. E. Knox, Life.

3 Vgl. N. Holzberg, Liebesgedichte, 173; ausführlich L. Cahoon, Battlefield; J. Hindermann, Esel, 145–149.

4 Vgl. zur Triumphmetaphorik bei Ovid insgesamt M. Steudel, Literaturparodie, 179–182; K. Galinsky, Triumph Theme, der die Triumphmetaphorik in der Elegie der augusteischen Zeit insgesamt im Blick hat. Programmatisch formuliert er (75): „One of the most Roman themes in the Latin elegist is the allusions to historical triumphs and the use of the triumphal theme as a metaphor."

5.1.1 *Amor in der Triumphquadriga – oder: Der Triumphzug als Metapher für den Siegeszug der Liebe*

Mit den Wechselfällen der Liebe beschäftigen sich die 49[5] Liebesgedichte, die Ovid etwa 15 v. Chr. in fünf Bänden publizierte und Jahre später dann in einer Neuauflage in drei Bänden herausgab. Die Gedichte firmieren unter dem Sammeltitel *Amores*.[6] Sie sind ein Paradebeispiel für die römische Liebeselegie. In den *Amores* tritt dem Leser ein dichterisches Ich[7] entgegen, das im ersten Gedicht angibt, der Gott Amor selbst habe es gezwungen, Liebesdichtung zu schreiben und nicht – wie geplant – ein Epos über Waffen und blutige Kriege zu verfassen. Und den konkreten Dichtungsstoff, also die Liebe in all ihren schönen und traurigen Facetten, habe dem Dichter ebenfalls Amor selbst eingegeben, indem er einen seiner berühmten Pfeile auf den Dichter abschoss (I 1,21–26 [Holzberg]):

> Sogleich machte auf er den Köcher und wählte Pfeile aus – die waren nur mir zum Verderben gemacht –, krümmte mit Kraft überm Knie zur Halbmondform seinen Bogen und sprach dann: „Für dein Lied, Dichter, empfange den Stoff!" Weh mir! Sichere Pfeile hatte der Knabe: Ich brenne, und mein Herz, das bisher frei war, beherrscht jetzt der Gott.

Das von Amor entzündete Herz, das sich nach Liebe sehnt, findet in einer Frau namens Corinna (I 5,9) sein Gegenüber. Ihr gilt fortan das Liebeswerben des dichterischen Ichs.

Den Sieg Amors, der das dichterische Ich zum Gefangenen der Liebe macht, fasst der Dichter im zweiten Gedicht des ersten Buches dann auch unter Rekurs auf den Triumphzug in Worte. Dabei kommt es zu einer deutlichen Metaphorisierung des Triumphzugs (I 2,19–34.41–50 [Holzberg]):[8]

> Sieh, ich gesteh's, ich bin deine neue Beute, Cupido, streck' meine Hände aus, füg' deinem Befehl mich besiegt. Nicht bedarf es des Kriegs, um Gnad bitt' ich und Frieden: Wehrlos durch Waffen besiegt, brächte ich niemals dir Ruhm. Flicht dir Myrte ins Haar, schirr an die Tauben der Mutter; ein Gefährt, das dir ziemt, gibt dir dein Stiefvater selbst. Stehen auf deinem Wagen wirst du, „Triumph" ruft die Menge, und mit Geschick wirst du lenken das Vogelgespann. Mitgeführt werden dann gefangene Männer und Frauen: Ein Triumph voller Glanz wird dieser

5 Je nach Zählung des 10. Gedichts im 2. Buch als Gedicht 9b oder 10 kommt man zu einer Gesamtzahl von 49 oder 50 Gedichten.

6 Zur Einführung in dieses Werk vgl. J. Booth, Amores; B. W. Boyd, Amores.

7 Dabei handelt es sich um eine Rolle, eine Erzählfigur, nicht um Ovid selbst, vgl. J. Schäfer-Schmitt, Funktionalisierung, 287.

8 Ein kurzer Hinweis auf diese Stelle auch bei J. Kügler, Triumph, 159. Zur Stelle vgl. auch die Kommentierung bei B. Weinlich, Amores, 27–31; M. Steudel, Literaturparodie, 181 Anm. 358; J. C. McKeown, Ovid, 31–59; J. Schäfer-Schmitt, Funktionalisierung, 285; M. Beard, Triumph, 111–113; ausführlich: L. Athanassaki, Triumph.

> Festzug für dich. Als deine jüngste Beute werd' ich, frisch verwundet, die neuen Fesseln tragen, dabei sklavisch ergebenen Sinns. Mitgeführt wird die Vernunft, auf dem Rücken die Hände gefesselt, Scham auch und alles, was sonst Amors Armeen bekämpft. Alles wird Angst vor dir haben; zu dir die Arme erhoben, wird die Volksmenge laut rufen „Hurra!" (*io*) und „Triumph!" (*triumphe*).
>
> Du, mit Juwelen bedeckt die Flügel, das Haar mit Juwelen, fährst auf Rädern von Gold, selber im Goldglanz dahin. Kenn' ich dich recht, wirst auch dann du nicht wenige Herzen entflammen, viele Wunden auch schlägst du im Vorbeifahren dann. Magst du's auch wollen, es können nicht ruhn deine Pfeile; die heiße Flamme erzeugt durch die Glut, wenn man ihr nahe kommt, Schmerz. Bacchus war so, der Bezwinger des Landes am Ganges: Erhaben er durch das Tigergespann, du durch das Vogelgespann. Also, da ich ein Teil des heil'gen Triumphzuges sein kann, wolle du nicht deine Macht, Sieger, verschwenden an mich.

Anspielungen auf das Ritual des Triumphzugs sind reichlich vorhanden (vgl. die Tabelle auf der folgenden Seite) und die Rollen in diesem nur selektiv eingespielten Triumphzug sind klar verteilt. Als Triumphator fungiert der Liebesgott Amor, der in seiner goldenen Triumphquadriga selbst golden schimmert und einen Myrtenkranz auf dem Haupt trägt. Letzteres stellt fraglos eine Abweichung vom Prätextmotiv des Triumphzugs dar.[10] Das gilt auch für die verwendeten Zugtiere: Tauben ersetzen hier die typischen Pferde. Neben dem Triumphator kommt knapp und letztlich nur über das Motiv des Festrufs *io triumphe* das zuschauende Volk in den Blick, das in I 2,44f selbst zum potentiellen „Opfer" Amors stilisiert wird.

Wichtiger ist dem Textabschnitt aber die Rolle der Gefangenen, die im Triumphzug gefesselt mitgeführt werden. Es handelt sich um, das hebt der Text eigens hervor, Frauen und Männer. Hier blitzt fraglos das eigentliche Thema des Gedichts, die Macht der Liebe, auf. Zu den Gefangenen gehören auch jene Tugenden, die sich der Liebe zuweilen in den Weg stellen können (I 2,31f): vor allem die Vernunft (*mens bona*) und das Schamgefühl (*pudor*). Das dichterische Ich reiht sich in die Schar dieser Gefangenen als jüngstes Opfer Amors ein. Sie alle zusammen sind Gefangene der Liebe. Sie ist es, die sie im übertragenen Sinne fesselt. Dabei fügt sich das dichterische Ich freiwillig in seine neue Rolle. Es leistet keinen Widerstand und gibt sich – paradoxerweise schon aus rationalen Erwägungen[11] – der Liebe hin und lässt sich von Armor als Gefangener im Triumph mitführen. Entsprechend ist es das dichterische

---

9 Immerhin wird ein Myrtenkranz bei der mit dem Triumphzug verwandten *ovatio* getragen; vgl. B. Bergmann, Kranz (auf den nicht paginierten letzten Seiten des Buches).

10 Insofern die Myrte aber eine mit Venus und Aphrodite besonders verbundene Pflanze ist, könnte diese Varianz sich durchaus der Thematik des Gedichts verdanken, vgl. M. Beard, Triumph, 113.

11 Das unterscheidet die Liebeskonzeption Ovids von der älteren römischen Liebeselegie, vgl. B. Weinlich, Amores, 28.

Textelement	*Alludiertes Prätextmotiv*
„Flicht dir Myrte ins Haar“	Aufforderung an Amor (= Cupido), sich einen Myrtenkranz zuzulegen. Die mögliche Anspielung auf die *corona laurea* wirkt freilich schief, insofern das falsche Material, Myrte statt Lorbeer, genannt wird;[9]
„schirr an die Tauben der Mutter; ein Gefährt, das dir ziemt, gibt dir dein Stiefvater selbst.“	Allusion auf die hier von Mars oder Vulkan hergestellte Triumphquadriga, die in diesem Falle aber nicht von Pferden oder Elefanten, sondern von Tauben gezogen wird, einem mit der Mutter des Amor, Venus, besonders verbundenen Tier;
„Stehen auf deinem Wagen wirst du“	Anspielung auf den in der Quadriga stehenden Triumphator;
„‚Triumph‘ ruft die Menge“ „wird die Volksmenge laut rufen ‚Hurra!‘ (*io*) und ‚Triumph!‘ (*triumphe*).“	eindeutige Anspielungen auf bzw. Zitat des Rufes *io triumphe*, den das anwesende Volk sowie die Soldaten skandieren;
„Mitgeführt werden dann gefangene Männer und Frauen: Ein Triumph voller Glanz wird dieser Festzug für dich. Als deine jüngste Beute werd’ ich, frisch verwundet, die neuen Fesseln tragen, dabei sklavisch ergebenen Sinns. Mitgeführt wird die Vernunft, auf dem Rücken die Hände gefesselt, Scham auch und alles, was sonst Amors Armeen bekämpft.“	das Stichwort „Triumph“ verweist eindeutig auf das Ritual; angespielt wird ferner auf die im Triumph mitgeführten Gefangenen; auch die mythologischen Feinde Amors, Vernunft und Scham, werden als Gefangene mitgeführt;
„Du, mit Juwelen bedeckt die Flügel, das Haar mit Juwelen, fährst auf Rädern von Gold, selber im Goldglanz dahin“	Anspielung auf die prächtige Triumphquadriga sowie die golddurchwirkte *toga picta*;
„Also, da ich ein Teil des heil’gen Triumphzuges sein kann“	das Stichwort „Triumphzug“ fasst nochmals eindeutig die Kette von Allusionen zusammen.

Ich, das Armor allererst auffordert, den Siegeszug der Liebe als Triumphzug zu feiern (vgl. die Imperative in I 2,23).

Der Triumphzug wird also zur Metapher für den Siegeszug der Liebe und damit des Gottes Amor, dem sich keine Macht entgegenstellen und kein Mensch entziehen kann. Amor schlüpft in die Rolle des mächtigen römischen Feldherrn, der als Triumphator seine Gegner bezwungen hat. Amor macht die Menschen zu Gefangenen, so wie ein mächtiger römischer Triumphator Menschen zu Gefangenen macht – dafür sind die im Triumphzug mitgeführten

Gefangenen, die im Text zu den Gefangenen der Liebe werden, ein metaphorisch eingeblendetes Bild. Ovid geht es also darum „ein Äquivalent für die Macht der Liebe zu finden: Mit dem Bild des Triumphes wird sie der eines römischen Herrschers gleichgesetzt.“[12]

Eine solch radikale Metaphorisierung, die das politische Ritual des Triumphzugs auf das Feld der Liebe reduziert, lässt sich durchaus auch als kritische Auseinandersetzung mit dem römischen Triumphzug verstehen.[13] Für James McKeown handelt es sich beim Vorgehen Ovids daher um eine „parody of conventional triumph-poetry“.[14] Der Triumph, so McKeown, sei in augusteischer Zeit und unter dem Einfluss der Augustustriumphe zu einem Allgemeinplatz in der römischen Dichtung geworden. Diese dem Herrscher eher wohlwollende Triumphdichtung werde von Ovid parodiert, indem er den Kaiser durch Amor oder auch durch sich selbst (vgl. Amores II 12) ersetzt und das Triumphzugsritual metaphorisch nutzt. Noch deutlicher wird Karl Galinsky,[15] der die ovidsche Metaphorisierung des Triumphes als eine abwertende Parodie des offiziellen Staatsrituals selbst versteht. Er resümiert im Blick auf die ovidsche Metaphorisierung und darstellende Beschreibung des Triumphes (in *Ars Amatoria* und *Amores*): „In this description of the ceremony the tendency to deflate and parody the official aspects of the triumph is more marked than ever before.“[16]

Dass der im Triumphzug vorbeifahrende Amor nicht nur in seinem metaphorischen Triumphzug,[17] sondern auch bei echten Triumphzügen, bei denen ein wirklicher Triumphator im Wagen steht, seine Liebesmacht ausspielen und seine Pfeile verschießen kann, das erzählt Ovid im Rahmen seiner strategischen Überlegungen in der *Ars Amatoria*.

5.1.2 Gelegenheit macht Liebe – oder: Der Triumphzug als idealer Ort für die romantische Anbahnungsphase

Im ersten Buch des dreibändigen, um die Zeitenwende entstandenen Lehrgedichts *Ars Amatoria*[18] gibt der wie ein antiker *dating coach* agierende Ovid den in Liebesdingen unerfahrenen oder latent unbeholfenen, jedenfalls nicht wirklich erfolgreichen Männern eine Vielzahl von wertvollen Hinweisen mit auf den Weg, die den einsamen Mann bei seiner Suche nach einer Partnerin zum Erfolg führen sollen. Ovid agiert dabei wie ein hochprofessioneller und

12 B. Weinlich, Amores, 29.

13 Vgl. auch die Überlegungen bei M. Beard, Triumph, 113.

14 J. C. McKeown, Ovid, 33.

15 Vgl. K. Galinsky, Triumph Theme, 93.96f.

16 K. Galinsky, Triumph Theme, 96f.

17 Vgl. I 2,44f: „Kenn' ich dich recht, wirst auch dann du nicht wenige Herzen entflammen, viele Wunden auch schlägst du im Vorbeifahren dann“.

18 Vgl. zur Einführung in dieses Werk R. K. Gibson, Ars Amatoria; P. Watson, Elegy.

zutiefst strukturierter Praktiker, der sich in Liebesdingen bestens auskennt. Sein Weg zur glücklichen Liebe ist rational[19] geprägt und umfasst drei Phasen (Ovid, Ars Amatoria I 35–39 [Holzberg]):

> Erstens bemüh dich darum, das Objekt deiner Liebe zu finden, der du jetzt erstmals den Dienst antrittst als neuer Soldat.[20] Zweitens bemüh dich, die Gunst der Frau, die du willst, zu erbitten, drittens, dass lange Zeit noch euere Liebe besteht. Dies ist der Plan.

Auf die erste Phase des Suchens und Findens der richtigen Partnerin folgt die in der Regel besonders heikle Anbahnungsphase mit der Kontaktaufnahme, die freilich darauf abzielt, das Gegenüber für sich zu gewinnen und vom eigenen Angebot zu überzeugen. Ist dies erfolgreich verlaufen, folgt Phase drei, die der langfristigen Sicherung des Erreichten dient.

Im ersten Hauptteil (41–262)[21] des ersten Buches der *Ars Amatoria* stellt Ovid eine Reihe von Orten und Gelegenheiten vor, die sich für das Suchen und Finden der richtigen Partnerin aus jeweils unterschiedlichen Gründen besonders gut eignen und die eine lockere Überleitung zur Phase zwei der Liebeswerbung ermöglichen. Solche Kontaktbörsen sind im Einzelnen:[22] Die Stadt der Liebe schlechthin, nämlich Rom selbst; und in Rom sodann vor allem die Theateraufführungen, die Zirkusspiele, die Gladiatorenspiele, die Gastmähler und auch der Triumphzug (177–228). Über ihn schreibt Ovid nach einem längeren Anweg, der sich mit einem geplanten Partherfeldzug des Gaius Caesar beschäftigt (Ars Amatoria I 213–228 [Holzberg]):[23]

> [213]Also wird kommen der Tag, an dem du, Schönster auf Erden, [214]ganz in Gold und auf vier schneeweißen Rossen ziehst ein. [215]Vor dir gehen dann die Fürsten, die Hälse mit Ketten belastet, [216]dass nicht ihr Heil in der Flucht suchen sie können wie einst. [217]Froh schauen Jünglinge zu und zwischen ihnen die Mädchen; [218]in frohe Wallung versetzt allen das Herz dieser Tag. [219]Und wenn dann eine dich fragt nach den Namen der Könige und nach [220]Gegend, Gebirge und

19 Vgl. Ovid, Ars Amatoria I 1f [Holzberg]: „Wenn in diesem Volk jemand die Kunst des Liebens noch nicht kennt, lese er dieses Gedicht und liebe dann mit *Verstand* (*doctus amet*)" bzw. er liebe durch das Gedicht „belehrt" (so lässt sich *doctus* auch übersetzen).

20 Hier zeigt sich exemplarisch die Militärmetaphorik, die den Schüler in Liebesdingen zum frischen Rekruten macht und die Werbung um eine Frau mit Kampf und Kriegsdienst vergleicht.

21 Gliederung des ersten Buches hier nach N. Holzberg, Liebeskunst, 173–181.

22 Vgl. auch J. Hindermann, Esel, 54f.

23 Vgl. zur Stelle auch die Überlegungen bei M. Steudel, Literaturparodie, 176–183 (vor allem auch zum Triumphmotiv bei Ovid); zur historischen Einordnung des ganzen Triumphabschnitts vgl. auch die Kommentierung bei A. S. Hollis, Ovid, 65.71–73.81f. Zur besseren Orientierung habe ich in diesem Fall auch die Zeilenzählung der Edition von Niklas Holzberg aufgenommen, um bei der anschließenden Kommentierung präziser rückverweisen zu können.

Strom, die im Triumph sie dort führn, [221]dann beantworte alles, und nicht nur, wenn du gefragt wirst, [222]und wenn du etwas nicht weißt, sprich so, als wär's dir bekannt. [223]„Dies ist der Euphrat, die Stirn mit Schilfrohr umwunden, und der, dem [224]bläulich das Haar hängt herab, das wird der Tigrisstrom sein. [225]Das sind Armenier, das ist Persien, Danaës Stammland, [226]und diese Stadt dort: Sie lag im achaemenischen Tal. [227]Der oder der da sind Fürsten" – und hier magst dann Namen du nennen, [228]richtige, wenn du das kannst, passende, kannst du es nicht.

Wiederum liegen einige deutliche Triumphzugsallusionen vor. Im Einzelnen:

Textelement	*Alludiertes Prätextmotiv*
„ganz in Gold und auf vier schneeweißen Rossen ziehst ein"	Anspielung auf die *toga picta*, die vier Schimmel vor der Quadriga sowie den Aspekt des Einzugs in die Stadt Rom;
„Vor dir gehen dann die Fürsten, die Hälse mit Ketten belastet"	im Blick sind die königlichen Gefangenen, die mit Halsketten gefesselt vor dem Triumphator gehen;
„Froh schauen Jünglinge zu und zwischen ihnen die Mädchen; in frohe Wallung versetzt allen das Herz dieser Tag."	angespielt wird auf die Feststimmung im Publikum am Wegesrand;
„Und wenn dann eine dich fragt nach den Namen der Könige und nach Gegend, Gebirge und Strom, die im Triumph sie dort führn"	das Stichwort „Triumph" verweist eindeutig auf das Ritual; erneute Anspielung auf die mitgeführten königlichen Gefangenen, auf die *tituli* sowie auf die Triumphbilder und allegorischen Darstellungen etwa des Kriegsgebietes.

Auch in diesem Fall wird das Ritual des Triumphzugs höchst selektiv aufgegriffen. In den Blick kommen der zunächst direkt angesprochene Triumphator (I 213–215), sein Gewand und die Schimmel vor seinem Wagen, die Könige als Gefangene in Ketten, die vor dem Triumphator gehen, sodann das Publikum am Wegesrand und schließlich die mitgeführten Bilder und allegorischen Darstellungen der Gebiete, in denen der Krieg geführt wurde. Ovid erzählt vom Triumphzug dabei mit einer höchst eigenwilligen Fokussierung. Ihn interessiert der Zug als solcher nicht. Seine Perspektive wandert nach einem kurzen Blick auf den Triumphator und die königlichen Gefangenen (I 213–216) ohne Umwege mitten in das Publikum hinein, das den Triumphzug betrachtet und das nun seinerseits von Ovid betrachtet und im Blick auf die Möglichkeit der Anbahnung einer Liebesbeziehung analysiert wird (I 217–228). Seinen Primäradressaten, den liebeswilligen Mann, den er mit „Du" anspricht, versetzt er geradewegs in dieses Publikum hinein.

Dieser Wechsel vom mit „Du" angesprochenen Triumphator (in I 213–215) zum mit „Du" angesprochenen liebeswilligen Mann ist auffällig. Er parallelisiert den siegreichen Triumphator mit dem Mann. Ist das als Verheißung gedacht? Wird der liebeswillige Mann einen glänzenden Triumph in Sachen Liebe feiern können?

Dabei lässt Ovid den Blick dieses männlichen Adressaten nicht etwa beim Triumphspektakel ruhen, sondern ihn sogleich die jungen Frauen im Publikum wahrnehmen. Das festliche Ritual wird für Ovid und damit auch für seinen Adressaten zur Gelegenheit, bei der junge Männer mit jungen Frauen leicht in Kontakt treten können. Der Zeitpunkt des Triumphes ist in diesem Sinne besonders günstig. Und das verdankt sich dem Triumphzug selbst. Denn er bietet eine ausgelassene und fröhliche Stimmung (I 217f), er bietet als Festtag freie Zeit, er führt Menschen beiderlei Geschlechts in Massen zusammen und – das ist für die zweite Phase des Programms entscheidend – er bietet reichlich Gesprächsstoff, um ungezwungen Kontakte knüpfen zu können. Für letzteres sorgt die Beutepräsentation, die Ovid aus der Perspektive des Publikums in den Blick nimmt.[24] Hier soll der Mann seine Weltgewandtheit und Bildung zum Ausdruck bringen und profund (und ggf. auch ungefragt) über die präsentierte Beute[25] Auskunft geben – mit Überzeugung vorgetragene Schwindeleien (I 222.228) sind dabei als zielführend zu erachten und deshalb nicht nur zulässig, sondern sogar das Gebot der Stunde. Die Präsentation der Beute im Triumphzug dient folglich nicht mehr der Inszenierung des Sieges und dem Lob des Siegers. Sie wird von Ovid neu funktionalisiert und zum Instrument im Liebeswerben stilisiert.

Das Ganze stellt im eigentlichen Sinne keine Metaphorisierung des Triumphzugs dar. Vielmehr wird der Triumphzug als solcher zum lokalen Beispiel für die Anwendung des ovidschen Liebesprogramms. Der Clou ist dabei die Wahrnehmung des Triumphes ganz aus der Perspektive der Zuschauer und die Fokussierung, die den Adressaten des Textes unmittelbar zum Zuschauer beim Triumph macht, der aber gar nicht den Triumph betrachtet, sondern die Frauen im Publikum. Dadurch wird der Triumph für ein ganz anderes Ziel „missbraucht". Er wird zum Anlass für den Auftakt einer Liebesbeziehung. Letztlich funktionalisiert Ovid also den Triumph als Kontaktbörse und transferiert damit die Realie Triumphzug auf das Feld der Liebeswerbung. Der

24 Dass die junge Frau nach dem Namen der Könige und der übrigen abgebildeten Objekte fragen muss, bzw. sich der junge Mann evtl. eine passende Antwort ausdenken muss, obwohl theoretisch die Möglichkeit besteht, dass er den richtigen Namen nennen kann, spricht im Übrigen nicht gegen die Existenz von erläuternden *tituli*, sondern lässt entweder die Vermutung zu, dass sich Ovid die *tituli* als aus der Entfernung schwer lesbar oder dass sich Ovid die Zuschauermasse als illiterat vorstellt; letzteres vertritt angesichts des Textes auch P. J. Holliday, Triumphal Painting, 146f.

25 Der Text ist im Übrigen ein schönes Beispiel für in Triumphzügen mitgeführten Personifikationen von Flüssen, die in diesem Falle Euphrat und Tigris im Triumph als Beute auftreten lassen (223f: „Dies ist der Euphrat, die Stirn mit Schilfrohr umwunden, und der, dem [224]bläulich das Haar hängt herab, das wird der Tigrisstrom sein").

Triumph dient der Kontaktanbahnung, nicht dem Lob des Triumphators oder dem Dank der Götter.

5.1.3 *„Mein ist der Sieg!" – oder: Der Triumphzug als Metapher für die erfolgreiche Eroberung einer Frau*

Der Triumphzug als solcher ist nicht nur eine gute Gelegenheit, um eine Beziehung im Sinne des ovidschen Drei-Phasen-Programms anbahnen zu können. Bei Ovid gleicht der erfolgreiche Abschluss dieser Anbahnung, also die glückliche Eroberung der angebeteten Frau, wiederum selbst einem jetzt allerdings nur noch metaphorisch gemeinten und gefeierten Triumphzug. In *Amores* (II 12,1–16 [Holzberg]) schreibt Ovid:[26]

> Lorbeer für Triumphatoren, komm und umkränz mir die Schläfen! Mein ist der Sieg! Ich halt' – seht nur – Corinna im Arm, sie, die der Mann, der Wächter, die feste Türe bewachten (so viel Feinde!), damit niemand sie raube mit List! Einen besondren Triumph verdient der Sieg hier, wie immer ich ihn errang; jedenfalls: Rein ist die Beute von Blut. Keine niedrigen Mauern, kein Städtchen, umgeben von schmalen Gräben, ein Mädchen war's, das ich als Feldherr errang. Nach zehn Jahren fiel Troja – wie klein war der Anteil am Ruhme so vieler Helden, der da auf die Atriden entfiel! Mir gehört mein Ruhm ganz allein, und ich teil' ihn mit keinem Krieger, kein anderer kann Anspruch erheben auf Lohn. Ich als mein Feldherr, mein Krieger gelangte ans Ziel meiner Wünsche, selber zu Pferd und zu Fuß, Feldzeichenträger auch selbst. Keinen Zufall vermischte mit meinen Taten Fortuna. Hierher, Triumph, den mir eigene Umsicht errang!

Die wiederum durch die eindeutigen Stichworte deutlichen Triumphzugsanspielungen beziehen sich in diesem Gedicht fast ausschließlich auf den Triumphator (vgl. die folgende Tabelle). Um den Triumphzug selbst geht es in diesem Gedicht freilich nur noch in einem metaphorischen Sinne. Das dichterische Ich schlüpft jetzt in die Rolle eines erfolgreichen Feldherrn, der mit Umsicht, ohne Blutvergießen und gegen alle Widerstände Corinna erfolgreich erobert bzw. im Handlungsverlauf der Gedichte erneut erobert[27] hat. Sie befindet sich nun im Arm des liebenden Mannes. Für diese Heldentat, die angesichts des gewählten Vergleichs mit Troja einer Stadteroberung gleicht, spricht sich der in Sachen Liebe siegreiche Feldherr selbst den Triumphzug und die *corona laurea* zu. Mit feinem Gespür für die den echten Triumphzügen vorausgehenden Kriege und den dort von den Vielen erbrachten Leistungen hält das dichterische Ich fest, dass es wirklich ganz allein diesen speziellen Krieg gewonnen hat, ohne die

---

26 Vgl. zur Stelle auch die Kommentierung bei B. Weinlich, Amores, 139–142; M. Beard, Triumph, 142.

27 Die erste Eroberung erfolgt in I 5. Vgl. zum Abschnitt II 12 und seiner Einbettung in den Erzählfaden sowie zur Militärmetaphorik auch L. Cahoon, Battlefield, 298.

Textelement	*Alludiertes Prätextmotiv*
„Lorbeer für Triumphatoren, komm und umkränz mir die Schläfen!"	Anspielung auf die *corona laurea* des Triumphators unter Rückgriff auf ein eindeutiges Stichwort;
„Mein ist der Sieg!"	Anspielung auf den erfolgreich geführten Krieg, der dem Triumph vorausgehen muss, und damit auch auf den Triumphator als Sieger;
„Einen besondren Triumph verdient der Sieg hier, wie immer ich ihn errang"	das Stichwort „Triumph" verweist eindeutig auf das Triumphzugsritual;
„jedenfalls: Rein ist die Beute von Blut. Keine niedrigen Mauern, kein Städtchen, umgeben von schmalen Gräben, ein Mädchen war's, das ich als Feldherr errang."	Anspielung auf die gemachte Beute und den unterworfenen Gegner, der in diesem Fall ohne Blutvergießen besiegt und erobert werden konnte; dabei wird der aus dem Triumphzug stammende Vergleichspunkt überraschend „verkleinert": niedrige Mauern und schmale Gräben schützen ein Städtchen, das im normalen Triumph erobert wird;
„Mir gehört mein Ruhm ganz allein, und ich teil' ihn mit keinem Krieger, kein anderer kann Anspruch erheben auf Lohn. Ich als mein Feldherr, mein Krieger gelangte ans Ziel meiner Wünsche, selber zu Pferd und zu Fuß, Feldzeichenträger auch selbst."	Anspielung auf die Leistungen der Vielen, die am Krieg vor dem Triumphzug beteiligt waren und mit denen der Ruhm des Krieges eigentlich zu teilen wäre und zumindest durch Belohnungen finanzieller Natur (vor allem an die Soldaten) auch ansatzweise geteilt wird; demgegenüber hebt der Text die singuläre Leistung des Liebes-Feldherrn hervor.

Hilfe anderer, ja sogar ohne die Hilfe des unberechenbaren Zufalls („keinen Zufall vermischte mit meinen Taten Fortuna"), hinter dem Fortuna steht. Der Feldherr selbst war auch der Fußsoldat, die Reiterei, der Feldzeichenträger und Krieger. Mit niemandem wird er den Sieg, und das bedeutet eben Corinna, teilen. Denn „mein ist der Sieg!" Der Triumphzug wird so zur Metapher für die erfolgreiche Eroberung einer Frau.

Kritik der „Großen-Mann-Maschine"? Es ist auffällig, dass Ovid den Aspekt der *Einzelleistung* des Liebes-Triumphators so stark betont und mit den Leistungen in Kriegen, die echten Triumphzügen vorausgehen, kontrastiert. Diese Siege wurden eben von Fußsoldaten und Reiterei, von vielen Helden und Kriegern und nicht zuletzt dank der unberechenbaren Entscheidungen der Fortuna ermöglicht. Mit all diesen Beteiligten ist der Ruhm des Sieges zu teilen – und genau das passiert, wie Ovid sicherlich weiß, im Triumphzug gerade nicht. Mehr als Auszeichnungen und finanzielle Belohnungen sind für die vielen Beteiligten nicht zu erwarten. Der Ruhm wird nicht im eigentlichen Sinne geteilt. Vielleicht liegt in dieser Kontrastierung zwischen dem Liebes-Triumphator und den wirklichen Triumphatoren auch eine leise Kritik an der Logik des Triumphes vor.[28] Dem würde die auffällige Beschreibung der im Triumph normalerweise gefeierten Eroberungen korrespondieren, die hier als besonders klein beschrieben werden (ein kleines Städtchen, geschützt von schmalen Gräben und niedrigen Mauern). Die Liebesdichtung Ovids wäre insofern latent systemkritisch.[29]

5.1.4 „Er bezwang eine Frau!" – oder: Der Triumphzug als Spottmetapher für den gewalttätigen Mann

Die Beziehung zwischen Corinna und dem dichterischen Ich in den *Amores* verlief in der erzählten Welt nicht immer spannungsfrei. In einer emotional offensichtlich aufgeladenen Situation kommt es zu einer körperlichen Auseinandersetzung, in der Corinna vom dichterischen Ich verletzt wird. Im siebten Gedicht spiegelt sich die erschrockene Reaktion des Ichs angesichts seiner Tat, die zwischen Scham, Schuld, Selbstmitleid, Selbstkritik und beißendem Spott im Blick auf das eigene Tun changiert. Auch in diesem Gedicht wird auf den Triumphzug zurückgegriffen. Die Metaphorik des Triumphzugs dient dazu, die gewalttätige Tat und die harsche Selbstkritik, die in einer über das Bild des von den Soldaten verspotteten Triumphators vermittelten Selbstverspottung mündet, auszudrücken. Ovid schreibt (I 7,1–4.20–26.35–42.49–51 [Holzberg]):[30]

> Fessle die Hände mir – Ketten haben verdient sie –, bis gänzlich aufhört die Raserei, Freund, wenn es hier einen gibt. Gegen die Herrin ließ Raserei mich die Hände erheben blindlings; sie weint jetzt, verletzt von meiner tobenden Hand. Sie sprach gar nichts, gelähmt war ihr die Zunge von Furcht. Dennoch machte der schweigende Blick mir Vorwürfe, ja sie klagte, wenn auch ihr Mund stumm war, durch Tränen mich an. Wären mir vorher doch nur von den Schultern die Arme gefallen! Dieser Teil meiner selbst hätte mir besser gefehlt! Mir zum Schaden besaß ich die Kräfte des Wahnsinns; zu meiner eignen Bestrafung hab' ich all meine Stärke benutzt. Geh jetzt, Sieger, und rüste pompöse Triumphe, mit

28 Es ist richtig, dass Ovid das Motiv der „Ausschließlichkeit" des Triumphators noch verstärkt und der Sieg des Liebes-Triumphators mit niemandem geteilt wird. Aus dieser Warte wirkt die ovidsche Erzählung zunächst nicht wie „leise Kritik" an der Logik des Triumphes. Aber genau diesen Gedanken des ungeteilten Sieges gewinnt Ovid aus dem Kontrast zum normalen Triumphzug, für den er die faktischen Leistungsträger, die Fußsoldaten und berittenen Offiziere wie auch den glücklichen Zufall, nennt. Für den normalen Triumphzug wären Sieg und Ruhm in der Darstellung Ovids ja gerade zu teilen. Es zeichnet allein den Liebes-Triumph aus, dass dieser in der Erzählwelt Ovids allein errungen worden ist.

29 Vgl. zur Systemkritik der Liebeselegie die vorsichtigen Überlegungen bei N. Holzberg, Liebesgedichte, 172–176; vgl. auch M. Beard, Triumph, 113.

30 Ein knapper Verweis auf diese Stelle auch bei J. Kügler, Triumph, 159. Vgl. zur Kommentierung auch B. Weinlich, Amores, 47–52.

Lorbeer kränze das Haar dir und gib Jupiter, was du gelobt! Ausrufen soll die Schar der Begleiter, welche dem Wagen nachfolgt: „Welch tapferer Mann! Hoch! Er bezwang eine Frau!“ Sie geh’ traurig voran mit gelöstem Haar als Gefangne, strahlend schön, wär’ sie nicht an ihren Wangen verletzt. Passender wär’s, sie zeigte die Spuren des Drucks meiner Lippen, hätte von zärtlichem Zahn an ihrem Nacken ein Mal. Dies aber brachte ich fertig: Ich riss von der Stirn ihr die Haare, grub meine Nägel brutal ihr in das feine Gesicht. Völlig verwirrt stand sie da, ganz weiß war ihr Antlitz und blutleer.

Wiederum fallen die Anspielungen auf den Triumphzug eindeutig aus:

Textelement	*Alludiertes Prätextmotiv*
„Geh jetzt, Sieger, und rüste pompöse Triumphe“	Das Stichwort „Triumphe“ verweist eindeutig auf den Triumphkontext; der Begriff „Sieger“ erinnert an den Triumphator als siegreichen Feldherrn;
„mit Lorbeer kränze das Haar dir“	Anspielung auf die *corona laurea*;
„und gib Jupiter, was du gelobt!“	Anspielung auf das Votum vor dem Krieg und das Schlussopfer für Jupiter Capitolinus; durch die Formulierung wird gleichsam der gesamte Triumphzug ausgehend von seinen Eckpunkten aufgerufen;
„Ausrufen soll die Schar der Begleiter, welche dem Wagen nachfolgt: ‚Welch tapferer Mann! Hoch! Er bezwang eine Frau!‘“	Anspielung auf die Soldaten, die dem Triumphator folgen und Spott- sowie Ehrenlieder und -parolen auf ihn singen; in diesem Falle handelt es sich um ironische Spottparolen;
„Sie geh’ traurig voran mit gelöstem Haar als Gefangne, strahlend schön, wär’ sie nicht an ihren Wangen verletzt.“	Anspielung auf eine misshandelte königliche Gefangene, die vor dem Triumphator geht.

In diesem Fall schlüpft das dichterische Ich erneut – bzw. in der Reihenfolge der Gedichte erstmals – in die Rolle des Triumphators. Es befiehlt sich geradezu selbst in diese Rolle („Geh jetzt, Sieger“). Glanzvoll ist dieser Triumph nicht. Zwar wirkt der Triumphator äußerlich wie ein Sieger, aber sein Sieg ist lächerlich. Dabei sind es die der Triumphquadriga Nachfolgenden, also vor allem die Soldaten, die in ironischer Schonungslosigkeit die Wahrheit über die Leistungen des Triumphators spottend verkünden sollen: Tapfer bezwang er eine Frau! Und just diese Frau, Corinna, wird als misshandelte königliche Gefangene, als Beute, im Triumphzug mitgeführt.

Die Triumphmetaphorik, die den Triumphator genau in das Spannungsfeld zwischen besiegter und misshandelter Frau auf der einen und die die bittere Wahrheit verkündenden Soldaten platziert, dient der spöttischen Selbstkritik. Dieser erzählte Triumph diskreditiert den Triumphator auf ganzer Linie. Der

Triumphzug will also die sarkastisch ehrenrührige Selbstanklage des gewalttätigen dichterischen Ichs metaphorisch ausdrücken.

In dieser Perspektive fungiert die nach diesem Text erneut anzutreffende Triumphzugsmetaphorik in *Amores* II 12 (vgl. II 5.1.3), die ja eine neuerliche Übernahme der Rolle des Triumphators durch das dichterische Ich beinhaltet, auch als Restitution des dichterischen Ichs. Es kann auch im positiven Sinne den Triumphator spielen, insofern er Corinna neu für sich erobern kann.

5.2 Seneca: Philosophie, Ethik und Triumphmetaphorik

In gänzlich andere inhaltliche Gefilde führt der literarische Einsatz der Triumphmetaphorik bzw. des Triumphzugs als Exemplum beim kaiserzeitlichen Philosophen Seneca (ca. 1–65 n. Chr.), Stoiker und Erzieher des jungen Nero.[31] Von der ovidschen Leichtigkeit, die mit dem Triumphzug tatsächlich mehr spielerisch umgeht und ihn als Metapher intensiv nutzt und erotisch konnotiert, ist bei Seneca nichts zu spüren. Bei ihm steht die Triumphmetaphorik im Dienst der Argumentation zugunsten einer bestimmten philosophischen Option im stoischen Lehrgebäude. An zwei Beispielen, die aus *De vita beata* sowie *De beneficiis* stammen, sei das im Folgenden aufgezeigt.

5.2.1 Die Wechselfälle des Lebens – oder: Der imaginierte Rollenwechsel vom Triumphator zum Gefangenen

In Anlage und Thematik geht es der Schrift *De vita beata* um eine Auseinandersetzung mit dem Seneca gegenüber geäußerten Vorwurf, bei ihm klaffe zwischen eigenem Leben und stoischer Lehre eine beträchtliche Lücke, die sich auch am Seneca zugeschriebenen Reichtum festmachen lasse.[32] Seneca kontert in *De vita beata* diese Vorwürfe. Ja, Reichtum sei eine nützliche Sache, die das Leben angenehm machen könne und ja, man dürfe auch reich sein und er selbst sei das im Prinzip auch, aber letzteres sei schließlich auch gut so. Denn es sei viel besser, so Seneca, wenn die Güter, die den Reichtum ausmachten, in den Händen vernünftiger Menschen lägen, die den Reichtum recht zu gebrauchen wüssten. Fraglos rechnet sich Seneca zu dieser Gruppe von Menschen. Und

---

31 Vgl. zu seiner Person nur J. Dingel, Seneca, 411–413.

32 Zur Charakterisierung der Schrift vgl. knapp G. Fink, Seneca, 372f, vgl. sehr ausführlich den Kommentar zu *De vita beata* von G. Kuen, Philosophie (speziell zum hier diskutierten Abschnitt: 291–294). Ein allerdings sehr knapper Hinweis auf die Schrift erfolgt auch im Kontext der Überlegungen zu den mk Triumphzugsallusionen bei K. M. Schmidt, Wege, 425.

ohne sinnvollen Grund gäbe ein vernünftiger Mensch das Glücksgut Reichtum nicht einfach auf. Entscheidender sei in diesem Zusammenhang freilich die innere Einstellung im Blick auf diesen Reichtum. Sie muss von einer großen inneren Freiheit gekennzeichnet sein. Auf allen Reichtum könne Seneca umgehend verzichten, ohne dies als tragischen Verlust zu erleben. Die innere Haltung, das sei im ganzen Leben entscheidend.

Die Bedeutung der inneren Haltung gerade gegenüber dem Reichtum exemplifiziert Seneca dann anhand einer Reihe von Beispielen, die auch aufzeigen, wie die richtige innere Haltung je nach Situation konkret auszufallen habe. Seneca schreibt in diesem Sinne Folgendes (25,4f [Fink]):

> Das folgende wird dir der große Sokrates sagen: „Mache mich zum Sieger über alle Völker, und jener prächtige Wagen des Bacchus führe mich im Triumph vom Sonnenaufgang bis nach Theben! Könige sollen vor meinem Richterstuhl erscheinen – ich werde mir dann besonders meines Menschentums bewusst sein, wenn mich alle Welt jauchzend als Gott grüßt. Auf einen solchen Gipfelpunkt des Glücks lass unvermittelt jähen Wechsel folgen. Man setze mich auf ein Traggestell, das einem anderen gehört, um den Triumphzug eines stolzen, rohen Siegers aufzuwerten. Man wird mich nicht demütiger hinter einem fremden Wagen hertragen, als ich auf dem meinen stand. Und trotzdem: Ich möchte lieber siegen als in Gefangenschaft geraten. Was dem Schicksal unterworfen ist, will ich insgesamt verachten, aber davon, wenn man mir schon die Wahl lässt, das Bessere nehmen [...]"

Die zahlreichen Triumphzugsallusionen innerhalb dieses Textes liegen recht offen zu Tage. Sie beziehen sich auf zwei im Triumphzug vorhandene Personen, den Triumphator und einen Gefangenen (vgl. die tabellarische Gegenüberstellung auf den folgenden Seiten). Seneca greift dabei die Realien des Triumphzugsrituals fokussiert auf und präsentiert eine Vielzahl von Triumphzugsmotiven. Freilich wählt er selektiv aus dem Gesamt der möglichen Motive jene aus, die für seine Aussageabsicht hilfreich sind. Das sind jene Motive, die den Kontrast zwischen siegreichem Triumphator und mitgeführtem Gefangenen charakterisieren können. Mit diesem Kontrast operiert der Text.[34] Dabei geht es im Text natürlich nicht um eine Beschreibung der unterschiedlichen Schicksale dieser beiden Figuren im Triumphzug. Es geht im eigentlichen Sinne auch nicht um den Triumphzug selbst. Der Triumphzug wird vielmehr zum Bild und Beispiel, zum literarischen Instrument mit Verführungskraft, um für die aus der Sicht des Textes richtige Form der glücklichen Lebensführung, die richtige

---

33 Vgl. K.-J. Hölkeskamp, Triumph, 268. Pompeius imitierte im Rahmen dieses Triumphes, der eigentlich ein Triumph „über Asien" war, ohnehin Alexander den Großen.

34 Zur Argumentationstechnik Senecas in *De vita beata* vgl. G. Kuen, Philosophie, 401–435, bes. 412–424.429–431 (zu Metaphorik und Bildsprache sowie zur Antithetik; beide Aspekte zeichnen auch den hier zitierten Text und seine Anspielungen auf den Triumphzug aus).

Das „Ich“ als Triumphator	
Textelement	*Alludiertes Prätextmotiv*
„zum Sieger über alle Völker“	Dem Triumph geht ein Sieg „*über*“ etwas voraus; der Verweis auf die Weltherrschaft ruft zudem Assoziationen an Alexander den Großen auf, erinnert aber freilich auch an den dritten Triumph des Pompeius (61 v. Chr.), der als Sieg „über die ganze Welt“[33] gefeiert wurde;
„prächtige Wagen des Bacchus“ „[…] als ich auf dem meinen stand“	Verweis auf die Triumphquadriga und die Bacchus/Dionysosassoziationen, die Triumphzüge auch wecken können; der Triumphator steht in der Quadriga;
„führe mich im Triumph vom Sonnenaufgang“	das Stichwort Triumph verweist eindeutig auf die Welt des Triumphes; die Erwähnung des Sonnenaufgangs entspricht dem zeitlichen Beginn von Triumphzügen;
„Könige sollen vor meinem Richterstuhl erscheinen“	eine allenfalls schwache Anspielung auf den Triumph, insofern gefangene Könige mitgeführt werden, über deren Schicksal der Triumphator bestimmt; das Stichwort „Richterstuhl“ ruft freilich eher den Kontext einer Gerichtsszene auf;
„wenn mich alle Welt jauchzend als Gott grüßt“	Anspielung auf die im Triumphzug anklingende Apotheose und die Begrüßung des Triumphators durch Soldaten und Volk mittels „*io triumphe*“;
„Gipfelpunkt des Glücks“	der Triumph als höchste Ehrung, die es zu erreichen gibt.

innere Einstellung, zu werben. Im konkreten Fall ist die innere Haltung gegenüber den Wechselfällen des Lebens angezielt, das am einen Tag viel Gutes und schon am nächsten viel Übles für das Individuum bereithalten kann. Genau diese Dichotomie wird am Beispiel des Triumphes und unter Rekurs auf das Ich des Sokrates,[35] in dem sich Seneca und seine Adressaten spiegeln, erläutert. Dazu lässt der Erzähler Sokrates in zwei Rollen schlüpfen, die einen harten Gegensatz eröffnen: Der siegreiche und beinahe vergöttlichte Triumphator und der wie ein Beutestück vorgeführte Gefangene stehen sich gegenüber. Dabei alludiert der Text Senecas indirekt sogar auf beide Typen von Gefangenen: Das Stichwort „Tragegestell“ lässt eher an die Gefangenen denken, die im Bereich der Leistungsschau vorgeführt werden; die Erwähnung der Triumphquadriga ruft hingegen die Rolle des königlichen Gefangenen auf, der üblicherweise vor

35 Sokrates ist ein von Seneca häufig gewähltes Beispiel für den vollkommen Weisen. Ihn an dieser Stelle auftreten zu lassen, bedeutet einen Gewinn an Autorität im Blick auf das Gesagte; vgl. G. Kuen, Philosophie, 292.

Das „Ich“ als Gefangener	
Textelement	*Alludiertes Prätextmotiv*
„setze mich auf ein Traggestell“	Anspielung auf die im Triumphzug auf Ferkula mitgetragenen Gefangenen;
„um den Triumphzug eines stolzen, rohen Siegers aufzuwerten“	das Stichwort Triumphzug verweist eindeutig auf die Welt des Triumphes; das Stichwort „aufwerten“ spielt auf die Funktion der „Beutestücke“ an: sie dienen der Glorifizierung des Sieges und des Siegers;
„Man wird mich nicht demütiger hinter einem fremden Wagen hertragen“	Anspielung auf die Triumphquadriga; untypisch ist allerdings die Positionierung der Gefangenen hinter der Quadriga, insofern die Gefangenen im Triumph im Bereich der Leistungsschau vorgeführt werden bzw. als königliche Gefangene vor der Triumphquadriga gehen; das Stichwort „hertragen“ ruft wiederum den Kontext der Gefangenen auf den Ferkula auf.

der Quadriga hergeführt wird. Das von Seneca gewählte Motivfeld des Triumphes bietet dabei die Chance, die beiden kontrastierenden Rollen aus einem gemeinsamen Motivfundus zu bestücken. Der für das Ich des Sokrates erzählte plötzliche *Rollenwechsel* gewinnt so an Dramatik, weil der Wechsel vom glänzenden Triumphator zum mittransportierten Gefangenen vom Lesepublikum assoziativ leicht vollzogen werden kann und eben auch einen maximalen Kontrast beinhaltet. Am Beispiel der kontrastierenden Rollen, die stellvertretend für das scheinbar größte Glück und das scheinbar größte Unglück im Leben stehen, wird also für die von Seneca/Sokrates favorisierte innere Haltung argumentiert, die ein trotz dieser Wechselfälle des Lebens glückliches Leben ermöglicht. Es ist die Haltung der Demut und das Bewusstsein für das eigene Mensch-Sein, auf die es ankommt, wenn das scheinbare Glück an die Tür klopft. Und diese Haltung zeichnet auch einen weisen Sieger und Triumphator[36] aus. Nur diese Haltung, so Seneca, ermöglicht es letztlich, sich in das jeweilige Schicksal zu fügen.[37] Der von Seneca imaginierte Rollenwechsel im

36 Und genau ein solcher ist der zweite im obigen Zitat erwähnte Triumphator nicht, der von Seneca als hochmütig und roh qualifiziert wird; für G. Kuen, Philosophie, 294, liegt hier eine Anspielung speziell auf den geplanten (und dann nur in Form einer *ovatio* gefeierten [vgl. Suet., Calig 47–49]) Triumphzug des Caligula nach dem Germanienfeldzug vor.

37 Dabei ist freilich für Seneca auch klar: Man darf Ja zu seinem Glück sagen, man darf, im Bild gesprochen, Sieger und Triumphator sein, nur darf dies nicht die innere Haltung der Demut und der Schicksalsergebenheit aushebeln. Wo also die Wahlmöglichkeit besteht, da gilt (De vita beata 25,4f [Fink]): „Ich möchte lieber siegen als in Gefangenschaft geraten. Was dem Schicksal unterworfen ist, will ich insgesamt verachten, aber davon, wenn man mir schon die Wahl lässt, das Bessere nehmen.“

Triumph, der aus dem Triumphator den Gefangenen macht, wird in *De vita beata* also als literarisches Instrument im Sinne eines Exemplums[38] genutzt, das als Argument fungiert, um für die richtige innere Haltung zu werben. Das Beispiel des Triumphzugs[39] wird zum Anwendungsfall einer philosophischen Option und ethischen Haltung stilisiert. Den dabei zentralen Aspekt des imaginierten Rollenwechsels[40] im Triumphzug durch die sokratische Erzählstimme wird man auch inhaltlich – d. h. jenseits des reinen Nachweises einer funktional-tropischen Verwendung der Triumphzugsmotivik in antiker Literatur – für Mk 15 zu beachten haben!

5.2.2 Die Gefahr der „guten" Tat – oder: Im Triumphzug vorgeführte Befreite und Gefangene als Metapher für den Dankesschuldner

Bei *De beneficiis* handelt es sich um ein nach dem Tod des Kaisers Claudius entstandenes mehrbändiges Werk, das sich in gesellschaftstheoretischer Perspektive mit der Möglichkeit und den Grenzen von Wohltaten jeder Art beschäftigt und insofern in den Bereich einer praktischen Ethik gehört.[41] Dabei geht Seneca auch auf die inneren Fehlhaltungen ein, die sich im Rahmen des Euergetismus oder beim Geben von Almosen einstellen können. Zu diesen Fehlhaltungen gehört auf Seiten des Spenders die offensive Kommunikation der Wohltat in die Öffentlichkeit oder gegenüber dem Empfänger mit dem Ziel des eigenen Prestigegewinns, gleichsam eine Variante des Reziprozitätsmechanismus, frei nach dem Motto: „Tue Gutes und sprich darüber!" Dabei führen für Seneca Wohltaten und Almosen in der Tat zu einer Art Dankesschuld auf Seiten des Empfängers. Den Reziprozitätsmechanismus hebelt er nicht ganz aus. Aber es ist ausschließlich am Empfänger, als Gegenleistung denjenigen öffentlich zu loben, der sich als Euerget betätigt hat. Rühmt sich der Spender

38 Exemplum hier verstanden als Testfall und Probe für den *Charakter*, vgl. M. P. Schittko, Analogien, 84.

39 Wenn die Einschätzung von G. Kuen, Philosophie, 413, richtig ist, dass Seneca nur solche Beispiele und Metaphern als Vergleiche heranzieht, die bekannt und „bereits in den allgemeinen Sprachgebrauch" übergegangen sind, dann wirft das ein bezeichnendes Licht auf den Triumphzug, seine Bekanntheit und sein literarisches Transferpotential im Sinne seiner tropischen Verwendung.

40 Vgl. dazu auch J. Schäfer-Schmitt, Funktionalisierung, 286f; M. Beard, Triumph, 138 (mit Bezug auf Seneca).

41 Vgl. zu dieser Schrift insgesamt M. T. Griffin, Seneca.

selbst, so diskreditiert das ihn und seine Spende. „Eigenlob stinkt eben.“[42] In diesem Kontext[43] schreibt Seneca (II 11,1 f [Rosenbach]):[44]

> [...] nichts schulde ich dir, wenn du mich gerettet hast, um jemanden zu haben, den du vorzeigen kannst. Wie lange führst du mich umher? Wie lange lässt du mich mein Schicksal nicht vergessen? Einmal wäre ich schon im Triumphzug vorgeführt worden. Man darf nicht sagen, was wir geschenkt haben: wer erinnert, fordert zurück; man darf nicht drängen, man darf die Erinnerung nicht erneuern, außer du erinnertest durch ein weiteres Geschenk an ein früheres. Auch anderen dürfen wir nicht erzählen; wer eine Wohltat erwiesen hat, schweige, es erzähle, wer sie entgegengenommen hat. Sagen wird man nämlich, was jener einem Manne antwortete, der mit seiner Wohltat renommierte: „Du wirst bestimmt nicht bestreiten, dass du wiederbekommen hast“; und als er antwortete: „Wann?“ entgegnete er: „Oft doch wohl und bei vielen Gelegenheiten, das heißt, sooft und wo immer du davon erzählt hast.“

Die Triumphzugsanspielung ist angesichts des im Text vorhandenen Stichworts „Triumphzug“ eindeutig und fällt zugleich recht kurz aus:

Textelement	*Alludiertes Prätextmotiv*
„nichts schulde ich dir, wenn du mich gerettet hast, um jemanden zu haben, den du vorzeigen kannst. Wie lange führst du mich umher?“	Das Stichwort „gerettet“ in Kombination mit dem Gedanken des Vorzeigens und Umherführens alludiert auf die im Triumphzug mitgeführten Befreiten, die der Triumphator aus Gefangenschaft oder Exil befreit hat, und nun in Rom präsentiert;
„Einmal wäre ich schon im Triumphzug vorgeführt worden“	Das Stichwort „Triumphzug“ verweist eindeutig auf die Welt des Rituals; das Verb „vorgeführt werden“ spielt im Rahmen des Triumphzugs nicht nur auf die im Triumphzug präsentierten Befreiten an, sondern erinnert auch an die mitgeführten Gefangenen, die ebenfalls in Rom vorgeführt werden.

Die im Text vorhandenen anspielenden Segmente rufen eine Doppelrolle auf, insofern die gleichen Textdetails auf zwei Personengruppen im Rahmen des

42 Sachlich nimmt sich der Textabschnitt im Übrigen wie eine Spielart von Mt 6,3 f. (Wenn du eine Wohltat tust, nicht erkenne deine Linke was tut deine Rechte, damit deine Wohltat im Verborgenen sei. Und dein Vater, der Sehende in das Verborgene, wird dir vergelten.) aus – freilich nicht in ganz so radikaler jesuanischer Zuspitzung.

43 Der zitierte Abschnitt ist Teil einer Reihe von Anweisungen, die darauf abheben, dass der Wohltäter weder seine Gabe öffentlich kommunizieren noch beim Dankesschuldner in Erinnerung rufen darf (II 10,5–11,3; Gliederung nach M. T. Griffin, Seneca, 187).

44 Ein kurzer Verweis auf die Stelle auch bei J. Kügler, Triumph, 158.

Triumphes alludieren. Das erzählende Ich sieht sich selbst zunächst in der Rolle eines im Triumphzug vorgeführten Befreiten. Dankesschuld gegenüber dem Retter und Befreier, also dem Triumphator, wäre damit verbunden. Allerdings, so Seneca, erlischt diese Dankesschuld geradezu, wenn der Befreier den Befreiten explizit zur Schau stellt, ihn – im Bild des Triumphzugs gesprochen – vorzeigt und vorführt, um daraus eigenen Prestigegewinn zu erzielen. Genau das passiert aber im Rahmen des Triumphzugs. Befreite werden als Befreite durch entsprechende Kleidung und die Einreihung in den Prozessionsverlauf markiert und in dieser Weise präsentiert. Für Seneca werden derart vorgeführte Befreite in gewisser Weise erneut zu Gefangenen. Das eigentliche Befreiungswerk, die gute Tat, wird konterkariert. Die Dankesschuld wird zu einer neuen Form der Gefangenschaft. Diesen Gedanken erweckt Seneca durch die ebenfalls im Text vorhandene Anspielung auf die im Triumphzug vorgeführten Gefangenen. „Vorgezeigt werden", „vorgeführt werden" und „umhergeführt werden" verweist ja auch auf die im Triumphzug vorgeführten Gefangenen, die im römischen Triumphzug ohnehin strukturell in Entsprechung zu den vorgeführten Befreiten stehen.

Mit Blick auf den römischen Triumphzug kann man in diesem Text Senecas angesichts der gleichzeitigen, d. h. durch das gleiche anspielende Segment evozierten Allusion auf im Triumphzug vorgeführte Befreite und Gefangene durchaus gewisse Kritik an der Praxis, Befreite zum eigenen Prestigegewinn im Triumph vorzuführen, erblicken. Für Seneca transformiert der Triumphzug die Befreiten offenbar wieder zu Gefangenen. Aus den Befreiten werden Knechte und Klienten eines neuen Herrn, aus dem Retter wird ein Patron. Das Befreiungshandeln verpufft.

Das erzählende Ich füllt insofern beide Rollen aus, weil der Wohltäter seine Wohltat öffentlich zeigt, er seine Schuldner, seine Klienten, als solche präsentiert. Der Retter führt den Geretteten vor. „Wie lange führst du mich umher?", d. h.: „Wie lange stehe ich als Befreiter in deiner Dankesschuld und werde dadurch wieder zum Gefangenen?"

Seneca erkennt eine parallele Hintergrundlogik: So wie der Triumphator sein Prestige durch die Anzahl mitgeführter Befreiter und vorgeführter Gefangener, die Teil der Beute sind, steigert, so steigert ein Wohltäter sein Prestige durch die Anzahl seiner „Dankes-Schuldner", die er öffentlich zeigen kann. Sie werden zu seinen „Gefangenen".[45] Dieses durch die Frage „Wie lange führst du mich umher?" aufgerufene Bild vom Befreiten, der unmittelbar wieder zum Gefangenen wird, illustriert Seneca unter Rekurs auf den metaphorisch eingespielten Triumphzug, der das Verhältnis zwischen „Wohltäter und Schuldner" bzw. „Patron und Klient" in Richtung des Verhältnisses „Triumphator und

45 In diese Richtung geht auch R. Raccanelli, Esercizi, 128 Anm. 50: „La metafora del *lacerare* in questo caso si integra con quella del trionfo, per cui vittima risulta come un prigioniero esibito in una rituale e spettacolare ostentazione di potenza del vincitore."

Befreiter" bzw. „Triumphator und Gefangener" grotesk übersteigert und gerade dadurch karikiert. So sollen Patrone und Wohltäter sich eben nicht verhalten. Die Maxime des Handelns, die Seneca im Blick auf Euergeten und Patrone formuliert, ist dabei klar: „Tue Gutes, rede nicht darüber und mache den Empfänger deiner Wohltaten nicht zu deinem Dankesknecht."

5.3 Epiktet: Woran Menschen ihr Herz (nicht) hängen sollen – oder: Auch Triumphatoren sind sterblich

Ein kurzes letztes Beispiel stammt aus dem Werk des Philosophen Epiktet (etwa 50–138 n. Chr.). Sachlich gibt es im Blick auf die Funktionalisierung der Triumphzugsmetaphorik Parallelen zum ersten Beispiel aus dem Werk Senecas. Das liegt gewiss auch an der ihnen beiden trotz Differenzen doch gemeinsamen stoischen Grundhaltung. Im dritten Buch der von Arrian verfassten Diatriben Epiktets findet sich eine deutliche Mahnung, sein Herz nicht an sterbliche Menschen zu hängen. Epiktet/Arrian schreibt (III 24,85f [Oldfather/eigene Übersetzung]):[46]

> Wenn du dein Kind, den Bruder, den Freund innig umarmst, niemals gib der Phantasie freien Lauf und erlaube auch nicht der Fröhlichkeit zu gehen soweit sie will, halt sie zurück, unterdrück sie, wie diejenigen, die hinter den Triumphierenden stehen und (sie) erinnern, dass sie Menschen sind. Derartig ruf du dir auch selbst ins Gedächtnis, dass du Sterbliches liebst.

Wiederum fällt die Anspielung aufgrund der eindeutigen Stichworte klar aus.

Textelement	*Alludiertes Prätextmotiv*
„wie diejenigen, die hinter den Triumphierenden stehen und (sie) erinnern, dass sie Menschen sind"	Das Stichwort „Triumphierenden" verweist unmittelbar auf den Triumphator und damit den Triumphzug; die Anspielung hat dabei präzise den Staatssklaven hinter dem Triumphator in der Quadriga im Blick, der den Triumphator an seine Sterblichkeit als Mensch erinnert.

Epiktet, der den Triumphzug aus seiner Zeit in Rom vermutlich aus eigenem Erleben kennt, nutzt das Ritual im Rahmen seiner Anspielung nicht metaphorisch. Es handelt sich vielmehr um einen paränetischen Vergleich, der an einem krassen Beispiel die von Epiktet favorisierte ethische Haltung illustriert,

46 Vgl. zur Stelle auch A. A. Long, Epictetus, 248f; ein kurzer Verweis auf die Stelle auch bei C. Breytenbach, Proclamation, 264.

die man als Kontrolle der Affekte, die zur Gemütsruhe führt, verstehen kann: Selbst der allergrößte Mann, eben der Triumphator, ist sterblich und das wird ihm im Moment seines größten Triumphes zugesagt und in Erinnerung gerufen. Und wenn das schon für den Triumphator gilt, dann – so wird der intendierte Schluss aus dem Vergleich zu ziehen sein – gilt das in gleicher Weise auch für alle anderen Menschen und eben auch für die Leser Epiktets. Alle sind sterblich: Kinder, Freunde, Brüder – sogar die triumphierenden römischen Kaiser. Und dieses Faktum muss, so Epiktet, die innere Haltung und Einstellung den Menschen gegenüber bestimmen. Dieses Bewusstsein für die Sterblichkeit der Objekte, denen die eigene Zuneigung gilt, soll sich – das ist die Spitze des Vergleichs – jeder selbst ins Bewusstsein rufen und damit dem Beispiel des Staatssklaven folgen, der diesen Dienst für den Triumphator übernimmt.

Im Vergleich zum ersten Beispiel aus dem Werk Senecas hat die Triumphzugsanspielung bei Epiktet dabei eine leicht verschobene Pragmatik: Seneca ging es um die durch den imaginierten Rollenwechsel vom Triumphator zum Gefangenen richtige Haltung und innere *Einstellung im Blick auf das Selbst*: Demut und das Bewusstsein für das eigene (sterbliche) Mensch-Sein sind entscheidend – und zwar gerade dann, wenn die Apotheose zum Greifen nahe ist. Auch bei Epiktet geht es um die richtige Haltung und innere Einstellung, aber primär um die richtige Einstellung *den zufälligen und der eigenen Verfügbarkeit entzogenen Entitäten der Welt gegenüber*. Im Sinne einer Affektkontrolle nimmt Epiktet also die Außenbeziehungen des Selbst zu anderen Menschen in den Blick. Und diese anderen Menschen sind alle sterblich. Das wird am Beispiel des sterblichen Triumphators, dem sein Mensch-Sein im Moment des Triumphes zugesprochen wird, vergleichend vorgeführt.

5.4 Zum Transfer- und Metaphorisierungspotential des Triumphzugsrituals: Ein Fazit

Die verschiedenen Beispiele zeigen, dass dem Triumphzugsritual ein Transfer- und Metaphorisierungspotential zu eigen ist. Elemente des Rituals werden in erzählerische Kontexte eingespielt, in denen gerade nicht primär ein Triumphzug im Zentrum steht oder selbst Thema ist. Die Anspielungen auf den Triumphzug werden dabei zur Metaphorisierung genutzt und/oder dienen als Vergleiche und Exempla. In pragmatischer Perspektive illustrieren sie z. B. die Wechselfälle der Liebe, sie argumentieren für eine philosophische Option oder eine ethische Grundhaltung. In allen Beispielen fallen die Anspielungen selektiv aus. Nie wird das Gesamtritual unmittelbar als Ganzes eingespielt, sondern jeweils nur Teile daraus, die freilich das Gesamtritual auf Rezipientenseite in Erinnerung rufen können. Es handelt sich also um voraussetzungsreiche

Anspielungen. Eingespielt werden dabei, so darf man vermuten,[47] diejenigen Elemente, die für die jeweilige Textfunktionalität als hilfreich erachtet werden. Z. T. kommt es auch zu Mutationsprozessen, bei denen das Prätextmotiv mit neuen Elementen angereichert wird.[48] Dabei werden die Anspielungen in keinem Falle explizit markiert. Metakommunikative Elemente, die die Leserinnen und Leser explizit darauf verweisen, dass eine Anspielung erfolgt, finden sich nicht.[49] Die Anspielungen erfolgen unmittelbar und sind direkt in ihren Kontext eingebettet. Freilich sind die Anspielungen deutlich implizit markiert, insofern stets ein Stichwort fällt, das ganz eindeutig in die Welt des Triumphzugs verweist. Dadurch stechen die Anspielungen aus ihrem Kontext hervor. Technisch gesehen operieren die Anspielungen mit Rollenangeboten, die die Leserinnen und Leser zur Identifikation mit Einzelpersonen innerhalb des Triumphzugs zwingen. Bewusst inszenierte Rollenwechsel zwischen den einzelnen Funktionsträgern im Triumphzug dienen – bei Seneca – als selbstevidente und damit schlagkräftige Argumente im Diskurs. Diese Argumentation gewinnt ihre Plausibilität vor allem aus der Verführungskraft der kontrastreichen Bilder, die mit dem Erzählen des Triumphes aufgerufen und spezifisch entworfen werden. Die Autoren malen also jeweils ein ihnen passendes Bild des Triumphzugs.

Ovid, Seneca und Epiktet sind Zeugen dafür, dass man um die Zeitenwende und im 1. Jh. n. Chr. von Triumphzügen nicht nur erzählt, um sie selbst darzustellen. Der Triumphzug kann in antiker Literatur auch als Prätextmotiv fungieren, mit dem literarisch (etwa im Sinne einer Metaphorisierung) gespielt wird. Das semantische und motivische Feld Triumphzug eignet sich offenkundig für eine funktionale Darstellung. Es hat Transfer- und Metaphorisierungspotential. Das MkEv steht, so meine These, mit seinen eigenwilligen, im Vergleich zu den hiesigen Beispielen technisch z. T. ähnlichen, freilich schwächer markierten, chiffrierten Referenzen auf den Triumphzug also in einer literarischen Tradition. Diese Tradition grundsätzlich nachgewiesen zu haben, verstärkt daher die Möglichkeit einer chiffrierten Referenz auf den Triumphzug im MkEv.

---

47 Freilich wird die Textfunktionalität eben gerade *auch* aus den selektiven Anspielungen erhoben, so dass hier ein latenter Zirkelschluss vorliegt.

48 Etwa der Myrtenkranz in Amores I 2,23.

49 Allenfalls kann in diesem Sinne das bei Epiktet vorhandene Adjektiv οἷον als eine Form der expliziten Markierung gelten, leitet es doch die Anspielung ein.

5.5 „Wie bei einem richtigen Triumphzug": Sueton, Nero und eine kaiserliche Triumphparodie – Eine Nachbemerkung

In der Sache gänzlich anders liegt der Fall bei Sueton, dem letzten Beispiel. Auch er greift auf die Realien des Triumphzugs zurück, um etwas zu beschreiben, was gerade kein Triumphzug war. Auch er überliefert damit ein Beispiel für das Transferpotential des Rituals. Aber ihm geht es weder um eine Metaphorisierung noch um den Triumphzug als Exemplum oder Vergleich. Er erzählt eine Art *Triumphzugsparodie*, deren Hauptakteur in der Erzählung wie wahrscheinlich auch in historisch referentieller Perspektive Kaiser Nero ist.[50] Nero ist es, der das Transferpotential des Triumphes nutzt. Was Sueton erzählt, ist daher – sofern sich die Dinge historisch so ereignet haben – im strengen Sinne keine literarische Funktionalisierung des Triumphes und kein Beleg für die soeben herausgearbeitete Tradition. Aber es ist ein gutes Beispiel für eine faktische Parodierung des Triumphzugsrituals in Rom (in diesem Fall sogar durch einen Kaiser selbst) – eine Kategorie, die im Rahmen der Deutung der mk Triumphzugsallusionen von Bedeutung sein wird.

Worum geht es? Als der Künstlerkaiser Nero nach dem Ende seiner 66 n. Chr. begonnenen Tournee durch Griechenland[51] Ende 67/Anfang 68 n. Chr. nach Rom zurückkehrte, konnte er sich wahrlich als Sieger fühlen. In allen vier panhellenischen Spielen, die auf seine Anordnung hin alle in einem Jahr gefeiert wurden, konnte er Siege als Sänger, Wagenlenker und Schauspieler erringen.[52] Auch aus einer Vielzahl anderer künstlerischer Agone ging er als Sieger hervor. Insgesamt trug er 1808 Siegespreise davon.[53] Nur widerwillig brach Nero seine so erfolgreiche Tournee ab und kehrte aus politischen Erwägungen nach Rom zurück. Diese Rückkehr allerdings sollte spektakulär ausfallen und einem „Sieger" angemessen sein. In dieser Situation rekurrierte Nero auf das Ritual des Triumphzugs, das er natürlich kannte, wenngleich er selbst sich bisher nicht als Triumphator feiern lassen durfte, sondern nur eine *ovatio*[54] vollzogen hatte. Das sollte sich nun ändern. Freilich: Es war eine sehr spezielle Form des „Triumphes", die Rom im Frühjahr 68 n. Chr. erleben sollte. Denn die von Nero inszenierte Rückkehr nach Rom, die im eigentlichen Sinne wohl am ehesten als *adventus* anzusprechen ist, mutierte zu einer Art

---

50 Für die Historizität der Ereignisse votieren etwa H. SCHNEIDER, Nero, 84; J. MALITZ, Nero, 101f.

51 Zur Griechenlandreise vgl. J. MALITZ, Nero, 92–102.

52 Vgl. H. SCHNEIDER, Nero, 84; J. MALITZ, Nero, 93f.

53 So die Angabe bei J. MALITZ, Nero, 123. Dass im Rahmen der Entscheide der Preisrichter Druck ausgeübt und Bestechungen (durch Geld oder die Verleihung römischen Bürgerrechts) vorgenommen worden sind, steht außer Frage; vgl. J. MALITZ, Nero, 95.

54 55 n. Chr. anlässlich diplomatischer Erfolge gegenüber den Parthern; die Übersicht bei D. KIENAST, Kaisertabelle, 96f, verzeichnet für Nero keinen eigentlichen Triumph.

Pseudo-Triumphzug,[55] einer Parodie des Triumphes. Sueton berichtet über Neros Einzug in Rom (Suet., Nero 25,1 f [Martinet]:

> Aus Griechenland zurückgekehrt, hielt er [sc. Nero, M. L.] auf weißen Pferden seinen Einzug in Neapel, denn dort hatte er seinen ersten Auftritt als Künstler gehabt; dabei wurde ein Stück der Stadtmauer eingerissen, wie das üblich ist, wenn Sieger der heiligen Wettkämpfe heimkehren. Ähnlich (*simili modo*) lief sein Einzug in Antium, in Albanum und schließlich in Rom ab. In Rom aber zog er sogar auf dem Wagen ein, auf dem einst Augustus als Triumphator gestanden hatte; er trug ein purpurfarbenes Gewand und einen mit goldenen Sternen verzierten Mantel, auf dem Kopf trug er den Siegerkranz aus Olympia, in der rechten Hand hielt er den von den Pythischen Spielen, ihm voran zog der Festzug mit den übrigen Kränzen und den Tafeln, auf denen die Orte, an denen er gewonnen hatte, die Namen der Gegner und die Titel der Gesänge und der Stücke standen. Seinem Wagen folgten wie bei einem richtigen Triumphzug die Claqueure und brüllten, sie seien die Begleiter des Augustus und die Soldaten seines Triumphzuges. Von dort nahm der Zug seinen Weg durch den Circus Maximus, zuvor hatte man einen Bogen zum Einsturz gebracht, über das Velabrum und Forum zum Palatin und zum Tempel des Apollo. Überall schlachtete man unterwegs Opfertiere und besprengte die Wege mit Safran. Mit Vögeln, Bändern und Süßigkeiten wurde er überschüttet. Seine heiligen Siegerkränze legte er in seinen Schlafräumen rings um die Betten, ebenso ließ er die Statuen aufstellen, die ihn als einen Sänger, der zur Kithara singt, darstellten. Mit diesem Bild ließ er auch Münzen prägen.

Fraglos imitiert Nero in der Darstellung Suetons einen siegreichen Feldherrn,[56] der im Triumphgewand und in der Quadriga in die Stadt einzieht.[57] Sein triumphwürdiger Sieg besteht im Gewinn musikalischer Agone während seiner Künstlertournee durch Griechenland. Dort hat Nero Siege errungen, die er jetzt im Rahmen seiner Leistungsschau durch *tituli* und Siegeskränze präsentiert. Das war freilich kein Krieg und insofern auch nicht annähernd mit einem Triumph zu würdigen. Einen solchen feiert Nero auch nicht. Vielmehr

---

55 S. T. Schipporeit, Wege, 98, bezeichnet ihn „als mit triumphalen Elementen ausgestatteten Einzug".

56 Auf einen zu den vorherigen Beispieltexten parallelen analytischen Vergleich in Form eines Schemas verzichte ich an dieser Stelle, weil die Anspielungen auf den Triumph in diesem Beispiel großflächig und sehr eindeutig erfolgen. Ein tabellarisches Schema würde praktisch den ganzen Text Suetons ein zweites Mal präsentieren. Das scheint mir an dieser Stelle nicht nötig zu sein, um die Anspielungen deutlich auszuweisen und zu vergleichen.

57 Vgl. auch den Kommentar von K. R. Bradley, Nero, 148–153 (die Triumphzugsmotivik innerhalb der Textstelle bleibt bei Bradley zugunsten der Anspielungen auf den Einzug eines Siegers nach einem gewonnenen εἰσελαστικὸς ἀγών [vgl. dazu nur J. Jüthner, Εἰσελαστικὸς ἀγών, 2141] etwas unterbelichtet; wenn er etwa im Blick auf das Purpurgewand formuliert: „The purple robe is first mentioned here for iselastic victors", dann wäre es doch naheliegender gewesen, hier an Triumphzugsmotivik zu denken, als an eine Innovation der Kleidung im Rahmen des Siegereinzugs nach einem solchen Agon).

kommt seine Inszenierung einer *Parodie* des ganzen Rituals gleich.[58] Er feiert (bewusst) einen Pseudo-Triumph. Und als einen solchen Pseudo-Triumph will das ganze Geschehen auch Sueton verstanden wissen. Er gibt mit der Formulierung „*Wie* bei einem *richtigen* Triumphzug" einen deutlichen Fingerzeig, der als Transfersignal zum Vergleich zwischen dem Triumphzugsritual selbst und dem neronischen „Triumph" auffordert. Und genau ein solch kognitiver, sich geradezu assoziativ und automatisch vollziehender Vergleich zwischen dem Prätextmotiv und seiner parodierenden Umsetzung im manifesten Text gehört zum Wesen der Parodie.

Parodie:[59] Bei der Parodie handelt es sich um eine bereits in der Antike bekannte und als solche beschriebene literarische Makrogattung (Eposparodie), die sich zunächst in Gesamtschriften realisiert. Der Begriff Parodie – παρ-ῳδία ist dabei wohl eine Verkürzung von παρα-ῥαψ-ῳδία („Gegenepos")[60] – meint ursprünglich eine Ridikülisierung der Werke des Homer, auf die in den Parodien erkennbar angespielt wird, die aber „durch Stilbrüche und thematische Banalisierung ins Lächerliche"[61] gezogen werden. Im Laufe ihrer weiteren Entwicklung ist die Parodie auch als Kleingattung und damit Teiltext in größeren Schriften anzutreffen. Angesichts dieser Genese lässt sich die Parodie wohl nicht nur als Gattung, sondern auch als literarische Technik, als Art und Weise des Schreibens, verstehen.[62] Der Begriff Parodie verliert im Laufe der Zeit nachweislich seine enge Bindung an die Gattung, so dass „der Begriff bzw. seine Ableitungen verallgemeinert und [...] auf verwandte lit. und außer-lit. Phänomene übertragbar"[63] wurden. Entsprechend nahm das Adjektiv παρῳδός die allgemeine Bedeutung „spöttisch" an.[64]

An modernen Defintionsversuchen[65] für die antike Gattung wie für das literarische Phänomen der Parodie (in der Antike und in der Gegenwart) herrscht kein Mangel. Für die Zwecke dieser Untersuchung genügt eine allgemein gehaltene Defi-

---

58 So schon die Wertung bei E. Künzl, Triumph, 106; M. Beard, Triumph, 268, spricht von einer „bizarre triumphal ceremony".

59 Grundlegend für das Folgende sind R. F. Glei, Parodie, 345–349; M. Steudel, Literaturparodie, 11–23; W. Freund, Parodie, 14–17; S. Holthuis, Intertextualität, 118–123; knapp B. Plett, Allusion, 19. Das Phänomen der Parodie in Antike, Mittelalter, Neuzeit und Gegenwart ist Thema umfänglicher Forschungsdiskurse, vgl. nur den Sammelband von W. Ax/R. F. Glei, Literaturparodie; sowie die Monographien von B. Müller, Parodie; W. Freund, Parodie.

60 Vgl. R. F. Glei, Parodie, 345f. Zum Verständnis des Begriffs als „Gegengesang" oder „Daneben-Singen" vgl. G. Genette, Palimpseste, 21f.

61 R. F. Glei, Parodie, 345.

62 Zu dieser Doppelbestimmung von Parodie vgl. B. Müller, Parodie, 31–41.

63 R. F. Glei, Parodie, 346.

64 Vgl. R. F. Glei, Parodie, 346.

65 Vgl. die Überlegungen bei S. Holthuis, Intertextualität, 118f. Zu den antiken Theorien über die Parodie vgl. den Überblick bei M. Steudel, Literaturparodie, 11–13 (zu modernen Theorien vgl. auch 13–23).

nition, die drei Konstitutiva für eine Parodie benennt:[66] Zu einer Parodie gehört 1. eine erkennbare Intertextualität,[67] also die für die Leserinnen und Leser[68] unmittelbar nachvollziehbare Bezugnahme auf einen Prätext oder ein Prätextmotiv, der in der Parodie eingespielt wird und auf den durch Zitat oder Allusion[69] angespielt wird.[70] Zur Parodie gehört 2. konstitutiv die aktualisierende Veränderung des Prätextmotivs, also die Innovation durch Selektion und Mutation (in Form von Invertierung, Verminderung/Reduktion, Erweiterung/Augmentierung, Substituierung) im Rahmen der Anspielung. Dabei muss allerdings – und mit diesem Aspekt haben wir uns bereits beschäftigt (vgl. I 4.2.2.3) – das Prätextmotiv erkennbar bleiben. Umstritten ist im Blick auf diese beiden konstitutiven Elemente der Parodie natürlich, ab wann und bis wann Intertextualität noch erkennbar ist. Allgemeingültige Regeln, die man geradezu mathematisch nutzen könnte, um in diesem Zusammenhang das Verhältnis von Erkennbarkeit und Verfremdung zu bestimmen, scheint es nicht zu geben (vgl. meine Überlegungen unter I 4.2.2.3). Wir haben es also mit einem komplexen Zusammenspiel von erkennbaren Motiven zu tun, die ungebrochen auf das Prätextmotiv verweisen, und Elementen, die das Prätextmotiv verzerren, transformieren und bis ins Groteske gehen können. Die verzerrenden Elemente lassen das Prätextmotiv in neuem Licht erscheinen.[71] Und hier kommt das dritte konstitutive Merkmal einer Parodie ins Spiel. Zu einer Parodie gehört 3. die Intention, dass die „Transformation [sc. die Innovation des Prätextmotivs, M. L.] […] komisch und/oder satirisch [ist], wobei das Objekt komischer Ridikülisierung bzw. satirischer Kritik die Vorlage selbst [sc. das Prätextmotiv, M. L.] oder etwas außerhalb Befindliches sein kann".[72] Die

66 Nach M. Steudel, Literaturparodie, 21f; so auch bei R. F. Glei, Parodie, 346. Im Hintergrund stehen die Überlegungen von Wolfram Ax, die er in einer Reihe von Aufsätzen vorgetragen hat, vgl. etwa W. Ax, Beziehung, 96.

67 Für G. Genette, Palimpseste, realisiert sich in der Parodie eine Form der Hypertextualität (*passim*), die man als besonders intensive Form der Intertextualität verstehen könnte. Parodien sind insofern stets Literatur auf zweiter Stufe – so ja schon der passende Untertitel der Arbeit Genettes – und ein wesentliches Movens für die Produktion neuer Literatur. Ohne den Prätext kann die Parodie nicht existieren.

68 Die den Prätext selbstverständlich grundsätzlich kennen müssen („Je bekannter, desto besser": B. Müller, Parodie, 70), es geht hier um den Prozess des Wiedererkennens. Vgl. zu diesem Prozess auch B. Plett, Allusion, 29f.

69 Zu den unterschiedlichen Typen von Anspielungen und damit Formen von Intertextualität im Rahmen von Parodien vgl. B. Müller, Parodie, 165–172.

70 Vgl. S. Holthuis, Intertextualität, 119: „Parodien müssen […] ihren Referenztext in irgendeiner Weise signalisieren, relevant sind als Referenzstrategien vor allem Zitate und Allusionen. In diesen Fällen wird entweder das verbale Material des Referenztextes (meistens partiell) wiederholt und in den referierenden (= parodierenden) Text eingebettet oder aber wird der Referenztext durch bestimmte Signale im referierenden Text indiziert."

71 Für M. Pfister, Konzepte, 29, kennzeichnet diese Innovation des Prätextes die Parodie als eine Form der besonders intensiven Intertextualität, weil das Kriterium der Dialogizität (zu den Kriterien Pfisters für die Bewertung von Intertextualität vgl. I 4.2.2.1) massiv erfüllt wird.

72 R. F. Glei, Parodie, 346; zu dieser Unterscheidung der parodierten Objekte vgl. auch S. Holthuis, Intertextualität, 121; M. Steudel, Literaturparodie, 22f.

Parodie kann also das Prätextmotiv lächerlich machen und/oder[73] satirisch und damit bissig kritisieren wollen. Manchmal ist die Parodie aber auch nur Mittel zum Zweck, um eine dritte Größe aufs Korn zu nehmen, ohne dass das Prätextmotiv selbst abqualifiziert werden soll. Das Prätextmotiv dient dann gleichsam als Katalysator[74] für Kritik und/oder Spott im Blick auf das eigentlich Angezielte.

Die Regel, dass bei einer guten Parodie die zu parodierende Realie, hier der Triumphzug, noch als solcher erkennbar bleiben muss, damit die Parodie gelingen kann, beherzigt in der Darstellung Suetons auch Nero.[75] Er nutzt explizit eine berühmte Triumphquadriga und lässt sie von Schimmeln ziehen[76] – so wie es bei wirklichen Triumphen der Fall war. Auch seine Aufmachung mit Purpurgewand und einem Kranz auf dem Haupt weckt unmittelbare Assoziationen zum Triumphornat. Die Erwähnung von *tituli*, Siegeskränzen und aufmarschierenden „Soldaten" verweist ebenfalls auf den Triumphzug. Die Reihung der Aktanten innerhalb der *pompa*, also die Prozessionsordnung, entspricht dabei signifikant einem Triumphzug: Beutestücke in Form von Kränzen sowie *tituli*, die über die vorausgehenden Siege informieren, werden im Sinne der Leistungsschau vor dem „Triumphator" hergetragen, „Soldaten" folgen dem „Triumphator" in die Stadt hinein. Schließlich ist auch der von Zuschauern gesäumte Prozessionsweg in weiten Teilen (Velabrum, Circus Maximus, Forum) mit dem Weg des Triumphes identisch. All diese Motive verweisen unmittelbar auf das Triumphzugsritual.

Auf der anderen Seite lassen sich im Vergleich zum regulären Triumph eine Vielzahl von Elementen im Text Suetons bzw. von Bausteinen des von Nero vollzogenen Einzugs als dezidierte Abweichungen vom Prätextmotiv verstehen. Und es sind diese Abweichungen, die in unterschiedlichen Graden den Triumph zunächst ins Musische transformieren und dann auch zur Parodierung des Triumphzugs beitragen.

Harmlos erscheint zunächst die mit goldenen Sternen verzierte Chlamys, die nicht zum regulären Triumphgewand gehörte. Eine Abweichung besteht fraglos auch angesichts der von Nero getragenen Kränze. Auf dem Haupt trägt er statt des Lorbeerkranzes den Olivenkranz eines olympischen Siegers und in seinen Händen hält er nicht Adlerszepter und Lorbeerzweig, sondern den

73 W. Freund, Parodie, 14f, differenziert die Parodie entlang ihrer von ihm als zweipolig bestimmten Intentionalität: *triviale* Parodie will lächerlich machen und verballhornen, *seriöse* Parodie will kritisieren. M.E. trifft die von Reinhold Glei vorgenommene „und/oder"-Verbindung (s. R.F. Glei, Parodie, 346) eher die Realität der Texte, insofern sich die Funktionen nicht trennscharf unterscheiden lassen und Kritik oft gerade über Komik geäußert wird.

74 Vgl. zur Katalysatorenfunktion S. Holthuis, Intertextualität, 121f.

75 Ansätze zu einem Vergleich zwischen dem echten Triumph und dem Pseudo-Triumph Neros finden sich auch bei J. Malitz, Nero, 101f.

76 Das *simili modo* legt nahe, dass von Nero auch in Rom weiße Pferde verwendet wurden und ebenfalls die Stadtmauer eingerissen wurde.

delphischen Lorbeerkranz. Beide Abweichungen passen freilich bestens zum Anlass des „Triumphes", dem Gewinn musischer Agone in Olympia und Delphi. Diese musikalische Note des Nero-Triumphes setzt sich im Blick auf das Ziel seiner Prozession fort. Am Ende macht er nicht dem Jupiter Capitolinus seine Aufwartung, sondern dem musischen Gott Apollo auf dem Palatin.[77]

Die den regulären Triumphzug verzerrende Parodie setzt bei der Begleitung des „triumphierenden" Nero ein. Seine Beifallsklatscher[78] (*plausores*) *spielen* Soldaten und brüllen diese Selbstidentifikation[79] mangels echter Erkennbarkeit hinaus. Sie sollen imitieren, was sie doch faktisch nicht sind. Als Triumphparodie lässt sich diese Prozession auch angesichts der Leistungsschau verstehen. Wo üblicherweise wirkliche Kriegsbeute, Gefangene, Schlachtengemälde und *tituli* den vorausgehenden Krieg darstellen, da kann und will Nero seine Siege im Rahmen musikalischer Agone präsentieren. Siegeskränze und *tituli*, die die Orte der Siege, die Besiegten und das Instrument des Sieges, die Gesangstitel, präsentieren, lässt er vor sich hertragen. Diese angesichts der regulären Triumphe so gänzlich untypische Füllung des Motivs Leistungsschau trägt zur Parodie entscheidend bei. Dem korrespondiert, dass Nero die Siegeskränze gerade nicht öffentlichkeitswirksam aufstellen, sondern in seinen Schlafzimmern um die Betten drapieren lässt. Diesem Triumph fehlt also jede Basis für einen echten Triumphzug. Ein Triumph für den schönen Gesang und den Sieg in musischen Agonen – das ist die Parodie des regulären Triumphzugsrituals.

Sinnfällig zeigt sich die verkehrte Welt einer Parodie auch angesichts des Prozessionsweges. Zwar zieht Nero über eine Reihe der geradezu kanonischen

77 Deshalb bezeichnet W. Martini, Raum, 86, den Einzug Neros auch als „apollinischen ‚Triumph'". Der Tempel des Apollo hat seinerseits auch einen Bezug zum Triumphritual. Seine Errichtung durch Augustus steht im Zusammenhang mit den Siegen und dem dreifachen Triumph des Octavian im Jahr 29 v. Chr. (vgl. I. Petrovic, Aitiologie, 196). Augustus verstand seine Siege als von Apollo in besonderer Weise begünstigt und ließ daher den Tempel des Apollo auf dem Palatin errichten (eine ähnliche Verbindung von augusteischem Triumph und Apollo findet sich auch beim Tempel des Apollo *in Circo*, der durch Gaius Sosius errichtet wurde). Allerdings erinnerte seine Ausstattung nur sehr dezent an die Triumphthematik und damit an Augustus als Sieger (vgl. P. Zanker, Augustus, 90–103: „Der Sieger nimmt sich zurück" [90]).

78 Diese Claqueure, *Augustiani* genannt, begleiteten Nero auch während seiner Tournee, vgl. J. Malitz, Nero, 93.

79 Auch das ist in sich auffällig, ehren und verspotten die Soldaten doch sonst den Triumphator und müssen sich nicht selbst vorstellen. Erst in einem Text aus dem 3. Jh. n. Chr., bei Dio C. LXIII 20, wird auch von den „Lobhudeleien" der „Soldaten" Neros im Rahmen seines Pseudo-Triumphes erzählt, die in einem Makarismus enden: „Heil dir, Olympiasieger, heil pythischer Sieger! Augustus! Augustus! Heil Nero, unserem Herkules! Heil Nero, unserem Apollo! Der einzige Sieger der großen Tour! Der einzig Eine vom Beginn der Zeit! Augustus! Augustus! Göttliche Stimme! Selig, die sie hören dürfen!" (Übersetzung hier nach J. Malitz, Nero, 102). Zum möglichen ntl. Echo auf die „göttliche Stimme" des Nero vgl. H.-J. Klauck, Herrscherkritik, 257–265, bes. 261 f.

Orte des Triumphes (Velabrum, Circus Maximus, Forum), aber die Prozessionsrichtung ist gerade in ihr Gegenteil verkehrt. Wenn Sueton formuliert: „Von dort nahm der Zug seinen Weg durch den Circus Maximus, zuvor hatte man einen Bogen zum Einsturz gebracht, über das Velabrum und Forum zum Palatin und zum Tempel des Apollo", dann wird ein Kernstück des Triumphritualraums in umgekehrter Richtung durchschritten. Das muss insbesondere im Circus Maximus auffällig gewesen sein. Für Wolfram Martini zeigt diese von Sueton sehr exakt festgehaltene Wegführung „die Pervertierung des Triumphs durch Nero" an.[80]

Das deutlichste parodistische Element besteht aber gewiss im destruktiven Zug des neronischen „Triumphes". Mit feiner Ironie hält Sueton fest, dass für diesen speziellen Triumph die Stadtmauer Roms partiell eingerissen und ein Bogen beim Circus Maximus[81] zerstört wurde. Für die Kenner des Triumphzugsrituals zeigt sich hier am deutlichsten die verkehrte Welt des Nero-Triumphes. Denn selbstverständlich sollten derartige Zerstörungen im Feindesland und nicht in Rom erfolgen. Dabei war die Zerstörung der Stadtmauern sogar ein für die Triumphgemälde typisches Motiv (s. II 3.2.2.3.2). Nero bringt insofern die Zerstörungen, die seinen Sangeskrieg gerade nicht auszeichnen und die seine Triumphgemälde und *tituli* nicht zeigen oder nennen konnten, im buchstäblichen Sinne nach Rom. Das ist verkehrte Welt, das ist eine Triumphparodie. Mit Recht formuliert Sueton im Blick auf diese Feier Neros, alles habe sich „*wie* bei einem *richtigen* Triumphzug" vollzogen – und sagt damit zugleich, dass es sich eben gerade nicht um einen echten Triumph gehandelt hat.[82] Der „Triumph" des Nero ist damit ein gutes Beispiel für eine faktische Parodie des Triumphzugs, die man in Rom wirklich miterleben konnte und die offensichtlich im Gedächtnis blieb.[83] Zeuge dafür ist Sueton, der am Ende des

80 W. Martini, Raum, 83: „Doch die zahlreichen Bezugnahmen auf den üblichen militärischen Triumph bei Sueton zeigen, dass er durch die ungewöhnlich genau beschriebene, aber verkehrte Route die Pervertierung des Triumphs durch Nero betonen wollte". Unklar bleibt in dieser Formulierung Martinis allerdings, ob Nero selbst eine Pervertierung des Triumphes beabsichtigte oder Sueton den „Triumph" des Nero als Pervertierung des regulären Rituals verstand.

81 Nach S. T. Schipporeit, Wege, 105 mit Anm. 39, handelt es sich um den Stertiniusbogen in der Ostrundung des Circus Maximus.

82 Auch die vielfältigen Reaktionen des Publikums, die Sueton erzählt und die sich möglicherweise allein seiner gestalterischen Absicht verdanken, erwecken den Eindruck einer kostspieligen und zugleich lächerlichen Triumphparodie. Kostspielig fällt dieser „Triumph" für das Publikum insofern aus, als die Zuschauer das Luxusgut Safran auf die Wege des „Triumphes" streuen (nach Plin., Hist Nat XXI 31f ist der Safran dasjenige Gewürz, das wegen seines Wertes am häufigsten gefälscht wird); lächerlich und komisch wirkt hingegen das Bild des mit Süßigkeiten, Singvögeln und Bändern überschütteten Neros.

83 Ob sie auch Markus bzw. seiner Gemeinde im Gedächtnis blieb? Man wird zumindest fragen dürfen, ob Markus oder seine Gemeinde diese Triumphparodie vielleicht selbst miterlebt oder zumindest davon gehört haben.

1. Jh. bzw. zu Beginn des 2. Jh. n. Chr. diese Triumphparodie in seine Nerovita aufnehmen konnte.

Wenn die Darstellung Suetons einigermaßen historisch zuverlässig ist, dann wird man fragen müssen, warum Nero diesen Pseudo-Triumphzug vollzieht, der ihn aus seiner Sicht offensichtlich nicht lächerlich macht. Man muss gewiss nicht tiefgehend psychologisch spekulieren, um in diesem Ritual eine bewusste Verhöhnung des Triumphzugs und damit eines wesentlichen Rituals im Rahmen militärischer und machtpolitischer Traditionen Roms zu sehen, mit denen der nahezu ausschließlich an den schönen Künsten interessierte Nero weitgehend auf Kriegsfuß stand.[84] Der Pseudo-Triumph ist insofern eine in Form einer Parodie inszenierte Absage an diese Traditionen und zugleich eine Demonstration der wahren Leidenschaften und Fähigkeiten Neros. Die Parodie des Triumphes, dessen Vergabe *de iure* noch immer in den Händen des Senats lag, gleicht dabei im Speziellen einer Abrechnung mit der aristokratischen und traditionsbewussten Elite des Senats, zu der Nero im Frühjahr 68 n. Chr. bereits in einem äußerst gespannten Verhältnis stand. Und es sollten nur noch wenige Monate vergehen, bis der Senat seinerseits rituell zurückschlug und im Juni 68 n. Chr. den Kaiser zum *hostis* erklärte.

Für Sueton ist das eine Steilvorlage. Er kann den Pseudo-Triumphzug des Nero, den er im Rahmen seiner Nerovita gewiss auch mit Details anreichert, die sich ausschließlich seinem Gestaltungswillen verdanken, in sein Psychogramm eines charakterlich letztlich ungeeigneten Herrschers einflechten und Nero als lächerlich, selbstverliebt und den Aufgaben eines Kaisers nicht gewachsen darstellen.[85] Deutlich wird das, wenn Sueton wenige Zeilen nach dem Pseudo-Triumph formuliert (Nero 26,1 [Martinet]):

> Wollust, Hemmungslosigkeit, Verschwendungssucht, Habgier und Grausamkeit legte er am Anfang jedenfalls vereinzelt und im Verborgenen an den Tag, und zwar so, als seien es noch Jugendsünden. Doch damals hätte es jedem ohne Zweifel klar sein müssen, dass es sich hierbei um Charakterfehler handle und nicht um falsches Verhalten infolge des Alters.

Und ein Ausfluss dieser Charakterfehler war auch der Pseudo-Triumph. Für Sueton ist die Triumphparodie Neros insofern eine inakzeptable Pervertierung eines ehrwürdigen römischen Rituals. Die Parodie des Triumphes durch Nero nutzt Sueton, um Nero seinerseits zu parodieren.

---

84 So auch H. SCHNEIDER, Nero, 84.

85 Zum Nerobild Suetons vgl. knapp C. SCHUBERT, Nerobild, 362.365.

6. Bekanntheit und Spezifik des Triumphzugs und ihre Folgen für den Modus der Allusion auf den Triumphzug

Der römische Triumphzug war ein in der Antike und namentlich in der Kaiserzeit überaus bekanntes Ritual mit einer hohen Spezifik. Das gilt es im Folgenden in zwei Schritten aufzuweisen. Vor allem aber sind die Folgen, die sich aus der Popularisation und Spezifik des Rituals ergeben, zu bedenken. Denn die Bekanntheit und Unverwechselbarkeit des Triumphes hat Auswirkungen auf den Modus, in dem in antiken Texten Triumphzüge erzählt werden können und Anspielungen auf sie erfolgen können. Erzählung und Anspielung können m. E., so die hier zu entwickelnde These, selektiv und voraussetzungsreich erfolgen und haben gleichwohl alle Chancen, verstanden zu werden. Das wiederum hat Einfluss auf die argumentative Plausibilisierung chiffrierter Referenzen auf den Triumphzug innerhalb des MkEv (vgl. die Überlegungen unter I 4.2).

6.1 Ein bekanntes Ritual

Der Triumphzug war in der Antike und namentlich in der Kaiserzeit[1] in hohem Maße *popularisiert* und Teil des kollektiven Gedächtnisses der Angehörigen dieser Kultur und Zeit.[2] Dafür sprechen eine ganze Reihe antiker Zeugnisse, die ihrerseits wiederum die Bekanntheit des Triumphzugs in der Antike befördert haben dürften. Zunächst: Viele antike Texte unterschiedlichster Provenienz (lokal wie zeitlich) greifen in vielfältigen Formen auf das Ritual Triumphzug zurück. Eine Reihe dieser Texte sind im Laufe dieses Hauptkapitels bereits als Belege und Beispiele genannt worden. Sie ließen sich problemlos vermehren. Das spricht unmittelbar für die Bekanntheit des Rituals bei den Autoren dieser Texte wie auch bei den Adressaten der Schriften. Nicht minder stützt die schiere Anzahl gefeierter Triumphe die Bekanntheit des Rituals in

---

1 Für die Zeit der römischen Republik formuliert K.-J. Hölkeskamp, Triumph, 259: „In dieser Republik [...] gehörte die pompöse Prozession des Einzugs eines siegreichen Feldherrn an der Spitze seines Heeres in die Stadt zum Repertoire der regelmäßig stattfindenden öffentlichen Spektakel. Von [...] der Mitte des 4. Jahrhunderts v. Chr. [...] bis zum Jahre 61 [sc. v. Chr., M. L.] sind fast zweihundert Triumphe bezeugt." Von einem in der Antike sehr bekannten Ritual gehen auch D. A. Thomas, Context, 3; S. J. Hafemann, Roman Triumph, 1004, aus.

2 So auch J. Schäfer-Schmitt, Funktionalisierung, 294f. Dabei trägt die Ritualisierung des Triumphes im Sinne einer mehr oder weniger ausgeprägten Gleichförmigkeit im Ablauf der Triumphzüge zur Speicherung im kollektiven Gedächtnis bei.

der Antike. Eine chronologische Auflistung aller Triumphe von 340–19 v. Chr., die T. Itgenshorst[3] erstellt hat, verzeichnet immerhin 318 Triumphe.[4] Auch die mit dem Triumphzug verbundenen Gebäude Roms werden bei den antiken Besuchern der Stadt das Ritual zumindest rudimentär bekannt gemacht haben, auch wenn der Rombesucher selbst keinen Triumphzug erlebt hat. Für die Popularisation des Triumphzugs dürfte schließlich die Verbreitung von Triumphzugsmotivik auf Münzen entscheidend beigetragen haben. Der numismatische Befund ist damit zugleich auch ein Primärindikator für die Popularisation des Triumphzugs. In quantitativer Perspektive zeigt eine stichprobenartige Sichtung der in den Bänden der Roman Imperial Coinage (RIC I^2 + $II/1^2$) für die Kaiser Augustus bis Domitian verzeichneten Münzen, dass jeder Kaiser, der einen Triumphzug gefeiert oder dies zumindest virtuell für sich in Anspruch genommen hat,[5] Münzen diverser Nominale[6] mit Triumphmotivik prägen ließ.[7]

Geprägt worden sind diese Münzen an unterschiedlichen Orten. Dabei entfallen die allermeisten Prägungen, das liegt in der Natur der Sache, auf die Prägestätte Rom. Aber auch Prägungen mit Triumphzugsmotivik aus Lugdunum (Lyon) sowie Antiochia am Orontes[8] sind bekannt. Einschlägige Triumphzugsmotivik findet sich zudem auch auf Provinzialmünzen, die ganz am Rande des Imperiums und damit in weiter Entfernung von Rom geprägt worden sind. Ein besonders schönes Beispiel[9] liefert dafür eine Prägung des Enkels von Herodes dem Großen, Agrippa I., der ab 37 n. Chr. zunächst Teile und ab 41–44 n. Chr. das gesamte Gebiet der Herrschaft seines Großvaters als jüdischer König regierte. Er stand bis zur Ermordung Caligulas fest an der Seite des

---

3 Vgl. T. Itgenshorst, Triumph (CD-ROM), 430–436, auf der Basis der Triumphalfasten und weiterer Quellen. Die Auflistung umfasst alle historischen wie auch alle höchstwahrscheinlich unhistorischen Triumphe, die gleichwohl als Triumphe in Quellen belegt sind; verzeichnet sind außerdem 25 *ovationes*, die man von der oben genannten Zahl abziehen kann. In T. Itgenshorst, Princeps, 28–35, zeichnet Itgenshorst nach, dass in der Kaiserzeit die Anzahl der Triumphe insgesamt rückläufig war – eine Folge der augusteischen Triumphzugspolitik (vgl. zu dieser Politik T. Itgenshorst, Augustus, sowie T. Itgenshorst, Princeps).

4 Vgl. auch M. Beard, Triumph, 42: „At some periods the ceremony was more or less an annual event in the city."

5 Vgl. dazu auch T. Itgenshorst, Triumph, 137–142 (Münzen sind ein Erinnerungsmedium, das auch in *republikanischer* Zeit von praktisch allen Triumphatoren bzw. ihren Familien genutzt wurde, um den Triumphzug präsent zu halten).

6 Geprägt wurden Aurei, Cistophoren, Denare, Dupondien, Sesterze. Damit ist Triumphmotivik auch auf den Münzen des „kleinen Mannes" vorhanden.

7 Keine Münzen mit Triumphmotivik sind für Galba, Otho und Vitellius verzeichnet.

8 Syrische Prägungen mit Triumphmotivik (Quadriga) finden sich für Vespasian (RIC $II/1^2$ 1559.1563).

9 Ein weiteres Beispiel nennt T. Schäfer, Relief, 140 Anm. 10: Eine im kappadokischen Caesarea 43–48 n. Chr. geprägte Didrachme zeigt Claudius in der Triumphquadriga (vgl. RPC I 3625).

Abb. 25: Münze Agrippas I., Caesarea Philippi (Banias), 40/41 n. Chr.: Av.: Bekränzter Kopf des Caligula nach links; Umschrift: [ΓΑΙΩ ΚΑΙC]ΑΡΙ ΣΕΒΑΣΤΩ ΓΕ[ΡΜΑΝΙΚΩ]; Rv.: Triumphator in ornamentierter Triumphquadriga nach rechts mit Adlerszepter in der linken und Lorbeerzweig in der rechten Hand; Überschrift: ΝΟ[ΜΙΣΜΑ] ΒΑΣΙΛΕ[ΩΣ] ΑΓΡΙΠΠΑ, L E [Quelle: © www.muenze-und-macht.at (23.04.2018); vgl. auch RPC I 4976; Y. Meshorer, Coinage, 53[11]].

römischen Kaisers, mit dem er befreundet war und auf den er im Sinne der Wahrung spezifisch jüdischer Interessen Einfluss zu nehmen suchte.[10] Im Jahr 40/41 n. Chr. lässt Agrippa in Caesarea Philippi Münzen prägen (vgl. Abb. 25), die gewiss im Zusammenhang mit dem geplanten Germanientriumph des Caligula stehen (faktisch im August 40 n. Chr. nur als *ovatio* gefeiert, bei der der Ovierende gerade nicht die Triumphquadriga nutzen durfte).

Zur Pragmatik der Agrippamünze:[12] Die Münze Agrippas I. imitiert einen von Caligula selbst in großer Stückzahl geprägten Münztyp mit Germanicus in der Triumphquadriga (s. Abb. 8). Die Caligulamünze kommemoriert dabei den Germanentriumph des Germanicus 17 n. Chr. Es ist gut möglich, dass Caligula diesen Münztyp nicht nur prägen ließ, um an eine Großtat seines Vaters zu erinnern,[13] sondern auch, weil er bereits an seine eigenen Germanienpläne dachte,[14] die freilich über

10 Zum Verhältnis zwischen Agrippa I. und Caligula vgl. A. Winterling, Caligula, 43.84f.119f.148.

11 Vgl. auch D. Hendin, Guide, 269 (Nr. 1240).

12 Vgl. für das Folgende die Überlegungen zum Münztyp bei Y. Meshorer, Coinage, 52–54; vgl. zu Agrippa I. auch T. J. Bauer, Welt, 68–71.

13 Caligula erlebte als fünfjähriger Sohn des Germanicus den Triumphzug des Vaters hautnah mit. Er stand mit dem Vater und vier weiteren Geschwistern in der Triumphquadriga, vgl. Tac., Ann II 41,3; A. Winterling, Caligula, 23.

14 Vgl. A. Winterling, Caligula, 84 (Caligula stellt sich im Rahmen seiner Germanienpläne grundsätzlich in die Tradition seines Vaters).

den Status von Manöverübungen[15] nicht hinauskamen und letztlich nur mit einer *ovatio* gekrönt wurden. Ein wenig vom Triumphglanz des Vaters sollte prospektiv schon auf den kaiserlichen Sohn, der selbst nie triumphieren sollte, abfallen. Wenn nun Agrippa I. 40/41 n. Chr. in seinem Reich Münzen prägen lässt, die die Germanicusmünzen des Caligula imitieren, so hat er dafür gleich mehrere gute Gründe. Die Münze lässt sich zunächst als Hommage an den im Imperium Romanum beliebten Germanicus verstehen, mit dem Agrippa befreundet war. Die Münze kann zudem auch als Ausdruck einer Dankesschuld gegenüber der Familie des Germanicus verstanden werden. Denn es war die Mutter des Germanicus, Antonia, Tochter des Triumvirn Marcus Antonius und Großmutter des Caligula, die dem in Rom hochverschuldeten Agrippa I. das nötige Geld[16] lieh, um seine Gläubiger finanziell zu bedienen. Die Münze ist schließlich auch ein Zeichen der Loyalität gegenüber Caligula, auf den der Kopf auf dem Avers der Münze ja unmittelbar Bezug nimmt. Anders als die Caligulamünze, die den Triumphator durch eine Beischrift eindeutig als Germanicus identifiziert, vermeidet Agrippa auf dem Revers seiner Münze aber die klare Benennung des Triumphators, so dass die Untertanen in seinem Reich, die die Münze faktisch in Händen halten, den Triumphator in der Quadriga mit Caligula identifizieren können.[17] Die Münze feiert in dieser Perspektive den Kaiser als Triumphator und nicht nur als Ovierenden.

Die Triumphzugsmotivik tritt auf dem Revers der Agrippamünze deutlich hervor und belegt insofern die große Bekanntheit des Rituals,[18] das sich in ikonographischer Repräsentation auch im Reich der Herodier finden lässt. Insgesamt steht die breite Popularisation des Triumphzugs in der antiken Welt m. E. außer Frage.

6.2 Ein unverwechselbar spezifisches Ritual

Der Triumphzug war nicht nur sehr bekannt. Ihn zeichnete auch eine hohe *Spezifik* aus. Ein Triumphzug ist in seiner Gesamtheit als Ritual unverwechselbar und lässt sich von allen anderen Formen der ritualisierten Prozessionen Roms unterscheiden.[19] Natürlich gibt es Gemeinsamkeiten, die den Triumph-

15 So auch D. Kienast, Kaisertabelle, 85; W. Eck, Caligula, 938.

16 Nach Y. Meshorer, Coinage, 54, handelt es sich um eine Gesamtsumme von 300.000 Denaren.

17 Ob die Münze vielleicht sogar einer Identifikation des Triumphators mit König Agrippa selbst, der in der Beischrift des Revers direkt genannt wird, Vorschub leisten will, sei dahingestellt.

18 Auch wenn wir nicht wissen, in welcher Stückzahl die Münze Agrippas geprägt worden ist.

19 Vgl. dazu ausführlich die vergleichende Darstellung von Leichenzug, Triumphzug und Zirkusprozession bei H. Beck, Züge; E. Flaig, Politik, 34–36; H. S. Versnel, Triumphus, 94–131.

zug mit seinen in ritualtheoretischer Perspektive „nächsten Verwandten", der Zirkusprozession und dem Leichenzug, verbinden. Besonders nahe stehen sich dabei Triumphzug und Zirkusprozession.[20]

Einige Gemeinsamkeiten von Zirkusprozession und Triumphzug seien genannt: Beide Züge finden in der Öffentlichkeit vor Publikum statt; beide Züge werden aus öffentlichen Geldern finanziert; beide Züge nehmen im Prinzip die gleiche Wegführung, allerdings verläuft die Zirkusprozession in umgekehrter Richtung (das Kapitol ist der Startpunkt) und endet im Circus Maximus; der spielgebende Beamte trägt ebenfalls das Triumphatorenornat.

Und natürlich findet sich auch in der *pompa funebris* Triumphzugsmotivik[21] – zumal wenn ein Triumphator zu Grabe getragen wird.[22]

Auch hier seien einige Aspekte benannt, die eine gewisse Nähe zwischen Leichenzug und Triumphzug zeigen: Beide Züge finden in der Öffentlichkeit vor Publikum statt; beim Leichenzug werden ebenfalls Bilder mitgeführt, allerdings handelt es sich um Bilder des Verstorbenen und weiterer Ahnen, die – darin der Leistungsschau im Triumphzug sehr ähnlich – die Leistungen der Familie und ihrer Großen herausstellen sollen; war der Verstorbene oder einer seiner Ahnen ein Triumphator, so lief auch ein Familienmitglied in der Aufmachung eines Triumphators mit, um diese besondere Auszeichnung des Verstorbenen imitierend in Erinnerung zu rufen.

Aber die sequentielle Gesamtheit der Ritualsyntax des Triumphzugs, die in einen sich als Einzug in die Stadt zu verstehenden geographischen Rahmen eingespannt ist, wird doch in keinem anderen Ritual parallel wiederholt. Sie macht den Triumphzug zum Triumphzug und damit zum unverwechselbaren Unikat. Eine Verwechslungsgefahr des Triumphzugs mit anderen Ritualen besteht in der Antike, trotz der deutlichen Parallelen zwischen Triumphzug und *pompa circensis* sowie *pompa funebris*, nicht.[23] Der Triumphzug hat angesichts seiner Spezifik wie auch seiner Bekanntheit einen hohen Wiedererkennungswert.

---

20 Zur Zirkusprozession vgl. H. Beck, Züge, 90–96; zu den Gemeinsamkeiten zwischen den beiden Prozessionstypen vgl. auch E. Künzl, Triumph, 105; E. Flaig, Politik, 34.

21 Zur *pompa funebris* vgl. H. Beck, Züge, 84–90; E. Flaig, Politik 34; auf die Ähnlichkeiten zwischen den beiden Prozessionstypen weist auch D. Pausch, Heimkehr 246–249, im Rahmen einer Analyse von Vergil, Aen XI 1–99 hin, einem Textstück, das die Heimkehr des Pallas erzählt und dabei eine Reihe von Motiven anführt, die sowohl zum Triumph- wie zum Leichenzug passen. „Dadurch entsteht der Eindruck eines Vexierbildes, in dem die Beschreibungen beider pompae übereinander gelegt sind und in dem jede Ebene durchsichtig auf die jeweils andere ist" (249).

22 Vgl. dazu auch J. Rüpke, Statuenrituale, 13; zur Triumphmotivik im Leichenzug des Augustus, die den Leichenzug zu einer „Pompa funebris triumphalis" (48) werden ließ, vgl. T. Itgenshorst, Princeps, 38f.48; R. Payne, Triumph, 169, versteht den Leichenzug des Augustus als „a kind of triumph in reverse".

23 Vgl. auch E. Flaig, Politik, 34–36.

6.3 Schlussfolgerungen: Selektive und voraussetzungsreiche Anspielungen auf den Triumphzug sind möglich – Fallbeispiele

Aus der großen Popularisation sowie der hohen Spezifik des Triumphzugsrituals erwachsen Folgen für den Modus der Triumphzugsdarstellung bzw. Triumphzugsanspielung in antiken Texten, die es abschließend festzuhalten gilt: Literarische Darstellungen von Triumphzügen oder Anspielungen auf dieses Ritual können sehr *selektiv*[24] und *voraussetzungsreich*[25] erfolgen. Die antiken Autoren, die auf Triumphzüge in ihren Werken zu sprechen kommen, können in aller Regel voraussetzen, dass ihr Publikum das Triumphzugsritual mindestens in seinen Grundzügen kennt und über eine entsprechende Assoziationskompetenz verfügt. Sie können daher mit sehr wenigen Worten das Gesamtritual aufrufen und dann spezifisch nur auf jene Aspekte fokussieren, die für sie von besonderer Bedeutung sind.[26] Popularisation und Spezifik des Triumphzugs ermöglichen es daher, dass im Rahmen von Anspielungen auf Triumphzüge und Darstellungen von Triumphzügen die Figur des *pars pro toto* verwendet wird.[27] Diese Figur kann aber nur dann sinnvoll eingesetzt werden, wenn beim Adressaten des jeweiligen Textes ein grundsätzliches Wissen um diese Gesamtheit vorliegt, das speziell auch den jeweiligen Teil (*pars*) als Element der Gesamtheit einschließt. Freilich ist in den allermeisten Fällen, die bisher in den Blick kamen (vgl. II 5), das jeweilige Teil (*pars*) so gewählt, dass es aufgrund seiner eindeutigen Semantik (etwa durch eindeutige Stichworte aus der Wortfamilie „Triumph“[28] oder durch eine eindeutige Ikonographie[29]) sehr leicht den Gesamtkontext Triumphzug aufrief, ohne diesen freilich im Text unmittelbar weiter zu entfalten.

Aber längst nicht alle antiken Texte, wobei Text in einem weiten Sinne zu verstehen ist, nutzen so eindeutige Verweise auf den Triumph, wenn sie ihn erzählen oder auf ihn alludieren. Zwei Beispiele, ein literarisches und ein ikonographisches, mögen das aufzeigen.

---

24 Vgl. dazu auch die unter II 5.1–5.5 gesammelten Beispiele.

25 Vgl. zur voraussetzungsreichen Darstellung von Triumphzügen in antiker Literatur auch S. T. Schipporeit, Wege, 98 (mit Blick auf die Schwierigkeiten, die diese Darstellungsweise für die Rekonstruktion des genauen Prozessionsverlaufs macht).

26 Das können die variablen Elemente im Rahmen von Triumphzügen sein, also vor allem der gesamte Bereich der „Leistungsschau“ (so vor allem bei Livius). Das können freilich auch jene Elemente sein, bei denen es gerade zu einer Abweichung vom „Normalen“, also dem üblichen Ritualverlauf, kommt. Das können schließlich auch Aspekte sein, die ganz und gar typisch für das Ritual sind, aber für den jeweiligen Autor dennoch eine spezifische Bedeutung haben.

27 J. Rüpke, Domi militiae, 225, bietet Beispiele für die Umschreibung des Triumphes durch die Figur des *pars pro toto* und nennt auch explizit dieses Stilmittel.

28 Zum Bedeutungsspektrum von θριαμβεύω vgl. nur G. H. Guthrie, Imagery, 80–84.

29 Etwa in Form einer Quadriga auf einer Münze.

In den Punica, einem Epos über den 2. Punischen Krieg aus der Feder des römischen Politikers Silius Italicus (25/26–101/102 n. Chr.), findet sich eine Anspielung auf das Triumphzugsritual, die selektiv und voraussetzungsreich ausfällt, die Figur des *pars pro toto* realisiert und gerade nicht einen eindeutigen semantischen Verweis im Sinne eines deutlichen Stichworts verwendet. Die Anspielung steht am Ende einer Rede, die Virtus, die göttliche Personifikation der soldatischen Tapferkeit und Tugend hält. Adressat der Rede war der noch junge Publius Cornelius Scipio (236/235–183 v. Chr.). In der erzählten Welt war ihm die struppig und männlich wirkende Frau Virtus gemeinsam mit der verführerisch schönen Frau Voluptas (Lust) im Garten erschienen (XV 18–31). Virtus suchte ihn nun zu überzeugen, das Kommando über die römischen Truppen in Spanien zu übernehmen, um dort gegen die Karthager zu kämpfen. Mit ihren in der Rede (XV 69–120) vorgebrachten Argumenten, die sich im Sinne der Zwei-Wege-Lehre auch als Auseinandersetzung mit der konkurrierenden[30] Rede der Voluptas, die der Rede der Virtus vorausging (XV 32–67), verstehen lassen,[31] konnte Virtus Scipio in der erzählten Welt überzeugen. Scipio zog in den Krieg und trug den Sieg davon – genauso wie es auch in historischer Perspektive 210–209 v. Chr. der Fall war.

Die Argumentation der Virtus enthält nun auch einen versteckten Hinweis auf einen am Ende der Kriegsunternehmungen stehenden Triumphzug, der als schillernde und zutiefst ehrenvolle Belohnung, die nun beinahe göttlich verbürgt ist,[32] dem Scipio winkt. Silius Italicus lässt Virtus sagen (XV 101–120 [Rupprecht]):

> [101]Mein Haus ist rein, die Hausgötter stehen auf ragendem Hügel; [102]steil führt ein Fußpfad über den Abhang und anfangs erfährst du [103]nur Beschwerden – bei mir ist nämlich zu täuschen nicht möglich – [104]als Begleiter. Will man dort Zutritt, bedarf es der Mühe. [105]Hoch ist nicht zu schätzen, was gibt der treulose Zufall [106]und wieder wegnehmen kann. Bald wirst du aus ragender Höhe [107]unter

---

30 Voluptas hebt in geradezu hedonistischer Perspektive auf die Freuden des Lebens und die unangenehmen Seiten des Krieges ab und will Scipio zu einem Leben in Schwelgerei verführen.

31 In diesem Punkt erinnert der Auftakt des 15. Buches der Punica auch an die konkurrierenden Angebote von Frau Weisheit und Frau Torheit in Spr 9,1–18 oder an das Frauenpaar der Prodikosfabel (vgl. M. Ebner/B. Heininger, Exegese, 14–17).

32 Dass hier ausgerechnet Virtus ein solches Triumphversprechen abgibt, passt in indirekter Perspektive gut zum Motivfeld des Triumphzugs. Denn auf einigen kaiserzeitlichen Reliefs (etwa auf dem Triumphatorenfries des Titusbogens sowie einem nicht genau zu verortenden kaiserzeitlichen Relief, das vermutlich Augustus im Triumphzug zeigt [vgl. T. Schäfer, Relief, 138 Abb. 1]), die den Triumphator in der Quadriga mit seiner Entourage abbilden, findet sich eine weibliche Begleitperson, die die Pferde der Triumphquadriga am Zügel führt. Dabei handelt es sich nach M. Pfanner, Titusbogen, 67f, sowie T. Schäfer, Relief, 147, um eine Personifikation der Virtus. Die hier das Versprechen des Triumphes abgebende Virtus ist also die gleiche, die auch den Triumphator in die Stadt geleitet.

dir sehen das Menschengeschlecht. Das Gegenteil wirst du [108]von dem allen erfahren, was schmeichelnd die Wollust versprochen. [109]Hingestreckt wirst du auf hartem Lager die Nächte im Freien [110]schlaflos zubringen und wirst Kälte und Hunger bezwingen. [111]Pflegst du aber das Rechte, so wirst du, was immer du anfängst, [112]feststellen, dass die Götter als Zeugen des Handelns dabei sind. [113]Dann wirst du, wenn es Gefahr für Staat und Heimat erfordert, [114]Waffen als erster ergreifen, als erster auf feindliche Mauern [115]dich hinaufschwingen. Eisen und Gold wird dir den Geist nicht beugen. [116]Hier gibt es keine mit tyrischem Purpur gefärbten Gewänder, [117]nicht Geschenke, die Männern nicht ziemen, wie duftenden Balsam. [118]Geben will ich dir, ihn, der das Reich euch mit wütenden Kriegen [119]jetzt überzieht, zu schlagen und, *stolzen Lorbeer in Händen*, [120]nach der Karthager Vertilgung *in Jupiters Schoß ihn zu legen* (*superare manum laurumque superbam in gremio Iovis excisis deponere Poenis*).

Die (im deutschen Text kursiv gesetzte) Anspielung auf den Triumphzug erfolgt *pars pro toto*. Angespielt wird konkret auf einen Ritus, der relativ am Ende des Gesamtrituals vollzogen wird und von den wenigsten Triumphteilnehmern und Zuschauern direkt gesehen werden konnte: die Weihe von Lorbeer, also des Zweiges aus den Händen des Triumphators sowie des Lorbeers der *fasces*, an Jupiter Capitolinus im Jupitertempel auf dem Kapitol. Besonders wichtig: Stichworte aus der Wortfamilie „Triumph" fallen in diesem Zusammenhang nicht.[33] Um die Anspielung zu erkennen, muss man daher das Ritual gut kennen und wissen, dass die Weihe von Lorbeer in Form einer Dedikation im Schoß der Jupiterstatue ein integraler und typischer Bestandteil des Rituals ist. Offensichtlich rechnet Silius Italicus damit, dass sein Publikum diese Anspielung entschlüsseln kann.[34] In der erzählten Welt muss auch die Erzählfigur des Scipio sie verstanden haben. Denn das mit der Anspielung verbundene Versprechen, sein Sieg in Spanien würde so gewaltig ausfallen, dass er sogar von einem Triumph gekrönt werden würde, diente fraglos als letzter Motivationsschub für Scipio, sich um das Kommando in Spanien zu bemühen. In diesem Punkt gehen die Ereignisgeschichte und die Erzählung des Silius Itali-

---

33 Die Erwähnung der Personifikation des Triumphes in der Mitte der Rede (XV 100 [Rupprecht]: „Mich führt mit Lorbeer umkränzter Triumph hinauf zu den Sternen") steht m. E. zu weit entfernt von der abschließenden Anspielung, um noch als direkter Verweis im Sinne eines leitenden Stichworts zu fungieren (trotz des in beiden Fällen vorhandenen Begriffs „Lorbeer"). Sie hat im literarischen Kontext der Rede auch eine andere Funktion, steht sie doch selbst im Verbund mit anderen Personifikationen, die als Begleiter der Virtus und damit als Gegenüber zu den negativ charakterisierten Begleitern der Voluptas fungieren. Die Gesellschaft der Virtus zeichnet sich durch Ehre, Ruhm, Anstand, Lob, Sieg und Triumph aus; Trunksucht, Ausschweifung, Liederlichkeit und Schande begleiten hingegen Voluptas (XV 93–100). Und selbst wenn diese Erwähnung des Triumphes leserlenkend sein sollte, so setzt der Text doch ein ausgesprochenes Detailwissen um den Triumphzug voraus.

34 Die Erwähnung des tyrischen Purpurs in XV 116 könnte nach der Aktivierung des Allusionsraums Triumphzug in XV 120 rückwirkend auch als Anspielung verstanden werden, die sich auf das Triumphornat bezieht.

Abb. 26: Denar des Faustus Cornelius Sulla, Rom, 56 v. Chr.: Av.: Drapierte Büste der Venus nach rechts mit Lorbeerkranz, im Hintergrund ein Szepter; Umschrift: S C; Rv.: Drei Tropaia mit Lituus rechts und Kanne links; Unterschrift: FAUSTUS (in Ligatur) [Quelle: © Münzkabinett der Staatlichen Museen zu Berlin, Objektnummer: 18201847].

cus (vermutlich) nicht ganz konform. Einen Triumph erhielt Scipio tatsächlich wohl erst nach dem Sieg über Hannibal 202 v. Chr. Dieser Sieg brachte ihm auch den Beinamen Africanus ein.[35]

Ein zweites Beispiel führt ein weiteres Mal in die Welt der Numismatik. 56 v. Chr. lässt Faustus Cornelius Sulla, der Schwiegersohn des Pompeius, Münzen prägen, die an die drei Triumphe seines berühmten Vorfahren erinnern sollen.[36] Zwei Haupttypen für das Revers dieser Münzen, die fünf Jahre nach dem dritten Triumph des Pompeius geprägt worden sind, lassen sich unterscheiden.

In der einen Variante stehen drei Tropaia nebeneinander (vgl. Abb. 26). In der anderen Variante sehen wir einen zentrierten Globus, der von drei Kränzen mit kurzen Tänien und einem Kranz mit längerer Tänie umgeben ist (vgl. Abb. 27). Spielt der Globus auf den dritten Triumphzug des Pompeius (61 v. Chr.) an, der auch als Triumph über die ganze Welt gefeiert worden ist und in dem ein Globus als sinnfälliges Symbol dafür im Zug mitgetragen worden ist, so erinnern die drei Kränze wie auch die drei Tropaia an die insgesamt drei Triumphzüge des Pompeius. Der vierte Kranz mit längerer Tänie

---

35 Zum Afrikatriumph des Scipio und zum historisch unsicheren Spanientriumph vgl. ausführlich die Diskussion bei T. Itgenshorst, Triumph (CD-ROM), 152–158.

36 Für die Interpretation dieser Münzen in diesem Sinne vgl. stellvertretend für viele M. Beard, Triumph, 15.20.30.

Abb. 27: Denar des Faustus Cornelius Sulla, Rom, 56 v. Chr.: Av.: Kopf der Herkules nach rechts mit Löwenfell; Umschrift: S C; sowie FAUSTUS (in Ligatur); Rv.: Globus, flankiert von vier Kränzen, Kornähre rechts und Aplustron links [Quelle: http://www.coinarchives.com (26.04.2018)].

könnte entweder den Triumphator selbst symbolisieren oder aber er bezieht sich auf das temporäre Recht des Pompeius, auch außerhalb des Triumphzugs die Aufmachung eines Triumphators zu tragen.[37]

Globus, Kränze und Tropaia sind Symbole, die in keiner Weise eindeutig auf den Triumphzug verweisen. Sie kommen auch in anderer Funktion in der römischen Ikonographie und Lebenswelt vor. Die Anspielung auf den Triumph erfolgt hier also hochgradig unspezifisch und selektiv. Als anspielendes Segment dienen im einen Fall drei Tropaia, die auf die im Triumphzug präsentierten Tropaia verweisen. Dabei ist es die Dreizahl, die hier entscheidend für die Verweiskraft ist und die Anspielung auf die drei Triumphe überhaupt erst ermöglicht. Gleiches gilt für die drei Kränze, die in Kombination mit dem Globus nachhaltig auf den dritten Triumph als solchen wie auch auf die drei Triumphe, in denen der Triumphator ja jeweils einen Kranz trug, insgesamt verweisen. Begriffe aus dem semantischen Feld des Triumphzugs finden sich auf den Münzen nicht. Auch der Name des Pompeius fällt nicht. Und selbst der Name seines Schwiegersohnes und Prägeherrn ist jeweils nur dezent als Ligatur vorhanden. Ebenso finden sich gerade nicht eindeutige ikonographische Anspielungen auf den Triumph, etwa in Form einer bemannten Quadriga oder eines Bogenmonuments.[38] Der Prägeherr nahm gleichwohl an, dass seine voraussetzungsreiche und hochgradig selektive Anspielung dechiffrierbar war.

37 So die Überlegung bei M. Beard, Triumph, 30.

38 Das unterscheidet diese Münzen von den allermeisten Münzen mit Triumphzugsmotivik.

Das sind natürlich nur zwei Beispiele. Ihre Beweiskraft im Sinne einer Verallgemeinerung ist begrenzt. Aber sie zeigen doch, dass im 1. Jh. n. Chr. sehr dezente Anspielungen, eben chiffrierte Referenzen, auf den Triumph möglich waren.[39] Darüber hinaus gilt in argumentationstheoretischer Perspektive, dass eine hohe Popularisation eines Prätextmotivs bei gleichzeitiger Spezifik – und beides lässt sich für den Triumphzug zeigen und plausibel machen – Chancen und Wahrscheinlichkeit für die Existenz und das Gelingen einer chiffrierten Referenz erhöhen. Es braucht in der Antike eben nicht viele Worte, um in die Welt des Triumphzugs zu verweisen und sie als Hintergrundrealie aufzurufen. Das gilt ohne Einschränkung auch für das in Rom oder seiner Umgebung zu verortende MkEv. Meine These lautet daher, dass sich auf den Triumphzug als sehr bekanntes und sehr spezifisches Ritual auch in chiffrierter Form anspielen lässt und ein antikes Publikum entsprechend auch Anspielungen auf den Triumphzug entschlüsseln kann, die nicht durch eine einschlägige Semantik evoziert werden.

39 Freilich – und das wird man ehrlich zu konstatieren haben – sind es natürlich moderne Autoren wie J. Rüpke, Domi militiae, 225, die das Textdetail bei Silius Italicus als eine solche Anspielung interpretieren. Es steht aber zu vermuten, dass auch ein antikes Publikum das Textdetail als Anspielung auf den Triumph entdeckt und entsprechend rezipiert hat. Ähnliches gilt für die Münzen des Cornelius Sulla. Auch hier sind es moderne Forscher wie etwa M. Beard, Triumph, 20, die die Ikonographie auf eine Triumphzugsanspielung hin lesen. Auch hier steht zu vermuten, dass die Rezeption in der Antike ähnlich ausgefallen ist. Beweisen lässt sich das freilich nicht.

7. Überleitung: Erfahrungshorizont und Vorwissen der mk Gemeinde

Es bleibt abschließend und überleitend noch die Frage zu stellen, was Markus und/oder seine Leserinnen und Leser vom faktischen Triumphzugsritual gekannt haben können, das hier gleichsam aus der rekonstruierenden Vogelperspektive beschrieben worden ist. Gerade bei einer solchen Beschreibung besteht nämlich die Gefahr, mehr, weniger oder anderes über den Triumphzug als Wissensbestand zu rekonstruieren und Markus bzw. seiner Gemeinde als potentielles Vorwissen im Sinne eines kulturell geprägten Erfahrungshorizonts – in linguistischer Perspektive gesprochen als *frame*[1] – zuzuordnen, als dies faktisch der Fall war. Deshalb ist zu fragen: Welches Vorwissen, welche Voreinstellungen, welchen Deutungsrahmen, ja im Wortsinne welche Bilder haben die mk Adressaten im Blick auf den Triumphzug im Kopf, wenn sie das MkEv lesen und dabei – so meine These – auf chiffrierte Referenzen treffen, die auf den Triumphzug alludieren? Welches Vorwissen und welche Erwartungshaltung werden durch diese Anspielungen aktiviert? Deckt sich ihr Vorwissen mit dem, was in dieser Arbeit soeben über den Triumphzug geschrieben worden ist? Und deckt sich das Vorwissen des Markus mit diesem hier entworfenen Bild eines idealen Triumphzugs?

Natürlich lässt sich nicht in den Kopf des Markus und die Köpfe seiner Gemeinde schauen, um absolute Gewissheiten zu erlangen. Gleichwohl scheint mir, dass man bei beiden Größen ein grundsätzliches Wissen um das Ritual des Triumphzugs voraussetzen darf.[2] Das legt sich angesichts der großen Bekanntheit des Rituals, der faktischen Vollzüge des Rituals wie auch der Möglichkeit, das Ritual in antiken Texten mit nur wenigen Begriffen einzuspielen und zum Gegenstand literarischer „Spiele“ zu machen, nahe. Und dies gilt umso mehr, als sich die mk Gemeinde in Rom oder dem näheren Kontext dieser Stadt verorten lässt. Ich gehe daher davon aus, dass Markus bei seinen Leserinnen und Lesern ein grundsätzliches Wissen um den Triumphzug wie auch um seine Details voraussetzen kann. Das gilt insbesondere für die Elemente, die in Rom

---

1 Vgl. zur Framingtheorie nur A. Linke/M. Nussbaumer/P. R. Portmann, Studienbuch, 265–267; B. Scheufele, Frames; vgl. auch E. Esch-Wermeling, Thekla, 191.

2 Es ist in diesem Sinne ein schönes Indiz, dass in zwei monographischen Studien zum Triumphzug aus althistorischer Perspektive auch die ntl. Rezeption der Triumphzugsmotivik explizit und zustimmend angesprochen wird: M. Beard, Triumph, 50 mit Anm. 14: „Early Christians reworked its conventions [sc. die des Triumphzugs, M. L.] to express the ‚triumph‘ of Jesus.“ Als Beispiele für christliche Adaptionen der Triumphzugsthematik und einen entsprechenden metaphorischen Transfer nennt sie 2 Kor 2,14; Kol 2,15 und die Arbeit von Thomas E. Schmidt zu Mk 15. I. Östenberg, World, 157 mit Anm. 156, kommt im Zuge des Umgangs mit Triumphzugsgefangenen vergleichend auf die Verspottung Jesu in Mk 15 zu sprechen.

öffentlich sichtbar vollzogen worden sind oder über die die Öffentlichkeit explizit informiert wurde (etwa die Hinrichtung des königlichen Gefangenen, die Umstände, die zum Sieg und zum Recht auf den Triumphzug geführt haben).

Vermutlich nicht zum Vorwissen des Markus und seiner Gemeinde werden hingegen die Details gehört haben, die sich unter Ausschluss der breiten Öffentlichkeit vollzogen haben, etwa die Details der Feierlichkeiten des Kaisers mit seinen Großen am Ende des Zuges oder der Verlauf der Verhandlungen über den Triumphzug. Anspielungen auf solche Details sind – unter Rückgriff auf die Überlegungen zur Bekanntheit von Prätextmotiven für die Plausibilität einer Anspielung (s. I 4.2.4.1) – nur sehr schwer zu begründen und insgesamt eher unwahrscheinlich. Allenfalls ist ein Grundwissen um die Feierlichkeiten und die Verhandlungen denkbar, vielleicht auch das eine oder andere Detail der Verhandlungen, das sich als „Klatsch" oder „Propaganda" seinen Weg in die Öffentlichkeit gebahnt hat. Zum Vorwissen des Markus und der mk Gemeinde dürften schließlich auch nicht alle der hier systematisiert und differenziert vorgetragenen Überlegungen zur Funktionalität des Rituals gehört haben.

Insgesamt darf man damit rechnen, dass Markus bei seiner Gemeinde ein breites Vorwissen um die öffentlich sichtbaren Elemente des Triumphzugs voraussetzen kann. Oder aus Rezipientenperspektive formuliert: Das MkEv kann bei seinen Leserinnen und Lesern ein solch solides Vorwissen aktivieren. Mit einem eher allgemein gehaltenen Vorwissen ist hingegen im Blick auf die Schlussfeierlichkeiten wie auch die am Beginn stehenden Verhandlungen zu rechnen.

III. Das Markusevangelium im Licht des Triumphzugs: Textuntersuchungen

Der römische Triumphzug ist im vorausgehenden Hauptkapitel angesichts der Forschungslandschaft und der vielfältigen Quellen zwar fokussiert, aber doch in gewisser Breite in den Blick genommen worden. Leicht kann der Eindruck entstehen, dass bei dieser Erarbeitung der Realie Triumphzug mehr genannt, analysiert und problematisiert worden ist, als für die Analyse des mk Textes nötig zu sein scheint. Das ist einerseits richtig: Es sind nämlich fraglos auch Aspekte in den Blick gekommen, auf die es im MkEv keinerlei Allusion gibt.[1] Andererseits war eine einigermaßen gründliche Wahrnehmung und Vorstellung des Triumphes nötig, um jetzt mit einem möglichst breiten und geschärften Wissen um die Realie des Triumphzugs den mk Text in den Blick nehmen zu können. Denn Allusionen zu sehen und Texte mit ihren vermeintlichen oder wirklichen Prätexten vergleichen zu können, verlangt ein möglichst großes Wissen um den vermuteten Prätext, um jenem Wissen nahezukommen, das bei antiken Leserinnen und Hörern des mk Textes angesichts ihrer kulturellen Sozialisation vorausgesetzt werden darf. Für die heutigen Exegetinnen und Exegeten gilt: Wer mehr weiß, kann mehr entdecken. Und natürlich kann eine konzise Darstellung des Rituals Triumphzug für die exegetische Wissenschaft insgesamt hilfreich sein und ist ein Wert an sich.

Die folgenden Textuntersuchungen zu mk Perikopen nehmen ihren Ausgangspunkt bei derjenigen Perikope, die das dichteste Netz an Anspielungen auf den Triumphzug enthält: Mk 15,16–20. Von diesem Anspielungscluster ausgehend, das die Leserinnen und Leser auf die Triumphzugsspur setzt, wird dann in der Perspektive einer sukzessiven Lektüre das weitere Textgelände bis Mk 16,8 in den Blick genommen. Ausführlicher behandelt werden dabei in diesem dritten Hauptteil nur solche Textelemente innerhalb der Perikopen von Mk 15,16–16,8, in denen nach meiner Wahrnehmung Anspielungen auf den Triumphzug evoziert werden oder die ihrerseits früher gemachte Anspielungen inhaltlich fortführen und ergänzen, ohne selbst ein unmittelbar anspielendes Segment zu enthalten, die aber gleichwohl neu im Licht des Triumphzugs gedeutet werden können. In den Blick kommen zudem auch jene Textelemente innerhalb der Perikopen, in denen andere Exegetinnen und Exegeten (s. die Forschungsgeschichte unter I 3) Anspielungen auf römische Triumphzüge ausgemacht haben. Diese Deutungen diskutiere ich jeweils, schließe mich ihnen aber nicht immer an. Schließlich kommt mit Mk 16,1–8 eine Perikope in

1 Freilich kann auch das Fehlen von Allusionen auf bestimmte Aspekte des Triumphes bedeutsam sein.

den Blick, in der sich keine Triumphzugsallusionen finden lassen. Gleichwohl wird sie im Rahmen der Textanalysen untersucht, allerdings nur im Blick auf ihren die Leserin an den Anfang des MkEv verweisenden Charakter. Dieses schon oft gesehene offene Ende des MkEv und der Rückverweis auf den Beginn des Evangeliums innerhalb von Mk 16,1–8 dienen daher im Rahmen des Konzepts einer Neulektüre als Übergang zu weiteren Textuntersuchungen, die sukzessive den Text von Mk 1,1 bis 15,15 erfassen. Auch hier kommen freilich nur Perikopen in den Blick, die für die Thematik der Untersuchung von Bedeutung sind und in denen sich Triumphzugsanspielungen im Rahmen einer Neulektüre plausibel machen lassen.[2] Das sind drei Perikopen, die das Bild zusätzlich konturieren. Hinzu kommt die über das gesamte MkEv verstreute Rede von der ἐξουσία (Vollmacht) Jesu, die sich ebenfalls vor dem Hintergrund des Triumphzugs in neuem Licht verstehen lässt. Die Vollmacht Jesu ist dabei ein innermarkinisches Leitmotiv, das sich nicht an einer Perikope festmachen lässt. Insofern bündele ich entsprechend die einschlägigen mk Textdetails in einem Kapitel, das am Ende der Textuntersuchungen dieses dritten Hauptteils steht. Obwohl damit nur relativ wenige Texte aus Mk 1,1–15,15 in den Blick kommen, lohnt sich doch der Aufwand einer Neulektüre von Mk 1,1–15,15, um ein vollständiges Bild zu erhalten und wirklich im gesamten MkEv den Triumphzugsallusionen nachzuspüren.

Eine vor-mk Passionsgeschichte und die Möglichkeit chiffrierter Referenzen in der mk Passionsgeschichte: Dass sich manche der Erzähldetails, die ich als chiffrierte Referenzen auf den Triumphzug verstehe, bereits einer vor-mk Passionsgeschichte verdanken, die im MkEv verarbeitet worden ist, will ich nicht in Abrede stellen. Dass diese ältere Passionsgeschichte kaum in Rom entstanden sein dürfte und ihre Urheber kaum den römischen Triumphzug im Blick hatten, um das Passionsgeschick Jesu im Licht dieses Rituals zu erzählen, ist unstrittig. Aber das spricht in keiner Weise gegen eine Deutung auch traditioneller Erzähldetails vor dem Hintergrund des Triumphzugs.[3] Bei der Aufnahme der vor-mk Passionsgeschichte in das MkEv sind auch diese Erzähldetails neu kontextualisiert worden. Sie sind zu einem Teil des MkEv geworden und werden jetzt neu von der mk Gemeinde, die in oder im Umfeld Roms beheimatet ist, rezipiert. Als semantisch polyvalente Erzähldetails können sie in unterschiedlicher Weise rezipiert werden. Schießlich ist es durchaus auch vorstellbar, dass schon Markus den ihm vorliegenden Text anders, nämlich im Licht des Triumphzugs, verstanden hat und die Triumphzugsallusionen, die er in der vor-mk Passionsgeschichte gesehen hat, im Rahmen seiner Passionsgeschichte noch verstärkt hat.

---

2 Damit ist implizit auch gesagt, dass die Triumphzugsanspielungen, die sich in Mk 1,1–15,15 möglicherweise finden lassen, im Rahmen einer Erstlektüre kaum oder nur schwer entdeckt werden können.

3 Das war aber eines der Argumente von G. GUTTENBERGER ORTWEIN, Status, 191, auf dem ihre letztlich ausgewogene Kritik an der Triumphzugsthese von T. E. Schmidt basiert.

Methodisch biete ich stets eine Abgrenzung und Kontexteinordnung der Perikope, eine eigene Übersetzung sowie Beobachtungen zur Gliederung und Komposition des Textes. Im Anschluss erfolgen jeweils Variationen motivkritisch vergleichender Analysen der für die hier verhandelte Fragestellung entscheidenden Textdetails, also nicht des ganzen Textes. Im Einzelnen wird zu fragen und aufzuzeigen sein, wie das jeweilige Textdetail bisher motivkritisch oder anderweitig gedeutet worden ist und was die Leserinnen und Leser im Sinne eines Stolpersteins überhaupt auf die Spur des Triumphzugs setzt. In den Blick kommen damit die Bereiche der Markierung bzw. Chiffrierung der Referenz, aber auch die semantische Polyvalenz eines Textdetails. Sodann interessiert der Vergleich zwischen der Realisierung des Motivs im manifesten Text und dem jeweiligen Prätextmotiv: Was wird eingespielt? Welche Innovation in Form von Selektion und Mutation (Transformation) erfährt das Prätextmotiv und welche Pragmatik (vgl. dazu dann auch unter IV) könnte sich damit verbinden? Diese motivkritischen Untersuchungen und Fragestellungen können durch den Einsatz von unterschiedlichen anderen exegetischen Methoden bereichert werden, deren Ergebnisse ich dann jeweils vorstelle, ohne dass ich die Anwendung der Methode selbst vorführe. Diese zusätzlichen Methodenschritte suche ich im Blick auf ihre Leistungsfähigkeit angesichts der Frage nach Triumphzugsanspielungen und Textfunktionalität aus. Das hat zur Folge, dass ich kein festes Raster an Methodenschritten abarbeite. In der Folge sind die einzelnen Analysekapitel jenseits der ersten drei Unterkapitel, die der Textannäherung dienen, nicht vollkommen parallel aufgebaut. Am Ende jeder Analyse einer Perikope stehen jeweils ein oder mehrere Unterkapitel, die erste interpretierende Überlegungen zur Funktionalität der Texte und der Triumphzugsanspielungen im Rahmen der Perikope anstellen. Dabei kann sich die Perspektive auch schon auf andere Perikopen weiten. Das gesamte MkEv überspannende Textinterpretationen, die die Triumphzugsallusionen mithin in übergreifende thematische Leitlinien einbinden, kommen dann vor allem in Teil IV in den Blick. Eine kurze erste Ergebnissicherung beschließt das jeweilige Teilkapitel.

Die gesamten Textanalysen selbst erfolgen in enger Auseinandersetzung mit denjenigen Stimmen aus der Sekundärliteratur, die ihrerseits motivkritisch arbeiten (oder motivkritische Analysen kritisch problematisieren) und zudem nach der Bedeutung und Funktion des jeweiligen Textes fragen. Insofern die jeweiligen mk Perikopen, die ich untersuche, zwar alle bedeutsam für meine Fragestellung sind, dies aber in unterschiedlichen Graden, fällt auch die Länge der Kapitel unterschiedlich aus.

1. Die zwei Gesichter Jesu: Triumphator und königlicher Gefangener: Die Verspottungsszene als Anspielungscluster (Mk 15,16–20)

Mk 15,16–20 wird gemeinhin als Verspottungsszene bezeichnet und inhaltlich in dieser Perspektive gelesen und interpretiert.[1] Jesus ist dem rücksichtslosen, brutalen Spott und der Gewalt der Soldaten ausgesetzt, die unter dem Kommando Roms stehen. Diese Deutung ist nicht falsch.[2] Der Text geht aber nicht darin auf, nur von der Verspottung Jesu durch die römischen Soldaten erzählen zu wollen. Er ist vielschichtiger und hat hintergründige Bedeutungsebenen. Denn die Perikope weist hochgradig spezifische Erzähldetails auf, die gar nicht nötig wären, um eine gewalttätige Verspottung Jesu durch die Soldaten zu erzählen. Dabei lassen sich die erzählten Details kaum als Ausfluss historischer Ereignisse verstehen, machen es doch gerade die Details, wie sich zeigen wird, sehr unwahrscheinlich, dass wir es mit einem historischen Bericht zu tun haben. Interpretationsarbeit ist also nötig. Dabei soll im Übrigen nicht in Abrede gestellt werden, dass Jesus vor seiner Kreuzigung körperlicher Gewalt und Spott ausgesetzt war. Misshandlungen und Verspottungen gehörten zum Set der Begleitstrafen im Kontext der Kreuzigung.[3]

Ich möchte im Folgenden zeigen, dass sich die spezifischen Erzähldetails der Perikope *durchgehend* als Anspielungen auf das Ritual des Triumphzugs verstehen lassen und in ihrer Quantität wie in ihrer Qualität ein *Anspielungscluster* bilden. Dabei sind die einzelnen anspielenden Segmente in unterschiedlichen Graden markiert und chiffriert. Manche fallen eher vage aus, andere verweisen deutlicher auf den Triumphzug als Prätext. Insgesamt ist es die Fülle von Anspielungen auf den Triumphzug innerhalb der kurzen Perikope, die auch diejenigen Erzähldetails als chiffrierte Referenzen erscheinen lässt, die für sich genommen nur sehr bedingt als anspielende Segmente wirken. Damit soll im Übrigen nicht gesagt sein, dass der Triumphzug das einzig denkbare Deutungsmuster für Mk 15,16–20 ist. Es handelt sich vielmehr um semantisch polyvalente Textelemente, die als anspielende Segmente nicht auf einen einzigen Prätext verweisen. Allerdings beabsichtige ich zu zeigen, dass mit dem Triumphzug im Gegensatz zu den übrigen Deutungsmustern, die für

1 So stellvertretend für viele E. Lohmeyer, Mk, 339; P. Dschulnigg, Mk, 391; W. Schmithals, Mk, 677; E. Schweizer, Mk, 186.

2 Dabei entsteht der Eindruck einer Verspottung präzise durch den Kontrast zwischen dem Jesus zugesprochenen Titel („König"), seiner Verkleidung mit Hoheitsattributen (Kranz, Purpurgewand) und der Huldigung in Form einer Proskynese durch die Soldaten auf der einen und das im Blick auf Jesus vollzogene Anspucken und Schlagen auf der anderen Seite.

3 Das weisen etwa D. J. Chapman/E. J. Schnabel, Trial, 269–276.671–674, nach.

die Interpretation der Perikope oder ihre einzelnen Textdetails herangezogen worden sind, ein Prätext gefunden ist, der mehr Erzähldetails spannungsfrei in ein einzelnes Deutungsraster einordnen kann als andere. Und das macht – bei aller semantischen Polyvalenz – die hier vorgetragene Deutung besonders plausibel.

1.1 Kontexteinordnung und Textabgrenzung

Wenngleich Mk 15,16–20 eng in den Erzählfaden von Mk 15 eingebunden und gerade angesichts des Scharnierverses Mk 15,21 sehr dicht mit der folgenden Perikope, Mk 15,21–32, verbunden ist, so lässt sich die kleine Szene doch gut abgrenzen. Am Übergang von Mk 15,15 zu Mk 15,16 findet sich zunächst ein markanter Themenwechsel: Die Verhandlung im Blick auf Jesus oder Barabbas, die Pilatus eröffnet hatte, ist abgeschlossen, über Jesus hat Pilatus zwar nicht ein formelles Urteil gesprochen, ihn aber eben doch zur Kreuzigung übergeben. Pilatus selbst, der im Gegenüber zum die Freilassung des Barabbas einfordernden Volk wenig selbstbewusst wirkende Vertreter Roms, tritt ab und wird erst wieder in Mk 15,43 auf der Bühne der Erzählung erscheinen. Dieser Personenwechsel wird durch die neuauftretenden Soldaten und den nach Mk 15,5 zunächst ins Abseits der Erzählung verschwundenen, jetzt aber wieder präsenten Jesus komplettiert. Hinzu kommt ein Ortswechsel, insofern die Leserinnen und Leser mit Jesus von den Soldaten in einen Hof geführt werden. Dort treiben die Soldaten mit Jesus ihren höchst eigenwilligen Spott.

Am Ende der Szene kommt es am Übergang von V. 20 zu V. 21 erneut zu einem Ortswechsel, insofern der Hof verlassen wird.[4] Auch tritt mit Simon von Kyrene eine neue Person auf. Allerdings – und das verbindet Mk 15,16–20 mit der nachfolgenden Perikope – bleiben die Soldaten weiterhin präsent, ja mehr noch: Sie bleiben bis V. 27 das grammatische Subjekt aller Handlungen, die sich auf Jesus beziehen. Schon das zeigt, dass es die militärischen Vertreter Roms sind, die ab sofort das Heft des Handelns in Händen halten.

---

4 V. 20 gehört daher noch als ganzer zur Perikope und zum mit V. 16 eröffneten Erzählzusammenhang, was sich auch angesichts der Komposition der Perikope nahelegt, vgl. R. Zwick, Montage, 427.

1.2 Griechischer Text und Übersetzung

16a Οἱ δὲ στρατιῶται ἀπήγαγον αὐτὸν ἔσω τῆς αὐλῆς,
16b ὅ ἐστιν πραιτώριον,
16c καὶ συγκαλοῦσιν ὅλην τὴν σπεῖραν.
17a καὶ ἐνδιδύσκουσιν αὐτὸν πορφύραν
17b καὶ περιτιθέασιν αὐτῷ πλέξαντες ἀκάνθινον στέφανον·
18a καὶ ἤρξαντο ἀσπάζεσθαι αὐτόν·
18b χαῖρε, βασιλεῦ τῶν Ἰουδαίων·
19a καὶ ἔτυπτον αὐτοῦ τὴν κεφαλὴν καλάμῳ
19b καὶ ἐνέπτυον αὐτῷ
19c καὶ τιθέντες τὰ γόνατα προσεκύνουν αὐτῷ.
20a καὶ ὅτε ἐνέπαιξαν αὐτῷ,
20b ἐξέδυσαν αὐτὸν τὴν πορφύραν
20c καὶ ἐνέδυσαν αὐτὸν τὰ ἱμάτια αὐτοῦ.
20d καὶ ἐξάγουσιν αὐτὸν
20e ἵνα σταυρώσωσιν αὐτόν.

16a Die Soldaten aber wegführten ihn in den Hof,
16b das ist Prätorium.
16c Und zusammenrufen sie die ganze Kohorte.
17a Und anziehen sie ihm ein Purpurgewand
17b und nachdem sie einen dornigen Kranz geflochten hatten, legen sie (ihn) ihm um.
18a Und sie begannen zu grüßen ihn:
18b „Sei gegrüßt, König der Juden!"
19a Und sie schlugen seinen Kopf mit einem Rohr
19b und spuckten ihn an.
19c Und beugend die Knie huldigten sie ihm.
20a Und als sie ihr spöttisches Spiel mit ihm getrieben hatten,
20b zogen sie ihm das Purpurgewand aus
20c und zogen ihm seine Gewänder an.
20d Und sie führen ihn hinaus,
20e damit sie ihn kreuzigten.

1.3 Beobachtungen zur Gliederung und Komposition

Die Perikope lässt sich vor allem angesichts des Handlungsverlaufs in vier Abschnitte gliedern. V. 16 dient als Einleitung, nennt die neuen Aktanten und den neuen Handlungsort. In V. 17 wird Jesus gleichsam ausstaffiert und verkleidet, damit die Soldaten in V. 18f mit ihm ihren Spott treiben können. V. 20 schließt die Perikope ab, insofern die Verkleidung Jesu rückgängig gemacht wird und Jesus aus dem Hof herausgeführt wird.

Kompositionell liegt eine ausgefeilte Ringkomposition vor, die mit Stichwortverbindungen in Form von semantischen Oppositionen bzw. in Form von Motivverbindungen operiert. Dadurch ergibt sich ein äußerer Ring, der durch das Hineinführen in den Hof (V. 16a) und das Hinausführen (V. 20d) gebildet wird. Der erste innere Ring besteht aus dem Anziehen des Purpurgewandes (V. 17a), dem das Ausziehen des Purpurgewandes (V. 20b) korrespondiert. Der zweite innere Ring ergibt sich nicht angesichts von Stichwortverbindungen, sondern mit Blick auf typisches Herrschaftszeremoniell, insofern der soldatischen Begrüßung Jesu als König (V. 18ab) die soldatische Proskynese vor Jesus (V. 19c) entspricht. Das so dreifach gerahmte Zentrum der Szene, die V. 19ab, die sich zusätzlich durch die beinahe gleich klingenden Wörter ἔτυπτον und ἐνέπτυον, stilistisch eine Paronomasie,[5] auszeichnen, macht überdeutlich, worum es im Kern der Szene geht: Die scheinbare Huldigung Jesu als König und seine Staffage zum Triumphator wird radikal durchbrochen. Im Kern geht es um Gewalt und gerade angesichts des Kontrastes zu den rahmenden Elementen um eine Verspottung Jesu, die ihn zwar wie einen König und Triumphator erscheinen lässt, diese Rolle aber sogleich konterkariert und durchbricht. Schematisiert ergibt sich:

V. 16a: ἀπήγαγον αὐτὸν ἔσω τῆς αὐλῆς
– –
V. 17a: ἐνδιδύσκουσιν αὐτὸν πορφύραν
V. 18ab: … Χαῖρε, βασιλεῦ τῶν Ἰουδαίων
V. 19ab: καὶ ἔτυπτον … καὶ ἐνέπτυον
V. 19c: … καὶ τιθέντες τὰ γόνατα προσεκύνουν
V. 20b: ἐξέδυσαν αὐτὸν τὴν πορφύραν
V. 20c: καὶ ἐνέδυσαν αὐτὸν τὰ ἱμάτια αὐτοῦ
V. 20d: ἐξάγουσιν αὐτόν

Auffällig bleibt angesichts dieser Ringstruktur eine irritierende Leerstelle, die in der obigen schematischen Darstellung bereits angedeutet ist. Im mk Text fehlt ein zu V. 20c paralleles Element: Das Ausziehen der eigenen Kleider Jesu wird nicht erzählt, wird aber angesichts von V. 20c sachlogisch zwingend vorausgesetzt. In der Erzähllogik muss dieses Ausziehen der Gewänder Jesu vor V. 17a erfolgt sein, insofern die Reihenfolge von V. 20bc voraussetzt, dass Jesus nicht unter dem Purpurgewand seine eigenen Kleider trägt, sondern ihm diese abgenommen worden sind:

5 Ein Wortspiel erwägt auch J. Gnilka, Mk II, 307 Anm. 14.

20b		ἐξέδυσαν αὐτὸν	τὴν πορφύραν
20c	καὶ	ἐνέδυσαν αὐτὸν	τὰ ἱμάτια αὐτοῦ.

Dieses Fehlen eines zu V. 20c parallelen und dann eben auch die Ringstruktur um ein zusätzliches Element noch komplettierenden Textdetails ist Matthäus, einem frühen Leser des MkEv, aufgefallen: Das MtEv trägt gegen das MkEv in Mt 27,28a ein solches Ausziehen der Gewänder Jesu nach und schafft damit eine rahmende Entsprechung zu Mt 27,31c (par Mk 15,20c). Auffälligerweise gibt es nach dem Befund von NA^{28} keine textkritischen Varianten zum mk Text, die ein solches Textdetail bieten würden. Dies irritiert umso mehr, als in der handschriftlichen Überlieferung zu V. 20c eine Tendenz zu beobachten ist, die Rede von den Gewändern Jesu zu betonen und festzuhalten, dass es sich eben wirklich um die Jesu eigenen Gewänder handelt.[6] Warum das MkEv dieses Detail nicht erzählt, sondern nur voraussetzt, bleibt zunächst im Dunkeln.

1.4 Kaum ein historischer Bericht! Textdetails und Requisiten – Beobachtungen zur Handlungssequenz

Schon die Kompositionsanalyse, die ihrerseits auf den Ergebnissen einer Analyse der semantischen Oppositionen beruhte, hat gezeigt, dass wir es bei Mk 15,16–20 mit einem äußerst planvoll komponierten und detailreich erzählten Text zu tun haben. Eine auch auf die vielfältigen im Text genannten Requisiten achtende Analyse der Handlungssequenz der im Blick auf die Aktanten binär[7] gestalteten Perikope vermag die Details der Erzählung präzise zu benennen und bereitet auf diese Weise die weitergehende motivkritische Analyse vor, lässt aber auch die Faktizität des Erzählten im Sinne historischer Referentialität fraglich erscheinen.

Wir haben es mit einer Handlungssequenz mit insgesamt 13 dynamischen Events zu tun,[8] die allerdings chronologisch nicht ganz linear erzählt werden, insofern im Blick auf Event Nr. 5 nicht ganz klar wird, wann die Soldaten den Kranz geflochten haben. Das muss mindestens vor Event Nr. 6 erfolgt sein. Event Nr. 3 findet sich zudem nur implizit im Text angedeutet:

---

6 Belegt sind die Varianten τὰ ἱμάτια τὰ ἴδια sowie τὰ ἴδια ἱμάτια αὐτοῦ, vgl. NA^{28}.

7 Die Soldaten sind durchgehend Handlungssubjekt, Jesus ist durchgehend das Objekt.

8 Auf die Lebendigkeit der Erzählung angesichts der vielen Handlungsverben machen auch J. Gnilka, Mk II, 306; R. Pesch, Mk II, 470, aufmerksam.

Nr.	*Event*	*Auffälligkeiten und Requisiten*
1	Soldaten führen Jesus in den Hof	ὅ-ἐστιν-Formel: Prätorium
2	Soldaten rufen die Kohorte zusammen	Kohorte
[3	Soldaten ziehen Jesus seine Gewänder aus	Gewandwechsel: eigene Kleidung]
4	Soldaten ziehen Jesus Purpurgewand an	Gewandwechsel: Purpurgewand
5	Soldaten flechten Dornenkranz	Dornenkranz
6	Soldaten legen Jesus Dornenkranz um	Dornenkranz
7	Soldaten begrüßen Jesus als König	Begrüßung: Königstitel
8	Soldaten schlagen Jesus mit einem Rohr	Schläge mit einem Rohr
9	Soldaten spucken Jesus an	Spucken
10	Soldaten vollziehen vor Jesus die Proskynese	Proskynese
11	Soldaten ziehen Jesus das Purpurgewand aus	Gewandwechsel: Purpurgewand
12	Soldaten ziehen Jesus seine Gewänder an	Gewandwechsel: eigene Kleidung
13	Soldaten führen Jesus zur Kreuzigung ab	

Es sind die Details der Erzählung und die gewählten Requisiten, die es unwahrscheinlich machen, dass sich diese Details[9] historischen Umständen verdanken, die dann im MkEv getreulich überliefert worden wären. Bei aller Kreativität, die man Soldaten beim Verspotten und Foltern von Gefangenen zutrauen muss, wird man doch fragen müssen, ob sie dafür ein luxuriöses Purpurgewand verwendet hätten und wo sie ein solches überhaupt am erzählten Ort, in Jerusalem, hätten erhalten können. Auch dass für die Verspottung die ganze Kohorte, und das sind dann doch bis zu 1000 Mann, versammelt worden wäre, erscheint in historischer Perspektive höchst fragwürdig. Das ergibt mit Blick auf den *einen* Gefangenen, der da zu bewachen und zu kreuzigen ist, kaum Sinn und ist auch logistisch für das im Folgenden Erzählte kaum realisierbar. Die im Text vorhandenen Erzähldetails, die erheblich zur Dramatik

9 Damit ist im Übrigen noch nichts über die Historizität der Gesamtszene gesagt.

und Plastizität der Erzählung beitragen und die – etwa mit Blick auf die Dornenkrone auf Jesu Kopf – massiv in die Rezeptionsgeschichte[10] eingegangen sind, haben eine andere Funktion und einen anderen Sinn. Sie sind, so meine These, narrative Stolpersteine für die Erstleserinnen und -leser des Textes in der mk Gemeinde, die diese Eigentümlichkeiten des Textes zweifellos bemerkt haben, und sich entsprechend gefragt haben werden, was hier eigentlich erzählt wird und welcher Hintersinn durch den Text transportiert werden soll. Motivkritische Interpretationen sind also gefragt, um die vielfältigen Details der Erzählung zu erhellen. Das soll im Folgenden geschehen, um aufzuzeigen, dass wir es mit einem Anspielungscluster auf den Triumphzug zu tun haben.

1.5 „Das ist Prätorium" – und der Triumphzug

In Mk 15,16b begegnet mit der Verwendung des Substantivs „Prätorium" ein erstes Textdetail, das als ein auf den Triumphzug anspielendes Segment verstanden und damit vor dem Hintergrund des Triumphzugsrituals interpretiert werden kann. Allerdings handelt es sich um ein Textdetail, das zwar deutlich implizit markiert ist, aber für sich genommen nur bedingt als anspielendes Segment auf den Triumphzug gedeutet werden kann. Plausibilität gewinnt die Deutung des Prätoriums als Anspielung auf den Triumphzug erst im Zusammenspiel mit den weiteren Textanalysen zu Mk 16,16–20 in diesem Kapitel, d. h. im Zusammenspiel mit den übrigen anspielenden Segmenten, die auch V. 16b als ein solches erscheinen lassen.

10 Und gerade die Rezeptionsgeschichte steht uns heute bei der Lektüre der Perikope zuweilen im Weg. Denn wir haben uns daran *gewöhnt*, dass Jesus z. B. einen Kranz aus Dornen trägt, um verspottet und gequält zu werden. Das Absonderliche an diesem Erzähldetail spüren wir nicht mehr. Foltern, verspotten und quälen lässt sich doch auf erheblich einfachere Weise. Dafür z. B. einen Kranz aus Dornen zu flechten, wie Mk 15,17b erzählt, und sich dabei automatisch selbst die Hände zu verletzen, erscheint wenig sinnvoll. Leserinnen und Leser des 1. Jh. n. Chr. werden solche Details wohl als wesentlich eigentümlicher erlebt haben.

1.5.1 Der Textbefund

Der Latinismus[11] „Prätorium" wird in Mk 15,16b in Kombination mit der ὅ-ἐστιν-Formel in den Text eingeführt. Das Substantiv ist dabei als Deutung des vorausgehenden Begriffs αὐλή gedacht.[12]

Insofern sich das Relativpronomen ὅ im Sinne einer *constructio ad sensum*[13] zwar auf αὐλή beziehen kann, aber natürlich nicht muss, ist zumindest erwägend zu notieren, dass sich die Deutung ὅ ἐστιν πραιτώριον auch auf den gesamten V. 16a beziehen kann. Dann würde der Vorgang, die Soldaten führen Jesus in den Hof, als ganzer gedeutet werden. Das liegt angesichts der Verwendung der ὅ-ἐστιν-Formel im MkEv (s. I 5.2.2) freilich nicht eben nahe.

Mk 15,16b gibt also dem bereits mit V. 16a genannten Handlungsort der V. 16–20 einen eindeutigen Namen. Der Hof (αὐλή) ist Prätorium. Das ist angesichts der Realien, die durch das Wort Prätorium beschrieben werden können, eine ausgesprochen ungewöhnliche Identifikation. Denn das semantische Spektrum von αὐλή verweist primär auf einen unbedeckten und in diesem Sinne offenen Hof vor oder in einem Haus bzw. Gebäude.[14] So kann z. B. das offene Atrium eines römischen Hauses mit αὐλή bezeichnet werden. Auch der Vorhof oder die Vorhöfe eines Tempels können αὐλή sein.[15]

Als Bezeichnung für einen nach oben offenen, nicht zu kleinen, ebenerdig gelegenen und abgegrenzten Hof verwendet das MkEv αὐλή. Aus dem Kontext von Mk 14,54.66 – nur dort ist im MkEv noch von αὐλή die Rede – wird nämlich deutlich, dass sich das MkEv unter αὐλή einen Hof als begehbaren Ort im Kontext eines größeren Hauses vorstellt. Dieser Hof liegt im Gegensatz zum mehrstöckig gedachten Haus offenbar ebenerdig – während Jesus von den jüdischen Autoritäten im Haus verhört wird, befindet sich Petrus *unten* (!) im Hof (Mk 14,66) – und ist offen, insofern in ihm Feuer gemacht werden kann und sich viele Personen an diesem Feuer wärmen (Mk 14,54.66). An diese αὐλή schließt sich dann sogar noch ein Vorhof (προαύλιον) an, in den Petrus hinausgeht (Mk 14,68). Die Höfe sind also verbunden, aber eben doch voneinander abgegrenzt. Man kann in den Hof hinein- und hinausgehen. Die

---

11 Als ein solcher z. B. verstanden bei C. A. Evans, Mk, 489; P. Dschulnigg, Mk, 392; D. Lührmann, Mk, 257; M. Peppard, World, 87; A. Winn, Purpose, 81; A. Bedenbender, Botschaft, 281; R. Pesch, Mk II, 471.

12 Das wird praktisch in jedem Kommentar so vertreten und entsprechend übersetzt. Explizit reflektiert wird der Einsatz der ὅ-ἐστιν-Formel in V. 16b im Blick auf die Adressatenschaft des Markus bei J. Gnilka, Mk II, 309.

13 Vgl. zur *constructio ad sensum* beim Relativpronomen BDR § 296,3.

14 Vgl. LSJ.

15 In diesem Sinne ist vielleicht auch Ps 83,3 LXX gemeint, insofern dort von den „Vorhöfen des Herrn" (LXX Deutsch) die Rede ist, die sich vielleicht auf die Vorhöfe des Jerusalemer Tempels beziehen lassen.

αὐλή ist im MkEv insofern ein gebäudenaher, offener, ebenerdiger und abgegrenzter Hof. Dieses Verständnis wird man auch für Mk 15,16a voraussetzen dürfen,[16] zumal durch die Verwendung des bestimmten Artikels in V. 16a ein gedanklicher Rückbezug auf den Hof von Mk 14,54.66 nahe liegt[17] und das jeweilige Hineingehen in den Hof (Petrus in 14,54; Jesus in 15,16) mit der im MkEv nur an diesen Stellen verwendeten Präposition ἔσω ausgedrückt wird.[18] Auch in diesem Fall dürfen wir uns also einen nach oben offenen, ebenerdigen, begrenzten (Jesus wird *in* den Hof geführt) Hof vorstellen, der im näheren Kontext jenes Gebäudes steht, in dem Pilatus in Jerusalem das Volk empfangen hat (Mk 15,6–15). Die Erzählwelt des mk Textes setzt zudem voraus, dass es sich um einen sehr großen Hof handelt, insofern die ganze Kohorte in ihm Platz findet.

Betrachtet man nun dem gegenüber die Realie Prätorium (s. dazu II 3.2.1.1), dann fällt auf, dass damit entweder die Prätorianerkohorten gemeint sind oder es sich um eine Bezeichnung für ein Gebäude unterschiedlicher Funktion bzw. ein Zelt handelt. In keinem Fall aber meint Prätorium eine αὐλή im mk Sinne, also einen offenen Hof. V. 16b erklärt also etwas zum Prätorium, was in der antiken Welt gerade nicht als Prätorium angesprochen werden kann. Es besteht insofern eine sachliche Spannung zwischen V. 16a und V. 16b. Die kulturell informierten Leserinnen und Leser in der mk Gemeinde werden daher über diese außergewöhnliche Benennung gestolpert sein, die zudem stilistisch noch nachklappend wirkt und auch durch den fehlenden bestimmten Artikel in V. 16b, den man aber in Parallelität zum vorhandenen bestimmten Artikel in V. 16a erwartet hätte, auffällig ist.[19] Welchen Sinn hat die Bezeichnung einer αὐλή als Prätorium?

---

16 Ein solches Verständnis und eine entsprechende Übersetzung als Hof oder Innenhof finden sich etwa bei A. Yarbro Collins, Mk, 722.725; J. Gnilka, Mk II, 306f; L. Schenke, Mk, 330; R. Zwick, Montage, 425.

17 Das sieht auch D. Lührmann, Mk, 257, kommt dann aber überraschend zum Ergebnis, dass es sich nicht wirklich um einen Hof handelt, sondern die jeweilige Residenz, die des Hohepriesters und die des Pilatus, gemeint sei. Aber dieses Gebäude betritt Petrus in Mk 14,54.66 gerade nicht. Er befindet sich außerhalb des Gebäudes.

18 Dabei fällt zudem auf, dass in Mk 14,54 die Präposition ἔσω mit der Präposition εἰς unmittelbar kombiniert wird. Das ist ungewöhnlich und unnötig, insofern beide Präpositionen nahezu den gleichen semantischen Gehalt haben. Dadurch erscheint die Verknüpfung von 14,54 mit 15,16 noch stärker betont.

19 Ein literarkritisches Wachstum und mk Redaktionstätigkeit in V. 16b werden von E. Lohmeyer, Mk, 340; J. Gnilka, Mk II, 306; D. Dormeyer, Passion, 184, aufgrund der Spannungen zwischen V. 16a und V. 16b vertreten.

1.5.2 Entschärfungstendenzen: Bisherige Interpretationsansätze

Wird über die Formulierung von V. 16b überhaupt reflektiert – und das geschieht nur in wenigen exegetischen Arbeiten –, dann dominiert eine letztlich historisierende Deutung, die die αὐλή entweder direkt als Palast oder Residenz des Statthalters übersetzt[20] oder den Hof als *pars pro toto* für diese Residenz versteht.[21] In beiden Fällen wird dadurch die Identifikation der αὐλή mit einem Prätorium interpretierend entschärft, insofern mit Prätorium tatsächlich die Unterkunft eines Statthalters gemeint sein kann, auf die dann der Hof *pars pro toto* verweisen würde. Markus habe damit für sein Publikum Übersetzungsarbeit geleistet[22] und V. 16a vereindeutigt bzw. – sofern αὐλή unmittelbar als Residenz verstanden wird – getreu übersetzt. Der im Hintergrund stehende interpretatorische Impetus lässt sich als spannungsreduzierend und in gewisser Weise historisierend verstehen. Die mk Erzählung wird in die Jerusalemer Baugeschichte eingepasst und die Verspottung Jesu im Prätorium, in der Residenz des Pilatus, verortet. Mk 15,16ab sprechen dann nicht gegen die Historizität des Erzählten.

Alternativ wird von J. Marcus[23] die These vertreten, dass es sich in V. 16b um ein textkritisches Problem handelt. Er postuliert gegen die handschriftliche Überlieferung der griechischen Textzeugen, aber auf der Basis der Vulgata (*in atrium praetorii*), dass V. 16b ursprünglich nicht ὅ ἐστιν πραιτώριον (Nominativ) lautete, sondern dort ursprünglich ὅ ἐστιν πραιτωρίου (Genitiv) stand. Dann erklärt das Prätorium nämlich nicht unmittelbar die αὐλή, sondern bestimmt als Genitiv zu welchem Gebäude die αὐλή gehört: Jesus wird in den Hof, „das ist (der) des Prätoriums", geführt. Damit versucht J. Marcus die auch von ihm beobachtete Schwierigkeit zu umgehen, dass eine αὐλή eben üblicherweise einen Hof meint und Markus den Terminus auch in diesem Sinne in Mk 14,54.66 verwendet. Die direkte Identifikation mit einem Prätorium, mit dem auch nach J. Marcus ein Gebäude gemeint sei, lässt sich dann freilich schwer erklären. Seine Alternativdeutung vermeidet dieses Problem.

Diese drei Interpretationsansätze sind von unterschiedlichem Gewicht. Im Einzelnen: Die grundsätzlichen Beobachtungen, die J. Marcus zu seiner alternativen Deutung führen, erscheinen mir vollauf plausibel und sind mit mei-

---

20 Dies erfolgt bei E. Lohmeyer, Mk, 339 („Halle"); D. Lührmann, Mk, 254 („mitten in die Residenz"; ähnlich E. Schweizer, Mk, 186: „das Innere des Palastes"; so auch R. Pesch, Mk II, 469.471; É. Trocmé, Mk, 363f); W. Schmithals, Mk, 677 („Palast"; so auch K. Kertelge, Mk, 154f; D. Dormeyer, Markusevangelium, 307; C.A. Evans, Mk, 487). P. Dschulnigg, Mk, 391, übersetzt zwar mit „Hof", expliziert dies aber sogleich mit „= Palast".

21 Obwohl J. Gnilka, Mk II, 306f, mit „Hof" übersetzt und diese Bedeutung für αὐλή als leitend ansieht, sieht er das Hauptquartier des Provinzstatthalters angezielt und spricht explizit von einem *pars pro toto*.

22 Vgl. J. Gnilka, Mk II, 309; D. Lührmann, Mk, 257.

23 Vgl. J. Marcus, Mk, 1039.

nen Überlegungen und Textbeobachtungen zu Mk 14,54.66; 15,16 identisch. Seine Schlussfolgerung halte ich allerdings schon aus wissenschaftstheoretischen Gründen für überzogen. Eine Konjektur zugunsten einer im Blick auf die wichtigsten und die meisten Textzeugen textkritisch nicht bezeugten Lesart für den Ausgangstext, ist immer nur *ultima ratio*. Alternative Deutungen, die den rekonstruierten Ausgangstext möglichst spannungsfrei und plausibel interpretieren, sind automatisch von höherem Gewicht und haben die größere Wahrscheinlichkeit auf ihrer Seite.

Deutungen, die die αὐλή unmittelbar als Palast, als Inneres des Palastes oder als Residenz verstehen, übersehen die primäre semantische Bedeutung des Begriffs und vor allem seine Verwendungsweise im MkEv. Sie übersehen damit zugleich die sachliche Spannung, die zwischen Hof und Prätorium besteht. Wesentliche Textdetails und das zumindest erklärungsbedürftige Verhältnis von V. 16a zu V. 16b werden im Rahmen dieser Deutung, die im Blick auf die Details eine gewisse Textferne an den Tag legt, also ausgeblendet bzw. nicht ernst genommen.

Was bleibt, ist die m. E. tatsächlich vorhandene Möglichkeit der Deutung der αὐλή von V. 16a als *pars pro toto*. Dieses Stilmittel würde dann im Licht von V. 16b entstehen, weil erst durch die nachgetragene Benennung der αὐλή als Prätorium deutlich würde, dass es sich bei der αὐλή um einen Teil des Amtssitzes des Provinzstatthalters handelt. Die Spannung zwischen V. 16a und V. 16b wird bei einer solchen Deutung zumindest implizit wahrgenommen und sogleich gelöst. Als αὐλή muss man sich dann konkret etwa das Atrium im Prätorium des Pilatus vorstellen.

Ist das vom Text her intendiert? Ausschließen lässt sich ein solches, auch die Bedeutungen von αὐλή beachtetendes Verständnis des Zueinanders der beiden Versteile jedenfalls nicht. Das muss auch nicht sein, insofern alternative Deutungen eines potentiell semantisch polyvalenten Textdetails ja durchaus möglich sind, solange sie nicht in ausschließender Konkurrenz zueinander stehen. Ein kleiner Zweifel im Blick auf die Deutung als *pars pro toto* bleibt aber bestehen: Denn die αὐλή von Mk 15,16a ist zwar im Kontext des Amtssitzes des Pilatus gedacht, der als höchster Vertreter Roms in Jerusalem und Judäa zwar in einem Prätorium residieren kann – Standort des Prätoriums war allerdings Caesarea Maritima[24] und nicht Jerusalem[25] –, aber verbaliter gedeutet wird durch V. 16b zunächst gerade nicht explizit das Gebäude, in dem Pilatus

---

24 Darauf macht auch A. Yarbro Collins, Mk, 725, aufmerksam.

25 Mit Blick auf den „Amtssitz“ des Pilatus in Jerusalem werden klassisch die Alternativen der Burg Antonia nördlich des Tempels sowie – in historischer Perspektive plausibler – des Palastes des Herodes etwas südlich des heutigen Jaffatores erwogen (vgl. M. Küchler, Jerusalem, 349–358.491–505, bes. 501f; M. Ebner, Jesus, 163; C. A. Evans, Mk, 489; R. Pesch, Mk II, 471). Beide Optionen haben unmittelbaren Einfluss auf die Rekonstruktion des Verlaufs der bzw. einer *Via Dolorosa*.

residiert, sondern ein Hof, der angesichts der erzählerischen Linienführung – Pilatus tritt mit V. 15 aus der Erzählwelt ab – gerade nicht mehr direkt mit seiner Person verbunden ist. Liegt dann aber ein Verständnis des Hofes als *pars pro toto* für die gesamte Residenz des Pilatus wirklich in der Fluchtlinie des mk Textes?[26] Und ein zweiter Aspekt: Die textkritische Variante der Vulgata, auf die J. Marcus hingewiesen hat, zeigt zudem an, dass diese lateinische Texttradition eine Spannung zwischen den V. 16a und V. 16b wahrgenommen hat (vorausgesetzt, dass im griechischen Text, der in der Vulgata übersetzt wurde, der Nominativ πραιτώριον stand), die sie durch die Verwendung des Genitivs (*in atrium praetorii*) entschärft. Offenkundig hat die Vulgata V. 16ab daher nicht im Sinne eines *pars pro toto* verstanden. Das ist zumindest auffällig.

Gleichwohl scheint mir eine definitive Antwort im Sinne des Ausschlusses der Möglichkeit eines *pars pro toto* nicht möglich zu sein. Allerdings schließt ein Verständnis von V. 16ab als *pars pro toto* eine Anspielung auf das Triumphzugsritual, die ich im Folgenden untersuchen und präsentieren möchte, auch nicht aus, sondern würde allenfalls die Deutlichkeit der impliziten Markierung zurücknehmen, insofern keine sachliche Spannung zwischen V. 16a und V. 16b bestehen würde.

1.5.3 Am richtigen Ort: Das Prätorium vor dem Hintergrund des Triumphzugs

Mit der Identifikation der αὐλή als Prätorium liegt m. E. ein erstes anspielendes Segment auf den Triumphzug vor. Für sich genommen hat es allerdings, wie wir sehen werden, nur eine schwache Verweiskraft auf das konkrete Prätextmotiv, weil die Existenz dieses konkreten Prätextmotivs im Rahmen *kaiserzeitlicher* Triumphzüge umstritten ist. Auch weist die insofern potentielle Aktualisierung des Prätextmotivs im Rahmen von Mk 15,16ab deutliche Abweichungen zum Prätextmotiv auf, die sich jedoch als Innovation verstehen lassen. Umso stärker allerdings ist das potentiell anspielende Segment implizit markiert: *semantisch* durch einen auffälligen Codewechsel, insofern ein Latinismus verwendet wird; *stilistisch* angesichts des nachklappenden Charakters von V. 16b und des im Vergleich zu V. 16a fehlenden bestimmten Artikels; *strukturell* durch den Einsatz der für das MkEv typischen ὅ-ἐστιν-Formel, die stets für die Leserinnen und Leser erklärende Identifikationen und Übersetzungen bietet; *kulturell* angesichts der sachlichen Spannung, die durch die ὅ-ἐστιν-Formel evoziert wird, insofern eine αὐλή im mk Sinne schlechterdings kein Prätorium ist! Der Sinn der mehrfach vorhandenen Spannung zwischen

26 In diesem Zusammenhang wird man den fehlenden bestimmten Artikel in V. 16b nochmals zu beachten haben, den man bei einem *pars pro toto* eher erwartet hätte.

V. 16a und V. 16b könnte insofern darin bestehen, auf eine andere Bedeutungsebene zu verweisen und eine Anspielung deutlich implizit zu markieren.

Bereits T. E. Schmidt hatte die Verwendung des Substantivs Prätorium in V. 16b als Anspielung auf den Triumphzug und speziell auf die am Triumph angeblich besonders beteiligten Prätorianer gewertet.[27] In meiner forschungsgeschichtlichen Würdigung der Arbeiten Schmidts habe ich dieser Deutung widersprochen, weil sich eine gesonderte Beteiligung der Prätorianer[28] am Triumphzug gerade nicht nachweisen ließ und die entsprechenden Belegstellen Schmidts einer näheren Prüfung nicht standhielten (vgl. I 3.2.2.1). Gleichwohl lässt sich das Prätorium von V. 16b als implizit markierte chiffrierte Referenz auf den Triumphzug verstehen. Alludiert wird allerdings auf ein anderes Prätextmotiv aus dem Ritual des Triumphzugs, als T. E. Schmidt vermutet hat. Denn tatsächlich spielt das Stichwort Prätorium im Kontext von Triumphzügen vor allem der republikanischen Zeit eine Rolle, aber eben nicht als Bezeichnung für eine Personengruppe, sondern als Ortsbezeichnung. Im Prätorium, dem Feldherrenzelt,[29] verbrachte der designierte Triumphator die Nacht vor dem Triumphzug auf dem Marsfeld (vgl. II 3.2.1.1). Am Morgen trat er aus ihm heraus, es kam zu einer Begegnung mit seinen Soldaten und der Staatselite im unmittelbaren Umfeld des Prätoriums, die Soldaten huldigten dem Feldherrn bzw. Kaiser, dieser betete, hielt eine Ansprache, an die sich ein Frühstück für die Soldaten anschließen konnte. Das Prätorium gehört insofern in den Kontext jener Ritualelemente, die vor und zu Beginn des Triumphzugs standen.

Spielt Mk 15,16ab auf dieses Element des Triumphzugs an? Im Blick auf die Details zeigt sich ein Ineinander von Parallelen, aber auch von Unterschieden. Im Triumphzug finden alle Handlungen zwar im Umfeld des Prätoriums, aber eben doch außerhalb des Prätoriums statt. Im MkEv ereignen sich die V. 16–20 im Prätorium. Das ist ein gewichtiger Unterschied. Vergleicht man die sich im Umfeld des Prätoriums vollziehenden Handlungen im Rahmen des Triumphes mit dem weiteren Erzählverlauf in Mk 15,16–20, zeigen sich allerdings drei parallele Vorgänge: (1.) Auch Jesus trifft auf eine große Gruppe sich versammelnder Soldaten und (2.) auch Jesus erfährt durch die Soldaten Huldigungen, die zwar spöttisch gemeint sind, insofern sie durch den Erzählkontext gebrochen werden, die aber für sich genommen ganz parallel zu den

27 Vgl. T. E. Schmidt, Narrative, 6.

28 Auch B. J. Incigneri, Gospel, 101 f.241, sieht in der Erwähnung des Prätoriums eine Anspielung auf die Prätorianer, die er aber nicht in den Kontext des Triumphzugs stellt, sondern im Rahmen der Verfolgungserfahrungen römischer Christen durch die Prätorianer in Rom interpretiert. Diese Traumata der mk Gemeinde seien auch in die mk Jesuserzählung eingeflossen. Die Erfahrungen der mk Gemeinde werden als Erfahrungen Jesu erzählt.

29 Ich folge hier einer Idee, die von M. Ebner, Mk, 161; M. Ebner, Markusevangelium, 178; M. Ebner, Jesus, 168, angedeutet worden ist.

Huldigungen stehen, die die Soldaten des designierten Triumphators ihrem Feldherrn zollen (zu den jeweiligen Details s. u.). Parallel, aber invertiert, erscheinen schließlich (3.) die jeweiligen Zeitpunkte: Jesus wird am Morgen in das Prätorium geführt – in der erzählten Zeit befinden wir uns noch deutlich vor der 3. Stunde des Tages, von der erst nach der Kreuzigung in Mk 15,25 die Rede sein wird –, der Triumphator verlässt am Morgen das Prätorium, um in seinem Umfeld den Ritualauftakt zu vollziehen. Alle weiteren in Mk 15,16–20 erzählten Handlungen der Soldaten an Jesus finden im normalen Triumphzug entweder an anderer Stelle oder mit Blick auf eine andere Person, nämlich den königlichen Gefangenen, statt.

Nüchtern betrachtet wird man dieses Ineinander von Parallelen – und auch Invertierungen stellen ja Parallelen in Form von Umkehrungen dar – und Unterschieden zunächst nicht im Blick auf die These meiner Arbeit überfrachten und den Text entsprechend pressen dürfen.[30] Auf der einen Seite hat das im mk Text eigentümlich eingeführte Stichwort Prätorium eine Entsprechung im Triumphzug und es zeigen sich mit Blick auf die erzählte Zeit und zwei der im mk Prätorium sich vollziehenden Handlungen deutliche Parallelen zum Ritual des Triumphes; auf der anderen Seite spielt der mk Text im Prätorium, während die dazu parallelen Ereignisse des Triumphzugs außerhalb des Prätoriums stattfinden.

Und gewichtiger noch: Mit Blick auf das potentielle Prätextmotiv ist für die Triumphzüge der Kaiserzeit leider nicht sicher, ob auch nach Einführung der *villa publica* als dem Ort des Nachtlagers des Triumphators noch vom Prätorium im Kontext des Triumphes die Rede war. Möglich ist das, sicher ist es aber nicht. Was bleibt, ist insofern vor allem der mk Textbefund in V. 16b, der semantisch, stilistisch und strukturell auffällig ist und angesichts der antiken Lebenswelt eine Spannung zum mk Gebrauch von αὐλή (V. 16a) produziert. Das Stichwort Prätorium kann man insofern als schwach ausgeprägte chiffrierte Referenz (mit allerdings deutlich ausgeprägter impliziter Markierung) auf den Triumphzug verstehen. Allerdings fällt die argumentative Plausibilität einer solchen Anspielung eher gering aus, weil die Unterschiede im Detail doch deutlich ausfallen und weil nicht ausgemacht ist, ob es in der Kaiserzeit noch ein Prätorium im Triumphzugskontext gab. Größere Wahrscheinlichkeit gewinnt diese Anspielung daher vor allem angesichts weiterer Allusionen auf den Triumphzug in den V. 16–20.

---

30 Mir scheint allerdings auch, dass der Rekurs auf den Triumphzug im Vergleich zur Mehrheit der bisher vorhandenen Interpretationen gleichwohl ein besseres Instrument ist, um mit dem vorhandenen Text umzugehen und die zwischen den V. 16a und V. 16b bestehende Spannung gerade als Spannung – nämlich als Form der impliziten Markierung eines anspielenden Segments – zu deuten.

1.5.4 Die Transformation zum Triumphator beginnt

V. 16b erscheint als mk Erzähldetail, das eine Spannung evoziert (oder ein *pars pro toto* entwickelt) und eine hintergründige Bedeutungsebene eröffnet. Liest man es – was nicht zwingend ist – vor dem Hintergrund des Triumphzugs, ruft die Deutung der αὐλή als Prätorium den Auftakt des (vorkaiserzeitlichen) Triumphzugs in Erinnerung. Die aufgewiesenen unmittelbaren Parallelen wie auch die Invertierungen zwischen den Ereignissen, die im Rahmen des Triumphzugs im bzw. im Umfeld des Prätoriums stattfinden, und dem in Mk 15,16–20 Erzählten, lassen Jesus in *Parallelität zum Triumphator* erscheinen. Jesus wird zum Triumphator stilisiert, dessen Triumphzug unmittelbar bevorsteht. Jesus befindet sich dafür zur richtigen Zeit mit den richtigen Leuten (den Soldaten) am (fast) richtigen Ort. Und in der Tat wird die jesuanische Prozession in Kürze, nämlich ab V. 20d, beginnen. Das MkEv lässt Jesus in dieser Perspektive in die Rolle des Triumphators schlüpfen. Er spielt diese Rolle freilich unfreiwillig. Die Soldaten drängen sie ihm auf.

1.6 „Tausend gegen einen" – Die Kohorte versammelt sich

V. 16c erzählt – wenn man den Text wörtlich versteht – etwas höchst Seltsames, ja Ungeheuerliches: Die Soldaten, die Jesus begleiten, rufen die ganze Kohorte, mehrere hundert Mann, im Prätorium zusammen. Das ist ein Erzähldetail, das für den Erzählverlauf geradezu funktionslos erscheint, historisch massiv unplausibel wirkt und insofern gedeutet werden will. Auch dafür lässt sich auf den Triumphzug rekurrieren.

1.6.1 Der Textbefund

Mit einem für das MkEv typischen καί-Anschluss bindet sich V. 16c an V. 16a an. Die Soldaten rufen die σπεῖρα zusammen. Der Terminus meint im militärischen Kontext, in dem er in Mk 15,16 definitiv gebraucht wird, eine militärische Einheit im Rahmen der römischen Armee: zunächst den *manipulus*, dann – nachdem der *manipulus* durch Caesar in die größere taktische Einheit der Kohorte integriert worden ist – die *cohors*.[31] Das sind 480–1000 Männer.[32] Diese werden durch die Soldaten, die Jesus bereits in V. 16a in ihrer Gewalt haben, versammelt. Ob sich das MkEv diese Versammlung über

---

31 Vgl. LSJ; vgl. auch K. M. Schmidt, Wege, 410 Anm. 329, mit Verweis auf den Gebrauch von σπεῖρα im Sinne von *cohors* in Apg 10,1; 27,1.

32 Die Zahlenangaben schwanken für die Kaiserzeit. Die Kohorte umfasste im 1. Jh. v. Chr. 480 Männer, unter den Flaviern wurde sie vermutlich auf 800–1000 Mann erweitert. Vgl.

Mundpropaganda oder auf dem Weg des Befehls[33] vorstellt, bleibt im Dunkeln.[34] Darauf kommt es dem Text offenbar nicht an. Der Text hebt durch die Verwendung des Adjektivs ὅλος in V. 16c vielmehr darauf ab, dass es wirklich die ganze Militäreinheit ist, die sich hier im Prätorium versammelt. Jesus ist umgeben von 480–1000 Mann! Einen speziellen Auftrag und eine Funktion haben diese Soldaten nicht. Sie sind als Zuschauer gedacht oder machen bei dem mit, was die Soldaten von V. 16a mit Jesus tun wollen. Die in Sollstärke angetretene Kohorte verschmilzt insofern mit den seit V. 16a aktiven Soldaten. Aber schon die hätten vollauf genügt, um Jesus zu bewachen, zu verspotten und zu kreuzigen. In historischer Perspektive macht das Zusammenrufen der Kohorte also keinen Sinn.[35] Weder wird der Hof von V. 16a diese Anzahl von Soldaten fassen können noch benötigt ein friedlich wirkender Gefangener, der zudem von seiner gesamten, ohnehin überschaubaren Anhängerschaft im Stich gelassen worden ist (vgl. Mk 14,50), einer solchen Bewachungstruppe. Und wieder stellt sich daher die Sinnfrage: Wozu erzählt das MkEv, dass Jesus von einer ganzen Kohorte umgeben ist, begrüßt, verehrt und verspottet wird? Welchen Sinn hat dieses Textdetail?

1.6.2 Ignorieren oder interpretieren? Hyperbel, Historie und die Travestie einer Königsinvestitur

Es sind wiederum nur wenige Stimmen in der ntl. Exegese, die V. 16c überhaupt zu deuten versuchen. Demgegenüber überwiegt in den meisten Kommentaren und Arbeiten zu Mk 15,16 ein unkritisch wirkendes Hinnehmen des in V. 16c Erzählten und damit letztlich ein *Ignorieren* des Erzähldetails. Exemplarisch kann dafür die Formulierung bei D. Lührmann stehen: „Die ganze Kohorte kommt zusammen – für den ursprünglichen Leser bedeutete das: ca. 1000 Mann! Jesus wird von ihnen als König aufgeputzt und roh verspottet".[36] Wie seltsam dieses Erzählmoment auf die ursprünglichen Leser

---

dazu auch die Angaben und den Sprachgebrauch des Josephus über das Heer von Vespasian und Titus: „Von den Kohorten hatten zehn eine Stärke von je 1000 Fußsoldaten, die übrigen 13 Kohorten je 600 und dazu 120 Reiter" („τῶν δὲ σπειρῶν αἱ δέκα μὲν εἶχον ἀνὰ χιλίους πεζούς, αἱ δὲ λοιπαὶ δεκατρεῖς ἀνὰ ἑξακοσίους μὲν πεζούς, ἱππεῖς δὲ ἑκατὸν εἴκοσιν") (Jos., Bell III 67 [Michel/Bauernfeind]). Vgl. auch J. B. Campbell, Cohors, 61 f; K. Gilliver, Imperium, 209 f.

33 Mit dem in Mk 15,39 auftauchenden Centurio wird einer der hohen Offiziere der Kohorte eigens genannt. Eine Kohorte von 480 Mann bestand aus sechs Centurien, die jeweils unter dem Kommando eines Centurios standen.

34 Das in V. 16c verwendete Verb συγκαλέω findet sich nur an dieser Stelle im MkEv.

35 So auch J. Marcus, Mk, 1039.

36 D. Lührmann, Mk, 257. Vgl. in diesem Sinne auch E. Lohmeyer, Mk, 340; E. Schweizer, Mk, 186 f; W. Schmithals, Mk, 677 f; K. Kertelge, Mk, 154 f; R. T. France, Mk, 637

gewirkt haben muss, die auch Lührmann im Blick hat, wird überhaupt nicht thematisiert.

Wird V. 16c eigens thematisiert, dann findet sich in der Regel ein Hinweis auf den *hyperbolischen Charakter* des Erzählten,[37] manchmal kombiniert mit dem Hinweis, Markus habe „für das folgende Schauspiel eine angemessene Bühne von Zuschauern bereitstellen"[38] wollen. Welchen tiefergehenden Sinn diese Hyperbel haben könnte, wird nicht erörtert. Man begnügt sich mit der Feststellung eines Stilmittels, fragt aber nicht nach seinem funktionalen Einsatz.

Historisierende Interpretationsansätze, die häufiger auch die Sollstärke einer Kohorte reduzieren,[39] werten V. 16c als Reminiszenz an die historischen Ereignisse. Die Soldaten hätten sich die Gelegenheit, einen „König der Juden" verspotten zu können, nicht entgehen lassen.[40] Deshalb versammle sich die ganze Kohorte. Diese Deutung wird aber weder der historischen Wahrscheinlichkeit[41] gerecht noch deckt sie sich mit dem mk Sprachgebrauch, erzählt Markus doch nicht, dass die Kohorte sich aus eigenem Antrieb versammelt. Sie wird von den Soldaten zusammengerufen (καὶ συγκαλοῦσιν ὅλην τὴν σπεῖραν).

Schließlich wird die Versammlung der gesamten Kohorte vor dem Hintergrund paganer, näherhin orientalischer Königs- und Herrschaftsrituale gelesen und speziell als *Anspielung* auf Inthronisationsrituale von römischen Klientelkönigen gelesen.

Das ist ein zentraler Aspekt in der exegetischen Auseinandersetzung mit Mk 15,16–20. Eine Reihe von Exegetinnen und Exegeten erkennen in Mk 15,16–20 Anspielungen auf orientalische Königsrituale, speziell auf Königsinvestitur bzw. Königsinthronisation von Klientelkönigen, die sie als mk Karikatur,[42] als Travestie,[43] als

---

(France erkennt das Problem, entschärft es aber umgehend, indem er postuliert, dass σπεῖρα hier nicht im technischen Sinne gebraucht sei, sich um Jesus also nicht mehrere hundert Männer versammeln würden, sondern „all the soldiers there on duty gathered round" [ähnlich: F. J. Moloney, Mk, 316 Anm. 203]; das bleibt natürlich Postulat und übersieht auch das im Text vorhandene Adjektiv ὅλος, das entschieden an die ganze Kohorte denken lässt); L. Schenke, Mk, 338; B. Witherington III, Mk, 392.

37 Vertreten bei P. Dschulnigg, Mk, 392; J. Gnilka, Mk II, 307 Anm. 9; C. C. Black, Mk, 320; B. M. F. van Iersel, Mc, 467 Anm. 130; R. Pesch, Mk II, 472.

38 So P. Dschulnigg, Mk, 392; ähnlich R. Zwick, Montage, 425.

39 Vgl. C. A. Evans, Mk, 490, spricht von 200–600 Soldaten.

40 So C. A. Evans, Mk, 490.

41 Vgl. J. Marcus, Mk, 1039, der darauf abhebt, dass es Pilatus in historischer Perspektive niemals zugelassen hätte, dass die ganze Kohorte ihre sonstigen Posten aufgibt, um im Prätorium *einen* Gefangenen zu verspotten.

42 Vgl. W. Fritzen, Gott, 206.329.

43 Vgl. D. Dormeyer, Markusevangelium, 308, der Mk 15,16–20 als „Travestie der Königskrönung" versteht; vgl. auch D. Dormeyer, Passion, 189–191; als Travestie einer Inthronisation liest auch R. Pesch, Mk II, 470–474, die Szene; als „Travestie einer Königs-

Parodie,[44] als Invertierung[45] oder allgemeiner ironisches Spiel[46] mit dem Prätext interpretieren, wobei dieser „Prätext" manchmal näher als Inthronisations- oder Investiturritual bestimmt wird,[47] manchmal aber auch in der Sache unbestimmt bleibt.[48] Neben der Deutung von Mk 15,16–20 als Audienzparodie[49] ist mit der Inthronisationsparodie eines der wenigen übergreifenden Deutungsmuster für die gesamte Perikope bestimmt. Mit dieser Deutung werde ich mich im Verlauf des Kapitels mehrfach auseinandersetzen, zumal die Deutung von Mk 15,16–20 vor dem Hintergrund von Königsinvestitur/-inthronisation Parallelen zu meiner Deutung des mk Textes vor dem Hintergrund des Triumphzugsrituals aufweist. Das ist nur natürlich, weil auch die vermeintlich oder faktisch alludierten Prätexte, die beiden Rituale, gewisse Parallelen haben. Am Ende dieses Kapitels (III 1.11) werde ich daher die beiden Deutungsstränge miteinander vergleichen. Dabei will ich aufzeigen, dass die Deutung von Mk 15,16–20 vor dem Hintergrund des Triumphzugs im Vergleich zur Interpretation vor dem Hintergrund von Königsinthronisation bzw. -investitur mehr Erzähldetails der Perikope spannungsfrei vor einem Prätexthintergrund interpretieren kann.

Im Blick auf Mk 15,16c votieren W. Fritzen[50] und etwas indirekter auch J. Marcus[51] dafür, dass mit der Versammlung der gesamten Kohorte die notwendige militärische Öffentlichkeit geschaffen wird, in der und vor der sich Königsinthronisationen vollziehen. Die Kohorte stellt also das notwendige Publikum dar. Es geht nicht um hyperbolisches Erzählen, sondern um eine Allusion. Öffentlichkeit und militärische Präsenz sollen erzählt und erreicht werden. Sie sind für das Inthronisationsritual konstitutiv. Insofern stellt im Licht dieser Deutung Mk 15,16c eine chiffrierte Referenz auf ein Inthronisationsritual dar.

Im Blick auf diese Deutungen bzw. die Deutungsverweigerung überzeugt ausschließlich die Interpretation vor dem Hintergrund einer Königsinvestitur. Sie lässt sich im Blick auf die einzelnen Textdetails grundsätzlich nicht abrogieren, sondern bedarf des über das Einzelmotiv hinausgehenden übergreifenden

---

proklamation" wertet T. Söding, König, 96, die Szene. Ohne einen engen Bezug auf ein Inthronisationsritual versteht auch J. Gnilka, Mk II, 306–309, die Szene als Travestie von Königsmotivik.

44 Vgl. J. Marcus, Mk, 1045–1048; J. Jay, Tragic, 242–248.

45 Vgl. M. Ebner, Mk, 159, der damit Mk 15,16–20 sowohl vor dem Hintergrund des Triumphzugs als auch vor dem Hintergrund einer Königsinvestitur liest. Er erachtet den mk Text folglich als semantisch polyvalent. Der Text verweist auf mehrere Prätexte. Ähnliche Überlagerungen finden sich bei K. M. Schmidt, Wege, 409–412.

46 Vgl. B. M. F. van Iersel, Mc, 467f.

47 So bei D. Dormeyer, Passion, 189–191; W. Fritzen, Gott, 206.329; M. Ebner, Mk, 159; J. Marcus, Mk, 1045–1048; R. Pesch, Mk II, 470–474.

48 Dann wird allgemeiner auf die hintergründige Königsmotivik in Mk 15,16–20 hingewiesen, vgl. J. Jay, Tragic, 242–248; J. Gnilka, Mk II, 306–309; B. M. F. van Iersel, Mc, 467f.

49 Vgl. B. Mutschler, Verspottung.

50 Vgl. W. Fritzen, Gott, 206.329.

51 Vgl. J. Marcus, Mk, 1046f.

Vergleichs mit der hier vorgetragenen Deutung des Textes vor dem Hintergrund des Triumphzugs (vgl. III 1.11).

1.6.3 „In Sollstärke": Mk 15,16c vor dem Hintergrund des Triumphzugs

Mit Blick auf den Triumphzug macht das an sich seltsame Erzähldetail von V. 16c besten Sinn.[52] Zu Beginn des Triumphzugs, also am Morgen und im Umfeld des Prätoriums, versammelt sich eine große Anzahl von Soldaten in militärischer Ordnung, gegliedert nach „Cohorten und Zenturien".[53] Es kommt zur Begegnung zwischen dem Triumphator und den Soldaten, die ihn begrüßen, ihm huldigen und ihn im Anschluss auch im Rahmen der Triumphprozession begleiten. Das MkEv erzählt Ähnliches: Die Soldaten versammeln sich am Morgen in Kohortenstärke um Jesus, zwar nicht im Umfeld des Prätoriums, aber doch immerhin darin. Sie begrüßen Jesus (V. 18ab) und huldigen ihm (V. 19c). Später werden sie ihn – noch immer in Kohortenstärke[54] – auf seinem Prozessionsweg begleiten (V. 20d). Dass die Handlungen der Soldaten ironisch und spöttisch gemeint sind, wird aus dem Kontext von Mk 15,16–20 deutlich. An sich aber sind akklamierende Begrüßung und huldigende Proskynese nicht ironisch gebrochen und passen insofern exzellent zum Triumphzug.

V. 16c lässt sich daher als chiffrierte Referenz auf den Triumph verstehen. Das anspielende Segment ist durch die Spannung, die sich angesichts der Realien ergibt, für die Erstleserinnen und -leser implizit markiert. Man stolpert über das in V. 16c Erzählte, weil es im Sinne historischer Referentialität absolut widersinnig erscheint.

1.6.4 Die Verfestigung einer Rolle: Jesus als Triumphator

Die Funktion der chiffrierten Referenz in Mk 15,16c lässt sich unschwer und knapp bestimmen: Sie fixiert für Jesus die Rolle des Triumphators, der sich, umgeben von bis zu 1000 Soldaten, auf seinen „Triumphzug" vorbereitet bzw. darauf vorbereitet wird.

---

52 Ich folge hier T. E. Schmidt, Narrative, 6; vgl. auch M. Ebner, Mk, 161; M. Ebner, Markusevangelium, 178; K. M. Schmidt, Wege, 410f (bei dem sich an dieser Stelle der Bezug auf den Triumphzug aber mit möglichen Anspielungen auf das Ritual der Akklamation zum Kaiser, also einer Form des Inthronisationsrituals, überlagert).

53 K.-J. Hölkeskamp, Triumph, 261.

54 Weil im mk Text nach dem Auftritt der Soldatenkohorte von ihrem Abtritt nie die Rede ist, gehe ich davon aus, dass die Kohorte in der Perspektive der mk Erzählung mit den Soldaten von V. 16a zu einer Handlungseinheit verschmilzt und sich weiterhin am Passionsgeschick Jesu beteiligt.

1.7 Der erste Gewandwechsel und die äußere Transformation zum Triumphator: Purpurgewand und Kranz

Mit dem nicht explizit erzählten, aber angesichts von V. 20c vorausgesetzten Gewandwechsel und der Verkleidung Jesu mit Purpurgewand und Kranz finden sich in den V. 17ab Erzähldetails, die in der Markusexegese schon lange im Licht paganer Königsikonographie gelesen und interpretiert worden sind. Alle drei Erzähldetails – der Gewandwechsel, der Kranz sowie das Purpurgewand – lassen sich allerdings auch und sogar primär vor dem Hintergrund des Triumphzugs verstehen.

1.7.1 Der Textbefund

Die V. 17ab sind parallel gestaltet. Beide beginnen mit einem typisch mk καί. Die in V. 16c begonnene Kette mit καί eingeleiteter Sätze wird also fortgeführt. Darauf folgt das jeweilige Prädikat, das zugleich das Subjekt, die Soldaten, beinhaltet. Daran schließen sich jeweils Formen von αὐτός an, die sich auf Jesus beziehen. Das jeweilige Objekt, das die Soldaten im Blick auf Jesus verwenden, steht am Ende des Satzes.

17a	καὶ	ἐνδιδύσκουσιν	αὐτὸν		πορφύραν
17b	καὶ	περιτιθέασιν	αὐτῷ	πλέξαντες	ἀκάνθινον στέφανον

Unterbrochen wird die parallele Struktur nur durch das zusätzliche Partizip in V. 17b, das eine vorgängige Handlung der Soldaten ausdrückt, sowie durch das zusätzliche Adjektiv, das den Kranz näher bestimmt. Im Falle von V. 17a wird hingegen bereits durch das Substantiv selbst das Kleidungsstück näher charakterisiert.

Um die Handlung der Soldaten in V. 17a auszudrücken, verwendet das MkEv ein im NT seltenes Verb:[55] ἐνδιδύσκω. Es findet sich nur in Mk 15,17a[56] und Lk 16,19, also im lk Sondergut. In beiden Fällen wird es mit πορφύρα

---

55 Nach LSJ scheint es sich insgesamt um ein eher selten verwendetes Verb der griechischen Sprache zu handeln. In der LXX findet es sich sechsfach, zweifach im NT, einmal bei Flavius Josephus und elfmal in den Werken des spätantiken Historikers Prokopius von Caesarea (6. Jh. n. Chr.); diese elf Belege sind für eine Interpretation des mk Textes aber zu jung. Auf die Seltenheit des Verbs hebt auch R. T. France, Mk, 637, ab.

56 Wenn Markus sonst vom Tragen, dem An- und Ablegen von Gewändern spricht, dann verwendet er ἐνδύω (1,6; 6,9; 15,20 [dort im Blick auf das Anziehen Jesu eigener Gewänder]), ἐκδύω (15,20 [dort im Blick auf das Ablegen des Purpurgewands]), ἱματίζω (5,15) oder περιβάλλω (14,51; 16,5).

kombiniert.[57] Das kann sich dem mk Einfluss auf das LkEv verdanken. Weil aber die Herkunft des lk Sondergutstoffes unsicher ist und sich kaum Beziehungen zwischen der Beispielgeschichte vom armen Lazarus und der Passionsgeschichte finden lassen, mithin also unklar ist, warum der reiche Mann auf den verspotteten Jesus hin durchsichtig sein soll,[58] scheint ein solcher Einfluss unwahrscheinlich. Es kommt hinzu, dass auch Jos., Bell VII 29 ἐνδιδύσκω und πορφύρα in engem literarischen Kontext bietet (vgl. zu dieser Stelle auch III 7.8). Das deutet zumindest an, dass es sich bei ἐνδιδύσκω um einen Begriff handelt, der für das Anlegen eines Luxusgewands verwendet wird oder doch zumindest mit solcher Kleidung assoziiert wird.[59] Denn πορφύρα meint zwar zunächst den Farbstoff, der aus der Purpurschnecke gewonnen wird, sodann aber auch die mit diesem extrem teuren Farbstoff gefärbte Kleidung. Purpurkleidung steht insofern für Reichtum, Macht und Herrschaft.[60]

Der Kranz wird in V. 17b um Jesu Kopf gelegt, ja fast könnte man sagen: gewickelt (vgl. den um ein Rohr gewickelten Schwamm in Mk 15,36 [III 3.4.2]). Er besteht, so viel ist sicher, aus pflanzlichem Material. Darauf deuten sowohl das Partizip als auch das Adjektiv hin. Der Kranz wird vorgängig, das zeigt das nachgestellte Partizip Aorist an, von den Soldaten hergestellt. Das Verb πλέκω ist selten im NT und wird nur im Zusammenhang von Mk 15,17b sowie an paralleler Stelle in der joh und mt Passionsgeschichte genutzt (Mt 27,29; Joh 19,2). Es beinhaltet einen Aspekt künstlicher Herstellung durch Flecht- oder Knüpftechniken. Der Kranz wird sodann als ἀκάνθινος bezeichnet. Das weist auf dorniges (vgl. Mk 4,7.18) pflanzliches Material hin.

Aus welcher Dornenpflanze sich das MkEv den Kranz konkret gewunden vorstellt, ist unsicher. Dornen können zum einen am Stiel vorhanden sein, sie können freilich auch durch die Blattform selbst gegeben sein. In der Folge wird diskutiert, ob sich das ἀκάνθινος auf Pflanzen aus der Familie der Akanthusgewächse, auf Disteln oder auf Akaziengewächse bezieht. Für den uns interessierenden Zusammenhang ist das von nachgeordneter Bedeutung. Entscheidend ist zunächst, dass es sich um einen Kranz aus stacheligem Pflanzenmaterial handelt.[61]

Der Kranz ist daher neben seiner noch aufzuweisenden verspottenden Funktion auch als Folterinstrument gedacht. Er bereitet körperliche Schmerzen.[62] Die V. 17ab lassen für die Leserinnen und Lesern des MkEv das Bild eines in

57 In Lk 16,19 wird damit das Tragen von Purpur- und Byssusgewändern ausgedrückt. Das dient der Charakterisierung des Reichtums des anonymen Reichen, vgl. zur Erzählung von Lk 16,19–31 insgesamt M. Lau, Jenseits.

58 Zumal das LkEv keine Parallele zu Mk 15,17 aufweist.

59 In diesem Sinne findet es sich auch in 2 Kön 1,24; 13,18 LXX.

60 Vgl. etwa K. Schneider, Purpura, bes. 2009–2020; M. Lau, Jenseits, 226.

61 Zum Diskurs vgl. auch R. Pesch, Mk II, 472; R. T. France, Mk, 638 („botanical guesses are many"); A. Yarbro Collins, Mk, 726; B. Mutschler, Verspottung, 87–100.

62 So auch R. T. France, Mk, 638.

ein Purpurgewand gehüllten Jesus mit einem dornigen Kranz auf dem Haupt entstehen. Jesus erscheint kostümiert. Diese Kostümierung gilt es zu interpretieren.

1.7.2 Das Purpurgewand: Soldatenmantel, Königsornat oder Triumphgewand?

Dass die Kostümierung Jesu der Verspottung dient, steht außer Frage und ist *communis opinio* in der Exegese.[63] Umstrittener ist, ob das MkEv mit den Details der Verspottung auf einen spezifischen Motivhintergrund alludieren will und/oder ob im Hintergrund der Erzählung eine historische Verspottung Jesu steht und inwieweit die mk Erzählung in ihren Details diesem historischen Ereignis entspricht. Sichtbar werden diese Fragen und exegetischen Optionen im Rahmen der Näherbestimmung des Purpurgewands. Der Diskurs dreht sich um die Frage, ob es sich um ein reales Gewand handelt, das es in Jerusalem der Zeit Jesu gab, oder um ein letztlich „literarisches" Purpurgewand, wobei dann näher zu bestimmen ist, auf welchen Motivhintergrund das Purpurgewand alludieren will.

1.7.2.1 Das Purpurgewand als historische Referenz auf einen Soldatenmantel?

In der Kommentarliteratur[64] findet sich bis in neuere Kommentare[65] hinein die These, dass es sich beim Purpurgewand Jesu um einen Soldatenmantel – *sagum* genannt – gehandelt habe, der rot gefärbt war und den die Soldaten leicht zur Hand gehabt hätten, um mit Jesus ihr ironisches Spiel zu treiben. Das

63 Ebenso unumstritten ist innerexegetisch, dass es in Mk 15,16–20 eindrückliche motivische Parallelen zur Carabasgeschichte gibt, die von Philo (Flacc 36–39) erzählt wird (vgl. I 4.2.2.3). Darauf wird in der Literatur vielfach hingewiesen (vgl. etwa D. LÜHRMANN, Mk, 257; E. SCHWEIZER, Mk, 187; R. PESCH, Mk II, 470f; J. GNILKA, Mk II, 306–309). Man wird dabei nicht annehmen müssen, dass Mk 15,16–20 von dieser Erzählung direkt abhängig ist (vgl. C.A. EVANS, Mk, 488). Beide Erzählungen berühren sich nicht nur in Einzelmotiven, sondern auch in ihrem generellen Fokus, der Verspottung eines vermeintlichen oder faktischen Königs: Jesus von Nazaret bzw. König Agrippa. Eine gewichtige Differenz besteht freilich darin, dass mit Blick auf Agrippa eine Art Stellvertreter verspottet wird, eben Carabas. Mit ihm, nicht direkt mit dem König, wird ein spöttisches Spiel getrieben, indem er als König verkleidet und eine Audienzparodie (vgl. B. MUTSCHLER, Verspottung, 41–49) inszeniert wird. Im Falle von Mk 15,16–20 wird Jesus direkt verspottet. Züge einer Audienzparodie lassen sich dabei nicht wirklich plausibel machen.

64 Vgl. E. LOHMEYER, Mk, 340 („Der Purpur, mit dem sie Ihn bekleiden, soll die Tracht der Imperatoren und Cäsaren vorstellen, die nach altorientalischem religiösen Brauch Scharlachrot war; es mag ein zerschlissener Soldatenmantel gewesen sein"); E. SCHWEIZER, Mk, 187 („vermutlich ein roter Soldatenmantel").

65 Vgl. J. GNILKA, Mk II, 307; R. H. GUNDRY, Mk, 940.

meine das MkEv, wenn es vom Purpurgewand Jesu spreche. Im Hintergrund dieses Verständnisses des Purpurgewands steht der Versuch, V. 17 als historisch referentiell zu lesen. Was Markus erzähle, sei mehr oder weniger so passiert. Dabei stellt der Vers seine Ausleger natürlich vor ein Problem. Denn ein luxuriöses Purpurgewand, von dem das MkEv doch recht eindeutig spricht, dürften die Soldaten in historischer Perspektive eben kaum zur Hand gehabt haben. Entsprechend bedarf es des exegetischen Interpretationsaufwands, um aus der mk Erwähnung eines Purpurgewands überhaupt eine historische Referenz auf einen Soldatenmantel ableiten zu können, also die zweifellos vorhandene semantische Differenz zwischen dem ἐνδιδύσκουσιν αὐτὸν πορφύραν und einem Soldatenmantel zu überwinden. Diesen Aufwand betreiben aber nur wenige. Die Vertreter dieser These erkennen zwar indirekt, dass πορφύρα eigentlich nicht einen roten Soldatenmantel denotiert, kümmern sich aber nicht um den exakten mk Sprachgebrauch, sondern behaupten schlicht, dass es sich eben um den Soldatenmantel gehandelt haben müsse.[66] Dieser Sprung vom Text in die vermeintliche Historie im und hinter dem Text erfolgt hermeneutisch ausgesprochen ungesichert. Dass Markus mit der Bezeichnung πορφύρα etwas anderes gemeint haben könnte, wird nicht konsequent genug erwogen.

Eine Ausnahme stellt J. Gnilka dar, der das Purpurgewand sowohl zu den „Requisiten eines hellenistischen Vasallenkönigs“[67] rechnet und entsprechend eine Anspielung erkennt als auch eine historische Referenz vermutet. Er formuliert vorsichtig: „Den Purpur mag man sich als scharlachrotes Sagum, wie es die Liktoren außerhalb Roms trugen, oder besser als einfachen roten Soldatenmantel vorstellen.“[68] Freilich erkennt Gnilka die Notwendigkeit, die semantische Differenz, die zwischen dem scharlachroten *sagum* der Liktoren und dem roten Soldatenmantel auf der einen und dem Purpurgewand auf der anderen Seite besteht, zu überbrücken.[69] Als tragfähige Brücke dient ihm[70] ein Beleg aus antiker Literatur, Appian, Bell Civ II 150. Dort werde der Soldatenmantel als πορφύρα bezeichnet. In der Tat findet sich an besagter Stelle eine solche Bezeichnung für einen im Krieg getragenen Mantel. Aber es handelt sich nicht um den Mantel eines einfachen Soldaten. Es ist der Kriegsmantel des Julius Caesar, den dieser in höchster Not ablegt, um sich durch Flucht aus einer scheinbar ausweglosen Belagerungssituation zu retten. Dass der Feldherr Caesar, den Appian am Ende des Abschnitts sogar als König bezeichnet, einen

---

66 Daraus dürften die vorsichtigen Formulierungen bei E. Lohmeyer, Mk, 340 („mag“); E. Schweizer, Mk, 187 („vermutlich“); J. Gnilka, Mk II, 307 („mag“), resultieren.

67 J. Gnilka, Mk II, 307.

68 J. Gnilka, Mk II, 307.

69 Diese Notwendigkeit erkennen auch T. Innitzer, Kommentar, 221 f; J. Pickl, Messiaskönig, 134–141, die behaupten, dass die Soldaten Jesus einen purpurnen Feldherrenmantel umgelegt haben. Das bleibt in historischer Perspektive unwahrscheinlich.

70 Vgl. J. Gnilka, Mk II, 307 Anm. 11.

Purpurmantel im Krieg trägt, ist keine Überraschung. Dass dieser Mantel, ebenfalls *sagum*, später auch *paludamentum* genannt, im Unterschied zum einfachen Soldatenmantel purpurfarben, weiß oder auch schwarz war, ist gut bezeugt.[71] Als Beleg für eine historische Referenz in Mk 15,17 trägt der Verweis allerdings nichts aus, weil es im Belegtext gerade nicht um einen einfachen Soldatenmantel geht. Im Gegenteil: Der Beleg verstärkt eher noch die semantische Differenz zwischen πορφύρα und einfachem soldatischem *sagum*. Aber nur Letzteren könnten die Jesus verspottenden römischen Soldaten überhaupt zur Hand gehabt haben. Wenn Markus von ἐνδιδύσκουσιν αὐτὸν πορφύραν spricht, dann fehlt jede Basis, um dies auf einen roten Soldatenmantel zu beziehen. Die semantische Differenz zwischen ἐνδιδύσκουσιν αὐτὸν πορφύραν und dem *sagum* eines einfachen Soldaten muss man daher würdigen. Das MkEv hat ein Oberschichtsgewand im Blick. Die Soldaten legen Jesus ein Luxusgewand an, nicht einen einfachen Soldatenmantel.[72] Für eine historische Referenz bleibt insofern nicht wirklich Raum. Das eröffnet entschieden die Möglichkeit für ein Verständnis des Purpurgewands als Allusion.

1.7.2.2 Das Purpurgewand als Allusion auf das Königsornat

Handelt es sich beim Purpurgewand von Mk 15,17 also nicht um eine historische Reminiszenz, so wird man nach einem anderen Schlüssel für das Verständnis dieses Textdetails suchen. Für diejenigen Exegetinnen und Exegeten, die in Mk 15,16–20 Anspielungen auf die Parodie einer Königsinthronisation sehen, stellt das Purpurgewand ein wichtiges Textelement dar, um ihre Interpretation der Perikope begründen zu können. Denn für sie alludiert das Purpurgewand als luxuriöses Kleidungsstück auf ein Königsornat.[73] Herrscher tragen Purpur. Purpur ist als Farbe engstens mit Herrschaft, Macht und Reichtum verbunden.[74] Der zum Schein als König Inthronisierte trägt also das richtige Gewand. Er erscheint wie ein König. Diese Deutung des Erzähldetails gewinnt noch durch den Kontext, die Erwähnung einer Soldatenkohorte, eines Kranzes, der Huldigung und der Anrede Jesu als König, an Plausibilität. Das Purpurgewand als Allusion ist insofern ein wichtiger Baustein für die Deutung

---

71 Vgl. O. Fiebiger, Sagum, 1755.

72 Das erzählt dann erst das MtEv in seiner Rezeption des MkEv: vgl. Mt 27,28 diff. Mk 15,17.

73 Vgl. W. Fritzen, Gott, 206.329; J. Marcus, Mk, 1039f.46f; M. Ebner, Mk, 159; R. Pesch, Mk II, 472; D. Dormeyer, Passion, 187; F. J. Moloney, Mk, 316 („mock coronation"); ohne Bezug auf ein Inthronisationsritual, aber als Anspielung auf ein Königsgewand auch vertreten bei J. Gnilka, Mk II, 307; B. M. F. van Iersel, Mc, 467; J. Jay, Tragic, 244; L. Schenke, Mk, 338; B. Witherington III, Mk, 392; P. Dschulnigg, Mk, 393; H. Leander, Empire, 288; C. C. Black, Mk, 321; V. Stolle, Mk, 365; R. T. France, Mk, 637; R. Amedick, Königsikonographie, 58f.

74 Vgl. A. Alföldi, Repräsentation, 263; R. Amedick, Königsikonographie, 54.

von Mk 15,16–20 als parodierte Königsinthronisation. Allerdings gibt es einen kleinen Schönheitsfehler. Zwar verweist das Purpurgewand auf ein Königsornat – das ist plausibel –, aber das Purpurgewand verweist nicht speziell auf den Akt der Inthronisation eines Königs. Es lässt sich nämlich nicht nachweisen, dass das Anlegen eines Purpurgewands spezifisch zum Inthronisationsakt gehört (vgl. auch III 1.7.3.1). Ein entsprechender Beleg findet sich bei den Vertretern dieser Deutungsrichtung[75] nicht, obwohl das Anlegen des Purpurgewands als Textindiz für die Deutung der Perikope als Königsinthronisation genutzt wird. Insofern verweist das Purpurgewand zunächst unspezifisch in die Welt der Könige und Herrscher.

1.7.2.3 Das Purpurgewand als Allusion auf die vestis triumphalis

Demgegenüber bietet sich mit dem Triumphzug ein spezifischer Referenzpunkt für das Purpurgewand an.[76] Es alludiert auf jenen Moment zu Beginn des Triumphes, an dem der künftige Triumphator seine Gewänder ablegt und das Triumphornat anlegt. Purpur ist dabei die bestimmende Farbe des Triumphatorenornats, der *vestis triumphalis*, die aus purpurner und golddurchwirkter *tunica palmata* und *toga picta*, die manchmal auch *toga purpurea* genannt wird, besteht (vgl. II 3.2.1.2.2). Vor dem Beginn des Triumphes und im Umfeld des Prätoriums legt der designierte Triumphator diese Gewänder an. Sie tragen wesentlich zur äußeren Transformation des Feldherrn zum Triumphator bei. Das Purpurgewand ergibt als anspielendes Segment, das angesichts seiner historischen Fragwürdigkeit implizit markiert ist, vor dem Hintergrund des Triumphzugs Sinn und steht inhaltlich in einer Linie mit den bisher ausgemachten Allusionen: Um die Rolle des Triumphators zu spielen, lässt Markus seinen Jesus die richtigen Gewänder tragen. Das Purpurgewand von Mk 15,17 stellt daher keine historische Referenz dar, sondern ist Teil einer literarischen Inszenierung, die Jesus als Triumphator erscheinen lässt.

---

75 Vgl. W. Fritzen, Gott, 206.329; M. Ebner, Mk, 159; D. Dormeyer, Passion, 187.189–191; J. Marcus, Mk, 1039f.1046f; R. Pesch, Mk II, 470–473.

76 Das wurde auch von T. E. Schmidt, Narrative, 7; M. Ebner, Jesus, 168; M. Ebner, Markusevangelium, 178; K. M. Schmidt, Wege, 412–418.423; M. Peppard, World, 130f (allerdings in indirekter Form); C. A. Evans, Mk, 488–490, so gewertet. Erwogen wird diese Option auch bei A. Yarbro Collins, Mk, 726 mit Anm. 145, die sie aber als unwahrscheinlich verwirft. Ihre Begründung überzeugt mich nicht, weil sie letztlich nur aus einer Behauptung besteht: „The mockery of Jesus as king of the Jews, however, evokes the practice of local rulers subject to the Romans more strongly than the Roman triumph". Gerne wüsste man, was die Basis für die Gewichtung im Sinne von „more strongly" ist.

1.7.3 Der Gewandwechsel und sein transformatives Potential

Oft bleibt in der Kommentierung der V. 16–20 unterbetont, dass die V. 17ab in Kombination mit V. 20bc im eigentlichen Sinne von einem Gewandwechsel im Blick auf Jesus erzählen, auch wenn ein zu V. 20c paralleles Erzählmoment fehlt. Das Purpurgewand wird Jesus eben nicht einfach übergeworfen. Die Soldaten machen sich in der mk Erzählwelt die Mühe, Jesus seine eigenen Gewänder erst auszuziehen, obwohl das eben gerade nicht explizit erwähnt wird, ihm sodann das Purpurgewand anzuziehen, um ihm abschließend das Purpurgewand wieder auszuziehen und ihm seine eigenen Gewänder wieder anzuziehen. Es kommt also zu einem regelrechten Gewandwechsel und nicht nur zu einer flüchtigen Kostümierung. Eine Lektüre des Textes im Sinne historischer Referentialität kann diesen präzise erzählten und in der Sache aufwändigen Gewandwechsel kaum erklären. Als mit dem Purpurgewand engstens verbundene Allusion lässt sich der erzählte Gewandwechsel freilich gut erklären, als vorhandenes Textdetail würdigen und als eigene Anspielung wahrnehmen, die angesichts der historischen Unplausibilität des Erzählten implizit markiert ist.

1.7.3.1 Der Gewandwechsel vor dem Hintergrund der Königsinthronisation? Eine Fehlanzeige

Aus heutiger Perspektive würde man vermuten, dass sich der Gewandwechsel prinzipiell gut vor dem Hintergrund des Inthronisationsrituals lesen und als Königsmotiv im Verbund mit dem Purpurgewand interpretieren lässt. Allein: Es lässt aufhorchen, dass sich ein Hinweis auf den Gewandwechsel als eigenständiges Erzählmoment mit alludierendem Charakter bei den Vertretern dieser Interpretationslinie nicht finden lässt. Festgehalten wird stets, dass Jesus mit dem Purpurgewand ein Kleidungsstück angelegt wird, das auf das Königsornat anspielt. Der eigentliche Wechsel der Gewänder wird indes nicht explizit als Anspielung beschrieben. Diese vermeintliche „Lücke" besteht durchaus zu Recht. Denn im Rahmen von Inthronisationsritualen für einen König scheinen – zumindest soweit ich sehe[77] – das Anlegen des königlichen Ornats und

77 Jedenfalls habe ich in den Studien von A. Alföldi, Repräsentation (vgl. dort etwa 122–127); A. Starbatty, Aussehen; sowie bei den einschlägigen Lemmata der Lexika DNP, PRE und RAC keinen Hinweis auf einen Gewandwechsel im Rahmen orientalischer Königsinthronisationen gefunden (mit der Ausnahme der Krönung des Achämeniden Artaxerxes II. zum persischen Großkönig, der sich bei der Inthronisation das Gewand des Kyros anlegen lässt, vgl. H.-W. Ritter, Königsherrschaft, 24f; dabei ist aber unsicher, ob sich dieser Ritualbaustein im achamänidischen Inthronisationszeremoniell fortgesetzt hat [in diese Richtung scheint A. Hartmann, Relikt, 575, zu gehen] und ob er auch die Übernahme der Herrschaft durch Alexander den Großen überdauert hat, was eher unwahrscheinlich zu sein scheint [vgl. dazu H.-W. Ritter, Königsherrschaft, 49–55]); allerdings findet sich in diesen Texten auch nirgends ein ganz expliziter Hinweis, auf die Nichtexistenz eines Gewandwechsels im Rahmen von Königsinthronisationen. Generell wechseln antike Herrscher je nach Situation

damit der Wechsel der Gewänder kein konstitutives Element des Rituals darzustellen. Zur Königsinthronisation im orientalischen Raum gehören primär die Verleihung und das Tragen eines Diadems.[78] In diesem Kontext kann es sogar zu einem Wechsel der „Kopfbedeckung" kommen, wie Sueton im Blick auf den armenischen König Tiridates erzählt, der in Rom von Kaiser Nero als Klientelherrscher eingesetzt wird und sich dabei Nero unterwirft (Suet., Nero 13,1f [Martinet]):

> Ich darf wohl mit einigem Recht unter die von ihm [sc. Nero, M. L.] veranstalteten Schauspiele auch den Einzug des Tiridates in die Stadt rechnen. Den König von Armenien hatte er durch große Versprechungen bewogen, nach Rom zu kommen [...] Er ließ Kohorten in voller Rüstung rund um die Tempel am Forum aufmarschieren, dann nahm er im Ornat des Triumphators (*triumphantis habitu*)[79] neben den Rostra auf dem kurulischen Stuhl Platz mitten zwischen den Feldzeichen und Standarten. Zuerst schritt der [sc. Tiridates, M. L.] über eine Rampe von unten zu ihm nach oben, er ließ ihn vor sich auf die Knie fallen und hob ihn dann mit seiner Rechten wieder auf und begrüßte ihn mit einem Kuss, dann nahm er ihm, während er seine Bitten vortrug, die Tiara vom Haupte und setzte ihm ein Diadem auf (*tiara[m] deducta[m] diadema inposuit*).

Im Rahmen dieser Investitur des Tiridates zum von Rom anerkannten, ja ernannten König von Armenien findet also nicht ein Gewand-, sondern ein „Kronen"-Wechsel statt. Aus dem armenischen König wird so sinnfällig ein römischer Klientelkönig. Von einem Gewandwechsel ist in dieser Erzählung Suetons keine Spur zu finden. Insofern verweist das Purpurgewand von Mk 15,17 daher zwar prinzipiell auf das Königsornat, aber dieses Ornat scheint in der Alten Welt nicht im Rahmen der Königsinthronisation rituell in Form eines inszenierten Gewandwechsels angelegt worden zu sein. D. h. aber – und das sei nochmals festgehalten –, dass nicht das Tragen des Purpurgewandes eine Allusion auf eine Königs*inthronisation* darstellen kann, sondern erst die „Verleihung" des Kranzes durch die Soldaten den Eindruck einer freilich parodistisch gemeinten Inthronisation Jesu erwecken kann. Diese Differenzierung ist wichtig, wurde aber in der exegetischen Forschung bisher kaum durchgeführt. In der Folge kann der Gewandwechsel nicht als Allusion auf eine Königsinthronisation angesprochen werden.

1.7.3.2 Der Gewandwechsel vor dem Hintergrund des Triumphzugs

Passt der Gewandwechsel als chiffrierte Referenz insofern nicht zum Inthronisationsritual für einen König, so passt er doch sehr präzise zum Triumphzug.

---

und Rolle, die sie jeweils auszufüllen haben, häufig die Kleidung. Zu diesem Vorgang, *mutatio vestis* genannt, vgl. A. Alföldi, Repräsentation, 123.

78 Vgl. etwa A. Alföldi, Repräsentation, 263; sowie unter III 1.7.4.

79 Die Unterwerfung des Tiridates, die freilich nicht mit einem echten Triumph gekrönt werden konnte, inszeniert Nero insofern triumphartig.

Denn in ihm findet sich ein bewusster und symbolisch massiv aufgeladener Gewandwechsel, wenn der Triumphator seine Gewänder ablegt und das purpurne Triumphornat anlegt. Dieser Gewandwechsel hat transformatives Potential und bestimmt den Charakter des Triumphzugs als Übergangsritual und „Großer-Mann-Maschine" mit. Sinnfällig wird aus dem Feldherrn oder Kaiser ein Triumphator. „Des Kaisers neue Kleider" weisen ihn als Triumphator aus. Dieser Gewandwechsel findet im Umfeld des Prätoriums und noch vor dem Beginn der eigentlichen Prozession statt. Genau an dieser Stelle ereignet sich auch im MkEv der Wechsel der Gewänder Jesu: Im Umfeld des Prätoriums und noch vor Beginn der eigentlichen Prozession, die Jesus aus der Stadt hinausführen wird, wird Jesus ein Purpurgewand angelegt. Vor dem Hintergrund des Triumphzugs gelesen, wird Jesus durch den explizit erzählten Gewandwechsel äußerlich zum Triumphator transformiert.

1.7.4 „ἀκάνθινον στέφανον": Königsdiadem oder Kranz?

Im Vergleich zum Purpurgewand und zum Gewandwechsel kann es sich beim dornigen Kranz, den die Soldaten aus pflanzlichem Material fabrizieren und Jesus auf den Kopf setzen, schließlich durchaus um eine historische Reminiszenz handeln. Er lässt sich gut als Spottrequisit vorstellen. Diese Möglichkeit schließt aber nicht aus, den ἀκάνθινον στέφανον auch als anspielendes Segment zu werten und im Horizont von Königs- und Inthronisationsmotivik sowie auch vor dem Hintergrund des Triumphzugs zu verstehen.

1.7.4.1 „ἀκάνθινον στέφανον" als Anspielung auf ein Königsdiadem im Rahmen der Königsinthronisation

Exegetinnen und Exegeten, die Mk 15,16–20 vor dem Hintergrund paganer Königsmotivik und speziell mit Blick auf Inthronisationsrituale lesen, verstehen den ἀκάνθινον στέφανον als Anspielung auf die im Rahmen der Inthronisation verliehene Königskrone[80] – und d. h. dann zwangsläufig als Anspielung auf ein *Diadem*,[81] denn dieses wird im Rahmen einer Inthronisation verliehen. Inhaltlich werten sie die Anspielungen dahingehend aus, dass Jesus wie ein inthronisierter König wirkt, ihm aber kein weiches Herrscherdiadem, sondern ein stacheliges Surrogat eines solchen Diadems verliehen wird, das zur Verspottung Jesu und zur Parodie einer Königsinthronisation erheblich beiträgt.[82]

---

80 Vgl. W. Schmithals, Mk, 678; M. Ebner, Mk, 159; D. Dormeyer, Passion, 187.189–191; J. Marcus, Mk, 1046–1048.

81 So ganz explizit V. Stolle, Mk, 365, der eine Anspielung auf ein Diadem erkennen möchte, aber nicht von Inthronisationsmotivik spricht.

82 Vgl. etwa D. Dormeyer, Passion, 187f.

Das Diadem, ursprünglich eine einfache Stoffbinde, ist seit den Zeiten Alexanders des Großen, der die Symbolik vermutlich aus dem orientalischen Raum übernommen hat,[83] äußeres Zeichen der Königswürde im hellenistischen Raum.[84] Auch im Imperium Romanum war das Diadem als Symbol der Herrschaft bestens bekannt, wenngleich zunächst kritisch[85] beäugt: „Die unzertrennliche begriffliche Verknüpfung des Diadems mit der Monarchie haben die Römer vom Hellenismus in vollem Umfang geerbt. *Purpura et diadema* ist für sie, wie für die Griechen, identisch mit dem Königtum."[86] Purpurgewand und Diadem charakterisieren also den König. Dabei ist es das Diadem, nicht das Purpurgewand, das dem König bei der Inthronisation verliehen wird. Der bereits zitierte Text Suetons (Suet., Nero 13,1f) hat das mit Blick auf die Krönung des Tiridates zum Vasallenkönig deutlich gemacht. Die Krönung Jesu mit einem στέφανος ist insofern der Ankerpunkt, die entscheidende Allusion, für die Interpretation von Mk 15,16–20 als parodierte Königsinvestitur oder als Travestie einer Königsinthronisation nach dem Vorbild hellenistischer Klientelkönige. Und genau das wird bei näherer Betrachtung zum Problem. Denn im Detail zeigen sich die Plausibilisierungsprobleme dieser häufig erwogenen Allusion.

1.7.4.2 Die Semantik von στέφανος als widerständiges Problem

Die Plausibilität der behaupteten Anspielung von ἀκάνθινος στέφανος auf ein königliches Diadem hängt entscheidend davon ab, ob das Substantiv στέφανος sich angesichts seiner Semantik auf ein Diadem beziehen kann. Das aber ist eher unwahrscheinlich. Denn στέφανος (lateinisch: *corona/corolla*) meint regelmäßig die unterschiedlichen Formen und Typen von zunächst aus Pflanzen[87] produzierten (und später auch aus Metall nachgebildeten) Kränzen, die Menschen auf ihrem Haupt oder in ihren Händen tragen, die zum schmückenden Kränzen von Statuen oder Bauwerken genutzt werden können.[88] Einen solchen Ehren- oder Siegerkranz erhält ein König bei seiner Inthronisation aber gerade nicht. Er erhält ein Diadem. Und für ein Diadem kennt das Grie-

---

83 Zu den umstrittenen Ursprüngen des Diadems vgl. die Beiträge in A. Lichtenberger u. a., Diadem.

84 Vgl. M. Haake, Diadem, 24–28; M. Haake, Überlegungen, 293–313; R. Hurschmann, Diadema, 498f, A. Mau, Diadema, 303–305; R. Amedick, Königsikonographie, 54; sowie ausführlich H.-W. Ritter, Königsherrschaft (vgl. auch 167f Anm. 1 zum Diademersatz im Blick auf Jesus).

85 Vgl. dazu A. Mau, Diadema, 303f; R. Amedick, Königsikonographie, 54.

86 A. Alföldi, Repräsentation, 263.

87 R. Hurschmann, Kranz, 805, nennt Blumen, Blätter und Zweige als entsprechendes Material.

88 Vgl. LSJ; R. Hurschmann, Kranz, 805f.

chische ein eigenes Substantiv, διάδημα,[89] das auch im NT verwendet wird (vgl. Offb 12,3; 13,1; 19,12).[90] Kranz und Diadem sind also sowohl semantisch als auch in ihren Funktionszusammenhängen voneinander zu unterscheiden.[91] Dann aber macht die Semantik einen Bezug von ἀκάνθινος στέφανος auf ein köngliches Inthronisationsritual eher unwahrscheinlich. Als Kranz verstanden kann sich der στέφανος durchaus auf die Welt der Könige beziehen[92] – denn auch Könige tragen selbstverständlich je nach Anlass Kränze[93] –, nur ist ein Bezug speziell auf den Inthronisationsakt unwahrscheinlich, weil in ihm kein Kranz, sondern eben ein Diadem als Zeichen der übernommenen Herrschaft verliehen und im Anschluss getragen wird. Und ein Diadem wird nicht durch στέφανος denotiert. Das macht eine Allusion von στέφανος auf das Diadem unwahrscheinlicher. In der Folge wird, da es sich hier um den zentralen textlichen Ankerpunkt der gesamten These handelt, auch eine großflächige Allusion auf ein Inthronisationsritual im Rahmen von Mk 15,16–20 problematisch. Demgegenüber gehört zum Triumphzug und näherhin zur Ausstattung des Triumphators tatsächlich ein στέφανος, also ein Kranz im eigentlichen Sinne.

1.7.4.3 „ἀκάνθινον στέφανον" als Anspielung auf die corona triumphalis im Rahmen des Triumphzugs

Auf den Triumphzug lässt sich der Kranz von Mk 15,17 ganz zwanglos und ohne semantische Spannungen beziehen. Denn im Triumph wird dem Triumphator nicht nur die *corona etrusca* über das Haupt gehalten; er trägt auch direkt auf dem Haupt die *corona triumphalis*. Im Gegensatz zur aus Gold und Edelsteinen bestehenden *corona etrusca* wird die *corona triumphalis* aus Lor-

---

89 Vgl. LSJ; R. Hurschmann, Diadema, 498; vgl. auch auch das entsprechende Verb διαδέω, das das Anlegen eines Diadems meinen kann.

90 Das potentielle Gegenargument, Markus könne zwischen Kranz und Diadem eben nicht unterscheiden, bleibt notwendig ein „*e-silentio*-Argument", weil das MkEv das Substantiv διάδημα nicht verwendet.

91 So ganz entschieden auch R. Hurschmann, Diadema, 498; R. Amedick, Königsikonographie, 60; M. Blech, Studien, 27–35.

92 Ohne Bezug auf ein spezifisches Ritual, sondern allgemein als Allusion auf den Kranz bzw. die Krone eines Königs werten Mk 15,17 L. Schenke, Mk, 338; B. Witherington III, Mk, 392f; P. Dschulnigg, Mk, 393; H. Leander, Empire, 288; R. T. France, Mk, 638; R. H. Gundry, Mk, 940; J. Jay, Tragic, 243–245; R. Amedick, Königsikonographie, 60–66 (mit dem Versuch eines Bezugs des Dornenkranzes auf die Strahlenkrone römischer Kaiser; das ist ein bedenkenswerter Aspekt [zur kritischen Würdigung vgl. bereits K. M. Schmidt, Wege, 418–420; B. Mutschler, Verspottung, 100–104], dem ich aber nicht weiter nachgehe, weil im Triumphzug eine Strahlenkrone keine Rolle spielt).

93 Das erkennt auch E. Lohmeyer, Mk, 340, der eine Differenz zwischen Diadem und Kranz notiert. Zum Kranz als einer „königlichen Insignie" vgl. auch M. Ebner, Spiegelungen, 104 Anm. 14: Ihm ist dahingehend zuzustimmen, dass Kranz und Diadem vom Herrscher getragen werden können. Gleichwohl lassen sie sich funktional unterscheiden und spielt der Kranz im Rahmen der Inthronisation keine Rolle.

beer geflochten. Die *corona triumphalis* ist insofern ein aus pflanzlichem Material gewirkter Kranz und kein Diadem. Wenn das MkEv von einem ἀκάνθινος στέφανος spricht, dann lässt sich das angesichts der Semantik von στέφανος und mit Rücksicht auf das im MkEv vorausgesetzte pflanzliche Herstellungsmaterial aus der Rezipientenperspektive deutlich zwangloser auf den Kranz des Triumphators als auf das Diadem eines hellenistischen Vasallenkönigs beziehen.

Zumindest thetisch sei in diesem Zusammenhang festgehalten, dass der dornige Kranz auf Jesu Kopf das Bild eines Jesus mit blutig-rotem Haupt evoziert. Denn die Dornen verwunden Jesus in der Imagination der Leserinnen und Leser. Das erinnert vor dem Hintergrund des Triumphzugs an das rot gefärbte Gesicht des Triumphators, das der Imitation des Jupiter diente. Den mk Jesus imitiert freilich nichts und niemanden. Wenn Blut über seinen Kopf läuft und sein Gesicht rot färbt, dann ist das bitterer Ernst und nicht Imitation und Effekthascherei.

In Kombination mit dem Purpurgewand lässt sich der Kranz daher gut als Anspielung auf den Triumphzug verstehen.[94] Beide Realien finden sich unmittelbar im Triumphzug. Sie gehören zu jenen Ritualbausteinen, die zur äußeren Transformation des Feldherrn bzw. Kaisers zum Triumphator entscheidend beitragen und die sich vor dem Beginn der Triumphprozession noch im Umfeld des Prätoriums ereignen. Mit Purpurgewand und Kranz auf dem Haupt trägt Jesus das Ornat des Triumphators. Er wirkt äußerlich wie ein Triumphator – und ist es doch nicht. Denn im Detail werden erste spöttische Brechungen – also Mutationen des Prätextmotivs – sichtbar, wenn der Kranz statt aus dem Lorbeer des Siegers aus dornigem Gestrüpp verfertigt ist.[95] Solche Brechungen werden sich im weiteren Verlauf des mk Textes fortsetzen.

---

94 So verstehen den Kranz von Mk 15,17 auch T. E. Schmidt, Narrative, 7; K. M. Schmidt, Wege, 418–424; M. Ebner, Jesus, 168; M. Ebner, Markusevangelium, 178; M. Ebner, Mk, 162; T. Innitzer, Kommentar, 221 f (allerdings in historisierender Weise); C. A. Evans, Mk, 488–490; als Anspielung auf einen Lorbeerkranz versteht auch A. Weissenrieder, Crown, 136, Mk 15,17, wobei sie den Lorbeerkranz nicht näher auf den Triumph bezieht, sondern den mk Text und damit die Anspielung als „multivalent" (135) erachtet.

95 Wüsste man genauer, welches Herstellungsmaterial das MkEv im Blick hat, so könnte man sogar nach einer symbolischen Bedeutung der entsprechenden Pflanze suchen und diese im Gegenüber zum Lorbeer interpretieren. Für den Akanthuskranz, der auch zum Schmuck korinthischer Kapitelle gehören kann, wird z. B. ein spezifisch sepulkraler Kontext erwogen (vgl. M. Blech, Studien, 98 f mit Anm. 83). Jesus würde dann einen Totenkranz tragen.

1.7.5 Die äußere Transformation als Vollendung der Rollenzuschreibung Jesu

Auch in diesem Fall lässt sich die Funktion der Anspielung leicht bestimmen: Durch den Gewandwechsel, der im Anlegen des Purpurgewands sowie des Kranzes besteht, wird Jesus zu einer Imitation des Triumphators stilisiert. Seine äußerliche Transformation zum Triumphator wird mit dem Gewandwechsel abgeschlossen. In Purpur gehüllt und mit einer *corona* auf dem Haupt nimmt er die Huldigungen der Soldatenkohorte entgegen.

Im Blick auf die weiteren Insignien des Triumphators finden sich freilich Leerstellen angesichts von Mk 15,16–20. Jesus hat keinen Lorbeerzweig und kein Adlerszepter in seinen Händen. Seine Hände sind seit Mk 15,1 gefesselt. Zweig und Szepter kann er nicht halten. Vielmehr wird er mit einem κάλαμος, einem Rohr (vgl. auch Mk 15,36), geschlagen (V. 19a), für das manche Exegeten eine Anspielung auf ein Szepter erwägen. Das wird uns im nächsten Abschnitt beschäftigen.

1.8 Begrüßung und Proskynese vs. Spotten, Spucken, Schlagen: Die Doppelrolle Jesu bricht hervor

Die vielfältigen Handlungen, die die Soldaten in den V. 18f im Blick auf den inzwischen als Triumphator ausstaffierten Jesus vollziehen, lassen sich ebenfalls als chiffrierte Referenzen auf den Triumphzug verstehen. Ein Teil dieser Allusionen lässt Jesus in der Rolle des Triumphators erscheinen, der andere Teil spielt hingegen auf den im Triumphzug vorgeführten königlichen Gefangenen an. Für Jesus wird insofern eine Doppelrolle entworfen: Er ist Triumphator und königlicher Gefangener zugleich.

1.8.1 Der Textbefund

Schon im Rahmen der Kompositionsanalyse ist deutlich geworden, dass die V. 18f das Zentrum der Perikope bilden. V. 18ab und V. 19c rahmen angesichts der aus dem Herrscherzeremoniell stammenden Elemente der mit einem Hoheitstitel versehenen Begrüßung Jesu durch die Soldaten (V: 18ab) und der soldatischen Proskynese (V. 19c)[96] jene Textelemente in den V. 19ab, die die „Huldigung“ Jesu durch die Soldaten durchbrechen: das Schlagen und Anspucken Jesu. Dieser Ausbruch soldatischer Gewalt konterkariert die Huldigung

96 Dass diese Elemente ihre Wurzeln im Herrscherzeremoniell haben, ist unstrittig, vgl. nur R. Pesch, Mk II, 472f; J. Gnilka, Mk II, 306–308; R. T. France, Mk, 638.

und lässt sie als gewaltsame Verspottung erscheinen.[97] Nur folgerichtig ist, dass in V. 20a das Gesamtgeschehen rückblickend als spöttisches Spiel mit Jesus bezeichnet wird.[98] Durchgehend sind auch in diesen Versen die Soldaten handelndes Subjekt. In V. 18ab begrüßen sie Jesus unter Rückgriff auf den Titel „König der Juden". Das weist nicht nur auf den Kreuzestitulus von Mk 15,26 voraus, sondern greift auch die Fragen des Pilatus aus dem Verhör Jesu in Mk 15,2 und aus der Freilassungsverhandlung von Mk 15,9.12 auf.

Dieser Begrüßung eines Königs korrespondiert die Proskynese, die die Soldaten in V. 19c vollziehen, indem sie ihre Knie beugen,[99] was Markus mit Hilfe eines phraseologischen Latinismus[100] erzählt und erklärt.[101] Damit stehen die Soldaten allerdings in denkbar schlechter Gesellschaft. Denn von einem Akt der Proskynese vor Jesus erzählt das MkEv nur noch in Mk 5,6. Dort sind es wiederum „Soldaten", die Jesus diese spezielle Form der Ehrerbietung erweisen: eine „Legion" von Dämonen, die die Kontrolle über einen Besessenen erlangt haben. Diese intratextuelle Verbindung[102] wirft ein bezeichnendes Licht auf die Soldaten. Die Proskynese ist im MkEv dämonisch konnotiert. Die Soldaten von Mk 15,19 verhalten sich wie die Dämonenlegion von Mk 5,6.[103] Das gibt ihrem Begrüßungs- und Proskynesezeremoniell für die Lesenden einen hinterhältigen Charakter.

Vollends deutlich wird dieser Charakterzug angesichts von V. 19ab: Die Soldaten schlagen Jesus und spucken ihn an. Sie setzen damit um, was Jesus bereits in Mk 10,33f angekündigt hatte und was ihm bereits in Mk 14,65 nach dem Todesurteil durch die jüdischen Autoritäten widerfahren war: geschlagen und angespuckt zu werden. Dieser Vorgang hat sich nun nach dem neuerlichen und angesichts der politischen Realitäten[104] entscheidenden Todesurteil wiederholt.[105] Die körperliche Gewalt bezieht sich präzise auf den Kopf Jesu, der geschlagen wird. Als Werkzeug (instrumentaler Dativ) dient dabei ein

---

97 Vgl. auch R. Pesch, Mk II, 473.

98 R. Zwick, Montage, 426, spricht von einer Form des „wertenden Überbegriffs".

99 Zum Sitz im Leben dieses Rituals im Rahmen des orientalischen Götter- und Herrscherzeremoniells vgl. J. Wiesehöfer, Proskynesis, 443f; J. Gnilka, Mk II, 308; R.T. France, Mk, 638.

100 Vgl. BDR § 5,4; A. Bedenbender, Botschaft, 282; R.H. Gundry, Mk, 943.

101 Die Proskynese meint zunächst eine Form des Küssens in Kombination mit bestimmten Körperhaltungen, die allerdings variieren konnten (vgl. J. Wiesehöfer, Proskynesis, 443f). Das von Markus erzählte Beugen der Knie legt die Form der Proskynese der Soldaten fest: Sie knien vor Jesus. Vgl. auch A. Yarbro Collins, Mk, 728.

102 Sie wird von R. Pesch, Mk II, 473, zumindest gesehen.

103 Ähnlich wird die intratextuelle Verbindung von A. Bedenbender, Botschaft, 57, interpretiert.

104 Das Recht, Todesurteile auszusprechen und zu vollstrecken, lag in den Händen der Römer, vgl. G. Theissen/A. Merz, Jesus, 399–403; M. Ebner, Jesus, 143–149.

105 Allerdings mit semantischer Varianz: Das Schlagen wird in Mk 14,65 mit κολαφίζω, in Mk 15,19a hingegen durch τύπτω ausgedrückt.

κάλαμος, also ein Rohr. Von einem zweiten (oder dem gleichen?) κάλαμος wird in Mk 15,36 die Rede sein. Es ist auffällig, dass sich die Schmerzen bereitende körperliche Gewalt erneut auf den Kopf Jesu bezieht, der bereits mit dem Dornenkranz gekrönt worden war. Malträtiert wird also jeweils das Haupt, das „symbol of dignity".[106]

Das besonders entehrende Anspucken[107] steht schließlich in scharfem Kontrast zu Jesu eigenem Umgang mit seinem Speichel. Auch er spuckt Menschen an, zielt dabei aber kranke und funktionslose Körperteile an (Zunge [Mk 7,33], Auge [Mk 8,23]). Seinen Speichel setzt er als heilendes Medikament ein,[108] nicht als Zeichen von Entehrung und Verspottung. Zugespitzt formuliert: Spuckt Jesus Menschen an, dann reintegriert er sie damit in die Gemeinschaft der Gesunden, wird Jesus seinerseits angespuckt, so markiert das den Ausschluss aus der Gemeinschaft und zieht eine Grenze gegenüber dem zum Tode Verurteilten. Beide Vorgänge, Schlagen und Anspucken, stellen offenkundig keine einmaligen Gewaltausbrüche gegen Jesus dar. Das verwendete Imperfekt legt vielmehr einen iterativen Charakter nahe.[109] Jesus wird mehrfach geschlagen und von der Vielzahl der Soldaten angespuckt.

Dieses die V. 18f auszeichnende Ineinander von Jesus verehrenden und die Verehrung durchbrechenden Motiven bestimmt wesentlich den Charakter der gesamten Perikope Mk 15,16–20 und lässt sie als Verspottungsszene erscheinen. Es sind präzise die V. 19ab, die die Huldigung und Ehrung Jesu konterkarieren und als Verspottung Jesu ausweisen. Das ist mit Blick auf die Perikope offenkundig. Die V. 18f lassen sich aber auch über ihren Jesus verspottenden Charakter hinausgehend interpretieren. Das will ich unter Rekurs auf die Sekundärliteratur in zwei Perspektiven nachzeichnen, bevor ich aufzeige, dass die V. 18f auch als Anspielungen auf den Triumphzug gelesen werden können und inhaltlich Bedeutung gewinnen.

1.8.2 „Wie vorausgesagt": Die Einlösung der Passionssummarien von Mk 8–10 in Mk 15,18f und in Mk 14f

Auf dem Weg von Galiläa nach Jerusalem blickt der mk Jesus dreifach in seine eigene Zukunft und fasst in den so genannten Passionssummarien sein Schicksal in Jerusalem zusammen. Adressaten dieser Summarien sind jeweils die Schüler Jesu, die mit Unverständnis in Wort und Tat auf die jesuanischen

106 Darauf macht C. Myers, Strong Man, 379, aufmerksam.

107 Vgl. J. Gnilka, Mk II, 307 Anm. 14: „Jemanden ins Gesicht spucken, ist Ausdruck tiefster Verachtung".

108 Vgl. zum Speichel im Rahmen von mk Wundergeschichten und als Medikament im Kontext antiker Medizin R. von Bendemann, Sehen, 344f; N. Ueberschaer, Heilung, 327.

109 So auch R. H. Gundry, Mk, 940; R. Pesch, Mk II, 470.

Schicksalsprognosen reagieren und durch den mk Jesus jeweils entsprechend belehrt werden müssen.

	Mk 8,31–38	*Mk 9,31–37*	*Mk 10,33–45*
Passions-summarium	8,31	9,31	10,33f
Schüler-unverständnis	8,32 Petrus lehnt den Weg Jesu ab und bedroht ihn	9,32–34 Die Schüler verstehen nichts und diskutieren, wer von ihnen der Größere ist	10,35–41 Die Zebedaiden bitten Jesus um Ehre und Macht; die übrigen Zehn reagieren unwirsch, lehnen aber nicht die Logik der Zebedaiden ab
Schülerbelehrung	8,33–38 Man muss den Weg Gottes verfolgen und nicht den Weg der Menschen; sich selbst verleugnen; Kreuzesnachfolge	9,35–37 Wer Erster sein will, soll Letzer und Diener aller sein (Beispiel: Kind)	10,42–45 Die normalen Karriere- und Ausbeutungswege, die unter den „Völkern“ gelten, sollen in der Jesusgruppe nicht gelten: „Wer groß und Erster werden will, soll Diener und Sklave aller sein!“

Das Programm mk Jesusnachfolge, zu dem die Bereitschaft zum Dienst, zur Kreuzesnachfolge und zum Verzicht auf ein klassisches Karrierestreben gehören, wird im Kontext dieser Summarien besonders intensiv entfaltet. Diese Passionssummarien sind für die Interpretation von Mk 15,18f dahingehend von besonderer Relevanz, als die V. 18f erheblich zur Umsetzung des in den Passionssummarien Angekündigten beitragen. Was Jesus hellsichtig ankündigt, ereignet sich auch.[110] Die in den Passionssummarien, vor allem in Mk 10,33f, anzutreffenden Verben und damit die Handlungen der Gegner Jesu werden in Mk 14f und speziell in Mk 15,18f minutiös aufgegriffen, auch wenn die Reihenfolge etwas variiert (vgl. die folgende Tabelle).[111]

Diese Erfüllung der jesuanischen Voraussagen bis in das Detail des Angespucktwerdens hinein ist für das Verständnis des mk Jesus und seine Cha-

110 Darauf heben auch V. Stolle, Mk, 365; R. H. Gundry, Mk, 940, ab.

111 Das zeichnet für Mk, 15,19 auch K. S. O'Brien, Use, 273, nach; generell aufgearbeitet von R. T. France, Mk, 638f; A. Yarbro Collins, Mk 485f.

Ankündigung			*Umsetzung*
Mk 8,31	Mk 9,31	Mk 10,33f	Mk 14f
	παραδίδοται εἰς χεῖρας ἀνθρώπων	παραδοθήσεται τοῖς ἀρχιερεῦσιν καὶ τοῖς γραμματεῦσιν	14,10.18.43–47
		κατακρινοῦσιν αὐτὸν θανάτῳ	14,64
		παραδώσουσιν αὐτὸν τοῖς ἔθνεσιν	15,1
πολλὰ παθεῖν καὶ ἀποδοκιμασθῆναι ὑπὸ τῶν πρεσβυτέρων καὶ τῶν ἀρχιερέων καὶ τῶν γραμματέων		ἐμπαίξουσιν	15,20a
		ἐμπτύσουσιν	15,19b
		μαστιγώσουσιν	15,15
ἀποκτανθῆναι	ἀποκτενοῦσιν	ἀποκτενοῦσιν	15,37
ἀναστῆναι	ἀναστήσεται	ἀναστήσεται	16,6

rakterisierung von Relevanz. Jesus geht nicht unreflektiert nach Jerusalem, er geht im vollen Bewusstsein um sein zukünftiges Schicksal in die Stadt. Seine Schüler lässt er darüber nicht im Unklaren. Umso mehr verwundert die radikale Flucht der Schüler, die alles auf dem Weg nach Jerusalem Gehörte und Gelernte vergessen zu haben scheinen. Zugleich eröffnet gerade die getreue Erfüllung der jesuanischen Passionsvoraussagen im Erzählverlauf eine Hoffnungsperspektive:[112] Auch die letzte Ankündigung Jesu, die bevorstehende Auferweckung, wird sich ereignen. Im erinnernden Rückgriff auf die Passionssummarien werden dadurch bereits die in Mk 15 erzählte Verspottung, Misshandlung und Hinrichtung Jesu auf eine heilvolle Zukunft hin geöffnet. Die Passionssummarien entzünden gleichsam das sprichwörtliche Licht am Ende des Tunnels. Seltsam bleibt allerdings, dass selbst der mk Jesus am Kreuz diese Auferweckungssicherheit vergessen zu haben scheint (vgl. zu Mk 15,34 III 3.4.3).

112 Nur eine Ankündigung bleibt tatsächlich vollauf unerfüllt: der Weheruf im Blick auf den Verräter in Mk 14,21, der erzählerisch nicht umgesetzt wird. Demgegenüber wird die Ankündigung von Mk 14,28 durch die Botschaft des jungen Mannes im Grab erzählerisch eingelöst.

1.8.3 Mk 15,18f als Abschluss und Parodie der Königsinthronisation Jesu

Neben dieser intratextuellen Interpretation der V. 18f als Umsetzung der jesuanischen Voraussagen lassen sich die beiden Verse auch vor dem Hintergrund der für Mk 15,16–20 erwogenen Anspielungen auf eine Königsinthronisation lesen.[113] In dieser Perspektive sind vor allem die akklamierende Begrüßung Jesu mit entsprechendem Königstitel und die Proskynese auffällig. Das χαῖρε, βασιλεῦ[114] τῶν Ἰουδαίων erinnert dabei an das römische „*Ave, Caesar*".[115] Die zum orientalischen Götter- und Herrscherzeremoniell gehörende Proskynese ist auch im Rahmen der Einsetzung eines Königs gut denkbar.

Schließlich verstehen einige Exegeten das Schlaginstrument, den κάλαμος, als Anspielung auf ein herrscherliches Szepter und erkennen eine weitere Motivparallele. Statt ein Szepter in der Hand zu halten,[116] wird dem aus der Perspektive der Soldaten als Pseudo-König erscheinenden Jesus mit einem Pseudo-Szepter auf den Kopf geschlagen.[117] Insofern lassen sich die erzählten Handlungen der V. 18ab.19c durchaus als Anspielungen auf eine Königsinvestitur lesen. Freilich werden sowohl Gruß wie auch Proskynese durch die V. 19ab, durch Schlagen und Spucken, die ihrerseits nicht eine unmittelbare Anspielung auf die Königsinvestitur darstellen können, weil ein entsprechender Referenzpunkt im alludierten Ritual fehlt,[118] sogleich parodiert. Die vermeintliche Kö-

113 Vgl. W. Fritzen, Gott, 206.329; D. Dormeyer, Passion, 188; M. Ebner, Mk, 159; E. Schweizer, Mk, 187; E. Lohmeyer, Mk, 340; J. Marcus, Mk, 1046f.

114 Der Vokativ anstelle des zu erwartenden Nominativs wird als Septuagintismus erklärt, vgl. J. Gnilka, Mk II, 307 Anm. 13.

115 Vgl. in diesem Sinne B. M. F. van Iersel, Mc, 468; E. Schweizer, Mk, 187; R. Pesch, Mk II, 472 Anm. 18; J. Gnilka, Mk II, 307; É. Trocmé, Mk, 364; C. C. Black, Mk, 321; R. T. France, Mk, 638. V. Stolle, Mk, 361.365, möchte hingegen das χαῖρε unmittelbar pejorativ verstehen und übersetzt mit „Zum Henker mit dir".

116 Das MtEv rezipiert Mk 15,19a eindeutig in diesem Sinne und versteht κάλαμος als Szepter, das Jesus zunächst in die rechte Hand gegeben (Mt 27,29), ihm dann weggenommen und als Schlagstock gegen ihn verwendet wird (Mt 27,30).

117 So D. W. Chapman/E. J. Schnabel, Trial, 270; D. Dormeyer, Passion, 189; M. Ebner, Mk, 159; W. Schmithals, Mk, 678; C. C. Black, Mk, 321; A. Yarbro Collins, Mk, 727; H. Leander, Empire, 288. J. Marcus, Mk, 1040.1048, will hingegen eine Anspielung auf das geknickte Rohr aus dem Gottesknechtslied von Jes 42,3 erkennen. Wenngleich sich durchaus Anspielungen auf die Figur des Gottesknechts in Mk 15 finden lassen, so erscheint mir eine entsprechende Anspielung in Mk 15,19a weniger plausibel. Zwar ist in Jes 42,3 und Mk 15,19a jeweils von κάλαμος die Rede, aber auf den spezifischen Charakter von κάλαμος in Jes 42,3 LXX [Rahlfs], ein geknicktes Rohr (κάλαμον *τεθλασμένον*) zu sein, das der Gottesknecht nicht zerbricht, findet sich in Mk 15 gerade keine Allusion. Weder erscheint das Rohr als geknickt noch wird es in ein aktives Verhältnis zu Jesus als dem Gottesknecht gesetzt.

118 Immerhin wird für das Anspucken erwogen, ob es sich um eine invertierte Anspielung auf einen Huldigungskuss handelt, der ja ursprünglich Teil des Proskynserituals (vgl. V. 19c)

nigsinvestitur entpuppt sich als schräges Spiel mit Jesus, das seiner Verspottung dient.[119]

Jesus als leidender Gottesknecht: Für das Anspucken Jesu (Mk 15,19b) wird häufiger eine Allusion auf das Schicksal des leidenden Gottesknechts aus dem Buch Jesaja erwogen.[120] Der Gottesknecht sieht sich neben anderen Anfeindungen auch der Schande des Angespucktwerdens ausgesetzt, der er sich nicht entzieht (τὸ δὲ πρόσωπόν μου οὐκ ἀπέστρεψα ἀπὸ αἰσχύνης ἐμπτυσμάτων; Jes 50,6 LXX [Rahlfs]). Auch Jesus wendet sein Gesicht nicht ab, wenn er angespuckt wird. Das kann man durchaus als entsprechende mk Allusion verstehen und hinter Jesus die Figur des leidenden Gottesknechts erkennen.

1.8.4 Jesus als Triumphator und königlicher Gefangener: Die Manifestation der Doppelrolle Jesu

Die akklamierende Begrüßung Jesu als König durch die Soldaten und ihre Huldigung lassen sich auch als Anspielungen auf den Triumphzug verstehen. Auch in seinem Rahmen erfährt der Triumphator entsprechende Ehrerweisungen. Sie finden am frühen Morgen auf dem Marsfeld statt, also vor Beginn der eigentlichen Prozession. Die Soldaten versammeln sich, begrüßen den Triumphator und huldigem ihm. Im Anschluss richtet der Triumphator eine Ansprache an die Soldaten, verköstigt sie, bevor sie in Reih und Glied im Triumphzug mitmarschieren. Die Begrüßung Jesu als König durch die Soldaten in V. 18b sowie die Huldigung in V. 19c, für die – wie gezeigt – Allusionen auf Herrschaftsrituale ohnehin angenommen werden, können auch auf diese Ritualbausteine des Triumphzugs alludieren.[121] Im unmittelbaren Vergleich stehen auch die mk Begrüßung und Huldigung des Triumphators Jesus durch die Soldaten vor dem eigentlichen Prozessionsauftakt, der mit V. 20d.21 erfolgt. Sie erfolgen also zur rechten Zeit[122] und im Vergleich zum Triumphzug auch

war, vgl. R. Pesch, Mk II, 473 Anm. 21, der dieser Option allerdings ablehnend gegenüber steht.

119 Ähnlich interpretiert C. Myers, Strong Man, 379f, die V. 18f, die er als „play-acted parody of kingship" (379) versteht, wobei er näherhin nicht die Königsinvestitur, sondern den Herrscherkult als Vergleichshorizont heranzieht, was angesichts des primären Sitzes im Leben der Proskynese nicht unplausibel erscheint.

120 Vgl. etwa R. T. France, Mk, 638; J. Marcus, Mk, 1048; A. Yarbro Collins, Mk, 727f.

121 Dafür votieren auch T. E. Schmidt, Narrative, 8; C. C. Black, Mk, 321; M. Ebner, Markusevangelium, 178; T. Innitzer, Kommentar, 222; R. T. France, Mk, 487–490; B. J. Incigneri, Gospel, 167f; und mit Abstrichen auch K. M. Schmidt, Wege, 409–412.478.

122 Allerdings erfolgen sie insofern zu spät, als der Kleiderwechsel sich im Blick auf Jesus bereits vollzogen hat, während er im römischen Triumphzug erst im Anschluss an Begrüßung und Huldigung erfolgt.

durch die richtigen Akteure. Der Triumphator Jesus wird von den Soldaten begrüßt und ihm wird gehuldigt, wie einem römischen Triumphator soldatische Begrüßung und Huldigung[123] vor Beginn des Triumphes widerfahren.

Wenn Jesus zudem mit einem κάλαμος geschlagen wird, dann passt auch das in das Netz von Triumphzugsallusionen hinein. Wie bereits gezeigt, wird das Schlaginstrument dabei häufiger als Allusion auf ein Szepter verstanden. Das passt auf den ersten Blick nicht nur zur Inthronisationsmotivik, sondern auch gut zum Triumphzug, hält doch der Triumphator ein Adlerszepter in der Hand.[124]

Allerdings bleiben aus meiner Sicht Zweifel bestehen, insofern mir beim Terminus κάλαμος im MkEv eher nicht die Bedeutung Szepter mitzuschwingen scheint, was eine entsprechende Anspielung auf den zweiten Blick unwahrscheinlich macht. Denn die Semantik von κάλαμος ruft an sich nicht den Gedanken eines Szepters wach. Das Substantiv bezeichnet zunächst pflanzliches Material wie Halm, Rohr oder Schilf, sodann Objekte, die aus Rohr produziert werden, wie Angelrute, Flöte, Pfeife, Schreibrohr, Meßstab, Pfeil, Leimrute (für die Jagd auf Singvögel), geflochtene Matten, medizinische Instrumente oder Klettergerüste für Pflanzen (wie Wein); schließlich kann der Terminus auch das Schienbein oder Getreidezuteilungsmarken (*tessera frumentaria*) meinen.[125] Der mk Sprachgebrauch, in dessen Rahmen κάλαμος nur in Mk 15,19.36 verwendet wird, legt nahe dass κάλαμος tatsächlich eher im Sinne pflanzlichen Materials gebraucht wird und daher die Bedeutung Rohr aufweist. Das wird im Blick auf Mk 15,36 deutlicher (vgl. III 3.4.2) als in Mk 15,19. Es ist aber angesichts von Mk 15,36 in der Tendenz auch für Mk 15,19 anzunehmen. Und dies umso mehr, als im MkEv an anderer Stelle ein Terminus verwendet wird, der in seinem semantischen Spektrum den Aspekt des Szepters sehr viel deutlicher annehmen kann: der in Mk 6,8 verwendete Begriff ῥάβδος (vgl. III 9.3). Das lässt wenig Raum für eine Anspielung auf ein Szepter in Mk 15,19, sondern lässt eher an pflanzliches Material denken, mit dem Jesus geschlagen wird.

Und gleichwohl lässt sich das Schlaginstrument auf den dritten Blick durchaus als Anspielung verstehen, die sich allerdings nicht auf ein Inthronisationsritual, sondern nur auf den Triumphzug beziehen kann. Denn im Triumph hält der Triumphator ja nicht nur ein Adlerszepter in den Händen, sondern auch einen Lorbeerzweig, also pflanzliches Material. Auf diesen Zweig könnte der

---

123 Ob es im Rahmen der soldatischen Huldigung des Triumphators auch speziell zu einer Proskynese in Form eines Kniefalls kommt, wie das Mk 15,19c erzählt, lässt sich aus den Quellen indes nicht mit Sicherheit erschließen, aber im Umkehrschluss auch nicht einfach ausschließen.

124 So auch T. Innitzer, Kommentar, 222; J. Pickl, Messiaskönig, 136; R. T. France, Mk, 489.

125 Vgl. LSJ; H. Menge, Großwörterbuch, *s. v.*

pflanzliches Material denotierende Terminus κάλαμος tatsächlich alludieren. Wenn man in Mk 15,19 eine Anspielung sehen will, wie das eine Reihe von Exegeten forciert, dann liegt es also deutlich näher, an den Lorbeerzweig in den Händen des Triumphators zu denken, den Jesus als Triumphator freilich nicht in Händen hält, sondern mit dem er geschlagen wird. Aus dem Zeichen des errungenen Sieges und des Friedens in den Händen des Triumphators (vgl. II 3.2.1.2.3) ist ein Instrument der Gewalt geworden, die in der mk Inszenierung dem Triumphator selbst widerfährt.

Die V. 18ab.19c sowie der κάλαμος von V. 19a alludieren also wiederum auf Ritualbausteine aus dem Triumphzug, die Jesus als Triumphator erscheinen lassen. Das gilt sogar auch noch für die Verspottung Jesu, präziser: für die *verbale* Verspottung Jesu durch die Soldaten, die in den V. 18ab erfolgt, sich als solche aber erst im „Rückspiegel", nämlich im Licht von V. 19ab und V. 20a, erweist. Dass die Begrüßung Jesu als König nicht ernst gemeint ist, wird ja erst vollends im Licht der V. 19ab.20a deutlich. V. 18ab erscheinen insofern als verbale Verspottung Jesu. Und auch das gehört zu den Freiheiten, die das Triumphzugsritual den Soldaten bietet: Im Triumph dürfen sie den Triumphator verbal attackieren und vor dem Publikum verspotten (vgl. II 3.6). In das *io triumphe* der Soldaten und ihre preisenden Akklamationen mischt sich auch das ein oder andere spöttisch Gemeinte. Die Soldaten legen im Triumph also eine eigenartige Mischung von Verehrung und Spott an den Tag. Diese Mischung findet sich auch in Mk 15,16–20.[126] Dass Jesus verbal verspottet wird, verstärkt also noch die Triumphatorenrolle Jesu. Sie wird erst durch die körperliche Gewalt, das Schlagen mit einem κάλαμος, und durch das entehrende Anspucken durchbrochen. Das ist im Rahmen des Triumphzugs im Blick auf den Triumphator schlechterdings unvorstellbar.

Und doch enden an dieser Stelle die Allusionen auf den Triumphzug nicht. Denn es bietet sich eine Möglichkeit, auch den Erzählinhalt der V. 19ab vor dem Hintergrund des Triumphzugs zu interpretieren. Körperliche Gewalt, Entehrung und damit Verspottung finden sich auch im Triumphzug: Es ist der königliche Gefangene, der im Triumph in seinen Prachtgewändern vorgeführt wird, körperlicher Gewalt ausgesetzt ist und im Laufe der Prozession hingerichtet wird (vgl. II 3.4). Seine Präsentation dient seiner Entehrung und Verspottung. Das Schicksal des königlichen Gefangenen teilt in der mk Erzählwelt auch Jesus. Jesus scheint also vor dem Hintergrund des Triumphzugs eine Doppelrolle zu spielen. Er ist Triumphator und königlicher Gefangener. Das legt sich auch angesichts des weiteren Erzählinhalts der mk Passionsgeschichte und mit Blick auf eine bei näherer Betrachtung massive weitere Allusion im mk Text nahe: den Kreuzestitulus von Mk 15,26, auf den in Mk 15,18b bereits vorausverwiesen wird (vgl. III 2.8). Jesus spielt in der mk Inszenierung also

126 Allerdings mit dem Unterschied, dass die Verehrung Jesu als König in V. 18b ihrerseits spöttisch gemeint ist.

nicht nur die Rolle des Triumphators, sondern auch die Rolle des königlichen Gefangenen, dessen Schicksal er teilen wird. Auch Jesus überlebt die Triumphprozession, seinen Triumphzug, nicht. Mit Mk 15,18f wird mithin eine Doppelrolle Jesu sichtbar und beginnt seine schrittweise Transformation vom Triumphator zum königlichen Gefangenen.

1.8.5 Die Verspottung Jesu und die doppelte Ironie der Erzählung

Die V. 18f, die den Kern der gesamten Verspottungsszene ausmachen, leben von einer doppelten Ironie, die vor allem angesichts des Ineinanders von Verehrung auf der einen und Gewalt sowie Entehrung auf der anderen Seite sichtbar wird. Die Inszenierung des MkEv legt mehr als nahe, dass die Soldaten als von Markus entworfene Erzählfiguren Jesus nur zum Schein als Triumphator und König verehren. Sie spielen ihr Spiel mit ihm und „tun als ob". Wenn sie ihm akklamieren und ihm huldigen, dann meinen sie das zutiefst ironisch. Sie verspotten ihn. Die Leserinnen und Leser des MkEv erkennen hingegen in der Ironie eine tiefgründige Wahrheit. Für sie ist Jesus tatsächlich König und Triumphator. Was die Soldaten an Verehrung Jesus erweisen, gebührt diesem auch. Insofern wird die soldatische Ironie selbst wieder ironisch gebrochen.[127] Der Jesus zum Spott gegebene Königstitel trifft für Jesus zu. Die Soldaten verkünden ganz gegen ihren Willen Wahrheit. Dieses erzählerische Muster wird uns mit Blick auf den Kreuzestitulus und die weitere Verspottung Jesu in Mk 15 erneut begegnen.

1.8.6 Triumphator und königlicher Gefangener: Die Doppelrolle Jesu wird sichtbar

Mit dem Triumphzug bietet sich ein Vergleichshorizont für Mk 15,18f an, der beide Erzählzüge – die Verehrung Jesu und die durch körperliche Gewalt und entehrendes Anspucken evozierte Durchbrechung der Huldigung Jesu, die die gesamte Perikope als Verspottung Jesu erscheinen lässt – vor einem einzigen Motivhintergrund erklären kann. Im Unterschied zum vermuteten Allusionshintergrund der Königsinthronisation bietet der Triumphzug damit die Möglichkeit, auch Spott und Gewalt gegen Jesus als unmittelbare Allusionen auf das römische Ritual aufzufassen und im Verbund mit ehrenvoller Begrüßung und Huldigung konsistent zu interpretieren.

Für Jesus legt sich damit eine Doppelrolle nahe: Er ist in der mk Inszenierung Triumphator und königlicher Gefangener zugleich. Seine Transformation

---

127 Diese doppelte Ironie ist der Sache nach bereits mehrfach beschrieben worden, vgl. J. Jay, Tragic, 240.243; A. Yarbro Collins, Mk, 726; F. J. Moloney, Mk, 317; B. M. F. van Iersel, Mc, 467f.

zum königlichen Gefangenen beginnt mit Mk 15,18f. Der Rollenwechsel ist dabei in sich nicht eigens markiert. Die Anspielungen auf beide Rollenmuster sind vielmehr miteinander verwoben und gehen ineinander über. Der Übergang vom Triumphator zum königlichen Gefangenen ist insofern fließend gestaltet (vgl. dazu IV 2.3; IV 2.4). Diese Technik ist uns bereits vertraut. Sie findet sich nämlich auch im Rahmen der Triumphzugsallusionen in einigen Texten Senecas (vgl. II 5.2). Das MkEv bewegt sich mit der erzählerisch entworfenen Doppelrolle Jesu also in durchaus vertrauten literarischen Bahnen und verwendet eine Erzähltechnik, die sich auch bei anderen antiken Autoren findet.

1.9 Der zweite Gewandwechsel und die äußere Transformation Jesu zum königlichen Gefangenen

Auch der abschließende Gewandwechsel, in dessen Rahmen Jesus das Purpurgewand ausgezogen und seine eigenen Gewänder angezogen werden, lässt sich vor dem Hintergrund des Triumphzugs als Anspielung verstehen. Sie passt zur Zeichnung Jesu als königlichem Gefangenen.

1.9.1 Der Textbefund

V. 20a schließt mit ὅτε das Verspottungsgeschehen ab und klassifiziert die vorher erzählten Handlungen der Soldaten als spöttisches Spiel mit Jesus.[128] Der in V. 20bc erzählte erneute Gewandwechsel stellt insofern bereits eine Übergangshandlung dar,[129] die den Auszug Jesu aus dem Prätorium und den Beginn seines Zuges nach Golgotha vorbereitet. Der Gewandwechsel selbst ist in Form eines synthetischen Parallelismus gestaltet, der seinerseits zumindest zu V. 17a Parallelen bietet und zur Ringkomposition der Gesamtperikope beiträgt:

20b		ἐξέδυσαν	αὐτὸν	τὴν πορφύραν	
20c	καὶ	ἐνέδυσαν	αὐτὸν	τὰ ἱμάτια	αὐτοῦ.

Im Ergebnis stellt uns der Text einen zweiten Gewandwechsel vor Augen, der zugleich deutlich macht, dass vor V. 17a Jesu Gewänder ihm auch ausgezogen und in der Erzähllogik offenbar verwahrt worden sind, um sie ihm am Ende der Verspottung wieder anzuziehen. Jesus wird also nicht unbekleidet zur

128 Vgl. P. Dschulnigg, Mk, 393.
129 Vgl. auch C. A. Evans, Mk, 490.

Hinrichtung geführt. Das MkEv legt mithin einigen Wert darauf, dass Jesus in *seinen* Gewändern nach Golgotha geht.

1.9.2 Rücksicht auf jüdische Befindlichkeiten? Stimmen aus der Sekundärliteratur

Es ist auffällig, dass in der deutschsprachigen Kommentarliteratur und Markusexegese die V. 20bc praktisch nicht kommentiert und interpretiert werden. Dabei wird durchaus gesehen, dass Markus diesen erneuten Kleiderwechsel sehr präzise, ausführlich und zugleich auch umständlich erzählt.[130] Das legt nahe, dass dem mk Text an diesem Detail gelegen ist. Es will interpretiert werden. Das geschieht zumindest teilweise in der anglophonen Exegese. Zwei Deutungsmuster lassen sich identifizieren.

Im Sinne historischer Referentialität der beiden Versteile wird darauf verwiesen, dass zum Tode Verurteilte in der Regel nackt zur Hinrichtung – auch zur Kreuzigung – geführt werden.[131] V. 20bc hält demgegenüber fest, dass Jesus seine Kleider wieder angelegt werden und ihm diese Form der Entehrung erspart bleibt. Das wird als Rücksichtnahme der Römer auf jüdische Befindlichkeiten in Palästina verstanden. Entsprechend wird der mk Text als historisch referentiell interpretiert. Markus beschreibe ein Detail der historischen Hinrichtung Jesu.

Die deutlich seltener vertretene alternative Deutung versteht Mk 15,20bc als Vorbereitung für die Kleiderverlosung in Mk 15,24, die im Licht von Ps 22 erzählt wird (vgl. III 2.7.2).[132] Damit diese in der Erzähllogik überhaupt stattfinden könne, müsse Jesus seine Kleider aber auch zur Hinrichtungsstätte tragen. Deshalb müsse er sie am Ende der Verspottungsperikope auch wieder anlegen. V. 20c löse also ein erzählerisches Problem und ermögliche V. 24.

Beide Deutungsmuster überzeugen nur begrenzt. Die Interpretation des Textdetails im Sinne historischer Referentialität lässt sich zwar argumentativ schwer aushebeln, weil eine solche Referentialität und eine entsprechende römische Praxis natürlich möglich sind. Freilich muss man sie als Hintergrund für die V. 20bc postulieren und kann sie nicht vom Text her begründen, der in vielen Details – wie gezeigt (III 1.4) – eher nicht als historisch referentiell gelten kann. Vor allem aber müsste man erklären, warum die Soldaten Jesus im Rahmen der Verspottung überhaupt die eigenen Gewänder ausziehen, wenn

---

130 So D. Dormeyer, Passion, 189, für den dieses Erzähldetail die Theatralik der ganzen Szene steigert, was fraglos stimmt, aber noch keine zureichende inhaltliche Interpretation ist.

131 Vgl. dazu mit Belegen und mit entsprechender Anwendung auf die V. 20bc z. B. F. J. Moloney, Mk, 317; J. Marcus, Mk, 1040; R. T. France, Mk, 639.

132 Auf diesen Bezug zwischen V. 20 und V. 24 weisen J. Jay, Tragic, 245 Anm. 38; C. A. Evans, Mk, 490; T. E. Schmidt, Narrative, 8, hin.

sie auf jüdische Befindlichkeiten Rücksicht nehmen wollen würden. Denn das Entkleiden Jesu war ja vom Erzählverlauf her gar nicht nötig. Das Purpurgewand hätte man Jesus auch über die eigene Kleidung legen können. Und die Geißelung von Mk 15,15, für die eine Entkleidung nötig ist, fand ja bereits vor der Übergabe an die Soldaten statt.[133] Will man mithin nicht annehmen, dass die Soldaten Jesus entkleiden, dann muss man sich vorstellen, dass Jesus unbekleidet von Pilatus an die Soldaten übergeben wird. Aber dann stellt sich das Problem der Interpretation von V. 20bc im Sinne historischer Referentialität erst recht, weil eine Rücksichtnahme auf jüdische Befindlichkeiten doch auch Pilatus an den Tag legen müsste. Die Deutung der Versteile auf Basis historischer Referentialität bleibt also argumentativ brüchig.

Das alternative Deutungsmuster hat zwar mit Blick auf die intratextuelle Erzähllogik einiges für sich, übersieht aber, dass ja überhaupt erst V. 20c deutlich macht, dass Jesus nicht seine Kleider trägt. Anders gesagt: Erst V. 20c schafft das Problem, das im Licht dieser Deutung V. 20c lösen soll. Das erscheint kaum logisch. Ohne V. 20c wäre schlechterdings der Leseeindruck entstanden, dass Jesus in V. 17a ein Purpurgewand *über* seine Kleider gelegt wird, das ihm in V. 20b abgenommen wird. V. 24 würde sich erzähllogisch unmittelbar daran anschließen lassen. V. 20c löst dann das Problem, das V. 20c selbst produziert. Das macht die Deutung von V. 20c als *notwendige* Vorbereitung für V. 24 fragwürdig. Unbestritten bleibt freilich, dass V. 20bc prinzipiell auf V. 24 vorverweist. Nur geht die Funktion des in V. 20bc ausführlich erzählten Kleiderwechsels nicht in diesem vorausverweisenden Charakter auf.

1.9.3 Der zweite Gewandwechsel im Licht des Triumphzugs: Die äußere Transformation zum königlichen Gefangenen

Vor dem Hintergrund des Triumphzugs gelesen, lassen sich die Versteile 20bc als anspielendes Segment verstehen, das durch seine etwas umständlich wirkende Erzählweise schwach implizit markiert ist. Denn mit Blick auf die Doppelrolle Jesu ist der explizite Gewandwechsel geradezu konstitutiv. Hatte nicht zuletzt das Purpurgewand Jesus auch äußerlich in die Rolle des Triumphators schlüpfen lassen und wurde im Laufe der Verspottungsszene die Doppelrolle Jesu als Triumphator und königlicher Gefangener mehr und mehr deutlich,

---

133 Wer dabei Jesus geißelt, wird vom Text her nicht ganz eindeutig erzählt: Das Partizip φραγελλώσας kann sich in V. 15 zunächst nur auf Pilatus beziehen, der dann selbst Hand an Jesus legen würde. Das ist ungewöhnlich, wird aber in der Exegese so vertreten, vgl. A. Yarbro Collins, Mk, 711.721 f. Alternativ kann man φραγελλώσας auch als Kausativ verstehen, vgl. etwa J. Marcus, Mk, 1031. Dann muss man allerdings konstatieren, dass die Geißelung Jesu überhaupt nicht stattgefunden hat, insofern von ihr nichts erzählt wird. Die Soldaten bekommen von Pilatus in V. 15 den Auftrag zur Geißelung, sie setzen ihn aber nie in die Tat um, sondern schlagen Jesus „nur" auf den Kopf (V. 19).

so zeigt der erneute Kleiderwechsel nun auch äußerlich die Transformation Jesu zum königlichen Gefangenen an. Denn diese Gefangenen nehmen am Triumphzug natürlich nicht im Purpurgewand des Triumphators teil, sondern in jener prächtigen Tracht, die sie als Könige und Feldherren getragen haben. Sie werden dem Publikum also in jener Kleidung vorgeführt, die ihren ursprünglichen Stand ausgezeichnet hat. Das dient der Identifikation der königlichen Gefangenen, es dient in gleicher Weise ihrer Verspottung angesichts des Kontrastes zwischen Fesseln und Spuren körperlicher Misshandlung auf der einen und der Pracht ihrer Gewänder auf der anderen Seite. Es dient schließlich auch zur Betonung der Größe des vom Triumphator errungenen Sieges. Man wird daher sogar annehmen dürfen, dass die Prachtgewänder der königlichen Gefangenen für den Triumphzug eigens angelegt werden und während der Zeit der von Misshandlungen geprägten Gefangenschaft verwahrt worden sind.

Vor dem Hintergrund des Triumphzugs wird damit folgende Interpretation möglich: Auch Jesus nimmt als königlicher Gefangener in seinen eigenen Kleidern an seinem Triumphzug teil. Das wird durch die Erzählung des erneuten Gewandwechsels und die implizit vorausgesetzte schützende Lagerung der Gewänder während der gewalttätigen Verspottung deutlich gemacht. Der potentielle Einwand, dieser erneute Gewandwechsel erfolge im Blick auf die Vergleichsfolie Triumphzug doch zu früh,[134] verliert angesichts der Doppelrolle Jesu seine argumentative Kraft. Zwar legt der Triumphator das Purpurgewand erst auf dem Kapitol ab, aber Jesus spielt eben nicht nur diese Rolle. Als königlicher Gefangener geht er den Weg des Triumphes in seinen Gewändern. Das erzählen die beiden Versteile. Und es wird sich im Rahmen der erneuten Lektüre des MkEv noch zeigen, dass die Gewänder Jesu durchaus Assoziationen an ein königliches Prachtgewand wecken können (III 7) und auch von daher eine Interpretation der V. 20bc vor dem Hintergrund der Doppelrolle Jesu und seiner äußeren Transformation zum königlichen Gefangenen naheliegt – zumal bei der erneuten Lektüre des MkEv, die auch Mk 15,20 einschließt (vgl. III 5.2).

1.10 Der Beginn der Prozession und die Semantik des Ein- und Auszugs

Ein letzter Aspekt führt zurück an den Anfang der Perikope, V. 16a, und verbindet diesen mit dem Ende des Teiltextes in V. 20d. In den Blick kommen

134 Diesen Einwand diskutiert auch T. E. Schmidt, Narrative, 8, kann ihn aber nicht entkräften, weil er die Rolle des königlichen Gefangenen im Triumphzug nicht beachtet. Er muss entsprechend ausweichend argumentieren und auf die Bedeutung von V. 20 für V. 24 hinweisen.

die Verben ἀπάγω und ἐξάγω, die bei näherer Betrachtung nicht nur einen Bewegungsprozess ausdrücken, sondern semantisch auch den Gedanken einer Prozession wachrufen, wie sie typisch für einen Triumphzug ist. Der Weg ans Kreuz ist im MkEv als Prozession gestaltet. Das passt bestens zum Triumphzug. Den Verben ist insofern auch ein dezent ausgeprägter anspielender Charakter zu eigen, der bei der Erstlektüre vielleicht, bei der erneuten Lektüre des mk Textes deutlicher sichtbar wird.

1.10.1 Der Textbefund

Die Ringkomposition, die Mk 15,16–20 auszeichnet, wird u. a. durch die semantischen Bezüge zwischen V. 16a und V. 20d gebildet. In beiden Fällen ist Jesus (αὐτόν) das Objekt eines Bewegungsprozesses: Er wird in den Hof hinein- und aus diesem hinausgeführt. Die dabei verwendeten Verben finden sich nur selten im MkEv: ἀπάγω wird neben Mk 15,16a noch in Mk 14,44.53 verwendet; ἐξάγω findet sich nur in Mk 15,20d. In Mk 14,44.53 wird ἀπάγω im Kontext der Verhaftung Jesu verwendet und markiert das Wegführen Jesu von Getsemani zur Residenz des Hohepriesters. Zur Versprachlichung eines Ortswechsels im Rahmen der Passion Jesu wird es auch in V. 16a genutzt. Ähnlich liegt der Fall für das Verb ἐξάγω in V. 20d. Beide Verben drücken also zunächst einen lokal verstandenen Transferprozess aus. Die Verben haben zugleich einen semantischen Beigeschmack, der sehr gut zum Triumphzug passt und die Begriffe als chiffrierte Referenzen in das Netz von Anspielungen auf den Triumphzug einordnet und zugleich dieses Netz verstärkt.

1.10.2 Markinische Prozessionssemantik und der Triumphzug

Vereinzelte Stimmen in der exegetischen Forschung[135] halten fest, dass die Semantik der Verben in den V. 16a.20d und damit die Wortwahl des Markus ungewöhnlich sei,[136] weil vor allem dem mk ἐξάγω der Aspekt des Prozessionshaften anhafte.[137] In der Tat kann das Verb z. B. die Prozession von Delinquenten zur Hinrichtungsstätte,[138] den militärisch gestalteten Auszug von Soldaten

135 Die große Mehrheit der Kommentatorinnen und Kommentatoren beschäftigt sich indes nicht mit der Thematik.

136 Vgl. G. Guttenberger Ortwein, Status, 191, die mit Blick auf das mk ἐξάγω explizit von einer ungewöhnlichen Wortwahl spricht, die die synoptischen Seitenreferenten beide übereinstimmend durch das üblichere ἀπάγω ersetzt hätten (vgl. Mt 27,31 par Lk 23,26 diff Mk 15,20).

137 Vgl. J. Jay, Tragic, 248–250; vgl. zur Semantik auch LSJ.

138 Vgl. J. Jay, Tragic, 249. Gerade dieser Aspekt liegt mit Blick auf die Formulierung in V. 20e für V. 20d nahe.

oder die förmliche Freilassung von Gefangenen meinen, die aus der Gefangenschaft hinausgeführt werden.[139] Zum semantischen Beigeschmack von ἐξάγω gehört also der Prozessionsgedanke. Diese Beobachtungen zum semantischen Potential von ἐξάγω werden durch die Untersuchungen zum Triumphzug in Kapitel II 3.2.2.2 verstärkt und erweitert. Dort hatte sich gezeigt, dass εἰσάγω die Bedeutung von „in Form einer Prozession hineinziehen" annehmen kann – ein Terminus, den das MkEv nicht verwendet –, ἐξάγω entsprechend das „Hinausziehen in Form einer Prozession", ἀπάγω die unfreiwillige Teilnahme an einer Prozession (als Gefangener[140] oder unfreiwillig Befreiter) und ἄγω schließlich auch die Leitung einer Prozession meinen kann.

Angesichts dieser mit der mk Wortwahl verbundenen Prozessionssemantik hat bereits T. E. Schmidt die These vertreten, dass das mk ἐξάγω von V. 20d als Anspielung auf den Triumphzug und näherhin auf die für den Triumphzug konstitutive Prozession verstanden werden kann.[141]

> Jesus is „led out" (ἐξάγουσιν) through the streets of Jerusalem to the place of crucifixion. The verb, used only here in Mark, is employed commonly in the NT and elsewhere to denote a procession involving the accompaniment of a key figure by others.[142]

In der Tat beginnt mit V. 20d der prozessionshafte Weg Jesu ans Kreuz. Über diese Beobachtung hinausgehend, lässt sich dann auch das mk ἀπάγω von V. 16a als anspielendes Segment identifizieren, das bereits auf Jesu Rolle als Triumphgefangener hinweist, der unfreiwillig am Triumphzug teilnimmt. Schwach implizit markiert werden die anspielenden Segmente im Übrigen durch die ungewöhnliche Wortwahl des mk Textes, die aufhorchen lässt. Die Wege, die der mk Jesus in Mk 15,16 und ab Mk 15,20 geht, erscheinen als Prozessionswege. Das passt gut in das Netz der Anspielungen auf den Triumphzug und stellt ein letztes Element im Rahmen des Anspielungsclusters von Mk 15,16–20 dar.

---

139 Gerade im letzteren Sinne wird das Verbum in der Apg verwendet: Apg 5,19; 7,36.40; 12,17; 13,17; 16,37.39; 21,38 (vgl. auch Hebr 8,9).

140 Das Verb ἀπάγω ist „terminus technicus der Rechtssprache" (D. Dormeyer, Passion, 187) und meint auch das Vorführen eines Zeugen, das Abführen eines Verhafteten oder Verurteilten und Fortführen zur Hinrichtung, vgl. zu diesen Bedeutungen auch W. Bauer, Wörterbuch, *s. v.*

141 Vgl. T. E. Schmidt, Narrative, 8f. Explizit widersprochen wird ihm im Blick auf diese Anspielung von A. Yarbro Collins, Mk, 729, die für ἐξάγω keine Prozessionssemantik erkennen will.

142 T. E. Schmidt, Narrative, 8.

T. E. Schmidt wertet darüber hinaus das Verbum φέρω in V. 22a als Anspielung auf den Triumphzug:

> V. 22 „signifies not only of the growing physical weakness of Jesus but also the custom of the triumphator being borne in a portable *curule* chair which was placed in his chariot.“ [143]

Das φέρουσιν αὐτόν von V. 22a entspreche in dieser Perspektive dem Getragenwerden des Triumphators im Triumphzug. Diese These überzeugt mich nicht. Und das aus mehreren Gründen. Die Bestimmung des Referenzpunktes für die potentielle mk Anspielung deckt sich nicht mit den Realien des Triumphzugs. Meines Wissens gibt es in der Triumphquadriga keinen „portable *curule* chair“. T. E. Schmidt nennt dafür auch keine Belege, die seine Behauptung stützen könnten. Der Triumphator steht vielmehr in seinem Wagen. Insofern erscheint schon der potentielle Referenzpunkt fragwürdig. Freilich könnte man auf der Basis der Überlegungen Schmidts argumentieren, dass ja bereits das Stehen in der Triumphquadriga als Referenzpunkt für das mk φέρω ausreichen könnte. Der Triumphator geht jedenfalls nicht zu Fuß, sondern wird gleichsam in der Quadriga „getragen“. Aber auch dann bleiben Zweifel, weil der mk Sprachgebrauch im Blick auf das Verb φέρω einen anderen inhaltlichen Fluchtpunkt hat. Das Verbum φέρω wird im MkEv 15mal verwendet. Es sticht also schon quantitativ weniger auffällig aus dem Erzählganzen heraus als das mk ἐξάγω (V. 20d) oder ἀπάγω (V. 16a). Inhaltlich meint φέρω im MkEv das Bringen von etwas oder jemandem zu einer Person:[144] ein Eselsfohlen und ein Denar werden zu Jesus gebracht (Mk 11,2.7; 12,15f), der Kopf des Täufers wird zu Herodes gebracht (Mk 6,27f) und vor allem werden Menschen, genauer: Kranke, zu Jesus gebracht (Mk 1,32; 2,3; 7,32; 8,22; 9,17.19f). Solche Prozesse des Bringens versprachlicht das MkEv mit φέρω. Dabei kann das Gebrachte aber durchaus zu Fuß gehen und sein Ziel erreichen (vgl. Mk 1,32; 7,32; 8,22; 9,17.19f; 11,2.7). Fluchtlinie der Verwendung von φέρω im Blick auf Mensch und Tier ist daher nicht der Gedanke des Getragenwerdens, sondern eher der Aspekt, dass das Gebrachte unfreiwillig an sein Ziel gelangt oder zwar zu Fuß, aber nicht ohne fremde Hilfe sein Ziel erreichen könnte. Das φέρουσιν αὐτόν in V. 22a lässt sich in diesen Gedankengang als Kontrastbild einzeichnen. Wie bisher Kranke durch andere zu Jesus gebracht worden sind, um geheilt zu werden, so wird Jesus nun seinerseits an einen Ort verbracht, der ihm den Tod bringen wird. Die mk Verwendung von φέρω spricht daher gegen eine Anspielung auf den Triumphzug in Mk 15,22a.

1.10.3 Der Triumphzug Jesu beginnt

Die Semantik der V. 16a.20d ruft den Gedanken einer Prozession wach. Das gibt dem Weg Jesu nach Golgotha (vgl. III 2.5), der mit V. 20d beginnt, den Anstrich einer Prozession. Der Triumphzug Jesu beginnt. Die Vorbereitun-

143 T. E. Schmidt, Narrative, 9.

144 Eine Ausnahme ist Mk 4,8: Hier geht es um die Ertragsleistungen von Weizen, also das Bringen von Frucht.

gen für die Triumphprozession sind nun abgeschlossen. Seinen Triumphzug vollzieht Jesus anders als römische Triumphatoren ohne Anhänger, ohne „Liktoren" (vgl. III 9.3), ohne Fans und Freunde. Aber er geht in Begleitung einer großen Gruppe von Soldaten, wie das für den Triumph üblich ist. Unüblich ist hingegen die Wegrichtung des jesuanischen Triumphes, der im Gegensatz zum römischen Triumph nicht in die Stadt hinein-, sondern aus ihr herausführt. Diese Mutation des Prätextesmotives verdankt sich fraglos der historischen Referentialität, wird Jesus doch außerhalb Jerusalems gekreuzigt. Zugleich erinnert diese Wegführung dann auch an die *pompa funebris* und gibt dem jesuanischen Triumphzug den doppelbödigen Charakter eines freilich verfrühten Leichenzugs. Invertierungen werden also mit Blick auf die Wegrichtung wie auch die Semantik von V. 16a.20d, die Jesus die Rolle eines Gefangenen zuweist, sichtbar.

Angesichts der Semantik von V. 16a.20d, die dem Weg Jesu ans Kreuz den Anstrich einer Prozession und näherhin einer Triumphprozession gibt, erscheint Jesus vor allem wie ein im Triumph vorgeführter Gefangener. Das Heft des Handelns hat er aus der Hand gegeben. Er wird mit-, weg- und hinausgeführt. Das legen ἐξάγω und ἀπάγω nahe. Vielleicht aber hat Markus auch im Blick auf diese Prozessionssemantik einen leisen Kontrapunkt in seine Erzählung eingebaut. Unmittelbar vor der Verhaftung Jesu, in der zum ersten Mal das Verb ἀπάγω zu finden ist, lässt er seinen Jesus nämlich zu den Schülern sprechen: ἐγείρεσθε ἄγωμεν (14,42). Ἄγωμεν – das kann, insofern ἄγω die Leitung einer Prozession meinen kann, auch heißen: Lasst uns die Prozession beginnen, lasst uns abmarschieren. Mit dem jesuanischen ἄγωμεν beginnt im engeren Sinne die Kette von Ereignissen, die zur jesuanischen Triumphprozession führt. Der wahre Herr der Prozession ist dann Jesus, auch wenn das in Mk 15,16–20 längst nicht mehr so scheint.

1.11 Königsinthronisation oder Triumphzug? Zwei übergreifende Deutungsmuster im Vergleich

Die vorausgehenden Analysen und Interpretation der mk Verspottungsperikope haben gezeigt, dass in der ntl. Forschung Mk 15,16–20 nicht nur vor dem Hintergrund des Triumphzugs, sondern auch mit Blick auf das Ritual einer Königsinthronisation interpretiert worden ist.[145] Für weite Teile der gesamten Perikope werden durchgehend Anspielungen auf ein Inthronisationsritual

145 Davon zu unterscheiden sind nochmals jene Stimmen im Diskurs, die Mk 15,16–20 eher allgemein vor dem Hintergrund von Königsmotivik interpretieren wollen oder bestimmte Formen der spöttischen Verhöhnung von Gefangenen als Vergleichshorizonte im Blick haben. Diese vereinzelten Stimmen operieren nicht so entschieden mit einem Motivbündel, wie das im Rahmen der Deutung als Parodie einer Königsinthronisation der Fall ist.

vermutet. Es liegen also zwei in der Sache zwar entfernt verwandte und im Fluchtpunkt der Interpretation durchaus ähnliche – beide Deutungen verstehen Mk 15,16–20 als Parodie –, aber doch konkurrierende Deutungsmuster vor. Dabei beanspruchen beide Deutungsmuster für sich, nicht nur ein Einzeldetail des Textes zu erklären, sondern mehrere Textdetails als Motivbündel vor *einem* Traditionshintergrund erklären zu können.[146]

Im an den mk Text rückgebundenen Vergleich der beiden Deutungsmuster meine ich unter Rückgriff auf die obigen Textanalysen allerdings aufzeigen zu können, dass der Triumphzug als Motivhintergrund quantitativ mehr Details des mk Textes spannungsfrei, d. h. als unmittelbare und nicht als in sich inver-

Textelement	*Referenzpunkt im Inthronisationsritual*	*Referenzpunkt im Triumphzug*
V. 16ab Handlungsort: Prätorium	nicht vorhanden	vorhanden
V. 16c Versammeln der ganzen Kohorte	vorhanden	vorhanden
V. 17a.20bc Der 1. Kleiderwechsel und das Anlegen des Purpurgewands	nicht vorhanden	vorhanden
V. 17b Das Anlegen des στέφανος	nicht vorhanden	vorhanden
V. 18ab.19c Gruß und Verehrung	vorhanden	vorhanden
V. 19ab.20a Spott und Gewalt	nicht vorhanden	vorhanden
V. 20bc Der 2. Kleiderwechsel und das Anlegen des eigenen Gewands	nicht vorhanden	vorhanden
V. 16a.20d Prozessionssemantik	nicht vorhanden	vorhanden
V. 20de Der Beginn des Weges nach Golgotha	nicht vorhanden	vorhanden

146 Diesen Anspruch hat auch das von B. MUTSCHLER, Verspottung, favorisierte Deutungsmodell der parodierten Königsaudienz. Dieses Deutungsmuster berücksichtige ich in diesem abschließenden Vergleich nicht, weil es in der Sache m. E. zu wenige mk Textdetails plausibel erklären kann und seine partielle Überzeugungskraft eher aus der Ähnlichkeit des Audienzrituals zu anderen Königsritualen gewinnt.

tierte, sondern allenfalls durch den Kontext gebrochene Anspielung, vor einem Motivhintergrund erklären kann (vgl. die tabellarische Gegenüberstellung).

Im Vergleich zeigt sich deutlich, dass der Triumphzug mehr mk Erzähldetails vor einem Motivhintergrund erklären kann, weil er für Jesus eine Doppelrolle annehmen kann, die bereits im Motivhintergrund selbst angelegt und vorhanden ist. Das kann das Inthronisationsritual nicht leisten, weil es Jesus allein auf die Rolle des Königs fixieren muss, wodurch bestimmte mk Erzähldetails nicht oder nur in massiv invertierter Form[147] als anspielende Segmente erscheinen. Zugleich zeigt sich auch, dass bei Näherbetrachtung des mk Textes und des Inthronisationsrituals vermeintlich gut passende Allusionen wie das Purpurgewand und der Kranz ihre Plausibilität verlieren. Im Streit der Interpretationen ist der Triumphzug im Vergleich zum Inthronisationsritual folglich das plausiblere Erklärungsmuster für das in Mk 15,16–20 so detailreich Erzählte. Intendierte und aus Rezipientenperspektive entschlüsselbare Anspielungen auf den Triumphzug sind plausibler anzunehmen als Anspielungen auf ein köngliches Inthronisationsritual. Dieser Eindruck wird sich angesichts der Triumphzugsallusionen in Mk 15,21–32 noch verstärken.

1.12 Ergebnisse

Die Perikope Mk 15,16–20 zeigt sich bei näherer Betrachtung als durchzogen von Anspielungen auf den römischen Triumphzug. Sie lässt sich als leserlenkendes Anspielungscluster verstehen. Für nahezu jedes Textdetail lässt sich ein Referenzpunkt im Sinne eines Prätextmotivs im Rahmen des Triumphzugs bestimmen. Die anspielenden Segmente im manifesten Text sind dabei in der Regel implizit markiert. Als Markierungstechniken finden sich Latinismen als Form des Codewechsels sowie inhaltliche Spannungen angesichts der mehr als fragwürdigen historischen Referentialität des Erzählten. Dabei sind die Allusionen im manifesten Text von unterschiedlicher Deutlichkeit. Manche sind stärker implizit markiert, andere schwächer, für die einen gibt es einen deutlicher ausgeprägten Referenzpunkt im Sinne eines vorhandenen Prätextmotives, für andere ist das Prätextmotiv selbst etwas undeutlicher ausgeprägt. An Plausibilität gewinnen die Anspielungen vor allem im Zusammenspiel, also mit Blick auf ihre Quantität. Insgesamt bietet der Triumphzug als Prätext – auch unter Rücksichtnahme auf die zumindest teilweise vorhandene semantische Polyvalenz der anspielenden Segmente – einen forschungsgeschichtlich besonders gut passenden Schlüssel für den mk Text. Mit dem Triumphzug als Motivhintergrund für Mk 15,16–20 lassen sich sogar mehr Erzähldetails

147 Die dann die Anspielungen als Parodie erscheinen lassen.

spannungsfrei und unmittelbar vor einem Motivhintergrund erklären, als dies etwa mit Blick auf die Deutungsmuster Travestie einer Königsinthronisation oder Audienzparodie möglich ist. Das steigert im exegetischen Diskurs die Plausibilität der hier behaupteten und durch Textbeobachtungen begründeten These einer mk Triumphzugsallusion.

Inhaltlich erfolgen die Anspielungen sämtlich mit Blick auf die Erzählfigur Jesus. Sie entwerfen für ihn eine Doppelrolle: Im Rahmen der Verspottung, die der Kreuzigung vorgelagert ist, wird Jesus durch die Allusionen auf den Triumphzug zum Triumphator und zum königlichen Gefangenen transformiert. Auf beide im Triumphzug vorhandenen Rollen finden sich Anspielungen. Dieses Konzept der im Licht des Triumphzugs sichtbar werdenden bzw. durch Allusionen auf den Triumphzug entworfenen Doppelrolle ist – wie in Kapitel II 5 gezeigt – in antiker Literatur auch jenseits des MkEv vorhanden. Markus nutzt insofern ein bekanntes literarisches Motiv, das metaphorisch und pragmatisch funktional eingesetzt wird. Im mk Text wird dabei jeweils auf Ritualbausteine des Triumphzugs angespielt, die im Blick auf die Ritualsyntax am Anfang des Rituals stehen und sich noch vor der eigentlichen Prozession ereignen. Dadurch wird der faktische Weg Jesu ans Kreuz, der erst nach V. 16–20 beginnt, zum triumphalen Prozessionsweg stilisiert. Freilich hält sich der mk Text nicht genau an den Fahrplan des Triumphes – etwa wenn er die gesamte Szene *in* das Prätorium verlegt –, sondern komponiert relativ frei, aber aus der Rezipientenperspektive der mk Gemeinde in Rom eben doch erkennbar, auf der Basis des Rituals, also des Prätextmotivs. Die Anspielungen erfolgen mit Blick auf die Ritualsyntax wie auch manche der Einzelprätextmotive insofern innovativ. Die Prätextmotive werden durch Selektion und Mutation aktualisiert. Das zeigt sich besonders deutlich mit Blick auf das anspielende Segment des Kranzes, wenn dieser durch Dornen charakterisiert wird. Im Rahmen der Verspottungsszene erhält Jesus im Licht des Triumphzugs insofern zwei Gesichter: Er erscheint *wie* der Triumphator und *wie* der königliche Gefangene – und geht doch in keiner der beiden Rollen je ganz auf. Immer finden sich Durchbrechungen, die für die Leserinnen und Leser das Bild eines Jesus aufrufen, der mehr und anders ist als jeder römische Triumphator oder jeder königliche Gefangene. Darauf ist am Ende der Untersuchung zurückzukommen (vgl. IV 2).

2. Auf dem mk Kapitol von Jerusalem (Mk 15,21–32)

Die Anspielungsdichte in der nächsten Szene der mk Passionsgeschichte, Mk 15,21–32, ist im Vergleich zum vorausgehenden Anspielungscluster weniger massiv ausgeprägt. Gleichwohl können einige Textdetails wiederum als z. T. sehr deutliche Anspielungen auf den Triumphzug verstanden werden – auch und gerade im Licht des vorausgehenden Anspielungsclusters.

2.1 Kontexteinordnung und Textabgrenzung

Die längere Perikope führt die Leserinnen und Leser nach Golgotha und damit auf das mk Kapitol am Rande von Jerusalem. Der aus dem Prätorium herausgeführte Jesus tritt seinen letzten Weg an, wird gekreuzigt und am Kreuz hängend in vielfältiger Weise verspottet. Mk 15,21–32 schließt inhaltlich stringent an Mk 15,16–20 an, gleichwohl lässt sich eine Perikopengrenze erkennen. Als deutliche Texttrenner auf der Ebene einer Makrogliederung fungieren am Übergang von V. 20 zu V. 21 ein Ortswechsel (Jesus befindet sich auf dem Weg und nicht mehr im Prätorium) sowie ein Personen- und damit verbundener Themenwechsel (V. 21 steht ganz im Zeichen des von den Soldaten zur Fronarbeit gezwungenen Simon von Kyrene). Freilich verschwindet Simon mit V. 21 auch gleich wieder aus der Erzählwelt und wird der Weg Jesu nach Golgotha nur äußerst knapp erzählt. Ab V. 22 ist das Ziel dieses Weges erreicht. Auf den eher dynamischen V. 21 folgen zumindest im Blick auf die Lokalität also eher statische Verse. V. 21 wird man daher als Scharniervers ansprechen dürfen, der den Übergang vom Prätorium nach Golgotha erzählerisch vermittelt. Die Szenerie ruht dann ab V. 22 ganz auf Golgotha und am Kreuz. Dieser Ort bleibt als Ankerpunkt der Handlung bis V. 41 bestehen, wobei die erzählerische Linienführung „Ausflüge" unternimmt: In einer Art Vogelperspektive ist in V. 33 die ganze Erde im Blick; in V. 38 schaut der Erzähler in den Tempel hinein.

Das Ende der Perikope[1] lässt sich – unbeschadet des im Rahmen der Detailgliederung sichtbar werdenden Einschnitts zwischen V. 27 und V. 29 – mit V. 32 bestimmen. Am Übergang zu V. 33 findet sich nicht nur eine deutlich

1 Das Ende der Perikope wird in der Exegese sehr unterschiedlich bestimmt. Als Varianten finden sich: V. 24; V. 25; V. 26; V. 27 und V. 32. Für letztere Option habe ich mich entschieden, weil mir der Einschnitt am Übergang zu V. 33 deutlicher ausgeprägt erscheint als der zwischen V. 26 und V. 27. Zur Diskussion der Abgrenzungsmodelle vgl. F. J. Moloney, Mk, 317f.

zäsurierende Zeitangabe (V. 33a), es kommt auch zu einem klaren Themen- und Personenwechsel: Die Verspottung Jesu ist an ihr durchaus vorläufiges Ende gekommen, jetzt ist Jesus selbst wieder im Blick, der in V. 34 zum ersten Mal seit V. 2 wieder spricht.

2.2 Griechischer Text und Übersetzung

21a Καὶ ἀγγαρεύουσιν παράγοντά τινα Σίμωνα Κυρηναῖον
21b ἐρχόμενον ἀπ᾽ ἀγροῦ,
21c τὸν πατέρα Ἀλεξάνδρου καὶ Ῥούφου,
21d ἵνα ἄρῃ τὸν σταυρὸν αὐτοῦ.
22a καὶ φέρουσιν αὐτὸν ἐπὶ τὸν Γολγοθᾶν τόπον,
22b ὅ ἐστιν μεθερμηνευόμενον Κρανίου Τόπος.[2]
23a καὶ ἐδίδουν αὐτῷ ἐσμυρνισμένον οἶνον·
23b ὃς δὲ οὐκ ἔλαβεν.
24a καὶ σταυροῦσιν αὐτὸν
24b καὶ διαμερίζονται τὰ ἱμάτια αὐτοῦ
24c βάλλοντες κλῆρον ἐπ᾽ αὐτὰ
24d τίς τί ἄρῃ.
25a ἦν δὲ ὥρα τρίτη
25b καὶ ἐσταύρωσαν αὐτόν.
26a καὶ ἦν ἡ ἐπιγραφὴ τῆς αἰτίας αὐτοῦ ἐπιγεγραμμένη·
26b ὁ βασιλεὺς τῶν Ἰουδαίων.
27a καὶ σὺν αὐτῷ σταυροῦσιν δύο λῃστάς,
27b ἕνα ἐκ δεξιῶν καὶ ἕνα ἐξ εὐωνύμων αὐτοῦ.
29a καὶ οἱ παραπορευόμενοι ἐβλασφήμουν αὐτὸν κινοῦντες τὰς κεφαλὰς αὐτῶν καὶ λέγοντες·
29b οὐὰ ὁ καταλύων τὸν ναὸν
29c καὶ οἰκοδομῶν ἐν τρισὶν ἡμέραις,
30a σῶσον σεαυτὸν καταβὰς ἀπὸ τοῦ σταυροῦ.
31a ὁμοίως καὶ οἱ ἀρχιερεῖς ἐμπαίζοντες πρὸς ἀλλήλους μετὰ τῶν γραμματέων ἔλεγον,
31b ἄλλους ἔσωσεν,
31c ἑαυτὸν οὐ δύναται σῶσαι·
32a ὁ χριστὸς ὁ βασιλεὺς Ἰσραὴλ καταβάτω νῦν ἀπὸ τοῦ σταυροῦ,
32b ἵνα ἴδωμεν
32c καὶ πιστεύσωμεν.
32d καὶ οἱ συνεσταυρωμένοι σὺν αὐτῷ ὠνείδιζον αὐτόν.

---

2 Die Großschreibung von Τόπος in V. 22b habe ich aus NA^{28} übernommen.

21a Und sie zwingen einen Vorbeigehenden, Simon, den Kyrenäer,
21b kommend vom Acker,
21c den Vater von Alexander und Rufus,
21d damit er trage sein Kreuz.
22a Und sie bringen ihn zu dem Golgotha-Ort,
22b das ist übersetzt: Schädel-Ort.
23a Und sie versuchten, ihm mit Myrrhe gewürzten Wein zu geben,
23b der aber nahm (ihn) nicht.
24a Und sie kreuzigen ihn.
24b Und sie zerteilen für sich seine Gewänder,
24c werfend ein Los über sie,
24d wer was trage.
25a Es war aber dritte Stunde
25b und sie hatten ihn gekreuzigt.
26a Und es war die Inschrift seiner Schuld aufgeschrieben:
26b Der König der Juden!
27a Und mit ihm kreuzigen sie zwei Unruhestifter,
27b einen zur Rechten und einen zu seiner Linken.
29a Und die Vorbeigehenden lästerten ihn, schüttelnd ihre Köpfe und sagend:
29b „Ach, der Zerstörende den Tempel
29c und Erbauende in drei Tagen:
30a Rette dich selbst, hinabsteigend vom Kreuz!"
31a In gleicher Weise auch die Hohepriester spotten untereinander mit den Schriftgelehrten, sie sagten:
31b „Andere rettete er,
31c sich selbst ist er nicht fähig zu retten.
32a Der Christus, der König Israels, er steige nun herab vom Kreuz,
32b damit wir sehen
32c und glauben."
32d Auch die mit ihm Mitgekreuzigten verhöhnten ihn.

2.3 Beobachtungen zur Gliederung und Komposition

Die Perikope lässt sich angesichts des internen Themenwechsels[3] sowie des Personenwechsels am Übergang von V. 27 zu V. 29[4] in zwei größere Abschnitte

3 Darauf macht auch P. Dschulnigg, Mk, 394, aufmerksam: Im ersten Abschnitt ist das Thema der Kreuzigung zentral, im zweiten dominiert der Moment der Verspottung.

4 Mit NA[28] erachte ich den Text von Mk 15,28 für eine spätere Interpolation im Rahmen der handschriftlichen Überlieferung des MkEv, die sich inhaltlich freilich bestens an Mk 15,27 anfügt und ihre Wurzel in Lk 22,37 hat.

untergliedern, die freilich kompositiorisch eng aufeinander bezogen sind. Aber zunächst zur detaillierten Gliederung der beiden Abschnitte.

V. 21 lässt sich als Scharniervers von den V. 22–27 zunächst untergliedernd abtrennen. In V. 21a wird das Ansinnen der Soldaten zunächst knapp angedeutet und ihr Gegenüber, Simon, über seine geographische und damit auch kulturelle Herkunft bestimmt. Die V. 21bc dienen der Näherbestimmung Simons, während V. 21d den Inhalt des in V. 21a genannten Zwangs bestimmt: Er soll Jesus das Kreuz tragen.

Ein engerer Zusammenhang besteht zwischen den V. 22–27, insofern sie alle am gleichen Ort spielen und – mit Ausnahme von V. 23b – die Soldaten stets Subjekt der Handlungen sind, die sich durchgehend auf Jesus bzw. seine Kleider beziehen. Auffällig ist zunächst die durch die Semantik gebildete Parallele zwischen V. 24a und V. 25b. Dadurch werden die V. 24b – d gerahmt, die auch inhaltlich eine Einheit bilden. In ihnen geht es um die Verlosung der Kleider Jesu. Durch die Rahmung lässt sich die Kleiderverlosung vom Kontext gliedernd ablösen. Dadurch rücken die V. 22f, die Ereignisse vor der Kreuzigung erzählen, enger zusammen. V. 22ab weist zudem einen kleinen Parallelismus auf (22a Γολγοθᾶν τόπον; 22b Κρανίου Τόπος). Weniger eng fällt der Zusammenhang der V. 26f aus, die vom Kreuzestitulus und den Mitgefangenen handeln. Dafür bildet V. 27 mit V. 21 einen Rahmen um die Gesamtszene, insofern in beiden Versen Personen genannt werden, die Jesus unfreiwillig begleiten und jeweils mit dem Kreuz, als Kreuzträger bzw. Mitgekreuzigte, verbunden sind.[5] Im Zentrum dieses Abschnitts der Perikope scheint insofern die durch die Rahmungen der V. 24a.25ab sowie 21.27 hervorgehobene Kleiderverlosung zu stehen.

Die V. 29–32 sind von einem durchgehenden Thema bestimmt: der Verspottung des am Kreuz hängenden Jesus. Angesichts der drei unterschiedlichen Gruppen, die Jesus jeweils verhöhnen, lässt sich dieser Abschnitt in drei Segmente untergliedern. Die V. 29f haben nicht näher spezifizierte Vorbeigehende im Blick. Sie greifen die vermeintliche Tempelkritik Jesu, seine Ansage der Zerstörung des Tempels und des Wiederaufbaus in drei Tagen auf und kontrastieren diese als Machterweise gedeuteten Ankündigungen mit der Aufforderung, der „Tempelzerstörer" und „Baumeister" Jesus solle doch gefälligst sich selbst erst einmal retten, indem er vom Kreuz herabsteige. In großer Parallelität steht dazu die Verspottung durch die Hohepriester und Schriftgelehrten in den V. 31–32c.[6] Sie rufen zunächst in einer parallel gehaltenen Formulierung einen anderen Kontrast auf: Jesu habe andere gerettet (V. 31b: ἄλλους ἔσωσεν), könne aber sich selbst offenkundig nicht retten (V. 31c: ἑαυτὸν οὐ δύναται σῶσαι). Im Blick auf die Semantik greift dieser Kontrast auf Material zurück, das bereits den von den Vorbeigehenden konstruierten Gegensatz bestimmt hat:

---

5 Vgl. auch B. M. F. van Iersel, Mc, 466; W. Fritzen, Gott, 328.

6 Vgl. T. C. Gray, Temple, 181–183.

das Verbum σώζω sowie das Reflexivpronomen ἑαυτόν/σεαυτόν (V. 30a). Ein deutlicher Rückgriff auf V. 30a findet auch in der sich anschließenden Aufforderung der Hohepriester und Schriftgelehrten statt, der sich an die Adresse Jesu wendet: Er, der Christus/Messias, also der König Israels, solle doch jetzt vom Kreuz herabsteigen (V. 32a.30a). Dann würden sie sehen und glauben. Der Glaube an Jesus als Messias resultiert für sie aus dem Sehen. Zwischen den V. 30a und 31b – 32a bestehen also deutliche Parallelen. Schließlich kommt noch knapp eine dritte Gruppe in den Blick, die Mitgekreuzigten, die Jesus ebenfalls verspotten und schmähen (V. 32d), wobei der konkrete Inhalt der Schmähung nicht mehr ausgeführt wird.

Insgesamt erscheinen die beiden Teile der Perikope wie ein Diptychon. Dafür sorgen die Stichwortverbindungen und thematischen Entsprechungen, die zwischen den jeweiligen Anfängen und Enden der beiden Abschnitte bestehen. V. 21 und V. 29 haben jeweils Vorbeigehende im Blick. Simon von Kyrene geht vorbei und wird zum Frondienst am Kreuz eingesetzt (V. 21). In V. 29 gehen nicht näher Spezifizierte am Kreuz vorbei und verhöhnen Jesus. In V. 27 wird erstmals von den Mitgekreuzigten gesprochen, die am Ende des zweiten Abschnitts, in V. 32d, erneut und letztmalig im Blick sind und Jesus ebenfalls verhöhnen. Schließlich findet sich in beiden Abschnitten das parallel gestaltete Königsmotiv: Der Kreuzestitulus identifiziert Jesus als König der Juden, der Spott der jüdischen Eliten bezeichnet Jesus ironisch als Messias und König Israels.

παράγοντά τινα (V. 21a)	οἱ παραπορευόμενοι (V. 29a)
	ὁ χριστὸς
Ὁ βασιλεὺς τῶν Ἰουδαίων (V. 26b)	ὁ βασιλεὺς Ἰσραὴλ (V. 32a)
σὺν αὐτῷ σταυροῦσιν	οἱ συνεσταυρωμένοι
δύο λῃστάς (V. 27a)	σὺν αὐτῷ (V. 32d)

Die Szene erscheint planvoll komponiert, wenngleich sich ihr Aufbau und das Kompositionsprinzip von dem der V. 16–20 deutlich unterscheidet. Der mk Text realisiert also in kreativer Weise unterschiedliche, aber stets planvolle Kompositionsschemata.

In den folgenden Textuntersuchungen werden erneut jene Textdetails in den Blick genommen, die im Forschungsdiskurs bereits als Motive und Anspielungen auf den Triumphzug gewertet worden sind bzw. für die hier erstmals diskutiert werden soll, ob und inwiefern es sich bei ihnen um anspielende Segmente handelt. Es wird sich zeigen, dass damit praktisch der ganze Text der V. 21–27 in den Blick kommen wird. Er erscheint als durchzogen von möglichen chiffrierten Referenzen auf den Triumphzug. Hingegen lassen sich in den V. 29–32 solche Anspielungen kaum ausmachen.

2.4 Simon von Kyrene als Kultdiener im Triumphzug?

Zunächst wie ein entbehrliches Textdetail[7] wirkt der Scharniervers Mk 15,21. Der Textfluss von V. 20 zu V. 22 ist fraglos gegeben, für den Fortgang der Erzählung scheint der Auftritt des Simon von Kyrene keinerlei Rolle zu spielen. Umso mehr wird man fragen müssen, welchen Sinn V. 21 haben könnte.

T. E. Schmidt hat darauf in seinen Aufsätzen zum mk Triumphzug eine Antwort gegeben, indem er den Auftritt Simons als anspielendes Segment verstanden hat. Schon im Rahmen der Forschungsgeschichte (I 3.2.2) habe ich an dieser Deutung Zweifel angemeldet. Im Rahmen der in diesem Hauptkapitel vorzunehmenden gründlichen Analysen der mk Texte ist erneut darauf zurückzukommen.

2.4.1 Der Textbefund

Handelndes Subjekt in V. 21 sind die römischen Soldaten, die auch in V. 16–20 aktiv waren. Sie zwingen einen Vorbeigehenden, also ein Zufallsopfer, Jesus das Kreuz zu tragen. Das für diesen Zwang verwendete Verb ἀγγαρεύω ist ein Spezialbegriff, der u. a. das Recht einer Besatzungsmacht ausdrückt, die Bevölkerung zur Zwangsarbeit zu verpflichten, sie zu einem ἄγγαρος, einem Lastesel, zu machen.[8] Das ist hier und an anderer Stelle im NT (Mt 5,41) im Blick.[9] Konkret wird Simon gezwungen, Jesu Kreuz – faktisch wohl nur das Patibulum[10] – zu tragen. Kontextuell bedeutet das, dass Jesus entweder nicht mehr in der Lage ist, das Kreuz selbst zu tragen,[11] oder er es in der mk Inszenierung einfach nicht tragen soll. Eine explizite Begründung fehlt im Text.[12] Der Normalfall sieht im Rahmen von Kreuzigungen vor, dass der Delinquent selbst das Patibulum zur Hinrichtungsstätte trägt.[13]

Auch wenn Simon ein Zufallsopfer zu sein scheint[14] – der Text spricht zunächst unbestimmt von παράγοντά τινα –, so legt Markus einigen Wert

---

7 Als eigentlich unnötig wertet auch B. J. Incigneri, Gospel, 82, die kleine Szene von V. 21.

8 Vgl. LSJ; vgl. auch H. Leander, Empire, 261.

9 Vgl. M. Ebner, Feindesliebe, 124f; J. Gnilka, Mk II, 315 Anm. 32; D. Lührmann, Mk, 259; R. Pesch, Mk II, 476.

10 Vgl. M. Ebner, Jesus, 164–166; P. Dschulnigg, Mk, 395; J. Gnilka, Mk II, 315.

11 Das lässt sich im Rahmen der mk Passionsgeschichte kontextuell evtl. als Folge der Geißelung von Mk 15,15 (sofern es zu dieser in der mk Erzählwelt gekommen ist) sowie der Gewalt gegenüber Jesus (Mk 15,19) verstehen, so auch P. Dschulnigg, Mk, 395; E. Schweizer, Mk, 189; R. Pesch, Mk II, 476.

12 So D. Lührmann, Mk, 259.

13 Vgl. etwa B. Witherington III, Mk, 393.

14 So auch D. Lührmann, Mk, 259.

darauf, diesen Simon näher zu bestimmen und für seine Leserinnen und Leser zu charakterisieren. Das geschieht zunächst über die Herkunftsbezeichnung Κυρηναῖον, die in Kombination mit dem Vornamen Simon den Kreuzträger am ehesten als nordafrikanischen Diasporajuden[15] ausweist, der offensichtlich nach Jerusalem eingewandert ist.[16] Dort hat sich nach Ausweis von Apg 6,9 auch eine Synagoge der Kyrenaier etabliert.[17] Sodann wird Simon durch die Wendung ἐρχόμενον ἀπ᾽ ἀγροῦ weiter charakterisiert. Das ist zunächst in der Perspektive historischer Referentialität ein wichtiges Indiz für die Verortung von Golgotha außerhalb der Stadt Jerusalem im Kontext eines Acker- oder Gartengeländes.[18] Mit Blick auf die Figur des Simon selbst lässt sich die Wendung in zwei unterschiedlichen Perspektiven verstehen:[19] als Richtungsangabe oder als Ausdruck einer Tätigkeit. Im ersten Fall kommt Simon in der erzählten Welt von außerhalb in die Stadt Jerusalem hinein. Entweder lebt er in Jerusalem und hat die Stadt temporär verlassen oder er kommt zum Fest in die Stadt, wohnt aber ansonsten außerhalb der Stadt.[20] Im zweiten Fall geht Simon außerhalb von Jerualem der Landwirtschaft nach und würde dies auch am Festtag, dem 15. Nisan, tun. Diese Variante würde einige Folgefragen ermöglichen.[21] Es wäre dann nämlich zu diskutieren, wie sich Feldarbeit zum Festcharakter des Tages verhält und was dies im Blick auf die literarische Charakterisierung Simons angesichts seiner Haltung zum Pessachfest aussagen soll.[22] Dabei wäre freilich auch zu beachten, dass Simon ungewöhnlich früh, noch vor der dritten Stunde des Tages, die erst in V. 25 angekündigt wird, von der Arbeit zurückkehrt. In jedem Fall legt die Erwähnung des Ackers nahe, dass Simon nicht zur Oberschicht gehört,[23] sofern man in der Wendung einen Hinweis auf die *eigene* Feldarbeit und nicht die Inspektion der Arbeit von Tagelöhnern erkennen will. Wie auch immer man sich im Blick auf diese beiden Varianten entscheiden will, in jedem Fall steht fest, dass Simon nicht am in Mk 15,6–15 erzählten

15 Vgl. auch P. Dschulnigg, Mk, 395; J. Gnilka, Mk II, 315.

16 J. Gnilka, Mk II, 315, überlegt, ob Simon nur als Festpilger temporär in Palästina ist.

17 Vgl. auch D. Lührmann, Mk, 259.

18 Vgl. dazu M. Küchler, Jerusalem, 417.

19 Vgl. J. Marcus, Mk, 1041.

20 Nach J. Gnilka, Mk II, 315 mit Anm. 26, wohne Simon in einem Dorf vor der Stadt und komme zum Fest nach Jerusalem; ähnlich W. Schmithals, Mk, 685.

21 Im ersten Fall wäre freilich auch zu fragen, welche Wegstrecke an Pessach zurückgelegt werden darf, und ob Simon Festtagsgebote gebrochen hat.

22 Als Spannung auch gesehen bei D. Lührmann, Mk, 259; K. Kertelge, Mk, 156; F. J. Moloney, Mk, 318; R. Pesch, Mk II, 477; J. Gnilka, Mk II, 315, diskutiert zumindest, ob sich darin eine torakritische Haltung zeigen soll, was er letztlich ablehnt. Entscheidend ist in diesem Zusammenhang auch, welche Arbeiten am Pessachfest noch gerade erlaubt waren (erlaubt sei etwa das Suchen von Brennholz im Rahmen des Sabbatswegs gewesen, wie R. Pesch, Mk II, 477 Anm. 9, ausführt).

23 So auch K. Kertelge, Mk, 156.

Geschehen beteiligt war, insofern er nicht in der Stadt war. Er hat also nicht den Tod Jesu gefordert.[24]

Simon ist Vater zweier Söhne, denen er Namen aus paganer Tradition gegeben hat: Alexander, ein aus dem hellenistischen Kulturkreis vertrauter Vorname (Praenomen), und Rufus, ein verbreiteter römischer Beiname (Cognomen), der die Bedeutung rothaarig hat. Das spricht für eine entsprechende Sozialisation Simons und eine Haltung, die sich der paganen Kultur gegenüber offen zeigt.[25]

Die beiden Söhne werden sehr unvermittelt und direkt in den Text eingeführt. Sie dienen der Näherbestimmung des Simon.[26] Das setzt – dieser Leseeindruck entsteht – voraus, dass die beiden Namen der mk Gemeinde vertraut waren.[27] Handelt es sich um aktive oder ehemalige Gemeindemitglieder? Sind sie von Jerusalem nach Rom, dem wahrscheinlichen Entstehungsort des MkEv, umgesiedelt? Dorthin würden sie mit ihren Namen bestens passen. Und der Römerbrief des Paulus erwähnt in der den Brief beendenden Grußliste (Röm 16,13) tatsächlich einen Rufus in der römischen Christengemeinde, der als Auserwählter des Herrn bezeichnet und wiederum in Kombination mit einem Elternteil, seiner Mutter, genannt wird. Ist das jener Rufus, der auch in Mk 15,21 anzutreffen ist?[28] Der Text des MkEv wird in dieser Frage nicht deutlicher, insinuiert aber, dass die kurze Begegnung zwischen Jesus und Simon dazu geführt hat, dass zumindest seine Söhne in die Jesusnachfolge eingetreten sind. Verbindet man damit die Erwähnung in Röm 16,13, dann wäre auch die Frau des Simon Teil der Gemeinde, ja für Paulus selbst zur Mutter geworden. Und Simon? Wird auch er später ein Christ?[29] Wird er „Vater" des Paulus? Das wissen wir nicht.

---

24 Darauf macht etwa A. Bedenbender, Botschaft, 335, aufmerksam.

25 P. Dschulnigg, Mk, 396, versteht ihn als „jüdischen Hellenisten"; vgl. auch J. Gnilka, Mk II, 315.

26 Das ist im MkEv ungewöhnlich. Üblich ist die Näherbestimmung einer Person durch die Nennung des Vaternamens vgl. Mk 2,14; 3,17f; 10,46. Hier wird der Vater über seine Söhne definiert (das geschieht für eine der Marien auch in Mk 15,40); vgl. G. Theissen, Lokalkolorit, 186f.

27 So auch G. M. Lee, Father, 303; D. Lührmann, Mk, 259; P. Dschulnigg, Mk, 396; J. Gnilka, Mk II, 315; F. J. Moloney, Mk, 318 („possibly members of the Markan community"); B. M. F. van Iersel, Mc, 468; L. Schenke, Mk, 341.

28 Jedoch fehlt in Röm 16,13 die Erwähnung eines Alexander. Die Identifizierung mit dem Rufus des MkEv ist insofern umstritten, vgl. den kurzen Forschungsüberblick bei P. Dschulnigg, Mk, 396 mit Anm. 197; vgl. auch J. Gnilka, Mk II, 315 mit Anm. 31; C. C. Black, Mk, 322.

29 So ganz entschieden D. Dormeyer, Markusevangelium, 311; L. Schenke, Mk, 341; J. Gnilka, Mk II, 315, mit einem m. E. etwas gewagten Rückschluss von den Söhnen auf den Vater.

2.4.2 Simon als Kultdiener: Die Interpretation von T. E. Schmidt, ihre Probleme und eine inhaltliche Alternative

Im Wesentlichen unabhängig von all diesen Textdetails kommt auch T. E. Schmidt auf Simon von Kyrene zu sprechen. Die Einführung des Simon könne, so Schmidt, zur Darstellung des „wearying effect of a prolonged procession“[30] dienen. Im Rahmen der Triumphzugsanspielungen habe Simon von Kyrene aber eine weitergehende Bedeutung. Er symbolisiere den Kultdiener, der neben dem im Triumphzug mitgeführten und zu opfernden Stier schreite und die Axt trage, mit der das Opfertier getötet werde. Der Silberbecher von Boscoreale sei dafür ein ikonographisches Zeugnis. Wie der Kultdiener trage auch Simon das Instrument, mit dem das Opfer, Jesus, getötet, ja geopfert wird.[31] Weil das Opfertier im Triumph in Analogie zum Triumphator stehe, spiele Jesus letztlich die Doppelrolle von Triumphator und Opfertier. Simon wird so zu einer Stütze einer kultisch-sühnenden Deutung des Todes Jesu im MkEv. Markus habe den Auftritt Simons als „divinely planned“[32] gestaltet.

Meine Kritik an dieser Deutung betrifft sowohl die Wahrnehmung des mk Textes durch T. E. Schmidt als auch seine Bestimmung des Referenzpunktes im Triumph, auf den angeblich alludiert wird. Ich habe das ausführlich unter I 3.2.2 dargestellt. Weder scheint mir der mk Text den von Schmidt vorgetragenen Gedanken nahezulegen – wenn Jesus stirbt, ist Simon bereits verschwunden, nicht Simon tötet Jesus, sondern die Römer kreuzigen ihn und schließlich nimmt Simon nicht freiwillig an der ganzen Aktion teil – noch wird die Bestimmung des Referenzpunktes dem Triumphzugsritual gerecht. Im Triumph wird nicht nur *ein* Opfertier mitgeführt – das stellt der Boscorealebecher in seiner fokussierten Darstellung des Triumphes natürlich nur reduziert dar, weil es ihm um eine Gesamtdarstellung des Triumphes auf wenig Raum geht –, sondern viele Tiere finden im Opfer des Triumphes ihr Ende, aber keines davon lässt sich als stellvertretende Repräsentation des Triumphators deuten. Insgesamt erscheint diese Deutung arg gekünstelt und vom Wunsch getragen, kultische Opferterminologie auf die Erzählung des Todes Jesu im MkEv übertragen zu können. In der Forschung ist dieser Deutung von V. 21 als Allusion auf den Triumphzug, zumindest soweit ich sehe, niemand gefolgt.[33]

---

30 T. E. Schmidt, Narrative, 9.

31 „Like the official who bears the ax, Simon carries the instrument of the sacrifice's – in this case Jesus' – death: the cross“, vgl. T. E. Schmidt, March, 33.

32 T. E. Schmidt, Narrative, 9.

33 Explizite Kritik erfährt die These bei A. Yarbro Collins, Mk, 737, die festhält, dass es keine Textindizien gebe, die die Deutung stützen würden. Vielmehr widerspreche der Zwang des ἀγγαρεύω dem Gedanken an eine offizielle Funktion. Auch Exegetinnen und Exegeten, die Jesu Tod als kultisches Opfer im Licht des Triumphzugs deuten, argumentieren, wenn ich recht sehe, nicht mit V. 21 für ihre Deutung, vgl. G. Gelardini, Christus Militans, 872.892–894.

Selbst Vertreter der Triumphzugsthese bleiben im Blick auf dieses Element der These Schmidts äußerst skeptisch.[34]

Gleichwohl scheint es mir möglich zu sein, V. 21 mit Abstrichen und in einer von T. E. Schmidts Überlegungen unterschiedenen Perspektive vor dem Hintergrund des Triumphzugs zu interpretieren. Allerdings eben nicht im Sinne einer punktuellen chiffrierten Referenz auf einen konkreten Ritualbaustein aus dem Triumphzug oder einen spezifischen Agenten im Rahmen des Rituals. Der anspielende Charakter von V. 21 ist eher von sekundärer Natur, präziser: Die Wahrnehmung und Deutung von V. 21 verändert sich im Licht der übrigen Allusionen auf den Triumph in Mk 15,16–20.22–32, ohne dass V. 21 selbst unmittelbar alludierenden Charakter hätte. Dann fällt nämlich mit Blick auf V. 21 auf, dass Jesus seinen „Triumphzug“, seinen Weg nach Golgotha, vollkommen allein, d. h. ohne seine Anhänger, vollziehen muss. Keiner seiner Schüler, kein Parteigänger, kein Freund und keiner seiner „Liktoren“ (vgl. dazu III 9.3) begleitet ihn. An diese seit der Flucht der Schüler in Mk 14,50 bestehende Leerstelle erinnert Mk 15,21 ganz deutlich.[35] Niemand von den Schülern Jesu trägt das Kreuz. Es ist ein Fremder, der das übernehmen muss.

Vor diesem Hintergrund erscheint dann Mk 15,21 tatsächlich auch als Kontrastbild zum römischen Triumphzug. Denn im Vergleich zum Triumph wird diese Leerstelle im Blick auf die Begleitung Jesu ebenfalls auffällig. Der Triumphator vollzieht seinen Triumph ja nie allein.[36] Er ist von einer Vielzahl von Ritualagenten umgeben, die – mit Ausnahme der Gefangenen (und vielleicht mancher Befreiter) – sich durchaus freiwillig am Triumph beteiligen. Davon ist im mk Triumphzug nichts zu finden. Jesus muss seinen „Triumph“ allein bewältigen, unterstützt nur von einem, der dazu von den Soldaten gezwungen wird, und natürlich begleitet von der Soldatenkohorte selbst, die Jesus aber nicht affirmativ huldigen oder für ihn gekämpft haben, sondern die ihn bewachen, ihm verspottend gehuldigt haben und ihn töten werden. Wenn man den Auftritt des Simon von Kyrene vor dem Hintergrund des Triumphzugs interpretieren will, dann wird dieser Kontrast auffällig.

Dieser Aspekt des von seinen Freunden und Schülern verlassenen Jesus lässt sich rückgebunden an das MkEv sogar noch weitergehend inhaltlich interpretieren.

---

34 So bei K. M. Schmidt, Wege, 426, der angesichts der Textverbindung von Mk 8,34 und V. 21 die These T. E. Schmidts für abwegig erachtet, zumal Simon gerade nicht an der Tötung Jesu beteiligt sei.

35 Das hebt W. Fritzen, Gott, 330, ohne Rekurs auf den Triumphzug treffend hervor.

36 Das gilt in gleicher Weise auch für den königlichen Gefangenen, der häufiger von Angehörigen seiner Familie begleitet wird.

2.4.3 Verdeckte Kritik an den Schülern Jesu mit optimistischem Ausblick: Weiterführende Deutungsansätze

Deutungsversuche des für den Fortgang der Erzählung nicht notwendigen V. 21 finden sich in der exegetischen Literatur vielfach. Natürlich könnte man an eine historische Reminiszenz denken.[37] Ebenso ist es möglich, dass sich hier Reste einer Personallegende um ein für die mk Gemeinde wichtiges Brüderpaar erhalten haben.[38]

Plausibler erscheinen mir allerdings Deutungen von V. 21, die den Vers im Kontext des MkEv deuten und ihn nicht auf eine außertextliche Größe beziehen, die als historisch nur zu postulieren ist.[39] So kann der Vers im Rahmen der im MkEv vorhandenen Kritik am Imperium Romanum (vgl. I 3; IV 2.1) zunächst als Wahrnehmung und kritische Spiegelung römischer Oppressionsstrukturen im Alltag verstanden werden. Haftpunkt ist dafür das Verb ἀγγαρεύω. Teil der Präsenz der Römer ist eben auch, dass man mitten am Tag als Lastesel missbraucht werden kann. Widerstand erscheint dabei zwecklos, vielleicht auch nicht ratsam oder nötig.

In eine andere inhaltliche Richtung weist die Formulierung von V. 21d ἵνα ἄρῃ τὸν σταυρὸν αὐτοῦ. Sie greift nämlich im Sinne eines intratextuellen Rückverweises auf Mk 8,34 zurück:[40] καὶ ἀράτω τὸν σταυρὸν αὐτοῦ. Die Parallelen fallen sehr eng aus.[41] Freilich ist in Mk 8,34 mit αὐτοῦ das Kreuz jedes Nachfolgers und jeder Nachfolgerin gemeint. Wer in die Jesusnachfolge eintreten will, der muss es riskieren, eines Tages selbst sein Kreuz zu tragen, sich also auch unter Gefahr zu Jesus und zur Jesusnachfolge in Wort und Tat zu bekennen,

---

37 So der Duktus der Überlegungen bei J. Gnilka, Mk II, 315; ganz entschieden E. Lohmeyer, Mk, 341f; R. Pesch, Mk II, 477.

38 Das deutet sich bei D. Lührmann, Mk, 259, zumindest an, der davon spricht, dass man sich in der mk Gemeinde erzählte, dass der Vater von Alexander und Rufus, die eine Rolle in der mk Gemeinde spielen, Jesu Kreuz getragen hat.

39 Zum Diskurs um Fiktionalität und historische Referentialität im Blick auf Mk 15,21 vgl. W. J. Lyons, Hermeneutics.

40 Den Rückverweis sehen z. B. auch L. Schenke, Mk, 341; W. Schmithals, Mk, 685f; J. F. Williams, Followers, 183; J. Gnilka, Mk II, 315; D. Lührmann, Mk, 259, der dann interpretiert: Was „die Jünger in der Passion versäumen, leistet dieser Simon". Der Kontrast wird m. E. richtig gesehen, übersehen bleibt freilich, dass Simon diese Leistung nicht freiwillig erbringt.

41 C. Myers, Strong Man, 385, macht zudem darauf aufmerksam, dass das Partizip παράγοντα von Markus sonst nur im Rahmen von Berufungsgeschichten (Mk 1,16; 2,14) verwendet wird und die Bewegung Jesu ausdrückt. Auch das ruft für Myers die Nachfolgethematik für Mk 15,21 auf: „the episode has strong discipleship overtones".

d. h. eben auch, sich selbst zu verleugnen, anstatt Jesus zu verleugnen.[42] Zur Jesusnachfolge gehört also die Bereitschaft, das Kreuz zu tragen.[43]

Nur – und das scheint mir zentral für Mk 15,21 – ist von solchen Jesusnachfolgern in 15,21 weit und breit keine Spur. Alle haben Jesus längst verlassen (Mk 14,50). Niemand ist da, der das Kreuz tragen könnte oder wollte. Jesus ist allein! Das ruft die Formulierung von Mk 15,21 nachhaltig in Erinnerung. Und mehr noch: Auch Simon[44] ist ja nicht freiwillig bereit, Jesu Kreuz zu tragen, sich mit diesem Gefangenen gemein zu machen, sich zu solidarisieren, gar sich zu ihm zu bekennen.[45] Er handelt unter Zwang und ist mindestens zu diesem Zeitpunkt kein Jesusnachfolger.[46] Er springt zwar – liest man Mk 8,34 in Mk 15,21 ein – für die geflohenen Jesusschüler ein, nur eben nicht freiwillig.[47]

Aber: Schon eine Generation später, so deutet der mk Text an, indem er durch die Erwähnung der beiden Söhne schon in die Zukunft und in die Zeit nach der erzählten Zeit blickt, sind die Söhne Simons Teil der Jesusbewegung geworden. Und vom Text her liegt es mehr als nahe, den Ursprung für diese Nachfolge im Kreuztragen des Simon zu sehen.[48] Dabei will der Text gewiss nicht sagen, dass aus dem Zwang zur Nachfolge, so könnte man ja 15,21 auch metaphorisch ausdeuten, gelingende Nachfolge erwachsen kann und damit Zwang zum Instrument für die Gewinnung von Nachfolgenden werden dürfe. Dem MkEv scheint es eher um einen grundlegenden Optimismus im Blick auf die Ausbreitung der Jesusbewegung zu gehen: Auch aus widrigsten Umständen heraus kann Gutes erwachsen, kann gelingende Nachfolge resultieren. Das ist ein dem MkEv eigener Zug, der sich insbesondere in der Parabel vom Sämann und ihrer jesuanischen Deutung zeigt (Mk 4,3–9.13–20): Vom ausgesäten Samen geht nur der allerkleinste Teil, genau drei Samenkörner, verloren, der allergrößte Teil trägt überreiche Frucht. Ja, selbst ein Samenkorn, das entlang

42 Vgl. ausführlich M. Lau, Jesusnachfolge.

43 Inhaltlich scheint dies auch A. Wypadlo, Verklärung, 87, so zu sehen, der sich dann allerdings aufgrund der Zeitstufe des Imperativs in Mk 8,34 (verwendet wird der Aorist) und dem mit dieser Zeitstufe verbundenen punktuellen Charakter der Handlung gegen eine Metaphorisierung des Kreuztragens im Blick auf die Nachfolge Jesu ausspricht (87 Anm. 37).

44 Zum möglichen, über die Namensidentität evozierten Kontrast zwischen Simon von Kyrene und Simon Petrus vgl. K. M. Schmidt, Wege, 70 Anm. 147; 90.

45 Das hebt W. Fritzen, Gott, 330, richtig hervor.

46 So m. E. richtig W. Schmithals, Mk, 685, der dann schließt: Simon wird in der Folge des Kreuztragens zum Jesusschüler. Das ist möglich, sicher kann man dies für die beiden Söhne behaupten.

47 Deshalb fällt die Wertung Simons durch F. J. Moloney, Mk, 319, nicht ganz präzise aus. Zwar stimmt es, dass die ganze Szene einer „description of the model disciple" gleiche, aber Simon wird gerade noch nicht direkt „transformed into a true disciple", wie Moloney behauptet. Etwas offener formuliert M. Ebner, Mk, 161: Simon „verwirklicht damit die Schülerregel von Mk 8,34." J. Marcus, Mk, 1048, sieht angesichts des Rückverweises auf Mk 8,34 Simon zumindest einen „paradigmatic act" vollziehen.

48 So auch R. T. France, Mk, 641.

des Weges gefallen ist, kann noch aufgehen, wie die durch Stichwortverbindungen mit der Sämannsparabel verknüpfte Wunder- und Berufungsgeschichte des entlang des Weges sitzenden und später auf dem Weg nachfolgenden Bartimäus (Mk 10,46–52) zeigt.[49] Die Funktion von Mk 15,21 besteht insofern darin, an die Schülerflucht und an die Charakteristika von Jesusnachfolge zu erinnern[50] und zugleich hoffnungsvollen Optimismus für die weitere Ausbreitung der Jesusbewegung zu vermitteln – und letzteres gerade mitten im größten Scheitern aller Nachfolgeversuche und mitten auf dem letzten Weg Jesu, dem Weg in den Tod. Die Sache Jesu geht weiter. Der Erzähler blickt durch die Erwähnung von Alexander und Rufus bereits aus der erzählten Zeit hinaus in die Zukunft, in die Zeit seiner Gemeinde und damit in die nachösterliche Zeit der Jesusnachfolge.

2.5 Golgotha: Das mk Kapitol als Zielpunkt des jesuanischen Triumphzugs

Der in V. 20d begonnene Weg Jesu kommt mit V. 22 bereits an sein Ende. Jesus erreicht – in Begleitung der Soldaten wie auch des Simon – den Ort der Kreuzigung: Golgotha. Markus übersetzt diesen Terminus für seine Leserinnen und Leser mit zwei griechischen Worten, die eine m. E. deutliche Anspielung auf das Ritual des Triumphzugs enthalten.

2.5.1 Der Textbefund

Wie ein Objekt oder einen Menschen, der nicht selbst Herr über sein Leben und seinen Weg ist, bringen die Soldaten, die noch immer handelndes Subjekt sind, Jesus nach Golgotha. Die Semantik von φέρω ist ganz eindeutig und im MkEv verbreitet. Menschen oder Dinge werden gebracht, in der Regel zu Jesus, der dann zumeist heilend tätig wird (vgl. Mk 1,32; 2,3; 7,32; 8,22; 9,17.[51]19f; 11,2.7; 12,15f). Hier wird Jesus selbst gebracht – durchaus in Parallelität zum Kopf des Täufers in Mk 6,27f. Schon das lässt nichts Gutes ahnen. Die Zielrichtung, der Ort, wohin Jesus gebracht wird, wird im Rahmen eines Parallelismus

---

49 Für diese Deutung von Mk 4,3–9.13–20 sowie die Verknüpfung von Mk 10,46–52 mit Mk 4 vgl. meine Überlegungen und Detailbegründungen in M. Lau, Notiz.

50 So auch J. F. Williams, Followers, 183.

51 Auffällig ist, dass der Vater in Mk 9,17 letztlich eine Identität zwischen Jesus und seinen Schülern behauptet, wenn er ausführt, dass er seinen Sohn zu Jesus gebracht habe. Faktisch hat er ihn natürlich zunächst zu den Schülern Jesu gebracht, die an der gewünschten Dämonenaustreibung scheitern.

doppelt bezeichnet. Dabei kommt einmal mehr die für das MkEv typische ὅ-ἐστιν-Formel zum Einsatz, in diesem Falle durch μεθερμηνευόμενον erweitert: Der Golgotha-Ort (Γολγοθᾶν τόπον)[52] wird dabei durch Κρανίου Τόπος übersetzt und interpretiert.

2.5.2 Mehr als eine Übersetzung: Der Κρανίου Τόπος und der Triumphzug

Die Wendung Κρανίου Τόπος ist eine zutreffende griechische Übersetzung der Begriffskombination Γολγοθᾶν τόπον, insofern Golgotha tatsächlich die Bedeutung Schädel hat[53] und κρανίον ebenfalls diese Bedeutung aufweist (zum semantischen Spektrum von κρανίον s. u.). Der Terminus Golgotha lässt sich seinerseits nämlich als eine verkürzte Transkription eines aramäischen, (*golgoltha; gulgalta*), hebräischen (*gulgoleth*) oder syrischen (*gugaltha*) Wortes verstehen, das die Bedeutung „der Schädel" hat.[54] Die Bezeichnung des Ortes der Kreuzigung Jesu als „Golgotha" wird von den allermeisten Exegeten dabei in der Regel als historisch erachtet. Gemeint sei damit ein Felsgelände außerhalb der Stadtmauern Jerusalems. Die Bezeichnung des Geländes als schädelartig verdanke sich der Geländeformation, die Assoziationen an einen Schädel geweckt habe.[55] Markus habe das in Kenntnis der Bedeutung des Begriffs Golgotha ins Griechische übersetzt. Deutlich seltener findet sich die Überlegung, Markus habe den Begriff durchaus doppeldeutig verwendet. Die Rede vom Schädelort sei auch eine makabre Anspielung auf die Stätte als Hinrichtungsplatz, den Ort, wo aus Menschen tatsächlich Schädel und Knochen werden.[56]

Die übersetzende Funktion von V. 22b ist sicherlich treffend bestimmt und deckt sich auch mit entsprechenden Übersetzungen in der LXX (Ri 9,53; 4 Kön 9,35).[57] Gleichwohl geht der Versteil nicht darin auf, einen für das Zielpublikum vermutlich unverständlichen Terminus nur zu übersetzen. Es könnte sich bei der Wendung Κρανίου Τόπος auch um ein anspielendes Segment

---

52 R. Zwick, Montage, 429, hält treffend fest, dass bereits der Zusatz von τόπον zu Γολγοθᾶν eine erste Qualifikation und Identifikation dieses Begriffs darstellt, der ihn als Ort ausweist. Offenbar können sich die Leserinnen und Leser des MkEv unter Γολγοθᾶν an sich nichts vorstellen. Markus kommt es dabei darauf an, dass sie Golgotha als Ort verstehen.

53 Vgl. J. Gnilka, Mk II, 316.

54 So M. Küchler, Jerusalem, 420–422; E. Lohmeyer, Mk, 342; P. Dschulnigg, Mk, 396; C. C. Black, Mk, 323; R. T. France, Mk, 642; A. Yarbro Collins, Mk, 738. R. H. Gundry, Mk, 955, zeigt auf, dass die Bedeutung „Kopf/Haupt" ebenfalls mitschwingt.

55 So z. B. K. Kertelge, Mk, 156; P. Dschulnigg, Mk, 396; E. Struthers Malbon, Mk, 96. Vorsichtig im Blick auf eine solche Ableitung: D. Lührmann, Mk, 260; J. Gnilka, Mk II, 316; R. Pesch, Mk II, 478; J. Marcus, Mk, 1042.

56 Diese Deutung findet sich bei B. M. F. van Iersel, Mc, 469.

57 Darauf macht etwa D. Lührmann, Mk, 260, aufmerksam.

handeln, das durch die ὅ-ἐστιν-Formel und den über die Verwendung des Begriffs Γολγοθᾶν evozierten kurzen Codewechsel implizit markiert ist. Das erinnert an Mk 15,16ab, zumal auch in diesem Fall der bestimmte Artikel von V. 22a keine Entsprechung in V. 22b hat. Der Terminus Κρανίου Τόπος ist insofern semantisch polyvalent. Man kann ihn textimmanent ausschließlich als Übersetzung verstehen, man kann ihn aber auch als chiffrierte Referenz lesen. Als alludiertes Prätextmotiv lässt sich das römische Kapitol ausmachen, der Schädelort von Rom. Im Wesentlichen nichts anderes bedeutet das Wort Kapitol, in dessen Untergrund man in der römischen Tradition einen wundersam erhaltenen Schädel gefunden hatte (vgl. II 3.2.3.1). Das Kapitol seinerseits ist gleichsam selbst ein Κρανίου Τόπος. Die mk Rede vom Κρανίου Τόπος lässt sich daher recht zwanglos auf das römische Kapitol beziehen.

Im Detail zeigen sich freilich gewisse Schwierigkeiten semantischer Natur. Denn das römische Kapitol leitet seinen Namen von einem menschlichen *caput*, näherhin vom Diminutiv *capitulum*,[58] ab. Damit ist der in der römischen Tradition fest verankerte menschliche Kopf/Schädel gemeint, der nach der Tradition bei den Bauarbeiten zum Jupitertempel gefunden wurde. Das lateinische *caput/capitulum* entspricht im Griechischen aber auf den ersten Blick eher dem Terminus κεφαλή. Das hält mit Blick auf das Kapitol sehr präzise Dionysios von Halikarnassos fest (Ant Rom IV 61,2 [Cary]), wenn er von den Prodigien erzählt, die zur Gründung des Kapitols führten und seine Bedeutung für das römische Selbstbewusstsein festhalten:

> „Romans, tell your fellow citizens it is ordained by fate that the place in which you found the head shall be the head of all Italy.“ Since that time the place is called the Capitoline Hill from the head that was found there; for the Romans call heads *capita* (κάπιτα γὰρ οἱ Ῥωμαῖοι καλοῦσι τὰς κεφαλάς).

Nun findet sich aber in Mk 15,22 eben gerade nicht eine entsprechende Form von κεφαλή, etwa κεφάλιον,[59] sondern der Begriff κρανίον, dem im Lateinischen eher das Wort *calva*[60] zu entsprechen scheint.[61] In der exegetischen Literatur wird κρανίον in der Regel mit „Schädel“ bzw. „*skull*“ übersetzt. Das deckt sich mit den jeweils erstgenannten Bedeutungen in einschlägigen Lexika.[62] Ein solches Verständnis würde allerdings den Bezug auf das lateinische *caput/capitulum* und damit auf das römische Kapitol zwar nicht verunmöglichen, aber doch die Plausibilität

---

58 Darauf weist K. M. Schmidt, Wege, 426, hin.

59 Oder gar der Terminus κορυφαῖος, der nach K. M. Schmidt, Wege, 426, am ehesten dem lateinischen Wort „kapitolinisch“ im Sinne von „kapitolinischer Ort“ entsprechen würde.

60 T. E. Schmidt, Narrative, 10 Anm. 31, kann allerdings zeigen, dass auch in der lateinischen Sprache nicht immer präzise zwische *caput* und *calva* differenziert wird.

61 Das bezeugen deutlich die lateinischen Handschriften, die der Vetus Latina zugeordnet werden, wie auch die Vulgata, die weitestgehend den Begriff *calvaria* in Mk 15,22 verwenden.

62 Vgl. LSJ; H. Menge, Großwörterbuch, *s. v.*; W. Gemoll, Handwörterbuch, *s. v.*; F. Passow, Handwörterbuch, *s. v.*

einer chiffrierten Referenz stark unterminieren.[63] Allerdings engt die Bedeutung Schädel, die primär an skelettierte, vielleicht sogar vom Rumpf getrennte Köpfe und Hirnschalen denken lässt, das semantische Spektrum, das im Griechischen mit κρανίον verbunden ist, etwas ein.[64] Leuchtet man das semantische Feld mit Hilfe von Wörterbüchern nämlich weiter aus,[65] dann zeigt sich die Verwandtschaft von κρανίον mit Begriffen wie κράνος (Helm), κρᾶνον (Kopf) oder κάρα (Kopf, Haupt, Gesicht bzw. metaphorisch auch: Spitze, Gipfel, Ende), die viel stärker die Bedeutung Kopf/Haupt insgesamt denotieren. Das deckt sich auch mit dem Sprachgebrauch des Flavius Josephus, der κρανίον und κεφαλή mal voneinander differenziert (Jos., Bell III 245; Ant III 158), dann aber auch synonym verwenden kann (Jos., Ant VIII 390[66]). Insofern verwundert es nicht, dass LSJ für κρανίον eben auch die Bedeutung „generally, head" bzw. dann etwa auch „headache" verzeichnet. Nimmt man das ernst und beobachtet zudem, dass Mk 15,22 mit κρανίον ebenfalls einen Diminutiv (zu κρᾶνον) verwendet,[67] was auffällig parallel zum hinter dem Terminus Kapitol stehenden Diminutiv *capitulum* ist, dann schließt die Semantik von Mk 15,22 einen Bezug auf das lateinische *caput/capitulum* im Letzten nicht aus, insofern κρανίον neben Schädel und Hirnschale auch den Kopf und das Haupt – metaphorisch kann vielleicht sogar das Konzept des Gipfels mitschwingen, was zum Kapitolshügel gut passen würde – insgesamt bezeichnen kann, wenngleich eine gewisse semantische Differenz zwischen κρανίον und κεφαλή durchaus zu konstatieren ist. Allerdings scheint Markus diese Differenz nicht wirklich zu kennen. Denn für den vom Rumpf abgetrennten Schädel des Täufers in Mk 6,24–28, der in der Sache wohl tatsächlich als κρανίον zu bezeichnen wäre, verwendet er stets das Wort κεφαλή. Das ist zumindest ein Indiz, dass Markus die semantische Differenz zwischen κεφαλή und κρανίον gar nicht bewusst war.

Dieser mögliche mk Bezug auf das römische Kapitol ordnet sich unmittelbar in das Netz von Allusionen auf den römischen Triumphzug ein.[68] Wie der Triumphzug, der sich durch die Straßen und Theater Roms schlängelt, auf dem Kapitol endet und auf dieses Ziel hin zuläuft, so endet der mk Passionsweg

---

63 Das erkennt vor allem C. A. Evans, Mk, 500, als Problemstellung für die Behauptung einer chiffrierten Referenz auf das römische Kapitol in Mk 15,22.

64 Darauf weist auch A. Yarbro Collins, Mk, 738, hin, die mit Quellenbelegen zeigt, dass sich κρανίον auch auf lebende Menschen beziehen kann.

65 Besonders hilfreich ist in diesem Fall F. Passow, Handwörterbuch, *s. v.* (κρᾶνον/κρανίον).

66 Der Prophet Michaias bittet in Jos., Ant VIII 389–392 darum, dass jemand gegen seinen *κεφαλή* schlage, weil dies Gottes Wille sei; nachdem dieser seltsamen Bitte entsprochen worden und der Kopf verwundet ist, verbindet Michaias sein *κρανίον* mit einer Bandage. Wenn er dann in Ant VIII 391 diese Bandage wieder ablegt, dann löst er sie nicht vom κρανίον, sondern vom *κεφαλή*. Offenbar verwendet Josephus an dieser Stelle die Begriffe synonym.

67 Treffend beobachtet von K. M. Schmidt, Wege, 426.

68 So gehen für Mk 15,22 auch M. Ebner, Mk, 162; T. E. Schmidt, Narrative, 10f; K. M. Schmidt, Wege, 426, vor; C. A. Evans, Mk, 500, wägt in diesem Punkt sehr zurückhaltend ab.

auf Golgotha, dem mk Kapitol. Das ist der Zielpunkt des letzten Weges Jesu. Die Parallelität sticht also deutlich hervor.[69] In beiden Fällen enden Wege auf einem Kapitol, an deren Beginn zueinander deutlich parallele Handlungen standen, die sich auf einen Triumphator beziehen lassen, der den Weg in Begleitung eines großen Kontingents von Soldaten vollzieht, wie sich im Blick auf Mk 15,16–20 zeigen ließ. Der Triumphzug führte dabei vom Prätorium zum Kapitol. Der Passionsweg Jesu führte in gleicher Weise vom Prätorium zum Kapitol. Das eine Kapitol befand sich inmitten von Rom, das andere (Golgotha) knapp außerhalb von Jerusalem. Insofern sind die Wegrichtungen tatsächlich diametral entgegengesetzt. Der Weg des Triumphators ist ein Einzug in die Stadt. Er beginnt außerhalb der sakralen Grenzen Roms und führt in die Stadt hinein. Der Weg Jesu beginnt in Jerusalem und endet außerhalb der Stadt, er ist ein Auszug aus der Stadt, der Weg, den in Rom ein Leichenzug nehmen würde. Und in der Tat wird am Ende des mk Triumphes auch eine Leiche stehen.

Diese Spannung im Blick auf die Wegrichtungen passt bestens zum mk Kontrastprogramm, zum von Markus erzählten Rollenwechsel Jesu und zur mk Triumphzugsparodie. Markus will Jesus gerade nicht einfachhin als Triumphator schildern. Der Lebensweg Jesu und sein Lebensprogramm unterscheiden sich inhaltlich massiv vom typischen Karriereverlauf und Lebensprogramm eines römischen Triumphators. Das findet seinen diesem kontrastiven Programm entsprechenden Ausdruck darin, dass auch die Wegrichtungen der Triumphzüge unterschiedlich ausfallen. Zugespitzt formuliert: Der Weg des Triumphators führt vom Schlachtfeld, auf dem andere für den Triumphator im Wortsinne ins Gras gebissen haben, geradewegs ins Zentrum der Macht. Der Weg Jesu führt hinaus auf das Schlachtfeld, wo zuallererst – und in der erzählten Welt sogar ausschließlich, denn der Tod der beiden Mitgekreuzigten von V. 27 wird überhaupt nicht erzählt – Jesus den Tod finden wird. Jenseits dieser inhaltlich gewichtigen Unterschiede fallen aber die jeweiligen Bezeichnungen für Start- und Zielpunkt der Triumphwege gleich aus. Das ist beachtenswert und zeigt letztlich nochmals die Doppelrolle Jesu an. Insofern er das Kapitol überhaupt erreicht, stärkt dies seine Rolle als Triumphator, insofern er hier stirbt, erfüllt er die Rolle des königlichen Gefangenen. Freilich hätte er im Blick auf die Rolle des königlichen Gefangenen das Kapitol gar nicht mehr erreichen dürfen. Hier liegt also eine Abweichung vom Prätextmotiv vor. Anders gesagt: Auch in diesem Punkt spielt Markus das Prätextmotiv innovativ ein.

Alle folgenden Ereignisse finden nun auf dem mk Kapitol statt. Sie stehen damit im Gegenüber zu all jenen Elementen des Triumphzugsrituals, die ihrerseits auf dem Kapitol in Rom stattfinden, das ja erst nach dem Tod des königlichen Gefangenen betreten werden durfte: Kleiderwechsel, Schlussopfer, Weihungen und das Festmahl. Von alldem findet sich kaum etwas im MkEv.

69 Das weist auch K. M. Schmidt, Wege, 426, nach.

Auf dem mk Kapitol finden – mit Ausnahme des erneuten und letzten Kleiderwechsels (Mk 15,24) – ganz andere Handlungen statt.

2.6 Die Ablehnung des Weines als Anspielung auf den Triumph?

Zwischen die Ankunft am Kreuzigungsort und die Kreuzigung selbst ist ein auf den ersten Blick merkwürdiges Erzähldetail geschoben: Die Soldaten bieten Jesus gewürzten Wein an, den dieser nicht anrührt (V. 23). Wiederum ist es T. E. Schmidt, der in diesem Erzählzug eine Anspielung auf den römischen Triumphzug sieht. M. Ebner ist ihm dabei gefolgt. In der Sache überzeugt mich die für V. 23 behauptete chiffrierte Referenz nicht, weil sie weder dem mk Textbefund gerecht wird noch das vermeintliche Prätextmotiv von T. E. Schmidt präzise bestimmt worden ist.

2.6.1 Der Textbefund

Noch immer sind die Soldaten Träger der Handlung. Sie bieten Jesus Wein an.[70] Dieses Angebot konstruiert der Text mit der Imperfektform ἐδίδουν, die man als *imperfectum de conatu* verstehen kann.[71] Dieses Verständnis basiert auf dem angeschlossenen Relativsatz (V. 23b), der die Ablehnung Jesu ausdrückt: Jesus rührt den Wein nicht an. Im Blick auf die Semantik haben wir es mit einer binären Opposition zu tun: ἐδίδουν und οὐκ ἔλαβεν stehen sich gegenüber. Die Semantik lässt auf den ersten Blick offen, was Jesus mit dem Wein eigentlich genau tun soll und warum ihm die Soldaten den gewürzten Wein überhaupt geben. Denkbar ist auf den ersten Blick nämlich nicht nur, dass Jesus den Wein als Getränk angeboten bekommt und ihn trinken[72] soll. Eine solche, im Letzten zunächst freundlich[73] wirkende Geste passt nicht recht zum bisherigen Verhalten der Soldaten. Insinuieren sie also anderes mit dem gewürzten Wein? Soll Jesus ihn vielleicht ausschütten? Nur dann wäre, wie sich gleich zeigen wird, eine chiffrierte Referenz auf den Triumphzug überhaupt denkbar.

70 Vgl. auch C. A. Evans, Mk, 500f. Zu m. E. nicht überzeugenden Überlegungen, hinter ἐδίδουν andere Subjekte (Pilatus, jüdische Frauen aus Jerusalem) am Werk zu sehen, vgl. die folgenden Ausführungen im Haupttext.

71 So auch BDR § 326,1; R. Pesch, Mk II, 478; A. Yarbro Collins, Mk, 740.

72 So verstehen und vereindeutigen V. 23a viele Handschriften (etwa A, C^2, D, K, P, $f^{1.13}$, 28, 33, 1241, M., lat, $sy^{p.h}$ sa^{mss}), die im Anschluss an αὐτῷ den Infinitiv πιεῖν bzw. *bibere* bieten.

73 Es handelt sich eben um gewürzten Wein, nicht etwa um Essig oder mit Galle vermischten und daher bitteren Wein, wie es das MtEv (Mt 27,34) erzählt, vgl. M. Konradt, Mt, 441.

Bleibt die Bedeutung von ἐδίδουν und οὐκ ἔλαβεν in V. 23 zunächst offen, so klärt sich die Sache bereits deutlich, wenn man der mk Verwendung der beiden Verben im ganzen MkEv nachspürt. Das Verb δίδωμι findet sich im MkEv 39-mal. Markus benutzt es, um auszudrücken, dass jemandem Abstrakta gegeben werden (z. B. Weisheit [6,2]; Vollmacht [6,7; 11,28; 13,34]; Zeichen [8,12; 13,22; 14,44]; Geheimnis [4,11]) oder eben auch konkret greifbare Dinge. Und unter diesen konkret greifbaren Elementen ragen Nahrungsmittel eindeutig heraus (vgl. 2,26; 5,43; 6,37.41; 8,6; 14,22f; vgl. auch Mk 6,22.23.25.28). Für das Verb λαμβάνω, 20-mal im MkEv verwendet, lassen sich die Bedeutungen „etwas in sich aufnehmen" (4,16), „mitnehmen/einpacken" (8,14), „heiraten/Geschlechtsverkehr vollziehen" (12,19–21), „ergreifen/sich bemächtigen" (12,3.8; 14,65), „empfangen/erhalten" (10,30; 11,24; 12,2.40) sowie vor allem „mit Händen ergreifen/in die Hand nehmen" (6,41; 7,27; 8,6; 9,36; 14,22f) ausmachen. An den drei Stellen, an denen jenseits von Mk 15,23 δίδωμι und λαμβάνω in Kombination verwendet werden (Mk 6,41; 14,22.23), ist stets Nahrungsaufnahme im Blick, konkret das in die Hand nehmen und geben/verteilen von Brot, Fisch und Wein in einem Becher. „In die Hand nehmen" und „zu Essen geben" sind auch jene Bedeutungen, die im MkEv am häufigsten mit den beiden Verben verbunden sind. Für Mk 15,23 liegt es damit nahe, dass Jesus der Wein als Getränk angeboten wird, er ihn also trinken soll, Jesus den Wein aber nicht einmal anrührt, d. h. in die Hände nimmt. Ein etwaiges Ausschütten ist nicht im Blick. An diesem Befund ändert das in V. 23a genannte Würzmittel, die Myrrhe, nichts. Im Gegenteil:[74] Myrrhe, das Harz eines Typs von Balsambaumgewächsen aus Südarabien, Äthiopien und Eritrea, fand in der Antike verschiedentlich Verwendung. Es wurde als Weihrauch verbrannt, für die Herstellung von Salben und Salbölen verwendet, zerkaut oder eben als Gewürz Weinen zugesetzt. Bekannt war und ist Myrrhe für ihre medizinische Wirkung. Sie stillt Hautblutungen aufgrund ihrer adstringierenden Wirkung, sie wirkt krampflösend, erwärmend und betäubend und wurde in der Antike bei Husten, Nieren- und Darmleiden sowie bei Brustschmerzen eingesetzt. Ihre pharmakologische Wirkung konnte sich durch Verbrennen und Einatmen des Rauches entfalten, durch Zerkauen des Harzes sowie durch Lösung des Harzes in Salben, Ölen oder Wein, der dann getrunken bzw. die auf der Haut aufgetragen wurden.

---

74 Für das Folgende vgl. C. Hünemörder, Myrrhe, 602f; E. Koskenniemi/K. Nisula/J. Toppari, Wine, 382–384. Zum medizinischen Wissen über die Myrrhe vgl. ausführlich die Schrift *De materia medica* des Militärarztes Pedanios Dioskurides aus dem 1. Jh. n. Chr.; zur medizinischen Wirkung von mit Myrrhe gewürztem Wein vgl. speziell V 65 [Berendes]: „Es wird auch ein gewürzter Wein gemacht gegen Katarrh, Husten, Unverdaulichkeit, Blähungen und Magenfäule. Nimm 2 Drachmen Myrrhe, 1 Drachme weißen Pfeffer, 6 Drachmen Schwertlilie, 2 Drachmen Anis, zerstoße dieses grob, binde es in Leinen und gib es zu 6 Xestes Wein. Nach drei Tagen seihe den Wein durch und fülle ihn auf Flaschen zum Aufbewahren."

Mit Myrrhe gewürzter *Wein* war aber nicht nur, vielleicht sogar überhaupt nicht primär, aus medizinischen Gründen beliebt. Er galt zunächst und vor allem als delikat, als qualitätsvoller, guter Wein. Das führt Plinius[75] sehr deutlich aus. Jesus wird also nicht ein billiger Wein angeboten. Die Soldaten offerieren Jesus ein Qualitätsprodukt[76] vor der Kreuzigung. Das ist angesichts ihres sonstigen erzählten Verhaltens irritierend und bedarf der Deutung. Gleiches gilt für die Weinablehnung durch Jesus. Eine solche Deutung hat T. E. Schmidt vorgelegt.

2.6.2 Die Ablehnung von Wein im Triumphzug? Die These von T. E. Schmidt und ihre fehlende Plausibilität

T. E. Schmidt versteht Mk 15,23 als Anspielung auf ein Libationsopfer im Rahmen des Tieropfers im Triumph.[77] Dem Triumphator werde auf dem Höhepunkt des Zuges Wein gereicht, den dieser ablehne und stattdessen den Göttern opfere. In Mk 15,23 erzähle Markus Ähnliches im Blick auf Jesus. Auch Jesus lehne wie der Triumphator den ihm gereichten Wein ab. Schmidt zieht daraus weitreichende theologische Konsequenzen im Blick auf eine sühnesoteriologisch-kultische Deutung des Kreuzestodes Jesu. Soweit ich sehe, sind Schmidt im Blick auf den alludierenden Charakter von V. 23 – nicht im Blick auf die weitergehende Deutung – unter den Vertretern der Triumphzugsthese nur A. Winn[78] und M. Ebner gefolgt:[79] „Am Höhepunkt des Triumphzuges, der sich in feierlicher Prozession durch die Straßen der Stadt Rom schlängelt, wird dem Triumphator Wein angeboten, den dieser aber zu trinken verweigert (vgl. 15,23)“.[80]

75 Vgl. Hist Nat XIV 92f [König]: „Bei den Alten waren diejenigen Weine die vornehmsten, welche mit duftender Myrrhe gewürzt waren“ (92).

76 Anders E. Koskenniemi/K. Nisula/J. Toppari, Wine, 379–386, die davon ausgehen, dass der Jesus gereichte Wein nicht mit einer *Prise* Myrrhe gewürzt war, die ihn tatsächlich zur Delikatesse gemacht hätte, sondern mit großen Mengen von Myrrhe versetzt war, so dass der Wein bitter und ungenießbar wurde. Das Ziel der Soldaten bestehe darin, Jesus zu quälen. Diesem Ansinnen verweigere sich Jesus. Über die Menge an dem Wein zugesetzter Myrrhe steht freilich nichts im Text. Hätte Markus diese Ungenießbarkeit ausdrücken wollen, dann hätte er mit einiger Wahrscheinlichkeit deutlicher formuliert. Insofern beruhen die Überlegungen der drei Autoren auf einem Postulat.

77 Vgl. T. E. Schmidt, Narrative, 11f.

78 Vgl. A. Winn, Purpose, 131.

79 K. M. Schmidt, Wege, 460 Anm. 398, changiert zwischen Zustimmung und Ablehnung dieser Überlegungen T. E. Schmidts, weil ihn die Belege, die T. E. Schmidt nennt, offenbar nicht ganz überzeugen.

80 M. Ebner, Mk, 162; vgl. auch M. Ebner, Markusevangelium, 178.

Dieser Deutung habe ich bereits im Rahmen der Forschungsgeschichte widersprochen (vgl. I 3.2.2.2),[81] weil es zwar im Rahmen des Triumphes durchaus ein Libationsopfer geben kann, Schmidt diesen Ritualbaustein aber nicht sachgerecht beschreibt. Es kommt eben nicht zu einem Angebot von Wein an den Triumphator, das dieser ablehnen würde. Diese Logik überträgt Schmidt von Mk 15,23 auf den Triumph, weil sie für ihn die entscheidende Brücke bildet, um eine chiffrierte Referenz für Mk 15,23 behaupten und den Tod Jesu am Kreuz im Kontext eines kultischen Opfers deuten zu können.

Diese Brücke ist aber mehr als „baufällig" (für Details s. nochmals unter I 3.2.2.2). In Mk 15,23 ist das Trinken von Wein im Blick, der Gedanke des Ausschüttens ist hingegen überhaupt nicht vorhanden – im Triumphzug ist das Ausschütten als Libation im Blick, nicht das Trinken; in Mk 15,23 wird mit Würzstoffen vermischter Wein angeboten – im Triumph wie generell im Rahmen römischer Libationsopfer wird ungemischter Wein geopfert; in Mk 15,23 findet sich das Gegenüber von Angebot und Ablehnung – im Triumph findet sich diese Logik gerade nicht. Kurzum: Eine chiffrierte Referenz lässt sich argumentativ nicht plausibilisieren, weil sich das vermeintliche Prätextmotiv und das das mk Textdetail in keiner Weise gleichen. Die Ähnlichkeit wird von Schmidt nur behauptet und dabei das vermeintliche Prätextmotiv in der Sache verzerrt. Mk 15,23 lässt sich daher m. E. nicht als Anspielung auf den Triumph deuten. Das in der Tat auffällige Erzähldetail bedarf einer anderen Erklärung.

2.6.3 „Bitte ohne Betäubung!" Zur Charakterzeichnung Jesu und zur Funktion von Mk 15,23

V. 23 ruft zwei Fragen auf, die in exegetischer Perspektive zu beantworten sind: Warum bieten die Soldaten Jesus den gewürzten Wein an und warum verweigert sich Jesus diesem Angebot? Die Standarderklärung, die für V. 23 in aller Regel geboten wird, rekurriert auf die Realienkunde und konzentriert sich auf einen Aspekt der pharmakologischen Funktion der Myrrhe: ihre schmerzlindernde, betäubende Wirkung.[82] Die Soldaten bieten Jesus in dieser Perspektive

---

81 Vgl. auch A. Yarbro Collins, Mk, 741.

82 Diese Standarderklärung wird z. T. noch mit Motivik aus dem AT unterlegt: So sieht etwa D. Dormeyer, Markusevangelium, 311, einen jüdischen Brauch, Hinzurichtenden vor der Exekution berauschenden Wein zur Betäubung zu reichen, im Hintergrund. Als Beleg verweist er auf Spr 31,6 (so auch W. Schmithals, Mk, 688). Das überzeugt nicht, weil sich in Spr 31,6 der Gedanke einer Hinrichtung nicht erkennen lässt. Außerdem kann durch diesen Verweis weder erklärt werden, warum Markus die römischen Soldaten eine jüdische Tradition vollziehen lassen sollte, noch bietet Spr 31,6 eine Erklärung für den Einsatz der Myrrhe (die Anwendung von Spr 31,6 auf Hinrichtungen und der dabei deutlich werdende Einsatz von Weihrauch als Betäubungsmittel – und darunter kann man Myrrhe verstehen – erfolgt erst im Rahmen späterer rabbinischer Texte [auf die W. Schmithals, Mk, 688, zumindest

unmittelbar vor der Kreuzigung eine Art Medikament an, durch dessen Einnahme Jesus die Schmerzen des Kreuzigungsprozesses, wohl insbesondere das Annageln,[83] besser ertragen kann.[84] Ob Markus hier historisches Gut überliefert, lässt sich weder einfach negieren noch unmittelbar behaupten.[85] Markus erzählt jedenfalls vom Weinangebot durch die Soldaten. Er ordnet es in die lange Kette ihrer Handlungen im Blick auf Jesus bzw. Simon von Kyrene ein.[86] Ob damit die Intention verbunden ist, die Soldaten kurz vor der Kreuzigung als fürsorglich zu zeichnen und ihnen einen letzten Rest von Humanität zuzuweisen[87] oder ob es den Soldaten in der mk Inszenierung vielmehr darum geht, die Leiden des Delinquenten aufs Ganze gesehen zu verlängern, insofern er die Tortur am Kreuz länger durchhalten kann, lässt sich allein mit Blick auf V. 23 nicht sagen. Angesichts der übergreifenden Charakterzeichnung der Soldaten liegt die zweite Alternative im mk Erzählduktur freilich näher.

---

hinweist; vgl. auch die entsprechenden Quellenbelege bei R. Pesch, Mk II, 478; sowie die kritische Kommentierung dieser Überlegungen bei A. Yarbro Collins, Mk, 742], so dass sich diese Tradition nicht einfach auf das MkEv beziehen lässt). Vgl. ebenfalls kritisch zu Spr 31,6 als Hintergrund für Mk 15,23 P. Dschulnigg, Mk, 396; K. Kertelge, Mk, 156. Auch ein Verständnis von V. 23 vor dem Hintergrund von Ps 69,22 erscheint kaum plausibel (vertreten aber von B. M. F. van Iersel, Mc, 469f; B. Witherington III, Mk, 394f; C. C. Black, Mk, 323), geht es doch im Psalmtext um Essig, nicht um Wein (so auch D. Lührmann, Mk, 260; F. J. Moloney, Mk, 319 Anm. 229; R. Pesch, Mk II, 478; S. P. Ahearne-Kroll, Psalms, 69–71). Vom Essig ist erst in Mk 15,36 die Rede. Dort lässt sich Ps 69,22 als Hintergrund plausibel behaupten.

83 Zu den Realien der Kreuzigung vgl. etwa M. Ebner, Jesus, 164–166.

84 So z. B. E. Struthers Malbon, Mk, 96; D. Lührmann, Mk, 260; E. Schweizer, Mk, 190; K. Kertelge, Mk, 156; R. Zwick, Montage, 430; F. J. Moloney, Mk, 319; L. Schenke, Mk, 341; É. Trocmé, Mk, 368; J. Marcus, Mk, 1042.1049; das Ziel der Betäubung und Schmerzreduktion sehen auch D. Dormeyer, Markusevangelium, 311; W. Schmithals, Mk, 688; B. M. F. van Iersel, Mc, 469f; B. Witherington III, Mk, 394f; J. Gnilka, Mk II, 316, als leitend an, rekurrieren aber zusätzlich auf vermeintliche AT-Hintergrundtexte.

85 Zu weitreichenden historischen Spekulationen, Jerusalemer Frauen hätten Jesus den gewürzten Wein gereicht, die aber allesamt keinen Anhalt im Text haben, sondern mit einem im Text nur verdeckt erzählten Subjektwechsel argumentieren oder literarkritische Hypothesen bemühen müssen, vgl. R. T. France, Mk, 643; B. Witherington III, Mk, 394f; J. Gnilka, Mk II, 316; zurückhaltender sind R. Pesch, Mk II, 478; A. Yarbro Collins, Mk, 740f.

86 Daher überrascht die Überlegung von B. M. F. van Iersel, Mc, 470, das Weinangebot gehe in historischer Perspektive auf den als ambivalenten Charakter gezeichneten Pilatus zurück (als Überlegung positiv vermerkt auch bei J. Marcus, Mk, 1043). Dabei wird übersehen, dass die Soldaten ab V. 16 durchgehend Subjekt sind, ausgesprochen autonom agieren und den Auftrag von V. 15 sehr frei umsetzen.

87 So F. J. Moloney, Mk, 319. A. Bedenbender, Botschaft, 212 mit Anm. 78, erkennt hier einen humanitären Zug und schließt daraus, dass die Aktion von V. 23 nicht von den Soldaten vollzogen wird. Das wird dem Text und den Möglichkeiten, V. 23 auch dann sinnvoll zu interpretieren, wenn die Soldaten Subjekt der Handlung sind, nicht gerecht.

Jesus verweigert sich in jedem Fall dem Angebot. Er rührt den Wein nicht an und verzichtet auf jede Betäubung. Mit den Augen der Antike betrachtet, zeigt sich Jesus hier als ausgesprochen männlich,[88] fast schon übermenschlich. Er weicht Schmerzen und Leiden auch im Angesicht des Kreuzes nicht aus. Er geht seinen Weg konsequent bis zum Ende. Aus der Warte der übrigen Triumphzugsanspielungen und im Blick auf die Doppelrolle Jesu erweist sich Jesus als „harter Kerl", der seinem Schicksal tapfer und mannhaft entgegen geht. Das unterscheidet ihn von manchen königlichen Gefangenen, die um Gnade ersucht haben – und ganz sicher unterscheidet es ihn von manchen römischen Triumphatoren. V. 23 kann man vor dem Hintergrund des Triumphzugs insofern zwar nicht als anspielendes Segment im eigentlichen Sinne lesen, kontextuell trägt V. 23 freilich zur Charakterisierung Jesu bei und fügt sich nahtlos in seine vor dem Hintergrund des Triumphzugs ausgemachte Doppelrolle ein. Der scheinbar Schwache und Besiegte, der Gefangene, Jesus, zeigt gerade im Sterben Größe und Tapferkeit, also jene Tugend der ἀνδρεία, die für antike Männlichkeitskonzeptionen so wichtig war: „Bitte ohne Betäubung!"

2.6.4 Ein potentieller Schönheitsfehler und eine inhaltliche Alternative: Eine Henkersmahlzeit für Jesus und die konsequente Umsetzung von Mk 14,25

Soweit die Standarddeutung von V. 23, die ich um den Aspekt der Charakterzeichnung Jesu erweitert, in den antiken Männlichkeitsdiskurs[89] eingeordnet und vor dem Hintergrund der sonstigen Triumphzugsallusionen interpretiert habe. Einen Schönheitsfehler hat diese Deutung allerdings. Und auf den hat etwa T. E. Schmidt deutlich hingewiesen: Zwar ist es richtig, dass man in der Antike Myrrhe als betäubend und schmerzlindernd erachtet. Aber, und hier setzt die Kritik von T. E. Schmidt an,[90] dass in der Antike mit Myrrhe gewürzter Wein primär die Assoziation eines schmerzlindernden Pharmakons aufrufen

88 Zu antiken Konzeptionen von Männlichkeit vgl. aus der Fülle hochspannender Literatur nur L. Foxhall/J. Salmon, Men; L. Foxhall/J. Salmon, Masculinity; R. M. Rosen/I. Sluiter, Andreia; zur Anwendung solcher Konzeptionen auf das MkEv vgl. J. A. Glancy, Masculinity; A. Strotmann, Petrus; E. Thurmann, Men (dort 218–225 zu Implikationen von Männlichkeit in Mk 15); T. B. Liew, Masculinities; E. Thurmann, Mark.

89 Bisherige Deutungen der ablehnenden Haltung Jesu gegenüber dem Weinangebot bleiben meist dabei stehen, Jesus ein bewusstes Leiden-Wollen zu unterstellen und dies christologisch oder soteriologisch zu fundieren und als Umsetzung von Mk 14,36 zu lesen, so etwa R. T. France, Mk, 643; W. Fritzen, Gott, 328 (vgl. die im Blick auf solche Deutungen kritische Haltung von R. Pesch, Mk II, 479).

90 Vgl. T. E. Schmidt, Narrative, 11 Anm. 32.

würde, ist nicht sicher.[91] In der Naturgeschichte des Plinius hat mit Myrrhe gewürzter Wein vor allem den Charakter eines erstklassigen Spitzenweines. Die Erstassoziation bei der Lektüre von Mk 15,23 könnte also in der Antike vielmehr darin bestehen, dass Jesus teurer und guter Wein angeboten wird, den er indes ablehnt. Die pharmakologische Funktion tritt demgegenüber evtl. in den Hintergrund. Dann aber muss man Mk 15,23 noch in einer anderen Weise deuten, bleibt doch die Frage bestehen, warum die Soldaten Jesus diesen kostbaren Wein zu trinken geben, wenn es ihnen nicht darum gehen kann, Jesus für den Moment zu betäuben, um langfristig seine Agonie zu verlängern. Dazu abschließend eine angesichts des Forschungsdiskurses neue Überlegung.[92]

Auch die Antike kennt das Konzept einer Henkersmahlzeit, allgemeiner: eines letzten Wunsches vor der Hinrichtung.[93] Etwas Ordentliches zu essen, zu trinken, der Besuch der Ehefrau oder einer Hetäre scheinen in der Antike typische Füllungen dieses Motivs gewesen zu sein.[94] In diese Linie kann man auch V. 23 einordnen. Die Soldaten bieten Jesus unmittelbar *vor* der Kreuzigung hervorragenden Wein an und realisieren damit ein typisches Motiv im Rahmen einer Henkersmahlzeit. Das könnte der Hintergrund für das Angebot der Soldaten in V. 23a sein.[95]

Freilich – und das wird eben durch V. 23b besonders deutlich – entspricht das nicht dem letzten Wunsch Jesu. Er lehnt den Wein ab und verweigert sich diesem Konzept. Letzte Wünsche hat er nicht. Damit bleibt er intratextuell betrachtet seiner eigenen Ankündigung treu, die eine andere Zeitkonzeption vorgesehen hat (vgl. Mk 14,25[96]). Denn für Jesus ist jetzt nicht die Zeit für

---

91 So auch C. A. Evans, Mk, 501.

92 In der Forschung wird dieser Aspekt des kostbaren und qualitativ guten Weines eher selten gesehen und interpretiert. Die Deutung als Schmerzmittel überwiegt bei weitem. Wo die Qualität des Weines in das exegetische Kalkül einbezogen wird (vgl. das Referat bei A. Yarbro Collins, Mk, 741), da wird der Wein als Element der Verspottung gedeutet, das sich auch sonst im Blick auf die Soldaten finden lässt: Sie geben einem zum Tode Verurteilten Pseudokönig besten Wein, um diesen König zu verhöhnen. Diese Deutung findet sich bei C. A. Evans, Mk, 501 (Jesus lehne im Übrigen den Wein ab, um sich dieser Verspottung zu entziehen).

93 Vgl. die grundlegende Studie von H. von Hentig, Henkersmahlzeit.

94 Andere Wünsche listet H. von Hentig, Henkersmahlzeit, 60–91, minutiös auf. Ob die Praxis der Henkersmahlzeit auch im Rahmen der Triumphzüge geübt wurde, lässt sich auf der Basis der Quellen m. E. nicht sagen.

95 H. von Hentig, Henkersmahlzeit, 12–14, arbeitet die ablehnende Haltung Jesu gegenüber Wein und Essig in Mt 27; Mk 15; Joh 19 in das Konzept der Henkersmahlzeit sogar explizit ein. Er versteht also Mk 15,23 als Henkersmahlzeit. Das ist in der Exegese bisher übersehen worden.

96 Der intratextuelle Bezug von Mk 15,23 auf Mk 14,25 wird überraschend selten gesehen. Vgl. immerhin die bei F. J. Moloney, Mk, 319 Anm. 229, genannte Literatur sowie A. Yarbro Collins, Mk, 743; C. Myers, Strong Man, 386; J. Marcus, Mk, 1049. Eher finden sich Stimmen, die für einen intraxtuellen Bezug auf Mk 10,38; 14,36 votieren, vgl. L. Schenke,

letzte Wünsche. Die Leidens- und Auferweckungsankündigungen aus Mk 8–10 hatten ja eine Zeit nach seinem Tod bereits im Blick – auch wenn er davon in Getsemani kaum mehr etwas und am Kreuz hängend überhaupt nichts mehr zu wissen schien bzw. scheinen wird – und die Verzichtserklärung im Blick auf die Frucht des Weinstocks (Mk 14,25), an die sich Jesus in Mk 15,23 exakt hält, war zeitlich begrenzt: Erst im Königtum Gottes wird Jesus wieder Wein trinken. Diese Zeit, die Zeit für das große göttliche, ja endzeitliche Festmahl,[97] ist noch nicht erreicht. Jesus hält sich an seinen Zeitplan und setzt seine eigene Ankündigung konsequent um. Das öffnet auch diesen dunklen Moment kurz vor der Kreuzigung auf eine zumindest erhoffte bessere Zukunft hin.

2.7 Die Zerteilung der Kleider Jesu im Licht von Ps 22, Spolienrecht und Triumphzug

Die Verlosung der Kleider Jesu in Mk 15,24b–d beinhaltet zwar selbst kein anspielendes Segment auf den Triumphzug, lässt sich aber zumindest versuchsweise im Licht der übrigen Triumphzugsanspielungen deuten. Es ist also der Kontext von Mk 15,24b–d, der die Möglichkeit eröffnet, eine neue Bedeutungsnuance für Mk 15,24b–d zu erwägen.

2.7.1 Der Textbefund

Noch immer sind die Soldaten handelndes Subjekt. Im Zuge der Kreuzigung[98] werden Jesus seine Gewänder erneut abgenommen. Explizit wird das nicht erzählt, sondern nur angesichts des Erzählverlaufs vorausgesetzt. Dieses Erzählmuster findet sich nun zum zweiten Mal im mk Text. Denn im Rahmen von Mk 15,16–20 waren Jesus seine Gewänder in V. 20c bereits angezogen worden, was ebenfalls vorausgesetzt hatte, dass Jesus vorher entkleidet worden war. In beiden Fällen wird das Ablegen der Kleider Jesu indes nicht explizit

---

Mk, 341; R. T. France, Mk, 643. Aber dieser Bezug ist m. E. nicht gegeben, weil in Mk 15,23 das Stichwort ποτήριον fehlt.

97 Dieser Gedanke weckt entfernt Assoziationen an den Triumphzug, an dessen Ende auf dem Kapitol ein Festmahl stand, zu dem der mit Myrrhe gewürzte Wein gut passen würde. Im Licht des Triumphzugs befindet sich Jesus als Triumphator für dieses Festmahl am richtigen Ort, dem mk Kapitol, aber zur falschen Zeit.

98 Die von V. 24b–d vorausgesetzte Entkleidung Jesu wird man sich aus sachlogischen Gründen als der Handlung von V. 24a vorausgehendes Ereignis vorstellen müssen. Die Kleider Jesu nach der Kreuzigung abzunehmen, ist technisch schwierig.

erzählt.[99] Jesus wird mithin nackt gekreuzigt.[100] Lediglich den dornigen Kranz aus V. 17b, der Jesus nicht abgenommen worden ist, wird man sich als letztes „Kleidungsstück“ Jesu vorstellen dürfen.[101]

Die Soldaten entscheiden sich, über die Gewänder Jesu, von denen im Plural die Rede ist, das Los zu werfen, um die Verteilung zu gestalten. Angesichts von V. 24b (διαμερίζονται τὰ ἱμάτια αὐτοῦ) lassen sich dabei die konkret zu verlosenden Objekte und der Teilungsvorgang in zweifacher Weise bestimmen. Der Plural τὰ ἱμάτια αὐτοῦ legt zunächst nahe, dass die einzelnen Kleidungsstücke, die zusammengenommen τὰ ἱμάτια Jesu ausmachen, verteilt werden und jeder Gewinner ein in sich intaktes Kleidungsstück erhält,[102] wobei dann viele der anwesenden Soldaten bei dieser Lotterie leer ausgehen. Indes könnte die Semantik des Verbums διαμερίζω darauf hindeuten, dass die Gewänder Jesu nicht *verteilt*, sondern zunächst *zerteilt* werden und am Ende Fetzen der Gewänder Jesu verlost werden. Denn das durch das Präfix διά gebildete Kompositum trägt stärker als das ebenfalls im MkEv verwendete Verb μερίζω (Mk 3,24–26; 6,41) das Element des Zerteilens im Gegenüber zum Aspekt des Verteilens in sich.[103] Das Losverfahren entscheidet also nur darüber, welchen Fetzen ein Soldat erhält, aber alle erhalten potentiell ein Stück von den Gewändern Jesu.

Dieser Aspekt der Semantik drängt sich auch angesichts des Sprachgebrauchs im JohEv auf. Joh 19,23f lebt vom Kontrast zwischen dem *einen*, von oben her durchgewebten *Untergewand* Jesu (ἦν δὲ ὁ χιτὼν ἄραφος), das die Soldaten nicht zerreißen wollen (μὴ σχίσωμεν), sondern als inktaktes Kleidungsstück verlosen, und den *anderen Gewändern* Jesu (τὰ ἱμάτια αὐτοῦ). Diese werde nämlich tatsächlich zerrissen: Aus ihnen werden vier Teile gemacht (καὶ ἐποίησαν τέσσαρα μέρη), die nicht verlost, sondern an die vier beteiligten Soldaten verteilt werden. Das Erfüllungszitat aus Ps 22,19 in Joh 19,24 hält mit Blick auf das eine verloste Untergewand und die sonstigen Gewänder Jesu fest: διεμερίσαντο τὰ ἱμάτιά μου ἑαυτοῖς καὶ ἐπὶ τὸν ἱματισμόν μου ἔβαλον κλῆρον. Dann aber meint διαμερίζω die „Produktion“ von vier Teilen, die

---

99 Das ist ein merkwürdiger Erzählmoment des MkEv: Das Ausziehen der Kleider Jesu wird zweifach vorausgesetzt, aber nie explizit erzählt. Diese narrativen *gaps* verdanken sich kaum dem Zufall. Sie wollen interpretiert werden. Allerdings fehlt mir der dazu wirklich passende interpretatorische Schlüssel (vgl. immerhin unter III 7.8).

100 Das entspricht evtl. einer üblichen römischen Praxis im Rahmen der Kreuzigung, vgl. J. G. Cook, Crucifixion, 192; D. W. Chapman/E. J. Schnabel, Trial, 673f; D. Dormeyer, Markusevangelium, 311; M. Ebner, Jesus, 167; B. Witherington III, Mk, 395; J. Marcus, Mk, 1043.

101 Vgl. auch J. Jay, Tragic, 254.

102 Allerdings scheint das MkEv die Singular-Plural-Differenz im Blick auf τὰ ἱμάτια nicht ganz präzise durchzuhalten (vgl. Mk 5,27 mit Mk 5,28.30), so dass man den Plural in Mk 15,24 nicht überbewerten darf.

103 In diesem Sinne eindeutig ist auch F. Passow, Handwörterbuch, *s. v.*, der die Bedeutungen „zertheilen, vertheilen“ und sogar „zerstückeln“ notiert.

in semantischer Opposition zum μὴ σχίσωμεν steht. Folglich wird man sich unter διαμερίζω einen Prozess des Zerteilens vorstellen dürfen.

Die Soldaten in Mk 15,24 nehmen daher augenscheinlich Fetzen der Gewänder Jesu für sich mit. Funktional und tragbar im Sinne eines Kleidungsstücks erscheinen diese Stücke nicht mehr. Sie wirken eher wie Souvenirs. Vielleicht hängt das auch mit dem besonderen Charakter der Gewänder Jesu im MkEv zusammen, dem zumindest die Leserinnen und Leser des MkEv im Rahmen ihrer Neulektüre des mk Textes auf die Spur kommen können (vgl. III 2.7.3; III 7).

2.7.2 Die Kleiderzerteilung im Licht des Alten Testaments (Ps 22,19): Jesus als leidender Gerechter

Markus erzählt die Kleiderverteilung unter Rückgriff auf einen atl. Text, den er als unmarkiertes Zitat[104] in die Passionsgeschichte einspielt: Ps 22,19.[105] Das Geschick Jesu wird also im Licht jüdischer Tradition erzählt. Ps 22 wird dabei im Rahmen der mk Passionsgeschichte mehrfach zitiert oder motivisch alludiert,[106] was sich insbesondere mit Blick auf Mk 15,34 im Detail zeigen und interpretieren lässt (vgl. III 3.4.3).

Freilich zitiert Markus in Mk 15,24 den Psalmtext mit gewissen Abweichungen vom Text in der LXX, deren Textfassung hier als naheliegender griechischer Vergleichstext herangezogen werden kann:[107]

104 Darauf weist auch L. Schenke, Mk, 341, hin: Markus scheint seinen Leserinnen und Lesern eine entsprechende Entschlüsselungskompetenz zuzutrauen.

105 Das ist exegetisch unumstritten, vgl. nur P. Dschulnigg, Mk, 396; E. Lohmeyer, Mk, 343; W. Schmithals, Mk, 689; D. Dormeyer, Markusevangelium, 311; D. Lührmann, Mk, 260; R. T. France, Mk, 643f; R. Pesch, Mk II, 479f; M. Ebner, Mk, 160f; F. J. Moloney, Mk, 320; J. Gnilka, Mk II, 316; B. M. F. van Iersel, Mc, 469f; K. Kertelge, Mk, 156; É. Trocmé, Mk, 368; C. C. Black, Mk, 324; A. Winn, Purpose, 134f; J. Marcus, Mk, 1043; A. Yarbro Collins, Mk, 745; S. P. Ahearne-Kroll, Psalms, 71–73.198–201.

106 Vgl. nur die Auflistung bei C. A. Evans, Mk, 498; vgl. auch die grundlegende Studie von K. S. O'Brien, Use (68–74 findet sich eine Übersicht zu allen erwogenen AT-Referenzen in Mk 14f); sowie auch die Untersuchungen von D. Sänger, Psalm 22; M. Ebner, Klage; U. Rüsen-Weinhold, Septuagintapsalter, 216–222.238–242; M. Ebner, Mk, 160f.

107 So auch U. Rüsen-Weinhold, Septuagintapsalter, 242, der lediglich für das Zitat in Mk 15,34 annimmt, dass es auf einen aramäischen Psalmtext zurückgeht, während in Mk 15,24 der LXX-Text als Prätext im Hintergrund steht. Zur LXX-Rezeption in Mk 15,24b–d vgl. auch K S. O'Brien, Use, 275f. Den masoretischen Text bzw. eine semitische Textvorlage sehen hingegen R. Pesch, Mk II, 480; J. Gnilka, Mk II, 316, als entscheidenden Prätext an.

Ps 21,19 LXX [Rahlfs]	Mk 15,24b–d
διεμερίσαντο	καὶ διαμερίζονται
τὰ ἱμάτιά μου	τὰ ἱμάτια αὐτοῦ,
ἑαυτοῖς	
καὶ ἐπὶ τὸν ἱματισμόν μου	
ἔβαλον κλῆρον.	βάλλοντες κλῆρον
	ἐπ᾽ αὐτὰ
	τίς τί ἄρῃ.

Markus ändert zunächst das Verb von der 3. Person Plural Aorist Medium zur 3. Person Plural Präsens Medium/Passiv. Das Reflexivpronomen ἑαυτοῖς streicht er. Offenbar genügt ihm der durch das Prädikat ausgedrückte mediale Charakter. Der Erzählsituation entsprechend ändert Markus sodann das sich der Gebetssituation des betenden Ichs verdankende Pronomen μου zu αὐτοῦ. Anders als der LXX-Text differenziert Markus auch nicht zwischen τὰ ἱμάτια und τὸν ἱματισμόν. Letzteres streicht er samt dem entsprechenden syntaktischen Zusammenhang ersatzlos und fügt stattdessen nach der Verlosung ein rückbezügliches ἐπ᾽ αὐτά ein,[108] um deutlich zu machen, dass hier τὰ ἱμάτια verlost werden. Markus umgeht damit die Schwierigkeit, zwischen τὰ ἱμάτια und τὸν ἱματισμόν differenzieren oder eine Einheit der beiden Größen behaupten zu müssen. Im Blick auf den LXX-Text ist nämlich nicht wirklich klar, wie das Verhältnis zwischen τὰ ἱμάτια und τὸν ἱματισμόν gedacht ist. Anders gefragt: Besteht das διαμερίζω in der LXX im Verlosen von τὸν ἱματισμόν oder sind das zwei unterschiedliche Vorgänge? Der mk Text ist hier eindeutig, insofern er allein von τὰ ἱμάτια spricht, handelt sich freilich die Schwierigkeit ein, das Verhältnis zwischen διαμερίζω und dem Partizip βάλλοντες (die LXX hat das finite Verb ἔβαλον) zu klären: Besteht das Verteilen im Verlosen oder werden die Kleider erst zerteilt und dann die Teile verlost, so die hier angesichts der Semantik von διαμερίζω favorisierte Option? In jedem Fall wird durch die alleinige Konzentration auf τὰ ἱμάτια Jesu der Rückverweis auf jene mk Textstellen deutlicher, in denen bereits von τὰ ἱμάτια Jesu die Rede war (Mk 5,27–30; 6,56; 9,3). Gegenüber dem LXX-Text ist auch das abschließende τίς τί ἄρῃ eingefügt, das die Zielrichtung des Verlosungsvorgangs benennt. Sachlich entspricht es dem Reflexivpronomen ἑαυτοῖς des LXX-Textes.

Das MkEv lässt Jesus durch das Zitat von Ps 22,19 in Mk 15,24 in die Rolle des leidenden Gerechten schlüpfen.[109] Jesus erlebt hautnah, was der Beter von

108 Wobei das ἐπ᾽ sich bereits in der LXX fand (ἐπί).

109 Vgl. etwa P. Dschulnigg, Mk, 396; W. Schmithals, Mk, 689; D. Dormeyer, Markusevangelium, 311; D. Lührmann, Mk, 260; M. Ebner, Mk, 160.; L. Schenke, Mk, 341 f; A. Yarbro Collins, Mk, 745 f, erwägt, ob die Psalmen 22; 31; 69 im Urchristentum messianisch neu gedeutet worden sind und es in Mk 15,24 folgt weniger um die Zeichnung Jesu als leidender Gerechter geht, sondern Jesus durch das Zitat als Messias ausgewiesen werden soll.

Ps 22 klagend gegenüber Gott beschreibt und als Handlungen seiner Gegner schildert.[110] Diese Deutung des Passionsgeschicks Jesu unter Rekurs auf das jüdische Konzept des leidenden Gerechten ist ein früher Versuch[111] christlicher, vielleicht präziser noch: judenchristlicher Gruppierungen, das Jesus eigentlich desavouierende Kreuzigungsgeschick nachträglich zu deuten und in einem für Jesus und für seine Anhänger günstigen Licht darzustellen: Jesus leidet wie ein leidender Gerechter, aber am Ende wird Gott ihn ins Recht setzen.

2.7.3 Die Kleiderzerteilung im Licht antiker Alltagskultur und des Triumphzugs: Das Spolienrecht und die spolia opima

Im Licht antiker Kreuzigungspraxis erzählt Mk 15,24 jenseits des Zitats von Ps 22,19 materialiter durchaus Alltägliches. Denn die verbliebene Habe des zu Kreuzigenden konnte im Sinne des antiken Spolienrechts an die die Kreuzigung durchführenden Soldaten fallen.[112] Für viele Exegetinnen und Exegeten steht daher hinter Mk 15,24 ein historisches Ereignis, das freilich im Licht von Ps 22,19 deutend erzählt wird.[113] Historisch ist in dieser Perspektive die Inbesitznahme der letzten Habe Jesu durch die Soldaten, nicht aber der konkrete Modus der Kleiderverlosung.

Versuchsweise könnte man jetzt sogar noch einen Schritt weitergehen und für den Vorgang der Kleiderverteilung eine zusätzliche Bedeutungsnuance erwägen, die sich den Triumphzugsallusionen im Rahmen von Mk 15 verdankt. Dabei soll nicht behauptet werden, dass sich in Mk 15,24b–d ein anspielendes Segment auf den Triumphzug finden lässt. Evtl. lässt sich die Kleiderverlosung aber eben vor dem Hintergrund der im unmittelbaren literarischen Kontext von Mk 15,24 zu findenden Triumphzugsanspielungen interpretieren. Denn angesichts des Spolienrechts, das zur Erklärung der Kleiderverlosung herangezogen wird, liegt es vor dem Hintergrund des Triumphzugs und angesichts der Doppelrolle Jesu als Triumphator und königlicher Gefangener zunächst nahe, im Blick auf die Kleider Jesu an die *spolia opima* zu denken, also an Rüstung, Waffen und Gewand des feindlichen Feldherrn, die der Triumphator

110 Vgl. M. Ebner, Klage, 78.

111 Entsprechend wird von vielen Exegetinnen und Exegeten angenommen, dass sich die Einarbeitung der Motivik von Ps 22 in die Passionsgeschichte bereits einem vor-mk Stadium verdankt, vgl. U. Rüsen-Weinhold, Septuagintapsalter, 242; E. Lohmeyer, Mk, 343; R. Pesch, Mk II, 480; M. Ebner, Jesus, 163.

112 So z. B. A. Yarbro Collins, Mk, 745 (mit präziser Auflistung aller relevanten historischen Quellen); E. Lohmeyer, Mk, 343; W. Schmithals, Mk, 689; D. Dormeyer, Markusevangelium, 311; R. H. Gundry, Mk, 945; R. T. France, Mk, 643 Anm. 17; R. Pesch, Mk II, 480; F. J. Moloney, Mk, 320; J. Gnilka, Mk II, 316; K. Kertelge, Mk, 156; J. Marcus, Mk, 1043.

113 So etwa R. Pesch, Mk II, 480; J. Gnilka, Mk II, 326; A. Yarbro Collins, Mk, 745.

im Zweikampf erbeutet hatte und dem Jupiter Feretrius weihen konnte – eine äußerst prestigeträchtige Handlung (vgl. II 3.2.2.3.1). Waren die Kleider Jesu solch wertvolle Beutestücke? Hat der amtierende Kaiser, in der erzählten Zeit also Tiberius, eine historische Chance verpasst, ein Beutestück erster Güte in Rom zu weihen?

Die Parallelen gehen nüchtern betrachtet nicht auf: Weder lassen sich die Gewänder Jesu wirklich als Rüstung verstehen noch trägt Jesus Waffen, noch wurde er in einem Zweikampf besiegt. Will man die Kleiderzerteilung gleichwohl vor dem Horizont des Triumphzugs verstehen, dann bietet sich tatsächlich noch eine andere Assoziation und ein anderer Motivhintergrund aus dem Bereich des Triumphzugs an, wenn in Mk 15,24 die Gewänder Jesu verteilt werden. Dieser Motivhintergrund wird aber erst im Rahmen der erneuten Lektüre des mk Textes schillernd, insofern der für das Verständnis der Kleider Jesu entscheidende mk Text sich in Mk 9,2–8.15 findet. Bei der erneuten Lektüre von Mk 9,2–8.15 wird daher deutlich, was sich hinter den Gewändern Jesu, die in Mk 15,16–20.24 jeweils eine zentrale Rolle spielen, noch verbergen könnte bzw. wie die Gewänder Jesu im Licht des Triumphzugs gedeutet werden könnten (vgl. III 7).

2.8 „König der Juden“: Ein *titulus* für Jesus und die *tituli* der königlichen Gefangenen im Triumph

Mit dem Kreuzestitulus von Mk 15,26 findet sich wieder eine deutliche Allusion auf den Triumph, die im eigentlichen Sinne auch nicht chiffriert ausfällt. Denn *tituli* zur Kennzeichnung von Gefangenen, die im Triumph vorgeführt wurden, sind in Triumphzügen üblich. Und auch die Formulierung des mk Kreuzestitulus findet sich nahezu exakt in paganen Triumphzügen. Das ist in der Exegese bisher oft übersehen worden. Selbst T. E. Schmidt[114], der den Kreuzestitulus anfanghaft vor dem Hintergrund der Triumphzüge interpretiert, bleibt zu unpräzise in der Auswertung, weil er die *tituli* sehr allgemein behandelt und nicht nach zu Mk 15,26 engen Parallelen im Blick auf im Triumph präsentierte *tituli* fahndet. Vor allem übersieht er die Rolle des königlichen Gefangenen, auf den sich *tituli* eben auch beziehen können. Er vergibt sich damit eine Chance, seine These zu plausibilisieren. Denn bei Mk 15,26 handelt es sich in Kenntnis der Realien des Triumphzugs um eine deutliche Anspielung auf dieses Ritual.

114 Vgl. T. E. Schmidt, Narrative, 13f.

2.8.1 Der Textbefund

Nach der Verlosung der zerteilten Kleider Jesu führt der Erzähler mit V. 25a die Stundenzählung ein, die das weitere Kreuzigungsgeschehen strukturiert (vgl. Mk 15,33f) und zugleich auf die Zeitangabe von Mk 15,1 zurückverweist.[115] Durch die Erwähnung der dritten Stunde wirkt das Gesamt der in Mk 15,1–24 erzählten Ereignisse massiv gedrängt. Es passiert schlechterdings sehr viel in der sehr kurzen Zeit zwischen dem frühen Morgen (15,1) und der dritten Stunde (etwa 09.00 Uhr; 15,25). Das Tempo der Handlungen ist hoch.[116] Rückwirkend wird die Dramatik des Erzählten nochmals gesteigert. Fast wie eine Unterbrechung wirkt da die Konstatierung des Erzählers in V. 25b, die auf V. 24a rekurriert, diesen nahezu wörtlich wiederholt, sich aber angesichts des Tempuswechsels im Vergleich zu V. 24a als rückblickend erweist: καὶ ἐσταύρωσαν αὐτόν/und sie hatten ihn gekreuzigt. In zu V. 25a paralleler Formulierung (ἦν δέ/καὶ ἦν) wird in V. 26a der Kreuzestitulus als ἐπιγραφὴ τῆς αἰτίας αὐτοῦ eingeführt. Die Aufschrift oder Inschrift gibt also den Grund, die Ursache der Kreuzigung und damit die Schuld an, eben das, für das Jesus verantwortlich ist: ὁ βασιλεὺς τῶν ʼΙουδαίων. Das ist aus römischer Perspektive formuliert[117] und deckt sich mit der fast penetrant wirkenden Bezeichnung Jesu als βασιλεύς, die sich im MkEv im Blick auf Jesus nur, dann aber sehr gehäuft, in der Passionsgeschichte findet: Mk 15,2.9.12.18.32. Jesus wird als König einer religiös und ethnisch definierten Personengruppe bezeichnet. Jüdinnen und Juden hätten – Mk 15,32 zeigt das deutlich – vom König Israels gesprochen, also die ehrende Selbstbezeichnung (vgl. Gen 32,29) gewählt.[118] Die Aufschrift in V. 26 haben in der mk Inszenierung Römer geschrieben. Es sind in der Erzählwelt des MkEv Römer, die diesen Titel mitsamt dem entsprechenden Genitivobjekt für Jesus benutzen (vgl. 15,2.9.12.18). Jesus erscheint für sie als Anführer einer Volksgruppe, nicht als Repräsentant eines Landes oder einer Region (Judäa, Galiläa). Ohnehin erachten Römer in der erzählten Welt die Heimat Jesu als Teil des Imperium Romanum und als römische Provinz. Ein wie auch immer verstandenes „Israel" gibt es für sie nicht. Dabei schwingt im gewählten Titel des βασιλεύς zusätzlich auch der Aspekt von Aufruhr mit.[119] Auch Anführer von Gruppen von Unruhestiftern und Umstürzlern, von Freiheitskämpfern und Partisanen werden im 1. Jh. n. Chr.

115 Zu möglichen apokalyptischen Implikationen der Stundenzählung vgl. J. Gnilka, Mk II, 317; K. Kertelge, Mk, 156.

116 Das zeichnet auch C. Rose, Theologie, 229, präzise nach.

117 Vgl. G. Theissen/A. Merz, Jesus, 401; M. Ebner, Jesus, 143; C. A. Evans, Mk, 503.

118 Vgl. etwa R. Pesch, Mk II, 457.488.

119 Vgl. auch C. Riedo-Emmenegger, Provokateure, 300–303; S. Schreiber, Christologie, 75.

βασιλεύς genannt.[120] Der *titulus* charakterisiert Jesus also als Anführer einer potentiell unruhigen Volksgruppe, als Aufrührer, der sich gegen die staatliche, von Rom als *pax Romana* bezeichnete Ordnung auflehnt.[121]

Vollkommen unklar bleibt im Blick auf den mk Text, wo und wie der *titulus* präsentiert worden ist. Aus dem Kontext wird nur deutlich, dass er Jesus offenbar identifizieren und seine Schuld öffentlich proklamieren sollte. Wie das geschieht, lässt sich dem mk Text nicht entnehmen. Erst die synoptischen Seitenreferenten und das JohEv erzählen von einer Fixierung des *titulus* auf dem Kreuz oberhalb von Jesus (vgl. Mt 27,37; Lk 23,38; Joh 19,19).[122]

2.8.2 Ein historischer Schuldtitulus: Das dominierende Deutungsmuster

Als ein *titulus*,[123] der aus römischer Perspektive die Schuld Jesu angibt, den Grund für seine Kreuzigung, wird die Inschrift[124] von V. 26b in aller Regel interpretiert. Sie wird dabei zumeist und im Gegenüber zu den Versionen des *titulus* in den übrigen kanonischen Evangelien auch als historisch erachtet,[125] weil sich auf der Basis antiker Quellen die Verwendung von Schuldtituli im

120 Vgl. den Sprachgebrauch des Josephus (Ant XVII 285), auf den etwa M. Ebner, Jesus, 143, hinweist. Vgl. auch D. Lührmann, Mk, 282f; G. Theissen/A. Merz, Jesus, 401; zur Sache auch C. Riedo-Emmenegger, Provokateure, *passim*.

121 Zur „Schuld" Jesu vgl. etwa M. Ebner, Jesus, 143; C. Riedo-Emmenegger, Provokateure, 302f (staatszersetzende Umtriebe, Aufruhr, *perduellio*); zum Zusammenhang von Kreuzestitulus und *pax Romana* vgl. K. Wengst, Pax Romana, 13f.

122 Darauf weisen auch R. Zwick, Montage, 432; J. Gnilka, Mk II, 318, hin; letzterer vermutet, dass der *titulus* neben dem Kreuz lag. Oft wird aber der Befund in den übrigen Evangelien in den mk Text undifferenziert eingetragen, vgl. etwa B. Witherington III, Mk, 396; F. J. Moloney, Mk, 321; dieses Problem erkennt auch D. Lührmann, Mk, 261. Differenzierter ist I. Broer, Kreuzestitulus, 277f, der den Bezugspunkt des Präfixes in ἐπι-γεγραμμένη bedenkt, die Möglichkeit einer *figura etymologica* verwirft und das Kreuz als Objekt, auf dem der *titulus* geschrieben war, favorisiert. Das ist nicht ausgeschlossen, mir scheint aber der mk Text doch offener zu sein, zumal Markus die *figura etymologica* durchaus verwenden kann (vgl. Mk 10,38).

123 Zu Recht weist A. Yarbro Collins, Mk, 747, darauf hin, dass das mk ἐπιγραφή dem lateinischen *titulus* entspricht.

124 Die Inschrift muss man sich in historischer Perspektive als gemalt oder geschrieben vorstellen, sie war sicher nicht in Stein gemeißelt oder aus Metall gegossen oder getrieben, vgl. D. W. Chapman/E. J. Schnabel, Trial, 292.

125 Vgl. G. Theissen/A. Merz, Jesus, 389.401f; M. Ebner, Jesus, 143.164; C. Riedo-Emmenegger, Provokateure, 300–303; J. Gnilka, Mk II, 318; F. J. Moloney, Mk, 321; M. Küchler, Jesus, 320; L. Schenke, Mk, 342f; K. Kertelge, Mk, 156; P. Dschulnigg, Mk, 397; E. Lohmeyer, Mk, 343; D. Lührmann, Mk, 261; R. Pesch, Mk II, 484f; C. A. Evans, Mk, 503f; T. Söding, König, 89f; A. Yarbro Collins, Mk, 747; N. Förster, Demütigung, 114f.119.122. Präzise abwägend im Blick auf die Historizität ist I. Broer, Kreuzestitulus.

Rahmen von Hinrichtungen oder Bestrafungen nachweisen lässt. Als Vergleichstexte werden in der Regel Suet., Calig 32,2; Suet., Dom 10,1; Dio C. LIV 3,7[126] angeführt, in denen sich jeweils *tituli* finden lassen, die die Schuld eines Delinquenten benennen. Alle drei Beispiele berichten freilich von Sonderfällen im Rahmen von Hinrichtungen bzw. Bestrafungen. Sueton bindet die Erwähnung der *tituli* in die Schilderungen der besonderen Grausamkeiten ein, die den Regierungs- und Lebensalltag der aus der Sicht Suetons schlechten Kaiser Caligula und Domitian prägen. Diese Grausamkeit zeigt sich eben auch im Rahmen von Hinrichtungen oder exzeptionellen Bestrafungen, in deren Rahmen dann jeweils ein *titulus* vor der eigentlichen Hinrichtung verwendet wird, der die Schuld klar benennt. Die *tituli* werden im Übrigen entweder um den Hals getragen oder dem Delinquenten vorangetragen, nie hängen sie am Kreuz – und zwar auch dann nicht, wenn einer der Delinquenten gekreuzigt wird.[127] Aber das erzählt auch Markus nicht. Was auf diesen *tituli* im Einzelnen geschrieben stand, wird leider nicht überliefert. Im Blick auf die bestraften und durch die *tituli* als schuldig charakterisierten Personen finden sich in zwei Fällen Sklaven. Bei Domitian hingegen ist es augenscheinlich ein Freier, ein einfacher Zuschauer in der Arena, der bestraft wird. Bestraft wird dabei – mehr oder weniger deutlich – die sich durchaus in unterschiedlich gelagerten Handlungen zeigende Auflehnung gegen die bestehende politische und soziale Ordnung: der Diebstahl beim Bankett, die Pflichtvergessenheit gegenüber dem Herrn, die scheinbare Beleidigung der kaiserlichen Majestät. Der *titulus* kennzeichnet also tendenziell Aufrührer. Die Verwendung eines *titulus* scheint insofern eine angesichts der Quellen zwar eher selten belegte, gleichwohl mögliche römische Praxis zu sein, die auch im Rahmen der Hinrichtung Jesu Anwendung gefunden hat oder – sofern man Mk 15,26 nicht für historisch erachtet – deren Anwendung Markus zumindest erzählt.

Der Kreuzestitulus hat sogar Aufnahme in das Corpus Inscriptionum Iudaeae/Palaestinae (CIIP I/1 Nr. 15) gefunden und wird im Verbund mit materiell greifbaren Inschriften als historisches Zeugnis präsentiert.[128]

---

126 So bei G. Theissen/A. Merz, Jesus, 401; M. Ebner, Jesus, 221 Anm. 20; D. Dormeyer, Markusevangelium, 311; E. Lohmeyer, Mk, 343 Anm. 4; R. Pesch, Mk II, 484; K. M. Schmidt, Wege, 426 Anm. 383; C. A. Evans, Mk, 504; A. Yarbro Collins, Mk, 747; D. W. Chapman/E. J. Schnabel, Trial, 292–298; T. E. Schmidt, Narrative, 13 Anm. 40, listet zudem noch Juv., Satiren VI 230; Dio C. LXXIII 16,5 und Plin., Ep VI 10,3; IX 19,3, auf. Keine der Stellen trägt aber etwas für das Thema des Schuldtitulus aus: Bei Plinius geht es jeweils um Grabsteine, bei Juvenal um einen Ankläger, bei Cassius Dio schließlich findet sich überhaupt kein auch nur assoziativ mit einem *titulus* verbundener Kontext. Die Stellenangabe scheint schlicht falsch zu sein.

127 Der pflichtvergessene Sklave, von dem Dio C. LIV 3,7 erzählt.

128 Darauf weist M. Küchler, Jesus, 320 Anm. 4, hin.

Aus Sicht der Römer besteht das Verbrechen Jesu darin, dass er sich selbst zum König und damit zum potentiellen Anführer eines zukünftigen Aufruhrs gemacht hat. Jesus ist ein Umstürzler, einer, der sich gegen die politische Ordnung aufgelehnt hat.[129] Nicht umsonst wird Jesus gemeinsam mit Unruhestiftern gekreuzigt, die im Rahmen eines Aufruhrs einen Mord begangen hatten (vgl. Mk 15,7.27). Jesus befindet sich am Kreuz also in der Gesellschaft von Seinesgleichen.[130] Und auch die Paschaamnestie des Pilatus bot nur die Wahl zwischen zwei Aufrührern: Barabbas war Teil der Aufrührergruppe, die den Mord begangen hatte, Jesus wird von Pilatus dem Volk als βασιλεὺς τῶν 'Ιουδαίων präsentiert. Der *titulus* ist insofern aus römischer Perspektive treffend und deckt sich auch mit der entscheidenden Frage im Verhör durch Pilatus, die Jesus zumindest nicht verneint hatte[131] (vgl. Mk 15,2).[132]

So überzeugend diese Deutung als Schuldtitulus ist – die Frage der Historizität klammere ich davon aus, insofern es mir durchaus möglich scheint, dass der *titulus* sich auch erst dem Gestaltungswillen des Markus oder einer vormk Tradition verdankt[133] – und so kontextplausibel sie ausfällt, so sehr lässt sich V. 26 gerade als Schuldtitulus eben auch unmittelbar als Anspielung auf den Triumphzug verstehen. Ja, mehr noch: Die Belegdichte für entsprechende *tituli*, die zudem bis in die Detailformulierung hinein parallel zu V. 26b stehen, wird ungleich höher, wenn man die Realie des Triumphzugs als Hintergrund für Mk 15,26 beachtet.

2.8.3 *Der titulus crucis und die tituli für königliche Gefangene im Triumphzug*

Als anspielendes Segment alludiert Mk 15,26b unmittelbar auf die *tituli*, die im Triumphzug die königlichen Gefangenen für das Publikum identifizierten

---

129 Vgl. auch É. Trocmé, Mk, 368, der treffend formuliert: „De toute façon, le caractère politique de la condamnation de Jésus est souligné"; ähnlich C. C. Black, Mk, 325; die Überlegungen von N. Förster, Demütigung, 122, Pilatus habe den *titulus* verfassen lassen, weil er gegen „jegliche Sympathie für messianische Könige, zu deren Kreis er Jesus rechnete", klar Position beziehen wollte, gehen in eine ähnliche Richtung. Vgl. auch E. Bammel, titulus, 357.

130 Und als ein solcher Unruhestifter, als λῃστής, wurde Jesus ja auch verhaftet, vgl. Mk 14,48; darauf macht R. H. Gundry, Mk, 946, aufmerksam.

131 Das wird man festhalten dürfen, auch wenn das σὺ λέγεις von Mk 15,2 kaum als entschieden bejahende Antwort aufgefasst werden kann (vgl. im Kontrast dazu Mk 14,62); zur Sache auch K. M. Schmidt, Wege, 486 Anm. 583.

132 Dieses Muster wiederholt sich im Blick auf den Messiastitel in Mk 15,32 angesichts der entscheidenden Frage im Verhör durch die jüdischen Autoritäten in Mk 14,61.

133 Die präzise abwägende Untersuchung der Gründe für oder gegen Historizität von Mk 15,26 durch I. Broer, Kreuzestitulus, lässt ein vorschnelles Urteil zugunsten der Historizität, wie es in der Forschung mehrheitlich anzutreffen ist, nicht angeraten sein.

und charakterisierten. Diese königlichen Gefangenen haben im Rahmen des Triumphes z. T. auch den Tod gefunden. Formal und inhaltlich entspricht dabei der Kreuzestitulus von V. 26b exakt diesem Prätextmotiv. Die Anspielung fällt insofern deutlich und kaum chiffriert aus, weil das nicht gesondert markierte anspielende Segment und das Prätextmotiv bis in Details hinein sehr parallel gestaltet sind. Man muss lediglich das Prätextmotiv und seinen Kontext kennen. Dann wird die Anspielung evident. Genannt werden auf diesen *tituli* der Triumphzüge nämlich der Name des Vorgeführten, sein Titel sowie sein (von Rom inzwischen unterworfenes) Herrschaftsgebiet bzw. der Personenkreis, über den er Herrscher war (vgl. II 3.4). Das liest sich für den jüdischen König Aristobul II., für den Plutarch (Pompeius 45 [Perrin]), Appian (Römische Geschichte XII 117 [White]) und Diodorus Siculus (XL 4 [Wirth]) erzählen, dass er im Triumph des Pompeius über Asien 61 v. Chr. in Rom mitgeführt wurde, so:

βασιλεὺς ᾿Ιουδαίων ᾿Αριστόβουλος
᾿Ιουδαίων βασιλεὺς ᾿Αριστόβουλος
βασιλέα ᾿Αριστόβουλον ᾿Ιουδαίων

Der *titulus* für Jesus, ὁ βασιλεὺς τῶν ᾿Ιουδαίων, entspricht diesem Befund jenseits des bestimmten Artikels sehr weitgehend und ist in hohem Maße kontextplausibel, erscheint Jesus doch auch auf der Basis anderer Erzähldetails im Rahmen von Mk 15 als königlicher Gefangener. Wie im römischen Triumphzug, so hat auch der *titulus* für Jesus die Funktion, ihn für das Publikum zu charakterisieren[134] und seine Schuld zu benennen. Dass dies im Unterschied zum römischen Triumphzug nicht mehr auf dem Weg, sondern bereits am Ziel des Zuges erfolgt, ist im Vergleich zum Triumphzug eine kleine Varianz, die aber durchaus kontextplausibel ist.[135] Im Triumph ist ja der Triumphzug selbst als Prozession das dynamische Element, das an den Zuschauern vorbeizieht. Triumphator und Gefangene bewegen sich. Die Zuschauer sind dabei ein statisches Element. In der mk Passionsgeschichte ist mit dem Kreuz ein *per se* statisches Element vorhanden, so dass Markus die dynamischen und statischen Elemente weitgehend umkehren muss. Jesus erscheint als Triumphator und Gefangener ab der Kreuzigung ganz und gar statisch, dafür bewegen sich die Zuschauer, wie V. 29 eigens festhält. Sie promenieren geradezu an Jesus vorbei,

---

134 Dass dabei der Name im *titulus* von V. 26b fehlt, was gerade im Vergleich zu den *tituli* des Triumphes auffällt, lässt sich aus dem Kontext der mk Passionsgeschichte erklären, in der klar ist, dass Jesus gekreuzigt wird. Auch alle potentiellen Zuschauer der Kreuzigung können seit Mk 15,6–15 um die Identität Jesu wissen. Insofern können die Vorbeigehenden Jesus auch ohne Nennung des Namens identifizieren. Der Kreuzestitulus charakterisiert daher mehr als er identifiziert. Der im MkEv im *titulus* verwendete bestimmte Artikel entspricht dieser Funktion.

135 Sie wird auch von K. M. Schmidt, Wege, 426 Anm. 383, gesehen, der festhält, dass eine frühere Erwähnung des *titulus* auf dem Weg besser zum Triumph gepasst hätte.

lesen den *titulus* und reagieren auf ihn (vgl. Mk 15,29–32) – ganz so, wie es im römischen Triumphzug gedacht war.

Dieser Motivhintergrund widerspricht der bisherigen Deutung von V. 26 als Schuldtitulus im Übrigen gerade nicht.[136] Denn die *tituli*, die im Triumphzug den königlichen Gefangenen identifizierten und dem Publikum vorstellten, waren zugleich Schuldtituli (s. II 3.4). Der gegnerische König, der feindliche Feldherr wurde im Triumphzug vorgeführt und hingerichtet, weil er sich gegen Rom aufgelehnt, weil er gegen Rom Krieg geführt hatte. Das war seine Schuld. Dafür war er als Anführer des besiegten Landes oder der besiegten Gruppe verantwortlich. Das besagt der *titulus* jeweils implizit auch. Die *tituli* der königlichen Gefangenen im Triumphzug unterscheiden sich in dieser Perspektive nicht wesentlich von den Schuldtituli, die sich im Rahmen mancher Hinrichtungen und Bestrafungen finden lassen. Das anspielende Segment muss also in diesem Fall nicht als polyvalent bezeichnet werden, weil die alludierten Größen sich letztlich ähnlich sind.

2.8.4 Die Funktion der Anspielung: Jesus als königlicher Gefangener und die hintergründig-gebrochene Wahrheit des Kreuzestitulus

Im Rahmen der Anspielungen auf den Triumphzug verfestigt der *titulus* für Jesus zunächst die Rolle als königlicher Gefangener. Dieses zweite Gesicht Jesu, dieses Element seiner seit Mk 15,16–20 vorhandenen Doppelrolle, wird durch V. 26b massiv stabilisiert. Vor dem Hintergrund des Triumphzugs ist der *titulus* auf der Ebene der mk Erzählung insofern nicht primär ein Element der Verspottung Jesu durch die Soldaten,[137] sondern dient der Charakterisierung Jesu und der Bestimmung seiner Schuld, damit aber zugleich auch des Ausweises seiner Bedeutung im Rahmen der mk Erzählwelt und für die mk Gemeinde. Denn für die Leserinnen und Leser und für Markus selbst ist der im *titulus* präsente Titel für Jesus zutreffend. Sie sehen in Jesus tatsächlich eine Art König, ja mehr noch als *einen* König, nämlich *den* König,[138] der in engster

---

136 Und zwar auch dann nicht, wenn es sich um ein historisches Detail handeln sollte. Dann hätte Markus sich immerhin entschieden, es in *seine* Jesusgeschichte, für die er als Autor verantwortlich ist, zu integrieren. Sollte sich Mk 15,26 hingegen erst dem Gestaltungswillen des Markus verdanken, dann wäre der Grad der bewussten Anspielung durch den Autor noch um einiges höher.

137 Als Verspottung durch die Soldaten wird der Kreuzestitulus indes von J. Gnilka, Mk II, 318; E. Schweizer, Mk, 190; J. Jay, Tragic, 240, gewertet. In historischer Perspektive mag das durchaus zutreffen, auf der Ebene der mk Erzählung liegt seine Funktion auf einer anderen Ebene.

138 Der bestimmte Artikel im Rahmen des *titulus* entspricht also auch der theologischen Deutung Jesu durch das MkEv.

Beziehung zum größten Königreich, das man sich nur vorstellen kann, steht: dem Königreich Gottes.[139] Diese Perspektive leitet die Lesenden, seit Jesus in Mk 1,14 die Ankunft, ja den Anbruch[140] des göttlichen Königreiches angesagt hatte. Das war Jesu erstes Wort in der mk Erzählung.[141] Der *titulus* enthält für die mk Gemeinde eine feinsinnige Ironie,[142] weil die Inschrift – noch dazu mit dem bestimmten Artikel, der gegenüber den zitierten Triumphtituli auffällig ist und für Jesus exklusiv das Königsein behauptet – für die Erstleserinnen und -leser nicht Schuld anzeigt, sondern in hintergründiger Weise geglaubte und erzählte Wahrheit verkündet.[143] Gerade im Moment des Scheiterns zeigt sich das König-Sein Jesu nochmals in besonderer Weise.[144] Hinter der Maske des königlichen Gefangenen, die der *titulus* eng auf das Gesicht Jesu presst, wird für die Leserinnen und Leser des MkEv doch auch das andere, königliche Gesicht Jesu sichtbar. Sie sehen eben hinter der Rolle des königlichen Gefangenen auch den triumphierenden Jesus. Gerade der Text des *titulus* ruft diesen Aspekt in Erinnerung.

Allerdings ist dieses König-Sein Jesu diametral von allen klassischen Formen des Königtums unterschieden. Jesus ist eben ein anderer König und Triumphator. Er ist nicht einfach *wie* ein König, *wie* ein Kaiser, *wie* Vespasian. Er ist mehr, aber gerade in diesem „Mehr-Sein" unterscheidend anders. Das wird – wie sich noch zeigen wird – besonders an jenen Texten deutlich, in denen jenseits von Mk 15 der Titel βασιλεύς fällt: Mk 6,14.22.25–27 (s. III 6.5.5). Dort werden das Königtum des Herodes Antipas und seine Regierung mit dem Handeln Jesu verglichen, der in der sich unmittelbar anschließenden Perikope Mk 6,30–44 zutiefst königlich und wie ein guter Hirte agiert, ohne dass nur ein einziges Mal der Königstitel für Jesus fallen würde. Auch die Perikope von Mk 6,30–44 zeichnet sich, wie im Rahmen der erneuten Lektüre des MkEv

139 Ähnlich K. M. Schmidt, Wege, 370 Anm. 212: „Den Gegenentwurf der Gottesherrschaft zur weltlichen Herrschaft des Kaisers signalisiert […] die Aufschrift in Mk 15,26, die im Höhepunkt der Ohnmacht den Vollmachtsanspruch des Königtums Gottes, irrtümlich als Herrschaft Jesu über die Juden aufgefasst, zum Ausdruck bringt." In der Tat geht der Anspruch, den das MkEv mit Jesus verbindet, über das Judentum hinaus.

140 So kann man das Perfekt ἤγγικεν durchaus verstehen.

141 Und mit Ausnahme von Mk 15,43 ist die Rede vom Königreich Gottes im ganzen MkEv allein für die Jesusfigur reserviert, vgl. K. M. Schmidt, Wege, 72 Anm. 155. Jesus ist untrennbar mit diesem Königtum verbunden und ist sein wesentlicher Promotor in der Erzählwelt.

142 So auch A. Yarbro Collins, Mk, 748.

143 Ähnlich auch F. J. Moloney, Mk, 321; B. J. Incigneri, Gospel, 169.244; L. Schenke, Mk, 342 f; E. Schweizer, Mk, 190; J. Marcus, Mk, 1050.

144 Vgl. M. Küchler, Jesus, 338, der mit Blick auf den Kreuzestitulus formuliert: „Dass an diesem seinem Anti-Thron [sc. das Kreuz, M. L.] die *Tabula albata* gegen alle damalige theologische Vernunft behauptete: ‚(Dieser ist) Der König der Juden' (Mk 15,26 par), kann christlich nur im Sinn eines ganz anderen, nämlich gekreuzigten Königtums verstanden werden."

deutlich wird, durch ein auf den Triumphzug anspielendes Segment aus, das gerade den Kontrast zwischen Jesus auf der einen und jedem römischen Triumphator auf der anderen Seite näher bestimmt (s. dazu unter III 6). Königs- und Triumphmotivik sind im MkEv eng miteinander verwoben und beleuchten sich gegenseitig.

2.9 Das Kreuzigungstrio als Gegenentwurf zum Triumphzugstrio der Flavier?

Am Ende des ersten Abschnitts der Perikope kommen erneut bisher unbeteiligte Personen in den Blick. Das hat V. 27 mit V. 21 gemeinsam. Und wie Simon von Kyrene Jesus unfreiwillig auf seinem Weg zur Kreuzigung begleitet, so begleiten die beiden Mitgekreuzigten Jesus ebenso unfreiwillig am Kreuz. T. E. Schmidt, M. Ebner und B. J. Incigneri haben diese Mitgekreuzigten in unterschiedlicher Weise als Allusionen auf den Triumphzug verstanden. Ihre Beobachtungen und Thesen stelle ich erneut kurz vor, diskutiere sie in letztlich abwägend zustimmender Weise und erweitere sie inhaltlich im Blick auf die Funktionalität einer solchen chiffrierten Referenz, die einen Beitrag zur Charakterisierung des „Triumphators" Jesus leistet und zugleich nochmals ein bezeichnendes Licht auf die Schüler Jesu und ihr Verständnis von Nachfolge, letztlich auch auf ihr Verständnis der Person Jesu, wirft.

2.9.1 Der Textbefund

Als δύο λῃσταί, als Räuber, besser vielleicht: als Unruhestifter, Rebellen oder gar als Terroristen,[145] bezeichnet und charakterisiert das MkEv die beiden Mitgekreuzigten.[146] Kontextuell wird man bei diesem Paar an jene Aufrüh-

---

145 LSJ verzeichnet die Bedeutungen Räuber, Pirat, Freibeuter, aber auch „irregular troops", was eher an Söldner oder organisiert agierende Aufständische denken lässt, die man als Freiheitskämpfer wie auch als Terroristen verstehen kann. In jedem Fall ist mit λῃστής die individuelle oder gemeinschaftliche Ausübung von Gewalt und Macht verbunden, die im Gegenüber zum Gewaltmonopol der staatlichen Ordnung steht. Vgl. auch den Sprachgebrauch des Flavius Josephus, der unter λῃστής etwa Banditen, Räuber, Freischärler, Aufständische oder Rebellen versteht; vgl. insgesamt M. Ebner, Jesus, 70.191 Anm. 101; K. Wengst, Pax Romana, 14; T. C. Gray, Temple, 36; D. Dormeyer, Markusevangelium, 312; D. W. Chapman/E. J. Schnabel, Trial, 621–623.640–653; C. Myers, Strong Man, 387.

146 Kreuzigung war dabei eine Strafe, die speziell für die Auflehnung gegen die etablierte staatliche sowie gesellschaftlich-soziale Ordnung verhängt wurde: Rebellen wurden gekreuzigt. Dass im MkEv δύο *λῃσταί* gekreuzigt werden, liegt angesichts der Bedeutung von λῃστής genau auf dieser Linie, vgl. J. G. Cook, Crucifixion, 184f; M. Ebner, Jesus, 162–164; angedeutet auch bei R. Zwick, Montage, 433.

rer denken dürfen, die gemeinsam mit Barabbas im Rahmen eines Aufruhrs einen Mord begangen hatten (vgl. Mk 15,7).[147] Die Paschaamnestie galt ja nur Barabbas. Seine zwei Gesinnungsgenossen erwartete wie Jesus der Tod. Diese zwei Mitgekreuzigten werden in V. 27 nun in enger Beziehung zu Jesus in den Text eingeführt. Bereits das in V. 27a vorangestellte σὺν αὐτῷ gibt die Perspektive vor, indem die zwei weiteren Gekreuzigten in Relation zu Jesus genannt werden. Dem dient auch der gesamte V. 27b, der ebenfalls im Blick auf Jesus formuliert ist, der als Spiegelachse und Zentrum dient, um den sich die beiden anderen rechts und links gruppieren. Der Text stellt den Leserinnen und Lesern insofern ein Trio vor Augen, in dem Jesus von anderen Gekreuzigten flankiert wird.[148] Diese Mitgekreuzigten tauchen sehr spontan im mk Text auf. Von ihnen war bisher nicht die Rede. Erst im Rückblick und aus der Warte von V. 27 wird man daher vermuten müssen, dass sie im Pulk mit Jesus nach Golgotha gebracht worden sind.[149] Ob sie Ähnliches wie Jesus erlebt haben? Der Text hat an ihnen und ihrem Geschick offenkundig kein Interesse. Sie werden, nachdem sie in V. 32 als Lästernde nochmals auftauchen, wieder im Hintergrund der Erzählung verschwinden und sind nicht mehr von Bedeutung. Umso mehr erstaunt letztlich ihr Auftritt in V. 27 – und dies auch, weil Massenkreuzigungen in historischer Perspektive durchaus gewöhnlich sind,[150] die Anzahl der Gekreuzigten in der mk Passionsgeschichte dagegen eher gering wirkt und der Text über weite Strecken eben überhaupt kein Interesse an Jesu Schicksalsgenossen zu haben scheint. Welchen Sinn hat also die Einführung der beiden Mitgekreuzigten und die erzählerische Gestaltung des Kreuzigungstrios in V. 27?

2.9.2 Das Kreuzigungstrio als Anspielung auf Triumphzugstrios?

Sowohl T. E. Schmidt als auch M. Ebner und B. J. Incigneri verstehen V. 27 als Allusion auf römische Triumphzüge. Alle drei haben dabei Trios der Macht im Blick, die sich um den und mit dem Triumphator bilden. Alle drei sehen dabei keine strukturelle Anspielung auf das Ritual selbst am Werk, sondern erkennen eine Allusion auf jeweils einzelne, historisch greifbare Triumphzüge. M. Ebner und B. J. Incigneri[151] erkennen unabhängig voneinander eine Allusion auf den

147 So etwa P. Dschulnigg, Mk, 397; K. Kertelge, Mk, 157; E. Lohmeyer, Mk, 343; J. Gnilka, Mk II, 318; R. Pesch, Mk II, 486.

148 B. M. F. van Iersel, Mc, 470, notiert die bedenkenswerte Beobachtung, dass dieses Trio in Analogie zum Trio der Verklärung, Jesus, Elija und Mose, steht. In der Tat gibt es eine Fülle von Querbezügen zwischen Mk 9,2–13 und Mk 15.

149 So vermutet bereits E. Lohmeyer, Mk, 343.

150 Auch notiert bei J. Gnilka, Mk II, 318; R. Pesch, Mk II, 486.

151 Vgl. B. J. Incigneri, Gospel, 184; inhaltlich interpretiert er die Allusion dahingehend, dass sie die „criminal nature of the Roman Rulers“ anzeigen solle.

Triumphzug der Flavier. Diesen Triumph haben Vespasian und Titus jeweils in Triumphquadrigen fahrend, Domitian hingegen auf einem Pferd reitend gemeinsam vollzogen. Die drei bilden nach Ebner ein „Trio der Macht".[152] Demgegenüber entwerfe Markus mit V. 27 ein „Trio der Ohnmacht"[153] – eben Jesus mit den beiden Mitgekreuzigten. In die gleiche inhaltliche Richtung geht T. E. Schmidt, der Mk 15,27 als Kontrastbild zu einer Reihe von Triumphzügen des 1. Jh. n. Chr. sieht, an deren Ende sich jeweils Trios von mächtigen Männern, in der Regel der Triumphtor mit den Konsulen oder zwei wichtigen Generälen oder zwei Anverwandten, präsentieren.[154]

Wenn man Mk 15,27 mit M. Ebner, B. J. Incigneri und T. E. Schmidt als chiffrierte Referenz auf historische Triumphzüge des 1. Jh. n. Chr. interpretieren will, dann ist das nur im Verbund mit den übrigen Triumphzugsallusionen im MkEv möglich. So gehen auch Ebner, Incigneri und Schmidt vor. Sie binden V. 27 in ein Netz der von ihnen ausgemachten Allusionen ein. Damit trägt man der nur schwach ausgeprägten impliziten Markierung des anspielenden Segments in V. 27 Rechung. Denn wirklich auffällig ist V. 27 nur angesichts der Zweizahl der Mitgekreuzigten, der expliziten Positionierung dieser beiden um Jesus und der letztlich nur sehr marginalen Einbindung von V. 27 in den narrativen Verlauf der mk Passionsgeschichte. Das freilich kann als implizite Markierung durchaus schon reichen. In jedem Fall machen diese Details V. 27 interpretationsbedürftig. Versteht man die Dreiergruppe der Gekreuzigten als Opposition zu den Trios der Macht, die sich in manchen Triumphzügen zeigen, dann beinhaltet dies eine deutliche Aussage im Blick auf den „Triumphator" Jesus. Er befindet sich nicht in erlauchter Gesellschaft. Nicht die Großen positionieren sich um ihn, sondern zwei Aufrührer werden unfreiwillig um ihn gruppiert.[155] Alle drei sind sie Gefangene. Diese Rolle Jesu wird durch V. 27 nochmals festgezurrt. Er ist am Kreuz hängend von λῃσταί umgeben, die von den Römern dem Volk präsentiert und hingerichtet werden. Er selbst erscheint als ein solcher Aufrührer,[156] als politischer Unruhestifter, eben als ein λῃστής oder βασιλεύς, so wie es auch der *titulus* verkündet.

Zur Semantik von λῃστής – eine spekulative Randnotiz: Der in Mk 15,27 verwendete Terminus λῃστάς wird überlicherweise vom Substantiv λῃσταί her verstanden. Das Substantiv bezeichnet einen Räuber, Aufrührer, Piraten oder Terroristen. Das ist im

152 M. Ebner, Markusevangelium, 178.

153 M. Ebner, Markusevangelium, 178.

154 Vgl. T. E. Schmidt, Narrative, 15.

155 Ohne Rekurs auf die Realie des Triumphes erkennen auch R. Pesch, Mk II, 485; L. Schenke, Mk, 343, den Kontrast, der sich hinter Mk 15,27 verbirgt. Schenke schreibt: „Ironie und Spott des Pilatus gehen so weit, dass er Jesus einen ‚Hofstaat' mitgibt: Rechts und links von ihm werden zwei *Räuber* […] hingerichtet." W. Fritzen, Gott, 330, ist ihnen in dieser Deutung gefolgt.

156 Vgl. D. Dormeyer, Markusevangelium, 312; C. Myers, Strong Man, 387.

mk Kontext sicher das plausibelste und wahrscheinlichste Verständnis des Begriffs. Allerdings gibt es in der griechischen Sprache ein zwar selten bezeugtes, aber eben doch auch im 1. Jh. n. Chr. bekanntes Adjektiv ληιστός (Homer, Il IX 406; Plut., De Fraterno Amore 7), das die Bedeutung „to be carried off as booty/to be won by force“[157] hat und den Akkusativ Plural Femininum mit ληστάς bildet. Zwar lässt sich das ληστάς von Mk 15,27 kaum von hier ableiten, weil bei den beiden Mitgekreuzigten an Männer gedacht ist, wohl aber kann man das mk ληστάς als Homonym verstehen, das die Leserinnen und Leser des MkEv evtl. auch an das entsprechende Adjektiv und seine Bedeutung assoziativ denken lässt, wenngleich dann der konkrete Bezug auf das Substantiv für das Verständnis gewählt wird.

Das ist nun für den Triumphzug in der Tat von Relevanz. Denn wenn man die beiden Mitgekreuzigten als Beutestücke verstehen kann und sich diese Bedeutung dann auch auf Jesus überträgt, ergibt sich tatsächlich ein unmittelbarer Bezug auf den Triumphzug, der sich mit dem Gedanken des Trios der Ohnmacht verbinden lässt. Denn die im Triumph vorgeführten Gefangenen stellen ja – wie gezeigt – den lebenden Teil der Beute dar. Das gilt insbesondere für die „normalen“ Gefangenen, mit Abstrichen aber auch für die königlichen Gefangenen. Sie alle sind im Letzten Beutestücke, die einen dürfen dabei mitlaufen, die anderen werden auf Ferkula getragen. V. 27 würde dann implizieren, dass Jesus gemeinsam mit anderen Beutestücken auf Golgotha präsentiert wird. Der Rollenwechsel vom Triumphator zum königlichen Gefangenen würde auf diese Weise nochmals massiv unterstrichen. In dieser Perspektive würde in V. 27 dann nicht nur auf spezifische Triumphzüge, in denen sich Trios der Macht präsentieren, angespielt, sondern auch strukturell auf ein weiteres Element aus dem Ritual des Triumphzugs alludiert: Die als Beute präsentierten Gefangenen, die auf Ferkula – und das mk Ferkulum wäre dann das jeweilige Kreuz – den Zuschauern präsentiert würden. Und eben so kommt es dann ja auch ab V. 29.

Zugleich wird durch V. 27 auch in Erinnerung gerufen, dass Jesus eben nicht mehr von seinen Freunden, Schülern und Anhängern umgeben ist. Er ist allein, in Gesellschaft von Feinden, Mitgefangenen und Gegnern. Seinen Triumph vollzieht er ohne Freunde oder Fans. Das zeigt der Kontrast zwischen dem Trio der Macht des Triumphes, bei dem sich Verwandte oder Freunde um den Triumphator gesellen, und dem mk Trio der Ohnmacht eben auch an. Was andere im Triumph gern erleben würden, unmittelbare Nähe zum Triumphator, dazu muss man im MkEv gezwungen werden. Dabei kommt insbsondere der Formulierung von V. 27b – ἕνα ἐκ δεξιῶν καὶ ἕνα ἐξ εὐωνύμων αὐτοῦ – eine gesonderte Bedeutung zu, weil sie in die mk Jesusgeschichte zurückweist und dieses Fehlen der Schüler Jesu am bzw. unter dem Kreuz deutlich hervorhebt.[158]

---

157 Vgl. LSJ.

158 Zu alternativen Deutungen von Mk 15,27 vor atl. Hintergrund – erwogen wird eine Allusion auf Jes 53,12, um das Geschick Jesu über Ps 22; 69 hinausgehend im Blick auf die Figur des leidenden Gottesknechts zu erzählen – vgl. É. Trocmé, Mk, 368; B. Witherington

2.9.3 Rechts und links von Jesus: Die Zebedaiden und die Ehrenplätze der etwas anderen Art

Rechts und links von Jesus zu thronen, war in Mk 10,37 der innige Wunsch der Zebedaiden (δὸς ἡμῖν ἵνα εἷς σου ἐκ δεξιῶν καὶ εἷς ἐξ ἀριστερῶν[159] καθίσωμεν). Sie wollen die Ehrenplätze neben Jesus, natürlich nicht am Kreuz, sondern ἐν τῇ δόξῃ σου (Mk 10,37). Sie denken an Jesu zukünftige Herrlichkeit, an die Zeit seiner Herrschaft. Dafür sind sie durchaus bereit, Leid und Tod auf sich zu nehmen, metaphorisch gesprochen, den Becher zu trinken, den Jesus trinken wird (10,38; 14,36), und die Taufe getauft zu werden, die Jesus getauft werden wird (10,38; 1,9[160]). Entscheidend ist für sie, dass sie am Ende groß heraus kommen, rechts und links neben Jesus thronen und etwas von der Strahlkraft der jesuanischen δόξα auf sie abfällt. Darum bitten sie Jesus, der diese Bitte letztlich ablehnt und sich für die Vergabe dieser Plätze nicht zuständig erklärt (vgl. Mk 10,40). Sie sind für diejenigen reserviert, denen sie bereitet sind. Textimmanent sind das die beiden Mitgekreuzigten.[161] Die übrigen zehn Schüler reagieren mit Unverständnis auf die Bitte der Zebedaiden und ärgern sich über sie. Und das nicht, weil sie die Grundlogik, das Streben nach Größe und Ehre, in Mk 10,41 ablehnen würden. Im Gegenteil: Sie selbst kennen diese Logik und haben sie schon selbst an den Tag gelegt (vgl. Mk 9,34). Nein, sie stört allein, dass die beiden sich bessere Karten im „Ehrenplatzvergabepoker" organisieren wollen.[162]

Das ist mk Inszenierung. Geschickt platziert Markus diesen Wunsch der Zebedaiden im Anschluss an die dritte Leidensankündigung Jesu (Mk 10,33f) und stilisiert den Wunsch nach den Ehrenplätzen als Schülerunverständnis, das auf einer Linie mit dem Schülerunverständnis von Mk 9,34 liegt (dort diskutieren die Schüler, wer von ihnen der Größere ist).

III, Mk, 397; W. Schmithals, Mk, 690; A. Yarbro Collins, Mk, 748; kritisch im Blick auf eine solche Anspielung ist R. T. France, Mk, 646 Anm. 29.

159 Der Unterschied zwischen ἐξ ἀριστερῶν und ἐξ εὐωνύμων (Mk 15,27b) fällt nicht ins Gewicht, da in Mk 10,40 das ἐξ ἀριστερῶν aus Mk 10,37 von Jesus mit ἐξ εὐωνύμων wiedergegeben wird. Der Rückverweis von Mk 15,27 nach Mk 10,37.40 fällt insofern deutlich aus; dies umso mehr, als das von Markus verwendete Adjektiv εὐώνυμος im Vergleich zu ἀριστερός selten ist. Auf letzteres macht M. Ebner, Kreuzestheologie, 163 Anm. 46, aufmerksam.

160 Vgl. zum Zusammenhang von Taufe und Tod im MkEv, die an Röm 6,1–11 erinnert, T. Schumacher, Funktion, 162–164.173f.

161 Die Verbindung von Mk 15,27 zu Mk 10,37 sehen und interpretieren auch B. M. F. van Iersel, Mc, 470f; M. Ebner, Mk, 161; M. Ebner, Kreuzestheologie, 163; K. M. Schmidt, Wege, 54–56.85f.90; B. J. Incigneri, Gospel, 265; C. Myers, Strong Mang, 387f; R. T. France, Mk, 646; B. Witherington III, Mk, 396; F. J. Moloney, Mk, 322; C. C. Black, Mk, 325; A. Yarbro Collins, Mk, 748.

162 So auch K. M. Schmidt, Wege, 56.

Dieses erneute Unverständnis von Leidensankündigung und dem Inhalt von Jesusnachfolge greift der mk Jesus in der abschließenden Schülerbelehrung auf (Mk 10,42–45). In ihr werden die Koordinaten antiker Gesellschaftsstrukturen auf den Kopf gestellt. Schonungslos wird zunächst die Logik vieler antiker Gesellschaften wahrgenommen und beschrieben: Die Großen nutzen ihre Macht rücksichtslos gegen die Kleinen aus, nach unten wird getreten und nach oben gebuckelt (vgl. Mk 10,42). Die jesuanische Gesellschaft, die *familia dei*,[163] also die Nachfolgenden, soll dazu einen fundamentalen Kontrast bilden (vgl. Mk 10,43f): „Nicht so ist es bei euch“: Der Größte soll der Kleinste sein, soll sich als Diener, ja Sklave für alle verstehen. Eine Karriere in der Jesusbewegung kann nur nach unten gehen, der Karriereweg ist der Weg des Dienens. Jesus macht das seinen Schülern als Menschensohn vor, der nicht gekommen ist, um sich bedienen zu lassen, sondern selbst zu dienen, ja sogar sein Leben als Lösegeld für viele zu geben (vgl. Mk 10,45; vgl. dazu IV 2.1). Mit seinem Leben steht Jesus für sein Lebensprogramm ein. In ähnlicher Weise hatte Jesus das bereits in Mk 8,34–38; 9,35–37 den Schülern eingeschärft und praktisch mit Blick auf die Kinder[164] vorgemacht. Die Zebedaiden und auch die übrigen zehn Schüler Jesu haben das – dies zeigt ihr Wunsch deutlich – immer noch nicht verstanden: Leiden? Ja! Tod? Ja! Aber mit einer „Um-Zu-Logik“, um Ehre zu gewinnen, um die prestigeträchtigen Plätze neben Jesus zu erhalten. Und genau das ist nicht jesuanisches Programm. Jesus gibt sein Leben nicht für sich selbst, sondern für andere (Mk 10,45). Jesus wird nicht auf einem Thron sitzen und in seiner δόξα regieren. Sein „Thron“ ist in der mk Jesuserzählung das Kreuz.[165] Und die „Ehrenplätze“ rechts und links neben Jesus sind selbstverständlich auch solche „Kreuzesthrone“. Das erzählt Mk 15,27.[166] Aber auf diesen Ehrenplätzen der anderen Art wollten die Zebedaiden tatsächlich nicht „thronen“. Das Kreuz wäre für sie nur eine Zwischenstation auf dem Weg zum fundamentalen Karriereschritt. Sie wollen mit Jesus ein Trio der Macht bilden, nicht der Ohnmacht. Soweit kommt es in der mk Erzählung aber gar nicht mehr: Nach Mk 14,50 sind auch die Zebedaiden geflohen. Jesus ist allein. Von Solidarität[167] mit ihm ist keine Spur zu

163 Zu diesem mk Konzept vgl. etwa T. Roh, familia dei, 107–144.

164 Vgl. M. Ebner, Kinderevangelium.

165 So auch B. M. F. van Iersel, Mc, 469: „the cross becomes the throne of a king without a country, without subjects, and without power“. Ähnlich M. Küchler, Jesus, 338, der vom Kreuz als „Anti-Thron“ spricht.

166 Vgl. auch F. J. Moloney, Mk, 322: „Positions on either sides of Jesus in Jerusalem are not positions of power, but a sharing in his suffering“.

167 A. Bedenbender, Botschaft, 338–341, dreht diesen Gedanken instruktiv um: Für ihn zeigt sich der mk Jesus in Mk 15,27 solidarisch mit der Gruppe der von den Römern brutal verfolgten Zeloten, auf die nach Bedenbender der Begriff ληστής primär verweise (206.215). „Die Solidarität, die der markinische Jesus gegenüber seinem von den Römern gekreuzigten Volk zeigt, schließt auch die Zeloten ein. Sie mögen entsetzliche Fehler gemacht haben; aber

finden. Das und die gescheiterten Karrierepläne der Zebedaiden ruft Mk 15,27 in Erinnerung.

Von daher erklärt sich auch nochmals die enge Verbindung von V. 27 zu V. 21. Beide Verse sind nicht nur kompositorisch verbunden, sie haben hintergründig auch ein gemeinsames Thema: Beide Verse verweisen auf die fehlenden Schüler und Freunde Jesu. Jesus ist allein unterwegs, andere müssen unfreiwillig die Rollen und Aufgaben übernehmen, die eigentlich die Schüler Jesu übernehmen sollten und wollten (vgl. Mk 8,34; 14,29) bzw. nehmen die Plätze ein, auf die zwei der Schüler schon geschielt (Mk 10,37), die sie aber gänzlich anders verstanden hatten.

2.9.4 Ein Ausblick auf Mk 15,29–32

Diese inhaltliche Linie des von Freunden, Schülern und Anhängern verlassenen Jesus setzt sich mit Blick auf die V. 29–32 fort. In diesen Versen sind neben den Mitgekreuzigten (V. 32d) zufällige Passanten (V. 29f) sowie Figurengruppen aus der Elite Jerusalems (V. 31–32c) im Blick. Sie alle verspotten Jesus. Dazu werden von den Passanten sowie den Elitegruppen verbal[168] Kontraste in Form von semantischen Oppositionen entwickelt, die mit dem Motiv des Rettens[169] operieren und Macht sowie Ohnmacht gegeneinanderstellen. Von den Mitgekreuzigten ist hingegen kein Wort zu hören. Nur die Erzählstimme hält fest, dass auch sie Jesus verhöhnen. Die Passanten knüpfen an Mk 14,58 an und stellen dem Bild des machtvollen Tempelzerstörers sowie Tempelbauherrn das Bild des ohnmächtig am Kreuz Hängenden gegenüber, der sich selbst retten soll, indem er vom Kreuz herabsteigt. Die Hohepriester und Schriftgelehrten erinnern spöttisch an Jesu machtvolles Rettungshandeln im Blick auf andere – und erkennen dabei implizit durchaus an, dass Jesus andere gerettet hat, – und kontrastieren dies mit seiner momentanen Unfähigkeit, sich selbst zu retten. Das mündet in der zu V. 30a parallelen Aufforderung, Jesus solle doch jetzt vom Kreuz herabsteigen. Diese wird durch zwei vorangestellte Titel für Jesus, Messias (vgl. auch Mk 14,61) und König Israels, eingeleitet, die an dieser Stelle zutiefst ironisch verwendet werden und den Kontrast zwischen Macht und Ohnmacht, zwischen Selbstanspruch und äußerer Wahrnehmung durch

---

das berechtigt die Römer nicht, sie zu Tode zu quälen. Wo dies geschieht, gehört Jesus in ihre Mitte" (341). Mir scheint bei dieser Deutung von Mk 15,27 der Rückverweis auf Mk 10 allerdings zu stark ins Hintertreffen zu geraten (vgl. immerhin 332 Anm. 93), der m. E. eine andere interpretatorische Ausdeutung verlangt und nahe legt.

168 Auf nonverbaler Ebene vollziehen die Passanten ein Kopfschütteln, das sich als Allusion auf Ps 22,8 verstehen lässt, vgl. S. P. Ahearne-Kroll, Psalms, 73f; W. Fritzen, Gott, 330.

169 Auch dieses Motiv hat eine Vorprägung in Ps 22,9, vgl. P. Dschulnigg, Mk, 397; L. Schenke, Mk, 343; W. Fritzen, Gott, 330.

opponente Figuren steigern sollen. Die Hohepriester und Schriftgelehrten beschließen ihren Spott mit dem Versprechen, dass sie glauben würden, wenn sie nur Jesus vom Kreuz herabsteigen sehen würden. Das wäre für sie ein Machterweis, der Jesus wirklich als König und Messias ausweisen würde. Für sie resultiert Glaube aus Sehen.

Diese Logik[170] wird auch Mk 15,39 prägen (s. III 3.6) und dort auf die Spitze getrieben werden, indem gerade im Gekreuzigten ein Gottessohn gesehen und erkannt werden wird. Für die Leserinnen und Leser des MkEv besteht in der Tat die Herausforderung, im am Kreuz Hängenden den wahren Messias und wirklichen König zu sehen und dies zu glauben. Und das bedeutet zugleich, Titel wie Messias und König mit neuen Inhalten und neuen Erwartungen zu füllen und die bisherigen machtvollen Assoziationen, die mit diesen Titeln verbunden waren, von Markus korrigieren zu lassen.

Liest man die V. 29–32 vor dem Hintergrund der Triumphzugsallusionen und angesichts der jesuanischen Doppelrolle, so fällt auf, dass die in V. 29–32 vorzufindenden Gruppen Entsprechungen im Triumphzugsritual haben. Der jüdischen Elite entspricht die Staatselite, die den Triumphator begleitet und in die Stadt Rom führt, den Passanten entspricht am ehesten das Volk, das am Wegesrand den Triumphzug an sich vorbeiziehen sieht. In der mk Erzählung bewegt sich freilich das Volk und zieht an Jesus vorbei. Die Mitgekreuzigten schließlich könnten der unmittelbaren Begleitung des Triumphators entsprechen (s. o.). Im Vergleich zum Triumphzug erscheint das jeweilige Verhalten der Gruppen nochmals in neuem Licht und werden Spott und Hohn auch vor dem Hintergrund des Triumphes relevant. Das zeigt sich besonders gut im Blick auf die Passanten, das Volk: Sie huldigen dem Triumphator Jesus nicht, sie verspotten ihn; sie werfen keine Blumen auf seinen Weg, sondern werfen ihm Worte an den Kopf; sie erheben sich nicht von ihren Plätzen, sondern gehen am auf dem Kreuz sitzenden Jesus vorbei; sie skandieren nicht Akklamationen in Form von *io triumphe*, sondern skandierten „σταύρωσον αὐτόν“ (Mk 15,13f) und schreien jetzt: „σῶσον σεαυτόν“ (V. 30a).[171] Das garnieren sie noch mit dem Kontrast von Tempelzerstörung und Tempelneubau.

Mit Blick auf das Thema Triumphzug und speziell vor dem Hintergrund des Flaviertriumphes könnte man V. 29b (οὐὰ ὁ καταλύων τὸν ναόν) evtl. als Anspielung auf die Tempelzerstörung durch Vespasian und Titus lesen. Die Katastrophe der Tempelzerstörung würde dann auch im Rahmen von Mk 15,29 im MkEv verarbeitet und Jesus würde in die Nähe faktischer Triumphatoren gerückt.

Das alles zeigt: Jesus ist allein, er hat keine Anhänger, hat keine Fans. Als Triumphator geht er ohne Begleitung von Freunden und Schülern seinen Weg.

---

170 Vgl. T. C. Gray, Temple, 184f.

171 Und dies auch im Unterschied zu Mk 11,9f (vgl. III 8).

2.10 Ergebnisse

Die Perikope Mk 15,21–32 weist eine Reihe chiffrierter Referenzen auf den Triumphzug aus. Ebenso findet sich eine Reihe von Textdetails, die zwar selbst kaum als chiffrierte Referenzen angesprochen werden können, deren Wahrnehmung und Interpretation sich aber im Licht der sonstigen Anspielungen auf den Triumphzug verändert. Sie gewinnen vor dem Hintergrund des Triumphzugs neue Bedeutung.

Die Einführung des Simon von Kyrene in Mk 15,21 stellt zwar keine chiffrierte Referenz auf den Triumphzug dar, macht aber – vor dem Hintergrund des Triumphzugs gelesen – auf eine Leerstelle aufmerksam, die neu sichtbar wird: Der Triumphator Jesus muss seinen Triumphzug anders als die römischen Triumphatoren ohne Anhänger, ohne seine Schüler vollziehen. Als Kreuzträger (vgl. Mk 8,34) fungieren nicht sie, sondern ein bisher Unbekannter. Aus dieser erzwungenen Solidarität mit Jesus erwächst allerdings gelingende Nachfolge, was sich an den beiden Söhnen des Simon zeigt. Auf die gleiche Leerstelle macht auch Mk 15,27 aufmerksam, wenn die Plätze rechts und links von Jesus nicht von den Schülern, sondern von anonymen Mitgekreuzigten eingenommen werden (vgl. Mk 10,37). Dabei kann dieses Kreuzigungstrio tatsächlich auch als chiffrierte Referenz auf Triumphzugstrios gelesen werden. Inhaltlich sind die jeweiligen Trios freilich zutiefst unterschieden: Den machtvollen Trios der Triumphzüge steht in Mk 15,27 ein Trio der Ohnmacht gegenüber, das bestens zum Lebensprogramm Jesu und zu seinem „König-Sein“ passt. Die Übersetzung des Ortsnamens Golgotha mit Κρανίου Τόπος (Mk 15,22) lässt sich sodann als chiffrierte Referenz auf das römische Kapitol lesen. Im MkEv ist dies der Zielpunkt des jesuanischen Triumphzugs. Das passt unmittelbar zum römischen Triumphzug, der auf das Kapitol als Zielpunkt zulief. Freilich ergeben sich im Detail Mutationen und Invertierungen im Blick auf die konkreten Ereignisse, die auf den jeweiligen Kapitolshügeln stattfinden. Die Ablehnung von mit Myrrhe gewürztem Wein (Mk 15,23) lässt sich nach Durchsicht der von T. E. Schmidt angeführten Quellenbelege und nach einer gründlichen Analyse des Triumphzugsrituals nicht als Anspielung auf den Triumph verstehen. Die Ablehnung des Weines dient textimmanent der Charakterisierung Jesu, lässt sich zudem als Form der Henkersmahlzeit verstehen und setzt zugleich die jesuanische Ankündigung von Mk 14,25 konsequent um. Die Verteilung der Kleider Jesu (Mk 15,24) verdankt sich primär atl. Motivik, kann versuchsweise und in Fortführung des römischen Spolienrechts aber auch als Verlosung der *spolia opima*, also vor dem Hintergrund eines im Kontext von Triumphzügen selten anzutreffenden Motivs interpretiert werden. Der Kreuzestitulus (Mk 15,26) seinerseits stellt eine deutliche Anspielung auf das Ritual des Triumphzugs dar und hat in den *tituli*, die die königlichen Gefangenen im Triumph kennzeichneten, eine unmittelbare, bis in Wortlaut und Funktion hinein parallele Entsprechung.

3. Der Tod Jesu, der Tempelvorhang und der Centurio (Mk 15,33–41)

Nach den beiden vorausgehenden Szenen, die bei näherer Betrachtung ein durchaus dichtes Netz von Anspielungen auf das Ritual eines Triumphzugs aufweisen, kommt mit der Sterbeszene von Mk 15,33–41 eine Perikope in den Blick, deren Triumphzugsallusionen von mehr vager Natur sind und sich wohl nur im Licht von Mk 15,16–20 und – im geringeren Maß – von Mk 15,21–32 als solche ansprechen lassen. Sie setzen dabei die inhaltlichen Linien fort, die sich bereits im Blick auf Mk 15,16–20.21–32 gezeigt haben.

3.1 Kontexteinordnung und Textabgrenzung

Nachdem in der vorhergehenden Szene der lokale Fokus ganz auf dem Kreuz Jesu ruhte und es thematisch um eine Fortführung der Verspottung Jesu ging, weitet V. 33, der auch durch eine, das Stundenschema von V. 25 aufnehmende und weiterführende Zeitangabe eine Zäsur zum vorher Erzählten erreicht, urplötzlich die Perspektive und schaut geradezu kosmisch in die ganze Welt, insofern eine globale Finsternis von drei Stunden Dauer erzählt wird. Mit V. 34 blendet die Erzählung ebenso unmittelbar zurück zum Kreuz. Allerdings sind in der erzählten Zeit drei Stunden vergangen. In dieser neunten Stunde stirbt Jesus. Sein Tod provoziert zwei Reaktionen: Der Tempelvorhang wird zerrissen und der Centurio, der Jesus gegenübersteht, formuliert ein höchst eigenwilliges Bekenntnis. Wie ein Nachtrag wirkt die plötzliche Erwähnung von Frauen, die Jesus schon seit Galiläa nachfolgen und die aus einiger Entfernung das Kreuzigungsgeschehen betrachten. Der am Übergang von V. 41 zu V. 42 sich vollziehende Themen- sowie Personenwechsel, verbunden mit einer nachdrücklichen neuen Zeitangabe in V. 42, grenzen die V. 33–41 von der folgenden Perikope, V. 42–47, ab.

3.2 Griechischer Text und Übersetzung

33a Καὶ γενομένης ὥρας ἕκτης
33b σκότος ἐγένετο ἐφ᾽ ὅλην τὴν γῆν ἕως ὥρας ἐνάτης.
34a καὶ τῇ ἐνάτῃ ὥρᾳ ἐβόησεν ὁ ᾽Ιησοῦς φωνῇ μεγάλῃ·
34b ελωι ελωι λεμα σαβαχθανι;
34c ὅ ἐστιν μεθερμηνευόμενον·
34d ὁ θεός μου ὁ θεός μου, εἰς τί ἐγκατέλιπές με;
35a καί τινες τῶν παρεστώτων ἀκούσαντες ἔλεγον·
35b ἴδε
35c ᾽Ηλίαν φωνεῖ.
36a δραμὼν δέ τις
36b [καὶ] γεμίσας σπόγγον ὄξους
36c περιθεὶς καλάμῳ
36d ἐπότιζεν αὐτόν
36e λέγων·
36f ἄφετε
36g ἴδωμεν
36h εἰ ἔρχεται ᾽Ηλίας
36i καθελεῖν αὐτόν.
37a ὁ δὲ ᾽Ιησοῦς ἀφεὶς φωνὴν μεγάλην ἐξέπνευσεν.
38a καὶ τὸ καταπέτασμα τοῦ ναοῦ ἐσχίσθη εἰς δύο ἀπ᾽ ἄνωθεν ἕως κάτω.
39a ἰδὼν δὲ ὁ κεντυρίων
39b ὁ παρεστηκὼς ἐξ ἐναντίας αὐτοῦ
39c ὅτι οὕτως ἐξέπνευσεν
39d εἶπεν·
39e ἀληθῶς οὗτος ὁ ἄνθρωπος υἱὸς θεοῦ ἦν.
40a ἦσαν δὲ καὶ γυναῖκες ἀπὸ μακρόθεν θεωροῦσαι,
40b ἐν αἷς καὶ Μαρία ἡ Μαγδαληνὴ καὶ Μαρία ἡ ᾽Ιακώβου τοῦ μικροῦ καὶ ᾽Ιωσῆτος μήτηρ καὶ Σαλώμη,
41a αἳ ὅτε ἦν ἐν τῇ Γαλιλαίᾳ
41b ἠκολούθουν αὐτῷ
41c καὶ διηκόνουν αὐτῷ,
41d καὶ ἄλλαι πολλαὶ αἱ συναναβᾶσαι αὐτῷ εἰς ῾Ιεροσόλυμα.

33a Und geworden sechste Stunde
33b Dunkelheit wurde über der ganzen Erde bis zur neunten Stunde.
34a Und in der neunten Stunde schrie Jesus mit lauter Stimme:
34b „Eloi, Eloi, lema sabachthani?“
34c Das ist übersetzt:
34d „Mein Gott, mein Gott, wozu hast du mich verlassen?“
35a Und einige der Dabeistehenden hörend (es) sagten:
35b „Sieh,

35c Elija ruft er!“
36a Laufend aber einer
36b [und] vollsaugend einen Schwamm mit Essig,
36c wickelnd ihn um ein Rohr,
36d versuchte, ihm zu trinken zu geben,
36e sagend:
36f „Lasst (mich mal machen[1]),
36g wir wollen sehen,
36h ob Elija kommt,
36i ihn herunterzunehmen!“
37a Jesus aber ausschickend eine laute Stimme hauchte aus.
38a Und der Vorhang des Tempels wurde gespalten in zwei (Teile) von oben bis unten.
39a Sehend aber der Centurio,
39b der Dabeistehende ihm gegenüber,
39c dass er in dieser Weise aushauchte,
39d sagte:
39e „Wirklich, dieser Mensch war ein Gottessohn.“
40a Es waren aber auch Frauen von weitem schauend,
40b unter diesen auch Maria, die Magdalenerin, und Maria, die des Jakobus, des kleinen, und des Josetos Mutter und Salome,
41a die, als er war in der Galiläa,
41b ihm nachfolgten
41c und ihm dienten,
41d und viele andere Mitheraufgestiegene mit ihm nach Jerusalem.

3.3 Beobachtungen zur Gliederung und Komposition

Die Perikope ist planvoll komponiert. So lassen sich zunächst zwei Rahmungen erkennen. Deutlich ist zunächst die Stichwortentsprechung in den V. 34a.37a: φωνῇ μεγάλῃ bzw. φωνὴν μεγάλην. Jesus stirbt nicht leise am Kreuz, sondern laut schreiend. Dabei zitiert er zunächst Ps 22,2, also den Anfang jenes Psalms, der bereits als wesentlicher atl. Hintergrundtext für die mk Passionsgeschichte ausgemacht worden ist.[2] In V. 37a erfährt der Leser hingegen nicht mehr, *was*

1 Zum syntaktischen Zusammenhang oder zur Selbständigkeit von ἄφετε in Kombination mit ἴδωμεν vgl. A. Yarbro Collins, Mk, 756. Zieht man die beiden Begriffe zusammen, bietet sich eine Übersetzung mit „Lasst uns sehen“ an. Erachtet man ἄφετε hingegen als selbständig, kann man die elliptische Konstruktion mit „Lasst mich mal machen“, „Lasst es zu“ oder freier vielleicht auch mit „Wartet ab“ übersetzen.

2 Vgl. auch D. Sänger, Psalm 22; S. P. Ahearne-Kroll, Psalms.

Jesus geschrien hat.[3] Diese rahmende Stichwortverknüpfung umschließt die V. 35f. Diese sind als Reaktion auf die jesuanische Zitation von Ps 22,2 gedacht, wobei „ελωι ελωι" (V. 34b) zum Namen Elija verhört wird. In der Folge dieses Elijamissverständnisses entscheidet sich einer der Dabeistehenden, Jesus Essig zu trinken zu geben und nutzt dafür Schwamm und Rohr. Diese Aktion wird durch ἔλεγον ἴδε ᾿Ηλίαν φωνεῖ (V. 35a–c) bzw. λέγων, ἄφετε ἴδωμεν εἰ ἔρχεται ᾿Ηλίας καθελεῖν αὐτόν (V. 36e–i) gerahmt.

Im Sinne von wundersamen Begleitumständen des Todes Jesu bilden auch die V. 33.38 eine Klammer (Stichwortverbindung [V. 33b.38a]: ἕως): Kosmische Dunkelheit und das als unmittelbare Reaktion auf den Tod Jesu erzählte Zerreißen des Tempelvorhangs sind Zeichen, die in der Erzählung nicht von Menschenhand verursacht worden sind, sondern letztlich auf göttliche Initiative zurückgehen.[4]

Abschließend wird von mehreren Personen und Personengruppen erzählt, die den Tod Jesu sehen. Das verbindet den römischen Centurio mit den vielen Frauen, die Jesus schon lange folgen und die nun von weitem die Kreuzigung betrachten.[5] Eine unmittelbare Reaktion auf den Tod Jesu wird dabei zunächst nur vom Centurio erzählt, der Jesus als Gottessohn bezeichnet. Wie die Frauen auf den Tod Jesu reagieren, wird nicht unmittelbar erzählt. Allerdings kann man angesichts der erneuten Erwähnungen zumindest von Teilen aus diesem Frauenkreis in Mk 15,47 und 16,1 schließen, dass die Frauen Jesus auch nach seinem Tod die Treue halten.[6] Das zeichnet sie vor allen anderen Erzählfiguren des MkEv aus, namentlich vor den längst geflohenen Schülern (Mk 14,50) und besonders vor Petrus, der Jesus nur noch „von weitem" (Mk 14,54[7]) gefolgt war und ihn schließlich verleugnet hatte (Mk 14,66–72), anstatt sich selbst zu verleugnen (Mk 8,34) und sich damit zu Jesus zu bekennen (vgl. dazu IV 2.4).

---

3 A. Wypadlo, Funktion, 201–203, durchdenkt abwägend die Möglichkeit, dass es sich bei V. 37a um „eine intern-repetitive Analepse zum Schrei in V. 34" handelt. Mir scheint das adversative ὁ δὲ ᾿Ιησοῦς eher für einen erneuten Schrei zu sprechen; so z. B. auch D. Lührmann, Mk, 263.

4 Vgl. zu diesen und weitergehenden Korrespondenzen zwischen den beiden Textdetails D. E. Fredrickson, Lament, 38–42.

5 Diese Frauengruppe wird in V. 40a zunächst global genannt, in V. 40b dann im Blick auf drei oder vier Frauen spezifiziert und in den V. 41a–c, die sich auf alle Frauen beziehen, als Gemeinschaft von Nachfolgerinnen qualifiziert und schließlich in V. 41d nochmals um andere Frauen (die Grammatik ist an dieser Stelle eindeutig: ἄλλαι πολλαὶ αἱ συναναβᾶσαι), die mit Jesus nach Jerusalem hinaufgestiegen sind, erweitert.

6 Und ein solches Verhalten konnte gefährlich werden, wie L. Schottroff, Maria Magdalena, 136–138, anhand antiker Texte aufzeigt. Solidarisches Verhalten im Blick auf einen Gekreuzigten wurde von den Römern genau beobachtet und im Zweifelsfalle mit dem Tode bestraft. Wohl deshalb schauen die Frauen in der mk Inszenierung aus der Ferne zu.

7 Die Wendung ἀπὸ μακρόθεν verbindet dabei die Frauen von Mk 15,40 mit Petrus in Mk 14,50.

Damit ergibt sich folgende Gesamtstruktur der Perikope, die eine dreifache Rahmung der Versteile 36a–d aufweist:

V. 33 Wundersame Finsternis
V. 34 φωνῇ μεγάλῃ: Ps 22,2
35a–c ἔλεγον ἴδε ᾿Ηλίαν φωνεῖ
36a–d Essig, Schwamm und Rohr
36e–h λέγων, ἄφετε ἴδωμεν εἰ ἔρχεται ᾿Ηλίας
V. 37 φωνὴν μεγάλην
V. 38 Wundersame Spaltung des Tempelvorhangs
V. 39 Der Centurio sieht von Angesicht zu Angesicht
V. 40f Die Frauen schauen „von weitem“

In perikopenübergreifender Perspektive ist Mk 15,33–41 im Übrigen mit der zweiten Hälfte der vorausgehenden Perikope, Mk 15,29–32, eng verbunden. Das ist ein Zeichen für die enge Verzahnung der einzelnen Episoden innerhalb von Mk 15. Dabei werden die Leserinnen und Leser über Erzählfiguren Stück für Stück an das Kreuz Jesu heran- und auch wieder von dort weggeführt. Betrachtet man die Akteure der V. 29–32 sowie V. 39–41, so fällt auf, dass sie sich durch einige Entsprechungen auszeichnen. Zunächst handelt es sich jeweils um drei[8] Figuren bzw. Figurengruppen. Dabei entsprechen sich die Vorbeigehenden (V. 29) und die Frauen (V. 40) bzw. die anderen Hinaufgestiegenen (V. 41). Sie stehen jeweils in größerer Distanz zum Kreuz. Aus diesen Gruppen werden einzelne Figuren herausgehoben: zum einen die Hohepriester und Schriftgelehrten (V. 31), zum anderen die drei oder vier gesondert qualifizierten Frauen (V. 40b). Ganz nah am Kreuz Jesu befinden sich die Mitgekreuzigten (V. 32) und der Centurio (V. 39). Dabei ist das Kreuz selbst so etwas wie eine Wasserscheide. An ihm scheiden sich sprichwörtlich die Geister. Auf der einen Seite (V. 29–32) finden sich die Spötter, die Jesus ablehnend gegenüberstehen. Auf der anderen Seite (V. 39–41) stehen positive Identifikationsfiguren, die sich durch ἠκολούθουν und διηκόνουν als prototypische Jesusnachfolgerinnen auszeichnen oder ein (scheinbar) christliches Bekenntnis im Blick auf Jesus als Gottessohn sprechen.

Betrachtet man ferner den sozialen Status der durch die bewusste Komposition um das Kreuz Gruppierten, so fällt auf, dass die Gesellschaft der Gegner und Anhänger Jesu sozial inhomogen ist. Sozial Gebrandmarkte (Mitgekreuzigte) wie auch religiöse Eliten (Hohepriester) lehnen Jesus ab. Im Gegenzug sind es nicht nur jüdische Frauen, sondern auch ein römischer Centurio, die auf der Seite der Anhänger stehen. Dabei ergibt sich hinsichtlich des sozialen

8 Dies in V. 40f allerdings nur, wenn man zwischen den Frauen von V. 40 und den anderen Mithinaufgestiegenen differenziert.

Status kompositionell ein Chiasmus im Blick auf die Faktoren „Status“ und „Nähe zum Kreuz“. Auf Seiten der Gegner befinden sich die Mitgekreuzigten (niedriger Status) in unmittelbarer Nähe Jesu, die Hohepriester (hoher Status) sind weiter entfernt. Bei den Anhängern steht der Centurio (hoher Status) nah beim Kreuz, die Frauen (niedriger Status) in relativer Entfernung. Insofern bilden die V. 29–41 kompositionell eine perikopenübergreifende größere Einheit. Im Zentrum steht dabei der Textabschnitt, der vom Tod Jesu am Kreuz handelt (V. 33–38) und der seinerseits mehrfache Rahmungen aufweist, so dass überraschenderweise das Elijamissverständnis und vor allem der Versuch, Jesus mit Essig zu tränken, im Zentrum stehen. Schematisiert ergibt sich:

Die Spötter (V. 29–32)
οἱ παραπορευόμενοι (V. 29f)
  οἱ ἀρχιερεῖς (V. 31f)
    οἱ συνεσταυρωμένοι (V. 32)
      Der Tod Jesu (V. 33–38)
        V. 33 Wundersame Finsternis
          V. 34 φωνῇ μεγάλῃ: Ps 22,2
            35a–c ἔλεγον ἴδε ᾿Ηλίαν φωνεῖ
              36a–d Essig, Schwamm und Rohr
            36e–h λέγων, ἄφετε ἴδωμεν εἰ ἔρχεται ᾿Ηλίας
        V. 37 φωνὴν μεγάλην
      V. 38 Wundersame Spaltung des Tempelvorhangs
    ὁ κεντυρίων (V. 39)
  γυναῖκες (V. 40)
ἄλλαι πολλαί (V. 41)
Die „Glaubenden“ (V. 39–41)

Im Folgenden wird es darum gehen, drei Textelemente dieser ereignisreichen Perikope näher in den Blick zu nehmen und als mögliche chiffrierte Referenzen auf den Triumphzug zu verstehen bzw. im Licht der Triumphzugsallusionen von Mk 15,16–20.21–32 zu interpretieren. Es sind dies (1.) der Tod Jesu, wobei in diesem Zusammenhang auch vom Elijamissverständnis und dem Einsatz des Essigschwammes zu handeln sein wird (V. 34–37; vgl. III 3.4). Sodann kommt (2.) die Spaltung des Tempelvorhangs in den Blick (V. 38; vgl. III 3.5), die ihrerseits besondere Bedeutung vor dem Hintergrund des Triumphes der Flavier erhält. Und schließlich geht es (3.) um das eigenwillige Gottessohnbekenntnis des römischen Centurios (V. 39; vgl. III 3.6). Alle drei Textelemente sind vor dem Hintergrund der Triumphzugsallusionen auffällig.

3.4 Vollendet gespielt: Der Tod Jesu als Vollendung seiner Rolle als königlicher Gefangener

Nach der dreistündigen kosmischen Finsternis[9] überschlagen sich ab V. 34 geradezu die Ereignisse. Ein offensichtlich sehr kurzer Zeitraum, der von den beiden Rufen Jesu gerahmt ist, wird ausführlich erzählt. Dabei greifen die einzelnen Ereignisse ineinander bzw. finden fast gleichzeitig statt.[10] Alle dabei erzählten Ereignisse sind für die mk Erzählung vom Sterben und Tod Jesu höchst bedeutsam. Sie alle haben auch vor dem Hintergrund der ausgemachten Triumphzugsallusionen Bedeutung, ohne dass sie selbst unmittelbar anspielende Segmente wären. Sie komplettieren vielmehr bereits im Rahmen von Mk 15,16–20 gemachte Beobachtungen und sind insofern für meine Fragestellung von Bedeutung. Inhaltlich laufen sie darauf hinaus, dass Jesus die Rolle des königlichen Gefangenen konsequent bis zum Ende spielt.

3.4.1 Das Elijamissverständnis: Der letzte Test und die letzte Chance für Jesus

Zu Beginn der neunten Stunde schreit[11] der mk Jesus auf Aramäisch die Worte von Ps 22,2 MT hinaus. Der Erzähler gibt sie in griechischen Buchstaben

9 Zum Sinn dieses apokalyptisch anmutenden Details, das an die Ankündigung Jesu in Mk 13,24 und angesichts der erwähnten sechsten Stunde, also der Mittagszeit, besonders auch an Am 8,9 („An jenem Tag […] lasse ich am Mittag die Sonne untergehen und breite am helllichten Tag über die Erde Finsternis aus“ [EÜ]) erinnert, vgl. D. Lührmann, Mk, 262; J. Marcus, Mk, 1061–1063; W. Fritzen, Gott, 336–341. Gedacht ist offenbar an eine kosmische (vgl. die Verwendung von γῆ in Mk 2,10; 9,3; 13,27.31 [vgl. auch J. Marcus, Mk, 1053]) und nicht nur eine lokale Verfinsterung der Sonne. Finster ist es im Übrigen auch für Jesus, von dem aber keine Reaktion auf dieses Ereignis erzählt wird – wie im Übrigen auch von sonst keiner Erzählfigur (vielleicht mit Ausnahme des Centurios); alle sehen die Finsternis und sehen daher nichts mehr, aber keiner zieht daraus entsprechende Schlussfolgerungen im Blick auf Jesus (vgl. L. Schenke, Mk, 345). Denn als wundersames Zeichen weist die Finsternis auch darauf hin, dass mit Jesus ein großer Mann sterben wird. Gott charakterisiert ihn durch dieses kosmische Ereignis (vgl. mit Belegstellen aus antiker Literatur W. Schmithals, Mk, 694; A. Winn, Purpose, 133; H. Leander, Empire, 289f; R. Pesch, Mk II, 493; S. Pellegrini, Elija, 356f). C. Myers, Strong Man, 389, will die dreistündige Finsternis hingegen von der dreitägigen Finsternis in Ex 10,22 ableiten; D. E. Fredrickson, Lament, hebt das Motiv der Trauer der Natur über den Tod Jesu hervor.

10 Auf die narrative Geschwindigkeit, insbesondere auf das Verhältnis von erzählter Zeit zu erzählter Stoffmenge und entsprechend erzählten Ereignissen achtet insbesondere A. Wypadlo, Funktion, 189f. V. 34–39 charakterisiert er dabei als „narrative Zeitlupe“ (190): sechs Verse erzählen breit Ereignisse, die zeitlich eng aufeinanderfolgen, während V. 33 einen Zeitraum von drei Stunden knapp erzählt.

11 Zum semantischen Spektrum von βοάω vgl. C. C. Black, Mk, 329: Gemeint ist lautes Aufheulen oder Brüllen.

wieder und übersetzt sie anschließend auch ins Griechische (V. 34). Dass es dabei zu Umstimmigkeiten im Vergleich zur LXX-Version von Ps 22,2 kommt, wird uns noch beschäftigen (s. III 3.4.3). Einige aus der Gruppe der Dabeistehenden missverstehen die Worte Jesu gründlich. Sie hören aufgrund von Wortassonanz[12] im „Eloi" von V. 34b einen Ruf nach dem Propheten Elija und interpretieren – das wird insbesondere angesichts von V. 36 deutlich – diesen Ruf nach Elija als Hilferuf Jesu. Im Hintergrund steht – so die Mehrheit der Exegeten – die im Judentum der Zeit Jesu vorhandene Konzeption von Elija als Nothelfer, den man in Gefahr anrufen konnte.[13] Einige der Dabeistehenden gehen also davon aus, dass Jesus nach Hilfe ruft und sich an einen mächtigen Vertreter des himmlischen Personals, eben den entrückten[14] Elija (vgl. 2 Kön 2,1–18; Sir 48,9.12; 1 Makk 2,58), wendet. Dieser Elija könnte Jesus, so die Vermutung der Dabeistehenden, vom Kreuz herunterholen (V. 36), was Jesus allein offensichtlich nicht gelungen ist (V. 30.32). Wenn das geschehen sollte, dann hätte sich letztlich Gott selbst zum gekreuzigten Jesus bekannt und ihn entgegen dem Urteil der jüdischen Elite doch noch ins Recht gesetzt. Es handelt sich also um einen letzten Test im Blick auf Jesus. Ein Gottesurteil wird erwartet – die letzte Chance für Jesus.

Der mk Text denkt bei denjenigen, die den Ruf Eloi zu Elija missverstehen offenkundig an Jüdinnen und Juden, näherhin wohl an die Vertreter der religiösen Elite, die Hohepriester (V. 31), und die Schriftgelehrten als Bildungselite (V. 31).[15] Nur Juden könnten ja überhaupt auf die Idee kommen, dass Jesus in höchster Not nach dem Nothelfer Elija schreit,[16] dürfte doch diese Elijavorstellung in der paganen Welt kaum bekannt sein. In dieser Perspektive macht

---

12 Vgl. A. Wypadlo, Funktion, 196.

13 So auch B. Witherington III, Mk, 399; H.-J. Klauck, Vorspiel, 83; E. Schweizer, Mk, 194; R. Pesch, Mk II, 496; J. Majoros-Danowski, Elija, 234. Entsprechende Belegtexte sind bestens zusammengestellt bei H. L. Strack/P. Billerbeck, Kommentar, 769–779: Elija „bringt den Frommen Trost u. Errettung in Verlegenheit u. Not; er heilt Kranke u. macht Arme reich; wirkt auch mit, Frieden zu stiften zwischen den Eheleuten" (769). A. Wypadlo, Verklärung, 190f, macht hingegen einen anderen Motivhintergrund für das Elijamissverständnis stark: Im Blick sei nicht die Rolle Elijas als Nothelfer, sondern seine Funktion im apokalyptischen Szenario (Mk 9,11–13; Mal 3,23f). Die das Missverständnis tragende Personengruppe rechne also damit, dass Jesus mit Elija die Äonenwende herbeirufe – in Fortführung der apokalyptisch anmutenden Finsternis von Mk 15,33 – und damit freilich auch seine eigene Restitution. Ähnlich S. Pellegrini, Elija, 360–362. Auch unter Rekurs auf diesen Motivhintergrund gelten die im folgenden Haupttext angestellten Überlegungen zur Charakterisierung derjenigen, die Jesus missverstehen, wie auch zur Funktion des Elijamissverständnisses.

14 Zum Motiv der Entrückung und zur Entrückung Elijas im AT vgl. A. Schmitt, Entrückung, 47–151.

15 Andernfalls müsste man voraussetzen, dass die Vorbeigehenden von V. 29a am Kreuz stehengeblieben sind, was vom Text aber nicht intendiert zu sein scheint.

16 So auch M. Ebner, Mk, 164; L. Schenke, Mk, 345. R. Zwick, Montage, 441f, denkt hingegen an die römischen Soldaten und postuliert, dass diese die Tradition von Elija als

auch die präzise Angabe in V. 35a Sinn: Es sind nur *einige* aus der Gruppe der Dabeistehenden, die Jesus nach Elija rufen hören. Und unter den Dabeistehenden befinden sich Juden und Heiden, was durch die Wiederaufnahme von τῶν παρεστώτων (V. 35a) in V. 39b – ὁ παρεστηκώς – im Blick auf den paganen Centurio nochmals bestätigt wird.

Natürlich ist das alles mk Inszenierung. In historischer Perspektive[17] werden Jüdinnen und Juden den Ruf Eloi vom Eigennamen Elija zu differenzieren wissen. Das inszenierte Elijamissverständnis dient daher primär[18] der Charakterisierung dieser Gruppe unter den Dabeistehenden. Es handelt sich um Juden, die zwar den jüdischen Volksglauben mit seiner Vorstellung von Elija als Nothelfer kennen, die aber das Entscheidende, die Schrift, nicht (mehr) kennen oder erkennen – und das gerade als Schriftgelehrte.

Dieser Teil der Dabeistehenden täuscht sich gründlich. Jesus ruft weder nach Elija noch um Hilfe. Sein Schreien hat einen anderen Adressaten und einen anderen Inhalt (s. III 3.4.3). Und mehr noch: Für die kundigen Leserinnen und Leser des MkEv ist klar, dass Elija gar nicht mehr kommen kann, denn er war in Gestalt des Täufers Johannes bereits gekommen. Darauf hatte Jesus nach der Verklärung auf dem Berg[19] im Rahmen des Gespräches mit seinen Eliteschülern, Petrus und den Zebedaiden, deutlich hingewiesen, der sich mit der zeitlichen Abfolge von (durch die Schüler wohl apokalyptisch verstandener und als Zeichen für Gericht und Weltende gedeuteter) Auferweckung und der diesen Ereignissen eigentlich vorausgehenden Wiederkunft des Elija (vgl. Mal 3,23f; Sir 48,10f) beschäftigt hat (vgl. Mk 9,11–13).[20] Den Inhalt dieses Gespräches kennen allerdings nur die drei Schüler und die Leserinnen und Leser des MkEv. Für die Dabeistehenden besteht angesichts ihres Hörfehlers zumindest eine theoretische Möglichkeit, dass sich Elija als Retter Jesu erweisen könnte. Nur viel Zeit scheint Elija dafür nicht mehr zu haben.

Nothelfer aufgrund ihrer Erfahrung mit der Kreuzigung von Juden, die in ihrer Not nach Elija geschrien hätten, kennen können. Das ist zwar vorstellbar, wirkt aber bemüht und übersieht die Charakterisierungsfunktion des Elijamissverständnisses.

17 Eine historisierende Lektüre dieses Textdetails führt in mancherlei Aporien und verlangt unnötige literarkritische Annahmen, die das Elijamissverständnis einer späteren Schicht zuordnen, die auf einen griechischsprachigen Judenchristen zurückgeht (vgl. exemplarisch K. Kertelge, Mk, 159). Solche Operationen sind an dieser Stelle nicht nötig. Der Text lässt sich spannungsfrei synchron erklären.

18 Zur weiteren Funktion des Missverständnisses im Blick auf Jesus vgl. unter III 3.4.3.

19 Die Verklärungsperikope und ihr enger literarischer Kontext sind also sehr eng mit Mk 15 verzahnt, wie sich mit Blick auf die Gottessohntitel in Mk 15,39 noch zeigen wird. Die Verklärungsperikope weist zudem auch eine chiffrierte Referenz auf den Triumphzug auf (vgl. III 7). Vgl. auch die Überlegungen und Beobachtungen bei A. Wypadlo, Verklärung, 182–191.

20 Vgl. D. Lührmann, Mk, 263; M. Ebner, Mk, 164.

3.4.2 Letzter Spott: Durchhalteparolen mit Latrinenbeigeschmack

Wird Elija rechtzeitig kommen? Einer, wiederum ein Jude,[21] aus der Gruppe der Dabeistehenden will auf Nummer sicher gehen und die Zeitspanne für den Test verlängern. Eile ist geboten und deshalb sputet er sich (V. 36a: δραμών). Das ist der vordergründige Sinn seines Versuches, Jesus Essig zu trinken zu geben. Elija soll Zeit bekommen, um Jesus vom Kreuz abzunehmen und zu retten. Dafür muss Jesus freilich noch durchhalten.[22]

Essig war dafür in der Antike ein probates Mittel. Denn Essig galt in der Antike als geradezu universal einsetzbar.[23] Essig diente in der Küche als Würzmittel und Beigabe für Speisen, er wurde zur Konservierung von Lebensmitteln genutzt; im Haushalt diente er der Reinigung von Gerätschaften,[24] im Gartenbau dem Schutz von Pflanzen vor Fäulnis und allerlei Getier. In der Medizin war Essig ein beliebtes Pharmakon und Allheilmittel, das die unterschiedlichsten Leiden lindern und vor allem Entzündungen bekämpfen sollte. In der antiken Chemie machte man sich die Reaktionsfreudigkeit des Essigs zunutze. Auch als Getränk war mit Wein, Wasser oder Most verdünnter Essig beliebt. Solche Essiggetränke, ebenfalls durch ὄξος denotiert,[25] sind die Durstlöscher[26] der einfachen Leute und vor allem der Soldaten im Feld. Der säuerliche Geschmack konnte sprichwörtlich neue Lebensgeister wecken.

Zunächst in seiner Funktion als Getränk wie auch angesichts seiner pharmakologischen Wirkungen wird der Essig in Mk 15,36 eingeführt.[27] Er soll Jesus bei Kräften und wach halten und damit Elija eine Chance geben. Durchhalten ist aus Sicht dieses Dabeistehenden das Gebot der Stunde im Blick auf Jesus.[28] Und wie eine Durchhalteparole wirkt entsprechend V. 36f–i. Diese Parole freilich richtet sich nicht an Jesus, sondern an die übrigen Dabeistehenden. Sie werden aufgefordert, nochmals genau hinzuschauen, abzuwarten, vielleicht auch: nicht wegzugehen – immerhin dauert die Kreuzigung nun schon sechs

21 Zu Spekulationen um die die Identität dieses Einen, römischer Soldat oder Jude, vgl. nur F. J. Moloney, Mk, 327 Anm. 271; aufgrund des Rekurses auf Elija in V. 36f–i denkt die mk Konzeption m. E. entschieden an einen Juden.

22 Vgl. auch L. Schenke, Mk, 345.

23 Die Informationen zur Verwendung, zur Herstellung und Bedeutung des Essigs in der Antike sind griffig zusammengestellt bei H. Stadler, Essig, 689–692.

24 Insbesondere die kalklösende Wirkung des Essigs wie seine desinfizierende Funktion waren bekannt, vgl. H. Stadler, Essig, 691 f.

25 Vgl. LSJ; A. Yarbro Collins, Mk, 756. Im Lateinischen werden sie auch *posca* genannt.

26 Von B. Witherington III, Mk, 399, stammt der einprägsame Vergleich, der Essig sei „the Gatorade of its day".

27 So etwa E. Schweizer, Mk, 193; É. Trocmé, Mk, 369; A. Bedenbender, Botschaft, 212.

28 Vgl. J. Gnilka, Mk II, 323; R. Pesch, Mk II, 496 f; S. Pellegrini, Elija, 364.

Stunden an (was für Kreuzigungen eine durchaus kurze Zeitspanne ist; der Tod konnte oft erst nach Tagen eintreten[29]).

Jesus als leidender Gerechter: Mit Blick auf das AT erinnert das Angebot von Essig als Getränk in Mk 15,36 freilich auch an Ps 69,22.[30] Dem leidenden Gerechten werden Gift als Nahrung und Essig als Getränk angeboten, der in der Vorstellungswelt von Ps 69 parallel zum Gift steht und insofern als ungenießbar erscheint. Das charakterisiert Jesus dann seinerseits erneut (vgl. Ps 22,19 in Mk 15,24) als leidenden Gerechten, den Gott am Ende ins Recht setzen wird. Der Essig erscheint also in seiner Verweiskraft semantisch polyvalent. Er lässt sich vor atl. Hintergrund, aber auch angesichts paganer Realien verstehen und interpretieren.

Eigenwillig freilich mutet der Weg an, den der Anonymus wählt, um Jesus mit Essig bei Kräften zu halten. Ist der Einsatz des Schwamms angesichts des an den Armen fixierten Jesus vollauf sinnvoll, so erscheint die Anbringung des Schwamms an einem Rohr unnötig. Denn Gekreuzigte wurden nur knapp über dem Erdboden fixiert, damit die Leichname wilden Tieren zur Nahrung dienen konnten.[31] Der Kopf Jesu ist also durchaus zu erreichen. Markus liegt offensichtlich etwas an diesem Textdetail. Es hat im Wortsinne einen Beigeschmack. Denn das von Markus erzählte Bild, ein Schwamm wird um ein Rohr gewickelt (περιτίθημι), ruft in der jüdischen wie in der paganen Antike einen ganz bestimmten Ort mit hochgradig spezifischen Assoziationen wach. Ein um einen Rohrstock gelegter Schwamm ist ein Utensil aus dem Bereich der Latrine, *minutalia* genannt.[32] Aus heutiger Perspektive würde man dabei an die „Klobürste" denken, die der Reinigung der Toilette dient. Dazu dient der Toilettenschwamm am Rohrstock in der Antike vielleicht auch, wenngleich man sich das in den städtischen Latrinen des römischen Reiches[33] mit ihren tiefen Fäkalkanälen, die mit Frischwasser durchspült wurden, nicht recht vorstellen kann.[34] In jedem Fall dient der um den Rohrstock gewickelte Schwamm dazu, den eigenen Analbereich nach dem Defäkieren zu säubern.[35] Das Toilettenpapier der Antike besteht also aus einem um einen Rohrstock gewickelten Schwamm. Dieses Bild wird in Mk 15,36 aufgerufen. Jesus wird Essig auf einer „Klobürste" gereicht. Das ist die letzte Verspottung, die Jesus

---

29 Vgl. M. Ebner, Jesus, 165.

30 So auch D. Lührmann, Mk, 263; P. Dschulnigg, Mk, 401; J. Gnilka, Mk II, 323; R. Pesch, Mk II, 496f; S. P. Ahearne-Kroll, Psalms, 74–77.210–213.

31 Vgl. dazu M. Ebner, Jesus, 168f; R. Nicklas/J. Kügler, Essig, 28.

32 In der Exegese haben R. Nicklas/J. Kügler, Essig, meines Wissens zum ersten Mal diesen Motivhintergrund für Mk 15,36 beschrieben.

33 Eindrückliche Latrinenanlagen haben sich etwa in Bet Shean und Caesarea Maritima erhalten.

34 Zu den Realien, zur Archäologie und zur Sozialgeschichte der Latrine vgl. die eindrucksvolle Studie von R. Neudecker, Latrine.

35 Vgl. R. Neudecker, Latrine, 17.49–52; R. Nicklas/J. Kügler, Essig, 30f.

am Kreuz erfährt.[36] Es ist eine derbe, eklige Art der Verspottung. Das Getränk, das Jesus bei Kräften halten soll, wird ihm via „Toilettenbürste" zugeführt. Die Spannung zwischen Nahrung und Fäkalien, die hier engstens miteinander verknüpft werden, gleicht einem Tabubruch.

Essig in der Latrine: Zumindest als These sei festgehalten, dass sich angesichts der chemischen Eigenschaften des Essigs und seiner bereits in der Antike bekannten Verwendung als desinfizierendes Reinigungsmittel durchaus überlegen lässt, ob nicht auch der Essig selbst im Raum der Latrine Verwendung gefunden hat. Das würde dem „Getränk" eine zusätzliche Bedeutungsnuance und einen nochmals faden Beigeschmack geben.

Damit – und das ist auffällig – steht erneut die gewalttätig anmutende Verspottung Jesu kompositorisch im Zentrum einer Perikope. Das verbindet Mk 15,33–41 mit Mk 15,16–20. Vor dem Hintergrund des Triumphes wird die Rolle Jesu als zu verspottender königlicher Gefangener auf diese Weise weiter zementiert.

Allein: Der Versuch, Jesus am Leben zu halten, misslingt. Das deutet sich bereits angesichts der Zeitstufe des Verbs ἐπότιζεν (V. 36d) an, das man als *imperfectum de conatu* verstehen kann (und in diesem Sinne habe ich es übersetzt).[37] Jesus rührt den Schwamm nicht an, er trinkt nicht, so wie er auch schon den Wein in Mk 15,23 abgelehnt hat. Mit einem erneuten, mit adversativem δέ in den Text eingeführten lauten Schrei stirbt Jesus noch während der Anonymus ihm den Schwamm entgegenstreckt – und Elija ist nicht gekommen! Das war freilich auch nicht das Ziel des jesuanischen Schreiens in V. 34.

---

36 Eine zumindest erwähnenswert eigenwillige Parallele zu Mk 15,36 findet sich bei Sen., Ep VIII 70,20 [Rosenbach], insofern dort Rohrstock und Schwamm auch im Kontext eines Todesfalls Bedeutung haben (auf die Stelle machen R. Neudecker, Latrine, 17; R. Nicklas / J. Kügler, Essig, 30f, aufmerksam, ohne sie allerdings dichter auf Mk 15,36 zu beziehen): Einem offenkundig lebensmüden Gladiator dient der Schwamm auf dem Rohr als Instrument zum Suizid. Seneca erzählt, dass sich der Gladiator seinem Bewacher entzogen hat, indem er in die Latrine ging; dort stopfte er sich „das Holz, das zum Reinigen des Afters [...] mit einem Schwamm versehen [war,] tief in die Kehle und tötete sich, indem er die Atemwege versperrte". Den Vorgang des Sterbens, hier mit „sich töten" übersetzt, drückt Seneca durch *spiritum elisit* (den Geist aufgeben / den Geist auswürgen) aus, was tatsächlich an das in Mk 15,37a verwendete ἐκπνέω erinnert. Freilich gibt Jesus seinen Geist bereits im Angesicht von Schwamm und Rohrstock auf. Auch hat der Anonymus angesichts seines in V. 36f–i erklärten Ziels offenkundig nicht Sterbehilfe für Jesus leisten wollen.

37 Vgl. J. Marcus, Mk, 1055; P. Dschulnigg, Mk, 401; R. Pesch, Mk II, 496; J. Marcus, Mk, 1055.

3.4.3 Verhört: Nicht Rettungsschrei, sondern Suche nach letzten Gründen

In Mk 15,34 schreit Jesus den Anfang von Ps 22,2 heraus. Der mk Text gibt diesen Psalmvers in griechischer Umschrift des aramäischen[38] Textes wieder. Im Anschluss übersetzt die Erzählstimme diesen Text ins Griechische. Das lädt zunächst zum Vergleich mit der LXX-Übersetzung von Ps 22,2 ein,[39] die Markus gekannt haben dürfte,[40] wenngleich er sich signifikant von ihr unterscheidet und von ihr an dieser Stelle nicht unmittelbar abhängig ist.[41] Aber gerade im Vergleich der wohl unabhängig voneinander entstandenen Übersetzungsvarianten treten die Spezifika des mk Textes besonders hervor.

Ps 21,2 LXX [Rahlfs]	Mk 15,34d
ὁ θεὸς	ὁ θεός μου
ὁ θεός μου,	ὁ θεός μου,
πρόσχες μοι·	–
ἵνα τί	*εἰς* τί
ἐγκατέλιπέ	ἐγκατέλιπές
με;	με;

Im Vergleich[42] zur LXX fällt zunächst auf, dass in Mk 15,34d im Rahmen der Anrede das Possessivpronomen μου verdoppelt wird. Das führt zu einer stärkeren Parallelisierung und damit Formalisierung der *invocatio*. Markus gestaltet die Worte Jesu geradezu zum Klagegebet[43] und orientiert sich damit wörtlicher am aramäischen Text.[44]

---

38 Vgl. D. Lührmann, Mk, 263; A. Wypadlo, Funktion, 192f; F. S. Jones, Account, 55–58.

39 Vgl. zu Ps 22/21 in der LXX nur E. Bons, Septuaginta-Version; S. P. Ahearne-Kroll, Psalms, 87–109.

40 Nach J. Gnilka, Mk II, 322, klingt die LXX-Fassung an, ist aber nicht Vorbild für die Übersetzung; auch A. Wypadlo, Funktion, 193f, vergleicht Mk 15,34d mit der LXX-Fassung, hält aber auch fest, dass der mk Text den aramäischen Text wörtlicher übersetzt als die LXX. A. Suhl, Zitate, 52, scheint hingegen überzeugt, dass „Jesus mit den Worten von LXX Ps 21,2“ betet.

41 Abhängigkeit scheint aber B. M. F. van Iersel, Mc, 474, zu vertreten; anders U. Rüsen-Weinhold, Septuagintapsalter 242, der an dieser Stelle den zitierten aramäischen Text als Basis der Übersetzung erachtet, gleichwohl aber mit der LXX-Fassung vergleicht.

42 Vgl. auch die Beobachtungen bei R. Pesch, Mk II, 495f; U. Rüsen-Weinhold, Septuagintapsalter, 239–242; S. P. Ahearne-Kroll, Psalms, 74.205–210.

43 Dass Jesus diese Worte in der neunten Stunde herausschreit, verstärkt, insofern die neunte Stunde im Jerusalemer Tempel als Stunde des Gebets bekannt ist (vgl. Apg 3,1; vgl. auch P. Dschulnigg, Mk, 400; R. Pesch, Mk II, 494), nochmals den Gebetscharakter und verknüpft das Geschehen am Kreuz mit dem Geschehen im Tempel, wie dies von der mk Erzählung angesichts von Mk 15,38 auch intendiert ist.

44 So auch D. Lührmann, Mk, 263; A. Wypadlo, Funktion, 193.

Die imperativisch gehaltene Bitte[45] der LXX, Gott möge doch auf das betende Ich achten (πρόσχες μοι), findet sich im mk Text nicht. Mit Blick auf den aramäischen Text von Ps 22,2, der kein Äquivalent zum πρόσχες μοι der LXX aufweist, hat man den Eindruck, dass sich die mk Übersetzung auch hier präziser an der aramäischen Textform orientiert. Zudem ist die im Vergleich zur LXX vorhandene Streichung von πρόσχες μοι durchaus kontextplausibel, hängt Jesus doch bereits am Kreuz und erachtet sich als von Gott bereits verlassen. Für ein πρόσχες μοι ist es letztlich zu spät.

Schließlich verwendet Mk 15,34d im Gegenüber zum Fragepronomen ἵνα τί der LXX das Fragepronomen εἰς τί. Das ist ein kleiner, aber inhaltlich gewichtiger Unterschied zwischen den beiden Übersetzungen.[46] Denn εἰς τί entwirft viel stärker als ἵνα τί eine Perspektive auf die Zukunft.[47] Während ἵνα τί eher kausal rückblickend in die Vergangenheit schaut und in der Vergangenheit im Sinne eines „Warum" nach Gründen für einen gegenwärtigen Zustand sucht, blickt εἰς τί eher in die Zukunft und fragt im Sinne eines finalen „Wozu" nach Zweck und Ziel des jetzigen Zustands.[48] Mit εἰς τί wird also eher eine teleologische Perspektive eingenommen – das könnte im Übrigen wiederum eine der Semantik des aramäischen *lema* näherstehende Übersetzung sein[49] als die Variante der LXX. Das mk „Wozu" im Munde Jesu öffnet also das Geschehen am Kreuz auf die Zukunft hin und lässt Jesus selbst nach der Funktion seines Geschicks und damit seines Todes fragen. Es geht also letztlich um eine Deutung des Todes Jesu, die der mk Jesus selbst von Gott einfordert, augenscheinlich ohne dass er selbst schon eine Antwort auf diese Frage hätte.

Diese Gestaltung des letzten verständlichen Rufes Jesu kann man fraglos als intensives Hadern mit Gott verstehen. In der Perspektive Jesu hat Gott ihn schon verlassen. Die Zeitstufe des ἐγκαταλείπω ist der Aorist. Gleichwohl richtet sich Jesus noch immer an Gott. Ihn spricht er klagend an. Jesus ringt

---

45 Eine erste, vom Vertrauen auf Gott getragene Bitte an Gott geht also der dann erst folgenden Anklage Gottes voraus. Das nimmt der Klage gegenüber Gott deutlich ihre Härte; treffend beobachtet von E. Bons, Septuaginta-Version, 26f.

46 Darauf macht auch A. Wypadlo, Funktion, 193f, aufmerksam.

47 Zur historischen Semantik von εἰς τί vgl. die ausführliche Untersuchung von H.-U. Rüegger/A. Hämmig, Annäherung, die überzeugend für eine Übersetzung mit „wozu" argumentieren.

48 Das wird von R. Pesch, Mk II, 495f heftig bestritten: „finalen Sinn zu unterstellen [...] ist eine [...] Fehlinterpretation". Das bleibt mir mangels einer konsistenten Begründung nicht einleuchtend. Vgl. zur Kritik auch H.-U. Rüegger/A. Hämmig, Annäherung, 57f.

49 Darauf macht A. Wypadlo, Funktion, 193f, mit Rekurs auf die Studie von D. Michel, Eigentümlichkeit, 191–210, bes. 198, aufmerksam. Ob die von Michel vertretene Differenzierung von *lema/lama* bzw. *maddu^ac^* entlang der Achse final (wozu) bzw. kausal (warum), die er auch auf Mt 27,46 par anwendet (199), durchgehend stimmig ist, ist unter Hebraisten und Alttestamentlerinnen allerdings umstritten, vgl. D. Bester, Körperbilder, 47–54. Dieser Diskurs ist für den mk Text von nachgeordneter Bedeutung, insofern sich das MkEv mit εἰς τί in jedem Falle für eine finale Übersetzung entscheidet.

mit Gott, den er bei aller Gottverlassenheit, in „radikalster Einsamkeit des Leidens“,[50] noch nicht ganz abgeschrieben hat. Sein Gottesverhältnis ist aufs Äußerste gespannt,[51] zumal er seine eigenen Leidens-, Todes- und Auferweckungsankündigungen aus Mk 8,31; 9,31; 10,33f scheinbar vergessen zu haben scheint. Von der dort sich zeigenden souveränen Haltung, die auch noch Mk 14,8.62 kennzeichnet, ist der mk Jesus am Kreuz jedenfalls weit entfernt. Hat er Gott aufgegeben? Oder erachtet er sich seinerseits als restlos von Gott aufgegeben? Und hat Gott ihn seinerseits verlassen? Eine unmittelbare Reaktion der Gottesstimme, die sich direkt (Mk 1,11; 9,7) oder in Form von Zitaten, die Gott in der ersten Person Singular sprechen lassen,[52] in der mk Erzählung mehrfach zu Wort meldet, erlebt Jesus jedenfalls nicht mehr.[53] Der Himmel ist still und die Gottesstimme schweigt.[54]

Nicht unerheblich für diese Frage nach dem Verhältnis zwischen dem mk Jesus und Gott, das sich im Rahmen von Mk 15,34 zeigt, ist die Frage, ob in der mk Inszenierung daran gedacht ist, dass Jesus den gesamten Ps 22 betet und durch das Heraussschreien von Ps 22,2 der ganze Psalm aufgerufen wird. Das ist in der Exegese umstritten.[55] Wäre der gesamte Ps 22 angezielt, so würde sich Jesus von der Klage hin zum Lob Gottes durch den Psalm hindurchbeten und letztlich versöhnt mit Gott sterben.[56] Ist nur V. 2 von Ps 22 gemeint, dann bleibt Jesus in der Klage gleichsam stecken. Mir scheint die letztere Deutung angesichts des Textbefunds plausibler. Zum einen hätte Markus, wollte er den gesamten Psalm in Erinnerung rufen, in V. 37 den letzten Schrei Jesu inhaltlich füllen können. Zum anderen – und das ist entscheidender – sind bereits gewichtige Elemente aus denjenigen Teilen der Textwelt von Ps 22 im mk Text verwendet worden, die in der Dramaturgie von Ps 22 nach V. 2 stehen: In Mk 15,24 wurde Ps 22,19 sehr direkt eingespielt, in Mk 15,29 findet sich das Motiv des Verhöhnens und Kopfschüttelns aus Ps 22,8.[57] Der Psalm wird in

---

50 E. Schweizer, Mk, 194.

51 C. Jochum-Bortfeld, Widersprüche, 272, sieht Jesu „Gottesbeziehung in die Krise geraten“.

52 Vgl. dazu die Studie von C. Blumenthal, Gott.

53 Erst die Leserinnen und Leser erleben mit Mk 15,38 wieder eine Reaktion Gottes auf den Tod Jesu (s. II 3.5).

54 Vgl. B M. F. van Iersel, Mc, 475.

55 Vgl. das Referat der Optionen bei E. Struthers Malbon, Mk, 96; S. Pellegrini, Elija, 368f; W. Fritzen, Gott, 342–345.

56 Vertreten etwa bei P. Dschulnigg, Mk, 399–401; A. Winn, Purpose, 134f; D. Dormeyer, Markusevangelium, 313; R. Pesch, Mk II, 494; C. Rose, Theologie, 233; vorsichtig in diese Richtung geht auch K. M. Schmidt, Wege, 427.

57 Vgl. U. Rüsen-Weinhold, Septuagintapsalter, 218; M. Ebner, Klage, 77; C. A. Evans, Mk, 498; S. P. Ahearne-Kroll, Psalms, 73f.201–205.

der mk Passionsgeschichte also punktuell von hinten nach vorne erzählt.[58] Das aber spricht entschieden gegen die Vorstellung, mit Ps 22,2 würde der gesamte Psalm wachgerufen – er liegt ja bereits dem mk Text großflächig zugrunde[59] – und von Jesus linear gebetet, der dann am Ende versöhnt mit Gott erscheint.[60] Nein, Jesus stirbt Gott anklagend und ihn im Blick auf eine teleologische Begründung seines Geschicks angehend.[61] Paradoxerweise richtet er sich allerdings im Moment der scheinbaren totalen Gottverlassenheit wiederum an Gott. Das macht die Ambivalenz[62] im Jesus-Gott-Verhältnis im Rahmen von Mk 15,34 aus, die man exegetisch kaum auflösen kann und theologisch vielleicht auch nicht sollte.[63]

Jesus als leidender Gerechter: Auch vor dem Hintergrund der erneuten Anspielungen auf Ps 22 wird – wie im Rahmen der Anspielung auf Ps 69,22 – deutlich, dass Jesus in atl. Perspektive als leidender Gerechter verstanden wird.[64] Er erlebt das Schicksal, das auch der leidende Gerechte von Ps 22 erlebt hat. Und wie dieser schreit auch Jesus sein Schicksal hinaus (vgl. Ps 22,3 par Mk 15,34.37). Die atl. Grundierung[65] der mk Passionsgeschichte mit Psalmen hebt also darauf ab, Jesu Todesgeschick im Licht der Konzeption des leidenden Gerechten zu erzählen. Jesus erweist sich gerade durch sein Leidensgeschick als gerecht. Für jüdisch sozialisierte Leserinnen und Leser des MkEv ist das eine produktive Art, den Tod Jesu zu deuten.

Bei allem Hadern und Ringen mit Gott wird schließlich auch deutlich, dass Jesus nicht seinem Geschick ausweichen will. Er bittet Gott nicht um Gnade,[66] sondern er fordert eine göttliche Begründung im Blick auf Ziel und Zweck des göttlichen Handelns ein, das sich für Jesus als Gottverlassenheit realisiert. Ge-

---

58 M. Ebner, Klage, 76.; J. Majoros-Danowski, Elija, 237; W. Fritzen, Gott, 344; J. G. Cook, Crucifixion, 444f.

59 So auch S. Pellegrini, Elija, 369.

60 In diesem Sinne auch M. Ebner, Klage, 76.

61 Sollte Markus sich bewusst und in Kenntnis der LXX-Übersetzung gegen die der Klage vorausgehende Bitte πρόσχες μοι, die die LXX bezeugt, entschieden haben, dann würde das den Aspekt der Anklage Gottes nochmals verstärken.

62 A. Wypadlo, Funktion, 191f, hebt ebenfalls auf die Ambivalenz und Spannung in der mk Inszenierung ab.

63 Vgl. J. Gnilka, Mk II, 322; F. J. Moloney, Mk, 326f.

64 So z. B. auch D. Lührmann, Mk, 263f; F. J. Moloney, Mk, 326; B. M. F. van Iersel, Mk, 232–236; C. Myers, Strong Man, 389.

65 J. Majoros-Danowski, Elija, 236–240, entdeckt in Mk 15,33–39 neben Anspielungen auf Ps 22 zudem auch m. E. plausible Allusionen auf die Himmelfahrt des Elija in 2 Kön 2,11–15.

66 So aber C. Jochum-Bortfeld, Widersprüche, 272: „Der Schrei Jesu ist ein verzweifelter Appell an Gott, ihn zu retten." Das scheint mir von der Semantik des V. 34 nicht gedeckt und angesichts des Elijamissverständnisses, das gerade den Kontrast zwischen vermeintlicher Bitte um Rettung und dem jesuanischen Ausruf produziert, nicht in der Fluchtlinie des Textes zu liegen. Erst in der Perspektive des gesamten Ps 22 ließe sich V. 34 als Bitte um Rettung verstehen. Nur wird dieser Psalm eben gerade nicht in seiner Gänze aufgerufen.

rade im Spiegel des Elijamissverständnisses, das Jesus eine Bitte um Erbarmen unterstellt, wird das sehr deutlich. In die gleiche Kerbe schlägt die jesuanische Weigerung, den Essig zu trinken. Jesus rechnet weder mit göttlicher noch elijanischer Hilfe. Und er sucht sie auch nicht. Das unterscheidet Jesus von einer Reihe von königlichen Gefangenen im Triumphzug, die um kaiserliche *clementia* gebeten haben. Ein solcher Gefangener ist Jesus nicht. Er geht seinen Weg konsequent bis zum Ende.

3.4.4 Tod: Die Rolle des königlichen Gefangenen bis zum Ende gespielt

Im Licht des Triumphzugs und der Transformation Jesu vom Triumphator zum königlichen Gefangenen stellt der Tod Jesu in Mk 15,37 die konsequente Fortführung seiner Rolle dar. Jesus wird hingerichtet – so wie einer oder mehrere der feindlichen königlichen Gefangenen im Laufe des Triumphes hingerichtet werden. Jesus spielt seine ihm zugedachte Rolle konsquent bis an ihr Ende. Das Spiel ist also todernst. Anders als die königlichen Gefangenen stirbt Jesus aber nicht im diskreten Abseits des Tullianums, sondern in der Öffentlichkeit am Kreuz, auf dem mk Kapitol. Die mit der Kreuzigung gewählte Hinrichtungsart, die sich historischer Referentialität verdankt,[67] ist zwar mit dem Erdrosseln der Triumphgefangenen nicht identisch – wenngleich sich die konkreten Todesumstände angesichts der im Rahmen der Kreuzigung sich ereignenden Erstickungsanfälle[68] durchaus geähnelt haben dürften –, gleichwohl zeigt die ikonographische Repräsentation und Rezeption eines Triumphzugs im Rahmen der Fresken des Arieti-Grabes (vgl. II 3.4), dass sich Kreuzigung und Triumphzug gerade nicht ausschließen, sondern auch im Triumphzug vorgeführte Gefangene[69] als Patibulumsträger und daher als zu Kreuzigende präsentiert werden können. Die Art der Hinrichtung Jesu steht seiner Rolle im Rahmen der mk Triumphzugsallusionen also nicht grundsätzlich entgegen. Anders als im römischen Triumphzug ist der Tod Jesu allerdings nicht der Anlass für ein Freudenfest und den Abschluss des Triumphes auf dem Kapitol. Das ist auch gar nicht möglich, ist doch im Rahmen der mk Konzeption soeben nicht nur der königliche Gefangene hingerichtet worden, sondern auch der Triumphator selbst auf dem Kapitol gestorben.

---

67 Vgl. für diesen Konsens der historischen Jesusforschung M. Ebner, Jesus, 162–168.

68 Vgl. M. Ebner, Jesus, 165.

69 Allerdings handelt es sich beim Gefangenen, der im Arieti-Grab abgebildet ist, eher nicht um einen königlichen Gefangenen, da die männliche Figur augenscheinlich nackt dargestellt ist. Königliche Gefangene werden indes in ihren Gewändern im Triumph vorgeführt. Das spricht tendenziell für die Darstellung eines Gefangenen aus dem Pulk von Kriegsgefangenen, die im Bereich der „Leistungsschau" präsentiert werden (vgl. II 3.2.2.3).

3.4.5 Gestorben für ...? Nochmals zur Deutung des Todes Jesu als Opfer vor dem Hintergrund des Triumphzugs

Thomas E. Schmidt hat im Rahmen seiner Studien zu den Triumphzugsallusionen im MkEv die These vertreten, dass Jesu Tod angesichts der Triumphzugsallusionen in Analogie zum Tieropfer im Triumphzug steht und das MkEv – unter Rekurs auf dieses Prätextmotiv – den Tod Jesu als soteriologischen Opfertod deuten würde.[70] In der Tat wäre das mk Kapitol, auf dem die Kreuzigung ja stattfindet, der angesichts des Prätextmotivs richtige Ort für eine solche Deutung. Denn auf dem römischen Kapitol fanden die abschließenden Tieropfer des Triumphes statt.

Gleichwohl überzeugt mich diese Deutung Schmidts nicht. Ich habe ihr bereits unter Rekurs auf die von Schmidt angeführten Argumente zur Person des Simon von Kyrene und zur Weinablehnung Jesu in Mk 15,23 ausführlich widersprochen (vgl. I 3.2) und möchte an dieser Stelle die Kritik nochmals ergänzen. Für Schmidt handelt es sich beim Tod des *einen*, geschmückten und den *einen* Triumphator symbolisierenden Opfertieres – und schon das war sachlich angesichts der vielen geschmückten Opfertiere eine kaum haltbare Überlegung – um das Prätextmotiv, auf das der Tod Jesu anspielt. Jesus stirbt wie das Opfertier, so Schmidt. Er spielt die Doppelrolle von Triumphator und Opfertier, des Opfers und des Opfernden. Nun lässt sich angesichts der mk Erzählung aber sehr viel stärker deutlich machen, dass Jesus zwar in der Tat eine Doppelrolle spielt. Bei dieser handelt es sich aber um das Ineinander von Triumphator und königlichem Gefangenen – letzteres eine Figur im Inventar der Triumphzüge, die Schmidt faktisch nicht erfasst hat. Dann aber liegt es deutlich näher, auch den Tod Jesu vor dem Hintergrund des Todes des königlichen Gefangenen zu werten. Das ist das Motiv im Prätext, auf den das anspielende Segment verweist! In diesem Zusammenhang will ich auch gerne in Erinnerung rufen, dass es sich bei der Hinrichtung des königlichen Gefangenen nicht um ein kultisches Opfer, sondern tatsächlich um die Hinrichtung eines Kriegsgefangenen handelt, die symbolisch im Sinne eines Enthauptungsschlages den freilich bereits gewonnenen Krieg rituell beendet (vgl. II 3.4; II 4.3). Schließlich ist im Blick auf die faktisch vollzogenen Tieropfer im Triumph auch zu beachten, dass es sich bei ihnen zwar um Opfer, aber wohl gerade nicht um Sühnopfer im Rahmen eines Reinigungsrituals (vgl. II 4.1),[71]

---

70 Vgl. T. E. Schmidt, Narrative, 9–12.16.18: Die Kreuzigung versteht er als „the moment of sacrifice" (16); vgl. dazu auch ausführlich unter I 3.2.2.2. Ihm ist K. M. Schmidt, Wege, 430, gefolgt: „In Jesu Kreuzestod kumulierten die Hinrichtung des Aufrührers und die Darbringung des Opfers." Gemeint ist damit das Tieropfer im Triumph, das „mit den Göttern versöhnte" und auf das im Tod Jesu alludiert wird.

71 T. E. Schmidt, Narrative, 12, erkennt im Tieropfer des Triumphes aber eine „soteriological function", es sei „a sacrifice *pro salute rei publicae*" und „was not merely a thanksgiving sacrifice for the victory".

sondern vielmehr um Dankopfer für die Götter im Rahmen der Siegesfeier handelt (vgl. II 4.2). Dann aber steht die Deutung des Todes Jesu im MkEv als soteriologisches Opfer auf der Basis des Triumphzugs noch viel stärker auf tönernen Füßen – zumal in der mk Passionsgeschichte Opfer- und speziell auch Sühnopferterminologie fehlen.[72]

Bei aller hier geäußerten Kritik bleibt allerdings fraglos richtig, dass der mk Text angesichts des εἰς τί von Mk 15,34 die Frage nach Sinn und Zweck, also nach Funktion und Deutung des Todes Jesu selbst aufkommen lässt. Insofern liegt es durchaus nahe, zu fragen und zu bedenken, ob nicht die mk Triumphzugsallusionen auch einen Beitrag zur Deutung des Todes Jesu im MkEv leisten können. M. E. ist das durchaus indirekt der Fall. Die Triumphzugsallusionen ergänzen in der Sache die verschiedenen, sich im MkEv überlagernden Deutungsversuche im Blick auf den Tod Jesu. Sie bringen insbesondere in die angesichts von Mk 10,45 evozierte Deutung des Todes Jesu als Lösegeld (λύτρον) eine zusätzliche Bedeutungsnuance ein. Allerdings hat das dann nichts mit einer Deutung des Todes Jesu als Sühnopfer zu tun (vgl. IV 2.1).

3.5 Himmelsspaltungen: Der Tempel und sein Vorhang, der Flaviertriumph und die große Inklusion des MkEv

Als unmittelbare Reaktion auf den Tod Jesu hält der Erzähler in einem kurzen, aber von großer Präzision geprägten Erzählreferat fest, dass im Jerusalemer Tempel der Vorhang (τὸ καταπέτασμα) von oben nach unten in zwei Teile gespalten worden ist (V. 38). Dieses eigentümliche Detail der mk Passionsgeschichte, das den Fokus vom Kreuzigungsgeschehen urplötzlich weg zum Tempel lenkt, um mit V. 39 sofort wieder zum Ort der Kreuzigung zurückzublenden, ist jenseits seiner kompositorischen Funktion auf Ebene der Perikope, V. 38 bildet mit V. 33 einen Rahmen um das Sterben Jesu, erklärungsbedürftig. Und auch in diesem Rahmen gewinnt das Ritual des Triumphzugs an Bedeutung – allerdings in einer im Vergleich zu den übrigen Triumphzugsallusionen etwas anderen Art und Weise.

72 Das gesteht mit Blick auf die Kreuzigungserzählung selbst auch K. M. Schmidt, Wege, 430, zu. Für mk Opferterminologie verweist er daher auf die Datierung des Todes Jesu im Kontext des Pessachfestes und damit des Pessachopfers, zu dem der Tod Jesu ebenfalls in Analogie stehen soll. Zudem versteht er Mk 10,45 als „Freiheitsopfer“ und überträgt so die Opferterminologie über die Verbindung von Mk 10,45 mit der Kreuzigung Jesu auf die Kreuzigung selbst.

3.5.1 Eine andere Art von Allusion

Die bisher von mir ausgemachten Allusionen bezogen sich mehrheitlich auf den Triumphzug als Ritual. Die anspielenden Segmente alludierten nicht einen spezifischen, konkreten Triumphzug – dies mit Ausnahme des Kreuzigungstrios (vgl. III 2.9) –, sondern verwiesen auf die Struktur des Triumphes, also das Ritual und seine rituellen Bausteine. Das ist im Falle des Tempelvorhangs anders. Hier liegt keine strukturelle Anspielung auf das Ritual bzw. einen Ritualbaustein vor. Es handelt sich vielmehr um eine spezifische, punktuelle Anspielung auf einen einzelnen historisch greifbaren Triumph und ein in diesem Triumph gezeigtes Beutestück. Denn der Tempelvorhang, von dem im MkEv die Rede ist, wurde höchstwahrscheinlich im Triumph der Flavier 71 n. Chr. in Rom als Beute präsentiert.[73] Diese Allusion auf den Flaviertriumph trägt m. E. nicht in sich selbst eine weitergehende inhaltliche Bedeutung (jenseits des grundsätzlichen Faktums einer Allusion eben auf den Flaviertriumph[74]). Auch das unterscheidet sie von den übrigen Anspielungen. Die Allusion ist letztlich vielmehr eine Ermöglichungsbedingung, um einen intratextuellen Rückverweis von Mk 15,38 an den Anfang des MkEv, der eine große Inklusion um das MkEv bildet, im Blick auf die mk Gemeinde argumentativ plausibel zu machen. Das hat mit der Geschichte des Tempelvorhangs zu tun.

3.5.2 Aus der wechselvollen Geschichte eines Vorhangs

Mit dem durch den bestimmten Artikel betonten τὸ καταπέτασμα τοῦ ναοῦ spielt die mk Erzählung auf einen der Vorhänge an, die im Inneren des Tempelgebäudes des herodianischen Tempels hingen und den Tempelraum strukturierten. Flavius Josephus gibt präzise Auskünfte über diese Vorhänge und ihre wechselvolle Geschichte. Im Tempel Herodes des Großen befanden sich zwei solcher Vorhänge in funktionalem Gebrauch,[75] die in ihrem Aussehen und ih-

---

73 Vgl. zur näheren Begründung ausführlich unter II 3.2.2.3.1.

74 Und in diesem Sinne ist Mk 15,38 allererst in den Diskurs um mk Triumphzugsallusionen eingebracht worden, vgl. S. G. F. Brandon, Jesus, 228–230, der davon ausgeht, dass die mk Gemeinde in Rom den Flaviertriumph miterlebt hat (vgl. auch 226f); B. M. F. van Iersel, Mc, 479, der zumindest überlegt, ob Mitglieder der mk Gemeinde den Tempelvorhang im Flaviertriumph gesehen haben und wie sie dann Mk 15,38 gelesen und verstanden haben (eine inhaltliche Antwort gibt van Iersel allerdings nicht); M. Ebner, Markusevangelium, 172, verbindet den Tempelvorhang entschieden mit dem Flaviertriumph, um ein zusätzliches textbasiertes Argument für seine Sicht des MkEv als eines zum Aufstieg der Flavier oppositionellen Anti-Evangeliums zu präsentieren. Eine weitergehende inhaltliche Auswertung der Allusion erfolgt bei ihm dann vor allem im Blick auf die Verortung des MkEv in Rom (vgl. dazu auch A. Bedenbender, Botschaft, 363 mit Anm. 1). Eine Einordnung in das Netz sonstiger Allusionen auf den Triumph zielt er nicht an.

75 Es ist nicht unwahrscheinlich, dass es neben diesen zwei Vorhängen auch noch Ersatzvorhänge gegeben hat (so die Überlegungen von O. Michel und O. Bauernfeind in

rer materiellen Beschaffenheit gleich gestaltet gewesen sein dürften.[76] Der eine hing am Eingangstor zum eigentlichen Tempelraum (Bell V 212), der andere innerhalb des in zwei Sektionen geteilten Tempelraumes (Bell V 219). Dort markierte er den Übergang vom ersten inneren Raum, in dem sich Schaubrottisch, Menora und Räucheraltar befanden (Bell V 215–218), zum zweiten inneren Raum, dem unzugänglichen Allerheiligsten, das Josephus etwa τὸ ἄδυτον (Bell V 236), aber auch ἁγίου δὲ ἅγιον (Bell V 219) nennen kann. Dieser Raum war leer. Er war der Ort der besonderen, ja einzigartigen Präsenz Gottes und wurde vom Hohepriester[77] nur zum Fest Yom Kippur betreten (vgl. Bell V 236). Die Vorhänge dienten also der Strukturierung des Tempelgebäudes im Blick auf seine gestufte Heiligkeit und seine liturgische Funktionalität im Rahmen des jüdischen Festkalenders. Herodes der Große übernimmt mit diesen beiden Vorhängen eine Tradition, die nach Flavius Josephus schon den salomonischen Tempelbau auszeichnete. Nach Ant VIII 71–75.90 ließ auch Salomo am Eingang zum Tempelgebäude selbst, also am Übergang von der Vorhalle zum Tempelgebäude, sowie vor der Tür, die vom ersten Raum des Tempelgebäudes zum hinteren Raum, dem Allerheiligsten, dem Adyton, vermittelte, prächtige Vorhänge aus Byssus und anderen gefärbten Geweben (Purpur, Hyazinth, Scharlach) aufhängen. Diese Vorhänge waren gleich gestaltet („Vor dem Tore wurde ein ähnlicher Vorhang wie im Innern befestigt/κατεπέτασε δὲ καὶ ταύτας τὰς θύρας ὁμοίως ταῖς ἐνδοτέρω καταπετάσμασιν“ [Ant VIII 75 (Clementz)]).

Dass großartig gestaltete und kostbare Vorhänge ein Beutestück erster Güte waren, liegt auf der Hand. Und so verwundert es nicht, dass die wertvollen Vorhänge des herodianischen Tempels[78] im Zuge des jüdisch-römischen Krieges von den Römern konfisziert worden sind (Bell VI 389). Als Beutestücke der Flavier sind sie aus Jerusalem nach Rom transportiert und wohl auch im Triumphzug vorgeführt worden (vgl. II 3.2.2.3.1), bevor sie, das hält Josephus deutlich fest, im Palast des Vespasian dauerhaft gelagert worden sind (Bell VII 162). Der Flaviertriumph gehört also untrennbar zur Geschichte

ihrer Kommentierung im Rahmen der Edition und Übersetzung des *Bellum Judaicum*: 209 Anm. 224). Bell VI 390 berichtet davon, dass im Tempel Material gelagert worden ist, um den jeweiligen Vorhang auszubessern. Diese Ausbesserungen könnten theoretisch bei laufendem Betrieb an Ort und Stelle vorgenommen worden sein. Wahrscheinlicher ist aber, dass die Vorhänge an anderer Stelle im weiträumigen Tempelkomplex restauriert worden sind. Und für diese Zeit mag es dann durchaus Ersatzvorhänge gegeben haben.

76 Das legt sich angesichts der in Bell V 219 betonten Parallelität im Blick auf die Aufhängung der Vorhänge nahe (διείργετο δὲ *ὁμοίως* καταπετάσματι πρὸς τὸ ἔξωθεν).

77 Dessen Amtstracht, die er auch zu Yom Kippur trug, in Analogie zu den Tempelvorhängen stand, insofern sie aus den gleichen kostbaren Materialien gewirkt war und ebenfalls symbolische Bedeutung hatte (vgl. Bell V 232).

78 Und auch die Vorhänge des salomonischen Tempels, wie auch die Stangen, an denen sie hingen, waren ein beliebtes Beutestück, vgl. Ant XII 250; XIV 107.

des καταπέτασμα τοῦ ναοῦ. Mit ihm verlieren sich die Tempelvorhänge dann allerdings auch im Dunkel der Geschichte.

3.5.3 Der Tempelvorhang im MkEv, die große Inklusion und der Flaviertriumph

Auf diese im Flaviertriumph nach Rom verbrachten Tempelvorhänge nimmt das in oder im Umfeld von Rom nach dem jüdisch-römischen Krieg entstandene MkEv in Mk 15,38 Bezug. Im MkEv wird allerdings nun einer dieser Tempelvorhänge von oben nach unten gespalten. Welcher von beiden Vorhängen das ist, ist eine alte Streitfrage in der Exegese.[79] Das MkEv spezifiziert das nicht, was angesichts der parallelen Gestaltung der Vorhänge[80] m. E. zunächst auch nicht von Gewicht ist.[81] Faktisch entstehen bei der Spaltung des einen Vorhangs zwei Vorhänge (εἰς δύο). Dabei deutet der Ausgangspunkt[82] und die Richtung der Spaltung[83] schon an, wer Urheber dieser Trennung des Vorhangs in zwei Teile ist: Gott selbst, der durch ein *passivum divinium* verhüllt im Text präsent ist (ἐσχίσθη).[84] Für diejenigen Leserinnen und Leser, die um die Beschaffenheit der Tempelvorhänge, ihre ikonographische Gestaltung und damit symbolische Bedeutung aufgrund von Autopsie oder durch Erzählungen wussten, gleicht dieser Akt der Spaltung des Tempelvorhangs einer großen

79 Für den inneren Vorhang direkt vor dem Allerheiligsten votieren etwa T. C. Gray, Temple 188f; J. Marcus, Mk, 1057; J. Gnilka, Mk II, 324; H.-J. Klauck, Vorspiel, 91; A. Yarbro Collins, Mk, 759f (mit ausführlicher Diskussion); F. J. Moloney, Mk, 329; B. Witherington III, Mk 400; E. Struthers Malbon, Mk, 97; C. C. Black, Mk, 331; D. M. Gurtner, Syntax, auf der Basis von philologischen Beobachtungen zur Verwendung von καταπέτασμα in der LXX. Für den äußeren Vorhang votieren etwa E. Lohmeyer, Mk, 347; D. Ulansey, Veil. Zu den unterschiedlichen Stimmen in der Forschungsgeschichte, in der mehrheitlich für den inneren Vorhang votiert wird, vgl. auch C. A. Evans, Mk, 510.

80 Und von einer parallelen Gestaltung der Vorhänge geht auf der Basis von Philo, Vit Mos II 84–88 auch T. C. Gray, Temple, 190f, aus. Bei Philo geht es allerdings um das von Mose errichtete Heiligtum und nicht um den herodianischen Tempel. Richtig bleibt aber die Beobachtung, dass nach Philo im mosaischen Heiligtum alle Vorhänge aus den gleichen, den Kosmos symbolisierenden Grundmaterialien gewirkt worden sind. Und das sind eben jene Materialien, aus denen auch die herodianischen Tempelvorhänge bestehen.

81 Vgl. auch D. Lührmann, Mk, 264: „Zu fragen, welcher von den beiden Vorhängen des Jerusalemer Tempels gemeint ist, ist nicht im Sinne des Textes." A. Bedenbender, Botschaft, 206, führt aus, dass Markus angesichts des bestimmten Artikels τὸ καταπέτασμα τοῦ ναοῦ wohl den Vorhang „als literarischen Vertreter beider Vorhänge" verstehe.

82 So auch R. T. France, Mk, 657.

83 Menschen würden einen großen, herabhängenden Vorhang wohl eher von unten nach oben spalten, indem sie ihn unten einschneiden und dann durch Zug an beiden Seiten die Spaltung nach oben verlängern.

84 So auch T. C. Gray, Temple, 185; P. Dschulnigg, Mk, 402; C. C. Black, Mk, 330; A. Wypadlo, Funktion, 198.204f.

Inklusio, die zum Anfang des MkEv, präziser: zur Taufszene von Mk 1,9–11, rückblendet. Diese intratextuelle Rückblende geschieht auf semantischer wie auf ikonographischer Ebene.[85]

Semantisch ergeben sich nicht weniger als fünf Stichwortverbindungen.[86] Die deutlichste besteht angesichts des nur an diesen beiden Stellen im MkEv verwendeten Verbums σχίζω. Wird in Mk 15,38 der Tempelvorhang gespalten, so spaltet sich in Mk 1,10 der Himmel. Nimmt man den unmittelbaren Kontext von Mk 15,38 hinzu, die V. 37.39, dann ergeben sich zudem noch weitere Stichwortverbindungen: In beiden Fällen ist von einer φωνή die Rede. In Mk 15,37 schreit Jesus mit lauter Stimme, in Mk 1,11 ist es die Gottesstimme, die sich an Jesus richtet. Und während die Gottesstimme in Mk 1,11 Jesus als ὁ υἱός μου ὁ ἀγαπητός bezeichnet, ist es in Mk 15,39 der Centurio, der Jesus in Wiederaufnahme von 1,11 (aber auch von 1,1; 9,7) als υἱὸς θεοῦ tituliert. Schließlich ist in beiden Fällen direkt bzw. indirekt von πνεῦμα im Kontext eines mit Formen von ὁράω ausgedrückten Seh-Vorgangs die Rede. Während in Mk 1,10 der Geist (πνεῦμα) aus dem Himmel in Jesus eingeht und Jesus dies sowie die Himmelsspaltung sieht (εἶδεν), sieht (ἰδών) der Centurio, wie Jesus ἐξέπνευσεν, also im eigentlichen Sinne aushauchte (Mk 15,39 in exakter Wiederaufnahme von Mk 15,36). Der Text hält präzise fest, dass es dieser Aspekt ist, den der Centurio sieht, wenn formuliert wird, dass der Centurio Jesus *in dieser Weise* aushauchen (ὅτι οὕτως ἐξέπνευσεν) sah. Dabei findet sich das Verb ἐκπνέω nur an diesen beiden Stellen im MkEv. Dass damit der Tod Jesu gemeint ist, steht fest. Auffällig bleibt aber, dass eben nur hier der Tod Jesu mit ἐκπνέω ins Wort gebracht wird. Wenn sonst jemand stirbt, auch wenn rückblickend in Mk 15,44 über den Tod Jesu gesprochen wird, dann verwendet das MkEv in aller Regel dafür das Verb ἀποθνῄσκω (so etwa 5,35.39; 12,19–22; 15,44). Das Sehen des ἐκπνέω kann insofern durchaus als Rückverweis auf das Sehen des πνεῦμα verstanden werden. Fast gewinnt man angesichts dieses Rückverweises den Eindruck, dass das bei der Taufe erhaltene πνεῦμα Jesus im Tod wieder verlässt.[87]

---

85 C. C. Black, Mk, 331, diskutiert den interessanten Vorschlag, dass sich das Himmelsfirmament des Tempelvorhangs auf Mk 13,24f bezieht. Dort wird als Zeichen für das nahe Ende der Welt die Auflösung der Ordnung der Gestirne am Himmel angekündigt: Die Sterne fallen dort nämlich aus dem Himmel. Voraus geht eine große Finsternis. Das deckt sich nun mit Mk 15,33. Der Tod Jesu wäre dann von apokalyptischen Zeichen umrahmt. Übersehen werden dabei die semantischen Signale, die einen deutlichen Rückverweis auf Mk 1,9–11 evozieren.

86 Vgl. auch S. Motyer, Veil, 155f (mit weiteren Motivparallelen, denen ich hier nicht nachgehe); D. Ulansey, Veil, 123, spricht von einem beiden Szenen gemeinsamen „cluster of motifs"; vgl. auch B. Bosenius, Raum, 69–74; M. Ebner, Mk, 164f; K. M. Schmidt, Wege, 186f Anm. 33.; C. Myers, Strong, Man 390–392. Zurückhaltender ist H.-J. Klauck, Vorspiel, 92.

87 So ganz explizit M. Ebner, Markusevangelium, 172; B. M. F. van Iersel, Mc, 479; als Frage formuliert bei L. Schenke, Mk, 346. Zur Gefahr einer adoptianistischen Christologie

Liegen also schon massive semantische Rückverweise vor, die Mk 15,38 mit der Taufszene verbinden, so wird dieser Rückverweis vollends von der Ikonographie des καταπέτασμα τοῦ ναοῦ unterstützt. Denn auch bei der Spaltung des Tempelvorhangs wird analog zu Mk 1,10 der Himmel geöffnet. Das hat mit der ikonographischen Gestaltung des Vorhangs zu tun, von der Josephus genau berichtet (Bell V 212–214 [Michel/Bauernfeind]):[88]

> Vor diesen [sc. den Türflügeln, M. L.] hing ein ebenso langer Vorhang, ein babylonisches Gewebe, buntgewirkt aus violetter Wolle, weißem Linnen, scharlachroter und purpurner Wolle, eine wunderbare Arbeit. Dabei hatte man diese Zusammenstellung des Materials nicht ohne Überlegung gewählt. Denn sie sollte gleichsam ein Abbild des Alls sein (ὥσπερ εἰκόνα τῶν ὅλων). Denn mit dem Scharlachrot schien das Feuer auf versteckte Weise angezeigt, mit dem weißen Linnen die Erde, mit dem Violett die Luft, mit dem Purpur das Meer. Dabei war in zwei Fällen der Vergleich auf Grund der Farbe, beim weißen Linnen aber und beim Purpur auf Grund der Herkunft angestellt; denn jenes liefert die Erde, dieser stammt aus dem Meer. Auf das Gewebe war das ganze sichtbare Himmelsgewölbe, mit Ausnahme der Bilder des Tierkreises, aufgestickt (κατεγέγραπτο δ' ὁ πέπλος ἅπασαν τὴν οὐράνιον θεωρίαν πλὴν ζῳδίων).

Auf dem nach kosmologischen Kriterien gewirkten Gewebe befand sich also ein Abbild des Himmels. Wird dieser Vorhang von oben nach unten gespalten, dann öffnet sich in der Tat der Himmel im MkEv zum zweiten Mal.

Diese Himmelsspaltung können allerdings nur die informierten Leser sehen. Insofern ist durchaus zu fragen, wer diesen ikonographischen intratextuellen Verweis eigentlich im 1. Jh. n. Chr. entschlüsseln konnte. Leser des Flavius Josephus können es, Menschen, die um die Bedeutung des Tempelvorhangs wissen, auch. Vor allem aber können diejenigen die Inklusio sehen, die den Tempelvorhang und seine Ikonographie gesehen haben. Das waren aber bis 70 n. Chr. nur wenige jüdische Männer. Nichtjüdinnen und Nichtjuden sowie jüdische Frauen konnten ihn aufgrund seiner Positionierung ganz im Inneren des Tempels von Jerusalem nicht erblicken.[89] Auch die allermeisten Erstleserinnen und -leser des MkEv können ihn in Jerusalem nicht gesehen haben. Es ist

---

im Blick auf die Ausstattung Jesu mit πνεῦμα im Rahmen der Taufe – und den mk Gegenstrategien vgl. H.-J. Klauck, Vorspiel, 100–105.

88 D. Ulansey, Veil, hat diese ikonographische Vernetzung erstmals beschrieben, um die Inklusion als autorintendiert zu verstehen. Zugleich hebt er darauf ab, dass sich Mk 15,38 auf den *äußeren* Tempelvorhang beziehen müsse, insofern Josephus in der Tat den Tempelvorhang beschreibe, der am Eingang zum eigentlichen Tempelgebäude hing und nicht den Vorhang vor dem Allerheiligsten. Das ist richtig. Allerdings gehe ich davon aus, dass beide Vorhänge in gleicher Weise gestaltet waren und sich vor dem Hintergrund des mk Textes daher gerade nicht sagen lässt, welcher der beiden Vorhänge speziell gemeint ist.

89 Man wird in diesem Zusammenhang zu beachten haben, dass auch der so genannte äußere Vorhang nur ein relativ äußerer war. Er befand sich am Traubentor, das den Übergang von der Vorhalle (erster Saal) zum Ebenen Saal, in dem Menora, Schaubrottisch und

erst der Flaviertriumph, der den Tempelvorhang aus dem Inneren des Tempels in die Öffentlichkeit holt.[90] Dieser Triumph ist es also, der mit Blick auf die Rezipienten nachhaltig die Möglichkeit verstärkt, ja eigentlich erst eröffnet, dass Mitglieder der mk Gemeinde in Rom nach der Tempelzerstörung die große, durch Stichwortverbindungen induzierte Inklusion von Mk 1,9–11 und Mk 15,38 auch auf ikonographischer Ebene entziffern können.

Worin besteht nun die inhaltliche, über die ästhetische Komponente einer großen Inklusion hinausgehende Funktion einer solchen großen Rahmung und damit letztlich von Mk 15,38? Dazu einige abschließende Überlegungen.[91]

3.5.4 Gott öffnet Tempel und Himmel

Es ist zunächst offenkundig, dass die große Inklusion die Taufe und den Tod Jesu als wesentliche Elemente im Leben Jesu, vor allem auch als Eckpunkte seines öffentlichen Wirkens, eng miteinander verzahnt. In der Taufe wird Jesus mit heiligem Geist ausgestattet, mit dem Tod scheint er ihn auszuhauchen.[92] Das von Gott und seinem Geist geprägte und getragene Werk Jesu scheint getan. Unstrittig dürfte auch sein, dass die von Gott gewirkte Spaltung des Tempelvorhangs eine Reaktion und Folge des Todes Jesu ist.[93] Dabei ermög-

---

Räucheraltar standen, markierte. Die große Vorhalle ihrerseits war aber schon durch das ohne Vorhang ausgestattete Adlertor vom Vorhof der Priester getrennt, in dem der große Altar für die Tieropfer stand. Das Traubentor ist also ein ausgesprochen inneres Tempeltor, es ist das vorletzte Tor vor dem Allerheiligsten. Will man von Osten nach Westen zum Allerheiligsten gehen, dann muss man zunächst das Korinthische Tor, das Nikanortor und das Adlertor passieren, bevor man überhaupt das Traubentor erreicht. Und durch diese Tore durften längst nicht alle gehen: Nichtjüdinnen und Nichtjuden mussten bereits vor dem Korinthischen Tor stoppen, jüdische Frauen durften nicht durch das Nikanortor gehen und jüdische Männer, die nicht Priester waren, waren auf den Bereich vor dem großen Altar beschränkt. Das Adlertor durften allein Priester passieren – und erst im Anschluss kommt das Traubentor. Nur wenige können also den Tempelvorhang in Jerusalem wirklich gesehen haben (alle Bezeichnungen, archäologischen Evidenzen und die Strukturierung des Tempels nach M. Küchler, Handbuch, 117–122.733–735). Flavius Josephus kannte die Tempelvorhänge selbstverständlich nicht nur aus Rom, sondern auch aus Jerusalem, gehörte er doch zu einer jüdischen Priesterfamilie (vgl. zum Priesterverständnis des Josephus auch M. Tuval, Priest, 260–274).

90 Auch B. J. Incigneri, Gospel, 202–207, erachtet den Flaviertriumph als notwendigen Hintergrund, damit die mk Gemeinde in Rom die Bedeutung des Tempelvorhangs und seiner Ikonographie verstehen kann. Vgl. auch S. G. F. Brandon, Jesus, 226–230.

91 Vgl. auch die breite Zusammenstellung von Interpretationsmöglichkeiten bei A. Yarbro Collins, Mk, 760–764.

92 Ob man dieses Aushauchen des Geistes als Geistausschüttung im Sinne eines mk Pfingsten und damit als Einlösung von Mk 1,8 verstehen muss, sei dahingestellt. Vgl. in diesem Sinne K. M. Schmidt, Wege, 33; M. Ebner, Kreuzestheologie, 153f; S. Motyer, Veil.

93 Es ist eine der Hauptthesen der Studie von T. C. Gray, Temple, dass im MkEv das Geschick Jesu mit dem Geschick des Tempels verknüpft wird. So wie Jesus stirbt, so beginnt

licht die erzählerische Linienführung etwas im normalen Alltag fast Unmögliches: den unverstellten Blick in das Innere des jüdischen Tempels. Denn zum einen schauen die Leserinnen und Leser tatsächlich in den Tempel und sehen im übertragenen Sinne den erzählten Tempelvorhang, den sie faktisch im Flaviertriumph haben sehen können. In der mk Erzählung sehen sie ihn freilich im noch bestehenden Tempel. Zum anderen können sie gleichsam durch den gespaltenen Vorhang schauen und damit in das Allerheiligste oder doch zumindest in den Raum vor dem Allerheiligsten sehen, in dem Räucheraltar, Schaubrottisch und Menora standen – und auch diese Stücke wurden im Flaviertriumph in Rom gezeigt. Das gleicht einer Öffnung des Tempelinneren für alle.

In der mk Erzählwelt sieht das allerdings keine einzige der Erzählfiguren. Auch den geöffneten Himmel sieht keine Erzählfigur. Und das unterscheidet Mk 15,38 von Mk 1,9–11. Denn dort hatte immerhin noch Jesus in den geöffneten Himmel geschaut. In Mk 15,38 sehen hingegen nur die Leserinnen und Leser des MkEv durch die Erzählung in das Innerste des Tempels.[94] Und sie sehen – insoweit sie den Tempelvorhang kennen – den von Gott aufgerissenen Himmel. Aber auch das sehen wirklich nur die Leser. Es ist angesichts der Formulierung in Mk 15,39 (ἰδὼν δὲ ὁ κεντυρίων ὁ παρεστηκὼς ἐξ ἐναντίας αὐτοῦ ὅτι οὕτως ἐξέπνευσεν) m. E. ausgeschlossen, dass der Centurio das Geschehen im Tempel gesehen hat. Seine Wahrnehmung richtet sich explizit auf das Sterben Jesu, dem er gegenüber steht. Und es ist die Art und Weise (οὕτως) dieses Todes, die ihn zu seinem ungewöhnlichen Bekenntnis vorstoßen lässt.[95]

---

auch die Destruktion des Tempels (vgl. 185–188). Übertrieben erscheint mir allerdings, wenn man das ἐξέπνευσεν Jesu mit einer φωνὴ μεγάλη dahingehend interpretiert, Jesu Geist selbst habe den Tempelvorhang eingerissen, so aber H. W. Jackson, Death; C. A. Evans, Mk, 510. Das sich eher auf Gott beziehende Passiv ἐσχίσθη steht dem m. E. entgegen; zur Kritik vgl. auch H.-J. Klauck, Vorspiel, 92.

94 So auch L. Schenke, Mk, 346.

95 Entsprechend überzeugen m. E. daher Überlegungen nicht, es müsse sich beim gespaltenen Tempelvorhang notwendig um den *äußeren* Vorhang gehandelt haben, weil der Centurio die Spaltung sonst nicht hätte sehen und sein Bekenntnis nicht hätte formulieren können (vgl. das Referat von entsprechenden Positionen bei H. W. Jackson, Death, 22–24). Der Centurio schaut aber nicht zum Tempel, sondern auf Jesus. Und hätte er den Tempelvorhang erblicken wollen, so hätte er – vorausgesetzt das MkEv verortet Golgotha wie die heutige Tradition westlich des Tempels, worauf die Notiz, dass Simon von Kyrene vom Acker kommt (Mk 15,21), durchaus hindeutet, insofern sich archäologisch an der Stelle des heutigen Golgotha zur Zeit Jesu ein Steinbruch und Ackergelände nachweisen lässt (vgl. zum archäologischen Nachweis ein Ackerbauschicht auf den Steinbruchspuren der herodianischen Zeit M. Serr, Golgota, 63; zur Anwendung von Mk 15,21 für die Verortung von Golgotha M. Küchler, Jerusalem, 417) – zunächst nach Osten laufen und den Tempelberg umkreisen müssen. Aber das erzählt das MkEv nicht (so auch A. Yarbro Collins, Mk, 760). C. C. Black, Mk, 330, hält treffend fest, dass in filmischer Perspektive die Gestaltung von Mk 15,38–41 „hard cuts" gleiche: jede Teilszene stehe für sich allein. Zur Schnittfolge im

Diese von den Leserinnen und Lesern gesehene Spaltung des Himmels und des Vorhangs kann nun einerseits bedeuten, dass mit Jesu Tod ein unmittelbarer Zugang zu Gott ermöglicht worden ist. Der Himmel steht offen und der Tempel auch. Die Grenzziehungen, denen der Tempelvorhang funktional diente, sind von Gott selbst in Reaktion auf den Tod Jesu eingerissen worden. Der Tempel, auch sein Innerstes, ist jetzt für alle Menschen offen. Er ist und bleibt aber der Ort der Begegnung mit Gott.[96]

Die Spaltung könnte freilich auch bedeuten, dass die Präsenz Gottes den Tempel verlassen hat und Gott selbst ihn der Zerstörung anheim gegeben hat, ja mit dem Zerstörungswerk bereits begonnen hat.[97] Der Vorhang ist schon gespalten.[98] Der in der Erzählzeit schon zerstörte Tempel wird in der erzählten Zeit bereits von Gott anfanghaft eingerissen.

Sich zwischen diesen beiden Optionen[99] zu entscheiden, fällt nicht leicht, insofern die mk Erzählweise bei einer isolierten Betrachtung von V. 38 nicht auf eine eindeutige Interpretation hinauszulaufen scheint.[100] Die erste Deutungsvariante ist theologisch gehaltvoll, weil sie erkennt, dass die Spaltung des Tempelvorhangs ein Element der Deutung des Todes Jesu ist. Der Tod Jesu hat in dieser Deutungslinie nämlich eine unmittelbar positive Folge. Er reißt die

---

Kontext von Mk 15,38 und damit zur „Kameraführung“ des Erzählers vgl. auch R. Zwick, Montage, 445f.

96 So interpretieren die Spaltung des Tempelvorhangs etwa H.-J. Venetz, Mk, 203f; K. Kertelge, Mk, 159; M. Gruber, Vorhang, 187f; P. Dschulnigg, Mk, 402f (Gottes Herrlichkeit, die der innere Vorhang sonst verhüllt, wird im Tod Jesu offenbar); E. Struthers Malbon, Mk, 97; H.-J. Klauck, Vorspiel, 91; vorsichtig auch C. C. Black, Mk, 332; vgl. auch Hebr 9f. Entschieden ablehnend steht A. Bedenbender, Botschaft, 203, dieser positiven Deutung gegenüber.

97 Zumindest erwogen bei P. Dschulnigg, Mk, 402. Eindeutig in diese Richtung gehen E. Schweizer, Mk, 195; D. Lührmann, Mk, 264; D. Dormeyer, Markusevangelium, 314; L. Schenke, Mk, 346: „Gott hat den Tempel verlassen, der damit seine Funktion als Ort Gottes verloren hat. Seine Zerstörung beginnt.“ Mit dem Tod Jesu hat sich „Gott entzogen“ und ist „fern“. Ähnlich A. Bedenbender, Botschaft, 33.203–206; K. M. Schmidt, Wege, 381–383; J. B. Chance, Temple, 285–291; B. J. Incigneri, Gospel, 153.204–206.

98 Die wundersame Spaltung des Vorhangs wird von manchen Exegeten daher auch im Zusammenhang mit Prodigien interpretiert, die sich an oder im Umfeld von Tempeln ereignen und auf den Untergang des jeweiligen Tempels hindeuten. Vgl. dazu mit Textbeispielen B. J. Incigneri, Gospel, 204; K. M. Schmidt, Wege, 382f (etwa: plötzliches Aufschwingen einer Tempeltür); zu jüdischen Schriften, die die Zerstörung des Tempelvorhangs mit der Zerstörung des Tempels verbinden, vgl. A. Bedenbender, Botschaft, 205.

99 Freilich sind im Forschungsdiskurs neben diesen beiden Hauptoptionen noch weitere Alternativdeutungen vorhanden. So versteht etwa R. M. Catalano, Perspective, 195f, die Spaltung des Vorhangs als Ausdruck der göttlichen Trauer über den Tod Jesu. Zu wenig berücksichtigt erscheinen mir dabei die Funktion des Vorhangs, seine ikonographische Gestaltung und der Rückverweis auf Mk 1.

100 So auch C. C. Black, Mk, 332: „The Evangelist describes but offers no conclusive interpretation“; ähnlich S. Lücking, Zerstörung, 150. J. Gnilka, Mk II, 324, versucht beide Interpretationsrichtungen miteinander zu verbinden und zu harmonisieren.

Differenz zwischen Gott und Mensch ein, er „demokratisiert" geradezu den Zugang zur Präsenz Gottes im Tempel, ja er öffnet sogar den Himmel. Das ist eine gute und mögliche Deutung. Mir scheint allerdings, dass im Rahmen dieser Deutung Mk 15,38 etwas isoliert von den übrigen Textstellen des MkEv betrachtet wird, in denen vom Tempel als ναός die Rede ist. Und das sind neben Mk 15,38 noch Mk 15,29 und Mk 14,58.[101] Und in allen Fällen geht es dabei um die Zerstörung des Tempels. Thematisch gehört auch Mk 13,1–3 in diesen Zusammenhang, obwohl dort von der Zerstörung des ἱερόν die Rede ist. Beachtet man diese im MkEv durchaus vorhandene Thematik, dann kann man textbasiert gut begründen, dass das Zerstörungswerk, das in Mk 13,1–3 anklingt, in Mk 15,38 tatsächlich beginnt.[102]

Dieser exegetischen Deutungsrichtung eine antijudaistische Haltung zu unterstellen,[103] weil sie die in der erzählten Welt als eine Folge des Todes Jesu sich ereignende Spaltung des Tempelvorhangs als Beginn der Zerstörung des Tempels und letztlich als Auszug Gottes aus dem Tempel interpretiert, geht m. E. zu weit. Der Text selbst ermöglicht angesichts von Mk 15,38; 15,29; 14,58 und 13,1–3 eine solche Deutung. Dabei ist es aber nicht das Ziel des MkEv, antijudaistische Propaganda zu betreiben. Man wird nämlich zu beachten haben, dass das MkEv im Angesicht des bereits zerstörten Tempels geschrieben worden ist. Diese Zerstörung wird von Markus aber nirgends in seinem Text hämisch aufgegriffen. Auch wird gerade die Aussage, Jesus selbst habe den Tempel zerstören wollen, als Falschzeugnis entlarvt (Mk 14,58). Und es ist dieses falsche Zeugnis, das der Verspottung Jesu in Mk 15,29 dient. Nicht Jesus reißt den Tempel ein. Es ist, wenn man Mk 13,2 und 15,38 als *passivum divinum* verstehen will, der verhüllt agierende Gott selbst, der keinen Stein auf dem anderen lassen wird (Mk 13,2) und mit der Destruktion im Inneren bereits begonnen hat (Mk 15,38). Aber das schreibt Markus eben nachdem die Römer den Tempel zerstört haben. Und das bedeutet dann doch, dass Markus die Souveränität Gottes theologisch angesichts der Katastrophe der Tempelzerstörung um jeden Preis retten will – und das ist eine gerade im Judentum des 1./2. Jh. n. Chr. vorhandene Zielsetzung im Umgang mit der Katastrophe

101 Auf der Basis dieser miteinander verbundenen Textstellen kommt D. Lührmann, Mk, 264, zu seiner Deutung von Mk 15,38 als Vorausverweis auf die Zerstörung des Tempels.

102 Mk 15,38 ist insofern nicht nur ein Vorausverweis auf die Tempelzerstörung, so aber etwa D. Lührmann, Mk, 264, sondern der Beginn der Destruktion (richtig m. E. L. Schenke, Mk, 346). Schwer erklärbar bleibt bei dieser Deutung von Mk 15,38 allerdings die große Inklusion und die über die Ikonographie des Tempelvorhangs erwirkte zweite Öffnung des Himmels.

103 So explizit bei R. Pesch, Mk II, 499: „Vor antijudaistischen Überinterpretationen des Strafwunders der Spaltung des Tempelvorhangs ist zu warnen." Pesch vertritt eine Deutung der Spaltung des Tempelvorhangs, die die Spaltung als göttliche Beglaubigung der jesuanischen Messianität versteht und in ihr eine Warnung für die Tempelaristokratie erblickt. Diese Engführung auf die Tempelelite scheint mir angesichts des mk Textes nicht gedeckt.

der Tempelzerstörung.[104] Es liegt also eine jüdische Deutungstechnik vor, die man kaum als antijudaistisch bezeichnen kann. Die Römer mögen den Tempel zerstört haben, aber Gott selbst hatte im MkEv damit bereits angefangen. Und eben jener Gott wird mit der Auferweckung Jesu, von der die Leserinnen und Leser allerdings noch nicht gelesen haben, einen neuen Anfangspunkt und eine neue Form der Begegnung mit Jesus, als dem Gottessohn und damit letztlich auch mit Gott, ermöglichen. Dies aber nicht mehr in Jerusalem und im Tempel, sondern in Galiläa (Mk 16,7).

Noch ein letzter, freilich sehr spekulativer Gedanke, der nochmals zum Flaviertriumph zurückblendet: Im Blick auf die Lagerung der Tempelvorhänge im Palast des Vespasian formuliert Josephus (Bell VII 162 [Michel/Bauernfeind]):

> Ihre Torarolle und die purpurnen Vorhänge des Allerheiligsten befahl er im Palast niederzulegen und zu bewachen. / τὸν δὲ νόμον αὐτῶν καὶ τὰ πορφυρᾶ τοῦ σηκοῦ καταπετάσματα προσέταξεν ἐν τοῖς βασιλείοις ἀποθεμένους φυλάττειν.

Josephus verwendet an dieser Stelle zum ersten und einzigen Mal in seinem Werk das Substantiv σηκός. In der Übersetzung von Michel/Bauernfeind wird dieses Wort mit „Allerheiligstes" übersetzt. Es steht insofern synonym zu τὸ ἄδυτον (Bell V 236) oder auch ἁγίου δὲ ἅγιον (Bell V 219). Wenn diese Übersetzung richtig ist,[105] dann ist allerdings der von Josephus gewählte Plural im Blick auf die Tempelvorhänge überraschend.[106] Denn zum Allerheiligsten gehörte ja nur *ein* Vorhang. Man könnte daher überlegen, ob die Flavier den Tempelvorhang des Adytons selbst gespalten und daraus mehrere Vorhänge gemacht haben. Wenn dem so wäre – aber das lässt sich nicht beweisen –, dann würde Mk 15,38 nochmals eine zusätzliche Bedeutungsnuance erhalten. Erzählt würde dann nämlich, dass Gott schon längst den Vorhang in zwei Teile gespalten hat, bevor die Flavier auch nur einen Fuß in den Tempel von Jerusalem gesetzt und den Vorhang ihrerseits geteilt haben.

---

104 Die Deutungsmuster, die im Umgang mit der Tempelzerstörung in jüdischen Schriften verwendet werden, sind vielfältig, sie laufen aber häufig darauf hinaus, die Souveränität Gottes angesichts des zerstörten Tempels sowie den Auserwählungsgedanken im Blick auf das jüdische Volk zu retten, wie sich an 4 Esr und Flavius Josephus (vgl. die theologische Konstruktion der Tempelzerstörung in I 5.1) zeigen lässt; vgl. dazu die Überlegungen in M. Lau, Katastrophenmanagement.

105 Im Rahmen ihrer Übersetzung entscheiden sich O. Michel und O. Bauernfeind (250f Anm. 89) für diese Wortbedeutung, problematisieren aber auch die Übersetzung. Alternativ kann σηκός auch einfach den ganzen Tempel bzw. den heiligen Bezirk meinen. Zu weiteren Wortbedeutungen vgl. LSJ (Schafpferch, Bibliothek, Grabstätte, Schlafzimmer). Welche genaue Wortbedeutung Josephus diesem Begriff beimisst, lässt sich nicht weiter ergründen, weil er den Terminus nur an dieser Stelle verwendet.

106 Unstrittig ist freilich, dass die Flavier beide Tempelvorhänge samt evtl. Ersatzvorhänge erobert haben (vgl. Bell VI 389f).

3.6 Gottessohn: Der Centurio und seine ungewöhnliche Optik

Als Reaktion auf die Art und Weise des Sterbens Jesu[107] und in Unkenntnis des gespaltenen Tempelvorhangs meldet sich unmittelbar nach dem Tod Jesu eine Erzählfigur zu Wort, von der im MkEv bisher nicht die Rede war. Es ist der Centurio, der Jesus gegenübersteht. Man wird ihn sich in der mk Erzählführung als Teil der großen Soldatengruppe vorstellen dürfen, die Jesus ab V. 16 begleitet und bis V. 27 das handelnde Subjekt ist. In der jesuanischen Passion zeigt sich die für Jesus tödliche Macht Roms. Als einer der höchsten Offiziere der Kohorte befindet sich der Centurio nun in unmittelbarer Nähe zu Jesus. Er kann ihm buchstäblich ins Gesicht schauen. Auch im Moment des Todes steht er dort. Und was er dann nach dem Tod Jesu sagt, gehört zu den seltsamsten Erzählzügen des MkEv und ist Gegenstand umfänglicher exegetischer Diskussionen. Dabei kommt – wie sich zeigen wird – Mk 15,39 auch vor dem Hintergrund des Triumphzugs besondere Bedeutung zu.

3.6.1 Ein christologisches Bekenntnis im Mund eines römischen Offiziers?

In V. 39 lässt Markus den Centurio ἀληθῶς οὗτος ὁ ἄνθρωπος υἱὸς θεοῦ ἦν sagen. Der dabei verwendete christologische Titel υἱὸς θεοῦ ist fester Bestandteil des MkEv. Er findet sich als Titel für Jesus direkt oder in abgewandelter Form[108] in Mk 1,1.11; 3,11; 5,7; 9,7[109]; 13,32; 14,61. Eine tabellarische Übersicht zeigt die Verwendungsweise dieses Titels im MkEv.

---

107 Das ἐξέπνευσεν von V. 39c bindet dabei an V. 37a an und verknüpft die Reaktion des Centurios unmittelbar mit dem Tod Jesu, während die Leserinnen und Leser zunächst in den Tempel geführt worden sind (V. 38).

108 Der Titel findet sich auch in Mk 12,6 und damit in der Bildwelt des Gleichnisses von Mk 12,1–12. Die dortige Redeweise vom geliebten Sohn lässt sich unschwer auf Jesus beziehen (zu einer solchen Interpretation von Mk 12,1–12 vgl. stellvertretend für viele P. Dschulnigg, Mk, 308–313). Gleichwohl berücksichtige ich im Rahmen der folgenden Analyse Mk 12,6 nicht, weil die Bildwelt des Gleichnisses den Titel nicht unmittelbar vergleichbar zu den übrigen Stellen im MkEv verwendet, an denen vom υἱὸς θεοῦ die Rede ist.

109 Mk 9,7 legt in Kombination mit Mk 9,9 nahe, dass die Titel „Sohn Gottes" und „Menschensohn" in der mk Erzählwelt synonym verwendet werden können. Gleichwohl lasse ich den Titel Menschensohn im Folgenden zunächst unberücksichtigt, weil es an dieser Stelle um eine Analyse des Sprachgebrauchs von Mk 15,39 geht und daher eine Begrenzung auf den Titel υἱὸς θεοῦ nahe liegt.

Textstelle	*Tempus von εἰμί*	*Titel*	*Bestimmter Artikel?*	*Wer spricht?*	*Adressat*[110]	*Reaktion Jesu?*
1,1[111]	—	᾿Ιησοῦ Χριστοῦ υἱοῦ θεοῦ	—	Erzähler	Leser	—
1,11	Präsens	ὁ υἱός μου ὁ ἀγαπητός	✓	Gott	Jesus	—
3,11	Präsens	ὁ υἱὸς τοῦ θεοῦ	✓	Unreine Geister	Jesus	Verbot
5,7	(indirekt Präsens)	υἱὲ τοῦ θεοῦ τοῦ ὑψίστου	✓	Dämon	Jesus	Exorzismus
9,7	Präsens	ὁ υἱός μου ὁ ἀγαπητός	✓	Gott	Petrus Jakobus Johannes	Verbot [begrenzt bis nach Ostern]
13,32	(indirekt Präsens)	ὁ υἱός, εἰ μὴ ὁ πατήρ	✓	Jesus	Petrus Jakobus Johannes Andreas	—
14,61	Präsens	ὁ χριστὸς ὁ υἱὸς τοῦ εὐλογητοῦ	✓	Hohepriester	Jesus	ἐγώ εἰμι
15,39	Imperfekt	υἱὸς θεοῦ	—	Centurio	?	—

In christlicher Perspektive orthodox wirkt der Titelgebrauch des Centurios angesichts der Vergleichstexte innerhalb des MkEv nicht. Es fehlen die bestimmten Artikel.[112] Das Imperfekt ἦν stört ebenfalls. Dass im MkEv υἱὸς θεοῦ auch in einem christologisch anschlussfähigeren Sinne gebraucht wird, steht

110 Die Leserinnen und Leser des Textes sind freilich immer Mitadressaten. Ich liste sie nur dann eigens auf, wenn im Text keine Erzählfigur genannt wird, die explizit Adressat des Gesprochenen ist.

111 Zur Textkritik von Mk 1,1 vgl. B. M. Metzger, Commentary, 73. Mit H.-J. Klauck, Vorspiel, 45f; P. Dschulnigg, Mk, 58 Anm. 3; J. Gnilka, Mk I, 43; R. T. France, Mk, 49; A. Winn, Purpose, 94f, entscheide ich mich für die gut bezeugte längere Version, allerdings ohne Artikel vor θεοῦ, der in einer Reihe von Handschriften ebenfalls zu finden ist, aber – nach R. Pesch, Mk I, 74 Anm. a – eine sekundäre Erweiterung darstellt.

112 Darin ist Mk 15,39 Mk 1,1 gleich. Dass in der griechischen Sprache fehlende Artikel nicht zwangsläufig auf indefiniten Sprachgebrauch hinweisen (so J. Marcus, Mk, 1058; A. Yarbro Collins, Mk, 766f; W. T. Shiner, Pronouncement, 4–7 mit Anm. 7; vgl. BDR § 252–254), ist richtig. Umgekehrt gilt aber auch, dass fehlende Artikel nicht automatisch im Sinne eines definiten Sprachgebrauchs verstanden werden dürfen (das zeigt E. S. Johnson, Key, 4–7, in seiner präzisen, textbasierten Auseinandersetzung mit „Colwell's Rule" [vgl. E. C.

vor allem angesichts von Mk 1,11; 9,7 außer Frage. Es geht in Mk 15,39 also nicht um ein christologisch korrektes, ontologisches[113] Bekenntnis im Sinne etwa der paulinischen Tradition. Achtet man auf das Profil der Erzählfigur, die V. 39 spricht, dann wird eine andere Ableitung des Titels υἱὸς θεοῦ und damit ein anderer Motivhintergrund wahrscheinlicher.

3.6.2 Ein Kaisertitel

Im Mund eines *römischen Offiziers* – nur das MkEv bietet im Übrigen in diesem Zusammenhang den korrekten römischen Titel κεντυρίων als Latinismus (im NT wird der Centurio sonst mit ἑκατοντάρχης bezeichnet und in diesem Sinne ändern auch die synoptischen Seitenreferenten Mk 15,39 ab) und weist den Offizier damit entschieden als Römer aus[114] – wird man bei υἱὸς θεοῦ an die paganen Gottessöhne denken dürfen und hier eine Anspielung auf den Kaisertitel *divi filius*/υἱὸς θεοῦ hören können. Das wird in der Exegese vielfach so vertreten.[115] Römische Kaiser haben sich nach der Divinisierung (*consecratio*) ihres Vaters oder Adoptivvaters den Titel Gottesohn, *divi filius*, zugelegt. Urmodell dafür ist Augustus, der Caesar vergöttlichen ließ und so selbst zum Gottessohn wurde.[116] Inschriften – etwa auch die des Titusbogens, die den bereits vergöttlichten, also verstorbenen Titus als Gottessohn bezeich-

---

COLWELL, Rule, 13: „A definite predicate nominative has the article when it follows the verb; it does not have the article when it precedes the verb."] auf). Insofern kann man allein im Blick auf die Grammatik von Mk 15,39 nicht entscheiden, ob von „einem Sohn eines Gottes" die Rede ist oder von „dem Sohn des (einen) Gottes" (so auch E. S. JOHNSON, Key, 6). Entscheidend ist im Blick auf Mk 15,39, dass der mk Sprachgebrauch den bestimmten Artikel bei der Verwendung des Titels υἱὸς θεοῦ kennt und mit Ausnahme von Mk 1,1 auch nutzt. Das aber legt nahe, dass in Mk 15,39 bewusst auf die bestimmten Artikel verzichtet worden ist, um einen spezifischen kulturellen Resonanzraum zu öffnen.

113 M. E. richtig hält J. GNILKA, Mk II, 325, fest, dass es sich in Mk 15,39 eben gerade nicht um eine „Wesensaussage" im Blick auf Jesus handelt.

114 Darauf machen D. LÜHRMANN, Mk, 264; A. YARBRO COLLINS, Mk, 764; A. BEDENBENDER, Botschaft, 195f, aufmerksam.

115 So auch S. SCHREIBER, Christologie, 32–45.68–70; M. EBNER, Mk, 164f; M. EBNER, Kreuzestheologie, 153–158; M. EBNER, Evangelium, 34f; U. SCHNELLE, Christentum, 127; S. SCHAPDICK, Programm, 567; C. C. BLACK, Mk, 333; C. A. EVANS, Mk, 510; J. MARCUS, Mk, 1067f; A. YARBRO COLLINS, Mk, 767f; B. J. INCIGNERI, Gospel, 169; A. WINN, Purpose, 100–102.182f; K. M. SCHMIDT, Wege, 431–447, bes. 438–447; T. H. KIM, Cult, 222–241 (mit reichlich Hintergrundmaterial); D. ÁLVAREZ CINEIRA, Statement, 160–166 (er versteht Mk 15,39 speziell als *restitutio memoriae* und damit als Gegenstück zur *damnatio memoriae*, der Jesus als Gekreuzigter eigentlich hätte verfallen müssen); H. LEANDER, Empire, 287–291; M. PEPPARD, World, 130, liest Mk 15,39 insbesondere vor dem Hintergrund der Akklamationen römischer Kaiser durch römische Soldaten, die zur Voraussetzung wurde, um zum *divi filius* zu avancieren.

116 Vgl. dazu auch P. ZANKER, Augustus, 42–46.

net[117] – und Münzen verkündigen diesen Titel mannigfach in der römischen Welt.[118] Im Griechischen wird dabei regelmäßig *divi filius* durch υἱὸς θεοῦ übersetzt.[119] Die amtierenden Kaiser selbst blieben dabei Menschen,[120] wenngleich der Hauch des Numinosen auch sie zu umwehen begann. Ihr Tod konnte sie freilich zum Gott befördern,[121] sofern sich ein Sohn oder Adoptivsohn als Nachfolger auf dem Kaiserthron halten konnte und sich dann auch *divi filius* nennen wollte.

Es ist dieser Kaisertitel, den der Centurio für den gekreuzigten Jesus verwendet. Denn zu diesem Motivhintergrund passen genau die Konstituenten des Titels in Mk 15,39, die ihn gegenüber den sonstigen Verwendungen von υἱὸς θεοῦ im MkEv auszeichnen: Vollkommen zu Recht wird Jesus als οὗτος ὁ ἄνθρωπος bezeichnet. Wie die kaiserlichen Gottessöhne ist auch der mk Jesus ein Mensch. Als υἱὸς θεοῦ, als Gottessohn, ist er in der Perspektive eines Römers zudem ein Gottessohn neben anderen Göttersöhnen. Insofern sind die fehlenden bestimmten Artikel nur konsequent. Und insofern der Centurio in der Retrospektive auf das Leben Jesu und sein Sterben formuliert, ist auch das Imperfekt ἦν nur folgerichtig. Eine ontologische Prolongation des υἱὸς-θεοῦ-Seins über den Tod hinaus ist auch beim römischen Kaiser nicht vorgesehen.

Was der Centurio hier macht, die Anwendung eines Kaisertitels auf Jesus, gleicht dabei einer kulturellen Übersetzungsleistung. Sie steht dabei sachlich in gewisser Entsprechung zum Königstitel von Mk 15,2.9.12.18.26, der in Mk 15,32 in einen jüdischen Titel übersetzt worden ist. Der Centurio nutzt mit Blick auf Jesus nun einen Titel, der der Rede vom König Jesus im römischen Kontext sachlich entspricht. Aus der spöttischen Bezeichnung Jesu als König der Juden durch die Soldateska in Mk 15,18, an der man sich den Centurio durchaus beteiligt vorstellen muss, ist nun für ihn eigenwilliger Ernst geworden.

---

117 Zu lesen ist: *DIVO TITO DIVI VESPASIANI F(ILIO).*

118 Zu den Realien und zum Hintergrundphänomen des Kaiserkults vgl. aus der Fülle an einschlägiger Literatur nur H.-J. Klauck, Umwelt, 17–74 (mit Beispielen für υἱὸς θεοῦ als Kaisertitel [47f]); A. Yarbro Collins, Mk, 768 (mit epigraphischen Belegen für die Übersetzung von *divi filius* mit υἱὸς θεοῦ/θεοῦ υἱός); M. Ebner, Stadt, 138–165.

119 Nach H.-J. Klauck, Umwelt, 47, lässt sich dabei *divi filius* „im Griechischen nicht anders wiedergeben […] als mit υἱὸς τοῦ θεοῦ".

120 Das gilt zumindest für den Westen des Imperium Romanum. Die Osthälfte des Reiches war bei der Vergöttlichung lebender Personen flexibler.

121 Geradezu sprichwörtlich ist die Sentenz des Vespasian geworden, der bei Krankheit und potentieller Todesgefahr formulierte (Suet., Vesp 23,4 [Martinet]): „Ach, ich glaube, ich werde ein Gott (*deus*)."

All das macht den Centurio noch nicht zu einem Jesusnachfolger im Sinne des MkEv.[122] Aber offenkundig hat der Centurio in der mk Erzählwelt in Jesus, vor allem in der Art seines Sterbens, etwas gesehen, das ihn Jesus affirmativ als Gottessohn bezeichnen lässt.[123] Und damit wird der Centurio zu einer positiven Identifikationsfigur für die Leserinnen und Leser. Der Centurio hat einen ersten Schritt in Richtung Nachfolge gemacht.

Es scheint mir ein eigenwilliger Zug des MkEv zu sein, dass Gegnerfronten innerhalb des Textes auf Dauer nicht ganz geschlossen auftreten. Es gibt immer individuelle Ausnahmen, die positiv auf Jesus reagieren. Der Centurio scheint mir im Gegenüber zu den sonstigen römischen Soldaten eine solche Ausnahme zu sein. Eine weitere bietet Mk 12,28–34. Im Gegenüber zur Jesus besonders feindlich eingestellten Gruppe der Schriftgelehrten erscheint ein Schriftgelehrter aus diesem Kollektiv als positive Erzählfigur. Und mit Josef von Arimathäa taucht schließlich in Mk 15,43 ein Ratsherr auf, der nach Jesu Tod für dessen Leichnam Sorge tragen wird, nachdem er zuvor als Mitglied des jüdischen Rates (Synhedrion) Jesus zum Tode verurteilt hat (Mk 14,55–64 [beachte: „*alle*" verurteilen Jesus zum Tode; V. 64]; 15,1).[124] Dabei – und auch das ist bemerkenswert – kann man in der mk Erzählwelt sich auch erst dann positiv zu Jesus verhalten, wenn eigentlich die Würfel schon gefallen sind, Jesus gestorben ist und man selbst an diesem Tod, wie der Centurio oder auch Josef von Arimathäa, nicht unbeteiligt war. Für eine Neupositionierung im Blick auf Jesus, so scheint es jedenfalls, ist es nie zu spät.

3.6.3 Hohn und Spott?

Ist das glaubhaft? Will Markus wirklich erzählen, dass ein hoher römischer Offizier einen Gekreuzigten *affirmativ* mit einem Kaisertitel belegt? Ist also οὗτος ὁ ἄνθρωπος υἱὸς θεοῦ ἦν eine in der mk Erzählwelt ernst gemeinte Aussage oder handelt es sich um eine letzte, nun schon postmortale Verspottung Jesu, die in einer Linie mit den ebenfalls auf Titeln beruhenden Verspottungen in V. 18 („König der Juden") und V. 32 („Christus, König Israels") steht?

---

122 In diese Richtung geht aber E. Schweizer, Mk, 195: „Markus sieht also in diesem Ausspruch sicher nicht nur die Ahnung eines Heiden von irgend etwas Göttlichem, sondern ein vollgültiges Bekenntnis." Ähnlich J. Gnilka, Mk II, 324f; D. Dormeyer, Markusevangelium, 314; T. C. Gray, Temple, 125.194–196 (der gläubige Centurio stehe symbolisch für den Beginn der eschatologischen Sammlung der Völker und ihrer Hinwendung zum Glauben); sehr kritisch zu einer solchen Interpretation E. S. Johnson, Confession. Zur Rezeption der Figur des Centurios, der in der christlichen Tradition mit dem Namen Longinus belegt wird und mehr und mehr zum Gläubigen avanciert, vgl. A. Yarbro Collins, Mk, 771; vgl. zur Rezeption auch N. Eubank, Power, 248–256.

123 So etwa P. Dschulnigg, Mk, 403f; M. Ebner, Mk, 165; M. Ebner, Schatten, 70f; D. Lührmann, Mk, 264; L. Schenke, Mk, 346; R. Pesch, Mk II, 500; C. A. Evans, Mk, 510; A. Wypadlo, Funktion, 203–208.

124 So auch S. Schapdick, Feindschaft, 182.

Und müsste man dann nicht das ἀληθῶς bissig mit „soso“ oder einem hämisch gemeinten „wahrlich / wirklich“ übersetzen? Wohlgemerkt: Es geht dabei nicht um eine historische Rückfrage, sondern um das inhaltliche Profil und die Charakterisierung einer Erzählfigur. In der neueren deutschsprachigen[125] Exegese hat vor allem Andreas Bedenbender V. 39 pointiert als Verspottung Jesu aufgrund der Parallelen zu V. 18.32 gewertet und in sein romkritisches Lektürekonzept des MkEv eingebaut.[126]

Für mich bleibt das zweifelhaft.[127] Und zwar nicht nur aufgrund der oben angestellten kompositorischen Beobachtungen, die den Centurio auf der Seite der „Glaubenden“ verortet (s. III 3.3).[128] Vielmehr zeigt die einzige mk Textstelle, an der ἀληθῶς neben Mk 15,39 noch verwendet wird, Mk 14,70, gerade keinen ironischen oder spöttischen Sprachgebrauch.[129] Es kommt hinzu, dass Mk 15,39 in semantischer Opposition zu Mk 15,31 f steht. Sind es dort jüdische Eliten, die über den am Kreuz hängenden Jesus spotten und ihn als Christus und König Israels auffordern, vom Kreuz herabzusteigen, damit sie dies *sehen*[130] und dann an Jesus als Messias und König glauben, so *sieht* der Centurio Jesus – aus der Perspektive von V. 31 f noch immer – am Kreuz hängen und sterben, also nicht herabsteigen, was ihn dazu bringt, Jesus als Gottessohn zu bezeichnen.[131]

Das sind natürlich keine zwingenden Argumente, die Textbeobachtungen geben aber doch einen Fingerzeig, dass Mk 15,39 nicht spöttisch und ironisch gemeint sein muss.[132] Dann aber wird man umso mehr fragen müssen, welchen Sinn die mk Inszenierung haben könnte. Zwei Aspekte erscheinen mir bedenkenswert. Zum einen lässt sich das υἱὸς θεοῦ des Centurios nahtlos in

125 In der anglophonen Welt vertritt etwa C. Myers, Strong Man, 393 f, eine ähnliche Position; zuletzt hat auch N. Eubank, Power, 260–267, die Aussage des Centurios als höhnisch verstanden: Die Leser des MkEv seien aufgefordert, hinter dem Spott die Wahrheit im Spott zu entdecken; einen guten Forschungsüberblick zu dieser Frage bietet auch A. Yarbro Collins, Mk, 768 f; vgl. auch die abwägenden Überlegungen bei J. Jay, Tragic, 239–242.

126 Vgl. A. Bedenbender, Botschaft, 57.191–202.205.

127 Ich folge hier B. M. F. van Iersel, Mc, 480, der die Hypothese erwägt, es könne sich bei Mk 15,39 um spöttische Ironie handeln, und diese verwirft.

128 So auch J. Marcus, Mk, 1059.

129 R. Pesch, Mk II, 500, spricht mit Blick auf ἀληθῶς in Mk 14,70 und Mk 15,39 von einer „Beteuerungsformel“.

130 Zur Bedeutung des Sehens und seiner Metaphorik für das Lernen von Nachfolge und Glauben im MkEv vgl. etwa K. M. Schmidt, Wege, 160–166; mit Blick auf die Semantik des Sehens in der mk Passionsgeschichte spricht A. Wypadlo, Funktion, 195 f, sogar von einer „Seh-Schule“.

131 Auf diese Textbeziehung und die semantischen Oppositionen machen F. J. Moloney, Mk, 329 f, J.F. Williams, Followers, 184 f, aufmerksam.

132 Als „sincere affirmation“ versteht Mk 15,39 auch K. R. Iverson, Analysis, 350, auf der Basis seiner Analyse des Verses vor dem Hintergrund von Überlegungen zur Performanz und zum mündlichen Vortrag des MkEv im Rahmen einer antiken Gemeindesituation.

das Netz mk Triumphzugsallusionen einordnen und ist für die erzählerische Linienführung von großer Bedeutung, ohne dass es in Mk 15,39 selbst zu einer unmittelbaren chiffrierten Referenz auf den Triumphzug käme. Zum anderen spielt Mk 15,39 eine wesentliche Rolle für das mk Verständnis des Titels υἱὸς θεοῦ.

3.6.4 „Rolle rückwärts": Im getöteten königlichen Gefangenen (erneut) den Triumphator entdecken

Die Art und Weise des Sterbens Jesu führt den Centurio auf vom Text nicht näher spezifizierte Weise[133] dazu, Jesus als Gottessohn zu bekennen. In der Lebenswelt des Centurios ist das ein Kaisertitel. Vor dem Hintergrund der Triumphzugsallusionen innerhalb der mk Passionsgeschichte wird man sagen können, dass der Centurio im Hingerichteten damit einen Triumphator oder doch zumindest Triumphzugsaspiranten erkannt hat. Denn Kaiser sind Gottessöhne und geborene Triumphatoren. Der mk Centurio erkennt mithin das schillernde Ineinander von Triumphator und königlichem Gefangenen, das in der mk Passionsgeschichte seit Mk 15,16–20 entworfen wird. Er durchblickt den Rollenwechsel. Und mehr noch: Das υἱὸς θεοῦ des Centurios verkehrt den Rollenwechsel nochmals. War aus dem Triumphator Jesus im Laufe von Mk 15,16–20 der königliche Gefangene geworden und ist diese Rolle mit dem Tod Jesu soeben vollendet worden, so ist es gerade das Sterben dieses Gefangenen, das aus der Sicht des Centurios, einer Rolle rückwärts ähnlich, die Rollen wieder vertauscht und im Gefangenen den Triumphator sieht – dies allerdings nur in der Optik des Centurios.

Das Spiel mit den Rollen Jesu beginnt mit seinem Tod also von neuem. Wer war dieser Jesus nun? Ein Gescheiterter und Gefangener oder ein triumphierender Gottessohn, ein paradoxerweise gekreuzigter Triumphator?[134] Der Centurio erkennt im Gescheiterten den Größten, er sieht einen gekreuzigten Triumphator vor sich und belegt ihn mit einem Titel, der in der Lebenswelt des Centurios für die Allergrößten reserviert ist. Für ihn erscheint Jesus gleichsam

---

133 Treffend hält R. Zwick, Montage 448f, fest, dass das MkEv „die Erkenntnis des Hauptmanns szenisch unmotiviert läßt, ja sie eher sogar der szenischen Entfaltung als ein Paradoxon entgegenstellt" (449). Was genau am Sterben Jesu den Centurio zur Verwendung des υἱὸς θεοῦ im Blick auf Jesus motiviert, bleibt im Dunkeln. Anders hingegen A. Wypadlo, Funktion, 201: Die kosmische Dunkelheit, die Worte Jesu am Kreuz und das Zerreißen des Tempelvorhangs hätten den Centurio zu seinem Bekenntnis geführt.

134 Dazu würde im Übrigen auch passen, dass sich mit dem Centurio eben ein hoher römischer Offizier in unmittelbarer Nähe zum Triumphator Jesus befindet – so wie es im römischen Triumphzug üblich war. Die Offiziere folgen vor dem Rest der Soldaten (und evtl. Befreiten) dem Triumphator unmittelbar nach.

wie ein / der Kaiser, aber eben doch ganz anders als ein / der Kaiser.[135] Sollen es ihm die Leserinnen und Leser des MkEv gleichtun?[136] Und warum ist vielleicht gerade jetzt der einzig richtige Zeitpunkt innerhalb des MkEv, um Jesus als Gottessohn zu bezeichnen und zu bekennen?

3.6.5 Ein Hoheitstitel mit doppeltem Boden: Gebrochene Erwartungen

Dass Jesus als Christus auch υἱὸς θεοῦ ist, haben die Erstleser und -innen des MkEv vom ersten Vers an, der jenseits der Evangelienüberschrift wie ein Titel für das gesamte Buch wirkt, gewusst. Der Erzähler hat es ihnen dort unmittelbar mitgeteilt. Dabei lässt die Formulierung von Mk 1,1 die deutliche Erwartung zu, dass sich die folgende Geschichte mit einem der ganz Großen beschäftigen wird. Gleich drei Begriffe aus Mk 1,1 weisen in diese Richtung. Der Titel *Christus*, in Mk 1,1 vielleicht schon in Richtung eines Eigennamens verwendet,[137] ruft für jüdisch sozialisierte Ohren die Erwartung eines messianischen Königs und damit Herrschers wach.[138] Das Wort *Evangelium* erinnert bei aller christlichen Vorprägung durch den paulinischen Sprachgebrauch und trotz der Verwendung des Lexems in der LXX eben auch an die guten Botschaften aus dem Kaiserhaus, die über[139] die Angehörigen des jeweiligen Herrschergeschlechts in der römischen Welt verkündet wurden.[140] Und schließlich ruft

135 Trotz seiner Wertung von Mk 15,39 als spöttisch, kommt A. Bedenbender, Botschaft, 92, zu einer ähnlichen Feststellung; H. Leander, Empire, 288–291, versteht Mk 15,39 dahingehend, dass Jesus angesichts der Aussage des Centurios „almost *but not quite* like“ Kaiser Vespasian erscheine (288; Hervorhebung im Original). Ähnlich formuliert M. Peppard, World, 131: „Almost the same, but not quite“ seien Jesus und der Kaiser.

136 Als Auftrag an die Leserinnen und Leser des Textes verstehen Mk 15,39 ganz entschieden P. Dschulnigg, Mk, 403f; N. Eubank, Power, 260–267.

137 F. Hahn, Hoheitstitel, 208, wertet aufgrund des Nachweises von artikellosen Titeln das artikellose „Christus“ in Mk 1,1 nicht als Beleg für die Verwendung von Christus als Eigenname; in diese Richtung geht aber M. Hengel, Jesus, 64.

138 Vgl. insgesamt zur Realie S. Schreiber, Gesalbter (zu Mk 1,1 vgl. 425); S. Schreiber, Christologie, 13–31.66–68; F. Hahn, Hoheitstitel, 133–225; H.-J. Fabry/K. Scholtissek, Messias, 75; M. Karrer, Gesalbte, 95–213 (zum mk Gebrauch des Titels und dem mk Verständnis von Jesus als Christus vor dem Hintergrund von Mk 1,1; 15,38f vgl. 349: „Markinisch entsteht daher im Gesalbtentitel an diesen Stellen vorrangig vor der herkömmlich fast selbstverständlich angenommenen Königsgesalbtendeutung ein Bezug auf schlechthin singuläre Heiligkeit, Gottverbundenheit Jesu, in der dieser als der Gesalbte das Recht über den Tempel mit dem Allerheiligsten besitze“); E. Struthers Malbon, Mk, 12f.

139 Ob der Genitiv Ἰησοῦ Χριστοῦ in Mk 1,1 als *subjectivus* oder *objectivus* zu verstehen ist, ist eine alte Streitfrage in der Exegese. Sinn ergibt Mk 1,1 in beiderlei Perspektive, vgl. dazu nur D. Dormeyer, Markusevangelium, 21f.

140 H. Frankemölle, Evangelium; M. Ebner, „Evangelium“, 117–119; M. Ebner, Evangelium, 32f; S. Schreiber, Christologie, 42f; D. Dormeyer, Evangelium, 143–189; D. Dor-

der Hoheitstitel υἱὸς θεοῦ, der auch in Mk 1,1 ohne bestimmte Artikel konstruiert ist und damit wie in Mk 15,39 an den Kaisertitel erinnert,[141] ebenfalls die Erwartung eines mächtigen Mannes auf – und dies auch dann, wenn man υἱὸς θεοῦ vor atl. Hintergrund hört und sich an Ps 2,7 erinnert fühlt. Denn auch in Ps 2 geht es um den König.[142] Mk 1,1 lässt insofern dreifach den Beginn der Geschichte, der Biographie,[143] eines großen Herrschers anklingen. Als Titel für das Gesamtwerk gibt Mk 1,1 einen wichtigen inhaltlichen Fingerzeig.

Allein: Die Lesererwartung eines kaiserlich-königlichen Herrschers, von dem Großartiges zu erzählen sein wird, der als glänzender Sieger und Weltenherrscher auftritt, wird empfindlich gestört, ja gebrochen. Das lässt sich exemplarisch im Blick auf die mk Verwendung des Hoheitstitels υἱὸς θεοῦ aufweisen, der ich im Folgenden nachgehen werde.

Es ist auffällig – und die obige Tabelle sollte das zeigen –, dass im MkEv mit dem Titel υἱὸς θεοῦ sehr sorgsam umgegangen wird[144] und er fast wie ein Geheimnis[145] gehütet wird – nicht im Blick auf die Leserinnen und Leser, wohl aber mit Blick auf die Erzählfiguren. Bei seiner ersten Verwendung in Mk 1,1 wird der Titel den Leserinnen und Leser von der Erzählstimme unmittelbar mitgeteilt. Das weckt, wie gezeigt, größte Erwartungen. Die zweite Verwendung des Titels in Mk 1,11 erfolgt im Kontext der Taufe Jesu. Und es ist neben den Lesern nur Jesus, der diesen Titel, den Gott selbst spricht, zu

---

MEYER, Markusevangelium, 32–34; G. THEISSEN, Lokalkolorit, 284; E. STRUTHERS MALBON, Mk, 12; G. ZUNTZ, Heide, 205, notiert, dass die Verwendung des Singulars in Mk 1,1 für pagane Leserinnen und Leser irritierend gewirkt haben muss, insofern sie Evangelien nur im Plural kennen. Dieser „unerhörte Singular" (205) könnte, so meine These, bereits kontrastiv gemeint sein: Den vielen römischen Evangelien steht mit der Jesusgeschichte das einzige Evangelium gegenüber.

141 Vgl. auch M. EBNER, Mk, 18. Auf die Verbindung zwischen Mk 1,1 und 15,39 machen auch J. GNILKA, Mk I, 43; F. J. MOLONEY, Mk, 330, aufmerksam.

142 Nach A. YARBRO COLLINS, Mk, 767, sind Sohn Gottes, König und Messias im Judentum der Zeit Jesu synonym verwendet worden. Zur Königsmotivik in Ps 2 vgl. F.-L. HOSSFELD/E. ZENGER, Psalmen, 49–54; H.-J. KRAUS, Psalmen, 11–22, bes. 14–16.

143 In gattungskritischer Perspektive lässt sich das MkEv als Biographie/Vita betrachten, vgl. M. EBNER, Viten, 56f; M. EBNER, Markusevangelium, 168f; D. DORMEYER, Markusevangelium.

144 Zum mk Einsatz von υἱὸς θεοῦ vgl. ausführlich die Studie von A. WINN, Purpose, der ein wesentliches Ziel des MkEv darin erkennt, den kaiserlichen Ansprüchen den einzig wahren Anspruch Jesu auf den Titel υἱὸς θεοῦ und seine Implikationen entgegenzustellen. Vgl. zum Titel υἱὸς θεοῦ im MkEv und speziell in Mk 15,39 auch C. ROSE, Theologie, 238–243, der den Titel mehr aus einer christologischen Perspektive in den Blick nimmt.

145 Zum mk Messias- und Persongeheimnis vgl. etwa G. THEISSEN, Lokalkolorit, 298f; J. MARCUS, Mk, 525–527; W. T. SHINER, Pronouncement, ordnet Mk 15,39 ebenfalls in den Horizont des Messias- und Personengeheimnis ein, hebt aber darauf ab, dass auch mit Mk 15,39 noch nicht alle Elemente des Geheimnisses aufgedeckt sind und Jesus in Gänze erkannt ist. Das ist richtig. Allerdings lüftet Mk 15,39 vor dem Hintergrund der Passionsgeschichte doch erhebliche Teile des Geheimnisses.

hören bekommt. In Mk 3,11 erfolgt die Verwendung des Titels erstmals – das ist entscheidend – in Reaktion auf das wirkmächtige Verhalten Jesu (Mk 3,7–10), mit dem er sich als mächtiger und potentieller υἱὸς θεοῦ erweist. Ausgesprochen wird der Titel von den unreinen Geistern, also dämonischen Kräften. Und Jesus? Er verbietet ihnen explizit, dass sie ihn, Jesus, als υἱὸς θεοῦ verkünden. Dieser Vorgang wiederholt sich ziemlich exakt in Mk 5,7: Die Dämonenlegion erkennt in Jesus, nachdem dieser begonnen hatte, sie zu vertreiben (Mk 5,8), den Sohn des höchsten Gottes – die Legion erweist sich mit dieser Formulierung im Übrigen als polytheistisch, wenn sie vom höchsten Gott spricht, was zum Profil der dämonisch-römischen Legionäre und Landesbesatzer (Mk 5,10) bestens passt[146] –, Jesus unterbindet qua Exorzismus, dass die Dämonen noch eine Chance haben, ihn als Gottessohn zu bekennen. In Mk 9,7 meldet sich erneut die Gottesstimme zu Wort und verkündet vor einem kleinen Kreis von Jesusschülern, dass Jesus der Gottessohn ist, auf den zu hören ratsam ist. Erzählen dürfen die Schüler davon aber nicht. Jesus korrigiert dabei nicht den Titel an sich oder negiert die Anwendung auf seine Person, aber er verbietet den Schülern, den Titel zu gebrauchen und über das Erlebte öffentlich zu reden[147] und terminiert dieses Verbot auf die Zeit nach der Auferweckung (Mk 9,9). In Mk 13,32 benutzt Jesus den Titel im Blick auf sich selbst und spricht wiederum im kleinen, jetzt um Andreas erweiterten Schülerkreis von Mk 9,7. Endlich Klartext spricht Jesus im Blick auf sich selbst in Mk 14,61. Im Verhör durch den Hohepriester bekennt sich Jesus als Christus und Sohn des Gelobten. Das bringt ihm das Todesurteil ein.[148] Das nächste Mal fällt der Titel dann im Angesicht des Kreuzes und des am Kreuz hingerichteten υἱὸς θεοῦ. Zum ersten Mal im ganzen MkEv wird der Titel im Blick auf Jesus von einem Menschen affirmativ ausgesprochen. Und jetzt greift weder eine Erzählstimme noch eine Erzählfigur korrigierend ein. Jetzt wird nicht mehr verboten, Jesus als υἱὸς θεοῦ öffentlich zu verkünden.

Es ergibt sich: Von der ersten Zeile des Textes an bekommen die Leserinnen und Leser den Titel υἱὸς θεοῦ mit auf ihren Leseweg durch das MkEv, ein Hoheitstitel, der Großartiges erwarten lässt. Aber zusammen mit den Schülern müssen die Leserinnen und Leser Stück für Stück lernen, was Gottessohn jetzt konkret im MkEv bedeutet und was für ein Gottessohn Jesus ist. Der mk Jesus lehnt Propaganda für sich als Gottessohn durch die falschen Personen und/oder zur falschen Zeit offensichtlich ab. Der Titel darf nicht in Reaktion auf vollmächtiges Wirken Jesu benutzt werden. Alle derartigen Versuche unterbin-

146 Vgl. zum römischen Hintergrund von Mk 5,1–20 M. Ebner, Medium; M. Klinghardt, Legionsschweine; M. Lau, Legio; R. Zimmermann, Auslegungskunst.

147 Ähnliches findet sich mit Blick auf den Christustitel in Mk 8,29f.

148 Und genau in dieser Perspektive wird auch vom geliebten Sohn in Mk 12,6f gesprochen: Der Sohn wird umgebracht.

det Jesus.[149] Wenn Gott von Jesus als υἱὸς θεοῦ spricht und andere das hören, werden sie mit einem terminierten Schweigegebot belegt. Erlaubt ist die öffentliche Verwendung des Titels allein nach Ostern und damit im Bewusstsein auch um das Leiden, Sterben und damit Scheitern Jesu. Und deshalb ist es nur folgerichtig, dass erst in der mk Passionsgeschichte, in Mk 14,61 und 15,39, der Titel unkorrigiert und unmittelbar öffentlich ausgesprochen werden darf.[150] Nur im Licht der Passion, im Licht des Scheiterns darf man den Titel unkommentiert verwenden. Jetzt erst stimmt der Titel in seiner ganzen mk Tragweite, jetzt ist er inhaltlich charakterisiert und ist die Hoheitserwartung durch die Erzählung vom Scheitern des υἱὸς θεοῦ ergänzt und damit korrigiert. Jetzt, im Bewusstsein um die Passion, dürfen Menschen von Jesus öffentlich als υἱὸς θεοῦ sprechen, jetzt wird nichts mehr korrigiert oder verboten.[151] Deshalb kann Markus den Titel zwar zu Beginn seines nachösterlich verfassten Evangeliums anführen – seine Leserinnen und Leser kennen ihn möglicherweise ohnehin aus der paulinischen Tradition –, aber er achtet sorgfältig darauf, dass dieser Titel richtig verstanden wird und dass man ihn falsch versteht, wenn man dank dieses Titels in Jesus einen vollmächtigen Weltenherrscher klassischer Prägung sieht. Ja, dieser υἱὸς θεοῦ ist wirklich ein kaiserlicher Herrscher und König, ein wahrer Triumphator, aber seine Karriere hat ans Kreuz geführt. Das zeichnet die mk Linienführung und der mk Einsatz des Titels υἱὸς θεοῦ minutiös nach. Der Titel hat in der Tat einen doppelten Boden. Das ist im Übrigen ein mk Programm, das sich auch an anderen Titeln aufweisen lässt, die für Jesus genutzt werden: Klassische Erwartungen, die mit den Jesus entgegenbrachten Titeln verbunden sind, werden gebrochen (s. dazu III 8.6.1; IV 2.3).

Der Centurio ist nach dem Selbstbekenntnis Jesu die erste Erzählfigur, die von Jesus als υἱὸς θεοῦ spricht. Die Schüler Jesu, die von Jesu υἱὸς-θεοῦ-Sein zumindest in Teilen wussten, sind geflohen. Nur einige Frauen sind noch da und schauen von weitem zu. Werden die Leserinnen und Leser es dem mk Centurio gleichtun? Werden sie den Gekreuzigten als υἱὸς θεοῦ bekennen und in ihm auf dem Gipfel des Scheiterns den Allergrößten sehen? Und wird der Centurio zu seiner Erkenntnis stehen? Wird er Jesus nochmals als υἱὸς θεοῦ bezeichnen? Die nächste Szene der mk Passionsgeschichte gibt ihm dazu Gelegenheit.

---

149 Vgl. auch Mk 5,19.43.

150 H.-J. Klauck, Vorspiel, 80, versteht Mk 15,39 als Gipfelpunkt im Rahmen der mk Verwendung des Titels υἱὸς θεοῦ.

151 Vgl. dazu auch H.-J. Venetz, Mk, 199–204; M. Ebner, Kreuzestheologie; J. F. Williams, Followers, 185–187; K. M. Schmidt, Wege, 447–449; C. Jochum-Bortfeld, Widersprüche, 189: „Die Messianität und Gottessohnschaft Jesu offenbart sich in seiner absoluten Niederlage". Zumindest angedeutet auch bei J. Gnilka, Mk II, 325.

3.7 Ergebnisse

Mit Blick auf die Triumphzugsallusionen in Mk 15,33–41 ergibt sich: Die Elemente des Spottes, der mit Blick auf Jesus auch in Mk 15,33–41 ausgeübt wird, festigen auch und gerade als semantisch polyvalente Textdetails seine Rolle als königlicher Gefangener. Gleiches gilt für den Tod Jesu am Kreuz. Jesus spielt seine Rolle als königlicher Gefangener konsequent bis zum Ende, er weicht nicht aus, er fleht nicht um Gnade. Diese Allusionen komplettieren inhaltliche Linien, die bereits in Mk 15,16–20.21–32 eröffnet worden sind. Der Rollenwechsel vom Triumphator zum königlichen Gefangenen wird mit dem Tod Jesu vollendet. Und doch eröffnet der Tod Jesu einen neuen Prozess des Rollenwechsels, der sich angesichts der Titulatur Jesu als υἱὸς θεοῦ durch den Centurio als „Rolle rückwärts" interpretieren lässt. Im hingerichteten Gefangenen erkennt der Centurio tatsächlich einen Triumphzugsaspiranten, ja Triumphator. Das ist freilich vom Prätextmotiv Triumphzug nicht vorbereitet, sondern eine mk Innovation. Schließlich verweist die Rede vom Tempelvorhang und die im MkEv vorhandene große Inklusion zwischen der Taufe Jesu und seinem Tod auf die Geschichte der Tempelvorhänge, die insbesondere im Triumph der Flavier eine Rolle gespielt haben. Die Kenntnis des Flaviertriumphes wird dabei zu einer Ermöglichungsbedingung, um die große Inklusion des MkEv überhaupt wahrzunehmen und die inhaltliche Tragweite von Mk 15,38 zu erfassen.

4. Pilatus und der Centurio als Todesbote (Mk 15,42–47)

In der nach dem Tod Jesu und dem Bekenntnis des römischen Centurio geradezu unspektakulär wirkenden letzten Szene von Mk 15 lässt sich eine weitere Anspielung auf das Ritual des römischen Triumphzugs nachweisen. Sie zementiert die Rolle Jesu als königlicher Gefangener und lässt den Centurio von Mk 15,39 nochmals in neuem Licht erscheinen, öffnet die gesamte Szenerie aber auch auf die Leserinnen und Leser des MkEv.

4.1 Kontexteinordnung und Textabgrenzung

Die abschließende Szene Mk 15,42–47 beginnt mit einer massiven Zäsur. Der gesamte V. 42 besteht faktisch aus einer mehrteiligen Zeitangabe:[1] καὶ ἤδη ὀψίας γενομένης, ἐπεὶ ἦν παρασκευὴ ὅ ἐστιν προσάββατον. Dieser geradezu überladene Vers trennt die Szene vom vorherigen Geschehen nachhaltig ab,[2] bindet das Erzählte freilich auch in das Stundenschema von Mk 15,25.33.34 ein und blendet zu Mk 15,1, dem explizit genannten Tagesbeginn, zurück.[3] Zäsurierend wirkt neben dem Themenwechsel – Jesus ist gestorben, jetzt geht es um den Umgang mit seinem Körper – auch das Auftreten einer völlig neuen Person: Josef von Arimathäa, der das Aktanteninventar der vorherigen Szene ergänzt. Erneut auf der Erzählbühne erscheint auch Pilatus, der mit V. 15 in den Hintergrund gerückt war. Erhalten bleiben als Aktanten im Übrigen der Centurio von Mk 15,39 wie auch Teile der Frauengruppe von Mk 15,40f. Die Handlung der V. 42–47 wird vor allem von der Person des Josef von Arimathäa getragen, der annähernd durchgängig die Szenerie bestimmt und es ermöglicht, überhaupt von einer zusammenhängenden Szene zu sprechen. Der Ort der Handlung wechselt innerhalb der kurzen Perikope. Die V. 42–45 spielen offensichtlich im Amtssitz des Pilatus in Jerusalem. Die V. 46f führen erneut zum Ort der Kreuzigung (Kreuzabnahme) und schließlich zum Grab. Zu Mk 16,1 lässt sich der Text angesichts der zäsurierenden Zeitangabe in 16,1 deutlich abgrenzen (s. dazu genauer unter III 5.1.1).

---

1 Vgl. W. Schmithals, Mk, 702.

2 Anders É. Trocmé, Mk, 371–373; A. Yarbro Collins, Mk, 772–779, die die V. 40f zur Szene rechnen und damit einen äußeren, durch die Nennung der Frauen evozierten Rahmen bestimmen. Mit J. Gnilka, Mk II, 332, scheint mir V. 42 deutlich zäsurierend zu wirken.

3 So auch D. Lührmann, Mk, 266.

4.2 Griechischer Text und Übersetzung

42a Καὶ ἤδη ὀψίας γενομένης,
42b ἐπεὶ ἦν παρασκευὴ
42c ὅ ἐστιν προσάββατον,
43a ἐλθὼν ᾿Ιωσὴφ [ὁ] ἀπὸ ῾Αριμαθαίας
43b εὐσχήμων βουλευτής,
43c ὃς καὶ αὐτὸς ἦν προσδεχόμενος τὴν βασιλείαν τοῦ θεοῦ,
43d τολμήσας εἰσῆλθεν πρὸς τὸν Πιλᾶτον
43e καὶ ᾐτήσατο τὸ σῶμα τοῦ ᾿Ιησοῦ.
44a ὁ δὲ Πιλᾶτος ἐθαύμασεν
44b εἰ ἤδη τέθνηκεν
44c καὶ προσκαλεσάμενος τὸν κεντυρίωνα
44d ἐπηρώτησεν αὐτὸν
44e εἰ πάλαι ἀπέθανεν·
45a καὶ γνοὺς ἀπὸ τοῦ κεντυρίωνος
45b ἐδωρήσατο τὸ πτῶμα τῷ ᾿Ιωσήφ.
46a καὶ ἀγοράσας σινδόνα
46b καθελὼν αὐτὸν
46c ἐνείλησεν τῇ σινδόνι
46d καὶ ἔθηκεν αὐτὸν ἐν μνημείῳ
46e ὃ ἦν λελατομημένον ἐκ πέτρας
46f καὶ προσεκύλισεν λίθον ἐπὶ τὴν θύραν τοῦ μνημείου.
47a ἡ δὲ Μαρία ἡ Μαγδαληνὴ καὶ Μαρία ἡ ᾿Ιωσῆτος ἐθεώρουν
47b ποῦ τέθειται.

42a Und als es schon Abend geworden war,
42b da Rüsttag war,
42c das ist Vorsabbat,
43a kommend Josef, [der] von Arimathäa,
43b ein vornehmer Ratsherr,
43c der auch selbst war erwartend das Königreich Gottes,
43d es wagend, ging er hinein zu Pilatus
43e und erbat den Körper Jesu.
44a Pilatus aber wunderte sich,
44b dass er schon verstorben war,
44c und herbeirufend den Centurio
44d befragte er ihn,
44e ob er bereits gestorben sei.
45a Und erfahrend von dem Centurio
45b schenkte er den Leichnam dem Josef.
46a Und kaufend Leinen
46b herunterholend ihn

46c einwickelte er (ihn) mit dem Leinen
46d und er legte ihn in ein Grab,
46e das gehauen war aus Felsen,
46f und hinwälzte er einen Stein vor die Tür des Grabes.
47a Maria aber, die Magdalenerin, und Maria, die des Joses, schauten (zu),
47b wo er hingelegt worden ist.

4.3 Beobachtungen zur Gliederung und Komposition

Die kurze Szene zerfällt strukturell in mehrere Teile. V. 42f stellt den Lesern nach den ausführlichen einleitenden Zeitangaben die Figur des Josef von Arimathäa vor – und dies wiederum ausführlich, insofern sein soziales, politisches und religiöses Profil klar benannt wird.[4] Das Vorhaben Josefs wird in V. 43de illustriert: Er bittet um τὸ σῶμα Jesu. Der Erzähler klassifiziert das ausdrücklich als riskant, entweder weil sich der jüdische Ratsherr[5] Josef damit in Opposition zur Phalanx der jüdischen Elite, die Jesu Tod massiv gefordert hatte (vgl. Mk 14,64; 15,1), begibt,[6] oder weil sich Josef vor dem Römer Pilatus als mit Jesus solidarisch zeigt. Und das konnte gefährlich werden.[7] Seine Bitte wird in V. 45b erfüllt.[8] Er erhält τὸ πτῶμα Jesu als Geschenk – ein kleines Wortspiel, das Bitte und Erfüllung der Bitte miteinander verzahnt (zur Funktion s. III 4.4.1).

Mit V. 44a konzentriert sich die Szenerie ganz auf Pilatus und den plötzlich wieder auftretenden Centurio. Von der Bitte Josefs und ihrer Implikation, Jesus sei bereits gestorben, überrascht, wendet sich Pilatus an seinen Mann vor Ort: den Centurio. Ihn befragt er, ob Jesus schon tot sei. Dabei nimmt die indirekte

---

4 Zur Charakterzeichnung Josefs im MkEv vgl. J. F. Williams, Followers, 188–191.

5 Zu welchem Ratsgremium Josef gehört, wird aus dem Text nicht ganz deutlich; für D. Lührmann, Mk, 267, kann Josef kein Mitglied des Jerusalemer Synhedrions sein, weil sich alle Mitglieder dieses Gremiums (Mk 14,64: *alle* verurteilen Jesus) gegen Jesus gestellt haben und Josef sich eben gerade als mit Jesus solidarisch zeige. Für L. Schenke, Mk, 348, gehört Josef hingegen sicher zum Synhedrion und hat Jesus verurteilt, so dass Schenke fragt, ob sich in der Aktion des Josef nicht seine Reue zeige. Letzteres erscheint mir angesichts der mk Technik, die Gegnerfronten individuell aufbricht, durchaus plausibel (vgl. III 3.6.2).

6 Vgl. L. Schenke, Mk, 348.

7 Vgl. M. Ebner, Mk, 166; C. A. Evans, Mk, 519; J. Gnilka, Mk II, 333 (ein potentieller „Komplize des Hingerichteten") D. Lührmann, Mk, 267; F. J. Moloney, Mk, 334. Gekreuzigte wurden in der Regel schon aus Abschreckungsgründen auch nach ihrem Tod am Kreuz belassen und dienten Tieren als Nahrung; Ausnahmen von dieser Regel hat es inbesondere für das Judentum gegeben (vgl. mit Quellenbelegen B. J. Incigneri, Gospel, 245; M. Ebner, Jesus,168f).

8 Zu δωρέομαι als Terminus für einen Gnadenerweis vgl. J. Gnilka, Mk II, 333.

Frage in V. 44e in großer Parallelität bei gleichzeitig deutlich semantischer Varianz die inneren Überlegungen des Pilatus aus V. 44b auf:

44b	εἰ	ἤδη	τέθνηκεν,
44e	εἰ	πάλαι	ἀπέθανεν

Nachdem der Centurio offenkundig den Tod Jesu vermeldet hat (V. 45a), entscheidet Pilatus im Sinne der Bitte des Josef. Dieser rückt mit V. 45b wieder in die Mitte des Geschehens. V. 46 erzählt in schneller Folge und planvoller Komposition das weitere Vorgehen Josefs. Dabei werden jene Stichworte jeweils wiederholt, die die Objekte benennen, die den Leichnam Jesu bzw. Jesus[9] bergen: das Leinen und das Grab.

46a καὶ ἀγοράσας *σινδόνα*
    46b καθελὼν[10] αὐτὸν
46c ἐνείλησεν τῇ *σινδόνι*
46d καὶ ἔθηκεν αὐτὸν ἐν *μνημείῳ*
    46e ὃ ἦν λελατομημένον ἐκ πέτρας
46f καὶ προσεκύλισεν λίθον ἐπὶ τὴν θύραν τοῦ *μνημείου*.

Mit V. 47 ist das Werk Josefs getan und der Blick wandert erneut zu den Frauen,[11] die bereits in V. 40f Thema waren.[12] Beide Szenen, Mk 15,33–41 wie auch Mk 15,42–47, schließen daher in gleicher Weise ab.[13] In beiden Fällen besteht die Aktion der Frauen darin, zu schauen (jeweils mit Formen von θεωρέω ausgedrückt). Sehen sie in V. 40 das Geschehen am Kreuz, so in V. 47 den Ort der Grablegung Jesu. Letzteres verbindet Mk 15,47 und damit den gesamten Erzählzusammenhang von Mk 15 mit der mk Ostergeschichte in Mk 16,1–8 und bereitet den Salbungsversuch von Mk 16,1 vor, insofern

---

9 Treffend beobachtet B. M. F. van Iersel, Mk, 244, dass die Personalpronomen der V. 46b.46d maskulin sind (αὐτόν), als Rückbezug auf τὸ πτῶμα aber neutrisch sein müssten – eine Unterscheidung, die das MkEv kennt. Der Erzähler betreibt also ein Verwirrspiel um die Identität dessen, was von Jesus bleibt: sein Leib/Leichnam oder er selbst. Anzutreffen ist im Grab im Übrigen beides nicht!

10 Jetzt erst erfüllt sich, was in V. 36i (καθελεῖν) als lauernde Erwartung im Blick auf Elija angekündigt war: Jesus wird vom Kreuz abgenommen (καθελών).

11 Zu den Frauen in Mk 15,47 im Verhältnis zu Mk 15,40f vgl. D. Lührmann, Mk, 268; J. Gnilka, Mk II, 334.

12 Es ist in kompositorischer Perspektive auffällig, dass die V. 42.47 jeweils Stichwortverbindungen zu Anfang und Ende der vorhergehenden Perikope aufweisen: V. 33.40f. Dabei entsprechen sich (1.) καὶ γενομένης ὥρας ἕκτης (V. 33a) sowie καὶ ἤδη ὀψίας γενομένης (V. 42a) und (2.) die Thematisierung der Frauen in V. 40f.47. Das gleiche Prinzip der Stichwortverbindungen prägte bereits das Diptychon im Rahmen von Mk 15,21–32 (V. 21.29; V. 27.32).

13 Auch im Blick auf ihren jeweiligen Beginn gibt es eine Stichwortverbindung: καὶ γενομένης (V. 33a) bzw. καὶ […] γενομένης (V. 42a).

Mk 15,47 für die Frauen das entscheidende Wissen um den Ort der Präsenz Jesu reklamiert.[14] Und auch in Mk 16,4a wird dann wieder vom „Schauen“ der Frauen die Rede sein (Mk 16,4a: καὶ ἀναβλέψασαι θεωροῦ σιν).

Überblickt man die Gliederung der kleinen Szene insgesamt, so fällt auf, dass sich innerhalb der V. 42.47 eine dreiteilige Struktur erkennen lässt: Zwei Sequenzen, in denen Josef Subjekt der Handlung ist, umschließen die Befragung des Centurios durch Pilatus.

Eröffnung (V. 42)
Josef von Arimathäa (V. 43)
Pilatus und der Centurio (V. 44–45a)
Josef von Arimathäa (V. 45b–46)
Abschluss: Die schauenden Frauen (V. 47)

4.4 Mehr als ein entbehrlicher Statist – Zur Funktion des Centurios in Mk 15,44f

Angesichts der Bitte Josefs um den Leichnam Jesu wirkt der Auftritt des Centurios in Mk 15,44f etwas bemüht und den Handlungsstrang unterbrechend. Ist das Staunen des Pilatus vor dem Hintergrund antiker Kreuzigungspraxis, in deren Rahmen der Tod des Delinquenten oft erst nach längerer Zeit eingetreten ist,[15] noch erklärbar[16] – Jesus stirbt bereits sechs Stunden nach seiner Kreuzigung –, so erscheint der von Pilatus gewählte Weg der Rückversicherung beim Centurio, der zum Rapport beim lokalen Spitzenbeamten Roms antreten muss, etwas arg umständlich.[17] Ein Indiz mag in diesem Sinne sein, dass keiner der synoptischen Seitenreferenten an dieser Stelle der mk Vorlage gefolgt ist. Beide lassen den Erzählstoff von Mk 15,44f aus.[18] Das lässt m. E. unweigerlich die Frage aufkommen, worin der tiefere Sinn dieser Inszenierung liegen könnte.

14 Vgl. auch L. Schenke, Mk, 349. Zur Scharnierfunktion der gesamten Szene von Mk 15,42–47, die Mk 15 mit Mk 16 verbindet, vgl. F. J. Moloney, Mk, 332.

15 Vgl. nur J. Gnilka, Mk II, 333; M. Ebner, Jesus, 165.

16 Angesichts von Mk 15,42 liegt der Tod Jesu in der erzählten Zeit von Mk 15,42 etwa weitere drei Stunden zurück, wenn man den Abend mit der zwölften Stunde beginnen lassen will.

17 Nach J. Gnilka, Mk II, 331, sind die V. 44f insgesamt literarkritisch auffällig und erst von Markus bewusst in eine ältere Passionsgeschichte eingetragen worden.

18 Dass dies erklärungsbedürftig ist, hält auch W. Schmithals, Mk, 705, fest.

4.4.1 Mk 15,44f als Argument gegen die Scheintodhypothese: Antworten aus der Sekundärliteratur

In der Sekundärliteratur wird vor allem die These vertreten, dass die V. 44f eine Apologie darstellen, die prospektiv der These, Jesus sei gar nicht gestorben und es habe sich nur um einen Scheintod gehandelt, begegnen will. Die amtliche Inspektion sichere nachdrücklich ab, dass Jesus wirklich gestorben ist. Der Todesbote, ein römischer Centurio, bezeugt dies und ein römischer Spitzenbeamter vertraut auf dieses Zeugnis.[19]

Das ist eine plausible Interpretation der V. 44f, die im Centurio einen Zeugen des Todes Jesu und einen amtlichen Todesboten sieht. Auch das σῶμα-πτῶμα-Wortspiel würde zu dieser Interpretation gut passen, wenn man unter σῶμα den „Körper" oder „Leib" Jesu versteht,[20] der nach der amtlichen Feststellung des Todes als πτῶμα/Leichnam bezeichnet wird. Die etwas gestelzt wirkende Rückversicherung des Pilatus erhält in dieser Perspektive Sinn. Ein wenig unterbelichtet bleibt bei der in der Literatur zu findenden Kommentierung von V. 44f allerdings der Erstauftritt des Centurios in Mk 15,39. Denn der Centurio war ja nicht nur Zeuge des Todes Jesu.[21] Viel hervorstechender ist seine ungewöhnliche Interpretation des Todes Jesu, die ihn im Toten einen Gottessohn erkennen lässt.[22] Legt er auch davon Zeugnis vor Pilatus ab? Und erschöpft sich die Funktion von V. 44f allein in einer apologetischen Tendenz?

4.4.2 Der Centurio als Todesbote vor dem Hintergrund des Triumphzugs

Vor dem Hintergrund des Triumphzugs kann man mit Blick auf V. 44f nun einen Schritt weitergehen und die Funktion des Centurios als Todesbote und damit Zeuge des Todes Jesu in einer weiteren, das in der Forschung primär vorhandene Verständnis der beiden Verse nicht abrogierenden, sondern ergän-

---

19 Vgl. P. Dschulnigg, Mk, 408; M. Ebner, Mk, 166; C. A. Evans, Mk, 522; J. Gnilka, Mk II, 333; E. Lohmeyer, Mk, 350; D. Lührmann, Mk, 267; R. Pesch, Mk II, 514; L. Schenke, Mk, 348; E. Schweizer, Mk, 200; É. Trocmé, Mk, 373.

20 Dass mit σῶμα der Körper des noch lebenden Jesus gemeint ist, vertritt L. Schenke, Mk, 348. Allerdings kann im Begriff σῶμα bereits die Bedeutung „gestorbener Körper/Leiche" mitschwingen, vgl. Apg 9,40; vgl. auch LSJ. Andererseits spricht der noch lebende Jesus in Mk 14,8 über seinen Körper (σῶμα) – allerdings schon im Blick auf sein Begräbnis.

21 Vgl. exemplarisch die Formulierung bei R. Pesch, Mk II, 514: „Die Vergewisserung des Statthalters geschieht durch Befragung des herbeigerufenen Hauptmanns des Hinrichtungskommandos, der in der Passionsgeschichte schon 15,39 als Zeuge des Todes Jesu eingeführt war."

22 D. Lührmann, Mk, 267, versteht die erneute Nennung des Centurios als Rückverweis auf das Bekenntnis des Centurios in Mk 15,39. Das ist richtig, nur wird man fragen müssen, welchen Sinn dieser Rückverweis hat.

zenden Perspektive interpretieren. Denn genau die Rolle, die der Centurio in Mk 15,44f spielt – er vermeldet und bezeugt den Tod Jesu vor dem höchsten Vertreter Roms – findet sich auch im Triumphzug (vgl. II 3.4). Es ist der Todesbote, der den Tod eines oder des feindlichen königlichen Gefangenen dem Triumphator zu vermelden hatte. Erst im Anschluss konnte der Triumphzug fortgesetzt und mit seinem Höhepunkt abgeschlossen werden. Diese Rolle des Todesboten spielt in der mk Erzählwelt der Centurio. Damit wird eine weitere Rolle aus dem Inventar von Triumphzügen im MkEv realisiert.[23] Empfänger der Botschaft ist Pilatus, also der höchste Vertreter des römischen Kaisers in Jerusalem. Und auch in diesem Fall kann die mk Geschichte, die Grablegung und damit auch die Ostergeschichte erst erzählt werden, wenn der Tod Jesu an lokal höchster Stelle vermeldet worden ist. Schematisiert ergibt sich:

Tod des königlichen Gefangenen	⟶	Bote	⟶	Triumphator
Tod Jesu	⟶	Centurio	⟶	Pilatus

Es wäre gewiss übertrieben, wollte man nun annehmen, dass Markus Pilatus zum neuen Triumphator stilisieren wollte. Das ginge zu weit. Der Centurio als Todesbote bildet eine Allusion, die eine Aussage über Jesus macht. Sie verstärkt nachdrücklich die Rolle Jesu als königlicher Gefangener, der hingerichtet worden ist, und damit den von der Erzählfigur Jesus im Rahmen der mk Passionsgeschichte vollzogenen Rollenwechsel vom Triumphator zum Gefangenen. Als Stolperstein und Form der indirekten Markierung dieser chiffrierten Referenz fungiert die umständliche und im Erzählverlauf von Mk 15,42f.46f der Sache nach nicht zwangsläufige Wiedereinführung des Centurios,[24] die interpretiert werden will, gerade weil sie den Handlungsstrang unterbricht.

Dass es dabei ausgerechnet der Centurio ist, dem die Rolle des Todesboten zugewiesen wird, ist angesichts seines Erstauftritts in Mk 15,39 zunächst nur konsequent. Hier wird derjenige zum Zeugen für den Tod Jesu, der diesen Tod unmittelbar, ja von Angesicht zu Angesicht miterlebt hat. In der mk Erzählung ist der Centurio aber auch zugleich diejenige Erzählfigur, die im Sterben des Gefangenen den Tod eines Gottessohnes gesehen hat und damit eine interpretatorische Rolle rückwärts im Blick auf die Identität Jesu vollzogen hat. Den Hingerichteten bezeichnet der Centurio mit einem Titel, der in seiner Kultur für die Allergrößten reserviert war: Gottessohn! Die Besetzung der Rolle des Todesboten mit dem Centurio ruft damit die Doppelrolle Jesu, Gefangener und Triumphator, in Erinnerung.

---

23 So auch K. M. Schmidt, Wege, 407.428–430, der erstmals diese Triumphzugsallusion im MkEv gesehen und beschrieben hat.

24 Diese Wiedereinführung des Centurios ist auch mit Blick auf das gesamte MkEv auffällig, insofern der Centurio die erste kleinere, positiv gezeichnete Erzählfigur ist, die nach ihrem Erstauftritt überhaupt einen zweiten Auftritt hat, darauf macht J. F. Williams, Followers, 191, aufmerksam.

Gibt der Centurio vor Pilatus als Todesbote auch davon Bericht? Legt er von seiner Erkenntnis Zeugnis ab oder belässt er es bei der reinen Todesnachricht, die Jesus vor dem Hintergrund des Triumphzugs allein auf die Rolle des königlichen Gefangenen fixieren würde? Entscheidend ist hier das Verständnis von V. 45a. Nun wird aber in V. 45a eben gerade kein konkretes Objekt genannt, welches benennen würde, was Pilatus erfahren hat. Aus der erzählten Reaktion des Pilatus kann man nur erschließen, dass er davon überzeugt ist, dass Jesus gestorben ist. Ob der Centurio sein Bekenntnis wiederholt oder nicht wiederholt hat, lässt sich daher nicht erschließen, weil die mk Erzählung unmittelbar wieder zu Josef wechselt. Der mk Text lässt daher in der Schwebe, ob der Centurio seine Erkenntnis vor Pilatus wiederholt. Und das vielleicht sogar bewusst. Eine kompositorische Beobachtung ist in diesem Sinne auffällig.

4.4.3 Befragen und Bezeugen – oder: Wenn Jesus schweigt, reden andere

Semantik und Struktur von Mk 15,44f verweisen auf den Beginn von Mk 15 zurück: V. 1–5. Verweist nämlich schon Mk 15,42 mit der Erwähnung des Abends auf den Beginn des Tages am frühen Morgen in Mk 15,1, so verknüpfen Stichwortverbindungen Mk 15,44f mit Mk 15,2–5. Wurde in V. 2–5 Jesus durch Pilatus befragt (ἐπηρώτησεν αὐτόν [V. 2a] bzw. ἐπηρώτα αὐτόν [V. 4a[25]]), so wird hier der Centurio durch Pilatus befragt (ἐπηρώτησεν αὐτόν [V. 44d]). Folgte auf die Aussageverweigerung Jesu ein Staunen (θαυμάζειν [V. 5b]) des Pilatus, so geht in V. 42–47 der eigentlichen Befragung in chiastischer Verschränkung zu V. 2–5 ein Staunen (ἐθαύμασεν [V. 44a]) des Pilatus voraus. Es liegt also eine Rahmung des Kapitels und damit des gesamten Passionstages vor.

Inhaltlich wird man zu beachten haben, dass in kompositorischer Perspektive (allerdings wirklich nur in dieser Perspektive) eine Parallele zwischen Jesus und dem Centurio besteht, insofern beide von Pilatus befragt[26] werden, wobei das Staunen des Pilatus in V. 44a Auslöser für die Frage, in V. 5b hingegen Reaktion auf die Verweigerung einer Antwort ist. Im Gegensatz zu Jesus, der nur die erste Frage des Pilatus beantwortet und fortan schweigt, steht der Centurio Pilatus Rede und Antwort.

Diese bewusste Verkettung der beiden Szenen kann man dahingehend interpretieren, dass der Centurio gleichsam die Lücke füllt, die Jesus hinterlassen

25 Für V. 4a ist allerdings ἐπηρώτησεν αὐτόν ebenfalls sehr gut textkritisch bezeugt.

26 Und es ist auffällig, dass wirklich nur diese beiden Erzählfiguren von Pilatus befragt werden. Die Befragung des Volkes in Mk 15,6–15, in deren Rahmen Pilatus ebenfalls drei Fragen stellt, wird peinlich genau ohne Rekurs auf Formen von ἐπερωτάω bzw. ἐρωτάω konstruiert.

hat. Wenn Jesus nicht mehr sprechen will oder kann, dann springen andere in die Lücke und sprechen für Jesus bzw. geben über das Leben Jesu, auch über seinen Tod, Zeugnis. Im konkreten Fall ist das einer, der in Jesus einen Gottessohn erkannt hat. Ob der Centurio Jesus auch als einen solchen bei Pilatus bekannt hat, können die Leserinnen und Leser dem Text freilich nicht entnehmen.

Es liegt nahe, diese erzählerische Linienführung als Appell an die Leserinnen und Leser des MkEv zu verstehen, die ihrerseits aufgerufen sind, das Leben Jesu, der in einer nachösterlichen Perspektive selbst nicht mehr direkt antworten kann, zu bezeugen, wenn sie darüber befragt werden. Insofern können sich die Leser des MkEv mit dem Centurio identifizieren.[27]

4.5 Ergebnisse

In der letzten Szene der mk Passionsgeschichte wird mit dem Centurio in Analogie zum Überbringer der Todesbotschaft im römischen Triumphzug ein Todesbote im Blick auf Jesus eingeführt. Damit wird eine weitere Rolle aus dem Personeninventar eines Triumphzugs realisiert. Diese Anspielung dient dazu, die Rolle Jesu als hingerichteter königlicher Gefangener festzuzurren. Gerade vor diesem Hintergrund wird allerdings umso auffälliger, dass eben jener Centurio die Rolle des Todesboten spielt, der in Jesus einen Gottessohn erkannt hatte. Damit wird der Rollenwechsel, vom Triumphator zum Gefangenen, im Sinne einer „Rolle rückwärts", im Gefangenen und Hingerichteten erneut den wahren Triumphator zu erblicken, nochmals in Erinnerung gerufen. Weil offenbleibt, ob der Centurio auch gegenüber Pilatus diese neue Erkenntnis bekannt hat, und weil die erzählerische Linienführung darauf abhebt, dass der Centurio gleichsam an Stelle Jesu Rede und Antwort steht, sind die Leserinnen und Leser des MkEv eingeladen, es dem Centurio gleich zu tun. Sie sollen Jesus gerade als Gekreuzigten als Gottessohn bekennen und im Gescheiterten den wahrhaft Größten entdecken.

---

27 Vgl. zur Vorbildfunktion des Centurios und anderer kleiner Erzählfiguren im Markusevangelium insgesamt J. F. Williams, Followers, 183–187.191; M. Ebner, Schatten, 69–71.

5. Vom Ende zurück zum Anfang: Das offene Ende des MkEv und das Lesemodell der Neulektüre (Mk 16,1–8)

Im Rahmen einer sukzessiven Lektüre des MkEv kommen die Leserinnen und Leser mit Mk 16,1–8 an das Ende der Erzählung. Aber diese Verse sind nur ein temporäres Ende. Denn Schlusspunkt der Erzählung ist diese Perikope nicht, handelt es sich doch um ein offenes Ende mit Verweiskraft zurück in den Text des MkEv. Bei einer sukzessiven Lektüre oder Audition des Textes verleitet die Perikope Mk 16,1–8 dazu, die Lektüre am Anfang des Evangeliums erneut zu beginnen. So kann der Leser, der durch das Anspielungscluster von Mk 15,16–20 auf die Spur der Triumphzugsreferenzen gesetzt worden ist und im Verlauf seiner fortlaufenden Lektüre der Passionsgeschichte weitere Allusionen entdeckt hat, die ihn in seiner Vermutung, es mit Anspielungen auf den Triumphzug zu tun zu haben, bestärkt haben, auch bei seiner von Mk 16,1–8 intendierten Neulektüre des MkEv im Text von Mk 1,1–15,15 dezente Anspielungen auf den Triumphzug entdecken.

Im Rahmen dieser Untersuchung, die bei Mk 15,16–20 eingesetzt und den mk Text dann sukzessive analysiert hat, erlaubt die literarische Eigenart von Mk 16,1–8 daher eine Thematisierung von Mk 1,1–15,15 unter Rückgriff auf die ab Mk 15,16 aufgedeckten Triumphzugsallusionen. Das bedeutet zugleich, dass alle Anspielungen, die in Mk 1,1–15,15 von mir aufgedeckt werden, wohl nur im Licht von Mk 15,16–20 als solche erkennbar sind. Sie im Rahmen einer Erstlektüre des MkEv zu entdecken, fällt schwer. Es handelt sich eben um chiffrierte Referenzen. Im Licht von Mk 15,16–20 und der weiteren Allusionen in Mk 15 entfalten sie ihr Anspielungspotential.

Was macht nun Mk 16,1–8 zu einem offenen Ende und leitet zurück zum Beginn des MkEv? Dieser Frage soll im Folgenden nachgegangen werden und nur in dieser Perspektive wird die mk Ostergeschichte zunächst thematisiert. Ihre weitergehende inhaltliche Bedeutung – auch für eine an der Textfunktionalität orientierte Interpretation der aufgedeckten Triumphzugsallusionen – kommt erst abschließend im vierten Hauptteil der Untersuchung in den Blick (vgl. IV 2.4). Es geht an dieser Stelle also nicht um Allusionen auf den Triumphzug in Mk 16,1–8.

5.1 Zur literarischen Eigenart der mk Ostergeschichte

5.1.1 Kontexteinordnung und Textabgrenzung

Mk 16,1–8 ist Teil der mk Passionsgeschichte.[1] Diese lässt sich mit L. Schenke[2] aufgrund des hervorstechenden Tagesschemas[3] strukturieren (s. dazu genauer unter III 8). Es periodisiert die Passionsgeschichte Jesu und verteilt sie auf fünf Tage, die den Hauptteil der „Woche in Jerusalem"[4] ausmachen. Diese Woche verläuft von Sonntag bis Sonntag. Im Einzelnen lassen sich folgende „Passionstage" ausmachen, die sich aufgrund der Erwähnung eines Sabbats in Mk 15,42; 16,1 mit Wochentagen verbinden lassen:

14,1–11:	Mittwoch
14,12–72:	Donnerstag
15,1–47:	Freitag
16,1–8:	Sonntag

Mk 16,1–8 ist Teil dieser strukturierten Passionserzählung. Deutlich fällt dabei die Zäsur zwischen 15,47 und 16,1 aus. Ging es in 15,42–47 thematisch noch um das Begräbnis Jesu, das am Abend des Rüsttages, also vor dem Sabbat, stattfand, so steht am Beginn von 16,1 die deutliche Zeitangabe „als der Sabbat vorüber war". Inzwischen ist also mehr als ein ganzer Tag vergangen. Über diesen Sabbat erzählt das MkEv nichts. Er findet sich im Text verborgen zwischen den Versen 15,47 und 16,1. Im Blick auf die Aktanten ist von Josef von Arimathäa, der in Mk 15,42–47 aktiv war, ab Mk 16,1 keine Rede mehr. Lediglich eine der Frauen aus Mk 15,47 ist auch an der sich anschließenden Szene beteiligt, Maria von Magdala. Hinzu kommen Frauen, die von Mk 15,40 bekannt waren. Der Ort des Geschehens bleibt mit dem Grab gleich. Thematisch freilich kommt mit der Salbungsabsicht der Frauen und der dann überraschenden Osterbotschaft von Auferweckung und leerem Grab eine ganz neue Perspektive in den Blick. Mit V. 8 endet schließlich das Evangelium, was die Abgrenzung zum Ende hin eindeutig macht (s. den Exkurs in diesem Kapitel).

---

1 Das ist ein weitgehender Konsens. Vgl. exemplarisch nur D. Lührmann, Mk; J. Gnilka, Mk II; P. Dschulnigg, Mk; U. Sommer, Passionsgeschichte; W. Reinbold, Bericht, 7.

2 Vgl. für das Folgende L. Schenke, Mk, 13f.

3 Die entscheidenden Textstellen sind: 14,1; 14,12; 15,1; 15,42; 16,1.

4 Diese Woche in Jerusalem (ab 11,1) ergibt sich durch 11,1–11 (Sonntag); 11,12–19 (Montag); 11,20–13,37 (Dienstag). Strukturierend wirken hier die Zeitangaben in 11,12.20.

5.1.2 *Griechischer Text und Übersetzung*

1a Καὶ διαγενομένου τοῦ σαββάτου Μαρία ἡ Μαγδαληνὴ καὶ Μαρία ἡ [τοῦ] Ἰακώβου καὶ Σαλώμη ἠγόρασαν ἀρώματα
1b ἵνα ἐλθοῦσαι ἀλείψωσιν αὐτόν.
2a καὶ λίαν πρωῒ τῇ μιᾷ τῶν σαββάτων ἔρχονται ἐπὶ τὸ μνημεῖον
2b ἀνατείλαντος τοῦ ἡλίου.
3a καὶ ἔλεγον πρὸς ἑαυτάς·
3b τίς ἀποκυλίσει ἡμῖν τὸν λίθον ἐκ τῆς θύρας τοῦ μνημείου;
4a καὶ ἀναβλέψασαι θεωροῦσιν
4b ὅτι ἀποκεκύλισται ὁ λίθος·
4c ἦν γὰρ μέγας σφόδρα.
5a καὶ εἰσελθοῦσαι εἰς τὸ μνημεῖον
5b εἶδον νεανίσκον
5c καθήμενον ἐν τοῖς δεξιοῖς
5d περιβεβλημένον στολὴν λευκήν,
5e καὶ ἐξεθαμβήθησαν.
6a ὁ δὲ λέγει αὐταῖς·
6b μὴ ἐκθαμβεῖσθε·
6c Ἰησοῦν ζητεῖτε τὸν Ναζαρηνὸν τὸν ἐσταυρωμένον·
6d ἠγέρθη,
6e οὐκ ἔστιν ὧδε·
6f ἴδε ὁ τόπος
6g ὅπου ἔθηκαν αὐτόν.
7a ἀλλὰ ὑπάγετε εἴπατε τοῖς μαθηταῖς αὐτοῦ καὶ τῷ Πέτρῳ
7b ὅτι προάγει ὑμᾶς εἰς τὴν Γαλιλαίαν·
7c ἐκεῖ αὐτὸν ὄψεσθε,
7d καθὼς εἶπεν ὑμῖν.
8a καὶ ἐξελθοῦσαι
8b ἔφυγον ἀπὸ τοῦ μνημείου,
8c εἶχεν γὰρ αὐτὰς τρόμος καὶ ἔκστασις·
8d καὶ οὐδενὶ οὐδὲν εἶπαν·
8e ἐφοβοῦντο γάρ.

1a Und als der Sabbat vorüber war, kauften Maria, die Magdalenerin, und Maria, die [des] Jakobus, und Salome Aromastoffe,
1b damit kommend sie ihn salbten.
2a Und sehr früh morgens am Ersten der Woche kommen sie zum Grab,
2b als gerade die Sonne aufgegangen war.
3a Und sie sagten zueinander:
3b „Wer wird uns wegwälzen den Stein aus der Tür des Grabes?“
4a Und aufblickend schauen sie,
4b dass weggewälzt war der Stein.

4c Er war nämlich überaus groß.
5a Und nachdem sie in das Grab hineingegangen waren,
5b sahen sie einen jungen Mann,
5c sitzend zur Rechten,
5d umworfen mit einem weißen Gewand,
5e und sie erschraken.
6a Der aber sagt ihnen:
6b „Erschreckt nicht!
6c Jesus sucht ihr, den Nazarener, den Gekreuzigten.
6d Er wurde erweckt!
6e Nicht ist er hier!
6f Sieh, der Ort,
6g wohin sie ihn gelegt haben!
7a Aber los, sagt seinen Schülern und dem Petrus:
7b Vorausgeht er euch in die Galiläa,
7c dort werdet ihr ihn sehen,
7d gleichwie er euch gesagt hat."
8a Und nachdem sie hinausgegangen waren,
8b flohen sie von dem Grab.
8c Es hielt sie nämlich Zittern und Unruhe.
8d Und niemandem sagten sie etwas,
8e sie fürchteten sich nämlich.

5.1.3 Beobachtungen zur Gliederung und Komposition

Die kurze Perikope besteht aus drei kleinen Segmenten, die sich angesichts mehrerer Ortswechsel ergeben. V. 1–4 leiten in das Geschehen ein und spielen vor dem Grab. Mit V. 5–7 wechselt die Szenerie in das Grab. V. 8 schließlich konstatiert die Flucht der Frauen aus dem Grab und ihr mit Blick auf den Auftrag des jungen Mannes „ungehorsames" Verhalten.

Die V. 1–4 sind parallel aufgebaut, wobei die V. 1 und V. 2 bzw. V. 3 und V. 4 jeweils aufeinander Bezug nehmen: Die V. 1f lassen auf das eröffnende καί jeweils eine Zeitangabe folgen, die das Geschehen terminiert. Das Stichwort σάββατον entspricht sich hier jeweils. Zusätzlich steht am Ende des V. 2 eine weitere Zeitangabe. Dabei wird die gesamte Sequenz mit ihren geradezu überpräzisen Zeitangaben durch zwei *Genitivus-Absolutus*-Konstruktionen zu Beginn von V. 1a und in V. 2b gerahmt. V. 3f kreisen um das Problem des großen Verschlusssteins. V. 3 schildert in einer Art innerem Dialog das Problemgespräch der Frauen, V. 4 bietet die Lösung für ihr Problem: Der Stein ist schon weggerollt.

Die V. 5–8 bilden, trotz des Ortswechsels zwischen V. 7 und V. 8, kompositionell eine Einheit. Markus konstruiert durch καὶ εἰσελθοῦσαι εἰς τὸ μνημεῖον und καὶ ἐξελθοῦσαι ἔφυγον ἀπὸ τοῦ μνημείου eine Klammer um das Geschehen im Grab. Auch die Reaktion der Frauen in V. 5.8 entspricht sich: In beiden Fällen packt sie die Furcht. Dabei ist insbesondere V. 8 planvoll aufgebaut: Das Verhalten der Frauen – V. 8ab: Flucht aus dem Grab, V. 8d: Schweigen – wird jeweils durch eine nachgeschobene Begründung erklärt, die jeweils auf das Motiv der Furcht abhebt (V. 8ce). Das in dieser Weise gerahmte Geschehen im Grab ist zunächst von der von Furcht geprägten Reaktion der Frauen bestimmt. Die Botschaft des jungen Mannes greift diese Reaktion imperativisch auf (V. 6a) auf und bringt in staccatoartig kurzen Sätzen die Auferweckungsbotschaft ins Wort. Stilistisch glänzend ist dabei der erste Teil der Rede (V. 6) komponiert: der Kern der Osterbotschaft (ἠγέρθη) steht nahezu exakt in der Mitte dieses ersten Teils der Rede (der Text von NA^{28} bietet in V. 6 im Blick auf die Rede des jungen Mannes acht Worte vor und neun Worte im Anschluss an ἠγέρθη). Der junge Mann beschließt seine kurze Rede mit einem Auftrag an die Frauen. Beide Redegänge des jungen Mannes werden mit Imperativen eröffnet. Strukturell entsprechen sich damit Osterbotschaft und Auftrag an die Frauen.

Im Blick auf die Makrostruktur der ganzen Passionsgeschichte sei schließlich angemerkt, dass Mk 16,1–8 gemeinsam mit Mk 14,1–11 eine große Klammer um die ganze mk Passionsgeschichte (Mk 14–16) bildet. In beiden Perikopen, die jeweils einen ganzen Tag umfassen[5] und im Vergleich zu den übrigen Passionstagen (14,12–72: Donnerstag; 15,1–47: Freitag) eher knapp erzählt werden, geht es um eine Salbung Jesu. Dabei deutet Jesus die Salbung in Bethanien bereits auf seinen toten Leib und das Begräbnis hin (Mk 14,8). Damit wird unmittelbar auf Mk 16,1–8 verwiesen. In beiden Perikopen spielen zudem Frauen eine entscheidende Rolle. Sie sind es jeweils, die Jesus salben bzw. salben wollen. So ergibt sich eine Rahmung der ganzen Passionsgeschichte. Auch das zeigt nochmals, dass Mk 16,1–8 als Teil der Passionsgeschichte gedacht ist.

5.1.4 Semantische Oppositionen und die Inszenierung eines offenen Endes

Es sind die semantischen Oppositionen der Perikope, die zum einen die ihr inhärente erzählerische Spannung produzieren und zum anderen die Erzählung offen enden lassen. Eine semantische Analyse fördert dabei die folgenden Basisoppositionen zu Tage, die sich sogleich mit den beteiligten Aktanten, den Frauen und dem jungen Mann,[6] verbinden lassen:

---

5 Im Falle von Mk 14,1–11 handelt es sich um einen Mittwoch, bei Mk 16,1–8 um einen Sonntag.

6 Der junge Mann im Grab ist angesichts der engen intratextuellen Bezüge (νεανίσκον … περιβεβλημένον bzw. νεανίσκος … περιβεβλημένος) zwischen Mk 16,5b–d und Mk 14,51

Frauen	*junger Mann*
Die Frauen suchen Jesus im Grab (V. 2a)	nicht hier (V. 6e) Galiläa (V. 7b)
fürchten (V. 5e.8ce)	nicht fürchten (V. 6b)
niemandem etwas sagen (V. 8d)	den Schülern etwas sagen (V. 7a)

Die Auferweckungsbotschaft bleibt also auf der Erzählebene gleichsam im Grab stecken. Die Osterbotinnen schweigen aus Furcht und erfüllen den Auftrag nicht. Dass man Jesus neu und wieder in Galiläa treffen kann, erfahren an dieser Stelle nur die Leserinnen und Leser (zu Mk 14,28 s. im folgenden Exkurs). Mit der Begründung ἐφοβοῦντο γάρ endet das MkEv mit einem dissonanten Schlussakkord, der – einem Teaser gleich – Irritationen weckt und gerade dadurch zum Nachdenken und Handeln anregt.

Diese Offenheit des mk Endes war und ist verstörend. Sie führte im Laufe des Traditionsprozesses der urchristlichen Handschriften dazu, dass zahlreiche Abschreiber sich zugleich auch als Schriftsteller betätigten und neue Enden für das MkEv komponierten: die sekundären Markusschlüsse. Das offene Ende regt ferner Textkritiker und Exegeten an: Sie diskutieren kontrovers, ob das Ende des MkEv mit Mk 16,8 auch das ursprüngliche Ende des Evangeliums darstellt und ob es nicht einen Schluss gegeben hat, der im Laufe der Zeit verloren wurde (s. dazu den folgenden Exkurs). Ferner suchen Exegeten, die Mk 16,1–8 für das ursprüngliche Ende des MkEv halten, nach Erklärungsmustern für diesen eigenwilligen Schluss. Welchen pragmatischen Sinn könnte dieses offene Ende haben (s. III 5.2)?

(nur an diesen beiden Stellen kommt νεανίσκος im MkEv vor) nicht als Engel, sondern als Rückverweis auf eben jenen nackt fliehenden jungen Mann von Mk 14,51f zu verstehen (so z.B. auch A. Moore, Endings, 113f.119). Dabei sind die Bezüge durchaus kontrastreich: Flieht der nur mit einem Leinen umworfene junge Mann – neben dem in einiger Entfernung noch nachfolgenden Petrus (14,54) ist er der letzte männliche Nachfolger Jesu (ab 14,50 sind alle anderen Schüler geflohen) – in höchster Not nackt, so hebt Mk 16,5 auf sein ruhig wirkendes Sitzen ab und nennt eigens die leuchtende Bekleidung, mit der er (neu) umworfen ist. Das wirkt wie eine Restitution dieser Erzählfigur. „Bekleidet sitzen" ist im Übrigen eine eigenartige Anspielung auf den geheilten Gerasener, der in Mk 5,15 ebenfalls als bekleidet und sitzend geschildert wird. Rätselhaft bleibt, wen sich der Leser unter dieser Figur im Grab vorzustellen hat: Den Evangelisten, der dann in seinem Text so etwas wie einen Cameo-Auftritt à la Alfred Hitchcock absolvieren würde; eine bekannte Person aus der mk Gemeinde, die sich im Rahmen einer für sie kritischen Situation letztlich nicht zu Jesus bekannt hat und die der Text dann quasi als Osterboten rehabilitiert; eine andere Erzählfigur (etwa eben jenen Gerasener oder den erfolgreichen Jesusschüler von Mk 9,38–40, den die Schüler Jesu kritisch beäugen, weil er ihnen *nicht* nachfolgt); sich selbst? Das ist ein ungelöstes Rätsel des mk Textes.

Exkurs: Die Markusschlüsse

Zweifellos eine Folge dieses auf den ersten Blick verstörenden Endes sind die vorhandenen sekundären Markusschlüsse sowie die textkritischen und exegetischen Diskussionen um diese Thematik. Diese Debatten kommen trotz des relativen Konsenses in der Forschung, Mk 16,8 als bewusstes Ende des Evangeliums zu werten und dieses offen wirkende Ende entsprechend zu interpretieren, nicht zum Erliegen.[1] Weil das ein exegetisch interessantes Feld ist, seien im Folgenden als Exkurs einige Aspekte dieses Diskurses dargestellt. Damit wird ausführlich argumentiert, warum Mk 16,8 das Ende des MkEv ist. Weder fehlt nach Mk 16,8 etwas noch muss etwas hinzugefügt werden. Innerhalb des Exkurses geht es im Übrigen nicht um mk Triumphzugsallusionen. Es handelt sich um einen Exkurs im eigentlichen Sinne des Wortes: ein abgeschlossener und in sich verständlicher „Abstecher" in ein anderes Thema. Freilich ist der Exkurs mit dem Thema dieses Teilkapitels, dem Nachweis eines offenen Endes des MkEv, das Verweiskraft an den Anfang des MkEv hat und damit mein Lektürekonzept des mk Textes ermöglicht, insofern eng verbunden, als er präzise nachzeichnet, warum mit Mk 16,8 das Ende des MkEv gegeben ist.

1. Der textkritische Befund

Ausgangspunkt aller Diskussionen um das Ende des Evangeliums mit Mk 16,8 muss die *Textkritik* sein (hier auf der Basis von NA^{27+28}).[2] Dabei zeigt sich ein auf den ersten Blick disparater Befund, der aber von den Experten dieser sehr spezialisierten Disziplin eindeutig ausgewertet wird. Im Einzelnen lassen sich *grob* drei[3] unterschiedliche Versionen des Mk-Schlusses ausmachen:

---

1 Exemplarisch sei auf U. Schnelle, Einleitung, 250, verwiesen, der „ernsthaft" mit der Möglichkeit rechnet, dass ein ursprüngliches Ende des MkEv nach Mk 16,8 verloren ging. Insbesondere im englischen Sprachraum gibt es einige exegetische Stimmen, die ebenfalls mit einem wie auch immer konkret gestalteten anderen Ende des MkEv rechnen, etwa R. T. France, Mk, 670–674.685–688; B. Witherington III, Mk, 42–49; R. H. Gundry, Mk, 1009–1021.

2 Der textkritische Apparat zu Mk 16,8 variiert leicht zwischen NA^{27} und NA^{28}. Hilfreich ist an dieser Stelle auch ein Blick in den Apparat von NA^{26}.

3 K. Aland, Markusschluß, 10, differenziert die drei Gruppen in sechs Teilgruppen. B. M. Metzger, Text, 56f.230–233, unterscheidet vier Varianten. Die vierte bildet der sekundäre Mk-Schluss (Mk 16,9–20) in seiner nach V. 14 erweiterten Form durch das *Freer-Logion*, auf dessen Text bereits Hieronymus hingewiesen hat und das in der Handschrift W, die erst im 20. Jh. entdeckt worden ist, gefunden wurde. Zum Inhalt und zur Fundgeschichte dieses Logions vgl. C. R. Gregory, Freer-Logion, J. Frey, Text; J. Frey, Freer-Logion (mit

- das Ende des Evangeliums mit Mk 16,8,
- der kurze Mk-Schluss (ohne Verszählung)[4]
- sowie der so genannte sekundäre Mk-Schluss (Mk 16,9–20).[5]

Eine Reihe von Handschriften bieten als Ende des MkEv ausschließlich Mk 16,8. Dazu gehören die Majuskeln א und B, die Minuskel 304, einzelne Kirchenväterzeugnisse[6] (Eus^{mss}; Hier^{mss}) der Sinaisyrer (sy^{s}), eine sahidische Handschrift (sa^{ms}), dazu noch armenische[7] (arm^{mss}) und georgische Handschriften sowie neuerdings auch noch ein koptisches Amulett, das Anfangs- und Schlussverse aller vier kanonischen Evangelien in magischer Funktion zitiert. Es stammt aus dem 7.–9. Jh. und belegt das Ende des MkEv mit 16,8, wobei eben diesem Ende magische Kraft zugeordnet wird.[8]

Die Handschrift k (Codex Bobbiensis; ein altlateinischer Text aus dem 4./5. Jh. mit hoher textkritischer Bedeutung, weil es sich vermutlich um die Übersetzung eines griechischen Textes aus dem 2. Jh. handelt[9]) präsentiert – in ihrer Art bisher singulär – nur den kurzen Mk-Schluss, der in NA^{28} und davon abhängigen Übersetzungen ohne Verszählung geboten wird. Der Text kommt dabei nach Mk 16,8abd zum Stehen (k lässt Mk 16,8c aus,[10] um einen weicheren Übergang von V. 8 zum weiteren Text zu schaffen). Der kurze Schluss, in seiner von der Handschrift k leicht abweichenden Form, findet sich in Kombination mit dem so genannten sekundären Mk-Schluss (Mk 16,9–20) auch in den Handschriften L, Ψ, 083, 099, 274^{mg} (als Randnotiz), 579, *l* 1602, sy^{hmg} (als Randlesart), sa^{mss}, bo^{mss}, aeth^{mss}, wobei die beiden Schlüsse in aller Regel in der Reihenfolge „kurzer Schluss – langer Schluss" auf den vollständigen V. 8 folgen.

Übersetzung und ausführlicher Bibliographie sowie Datierung des Logions, nicht der Handschrift W, in die Zeit zwischen 150–200 n. Chr. [1060]); eine narrative Analyse von Mk 16 (in der Version der Handschrift W, also unter Einschluss des Freer-Logions), die den Text in die kirchliche Situation des 4./5. Jh. einordnet, bietet jüngst T. R. Shepherd, Analysis.

4 „Alles Gebotene aber meldeten sie denen um Petrus eilig. Danach aber schickte auch Jesus selbst vom Osten und bis zum Westen das heilige und unvergängliche Kerygma der ewigen Rettung durch sie aus. Amen".

5 Für das Folgende vgl. K. Aland, Schluß; K. Aland/B. Aland, Text, 295 f; B. M. Metzger, Commentary, 122–126, sowie den textkritischen Apparat in NA$^{26+27+28}$.

6 So findet sich etwa bei Hieronymus (Ep 120,3) der Hinweis, dass fast alle griechischen Handschriften des MkEv, die er kenne, den Schlussabschnitt (gemeint ist Mk 16,9–20) nicht aufwiesen. Diese Beobachtung spricht zum einen dafür, dass Mk 16,8 als Ende des Evangeliums zur Zeit des Hieronymus gut bezeugt ist, zum anderen dafür, dass Hieronymus auch Mk 16,9–20 bekannt war. Zum Zusammenhang von Kirchenväterzitaten und Mk 16,9–20 vgl. auch J. A. Kelhoffer, Witness.

7 B. M. Metzger, Commentary, 122, spricht von etwa einhundert armenischen Handschriften.

8 Vgl. zu diesem Fund, der sich in der Sammlung des Bibel+Orient Museums, Freiburg (Schweiz), befindet, den Beitrag meines Freiburger Kollegen G. Emmenegger, Amulett. Das Objekt trägt die Inventarnummer ÄT 2006.8.

9 B. M. Metzger, Text, 73 f; etwas vorsichtiger K. Aland/B. Aland, Text, 193.

10 Vgl. den Apparat in NA^{27}, der diesen Befund präziser verzeichnet als NA^{28}. Der lateinische Text für Mk 16,8 lautet in k: *illae autem cum cum exirent a monumento fugerunt tenebas enim illas tremor et pauor propter timorem* (Text nach der *Vetus Latina Database* z. St.).

Neben dieser Kombination der beiden Schlüsse lässt sich dann auch eine Gruppe von Handschriften ausmachen, die nur den sekundären Mk-Schluss (Mk 16,9–20) im Anschluss an Mk 16,8 präsentieren. Dazu gehören u. a. die Handschriften A, C, D, W, Θ, f^{13}, 33, der Mehrheitstext, lat, $sy^{c.p.h}$, bo, Ir^{lat}, Eus^{mss}, $Hier^{mss}$, wobei Handschriften der Familie 1 (f^{1}) zwar den Text bieten, ihn aber mit textkritischen Zeichen versehen und so im Blick auf seine „Echtheit" problematisieren.

Angesichts dieses Befunds liegt die von Textkritikern gezogene Schlussfolgerung nahe, dass im Vergleich zum kürzeren bzw. dem sekundären Mk-Schluss das offen wirkende Ende des Textes mit Mk 16,8 ursprünglich ist.[11] Die textkritischen Regeln der *lectio brevior* und der *lectio difficilior* greifen in diesem Fall sehr gut, zudem zeigen schon manche Handschriften durch die Verwendung von textkritischen Zeichen an, dass insbesondere die Langversion (Mk 16,9–20) umstritten war. Auch wenn quantitativ im Vergleich zu den übrigen Varianten nur wenige Textzeugen ausschließlich Mk 16,8 als Ende des Evangeliums präsentieren, so sind es doch qualitativ mit dem Vaticanus und dem Sinaiticus zwei hochkarätige Textzeugen, die dieses Ende bezeugen. Zudem ist einsichtig, dass das Ende des Textes mit 16,8 als unbefriedigend empfunden wurde (*lectio difficilior*) und zu entsprechenden Fortschreibungen animiert hat.[12] Im umgekehrten Falle müsste man erklären, wieso ein geschlossenes und theologisch hoch aufgeladenes Ende sekundär durch einen offenen Schluss oder durch einen anderen, nämlich den kurzen und sich theologisch durch „Unbeholfenheit"[13] auszeichnenden Mk-Schluss ersetzt worden ist. Ein solches Vorgehen und Interesse ist schwer vorstellbar.[14] Schließlich zeugen das koptische Amulett aus dem 7.–9. Jh. und die Minuskel 304 aus dem 12. Jh. davon, wie hartnäckig sich die Variante des Textendes in Mk 16,8 erhalten hat. Offensichtlich ist es den alternativen Buchschlüssen nicht gelungen, die alte Überlieferung vom Ende des MkEv mit Mk 16,8 auszumerzen. Mehr noch: Auch die beiden sekundären Buchschlüsse werden, obwohl erzählerisch nicht harmonisch aufeinander abgestimmt, von einer großen Zahl von Handschriften gemeinsam überliefert – und zwar in der Regel im Anschluss an die dann im Vergleich zum Nachfolgenden vollauf widersprüchlich anmutende Aussage von Mk 16,8.[15] Auch sie konnten sich nicht gegenseitig ausmerzen. Aus textkritischen Gründen ist Mk 16,8 als Ende des *rekonstruierten* Mk-Textes die

---

11 Exemplarisch: K. ALAND/B. ALAND, Text, 295f; K. ALAND, Markusschluß. Beide zusätzlichen Mk-Schlüsse werden dabei in das 2. Jh. datiert (237.296). Ähnlich B. M. METZGER, Text, 230–233.

12 So etwa M. EBNER, Markusevangelium, 157; S. SCHREIBER, Text, 63.

13 K. ALAND, Markusschluß, 4.

14 Vgl. K. ALAND/B. ALAND, Text, 310.

15 Für K. ALAND/B. ALAND, Text, 79f.295f, sind die Mk-Schlüsse ein Paradebeispiel für die Tenazität ntl. Textvarianten: „Was hier einmal vorhanden war, wurde auch weiter überliefert" (296).

eindeutig *ursprüngliche* Variante. Mk 16,8 bildet daher den Ausgangstext[16] der handschriftlichen Überlieferung.

2. Ein verlorenes Ur-Ende? Exegetische Spekulationen über das ursprüngliche Ende des MkEv

Der Hypothesenfreudigkeit in der Exegese tut dieser Befund allerdings keinen Abbruch. Denn es ist zwar ein schneller Schritt, vom ältest rekonstruierbaren Stand des Textes auf das *Ende des MkEv* zu schließen[17] – ein Schritt, der hier im Sinne einer Hypothesenreduktion letztlich geboten ist –, aber notwendig ist dieser Überstieg auf den ersten Blick nicht. Streitpunkt in der Exegese ist die Frage, ob denn Mk 16,8 auch *für Markus* das Ende seines Evangeliums war oder ob es nicht doch ursprünglich ein anderes Ende gegeben hat, das verloren ist oder bewusst unterdrückt wurde, von dem sich also keine handschriftlichen Spuren finden lassen. Kann ein Evangelium so offen, so irritierend und mit dem Wort γάρ enden? – das sind die dabei im Hintergrund verhandelten Fragen.

Solche Überlegungen und Thesen führen notwendig in den Bereich der Spekulation, sind aber dennoch statthaft[18] und lassen sich zumindest bis zu einem gewissen Grad argumentativ stützen. Schließlich erinnern sie daran, dass der Text des NT Rekonstruktion bleiben muss, die nicht sakrosankt ist.

Die Diskussion um das Ende des MkEv und damit das Ende der Passionsgeschichte möchte ich im Blick auf die Arbeit des Markus und vor dem Hintergrund des kurz skizzierten textkritischen Befunds darstellen. Zwei Grundmodelle mit entsprechenden Varianten stehen sich gegenüber.

- *Modell 1*: Für Markus ist Mk 16,8 in seiner heute rekonstruierten Form das Ende des Evangeliums. Innerhalb des Modells sind zwei Varianten denkbar.

---

16 Zur hilfreichen Differenzierung zwischen Urtext und Ausgangstext vgl. B. Aland, Rolle, 304 mit Anm. 5; 318.

17 Vgl. exemplarisch K. Aland/B. Aland, Text, 237: „Mindestens der sog. kürzere Schluß des Markusevangeliums (ebenso aber auch der längere Mark 16,9–20) hat nicht zum *ursprünglichen Bestand des Markusevangeliums* gehört" (Hervorhebung: M. L.). Diesen Schritt geht B. M. Metzger, Text, 230–233, nicht. Für ihn ist Mk 16,8 im Vergleich zu den übrigen Varianten zwar tendenziell ursprünglich, es handelt sich aber nicht um das von Markus intendierte Ende. Etwas vorsichtiger formuliert er einige Jahre später, vgl. B. M. Metzger, Commentary, 126.

18 Die Exegese kann sich insofern nicht *vorschnell* unter den Richtscheit der Textkritik stellen. Sonst wäre die Anwendung von Methoden wie Literarkritik, Überlieferungskritik oder das große Feld der Q-Forschung nur schwerlich möglich.

- *Variante 1*: Markus hat ein ihm überkommenes Ende aus dem Bereich der vormk Passionsgeschichte bewusst verschwiegen oder anderweitig verarbeitet (etwa in Mk 1,35–45)[19] und 16,8 als Ende des Evangeliums gesetzt. Dieses vormalige Ende der vormk Passionsgeschichte kann dabei je nach These nicht mehr rekonstruiert werden oder aber lässt sich in anderen, nichtmk Texten bzw. innerhalb des MkEv finden. Markus hätte dann das Quellenmaterial aufgespalten und an verschiedenen Orten innerhalb seines Evangeliums eingesetzt.
- *Variante 2*: Markus hat kein anderes Ende der Passionsgeschichte in seiner Quelle vorgefunden und er hat jenseits von Mk 16,8 auch kein anderes Ende verfasst, das verloren wäre.

– *Modell 2*: Für Markus ist Mk 16,8 nicht das Ende des Evangeliums gewesen. Das MkEv besaß ursprünglich ein anderes Ende.[20] Auch hier lassen sich zwei Varianten unterscheiden.[21]
- *Variante 1*: Mk 16,9–20 oder Teile dieses Textes oder der kürzere Mk-Schluss sind die ursprünglichen Enden des MkEv.
- *Variante 2*: Mk 16,9–20 und der kürzere Mk-Schluss sind sekundäre Bildungen, allerdings hat es ein ursprüngliches Ende nach Mk 16,8 gegeben, das verloren ist (entweder aufgrund eines sehr frühen Blattverlusts oder aufgrund seines Inhalts, der unterdrückt werden sollte), aber, je nach These, rekonstruiert werden kann.

Alle vier Varianten haben Anhängerinnen und Anhänger gefunden.[22] So wird etwa die erste Variante innerhalb des ersten Modells explizit von T. A. Mohr[23] und W. Schmithals[24] vertreten. Weitaus die meisten Exegeten folgen indes der zweiten Variante im Rahmen des ersten Modells (wobei sie sich zum Teil nicht

---

19 Vgl. K. M. Schmidt, Wege.

20 Alternativ wäre auch denkbar, dass Mk 16,8 nicht das intendierte Ende des Textes war, Markus aber an der Vollendung seines Werkes gehindert war.

21 Wobei dann nochmals gesondert zu fragen ist, welche textliche Gestalt V. 8 ursprünglich hatte.

22 Die Namenslisten erheben keinen Anspruch auf Vollständigkeit. Vgl. dazu auch den Literaturüberblick sowie die systematisch angelegte Bibliographie bei J. A. Kelhoffer, Miracle, 5–46.484–493.

23 Vgl. T. A. Mohr, Johannespassion, 365–403: Markus habe eine in seiner Quelle erzählte Epiphanie Jesu vor Maria Magdalena und eine Erscheinung Jesu in Jerusalem (vgl. Joh 20,1–18) unterdrückt, damit der Messias nicht zuerst in der ihm feindlichen Stadt Jerusalem erscheine.

24 W. Schmithals, Markusschluß, bestimmt dabei das Ende der vormk Passionsgeschichte, eine Ostergeschichte mit der Erzählung vom leeren Grab, einer Erscheinung Jesu, Berufung und Aussendung der Zwölf, sehr genau und kann sie im MkEv bzw. im frühchristlichen Traditionsgut finden: Markus habe den Text, den er in seiner Quelle vorgefunden habe, aufgeteilt. Er finde sich in Mk 16,1–8 (Grabesgeschichte), Mk 9,2–8 (Erscheinung) sowie 3,13–19 (Berufung der Zwölf). Die Aussendung hingegen lasse sich nicht aus dem MkEv rekonstruieren (403). Trotzdem sei sie erhalten geblieben. Sie finde sich in überarbeiteter

explizit im Blick auf eine vormk Passionsgeschichte äußern): so etwa I. Broer,[25] P. L. Danove,[26] P. Dschulnigg,[27] M. Ebner,[28] C. Jochum-Bortfeld,[29] J. Gnilka,[30] J. A. Kelhoffer,[31] K. Kertelge,[32] A. Lindemann,[33] E. Lohmeyer,[34] D. Lührmann,[35] J. Marcus,[36] P. Pokorný,[37] R. Pesch,[38] W. Reinbold,[39] S. Schreiber,[40] R. Schwindt,[41] J. Wellhausen,[42] R. Zwick[43] u. a. m. Die erste Variante des zweiten Modells wird in der Exegese etwa von W. R. Farmer[44] und E. Linnemann[45] vertreten. Das liegt ganz auf der Linie der kirchlichen Tradition, für die die

Form in Mk 16,15–20: „Der Redaktor des längeren Markusschlusses, der im zweiten Jahrhundert schrieb, hat demzufolge die Quelle des Markus gekannt" (404f) und entsprechend versucht, das Evangelium zu vervollständigen – eine äußerst kühne Hypothese. Der Grund für diese mk Redaktion liege im Übrigen in der Messiasgeheimnistheorie. Markus wolle Jesus als verborgenen Messias stilisieren, der aber bereits vor Ostern als ein solcher zu erkennen sei (was dann jeweils mit dem Geheimhaltungsverbot versehen werde). Seine Quelle habe hingegen Jesu Messianität erst nachösterlich epiphan werden lassen (410). Insofern sei es von Markus äußerst geschickt gewesen, die nachösterlichen Erzählungen, die Jesu Messianität zeigen, bereits in die vorösterliche Phase des Lebens Jesu zu verpflanzen.

25 I. Broer, Einleitung, 88f.

26 P. L. Danove, End, 119–131, mit einer konzisen Darstellung der Problematik und der weiteren Mk-Schlüsse.

27 P. Dschulnigg, Mk, 415–420.

28 M. Ebner, Mk, 169; M. Ebner, Markusevangelium, 157.

29 C. Jochum-Bortfeld, Widersprüche, 234–237.

30 J. Gnilka, Mk II, 345 Anm. 41; 350–358.

31 J. A. Kelhoffer, Miracle.

32 K. Kertelge, Mk, 163.

33 A. Lindemann, Osterbotschaft.

34 E. Lohmeyer, Mk, 358–360.

35 D. Lührmann, Mk, 268f.

36 J. Marcus, Mk, 1088–1096, der die Diskussionslage ausführlich darstellt und sich vorsichtig dieser Variante anschließt.

37 P. Pokorný, Markus-Evangelium, 1982.

38 R. Pesch, Mk I, 40–47.

39 W. Reinbold, Bericht, 99–106.

40 S. Schreiber, Text, 63.

41 R. Schwindt, Erschütterung, 57f.74–79.

42 J. Wellhausen, Evangelienkommentare 457. Er ist der festen Überzeugung, dass mit Mk 16,8 das MkEv beendet ist: „Die meisten Ausleger sind damit nicht zufrieden und nehmen an, daß der Verfasser an der Vollendung seiner Schrift verhindert oder daß ursprünglich noch mehr gefolgt sei, was später aus irgend welchen Gründen der Zensur zum Opfer fiel. Sie haben 16, 4 nicht verstanden. Es fehlt nichts; es wäre schade, wenn noch etwas hinterher käme".

43 R. Zwick, Montage, 198.472f.

44 W. R. Farmer, Verses, zählt fünf verschiedene Theorien, die die V. 9–20 erklären können, wobei er sich zurückhaltend dafür ausspricht, dass Mk 16,9–20 Werk des Markus sei, der seinerseits redaktionell älteres Material verarbeitet habe (107–109).

45 E. Linnemann, Markusschluß.

erweiterten Mk-Schlüsse kanonischen Rang haben.[46] Als Vertreter der zweiten Variante innerhalb des zweiten Modells lassen sich etwa R. H. Gundry,[47] C. A. Evans,[48] R. T. France,[49] B. M. Metzger,[50] U. Schnelle,[51] E. Schweizer[52] und B. Witherington III[53] ausmachen.

Blickt man auf diese vier Optionen, dann lassen sie sich im Blick auf ihren Wahrscheinlichkeitsgrad gegeneinander gewichten. Anhänger der *zweiten Variante des zweiten Modells* müssen sich fragen lassen, wieso sich in keiner Handschrift ein Indiz für ein solch anderes Ende des MkEv finden lässt. Ein sehr früher Blattverlust ist dabei natürlich denkbar, bleibt aber letztlich ein sehr spekulatives Argument. Die *erste Variante* im Rahmen des *zweiten Modells* hat die schwere, argumentativ m. E. wohl auch nicht zu lösende Hypothek, dass zum einen V. 8, dessen Existenz in den Handschriften unstrittig ist, in seinem spannungsvollen Verhältnis zum dann nachfolgenden Text erklärt werden muss,[54] zum anderen der textkritische Befund entschieden gegen die Variante spricht. Es müsste dann gezeigt werden können, warum ein zunächst geschlossenes und mit bedeutsamen Theologumena versehenes Ende im weiteren Verlauf der Textgeschichte auf breiter Front und mit lang anhaltendem Erfolg durch ein ganz offenes oder ein alternatives Ende (je nach dem, welches der vorhandenen Enden das ursprüngliche sein soll) ersetzt worden ist. Das dürfte ein argumentativ schwieriges bis unmögliches Unterfangen sein. Zugespitzt formuliert: Die pure Existenz des offenen Endes spricht gewichtig gegen eine solche Hypothese, lassen sich doch von ihm ausgehend die weiteren vorhandenen Varianten im Vergleich zur umgekehrten Option zwanglos erklären. Innerhalb des *ersten Modells* stellt die *erste Variante* das spekulativere Modell dar, insofern es mit zusätzlichen Hypothesen arbeitet und vormk Erzählungen postulieren muss. Es bietet hingegen den Vorteil, dass mit dem vorhandenen

46 Vgl. K. Aland/B. Aland, Text, 295.

47 R. H. Gundry, Mk, 1009–1021, der davon ausgeht, dass mit Mk 16,8f in eine neue Perikope begonnen hat, deren Rest nun verloren ist.

48 C. A. Evans, Mk, 522–551, mit deutlichem Anschluss an R. H. Gundry.

49 R. T. France, Mk, 670–674.685–688.

50 Vgl. B. M. Metzger, Text 230–233. Für ihn sind Mk 16,9–20 sowie der kurze Mk-Schluss sekundäre Bildungen. Allerdings ist in seiner Sicht Mk 16,8 nicht das Ende des Evangeliums gewesen. Seine These: Entweder sei Markus an der Vollendung des Evangeliums gehindert worden oder das letzte Blatt des Originals sei vor der Anfertigung weiterer Abschriften verloren worden. Rekonstruieren lasse sich das ursprüngliche Mk-Ende nicht. Etwas vorsichtiger formuliert er in B. M. Metzger, Commentary, 126 Anm. 7.

51 Die Andeutungen bei U. Schnelle, Einleitung, 250, zeigen, dass wohl auch er zu dieser Gruppe zu rechnen ist.

52 E. Schweizer, Mk, 202f.

53 B. Witherington III, Mk, 42–49.412f.416.

54 Dieses Argument fällt nur im Blick auf den Text der Handschrift k weg, der Mk 16,8c nicht präsentiert. So ergibt sich ein zwangloser, wenn auch nicht glatter Anschluss des kurzen Mk-Schlusses an den dann verkürzten V. 8.

textkritischen Befund im Blick auf Markus operiert wird. Die *zweite Variante* des *ersten Modells* hat den Charme, ohne weitere Hypothesen materieller Natur mit dem vorhandenen, textkritisch als ältester Variante erwiesenen Textbefund auszukommen und auf dieser Basis inhaltliche Thesen und Interpretationen zur Bedeutung von Mk 16,8 zu entwickeln.

Viele Forschende sind daher der begründeten Meinung, dass Mk 16,8 das ursprüngliche Ende des MkEv darstellt. Dieser Richtung schließe auch ich mich an. Für mich stellt Mk 16,8 ein sinnvolles Ende des Evangeliums dar, das textkritisch und exegetisch durch eine Reihe überzeugender Argumente als Ende des MkEv gesichert ist. Der textkritische Befund und die textgeschichtliche Entwicklung lassen sich bei der Annahme eines ursprünglichen Endes mit Mk 16,8 ganz zwanglos erklären. Es ist eben viel leichter vorstellbar und damit auch plausibler, dass ein ursprünglich offenes Ende des Evangeliums sekundär erweitert wurde, als dass ein geschlossenes Ende des Evangeliums entweder durch ein offenes oder durch ein geschlossenes, aber inhaltlich anders akzentuiertes Ende ersetzt worden ist. Mk 16,8 als Ende des Evangeliums anzunehmen, vermeidet insofern zusätzliche Hypothesenbildungen und ist damit als These plausibler.

3. Letzte Einwände? Für und wider Mk 16,8

Gleichwohl regt sich innerexegetischer Widerstand gegen diese Lösung. Sieht man von textkritischen Spekulationen ab, so sind es im Wesentlichen vier Hauptargumente, die immer wieder gegen ein mögliches Ende des MkEv mit 16,8 vorgebracht werden. Sie seien im Folgenden vorgestellt und dann einer intensiven Kritik unterzogen.

1. Ein so offenes, melancholisches und letztlich negatives Ende (die Furcht der Frauen, die die Botschaft nicht ausrichten) sei für das Ende eines Evangeliums schlechterdings unvorstellbar.[55] Ein Evangelium brauche geradezu ein „happy end" und vertrage kein „open end"[56] wie es in Mk 16,8 vorhanden ist. Das hätten schon diejenigen antiken Autoren gespürt, die die sekundären Mk-Schlüsse verfasst hätten. Letzteres sei ein Argument dafür, dass dann auch Markus kein so offenes Ende hätte verfassen können.[57]

55 Vertreten etwa von E. Linnemann, Markusschluß, 256; B. M. Metzger, Text, 232; R. T. France, Mk, 670–674.

56 Die Terminologie wird von Z. Studenovský, Weg, 540, auf Mk 16,8 angewandt, wobei er sich klar dafür ausspricht, Mk 16,8 als intendiertes Ende des MkEv zu verstehen (= Modell 1, Variante 2) und dieses Ende im Blick auf den mk Modellleser auszuwerten.

57 R. T. France, Mk, 671 f; B. Witherington III, Mk, 46.

2. Dem ersten Argument verwandt ist auch der zweite kritische Einwurf gegen ein Ende des MkEv mit Mk 16,8. Es fehle dem MkEv in seiner jetzigen Form, also ohne eine eigentliche Erscheinungsgeschichte, ein konstitutives Element des „kerygmatischen Erzählzusammenhangs von Jesu Leiden, Sterben und Auferstehen“[58], den schon Paulus mit den „Stationen“ Kreuzigung/Tod, Begräbnis, Auferweckung und Erscheinung in 1 Kor 15,3–5 biete und der als Traditionsstück der mk Gemeinde bekannt gewesen sein dürfte.[59] Es sei daher nicht gut vorstellbar, dass Markus sein Evangelium ohne eine solche Erscheinung beschließe, zumal er sie in seinem Evangelium durch den Verweis auf das „Sehen Jesu“ bereits angekündigt habe (Mk 14,28; 16,7).[60]
3. Das Verbum φοβέω könne im Sinne von „sich fürchten vor“ verstanden werden. Dann aber fehle ein nachfolgendes Objekt, das die Furcht der Frauen motiviere.[61]
4. Es sei im Blick auf und im Vergleich zu antiker Literatur nicht möglich, dass ein Satz, ein größerer Textabschnitt oder ein ganzer Text mit dem Halbsatz ἐφοβοῦντο γάρ, allgemeiner: mit der Kombination Verbform plus finalem γάρ als Satzende, schließe.[62]

Alle vier Haupteinwände lassen sich m. E. entkräften.

(1.) Es gibt gute Erklärungsmuster, die das Ende des Evangeliums mit Mk 16,8 erzählstrategisch im Blick auf den Leser des MkEv erfassen können (s. dazu III 5.2). Das Argument, ein Evangelium könne nicht so offen und so irritierend melancholisch, ja pessimistisch enden, überzeugt hingegen angesichts der vorhandenen Erklärungsmuster nicht.[63] Das Argument lebt zudem von einer inhaltlichen Voraussetzung, die methodisch fragwürdig ist und letztlich eine reine Setzung bleibt. Inhaltlich ist die Leseerwartung eines geschlossenen, positiven Endes nämlich von den Ostergeschichten der übrigen ntl. Evangelien her bestimmt.[64] Aber diese Leseerwartung darf man nicht zwangsläufig in das

58 A. Lindemann, Osterbotschaft, 298.

59 W. Schmithals, Markusschluß, 380.

60 Vgl. etwa B. Witherington III, Mk, 42–49; R. H. Gundry, Mk, 1009f.

61 So etwa B. M. Metzger, Text, 232f.

62 Ein häufig ins Feld geführtes Argument. Vgl. exemplarisch E. Schweizer, Mk, 203; R. H. Gundry, Mk, 1011; C. A. Evans, Mk, 538f; B. Witherington III, Mk, 45 (er betont, dass er keinen dem MkEv ähnlichen Text kenne, der mit ἐφοβοῦντο γάρ oder einer einigermaßen parallelen Formulierung schließe). Vgl. auch den knappen Forschungsüberblick mit entsprechenden Positionen bei K. Aland, Schluß, 275.

63 So schon A. Lindemann, Osterbotschaft, 300: „Die Annahme, 16. 8 könne unter gar keinen Umständen der Schluß des Markus-Evangeliums sein, wäre – wie jeder Konjekturvorschlag – aber erst dann diskutabel, wenn sich der erhaltene Text des Evangeliums schlechterdings nicht sinnvoll interpretieren ließe.“ – Aber gerade das ist möglich.

64 Vgl. die Überlegungen bei M. D. Hooker, Endings, 16f.

MkEv eintragen.[65] Das MkEv ist ein eigenständiges literarisches Werk. Man muss dem Evangelisten entsprechend zugestehen, dass er eigene Akzente in seinem Text setzen kann, die nicht unsere Erwartungen erfüllen, die auch nicht den Akzenten der übrigen Evangelisten entsprechen (zumal Markus, sofern Mk-Priorität besteht, mindestens das MtEv und das LkEv nicht kannte) oder dem Kerygma des Paulus folgen. Wer postuliert, Mk 16,8 sei als Ende schlechterdings nicht vorstellbar, weil es bestimmten Erwartungen nicht entspricht, nimmt den Evangelisten als Autor nicht ernst.

(2.) Von der gerade kritisierten Voraussetzung lebt auch das gegen ein Ende des MkEv mit Mk 16,8 vorgebrachte Argument, dass auf eine angeblich fehlende Erscheinungsgeschichte abhebt. Dass eine solche Geschichte konstitutiv sein soll, wird ebenfalls von anderen ntl. Schriften her in das MkEv eingetragen.[66] Auch das bleibt zunächst eine reine Setzung mit geringer argumentativer Kraft.

Allerdings fällt dabei im Sinne des Arguments ins Gewicht, dass das MkEv selbst die Erwartung einer Erscheinungserzählung weckt. Dafür werden Mk 14,28; 16,7 ins Feld geführt.[67] Zweifellos kündigt Mk 16,7c das *Sehen* Jesu

65 Genau das gilt auch für den längeren Mk-Schluss (Mk 16,9–20). Wenn er das offene Ende des MkEv komplettiert, dann ist das zuallererst ein Zeichen dafür, dass das Ende des MkEv im Vergleich zu und bei Kenntnis von MtEv, LkEv und JohEv offen wirkt. Dass Mk 16,9–20 von den übrigen kanonischen Evangelien her geschrieben worden ist, zeigt etwa J. Marcus, Mk, 1090.

66 Andeutungsweise als Argument auch erwähnt bei D. Lührmann, Mk, 268f.

67 Vgl. das Referat bei A. Lindemann, Osterbotschaft, 300. Im Blick auf Mk 16,7 ist dabei noch eine zweite Ebene zu unterscheiden. Nach R. Pesch, Mk II, 534; W. Schmithals, Markusschluß, 381, soll die Formulierung aus Mk 16,7a („Aber los, sagt seinen Schülern und dem Petrus") an die *Ersterscheinung* vor Petrus erinnern, der dann die Erscheinung vor den Zwölf gefolgt ist (vgl. 1 Kor 15,5). Deshalb sei Petrus hier aus dem Kollektiv der Schüler herausgehoben (381). Auch dadurch werde die Erwartung einer erzählten Erscheinungsgeschichte geschürt. Zwingend ist diese Beobachtung, die die betonte Nennung des Petrus erklären will, nicht, weil der Zusammenhang von 1 Kor 15,5 und Mk 16,7 nicht ganz aufgeht. Wenn nämlich Mk 16,7 die Reihenfolge von 1 Kor 15,5 bewusst nachahmen wollte, dann müsste in Mk 16,7 nicht von *Schülern* die Rede sein, sondern von *den Zwölf.* Diese sind sicherlich in der Formulierung „Schüler" impliziert; der Begriff umfasst im MkEv aber mehr als nur die Zwölf. Und umgekehrt kann Markus auch sehr bewusst von den Zwölf sprechen, wenn er diese Gruppe jenseits des Schülerkreises meint (vgl. exemplarisch die Abfolge von Mk 9,31 [die Schüler]; 9,33f [sie (= alle beteiligten Schüler)]; 9,35 [die Zwölf als aus dem Kreis der Schüler ausgegrenzte Gruppe]; vgl. auch Mk 4,10.34). Beide Begriffe sind ihm bekannt (zur Differenzierung von Schülern und den Zwölf vgl. auch K. M. Schmidt, Wege, 28–35). Wenn also Markus eine solche Anspielung auf 1 Kor 15,5 intendiert hätte, dann wäre der Begriff „die Zwölf" geboten gewesen und zwar in der Reihung: Petrus und dann die Zwölf. Die Formulierung „die Schüler" widerspricht dem (es sei denn man wollte argumentieren, dass Markus hier die in 1 Kor 15,5 genannten Zwölf mit den gleich nachfolgend genannten Brüdern [1 Kor 15,6] zu einer Gruppe der Schüler zusammengefasst hätte und damit die Ostererscheinungen geradezu egalisieren würde [wobei die betonte Hervorhebung des Petrus dem wiederum entgegensteht]).

in Galiläa an, womit auf eine Erscheinung[68] angespielt wird, die dann nicht erzählt wird. Der Verweis auf Mk 14,28 lässt sich indes nicht als Hinweis auf eine ausstehende Erscheinung Jesu nach seiner Auferweckung lesen. Im Vergleich zu Mk 14,28 ist nämlich Mk 16,7c ein überschießendes Element – daran ändert auch das abschließende Wort des jungen Mannes im Grab, „gleichwie er euch gesagt hat" (Mk 16,7d), nichts. In Mk 14,28 weist Jesus nur darauf hin, dass er nach seiner Auferweckung den Schülern nach Galiläa vorangehen wird. Von einem Sehen Jesu in Galiläa ist an dieser Stelle nicht die Rede. Insofern beschränkt sich der Verweis auf eine noch ausstehende Vision des auferweckten Jesus auf Mk 16,7. Beachtenswert ist auch, dass in den Passionssummarien des Mittelteils Jesus gerade nicht von einer Erscheinung nach seiner Auferweckung spricht,[69] sondern die Summarien konsequent mit der Aussage „und nach drei Tagen wird er aufstehen" (Mk 8,31; 9,31; 10,34) schließen. Hier ist weder speziell eine eigentliche Grabesgeschichte noch eine Erscheinungsgeschichte im Blick. Wenn Markus dann trotzdem eine Grabesgeschichte mit einem dezidierten Verweis auf ein leeres Grab bietet, so zeigt das nur, dass er mehr und anderes am Ende seiner Jesusgeschichte erzählen kann, als er zu Beginn oder in der Mitte seiner Jesusgeschichte hat anklingen lassen. Es ist also nur der Versteil Mk 16,7c, der eine noch ausstehende Erscheinungsgeschichte anklingen lässt.[70] Ob sie dann auch von Markus erzählt wird oder ob Markus bei seinem Publikum Erwartungen wecken will, die dann bewusst nicht erfüllt[71] oder jedenfalls die Erfüllung nicht erzählt[72] werden, das liegt in der Freiheit des Autors. Eine nicht mehr vorhandene Erscheinungsgeschichte dabei zu pos-

68 Gegen E. Lohmeyer, Mk, 359, der mit anderen diesen Hinweis als Ankündigung der Parusie wertet. In Kombination mit dem Sendungs- und Botenauftrag des jungen Mannes (im Kontext von Epiphanieankündigungen sind solche Aufträge typische Motive, vgl. R. Pesch, Mk II, 534.540) bezieht sich das „Sehen" eher auf eine Erscheinung Jesu. Vgl. auch J. Gnilka, Mk II, 345 Anm. 41.

69 Darauf weist auch D. Lührmann, Mk, 169, hin.

70 Für W. Schmithals, Markusschluß, 381 f, sind Mk 14,28; 16,7 redaktionelle Bemerkungen des Markus, die überflüssig wären, wenn Markus eine Erscheinungsgeschichte erzählt hätte. Mit diesen Versen wolle Markus auf die *fehlende* Erscheinungsgeschichte geradezu hinweisen. Während Letzteres für Mk 16,7c (!) denkbar ist (die bewusste Ankündigung soll die Leerstelle dann betonen), ist mir Ersteres in seiner Logik uneinsichtig. Natürlich könnte Markus eine später erzählte Erscheinungsgeschichte durch entsprechende Textsignale „vorbereiten". Auch die Passionssummarien sind, um ein Beispiel zu geben, nicht überflüssig für das MkEv, auch wenn in Mk 14,1–16,8 die Passionsgeschichte erzählt wird.

71 Es ist denkbar, dass in der mk Gemeinde Erscheinungsgeschichten des auferweckten Jesus bekannt waren und Markus diese bewusst nicht in sein Evangelium aufgenommen hat.

72 Darauf hebt N. R. Petersen, Zeitebenen, 102.128–131, ab: Er sieht das MkEv vom spannungserzeugenden Wechselspiel der Zeitebenen „dargestellte Zeit" (was im Text erzählt wird) und „vorgestellte Zeit" (was aus dem Text heraus- und über den Text hinausgehend verheißungsvoll im Text angekündigt wird) geprägt, wobei die Weissagungen (der Ausbruch in die „vorgestellte Zeit") im Fortgang der Jesusgeschichte des MkEv (dann also in der „dargestellten Zeit") erfüllt werden (zum Beispiel die Leidensankündigungen). Lediglich die im

tulieren, erscheint jedoch nur dann sinnvoll und methodisch statthaft, wenn das Fehlen einer Erscheinungsgeschichte nicht konsistent interpretiert werden könnte. Das aber wäre zu erweisen. Die Verweise auf die übrigen Evangelien und ein paulinisches Kerygma reichen dafür nicht aus.

Und noch etwas: Karl Matthias Schmidt hat den beachtenswerten Vorschlag in die Diskussion eingebracht, Mk 1,35–45 als die mk Erscheinungsgeschichte zu lesen, die freilich erst bei einer „Komplettierungslektüre" des Textes, zu der gerade das offene Ende mit Mk 16,8 animiere, als solche erkannt werden kann.[73] Über die These kann man gewiss streiten. Wenn man das MkEv in dieser Weise liest, dann fällt das inkriminierte Argument auch aus dieser Warte restlos in sich zusammen, weil Markus dann eine Erscheinungsgeschichte *innerhalb* seines Evangeliums platziert hat.

(3.) Die Überlegung, φοβέω im Sinne von „sich fürchten vor" zu verstehen, dem dann zwangsläufig noch ein Objekt gefolgt sein müsse, bleibt eine pure Vermutung ohne argumentative Kraft.[74] Mehr noch: Von den zwölf Verwendungen des Verbs im MkEv lassen sich nur vier[75] bzw. fünf in diesem Sinne verstehen und sind mit einem direkt folgenden Akkusativobjekt konstruiert (6,20; 11,18.32; 12,12 [mit Infinitivkonstruktion, aber in der Sache ähnlich: 9,32]). An den übrigen sechs Stellen (ohne Mk 16,8 bleiben: 4,41; 5,15.33.36; 6,50; 10,32) meint das Verb einfach „sich fürchten" ohne nachfolgende Spezifizierung des Furchtobjekts. Wovor man sich fürchtet, das muss aus dem jeweiligen Kontext erschlossen werden – was ja durchaus auch in Mk 16,1–8 möglich ist.[76] Markus kann das Verb also innerhalb seines Evangeliums variabel verwenden. Nichts zwingt dann dazu, ein direkt genanntes Objekt der Furcht für Mk 16,8 anzunehmen. Die Absenz eines solchen Objekts spricht daher in keiner Weise gegen ein Ende des Evangeliums mit Mk 16,8.

(4.) Auch das Argument, ein Satz, ein Textabschnitt bzw. ein ganzer Text könne nicht mit einem begründenden γάρ in Kombination mit einer vorausgehenden Verbform als syntaktisch relativ eigenständige Sequenz enden, kann schließlich durch einen Vergleich von Mk 16,8 mit antiker Literatur ausge-

Text vorhandenen Verheißungen von Mk 14,28; 16,7 werden nicht mehr in der „dargestellten Zeit" erfüllt (das Vorangehen Jesu in die Galiläa und das Sehen Jesu an diesem Ort, wobei Petersen diese Ebenen nicht exakt differenziert). Der Leser kann sich aber, aufgrund der ansonsten stets im MkEv erfüllten Verheißungen, sicher sein, dass auch diese Verheißungen in der „vorgestellten Zeit" sich erfüllen werden.

73 K. M. Schmidt, Wege, 96–111.

74 Zum Furchtmotiv im MkEv vgl. grundsätzlich M. Matjaž, Furcht, der im Blick auf Mk 16,8 ebenfalls von einem ursprünglichen Ende des Textes mit Mk 16,8 ausgeht und dies dann entsprechend interpretiert.

75 So die Zählung bei B. M. Metzger, Text, 233. Zur Sache vgl. auch M. S. Enslin, Mark, 64f.

76 Zu denken ist dabei etwa an die Erscheinung, die Botschaft und den Auftrag des Jünglings im Grab.

hebelt werden.[77] Es lässt sich nämlich nicht nur zeigen, dass einzelne Sätze mit begründendem γάρ enden können, sondern auch größere Texteinheiten, ja auch – wenngleich sehr selten – ganze Texte in dieser Weise beschlossen werden:

Die Kombination von γάρ mit einer unmittelbar vorausgehenden Verbform als *Abschluss eines Satzes* findet sich etwa bei Homer (Od IV 612), Euripides (Med 1272; Or 251), Polybios (LIX 10,2 [allerdings mit einem Adjektiv vorausgehend]), in der LXX (zum Beispiel Gen 18,15; 45,3; Jes 29,11) sowie auf einigen Papyri (so etwa POxy 1223, Z. 33 [4. Jh. n. Chr.]; PSI IV 410, Z. 12f [3. Jh. v. Chr.]).[78]

Ein solches Satzende beschließt darüber hinaus bei einer Reihe von Autoren und Texten einen *größeren Teiltext*. Auch dazu einige Beispiele:

- Platon kann mit γάρ und dem vorausgehenden Adjektiv νέοι einen Halbsatz konstruieren, der den Abschluss einer langen Rede (gut 2500 Wörter) des Protagoras bildet, in der er dem platonischen Sokrates durch „Mythos und Logos“ (324D) zu begründen versucht, warum Tugend (verstanden als Frömmigkeit, Gerechtigkeit und Besonnenheit; 325A) lehrbar sei (Plat., Prot 320C–328D).
- Der Papyrus BGU IV 1097 (41–67 n. Chr.), ein Privatbrief,[79] in dem eine Frau neben allerlei Alltagsdingen (sie gibt dem Empfänger [das ist ihr Vater oder ihr Ehemann] landwirtschaftliche Ratschläge und bittet um die Zusendung von Linsen und Rettichöl) dem Adressaten vor allem Vorhaltungen macht, weil dieser den Bruder (oder Sohn) der Frau zum Kriegsdienst ermuntert hat, den wiederum die Absenderin ablehnt, bietet νε[ν]αυσίακε [γ]άρ als Satzende, das nicht nur mit einem Zeilenende (Z. 4) zusammenfällt, sondern auch das Ende eines inhaltlichen Abschnitts bildet. Besonders interessant ist dabei für Neutestamentler, speziell für an Gliederung und literarischer Genese des ersten Korintherbriefs Interessierte, die unmittelbar auf γάρ folgende formelhafte Einleitung des neuen Abschnitts mit περὶ δέ (Z. 5).[80] Mit περὶ δέ werden innerhalb dieses Privatbriefes jeweils neue thematische Zusammenhänge, verbunden mit je erstmals erwähnten Personen eröffnet (ab Z. 5 geht es um Sarapas; vorher scheint es um eine Auseinandersetzung zu gehen [der Anfang des Papyrus ist nicht erhalten]; ab Z. 11 um Epaphroditos). Entsprechend ist νε[ν]αυσίακε [γ]άρ das Ende eines inhaltlichen Abschnitts des Briefes.

---

77 Generell zur Verwendung von γάρ im MkEv M. E. Thrall, Particles, 41–50. Speziell zur Diskussion um das finale γάρ in Mk 16,8 vgl. die Beiträge von R. Schwindt, Erschütterung, 59–62; P. W. van der Horst, Book, 100–102; P. W. van der Horst, Musonius Rufus; N. Denyer, Mark; M. S. Enslin, Mark; K. R. Iverson, Word; P. L. Danove, End, 128f; C. H. Kraeling, Note; N. C. Croy, Mutilation; H. J. Cadbury, Mark; R. R. Ottley, Mark; F. W. Danker, Menander.

78 Vgl. R. R. Ottley, Mark (für die Belege aus der LXX und der klassisch griechischen Literatur, von denen er noch weitere bietet, die allerdings nicht immer einer Überprüfung standhalten); C. H. Kraeling, Note (für POxy 1223); H. J. Cadbury, Mark (für PSI IV 410; er bietet zudem weitere Belege aus dem Bereich der Papyri); K. R. Iverson, Word (für die Belege zu Polybios [mit fehlerhafter Stellenangabe]; auch er bietet eine Vielzahl weiterer Belege).

79 Vgl. zu diesem Brief B. Olsson, Papyrusbriefe, 112–116.

80 Zur Funktion von περί bei Paulus vgl. E. Baasland, Paulus.

- Ein weiteres Beispiel findet sich bei Lukian (2. Jh. n. Chr.), der mit der Wendung ὑπισχνεῖτο γάρ sein sechstes Hetärengespräch enden lässt (Luc., Dial Het 6,4).
- Der in Rom lebende Rhetor Polyaenus beschließt um 160 n. Chr. das Proömium seines dritten Buches der Strategika mit dem kurzen und grammatikalisch unvollständigen Satz πρόδηλον γάρ.
- In Justins Dialog mit Trypho aus dem 2. Jh. n. Chr. (entstanden wohl zwischen 155–161 n. Chr.) findet sich am Ende einer kleineren Redesequenz des Trypho über die Kreuzigung Jesu, die diesen als messianischen Menschensohn desavouiere, die Wortfolge ἐσταυρώθη γάρ (Just., Dial 32,1).
- Schließlich bietet die Vita Aesops[81] (1.–3. Jh. n. Chr.) am Ende eines Abschnitts die Formulierung οὐκ ἔχεις γάρ (I 67).[82]

Als Ende eines eigenständigen *Gesamttextes* kann γάρ in der hier interessierenden Kombination schließlich an zwei Stellen gefunden werden:

1. Als Abschluss der zwölften Diatribe des Stoikers Musonius Rufus (1. Jh. n. Chr.), die die richtige Beziehung zwischen Mann und Frau im Blick auf das sexuelle Verhalten zwischen den beiden Geschlechtern thematisiert. Sexueller Umgang gehört, so Musonius, in die Ehe – und nur dorthin. Alles andere ist eine der Lust und der Begierde geschuldete Zuchtlosigkeit. Bei Musonius sind in dieser Perspektive insbesondere die Männer gefordert, die als das stärkere Geschlecht auch verstandesmäßig den Frauen weit überlegen seien. Entsprechend müssen sie auch sittlich den Frauen überlegen sein, was sich an ihrem Verhalten zeigen soll. Musonius beschließt seine deutlichen Ausführungen mit einem gewiss nicht hypothetischen Beispiel: „Dass es aber ein Beweis von Zuchtlosigkeit und von nichts anderem ist, wenn ein Herr mit seiner Sklavin verkehrt, was soll man darüber noch ein Wort verlieren? Es ist doch sonnenklar (γνώριμον γάρ)" (Muson., Diatriben XII [Nickel]). Damit kommt die Diatribe an ihr Ende. Musonius hat diese und alle anderen Diatriben, die unter seinem Namen bekannt sind, nicht selbst verfasst. Es handelt sich um Vorlesungsaufzeichnungen von Schülern, vor allem eines gewissen Lucius, der vermutlich erst nach dem Tod des Musonius, also im frühen 2. Jh. n. Chr., die Exzerpte schriftlich anfertigte, die schließlich zu einem großen Teil von Stobaios (5. Jh. n. Chr.) gesammelt worden sind. Insofern ist nicht mit Sicherheit zu klären, ob die konkrete Formulierung des Diatribenschlusses noch auf den mündlichen Vortrag des Musonius (1. Jh.), die schriftliche Fassung des Lucius (2. Jh.) oder erst auf das Werk des Stobaios (5. Jh.) zurückgeht.[83]
2. Die fünfte Enneade des Neuplatonikers Plotin (3. Jh. n. Chr.) bietet ein weiteres Beispiel. Sie endet mit τελειότερον γάρ (Plot., Enn V 5) und begründet durch den Komparativ, warum der Schöpfer besser ist als das von ihm Geschaffene, die Schlusspointe der Enneade. Auch in diesem Fall verdanken wir einem Schüler den

---

81 Vgl. nur R. von Bendemann, ΔΟΞΑ, 360f.

82 Vgl. dazu N. Denyer, Mark (für Lukian und Platon); H. J. Cadbury, Mark (für BGU IV 1097); P. W. van der Horst, Book (für Polyaenus und die Vita Aesops); M. S. Enslin, Mark (für Justin; auch er bietet weitere Belege).

83 Eine knappe Einführung in die Problematik findet sich bei P. W. van der Horst, Musonius Rufus, 306; ausführlicher K. von Fritz, Musonius, 894f; M.-O. Goulet-Cazé, Musonius, 567–570.

konkreten Text des Plotin: Porphyrius. Er zeichnet für die schriftliche Form der plotinschen Gedanken verantwortlich. Dabei hat er, so die Fachmeinung unter Plotinforschern,[84] eine einzige, ursprünglich sehr viel längere Abhandlung des Plotin (ein durchgehender, aus mehreren Einzelvorlesungen bestehender Vortrag, dessen Text sich in Enn III 8; V 8; V 5; II 9 findet) in vier Teile gespalten, wobei er eine bereits von Plotin selbst vorgegebene inhaltliche Zäsurierung übernommen hat. Für beide, für die mündliche wie auch die schriftliche Version, war es augenscheinlich möglich, dass der umfängliche Einzeltext, die fünfte Enneade, bzw. die fünfte Enneade als größerer Teiltext eines noch umfänglicheren Vortrags mit der Wendung τελειότερον γάρ enden konnte.[85]

Die Beispiele zeigen, dass ἐφοβοῦντο γάρ als Abschluss eines literarischen Textes möglich ist. Allerdings handelt es sich angesichts der Gesamtfülle antiker Literatur um eine äußerst seltene Schlusswendung.[86] Darauf machen vor allem die Studien von N. C. Croy und K. R. Iverson aufmerksam. Letzterer kann zeigen, dass im Zeitraum vom 3. Jh. v. Chr. bis zum 2. Jh. n. Chr. das Wörtchen γάρ in der hier interessierenden Form[87] 272 Mal in der im TLG erfassten griechischen Literatur zu finden ist (für den Zeitraum vom 8. Jh. v. Chr. bis zum 8. Jh. n. Chr. findet es sich sogar 1059 Mal). Was auf den ersten Blick als eine Fülle von Belegen erscheint, die sich auf eine Vielzahl von Autoren verteilt,[88] schrumpft indes bei einem Vergleich zum Gesamtwortbestand der Literatur im TLG zu einer Seltenheit zusammen. Statistisch gesehen kommt die Wendung nur 0,01–1,5 Mal je 10.000 Wörter vor – und zwar quer durch alle Literaturgattungen.

Diese Differenzierung im Blick auf die literarischen Gattungen ist der eigentliche Zielpunkt des Beitrags von Iverson. Er argumentiert damit gegen die Studie von Croy. Dieser untersucht die Verteilung eines finalen γάρ auf literarische Gattungen und kommt zu dem Ergebnis, dass es statistisch betrachtet sehr oft in philosophischen oder technischen Werken zu finden ist, aber nur ganz selten in narrativen

84 Vgl. dazu das Referat mit Rekurs auf Richard Harder bei P. W. VAN DER HORST, Book, 102.

85 Auf Plotin und Musonius Rufus hat erstmals P. W. VAN DER HORST, Book; P. W. VAN DER HORST, Musonius Rufus, verwiesen. Er führt weiter aus (Book, 101), dass aus logischen Gründen ein literarischer Text mit jedem denkbaren Satz schließen können muss. Insofern γάρ als Satzende möglich ist, muss es auch als Textende möglich sein, auch wenn die Anzahl an tatsächlichen Beispielen aus der Antike gering ist.

86 Die aber für das MkEv nicht untypisch ist. Das haben T. E. BOOMERSHINE/G. L. BARTHOLOMEW, Technique, durch einen Vergleich von Mk 16,8 mit anderen Perikopenenden im MkEv gezeigt.

87 Iverson definiert das ihn interessierende finale γάρ in folgender Weise: „For purposes of this study, ‚final γάρ' refers to a construction where γάρ is followed by a period." (K. R. IVERSON, Word, 80 Anm. 8). Das ist eine etwas weitere Definition, als ich sie für diesen Abschnitt grundgelegt habe.

88 Im Zeitraum vom 3. Jh. v. Chr. bis zum 2. Jh. n. Chr. findet sich ein solch finales γάρ bei 56 verschiedenen Autoren.

Texten, also in gattungsmäßig dem MkEv verwandter Literatur. Seine Schlussfolgerung: „The limited use of ‚final *gar*' sentences in narrative prose and their extreme scarcity at the end of narrative works [...] argues *against* the likelihood that Mark concluded his entire Gospel with such a clause.“[89] Iverson kann nun zeigen, dass zwar das statistische Ergebnis Croys korrekt ist, aber seine Schlussfolgerung dennoch falsch bzw. voreilig ist. Denn Croy hat sein statistisches Ergebnis nicht in Relation zum Gesamttext- und Gesamtwortbestand der einzelnen Gattungen gesetzt. Es ist schlicht so, dass im TLG deutlich mehr Literatur mit mehr Wörtern erfasst ist, die gattungsmäßig den philosophischen und technischen Werken zugerechnet werden kann. Entsprechend ist die Chance, auf ein solches γάρ in dieser Literatur zu treffen, größer. Iverson berechnet nun statistisch, nach Einzelgattungen getrennt und unter Beachtung des Gesamtwortbestands einer Gattung, wie oft ein finales γάρ pro 10.000 Wörter auftritt. Das Ergebnis: Statistisch kommt ein finales γάρ in narrativen Texten genauso oft vor wie in philosophischen oder technischen Traktaten. Präziser: Genauso selten, denn es findet sich maximal 1,5 Mal unter 10.000 Wörtern. Iverson fasst zusammen: „The fact is *concluding γάρ statements are extremely, extremely rare at all times and in all genres.*“ Und er fährt fort: „If Mark's intent was to shock his readers [...], why not add a stylistic punch with an unusual concluding γάρ statement?“[90]

Dennoch: Die angeführten Beispiele, die sich, das haben Croy und Iverson auch gezeigt, durch weitere Arbeit mit dem TLG vermehren lassen, machen deutlich, dass ἐφοβοῦντο γάρ als Ende des MkEv möglich ist, auch wenn es sich im Vergleich zur Fülle der antiken Literatur um ein geradezu avantgardistisches, weil statistisch betrachtet äußerst seltenes Ende handelt.[91] Die literarische Möglichkeit eines solchen Endes ist indes vorhanden.[92] Das Wörtchen γάρ als letztes Wort des mk Textes ist daher kein Argument, das gegen ein Ende des MkEv – und damit auch der mk Passionsgeschichte – mit Mk 16,8 spricht.

89 N. C. Croy, Mutilation, 49.

90 K. R. Iverson, Word, 93.

91 Diese Seltenheit zeigt letztlich auch die klare Begrenztheit des Arguments, ἐφοβοῦντο γάρ sei als Ende des MkEv unplausibel, weil antike Texte so nicht oder nur extrem selten enden. Statistisch gesehen handelt es sich ohne Frage um eine seltene, wenngleich vorhandene, Schlusswendung. Das gilt aber etwa auch für das Ende des fünften Buchs der Politeia des Platon (480A), das mit dem Wörtchen „οὖν“ beendet wird. Auch dies ist eine überaus seltene Schlusswendung für ein Buch – und trotzdem kommt sie vor (das Beispiel stammt von M. S. Enslin, Mark, 64). Wissenschaftstheoretisch spricht Seltenheit, ja sogar Singularität, also nicht *per se* gegen Ursprünglichkeit und Originalität. Insofern kann die Argumentation über die Seltenheit von ἐφοβοῦντο γάρ als Schluss eines literarischen Werkes immer nur ein Zusatzargument im Rahmen eines Argumentbündels sein – und als solches wurde es hier behandelt und zusammen mit dem Gesamtbündel zu entkräften gesucht.

92 R. Schwindt, Erschütterung, 61: „In der Summe der Belege darf die literarische Möglichkeit einer Schlusswendung mit γάρ als nachgewiesen gelten.“

Von allen Varianten eignet damit dieser Lösung das größte Maß an Plausibilität oder umgekehrt: alle anderen Varianten sind deutlich spekulativer und haben einen Hang zur Hypothesenvermehrung, die es zu vermeiden gilt. Zudem lassen sich die Argumente, die gegen ein Ende mit Mk 16,8 ins Feld geführt werden, wie gezeigt entkräften. Mk 16,8 ist mithin das ursprüngliche Ende des MkEv [*Ende des Exkurses*].

5.2 Zur Pragmatik des offenen Schlusses: Das Lesemodell der Neulektüre und die Aufgabenstellung an den Leser

Exegetinnen und Exegeten, die Mk 16,1–8 für das ursprüngliche Ende des MkEv halten, bieten verschiedene Interpretationsmöglichkeiten für das offene Ende des MkEv. Besonders plausibel erscheinen dabei Deutungen, die sich am faktischen Leser des Textes, dem antiken Erstleser wie dem heutigen Leser, orientieren.[93] Dieser Leser ist ja im Rahmen von Mk 16,1–8 die einzige Größe, die jenseits der Frauen die Osterbotschaft hört. Sie gilt ihm damit genauso, wie sie den in V. 7a genannten Schülern und Petrus galt. Das durch das Verschweigen der Osterbotschaft und die Furchtreaktion evozierte offene Ende des MkEv richtet sich erzählstrategisch an die Leserinnen und Leser des Textes.[94] Es gilt ihnen und fordert sie heraus. An ihnen ist es zunächst, die Botschaft von der Auferweckung Jesu in ihren jeweiligen Lebenskontexten auszurichten,[95] also stellvertretend für die Erzählfiguren des MkEv tätig zu werden und sich damit in eine Verkündigungsbewegung einzuklinken, in der auch das MkEv selbst steht, das als Erzählung das Osterereignis verkündet.[96] Und ein Zweites:

93 Für das Folgende vgl. bes. C. Jochum-Bortfeld, Widersprüche, 234–237; B. M. F. van Iersel, Mk, 251–256; A. Rademacher, Markusevangelium, 74–76; M. Ebner, Mk, 169; L. Schenke, Mk, 353; T. Schumacher, Funktion, 170–173; eine sehr ausführliche Analyse legt auch M. D. Hooker, Endings, 11–28, vor, die vor allem intratextuellen Bezügen von Mk 16,1–8 zurück in das MkEv nachspürt.

94 So schon bei R. Pesch, Mk II, 536: „Die Begründung des Schweigens der Frauen mit ihrer Furcht … ermöglicht den ‚offenen', in der Welt des Hörers mündenden Schluß. Der Hörer ist aufgrund der ganzen Passionsgeschichte und aufgrund des ganzen Mk-Ev gefragt, wie er sich zur Botschaft von der Auferweckung des gekreuzigten Jesus von Nazaret, einer göttlichen Botschaft, verhält." Ein solch offenes, den Leser motivierendes Ende passt auch in den Horizont antiker Literatur. Darauf macht P.-G. Klumbies, Mythos, 100, aufmerksam (die „Rhetorik des Schweigens" lässt „die Leser selbst die Vollendung der Erzählung durchführen"); Beispiele für abrupte Enden in antiker Literatur auch bei M. D. Hooker, Endings, 13; J. L. Magness, Sense, 15–85.

95 Vgl. nur P. Müller, Lesen, 83 f; C. Jochum-Bortfeld, Widersprüche, 235.

96 Schon in dieser Perspektive wird auch den antiken Erstleserinnen und -lesern klar gewesen sein, dass die Osterbotschaft von den Frauen faktisch irgendwann ausgerichtet worden ist. Die Existenz von Mk 16,1–8 widerspricht ja dem, was innerhalb von Mk 16,1–

Die auf den ersten Blick merkwürdige Orts- und Richtungsangabe, Jesus sei auf dem Weg[97] „in die Galiläa" und dorthin solle man ihm folgen, um ihn dort – auf dem Weg kann man Jesus also nicht begegnen (!) – zu sehen (V. 7bc), verweist die Lesenden (in Rom oder auch an anderen Orten) kaum in den faktischen geographischen Raum Galiläa, sondern zurück in die mk Erzählung,[98] nämlich auf den Weg, der von Jerusalem zurück nach Galiläa führt (also eigentlich von Mk 10,52 zurück bis Mk 8,22) und den Jesus offensichtlich vorangeht (προάγω), und dann zurück in das literarische Galiläa, das sich von Mk 1,14[99] bis Mk 8,21[100] erstreckt. Der Osterbotschaft des jungen

8 erzählt worden ist (vgl. auch B. M. F. van Iersel, Mk, 252f). Das MkEv will eben kein Tatsachenbericht sein (vgl. P.-G. Klumbies, Mythos, 99: „Verstände man V. 8b [sc. 8d, M. L.] als eine historische Information, ergäbe sich nämlich eine Aporie").

97 Jesus *ist* nicht einfach in der Galiläa, sondern er geht voran nach (προάγει ... εἰς; vgl. auch Mk 10,32; 14,28). Dieses dynamische Element, das an den Weg Jesu von Galiläa nach Jerusalem (Mk 8,22–10,52) erinnert und diesen nun quasi umkehrt (so auch P.-G. Klumbies, Auferweckungsbekenntnis, 125), wird oft übersehen.

98 Vgl. zum Rückverweis von Mk 16,7f und zur Aufforderung zur Neulektüre des MkEv die Überlegungen bei K. Wengst, Ostern, 43–48, bes. 47; R. M. Fowler, Reader, 262f (Mk 16,7f sei wie eine *Coda*, die an den Anfang des Textes zurückführe); M. D. Hooker, Endings, 23–28; M. D. Hooker, Beginnings, 196; L. Schenke, Mk, 353; M. Ebner, Mk, 169; C. Jochum-Bortfeld, Widersprüche, 235; A. Rademacher, Markusevangelium, 76; Z. Studenovský, Weg, 541; R. Pesch, Mk II, 540, spricht immerhin schon von einem Rückverweis an den Anfang des Evangeliums. Ob es in antiker Literatur jenseits des durchaus vorhandenen abrupten Endes eines Werkes auch das Modell des Rückverweises an den Anfang einer Erzählung samt der Aufforderung zur Neulektüre gibt, wäre freilich nochmals zu prüfen und zu problematisieren. Aber selbst wenn sich dafür keine Beispiele finden lassen sollten, würde das nicht zwingend ausschließen, dass das MkEv ein offenes Ende mit Verweiskraft an den Anfang der Erzählung aufweisen könnte, das zur Neulektüre des Textes motiviert. Anders gesagt: Singularität spricht auch in diesem Fall nicht automatisch gegen Originalität und Ursprünglichkeit, hat freilich Einfluss auf den Wahrscheinlichkeitsgrad.

99 Allerdings wird die Neulektüre nicht erst bei Mk 1,14, dem Beginn des Galiläabschnitts im MkEv, einsetzen. In der Perspektive einer sukzessiven Lektüre werden die Leserinnen und Leser sicherlich wieder in Mk 1,1 beginnen (so etwa auch L. Schenke, Mk, 353). Das deutliche Signalwort ἀρχή, strategisch am Beginn von Mk 1,1 platziert, wird hier leserlenkend wirken.

100 Die meisten Exegeten – ich selbst votiere auch für diese Option – verstehen das Modell der Neulektüre als einen „Lesekreislauf" (P.-G. Klumbies, Mythos, 100; vgl. z. B. auch bei M. Ebner, Mk, 169 [„immer und immer wieder von Anfang an"]; A. Rademacher, Markusevangelium, 76 [„immer neu"]; C. Jochum-Bortfeld, Widersprüche, 235 [„immer wieder"]; M. D. Hooker, Endings, 28 [„again and again"]), der jeweils in Mk 1,1 beginnt und mit Mk 16,8 endet und dann von vorne beginnen kann. Im Prinzip kann das ein infiniter Prozess sein. Dezidierter Widerspruch regt sich bei K. M. Schmidt, Wege, *passim* (5.173f): Nach Mk 16,8 ist die Lektüre in Mk 1,35 fortzusetzen (Mk 1,35–45 stellt in Schmidts Konzeption die in Mk 16,1–8 fehlende Erscheinungsgeschichte dar) und in Mk 8,26 zu beenden (Ende des Galiläaabschnitts; der Weg-Abschnitt beginnt programmatisch mit 8,27). Schmidt spricht deshalb auch nicht von einer Neulektüre, sondern von *Grund- und Komplettierungslektüre* (vgl. etwa 6). Die Komplettierungslektüre vervollständigt das Bild, das mit Mk 8,26

Mannes folgen, d. h. dann eben auch, sich auf den Weg einer Neulektüre des MkEv einzulassen und von Jesus neu den Weg der Nachfolge lernen. Für die Leserinnen und Leser bedeutet das, in Mk 1,1 mit der Lektüre des MkEv erneut zu beginnen und den bekannten Text bis Mk 16,8 neu und anders zu lesen – nämlich im Wissen um das, was im Laufe des Textes erzählt werden wird. Das schon gelesene MkEv verändert dann die Wahrnehmung des mk Textes bei der Neulektüre des MkEv. Und so kann der Leser in Kenntnis der z. T. clusterartigen Anspielungen auf den römischen Triumphzug in Mk 15 den scheinbar vertrauten Text von Mk 1,1–15,15 neu lesen und plötzlich neue Triumphzugsallusionen entdecken. Die Magie der Anspielungen verwandelt im Rahmen des Relektüreprozesses die scheinbar bekannten Erzähldetails. Die Suche nach weiteren Triumphzugsanspielungen darf daher in Mk 1,1 neu beginnen.

abschließend dann auch komplettiert und vollendet ist. Letzterer Gedanke, die Lektüre mit Mk 8,26 zu beenden, überzeugt mich nicht, weil ich im mk Text im Umfeld von Mk 8,26 kein eindeutiges Textsignal entdecken kann, dass dem Leser deutlich genug signalisieren würde, dass er seine Neu- bzw. Komplettierungslektüre jetzt beenden soll. Mehr noch: Auch nach Mk 8,22–26 ist in Mk 9,30–50 nochmals von Galiläa (V. 30) und dem Haus in Kafarnaum (V. 33; damit ist m. E. das Haus von Mk 1,29–31 gemeint, vgl. M. Lau, Schwiegermutter, 218) die Rede, so dass der Galiläaabschnitt zwar mit Mk 8,22–26 in den Weg-Abschnitt überführt wird, aber doch weiter Auswirkungen zeitigt (und inhaltlich auch gerade zeitigen soll!) und auch lokal nicht einfach „vorbei" ist. Jesu Weg nach Jerusalem führt nach der Reise in das nördliche Caesarea Philippi (Mk 8,27) bewusst wieder durch Galiläa.

6. Die Speisung der 5000 Männer und der Tod der 5000 Feinde (Mk 6,30–44)

Bei der erneuten Lektüre des MkEv begegnet den Leserinnen und Lesern mit Mk 6,30–44 eine erste Perikope,[1] in der sich im Rahmen einer Neulektüre von Mk 1,1–15,15 eine Anspielung auf das Ritual des Triumphzugs finden und argumentativ plausibel machen lässt. In diesem Fall handelt es sich um eine Anspielung auf den Bereich des *ius triumphandi.* Sie findet sich in V. 44 und damit am Ende der Perikope. Um diese Anspielung inhaltlich in ihrer Tragweite zu erfassen, ist es allerdings notwendig, die Perikope grundlegend zu thematisieren.

6.1 Kontexteinordnung und Textabgrenzung

Nach der Erzählung über den Tod des Täufers (Mk 6,14–29) knüpft der Erzähler thematisch an die Aussendungsrede von Mk 6,6b–13 an. Zwischen V. 30 und V. 29 kommt es zu einem deutlichen Einschnitt: Orts- und Personenwechsel, Gattungs- und Themenwechsel, das Ende eines Spannungsbogens und der Beginn eines neuen grenzen hier deutlich ab. Der neue Spannungsbogen ist bestimmt vom Versuch der Jesusgruppe, sich für eine Zeit im kleinen Kreis[2] zurückzuziehen. Aus diesem angesichts des Auftretens der Volksmenge in

1 Die These von K. M. Schmidt, Wege, 449, das frühmorgendliche Gebet Jesu (Mk 1,35) im Rahmen einer Komplettierungslektüre des MkEv als Anspielung auf das Gebet des Vespasian vor dem Beginn seines Triumphes zu verstehen, überzeugt mich im Letzten nicht, weil die Parallelität so stark gebrochen ist, dass sich eine Allusion nur sehr schwer begründen lässt. Das Gebet des Triumphators erfolgt bei Vespasian und generell im Rahmen von Triumphzügen *vor* Beginn des Triumphes. Das ist im MkEv anders: Nimmt man das Konzept der Komplettierungslektüre von K. M. Schmidt ernst, dann steht Mk 1,35 zwar materialiter vor Mk 15 und damit vor dem Beginn des jesuanischen „Triumphzugs"; da Schmidt aber Mk 1,35–45 als österliche Erscheinungsgeschichte versteht und man in seinem Konzept der Komplettierungslektüre überhaupt nicht mehr mit der komplettierenden Lektüre bis zu Mk 15 vorstößt, findet das Gebet Jesu in der Sequenz der Ereignisse *nach* seinem Triumphzug statt.

2 Eigenartig ist, dass die Formulierung von V. 31 explizit auf die Schüler abzielt: δεῦτε ὑμεῖς αὐτοὶ κατ' ἰδίαν εἰς ἔρημον τόπον καὶ ἀναπαύσασθε ὀλίγον. Das ὑμεῖς αὐτοὶ κατ' ἰδίαν wird man dahingehend verstehen dürfen, dass sich Jesus selbst offensichtlich nicht mit an diesen einsamen Ort zurückziehen will. Nimmt man das ernst, dann muss man die V. 32f allein im Blick auf die Schüler Jesu lesen, die an einen einsamen Ort fahren, dabei beobachtet werden und dann bereits von einer Volksmenge erwartet werden. Das liegt angesichts des Erfolgs ihrer Lehr- und Wundertätigkeit (Mk 6,12f.30) durchaus in der Erzähllogik des Textes. V. 34 würde dann wieder zu Jesus zurückblenden, der immer noch an dem Ort wäre, an dem er sich mit seinen Schülern wieder getroffen hatte (V. 30). Nur das ἐξελθὼν von V. 34

V. 33 letztlich misslingenden Versuch heraus erwachsen auch die eigentliche Wundergeschichte und ihr Spannungsbogen. Deshalb beginnt, obgleich die V. 30–34 gewiss auch Scharniercharakter haben, doch bereits ab V. 30 die Speisungswundererzählung. Dafür spricht nicht nur das bis zum Ende der Wundergeschichte zentral bleibende Stichwort des Essens (erstmals in V. 31c), sondern auch der Ortswechsel in V. 32, der eben an jenen einsamen Ort führt, den Jesus schon in V. 31 im Blick hat und von dem auch in V. 35 die Rede ist. Dieser Ort wechselt bis zum Ende der Wundergeschichte in V. 44 nicht mehr. Dass die V. 30–34, die sich ihrerseits nicht sinnvoll in Einzelperikopen segmentieren lassen, Teil der Wundergeschichte sind und als eine Art Vorgeschichte fungieren, lässt sich schließlich auch angesichts des Figureninventars erkennen. Ab V. 33 tritt eben jene große Volksmenge auf, die für den Verlauf der Wundergeschichte zentral sein wird. V. 36 kann entsprechend einfach durch αὐτούς auf diese Gruppe rückverweisen. Schließlich fällt auf, dass auch die Mk 6,30–44 vorausgehende Erzählung vom Tod des Täufers (Mk 6,21–29) von einer Vorgeschichte eröffnet wird (Mk 6,17–20), die – wie die V. 30–34 – für das Folgende, also die Ereignisse während des Geburtstagsmahles, entscheidend ist: V. 17–20 erklären, warum der Täufer im Gefängnis sitzt, woher der Hass der Herodias stammt und bereiten so den Tod des Täufers während des Geburtstagsmahles vor. Beide Mahlszenen, die auch sonst enge Bezüge aufweisen, sich gegenseitig beleuchten und im Verbund interpretiert werden können (s. III 6.4), weisen also in diesem Sinne eine parallele Struktur auf. Auch das spricht dafür, dass die V. 30–34 Teil der Perikope sind.[3]

Mit einer für die Gattung des Speisungswunders prinzipiell typischen Formulierung endet V. 44. Der Spannungsbogen der Perikope kommt hier an sein Ende. Im Übergang von V. 44 zu V. 45 kommt es zu einem Orts-, Personen-, Themen- und Gattungswechsel. In der folgenden Perikope sind allein die Schüler und Jesus im Blick: Die Schüler befinden sich als Gruppe im Boot, während Jesus auf dem Berg und auf dem Wasser ist. Die Wundergeschichte in den V. 47–52 hat dabei Züge von Rettungswunder und Epiphaniegeschehen.[4]

---

stört. Im MkEv wird damit mehrfach das Verlassen eines Bootes ausgedrückt (vgl. Mk 5,2; 6,54; dabei allerdings stets erweitert durch ἐκ τοῦ πλοίου). Ein solches Verständnis legt sich auch hier nahe, so dass man Jesus in V. 32 mit im Boot vermuten darf. Die Spannung zu V. 31 könnte sich dabei dem Wachstum des Textes verdanken.

3 Die V. 30–34 werden etwa auch von P. Dschulnigg, Mk, 183; M. Ebner, Mk, 69; K. Kertelge, Mk, 67f; J. Gnilka, Mk I, 254; B. Kollmann, Brot, 294f, als Teil der Perikope betrachtet.

4 Vgl. etwa M. Ebner, Mk, 72.

6.2 Griechischer Text und Übersetzung

30a Καὶ συνάγονται οἱ ἀπόστολοι πρὸς τὸν Ἰησοῦν
30b καὶ ἀπήγγειλαν αὐτῷ πάντα
30c ὅσα ἐποίησαν
30d καὶ ὅσα ἐδίδαξαν.
31a καὶ λέγει αὐτοῖς·
31b δεῦτε ὑμεῖς αὐτοὶ κατʼ ἰδίαν εἰς ἔρημον τόπον
31c καὶ ἀναπαύσασθε ὀλίγον.
31d ἦσαν γὰρ οἱ ἐρχόμενοι καὶ οἱ ὑπάγοντες πολλοί,
31e καὶ οὐδὲ φαγεῖν εὐκαίρουν.
32a καὶ ἀπῆλθον ἐν τῷ πλοίῳ εἰς ἔρημον τόπον κατʼ ἰδίαν.
33a καὶ εἶδον αὐτοὺς ὑπάγοντας
33b καὶ ἐπέγνωσαν πολλοί
33c καὶ πεζῇ ἀπὸ πασῶν τῶν πόλεων συνέδραμον ἐκεῖ
33d καὶ προῆλθον αὐτούς.
34a καὶ ἐξελθὼν εἶδεν πολὺν ὄχλον
34b καὶ ἐσπλαγχνίσθη ἐπʼ αὐτούς,
34c ὅτι ἦσαν ὡς πρόβατα μὴ ἔχοντα ποιμένα,
34d καὶ ἤρξατο διδάσκειν αὐτοὺς πολλά.
35a Καὶ ἤδη ὥρας πολλῆς γενομένης προσελθόντες αὐτῷ οἱ μαθηταὶ αὐτοῦ ἔλεγον
35b ὅτι ἔρημός ἐστιν ὁ τόπος
35c καὶ ἤδη ὥρα πολλή·
36a ἀπόλυσον αὐτούς,
36b ἵνα ἀπελθόντες εἰς τοὺς κύκλῳ ἀγροὺς καὶ κώμας ἀγοράσωσιν ἑαυτοῖς τί φάγωσιν.
37a ὁ δὲ ἀποκριθεὶς εἶπεν αὐτοῖς·
37b δότε αὐτοῖς ὑμεῖς φαγεῖν.
37c καὶ λέγουσιν αὐτῷ·
37d ἀπελθόντες ἀγοράσωμεν δηναρίων διακοσίων ἄρτους
37e καὶ δώσομεν αὐτοῖς φαγεῖν;
38a ὁ δὲ λέγει αὐτοῖς·
38b πόσους ἄρτους ἔχετε;
38c ὑπάγετε ἴδετε.
38d καὶ γνόντες λέγουσιν·
38e πέντε, καὶ δύο ἰχθύας.
39a καὶ ἐπέταξεν αὐτοῖς
39b ἀνακλῖναι πάντας
39c συμπόσια συμπόσια ἐπὶ τῷ χλωρῷ χόρτῳ.
40a καὶ ἀνέπεσαν πρασιαὶ πρασιαὶ κατὰ ἑκατὸν καὶ κατὰ πεντήκοντα.
41a καὶ λαβὼν τοὺς πέντε ἄρτους καὶ τοὺς δύο ἰχθύας ἀναβλέψας εἰς τὸν οὐρανὸν εὐλόγησεν

41b καὶ κατέκλασεν τοὺς ἄρτους
41c καὶ ἐδίδου τοῖς μαθηταῖς [αὐτοῦ]
41d ἵνα παρατιθῶσιν αὐτοῖς,
41e καὶ τοὺς δύο ἰχθύας ἐμέρισεν πᾶσιν.
42a καὶ ἔφαγον πάντες
42b καὶ ἐχορτάσθησαν,
43a καὶ ἦραν κλάσματα δώδεκα κοφίνων πληρώματα καὶ ἀπὸ τῶν ἰχθύων.
44a καὶ ἦσαν οἱ φαγόντες [τοὺς ἄρτους] πεντακισχίλιοι ἄνδρες.

30a Und die Ausgesandten[5] versammelten sich bei Jesus
30b und berichteten ihm alles,
30c wieviel sie getan hatten
30d und wieviel sie gelehrt hatten.
31a Und er sagt ihnen:
31b „Los, ihr selbst für euch allein an einen einsamen Ort
31c und ruht ein wenig aus."
31d Es waren nämlich die Kommenden und die Weggehenden viele,
31e und zu essen gab es keinen guten Zeitpunkt.
32a Und sie fuhren weg in dem Boot an einen einsamen Ort für sich allein.
33a Und man sah sie abfahrend,
33b und viele bemerkten es,
33c und zu Fuß von allen Städten liefen sie dort zusammen,
33d und sie kamen vor ihnen an.
34a Und heraussteigend sah er viel Volk,
34b und er hatte Mitleid mit ihnen,
34c denn sie waren wie Schafe nicht habend einen Hirten.
34d Und er begann sie Vieles zu lehren.
35a Und als es schon späte Stunde geworden war, kamen zu ihm seine Schüler. Sie sagten:
35b „Einsam ist der Ort
35c und schon späte Stunde.
36a Schick sie weg,
36b damit sie – weggehend in die umliegenden Höfe[6] und Dörfer – für sich selbst kaufen, was sie essen mögen."

---

5 Weil οἱ ἀπόστολοι hier nicht titular, sondern primär funktional gebraucht wird (vgl. exemplarisch A. Yarbro Collins, Mk, 314f, sowie die abwägenden Überlegungen bei P. Dschulnigg, Mk, 186f), übersetze ich entsprechend. Der Apósteltitel ist dem MkEv offenbar fremd. Der Terminus findet sich nur an dieser Stelle (die Einfügung des Titels in Mk 3,14 ist angesichts des Paralleleinflusses von Lk 6,13 als textkritisch sekundär anzusehen, vgl. J. Gnilka, Mk I, 139 Anm. 18).

6 Das Substantiv ἀγρός kann sowohl den Acker und das Feld bezeichnen (vgl. Mk 11,8; 15,21) als auch den Gegensatz zu Stadt bzw. Dorf markieren (vgl. Mk 5,14; 6,56). Die letztere Funktion kann man mit „Hof" oder „Weiler" ins Deutsche übersetzen.

37a Der aber antwortend sagte ihnen:
37b „Gebt ihr ihnen zu essen!"
37c Und sie sagen ihm:
37d „Sollen wir weggehend Brot für 200 Denare kaufen,
37e und sollen wir ihnen (dann) zu essen geben?"
38a Der aber sagt ihnen:
38b „Wie viele Brote habt ihr?
38c Los! Seht nach!"
38d Und es in Erfahrung bringend sagen sie:
38e „Fünf, und zwei Fische."
39a Und er befahl ihnen,
39b dass sich alle zu Tisch legen,
39c Symposion für Symposion auf dem grünen Gras.
40a Und sie ließen sich zum Mahl nieder, Gartenbeet für Gartenbeet, zu ungefähr[7] hundert und zu ungefähr fünfzig.
41a Und nehmend die fünf Brote und die zwei Fische aufblickend zum Himmel sprach er ein Dankgebet,
41b und er brach die Brote,
41c und er gab sie [seinen] Schülern,
41d damit sie sie ihnen vorsetzen.
41e Und die zwei Fische teilte er allen (aus).
42a Und alle aßen
42b und wurden satt.
43a Und sie trugen weg Brocken, die Füllung von zwölf Tragekörben – und von den Fischen.
44a Und es waren die Essenden [die Brote] 5000 Männer.

6.3 Beobachtungen zur Gliederung und Komposition

Die Perikope lässt sich angesichts der deutlich zäsurierenden Zeitangabe von V. 35a gut in zwei Teile segmentieren: V. 30–34.35–44.

Die V. 30–34 sind eng miteinander verwoben und von einer hohen Dynamik geprägt. Will man sie weiter untergliedern, dann fällt zunächst der Ortswechsel auf, der sich mit V. 32 vollzieht. Entsprechend sind in V. 33 für einen kurzen Moment auch nicht mehr die Schüler und Jesus die Hauptakteure, sondern die vielen Menschen. Jesus, aber nur er, ist dann in V. 34 wieder Subjekt der Handlung. In zwei inhaltsschweren Versteilen ruht der Fokus der Erzählung ganz bei ihm: Er hat Mitleid mit dem Volk und beginnt zu lehren.

7 Die Präposition κατά hat bei runden Zahlen häufig die Bedeutung „gegen" oder „ungefähr" (vgl. LSJ).

Als Begründung für seine emotionale Reaktion wird Num 27,17 zitiert. Die Schüler Jesu sind für den Augenblick ganz aus dem Fokus der Erzählung verschwunden. Entsprechend kann man die V. 30–34 in zwei Segmente gliedern: V. 30–32 und 33f.

Kompositorisch auffällig ist zunächst der Rahmen, der sich um die V. 30–34 legt. Er wird durch das Stichwort „lehren" (V. 30d.34d) geschaffen. Sodann weisen die V. 30–32 eine doppelte Rahmung auf, die den Versteil 31de umschließt und damit besonders betont. Der äußere Rahmen wird durch die zwei dynamischen Elemente des Kommens zu Jesus und der Abfahrt im Boot[8] gebildet – beides mit Blick auf die Schüler Jesu erzählt (V. 30a.32a). Der innere Rahmen entsteht durch deutliche Stichwortentsprechungen, die chiastisch angeordnet sind:

31b	…	κατ' ἰδίαν	εἰς ἔρημον τόπον
32a	…	εἰς ἔρημον τόπον	κατ' ἰδίαν

Die V. 35–44 lassen sich mühelos und mit Rekurs auf das Gattungsmuster für Wundergeschichten[9] feiner untergliedern. Dabei kann man zwischen einer breit erzählten Vorbereitung des Wunders (V. 35–41) und der Konstatierung sowie Demonstration des Wundererfolges (V. 42–44) differenzieren.

Die Vorbereitung des Wunders in den V. 35–41 lässt sich ihrerseits in drei Teile untergliedern. Zunächst fällt ein stark dialogisch geprägtes Textstück auf: Die V. 35–38 erzählen ein Gespräch zwischen Jesus und seinen Schülern. Dabei kommen diese dreifach zu Wort, Jesus zweifach. Der Gesprächsgang ist von vier Imperativen gekennzeichnet (V. 36a.37b.38c [zweifach]), die dem Dialog Dynamik und Schärfe verleihen. Aufgrund der Stichwortverbindungen zwischen der ersten und der zweiten Aussage der Schüler (V. 36b: ἀπελθόντες … ἀγοράσωσιν … φάγωσιν; V. 37de: ἀπελθόντες ἀγοράσωμεν … φαγεῖν) ergibt sich eine Rahmung der gewiss programmatischen Aussage Jesu: „Gebt ihr ihnen zu essen!"[10]

Im Erzählerreferat gehalten sind dann die V. 39f, die einen Befehl Jesu und seine umgehende Ausführung in recht paralleler Struktur erzählen:

8 Zur makrokompositorischen Funktion der Rede vom Boot sowie vom Brot, die in Mk 6,30–44 und dann vor allem in Mk 8,14–21 kombiniert werden, vgl. M. Klinghardt, Boot.

9 Vgl. nur G. Theissen, Wundergeschichten, 82f; M. Ebner/B. Heininger, Exegese, 73–75.

10 Diesen Versteil erachtet auch L. Schenke, Wundererzählungen, 223, als Höhepunkt des Dialogs zwischen Jesus und seinen Schülern.

καὶ ἐπέταξεν αὐτοῖς	
ἀνακλῖναι πάντας	καὶ ἀνέπεσαν
συμπόσια συμπόσια	πρασιαὶ πρασιαὶ
ἐπὶ τῷ χλωρῷ χόρτῳ	κατὰ ἑκατὸν καὶ κατὰ πεντήκοντα

Die Parallelität wird dabei durch die semantische Nähe von ἀνακλῖναι und ἀνέπεσαν, durch die Distributive[11] συμπόσια συμπόσια bzw. πρασιαὶ πρασιαί sowie durch den nachklappenden Charakter der finalen Orts- bzw. Modusangabe evoziert. V. 41 hat dann vor allem Jesus im Blick, von dem eine Kette von Aktionen erzählt wird.

Einen Rahmen um die V. 35–41 bilden die zwei ἵνα-Sätze (V. 36b.41d), die zwar nicht semantisch, aber dafür inhaltlich Bezüge aufweisen. In V. 36ab versuchen die Schüler, Jesus dazu zu bringen, das Volk wegzuschicken. In V. 41cd fordert Jesus seine Schüler auf, das Brot an das Volk auszuteilen. Es ergibt sich also eine im Blick auf die Aktanten ähnliche Handlungskette:

Schüler → Jesus → Volk
Jesus → Schüler → Volk

Klassisch wirkt schließlich die Struktur der V. 42–44. Dabei rahmen die V. 42.44 den V. 43. Rahmend wirkt jeweils die Fokussierung auf die Essenden bzw. den Essvorgang (Stichwortverbindung: ἔφαγον πάντες/οἱ φαγόντες). Demgegenüber hat V. 43 die Überfülle der Überreste im Blick. Insgesamt wird die Perikope über das Stichwort „essen“ (V. 31e.44a) gerahmt. Das Stichwort gibt zudem einen wesentlichen Fingerzeig im Blick auf die Thematik der Perikope.

6.4 Mehr als nur Werbung für Jesus: Zur Pragmatik der Wundergeschichte

Diese planvoll komponierte Speisungswundergeschichte hat in der ntl. Wissenschaft viele Deutungen erfahren. Je nach leitendem Erkenntnisinteresse knüpft man dabei an unterschiedliche Elemente des Textes an, die dann in den Vordergrund rücken. Dabei steht für die meisten Exegetinnen und Exegeten fest, dass die Wundergeschichte nicht einfach nur Werbung für Jesus als Wundertäter machen will. B. Kollmann unterscheidet in seiner Analyse der in der exegetischen Wissenschaft für diese Perikope vorhandenen Deutungshorizonte z. B. fünf grundlegende Deutungsansätze, die sich freilich in

11 Vgl. BDR § 493,2.

unterschiedliche thematische Richtungen entfalten lassen: eine rationalistische, eine kerygmatische, eine eucharistische, eine tiefenpsychologische und eine sozialgeschichtliche Deutung.[12]

Überzeugend sind m. E. vor allem Deutungen, die Mk 6,30–44 als Kontrastgeschichte verstehen. Auch dabei lassen sich (mindestens) zwei Richtungen unterscheiden. Mit R. Pesch[13] lässt sich Mk 6,30–44 im Gegenüber zu atl. Geschenkwundern (etwa 1 Kön 17,8–16; 2 Kön 4,1–7.42–44) als „Überbietungswunder"[14] verstehen. Kurz gesagt: Jesus kann mehr Menschen mit weniger Ausgangsmaterial speisen und „produziert" dabei noch größeren Überfluss. Jesus ist „mehr als ein Prophet".[15] Das ergibt sich aus dem inszenierten Kontrast der mk Speisungsgeschichte im Vergleich zu den atl. Speisungswundern, auf die die Perikope für R. Pesch anspielt.

Andere Exegeten ziehen einen kontextuell noch näher liegenden Vergleichshorizont für Mk 6,30–44 heran. Sie verstehen die Perikope, die als Speisungswunder eben auch eine Mahlerzählung[16] ist, als Kontrastgeschichte zum Herodesmahl von Mk 6,14–29.[17] Kompositorisch stehen die beiden Mahlerzählungen ohnehin ganz eng beisammen.[18] Darüber hinaus gibt es eine Reihe von thematischen und semantischen Berührungen, die Parallelen und Kontraste zugleich aufweisen. Einige zentrale Aspekte seien genannt:

---

12 Vgl. B. Kollmann, Brot, 299f. Vgl. auch die vielfältigen Deutungen der Perikope, die im Sammelband U. Luz, Zankapfel, vorgestellt werden.

13 Vgl. R. Pesch, Mk I, 353f.

14 R. Pesch, Mk I, 354; vgl. ausführlich zu Deutungen von Mk 6,30–44 als Überbietung R. D. Aus, Studies, 142–148.

15 R. Pesch, Mk I, 354.

16 Gleichwohl muss man diese Mahlerzählung nicht allegorisch auf die Eucharistie hin deuten und als „Kultlegende" (vgl. zu dieser Deutung auch B. Kollmann, Brot, 299) verstehen. Zwar gibt es angesichts der Brotaktion Jesu eine deutliche Parallelität zwischen Mk 6,41a–c und Mk 14,22, andererseits spiegelt sich in diesen Parallelen auch der normale Ritus des Beginns einer jüdischen Mahlzeit, zudem fehlen für einen eucharistischen Bezug wichtige charakteristische Elemente (Wein, Ansätze von Deuteworten oder Realpräsenzvorstellungen) bzw. gibt es in Mk 6,30–44 überständige Elemente (Fisch, fünf Brote statt eines Brotes). Zur Problematisierung einer solchen Deutung vgl. auch P. Dschulnigg, Mk, 191; der Bezug zum letzten Mahl Jesu und zur Eucharistie selbst wird etwa bei C. C. Black, Mk, 161f, vertreten.

17 Vgl. für das Folgende M. Ebner, Mk, 70f; M. Ebner, Tafelrunde, 26–32; P.-B. Smit, Geburtstagsfeier, 29.45f (dort auch weitere Literatur); P.-B. Smit, Fellowship, 77f; R. M. Fowler, Loaves, 120; M. Hartmann, Tod, 159–162; C. C. Black, Mk, 162f; J. Jay, Tragic, 227 Anm. 71.

18 Zur parallelen Struktur vgl. auch C. C. Black, Mk, 163, der Mk 6,14–29 und Mk 6,30–44 als Diptychon oder als mk Sandwich mit der Rahmung von Mk 6,14–29 durch Mk 6,6b–13.30–44 versteht (zur mk Sandwichtechnik und zum mk Sandwich in Mk 6 vgl. auch T. Shepherd, Sandwich Stories, 172–209, der allerdings nur 6,7–32 betrachtet und die zweite Speisungsgeschichte insofern leider ausklammert). Zur Einbindung von Mk 6,14–29 in den weiteren mk Kontext vgl. auch C. Focant, tête du prophète, 347–352.

- In beiden Fällen handelt es sich grundsätzlich um Mahlszenen, aber die „Speisen", von denen die Rede ist, unterscheiden sich gravierend: Im Jesusmahl sind es Brot und Fisch;[19] beim Herodesmahl wird letztlich nur von einer „Speise" erzählt, dem Kopf des Täufers, der ἐπὶ πίνακι, d. h. auf einer Fleischplatte oder einem Tranchierbrett (πίναξ), serviert wird (6,26.28); dabei wird die Übergabe der Speisen jeweils mit Formen von δίδωμι konstruiert (beim Herodesmahl: V. 25d.28; beim Jesusmahl: V. 37b.e.41c);
- in beiden Fällen handelt es sich zunächst um exklusive Mahlrunden: Herodes Antipas feiert seinen Geburtstag mit seinen Großen (V. 21), den hohen Offizieren (Chiliarchen) und der gesellschaftlichen Elite (die Ersten aus Galiläa); auch Jesus will anfangs mit seinen Schülern für sich allein sein und speisen (V. 31f); am Abend indes erweitert er die Mahlgemeinschaft um alle Anwesenden – offensichtlich unabhängig von Gruppenzugehörigkeit, sozialem Status und religiöser Herkunft (V. 35–44); aber auch dieses Mahl der Massen erhält das ehrende Label Symposion[20] (V. 39c) und auch bei diesem Mahl *liegt* man vornehm zu Tisch[21] (V. 39b) – letzteres allerdings nicht auf bequemen Klinen, sondern auf „grünem Gras";
- in beiden Fällen erteilt der scheinbare (Herodes[22]) wie der faktische Handlungssouverän (Jesus) einen Befehl (V. 27a.39a: ἐπιτάσσω); aber der eine Befehl gilt dem Henker, der den Täufer enthaupten soll, der andere Befehl gilt den Schülern, die für die Ordnung nach Symposionsgruppen (V. 39c) als eine Art Platzanweiser fungieren sollen;
- in beiden Fällen erscheinen schließlich die Gastgeber des Mahles, Jesus und Herodes Antipas, wie Könige, aber der eine, Herodes Antipas, der bei Markus explizit und geradezu penetrant König genannt wird

---

19 Nach B. Kollmann, Brot, 296, sind das eher einfache Grundnahrungsmittel (so auch M. Ebner, Tafelrunde, 28f); A. Standhartinger, Speisungserzählungen, 78.80, erkennt hingegen in der Abfolge der Speisen ein aristokratisch anmutendes Menü aus zwei Gängen – allerdings ohne Weinbegleitung.

20 So auch C. C. Black, Mk 159.

21 Die neuere Mahlforschung hat gezeigt, dass das „Zu-Tisch-Liegen" (ἀνακλίνω) im Gegensatz zum ebenfalls möglichen „Zu-Tisch-Sitzen" bereits „Ausdruck festlicher Freude und eines gehobenen Status" ist (S. Al-Suadi, Essen, 40; vgl. auch A. Standhartinger, Speisungserzählungen, 68.76). Auch wenn die faktischen Verhältnisse einfach sind, der Anspruch, der sich mit dem Jesusmahl verbindet, ist ein hoher: Man feiert ein festliches Symposion.

22 Im Falle des Herodes Antipas zeigt eine Handlungssequenzanalyse, die auch auf Knotenpunkte der Erzählung achtet, sehr deutlich, dass die entscheidenden Handlungen, die für den Verlauf der Erzählung bestimmend sind, von Herodias vollzogen werden (Mk 6,19.24). Der nominelle Handlungssouverän Herodes erscheint wie ein Spielball ihres Willens. Das durch sein kopfloses Verhalten entstandene Machtvakuum füllt Herodias umgehend aus, um ihre Mordpläne in die Tat umzusetzen. Das trägt erheblich zur Charakterisierung und Abqualifizierung des Herodes bei.

(Mk 6,14.22.25.26.27), trägt den Titel sachlich[23] wie auch angesichts seines Verhaltens[24] zu Unrecht. Sein galiläisches Volk – dort spielt ja die Wundergeschichte von Mk 6,30–44 – ist ein Volk, das *Schafen ohne Hirten* gleicht, wie es in Mk 6,34c über die aus allen Städten angereisten Galiläer heißt. Dem Volk fehlt also eine gute Führung, ein guter König – das besagt das in V. 34c zitierte Bild aus Num 27,17.[25] Der andere, Jesus, trägt den Titel gerade nicht,[26] verhält sich aber angesichts der Anforderungen an einen jüdischen König eben wie ein solcher: Er ist wie ein guter Hirte und König, der das Volk speist, anführt und lehrt[27] – das ist immerhin die erste Reaktion Jesu auf die Feststellung, das Volk habe keinen Hirten (V. 34cd) –, der es auf grünen Wiesen lagern lässt (vgl. V. 39c vor dem Hintergrund von Ps 23,2[28]) und der in der Taufe von Gott als sein Sohn und vor dem Hintergrund von Ps 2,6f als König proklamiert worden ist (vgl. Mk 1,11); Jesus füllt die Aufgabe aus, von der in Num 27,17 die Rede ist.[29]

Aus diesem inszenierten Kontrast der beiden Mahlszenen erwächst dann auch eine mögliche Interpretation der Perikope von Mk 6,30–44 (zu einer weiteren Interpretationsmöglichkeit auf der Basis dieses Kontrastes s. unter III 6.5.5). Mit Mk 10,43 könnte man sie als „Nicht-so-bei-euch-Erzählung" charakterisieren, die vor allem im Blick auf die Schüler Jesu und damit die mk Gemeinde erzählt ist.[30] Die Jesus-Tafelrunde unterscheidet sich ja frappierend vom Herodesmahl: Es ist ein Mahl nicht für die Elite, sondern für alle; ein Mahl, bei dem man tatsächlich satt werden kann, ein Mahl, bei dem der Gastgeber sich

---

23 Sein faktischer Titel als Herrscher von Galiläa und Peräa war *Tetrarch*. Auf den in seinem Auftrag geprägten Münzen findet sich, so ein Titel genannt wird, stets dieser (vgl. D. Hendin, Guide, 245–255).

24 Vgl. insbesondere zur Charakterzeichnung und Desavouierung des Herodes als „König" P.-B. Smit, Geburtstagsfeier.

25 Vgl. dazu nur C. Myers, Strong Man, 207f; A. Standhartinger, Speisungserzählungen, 74 (es handelt sich um eine „politische Metapher [...] Evoziert wird also schon gleich zu Beginn, dass Regierende, Könige und Kaiser ihr Volk bewirten"). Zur Hirtenmetaphorik im Blick auf den guten König und auch den Messias vgl. S. Schreiber, Christologie, 19.

26 Mit der mk Passionsgeschichte als bewusster Ausnahme, in der Jesus von opponierenden Figuren bzw. im *titulus* als König bezeichnet wird (Mk 15,2.9.12.18.26.32).

27 Zur Lehre und Ermahnung als Aufgabe Gottes und des Königs vgl. Sir 18,13, dort im Übrigen wiederum mit dem Bild des Hirten kombiniert. M. Klinghardt, Boot, 193 mit Anm. 37, arbeitet heraus, dass die Rede von den hirtenlosen Schafen „eine traditionelle Metapher für die Orientierungslosigkeit aufgrund mangelhafter Lehre [ist], der Jesus durch seine Lehre Abhilfe schafft".

28 Die Anspielung auf Ps 23 in Mk 6,39c wird von vielen Exegeten gesehen, vgl. nur L. Schenke, Wundererzählungen, 229. Zu messianisch-endzeitlichen Implikationen der atl. Allusionen insgesamt vgl. B. Kollmann, Brot, 298; R. D. Aus, Studies, 151–155.

29 Vgl. auch P. Dschulnigg, Mk, 188.

30 Dass vor allem die Schüler Jesu im Fokus der Erzählung stehen, erkennen auch L. Schenke, Wundererzählungen, 223f; B. M. F. van Iersel, Mk,145; J. Gnilka, Mk I, 260.

nicht scheut, selbst Tischdienste zu verrichten: Den Fisch verteilt er selbst an alle Mahlteilnehmer (V. 41e).

Das ist gewiss als Vorbild für die Schüler und damit die mk Gemeinde gedacht. Schon die Gliederungsanalyse hatte gezeigt, dass die Schüler Jesu intensiv in den Gang der Erzählung eingebunden sind und insbesondere als Dialogpartner Jesu eine zentrale Rolle spielen.[31] Die Schüler sind es ja, die das Volk unter Rekurs auf die Autorität Jesu wegschicken wollen und die die erste Aufforderung Jesu, den Menschen zu essen zu geben, gründlich missverstehen.[32] In ihrer Antwort bleiben sie der Logik des Kaufens und des Geldes verhaftet[33] (V. 37de: ἀπελθόντες ἀγοράσωμεν ... φαγεῖν), die sie selbst in den Diskurs eingebracht haben (V. 36b: ἵνα ἀπελθόντες ... ἀγοράσωσιν ... φάγωσιν). Jesus muss sie schließlich imperativisch instruieren, die Funktion von *Tischdienern* einzunehmen.[34]

Drei Aufgaben kommen ihnen in diesem Rahmen offensichtlich zu: In V. 39ab müssen sie das „Zu-Tisch-Liegen" entsprechend der Symposionsgruppen organisieren. Der Befehl Jesu in V. 39a gilt eindeutig ihnen.[35] Sie erfüllen hier quasi die Rolle von Platzanweisern.[36] Im Kontext antiker Symposionskultur ist die Vergabe von Plätzen beim Mahl immer eine heikle Angelegenheit, weil sich der soziale Status am zugewiesenen oder gewählten Platz ablesen lässt.[37] Entsprechend vielfältig sind die Diskurse und Regeln für die Platzvergabe (vgl. z. B. Lk 14). Zwar nur selten belegt, kann die Platzvergabe auch durch einen (vorher wohl vom Gastgeber instruierten) Platzanweiser erfolgen. Bei Athenaios (II 47e)[38] ist von einem solchen die Rede. Als *Nomenklator*, also

---

31 Zu Recht hält B. Kollmann, Brot, 299, fest, dass die Perikope von Markus in den Kontext des Schülerunverständnisses gestellt wird. Ähnlich A. Winn, Purpose, 141f. Nicht nur der unmittelbar erzählte Kontext der Perikope besteht in einer Lehr-Lern-Situation (vgl. V. 34), auch im übertragenen Sinne, also auf der Ebene der Textpragmatik, geht es um eine Lehr-Lern-Situation für die Schüler Jesu und damit die mk Gemeinde.

32 M. Klinghardt, Boot, 193, bezeichnet Mk 6,30–44 treffend als „vielschichtige Missverständnisszene".

33 Das beobachtet treffend H.-J. Venetz, Mk, 124f. Auf die intratextuelle Ironie im Vergleich zu Mk 6,8, das Mitnehmen von Brot und Geld wird verboten – und beides scheinen die Schüler Jesu gleichwohl mit sich zu führen –, macht etwa C. Myers, Strong Man, 206, aufmerksam.

34 Dienen als Form der Jesusnachfolge ist für das MkEv programmatisch, vgl. nur die Schülerbelehrungen in Mk 8–10 sowie meine Überlegungen in M. Lau, Jesusnachfolge; M. Lau, Schwiegermutter, 218.

35 Vgl. R. T. France, Mk, 266.

36 Vgl. auch A. Yarbro Collins, Mk, 324.

37 Für das Folgende vgl. nur M. Klinghardt, Gemeinschaftsmahl, 75–83, bes. 80.

38 Athenaios formuliert: „Danach standen wir auf und legten uns, wie jeder wollte. Wir warteten nicht erst auf den Mahlordner als Platzanweiser / μετὰ ταῦτα ἀναστάντες κατεκλίνθημεν ὡς ἕκαστος ἤθελε, οὐ περιμείναντες ὀνομακλήτορα τὸν τῶν δείπνων ταξίαρχον" (TLG/Friedrich).

eigentlich als ein Sklave oder Diener, dessen Aufgabe es ist, „seinem Herrn in der Öffentlichkeit Namen und sozialen Rang derer zu nennen, die ihm begegnen“,[39] übernimmt er die Aufgabe des ταξίαρχος. Und genau darum geht es bei der Anweisung der Plätze: Der Platzanweiser hat dafür zu sorgen, dass eine gute Ordnung (τάξις) beim Mahl herrschen kann. Denn für antike Mahlkultur ist die Wohlordnung ein zentraler Wert. Das passt bestens zu dem, was die Schüler Jesu dann im Rahmen des Jesusmahles unternehmen. Sie schaffen eine geradezu militärisch[40] perfekte Ordnung der Riesenmahlgruppe: Man liegt Symposion für Symposion und damit geordnet wie der Lauch (πράσον)[41] im Gartenbeet (πρασιά) zu 50er und 100er Einheiten[42] beisammen. Auch in dieser Perspektive ergibt sich ein tiefer Kontrast zum Herodesmahl, das einen vollauf chaotischen Verlauf nimmt und bei dem sich Wohlordnung nicht einstellen will.[43]

Die zweite Aufgabe der Schüler besteht in klassischem Tischdienst. Sie müssen mit den Speisen, genauer: mit dem Brot, allen aufwarten (V. 41cd). Jesus selbst tut es ihnen mit den Fischen gleich.

Die dritte Aufgabe besteht im Einsammeln der Reste nach dem Mahl.[44] Auch das ist klassischer Tischdienst. Zwar wird aus V. 43a selbst nicht klar, wer die Sammelaktion durchführt, die Schüler Jesu oder alle Anwesenden. Aber die Nennung der Zwölfzahl der Körbe korrespondiert doch so auffällig mit den zwölf ausgesandten (6,7) und zu Jesus zurückgekehrten Schülern (6,30), dass man sich durchaus auch hier die Schüler als Diener vorstellen kann. Vollends deutlich wird dies dann angesichts der Wiederaufnahme der Thematik in Mk 8,19. Hier ist eindeutig davon die Rede, dass es die Schüler Jesu waren, die die zwölf Körbe weggetragen haben. Die Schüler und damit diejenigen, die in der Jesusbewegung eigentlich zu den Großen und Ersten gehören, die von Jesus

39 M. Klinghardt, Gemeinschaftsmahl, 80 Anm. 70.

40 M. Klinghardt, Gemeinschaftsmahl, 80, hält fest, dass das am weitesten verbreitete Bild für die Wohlordnung beim Mahl die militärische Schlachtordnung ist.

41 Zur Metaphorik des Gartenbeets vgl. M. Ebner, Tafelrunde, 28f, der die eigentümliche Formulierung πρασιαὶ πρασιαί als Anspielung auf Lauchgewächse liest und damit den sozial niederen Status der Mahlteilnehmer beschrieben sieht. Nach J. Marcus, Mk, 408, hebt die Formulierung vor allem darauf ab, die „regularity of the arrangement of the groups“ zu betonen. Vgl. auch die Überlegungen bei A. Standhartinger, Speisungserzählungen, 76, die mit Blick auf die Verwendung von πρασιά im Rahmen einer Mahlerzählung allerdings konstatiert: Es „scheint eine spezifische Gruppenanordnung im Blick zu sein, deren spezifische Vorstellung sich mir entzieht“ (76 Anm. 66).

42 Zu atl. Motivhintergründen für dieses Ordnungsmuster s. unter III 6.5.2 und den Diskurs bei A. Standhartinger, Speisungserzählungen, 76f.

43 Zu diesem Charakterzug des Herodesmahles vgl. P.-B. Smit, Geburtstagsfeier. Dabei ist nicht die Sitzordnung beim Herodesmahl chaotisch, sondern der Verlauf.

44 So etwa E. Struthers Malbon, Mk, 44; L. Schenke, Mk, 176.

selbst Vollmacht[45] verliehen bekommen haben (Mk 6,7), werden damit zu Dienern für alle (vgl. 9,35; 10,44). Auch das ist anders als beim Herodesmahl: Herodes liegt natürlich mit seinen Großen bei Tisch (Mk 6,21) und lässt sich – das wird man in den Text eintragen dürfen – vom Dienstpersonal, also von den Kleinen, bedienen.

Ein Mahl mit dem Anspruch ein Symposion zu sein, zu dem alle geladen sind und bei dem gerade die scheinbar Großen die vermeintlich Kleinen bedienen, das liegt exakt in der Linie des mk „Nicht-so-bei-euch-Programms", das im Laufe des MkEv fortlaufend entfaltet wird und in das sich auch die Triumphzugsallusionen einbinden lassen (vgl. IV 2). In der Speisungswundergeschichte entsteht literarisch eine Kontrastgesellschaft zu einem Herrschermahl, mit Jesus als vorbildlich dienendem Kontrastkönig und den etwas begriffsstutzigen Schülern als Identifikationsfiguren für einen durchaus schwierigen Lernprozess.

6.5 „5000 Männer" – eine Triumphzugsallusion

Trotz der plausiblen Deutungen der mk Erzählung fehlt bisher eine wirklich schlüssige Erklärung für die Schlussformulierung von V. 44: καὶ ἦσαν οἱ φαγόντες [τοὺς ἄρτους] πεντακισχίλιοι ἄνδρες. Man wird fragen müssen und dürfen, warum das MkEv hier so exakt von 5000 Männern spricht. Wie sich zeigen wird (III 6.5.1), ist diese präzise Formulierung in ihrer vorliegenden Form für das MkEv untypisch. Das lässt nach dem Sinn dieses Erzähldetails fragen – eine Frage, die in der Forschung z. T. gestellt, m. E. aber noch nicht überzeugend beantwortet wurde (III 6.5.2). Mit dem Triumphzug bietet sich eine Deutungsmöglichkeit an, die sowohl das von Markus gewählte Geschlecht wie auch die präzise Zahlenangabe spannungsfrei erklären und die gesamte Erzählung, rückgebunden an die soeben vorgestellte Deutung als Kontrastgeschichte, interpretieren kann.

6.5.1 Eine ungewöhnlich präzise Formulierung

Die Formulierung von V. 44 ist in ihrer Präzision für die Leserinnen und Leser des MkEv in mehrfacher Weise auffällig: Anders als in den zwei Fällen, in denen sich im MkEv ebenfalls höhere Zahlenangaben (jenseits von 1000) im Rahmen von Wundergeschichten (Mk 5,13; 8,9) finden, überrascht in Mk 6,44 die Exaktheit der Zahlenangabe. Sind es in Mk 5,13 *ungefähr* 2000 Schweine

---

45 Dabei sind die Vollmacht der Schüler Jesu und die Vollmacht Jesu allerdings inhaltlich sehr spezifisch charakterisiert, vgl. III 9.

(ὡς δισχίλιοι), die ertrinken,[46] und sind es in Mk 8,9[47] *ungefähr* 4000 Menschen (ὡς τετρακισχίλιοι), die gespeist werden, so fehlt in Mk 6,44 dieses ὡς.[48] Es sind eben exakt 5000.

Ebenso überraschend ist die Fokussierung auf *ein* Geschlecht. Es sind 5000 *Männer*, die hier gespeist werden. Diese Engführung allein auf Männer ist kontextuell in keiner Weise vorbereitet, war doch im bisherigen Verlauf der Wundergeschichte nur von einer großen Volksmenge (V. 34a) oder schlicht von „allen“ (V. 42a) die Rede. Diese Engführung fällt auch angesichts der neutralen Formulierung von Mk 8,9 auf. Keine Frage ist dabei, dass es sich im Blick auf die Gattung der Speisungswundergeschichte als Geschenkwunder bei V. 44 um die erzählerische Realisierung des Motivs „Demonstration des Wunders“ handelt.[49] Das Motiv wird durch den Kontrast zwischen fünf Broten und zwei Fischen auf der einen Seite sowie 5000 Männern auf der anderen Seite stilgerecht eingesetzt. Aber das allein vermag die präzise Angabe „5000 Männer“ nicht wirklich zu erklären, wie etwa die Realisierung des Motivs in Mk 8,9 zeigt, bei der von „ungefähr 4000 Menschen“ gesprochen wird. Warum also *5000 Männer*?

Um die Sache noch zuzuspitzen: Auch literarkritisch ist V. 44 auffällig. Durch die plötzliche Nennung der Männer entsteht eine gewisse *Spannung* zum Rest der Perikope und ihrem Kontext. Die Engführung auf Männer allein war in keiner Weise vorbereitet. Innerhalb von Mk 6 spricht der Erzähler im Blick auf die zu speisende Menge zweifach von ὄχλος (V. 34.45). Dieser Terminus ist aber im MkEv nicht geschlechtsspezifisch definiert. Männer und Frauen bilden vielmehr gemeinsam ὄχλος (vgl. Mk 3,32–35; 5,25–34). Die abschließende Fokussierung allein auf Männer steht dazu in gewisser Spannung. Sodann liegt eine *Doppelung* vor. Diese zeigt sich in gattungskritischer Perspektive, denn das Motiv der Demonstration des Wunders wird in den V. 43f gleich zweifach realisiert:[50] Schon V. 43 zeichnet ja nach der Konstatierung des Wunders in V. 42 (alle essen, alle werden satt) ein Bild des großen Überflusses,

46 Vgl. zu dieser Zahlenangabe M. Lau, Legio.

47 Da diese Textstelle im Erzählfaden erst nach Mk 6,44 steht, steigert sich die Auffälligkeit von Mk 6,44 vor allem im Rahmen einer Neulektüre des mk Textes.

48 Schon dem MtEv und dem LkEv war diese Exaktheit offensichtlich nicht geheuer. Mt 14,21 und Lk 9,14 weichen nämlich gemeinsam ab und sprechen von ungefähr (ὡσεί) 5000. Ähnlich liegt der Fall bei Joh 6,10: ungefähr (ὡς) 5000. Sollte Joh 6,1–15 traditionsgeschichtlich älter und Markus bekannt gewesen sein, so hätte sich Markus bewusst gegen das ὡς entschieden.

49 Vgl. dazu R. Pesch/R. Kratz, Anleitung, 43; R. Pesch, Mk I, 353; zur Gattung insgesamt und zum Motiv der Demonstration vgl. G. Theissen, Wundergeschichten, 75f.111–114.

50 Allerdings könnte die doppelte Realisierung der Demonstration auch gattungsgemäß sein und wäre dann in dieser Perspektive literarkritisch nicht auffällig. Nach G. Theissen, Wundergeschichten, 113, führt nämlich bei Geschenkwundern das typische Fehlen der zen-

wenn auf die Restmengen abgehoben wird. Die Größe des Wunders wird schon auf diese Weise vollauf demonstriert. Gleichwohl schließt sich eine weitere Demonstration des Wunders an, wenn die πάντες von V. 42 jetzt numerisch exakt bestimmt werden, um den Kontrast zu den fünf Broten und zwei Fischen zu verstärken. Schließlich klappt die Angabe in V. 44 *stilistisch* nach. Stilistische Auffälligkeit in Kombination mit Doppelung und Spannung sind klassische Kriterien im Rahmen der Literarkritik. Lassen sich Textdetails finden, die in diesem Sinne auffällig sind, so deutet das zumindest auf ein Textwachstum hin. Ein solches wird im Blick auf die Gesamtperikope von vielen Exegetinnen und Exegeten auch angenommen. Freilich sind solche Überlegungen immer spekulativ. Wenn man sie aber anstellen will, dann scheint sich angesichts der literarkritischen Auffälligkeiten, die V. 44 produziert, auch dieser Vers der mk Redaktionstätigkeit zuweisen zu lassen. Der Autor hätte sich dann bewusst für die 5000 Männer entschieden, was die Erklärungsbedürftigkeit letztlich noch verstärkt.

6.5.2 Stimmen aus der Forschungsgeschichte

Die exegetische Forschung hat im Blick auf V. 44 eine Reihe von Erklärungen[51] entwickelt, die m. E. allesamt die hohe Spezifik der Angabe nicht wirklich erklären können. Manche dieser Deutungen heben dabei auf die Zahlenangabe ab, die meisten indes versuchen die Fokussierung auf Männer zu erläutern:

- Markus spreche hier explizit von Männern, weil nur diese in der antiken Kultur zählen würden.[52] Das sei nicht bösartig gemeint. Der Verfasser sei schlicht Kind seiner Zeit. Freilich erklärt diese Deutung weder die exakte Zahl von 5000 noch kann sie erklären, warum Mk 8,9 dann ohne Engführung auf das männliche Geschlecht auskommt. Und schließlich hat die Erforschung der Antike inzwischen deutlich gemacht, dass eine derartige

tralen Motive zu einer deutlichen Betonung des Demonstrationsmotivs (ähnlich und mit Beispielen R. Pesch/R. Kratz, Anleitung, 40f).

51 Neben den Interpretationen, die den Textbefund deutend erklären wollen, findet sich freilich auch das Modell der Nicht-Thematisierung (vgl. z. B. L. Schenke, Mk, 175f, der im Rahmen seines Kommentars auf dieses Detail nicht zu sprechen kommt) bzw. das Modell der Kapitulation vor einer Interpretation mit dem Verweis, alle spekulativen Thesen würden ohnehin zu nichts führen (vgl. etwa bei C. C. Black, Mk, 160). Schließlich gibt es auch Beiträge, die das Wort ἀνήρ schlicht als „Mensch" übersetzen, um zumindest eine Teilproblematik zu umgehen (so bei B. Kollmann, Brot, 294; E. Schweizer, Mk, 74). Überzeugend ist das freilich nicht, denn das MkEv kann durchaus zwischen Mann und Mensch differenzieren (vgl. Mk 10,2–12 [10,7b ist als textkritisch sekundär zu betrachten]; vgl. auch K. M. Schmidt, Wege, 39 Anm. 57).

52 So bei F. J. Moloney, Mk, 132.

Schwarz-Weiß-Malerei im Blick auf die Kategorie Geschlecht in der antiken Kultur (und welcher eigentlich genau?) kaum die Wirklichkeit trifft.

- Die explizite Nennung der Männer verdanke sich der Stilisierung dieser ersten Speisungserzählung als jüdischer Speisung. Und in Anlehnung an einen jüdischen Gottesdienst würden eben nur die Männer gezählt.[53] In der Tat kann man im Vergleich der beiden Speisungswunder des MkEv fragen, ob die Speisung in Mk 6,30–44 als eine Speisung der Juden, die von Mk 8,1–9 als eine Speisung der Nichtjuden verstanden werden soll. Die jeweiligen Orte würden im Rahmen der theologischen Topographie[54] des MkEv dazu passen. Und auch der in Mk 6,43 gewählte Begriff κλάσμα, der stärker auf einen jüdischen Kontext verweist,[55] passt zu dieser These. Aber selbst wenn diese Überlegung stimmig ist,[56] handelt es sich bei Mk 6,30–44 doch nicht um einen jüdischen Gottesdienst,[57] so dass die Analogie, die gewählt wird, um die Fokussierung auf Männer zu erklären, letztlich nicht ganz aufgeht. Zudem bleibt auch die exakt gewählte Zahl rätselhaft. Das Deutungsmodell erklärt insofern allenfalls die im Text genannten Männer.
- Die zweifellos beliebteste Deutung hebt auf den Demonstrationscharakter im Rahmen der Wundergeschichte ab. Von 5000 Männern sei die Rede, um die Größe des Wunders noch zu steigern. Die Leserinnen und Leser müssten sich zu den Männern automatisch Frauen und Kinder hinzudenken, so dass eine noch viel größere Wundertat erfolgt sei.[58] Aber auch diese Erklärung vermag letztlich nicht zu überzeugen. Sie kann nicht erklären, wieso Markus einen solch komplizierten Umweg wählen sollte. Warum spricht er nicht direkt von z. B. 20.000 Menschen, wenn er das doch anzielen würde? Und warum kommt die zweite Speisungsgeschichte ohne diesen Umweg aus? Mir scheint, dass dies nicht der Dreh- und Angelpunkt der Erwähnung von 5000 Männern ist, zumal schon eine wunderbare Speisung von 5000 Männern ein gewaltiges Wunderzeichen wäre. Auch die Zahl 5000 kann auf diesem Wege nur als zufällig gewählt erklärt werden.
- Die Zahlenangabe 5000 verdanke sich einer kontextbasierten Zahlenspielerei mit den in V. 40a.38e genannten Zahlen: 50×100 bzw. 5×1000 ergeben jeweils 5000.[59] Dieses Deutemodell kann wiederum die Engführung auf

---

53 So etwa bei K. M. Schmidt, Wege, 150; als jüdische Speisung im Gegenüber zum Mahl der Nichtjuden in Mk 8,1–9 wird Mk 6,30–44 auch von G. Theissen, Lokalkolorit, 67; A. Bedenbender, Botschaft, 100 Anm. 84, verstanden.

54 Vgl. dazu die Karte bei M. Ebner, Mk, 176. Zum Konzept vgl. auch E. K. Wefald, Mission.

55 Vgl. dazu K. M. Schmidt, Wege, 150 Anm. 350.

56 Kritik erfährt diese These z. B. bei J. Gnilka, Mk I, 262.

57 Hier lugt letztlich eine eucharistische Deutung der Speisungserzählung hervor.

58 So bei J. Gnilka, Mk I, 262; K. Kertelge, Mk, 69 f; D. Lührmann, Mk, 120; P. Dschulnigg, Mk, 191; A. Yarbro Collins, Mk, 326; B. Witherington III, Mk, 220.

59 Vgl. W. Schmithals, Mk, 329. R. Pesch, Mk I, 355.

Männer nicht erklären, ganz davon abgesehen, dass diese Deutung bei sieben Broten und 4000 Gespeisten (vgl. Mk 8) schnell an ihr krummes Ende gerät. Überzeugend ist diese Deutung jedenfalls nicht.

- Die bisher m. E. am ehesten überzeugende Erklärung versteht die explizite Nennung der Männer als Teil eines ganzen Netzes von Anspielungen auf atl. Traditionen in der Gesamtperikope.[60] Das deckt sich zumindest in Teilen mit Überlegungen, die von Mk 6,30–44 als einer „jüdischen" Speisungsgeschichte ausgehen. Es herrscht allerdings keine Einigkeit, auf welche Traditionen genau angespielt wird und mit welcher Absicht dies erfolgt:
  - Einige Bibliker sehen Anspielungen auf Texte des Pentateuch und die Lagerordnung des Volkes Israel am Werk.[61] Damit wollen sie die Zahl 5000 erklären. Die Nennung der 5000 Männer liegt dann auf einer Linie mit der in V. 40a erzählten Lagerordnung in Einheiten zu ungefähr 50 bzw. 100. All diese Zahlenangaben verweisen auf Texte wie Ex 18,21.25; Num 31,14; Dtn 1,15. Problematisch ist dabei allerdings, dass auf diese Weise zwar die Zahlenangaben 100 und 50 erklärt werden,[62] aber die Zahl 5000, die in den angeführten AT-Traditionen keine Rolle spielt, keine eindeutige Entsprechung hat. Das führt dann letztlich wieder zurück zum Erklärungsmodell der (in diesem Fall überbietenden) Zahlenspielerei (s. o.).
  - Andere Exegeten erklären die Fokussierung auf Männer mit den Zählgewohnheiten des Judentums und verweisen auf Texte wie Ex 12,37; Num 1,2 f.20:[63] Obwohl Frauen und Kinder anwesend sind, werden in diesen Texten allein die Männer gezählt, die Waffen tragen können, also als potentielle Soldaten fungieren. Fraglich bleibt wiederum die Zahl von 5000 solcher Männer. Welchen Sinn sollte der Verweis auf 5000 Soldaten an dieser Stelle haben?
  - Wieder andere sehen eine Anspielung auf das Elischawunder von 2 Kön 4,42–44 als leitend an.[64] Elischa kann mit 20 Broten 100 Männer speisen. Jesus kann hingegen mit fünf Broten 5000 Männer sättigen. Dabei sind die Zahlenverhältnisse überbietend gedacht (1:5 bei Elischa bzw. 1:1000 bei Jesus). Die Fokussierung auf Männer in Mk 6,44 ergibt

60 Eine hilfreiche Zusammenstellung möglicher AT-Allusionen findet sich etwa bei B. J. Incigneri, Gospel, 287 f; C. C. Black, Mk, 160 f; eine umfängliche Lektüre von Mk 6,30–44 vor dem Hintergrund des AT nimmt auch R. D. Aus, Studies, vor.

61 So erwogen bei P. Dschulnigg, Mk, 191; B. Kollmann, Brot, 198.

62 Diese scheinen mir vor dem Hintergrund dieser AT-Motivik gut erklärbar, vgl. K. Kertelge, Mk, 69; B. Witherington III, Mk, 219; zum Fortleben solcher Ordnungsstrukturen in den Texten der Qumran-Gemeinschaft vgl. exemplarisch J. Gnilka, Mk I, 261.

63 Schon angedeutet bei E. Schweizer, Mk, 74; dann auch A. Yarbro Collins, Mk, 326; J. Marcus, Mk, 414.

64 So bei R. Pesch, Mk I, 355; H.-J. Venetz, Mk, 125 f; R. D. Aus, Studies, 113 (vgl. auch 19–44).

> sich aus den im atl. Prätext genannten Männern, was eine durchaus mögliche Erklärung ist. Fraglich bleibt bei dieser Deutung allerdings, warum im MkEv nun gerade von 5000 die Rede ist, warum also das Verhältnis 1:1000 gewählt wurde. Zwingend war das vor dem Hintergrund der AT-Tradition jedenfalls nicht. Man kann dieses Zahlenverhältnis freilich einfach als zufällig gewählt verstehen.

Insgesamt kann keine dieser Deutungen die in ihrer Exaktheit für das MkEv untypische Formulierung von V. 44 ganz spannungsfrei erklären. Ansätze, die die Engführung auf Männer deuten, verlieren die exakte Zahl 5000 aus dem Blick bzw. müssen sie als zufällig gewählt erklären. Und auch der umgekehrte Fall liegt vor: Wird die Zahl erklärt, geraten die Männer ins Hintertreffen.

Im Folgenden möchte ich deshalb unter Rekurs auf das Prätextmotiv Triumphzug eine Deutung entwickeln, die sowohl die mk Engführung auf Männer als auch die exakte Zahlenangabe spannungsfrei erklären kann und nicht den Zufall als Faktor bemühen muss. Diese Deutung deckt sich in einer bestimmten Perspektive auch mit den Erklärungsansätzen, die die 5000 Männer vor dem Hintergrund atl. Traditionen verstehen wollen. Und sie nimmt den interpretatorischen Faden auf, der die ganze Speisungsgeschichte als Kontrastgeschichte versteht. In zwei Schritten soll dabei die mögliche Anspielung von Mk 6,44 auf den Triumphzug herausgearbeitet werden: Zunächst geht es darum, das anspielende Segment und seine implizite Markierung, die im Vergleich zum mk Erzählkontext deutlich wird, nochmals in den Blick zu nehmen. In einem zweiten Schritt werden sodann das Prätextmotiv und das anspielende Segment miteinander verglichen, um abschließend nach der Pragmatik dieses Erzähldetails im Horizont der gesamten Speisungsgeschichte zu fragen.

6.5.3 Stolpersteine: Ungewöhnliche Präzision als Form der impliziten Markierung

Es sind die Präzision der Zahlenangabe 5000, die gewählte Zahl selbst und die Engführung allein auf das männliche Geschlecht, die im Rahmen der Neulektüre des MkEv zu Stolpersteinen werden und dadurch das Textdetail schwach implizit markieren, als chiffrierte Referenz ausweisen und damit nach einer möglichen Allusion fragen lassen. Die implizite Markierung ist also wiederum eine Eigenschaft des anspielenden Segments selbst, die sich im Vergleich mit dem mk Kontext zeigt. Freilich erscheint das Erzähldetail „5000 Männer“ eben vor allem erst im Rahmen einer Neulektüre des MkEv auffällig. Denn erst im Wissen und vor dem Hintergrund der zweiten, erst nach Mk 6,30–44 erzählten Speisungsgeschichte, Mk 8,1–9, und angesichts des Rückverweises auf die erste Speisungserzählung in Mk 8,18–20 wird die Exaktheit von Mk 6,44 besonders auffällig:

Mk 8,9	*Mk 6,44*	*Mk 8,18–20*
ἦσαν δὲ	καὶ ἦσαν οἱ φαγόντες [τοὺς ἄρτους]	καὶ οὐ μνημονεύετε, ὅτε τοὺς πέντε ἄρτους ἔκλασα εἰς
ὡς	—	
τετρακισχίλιοι	**πεντακισχίλιοι** ἄνδρες	τοὺς **πεντακισχιλίους**, — πόσους κοφίνους κλασμάτων πλήρεις ἤρατε; λέγουσιν αὐτῷ, δώδεκα. ὅτε τοὺς ἑπτὰ εἰς τοὺς **τετρακισχιλίους**

Bei der Neulektüre des MkEv stolpert der Leser über Mk 6,44 und erkennt vor dem Horizont der jetzt bereits bekannten zweiten Speisungsgeschichte, dass Mk 6,44 im Gegensatz zu Mk 8,9 eben exakt von 5000 Männern und nicht von „ungefähr" 4000 spricht, die dann auch im Blick auf das Geschlecht nicht weiter spezifiziert werden. Und auch vor dem Hintergrund von Mk 8,18–20 fällt auf, dass dort das Geschlecht der 5000 plötzlich keine Rolle mehr spielt. Von *den* 5000 ist ohne Spezifikation genauso die Rede wie von *den* 4000. Wozu also ist die Präzision in Mk 6,44 gut?

Die Neulektüre des MkEv, die auch unter dem Eindruck der clusterartigen Triumphzugsanspielungen in Mk 15,16–20 erfolgt, ermöglicht es, dieses Detail in das Netz von Anspielungen auf den Triumphzug einzubinden und als Allusion auf das *ius triumphandi* zu lesen, denn in seinem Rahmen ist ganz explizit von 5000 Männern die Rede.

6.5.4 Speisen statt Töten: Die Motive im Vergleich

Das *ius triumphandi* verlangt in der Darstellung des Valerius Maximus (vgl. II 1.2.2), dass der siegreiche und triumphwillige Feldherr den Tod von 5000 feindlichen Soldaten - und das sind Männer - in einer Schlacht vorweisen muss, um das Recht zum Triumph erhalten zu können. Das mag in historischer Perspektive nur eine Fiktion sein, belegt ist diese Tradition mit Valerius Maximus jedenfalls zeitlich vor dem MkEv. Und auch als Fiktion kann und wird dieses Element des *ius triumphandi* in der antiken Welt, namentlich in Rom und seiner Umgebung, bekannt gewesen sein. Die Leserinnen und Leser des MkEv, die um diese Realien wissen, können nun die exakte Angabe von Mk 6,44 dank der durch das Anspielungscluster von Mk 15,16–20 und der weiteren Triumphzugsanspielungen in Mk 15 evozierten Aktivierung des Assoziationsraumes „Triumphzug" in den Motivkomplex Triumphzug einordnen und konkret mit diesem Element des *ius triumphandi* vergleichen. Und bei einem solchen Vergleich fällt natürlich umgehend auf, dass Jesus gerade nicht *5000 Männer* als Feinde erachtet und auf dem *Schlachtfeld* töten lässt. Einen solchen *Befehl* gibt Jesus nicht. Sein *Befehl* – und ἐπιτάσσω in V. 39a hat eben auch einen militärischen Beiklang[65] und ordnet sich insofern gut in die militärische Welt des Triumphes ein – zielt darauf, dass 5000 Männer mit Nahrung versorgt werden und an einem Symposion teilnehmen können – auch dies im Übrigen, und darin wieder der militärischen Welt des Triumphes ähnlich, auf einem *Feld*, eben im grünen Gras (V. 39c). Im Feld *liegen* aber jetzt keine zu zählenden Leichen, sondern es *liegen* Menschen zu Tisch (V. 39b).[66] Dies allerdings in *militärisch exakter*, geradezu auf *Abzählbarkeit* hin angelegter *Ordnung*, eben in 100er- und 50er-Einheiten (V. 40a), wie es der atl. Lagerordnung,[67] aber auch den nach dem Vorbild des Militärs geordneten Strukturen eines paganen Symposions entspricht. Jenseits der Erwähnung der 5000 Männer findet sich also noch weiteres militärisches Kolorit in Mk 6,30–44.[68] Das macht eine Anspielung auf den Triumph sogar wahrscheinlicher und erhöht aus Rezipientenperspektive die Möglichkeit, die 5000 Männer als auf den Triumphzug anspielendes Segment zu entziffern.

Insgesamt liegt also eine Invertierung des Prätextmotivs bei gleichzeitiger Beibehaltung zentraler Parallelen vor: Der Motivbaustein der 5000 Männer bleibt als solcher erhalten, aus dem Aspekt des Tötens wird hingegen das Speisen. Das Motiv wird insofern innovativ eingespielt, als der mk Text durch die Invertierung einzelne Prätextmotivbestandteile selektiert und zugleich durch die Anreicherung mit dem neuen Element des Speisens das Prätextmotiv mutiert. *Zugespitzt formuliert*: Während für den Triumph des Triumphators 5000 Männer sprichwörtlich ins Gras beißen müssen, können bei Jesus 5000 Männer im Gras liegend an einem Symposion teilnehmen und sich stärken. Für Jesu Triumphzug muss niemand sterben – außer ihm selbst.

---

65 Vgl. G. Gelardini, Christus militans, 544.

66 A. Standhartinger, Speisungserzählungen, 73f, hält mit Blick auf den Sitz im Leben eines *outdoor banquet*, wie es in Mk 6,30–44 geschildert wird, fest, dass solche Picknickveranstaltungen besonders für den religiösen Kontext und für Feldzüge belegt sind. Letzteres verstärkt also das militärische Kolorit der mk Perikope.

67 Und auch diese atl. Lagerordnung hat in manchen Texten einen militärischen Beigeschmack, wie A. Standhartinger, Speisungserzählungen, 76, mit Blick auf 1 Makk 3,55 formuliert.

68 Letztlich weisen sogar die Allusionen auf atl. Texte wie Num 27,17 militärisches Kolorit auf, insofern der ideale Hirt des Volkes, also eben jene Rolle, die Jesus nach V. 34 erfüllt, auch als militärischer Anführer gedacht ist, vgl. C. Myers, Strong Man, 207f; vgl. auch H. Montefiore, Revolt (seine Interpretation ist sicher zu historisierend und überstrapaziert den Text, wenn er das Treffen der 5000 Männer mit ihrem Anführer Jesus in der Wüste als Keimzelle eines militärischen Wider- und Aufstands versteht; mit seiner Wahrnehmung des militärischen Kolorits in der Perikope trifft er aber einen Nerv der Erzählung).

Will man bei den 5000 Männern speziell an jüdische Männer und jüdische Soldaten[69] denken, wie das von einigen Stimmen in der Exegese, die in Mk 6,30–44 eine jüdische Speisung entdecken, vertreten wird, dann könnte man vor dem Hintergrund des Triumphzugs speziell an den Sieg der Flavier und ihren anschließenden Triumph über die Juden denken. Aber anders als bei Vespasian und Titus werden bei Jesus nicht 5000 Juden umgebracht, sondern 5000 Juden gespeist.

Vor dem Motivhintergrund des Triumphzugs und speziell des *ius triumphandi* lassen sich mithin die Engführung auf das männliche Geschlecht, die gewählte Zahl und ihre Exaktheit spannungsfrei erklären. Was bei der Erstlektüre als äußerst präzise erzählte Demonstration des Wunders gelesen und vor dem Hintergrund atl. Texte, vor allem mit Blick auf 2 Kön 4,42–44, als Überbietung traditioneller jüdischer Wundererzählungen verstanden werden konnte[70] und zugleich einen Kontrast zum Mahl des Herodes Antipas evozierte, verwandelt sich angesichts der Voraktivierung durch das Anspielungscluster in Mk 15,16–20 und durch die weiteren Triumphzugsallusionen in Mk 15 in ein anspielendes Segment, das gerade durch seine Exaktheit implizit markiert ist und auffällig wird. Wir haben es also mit einem anspielenden Segment zu tun, das wiederum semantisch polyvalent ausfällt. Es lässt sich sinnvoll in mehrere Interpretationslinien einordnen, wobei die Deutungslinie Triumphzug im Gegenüber zu den sonstigen Deutungen die Rede von 5000 Männern spannungsfreier erklären kann, insofern sie einen Schlüssel für die exakte Zahlenangabe, die gewählte Zahl selbst und die Engführung auf Männer bietet.

6.5.5 Der andere König und Triumphator: Hirte, nicht Kriegsherr – Zur Funktion der Triumphzugsallusion von Mk 6,44

Mit Mk 6,44 erfüllt Jesus in invertierter Form eine Bedingung des *ius triumphandi*. Er erscheint mithin wie ein Herrscher und Triumphzugsaspirant. Seine Rolle als Triumphator, die er in Mk 15,16–20 übernimmt und die ihm nach dem Rollenwechsel zum königlichen Gefangenen vom Centurio überraschend wieder zugesprochen wird (vgl. Mk 15,39), was durch die Auferweckung auch von göttlicher Seite unüberbietbar bestätigt wird, wird also in Mk 6,44 vorbereitet. Auf inhaltlicher Ebene unterscheidet sich Jesus allerdings massiv von den übrigen Triumphatoren. Und dazu trägt eben auch der Mk 6,44 vor dem Hintergrund des Triumphzugs auszeichnende Gegensatz von „speisen statt töten" bei.

---

69 Vgl. dazu vor allem C. Myers, Strong Man, 207f; implizit diskutiert auch bei R.T. France, Mk, 261.

70 Ohne dass damit die Rede von 5000 Männern in ihrer Präzision vollauf erklärt werden könnte.

„Speisen statt töten" – dieser Gegensatz war schon Teil der Deutung der gesamten Mahlerzählung als Kontrastgeschichte zum Mahl des Herodes Antipas. „Speisen statt töten" ist in seiner Umkehrung, „töten statt speisen", ja genau jener Gegensatz, der das Mahl des Herodes Antipas auszeichnet: Die einzige, freilich ungenießbare Speise seines Mahles ist der Kopf des hingerichteten Täufers. Im Gegensatz dazu gab es beim Jesusmahl tatsächlich etwas zu essen und niemand musste dafür den Kopf verlieren. Der scheinbare „König" Herodes, der seiner Hirtenrolle gerade nicht gerecht wird, wie Jesus in V. 34c eigens festhält, und der wenig herrscherlich wirkende, aber faktisch sich als Hirte und damit als König gerierende Jesus stehen insofern in Kontrast zueinander.[71] Jesus erweist sich dabei als der andere, aber eben der wahre König und Hirte seines Volkes. Er erfüllt jene Rolle, die der nominelle Herrscher nicht ausfüllt: Er speist sein Volk,[72] lässt es auf grünem Gras lagern, er lehrt es – in V. 34d unmittelbar als Folge der jesuanischen Feststellung, das Volk habe keinen Hirten, für Jesus explizit festgehalten und im Rahmen der Speisungsgeschichte dann, insofern das Motiv des in der Wundergeschichte entfalteten Speisens auch metaphorisch das Lehren meinen kann,[73] implizit entfaltet. Das im Vergleich zum König Herodes so gänzlich andere Verhalten Jesu korrespondiert dabei dem Konzept der auf die Schüler Jesu und damit die Mitglieder der mk Gemeinde hin entworfenen „Nicht-so-bei-euch-Erzählung" von Mk 6,30–44. Denn wie Jesus das „Nicht so bei euch" in Mk 10,43 durch sein eigenes Beispiel motiviert – „auch der Menschensohn kam nicht, bedient zu werden, sondern um selbst zu dienen" (Mk 10,45) –, so wird Jesus auch im

---

71 Das wird von einer Reihe von Exegetinnen und Exegeten beobachtet, vgl. III 6.4; vgl. auch B. Witherington III, Mk, 217; M. Klinghardt, Boot, 193.

72 In eine ähnliche Richtung geht C. Jochum-Bortfeld, Widersprüche, 257, der im Motiv des Speisens von Mk 6 und Mk 8 einen Kontrast zu antiken Herrschern allgemein erblickt, die über Getreidespenden und Massenspeisungen sich die Loyalität ihrer Untertanen sichern wollen. Jesus hingegen kümmere sich ohne die Erwartung einer Gegenleistung um sein Volk (ähnlich: A. Winn, Purpose, 188: Jesus als „ideal benefactor"; vgl. auch K.M. Schmidt, Wege, 497–501). Das ist stimmig beobachtet und scheint mir auch einen für das Gleichnis von der selbstwachsenden Saat in Mk 4,26–29 plausiblen Motivhintergrund abzugeben. Sehr differenziert ist in diesem Kontext auch A. Standhartinger, Speisungserzählungen, die Mk 6,30–44 mit antiken Massenspeisungen vergleicht und als Spezifika der jeusanischen Massenspeisungen die nicht vorhandene soziale Differenzierung der Mahlteilnehmer und den Anspruch, in geradezu aristokratischer Manier ein „Zwei-Gänge-Menü" einzunehmen, herausstellt (80).

73 Darauf machen für Mk 6,30–44 M. Klinghardt, Boot, 194 mit Anm. 38; W. Fritzen, Gott, 295f, treffend aufmerksam. In dieser Perspektive lässt sich im Übrigen das „Gebt ihr ihnen zu essen!" von V. 37b dahingehend verstehen, dass die Schüler Jesu ihre Lehrtätigkeit, von der in V. 30d bestätigend die Rede war, einfach fortsetzen sollen, was diese indes nicht zu verstehen scheinen. Bemerkenswert ist in diesem Zusammenhang auch, dass die metaphorische Rede von *Gartenbeeten* in rabbinischer Literatur mit der Positionierung von Schülern gegenüber ihrem Lehrer in Lehr-Lern-Situationen verbunden ist, vgl. J. Gnilka, Mk I, 260 Anm. 36; J. Marcus, Mk, 408.

Rahmen der Speisungsgeschichte selbst aktiv und fungiert als Tischdiener für die Mahlteilnehmer, denen er die Fische austeilt (V. 41e). In der mk Erzählwelt zeigt sich gerade darin wahre Größe und wahre Herrschaft.

„Speisen statt töten" evoziert angesichts des auf den Triumphzug anspielenden Segments in V. 44 freilich auch den Kontrast zwischen Jesus und den römischen Triumphatoren, denen die mk Charakterzeichnung des Herodes Antipas[74] geradezu einen Spiegel vorhält und die Frage aufruft, ob die Triumphatoren, die römischen Kaiser, nicht auch wie Herodes Antipas manchmal sprichwörtlich den Kopf verlieren und faktisch machtlose und dadurch tyrannisch erscheinende Herrscher sind. „Speisen statt töten" wird in der mk Inszenierung von Mk 6,30–44 jedenfalls zum Charakteristikum, geradezu zur Bedingung guter und wahrer Herrschaft. Und an diesem Charakteristikum müssen sich aus der Sicht des MkEv auch römische Kaiser und Triumphatoren messen lassen. Andere zu speisen, nicht zu töten, anderen – allgemeiner gesprochen – Leben, gutes Leben zu ermöglichen, wie ein guter Hirte zu handeln, das zeichnet den wahren König aus. Das ist gleichsam der Inhalt eines *ius triumphandi* à la Markus, das sind jene Bedingungen, die im MkEv ein erfolgreicher „Herrscher", ein guter Hirt, zu erfüllen hat. Die jesuanische Herrschaft, sein ideales, aber im Vergleich zu römischen Kaisern und jüdischen Klientelkönigen ganz anders ausgeprägtes König-Sein, gleicht dabei angesichts des Rückbezugs auf Num 27,17 in Mk 6,34c geradezu einer Rückgewinnung eines atl. und von Gott selbst favorisierten Ideals von Königsherrschaft. Der wahre König und Triumphator ist mithin nicht derjenige, der über die Opfer der Geschichte hinwegschreitet, der andere zu Opfern macht (wie Herodes Antipas den Täufer oder jeder Triumphator seine besiegten Gegner), sondern ist derjenige, der sich um sein Volk kümmert, der sich mit ihnen an einen Tisch setzt oder ins grüne Gras legt, der ihnen ein Mahl bereitet, ja ihnen beim Mahl sogar selbst aufwartet. Diesen mk Praxistest für gute Herrschaft, diesen Teilaspekt eines mk *ius triumphandi*, würde wohl keiner der römischen Triumphatoren bestehen. Sie legen sich, nachdem das Kriegshandwerk beendet ist und die 5000 Männer getötet sind, am Ende des Triumphes, wie Herodes Antipas, nur mit ihren Großen zu Tisch.[75]

---

74 Vgl. zu dieser jüngst A. Winn, Characterization, 196–206, der in Herodes Antipas einen tyrannischen Herrscher erkennt, der sich gerade dadurch auszeichnet, dass er römische Herrscherideale nicht erfüllt.

75 Aber immerhin hat auch das einfache Volk durch Massenspeisungen Anteil an der Festfreude des Triumphes. Diesen Aspekt hat auch A. Standhartinger, Speisungserzählungen, im Blick, wenn sie bei ihrem Vergleich von Mk 6,30–44 mit hellenistisch-römischen Massenspeisungen u. a. auf die Massenspeisungen am Ende von Triumphzügen zu sprechen kommt (62–72).

6.6 Ergebnisse

Die exakte mk Angabe, 5000 Männer seien von Jesus gespeist worden (Mk 6,44), ist in der ntl. Wissenschaft aufgrund ihrer hohen Spezifik intensiv diskutiert worden. Ein überzeugender Deutungsschlüssel, der sowohl die Zahlenangabe wie das gewählte Geschlecht spannungsfrei und vor *einem* gemeinsamen Motivhintergrund erklären könnte, ist bisher aber nicht gefunden worden. Als Anspielung auf das *ius triumphandi* lassen sich beide Elemente spannungsfrei erklären. Sie entwickeln einen Kontrast zwischen Jesus und dem Triumphator und lassen Jesus, insofern er auf seine Weise eine Bedingung des *ius triumphandi* erfüllt, wie einen Herrscher und Triumphzugsaspiranten erscheinen. Allerdings zeigt sich gerade in der Invertierung das inhaltlich anders gelagerte Herrschaftsprogramm Jesu: Jesus tötet nicht 5000 Männer, sondern speist sie. Jesus ist der wahre König, Herrscher und Triumphator, aber er ist gerade kein Kriegsherr.

7. Die Metamorphose Jesu und die *alba vestis triumphalis* (Mk 9,2–13[15])

Mit der mk Verklärungserzählung (Mk 9,2–13) findet sich im Rahmen der Neulektüre eine zweite Perikope, in der sich eine chiffrierte Referenz auf den Triumphzug ausmachen lässt. Diese Referenz zielt auf den Bereich der Staffage des Triumphators und alludiert auf das triumphatorische Gewand.

7.1 Kontexteinordnung und Textabgrenzung

Die Verklärung Jesu, so der traditionelle Titel der Perikope, in deren Rahmen Jesus eine wundersame Metamorphose durchmacht, steht relativ zu Beginn des Weges Jesu von Galiläa nach Jerusalem. Sie folgt auf die Blindenheilung von Mk 8,22–26, das Messiasbekenntnis der Schülergruppe im Umfeld von Caesarea Philippi und schließt direkt an das erste Set von Leidensankündigung (8,31), Schülerunverständnis (8,32f) und jesuanischer Belehrung (8,34–38) an. Nach dem ortlos und thematisch eigentümlich unverbunden wirkenden Vers Mk 9,1[1] lassen sich einige Texttrenner ausmachen, die eine deutliche Zäsur im Textverlauf produzieren: die Zeitangabe „nach sechs Tagen", der Ortswechsel vom Weg im Umfeld der Dörfer von Caesarea Philippi hinauf auf den hohen Berg, der Personenwechsel (Jesus geht allein mit Petrus, Jakobus und Johannes auf den Berg und lässt die übrigen Schüler sowie die Volksmenge zurück) sowie der Themenwechsel (von der Schüler- und Volksbelehrung hin zur wundersamen Transformation Jesu). Mit V. 2 beginnt also eine neue Perikope. Das Ende dieser Perikope könnte man mit V. 8 bestimmen, insofern am Übergang zu V. 9 erneut ein Themenwechsel stattfindet und die eigentliche Metamorphose Jesu beendet ist. Andererseits – und das ist gewichtiger[2] – bleibt das Personeninventar bis V. 13 erhalten, auch der Ort ändert sich nicht: Dem Heraufsteigen auf den Berg in V. 2 entspricht das Herabsteigen vom Berg in den V. 9–13, das freilich viel ausgefalteter erzählt wird, insofern die Schüler mit Jesus im Dialog stehen. Dabei knüpfen die Gesprächsinhalte unmittelbar an das Geschehen auf dem Berg an, so dass sich ein viel deutlicherer Themenwechsel am Übergang zu V. 14 findet. Ab V. 14 geht es um den erfolglosen Versuch der Restschülergruppe Jesu, einen Jungen zu heilen, der von einem Dämon besessen ist. Daraus entspinnt sich eine weitere Wundererzählung im

---

1 Treffend hebt L. Schenke, Mk, 214, darauf ab, dass sich thematisch keine sinnvolle Brücke zwischen Mk 9,1 und Mk 9,2 spannen lässt.

2 Vgl. auch C. Rose, Theologie, 205f, der ebenfalls für diese Perikopenabgrenzung votiert.

Blick auf Jesus. Mit diesem Gattungswechsel ist zugleich ein Personen- und Ortswechsel vollzogen, so dass sich der Übergang von V. 13 zu V. 14 als deutliche Zäsur benennen lässt.

7.2 Griechischer Text und Übersetzung

2a Καὶ μετὰ ἡμέρας ἓξ παραλαμβάνει ὁ Ἰησοῦς τὸν Πέτρον καὶ τὸν Ἰάκωβον καὶ τὸν Ἰωάννην
2b καὶ ἀναφέρει αὐτοὺς εἰς ὄρος ὑψηλὸν κατ᾽ ἰδίαν μόνους.
2c καὶ μετεμορφώθη ἔμπροσθεν αὐτῶν,
3a καὶ τὰ ἱμάτια αὐτοῦ ἐγένετο στίλβοντα λευκὰ λίαν,
3b οἷα γναφεὺς ἐπὶ τῆς γῆς οὐ δύναται οὕτως λευκᾶναι.
4a καὶ ὤφθη αὐτοῖς Ἠλίας σὺν Μωϋσεῖ
4b καὶ ἦσαν συλλαλοῦντες τῷ Ἰησοῦ.
5a καὶ ἀποκριθεὶς ὁ Πέτρος λέγει τῷ Ἰησοῦ·
5b ῥαββί,
5c καλόν ἐστιν ἡμᾶς ὧδε εἶναι,
5d καὶ ποιήσωμεν τρεῖς σκηνάς, σοὶ μίαν καὶ Μωϋσεῖ μίαν καὶ Ἠλίᾳ μίαν.
6a οὐ γὰρ ᾔδει
6b τί ἀποκριθῇ,
6c ἔκφοβοι γὰρ ἐγένοντο.
7a καὶ ἐγένετο νεφέλη ἐπισκιάζουσα αὐτοῖς,
7b καὶ ἐγένετο φωνὴ ἐκ τῆς νεφέλης·
7c οὗτός ἐστιν ὁ υἱός μου ὁ ἀγαπητός,
7d ἀκούετε αὐτοῦ.
8a καὶ ἐξάπινα περιβλεψάμενοι οὐκέτι οὐδένα εἶδον ἀλλὰ τὸν Ἰησοῦν μόνον μεθ᾽ ἑαυτῶν.
9a καὶ καταβαινόντων αὐτῶν ἐκ τοῦ ὄρους διεστείλατο αὐτοῖς
9b ἵνα μηδενὶ ἃ εἶδον διηγήσωνται,
9c εἰ μὴ ὅταν ὁ υἱὸς τοῦ ἀνθρώπου ἐκ νεκρῶν ἀναστῇ.
10a καὶ τὸν λόγον ἐκράτησαν πρὸς ἑαυτοὺς συζητοῦντες
10b τί ἐστιν τὸ ἐκ νεκρῶν ἀναστῆναι.
11a καὶ ἐπηρώτων αὐτὸν λέγοντες·
11b ὅτι λέγουσιν οἱ γραμματεῖς
11c ὅτι Ἠλίαν δεῖ ἐλθεῖν πρῶτον;
12a ὁ δὲ ἔφη αὐτοῖς·
12b Ἠλίας μὲν ἐλθὼν πρῶτον ἀποκαθιστάνει πάντα·
12c καὶ πῶς γέγραπται ἐπὶ τὸν υἱὸν τοῦ ἀνθρώπου
12d ἵνα πολλὰ πάθῃ
12e καὶ ἐξουδενηθῇ;
13a ἀλλὰ λέγω ὑμῖν

13b ὅτι καὶ ᾿Ηλίας ἐλήλυθεν,
13c καὶ ἐποίησαν αὐτῷ
13d ὅσα ἤθελον,
13e καθὼς γέγραπται ἐπ᾿ αὐτόν.

2a Und nach sechs Tagen mitnimmt Jesus den Petrus und den Jakobus und den Johannes,
2b und er bringt sie hinauf auf einen hohen Berg – für sich allein.
2c Und er wurde umgestaltet vor ihnen,
3a und seine Gewänder begannen[3] funkelnd-glänzend zu werden, sehr weiß,
3b in einer Weise, wie ein Walker auf der Erde nicht vermag so zu weißen.
4a Und es erschien ihnen Elija mit Mose,
4b und sie waren sich unterhaltend mit Jesus.
5a Und antwortend Petrus sagt dem Jesus:
5b „Rabbi,
5c schön ist es, dass wir hier sind.
5d Und lasst uns drei Zelte machen, dir eines und Mose eines und Elija eines."
6a Nicht nämlich wusste er,
6b was er geantwortet hatte,
6c erschreckt nämlich wurden sie.
7a Und es wurde eine Wolke, überschattend sie,
7b und es wurde eine Stimme aus der Wolke:
7c „Dieser ist mein Sohn, der geliebte.
7d Hört auf ihn!"
8a Und plötzlich, umherschauend, niemanden mehr sahen sie, sondern Jesus allein mit ihnen.
9a Und während sie von dem Berg hinabstiegen, ordnete er ihnen an,
9b dass sie niemandem erzählten, was sie wahrgenommen[4] hatten,
9c außer wenn der Menschensohn aus Toten aufgestanden sei.
10a Und das Wort ergriffen sie, untereinander diskutierend:
10b „Was ist das Aus-Toten-Aufstehen?"
11a Und sie befragten ihn sagend:
11b „Wieso sagen die Schriftgelehrten:
11c Elija muss kommen zuerst?"
12a Der aber sprach zu ihnen:

---

3 Zur Bedeutung von γίγνομαι mit Partizip Präsens (ἐγένετο στίλβοντα) als Markierung eines Anfangspunktes vgl. BDR § 354,1 (vgl. auch Mk 1,4).

4 Das Verb ὁράω kann auch die Bedeutung von „wahrnehmen" haben (vgl. LSJ); diese Übersetzung liegt im konkreten Fall näher, weil es sich bei dem von den Schülern Erlebten um visuelle und *auditive* Ereignisse gehandelt hat. Eine Übersetzung mit „sehen" würde den Eindruck erwecken, dass nur das Gesehene verschwiegen werden soll, nicht aber das Gehörte. Das aber steht im Widerspruch zur mk Konzeption des Umgangs mit dem Titel Sohn Gottes (vgl. III 3.6.5; III 8.6.1).

12b „Elija – zwar kommend zuerst – stellt alles wieder her,
12c und wie wurde geschrieben über den Menschensohn,
12d dass er vieles leidet
12e und für nichts erachtet wird?
13a Aber ich sage euch:
13b Auch Elija ist (schon) gekommen,
13c und sie machten (mit) ihm,
13d was immer sie wollten,
13e gleichwie geschrieben wurde über ihn."

7.3 Beobachtungen zur Gliederung und Komposition

Die Perikope lässt sich problemlos in zwei Teile gliedern: Die Ereignisse auf dem Berg bilden den ersten Teil (V. 2–8), der Dialog beim Abstieg vom Berg (V. 9–13) den zweiten.[5] Der erste Teil besteht aus einer Abfolge von einzelnen Sequenzen, die allesamt aus der Perspektive der drei Schüler Jesu formuliert sind und ihre Wahrnehmungen versprachlichen: Auf die Eröffnung in den V. 2ab folgt zunächst die wundersame Metamorphose Jesu in den V. 2c–3b, die ἔμπροσθεν αὐτῶν stattfindet. Daran schließt sich eine erste Vision (V. 4ab) der Schüler an: Ihnen erscheinen Elija und Mose, die sich mit Jesus unterreden. Ein zweites optisches Ereignis, das sich aber vor allem als Audition erweist, erfolgt in den V. 7a–d: Eine Wolke erscheint, aus der Wolke meldet sich die göttliche Stimme, die Jesus als geliebten Sohn proklamiert und zum Hören auf Jesus imperativisch auffordert. Dabei sind die V. 7ab parallel gestaltet:

7a	καὶ ἐγένετο	νεφέλη	ἐπισκιάζουσα αὐτοῖς
7b	καὶ ἐγένετο	φωνὴ	ἐκ τῆς νεφέλης

Umschlossen wird durch die Vision von V. 4ab und die Audition von V. 7a–d die Reaktion der Schüler Jesu, vor allem die des Petrus, in V. 5f Petrus stellt fest, dass die Anwesenheit der drei Schüler gut und richtig sei und macht – als Selbstaufforderung an die beiden Mitschüler gedacht (ποιήσωμεν) – den Vorschlag, drei Zelte zu bauen. In einem trikolonisch gehaltenen Parallelismus nennt er die drei Nutznießer des Bauvorhabens und kehrt dabei die Reihenfolge von V. 4a (Elija mit Mose) um (V. 5d):

5 So z. B. auch R. H. Gundry, Mk, 457.

σοὶ μίαν
καὶ Μωϋσεῖ μίαν
καὶ Ἠλίᾳ μίαν

V. 6 ist ein deutender Erzählerkommentar, der die Antwort des Petrus und seinen Vorschlag, der auf eine Prolongation der Erscheinung von Elija und Mose hinausläuft, als letztlich unpassend[6] ausweist und dies zweifach, mit Unwissen und mit Furcht, begründet.

Mit V. 8 kommen sowohl die Vision als auch die Audition an ihr Ende. Mose und Elija sind verschwunden, die Stimme aus der Wolke ist verstummt. Der Ausgangszustand von V. 2b scheint wiederhergestellt zu sein, insofern sich die Stichworte κατ' ἰδίαν *μόνους* aus V. 2a in V. 8a strukturell und wörtlich wiederholen (ἀλλὰ τὸν Ἰησοῦν *μόνον* μεθ' ἑαυτῶν). Ob das auch für die in V. 2c–3b erzählte Metamorphose gilt, wird zu fragen sein. Ein explizites Ende wird für sie jedenfalls nicht erzählt. Kompositorisch werden die Ereignisse auf dem Berg durch die Stichwortverbindungen von V. 2b (ἀναφέρει αὐτοὺς εἰς ὄρος) und V. 9a (καταβαινόντων αὐτῶν ἐκ τοῦ ὄρους) gerahmt.

Mit dieser Rahmung ist zugleich der zweite Teil der Perikope eröffnet, der aus mehreren Gesprächsgängen besteht, die durch Stichwortverbindungen eng miteinander verzahnt sind, auch wenn der Gesprächsverlauf angesichts der Fragen der Schüler und der jesuanischen Antworten kaum zielführend zu sein scheint. In V. 9a–c verbietet Jesus seinen drei Schülern, das Erlebte anderen zu erzählen; zugleich begrenzt er dieses Verbot zeitlich: nach der Auferweckung des Menschensohnes darf davon erzählt werden. Das nehmen die Schüler zum Anlass, um über die Realie „aus Toten aufstehen" untereinander zu diskutieren (V. 10ab). Sie ergreifen geradezu das Wort Jesu, wie V. 10a festhält.

Beim Abstieg wiederholt sich im Prinzip ein Kommunikationsmuster, das es auch schon auf dem Berg gegeben hatte: Dort war es die Dreiergruppe von Mose, Elija und Jesus, die miteinander gesprochen hatte (συλλαλοῦντες; V. 4b), hier ist es die Dreiergruppe bestehend aus Petrus, Jakobus und Johannes, die untereinander diskutiert (πρὸς ἑαυτοὺς συζητοῦντες; V. 10a).

Die Schüler Jesu stellen ihm dann allerdings keine spezifische Frage im Blick auf die Realie der Auferweckung. Vielmehr bleiben sie zwar im Rahmen jüdischer Eschatologie und Apokalyptik, nehmen aber einen anderen Zeitpunkt im Rahmen des Weltendeprogramms in den Blick (V. 11a–c): Sie fragen, warum Elija nach Lehrmeinung der Schriftgelehrten „zuerst" kommen muss und meinen damit offenkundig die Verheißung von Mal 3,23f und Sir 48,10f. Letztlich verbinden sie damit die Erscheinung des Elija auf dem Berg mit der

6 Vgl. M. Ebner, Mk, 94; P. Dschulnigg, Mk, 246; D. Lührmann, Mk, 155f; W. Fritzen, Gott, 205.

jesuanischen Terminierung des Kommunikationsverbots, die ja eine apokalyptisch-eschatologische Perspektive eröffnet hatte. Die Antwort Jesu nimmt dieses Thema auf, blendet aber auch zur Menschensohnthematik, die Jesus in V. 9c in den Diskurs eingebracht hatte, zurück (V. 12f). Dadurch wird die Frage der Schüler durch zwei Redegänge Jesu, in denen jeweils die Frage des Menschensohns thematisiert wird, gerahmt. In seiner Antwort (V. 12f), die zugleich das Ende der Perikope markiert, verzahnt Jesus das Geschick des Elija mit dem Geschick des Menschensohns.[7] Über beide habe die Schrift gesprochen (γέγραπται; V. 12c.13e):[8] Nachdem Jesus der These der Schriftgelehrten über Elija, die die Schüler Jesu zitiert hatten, im Prinzip zugestimmt hatte (V. 12b), führt er in den V. 12c–e im Blick auf den Menschensohn aus, dass dieser leiden und keine Beachtung finden werde. Im Anschluss greift Jesus wiederum die Elijathematik auf, formuliert aber eine adversativ eingeleitete (V. 13a: ἀλλὰ λέγω ὑμῖν) Gegenposition, die die zitierte These der Schriftgelehrten (V. 11c), aber auch den ersten Teil der jesuanischen Antwort (V. 12b) zu konterkarieren scheint: Elija ist bereits gekommen, sie haben mit ihm gemacht, was sie wollten, eben so, wie es über ihn geschrieben steht. Das wird man als Anspielung auf das Geschick des Täufers lesen dürfen.[9] Der mk Jesus scheint also im Täufer Johannes den wiedergekommenen Elija zu sehen (vgl. Mk 6,14–16).

7.4 Die Metamorphose Jesu und seine weißen Gewänder: Interpretationsmuster im Licht des Alten Testaments

Mk 9,2–13 ist eine hochkomplexe Perikope, die für das MkEv inhaltlich von größter Tragweite ist und mit einer Vielzahl von Perikopen intratextuell ver-

---

7 Beide Größen überlagern sich im mk Erzählkonzept ohnehin in der Person Jesu, vgl. Mk 8,28. Die Verklärungsperikope scheint hier nachträglich Differenzierungen vorzunehmen und Jesus sowohl von Elija, damit auch vom Täufer, wie von Mose unterscheiden zu wollen, indem beide im Gegenüber zu Jesus in der Erzählwelt auftreten und damit erkennbar von ihm unterschieden werden können, vgl. M. Ebner, Mk, 93. Genau gegenteilig erscheint die Positionierung von R. A. Horsley, Story, 107f, der mit Blick auf Mk 9 von der jesuanischen Erfüllung der Rolle eines neuen „Mose-Elija“ spricht.

8 Das Verb γράφω verweist im MkEv in die jüdischen Traditionen, speziell auf die Schrift (vgl. Mk 1,2; 7,6; 11,17; 14,21.27). Dass es für das von Jesus als schriftgemäß angekündigte Geschick von Elija und Menschensohn keine Entsprechung in der Schrift gibt, gehört zur hintergründigen Erzählweise des MkEv: Hinter Elija und Menschensohn wird durch die Pseudozitate die Gestalt des leidenden Gottesknechts aus Jes 52f sichtbar, vgl. M. Ebner, Mk, 94–96.

9 So z. B. P. Dschulnigg, Mk, 249.

knüpft ist.[10] Vieles wäre zu thematisieren und von grundlegendem Interesse.[11] Für die Fragestellung nach möglichen chiffrierten Referenzen auf den Triumphzug will ich mich indes auf einen Aspekt des mk Textes beschränken: Mk 9,2f. D. h. freilich nicht, dass der Kontext für das Verständnis der Allusion nicht wichtig wäre. Und zum unmittelbaren Kontext der Perikope gehören auch die V. 9–13, die z. B. das Kommunikationsverbot im Blick auf das in den V. 1–8 als erlebt Erzählte beinhalten.

Mk 9,2 hält nach der Ankunft auf dem Berg zunächst fest, dass Jesus einer Metamorphose unterliegt. Er wird im Angesicht der drei Schüler umgestaltet. Worin die Metamorphose besteht, hält V. 2 nicht fest. Erst V. 3 nennt ein sichtbares Element. Die Kleider Jesu werden funkelnd-glänzend, ja strahlend[12] und sehr weiß. Diese Weißung beschreibt die Erzählstimme durch einen Vergleich. Kein Walker auf der Erde, also kein Mensch, hätte ein solches Weiß produzieren können. Das Weiß der Gewänder Jesu ist himmlisch, ja göttlich gewirkt, was spätestens angesichts der aus der Wolke erklingenden Gottesstimme, letztlich aber auch schon durch das *passivum divinum* (μετεμορφώθη)[13] in V. 2c deutlich wird.[14] Die Metamorphose von V. 2 besteht also primär – oder vielleicht sogar ausschließlich – in der Weißung der Kleider Jesu.[15] Diese Kleider waren im Verlauf der mk Jesusgeschichte bereits von großer Bedeutung, insofern sie als eine Art Transmitter jesuanischer Heilungskraft fungierten, den Kranke berühren wollten (vgl. Mk 5,27–30; 6,56). Nun strahlen die Gewänder im hellsten Weiß. Das ist von Markus bewusst so inszeniert, und man wird fragen dürfen, warum er die Kleider Jesu göttlich weißen und funkelnd glänzen lässt.

---

10 K. Füssel/E. Füssel, Körper, 111, bezeichnen sie als „Zentrum des Markusevangeliums" (ähnlich W. Fritzen, Gott, 197). Thematisch halte ich das für eine zutreffende Beschreibung; in kompositorischer Perspektive wäre das im Rahmen einer fünfteiligen konzentrischen Gliederung mit dem Wegabschnitt von Mk 8,22–10,52 als Zentrum nochmals präziser zu überprüfen.

11 Vgl. nur die umfängliche und äußerst präzise gearbeitete Studie von A. Wypadlo, Verklärung.

12 Das Verb στίλβω ist ntl. Hapaxlegomenon; zu seiner Semantik vgl. R. T. France, Mk, 351: das Verb drücke „the glittering of brightly polished metal or the shining of stars" aus; eine Übersetzung mit glänzend/strahlend/funkelnd erscheint dem angemessen.

13 Darauf weisen neben anderen auch P. Dschulnigg, Mk, 245; R. H. Gundry, Mk, 458; R. Pesch, Mk II, 72; C. Rose, Theologie, 207; A. Wypadlo, Verklärung, 128.151, hin.

14 Vgl. z. B. L. G. Urena, Adjectives, 222; R. H. Gundry, Mk, 458.

15 Ähnlich P. Dschulnigg, Mk, 245; M. Ebner, Mk, 93; D. Lührmann, Mk, 156; S. Pellegrini, Elija, 308; C. Rose, Theologie, 207. Das V. 3a eröffnende καί wird man entsprechend als explikatives καί auffassen dürfen, vgl. B. Bosenius, Raum, 63. Als „narrative Illustrierung der Metamorphose" versteht A. Wypadlo, Verklärung, 151, die Weißung der Gewänder Jesu, die er aber letztlich von der Metamorphose selbst unterscheidet (vgl. etwa 159).

Schon angesichts der im Text erscheinenden Spitzengestalten der atl. Tradition, Mose und Elija, die als Entrückte[16] zugleich stellvertretend für Tora und Prophetie[17] stehen können, liegt es nahe, für die gesamte Perikope nach atl. Hintergründen zu suchen, die für die Interpretation des Textes, vor allem auch für die Erklärung der Metamorphose Jesu, hilfreich sind. Diesen Weg ist die Exegese zu Mk 9,2–13 häufig gegangen. M. E. richtigerweise ist dabei der Erzählkomplex von Ex 24.32.34 als entscheidender Prätext erkannt worden.[18] Im Einzelnen ergeben sich folgende Berührungen zwischen dem mk Text und der Exodustradition:

Ex 24.32.34	*Mk 9,2–13*
Mose steigt auf einen Berg (Ex 24,12; 34,4)	Jesus steigt auf einen Berg (9,2)
Mose geht in Begleitung von wenigen Auserwählten und am Ende allein auf den Berg (24,1 f.12–15)	Jesus geht in Begleitung von drei Schülern auf den Berg (9,2)
Mose und seine Begleiter trennen sich vom Volk (24,2)	Jesus und seine Begleiter trennen sich vom Volk (8,34; 9,14)
eine Wolke erscheint (24,15 f; 34,5)	eine Wolke erscheint (9,7)
die Gottesstimme ertönt aus der Wolke (24,16)	die Gottesstimme ertönt aus der Wolke (9,7)
Mose unterliegt einer Metamorphose des Gesichtes (Ex 34,29)	Jesus unterliegt einer Metamorphose seiner Gewänder (Mk 9,3)
Mose kommt vom Berg herunter (32,15; 34,29)	Jesus kommt vom Berg herunter (9,9.14)

Wie Mose – zunächst noch in Begleitung von wenigen Auserwählten – auf den Berg steigt, dort eine Wolke ihn verhüllt und er von Gott die Gebote erhält und dabei selbst einer Metamorphose unterliegt, so geht auch Jesus in Begleitung von drei Schülern auf den Berg, unterliegt einer Metamorphose, um auf dem Berg dann seinerseits Mose und Elija zu begegnen. Auch auf dem Berg des MkEv erscheint eine Wolke, aus der dann die Gottesstimme selbst spricht und Jesus als geliebten Sohn proklamiert.

Die Metamorphose Jesu verdankt sich also augenscheinlich atl. Motivik. Wie Mose auf dem Berg verwandelt wird, so wird auch Jesus transformiert.

---

16 Vgl. stellvertretend für viele M. Ebner, Mk, 93.

17 Vgl. P. Dschulnigg, Mk, 245.

18 Vertreten etwa von A. Wypadlo, Verklärung, 285–326 (mit ausführlicher Begründung und Analyse des Motivhintergrunds); E. Lohmeyer, Mk, 174; P. Dschulnigg, Mk, 244–247; M. Ebner, Mk, 92; D. Dormeyer, Markusevangelium, 140; B. Bosenius, Raum, 57–68; E. Schweizer, Mk, 98; J. Gnilka, Mk II, 32 f; R. T. France, Mk 348; J. Majoros-Danowski, Elija, 207–215; W. Fritzen, Gott, 197 f; L. Schenke, Mk, 214 (mit einer sinnvollen Auflistung der ebenfalls vorhandenen gewichtigen Unterschiede).

Allerdings – und das ist für uns von besonderer Bedeutung – wird in den atl. Texten gerade nicht die Kleidung des Mose transformiert. Das ist im MkEv also ein im Vergleich zum Prätextmotiv überständiges Textelement.[19] In der Exodustradition ist es das Gesicht des Mose, das leuchtend wird (Ex 34,29f). Davon erzählt Markus nichts. Das ist auch zwei frühen Lesern des MkEv aufgefallen.

7.5 Ein Seitenblick auf Mt 17,2; Lk 9,29

Die in Mk 9,2–13 zugrunde liegende atl. Motivik haben auch Matthäus und Lukas erkannt. Sie verstärken sie an der uns interessierenden Stelle sogar noch deutlich, streichen dafür aber gerade jene mk Details, die kaum Parallelen in den Traditionen aus dem Buch Exodus haben. Im Einzelnen:

Mt 17,2	*Mk 9,2f*	*Lk 9,29*
		29 καὶ ἐγένετο ἐν τῷ προσεύχεσθαι
2 καὶ μετεμορφώθη ἔμπροσθεν αὐτῶν,	2 καὶ μετεμορφώθη ἔμπροσθεν αὐτῶν,	
καὶ ἔλαμψεν τὸ *πρόσωπον αὐτοῦ* ὡς ὁ ἥλιος,		αὐτὸν τὸ εἶδος τοῦ *προσώπου αὐτοῦ* ἕτερον
τὰ δὲ ἱμάτια αὐτοῦ ἐγένετο	3 καὶ τὰ ἱμάτια αὐτοῦ ἐγένετο στίλβοντα	καὶ ὁ ἱματισμὸς αὐτοῦ
λευκὰ ὡς τὸ φῶς.	λευκὰ λίαν οἷα γναφεὺς ἐπὶ τῆς γῆς οὐ δύναται οὕτως λευκᾶναι.	λευκὸς ἐξαστράπτων.

Matthäus und Lukas betonen beide gegen Markus,[20] dass sich das Gesicht Jesu verändert hat. Bei Matthäus beginnt das Gesicht Jesu wie die Sonne zu leuchten, bei Lukas wird die Form, die Gestalt des Gesichtes Jesu schlicht „anders“ (ἕτερον). Beide erklären also, worin das μετεμορφώθη von Mk 9,2, das Matthäus übernimmt, Lukas hingegen streicht, eigentlich besteht und unterscheiden diese Metamormophose damit von der Weißung der Gewänder Jesu. Diese erzählen zwar beide, nehmen sie aber in der Tendenz zurück, insofern beide den Walkervergleich streichen bzw. Matthäus ihn durch den Vergleich mit τὸ φῶς modifiziert. Durch die Erwähnung des transformierten Gesichtes Jesu schwenken sowohl Matthäus als auch Lukas in die Tradition von

19 So auch M. Ebner, Mk, 93; J. Gnilka, Mk II, 33.

20 Im Rahmen der Zwei-Quellen-Theorie handelt es sich also um ein positives *minor agreement*.

Ex 34,29f ein: Wie das Gesicht des Mose auf dem Berg transformiert wurde und nach dem Abstieg vom Berg glänzte, so glänzte, ja strahlte auch das Gesicht Jesu.[21]

Matthäus und Lukas erkennen beide, dass Markus von einer Metamorphose Jesu spricht, deren motivischer Hintergrund im Buch Exodus zu finden ist, die sich allerdings in den Details vom atl. Prätext unterscheidet. Bei Markus werden die Gewänder in hellstes Weiß transformiert, nicht das Gesicht Jesu verwandelt. Das tragen Matthäus und Lukas gegen Markus ein, behalten dabei zwar die Weißung der Gewänder Jesu bei, verwenden auf die erzählerische Ausgestaltung dieser Transformation der Gewänder Jesu aber weniger Mühe.

Auch angesichts dieses Vergleichs mit den synoptischen Seitenreferenten, vor allem aber mit Blick auf die atl. Prätexte wird man fragen dürfen, warum Markus im Rahmen der durch Exodustraditionen beeinflussten Transformation Jesu *gegen die Exodustradition* von den weißen Gewändern Jesu spricht und deren Weißung letztlich auf Gott selbst zurückgehen lässt. Diese Abweichung vom Prätextmotiv drängt sich als zu interpretierende Frage umso mehr auf, als die weißen Gewänder Jesu im Erzählverlauf des MkEv m. E. als dauerhaft weiß bleibend gedacht sind, wie ich im Folgenden aufzeigen werde.

7.6 Ein vernachlässigtes Erzähldetail: Die weißen Gewänder bleiben weiß (Mk 9,15)

Übersehen scheint mir in der Forschung weitgehend, dass diese neue Qualität der Gewänder Jesu auch nach dem Ende der Verklärungsperikope und damit im Fortgang der mk Erzählung bestehen bleibt. Jesu Gewänder bleiben auch nach Mk 9,2f für die Leserinnen und Leser des MkEv strahlend weiß. Das ist gewiss eine umstrittene These. Sie lässt sich aber vom Text her begründen. Zunächst fällt auf, dass die von Markus gewählte Konstruktion ἐγένετο στίλβοντα speziell einen Anfangspunkt markieren kann und im Gegenüber zu diesem Startpunkt nirgends erzählt wird, dass die Gewänder Jesu ihren Glanz auch wieder verloren hätten.[22] Das Ende der Vision der Schüler (V. 8) besteht im Entschwinden von Mose und Elija. Mehr wird nicht erzählt. Gewichtiger

21 Gerade im Blick auf das MtEv gewinnt man den Eindruck, dass Jesus mehr als ein neuer Mose ist.

22 Darauf weist auch R. H. Gundry, Mk, 487f, hin, der ebenfalls die These vertritt, dass die Gewänder Jesu nach der Verklärung weiterhin strahlen und dieses Strahlen auch für die Gewänder Jesu in Mk 15 vermutet. Seine Überlegungen basieren auf seiner Interpretation von ἐκθαμβέομαι in Mk 9,15. Dieser Vers ist auch für mich der Anlass gewesen, meine These zu den Gewändern Jesu – zunächst tatsächlich auch in Unkenntnis der Überlegungen Gundrys – zu entwickeln. Übersehen hat Gundry den Querbezug auf Mk 16,5f, der seine These noch hätte stützen können.

für meine These ist aber ein Detail aus Mk 9,15. Nachdem Jesus mit seinen drei Schülern zur restlichen Schülergruppe und zur Volksmenge, den Schriftgelehrten und dem Vater, der um Heilung seines Sohnes bittet, zurückgekehrt ist, heißt es im mk Text, dass die ganze Volksmenge erschrickt, auf Jesus zuläuft und ihn begrüßt. Während letzteres erzählerisch durchaus kontextplausibel ist, erscheint die Furchtreaktion der ganzen Volksmenge durch nichts motiviert. Warum erschrickt (ἐξεθαμβήθησαν) die Volksmenge also, wenn sie Jesus – auch das wird in Mk 9,15 explizit erzählt – sieht (ἰδόντες)?

Wenn dieses Textdetail überhaupt kommentiert und bedacht wird, dann finden sich z. T. wenig plausible Erklärungsmuster. Drei Beispiele: L. Schenke formuliert:[23] „Jesu Rückkehr wird bemerkt. Doch nur von der Volksmenge wird eine positive Reaktion darauf erzählt: Sie ist beim Anblick Jesu *erschrocken* (vgl. 1,27) – Ehrfurcht ist gewiss gemeint – und begrüßt ihn höflich". Das ist eine bemühte Uminterpretation des im MkEv doch recht eindeutigen semantischen Gehalts von ἐκθαμβέομαι (erschrecken, sich fürchten; vgl. nur Mk 14,33),[24] um deren begrenzte Überzeugungskraft auch Schenke weiß, wenn er im Rahmen der Parenthese das eher einschränkend wirkende „gewiss" verwendet.

J. Gnilka schreibt hingegen:[25] „Die erschreckte Reaktion könnte unmotiviert erscheinen, fügt sich aber sowohl in den Kontext als auch die markinischen Intentionen völlig ein. Bei Markus rufen Wunder und Lehre Jesu das erregte Erstaunen der Menge hervor, letztlich ist dieses auf seine Person gerichtet." Das stimmt zwar prinzipiell, trifft aber an dieser Stelle gerade nicht zu: Erregtes Erstaunen auf Wunder oder Lehre seitens der Volksmenge folgt im MkEv stets der konkreten Lehre oder Wundertat nach und geht ihr nicht voraus; zudem wird erregtes Erstaunen des Volkes im Kontext von Wunder und Lehre im MkEv nicht mit ἐκθαμβέομαι ausgedrückt.[26]

P. Dschulnigg greift die sich schon bei Gnilka andeutenden gattungskritischen Überlegungen auf und führt sie weiter aus:[27] „Die enthusiastische Reaktion des Volkes, das erschrickt und zu Jesu Begrüßung herbeiläuft, ist ein vorgezogenes Admirationsmotiv, welches gewöhnlich zu den finalen Motiven einer Wundererzählung gehört. Hier hat es die Funktion, Jesus in seiner Bedeutung als machtvollen Wundertäter herauszuheben, der das Unvermögen der versagenden Jünger überwinden wird." Das überzeugt mich nicht, weil die von Dschulnigg behauptete deutliche Abweichung vom Gattungsmuster, die Vorziehung des Admirationsmotivs, nicht plausibel von ihm begründet wird: Obwohl dabei treffend beobachtet wird, dass am Ende der Wundergeschichte, also nach Mk 9,27, entsprechende Admirations- oder

---

23 L. Schenke, Mk, 221.

24 Zur Semantik von ἐκθαμβέομαι vgl. auch R. H. Gundry, Mk, 487.

25 J. Gnilka, Mk II, 46; ähnlich sind die Deutungen bei E. Schweizer, Mk, 101; A. Yarbro Collins, Mk, 437.

26 Vgl. exemplarisch die Reaktion einer Menge in Mk 1,22 (ἐξεπλήσσοντο); 2,12 (ἐξίστασθαι); 7,37 (ἐξεπλήσσοντο); vgl. aber immerhin 1,27 (ἐθαμβήθησαν).

27 P. Dschulnigg, Mk, 253; sehr ähnlich ist R. Pesch, Mk II, 87; vgl. auch die Darstellung dieser Option bei B. Witherington III, Mk, 266.

Akklamationsmotivik fehlen,[28] ist dies doch nicht untypisch für das MkEv, wie ein Blick etwa auf Mk 5,15; 6,44; 8,9; 10,52 zeigt. Und an keiner dieser Stellen wird ein entsprechendes Admirationsmotiv vorgezogen. Mk 9,15 bleibt insofern auffällig und erklärungsbedürftig. Mehr noch: Der Kontrast zwischen den versagenden Schülern und dem erfolgreichen Jesus, auf den Dschulnigg bei seiner Deutung des scheinbar vorgezogenen Admirationsmotiv abhebt, wäre zudem auch am Ende der Perikope inszenierbar gewesen, wenn dies das Anliegen der Geschichte gewesen wäre.[29] Das scheint aber nicht so zu sein: Das Gespräch über das Unvermögen der Schüler wird bewusst aus der für diese Wundergeschichte konstitutiven Öffentlichkeit in das private Haus (9,28f) verlagert; die Öffentlichkeit und das Volk spielen dabei keine Rolle mehr.

Eine plausible Erklärung für diese Furchtreaktion, die aus der visuellen Wahrnehmung Jesu resultiert, besteht darin, dass die Kleider Jesu, anderes hatte sich an Jesus nicht geändert, weiterhin in hellstem Weiß strahlen und glänzen. Das wird gesehen und darauf wird mit Furcht reagiert.

Diese Deutung gewinnt an Plausibilität, wenn man die weitere Verwendung des Verbs ἐκθαμβέομαι im MkEv verfolgt. Es findet sich nur noch in der mk Getsemaniperikope[30] und beschreibt dort die Angst Jesu (Mk 14,33) und in der mk Ostergeschichte. Letztere ist für meine Deutung zentral:[31] Denn in Mk 16,5f wird mit ἐκθαμβέομαι die Furcht der Frauen im Grab ausgedrückt. Die Furcht der Frauen ist dabei Reaktion auf die Begegnung mit dem in ein *weißes Gewand* gehüllten jungen Mann (περιβεβλημένον στολὴν λευκήν). Ihn sehen (εἶδον) sie in seiner weißen Bekleidung und erschrecken.[32] Diese Logik, die das MkEv nachweislich kennt und erzählt, lässt sich angesichts der deutlichen Stichwortverbindungen (λευκός: 9,3; 16,5 ἐκθαμβέομαι: 9,15; 16,5) auch auf Mk 9,3.15 übertragen. In der mk Inszenierung ändert sich nach Mk 9,3 die Qualität der Gewänder Jesu zunächst nicht mehr. Sie bleiben für die Leserinnen und Leser glänzend in strahlendem Weiß.

---

28 Vgl. auch R. Pesch, Mk II, 87.95.

29 Sachlich scheint es mir ohnehin eher um den Kontrast zwischen den versagenden Schülern und dem erfolgreichen Wirken des fremden Exorzisten von Mk 9,38–40 zu gehen.

30 Die Getsemaniperikope ist mit der Verklärungsperikope intensiv intratextuell verbunden, vgl. W. Fritzen, Gott, 326.

31 K. M. Schmidt, Wege, 63.480, sieht den intratextuellen Bezug zwischen Mk 9,15 und Mk 16,5f, zieht daraus aber keine inhaltlichen Konsequenzen im Blick auf die bleibende Qualität der Gewänder Jesu. Im Gegenteil: Er differenziert zwischen den himmlischen Gewändern Jesu, „die sich von den irdischen, welche die Soldaten unter sich verlosen (Mk 15,24), deutlich unterscheiden“ (480). Das scheint mir nicht zwingend zu sein.

32 Natürlich ist die Furchtreaktion erzählerisch nicht allein eine Folge des weißen Gewandes, sondern auch des Umstands, dass die Frauen einen lebenden jungen Mann in einem Grab finden, dessen Verschlussstein bereits auf wundersame Weise weggerollt war. Gleichwohl sind die Stichwortverbindungen zwischen der Verklärungsperikope und der mk Ostergeschichte auffällig und lassen sich für Mk 9,15 und die Frage nach dem Grund der Furchtreaktion im Sinne meiner These auswerten.

Natürlich könnte man einwenden,[33] dass im Hintergrund von Mk 9,2–13, wie gezeigt, atl. Motivik steht (vgl. Ex 24.32.34) und dies entsprechend eben auch für die Furchtreaktion in Mk 9,15 gelten könnte. Das ist sogar richtig, wenngleich es meistens übersehen wird,[34] spricht aber gerade nicht gegen die hier vorgetragene neue These. Wenn Mose in Ex 34,30 LXX erneut mit Gesetzestafeln vom Berg herabsteigt, reagiert das Volk nämlich ebenfalls mit Furcht (ἐφοβήθησαν).[35] Die Furchtreaktion von Mk 9,15 könnte sich also der Realisierung atl. Motivik verdanken. Nun wird aber in Ex 34,30 LXX auch erklärt, dass der Grund für die Furchtreaktion in einer *anhaltenden* und wahrnehmbaren Veränderung des Mose liegt: Die Farbe seines Gesichtes war glänzend geworden (Ex 34,29 LXX) und ist glänzend geblieben (καὶ ἦν δεδοξασμένη ἡ ὄψις τοῦ χρώματος τοῦ προσώπου αὐτοῦ), so dass Mose zukünftig sein Gesicht mit einem Schleier verhüllen muss. In der mk Verklärungsperikope hat sich freilich nicht das Gesicht Jesu verändert, sondern sein Gewand. Gerade vor dem atl. Hintergrund liegt es also nahe, dass Jesu weiße Gewänder in Mk 9,15 die Furchtreaktion hervorrufen. Die Kleider Jesu bleiben, wie das Gesicht des Mose, in der mk Inszenierung langfristig strahlend weiß. Von einer Rückverwandlung ist auch nach Mk 9,15 nie die Rede.

Vielleicht bezieht sich auch die eigentümliche Furchtreaktion in Mk 10,32, die durch das mit ἐκθαμβέομαι (Mk 9,15; 16,5f) engstens verwandte θαμβέομαι ausgedrückt wird, auf die Kleider Jesu. Jedenfalls fällt doch auf, dass die Furchtreaktion in Mk 10,32 unmotiviert erscheint und gerade kein konkretes Furchtobjekt genannt wird – und dies im Gegensatz zu den sonstigen mk Verwendungen von θαμβέομαι: Mk 1,27 (Furchtreaktion angesichts der Wunderhandlung Jesu); 10,24 (Furchtreaktion angesichts der Worte Jesu).

---

33 Man könnte zudem einwenden, dass nach Mk 9,15 das Volk nicht mehr mit Furcht auf die weißen Gewänder Jesu reagiert und entsprechend fragen, ob im Anschluss an 9,15 eine Re-Metamorphose der Gewänder Jesu stattgefunden hat. Anders gewendet: Müsste es nicht auch nach 9,15 noch Erzähldetails geben, die nahelegen, dass Jesu Gewänder weiter weiß bleiben (vgl. aber immerhin Mk 10,32, s. gleich mehr). Das ist Einschätzungssache. Genügt ein einzelner, m. E. deutlicher Hinweis auf die weißen Kleider Jesu nach der Verklärung, um die fortdauernde Färbung der Kleider Jesu für die Leserinnen und Leser des MkEv auszudrücken?

34 Immerhin überlegt B. Witherington III, Mk, 266, ob sich die Furchtreaktion nicht einer Fortführung von Ex 34,29f verdankt und Jesus wie Mose vom Berg herabkommt, „trailing clouds of glory". Die Perspektive ist stimmig, bleibt aber im konkreten Vergleich zu unpräzise; angedeutet auch bei C. C. Black, Mk, 211. Entschieden in diese Richtung geht J. Marcus, Mk, 651f; vorsichtig abwägend und letztlich ablehnend ist hingegen A. Wypadlo, Verklärung, 50 Anm. 183, der Mk 9,15 für überstrapaziert erachtet, wollte man annehmen, dass noch Reste „des Verklärungsglanzes" erhalten seien. Diese Einschätzung teile ich nicht.

35 Das Volk will sich in Fortführung der Furchtreaktion gerade nicht Mose nähern (Ex 34,30 LXX), im Falle von Mk 9,15 führt die Furchtreaktion genau zum gegenteiligen Verhalten: Das Volk eilt auf Jesus zu.

Jesus trägt also für die Leserinnen und Leser in jeder Hinsicht besondere Gewänder. Dabei ist es die erzählte Reaktion der Erzählfiguren in Mk 9,15, die den Leser auf die Spur setzt, dass die Gewänder Jesu weiterhin weiß glänzen. Für die Erzählfiguren der mk Jesusgeschichte selbst spielt diese Weißung indes keine Rolle im Fortgang der Jesusgeschichte. Denn jenseits von Mk 9,15 (und evtl. Mk 10,32) reagieren sie nicht in besonderer Weise auf die Gewänder Jesu. Markus will also, dass seine Leserinnen und Leser Jesu weiße Gewänder im Rahmen der Neulektüre des MkEv sehen. Erzählerisch raffiniert hat er über Mk 9,15 die fortdauernde Weißung der Gewänder in den Text eingetragen. Und genau diese doppelte Besonderheit der Gewänder Jesu, ihre durch Gott gewirkte Metamorphose in strahlendes Weiß und ihre dauerhafte Umprägung in diese Farbe, lässt sich im Licht des Triumphes interpretieren.

7.7 Die *alba vestis triumphalis* Jesu: Eine Anspielung auf den Triumphzug

Was man bei der Erstlektüre von Mk 9,3 im Verbund mit Mk 9,2c noch als freiere Anspielung auf das Exodusprätextmotiv lesen und inhaltlich[36] als Ausdruck der Umgestaltung Jesu in ein himmlisches Wesen[37] oder als Vorgeschmack der endzeitlichen Umgestaltung der Frommen[38] bzw. spezieller noch als Prolepse der jesuanischen Auferstehungsherrlichkeit[39] mit Epiphaniecharakter verstehen kann, erhält im Rahmen der erneuten Lektüre des MkEv neue Bedeutung. Mit den Triumphzugsallusionen von Mk 15 und Mk 6 im Hintergrund entsteht ein neuer Resonanzraum für das Verständnis von Mk 9,3. Als leserlenkender Stolperstein und Form der impliziten Markierung dient dabei die spezifische Abweichung vom Exodusprätextmotiv, insofern für die Metamorphose der Gewänder Jesu keine Entsprechung in dieser Tradition vorhanden ist. Die Magie der Anspielungen „verwandelt" wiederum ein Erzähldetail und eröffnet eine neue Bedeutungsebene. Es ist semantisch polyvalent gewor-

36 Vgl. auch die konzise Sichtung der Interpretationsgeschichte bei C. Rose, Theologie, 208–210.

37 So etwa J. Gnilka, Mk II, 33; P. Dschulnigg, Mk, 245; M. Ebner, Mk, 93; L. Schenke, Mk, 215. Fraglich bleibt für mich bei dieser Deutung allerdings, warum dann nicht auch Elija und Mose als in weiße Gewänder gekleidet beschrieben werden. Der mögliche Hinweis, dass ohnehin ja klar sei, dass es sich bei diesen beiden um himmlische Gestalten handelt, verfängt nicht wirklich, steht doch dies auch für Jesus seit Mk 1,11 fest. Anders gesagt: Würde nicht auch das Erscheinen der beiden und das Gespräch mit Jesus in Kombination mit der göttlichen Stimme genügen, um Jesus als himmlische Größe auszuweisen?

38 Vgl. etwa E. Lohmeyer, Mk, 174.

39 So z. B. R. Pesch, Mk II, 72f.

den und verweist nicht mehr nur als freiere Referenz auf Ex 34,29f, sondern auch in die Welt des Triumphes.

Denn auch im Rahmen des Triumphes findet sich ein besonderes weißes Gewand: die *alba vestis triumphalis* (vgl. II 3.2.1.2.2). Damit sind die Gewänder des Triumphators gemeint, die in hellstem Weiß gehalten waren und durch den Einsatz von Gold und Edelsteinen funkelnd wirken konnten. Dieser Wechsel in der Gestaltung des Triumphatorengewandes war nötig geworden, nachdem das purpurne Triumphatorenornat sukzessive zur Alltagskleidung der Kaiser geworden war. Verdrängt hatte dieses neue weiße Gewand das Wissen und das Erleben des purpurnen Triumphornats natürlich nicht. Man musste dafür nur auf den in das Kaiserornat gekleideten Kaiser achten. Nachweisen lässt sich die *alba vestis triumphalis* sicher für das Ende des 1. Jh. n. Chr. Möglich erscheint angesichts der Erwähnung des Kleiderwechsels vom Purpurgewand hin zum Triumphornat im Rahmen des Triumphes der Flavier, von dem Flavius Josephus (Bell VII 124) erzählt, allerdings auch, dass die *alba vestis triumphalis* bereits im Flaviertriumph Verwendung gefunden hat.

Mk 9,3 kann man im Rahmen einer erneuten Lektüre des MkEv als chiffrierte Referenz auf dieses Triumphatorengewand lesen. Die Beschreibung als strahlend/funkelnd und sehr weiß entspricht recht exakt der *alba vestis triumphalis*. Zudem nimmt die Anspielung die bereits ausgemachte Doppelrolle Jesu als königlicher Gefangener und Triumphator auf und verfestigt die Rolle Jesu als Triumphator. Damit ist ein spezifischer Schlüssel für die angesichts der aus der Exodustradition stammenden Prätextmotivik eigentlich unerklärliche Metamorphose der Kleider Jesu gefunden, der sich im Rahmen des MkEv als kontextplausibel erweist und zugleich die dauerhafte Verwandlung der Gewänder Jesu in die Interpretation einbinden kann.

7.8 Von Gott selbst eingesetzt: Zur Funktion der Triumphzugsallusion in Mk 9,3

Bevor die Soldaten Jesus in Mk 15,16–20 als Triumphator ausstaffieren und ihm das Purpurgewand des Triumphes umlegen, um mit ihm ihren Spott zu treiben, hat Jesus im Rahmen der Verklärung das modische Update der Triumphatorentracht bereits erhalten. Sein Gewand glänzt und strahlt im hellsten Weiß und konkurriert mit der neuen Tracht der Triumphatoren. Gott selbst hat ihm diese Gewänder geweißt. Das zeigen der Vergleich in Mk 9,3b, das *passivum divinum* in V. 3a wie auch der literarische Kontext der Metamorphose deutlich an: Kein Walker auf der Erde hätte dieses glänzende Weiß herstellen können. Gott ist der Urheber dieses jesuanischen Gewandes. Das ist mit Blick auf den römischen Triumph überbietend gedacht: Jesus erscheint als der wahre, von Gott eingesetzte Triumphator,[40] der schon längst eine Triumphatorentracht trägt, deren himmlisch gewirkter Glanz[41] jedes von Menschen hergestellte Triumphatorenweiß in den Schatten stellt, bevor das inszenierte Spiel der Soldaten beginnt, die Jesus als irdischen Triumphator mit Purpur verkleiden.

Dazu passt bestens, dass die Gottesstimme Jesus in Mk 9,7 als Gottessohn erstmals vor Publikum proklamiert und damit Jesus einen Titel verleiht, der ihn als allerhöchsten Repräsentanten Gottes ausweist und der im Rahmen römischer Kultur – wie gezeigt (vgl. III 3.6.2) – als Kaisertitel gelesen werden kann. Jesus ist der wahre, von Gott selbst legitimierte Triumphator. Nur erzählen darf man davon noch nicht. Die potentielle Kommunikation dieser Botschaft wird sogleich verboten und erst für die Zeit nach Kreuzestod und Auferweckung erlaubt (vgl. III 3.6.5).[42] Erst dann kann man Jesus, den Menschensohn, als Sohn Gottes bekennen, im Wissen darum, dass man ihn zugleich auch als Gekreuzigten[43] zu bekennen hat. Als Gekreuzigten (vgl. Mk 16,6) identifizierte ja der junge, in strahlend weiße Gewänder gehüllte Mann im Grab den auferweckten Jesus. Das ist ein Baustein und damit Teil des bereits mehrfach benannten Konzepts des „anderen" Königs und Triumphators. Jesus will keine Propaganda für sich. Er will keine Werbung durch klangvolle Titel. Wer ihn als Menschensohn, Messias, Sohn Gottes, König oder Triumphator bekennt, muss ihn immer auch als Gekreuzigten bekennen. Die Hoheitstitel werden stets durch die jesuanische Karriere, die eine Karriere „nach unten" ist, gebrochen. Selbst die Gottesstimme hatte nach der Proklamation Jesu nicht dazu aufgefordert, dass man Jesus anbeten, verehren oder bewundern soll.[44]

---

40 Vielleicht liegt in diesem Erzählzug auch der eigentliche Grund für die mk Weigerung, zu erzählen, dass Menschen Jesus die Kleidung abnehmen können. Das setzt das MkEv zwar zweifach voraus, erzählt es aber nie. Die von Gott geweißten Gewänder Jesu zieht in der mk Erzählwelt nie ein Mensch Jesus explizit aus.

41 M. Ebner, Mk, 93, erkennt darin die Charakterzeichnung Jesu als „himmlische Gestalt", die die Schüler Jesu für einen Moment sehen und damit in die Zukunft blicken können. Der himmlische Charakter ist durchaus treffend beschrieben, übersehen bleibt m. E. der bleibende Charakter der weißen Gewänder Jesu.

42 An dieses Verbot halten sich die Schüler Jesu. Problematischer ist, dass sie nach Kreuz und Auferweckung sich noch immer an das Verbot halten, das sich angesichts der zeitlichen Begrenzung zugleich als Auftrag verstehen lässt, jetzt – nach Tod und Auferweckung – tatsächlich das Erlebte zu erzählen.

43 Und unter diesem Vorzeichen von Leiden und Tod steht ja auch bereits Mk 9,2–13 selbst, insofern dem Text unmittelbar die Leidensankündigung Jesu im Blick auf ihn selbst als Menschensohn und die zugehörige Schülerbelehrung vorausgehen (Mk 8,31–38) und im Gespräch beim Abstieg gerade das Leiden des Menschensohns betont wird (V. 12), vgl. W. Fritzen, Gott, 205f.

44 Darauf macht M. Ebner, Mk, 93, aufmerksam.

Nein, auf Jesus soll man hören,[45] also auf seine Worte, auf seine Lehre achten (vgl. Mk 4,2f; 7,14) und damit zugleich dem Lebensprogramm Jesu folgen.

Diese Installation Jesu zum von Gott eingesetzten und legitimierten Triumphator wird für die Leserinnen und Leser durch die zweifache Erwähnung der Kleider Jesu in Mk 15,16–20.24b–d auch im Rahmen von Mk 15 in Erinnerung gerufen und in das Spiel der Soldaten mit dem Triumphator und königlichen Gefangenen Jesus eingebracht.[46] Dies aber freilich nur im Rahmen der Neulektüre des MkEv.

Aktualisiert werden die weißen Gewänder Jesu in Mk 15 also „nur" durch die im Rahmen der Kleiderwechsel zweifach erwähnten Gewänder Jesu in Mk 15,20.24, die nach Mk 9,2f zum ersten Mal wieder explizit in Mk 15,20 erwähnt werden. Ein in der Sache ganz deutlicher Verweis auf das Weiß der Gewänder Jesu findet sich im Rahmen von Mk 15 indes nicht. Ich setze daher voraus, dass sich die Leserinnen und Leser im Rahmen der *Neulektüre* von Mk 15 an die auch über Mk 9,2f.15 hinausgehende Weißung der Gewänder Jesu erinnern. Das impliziert auch, dass man bei der Erstlektüre von Mk 15 kaum an die Weißung der Kleider Jesu denkt. Zugleich ist auch klar, dass die dauerhafte Weißung der Kleider Jesu ein Phänomen ist, das vor allem die Leserinnen und Leser des MkEv „sehen" können, während die Erzählfiguren nur selten und in Mk 15 überhaupt nicht spezifisch auf die weißen Gewänder reagieren. Für das MkEv ist dieses Mehrwissen der Leserinnen und Leser im Vergleich zu den Erzählfiguren ein durchaus typischer Zug. Z. B. kennt er ab Mk 1,1.11 die Anwendung des Titels „Sohn Gottes" auf Jesus und hat damit ein Mehrwissen gegenüber den Erzählfiguren.

Das Jesus von den Soldaten angezogene Purpur und das Jesus von Gott verliehene Weiß wechseln sich für die Leser durch die Kleiderwechsel Jesu ab und überlagern sich dabei. Und beide Gewandfarben haben ihre Bezugspunkte im römischen Triumphzug.

Ein königlicher Gefangener in Purpur und Weiß – Simon bar Giora im Flaviertriumph: Ein ähnlich eindrückliches Ineinander von purpurner und weißer Kleidung findet sich in Jos., Bell VII 29 und damit auch im Flaviertriumph. Dort erzählt Josephus, wie Simon bar Giora, also der spätere königliche Gefangene des Triumphzugs der Flavier (vgl. Bell VII 36.154), sich vor seiner Gefangennahme in weiße Unterkleider (λευκοὺς ἐνδιδύσκει χιτωνίσκους) kleidet und ein purpurnes Obergewand (πορφυρᾶν ἐμπερονησάμενος χλανίδα) anlegt. In dieser Aufmachung lässt er sich auf dem verwüsteten Tempelplatz gefangen nehmen. Ob Josephus hier historisches Gut bietet,

45 Das erinnert freilich auch an Dtn 18,15 und erweist Jesus vor diesem Hintergrund als mindestens mosegleichen, letztlich Mose sogar überbietenden Propheten: Denn auf „diesen" Jesus soll man (vielleicht sogar exklusiv) hören (V. 7cd).

46 Für die Interpretation von Mk 15,24 wird manchmal auch auf jene mk Texte verwiesen, in denen die Gewänder Jesu als im Rahmen von Heilungsgeschichten (Mk 5,27–30; 6,56) wirkmächtig dargestellt worden sind (vgl. R. H. GUNDRY, Mk, 945; C. MYERS, Strong Man, 386: Die ehemals wirkmächtigen Gewänder Jesu sind nun wie ihr Träger „impotent"). Ein Rückbezug auf Mk 9,3 findet sich indes kaum.

lässt sich nicht einfach bestreiten oder bejahen. Die Erzählung ist in jedem Falle schillernd, auch weil Josephus sie mit Epiphaniemotivik kombiniert, die die Farben der Gewänder des Simon als zutiefst herrscherlich erscheinen lässt. In der Erzählwelt des Josephus reagieren die römischen Soldaten entsprechend auf diese Erscheinung des Simon. Nachdem sie ihn gesehen haben, erschrecken sie (τὸ μὲν οὖν πρῶτον τοῖς ἰδοῦσι θάμβος προσέπεσε). Erst im Anschluss erkundigen sie sich, wer da vor ihnen steht. Kennt Markus diese Tradition? Zumindest kann man vermuten, dass Markus, sofern er den Flaviertriumph gesehen hat und Simon tatsächlich bei seiner Gefangennahme weiße und purpurne Kleider trug, auch Simon in genau dieser Aufmachung sehen konnte, denn nach den Gepflogenheiten des römischen Triumphzugs wurde der königliche Gefangene in seiner königlichen bzw. herrscherlichen Tracht vorgeführt. Für Simon wäre das also genau jene Kleidung, in der er gefangen genommen wurde. Hat das MkEv dieses für die Leser inszenierte Ineinander von purpurnen und weißen Gewändern Jesu also speziell unter dem Eindruck des im Flaviertriumph vorgeführten Simon entworfen? Die Motivparallelen sind jedenfalls sehr auffällig.

Die über die Verklärung hinaus weiß gebliebenen Gewänder Jesu erscheinen dabei stets als Form der göttlich verliehenen *alba vestis triumphalis*. Aber das sehen natürlich nur die informierten Leserinnen und Leser im Rahmen der Neulektüre des MkEv. Die Erzählfiguren selbst sehen das in Mk 15 scheinbar nicht. Die Leser erleben dann tatsächlich mit, dass Jesus seine *alba vestis triumphalis* erst auf dem mk Kapitol, bei der Verlosung seiner Gewänder in Mk 15,24, endgültig und letztmalig ausgezogen wird – also genau an jenem Ort, an dem auch der römische Triumphator seine *alba vestis triumphalis* ablegt. Die Leserinnen und Leser sehen damit auch in Mk 15,24, also mit Blick auf den am Kreuz hängenden Jesus, einen von Gott eingesetzten Triumphator. Im Gekreuzigten erkennen sie ihn, den gekreuzigten Triumphator.

7.9 Ergebnisse

Die im Rahmen der Verklärungsperikope sich ereignende Metamorphose der Gewänder Jesu hat kein unmittelbares Vorbild im Rahmen der Traditionen aus dem Buch Exodus, die im Hintergrund der mk Verklärungsperikope stehen. Bisherige Deutungen verstehen die Umwandlung der Gewänder Jesu in ein himmlisches Weiß als freiere Anspielung auf Ex 34,29f oder als Ausdruck der jesuanischen Umgestaltung in ein himmlisches Wesen, als Prolepse der Auferweckung Jesu, als Elemente einer Epiphanie oder als Signum der Endzeit, in die die drei Schüler Jesu proleptisch schauen können. Weitgehend übersehen wird, dass angesichts von Mk 9,15 damit gerechnet werden kann, dass in der Perspektive der Leserinnen und Leser die Gewänder Jesu in der mk Erzählwelt dauerhaft weiß bleiben. Unstrittig ist dabei, dass die Transformation der Gewänder Jesu auf eine göttliche Initiative zurückgeht.

Im Rahmen der erneuten Lektüre des MkEv lassen sich die strahlend/funkelnd weißen Gewänder Jesu auch als chiffrierte Referenz auf die *alba vestis triumphalis* des Triumphators lesen, die ihrerseits in hellstem Weiß leuchtet und durch Gold- und Edelsteinverzierung glänzend und funkelnd wirken kann. Auch Jesus trägt ein solches Triumphatorenornat – bis zur Kreuzigung. Auch im Spiel der Soldaten mit Jesus ist dieses Gewand präsent. Es verstärkt Jesu Rolle als Triumphator. Dabei ist es deutlich als überbietender Kontrast in den mk Text eingespielt. Gott selbst hat Jesus dieses Triumphatorengewand verliehen, er hat es ihm geweißt. Es strahlt heller und weißer als jedes Triumphatorenweiß, das von Menschen produziert werden kann. Gott hat Jesus zum Triumphator eingesetzt. Allerdings unterscheidet sich der Jesus-Triumphator im Blick auf sein Lebensprogramm und seine Karriere massiv von allen römischen Triumphatoren. Propaganda, Werbung und höchste Titel sind seine Sache nicht. Titel wie Menschensohn, Gottessohn, König oder Triumphator müssen stets im Licht von Passion, Tod und Auferweckung gelesen und verwendet werden. Ihre vorherige Kommunikation wird verboten. Gerade und nur als Gekreuzigter soll Jesus als Triumphator erscheinen.

8. Der Einzug Jesu in Jerusalem zwischen Erfüllung alttestamentlicher Verheißungen, *adventus* und Triumphzug (Mk 11,1–11)

Der Einzug Jesu nach Jerusalem (Mk 11,1–11) wird in der anglophonen Exegese häufig als „triumphal entry" bezeichnet.[1] Zwar ist damit in den meisten Fällen ein übertragener Sprachgebrauch verbunden,[2] aber es findet sich doch auch die These, dass der in Mk 11,1–11 erzählte Einzug Jesu tatsächlich „triumphal" in dem Sinne sei, dass er von Markus *auch* vor dem Hintergrund des römischen Triumphzugs erzählt wird und sich entsprechende Allusionen in Mk 11,1–11 finden lassen.[3]

Schon das ist ein erster forschungsgeschichtlicher Fingerzeig, um diese Perikope im Rahmen der erneuten Lektüre des MkEv zu untersuchen und zu prüfen, ob in diesem mk Text Triumphzugsmotivik vorhanden ist. Oberflächlich betrachtet weckt die Perikope ja tatsächlich Assoziationen an einen Triumphzug – und dies auch und gerade angesichts der bisherigen Analysen der mk Texte in dieser Studie. Denn in Mk 11,1–11 zieht Jesus zum ersten Mal nach Jerusalem ein, im Rahmen des Anspielungsclusters von Mk 15,16–20 verlässt er zum letzten Mal die Stadt. Thematisch sind die beiden Perikopen also aufeinander bezogen. Spielen dann nicht auch beide verdeckt auf den Triumphzug an? Wirkt der Einzug Jesu nicht wie ein „heimlicher" Triumphzug – vom Volk außerhalb Jerusalems gefeiert, der aber von der Stadtbevölkerung unbemerkt geblieben ist? Das wird im Folgenden zu prüfen sein.

---

1 Vgl. nur die Titel der Aufsätze von W. B. Tatum, Entry; J. Muddiman, Entry; B. Kinman, Entry; D. R. Catchpole, Entry; die Bezeichnung findet sich auch regelmäßig in der Kommentarliteratur.

2 Dann bezeichnet „triumphal" den herrschaftlichen Einzug Jesu nach Jerusalem, aber nicht einen triumphzugsartigen Einzug.

3 Das wird vertreten von W. B. Tatum, Entry; A. T. Georgia, Triumph, 20–22.29–34; B. J. Incigneri, Gospel, 168; M. Peppard, World, 130; P. B. Duff, March, 62–71; B. M. F. van Iersel, Mc, 353 f, erkennt aus rezeptionsästhetischer Perspektive Parallelen und Anspielungen zu einer „triumphal procession" (353): „Readers in ancient Rome will unconsciously have compared this motley party with the legendary triumphal procession of Vespasian in 71 CE" (354); aus nichtexegetischer, sondern aus profanhistorischer Perspektive werden Triumphzugsanspielungen in Mk 11 auch von der Frühneuzeithistorikerin B. Stollberg-Rilinger, Rituale, 108, erkannt: Die Einzugserzählung sei Abbild und Gegenbild des römischen Triumphes.

8.1 Kontexteinordnung und Textabgrenzung

Mit Mk 11,1–11 erreichen Jesus und die Seinen Jerusalem. Sie kommen damit an das Ziel eines Weges, der sie von Mk 8,27, dort fällt das Stichwort ὁδός im Kontext der Reise in den Süden[4] zum ersten Mal,[5] nach Jerusalem führt. Mit dem Ende der Perikope, die von den letzten Metern dieser Reise[6] und den präzisen Vorbereitungen für den Einzug nach Jerusalem erzählt, betritt Jesus die Stadt (V. 11). Dass dieser Ort das Ziel der ganzen Reise ist, wird zwar erst in Mk 10,32 explizit genannt – wiederum verbunden mit dem Stichwort „Weg" –, durch die Passionssummarien von Mk 8,31; 9,31; 10,33f wird den Leserinnen und Lesern aber deutlich vor Augen geführt, dass der Weg Jesu ein Weg in die Passion und damit auch nach Jerusalem ist. Die Perikope Mk 11,1–11 steht mithin am Beginn des Wirkens Jesu in Jerusalem und eröffnet diesen letzten großen Erzählabschnitt der mk Jesusgeschichte, der seinerseits die letzte Woche im Leben Jesu erzählt.

Das Wochenschema: Achtet man auf das angesichts der expliziten Erwähnungen von Tageswechseln bewusst entworfene Zeitschema, dann zeigt sich, dass die Ereignisse in Jerusalem genau eine Woche abdecken – von einem Sonntag zum nächsten Sonntag.[7]

Textabschnitt	*Zeitangaben im Text*	*Wochentage*
11,1–11	—	Sonntag
11,12–19	11,11f: Als schon spät war die Stunde … Und am folgenden (Tag) …	Montag
11,20–13,37	11,19f: Und als es spät wurde … Und entlanggehend (in der) Frühe[8] …	Dienstag
14,1–11	14,1: (Es) war aber das Pascha und (das Fest) der Ungesäuerten nach zwei Tagen.	Mittwoch
14,12–72	14,12: Und am ersten Tag (des Festes) der Ungesäuerten …	Donnerstag
15,1–47	15,1: Und sofort, (in der) Frühe …	Freitag

4 Dabei erscheint die Reiseroute angesichts des von Betsaida (Mk 8,22–26) aus gemachten Abstechern in den Norden nach Caesarea Philippi (Mk 8,27–30) etwas umständlich.

5 Das Stichwort ὁδός fällt zudem noch in 9,33.34; 10,17.32.46.52; 11,8. Zur Wegmotivik und Bedeutung des Weges im MkEv vgl. etwa M. Ebner, Kreuzestheologie; M. Ebner, Kinderevangelium; M. Lau, Jesusnachfolge.

6 Die Annäherung Jesu von Osten nach Jerusalem wird dabei über die Wegstationen Jericho (Mk 10,46), Bethphage, Bethanien und Ölberg (Mk 11,1) präzise verortet.

7 Grundlegend sind in diesem Zusammenhang die Beobachtungen bei L. Schenke, Mk, 13f.

—	15,42: Und als es schon Abend geworden war, da Rüsttag war, das ist Vorsabbat ... 16,1: Und als vorüber war der Sabbat ...	Samstag
16,1–8	16,1: Und als vorüber war der Sabbat ... und sehr früh am Ersten der Woche ...	Sonntag

Das in Mk 11,1–11 Erzählte findet also genau eine Woche vor der Auferweckung Jesu statt. Die Passionsgeschichte von Mk 14–16 ist insofern sehr eng mit Mk 11–13 verbunden. Das zeigt sich nicht zuletzt auch angesichts der evidenten Parallelen zwischen Mk 11,1–11 und Mk 14,12–16.[9]

Die Perikope Mk 11,1–11 lässt sich angesichts des Themenwechsels am Übergang von 10,52 zu 11,1, der Ortsangabe in 11,1, dem Gattungswechsel sowie dem Ende bzw. Neubeginn eines Spannungsbogens mühelos von der vorhergehenden Wundergeschichte abgrenzen, die ihrerseits den Schlusspunkt des Weges Jesu von Galiläa nach Jerusalem bildet und gemeinsam mit der Blindenheilungserzählung von Mk 8,22–26 den gesamten Weg-Abschnitt des MkEv rahmt.[10] Ebenso eindeutig ist angesichts der deutlich zäsurierenden Zeitangabe in Mk 11,12, dem Themenwechsel, den Orts- und Zeitangaben in Mk 11,11 sowie mit Blick auf den Gattungswechsel die Abgrenzung zu Mk 11,12. Die Perikope ihrerseits ist von einer durchgehenden Thematik bestimmt: Der Vorbereitung und dem symbolisch massiv aufgeladenen Einzug Jesu in Jerusalem.

8.2 Griechischer Text und Übersetzung

1a Καὶ ὅτε ἐγγίζουσιν εἰς Ἱεροσόλυμα εἰς Βηθφαγὴ καὶ Βηθανίαν πρὸς τὸ Ὄρος τῶν Ἐλαιῶν,
1b ἀποστέλλει δύο τῶν μαθητῶν αὐτοῦ
2a καὶ λέγει αὐτοῖς·
2b ὑπάγετε εἰς τὴν κώμην τὴν κατέναντι ὑμῶν,
2c καὶ εὐθὺς εἰσπορευόμενοι εἰς αὐτὴν εὑρήσετε πῶλον δεδεμένον
2d ἐφ᾽ ὃν οὐδεὶς οὔπω ἀνθρώπων ἐκάθισεν·
2e λύσατε αὐτὸν
2f καὶ φέρετε.
3a καὶ ἐάν τις ὑμῖν εἴπῃ·
3b τί ποιεῖτε τοῦτο;

8 Insbesondere dem Begriff πρωί kommt in Mk 11–16 gliedernde Funktion zu (vgl. Mk 11,20; 15,1; 16,2).

9 Vgl. dazu auch K. Kertelge, Mk, 108; V. Stolle, Mk, 264; J. Marcus, Mk, 777.

10 Zur Komposition von Mk 8,22–10,52 vgl. B. M. F. van Iersel, Mk, 68–74.

3c εἴπατε·
3d ὁ κύριος αὐτοῦ χρείαν ἔχει,
3e καὶ εὐθὺς αὐτὸν ἀποστέλλει πάλιν ὧδε.
4a καὶ ἀπῆλθον
4b καὶ εὗρον πῶλον δεδεμένον πρὸς θύραν ἔξω ἐπὶ τοῦ ἀμφόδου
4c καὶ λύουσιν αὐτόν.
5a καί τινες τῶν ἐκεῖ ἑστηκότων ἔλεγον αὐτοῖς·
5b τί ποιεῖτε λύοντες τὸν πῶλον;
6a οἱ δὲ εἶπαν αὐτοῖς καθὼς εἶπεν ὁ Ἰησοῦς,
6b καὶ ἀφῆκαν αὐτούς.
7a καὶ φέρουσιν τὸν πῶλον πρὸς τὸν Ἰησοῦν
7b καὶ ἐπιβάλλουσιν αὐτῷ τὰ ἱμάτια αὐτῶν,
7c καὶ ἐκάθισεν ἐπ᾿ αὐτόν.
8a καὶ πολλοὶ τὰ ἱμάτια αὐτῶν ἔστρωσαν εἰς τὴν ὁδόν,
8b ἄλλοι δὲ στιβάδας κόψαντες ἐκ τῶν ἀγρῶν.
9a καὶ οἱ προάγοντες καὶ οἱ ἀκολουθοῦντες ἔκραζον·
9b ὡσαννά·
9c εὐλογημένος ὁ ἐρχόμενος ἐν ὀνόματι κυρίου·
10a εὐλογημένη ἡ ἐρχομένη βασιλεία τοῦ πατρὸς ἡμῶν Δαυίδ·
10b ὡσαννὰ ἐν τοῖς ὑψίστοις.
11a καὶ εἰσῆλθεν εἰς Ἱεροσόλυμα εἰς τὸ ἱερόν
11b καὶ περιβλεψάμενος πάντα,
11c ὀψίας ἤδη οὔσης τῆς ὥρας,
11d ἐξῆλθεν εἰς Βηθανίαν μετὰ τῶν δώδεκα.

1a Und als sie nahekamen nach Jerusalem, nach Bethphage und Bethanien, hin zum Berg der Ölbäume,
1b entsendet er zwei seiner Schüler
2a und sagt ihnen:
2b „Geht fort in das Dorf euch gegenüber
2c und sofort in es hineingehend werdet ihr finden ein Eselsfohlen angebunden,
2d auf welchem kein Mensch bis jetzt saß.
2e Bindet es los
2f und bringt es!
3a Und wenn einer euch fragen sollte:
3b Was macht ihr da?,
3c sprecht:
3d Der Herr bedarf seiner
3e und umgehend sendet er es wieder hierher."
4a Und sie gingen weg

4b und fanden ein Eselsfohlen angebunden am Tor[11] draußen bei der Straße,
4c und sie binden es los.
5a Und einige der dort Herumstehenden sagten zu ihnen:
5b „Was tut ihr losbindend das Eselsfohlen?“
6a Die aber sagten ihnen gleichwie Jesus sagte,
6b und sie ließen sie gewähren.
7a Und sie bringen das Eselsfohlen zu Jesus
7b und legen auf es ihre Gewänder,
7c und er setzte sich auf es.
8a Und viele breiteten ihre Gewänder auf dem Weg aus,
8b andere aber (streuten)[12] Büschel, abschlagend aus den Äckern.
9a Und die Vorausgehenden und die Nachfolgenden schrieen:
9b „Hosanna!
9c Gelobt der Kommende im Namen (des) Herrn.
10a Gelobt das kommende Königreich unseres Vaters David.
10b Hosanna in den Höhen!“
11a Und er ging hinein nach Jerusalem in den Tempel.
11b Und ringsherum anschauend alles,
11c da schon späte Stunde geworden war,
11d ging er hinaus nach Bethanien mit den Zwölf.

8.3 Beobachtungen zur Gliederung und Komposition

Die Perikope lässt sich im Rahmen einer Makrogliederung angesichts von Themen-, Aktanten- und Ortswechseln in drei Segmente unterteilen: In den V. 1–7 stehen die Vorbereitungen für den Einzug Jesu in Jerusalem im Zentrum.[13]

---

11 Auch wenn das Substantiv θύρα im MkEv in der Regel die Tür eines Hauses (vgl. Mk 1,33; 2,2) oder eines Grabes (Mk 15,46; 16,3) meint, so liegt es in Mk 11,4b doch näher, an ein Tor zu denken. Markus scheint das dafür eigentlich gebräuchliche Substantiv πύλη nicht zu kennen. Der erzählerische Duktus, die Schüler Jesu kommen gerade in das Dorf hinein, befinden sich draußen auf der Straße und eine ganze Reihe von Menschen steht an dieser Stelle herum (V. 5a), ruft eher die Assoziation eines Tores auf (vgl. auch R. Pesch, Mk II, 181, der aus ähnlichen Überlegungen heraus ebenfalls mit „Tor“ übersetzt [176]).

12 Das Verb ἔστρωσαν in V. 8a bezieht sich sowohl auf die πολλοί (V. 8a) wie auch auf die ἄλλοι (V. 8b). Angesichts des semantischen Bedeutungsspektrums von στρώννυμι/στρωννύω/στόρνυμι liegt es nahe, im Falle der Kleider mit „ausbreiten“ oder „auslegen“ zu übersetzen, im Falle des pflanzlichen Materials (στιβάς), das die ἄλλοι ἔστρωσαν, liegt die Bedeutung „streuen“ näher, die στρώννυμι/στρωννύω/στόρνυμι ebenfalls umfasst (vgl. LSJ zu στόρνυμι, dort mit einem Verweis auf Mk 11,8 im Sinne von „spread/strew“).

13 Wenngleich V. 7 gewiss eine die Versteile 1–6.8–10 verbindende Scharnierfunktion hat (insbesondere die Wiederholung von τὰ ἱμάτια αὐτῶν aus V. 7b in V. 8a sorgt für einen

In den V. 8–10 werden die vielfältigen Reaktionen anderer auf den Einzug Jesu erzählt. V. 11 lässt sich schließlich angesichts des Ortswechsels, der zwischen den Aktivitäten in Jerusalem (V. 11) und denen außerhalb der Stadt (V. 1–10) trennt, am deutlichsten vom Rest der Perikope gliedernd abheben. Auch der Subjekt- und der damit verbundene Numeruswechsel sind auffällig: Ab V. 4 sind praktisch immer (Ausnahme ist V. 7c) Gruppen oder Kollektive handelndes Subjekt. Mit V. 11a erscheint Jesus plötzlich ganz allein. Niemand scheint mit ihm in die Stadt zu gehen. Erst V. 11d trägt zumindest die Anwesenheit der Zwölf nach. V. 11 fast entsprechend in geraffter Form den Jerusalembesuch Jesu zusammen.

Die V. 1–7 können feiner untergliedert werden. V. 1–3 erzählen nach einer kurzen Einleitung, die das Folgende verortet (V. 1a), vom Auftrag Jesu an zwei seiner Schüler. Dieser Auftrag umfasst konkrete Handlungsanweisungen im Blick auf ein zu organisierendes Eselsfohlen (V. 2) wie auch angesichts eines möglichen Einwandes von Dritten mit Blick auf den vermeintlichen Diebstahl eines jungen Esels durch zwei Schüler Jesu. Dieser Auftrag wird buchstabengetreu[14] von den beiden Schülern erfüllt. Alles kommt so, wie Jesus es hellsichtig vorausgesagt hat.[15] Davon erzählen die V. 4–6, die in großer Parallelität zu V. 2f stehen und am Rand des Dorfes spielen, das den beiden Schülern gegenüber lag (vgl. die Tabelle auf der folgenden Seite).[16]

V. 7 erzählt von der Rückkehr der Schüler zu ihrem Meister und setzt damit abschließend den Auftrag Jesu aus V. 2f um. Zugleich wird von der Zurüstung des Eselsfohlens erzählt, auf das die beiden Schüler ihre Kleider als eine Art Sattel legen und das von Jesus im Anschluss bestiegen wird. Der Einzug in die Stadt kann nun beginnen.

Die V. 8–10 erzählen unterschiedliche Reaktionen auf den Einzug Jesu, die seinen Weg in Richtung Jerusalem – alle Handlungen werden außerhalb der Stadt verortet – begleiten. Angesichts der unterschiedlichen Handlungsträger und ihrer spezifischen Aktionen lässt sich das Segment seinerseits in zwei

---

engen Anschluss), lässt sich V. 7 doch mit gutem Recht diesem ersten Textsegment zuweisen, insofern die Primäraktanten der V. 1–6, Jesus und die zwei Schüler, auch die Handlungen von V. 7 tragen. Erst mit V. 8 blendet die Erzählung über zu den „vielen anderen", dem Publikum und den Mitgehenden, mit ihren jeweiligen Reaktionen auf den Einzug Jesu.

14 V. 6a könnte man auch freier übersetzen mit: „Sie aber wiederholten, was Jesus ihnen gesagt hatte".

15 Darin zeigt sich das bereits angesichts der Passionssummarien in Mk 8–10 evident gewordene wundersame und hoheitlich wirkende Vorauswissen Jesu, das auch Mk 14,12–16 auszeichnen wird, vgl. P. Dschulnigg, Mk, 295; C. C. Black, Mk, 237; R. H. Gundry, Mk, 624.

16 Bei diesem Dorf muss es sich im Rahmen der mk Erzählwelt um Bethanien handeln, will der mk Jesus sein Versprechen, das Eselsfohlen werde nach getaner Arbeit zurückgebracht (V. 3e), auch wirklich einlösen, kehrt er doch in V. 11d eben nach Bethanien zurück, vgl. auch L. Schenke, Mk, 263. Die Einlösung dieses Versprechens wird allerdings nicht erzählt.

Auftrag Jesu (V. 2f)	*Erfüllung des Auftrags (V. 4–6)*
ὑπάγετε εἰς τὴν κώμην τὴν κατέναντι ὑμῶν,	καὶ ἀπῆλθον
καὶ εὐθὺς εἰσπορευόμενοι εἰς αὐτὴν εὑρήσετε πῶλον δεδεμένον	καὶ εὗρον πῶλον δεδεμένον πρὸς θύραν ἔξω ἐπὶ τοῦ ἀμφόδου
ἐφ' ὃν οὐδεὶς οὔπω ἀνθρώπων ἐκάθισεν·	–
λύσατε αὐτὸν	καὶ λύουσιν αὐτόν.
καὶ φέρετε.	vgl. V. 7a
καὶ ἐάν τις ὑμῖν εἴπῃ·	καί τινες τῶν ἐκεῖ ἑστηκότων ἔλεγον αὐτοῖς·
τί ποιεῖτε τοῦτο;	τί ποιεῖτε λύοντες τὸν πῶλον;
εἴπατε ὁ κύριος αὐτοῦ χρείαν ἔχει, καὶ εὐθὺς αὐτὸν ἀποστέλλει πάλιν ὧδε.	οἱ δὲ εἶπαν αὐτοῖς καθὼς εἶπεν ὁ 'Ιησοῦς

Abschnitte untergliedern: V. 8 hat im Unterschied zu V. 9f diejenigen im Blick, die sich nicht selbst mit auf dem Weg fortbewegen, sondern offenkundig am Wegesrand stehen. Durch einen Parallelismus werden die Aktionen dieser Zuschauer, das Ausbreiten der Kleider sowie das Streuen von Pflanzenmaterial auf den Weg, beschrieben (V. 8ab), wobei sich das Verb ἔστρωσαν auf beide Versteile bezieht und εἰς τὴν ὁδόν die gemeinsame lokale Zielrichtung benennt:

καὶ	πολλοὶ		τὰ ἱμάτια αὐτῶν	ἔστρωσαν	εἰς τὴν ὁδόν,
	ἄλλοι	δὲ	στιβάδας κόψαντες		ἐκ τῶν ἀγρῶν.

V. 9f hat hingegen Menschen im Blick, die mit Jesus auf dem Weg sind und ihn gleichsam in ihre Mitte nehmen. Es gibt Vorausgehende und Nachfolgende – letzteres auch kontextuell (vgl. Mk 10,52) ein doppeldeutiger Begriff. Im Gegensatz zu den nonverbalen Aktionen der Zuschauer in V. 8 zeichnet sich die Handlung der Mitgehenden durch eine im Modus des Schreiens – auch das erinnert an die Bartimäusgeschichte von Mk 10,46–52, der sich ebenfalls schreiend bemerkbar machte und den man sich als Nachfolger (vgl. Mk 10,52) gut als Teil der Gruppe um Jesus vorstellen kann – vorgebrachte Lob- und Segensakklamation aus, die in ihrem Zentrum parallel gestaltet und zudem gerahmt ist (V. 9b–10b):

ὡσαννά·

εὐλογημένος	ὁ ἐρχόμενος	ἐν ὀνόματι κυρίου·
εὐλογημένη	ἡ ἐρχομένη	βασιλεία τοῦ πατρὸς ἡμῶν Δαυίδ

ὡσαννὰ ἐν τοῖς ὑψίστοις.

Der Schlussabschnitt in V. 11 bindet durch das Stichwort „Bethanien“ sowohl an V. 1 an und rahmt insofern die Perikope, er leitet auch zu V. 12 über und verbindet durch die Nennung des Ortes die Szenen miteinander. Schließlich ist der Schlussabschnitt auch in sich präzise komponiert: Durch das kontrastierende εἰσῆλθεν εἰς Ἱεροσόλυμα und ἐξῆλθεν εἰς Βηθανίαν entsteht eine Rahmung, die die Jerusalemvisitation Jesu und hier speziell den Besuch im Tempel einschließt. Denn das bleibt allemal auffällig: Der Besuch Jesu gilt ausschließlich dem Tempel.[17] Nur ihn hat er im Blick, nur in ihm schaut er sich alles ringsherum genau an. Das bereitet fraglos die Tempelaktion Jesu vor, die in Mk 11,15–17 erzählt wird.[18] Der Einzug Jesu in die Stadt mündet also im Tempel von Jerusalem. Er ist insofern das Ziel des Weges, der in Mk 8,27 begonnen hat.

8.4 Eine Einzugserzählung voller hintergründiger Details

Mit Blick auf den Erzählstoff, der Mk 11,1–11 bildet, steht außer Frage, dass es sich um die Erzählung des Einzugs Jesu in Jerusalem handelt. Dieser Einzug ist von vielen Symbolen und rituellen Handlungen geprägt und wird erzählerisch äußerst präzise und detailliert inszeniert. Zu dieser Inszenierung gehören im Einzelnen:[19]

- Die präzisen Anweisungen zur Suche nach dem Eselsfohlen und das Finden des noch gänzlich unberittenen Tieres;
- die Zurüstung des Tieres durch die Sattelung mit Kleidung;
- die schmückende Ausgestaltung des Weges durch die Zuschauer
    - mit auf dem Weg ausgebreiteter Kleidung;
    - durch das Streuen von στιβάδες auf dem Weg;
- die preisenden Akklamationen der Mitgehenden, die Jesus in ihre Mitte nehmen;
- der Besuch des Jerusalemer Tempels samt einer genauen Inaugenscheinnahme durch Jesus.

Diese vielfältigen Details der Erzählung, die zur Plastizität der Perikope erheblich beitragen, verdanken sich unterschiedlichen Motivhintergründen, die sich in dieser Perikope überlagern. Einige dieser Elemente können in ihrer Motivik

17 Die beiden Richtungs- und Ortsangaben in V. 11a (εἰς Ἱεροσόλυμα εἰς τὸ ἱερόν) sind gerade nicht durch ein καί verbunden, so dass der Tempel zu einer Konkretion der Ortsangabe Jerusalem wird.

18 So auch W. Fritzen, Gott, 156.

19 Vgl. auch die Auflistung der symbolischen Handlungen in der Perikope bei B. Witherington III, Mk, 306.

aus dem AT hergeleitet werden, andere scheinen eher auf pagane Riten des Herrschereinzugs und/oder des Triumphzugs zu alludieren. Es lohnt sich, den Wurzeln der einzelnen Details differenziert nachzuspüren. Im Folgenden geht es also um eine Art „Destillationsprozess". In einem ersten Schritt will ich aufzeigen, welche Erzählzüge sich vor dem Hintergrund des AT gut erklären lassen und welche sich offenbar nicht atl. Motivik verdanken. Primär für diese Erzähldetails wird dann nach alternativen Motivhintergründen gesucht.[20] Dabei kommen der herrscherliche *adventus* und der Triumphzug in den Blick. Das Verfahren dient dazu, die Funktionalität der ganzen Perikope zu erheben und Triumphzugsallusionen in Mk 11,1–11 im Rahmen einer kritischen Lektüre des Textes sichtbar zu machen.

8.5 Die Einzugserzählung im Licht des Alten Testaments

Die Einzugserzählung weist zunächst eine deutlich atl. Grundierung auf.[21] Das betrifft neben anderen Details[22] vor allem den Einzug Jesu in Jerusalem auf einem Eselsfohlen, das Ausbreiten der Kleider vor Jesus und die preisenden Akklamationen, die Jesus durch seine Begleitung erfährt.

8.5.1 Das „Zitat" von Ps 117,25f LXX in Mk 11,9f

Bei der Akklamation Jesu[23] in Mk 11,9f handelt es sich um eine Art Mischzitat, das angesichts der Verwendung des Hebraismus[24] ὡσαννά durch einen Codewechsel implizit markiert ist.[25] Das Mischzitat ist dabei wesentlich von

20 Allerdings können auch jene Erzähldetails, die als anspielende Segmente vor atl. Hintergrund gut erklärbar sind, in die weitere Analyse einbezogen werden, insofern anspielende Segmente semantisch polyvalent sein und vor unterschiedlichen Motivhintergründen Sinn ergeben können.

21 Versuche, jüdische Feste wie Pessach, Chanukka oder Sukkot (vgl. dazu ausführlich S. Bergler, Laubhüttenfest, 155–166, dessen Beobachtungen im Blick auf Bar Kochbas Vorliebe für Sukkot eindrücklich sind) im Hintergrund der Einzugserzählung traditionsgeschichtlich oder im Sinne historischer Referentialität zu verorten, konnten mit Blick auf die mk Einzugserzählung bisher nicht argumentativ überzeugen, vgl. die kritische Durchmusterung der Argumentationen von J. Muddiman, Entry, 79–86.

22 Über das Gesamt atl. Hintergründe informiert ausführlich die Kommentierung von A. Yarbro Collins, Mk, 516–521.

23 Dass es sich um eine Akklamation handelt, ist unstrittig, vgl. nur F. J. Moloney, Mk, 219; R. Pesch, Mk II, 183. V. Stolle, Mk, 265, bezeichnet die Akklamation durchaus passend als „Fan-Geschrei".

24 Vgl. D. Lührmann, Mk, 189; V. Stolle, Mk, 265f.

25 Vgl. zum Zitat in Mk 11,9f auch U. Rüsen-Weinhold, Septuagintapsalter, 221.236f; zu Ps 117 LXX/Ps 118 MT vgl. F.-L. Hossfeld/E. Zenger, Ps, 309–336.

einer Rezeption des Ps 117 LXX bestimmt.[26] V. 9c stimmt wörtlich mit dem LXX-Text von Ps 117,26a überein.[27] Lediglich mit dem Hosannaruf von V. 9b.10b scheint das MkEv auf den masoretischen Text von Ps 118,25a zurückzugreifen. Der Rückgriff auf den masoretischen Text kann dabei freilich wirklich nur scheinbar sein und sich der Rezeption des Wortes Hosanna als eines liturgischen Hilf- oder Jubelrufes[28] im Judentum und frühen Christentum verdanken.[29] Das spricht dann nicht automatisch für eine Kenntnis des hebräischen Textes seitens des Markus. In jedem Fall haben die V. 9bc sowie V. 10b einen Anhalt im gleichen atl. Psalm 118 MT/117 LXX. Dabei wird freilich der ἐρχόμενος – im Psalmtext kann das jeder sein, der nach Jerusalem gepilgert ist[30] – auf Jesus angewandt und damit enggeführt.

Mit V. 10a erweckt der Text den Eindruck, dass es sich auch hier um ein Zitat aus Ps 117 LXX handelt. Die Struktur mit zweimalig vorangestelltem εὐλογέω ahmt dabei deutlich das Prätextmuster von Ps 117,26ab LXX nach. Und auch die Rahmung durch die Wiederholung des Hosannarufes von V. 9b in V. 10b, dort noch angereichert durch die Formulierung ἐν τοῖς ὑψίστοις, die ihrerseits eine Wurzel in Ps 148,1 LXX hat,[31] zielt darauf ab, dass man die V. 9c.10a als ein durchgehendes Zitat wahrnimmt. Freilich ist das ἡ ἐρχομένη βασιλεία τοῦ πατρὸς ἡμῶν Δαυίδ gerade kein Psalmzitat, sondern eine mk Erweiterung, die das Zitat an dieser Stelle zum Pseudo-Zitat macht. Diese Erweiterung ist inhaltlich auffällig und bedarf der deutenden Interpretation (vgl. III 8.7).

---

26 Die Anspielung auf Ps 117 LXX/Ps 118 MT ist in der Exegese unstrittig, vgl. z. B. L. Schenke, Mk, 264; K. Kertelge, Mk, 108; P. Dschulnigg, Mk, 292–296; D. Lührmann, Mk, 189.

27 Vgl. auch explizit P. Dschulnigg, Mk, 296.

28 Für einen Jubelruf votieren K. Kertelge, Mk, 108; L. Schenke, Mk, 264; P. Dschulnigg, Mk, 293.295.

29 Vgl. dazu U. Rüsen-Weinhold, Septuagintapsalter, 237.

30 Vgl. D. Lührmann, Mk, 189. Der Psalmtext selbst hat den dankbaren Beter im Blick, der im Rahmen einer (fiktiven?) Dankliturgie am Jerusalemer Tempel Gottes rettendes Heilshandeln preist und als zum Heiligtum kommender Pilger vom Tempel her gesegnet wird. Eine Hoheitsaussage ist damit im Blick auf das betende Ich nicht automatisch verbunden, obwohl in der atl. Exegese erwogen wird, ob es sich speziell um einen Dankpsalm des Königs handelt, vgl. F.-L. Hossfeld/E. Zenger, Ps, 314–332. Die Psalmengruppe 113–118 gehört im Übrigen zu den besonders mit Pessach verbundenen Hallelpsalmen; die Zitation von Ps 117 LXX/118 MT passt also zur erzählten Zeit des MkEv, vgl. R. A. Horsley, Story, 109.

31 Vgl. aber auch Hiob 16,19 LXX: καὶ νῦν ἰδοὺ ἐν οὐρανοῖς ὁ μάρτυς μου, ὁ δὲ συνίστωρ μου *ἐν ὑψίστοις*. Und jetzt sieh: In den Himmeln ist mein Zeuge, und mein Mitwisser ist in den höchsten (Himmeln) (LXX Deutsch).

8.5.2 Der König schreitet über Kleider: Mk 11,8a und 4 Kön 9,13 LXX

Das Ausbreiten der Gewänder auf dem Weg Jesu (V. 8a) erinnert an ein kleines Erzähldetail aus 4 Kön 9,13 LXX (2 Kön 9,13 MT).[32] Nachdem ein Schüler des Propheten Elischa Jehu, den Sohn Josaphats, zum König gesalbt hat, reagieren die Anhänger und Freunde Jehus in dreifacher Weise auf die Königssalbung. Sie stoßen ins Horn, akklamieren Jehu als König und breiten jeweils ihren Mantel vor bzw. unter Jehu aus.

> καὶ ἀκούσαντες ἔσπευσαν καὶ ἔλαβον ἕκαστος τὸ ἱμάτιον αὐτοῦ καὶ ἔθηκαν ὑποκάτω αὐτοῦ ἐπὶ γαρεμ τῶν ἀναβαθμῶν καὶ ἐσάλπισαν ἐν κερατίνῃ καὶ εἶπον· ἐβασίλευσεν Ιου[33].
>
> Und, *als sie es gehört hatten*, beeilten sie sich und nahmen ein jeder eilig seinen Mantel, und sie breiteten (ihn) unter ihm auf das Garem[34] der Stufen. Und sie bliesen in das Horn und riefen: „Ju ist König geworden!" (LXX Deutsch).

Auch wenn es im Detail durchaus Unterschiede zwischen dem Ausbreiten der Kleider auf dem Weg Jesu und dem Hinlegen der Kleider vor bzw. unter[35] Jehu gibt, so lässt sich Mk 11,8a doch als Anspielung auf diesen atl. Prätext verstehen, die freilich nur wirklich schriftkundige Leserinnen und Leser des MkEv entziffern können. Für sie ruft das Bild der ausgelegten Kleider die Erinnerung an den König Jehu wach, die auf Jesus übertragen wird. Jesus erscheint damit als ein König nach atl. Vorbild.

8.5.3 Der Messias auf dem Esel: Mk 11,1–7 und Sach 9,9

Dass die Schilderung des Eselsfohlens, auf dem Jesus in Jerusalem einzieht, auf den in Sach 9,9 angekündigten Einzug des Messias anspielt, ist in der ntl. Exegese Konsens.[36] Denn nach Sach 9,9 soll der zum Zion, also zum Tempel,

---

32 Das wird z. B. auch vertreten von P. Dschulnigg, Mk, 295; B. Witherington III, Mk, 309; M. Ebner, Mk, 117; R. Pesch, Mk II, 182; J. Gnilka, Mk II, 117; R. T. France, Mk, 432.

33 Ιου ist in der LXX Kurzform für Jehu.

34 Garem ist Transkription eines unklaren hebräischen Begriffs, der in Bezug zu den Stufen steht, vgl. LXX Deutsch (z. St.).

35 Das LkEv hat die mk Anspielung erkannt und verstärkt, indem es in Lk 19,36 vom Ausbreiten der Kleider *unter* Jesus erzählt.

36 Vgl. exemplarisch E. Lohmeyer, Mk, 229; R. Pesch, Mk II, 178f; J. Gnilka, Mk II, 116f; L. Schenke, Mk, 263f; C. C. Black, Mk, 236; D. Lührmann, Mk, 188; P. Dschulnigg, Mk, 293f; K. Kertelge, Mk, 108; L. Schenke, Mk, 263; B. Witherington III, Mk, 309; J. Jay, Tragic, 247; A. Bedenbender, Botschaft, 307; R. T. France, Mk 431. Kritisch hingegen V. Stolle, Mk, 264, der darauf abhebt, dass angesichts des Textes nicht sicher sei, an welche Tiergattung bei der Verwendung des Terminus πῶλος gedacht sei. Richtig daran ist, dass

und damit natürlich auch nach Jerusalem[37] einziehende messianische König[38] auf einem Eselsfohlen reiten. Wir haben es mit einer deutlichen Allusion zu tun:[39]

> χαῖρε σφόδρα, θύγατερ Σιων· κήρυσσε, θύγατερ Ιερουσαλημ· ἰδοὺ ὁ βασιλεύς σου ἔρχεταί σοι, δίκαιος καὶ σῴζων αὐτός, πραῢς καὶ ἐπιβεβηκὼς ἐπὶ ὑποζύγιον καὶ πῶλον νέον.
>
> Freue dich sehr, Tochter Sion, verkündige, Tochter Jerusalem! Siehe, dein König kommt zu dir, ein Gerechter und ein Retter (ist) er, sanftmütig und reitend auf einem Lasttier, und zwar auf einem jungen Füllen (LXX Deutsch).

Dieses Eselsfohlen wird in Sach 9,9 LXX nun noch zusätzlich durch νέος klassifiziert. In der mk Erzählwelt wird dieses Erzähldetail dadurch realisiert, dass in V. 2d von einem Eselsfohlen die Rede ist, auf dem noch kein Mensch gesessen hat. Der mk Text entspricht also in Wahl des Transportmittels wie auch mit Blick auf das Ziel des Einzuges Jesu, Jerusalem und hier speziell der Tempel (V. 11), recht exakt der Sacharjatradition.[40] Vor dem Hintergrund von Sach 9,9 und angesichts der durch die Allusionen auf diese AT-Tradition erweckten Assoziationen erscheint der Einzug Jesu als Einzug des messianischen Königs. Dazu passen auch die Referenz auf 4 Kön 9,13 LXX in Mk 11,8a sowie die Verortung des ganzen Einzugs im Umfeld des Ölbergs, der in jüdischer Traditionsliteratur vielfach mit der Erwartung des Messias, mit Vorstellungen

---

πῶλος zunächst ein Jungtier unterschiedlicher Tiergattungen meinen kann. Aus dem mk Kontext wird aber deutlich, dass es sich um ein Reittier handeln muss, das im urbanen Raum eines Dorfes angebunden sein kann. Denkbar und naheliegend wären prinzipiell also Kamel, Pferd und Esel. Die Exegese hat sich – sicherlich auch unter dem Eindruck der Rezeption von Mk 11 durch das MtEv und das LkEv wie auch angesichts der joh Einzugserzählung – mit Blick auf die mannigfachen atl. Motivhintergründe, die in Mk 11,1–11 eingespielt werden, für das Verständnis als Eselsfohlen entschieden.

37 Zur Identifikation von Sion/Zion primär mit dem Berg der Heiligtümer, also dem Ort des jeweiligen jüdischen Tempels, vgl. M. Küchler, Jerusalem, 126.603. Erst nach 70 n. Chr. scheint der Namen Sion auf den Südwesthügel Jerusalems transloziert worden zu sein.

38 Vgl. zu den messianischen Implikationen von Sach 9,9 die Kommentare von A. Deissler, Sach, 296; I. Willi-Plein, Sach, 161–164; I. Willi-Plein, Deuterosacharja, 54–75.

39 Im Folgenden zitiere ich den LXX-Text, insofern das MkEv mindestens im Kontext von Mk 11,1–11 einen griechischen Text des AT rezipiert. Inhaltlich unterscheiden sich Sach 9,9 MT und LXX zumindest nicht dergestalt signifikant, dass die an dieser Stelle ohnehin nur motivische Anspielung, die ja nicht in Form eines Zitats erfolgt, eine der beiden (oder auch eine andere) Textformen spezifisch voraussetzen würde. Erst mit Sach 9,10 werden gewichtige inhaltliche Verschiebungen manifest. R. Pesch, Mk II, 179, votiert hingegen entschieden für Sach 9,9 MT als spezifisch mk bzw. vormk Vorlage.

40 Einige Exegeten sehen in der Beschreibung des Fohlens als *angebunden* (V. 2c) zusätzlich eine Anspielung auf den Jakobssegen in Gen 49 und hier speziell auf das Reittier des Juda, das dieser *anbinden* wird (V. 10f), vgl. L. Schenke, Mk, 263; M. Ebner, Mk, 117; P. Dschulnigg, Mk, 294; B. Witherington III, Mk, 309.

von Gericht und Endzeit verbunden ist.[41] Jesus kommt als König und Messias nach Jerusalem. Die Erwartungen an diesen Messias, die auch angesichts von Sach 9,10 LXX geweckt werden,[42] erfüllt Jesus im Fortlauf der mk Erzählung allerdings gerade nicht oder nur sehr eingeschränkt. Und auch das wird inhaltlich zu interpretieren sein.

8.6 Die Einzugserzählung im Licht von Triumphzug und *adventus* eines Herrschers

Bereits die atl. Grundierung der Einzugserzählung durch die Sacharjaallusion weist den auf einem Esel heranreitenden Jesus als vermeintlichen oder echten Messias aus, der – und auch das ist von der Sacharjamotivik eindeutig gedeckt – in seine Stadt einzieht. Die Anspielungen auf atl. Traditionen lassen insofern bereits die Assoziation eines Herrschereinzugs zu, genauer noch: die Erwartung des Einzugs des Messias und Königs. Zieht man diese Deutungslinie weiter aus und liest Mk 11,1–11 aus einer paganen Perspektive, dann wird man fragen dürfen, ob sich im mk Text nicht auch Anspielungen auf pagane Herrschereinzüge finden lassen, die in gewisser Analogie zum Einzug des messianischen Königs stehen.

In der ntl. Exegese ist diese Frage gestellt und mit Verweis auf das Ritual des *adventus* bzw. der παρουσία eines Herrschers[43] und auf das Ritual des Triumphzugs[44] beantwortet worden. Diese beiden Deutungsmuster werden in der Literatur auch kombiniert vertreten.[45] Der Triumphzug wird dabei als eine Spezialform des *adventus* verstanden. Das ist in der Sache zwar im Letzten

41 Darauf machen M. Küchler, Jerusalem, 797–803; J. Gnilka, Mk II, 116, aufmerksam.

42 Während in Sach 9,10 MT das Subjekt am Übergang von V. 9 zu V. 10 wechselt und damit das Ich Gottes, das sich im Gottesspruch ausdrückt, die kriegerischen Aktionen ab V. 10 übernimmt und der messianische König, wie in V. 9 angekündigt, sanftmütig bleibt, wechselt in Sach 9,10 LXX das Subjekt im Vergleich zu V. 9 nicht. Der messianische König erhält selbst kriegerische Züge.

43 So etwa bei M. Ebner, Mk, 117f; B. Mutschler, Verspottung, 60; K.M. Schmidt, Wege, 327–331; D. Dormeyer, Davidssohn, 85–87; D.R. Catchpole, Entry, 319–325 (der auch Sach 9,9f als Beispiel für einen *adventus* notiert); angedeutet auch bei F.J. Moloney, Mk, 218f. G. Theissen, Konflikte 186f, und ihm folgend C. Jochum-Bortfeld, Widersprüche, 273, lesen Mk 11,1–11 hingegen als „Gegenentwurf zum Einmarsch römischer Truppen, die die Garnison in Jerusalem zum Pessach-Fest verstärkte“ (C. Jochum-Bortfeld, Widersprüche, 273), haben also den militärischen Einzug von römischen Truppen unter Führung des jeweiligen Statthalters nach Jerusalem im Blick.

44 So bei M. Peppard, World, 130; B.J. Incigneri, Gospel, 168; A.T. Georgia, Triumph, 29–34; B.M.F. van Iersel, Mc, 353f.

45 Am deutlichsten geschieht dies bei P.B. Duff, March, 56–64, bes. 64; ähnlich sind W.B. Tatum, Entry, 132f; H. Leander, Empire, 253.256–265.273.301f. Eine Kombination deutet

nicht richtig, weil sich die beiden Rituale trotz vorhandener Parallelen durchaus in Ablauf und Funktion unterscheiden lassen (vgl. II 2). Anders gesagt: Die Rituale sind zwar miteinander verwandt, lassen sich aber doch voneinander differenzieren. Es ist nun allerdings symptomatisch, dass diese Unterscheidung mit Blick auf Mk 11,1–11 nicht recht gelingen will. Und das liegt nicht daran, dass sich die Rituale nicht unterscheiden ließen. Grund ist die uneindeutige mk Erzählweise mit ihren semantisch polyvalenten Anspielungen, die sich sowohl vor dem Hintergrund des Triumphes als auch vor dem Hintergrund des *adventus* verstehen lassen. Eine Entweder-oder-Entscheidung im Blick auf die mk Motivhintergründe erscheint daher weder möglich noch nötig. Deshalb thematisiere ich im Folgenden die beiden Rituale parallel, markiere aber auch deutlich, wenn ein Textdetail als anspielendes Segment singulär auf eines der beiden Rituale verweist. Auf diesem Wege lässt sich zumindest eine gewisse Tendenz aufdecken, welches pagane Einzugsritual primär im Hintergrund von Mk 11,1–11 steht – auch und gerade im Rahmen der erneuten Lektüre des MkEv, die ja unter dem Eindruck des Anspielungsclusters von Mk 15,16–20 steht. Auffällig ist in diesem Zusammenhang allemal, dass in der Exegese für Mk 11,1–11 auch im Rahmen einer Primärlektüre des MkEv Triumphzugsallusionen vermutet werden. Dieser Leseeindruck dürfte sich im Rahmen einer erneuten Lektüre des MkEv also noch verstärken.

Schließlich lassen sich durch den Rekurs auf mögliche pagane Motivhintergründe vermutlich auch jene Textdetails erklären, die angesichts der atl. Hintergrundtraditionen noch nicht erklärt worden sind. Dazu gehören das Streuen von pflanzlichem Material auf den Weg Jesu, die Begleitung Jesu und speziell die Rahmung Jesu durch Vorausgehende und ihm Nachfolgende, die Präsenz von Zuschauern auf dem Weg Jesu und schließlich auch die Akklamation Jesu durch Material aus Ps 117 LXX/118 MT, deren Kombination mit der Sacharjamotivik im AT nicht grundgelegt ist.

8.6.1 Der Textbefund

Im Einzelnen lassen sich eine Reihe von Details der Erzählung als chiffrierte Referenzen auf Triumphzug und *adventus* verstehen. Das beginnt mit dem Umstand, dass es sich um die Erzählung des von symbolischen Handlungen und Riten begleiteten Einzugs Jesu in eine Stadt handelt (V. 1a.11a). Nichts anderes passiert auch im Rahmen von *adventus* und Triumphzug. Der Triumph ist der rituell gestaltete Einzug eines Triumphators in die Stadt Rom, beim *adventus* handelt es sich um den rituell geordneten Einzug eines Herrschers in eine beliebige Stadt (vgl. II 2). Jesu Einzug steht dazu durchaus in Parallele.

---

sich auch an bei K M. Schmidt, Wege, 327–331; C. C. Black, Mk, 237, der Mk 11,1–11 mit der Rückkehr *siegreicher* Herrscher in ihre Heimat vergleicht.

Allerdings zeigt sich angesichts der Einzugsrichtung bereits eine Abweichung vor dem Hintergrund der erzählten Topographie. Denn nach Jerusalem ziehen Könige nicht vom Osten, also durch Wüste und Kedrontal, ein. Sie kommen von Norden und Westen. Aus dem Osten und damit aus der Wüste kommen hingegen die messianisch-revolutionären Gestalten.[46] So wird es für Jesus erzählt. Das ist für all diejenigen Leserinnen und Leser, die das Lokalkolorit Jerusalems kennen, ein erster Fingerzeig, dass hier der Einzug eines eigenwillig anderen Herrschers erfolgt. Zugleich weist die Einzugrichtung aus dem Osten zurück auf die atl. Hintergründe für Mk 11,1–11, die die Erwartung des Einzugs eines Messias vom Osten wachrufen.

Zielpunkt des jesuanischen Einzugs in Jerusalem ist der Tempel (V. 11ab). Das passt mit Randunschärfen zum *adventus*, in dessen Rahmen es zu kultischen Opferhandlungen in der besuchten Stadt kommen kann; es passt freilich bestens zum Triumphzug, dessen Zielpunkt explizit ein Tempel ist: Der Jupitertempel auf dem Kapitol, den der Triumphator am Ende der Prozession aufsucht, um hier zu opfern (vgl. II 3.2.3.2). In der mk Erzählwelt wird im Tempel freilich nicht geopfert. Jesus schaut sich vielmehr genau um. Das bereitet die Tempelaktion Jesu in Mk 11,15–17 vor.

Den Einzug in die Stadt bewältigt Jesus nicht zu Fuß, sondern auf einem gesattelten Esel reitend (V. 7a–c). Vor dem Hintergrund der Sacharjatradition weckt das höchste Erwartungen. Vor dem Hintergrund paganer Einzugsriten erscheint der Ritt auf dem Eselsfohlen freilich wie eine im Kern seltsam komisch wirkende Anspielung: Die in *adventus* oder Triumphzug in die Stadt Einziehenden gehen zwar auch nicht zu Fuß, würden aber nie und nimmer auf einem Esel einreiten. Sie nutzen ein Pferd bzw. eine Triumphquadriga (vgl. II 3.2.2.1). Aus dieser Warte erscheint der Einzug Jesu auf einem kleinen Esel seltsam lächerlich, ja im eigentlichen Sinne wie ein „atriumphal entry“,[47] also eine Form der invertierten Anspielung.[48]

Dass Jesus in die Stadt von seinen Freunden und Anhängern begleitet wird, passt zu Triumphzug und *adventus*. Der mk Text hält allerdings sehr präzise fest, dass Jesus dabei gleichsam in die Mitte genommen wird: Ein Teil der Begleitung geht voraus, ein Teil folgt Jesus nach (V. 9a).[49] Jesus geht weder an der Spitze noch am Ende der Gruppe. Das fällt gerade im Vergleich zum sonstigen Unterwegssein Jesu auf, geht Jesus doch sonst an der Spitze der Schülergruppe

---

46 Vgl. zu diesem Komplex M. Küchler, Jerusalem, 797–803.915f.

47 So B. Kinman, Entry, 448, mit Blick auf den Einzug Jesu auf einem Esel, der für Römer gänzlich ungefährlich erscheine und gerade nicht den Gedanken eines einziehenden Messiasprätendenten wecken würde. In der Tat ist das Eselsfohlen allein vor jüdischem Hintergrund auffällig und einschlägig konnotiert.

48 Ähnlich bei B. J. Incigneri, Gospel, 168.

49 Dabei ist ἀκολουθέω hier zwar primär konkret gemeint (vgl. A. Wypadlo, Verklärung, 85 mit Anm. 33), erhält aber durch den engen literarischen Kontext (Mk 10,46–52) doch den Beigeschmack von Jesusnachfolge.

(Mk 10,32). Mit Blick auf die Choreographie von V. 9a fällt zudem auf, dass die beiden Gruppen nur in V. 9a getrennt erscheinen. Ihre Akklamationen in den V. 9b–10b tragen sie hingegen offenkundig gemeinsam vor.[50] Das aber macht die in V. 9a erzählte Aufteilung umso interpretationsbedürftiger. Dieses Detail des „gerahmten" Jesus, das an eine „Prozessionsordnung"[51] erinnert, passt nun besonders gut zum Triumphzug, entspricht es doch recht exakt der Positionierung des Triumphators inmitten der am Triumphzug Beteiligten (vgl. II 3.1).

Die Begleiter Jesu schreien Akklamationen auf Jesus (V. 9b–10b). Der Stoff der Akklamation stammt aus dem AT (s. o.). Akklamationen passen nun nicht nur zur Tradition von Sach 9,9, die mit einer Aufforderung zur jubelnden Verkündigung eröffnet wird, sie passen auch zu *adventus* und Triumphzug.[52] Gerade für den Triumphzug wissen wir um den zu wiederholenden Festruf *io triumphe* und die preisenden Akklamationen wie auch die Spottlieder, die auf den Triumphator angestimmt werden. Wie diese Akklamationen den Triumphator als Triumphator ausweisen, so weisen die Akklamationen der Begleiter Jesu diesen als im Namen des Herrn kommenden König oder doch zumindest als Sachwalter des davidischen Königreiches aus.

Jesus akklamieren? Akklamationen sind ein konstitutiver Bestandteil des Triumphzugs. Sie gelten dem Triumphator und werden vom Publikum am Wegesrand wie auch von den im Triumphzug mitgehenden Soldaten vorgebracht. Neben Mk 11,9f wird dieses Motiv noch in Mk 15,18 durch Anspielungen auf den Triumphzug aufgegriffen und im Blick auf den mk Jesus in parodistischer Brechung realisiert. Das gilt mit Abstrichen auch für Mk 15,39. Akklamationen Jesu finden sich freilich über das ganze MkEv verteilt. Menschen oder Dämonen wenden titulare Akklamationen auf Jesus an. Mit diesen Akklamationen wird literarisch gespielt. Es finden sich neben z. T. ungewöhnlich eingesetzter Akklamations- und Admirationsmotivik im Kontext von Wundergeschichten auch titulare Akklamationen Jesu und mit diesen verbundene Strategien, das in den Akklamationen geäußerte Wissen über Jesus in einer geheimnisvollen Schwebe zu halten. Der mk Jesus ist in der Regel nämlich darum bemüht, Akklamationsversuche und die öffentliche Kommunikation von Hoheitstiteln oder Wundererfolg im Keim zu ersticken. Das ist unter den Stichworten „Messiasgeheimnis"[53] oder mk „Geheimnistheorie"[54] gut bekannt und breit diskutiert. Es lohnt sich, die einschlägigen Textstellen und die darin sichtbar werdenden literarischen Strategien zumindest kurz zu erfassen, insofern dabei ein zu den Akkla-

---

50 Es gibt m. E. im mk Text keinen zwingenden Anhalt, sich das Psalmzitat als einen Wechselgesang vorzustellen, wie dies aber in der Literatur häufiger vertreten wird, vgl. etwa R. Pesch, Mk II, 183–185. Die Vorstellung des Wechselgesangs resultiert dabei offenbar aus der Aufteilung der Jesusbegleiter in V. 9a, die den meisten Exegeten sonst unerklärbar bleibt.

51 So P. Dschulnigg, Mk, 295; ähnlich D. Lührmann, Mk, 188.

52 Die V. 9b–10b sind m. E. ein typischer Fall für semantische Polyvalenz in einem manifesten Text.

53 Vgl. W. Wrede, Messiasgeheimnis, 9–149.

54 G. Theissen, Wundergeschichten, 149f; vgl. auch G. Theissen, Geheimnis.

mationen im Triumphzug kontrastreiches Bild entsteht.[55] Die Menge der in dieser Perspektive einschlägigen mk Erzählstoffe lässt sich dabei anhand der literarischen Phänomene und Strategien, die im Kontext des Einsatzes der Akklamationsmotivik sichtbar werden, systematisiert darstellen.

(1.) Titulare Akklamationen werden generell verboten: Von solch generalisierten Kommunikationsverboten sind Dämonen und die Schüler Jesu betroffen. In Mk 1,24f wird dem Dämon, der Jesus als „Heiligen Gottes" erkennt, verboten, dieses Wissen weiter auszusprechen. Die Dämonen, die Jesus als „Sohn Gottes" erkennen (Mk 3,11), trifft das gleiche Verdikt (Mk 3,12). Und auch das Wundersummarium von Mk 1,32–34 hält fest, dass Jesus die Dämonen nicht reden lässt, weil sie ihn, d. h. seine eigentliche Identität, erkannt hatten. Lediglich für die Dämonenlegion von Mk 5,7, die in Jesus den „Sohn Gottes, des Höchsten" wittert, ist kein Schweigegebot überliefert. Ein solches findet sich wieder im Anschluss an das Messias-/Christusbekenntnis der Schüler Jesu in Mk 8,29. Es wird unter Rückgriff auf jenes Verb konstruiert, das auch schon den Dämonen gegolten hatte: ἐπιτιμάω (Mk 8,30; vgl. 1,25; 3,12). Derart titulare Akklamationen stellt der mk Jesus unter ein generelles Kommunikationsverbot.

(2.) Titulare Akklamationen werden bedingt verboten: Das haben wir bereits im Kontext der Untersuchung des Sohn Gottes Titels beobachten können (vgl. III 3.6): Die öffentliche Akklamation Jesu als Sohn Gottes wird erst für die Zeit nach Kreuzestod und Auferweckung erlaubt. Daran sollen sich die Schüler Jesu laut Mk 9,9 halten. Dieses bedingte Schweigegebot erfüllen sie einerseits, insofern sie von Jesus nicht als Sohn Gottes sprechen, andererseits erfüllen sie es nicht, insofern sie noch vor dem Tod Jesu fliehen und nicht mehr in der mk Erzählwelt auftauchen, also auch nicht mehr Jesus als Sohn Gottes bekennen. Andere hingegen, konkret der Centurio von Mk 15,39, bekennen Jesus nach seinem Tod als Gottessohn.

(3.) Titulare Akklamationen werden inhaltlich korrigiert: Eine dritte Strategie im Umgang mit Titeln, die Jesus akklamierend entgegengebracht werden, besteht in einer inhaltlichen Korrektur der mit diesem Titel verbundenen Vorstellungen und Erwartungen.[56] Denn allein das Verbot, den Titel auszusprechen, sagt ja noch nichts darüber aus, ob der Titel für Jesus überhaupt angemessen verwendet wird und in welchem Sinne Jesus „Sohn Gottes", „Messias/Christus", der „Heilige Gottes", „Sohn Davids" oder auch „Menschensohn" ist. Für die Verwendung des Titels „Sohn Gottes", eine Bezeichnung die Jesus im MkEv ja fraglos zukommt, deren inhaltliche Standarderwartungen aber vom mk Jesus gebrochen werden, konnten wir das bereits beobachten. Für den Messias-/Christustitel findet sich eine ähnliche Strategie. Die Kommunikation des Titels wird nämlich nicht nur verboten (Mk 8,29f), sondern auch umgehend inhaltlich durch den Rekurs auf einen weiteren, interpretationsbedürftigen Titel („Menschensohn"[57]) korrigiert. Direkt im Anschluss an das Messiasbekenntnis und das Kommunikationsverbot setzt der mk Jesus nämlich zur

55 Und dieses Bild entsteht auch dann, wenn die Akklamationsmotivik der Einzelperikopen an sich nicht auf den Triumphzug alludiert. Es sind die übrigen Triumphzugsanspielungen im MkEv, die leserlenkend wirken und die Akklamationen Jesu insgesamt mit den Akklamationen des Triumphators im Triumphzug vergleichbar machen.

56 Vgl. etwa S. Schreiber, Christologie, 52.156–166.

57 Vgl. zur Menschensohnkonzeption S. Schreiber, Christologie, 26–29.70f.

ersten Schülerbelehrung an und spricht mit Blick auf sich selbst vom leidenden Menschensohn (vgl. Mk 8,31). Das korrigiert alle Hoheitserwartungen, die mit dem Gedanken des Messias/Christus verbunden sind und korrigiert auch entsprechende Erwartungen, die sich im Blick auf den Titel Menschensohn einstellen könnten (zu Mk 10,47f und zum Titel „Sohn Davids" s. III 8.7).

(4.) Fehlende Akklamations- und Admirationsmotivik in Wundergeschichten:[58] In einer Reihe von Wundergeschichten des MkEv findet sich zudem keinerlei Realisierung von Akklamations- oder Admirationsmotiven. Das gilt für den Exorzismus in Mk 1,23–28, der im Streit über Lehre, Vollmacht und damit Person Jesu endet (V. 27). Auch im Rahmen der Heilung der Schwiegermutter des Petrus (Mk 1,29–31), bei der zumindest die vier ersten Schüler anwesend sind, findet sich keinerlei solche Motivik. Am Ende der Wundergeschichte Mk 2,1–12 kommt es zwar zu einer Akklamation, aber die gilt nicht Jesus, sondern Gott (V. 12). Am Ende der Therapie von Mk 3,1–6 steht gar der Todesbeschluss der Gegner Jesu. Von Zustimmung und Bewunderung ist keine Spur vorhanden. Das Rettungswunder in Mk 4,35–41 endet mit einer Furchtreaktion der Schüler Jesu, die sich ratlos fragen, wer denn nun dieser Jesus eigentlich ist. Ähnlich endet die Seewandelperikope von Mk 6,45–52 mit dem von der Erzählstimme konstatierten völligen Unverständnis der Schüler Jesu. Zum Abschluss der Gerasenerperikope (Mk 5,1–20) wird Jesus nicht etwa vom anwesenden Volk verherrlicht; man bittet ihn, das Gebiet umgehend zu verlassen. Der Wundertäter soll verschwinden (V. 17). Die Heilung der an Blutfluss leidenden Frau (Mk 5,25–34) findet zwar mitten im Gedränge der Öffentlichkeit statt, bleibt aber derart unbemerkt, dass außer der Frau niemand auf das Heilungswunder reagiert. In den Speisungsgeschichten (Mk 6,30–44; 8,1–9) fehlt ebenfalls jede Form von Admirations- oder Akklamationsmotivik. Ohne solche Motivik enden auch die Exorzismen von Mk 7,24–30 und Mk 9,14–27 sowie die Therapie von Mk 10,46–52. Das MkEv ist also über weite Strecken äußerst zögerlich, wenn es um die Verwendung von Akklamations- und Admirationsmotivik am Ende von Wundergeschichten geht. Akklamiert wird Jesus nur höchst selten. Und mehr noch: Wo Akklamationen geschehen und Erzählfiguren von Jesu Wundertaten anderen berichten wollen, da verbietet Jesus die Kommunikation sogar.

(5.) Geheimhaltungsgebote im Blick auf jesuanische Wundertaten:[59] Jesus lässt keine Zweifel aufkommen: Die Kommunikation des Wundererfolgs durch Geheilte verbietet er ausdrücklich. Das geschieht nach der Heilung in Mk 1,44, im Anschluss an die Erweckung der Tochter des Jairus in Mk 5,43 und nach der Therapie in Mk 7,36. In etwas indirekterer Form erfolgt der Auftrag zur Geheimhaltung in Mk 8,26, wenn dem Geheilten aufgetragen wird, nicht in das Dorf und damit in die Öffentlichkeit, sondern in sein Haus zu gehen. Eine ähnliche Anweisung erhält der geheilte Gerasener in Mk 5,19, der aber immerhin den Seinen erzählen darf und soll, was der Herr – damit wird an dieser Stelle Gott gemeint sein – ihm getan hat. Allein: An diese Kommunikationsverbote halten sich viele der Geheilten nicht. Der Gerasener läuft nicht schnurstracks in sein Haus, sondern durchzieht die ganze Dekapolis, im eigentlichen Sinne also zehn Städte samt Umland, um zu verkünden, was Jesus, also nicht Gott, ihm getan hat (Mk 5,20). Der Geheilte, dem Jesus in

58 Vgl. dazu auch G. Theissen, Wundergeschichten, *passim*.

59 Vgl. G. Theissen, Wundergeschichten, 77f.144f.

Mk 1,44 ausdrücklich jede Kommunikation verboten hatte, tut ebenfalls genau das Gegenteil: Er läuft überall herum und verkündet Jesu Worte und Taten – und das so erfolgreich, dass Jesus sich aus der Öffentlichkeit zurückziehen muss, die Leute ihn aber auch in der Einsamkeit finden (Mk 1,45). Selbst aus dem in der Synagoge von Kafarnaum ausgetragenen Streit über Jesu Lehre und Vollmacht in Mk 1,27 resultiert eine Ausbreitung des Rufes Jesu in die Landschaft Galiläas (Mk 1,28). Prägnant formuliert das MkEv schließlich am Ende der Wundergeschichte von Mk 7,31–37: Hatte Jesus in V. 36 die Kommunikation über das erfolgreiche Wunder eindeutig verboten, so hält sich in der Folge niemand daran: „Soviel aber ihnen er verbot, umso mehr, ja überreichlich verkündeten sie" (V. 36). Das gipfelt in einer eindeutigen Akklamation Jesu (V. 37). Man muss also formulieren: Der mk Jesus kann, trotz entsprechender Versuche, nicht verhindern, dass von ihm als Wundertäter erzählt wird und sich sein Ruf flächenbrandartig ausbreitet.

Ergebnisse: Für das MkEv ist charakteristisch, dass titulare Akklamationen Jesu durch den mk Jesus unter ein generelles Kommunikationsverbot oder ein zeitlich befristetes Schweigegebot gestellt werden. Der mk Jesus will nicht, dass für ihn die Werbetrommel gerührt wird. Jesus verhindert die Kommunikation von Hoheitstiteln und korrigiert sie nötigenfalls inhaltlich. Auch der Erfolg jesuanischer Wunder soll nicht in die Welt hinausposaunt werden. Dass sie gleichwohl kommuniziert werden und sich Geheilte nicht an die Kommunikationsverbote halten, zeigt zunächst an, dass der Urgrund von wunderbasierter missionarischer Propaganda für Jesus nicht auf eine Initiative Jesu zurückgeht. Vereinfacht gesagt: Der mk Jesus kann nicht verhindern, dass sich sein Ruf als Wundertäter ausbreitet. Das lässt sich als tiefgreifender inhaltlicher Kontrast zu den allermeisten Wundertätern der Antike verstehen. Und auch römische Kaiser wie Vespasian waren solche Wundertäter.[60] Mit Blick auf den Triumphzug als Vergleichsfolie für die Akklamationen Jesu im MkEv wird man festhalten dürfen, dass Jesus genau das macht, was der Triumphator nie und nimmer tun würde: Akklamationen unterbinden und Hoheitstitel verbieten. Was im Triumph gerade erwünscht ist, versucht Jesus zu verhindern. Mk 11,1–11 scheint hier eine Ausnahme zu sein,[61] weil sich der mk Jesus öffentlich[62] akklamieren lässt. Aber das ist nur scheinbar der Fall, denn die mit und in den Akklamationen sichtbar werdenden Hoheitserwartungen werden, wie sich zeigen wird, umgehend kontextuell gebrochen und damit inhaltlich relativiert und korrigiert (vgl. III 8.7).

Schließlich findet sich in der mk Einzugserzählung auch Publikum, das den Wegesrand säumt und auf den Weg nicht nur Kleider legt (V. 8a) – das ist unter Rekurs auf das AT erklärbar –, sondern auch pflanzliches Material auf den Weg, vielleicht präziser noch: auf die auf dem Weg ausgebreiteten Kleider streut (so die Reihenfolge in V. 8a und V. 8b). Das lässt sich nicht aus dem AT

60 Vgl. M. Ebner, Aufstieg, 68f; Anspielungen auf Vespasians Heilungswunder in Mk 7,31–37; 8,22–26 erkennt E. Eve, Spit; vgl. auch generell H. Blatz, Semantik.

61 Darauf weist auch A. Winn, Purpose, 107.138, hin.

62 Aber auch diese öffentliche Akklamation findet doch noch vor der Stadt Jerusalem und damit in relativer Öffentlichkeit statt.

ableiten.[63] Beide Erzählzüge, das Säumen des Weges wie auch das Streuen von pflanzlichem Material, passen aber zu *adventus* und Triumphzug. In letzterem akklamiert das Publikum dem Triumphator nicht nur, sondern wirft ihm auch Blumen zu (vgl. II 3.8). V. 8b ist dem zumindest ähnlich, wenngleich es sich augenscheinlich nicht um Blumen handelt, die hier auf den Weg Jesu geworfen werden. Eher scheinen Teile von Nutzpflanzen (στιβάς) auf den Weg gestreut zu werden, die vom Acker abgeschlagen werden.[64] Diese Abweichung vom Prätextmotiv verstärkt den Eindruck, dass hier zwar ein König und Triumphator in seine Stadt einzieht, dass aber dieser König gänzlich anders charakterisiert ist. Um ihm seinen Respekt zu zollen, genügen Dinge des Alltags, die jede/r sich offenbar kostenlos besorgen kann.

στιβάς: Das Substantiv στιβάς ist ntl. Hapaxlegomenon.[65] Der Begriff ist keine Bezeichnung für eine spezielle Pflanze, sondern für Pflanzenteile wie Stengel, Halm, Blatt oder Büschel. Letzteres kann dabei auch ein Gebinde von Teilen verschiedener Pflanzen meinen. Auch kann der Terminus neben einigen Sonderbedeutungen[66] vor allem die mit Laub oder Stroh gefüllte Matratze meinen. Über die konkret auf den Weg gestreuten Pflanzen ist damit noch wenig gesagt. Dass es sich eher um Nutz- als um Zierpflanzen handelt, legt die im Text vorhandene Herkunftsbezeichnung sowie die generelle Verortung der Geschichte nahe: Das pflanzliche Material wird von den östlich von Jerusalem im Umfeld des Ölberges als vorhanden gedachten Äckern oder Feldern abgeschlagen.[67] Das verwendete Verb κόπτω zeigt dabei an, dass das

63 Das wird auch von A. Bedenbender, Botschaft, 323, bemerkt. Alle bisherigen Versuche, das Motiv aus dem AT abzuleiten, schlagen fehl, weil sie den mk Text nicht genau wahrnehmen. Exemplarisch ist hier B. Witherington III, Mk, 309, der vom mk „waving of the branches" spricht und das als Anspielung auf 1 Makk 13,51 (beim Einzug des Simon Makkabäus haben die Einziehenden Palmzweige in den Händen) verstehen will. Das geht am mk Text vorbei: Im MkEv werden Pflanzenteile auf den Weg gelegt, nicht in den Händen gewogen. Und nicht die Einziehenden machen das, sondern das Publikum am Wegesrand. Schließlich spricht das MkEv nicht explizit von Palmzweigen.

64 Für A. Bedenbender, Botschaft, 322, handelt es sich bei dieser Aktion der Zuschauer nicht um eine als Ehrung gedachte Verschönerung des Weges Jesu. Die Zuschauer legen vielmehr Stolperfallen für Jesus aus und wollen seinen Einzug nach Jerusalem behindern. Hintergrund ist die m. E. durchaus stimmige Beobachtung, dass das von Markus verwendete Verb κόπτω eher an größere Pflanzenteile als an dünne Halme, Blätter oder Blumen denken lässt. Gleichwohl scheint mir die Deutung der στιβάς als Stolperfalle für Jesus übertrieben, weil übersehen wird, dass Jesus gar nicht zu Fuß unterwegs ist und das Eselsfohlen gewiss keine Probleme mit auf den Weg ausgestreuten στιβάς haben wird.

65 Nur selten wird in der Exegese zum MkEv intensiver gefragt, was hier eigentlich auf den Weg Jesu gestreut wird. Ausführlich thematisiert wird der Hintergrund von στιβάς hingegen bei A. Bedenbender, Botschaft, 311–320, der einen dionysischen Motivhintergrund erwägt.

66 Im LSJ sind noch die selten belegten Bedeutungen „Mäusenest", „Grab" und „Stroh, das im Rahmen eines kultischen Opfers verwendet wird" verzeichnet.

67 In der Exegese wird insbesondere die Verortung im Umfeld des Ölbergs rezipiert, die zur Vermutung führt, dass es sich um Büschel vom Ölbaum handelt, vgl. R. Pesch, Mk II, 182; P. Dschulnigg, Mk, 295.

pflanzliche Material nicht einfach aus der Erde herausgerissen oder abgeschnitten, sondern abgeschlagen wird.[68] Woran Markus dabei konkret denkt, bleibt einigermaßen unklar. Und das liegt nicht an einem mk Unvermögen, die botanischen Realien präziser zu benennen. In Mk 4,27f kann Markus sehr genau erzählen, wie zunächst der Same keimt (ὁ σπόρος βλαστᾷ καὶ μηκύνηται), daraus ein langer Halm (χόρτος) wird, der eine Ähre (στάχυς) bildet, die schließlich voller Weizen ist (πλήρη σῖτον ἐν τῷ στάχυϊ). Angesichts der semantischen Varianz zwischen Mk 4,27f und Mk 11,8 ist zumindest klar, dass in Mk 11,8 offenbar weder Weizen noch speziell Ähren oder Halme/Stengel gemeint sind. Dafür verwendet Markus andere Begriffe. Auch ist offenbar nicht an Zweige oder Blätter gedacht. Diese nennt Markus κλάδος (Zweig) und φύλλον (Blatt) (vgl. Mk 13,28; 11,13). So bleibt angesichts der uneindeutigen mk Erzählweise eigentlich nur noch die Möglichkeit bestehen, dass sich Markus unter στιβάς entweder Büschel oder – sofern er zwischen dem noch jungen Halm (χόρτος) und dem nach der Ernte verbliebenen Stroh differenzieren kann und will – Stroh vorstellt. Eigenartig ist nun allerdings, dass der Einzug Jesu wenige Tage vor Pessach, also im Frühling stattfindet. Für die Ernte der allermeisten Früchte und Getreidesorten ist es noch zu früh,[69] was ja auch eine der inhaltlichen Fluchtlinien des Feigenbaumgleichnisses in Mk 11,12–14.20–25 ist. Und auch Stroh findet sich noch nicht auf den Feldern. Will man nicht annehmen, dass die Zuschauer auf dem Weg Jesu in der Inszenierung des MkEv zur Unzeit mit einer verfrühten Ernte auf den Feldern beginnen,[70] so muss man annehmen, dass sie in der mk Erzählwelt einfache (Laub)Büschel von den auf den Feldern bzw. Äckern wachsenden Nutzpflanzen abschlagen und auf die auf dem Weg Jesu ausgelegten Kleider streuen.

Aufs Ganze gesehen finden sich in der mk Perikope vielfältige Erzähldetails, die sich gut vor dem Hintergrund paganer Einzugsrituale und damit als chiffrierte Referenzen verstehen lassen. Dabei können insbesondere jene Textdetails erklärt werden, die sich nicht atl. Motivik verdanken: das Streuen von pflanzlichem Material, die Begleitung und speziell die Rahmung Jesu durch Vorausgehende und ihm Nachfolgende, die Präsenz von Zuschauern. Ebenfalls hat sich gezeigt, dass die anspielenden Segmente im Prinzip zu beiden Formen des Einzugsrituals passen. Im direkten Vergleich zeigt sich gerade im Rahmen einer erneuten Lektüre des MkEv allerdings vorsichtig ein leichtes Übergewicht zugunsten von Anspielungen auf den Triumphzug, insofern es besonders präzise Entsprechungen zu diesem Ritual gibt. Vor allem die personale Rahmung

68 Vgl. auch A. Bedenbender, Botschaft, 322.

69 In der erzählten Zeit befinden wir uns etwa im Monat April. In Israel/Palästina lassen sich im April Gerste, Erbsen und Linsen ernten. Alle übrigen Getreidesorten und Früchte haben eine Erntezeit von Mai bis November, vgl. die konzise Übersicht bei U. Mell, Ackerbau (unter 5.).

70 Das wäre allerdings ein inhaltlich spannender Gedanke, zumal das Bild einer verfrühten Ernte auch zum Endzeitgedanken passen würde, der mit dem auf einem Esel in Jerusalem einreitenden Messias durchaus verbunden ist. Die Zuschauer am Weg würden dann auf den eintreffenden Messias mit dem Beginn der Ernte reagieren.

Jesu in V. 9a ist auffällig und lässt sich besonders gut vor dem Hintergrund des Triumphes erklären.[71]

Fehlende konstitutive Motive aus der Sicht des adventus: Zwei für das *adventus*-Ritual konstitutive Ritualbausteine scheinen in Mk 11,1–11 zudem zu fehlen: Zum einen die Einholung des Herrschers durch die Elite und die Bevölkerung der Stadt, die dem Gast entgegengeht und ihn in die Stadt geleitet; zum anderen die Audienz, in deren Rahmen dem hohen Besucher Bitten vorgetragen werden. In der Tat geht niemand aus Jerusalem Jesus entgegen. Die Schüler und sonstigen Personen, die Jesus begleiten (V. 9a), sind schon länger mit ihm unterwegs (vgl. Mk 10,46), und für die Zuschauer wird nicht erzählt, dass sie aus Jerusalem Jesus entgegengegangen wären. Diese „Lücke"[72] mag ein Indiz sein, dass Mk 11,1–11 eher vor dem Hintergrund eines Triumphzugs gelesen werden will, insofern im Horizont eines Triumphzugs eine Einholung des in die Stadt Einziehenden gar nicht vorgesehen ist. Mit Blick auf die fehlende Audienz, die im Triumph ebenfalls nicht in diesem Sinne vorgesehen ist, wird man allerdings nicht übersehen dürfen, dass sich die der Einzugserzählung vorausgehende Perikope, die Wundergeschichte von Mk 10,46–52, auch als Anspielung auf ein teilweise invertiertes Audienzritual verstehen lässt.[73] Im Umfeld der Einzugserzählung findet also sehrwohl eine Audienz statt. Inhaltlich unterscheidet sie sich freilich von klassischen Herrscheraudienzen und wird dadurch zu einer typisch jesuanischen Handlung.

Letztlich aber changiert der mk Text zwischen Anspielungen auf *adventus* und Triumphzug. Dieses durch semantische Polyvalenzen evozierte Changieren scheint mir nicht zugunsten einer der beiden Optionen einseitig auflösbar zu sein.

8.6.2 Ein zweiter (erster) Triumphzug, der nur im Licht des ersten (zweiten) sichtbar wird

Die Einzugserzählung von Mk 11,1–11 wird deutlich im Licht atl. Traditionen erzählt. Die Erzählung kann bei der Erstlektüre des MkEv mit gewissen Randunschärfen zudem als *adventus* angesprochen werden. Sie lässt sich – gerade im Rahmen einer erneuten Lektüre des MkEv, die unter dem Eindruck der übrigen Triumphzugsanspielungen steht, – auch vor dem Hintergrund des römischen Triumphzugs lesen. Anders als die Anspielungen in Mk 6 und Mk 9

---

71 Dieser Eindruck mag freilich auch daraus resultieren, dass durch Hauptkapitel II der Triumphzug nun für mich schlechterdings besser bekannt ist als das *adventus*-Ritual. Um die Frage nach den Motivhintergründen für Mk 11 abschließend zu klären, müsste man das *adventus*-Ritual selbst präziser und in aller Breite aufarbeiten. Das wäre wiederum Stoff für eine eigene Untersuchung.

72 Sie wird auch von M. Ebner, Mk, 118, beobachtet.

73 Das hat H.-J. Eckstein, Schlüsseltext, überzeugend aufgewiesen. Vgl. auch B. Mutschler, Verspottung, 56–58.

handelt es sich in Mk 11,1–11 allerdings nicht um eine Allusion auf ein Einzelmotiv aus dem Ritual des Triumphzugs. Die erzählte Story umfasst gerafft vielmehr einen kompletten Triumphzug: Vom außerhalb der Stadt beginnenden Einzug bis zum abschließenden Gang in den Tempel. Neben dem Kreuzweg Jesu in Mk 15 findet sich also ein rudimentär angespielter zweiter Triumphzug Jesu im MkEv.[74] Natürlich fehlt dabei eine Vielzahl für einen Triumphzug wesentlicher Motive. Es sind auffälligerweise jene Motive, die bereits durch Mk 15 realisiert worden sind und sich speziell auf die Transformation Jesu zum Triumphator beziehen. Dabei wird angesichts der erzählerischen Linienführung deutlich, dass Jesus auch in Mk 11,1–11 die Rolle des Triumphators spielt. Von der Doppelrolle Jesu, die in Mk 15 entworfen wird, fehlt in Mk 11 hingegen jede Spur. Der Triumphzug Jesu in Mk 11 ist dabei kein klandestiner Triumph. Er findet in der Öffentlichkeit statt und wird von vielen wahrgenommen. Das Verhalten der Begleiter und des Publikums wird dabei so erzählt, das es zum anspielenden Segment wird. Nur in Jerusalem selbst bemerkt niemand den Einzug. Niemand kommt aus der Stadt Jesus entgegen und auch in der Stadt nimmt niemand, auch nicht die Elite Jerusalems, Notiz von Jesu Einzug, frei nach dem Motto: „Der König und Triumphator war schon da, aber ihr habt es nicht bemerkt!"[75]

Was bedeutet dieser zweite Triumphzug Jesu? Wie lässt er sich interpretieren? Die gesamten Triumphzugsanspielungen im MkEv liefen bisher darauf hinaus, den in der Passionsgeschichte (Mk 15) erzählten Weg Jesu ans Kreuz als invertierten Triumphzug, als Triumphzugsparodie, zu lesen. Auch die Anspielungen in Mk 6 und Mk 9 lieferten dazu ihren Beitrag. Das ist im Falle von Mk 11 anders. Mk 11 bereitet nicht Mk 15 vor. Die Perikope steht aber in einem Kontrastverhältnis zu Mk 15[76] und bildet den positiven Gegenakzent zu Mk 15. Deutlich wird das nicht nur angesichts der umgekehrten Wegrichtungen: Der Triumph von Mk 11 führt ritualkonform Jesus zum ersten Mal in die Stadt hinein, der invertierte Triumph von Mk 15 führt Jesus zum letzten Mal aus der Stadt heraus. Deutlich wird der Kontrast vor allem auch mit Blick auf die Reaktionen des Publikums: Dem akklamierenden Hosannaruf von Mk 11 entsprechen dabei die Verspottungen Jesu in Mk 15 und letztlich auch der Kreuzigungsruf von Mk 15,13f.

Entscheidender noch: Die Triumphzugsallusionen in Mk 11,1–11, die den Einzug Jesu in Jerusalem als zweiten, in der Erzählabfolge, also auf der Ebene des Plots, eigentlich aber als ersten Triumphzug erscheinen lassen, erkennt man letztlich nur im Licht des clusterartig eingespielten zweiten Triumphzugs,

---

74 Insofern trifft die von B. J. Incigneri, Gospel, 168, eher intuitiv vorgetragene These der zwei Triumphzüge im MkEv zu; vgl. auch A. T. Georgia, Triumph, 19–22.29–34.

75 Vgl. auch L. Schenke, Mk, 265: „Der König Israels kommt nach Jerusalem, und in der Stadt nimmt es niemand wahr"; ähnlich M. Ebner, Mk, 118; J. Gnilka, Mk II, 119.

76 Vgl. zu diesem Kontrastverhältnis die Beobachtungen bei C. C. Black, Mk, 322.

	Wahrnehmung von Mk 11,1–11	*Wahrnehmung von Mk 15*
Erstlektüre	Einzugserzählung mit deutlich atl. Grundierung sowie Allusionen auf pagane Einzugsrituale bei gleichzeitig irritierenden Abweichungen von den jeweiligen Prätexten	Triumphzugsparodie „Erster Triumphzug“ auf der Ebene der Entdeckung durch die Lesenden
Neulektüre im Licht von Mk 15	Einzugserzählung mit Allusionen auf den Triumphzug „Zweiter Triumphzug“ auf der Ebene der Entdeckung durch die Lesenden „Erster Triumphzug“ auf der Ebene des Plots	„Zweiter Triumphzug“ auf der Ebene des Plots

im Licht des Kreuzwegs, der in Mk 15,16 beginnt. Diese Logik aber kennen wir aus dem MkEv: Erst im Licht von Leiden und Tod, im Licht des Scheiterns, durfte von der wahren Größe Jesu unkorrigiert gesprochen werden. Erst jetzt stimmten die im Text bereits häufig verwendeten Hoheitstitel für Jesus. Und erst im Licht des invertierten Triumphes und des gekreuzigten Triumphators kann und darf auch jener Triumphzug sichtbar werden, in dem Jesus wirklich ein Triumphator ist. Erst unter dem Eindruck der Triumphzugsallusionen von Mk 15 kann Mk 11 also als Triumphzug Jesu, der ihn als König und Triumphator in die Stadt Jerusalem führt, gelesen werden. Das Lektürekonzept des MkEv, das aus der Kombination von leserlenkendem Anspielungscluster und offenem Ende mit Verweiskraft auf den Beginn der Erzählung besteht, ermöglicht es dabei, den ersten Triumphzug Jesu in Mk 11 erst nach Wahrnehmung des zweiten, invertierten und clusterartig angespielten Triumphzugs Jesu in Mk 15 wahrzunehmen. Der erste Triumph erscheint also nur im Licht des Scheiterns, angesichts der Triumphparodie von Mk 15, als Triumphzug. Nur im Licht des Gekreuzigten soll man in Mk 11 Jesus als Triumphierenden sehen.

Dank dieses subtilen Lektürekonzepts weckt der triumphartige Einzug in Mk 11 keine falschen Hoffnungen und Erwartungen. Und um auf Nummer sicher zu gehen und auch bei der Erstlektüre des Textes keine falschen Erwartungen zu wecken, werden schon in der Perikope selbst entsprechende Hoheitserwartungen, die sich angesichts des Einzugs eines messianischen Königs nach Sach 9 wie von selbst einstellen, durchkreuzt.[77] Dazu tragen ganz entscheidend auch jene Textdetails bei, die vor dem Hintergrund des Triumphzugs auch in Mk 11,1–11 als invertierte oder doch zumindest schief wirkende

77 Und sollte bereits im Rahmen der Erstlektüre von Mk 11,1–11 der Triumphzugshorizont wachgerufen werden, dann wirken die Triumphzugsallusionen von Mk 15 als spätere Korrektur des zuvor Erzählten.

Anspielungen erscheinen. Denn auch in Mk 11,1–11 wirkt Jesus nicht einfach wie ein typischer römischer Triumphator.

8.7 Motivkombinationen und durchkreuzte Erwartungen: Das Verwirrspiel um Messianität und Königtum des Triumphators Jesus

Die mk Einzugserzählung kombiniert in kreativer Weise Motive. Das gilt sowohl für die Kombination atl. Motive miteinander wie auch für die Verbindung dieser jüdischen Motivik mit paganen Motiven aus der Welt von Triumphzug und *adventus*. Wecken schon die Einzelmotive höchste Erwartungen im Blick auf den in Jerusalem Einziehenden, so erst recht die Kombination dieser Motive. Die Einzugserzählung lässt Jesus vor dem Hintergrund von *adventus* und Triumphzug wie einen in die Stadt einziehenden König, Herrscher bzw. Triumphator erscheinen; im Licht des AT wirkt Jesus ebenfalls wie ein König oder wie der von Sacharja angekündigte Messias. Hier kommt also ein ganz Großer nach Jerusalem. Diese Erwartungen werden in der Inszenierung des MkEv nicht nur für die Figuren der Erzählung, die Jesusbegleiter und die Zuschauer am Wegesrand, aufgerufen, sondern vor allem für die Leserinnen und Leser des MkEv geweckt. Der mk Jesus selbst ist an diesen Erwartungen angesichts seiner Selbstaussage in V. 3d nicht unschuldig.[78] Er selbst hatte seinen zwei Schülern mit auf den Weg gegeben, dass sie evtl. Widerspruch gegen die Mitnahme des Eselsfohlens mit dem Verweis kontern sollten, der κύριος benötige das Reittier (V. 3d). Angesichts dieser Argumentation Jesu erscheint es nur logisch, in Jesus selbst den κύριος zu erblicken.[79]

---

78 Diese Überlegung deutet sich auch bei M. Ebner, Jesus, 155f, an.

79 So auch L. Schenke, Mk, 263; D. Lührmann, Mk, 188; E. Schweizer, Mk, 125; J. Gnilka, Mk II, 117; T. C. Gray, Temple, 11–13; A. Yarbro Collins, Mk, 518f. Diese Interpretation ist auch dann noch stimmig, wenn man das αὐτοῦ in V. 3d nicht wie in meiner Übersetzung als Objekt auf χρείαν ἔχει, sondern auf das Subjekt κύριος bezieht. Dann wäre zwar vom Herrn des Eselsfohlens die Rede, aber auch damit wäre noch die Hoheit Jesu als messianischer König ausgedrückt, der ein eigentlich fremdes Reittier requirieren kann, vgl. P. Dschulnigg, Mk, 295, der selbst für einen Bezug auf κύριος plädiert (so auch R. Pesch, Mk II, 180; R. H. Gundry, Mk, 624); diskutiert wird die Übersetzungvariante auch bei V. Stolle, Mk, 265, der sie aber ablehnt. Auf χρείαν ἔχει bezieht die große Mehrheit in der Exegese das αὐτοῦ, vgl. etwa E. Schweizer, Mk, 124; D. Lührmann, Mk, 188; C. C. Black, Mk, 236; M. Ebner, Mk, 117. Das ist für das MkEv auch der typische Sprachgebrauch, insofern χρείαν ἔχω zumeist mit einem – allerdings nachgestellten – Genitivobjekt verbunden wird (Mk 2,17; 14,63). In Mk 2,25 wird das Objekt des Bedarfs allerdings nur kontextuell beschrieben. Weitergehende christologische Implikationen muss V. 3d im Übrigen auch dann nicht aufweisen, wenn κύριος vom mk Jesus absolut für sich selbst verwendet wird. Zudem ist die Verwendung

Die den Einzug Jesu begleitenden Handlungen derjenigen, die mit Jesus auf dem Weg sind (V. 9a–10b), und die Reaktionen derer, die den Weg des einziehenden Jesus säumen (V. 8ab), korrespondieren mit diesen Erwartungen. Auch das trägt zur Steigerung der Lesererwartungen erheblich bei. Die Zuschauer breiten auf dem Weg Jesu ihre Gewänder aus, was zum Königsmotiv angesichts von 4 Kön 9,13 LXX sehr gut passt. Sie streuen Büschel von pflanzlichem Material auf den Weg Jesu, was indirekt zu *adventus* und Triumphzug passt. Damit wird im Übrigen im Wortsinne der Weg des *Herrn* bereitet und die Aufforderung der Stimme in der Wüste von Mk 1,3 (ἑτοιμάσατε τὴν ὁδὸν κυρίου) in die Tat umgesetzt. Jesus erscheint für die Leserinnnen und Leser als der in Mk 1,3 angekündigte κύριος.[80] Der Jubelruf Hosanna, der die Psalmzitation[81] der Begleiter Jesu eröffnet und beschließt, rahmt schließlich die Freudenbotschaft, dass mit dem ankommenden Jesus zugleich das Königreich Davids neu errichtet wird. Letzteres wird sogar gegen den Psalmtext in das Zitat eingetragen und ist kontextuell durch die Anrede Jesu als Sohn Davids in Mk 10,47f vorbereitet.[82] Mit dem Beginn der messianischen Herrschaft soll also auch das Königreich Davids neu errichtet werden. Das ist nicht nur friedlich gemeint. Die Freudenbotschaft von Mk 11,10a ist zugleich eine politisch-kämpferische Botschaft. Zwar weckt der auf einem Esel einreitende Jesus die Assoziation des Friedensmessias von Sach 9,9, aber schon der Fortgang in Sach 9,10 LXX zeigt ja einen durchaus kriegerisch-kämpferischen Messias. Und erst recht politisch und kämpferisch wird es, wenn in V. 10a die Ankunft Jesu mit der Ankunft, besser: der Wiedererrichtung des davidischen Königreiches parallelisiert wird.

---

des κύριος-Titels für Jesus im MkEv nicht ganz ungewöhnlich (vgl. Mk 2,28; 7,28), vgl. B. J. Incigneri, Gospel, 168, der mit Blick auf Mk 11,3 von einer Ambiguität in der Verwendung des Titels spricht, der sich hier auf Jesus oder auf Gott beziehen könne. Abwegig erscheint hingegen die Vermutung, mit κύριος sei der faktische Besitzer des Tieres gemeint, der sich bereits im Umfeld Jesu befinde und für den nun stellvertretend die beiden Schüler Jesu das Tier abholen. Das hat keinen Anhalt im Text, vgl. auch die Überlegungen bei R. T. France, Mk, 432.

80 Den Zusammenhang von Mk 11,1–11 und Mk 1,2f sieht etwa auch L. Schenke, Mk, 258. Zum Diskurs über den Bezugspunkt von κύριος in Mk 1,3 – Gott oder Jesus –, vgl. H.-J. Klauck, Vorspiel, 85f; C. Blumenthal, Gott, 86–116. Spätestens aus der Perspektive von Mk 11,3 erscheint dabei Jesus als der in Mk 1,3 angekündigte κύριος. Nach C. Blumenthal, Gott, 108f, verweist Mk 1,2f sogar bereits selbst auf Jesus als den κύριος. Für C. Rose, Gott, 84.108f, wird κύριος in Mk 1,2f im Fortgang der mk Erzählung, also auch angesichts von Mk 11,3, „transparent auf Jesus Christus hin" (84). Zum Sachgehalt des Titels κύριος vgl. S. Schreiber, Christologie, 71.

81 Für den Ps 117 LXX/118 MT wird zudem erwogen, ob mit ihm selbst nicht auch messianische Hoffnungen verbunden sind, vgl. T. C. Gray, Temple, 20–23. Dann würde auch die Zitation dieses Psalms in der mk Inszenierung zu den messianischen Erwartungen der Erzählfiguren passen.

82 Sowohl in Mk 10,47f als auch in Mk 11,9a werden die Akklamationen Jesu im Übrigen hinausgeschrien (κράζω).

Dieses davidische Königreich ist alles andere als eine friedliche Größe.[83] Die Erweiterung des Zitats um V. 10a gibt der Akklamation Jesu einen entschieden politisch-kämpferischen Anstrich.[84] Jesus errichtet als Messias, König und Triumphator ein neues davidisches Großreich. Das sind die Erwartungen der Begleiter Jesu, die sich durch die erste Person Plural in V. 10a (τοῦ πατρὸς ἡμῶν Δαυίδ) in diesen Prozess der Wiedererrichtung des davidischen Königreiches einschreiben und sich mit dem Davidssohn Jesus gemeinsam als Davids Kinder verstehen.[85]

Allein: Diese politisch konnotierten Hoheitserwartungen werden vielfältig durchbrochen. Und das nicht nur im Fortgang der mk Jesusgeschichte und angesichts des mit Blick auf die Triumphzugsallusionen herausgearbeiteten subtilen Lektürekonzepts, sondern schon innerhalb der Perikope. Und das betrifft auch die Allusionen auf den Triumphzug. Wer genau liest, bemerkt erste Verschiebungen, die jeweils schon in die Reaktionen von Zuschauern und Begleitern Jesu implementiert sind:[86] Während V. 3d in Kombination mit der Umsetzung von Mk 1,3 Jesus als den Herrn markiert, verschiebt bereits das eingespielte Zitat von Ps 117 LXX/118 MT die Gewichte. Der Kommende kommt im Namen des Herrn (V. 9c), kann also selbst gar nicht der Herr sein, sondern handelt als messianischer König im Auftrag des Herrn, also Gottes,[87] bzw. ist im Auftrag des Herrn unterwegs.[88] Und geehrt wird dieser Ankommende nicht, indem die Vornehmen und die Militärführer ihre Mäntel vor und unter ihm ausbreiten. Das erzählt 4 Kön 9 LXX. In Mk 11 sind es die einfachen Leute am Wegesrand, die den Weg mit ihren einfachen Gewändern auslegen. Sie streuen auch keine Zierpflanzen auf den Weg, wie das beim Triumphzug üblich wäre, sondern Reste von einfachen Nutzpflanzen. Und was vor dem Hintergrund der Sacharjatradition nur konsequent war, dass Jesus auf einem Esel in die Stadt reitet, erweist sich vor dem Hintergrund von Triumph und *adventus* als tiefgreifende ironische Brechung des Prätextmotives: Könige und Triumphatoren reiten auf Pferden oder stehen in der von Schimmeln oder gar Elefanten gezogenen Triumphquadriga. Nein, auf einem Esel zieht kein helle-

83 Darauf macht A. Bedenbender, Botschaft, 307, instruktiv aufmerksam. Vgl. auch L. Schenke, Mk, 264; J. Jay, Tragic, 184.

84 R. T. France, Mk, 429, erkennt für V. 10 entsprechend einen „royal and nationalistic tenor". Nach S. Schreiber, Christologie, 53, artikuliert sich an dieser Stelle „eine nationalpolitische Hoffnung auf die Restauration des davidischen Reiches" (zur Davidsssohnkonzeption vgl. auch 16–18.21 f).

85 Zu dieser Erweiterung der Davidssohnschaft vgl. auch die Überlegungen bei G. Guttenberger Ortwein, Status, 179 f.

86 Insofern brechen die Figuren der Erzählung selbst Teile ihrer Hoheitserwartungen. Markus zeichnet sie damit durchaus doppeldeutig.

87 Vgl. auch R. Pesch, Mk II, 184.

88 Die potentielle Spannung zwischen V. 3d und V. 9c wird auch gesehen bei P. Dschulnigg, Mk, 295; D. Lührmann, Mk, 188.

nistisch-römischer Herrscher in eine Stadt ein.[89] Schließlich: In Jerusalem angekommen, nimmt der Messias Jesus, der plötzlich allein die Stadt zu betreten scheint und dessen akklamierenden Begleiter und Zuschauer verschwunden sind,[90] Stadt und Tempel nicht in Besitz.[91] Auch lässt er sich nicht, wie das für den messianischen König nach Sach 9 oder für den Triumphator üblich wäre, feiern. Die Stadt interessiert ihn augenscheinlich überhaupt nicht. Im Tempel schaut er sich alles genau an – zwar nicht wie ein Tourist, sondern mehr im Sinne einer kritisch-inspizierenden Inaugenscheinnahme[92] – und geht wieder. Die Nacht verbringt er in Bethanien. Jerusalem wird nicht zu seiner „Residenzstadt".[93] Als eigentlicher Herr über den Tempel weist sich Jesus nicht aus. Die geweckten Erwartungen werden nicht erfüllt.[94] Zugespitzt formuliert: Der Messias kommt und nichts passiert![95]

Nimmt man diese beiden Aspekte der Erzählung zusammen, dann erweckt die mk Einzugsgeschichte den Eindruck, dass mit Jesus wirklich der König, der Triumphator und der Messias (vgl. schon Mk 8,29) in seine Stadt einreitet, aber dieser Jesus ein ungewöhnlicher König, Messias und Triumphator ist.[96] Nicht die Vornehmen begrüßen ihn, sondern die einfachen Leute und dies mit einfachen Mitteln. Er besetzt nicht Stadt und Tempel, sondern er wird den

---

89 Das arbeiten auch K. Füssel/E. Füssel, Körper, 183, gut heraus; dieser Aspekt ist auch die Fluchtlinie der Überlegungen von W. B. Tatum, Entry, 131.140f.

90 Vgl. L. Schenke, Mk, 265.

91 Vgl. M. Ebner, Mk, 118.

92 Explizit als von Markus erzählten Besuch eines „Touristen" werten E. Schweizer, Mk, 124; M. Ebner, Mk, 118, den Tempelbesuch Jesu. Explizit nicht als Besuch eines Touristen wollen hingegen K. Kertelge, Mk, 109; J. Gnilka, Mk II, 119; B. Witherington III, Mk, 311 („inspection tour") die Tempelvisite verstanden wissen. Insofern die Tempelaktion Jesu in Mk 11,15–17 durch den Besuch des Tempels in Mk 11,11 vorbereitet wird, scheint mir die Wahrnehmung des Besuches als touristisch nicht ganz passend zu sein.

93 So V. Stolle, Mk, 266.

94 So auch C. C. Black, Mk, 238; ähnlich auch B. J. Incigneri, Gospel, 139; M. Ebner, Jesus, 157f.

95 Das erfasst auch E. Schweizer, Mk, 124 so: „Die Geschichte ist sehr merkwürdig. Die Vorbereitung des Einzugs und die große Begeisterung enden in nichts." C. Myers, Strong Man, 297, formuliert: „Many have puzzled over this verse [sc. V. 11, M. L.], complaining that it adds nothing to the narrative; but this is precisely its power – *nothing happens.* Mark has drawn the reader into traditional messianic symbolics, only to suddenly abort them."

96 Präzise formuliert C. C. Black, Mk, 238: „‚Mark uses every strategy to say two things at once: yes, this is the Messiah, the greatest of miracle workers, the Son of God, but, no, that does not mean at all what you thought it meant' […] Mark has not narrated a ‚triumphal entry.' He has lampooned it". Diese messianische Vorstellungen und damit verbundene christologische Titel korrigierenden Elemente in und im Umfeld von Mk 11,1–11 werden von A. Winn, Purpose, 107.138, übersehen, der Mk 11,1–11 als Beleg dafür nimmt, dass im MkEv die jesuanische Messianität nicht immer als Geheimnis verschwiegen oder die damit verbundenen Erwartungen inhaltlich korrigiert werden.

Tempel am nächsten Tag seinerseits von ökonomischer Besatzung[97] befreien (Mk 11,15f). Und auch dann nimmt er den Tempel nicht in Besitz, sondern eröffnet für ihn eine jesajanische Heilsperspektive (Jes 56,7), die den Tempel zukünftig[98] als Haus des Gebetes für alle Völker versteht. Der Tempel bleibt damit das Haus Gottes, geöffnet für alle Menschen. Auch das Reich Davids errichtet der mk Jesus nicht. Großmachtsphantasien werden nicht erfüllt. Selbst der Titel „Sohn Davids", den Bartimäus in Mk 10,47f auf Jesus angewandt hatte und der innerhalb der Perikope Mk 10,46–52 tatsächlich in seiner Kommunikation weder verboten noch inhaltlich unmittelbar korrigiert wird,[99] wird doch im Fortgang der Erzählung korrigiert,[100] wenn der mk Jesus in Mk 12,36f schriftgelehrt argumentiert, dass der Messias gerade nicht Davidssohn sein kann. Solchen Großmachtsphantasien, die Markus durch die Zufügung von V. 10a in den Duktus des zitierten Psalms und damit in die Akklamation der Begleiter Jesu zunächst bewusst wecken will, erteilt das MkEv in Gestalt der Handlungen des mk Jesus eine deutliche Absage.[101] Jesus verkündet das εὐαγγέλιον τοῦ θεοῦ (Mk 1,14) und die nahegekommene βασιλεία τοῦ θεοῦ (Mk 1,15), nicht die βασιλεία τοῦ πατρὸς ἡμῶν Δαυίδ (V. 10a);[102] er ist υἱὸς θεοῦ und nicht υἱὸς Δαυίδ (vgl. Mk 10,47f).

Markus spielt also atl. Königs- und Messiasmotivik im Rahmen der Einzugsgeschichte ein und erweitert diese sogar durch die Davidsthematik noch, er alludiert auf Triumphzug und *adventus*, aber alle damit verbundenen Hoheitserwartungen, die eigens wachgerufen werden, werden sogleich gebrochen, indem untypische Gegenbilder erzählt und spezifische Hoheitserwartungen nicht als erfüllt aktualisiert werden.[103] Hier kommt also ein inhaltlich gänzlich anders charakterisierter Messias, König und Triumphator in seine Stadt. Deshalb ist die Wahrnehmung der Triumphzugsallusionen in Mk 11,1–11 als „Gegenbild eines römischen Triumphzuges",[104] als „mock triumphal entry",[105]

97 Vgl. dazu vor allem K. Füssel/E. Füssel, Körper, 182–189.

98 Zu dieser Zukunftsperspektive passt auch, dass die endgültige Durchsetzung des messianischen Königs- und Friedensreiches noch aussteht und erst für die Zukunft im Rahmen der Wiederkunft Jesu erwartet wird (vgl. Mk 8,38; 14,62), vgl. P. Dschulnigg, Mk, 293.

99 Darauf macht L. Schenke, Mk, 263, aufmerksam.

100 Vgl. auch M. Peppard, World, 125.

101 Vgl. auch A. Bedenbender, Botschaft, 306–311; F. J. Moloney, Mk, 219f; L. Schenke, Mk, 258.264.

102 Darauf macht auch D. Lührmann, Mk, 189, aufmerksam. Ähnlich ist M. Ebner, Mk, 118.

103 C. Myers, Strong Man, 294: Die Erzählung „is designed to give intentionally conflicting messianic signals". Myers versteht die Perikope als „Political Street Theater".

104 B. Stollberg-Rilinger, Ritual, 108.

105 M. Peppard, World, 130.

als „broken triumphal entrance“[106] oder als „epitome of irony“[107] m. E. in der Sache treffend. Mit den Worten von P. B. Duff: The „evangelist teases his readers with what seem to be triumphal allusions but never satisfies their expectations which might have been built up by those allusions [...] Mark subverts those triumphal allusions“.[108]

8.8 Ergebnisse

Der Einzug des messianischen Königs Jesus à la Sach 9 in Mk 11,1–11 weist neben Anspielungen auf atl. Traditionen und den *adventus* auch Allusionen auf den Triumphzug auf. Es handelt sich insofern um einen „triumphal entry“ im engen und eigentlichen Sinne des Wortes. Aber es ist ein Einzug der vielfältig gebrochenen Erwartungen. Das betrifft auch die Triumphzugsallusionen. Zwar erscheint Jesus in Mk 11,1–11 in Parallele zum Triumphator und wirkt wie der in die Stadt Rom bzw. in der mk Erzählwelt in die Stadt Jerusalem einziehende Triumphator. Aber sichtbar werden diese Anspielungen weitestgehend erst im Licht des zweiten, in Mk 15 erzählten Triumphes, d. h. im Licht des Scheiterns und des triumphalen Weges ans Kreuz. Zudem sind die Triumphzugsallusionen in Mk 11,1–11 z. T. ironisch gebrochen. Spezifische Hoheitserwartungen, die sich auch angesichts der atl. Motivhintergründe ergeben, werden wachgerufen, aber gerade nicht erfüllt. Auch der erste Triumphzug Jesu weist damit Züge einer Parodie auf. Jesus erscheint wie und als ein Triumphator, verhält sich aber nicht wie ein klassischer Triumphator.

106 A. T. Georgia, Triumph, 31.
107 B. M. F. van Iersel, Mc, 354.
108 P. B. Duff, March, 70.

9. Das *imperium* des Triumphators und die Vollmacht Jesu (Mk 1,22.27; 2,10; 3,15; 6,7; 10,42; 11,28.29.33; 13,34)

Nach diesen drei Perikopen, in denen sich im Rahmen einer Neulektüre des MkEv Triumphzugsanspielungen ausweisen ließen, soll nun abschließend keine einzelne Perikope, sondern ein Motiv in den Blick kommen, das über weite Strecken des MkEv verteilt ist und sich gerade nicht an einem Einzeltext festmachen lässt: die Rede von der ἐξουσία/Vollmacht Jesu. Sie begegnet im MkEv zum ersten Mal in Mk 1,22, zum letzten Mal ist in Mk 13,34 von ἐξουσία die Rede. Zwischen diesen beiden Polen ist von ἐξουσία in Mk 1,27; 2,10; 3,15; 6,7; 11,28.29.33 sowie von κατεξουσιάζω in Mk 10,42 die Rede.

Im Folgenden wird es darum gehen, diese Jesus im MkEv zweifellos zukommende ἐξουσία mit der römischen Konstruktion des *imperium* zu vergleichen,[1] die im Rahmen von Triumphzügen, vor allem für das *ius triumphandi*, von Bedeutung ist. Dabei soll nicht behauptet werden, dass die Rede von der jesuanischen ἐξουσία im MkEv nur Sinn vor dem Hintergrund des Triumphzugs ergibt. Bei ἐξουσία handelt es sich vielmehr um einen semantisch polyvalenten Terminus, der sich nur angesichts der übrigen Triumphzugsanspielungen im MkEv vor dem Hintergrund römischer Triumphzüge gewinnbringend interpretieren lässt.[2] Anders gesagt: Das Anspielungscluster in Mk 15,16–20 im Verbund mit den weiteren Triumphzugsallusionen im MkEv weist der Rede von der jesuanischen ἐξουσία eine neue Bedeutungsnuance zu. Diese neue Bedeutungsnuance ergänzt die bisherigen Deutungen der jesuanischen ἐξουσία im MkEv, die den Begriff entweder ohne Rekurs auf einen spezifischen Resonanzraum oder als geprägten Terminus vor dem Hintergrund der Verwendung von ἐξουσία in der LXX verstehen.[3] Diese Deutungen und Verständnisweisen sind möglich und sollen hier nicht abrogiert werden. Sie werden lediglich dann kritisiert, wenn sie für sich Ausschließlichkeit beanspruchen und ein Verständnis der mk ἐξουσία Jesu vor dem Hintergrund pagan-politischer Konstruktionen von ἐξουσία ablehnen.

Insofern alle Textstellen, die von der ἐξουσία Jesu sprechen, vor dem Anspielungscluster von Mk 15,16–20 und damit vor dem Beginn des erzählten jesuanischen Triumphes zu finden sind, entspricht diese Positionierung von

1 Diesen Ansatz vertreten dezidiert auch M. Ebner, Vollmacht; C. Jochum-Bortfeld, Widersprüche, 240f, ohne allerdings auf die Rolle von *imperium* im Rahmen von Triumphzügen zu sprechen zu kommen.

2 Er lässt sich freilich auch ohne Rekurs auf den Triumphzug, aber eben vor dem Hintergrund paganer Konzeptionen von *imperium* verstehen. Das zeigen M. Ebner, Vollmacht, sowie vor allem die monographische Studie von A. Dawson, Freedom, nachdrücklich.

3 Vgl. dazu vor allem die monographischen Studien von K. Scholtissek, Vollmacht; K. Scholtissek, Vollmacht Jesu, 29–66.

Anspielungen auf den Bereich des *ius triumphandi* in der mk Jesusgeschichte – darin der Anspielung auf das *ius triumphandi* in Mk 6,30–44 sehr ähnlich – vollauf der Logik des Triumphes. Vor dem Triumph mussten die Bedingungen des *ius triumphandi* erfüllt sein.

Der Aufbau des folgenden Kapitels unterscheidet sich angesichts der über das MkEv verstreuten Rede von der ἐξουσία Jesu deutlich von der Struktur der sonstigen Kapitel dieses Hauptteils. Es lässt sich eben nicht eine Einzelperikope bearbeiten, sondern es geht um ein perikopenübergreifendes Motiv.

9.1 Das Prätextmotiv: Der Triumphator als Träger eines *imperium*

Das *ius triumphandi* verlangte, dass der potentielle Triumphator mit *imperium*, höchster Vollmacht, ausgestattet war (vgl. II 1.1). Das engte den Kreis der Kandidaten von vorneherein auf die Spitze der staatlichen Elite ein und reklamierte den Triumph für den jeweils höchsten am Krieg beteiligten Träger von *imperium*. Ein *imperium* ermöglichte das Befehlen und verpflichtete andere zum Gehorsam. Ein *imperium* war zudem delegierbar. Die eigene Vollmacht konnte auf andere transferiert werden, die dann stellvertretend handelten.

9.2 Zur griechischen Übersetzung von *imperium* mit ἐξουσία

Insofern *imperium* die Befehlsgewalt und Vollmacht eines Befehlshabers über andere meint, liegt es von der Sache her nahe, *imperium* und den im NT, auch im MkEv, häufiger verwendeten Begriff ἐξουσία gleichzusetzen.[4] Allerdings bedarf es für eine solche Gleichsetzung einiger Quellenbelege, die zeigen,

4 Vgl. dazu etwa paradigmatisch die Perikope Mt 8,5–13, in der sich der Centurio in das durch ἐξουσία bestimmte Gefüge von Befehl und Gehorsam einordnet. Der Hundertschaftsführer selbst sieht sich unter ἐξουσία stehen (V. 9: καὶ γὰρ ἐγὼ ἄνθρωπός εἰμι *ὑπὸ* ἐξουσίαν) und ist insofern einem Höheren, unter dem er steht, zu Gehorsam verpflichtet, er hat aber insofern auch selbst ἐξουσία, auf deren Basis er den unter ihm stehenden Soldaten Befehle erteilen kann (ἔχων *ὑπ'* ἐμαυτὸν στρατιώτας), die diese unverzüglich ausführen. Dem Ansinnen, den ἐξουσία-Gebrauch des NT aus *profanen* griechischen Texten abzuleiten – und die Übersetzung von *imperium* mit ἐξουσία wäre ein solcher Fall –, widersetzt sich mit Blick auf das MkEv dezidiert etwa K. Scholtissek, Vollmacht Jesu, 50–54. Weil der griechische ἐξουσία-Gebrauch ausnahmslos profan sei, *deshalb* sei eine Ableitung des ntl. Sprachgebrauchs aus ihm auszuschließen (54). Diese Behauptung (!) kann nicht überzeugen. Wieso sollte denn profaner Sprachgebrauch oder gerade ein kritischer Rekurs auf ihn *per definitionem* nicht auch im MkEv möglich sein?

dass *imperium* bei der Übersetzung ins Griechische im 1. Jh. n. Chr. und im Rahmen des Imperium Romanum mit ἐξουσία wiedergegeben werden konnte. Entsprechend könnten dann die Vollmachtsaussagen im MkEv – der Text bietet den Begriff ἐξουσία an zehn Stellen – auf der Folie des lateinischen Begriffs *imperium* gelesen werden und wären dann als mögliche Anspielungen auf den Triumphzug anzusprechen.

Hilfreich ist in diesem Zusammenhang zunächst die Feststellung, dass die lateinischen Begriffe *imperium* und *potestas* weitgehend als Synonyme verstanden werden konnten, sofern es um die Herrschervollmacht von Magistraten ging[5] – und nur die ist im Kontext des Triumphzugs wichtig. Bei der Suche nach entsprechenden zweisprachigen Dokumenten wird man bei den *Res Gestae* des Kaisers Augustus fündig. In diesem Tatenbericht, der sowohl örtlich (Imperium Romanum) als auch zeitlich (1. Jh. n. Chr.) für unsere Fragestellung einschlägig ist,[6] findet sich an diversen Stellen der Ausdruck ἐξουσία für die lateinischen Begriffe *imperium* und *potestas*. Einige Beispiele:

tribuniciae potestatis = δημαρχικῆς ἐξουσίας (RG 4 [Giebel]);
summa potestate = μεγίστηι ἐξουσίαι (RG 6 [Giebel]);
consulari cum imperio = ὑπατικῆι ἐξουσίαι (RG 8 [Giebel]).

---

5 Darauf weist K. Scholtissek, Vollmacht, 98–100, hin. Im Gegenüber zu den Begriffen *potestas* und *imperium* (staatliche Amtsgewalt) zeichnet sich der Begriff *auctoritas* hingegen dadurch aus, dass die Autorität der Person auf ihr inhärenten Motiven beruht (z. B. Bildung, Erfahrung) oder ihr aus anderen Gründen zugesprochen wird (etwa Liebe). Macht wird dann nicht durch Herrschaftsmotive ausgeübt (Befehlen, Verbieten). Ein instruktives Beispiel für den Unterschied zwischen *auctoritas* und *potestas* bietet der Tatenbericht des Augustus (RG 34 [Giebel]): „Seit dieser Zeit überragte ich alle übrigen an Autorität (*auctoritate*), an Amtsgewalt (*potestatis*) besaß ich aber nicht mehr als die anderen, die auch ich im Amt zu Kollegen hatte." Eine gewisse Differenz zwischen *potestas* und *imperium* erkennt A. Rosenberg, Imperium, 1201f: Rechtlich seien *potestas* und *imperium* klar zu unterscheiden. *Potestas* sei im Vergleich zu *imperium* der weitere Begriff. Allerdings seien diese juristischen Feinunterschiede nicht im allgemeinen Sprachgebrauch durchgehalten worden, wie etwa das Werk des Livius zeige.

6 Der Tatenbericht wurde nach dem Tod des Augustus 14 n. Chr. im Senat verlesen und im Anschluss als Inschrift am Augustusmausoleum veröffentlicht. Diese Inschrift ist indes nicht erhalten. Offenbar wurde der Text in den Provinzen des Reiches in Kopie ebenfalls als Inschrift veröffentlicht. Fragmente finden sich in lateinischer und griechischer Sprache auch in Ankara, der Hauptstadt der Provinz Galatia am dortigen Kaisertempel (*Monumentum Ancyranum*), im pisidischen Antiochia (lateinischer Text) und in Apollonia (griechischer Text). Die griechische Übersetzung dürfte in etwa gleichzeitig zum lateinischen Text entstanden sein. Vielleicht wurde sie in Rom von einem Griechen in der Kanzlei des Augustus verfertigt. Die griechische Übersetzung ist im Übrigen bemüht, die römischen Amtsbezeichnungen korrekt wiederzugeben. Vgl. dazu den Kommentar in der Edition von M. Giebel, Res Gestae, 80–82; vgl. auch H. Galsterer, Monumentum, 388f.

Der Befund zeigt, dass es in der zweisprachigen Welt des Imperium Romanum im 1. Jh. n. Chr. möglich war, *imperium/potestas* mit ἐξουσία zu übersetzen.[7]

Es gibt daher keine zwingenden Gründe, die es verbieten, den mk Sprachgebrauch von ἐξουσία vor dem Hintergrund des lateinischen *imperium* und der damit verbundenen Realitäten zu verstehen.[8] Insofern Jesus also ἐξουσία hat – was unstrittig ist (s. u.) –, kann man in ihm auch einen Träger von *imperium* erblicken. Darin ist er den Triumphatoren gleich.

9.3 Strukturparallelen zwischen *imperium* und ἐξουϲία

Analog zur ἐξουϲία, die der Kaiser, der einzige Träger des vollen *imperium* im Prinzipat, vom Senat erhielt und die er in Teilen an Statthalter und andere Bevollmächtigte delegieren konnte, die dann wie der verlängerte Arm des Kaisers in den Provinzen wirkten,[9] kann auch der mk Jesus ἐξουϲία delegieren. Er spricht sie den Zwölfen im MkEv zu. In der paganen Welt wie im MkEv ist ἐξουϲία also teilbar und delegierbar. Einschlägig sind hier Mk 3,15; 6,7. In Mk 3,15 erhalten die Zwölf im Kontext der Etablierung des Zwölferkreises zunächst perspektivisch für die Zukunft[10] einen doppelten Auftrag: Sie sollen verkündigen und erhalten die Vollmacht, Dämonen auszutreiben. Ihre jetzige Aufgabe besteht im Mitsein mit Jesus.[11] Die eigentliche Aussendung folgt dann in Mk 6,7 im Verbund mit der Aussendungsregel. Hier wird von der Vollmacht

7 W. Foerster, ἐξουσία, 559, zieht im Blick auf den gemeingriechischen Sprachgebrauch von ἐξουσία ebenfalls die Parallele zum lateinischen *potestas*. Eine ähnliche Schlussfolgerung findet sich – auch unter Rekurs auf den Tatenbericht des Augustus – bei M. Ebner, Vollmacht, 21 f.

8 D. F. Hudson hat bereits 1955 in einer kurzen Miszelle versucht, den Gebrauch von ἐξουσία in Mk 1,22 aus dem römischen, profanen Bereich abzuleiten und ihn im Gegenüber zur Vollmacht der Kaiser zu verorten. Er sieht hinter der ἐξουσία Jesu den römischen Begriff der *auctoritas* aufscheinen und rekurriert dazu auf RG 34. Hier würde der Begriff *auctoritas* mit ἐξουσία übersetzt. Dabei ist ihm allerdings ein Irrtum unterlaufen. Den lateinischen Text *post id tempus* auctoritate *omnibus praestiti,* potestatis *autem nihilo amplius habui quam ceteri qui mihi quoque in magistratu conlegae fuerunt* gibt die griechische Übersetzung mit folgendem Satz wieder: *ἀξιώματι πάντων διήνεγκα, ἐξουσίας δὲ οὐδέν τι πλεῖον ἔσχον τῶν* συναρξάντων μοι. Es entsprechen sich also *auctoritas* und ἀξίωμα sowie *potestas* und ἐξουσία. Zutreffend bleibt dennoch sein abschließendes Statement im Blick auf die Vollmacht Jesu, die er mit der des römischen Kaisers kontrastiert: „the authority [sc. Jesu, M. L.] is not merely that of a king, but of an emperor!" D. F. Hudson, ὡς ἐξουσίαν ἔχων, 17.

9 Zur Delegation von paganer ἐξουσία vgl. M. Ebner, Vollmacht, 23.

10 L. Schenke, Mk, 115 f.

11 D. Lührmann, Mk, 110.

der Zwölf über die unreinen Geister[12] gesprochen. Diese Vollmacht erhalten sie von Jesus (ἐδίδου αὐτοῖς ἐξουςίαν). Es handelt sich also um eine regelrechte Delegation. „Die Zwölf treten als der verlängerte Arm Jesu auf.“[13] Der Transfer von ἐξουςία erweist sich dabei auf der Textebene zunächst als unmittelbar gelungen. Die Zwölf treiben Dämonen aus (Mk 6,12f) und kommen nach erfolgreicher Verkündigung (Mk 6,12[14]) und Lehre sowie wirksamen Taten (Exorzismen und Krankenheilungen) wieder zu Jesus zurück (Mk 6,30). Die Zwölf sind insofern Träger von ἐξουςία, die Jesus ihnen delegiert hat. Der im MkEv erzählte Umgang Jesu mit seiner Vollmacht passt strukturell also gut zur römischen Konzeption von *imperium*.

Vielleicht treibt das MkEv in 6,7–11 das Spiel mit dem ἐξουςία-Motiv sogar noch etwas weiter und wendet es subtil auf Jesus als Träger von ἐξουςία an. Gemeint ist die an die Delegation von ἐξουςία in Mk 6,7 sich unmittelbar anschließende Ausrüstungsregel in Mk 6,8f, näherhin der dort erwähnte Stock, den mitzunehmen vom mk Jesus erlaubt wird. Im Kontext einer Ausrüstungs- und Aussendungsregel für Wandermissionare[15] ist damit zunächst ein Wanderstab, präziser ein Knüppel zur Verteidigung gemeint.[16] Allerdings ist der im Griechischen verwendete Begriff ῥάβδος mehrdeutig. Er kann nämlich auch den Herrscherstab und das Szepter meinen.[17] Die Schüler Jesu, die ihrerseits soeben ἐξουςία/*imperium* erhalten haben, würden also fortan eine ῥάβδος mit sich tragen, die, als Herrscherstab verstanden, auf ihre ἐξουςία hinweist.

Und mehr noch: Denn ῥάβδος kann auch Rute/Rutenbündel[18] meinen und damit auch auf die Liktoren, die ῥαβδοῦχος, hinweisen, die eine ῥάβδος (*fasces*) in Händen tragen.

Liktoren[19] sind die Amtsdiener der höheren Magistrate. Zu ihren Aufgaben gehörte die Begleitung des Magistrats zu öffentlichen und privaten Anlässen, sie räumen für ihn den Weg frei, klopfen in Häusern an, die der Magistrat besuchen will, und bieten in der Rolle von Bodyguards Schutz. So durfte sich niemand, außer dem noch

---

12 Von unreinen Geistern und Dämonen spricht das MkEv synonym. Vgl. nur Mk 7,25.30. O. Böcher, δαιμόνιον, 649.651; K. Kertelge, Mk, 25.

13 L. Schenke, Mk, 156.

14 Damit setzen die Schüler den Auftrag zur Verkündigung aus Mk 3,14 um.

15 Vgl. G. Theissen, Wanderradikalismus, 83–105. Die Ausrüstung erinnert dabei an das Erscheinungsbild kynisch-stoischer Wanderphilosophen. Vgl. dazu nur P. Hoffmann, Studien, 240–242, und die quasi synoptische Übersicht bei J. Marcus, Mk, 389, der hinter der mk Aussendungsregel Anspielungen, „strong overlaps“, auf die Exodustradition vermutet.

16 Vgl. z.B. J. Gnilka, Mk I, 239; D. Lührmann, Mk, 110; J. Marcus, Mk, 383. Zur Minimalausrüstung von Reisenden in der Antike vgl. P. Hoffmann, Studien, 313–318.

17 C. Schneider, ῥάβδος, 968–970; LSJ; Vgl. auch Hebr 1,8.

18 Darauf macht zu Recht P. Dschulnigg, Mk, 174 Anm. 190, aufmerksam.

19 Vgl. zur Realie der Liktoren B. Kübler, Lictor, 507–518; C. Gizewski, Lictor, 180f; E. Samter, Fasces, 2002–2006. Zur semiotischen Funktion der Liktoren vgl. E. Flaig, Politik, 14.

nicht erwachsenen Sohn des Magistraten, in den Raum zwischen dem letzten Liktor (ἀρχιραβδοῦχος: Die Liktoren gehen nicht paarweise, sondern hintereinander) und dem Magistrat hineindrängen. Festnahmen und Bestrafungen führen sie im Auftrag des Magistrats durch. Außerdem dienen sie als Kultpersonal. Der Magistrat tritt nie ohne seine Liktoren auf; sie sind das Zeichen seiner Macht. Selbstverständlich begleiten die Liktoren auch beim Triumphzug den Triumphator! Für ihre Dienste erhalten sie ein Jahresgehalt von 600 Sesterzen (so in der frühen Kaiserzeit). Bekleidet sind Liktoren innerhalb Roms mit der Toga, außerhalb mit dem roten Kriegsmantel. Die Anzahl der Liktoren zeigt den Rang des Magistrats an: Prätoren wurden von sechs Liktoren begleitet, die Konsuln von zwölf, der Diktator von 24; die Könige der vorrepublikanischen Zeit hatten zwölf Liktoren bei sich; für die Kaiserzeit sind die Angaben z. T. widersprüchlich: Die Kaiser dürften aber in aller Regel bis zur Regierungszeit Domitians zwölf Liktoren mit sich geführt haben, im Anschluss wurde die Zahl auf 24 erhöht.

Einschlägig ist diesbezüglich wieder der Tatenbericht des Augustus (RG 1 [Giebel]). Die griechische Version übersetzt die lateinische Wendung *et imperium mihi dedit* (der Senat hat mir „die militärische Befehlsgewalt übertragen") mit ῥάβδους τέ μοι ἔδωκεν, wörtlich also: „er (sc. der Senat) gab mir Stäbe/Stöcke" [Übersetzung, M. L.].[20] Bei dieser griechischen Formulierung wird es sich um eine Anspielung auf die Liktoren handeln, die den Inhaber des *imperium* begleiten und seine Amtsvollmacht symbolisieren bzw. auch handfest durchsetzen. Entscheidend ist: Die Übertragung von *imperium* hat mit ῥάβδος zu tun, ja kann sogar dergestalt übersetzt werden. *Imperium*/ἐξουςία verliehen zu bekommen, heißt auch, ῥάβδος als Symbol der Macht zu erhalten.

Präzise dieser Zusammenhang findet sich auch in Mk 6,7f. Versteht man die mk Verwendung von ῥάβδος vor diesem Hintergrund als Anspielung auf die *fasces* der Liktoren, was angesichts von RG 1 und der prinzipiellen jesuanischen ἐξουσία möglich ist, dann wäre zu fragen, ob die Schüler mit ihrer Zwölfzahl und der ῥάβδος in der Hand nicht als Liktoren (ῥαβδοῦχος) für Jesus fungieren, Jesus also auch ein äußeres Zeichen seiner ἐξουσία besitzt – nämlich die maximale Anzahl von möglichen Liktoren, die nur dem Konsul bzw. dann auch dem Kaiser zukommen. In dieser Warte erscheint Jesus wie ein klassischer Aspirant für den Triumphzug: ἐξουσία und Liktoren zeichnen ihn aus. Im Blick auf das *ius triumphandi* erfüllt er damit wesentliche Voraussetzungen.

Zu diesem im MkEv erzählten Bild eines Jesus als Träger von ἐξουσία, der in Begleitung von Schülern ist, die wie Liktoren wirken, passt durchaus, dass die Jesus-Liktoren ihrerseits mit ἐξουσία ausgestattet worden sind. Sie können mit Macht im Auftrag Jesu handeln. Ähnliches gilt für die römischen Liktoren, die im Auftrag ihres Herrn handeln. Und auch wenn Jesus seine zwölf Liktoren zunächst aussendet und sie gerade nicht in seiner Umgebung behält, so gilt

---

20 Das erinnert an die lateinische Wendung *fasces dare*, die die Bedeutung „die Konsulargewalt verleihen" hat.

doch auch, dass das MkEv an keiner Stelle davon spricht, dass die Schüler die ῥάβδος nach ihrer Rückkehr wieder abgeben würden (Mk 6,30). Im Gegenteil: In Mk 10,13.48.49 verhalten sie sich – z. T. in Verbindung mit der Volksmenge – weiter wie echte Liktoren. Sie halten aus ihrer Sicht missliebige Personen von ihrer Schutzperson fern (die Kinder und ihre Begleiter, den schreienden Bartimäus[21]). Dass sie mit ihrem Verhalten die Intention Jesu gründlich verkennen, wird in den anschließenden Zurechtweisungen mehr als deutlich (10,14.49). Im Kontext des letzten Abendmahls bereiten sie schließlich den Besuch im Haus des Menschen mit dem Tonkrug vor (Mk 14,12–16). Auch dies ist eine typische Liktorenaufgabe.

Traditionsgeschichte: Man wird fragen dürfen, ob Markus all diese Mehrdeutigkeiten bewusst in Kauf nimmt bzw. sie eigens gestaltet, wenn er im Gegensatz zur aus Q 10,4 bekannten Tradition der Aussendungsregel die ῥάβδος ausdrücklich erlaubt. Es ist immerhin allein das MkEv, das im Blick auf die urchristliche Literaturlandschaft die ῥάβδος den Schülern Jesu explizit zugesteht.[22]

---

21 Dies zumindest, wenn man die Schüler Jesu unter die „Vielen" rechnet, die Bartimäus bedrohen (Mk 10,48).

22 Der zugrunde liegende Q-Text folgt der Ausgabe von P. HOFFMANN/C. HEIL, Spruchquelle. Zur komplexen Traditionsgeschichte vgl. P. HOFFMANN, Studien, 237–243.264–267: Die Verbote der Aussendungsregel finden sich in verschiedenen Versionen in der ntl. Literatur (Mt 10,9f; Mk 6,8f; Lk 9,3; 10,4). Matthäus und Lukas vermengen dabei mk Stoffe und Tradition aus Q miteinander, die selbst in einem *traditionsgeschichtlichen* Verhältnis und nicht in literarischer Abhängigkeit voneinander stehen. In der Markusfassung wird dabei ausdrücklich erlaubt, was in Q explizit verboten ist (die Mitnahme des Stockes und das Tragen von Sandalen). Denkbar wäre nun, dass Markus bzw. die vor-mk Überlieferung die ursprüngliche Tradition, an der Q und Markus unabhängig voneinander partizipieren, besser bewahrt hat als Q (die Erlaubnis von Stock und Sandalen wäre dann ursprünglich), und die Logienquelle eine Verschärfung der Aussendungsregel vorgenommen hat. Dieser Hypothese steht aber der mk Text selbst entgegen, der in seiner jetzigen Form Zeichen einer mk Überarbeitung trägt (so wird z. B. die Reihe der Verbote durch die beiden Ausnahmeregeln ungeschickt unterbrochen [weitere Argumente bei P. HOFFMANN, Studien, 238–242]). Schlagend ist vor allem Hoffmanns sozialgeschichtliches Argument: „Da Stab und Sandalen zur selbstverständlichen Ausrüstung eines jeden Wanderers gehörten, hätte sie der Autor nicht eigens zugestehen müssen. Wenn er es tut, so nimmt er offenbar auf ein Verbot dieser Ausrüstungsgegenstände in einer früheren Fassung Bezug und will dieses dadurch korrigieren" (240). Auch nach J. GNILKA, Mk I, 237, ist die rigorosere Q-Tradition die ursprüngliche Variante. Unklar sei indes, ob Markus die Änderungen selbst vorgenommen habe oder sie ihm schon in der Überlieferung begegnet seien. Deutlich für mk (!) Redaktion auch innerhalb des Traditionsstücks der V. 8–11 votiert D. LÜHRMANN, Mk, 108–110.

9.4 Brechungen: Der Charakter der jesuanischen ἐξουσία im Vergleich zum kaiserlichen *imperium*

Natürlich ist Jesus kein typischer Träger von *imperium*/ἐξουσία in der Antike. Denn bei näherer Betrachtung des ἐξουσία-Motivs im MkEv ergibt sich neben diesen Parallelen auch ein deutliches Kontrastbild. Die jesuanische ἐξουσία im MkEv erweist sich von ihrem Inhalt her als dezidierte Oppositions-ἐξουσία zur Vollmacht des römischen Kaisers. Im Einzelnen wird dies offensichtlich, wenn man die Perikopen, die das ἐξουσία-Motiv bieten, dahingehend befragt, (1.) worüber Jesus Vollmacht besitzt, (2.) woher er seine Vollmacht bezieht, (3.) welche Wirkung der Einsatz seiner Vollmacht zeitigt und (4.) mit welchen anderen Gruppen die jesuanische Vollmacht innerhalb des Textes kontrastiert wird.

9.4.1 Der Gegenstandsbereich der jesuanischen ἐξουσία

Die jesuanische ἐξουσία bezieht sich im Wesentlichen auf drei Bereiche. (a) Jesus hat ἐξουσία im Blick auf die Lehre. Seine besondere Lehre wird zum ersten Mal in der Synagoge von Kafarnaum virulent (Mk 1,21 f.27[23]). Die inhaltliche Charakterisierung kann dabei erst durch den Kontrast zur Lehre der Schriftgelehrten erfolgen (s. unter III 9.4.4). (b) Jesus hat zudem ἐξουσία zur Heilung von Kranken und – eng damit verbunden – zur Austreibung von Dämonen bzw. unreinen Geistern (Mk 1,23–28[24]; 3,15; 6,7). In diesen Bereich gehören die meisten der Wundertaten Jesu im MkEv. Kranke werden geheilt und Dämonen weichen auf sein Wort hin aus der Welt der Menschen zurück. Der enge Zusammenhang ergibt sich aus dem antiken Volksglauben. Dämonische Besessenheit zeigte sich nach antiken Vorstellungen oft in Krankheitssymptomen.[25]

---

23 Die gesamte Szenerie Mk 1,21–28 wird dabei von einer Inklusion durch die V. 22.27 zusammengehalten (gleiche Akteure; Stichwortentsprechung ἐξουσία).

24 Die gelungene Dämonenaustreibung in Mk 1,23–28 wird im literarischen Kontext von Mk 1,21 f zum Beweis für die Vollmächtigkeit der jesuanischen Lehre stilisiert und so funktionalisiert. Vgl. J. Gnilka, Mk I, 80; F. J. Moloney, Mk, 54; L. Schenke, Mk, 72 (Jesu Lehre *erweist* sich in der Bannung des Dämons als vollmächtig). Der Geheilte selbst ist in den abschließenden V. 27 f schon nicht mehr von Bedeutung. Diese Argumentationstechnik, theologische Programmaussagen (Jesus lehrt mit ἐξουσία), die sich nicht einfach beweisen lassen, durch Wundertaten abzusichern, ist in gewisser Weise typisch für das MkEv. Vgl. dazu die Wundergeschichte in Mk 2,1–12, in der die theologische Aussage im Blick auf die Vollmacht des Menschensohns zur Sündenvergebung (Mk 2,6–10) durch die Wundertat argumentativ fundiert wird. Jesus kann Sünden auf der Erde vergeben, weil er Wunder wirken kann. Vgl. dazu M. Ebner/B. Heininger, Exegese, 180 f.

25 Zum Gesamtzusammenhang vgl. M. Ebner, Jesus, 104–117.

(c) Schließlich eignet Jesus als Menschensohn ἐξουσία zur Sündenvergebung, wie sie der Gelähmte in Mk 2,1–12 am eigenen Leib erfährt (Mk 2,10).[26]

9.4.2 Die Herkunft der jesuanischen ἐξουσία

Woher die jesuanische ἐξουσία stammt, hat schon die Schriftgelehrten, die Hohepriester und die Ältesten im MkEv beschäftigt. Sie richten in Mk 11,27–33 exakt diese Frage an Jesus: „In welcher Vollmacht tust du dieses? Oder wer gab dir diese Vollmacht, damit du dieses tust?" (Mk 11,28). Der sachliche Anhalt für ihre Frage ist zunächst die unmittelbar vorausgehend erzählte Tempelaktion Jesu mitsamt der tempelpuristisch wirkenden und auf der jesuanischen ἐξουσία beruhenden Schriftauslegung von Jes 56,7 und Jes 7,11 (Mk 11,15–17), die den Schriftgelehrten und Hohepriestern zu Ohren kommt (Mk 11,18).[27] Das kleine Textstück bietet dabei von den zehn Verwendungen des Begriffs ἐξουσία im MkEv allein vier Belege, wobei die beiden V. 28.33 über das Stichwort ἐξουσία die Szene inklusorisch umschließen. Die Perikope kann daher mit Fug und Recht als Dreh- und Angelpunkt für das Motivfeld ἐξουσία im MkEv gewertet werden. Dabei erhalten die Anfragenden keine explizite Antwort. Sie sehen sich vielmehr mit einer Gegenfrage nach der Herkunft der Johannestaufe konfrontiert, die sie aus diplomatischer Opportunität heraus lieber unbeantwortet lassen. Entsprechend erteilt auch Jesus keine Klartext-Antwort[28] auf die Frage nach der Herkunft seiner ἐξουσία.

Allerdings werden die beiden möglichen Antwortalternativen durch die jesuanische Gegenfrage angedeutet.[29] Die ἐξουσία Jesu kann – analog zur Taufe

---

26 Vgl. W. Foerster, ἐξουσία, 565f.

27 Dabei hat ταῦτα in Mk 11,28 keinen eindeutigen Bezug *innerhalb* der Perikope. Sachlich liegt daher der Rückbezug auf die Tempelaktion Jesu nahe. Für diese Sicht sprechen der enge literarische Zusammenhang von V. 15–18 und V. 27–33, die Einheit des Ortes (Tempel) und die weitgehende Identität der in V. 18.27 genannten Gruppen, so auch W. Feneberg, Markusprolog, 170f, der weitere Alternativen nennt (Jesu Wunder, die gesamte Tätigkeit, sein Einzug in Jerusalem: 171 Anm. 188). Für einen Bezug auf die Tempelaktion votieren auch W. Foerster, ἐξουσία, 566; L. Schenke, Mk, 270f; F. J. Moloney, Mk, 230; W. Eckey, Mk, 296f. D. Lührmann, Mk, 198, sieht den konkreten sachlichen Bezugspunkt für die Anfrage der Schriftgelehrten hingegen unbestimmt. Die Frage ziele wohl eher grundsätzlich auf alle jesuanischen Taten.

28 Im anschließenden Gleichnis (Mk 12,1–12) spricht Jesus ebenfalls „in Rätseln", allerdings verstehen die Schriftgelehrten und Hohepriester den Sinn des Gleichnisses sehr genau (V. 12): Sie sind die schändlichen Bauern im Weinberg des Herrn, die den Sohn des Weinbergbesitzers (= Jesus) töten, was auf der Erzählebene des MkEv noch aussteht, vgl. nur D. Lührmann, Mk, 198–200.

29 Auf diesen Zusammenhang weist auch L. Schenke, Mk, 271, hin: Hält „man die Taufe des Johannes für ‚*vom Himmel*' legitimiert, dann muss auch Jesu Vollmacht als von Gott stammend angesehen werden".

des Johannes – entweder vom Himmel stammen oder in der menschlichen Sphäre[30] gründen. Die Schriftgelehrten haben ihrerseits allerdings eine dritte Option im Blick, so dass ihre Frage einen hinterhältig rhetorischen Charakter hat, zielt sie doch darauf ab, Jesus zu vernichten (Mk 11,18). Denn für die Schriftgelehrten steht bereits fest, woher Jesu Vollmacht stammt. Angesichts der jesuanischen ἐξουσία über die Dämonen ist für sie klar, dass Jesus mit dem „Herrscher der Dämonen" die Dämonen austreibt (Mk 3,22). Die jesuanische ἐξουσία über die Dämonen, die von den Schriftgelehrten fraglos anerkannt wird, gründet nicht in der menschlichen, aber auch nicht einfach in der himmlisch-göttlichen Sphäre, sondern ist dämonisch konnotiert. Weil Jesus Dämonen austreiben kann, hat er selbst einen starken Dämon in sich, so die logische Schlussfolgerung. Zugespitzt: Jesus ist aus Sicht der Schriftgelehrten der Spitzenagent des dämonischen Oberschurken: Beelzebul. Seine sämtlichen Taten stehen aus Sicht der Schriftgelehrten damit unter dämonischem Vorbehalt.

Diesen Vorwurf kontert Jesus mit einer Reihe weisheitlicher Sprüche (Mk 3,23–27),[31] an deren Ende die Gegenüberstellung von unreinem Geist, von dem Jesus – so ja der Vorwurf der Schriftgelehrten – besessen sein soll, und heiligem Geist steht (Mk 3,29f). Der Beelzebulvorwurf wird hier der Sache nach erneut und abschließend aufgegriffen. Wer Jesus unterstellt, er werfe mit einer dämonischen Macht die Dämonen hinaus, der lästert wider den heiligen Geist, so die Quintessenz von V. 29f.[32]

Vielleicht fällt auf die Schriftgelehrten und ihren Beelzebulvorwurf an dieser Stelle zusätzlich ein latent dämonisches Licht. Wenn nämlich die Dämonen im MkEv, die Jesus so gekonnt auszutreiben weiß, selbst versuchen, Jesus wie einem Dämon zu begegnen und ihre eigene Austreibung durch exorzistische Praktiken gegenüber Jesus, dem Exorzisten, zu verhindern suchen,[33] dann zielen sie ihrerseits darauf ab, Jesus in exorzistischer Manier zu bekämpfen. Damit liegen sie exakt auf der Linie des Beelzebulvorwurfs. Weil die Dämonen spüren, dass es ihnen gleich an den Kragen geht, schlussfolgern sie, dass Jesus selbst einen starken Dämon in sich trägt und versuchen sie mit entsprechenden Mitteln zu bekämpfen. Für die Dämonen ist Jesus damit quasi einer der ihren, einer der selbst gerne den bequemen parasitären Platz im Haus der Menschen hätte – und den man natürlich mit Exorzismen besiegen kann, so wie sie es selbst am eigenen Leib schon erlebt haben. Damit aber fällt in der Umkehrung auf den Beelzebulvorwurf ein dämonisches Licht. Wer analog zu den Dämonen hinter Jesus dämonische Kräfte wittert, der ist letztlich selbst ein Dämon.

---

30 Dann wäre sie Jesus so verliehen, wie der Kaiser seine ἐξουσία an Statthalter u. a. verleiht.

31 Vgl. dazu nur M. Ebner, Jesus, 112–117.

32 Vgl. L. Schenke, Mk, 121; D. Lührmann, Mk, 198; W. Eckey, Mk, 130f.

33 Etwa durch Nennung des Namens in Mk 1,24 oder durch den versuchten Exorzismus der Dämonenlegion, die Jesus ihrerseits beschwört (Mk 5,7: ὁρκίζω).

Die ἐξουσία Jesu gründet demnach im heiligen Geist, den Jesus im Kontext der Taufe erhalten hat (Mk 1,9–11).[34] Die ἐξουσία Jesu entstammt damit der himmlischen Sphäre, sie ist ihm über den Geist als Medium von Gott her verliehen worden.[35]

Diese Überlegungen zur Herkunft der jesuanischen ἐξουσία finden eine indirekte Bestätigung in Mk 13,33–37, der letzten Perikope im MkEv, die das Wort ἐξουσία bietet. Im Rahmen der apokalyptischen Rede nutzt Jesus abschließend ein Bildwort vom Herrn und seinen Sklaven. Der Herr eines Hauses geht auf Reisen und erteilt seinen Sklaven ἐξουσία (V. 34) und dieser Vollmacht entsprechende Aufträge. Der Türhüter etwa muss wachen und auf die Rückkehr des Herrn vorbereitet sein.[36] Die anschließende allegorische Anwendung des Bildworts (V. 35–37) für die Situation der Schüler angesichts des im Horizont apokalyptischer Theologie bevorstehenden Gerichts verteilt klar die Rollen: Gott selbst ist der Hausherr mit dessen Rückkehr immer gerechnet werden muss.[37] Nur er kennt den Zeitpunkt der Rückkehr (V. 32). Die Schüler sind die Sklaven, sie haben ἐξουσία von Gott selbst erhalten und sind

34 Damit ist nicht gesagt, dass die Taufe des Johannes selbst der sachliche Grund für die Vollmacht Jesu ist, so aber W. FENEBERG, Markuspassion, 171, mit Rekurs auf E. LOHMEYER, Mk, 242 Anm. 3: Die Johannestaufe ist „nicht ein analoges Beispiel, sondern der sachliche Grund der Vollmacht Jesu". Gegen diese Sicht erhebt J. GNILKA, Mk I, 139 Anm. 14, zu Recht Einspruch: Die Herabkunft des Geistes ist nicht Folge der Johannestaufe. Sollte dies vom Text intendiert sein, dann müsste m. E. ja zumindest auch der Täufer, der durch sein Tun den Geist Gottes vermittelt hätte, etwas von diesem Ereignis realisiert haben – was von Mk 1,10f gerade nicht gedeckt ist (nur Jesus sieht den Geist und hört die Gottesstimme). Die Geistbegabung geschieht vielmehr in unmittelbarem zeitlichem Zusammenhang zur Taufe. Taufe und Geistbegabung hängen nach Mk 1 mithin *temporal*, aber nicht *kausal* zusammen. Vorsichtig, aber m. E. richtig: G. SHAE, Question, 25–29: „Mark closely links together the baptism of John and Jesus' authority" (27); „the Evangelist understands the miraculous entry of the Spirit from Heaven into Jesus at his baptism by John as the explanation for the Source of Jesus' authority" (29). Ähnlich F. J. MOLONEY, Mk, 83.

35 Gegen I. BROER, ἐξουσία, 26, der im Blick auf die Vollmacht Jesu davon spricht, dass sie ihm in der Regel nicht von Gott übertragen wird. M. E. richtig: W. FOERSTER, ἐξουσία, 565; D. LÜHRMANN, Mk, 76f.197f.

36 Auffällig ist, dass Mk 13,35 die Rückkehr des Hausherrn nur in der Dunkelheit oder Dämmerung erwartet (spät – mitternachts – Hahnenschrei – Frühe: Die Einteilung der Nachtphase in vier Einheiten hat im Übrigen einen römischen Hintergrund: Während das Judentum drei Nachtwachen kannte, wurde die Nacht in römischer Tradition in vier Phasen eingeteilt, vgl. J. GNILKA, Mk II, 210). Er kommt scheinbar wie ein „Dieb in der Nacht" (Lk 12,39). Vgl. W. ECKEY, Mk, 340; F. J. MOLONEY, Mk, 271.

37 Gegen W. ECKEY, Mk, 340, der in der allegorischen Anwendung den Menschensohn Jesus als Hausherrn auffasst. Wenn aber das Bildwort, wie auch Eckey selbst konstatiert, von der nicht zu berechnenden und überraschenden Rückkehr des Hausherrn spricht und damit auf das apokalyptisch verstandene Ende der Zeit anspielt, dann kann nach Mk 13,32 nur einer um diesen Termin wissen: Gott selbst, der dann notwendig die Rolle des Hausherrn übernimmt.

aufgefordert wie alle anderen Menschen auch,[38] sich auf den Tag der Rückkehr des Hausherrn, also des Gerichts, vorzubereiten. Damit wird die den Schülern in Mk 3,15 und Mk 6,7 von Jesus gegebene ἐξουσία letztlich auf Gott selbst zurückgeführt, also die Instanz, die schon Jesus bei der Taufe durch den heiligen Geist ἐξουσία verliehen hat. Die jesuanische ἐξουσία hat ihren Urgrund und ihre Wurzel in Gott. Das ist im Vergleich zum kaiserlichen *imperium* natürlich eine Überbietung, erhält dieser doch seine Vollmacht vom römischen Senat.

9.4.3 Die Wirkungen der jesuanischen ἐξουσία

Die Auswirkungen des Einsatzes der jesuanischen ἐξουσία lassen sich im Blick auf die durch das Handeln Jesu Betroffenen unter die Schlagwörter *Befreiung* und *Reintegration* subsumieren.[39] Krankheit und die Besetzung durch unreine Geister grenzen die Betroffenen aus der menschlichen Gemeinschaft aus.[40] Die Heilung von Kranken und Besessenen befreit diese hingegen aus ihren misslichen Situationen. Paradigmatisch kann hier der Besessene von Gerasa angeführt werden (Mk 5,1–20). Streift er als Besessener durch die Gräber außerhalb aller menschlichen Siedlungen und verhält sich autodestruktiv (Mk 5,5), so sitzt er, nachdem Jesus aus ihm eine ganze Legion von unreinen Geistern ausgetrieben hat, ruhig und bei klarem Verstand einfach da (Mk 5,15). Andere Menschen nähern sich ihm. Er ist befreit und kann offensichtlich wieder in die menschliche Sphäre zurückkehren. Er wird zum Verkünder in der ganzen Dekapolis (vgl. Mk 5,20). Die jesuanische ἐξουσία dient also der Befreiung und Reintegration in die Gesellschaft – und indirekt auch der Verkündigung.[41]

9.4.4 Vollmachten im Vergleich: Innermarkinische Kontraste

Das ἐξουσία-Motiv wird im MkEv textimmanent mehrfach kontrastierend eingesetzt. Die jesuanische ἐξουσία steht dabei einerseits im Gegenüber zur Vollmacht und zum von Vollmacht geprägten Verhalten der Schriftgelehrten.

---

38 Auf die Öffnung von Mk 13,33–37 im Blick auf alle Menschen, insbesondere natürlich auf die Leserinnen und Leser des MkEv, machen z. B. D. Lührmann, Mk, 225, und L. Schenke, Mk, 300, aufmerksam.

39 J. Marcus, Mk, 284, spricht treffend von der „life-giving power" der jesuanischen ἐξουσία.

40 Vgl. nur die Regeln für den Umgang mit den unreinen Aussätzigen in Lev 13f. Sie müssen außerhalb der menschlichen Siedlungen leben (Lev 13,46) und andere vor ihrer Existenz warnen (Lev 13,45).

41 L. Schenke, Mk, 144, spricht davon, dass Jesus den Besessenen „aus der Macht des Bösen und Unreinen befreit hat". W. Eckey, Mk, 157: „Seine [sc. des Geheilten, M. L.] neu gewonnene innere Freiheit zeigt sich in äußerer Ordnung".

Sie steht zum anderen aber auch im Kontrast zum vollmächtigen Verhalten der Großen dieser Welt, derjenigen, die über die Völker zu herrschen scheinen (Mk 10,42). Offenkundig ist damit auch die Herrschaft Roms im Blick.

Zunächst wird in Mk 1,22 die Lehrvollmacht Jesu zur Lehre der Schriftgelehrten in Beziehung gesetzt.[42] Auch die Schriftgelehrten lehren – sie wenden scheinbare oder faktische jüdische Gesetze an und sprechen aus ihrer Sicht „Recht". Dies lässt sich aus verschiedenen Angaben im MkEv ableiten: In Mk 2,16 weisen sie auf die „falschen" Tischgenossen Jesu hin: die Sünder und Zöllner. In Mk 7,1–5 provozieren sie mit ihrem anklagenden Blick auf die ungewaschenen Hände der Schüler eine längere Gegen-Belehrung Jesu über Reinheit und Unreinheit. Es geht ihnen also um eine getreue Gesetzesobservanz. Ebenso angedeutet wird ihr Wissen um und Pochen auf andere religiöse Traditionen des Judentums, die sie apodiktisch wie Rechtssätze darstellen (Mk 9,11: Elija *muss* vor dem Messias kommen; Mk 12,35: Der Messias *ist* Sohn Davids). Es handelt sich mithin um „religiöse Rechtsexperten".[43] Von hier aus lässt sich über den lehrmäßigen Kontrast zwischen Schriftgelehrten und Jesus auch der Inhalt der jesuanischen Lehre erfassen. Auch sie ist zu einem Gutteil Rechtsprechung (im Blick auf Reinheitsfragen: Mk 7,1–23; Eherecht: Mk 10,2–12; 12,18–27; Steuern und Abgaben: Mk 12,13–17) – getragen von der besonderen ἐξουσία Jesu. Hier zeigt sich eine weitere Parallele zur ἐξουσία, zum *imperium* des Triumphators, insofern auch sein *imperium* die Kompetenz zur Rechtsprechung beinhaltete.

Wichtiger noch als die Lehrinhalte ist die Bewertung der Schriftgelehrten durch den mk Jesus bzw. den Erzähler. Und hier bleibt kaum Spielraum für Missverständnisse.[44] Die Schriftgelehrten haben bereits vor jeder Verhandlung über Jesus ihr Urteil gesprochen: Er muss sterben (Mk 11,18; 14,1). Entsprechend sind sie bei der Verhandlung (Mk 14,53; 15,1) und der späteren Verspottung (Mk 15,31) aktiv. Diese Beteiligung der Schriftgelehrten am jesuanischen Geschick sagt Jesus in zwei der drei Passionssummarien auch voraus (Mk 8,31; 10,33). Ihre Lehren und das korrespondierende Verhalten bezeichnet Jesus als Heuchelei und Menschenwerk, das das Wort Gottes selbst zu entmachten suche (Mk 7,6–13).

Konfrontiert man ihre Lehren in dieser Perspektive mit der in der Frage nach der Herkunft der jesuanischen ἐξουσία aufgezeigten Alternative: himm-

---

42 Die Schriftgelehrten sind die „chief adversaries of Jesus in Mark", so H. Fleddermann, Warning, 53. Grundlegend D. Lührmann, Pharisäer, 172–174.177–185; vgl. auch D. Lührmann, Mk, 50f. Vgl. auch unter I 5.2.3.

43 W. Eckey, Mk, 75. Vgl. auch den kurzen, aber instruktiven Exkurs bei J. Gnilka, Mk I, 79, der für die Schriftgelehrten, die korrekte Anrede war „Rabbi" (provokativ für Jesus: Mk 9,5; 10,51; 11,21; 14,45), drei Aufgaben ausmacht: Aktualisierung und Anwendung der Toravorschriften, Unterricht von Schülern, Rechtsprechung.

44 Einzig der Schriftgelehrte in Mk 12,28–34 fällt hier positiv aus dem Rahmen. An allen anderen Stellen treten die Schriftgelehrten als Kollektiv auf.

lische oder menschliche Herkunft (Mk 11,27–33), muss man sagen: Die Lehre der Schriftgelehrten selbst ist in der Darstellung des MkEv durch und durch von der menschlichen Sphäre bestimmt.[45] Für sie gilt, dass sie sich nicht auf eine himmlische Herkunft berufen darf.[46] Dabei führt Markus eine feine terminologische Unterscheidung ein. Die Lehre Jesu wird jeweils als διδαχή bezeichnet (Mk 1,22.27; 4,2; 11,18; 12,38). Die Lehre der Schriftgelehrten hingegen mit dem Ausdruck διδασκαλία (Mk 7,7). Dabei kommt es in Mk 7,6–8 zu einer gewichtigen Verschiebung. Bei Mk 7,6f handelt es sich nämlich um ein Zitat aus Jes 29,13. Markus gibt den Text dabei mit einer im Vergleich zur Übersetzung der LXX [Rahlfs] spezifischen Abweichung wieder.[47]

Mk 7,6–8		*Jes 29,13 LXX [Rahlfs]*	
6a	ὁ δὲ εἶπεν αὐτοῖς·	13a	καὶ εἶπεν κύριος·
6b	καλῶς ἐπροφήτευσεν Ἠσαΐας περὶ ὑμῶν τῶν ὑποκριτῶν,		
6c	ὡς γέγραπται [ὅτι]		
6d	οὗτος ὁ λαὸς τοῖς χείλεσίν με τιμᾷ,	13b	ἐγγίζει μοι ὁ λαὸς οὗτος τοῖς χείλεσιν αὐτῶν τιμῶσίν με,
6e	ἡ δὲ καρδία αὐτῶν πόρρω ἀπέχει ἀπ᾽ ἐμοῦ·	13c	ἡ δὲ καρδία αὐτῶν πόρρω ἀπέχει ἀπ᾽ ἐμοῦ,
7a	μάτην δὲ σέβονταί με	13d	μάτην δὲ σέβονταί με
7b	διδάσκοντες διδασκαλίας ἐντάλματα ἀνθρώπων.	13e	διδάσκοντες ἐντάλματα ἀνθρώπων καὶ διδασκαλίας.
8a	ἀφέντες τὴν ἐντολὴν τοῦ θεοῦ		
8b	κρατεῖτε τὴν παράδοσιν τῶν ἀνθρώπων.		

Bei Jesaja handelt es sich in V. 13e um eine Aufzählung: Menschengebote und ohne weitere Spezifizierung bezeichnete Lehren stehen parallel nebeneinander. Im mk V. 7b hingegen werden die Menschengebote im Sinne einer Klassifizierung auf den Begriff Lehre bezogen. Die Lehre der Schriftgelehrten selbst wird entschieden als Menschengebot klassifiziert und damit nachdrücklich abqualifiziert. Und um die Sache abzuschließen und keine Zweifel aufkommen zu lassen, formuliert der mk Jesus jene bittere semantische Opposition, die V. 8

45 Und im Blick auf den Beelzebulvorwurf sogar dämonisch konnotiert.

46 Vgl. D. Lührmann, Mk, 127; L. Schenke, Mk, 183f.

47 Vgl. dazu auch C. Blumenthal, Gott, 68–71.

auszeichnet: Das Gebot Gottes (ἐντολή) wurde von den Schriftgelehrten durch menschliche Traditionen (παράδοσις) ersetzt.

Schließlich wird in einer Art Generalabrechnung[48] – einer beißenden „Klerikerkritik"[49] – das gesamte Verhalten der Schriftgelehrten negativ geschildert. Sie schielen nur nach den besten Plätzen bei Gottesdienst und Festmahl, sie sehnen sich nach eindrucksvoller Kleidung[50] und Prestige. In Wahrheit beten sie nur zum Schein lange und nutzen die bereits Gebeutelten aus (Mk 12,38–40).[51] Vor ihnen muss man sich in Acht nehmen. Die Schriftgelehrten sind damit ein Oppositionsbild zu Jesus und seinen Schülern. Sie haben zwar keine ἐξουσία (Mk 1,22), lehren aber dennoch und wollen verehrt werden, als hätten sie ἐξουσία. Umgekehrt haben Jesus und die Seinigen ἐξουσία, suchen damit aber im Idealfall nicht Prestigegewinn.[52]

Mit diesem letztlich sozialschädlichen Verhalten, durch das sie die unteren Schichten in der Perspektive Jesu ausbeuten und unterdrücken, stehen die Schriftgelehrten einer anderen Gruppe nahe, die durch den kontrastiven Einsatz des ἐξουσία-Motivs ebenfalls besonders hervorgehoben ist – und daher den Vergleich zwischen triumphatorischem *imperium* und jesuanischer ἐξουσία provoziert. Gemeint sind die, die über die Völker zu herrschen Geltenden und ihre Großen (Mk 10,42), also die irdischen Machthaber und Herrscher.[53] Und damit ist gewiss auch Rom im Blick. Auch sie haben – scheinbar – ἐξουσία. Ihre Macht nutzen sie nach unten hin aus (κατ-εξουσιάζω). Sie leben

48 Die Stelle gleicht einer Kritikkanonade: Nicht weniger als sechs unterschiedliche Kritikpunkte bringt der mk Jesus hier vor, an deren Ende eine harte Gerichtsandrohung steht.

49 L. Schenke, Mk, 280. Allerdings ist damit nicht gemeint, dass es sich bei den Schriftgelehrten wirklich um Tempelpersonal handelt.

50 Um welche besonderen Kleidungsstücke es sich hier handelt, ist nicht definitiv geklärt. Als Möglichkeiten werden diskutiert: ein die Schriftgelehrten gesondert kennzeichnender Talar; die besonderen Schaufäden des Gewandzipfels; ein teures sabbatliches Festkleid (dazu: K. H. Rengstorf, ΣΤΟΛΑΙ); vgl. insgesamt J. Gnilka, Mk II, 174. Vielleicht ist die moderne Assoziation, die der hier im Griechischen verwendete Begriff στολή aufruft, nämlich an das liturgische Amtszeichen und Unterscheidungsmerkmal für Kleriker zu denken, im Blick auf die Funktion bei Markus nicht so falsch. Jedenfalls muss es sich um ein besonderes Gewand handeln, das die Schriftgelehrten im Gegenüber zu anderen Juden auszuzeichnen vermag und sie als solche erkennbar macht.

51 Die Ausbeutung („‚die Häuser fressen' ist gleichbedeutend mit der widerrechtlichen Aneignung von Hab und Gut", J. Gnilka, Mk II, 174) unterlegener Gesellschaftsschichten, konkret der Witwen, ist bereits in der prophetischen Sozialkritik des AT fest verankert (Jes 1,23; 10,2; Ez 22,7.25). Umgekehrt gilt: Das Reich Gottes wird dort Realität, wo Witwen gerecht behandelt werden (vgl. z. B. Jer 7,6f). Vgl. B. Heininger, Metaphorik, 202–206.

52 Vgl. H. Fleddermann, Warning, 66f. Dass die Schüler dabei hinter den Anforderungen ihres Lehrers zurückbleiben und Jesus sie immer wieder belehren muss, verdeutlicht Mk 10,35–45. Vgl. dazu auch meine Überlegungen in M. Lau, Jesusnachfolge.

53 L. Schenke, Mk, 252.

also ihre ἐξουσία auf Kosten anderer Menschen.[54] In diese Linie lässt sich die triumphatorische ἐξουσία, wie sie für die Großen im Imperium Romanum üblich ist, einzeichnen. Analog zu den Schriftgelehrten geht es auch hier primär nur um den eigenen Gewinn. Dabei ist die Bewertung im Blick auf die Schüler Jesu im MkEv eindeutig: „Nicht so aber ist es unter euch …“ (Mk 10,43). Und als Begründung für diese Maxime dient das Beispiel des mit ἐξουσία ausgestatteten Jesus selbst, der „nicht kam, um bedient zu werden, sondern um zu dienen und zu geben sein Leben als Lösegeld für viele“ (Mk 10,45).

9.5 Ergebnisse

Das MkEv zeichnet sich durch einen reflektierten Einsatz der Rede von der ἐξουσία Jesu aus. Im Licht der übrigen Anspielungen auf das Ritual des Triumphzugs lässt sich dabei die jesuanische ἐξουσία, die ihrerseits semantisch polyvalent ist, mit dem *imperium* römischer Triumphatoren vergleichen. Dabei zeigt sich zunächst eine Übernahme des Prätextmotivs, insofern Jesus ἐξουσία zugesprochen wird. Das verstärkt seine Rolle als Triumphator (wie das schon im Rahmen von Mk 6,30–44 erfolgt ist) und steht in Parallelität zum römischen Triumphator, für den ein *imperium* eine notwendige Bedingung ist, um einen Triumphzug feiern zu dürfen. Auch Jesus erfüllt diese Bedingung. Wie beim paganen *imperium* üblich, kann auch Jesus seine ἐξουσία an andere delegieren. Konkret sind das im MkEv die Schüler Jesu. Nimmt man hinzu, dass die Schüler Jesu eine ῥάβδος tragen dürfen, dann erscheint Jesus zusätzlich wie von zwölf Liktoren begleitet. Auch das steht in Parallelität zu einem klassischen Imperiumsträger im römischen Reich, der von Liktoren begleitet wird. Das gilt auch für den Triumphator, der im Triumphzug von seinen Liktoren begleitet wird.

Freilich wird das Prätextmotiv innovativ eingespielt. Es wird zunächst durch eine Überbietung mutiert. Leitet sich die kaiserliche ἐξουσία letztlich aus der Verleihung durch den römischen Senat ab, so kann sich die jesuanische ἐξουσία auf Gott selbst zurückführen, der Jesus im Kontext der Taufe durch heiligen Geist ἐξουσία übermittelt. Die jesuanische Vollmacht gründet im Vergleich zur kaiserlichen Vollmacht wie auch zur Vollmacht der Schriftgelehrten in einer höheren Sphäre. Zur Innovation trägt auch bei, dass die vermeintlichen Liktoren Jesu, die Schüler, den Triumphzug Jesu, also den Weg ans Kreuz, gerade nicht mitvollziehen. Sie alle sind geflohen. Den Weg ans Kreuz, ans mk Kapitol,

54 W. Eckey, Mk, 274, spricht mit Blick auf diese Stelle von den römischen Prokuratoren als „Blutsaugern“, die die Bevölkerung ihrer Verwaltungsbezirke rücksichtslos ausbeuten. Zur Kontrastierung von Mk 10,42–45 mit der jesuanischen ἐξουσία vgl. auch M. Ebner, Vollmacht, 23–26.

der ja in Parallelität zum Triumphzug steht, vollzieht Jesus allein, ohne Anhänger, umgeben von Gegnern und begleitet nur von einem, der dazu gezwungen werden muss. Hier zeigt sich im Vergleich zum römischen Triumph eine Kombination von Leerstelle und Invertierung, insofern der Triumphator von seinen Liktoren und Anhängern im Triumph begleitet wird, Jesus hingegen nur von seinen Feinden ein Weggeleit erhält. Schließlich sind es weitere Invertierungen, die zur Innovation im Rahmen der Anspielung entscheidend beitragen und die für das inhaltliche Verständnis der jesuanischen ἐξουσία als einer zum römischen *imperium* kontrastiven Größe entscheidend sind. Invertierungen finden sich nämlich hinsichtlich des Inhalts und der Wirkung der ἐξουσία. Die triumphatorische ἐξουσία nützt primär einer Person: dem Triumphator selbst. Er setzt seine Macht für sich ein und will am Ende als großer Mann dastehen. Der Einsatz seines *imperium* zielt auf den eigenen Prestigegewinn – analog zum Vorgehen der Schriftgelehrten (Mk 12,38–40). Die ἐξουσία des Triumphators ist vor allem eine militärisch-kriegerische, sie bedeutet für viele Völker Unterdrückung – wie in Mk 10,42 versprachlicht – oder sogar den Tod durch römische Legionen, die der ἐξουσία ihres Oberbefehlshabers gehorchen müssen. Die ἐξουσία Jesu dient anderen Menschen. Befreiung von Krankheit, Besessenheit und Sünde sowie Reintegration in die Gesellschaft, also Lebensgewinn in einem umfassenden Sinn, sind angezielt. Sich selbst bringt der mk Jesus damit in Verruf (s. das Beelzebulstreitgespräch), ihm geht es offensichtlich nicht um sein eigenes Fortkommen, geschweige denn um eigenen Ruhm und Ehre.

Zugespitzt: Die triumphatorische ἐξουσία ist für viele tödlich und für ihren Träger höchst förderlich, sie macht ihn zu einem großen Mann, indem sie die Leistungen der vielen, auch den Blutzoll der Soldaten, auf ihn bündelt. Die jesuanische ἐξουσία ist für viele förderlich und für den Träger – mindestens mittelbar – tödlich. Wir haben es also erneut mit einem Kontrastprogramm zu tun, das in diesem Fall eine Oppositions-ἐξουσία zu den Schriftengelehrten wie im Blick auf den Triumphator entwirft. Jesus erscheint wie der Triumphator mit *imperium*/ἐξουσία ausgestattet, aber er setzt seine Macht vollkommen anders ein.

* * *

Damit sind wir an das Ende der Textuntersuchungen gelangt, die nach Triumphzugsallusionen im MkEv gefahndet haben und die entsprechenden Texte präzise analysiert haben. Eine lange Wegstrecke ist zurückgelegt. Im nächsten Schritt gilt es, synthetisch Rückschau zu halten und abschließende Interpretationen vorzunehmen.

IV. Auswertung

Am Ende der Studie gilt es Rückschau zu halten und eine bündelnde, systematisch auswertende und die Erträge der geleisteten Forschungsarbeit zusammenfassende Ergebnissicherung zu präsentieren. Das Auswertungskapitel ist diesen Zielen verpflichtet. Allerdings handelt es sich nicht um ein klassisch summierendes Fazit, das alle größeren oder kleineren Ergebnisse, alle Neuentdeckungen am mk Text oder Neupositionierungen im Forschungsdiskurs nur wiederholt und den roten Faden der Studie nochmals nachzeichnet. Die Auswertung ersetzt nicht die Lektüre der gesamten Arbeit. Mir geht es an dieser Stelle vielmehr um eine auf der Basis der zuvor geleisteten Arbeit beruhende synthetische und insofern natürlich auch Rückschau haltende Auswertung und Interpretation, die an der Ausgangsfrage, der These und den Zielen der Arbeit (vgl. I 2; I 3.5) orientiert ist.

Das Auswertungskapitel hat dabei zwei große Schwerpunkte. Im ersten Teil kommen zunächst die Art und Weise der mk Triumpzugsallusionen in den Blick, also die Techniken der chiffrierten Referenzen auf den Triumphzug. Hier wird es darum gehen, die im Laufe der Untersuchung gefundenen Anspielungstypen zu differenzieren, die unterschiedlichen Markierungstechniken gebündelt darzustellen, die Innovations- und Transformationsprozesse, die sich in Form von Selektion und Mutation der Prätextmotive auf der Makro- wie auch der Mikroebene ereignet haben, nachzuzeichnen und die Metaphorisierung des Triumphzugs durch das MkEv mit anderen literarischen Funktionalisierungen des Triumphes in der Alten Welt zu vergleichen. Gerade in diesem Kontext wird auch die Kategorie der Parodie wieder von Bedeutung sein.

Im zweiten Teil sollen die bisher angestellten Textbeobachtungen zur Funktion der Triumphzugsallusionen und damit zur Pragmatik der jeweiligen Perikopen synthetisch interpretiert werden. In diesem Kontext wird auch zu fragen sein, warum Markus eigentlich nicht durchsichtiger, d. h. für die Leserinnen und Leser offensichtlicher auf den Triumphzug alludiert. Inhaltlich wird sich zeigen, dass es quer durch alle behandelten Perikopen gemeinsame thematische Linien gibt, die die diversen Perikopen miteinander verbinden. In diesem Rahmen wird dann die Triumphzugsthematik in Forschungsperspektiven zum MkEv eingeordnet, die durch die in dieser Arbeit ausgewiesenen Triumphzugsallusionen bereichert werden. Das ist zum einen die antiimperiale Lesart des MkEv. Hier wird die Kategorie der Triumphzugsparodie zentral sein. Zum anderen leisten die Triumphzugsallusionen einen Beitrag zur Konturierung der narrativen Christologie des MkEv. In diesem Zusammenhang wird es auch um das Thema der Jesusnachfolge im Sinne von Kreuzesnachfolge gehen.

1. Die mk Triumphzugsallusionen in technischer Perspektive

Anspielungen auf den Triumphzug innerhalb des MkEv haben sich durch Textbeobachtungen wahrscheinlich machen lassen. Sie für das MkEv exegetisch zu behaupten, ist plausibel. Das ist ein wichtiges erstes Ergebnis der Studie.

Natürlich ist mit diesem Ergebnis keine Garantie verbunden, dass der *executive author*, also Markus, diese Anspielungen auch wirklich intendiert hat. Solche Garantien kann es im Blick auf das MkEv nicht geben (vgl. I 4.1). Es handelt sich vielmehr um eine auf der Basis der vorangehenden Analysen fußende gut begründete Interpretationsoption für eine Vielzahl mk Textdetails aus der Perspektive der mk Gemeinde, also der Erstleserinnen und -leser des Textes, die mit dem Triumphzug gut vertraut waren. Daran sei an dieser Stelle explizit erinnert, wenn im Folgenden von den mk Intentionen, den Textfunktionen und den (möglichen) Autorintentionen die Rede sein wird.

Dabei haben sich diese Anspielungen durchgehend als chiffrierte Referenzen erwiesen. Sie erfolgen selektiv und voraussetzungsreich und erfordern die Mitarbeit der Leserinnen und Leser bei der Entschlüsselung. Das ist – wie unter II 6 gezeigt – in der antiken Welt möglich und lässt sich auch außerhalb des MkEv nachweisen. Antiken Menschen ist eine entsprechende Entschlüsselungskompetenz daher zuzutrauen. Das gilt besonders für die mk Gemeinde, die ich in Rom nach 70 n. Chr. verortet habe (vgl. I 5.1; I 5.2).

Neben dieser prinzipiellen Gemeinsamkeit des chiffrierten Charakters unterscheiden sich die Allusionen innerhalb des mk Textes allerdings in mancherlei Perspektive voneinander. Das betrifft die Markierungstechniken und damit den Grad an Chiffrierung, den spezifischen Bezug auf einen Referenzpunkt, also ein Prätextmotiv, wie auch den Grad von Selektion und Mutation.

1.1 Allusionstypen

Die Art der Allusionen auf den Triumphzug, die sich im mk Text finden, lassen sich im Blick auf den alludierten Referenzpunkt, das Prätextmotiv, heuristisch unterscheiden. Die Textanalysen und die Würdigung des Forschungsdiskurses haben dabei drei unterschiedliche Allusionstypen aufgedeckt. Die zahlenmäßig *größte Gruppe* bilden dabei *Allusionen auf einen spezifischen Referenzpunkt* im Rahmen des Triumphzugsrituals. Das sind in der Reihenfolge des Auftretens der Motive im mk Text (III 1–9): das Prätorium, die Kohorte, das Purpurgewand, der Kranz und der Gewandwechsel, die Begrüßung und Huldigung, der Spott und die Gewalt gegen Jesus, der zweite Gewandwechsel, die

Prozessionssemantik, das mk Kapitol, der Kreuzestitulus, der Tod Jesu, der Auftritt des Todesboten, die Rede von der Vollmacht Jesu, die Speisung der 5000 und die weißen Gewänder Jesu. Manche dieser Allusionen sind deutlicher implizit markiert als andere und verweisen eindeutiger auf die Welt des Triumphes, andere haben zwar einen eindeutigen Referenzpunkt im Rahmen des Triumphzugsrituals, erscheinen aber erst im Licht der deutlichen Triumphzugsanspielungen selbst als Allusionen. Die Allusionen beleuchten und ergänzen sich gegenseitig.

Von dieser ersten Gruppe von Allusionen lässt sich eine kleine *zweite Gruppe* von chiffrierten Referenzen unterscheiden, deren Referenzpunkt nicht ein Ritualbaustein im Triumphzugsritual ist, sondern die auf einen *einzelnen Triumphzug als historisches Ereignis alludieren*: den Triumph der Flavier von 71 n. Chr. Das ist zum einen das Kreuzigungstrio, das sich primär als Gegenentwurf zum flavischen Triumphzugstrio verstehen lässt (III 2.9), zum anderen die Erzählung von der Spaltung des Tempelvorhangs, der im Flaviertriumph öffentlich präsentiert wurde (III 3.5). Diese Anspielungen machen eine Entstehung des MkEv in Rom nach 71 n. Chr. wahrscheinlich. Nur dann lässt sich nämlich die große Inklusion des MkEv, die doppelte Himmelsspaltung, die Taufe und Hinrichtung miteinander verbindet, aus Sicht der Rezipienten entdecken.

Eine *dritte Gruppe* bilden Textdetails, für die es keinen eindeutigen und singulären Referenzpunkt im Rahmen des Triumphzugs gibt, deren Verständnis sich aber im Licht der übrigen Triumphzugsanspielungen, d. h. durch den mk Kontext, verändert. Diese Textdetails beginnen im Rahmen des durch das Anspielungscluster eröffneten Verständnisraumes *indirekt auf die Welt des Triumphzugs zu alludieren.* Die „Magie der Anspielungen" verwandelt diese Textdetails und gibt ihnen einen semantischen Mehrwert. Das gilt für Textdetails aus dem Erzählzusammenhang Mk 15,21–16,8 wie auch für den mk Text ab Mk 1,1. Denn durch die über das offene Ende evozierte erneute Lektüre des MkEv kann sich das Anspielungscluster auch auf das Verständnis von Mk 1,1–15,15 auswirken. Im mk Text gehören u. a. der Auftritt Simon von Kyrenes (III 2.4), die Ablehnung des Weines durch Jesus (III 2.6), die Kleiderzerteilung (III 2.7) sowie die Würdigung Jesu durch den Centurio (III 3.6) zu dieser Gruppe von vielleicht am besten als indirekt zu bezeichnenden Allusionen.

1.2 Markierungstechniken

Das MkEv verwendet unterschiedliche Techniken, um die anspielenden Segmente implizit zu markieren. Zu nennen sind:

- der Codewechsel in Form eines Latinismus (III 1.5);
- der Einsatz der ὅ-ἐστιν-Formel, der in Mk 15,16ab zudem noch mit einer sachlichen Spannung verbunden ist (III 1.5; III 2.5);
- die auffällige Abweichung von atl. Prätextmotiven, die den Leserinnen und Lesern bekannt sind, so dass die Abweichung irritierend wirkt (III 7; III 8);
- die erzählerische Präzision, die sich als für die Leserinnen und Leser erkennbare und irritierende intratextuelle Spannung erweist (III 6);
- der Einsatz ungewöhnlicher Lexeme (III 1.10);
- die Nennung von Erzähldetails, die aus der Rezipientenperspektive in sachlicher Spannung zum historisch Möglichen stehen und daher nach dem Sinn des Erzählten fragen lassen (III 1.6–1.9; III 4).[1]

Stets ist dabei die Markierung eine Eigenschaft des anspielenden Segments selbst und stets richten sich die Markierungen an die Rezipientinnen und Rezipienten des Textes. Sie werden adressatenorientiert in den Text eingeflochten.

Im Blick auf die Intensität der impliziten Markierungen finden sich anspielende Segmente, die mehrfach markiert sind und dadurch besonders auffällig erscheinen. Am stärksten fällt dabei die Markierung des anspielenden Segments „Prätorium“ im Rahmen von Mk 15,16ab aus (III 1.5.3). Es eröffnet erstmals den Verstehensraum „Triumphzug“. Andere anspielende Segmente sind hingegen kaum markiert. Das muss nicht bedeuten, dass das anspielende Segment aus der Perspektive des mk Lesepublikums, also der mk Gemeinde, nicht trotzdem deutlich alludieren kann. So verweist der *titulus* von Mk 15,26, der praktisch nicht als Anspielung markiert ist, doch sehr deutlich auf die *tituli* für königliche Gefangene, weil die Parallelen bei Kenntnis des Prätextmotivs überaus evident sind. Andere anspielende Segmente, die kaum markiert sind, gewinnen hingegen ihre Plausibilität nur im Verbund mit anderen Allusionen und fallen isoliert betrachtet kaum auf. Sie drohen, überlesen zu werden. Hier leistet die Kombination von Anspielungscluster und offenem Ende, das zur erneuten Lektüre des Textes verleitet, einen entscheidenden Beitrag.

1 Diese Formen der impliziten Markierung erinnern in Teilen auffällig an die Kriterien der Literarkritik. Und in der Tat vermuten Exegetinnen und Exegeten für manche Textdetails, die ich als anspielende Segmente beschrieben habe, einen literarkritischen Bruch und einen redaktionellen Überarbeitungsprozess (s. dazu jeweils unter III).

1.3 Leserlenkung durch Anspielungscluster und Neulektüre

Die literarisch besonders ausgeklügelte technisch-erzählerische Leistung des MkEv besteht darin, dass sich die relativ spät im gesamten Erzählverlauf findenden Triumphzugsanspielungen zunächst auf fünf Verse, Mk 15,16–20, bündeln. Auf engstem literarischen Raum finden sich quantitativ viele, qualitativ relativ eindeutige und vor allem implizit stark markierte Textdetails, die als chiffrierte Referenzen und damit anspielende Segmente verstanden werden können. Sie bilden ein Cluster und spielen den Prätext Triumphzug als möglichen Verstehenshorizont im Lesevollzug erstmals ein. Dieses Cluster fokussiert die Wahrnehmung der Leserinnen und Leser und ermöglicht es, im weiteren Erzählverlauf vorhandene, aber schwächer markierte Textdetails ebenfalls als Anspielungen zu lesen. Dass der Erstleser mit dieser Lektürehaltung auf der richtigen Spur ist, scheint mir gerade durch den Kreuzestitulus, der in besonders deutlicher Parallelität zum Triumphzug steht, erzählerisch abgesichert zu werden. Der *titulus* ist ein wichtiger Haftpunkt, der der Leserin bestätigt, dass sie mit ihrer Lektüre der mk Passionsgeschichte vor dem Hintergrund des Triumphes auf den Spuren einer im Text vorhandenen Allusionskette ist. Die geweckte Lesererwartung wird befriedigt.

Das Cluster wirkt sich über die Konzeption des offenen Endes, das an den Anfang der Erzählung zurückverweist und zur Neulektüre des MkEv einlädt, auch auf den bereits gelesenen mk Text aus. Das Cluster hat die Fähigkeit, bei der Erstlektüre im Licht des Triumphzugs zunächst unauffällige Erzähldetails als anspielende Segmente erscheinen zu lassen, für sie einen semantischen Mehrwert zu generieren, den die durch das Cluster gelenkten Leserinnen und Leser im Sinne einer Anspielung auf den Triumphzug entschlüsseln können. Es findet mithin eine Relektüre des MkEv unter dem Eindruck des Anspielungsclusters statt. Markus bereitet seinen Leserinnen und Lesern ein echtes Leseerlebnis. Er gibt ihnen die Chance, verborgene Bedeutungsebenen bei der Zweitlektüre neu zu entdecken. Markus schafft also eine Erzählung mit (mindestens) zwei Bedeutungsebenen. Die Neulektüre ist nicht einfach ein Leseprozess der Wiederholung von bereits Bekanntem, sondern gleicht einer lohnenden Reise in ein bisher unentdecktes Land.

1.4 Selektion, Mutation und Innovation im Rahmen der Allusion

Der Triumphzug wird im MkEv innovativ eingespielt. Das haben die Analysen aufgezeigt. Es werden aus dem Set an Prätextmotivbestandteilen Elemente selektiert, und nur auf einen Teil des Triumphzugs wird alludiert. Und dort, wo es Allusionen gibt, sind diese z. T. mutiert. Das betrifft die Mikroebene der einzelnen Anspielung auf ein Prätextmotiv, das betrifft aber genauso die

Makroebene, die das gesamte MkEv und das gesamte Ritual Triumphzug in seiner Ritualsyntax und -liturgie in den Blick nimmt.

1.4.1 Innovations- und Transformationsprozesse auf der Makroebene

Auf der Makroebene, also im Blick auf das gesamte MkEv und den gesamten Triumphzug, ist ein deutlicher Innovationsprozess in Form von Selektion und Mutation zu beobachten. Bereits die Anwendung des römischen Rituals Triumphzug auf den Passionsweg Jesu stellt eine gewichtige Innovations- und damit Transformationsleistung dar. Markus erzählt eben keinen Triumphzug, sondern er nutzt das Ritual des Triumphes literarisch-funktional. Er entwickelt – so legt es der mk Text nahe – über die Anspielungen eine Triumphzugsmetaphorik, die den Weg Jesu zur Hinrichtung und Teile der Passionsereignisse in das Licht des Triumphzugs taucht. Das freilich ist im Rahmen antiker Literatur nicht ungewöhnlich (vgl. II 5). Der Triumphzug lässt sich in dieser Weise literarisch funktionalisieren und als Bildspender verwenden.

Vergleicht man nun über diese grundlegende Innovation hinaus den Triumphzug und das MkEv auf der Makroebene, dann fällt auf, dass aus dem Gesamt des Rituals nur bestimmte Motivbestandteile eingespielt werden, die sich im Blick auf die Ritualsyntax des Triumphes zu Feldern bündeln lassen: Dies sind Teile des *ius triumphandi*,[2] sodann eine Reihe von Ritualbausteinen, die am Anfang des Triumphzugs stehen und die mit dem Triumphator verbunden sind sowie noch vor dem Beginn der Prozession erfolgen,[3] das ist zudem der Aspekt der Prozession zum Kapitol selbst und schließlich auch das Geschick des königlichen Gefangenen.[4] Im Blick auf die Ritualagenten des Triumphzugs gibt es eine Reihe unmittelbarer Anspielungen auf die Figur des Triumphators wie auf die Figur des königlichen Gefangenen; zudem finden sich ausgeprägte Anspielungen auf die Figur des Todesboten und die Figurengruppe der Soldaten; schließlich lassen sich schwach ausgeprägte Anspielungen auf die Triumphzugszuschauer ausmachen.

Demgegenüber finden sich keine Anspielungen auf den Staatssklaven und seine Funktionen, kaum Anspielungen auf die Staatselite oder die im Triumphzug vorgeführten Befreiten, es kommt zu keiner Beutepräsentation, es gibt keine Gebete, keine Opfertiere und kein Opfer. Am Ende gibt es kein

---

2 Konkret die Tötung der 5000 Feinde und das *imperium* des Triumphators.

3 Dazu gehören die äußere Transformation zum Triumphator über Gewandwechsel, Kranz und Purpurgewänder, das Prätorium als Übernachtungsort und das Aufeinandertreffen des Triumphators mit seinen Soldaten am Morgen.

4 Hierher gehören die Präsentation Jesu in seinen königlichen Gewändern, Spott und Gewalt gegen Jesus, der Kreuzestitulus und die Hinrichtung Jesu.

Festessen und keine Geschenke. Jesus hält kein Szepter in seinen Händen und fährt auch nicht in einem Triumphwagen. Die *porta triumphalis* spielt keine Rolle. Dem jesuanischen „Triumphzug“ ging kein gewonnener Krieg voraus, und eine wirklich affirmative Huldigung Jesu findet nicht statt. Jesus ist allein, von Anhängern ist keine Spur zu finden. Der jesuanische Triumphzug ist keine Siegesfeier und augenscheinlich auch keine Maschine, die einen großen Mann produzieren würde. Der mk Text spielt also offensichtlich nicht auf jedes größere oder kleinere Detail im Triumphzug an. Es gibt signifikante *Leerstellen*. Für das Ritual durchaus wesentliche Motivbestandteile fehlen.

Freilich ist dies angesichts der literarischen Metaphorisierung des Triumphes im MkEv nur natürlich. Markus wählt Motivbestandteile aus, die er auf die Erzählfigur Jesus anwenden kann. Das sind vor allem Motivbestandteile, die mit den Figuren des Triumphators und des königlichen Gefangenen verbunden sind. Entsprechend entwirft das MkEv für Jesus eine *Doppelrolle*. Das insofern zu verzeichnende Fehlen von Anspielungen auf typische Motive des Triumphzugs wird von den Leserinnen und Lesern des Textes, die die Triumphanspielungen grundsätzlich entdeckt haben und deren Wissen um den Triumph dadurch für die Lektüre des MkEv aktiviert worden ist, bemerkt worden sein. Das spezifische Fehlen von Allusionen auf einzelne Ritualbausteine im Rahmen einer grundsätzlichen Allusion auf den übergreifenden Prätext, eben das Triumphritual, kann dabei durchaus bedeutsam sein und eine Funktion haben. In diesem Sinne trägt auch die Leerstelle Sinn. Die Leserinnen und Leser haben daher die Chance, die Leerstellen mit Sinn zu füllen, also nach der mk Pragmatik hinter den Leerstellen zu fragen.

Die Lücken im Rahmen der mk Allusionen auf den Triumphzug tragen dabei inhaltlich zur Charakterisierung Jesu und auch zur Kritik an den Schülern Jesu bei. Die Leerstellen erwecken den Eindruck, dass Jesus zwar wie ein König und Triumphator erscheint, aber kein Kriegsherr und kein Eroberer ist. Anspielungen auf diese Elemente des *ius triumphandi* fehlen. Auch fehlen sämtliche Anspielungen auf die für den Triumph so wichtige „Leistungsschau“: Jesus kann in seinem Triumphzug nichts und niemanden vorweisen: Er hat keine Beute gemacht, er hat nichts erobert, er kann keine Anhänger, Freunde oder Familie – auch von seinen Schülern ist ja längst nichts mehr zu sehen – vorweisen, niemanden hat er augenscheinlich befreit oder gefangen genommen. Der einzige königliche Gefangene, der vorgeführt und mit einem *titulus* stilecht identifiziert wird, ist Jesus selbst. Die wahrgenommenen Leerstellen konturieren also das Jesusbild des MkEv und zeigen einige der Spezifika des Lebens und Sterbens des mk Jesus an. Wir werden darauf zurückkommen (vgl. IV 2.3).

Vergleicht man nun nach dieser Auswertung entdeckter Leerstellen nochmals abschließend auf der Makroebene die Ritualsyntax des Triumphes und die mk Triumphzugsallusionen, dann fällt auf, dass sich die mk Allusionen tatsächlich zu Feldern bündeln lassen: Die Anspielungen auf den Triumphzug erfolgen nicht wahllos punktuell auf unverbundene Einzelmotive im Triumphzug. Sie wirken nicht wie ein Fleckenteppich. Die Anspielungen erfolgen vielmehr ihrerseits clusterartig auf auch im Triumphzug zusammengehörende Ritualbausteine. Und sie erfolgen im Blick auf die Ritualsyntax weitgehend linear. Die Handlungssequenz des Triumphzugs wird im Rahmen der mk Anspielungen nicht willkürlich zerrissen, sondern dient als Orientierungsrahmen für die mk Anspielungen. Das gilt sowohl für die Erstlektüre des mk Textes als auch für die Neulektüre des MkEv.

Im Rahmen der *Erstlektüre* finden sich in Mk 15,16–20 Anspielungen auf den unmittelbaren Triumphzugsauftakt. Markus beginnt seine Triumphallusionen also mit Elementen, die auch im Triumph am Anfang stehen. Im sich anschließenden Abschnitt Mk 15,21–32 finden sich Anspielungen auf den Prozessionsweg, die Vorführung Jesu als königlicher Gefangener sowie den Zielpunkt des Triumphes, das Kapitol. Das entspricht recht präzise dem Ablauf eines römischen Triumphzugs. Erst ab Mk 15,33–41 wird die Ritualsyntax des Triumphes stärker aufgebrochen, wenn der Tod Jesu als königlicher Gefangener auf dem mk Kapitol verortet wird. Im Vergleich zum Triumphzug stirbt Jesus damit zu spät. Hier wirkt sich die Doppelrolle Jesu aus, der im Licht der Ritualsyntax des Triumphes als Triumphator das Kapitol erreichen sollte, als königlicher Gefangener aber eigentlich vor Erreichen des Kapitols sterben müsste. An dieser Stelle aktualisiert Markus innovativ die Prätextmotive. Der Auftritt des Todesboten in Mk 15,42–47 wird in diesem Sinne kontextkonsequent ebenfalls zu spät erzählt, was sachlogisch aber notwendig ist.

Im Rahmen der *erneuten Lektüre* finden sich dann zunächst Anspielungen auf das *ius triumphandi*: im Rahmen der Speisungsgeschichte von Mk 6,30–44 sowie verstreut über das ganze MkEv beginnend mit der ersten Erwähnung der jesuanischen Vollmacht in Mk 1,22. Auch hier folgt das MkEv der Logik des Triumphzugs, sind doch die Elemente des *ius triumphandi* dem eigentlichen Triumphzug vorgelagert. In diesem Sinne platziert das MkEv die Anspielungen vor Mk 15,16–20. Die Linearität der Anspielungen auf den Triumphzug wird erst durch die Allusionen im Rahmen der Verklärungsperikope von Mk 9 und der Einzugserzählung von Mk 11 durchbrochen, die sich nicht in den Ablauf eines Triumphes einbinden lassen. Das hat erzählstrategische Gründe, schildert Mk 11 doch den Einzug Jesu nach Jerusalem garniert mit Zwischentönen, die diesen Einzug als im Erzählverlauf ersten Triumphzug Jesu erscheinen lassen, der aber erst auf den zweiten Blick – eben im Rahmen der Neulektüre des mk Textes – sichtbar wird. Mk 11 leistet insoweit keinen Beitrag zur Komplettierung der Triumphzugsallusionen im Rahmen des jesuanischen Triumphzugs ans Kreuz, sondern steht relativ isoliert im Text. Das ist im Falle von Mk 9 anders. Hier wird für die Leserinnen und Leser ein neues Verständnis für die Gewänder Jesu vorbereitet, von denen in Mk 15 die Rede ist. Durch die Metamorphose der Gewänder Jesu erhalten der Kleiderwechsel von Mk 15,20 und die Kleiderzerteilung von Mk 15,24 zusätzliche Bedeutung. Vor allem aber kontrastiert das göttlich gewirkte Weiß der Gewänder Jesu mit dem Purpur des Triumphgewands in überbietender Weise. Die Jesus von Gott verliehene *alba vestis triumphalis* zeichnet Jesus als den von Gott ausgestatteten Triumphator aus. Die Anspielung auf den Triumphzug in Mk 9 ist insofern zwar nicht linear in die Ritualsyntax eingebunden, lässt sich aber im Licht von Mk 15,16–20 interpretieren.

Aufs Ganze gesehen zeigt sich, dass das MkEv den Triumphzug auf der Makroebene zwar selektiv einspielt und Teilmotive mutiert werden, die Ritualsyntax des Triumphzugs aber doch beachtet wird, insofern das MkEv clusterartig auf zusammenhängende Ritualbausteine anspielt und die Linearität der Ritualsyntax über weite Strecken im Rahmen der Anspielungen nicht abändert.

1.4.2 Innovations- und Transformationsprozesse auf der Mikroebene

Auf der Mikroebene, also im Rahmen des unmittelbaren Vergleichs zwischen anspielendem Segment und Prätextmotiv kommt es ebenfalls zu Aktualisierungen in Form von Selektion und Mutation. Diese Selektions- und Mutationsprozesse werden die das Prätextmotiv kennenden Leserinnen und Leser bemerkt und automatisch die mk Realisierung des Motivs mit dem Prätextmotiv abgeglichen haben. Das führt fraglos zu Irritationen auf Seiten des mk Lesepublikums. Das Gefühl der Irritation kann dann zum Einfallstor für die Textfunktionalität werden.

Ein paar besonders eindrückliche Beispiele, die zugleich für die synthetische Interpretation der Triumphzugsallusionen im Blick auf die Textfunktionalität wichtige Impulse geben, will ich im Folgenden nennen. Die Allusionen auf das *ius triumphandi* fallen nicht nur – wie gezeigt – selektiv aus. Die alludierten Prätextmotive werden auch mutiert eingespielt. Jesus tötet eben nicht 5000 männliche Feinde, sondern speist 5000 Männer. Und Jesus setzt sein *imperium*, seine ἐξουσία, in jeder Hinsicht lebensförderlich und befreiend für andere ein. Das unterscheidet ihn vom römischen Triumphator als Träger eines *imperium*. Die Abweichungen vom Prätextmotiv zeichnen das Bild eines guten, friedlichen Königs, der wie ein guter Hirte agiert, sich damit aber von anderen Königen deutlich unterscheidet.

Im Rahmen der Verspottungsszene und der Prozession zum mk Kapitol kommt es ebenfalls zu Mutationsprozessen, die die Doppelrolle Jesu unterstreichen. So stellt der Kranz auf Jesu Kopf zunächst eine direkte Allusion auf den Kranz des Triumphators dar. Die Mutation setzt ein, wenn dieser Kranz als dornig und damit als quälend näher bestimmt wird und so in Opposition zum Lorbeerkranz steht. Jesus erscheint zwar zunächst wie ein Triumphator; das Bild wird aber sogleich auf die Rolle des königlichen Gefangenen hin gebrochen, der ebenfalls körperlicher Misshandlung ausgesetzt war. Dem korrespondiert

z. B. auch die sich vom Triumphzug unterscheidende Wegrichtung der jesuanischen Prozession. Der Weg führt – wie bei einem Leichenzug üblich – aus der Stadt hinaus. Auch das passt zur Doppelrolle, ist doch die Prozession für den königlichen Gefangenen wie für Jesus der Weg zur Hinrichtung. Die Beispiele ließen sich vermehren. Die deutliche Mehrheit der mk Allusionen auf den Triumphzug erfolgt innovativ. Aber die Allusionen verzerren dabei die Prätextmotive doch nicht so massiv, dass eine Allusion grundsätzlich unmöglich werden würde, werden doch bestimmte Prätextmotivbestandteile als solche, d. h. ohne jede Mutation, eingespielt (vgl. genauer unter IV 1.5). Die Allusionen bleiben daher m. E. im Horizont der Entstehungszeit des MkEv erkennbar.

1.4.3 Gründe für Innovations- und Transformationsprozesse

Für die Transformationen im Rahmen der Allusionen auf den Triumphzug gibt es Gründe. Drei Ebenen lassen sich m. E. unterscheiden:

(1.) Hinter der mk Jesusgeschichte steht grundsätzlich ein historisches Ereignis, das Leben, Wirken und Sterben des Jesus von Nazaret. Markus hat seine Jesusgeschichte nicht vollkommen unabhängig von dieser Ereignisgeschichte geschrieben. D. h. dann auch, dass er Allusionen auf den Triumphzug an diese Ereignisgeschichte anpassen muss. Dass Jesus etwa außerhalb der Stadt Jerusalem gekreuzigt worden ist, kann in der Perspektive historischer Referentialität als höchst wahrscheinlich gelten.[5] Wenn Markus den Weg ans Kreuz als Triumphzugsparodie erzählen will, dann muss er die Wegrichtung der Ereignisgeschichte anpassen und zwangsläufig von einem Auszug aus der Stadt erzählen. Und auch die Art der Hinrichtung, die Kreuzigung, kann er nicht einfach zum Erdrosseln abändern, wie das im Rahmen von Triumphzugsallusionen sachlich angemessener gewesen wäre. Selektions- und Mutationsprozesse im Rahmen der Allusion verdanken sich mithin der Anpassung an die Ereignisgeschichte, die Markus über Erzählungen bekannt gewesen sein dürfte.

(2.) Die mk Passionsgeschichte hat eine mündliche und eine schriftliche Vorgeschichte. Markus hat sie auf der Basis älterer Erzählungen verfasst. Das ist ein bis heute valides Ergebnis literar- und redaktionskritischer Analysen zur mk Passionsgeschichte.[6] Diese ältere Passionsgeschichte hatte bereits das Leiden und Sterben Jesu im Licht atl. Prätexte erzählt. Dieser Passionsgeschichte ist das MkEv zumindest insoweit verpflichtet, als es Anspielungen auf den Triumphzug nicht gegen die atl. Prätexte ausspielt. Die Kleidervertei-

5 Vgl. M. Ebner, Jesus, 162–166; G. Theissen/A. Merz, Jesus, 388–410.

6 Vgl. exemplarisch die Untersuchungen von D. Dormeyer, Passion; W. Schenk, Passionsbericht; L. Schenke, Studien, und die entsprechenden literarkritischen Ausführungen in den Kommentaren von J. Gnilka, Mk II; R. Pesch, Mk II; D. Lührmann, Mk.

lung von Mk 15,24 wird z. B. deutlich von Ps 22 her bestimmt. Dem werden zumindest für V. 24 zu erwägende Anspielungen auf den Triumph eindeutig untergeordnet. Selektions- und Mutationsprozesse im Rahmen der Allusion verdanken sich mithin auch einer Anpassung an die Markus vorliegende Passionsgeschichte.

(3.) Transformationsprozesse gründen schließlich auch in der Pragmatik des mk Erzählens. Um den jesuanischen Weg ans Kreuz im Licht dieses Rituals zu erzählen, muss Markus den Triumph metaphorisieren. Er will eben kein Triumphritual als solches schildern. Die Triumphzugsallusionen und damit auch die Selektions- und Mutationsprozesse im Rahmen der Allusion haben einen erzählerischen Zweck, der über das Alludieren hinausgeht (vgl. IV 2). Die Anspielungen erfolgen nicht um ihrer selbst willen, sondern funktional. Und diesen literarisch-pragmatischen Funktionen dienen die Transformationsprozesse zuallererst.

1.5 Nicht „*far fetched*"! Die Plausibilität mk Triumphzugsallusionen

Im MkEv lassen sich vielfältige Anspielungen auf den römischen Triumphzug wahrscheinlich machen. Im exegetischen Diskurs kann man diese Anspielungen plausibel, weil textbasiert begründet, behaupten. Der Triumphzug ist daher nicht „*far fetched*", ist nicht ein weit hergeholter Motivhintergrund und nicht eine eben allenfalls entfernte Parallele für das Verständnis des MkEv. In Kapitel I 4.2 hatte ich diesen Fundamentalvorwurf, der sich in der exegetischen Literatur finden lässt, unter dem Label des „*far-fetched*-Problems" zusammengefasst und bin dem Vorwurf auf einer hermeneutisch-theoretischen Ebene begegnet. Nun möchte ich im Rückgriff auf die von mir erarbeiteten Kriterien für Wahrscheinlichkeitsabwägungen im exegetischen Diskurs – und damit im Rückgriff auf die Kriterien für die Plausibilitätssteigerung der Behauptung einer chiffrierten Referenz in einem manifesten Text – summierend aufzeigen, dass diesem Fundamentalvorwurf textbasiert begegnet werden kann und er angesichts des Textes seine Wirkmächtigkeit verliert.

Der Triumphzug als Motivhintergrund erfüllt sämtliche Grundbedingungen (vgl. I 4.2.4.1), die für die Existenz einer Allusion erfüllt sein müssen. Er ist älter als das MkEv, er ist am Entstehungsort des MkEv bestens bekannt, er ist in seiner Spezifik popularisiert (vgl. II 6). Zudem ließ sich zeigen, dass man in der Antike den Triumph als Metapher verwendet hat (vgl. II 5), selektiv und voraussetzungsreich auf den Triumphzug anspielen konnte (vgl. II 6) und dass das Phänomen der chiffrierten Referenz der Sache nach in der Antike bekannt war und sogar reflektiert wurde (vgl. I 4.2.3).

Im Blick auf den mk Text, für den Allusionen auf die kulturelle Welt Roms, in der der Triumph beheimatet ist, bereits lange für die Textinterpretation begründet erwogen werden (vgl. I 4.2.4.3), ließ sich zeigen, dass es Textdetails gibt, für deren Verständnis der Triumphzug einen passenden Schlüssel liefert – ein Schlüssel, der sogar besser passt als der Rekurs auf alternative Deutungsmuster. Das hat sich insbesondere für Mk 15,16–20 und die Deutungsoptionen Audienzparodie oder Inthronisationsparodie gezeigt. Zudem bietet der Triumphzug die Chance, bisher übersehene, oft als sperrig empfundene oder nicht zureichend erklärte mk Textdetails sinnstiftend vor dem Motivhintergrund des Triumphzugs zu interpretieren: Das gilt für die dauerhafte Transformation der weißen Kleider und damit für die Metamorphose Jesu in Mk 9, das gilt mit gewissen Abstrichen auch für die Speisung der 5000 Männer in Mk 6.[7] Für die Verklärungsperikope bietet sich mit dem Triumphzug m. E. sogar erstmals eine konsistente Möglichkeit, die Abweichungen vom atl. Prätext über die konkrete Perikope hinaus stimmig zu interpretieren. Auch die Präzision der Zahlenangabe 5000 in Kombination mit der für das MkEv untypischen Engführung auf das männliche Geschlecht in Mk 6 kann durch den Triumph erstmals in aller Konsequenz und unter expliziter Würdigung dieser beiden Erzähldetails interpretiert werden. Auch das macht die in dieser Arbeit vertretene Grundthese im Diskurs plausibel. Zur Plausibilitätssteigerung trägt zudem die Existenz von sowohl einem leserlenkenden Anspielungscluster auf den Triumph als auch von über das Cluster hinausgehenden weiteren Allusionen auf den Triumph im MkEv bei. Die Textdetails, die ich als anspielende Segmente identifiziere, sind dabei mal stärker, mal schwächer implizit markiert, wie das im Rahmen chiffrierter Referenzen typisch ist. Die Leserinnen und Leser können durch die Markierung eine hintergründige Bedeutungsebene entdecken. Als Hauptmarkierungstechniken finden sich Abweichungen von atl. Prätexten und vor allem Spannungen im Blick auf die historische Plausibilität des Erzählten in der Zeit Jesu. Auch die Existenz solcher Markierungen steigert die Plausibilität der Grundthese.

Schließlich erfolgen die Anspielungen mehrheitlich in Form von Aktualisierungen der jeweiligen Prätextmotive durch Selektion und Mutation. Die dabei stattfindenden Innovationsprozesse verändern die Prätextmotive aber nicht so stark, dass die Anspielung selbst nicht mehr erkennbar wäre. Einige Zentralmotive aus dem Triumphzug, etwa der Gewandwechsel, das Purpurgewand, die Prozession zum Kapitol, der Kranz und der *titulus*, werden zudem entweder überhaupt nicht oder nur in kleinen Details mutiert. Besonders schön kann man das am Kranz auf Jesu Haupt beschreiben, der in sich eine nicht mutierte Anspielung darstellt und nur durch die Hinzufügung eines Adjektivs (ἀκάνθινος) mutiert wird. Die Anspielungen auf den Triumph bleiben insofern erkennbar.

7 Auch im Blick auf den *titulus crucis* liefert der Triumphzug letztlich einen präziseren Motivhintergrund als der Verweis auf Schuldtituli.

1.6 Semantische Polyvalenz und die Intensität der Triumphzugsallusionen

Anspielungen auf den Triumphzug lassen sich für das MkEv also plausibel im exegetischen Diskurs behaupten. Sie sind Bestandteil des Textes. Ebenso wird man aber feststellen dürfen, dass eine Reihe der anspielenden Segmente, die die hier vorgetragene These tragen, semantisch polyvalent sind. Man kann die untersuchten mk Textdetails auch vor anderen Motivhintergründen sinnvoll lesen und verstehen und wird nur bei präziser Textwahrnehmung an manchen Details hängen bleiben und stutzig werden. Das gilt etwa für die Speisung der 5000 Männer, die auch vor atl. Hintergrund als sinnvolles Erzähldetail erscheint, wobei die Präzision der Aussage irritierend bleibt; das gilt für die Verklärung Jesu, die man ebenfall vor atl. Hintergrund verstehen kann, wobei die Transformation der Kleider Jesu im Gegenüber zum Gesicht auffällig bleibt; das gilt auch für den Einzug Jesu nach Jerusalem, den man im Licht von Sach 9 oder eines *adventus* durchaus lesen und verstehen kann, wenngleich dann manche Textdetails sehr eigenwillig erscheinen; das gilt schließlich auch für die Verspottungsszene, die man im Licht antiker Königsmotivik lesen kann, wobei allerdings eine Engführung auf das Ritual der Inthronisation nicht sinnvoll erscheint. Zudem kann man die ganze mk Passionsgeschichte, in deren Rahmen ja die meisten Anspielungen auf den Triumph erfolgen, auch ohne Wahrnehmung dieser Allusionen sinnvoll lesen und vor allem vor atl. Hintergrundtexten (Ps 22; 69; Jes 50; 53) verstehen.

Im Blick auf die Intensität der Triumphzugsallusionen im MkEv wird man daher sagen müssen, dass sie vorhandenen Ober- und Zwischentönen gleichen, weniger einem massiven Grundakkord. Leserinnen und Leser können sie überhören bzw. überlesen und trotzdem das MkEv sinnvoll lesen. Das heißt aber gerade nicht, dass die Allusionen nicht vorhanden wären. Der Triumph ist *ein* passender hermeneutischer Schlüssel für die Interpretation mk Texte und mk Erzähldetails, von denen man manche überhaupt erst wahrnimmt, wenn man den mk Text mit einer Triumphzugsoptik im Rahmen einer Suche nach Allusionen liest.

1.7 Die literarische Funktionalisierung des Triumphes im MkEv im Vergleich zu paganen Triumphzugsmetaphorisierungen

Den Triumph metaphorisch zu nutzen, um den Weg Jesu ans Kreuz und indirekt Teilaspekte des Lebens und Wirkens Jesu im Licht des Triumphzugs zu erzählen, wirkt aus heutiger Perspektive ungewöhnlich. In der Antike ist der Triumphzug indes ein Ritual, das sich literarisch funktionalisieren und als Metapher oder Vergleich einsetzen lässt. Beispiele habe ich dafür unter II 5 präsentiert. Das MkEv partizipiert – so die begründete These dieser Studie – an dieser literarischen Technik. Es steht in einem Traditionsstrom der Metaphorisierung des Triumphes. Das MkEv nutzt dabei u. a. die Technik des erzählten Rollenwechsels, der sich auch Seneca im Rahmen von Triumphzugsallusionen bedient hat (II 5.2.1; II 5.2.2). Seneca bindet dabei einen im Triumph vorgeführten Gefangenen[8] und den Triumphator aneinander und lässt die gleiche Person und damit letztlich auch die Adressaten des Textes beide Rollen gedanklich einnehmen und einen abrupten Rollenwechsel vollziehen. Seneca kann zudem auch das Schicksal von in Triumph vorgeführten Gefangenen mit dem Schicksal der vorgeführten Befreiten verknüpfen und so zur Identifizierung mit beiden Rollen einladen. Mal in die Rolle des Siegers und mal in die Rolle des Verlierers zu schlüpfen und die Figuren von Triumphator und Gefangenem miteinander zu überblenden, ist also eine im 1. Jh. n. Chr. anzutreffende literarische Technik, um philosophische Optionen und ethische Grundhaltungen zu vermitteln. Das ist auch deswegen naheliegend, weil die Figuren von Triumphator und königlichem Gefangenen im realen Triumphzug eng miteinander verbunden sind und als kontrastives Paar wahrgenommen werden (II 3.4). Größte Macht und absolute Ohnmacht werden im Triumph personifiziert und in Kombination miteinander präsentiert.[9] Wenn das MkEv für Jesus einen nahezu fließend vollzogenen Rollenwechsel vom Triumphator zum königlichen Gefangenen im Rahmen von Mk 15,16–20 erzählt (III 1), dann sind ein solcher Rollenwechsel und eine solche Metaphorisierung des Triumphes im Rahmen antiker Literatur also keineswegs ungewöhnlich.

Dass mit dem Leben und Sterben Jesu eine Realität und ein Einzelschicksal durch die Triumphmetapher beleuchtet werden, die mit dem Bildspender Triumph wenig zu tun haben, zeigt, dass es sich um kühne Metaphorik handelt. Aber auch das ist angesichts der besprochenen paganen Beispiele kein singuläres Phänomen. Denn wenn die Wechselfälle der Liebe, philosophische Optionen oder ethische Grundhaltungen und Handlungsoptionen unter Rekurs auf den Triumph erzählt oder argumentativ fundiert wurden, dann wurde auch in diesen Fällen die Triumphmetaphorik kühn eingesetzt.

Und mehr noch: Durch die Triumphzugsallusionen werden in der Erzählung vom Kreuzweg Jesu auch *Handlungsoptionen* im Blick auf die mk Gemeinde sichtbar. Die Triumphmetaphorik des MkEv macht insofern zunächst Aussagen über Jesus, beinhaltet aber damit verbunden auch Grundhaltungen im Rahmen der mk Konzeption von Jesusnachfolge und in der mk Auseinandersetzung mit den gesellschaftlich normierten Lebens- und Verhaltensweisen im Imperium Romanum. Darin ist das MkEv den funktional eingesetzten Triumphmetaphorisierungen bei Seneca und Epiktet durchaus ähnlich.

---

8 Ob es sich um einen königlichen Gefangenen oder einen normalen Kriegsgefangenen handelt, bleibt bei Seneca angesichts der Allusionen in der Schwebe.

9 Vgl. dazu auch J. Schäfer-Schmitt, Funktionalisierung, 286f.

1.8 Eine Triumphzugsparodie

Aufs Ganze gesehen erwecken die Allusionen auf den Triumphzug den Eindruck, dass es sich um eine Parodie dieses Rituals handelt. Solche Parodien des Triumphes lassen sich auch jenseits des MkEv für das 1. Jh. n. Chr. nachweisen (II 5.5). Dabei geht es Markus durchaus um eine ernste Botschaft im Blick auf Jesus, sein Geschick und die Bedeutung seines Sterbens für die mk Gemeinde. Mit Blick auf das mehrfach alludierte Ritual gewinnt man aber den Eindruck, dass der mk Text den Triumphzug satirisch kritisiert. Auch das ist neben der Ridikülisierung eine Funktion der Parodie (II 5.5).

Typisch für eine Parodie ist das Ineinander von direkten Anspielungen, die das zu parodierende Prätextmotiv erkennbar wachrufen, und innovativen Allusionen, die es verzerrend aktualisieren und dadurch parodieren. Genau dies findet sich im MkEv mit Blick auf den Triumphzug. Die Parodie ist für das MkEv und speziell für die in dieser Arbeit als Anspielungscluster beschriebene Szene Mk 15,16–20 zudem keine neue Kategorie. Als Parodie und Travestie von Audienzszene, Königsinthronisation oder allgemeiner von Königsmotivik ist die Perikope schon häufiger beschrieben worden (III 1.6.2; III 1.11). Die in dieser Arbeit plausibilisierte Triumphzugsparodie des MkEv geht über diese Perikope freilich hinaus, hat in ihr aber einen entscheidenden Haftpunkt. Hier wird die Doppelrolle für Jesus entworfen, die nahelegt, dass Markus den Triumphzug eines gekreuzigten Triumphators erzählt, eines Triumphators, der auf dem Weg zum Höhepunkt seines Triumphes selbst zum königlichen Gefangenen wird und – am Ziel angelangt – selbst stirbt. Überträgt man das auf den römischen Triumphzug, dann entwirft das MkEv das Bild eines triumphierenden Kaisers, der als Höhepunkt seines Triumphes selbst stirbt. Seiner Gemeinde schreibt Markus dann in ihre Jesusgeschichte indirekt hinein: „Stellt Euch vor: Der Kaiser triumphiert und der Kaiser wird in seinem Triumphzug selbst hingerichtet.“ Das ist Parodie! Den Weg zur Hinrichtung erzählt das MkEv für den Hinzurichtenden als Triumph. Und mehr noch: Der hier als Triumphator Stilisierte ist das genaue Gegenteil eines römischen Triumphators, ein Anti-Typos. Hier wird einer in Purpur gehüllt und bekränzt, hier huldigen die Soldaten kniefällig einem und betiteln denjenigen als König, dessen Leben und Wirken mit Blick auf die Kriterien für die Zumessung eines Triumphes ganz und gar nicht triumphwürdig erscheint. Liest man das in der mk Gemeinde in Rom nach 71 n. Chr., dann wird die erzählte Parodie zum Spiegel, in dem die faktisch gefeierten Triumphzüge eigentümlich verzerrt erscheinen. Der Triumph wird kritisch aufs Korn genommen, ja letztlich sogar überboten, was sich im anschließenden Kapitel mit Blick auf das weiße Gewand Jesu besonders gut zeigen lässt.

2. Die mk Triumphzugsallusionen in funktionaler Perspektive

Die chiffrierten Referenzen auf den Triumphzug stehen nicht um ihrer selbst willen im mk Text. Sie transportieren inhaltliche Botschaften im Blick auf die mk Gemeinde, die über die Parodie eines römischen Rituals hinausgehen. Wenn Markus sie bewusst gesetzt hat, was nach den vorausgehenden Textanalysen durchaus plausibel erscheint, verfolgt er mit ihnen inhaltliche Zwecke im Blick auf seine Leserinnen und Leser. Dem dienen auch die auf der Makro- wie der Mikroebene zu beobachtenden Innovations- und Transformationsprozesse im Rahmen der Allusion. Im Folgenden geht es um die Funktionalität dieser Allusionen auf den Triumphzug und die Einordnung der gemachten Beobachtungen in perikopenübergreifende thematische Perspektiven und Deutungsmuster, die das MkEv bestimmen. Es geht also um die auch über die Triumphzugallusionen vermittelten Botschaften des Textes.

2.1 Die mk Triumphzugsparodie im Gefüge einer antiimperialen, herrschafts- und romkritischen Lektüre des MkEv

Die Durchmusterung der Forschungsgeschichte hat gezeigt, dass die Wahrnehmung von mk Triumphzugsallusionen z. T. im größeren Kontext einer antiimperialen Lektüre des MkEv steht (vgl. I 3). Unterschiedliche Aspekte des mk Textes werden dabei als herrschafts- und romkritisch wahrgenommen.[1] Sogar das ganze Evangelium wird als „Anti-Evangelium"[2] gelesen, das in kritischer Opposition zu den Herrschaftsevangelien römischer Kaiser steht. Im Hintergrund steht eine von vielen Exegetinnen und Exegeten beobachtete Konkurrenzsituation. Denn das Selbstverständnis des Imperium Romanum und die Ansprüche seiner Eliten konfligieren mit dem frühchristlichen Verständnis Jesu und großen Teilen der jesuanischen Reich-Gottes-Botschaft, wie sie im MkEv sichtbar werden. Für den mk Text ist Jesus *der* Sohn Gottes, der von dem einen und einzigen Gott selbst derart tituliert und damit anerkannt

1 Die einschlägige Literatur habe ich unter I 3 aufgelistet und wiederhole sie hier nicht gesondert, sondern greife direkt auf die in diesen Untersuchungen gemachten Beobachtungen zurück.

2 Der Terminus geht, soweit ich sehe, auf G. Theissen, Evangelienschreibung, 394–399 („Anti-Evangelium": 397); G. Theissen, Lokalkolorit, 270–284 („Gegenevangelium": 284), zurück. Zur weiteren Rezeption des Begriffs vgl. exemplarisch M. Ebner, Evangelium, 33; M. Ebner, Mk, 6–10; W. Fritzen, Gott, 43f Anm. 144.

wird.[3] Sein Leben wird als *das* Evangelium (vgl. Mk 1,1) erzählt. Sein vollmächtiges Wirken in Wort und Tat wirkt befreiend und bringt Frieden – das wird besonders mustergültig im Rahmen der Dämonenaustreibung in Gerasa erzählt (vgl. Mk 5,1–20). Er rettet Menschen aus Krankheit (vgl. etwa die Blindenheilungsgeschichte in Mk 8,22–26) und Gefahr (vgl. die Seesturmperikope in Mk 4,35–41). Sein auf den Dienst aneinander ausgerichtetes und ein klassisches Karrieredenken kontrastierendes Lebensprogramm ist Maßstab für gelingendes Leben und Nachfolge (vgl. die Schülerbelehrungen in Mk 8–10[4]). Seine Botschaft vom angebrochenen Reich Gottes (vgl. das erste Wort Jesu in Mk 1,15) läuft auch darauf hinaus, dass die von Menschen regierten Reiche höchstens vorletzte Wirklichkeiten sind und am Ende der Zeiten vom Reich Gottes abgelöst werden,[5] in dem die Regeln der Gottesherrschaft gelten.

Wenn diese Aspekte der jesuanischen Botschaft und des mk Jesusbildes nicht einfachhin eine nur rein innerliche Wirklichkeit jenseits der konkreten Lebensvollzüge sein und bleiben sollen und wollen, dann stehen sie in grundlegender Opposition zu den Ansprüchen Roms und zum Selbstverständnis der römischen Kaiser.[6] Über das Leben der Kaiser werden Evangelien erzählt, sie sind Gottessöhne, manche von ihnen werden sogar selbst zu Göttern. Sie retten aus Krankheit – wie der Wundertäter Vespasian[7] –, sie retten aus Gefahr – wie der Wundertäter Cäsar[8] – und sie bringen Frieden in Form von *pax romana* in die Welt. Nach den Regeln des Imperium Romanum ist die Welt strukturiert und vollzieht sich Leben. An römischen Leitbildern orientiert man sein eigenes Leben, um Karriere machen zu können.

Diese Konkurrenzsituation versucht das MkEv strategisch zu moderieren, indem es dezent, aber in der Sache durchaus subversiv Kritik an diesen römischen Plausibilitäten übt und im Rahmen seiner Jesusdarstellung Parallelen und überbietende Kontraste im Blick auf römische Institutionen und römische Kaiser entwirft. Das lässt sich im Detail an vielen mk Perikopen aufzeigen.[9] Die Darstellung Jesu im MkEv wird dabei speziell als in überbietender Paral-

---

3 Vgl. dazu die Tauf- und Verklärungsszene in Mk 1,9–11; 9,7.

4 Vgl. dazu nochmals M. Lau, Jesusnachfolge.

5 Auf ein solches Ende deuten im MkEv die Verse 8,38; 13,7f.13.24–27; 14,62 hin.

6 Vgl. dazu jüngst S. Schreiber, Christologie, 32–45.49–51.156–166.

7 Zum Kontrast zwischen mk Wundergeschichten und den Wundern Vespasians vgl. E. Eve, Spit; H. Blatz, Semantik.

8 Zur Kontrastierung der jesuanischen Sturmstillung in Mk 4,35–41 mit entsprechenden Erzählungen über Cäsar vgl. R. Strelan, Caesar.

9 Vgl. dazu generell die Arbeiten von M. Ebner (Kreuzestheologie; Evangelium; Markusevangelium; Mk; „Evangelium"; Viten; Aufstieg; Medium; Vollmacht); A. Winn, Purpose; C. A. Evans, Mk; B. J. Incigneri, Gospel; K. M. Schmidt, Wege; S. Schreiber, Caesar; B. Heininger, Theologie; C. Myers, Strong Man; R. A. Horsley, Story, auf die ich an dieser Stelle nur summarisch verweise.

lelität zum Aufstieg der Flavier stehend verstanden.[10] In Jesus begegnet den Leserinnen und Lesern des Textes eine Kontrastfigur zu Kaiser Vespasian. Dabei überragt Jesus Vespasian um Längen. Der wahre Herr der Welt sitzt für das MkEv eben nicht in Rom auf dem Kaiserthron, sondern ist der eine und einzige Gott. Und das Lebensprogramm, an dem es sich zu orientieren lohnt, ist das Leben Jesu. Die entscheidenden Evangelien sind nicht von römischen Kaisern zu erzählen, sondern vom Gottessohn Jesus. Die Macht Gottes und seines Sachwalters Jesus, des von Gott selbst durch die Auferweckung letztgültig legitimierten Gottessohnes, bricht sogar die Macht der Römer und ermöglicht ein befreites Leben.[11]

In diese Perspektive einer herrschafts- und romkritischen Deutung des MkEv sind auch die Triumphzugsallusionen im MkEv eingeordnet worden. Das ist die inhaltliche Fluchtlinie einer Reihe von Untersuchungen, die sich mit den mk Triumphzugsallusionen beschäftigen.[12] Die mk Allusionen werden dabei z. T. explizit als Versuch, einen „Anti-Triumphzug“[13] zu erzählen, gewertet. Im Rahmen des Anti-Evangeliums findet sich, so diese Deutungsrichtung, also auch ein Anti-Triumphzug. Zielpunkt der mk Allusionen und der Konzeption eines Anti-Triumphzugs sei die Kritik am römischen Kaiserhaus mit seinen Plausibilitäten und Machtansprüchen. Dass die mk Triumphzugsallusionen hier ihren Sitz im Leben haben und Kritik üben wollen, ist durchaus plausibel und liegt von der Sache ausgesprochen nahe: Denn im Triumphzugsritual verdichten sich in besonderer Weise die Herrschaftsansprüche und Plausibilitäten des Imperium Romanum, die das MkEv ohnehin kritisch beäugt. Im Triumph feiert sich Rom als Sieger. Es erlebt sich als Bezwinger von Feinden. Im Triumph werden die Errichtung von *pax romana* und die Ausdehnung des Imperiums gefeiert. Im Triumph wird der ohnehin schon große Mann, der Kaiser, noch größer, in dessen Gefolge geschickte Soldaten Karriere machen konnten. Der Triumph ist der Moment höchster Machtfülle, in dem der Kaiser als Gottessohn selbst zum Gott zu werden drohte.

Diesen Ansprüchen römischer Kaiser auf die Rolle des Triumphators begegnet das MkEv mit einem literarischen Gegenbild. Es erzählt ebenfalls vom Triumphzug eines Gottessohnes im Rahmen eines Evangeliums. Nur schlüpft dieser Triumphator auch in die Rolle des königlichen Gefangenen und wird auf

10 Dafür stehen exemplarisch die Arbeiten von G. Theissen, M. Ebner, B. J. Incigneri, A. Winn und K. M. Schmidt.

11 Das lässt sich am besten an Mk 5,1–20 zeigen. Jesus vertreibt die römische Dämonenlegion, wird als Sieger aber am Ende der Geschichte nicht zum neuen Besatzer. Auf den Wunsch der Gerasener hin verlässt er umgehend ihre Gebiete, vgl. ausführlich M. Lau, Legio.

12 Vgl. M. Ebner, Markusevangelium, 175–179; M. Ebner, Mk, 161f; B. J. Incigneri, Gospel, 156–207; C. A. Evans, Mk, LXXX–XCIII; K. M. Schmidt, Wege, 404–454; A. Winn, Purpose, 129–132.164f.192–194.

13 Vgl. T. E. Schmidt, Narrative, 18; M. Peppard, World, 227 Anm. 207.

dem Höhepunkt seines Triumphes selbst hingerichtet. Die Parodie des Triumphes, die wesentlich durch den Entwurf einer Doppelrolle für Jesus getragen wird, dient mithin der kritischen Wahrnehmung römischer Triumphatoren und der strategischen Moderation der beschriebenen Konkurrenzsituation. Und auch in diesem Falle lässt sich eine für die Leserinnen und Leser entzifferbare Überbietungsstrategie ausmachen, die für Jesus eine überbietende Triumphatorenrolle reserviert. Das wird nirgends deutlicher als im Rahmen der Verklärungsgeschichte von Mk 9: Denn das weiße Triumphatorenornat Jesu wird diesem von der allerhöchsten Instanz verliehen, die nur denkbar ist: von dem einen und einzigen Gott selbst, der Jesu Gewänder in ein unüberbietbares Weiß wandelt. Das vom Senat in Rom verliehene Triumphatorenweiß wirkt demgegenüber geradezu blass und grau. Der wahre und unüberbietbare Triumphator ist Jesus.

Aber dieser im Blick auf die Figur des Triumphators überbietende Aspekt ist m. E. nur der eine Fluchtpunkt der mk Kritik. Kritik erfährt nämlich auch das Triumphzugsritual als solches.[14] Es ist das Ritual selbst, das parodiert wird und nicht der Triumphator. Das MkEv übt Kritik an einer staatstragenden rituellen Institution des Imperium Romanum und nimmt die inhärenten Logiken des Triumphes kritisch in den Blick, wenn es für Jesus eine Doppelrolle erzählt und kontrastreiche Invertierungen entwirft. Wenn der Sieger zum Verlierer wird, wenn derjenige in die Triumphatorenrolle schlüpft, dessen Taten gerade nicht triumphwürdig waren, der nicht getötet und seine Vollmacht nicht zerstörerisch eingesetzt hat, dann hält das der römischen Triumphzugspraxis einen entlarvenden Spiegel vor. Das MkEv demaskiert die tatsächlich brutalen und mit der jesuanischen Lebenspraxis und Lehre unvereinbaren Logiken des Triumphzugs. Es ruft gerade durch die Allusionen in Erinnerung, dass der Triumphzug nicht für alle ein schönes Fest war. Für den Triumph sind Kriege geführt worden, Menschen wurden getötet, gefangen genommen, in die Sklaverei geführt, beraubt und ausgebeutet, im Triumph selbst finden sogar noch Hinrichtungen statt und wird die gemachte Beute präsentiert. Im Triumph wird einer zum großen Mann gemacht, weil Tausende für ihn gekämpft, gelitten und auf beiden Seiten der Kriegsparteien zumeist unfreiwillig ihr Leben gegeben haben. Andere werden zu Opfern gemacht, damit einer groß herauskommen kann. Genau dem stehen das Lebensprogramm und die Maximen des

14 Wenn die römische Liebeselegie – wie von manchen Forschern vermutet – durch die Metaphorisierung des Triumphes Systemkritik am römischen Triumphzug üben sollte (vgl. II 5), dann stünden nicht nur die Metaphorisierungen des Triumphes in der römischen Liebeselegie und im MkEv in Parallelität zueinander, sondern auch die mit dieser literarischen Technik verbundene Pragmatik würde Parallelen aufweisen. Die römische Liebeselegie und das MkEv wären parallele Stimmen in einem herrschaftskritischen Diskurs.

mk Jesus entgegen. In prägnantester Form sind sie in Mk 10,42–45 bewusst als Kontrast zusammengefasst:[15]

> 42 καὶ προσκαλεσάμενος αὐτοὺς ὁ 'Ιησοῦς λέγει αὐτοῖς· οἴδατε ὅτι οἱ δοκοῦντες ἄρχειν τῶν ἐθνῶν κατακυριεύουσιν αὐτῶν καὶ οἱ μεγάλοι αὐτῶν κατεξουσιάζουσιν αὐτῶν. 43 οὐχ οὕτως δέ ἐστιν ἐν ὑμῖν, ἀλλ' ὃς ἂν θέλῃ μέγας γενέσθαι ἐν ὑμῖν ἔσται ὑμῶν διάκονος, 44 καὶ ὃς ἂν θέλῃ ἐν ὑμῖν εἶναι πρῶτος ἔσται πάντων δοῦλος· 45 καὶ γὰρ ὁ υἱὸς τοῦ ἀνθρώπου οὐκ ἦλθεν διακονηθῆναι ἀλλὰ διακονῆσαι καὶ δοῦναι τὴν ψυχὴν αὐτοῦ λύτρον ἀντὶ πολλῶν.
>
> 42 Und sie zu sich rufend sagt Jesus ihnen: „Ihr wisst, dass die über die Völker zu herrschen Scheinenden auf sie herabherrschen und ihre Großen ihre Vollmacht über sie ausüben. 43 Nicht so aber ist es bei euch: Sondern wer immer will groß werden unter euch, soll sein euer Diener 44 und wer immer will unter euch sein Erster, soll sein Sklave aller. 45 Denn auch der Menschensohn kam nicht, bedient zu werden, sondern um zu dienen und zu geben sein Leben als Lösegeld für viele."

Im Licht des Triumphzugs gelesen beschreibt V. 42 schonungslos eine Realität, die nicht nur Teile antiker Gesellschaften generell prägt, sondern die auch hinter dem Triumphzug steht. Diejenigen, die über die Völker herrschen,[16] nutzen ihre Herrschaft und ihre Vollmacht gegen die Völker aus. Das macht auch der Triumphator. Er verwendet seine Vollmacht – und von Vollmacht ist in V. 42 indirekt die Rede (κατ-εξουσιάζω)[17] – zu seinen Gunsten. Sie steht nicht im Dienst der Völker. Auf sie herrscht er herab. Sie besiegt er, um selbst noch größer zu werden. Er unterwirft sie durch Krieg – für den eigenen Vorteil. Und V. 45 setzt mit Blick auf den Tod Jesu der Logik der Großen-Mann-Maschine, die die Leistungen der Vielen (und dazu gehören auch Sterben und Tod) auf den Triumphator bündelt, eine präzise Alternativoption entgegen[18]

15 Vgl. zu diesen Kontrasten in Mk 10,42–45 zuletzt A. Winn, Political Ideology; vgl. auch M. Ebner, Kreuzestheologie, 158–163.

16 Das Partizip δοκοῦντες in V. 42 macht allerdings deutlich, dass diese Herrschaft aus der Sicht des MkEv im Letzten nur eine scheinbare ist. Die Herrscher erscheinen als solche, sie gelten als solche oder sie meinen, Herrscher zu sein. Aber das ist ein Irrtum, wie auch die Verwendung des Verbs δοκέω in Mk 6,49 – nur dort findet sich das Verb im MkEv jenseits von Mk 10,42 – anzeigt: Auch in Mk 6,49 wird ein Wahrnehmungsirrtum mit δοκέω ausgedrückt. Damit liegt in Mk 10,42 nicht nur eine deutliche Herrschaftskritik vor, sondern auch die Tragweite der Herrschaft der Herrscher über die Völker wird als begrenzt erachtet.

17 Zur negativ besetzten Semantik von κατεξουσιάζω und κατακυριεύω vgl. A. Winn, Political Ideology, 341–343.

18 A. Winn, Political Ideology, zeichnet nach, dass das Ideal römischer Herrschaft tatsächlich in der Umsetzung des jesuanischen Lebensprogrammes bestünde und ein idealer Herrscher den Kopf für sein Volk hinhalten würde. Er zeigt aber auch auf, dass dieses Ideal gerade nicht von römischen Kaisern erfüllt wird. Als Umsetzung einer „Herrschertugend" wird der Lebenseinsatz Jesu, von dem in Mk 10,45 die Rede ist, auch von M. Wolter, Heilstod, 307, verstanden.

und enttarnt so die tödliche Logik des Triumphes. Der Triumphator Jesus gibt selbst sein Leben, damit andere aus sie versklavenden Lebensumständen *befreit* leben können. Was bisher mit Blick auf den Triumphzug eine Leerstelle war, dass Jesus in seinem Triumph keine Befreiten vorführen konnte, wird nun in besonderer Weise virulent. Gerade im Tod, bei der Vollendung seiner Rolle als königlicher Gefangener, setzt Jesus zum großen Befreiungsschlag an.

Den λύτρον-Begriff von Mk 10,45 und die in diesem Vers anzutreffende Deutung des Todes Jesu interpretiere ich damit vor dem Hintergrund antiker Sklavenfreilassungspraxis und verstehe ihn als Allusion auf das Lösegeld (λύτρον), das ein Sklave für seinen eigenen Freikauf bezahlen muss bzw. das andere für ihn bezahlen.[19] In Mk 10,45 wird der Tod Jesu dahingehend proleptisch gedeutet, dass Jesus mit seinem Tod dieses Lösegeld für die vielen bezahlt. Die semantische Opposition, die angesichts des Motivhintergrunds wachgerufen wird, besteht also zwischen dem einen Nutznießer, dem Sklaven, und den Vielen.[20] Vor diesem Hintergrund wird deutlich, dass Jesus nicht selbst der Nutznießer des von ihm mit dem Leben gezahlten Lösegelds ist. Bei dieser Interpretation von Mk 10,45 als Deutung des Todes Jesu wird allerdings die Frage wachgerufen, von was oder zu was Jesus durch seinen Tod befreit.[21] Aus welcher Gefangenschaft befreit Jesus? M. E. kann dabei im Rahmen von Mk 10,45 nicht an den Komplex von Sünde und stellvertretender Sühne gedacht sein. Entsprechende Termini wie ἁμαρτία, αἷμα, ἀπολύτρωσις, δικαιοσύνη oder ἱλαστήριον, die im MkEv ohnehin nur spärlich oder gar nicht vorhanden sind, finden sich im literarischen Kontext von Mk 10,45 überhaupt nicht.[22] Kontextuell liegt es näher, als Bezugspunkt für das Befreiungshandeln die vorausgehende Schülerbelehrung zu verstehen. Dann wäre mit Mk 10,45 nicht so sehr eine Freiheit „von", sondern eine Freiheit „zu" angezielt, die sich inhaltlich als Freiheit zu einem Leben im Sinne der jesuanischen Kriterien für Nachfolge und mit Blick auf das Miteinander in der Gemeinschaft der Nachfolgenden verstehen lässt. Tod und Auferweckung Jesu wären in diesem Sinne Möglichkeitsbedingungen für ein von den Zwängen der in V. 42 als negativer Gegenhorizont beschriebenen Gesellschaftssituation befreites Leben entsprechend den Maximen von Mk 10,43f. In diesem Sinne einer finalen Begründung für ein Leben entsprechend dieser Maximen schließt V. 45 mit γάρ auch den Themenkomplex ab.[23]

---

19 Vgl. zur Realie und zu den epigraphischen sowie papyrologischen Zeugnissen A. Deissmann, Licht, 271–280; G. Klaffenbach, Epigraphik, 83–88; H.-J. Klauck, Heil, 89–92; H.-J. Klauck, Beichtinschriften, 74–76.

20 Die semantische Opposition „viele" vs. „alle", die in der Diskussion um das *pro multis* von Bedeutung war und ist (vgl. T. Söding, Kirche, 22f) liegt also gar nicht im Horizont der Aussage von Mk 10,45.

21 So auch H.-J. Klauck, Heil, 91: „Hier bleibt eigentümlich unbestimmt, von was losgekauft wird, wem der Kaufpreis […] eigentlich zu entrichten ist."

22 Deshalb bin ich auch skeptisch, ob man Mk 10,45 im Licht von Jes 53 (vor allem von Jes 53,12: „er trug die Sünden von vielen") deuten sollte, vgl. aber T. Söding, Kirche, 23; abwägender ist H.-J. Klauck, Beichtinschriften, 74f.

23 Zum Diskurs und Verständnis von Mk 10,45 sei exemplarisch verwiesen auf J. C. Edwards, Logion; M. Ebner, Kreuzestheologie, 158–163; M. Wolter, Heilstod, 306f; H. S.

Der Tod des Einen hat Nutzen für die Vielen. Das ist der pure Kontrast zum Triumph, in dem die Leistungen der Vielen auf einen gebündelt werden und der Tod der Vielen primär Nutzen für den Einen hat, der groß herauskommt. Und es ist erzählerisch äußerst geschickt, dass nun ausgerechnet der Weg in den Tod für Jesus als Triumphzugsparodie erzählt wird. Der Höhepunkt des jesuanischen Triumphes ist der Tod Jesu. Hier vollendet sich, was der mk Jesus in Mk 10,45 angekündigt hat, und wird die Logik der Großen-Mann-Maschine Triumphzug gerade auf den Kopf gestellt.

In diesen Zusammenhang passt ein Verständnis von Mk 10,45 vor dem Hintergrund antiker Sklavenfreilassungspraxis im Übrigen besonders gut hinein. Denn auch im Triumph werden aus Kriegsgefangenschaft und Sklaverei befreite Angehörige des römischen Reiches vorgeführt (vgl. II 3.5). Die Thematik von Befreiung aus Sklaverei ist also auch im Triumphzug vorhanden. Nur hat eben nicht der römische Triumphator dafür das λύτρον entrichtet. Er hat durch Krieg und Eroberung befreit und das Leben anderer geopfert. Und mehr noch: Die im Triumphzug vorgeführten Kriegsgefangenen, die nicht zur Kategorie der königlichen Gefangenen gehören, werden ihrerseits nach dem Triumph in die Sklaverei überführt. Die Befreiung der eigenen Leute bringt die Versklavung der anderen, der Fremden, mit sich. So agiert Jesus nicht. Sein Tod ist das einzige λύτρον, das entrichtet wird. Niemand sonst leidet oder stirbt. Und Nutznießer sind nicht nur die Seinen, sondern die Vielen. Auch in dieser Perspektive ist Mk 10,45 eine Kontrastfolie zu den Logiken des römischen Triumphzugs.

Adressat all dieser mk Kritik ist nun allerdings nicht der Kaiser oder die römische Elite. Der mk Text richtet sich erkennbar nicht an sie. Angezielt ist die mk Gemeinde. Im Blick auf sie soll die Kritik ihre Wirkung entfalten. Und das kann doch letztlich nur bedeuten, dass die Mitglieder der mk Gemeinde ihre Haltung zum Triumphspektakel ändern und sich die Mechanismen des Triumphzugs bewusst machen sollen. Denn diese Mechanismen passen einfach nicht zum Lebensprogramm Jesu und zur Jesusnachfolge.

Diese notwendige Änderung der eigenen Haltung kann dabei zwei Leitziele verfolgen, die sich angesichts der religionssoziologisch gemischten mk Gemeinde nicht einmal ausschließen müssen: (1.) Im Sinne des „Nicht so bei euch" kann die Kritik des Triumphzugs darauf abzielen, dass die Mitglieder der mk Gemeinde in Rom an Triumphzugsfeiern nicht teilnehmen sollen: „Nicht hingehen! Nicht mitfeiern, wenn andere zu Opfern gemacht werden und der Kaiser sich als Herr der Welt geriert!" – das wäre die Devise. Markus würde in dieser Perspektive geradezu vor der Verführungskraft des Triumphzugs warnen[24] und in Erinnerung rufen, wer der wahre Herr der Welt ist und auf

---

Versnel, Sense, 291f; B. Janowski, Leben, 108f mit Anm. 59; H.-J. Klauck, Heil, 89–92; H.-J. Klauck, Beichtinschriften, 74–76; A. Weihs, Deutung, 499–538.

24 In diese Richtung gehen die Überlegungen von A. Winn, Purpose, der als eines der Hauptziele des MkEv die kritische Auseinandersetzung mit den Absolutheitsansprüchen des

wessen Nachfolgeprogramm man verpflichtet ist. (2.) Im Sinne von Consolationsliteratur kann die Kritik der Triumphzugslogik und die Überbietung im Blick auf den Triumphator auch tröstend wirken. Wenn die mk Gemeinde den Flaviertriumph als Zuschauer miterlebt haben sollte – und davon gehe ich letztlich aus –, dann wird die Präsentation der Beute aus dem Tempel und die Vorführung jüdischer Gefangener gerade im judenchristlichen Teil der mk Gemeinde Bestürzung und Trauer ausgelöst haben. Denn im Flaviertriumph konnte sich Rom als Sieger nicht nur über die Juden, sondern letztlich auch über den einen jüdischen Gott zeigen. Die Souveränität und Macht des einen Gottes selbst stand durch den Triumphzug in Frage. Treffend formuliert B. J. Incigneri:[25]

> The viewing of this Triumph must have been a dispiriting experience for the Christians [...] Every item carried in that long procession must have increased the sense of doubt for the watching Christians: the Temple vessels, the Torah and the great veil all emphasised the desecration and destruction of the Temple by the Romans, and the Jewish prisoners brought to mind a defeated Israel. The visible power of the emperor seemed to be stronger than any invisible power of the God of Israel. After all, where had God been during the last seven years of trouble upon trouble?

Kritik an der römischen Triumphzugspraxis, die kombiniert ist mit einer grundsätzlichen Überbietungsstrategie im Blick auf Jesus, der stets mehr ist als der römische Kaiser, lässt sich in dieser Situation als Form der Krisenbewältigung verstehen.[26] Das MkEv erzählt für eine aus Juden- und Heidenchristen bestehende Gemeinde in Rom, dass nicht nur das Imperium Romanum, sondern auch ein solcher Triumphzug vorletzte Wirklichkeiten sind. Mit Blick auf das Geschick Jesu, der Triumphator und königlicher Gefangener zugleich ist, mit Blick auf sein Lebensprogramm, von dem in Mk 10,42–45 die Rede ist, und mit Blick auf das Osterereignis, in dem Gott ein endgültiges Ja zu Jesus spricht, verliert der Flaviertriumph zumindest an Bedeutung. Mit Blick auf die Tempelzerstörung, die im MkEv literarisch verarbeitet wird, zeigt sich zudem, dass es in der mk Erzählwelt eben Gott ist, der im Hintergrund der

---

Kaisers Vespasian erachtet (vgl. für das Folgende M. Lau, Rez.). Nach Winn hat die Herrschaft Vespasians in der mk Gemeinde zu einer Krise des christologischen Bekenntnisses geführt. Einige Gemeindeglieder seien der Propaganda des Kaisers und seiner Parteigänger erlegen. Der Herr der Welt sei für sie nicht mehr Jesus, sondern der Kaiser. Das MkEv will dieser Herausforderung korrigierend begegnen und den geradezu universalen Anspruch Jesu untermauern: „Mark presents Jesus as a legitimate world ruler, one who is in all ways superior to the current world ruler, Vespasian" (200).

25 B. J. Incigneri, Gospel, 204f.

26 Zu einem solchen Verständnis des MkEv vgl. auch A. Bedenbender, Botschaft, der das MkEv allerdings weniger als Form der gelingenden Krisen*bewältigung*, sondern als Krisendokument selbst versteht.

Tempelzerstörung steht. Gott bleibt auch über die Tempelzerstörung hinaus der absolute Souverän (vgl. III 3.5). Das letzte Wort hat im MkEv also nicht Rom, sondern Gott. Das schreibt Markus seiner Gemeinde in einer Zeit der Verunsicherung in ihr Grunddokument.

2.2 Warum so dezent und chiffriert? Vom Mehrwert undeutlichen Anspielens

Warum formuliert Markus seine soeben beschriebene Kritik nicht deutlicher? Warum verwendet er chiffrierte Referenzen auf den Triumphzug? Vergibt er sich damit nicht die Möglichkeit, seine Botschaft an die Frau und den Mann zu bringen? Warum riskiert er, dass die Allusionen überlesen werden?

Es liegt nahe zu denken, dass das MkEv im Rom der 70er Jahre n. Chr. Kritik am Kaiserhaus und an einer römischen Ritualinstitution wie dem Triumph schon aus Gründen von Opportunität und Eigenschutz nicht zu offensichtlich äußern will. Die Jahre der Christenverfolgung unter Nero (64 n. Chr.) liegen noch nicht lange zurück. Offene Kritik am gerade sich etablierenden flavischen Kaiserhaus konnte u. U. gefährlich werden.[27] Will Markus für seine Gemeinde und sich nichts riskieren? Das ist denkbar, ist aber m. E. allenfalls *ein* Grund für die dezente Art des Anspielens.[28] Man könnte sogar fragen, ob es sich nicht um einen letztlich marginalen Aspekt handelt. Immerhin traut sich Markus, eine im Blick auf die Kritik am römischen Militär relativ durchsichtige und in der Sache subversive Geschichte wie die Erzählung vom besessenen Gerasener in Mk 5,1–20 zu erzählen. Und den Herrschaftsstrukturen im römischen Reich hält er mit Mk 10,41–45 schonungslos den Spiegel vor. Dazu wollen aus Vorsicht eingesetzte chiffrierte Referenzen auf den Triumph nicht recht passen. Und man wird auch nicht übersehen dürfen, dass diejenigen, denen Kritik am flavischen Kaiserhaus ein Todesurteil eingebracht hat, zur Oberschicht gehört haben und deren Kritik damit viel gefährlicher war. Das MkEv spielt, sozialgeschichtlich betrachtet, in einer unteren Liga. Hätte man sich in der römischen Oberschicht und im Kaiserhaus also überhaupt am mk Text gestört?

Warum wird Markus also nicht deutlicher und alludiert derart verdeckt? Drei Gründe erscheinen mir plausibel und im Vergleich zur obigen Überlegung eher handlungsleitend zu sein – ganz davon abgesehen, dass es unser moderner Leseeindruck ist, der die Allusionen als chiffriert erlebt. Im Rom

27 Vgl. M. Ebner, Viten, 50f, mit entsprechenden Beispielen für Herrschaftskritik an den Flaviern, die den Kritikern jeweils den Kopf gekostet hat.

28 Dass die Chiffrierung generell eine Schutzfunktion haben kann, lässt sich mit Verweis auf Quintilian zeigen (I 4.2.3).

des 1. Jh. n. Chr. wird man den mk Text mit hoher Wahrscheinlichkeit als deutlicher alludierend erlebt haben.

(1.) Chiffrierte Referenzen sind im 1. Jh. n. Chr., das zeigen die Überlegungen Quintilians (vgl. I 4.2.3), eine beliebte literarische Technik. Sie sind *en vogue*, gelten als ästhetisch, man erwartet sie geradezu und delektiert sich an ihnen. Markus schreibt insofern gute und aktuelle Literatur. Er garniert seine Jesusgeschichte mit literarischen Clous und Kunstgriffen, indem er „doppeldeutige Gedanken" (*ambiguitate sententiae* [Quint., Inst Or IX 2,68 (Rahn)]) formuliert und eine Geschichte mit Doppelbödigkeiten, Mehrdeutigkeiten und zunächst versteckten Resonanzräumen erzählt.[29] Nimmt man den Evangelisten als literarisch schaffenden Autor ernst, dann wird man ihm zutrauen dürfen, dass er auch eine für ihn heilsgeschichtlich relevante Story so erzählt, dass sein Publikum dabei gut unterhalten wird. Chiffrieren ist chic!

(2.) Neben dieser ästhetischen Komponente liegt der Rekurs auf chiffrierte Referenzen auch gerade angesichts der in Kapitel IV 2.1 beschriebenen Kritik-Funktion nahe. Auch in diesem Fall hilft Quintilian weiter, der vor zu durchsichtigen Anspielungen, zu offenkundigen Figuren warnt (vgl. I 4.2.3). Anspielungen verlieren nach Quintilian nämlich ihre Wirkung, wenn sie zu offensichtlich erfolgen. Sie müssen im Vagen gehalten werden, um zu treffen. Wenn eine der Wirkabsichten der chiffrierten Referenzen im MkEv in der Kritik römischer Triumphpraxis und römischer Triumphatoren besteht, wovon ich überzeugt bin, dann wirkt die Kritik mit Blick auf das mk Lesepublikum gerade dann besser, wenn sie nicht zu durchsichtig erfolgt. Die Leserinnen und Leser werden auf diese Weise aus der Perspektive des Autors effektiver zu einer kritischen Haltung gegenüber dem römischen Triumphzug und seinen Plausibilitäten geführt, weil man sich den vagen Anspielungen, die im Leseprozess geradezu subkutan im Lesenden gären, weniger effektiv entziehen kann. Einer offen und direkt geäußerten Kritik kann man sich leichter verweigern und ihre Geltung bestreiten. Man kann einfacher „Ja" oder „Nein" zu ihr sagen. Die in Form chiffrierter Referenzen vorgetragene Kritik, die auf den Leser vielleicht sogar zunächst unbewusst auf einer eher emotionalen Ebene wirkt und die man sich erst bewusst machen muss, hat eine höhere Verführungskraft und wirkt nachhaltiger.

(3.) Schließlich könnte Markus auch aus einer weiteren inhaltlichen Erwägung im Blick auf die Pragmatik der Allusionen zu chiffrierten Referenzen greifen. Das hat mit einem anderen Aspekt der Botschaft der chiffrierten Referenzen zu tun. Denn sie üben nicht ausschließlich Kritik an der römischen Triumphpraxis und an den römischen Kaisern. Sie haben weitere Funktionen. Und für die wäre eine unchiffrierte, direkte und massive Anspielung ent-

---

29 Vgl. dazu auch die zu Beginn des Vorwortes als Motto zitierte Aussage von Thomas Glavinic, die auch den Aspekt der mehrfachen Lektüre eines Textes (vgl. III 5) im Blick hat. Antike Literatur und Gegenwartsliteratur sind durchaus verwandt.

schieden kontraproduktiv gewesen. Denn eine direkte Anspielung, ein letztlich platter überbietender Vergleich frei nach dem Motto: Jesus ist einfachhin der bessere Kaiser und Triumphator und der einzig wahre Herr der Welt, hätte die Leserinnen und Leser auf eine falsche inhaltliche Spur gesetzt. Jesus steht zwar in überbietender Opposition zum Triumphator und römischen Kaiser, er ist mehr als der Kaiser, aber vor allem ist er *anders* als der Kaiser.[30] Jesu Lebensprogramm, das ihm in der mk Erzählwelt seine spezielle Form von Triumphzug eingebracht hat, unterscheidet sich massiv von den römischen Herren der Welt und ihrer Art der Lebensführung. Dahinter steht ein christologisches Programm der bewusst geweckten und ebenso bewusst gebrochenen Erwartungen. Entworfen wird das Bild eines anderen Triumphators, Kaisers und Herrn der Welt. In Jesus begegnet den Leserinnen und Lesern ein untypischer Sohn Gottes. Typische Hoheitserwartungen werden wachgerufen, durchbrochen und korrigiert. Und gerade das wird auch über die chiffrierten Referenzen mit ihren im Blick auf die Prätextmotive vorhandenen Selektions- und Mutationsprozessen entwickelt.

2.3 Die mk Triumphzugsanspielungen und ihr Beitrag zur Ausgestaltung einer narrativen Christologie der durchbrochenen Erwartungen

Wenn es ein deutlich verbindendes Element zwischen allen mk Szenen gibt, in denen ich Allusionen auf den Triumphzug nachweisen konnte, dann ist das die mk Christologie. Alle hier untersuchten Perikopen tragen zur Charakterisierung des mk Jesus bei. Sie betreiben narrative Christologie.

Die Christologie des MkEv ist ein breit untersuchtes und differenziert wahrgenommenes Themenfeld.[31] Ein Spezifikum der mk Christologie ist dabei das Ineinander von höchsten Erwartungen im Blick auf die Person Jesu, die bewusst geweckt werden, und ihrer jeweiligen Durchbrechung. Das geschieht durch die Verwendung von Hoheitstiteln mit Blick auf Jesus – zu nennen sind hier etwa: Gottessohn, Menschensohn, König, Sohn Davids, Messias/Christus – und durch entsprechende Erzählzusammenhänge, die mit Blick auf Jesus höchste Erwartungen wecken (wie etwa im Rahmen der Wundergeschichten).

30 Vgl. die Formulierung bei M. Peppard, World, 131: „Almost the same, but not quite"; vgl. ähnlich H. Leander, Empire, 288.

31 Aus der Masse an Literatur – allein die Bibelwissenschaftliche Literaturdokumentation Innsbruck (BILDI) listet im Mai 2018 für die Schlagwörter Christologie und MkEv 195 Treffer auf – nenne ich exemplarisch und reduziert auf wenige, besonders einschlägige Titel: S. Schreiber, Christologie, 155–166; M. Peppard, World, 86–131; E. Struthers Malbon, Christology; P. G. Davis, Paradox.

Entscheidend ist, dass die jeweiligen Erwartungen stets durchbrochen und damit korrigiert werden. Ja, Jesus ist der Sohn Gottes und ja, er kann machtvoll Wunder wirken, aber weder darf man davon erzählen noch verhält sich Jesus wie ein klassischer Gottessohn. Die Akklamation Jesu, Propaganda für ihn, das Bekenntnis zu ihm als Herrschaftsfigur und die seine Person betreffende Verkündigung werden, wie gezeigt (III 3.6; III 8.6.1), temporär verboten.

Ein Paradebeispiel innerhalb des mk Textes für diese narrative Christologie der gebrochenen Titel und Erwartungen stellt Mk 8,29–38 dar. Hier finden sich auf engem literarischen Raum alle Elemente, die für diesen Zug der mk Christologie typisch sind. Im Einzelnen:

Vers	*Aktionen der Schüler und Reaktionen Jesu*
29	Messiasbekenntnis des Petrus
30	Kommunikationsverbot durch Jesus
31	Korrektur der Hoheitserwartung durch Jesus: Erste Leidensankündigung
32	Widerstand des Petrus: Ein leidender Messias und Menschensohn ist unvorstellbar!
33	Scharfer Tadel Jesu im Blick auf Petrus: „Du sinnst nicht das von Gott, sondern das der Menschen!" Petrus denkt in menschlichen Kategorien; Jesus denkt in göttlichen.[32]
34–38	Jesuanische Korrektur der Hoheitserwartungen im Blick auf die Nachfolge: Kreuzesnachfolge und Selbstverleugnung als Programm.

In Reaktion auf das Messiasbekenntnis verbietet Jesus zunächst die Kommunikation dieses Titels und korrigiert ihn sodann inhaltlich. In Mk 8,30f findet sich also eine Doppelstrategie von Kommunikationsverbot und inhaltlicher Korrektur. D. h. nicht, dass der Titel Messias nicht für Jesus angemessen wäre. Ganz im Gegenteil: Nirgends wird gesagt, Jesus sei nicht der Messias. Den Titel trägt Jesus zu Recht. Korrigiert werden nur die mit dem Titel verbundenen Vorstellungen. Der Messias Jesus ist im MkEv ein leidender Messias. Und nur so kann man ihn richtig verstehen und denkt (V. 33) im Sinne Gottes. Die Vorstellung eines machtvollen Messias wird als menschliches Fehlverständnis gebrandmarkt. Das gilt für alle jüdisch oder pagan geprägten Titel, die auf Jesus appliziert werden. Stets werden sie inhaltlich korrigiert und werden die mit ihnen verbundenen Hoheitserwartungen als falsches Verständnis Jesu erwiesen. Jesus ist eben ein inhaltlich anders charakterisierter König, Messias, Sohn Gottes, Davids- und Menschensohn. Ein Evangelium über ihn zu erzählen, bedeutet, ein Evangelium über einen Herrscher und Herrn der Welt zu erzählen,

32 Die semantische Opposition „menschlich vs. göttlich" findet sich auch in Mk 7,8: Petrus rutscht insofern auf die Seite der Opponenten Jesu.

der anders ist und sich anders verhält, der als Befreier und nicht als Besatzer wirkt, was sich in Mk 5,1–20 besonders zeigt, und der sogar bereit ist, sein Leben für Viele zu geben, wie in Mk 10,45 deutlich wird. Den mk Jesus hat erst richtig verstanden, wer ihn gerade als Sohn Gottes, Messias und Co. im Scheitern erkennt, wer Hoheit und Niedrigkeit, Messianität und Kreuzestod miteinander kombiniert denken und dann auch bekennen kann. Den mk Jesus als Sohn Gottes richtig zu verstehen, heißt insofern immer, ihn als Gekreuzigten und Auferweckten zu verstehen. Der mk Jesus ist ein „Messias patiens"[33]. Das ließ sich im Gang der Untersuchung an verschiedenen Perikopen aufzeigen. Erinnert sei an Mk 15,16–20.26.39; Mk 6,30–44; Mk 11,1–11. Stets werden die geweckten christologischen Hoheitserwartungen inhaltlich durchbrochen und von der Passion Jesu her korrigiert. Und nur im Licht von Leiden, Tod und Auferweckung kann und darf man die Hoheitstitel im Blick auf Jesus verwenden. Erst dann sind sie vollauf gültig und erscheinen inhaltlich im vom MkEv favorisierten Sinne. Der mk Jesus ist – um eine besonders prägnante Formulierung von Eduard Schweizer[34] aufzugreifen – „der Mann, der alle Schemen sprengt".

Die in diesem Sinne aufgedeckten Triumphzugsallusionen im MkEv komplettieren dieses christologische Programm. Denn auch vor dem Hintergrund des Triumphzugs und der Jesus letztlich sogar von Gott verliehenen Triumphatorenrolle werden höchste Erwartungen geweckt und durch inhaltliche Brechungen in Form von Selektions- und Mutationsprozessen im Rahmen der Allusionen korrigiert. D. h. die Abweichungen vom Prätextmotiv sagen etwas über Jesus aus. Sie dienen nicht nur der Kritik des römischen Triumphzugsrituals oder der Triumphatoren, sondern auch der christologischen Charakterisierung Jesu. Das beginnt bei der Doppelrolle für Jesus. Die Doppelrolle verdichtet durch die Kombination von zwei Rollenmustern Hoheit und Niedrigkeit, Sieg und Scheitern im Blick auf Jesus. Er ist eben ein gekreuzigter Triumphator,[35] ein augenscheinlich gescheiterter Sohn Gottes. Deshalb ist es auch besonders geschickt, wenn ausgerechnet der Weg ans Kreuz als Triumphzug erzählt wird. Das *ius triumphandi* erfüllt er auf seine ganz eigene, eben typisch jesuanische Weise: Er ist Hirte und nicht Kriegsherr, er speist und tötet nicht, er setzt seine ἐξουσία für andere und nicht für sich selbst ein. Er gibt selbst sein Leben, damit andere befreit leben können. Und gerade darin zeigt er seine wahre Größe: Er ist bereit, sich selbst klein zu machen. Die christologische Herausforderung, vor die das MkEv stellt, besteht insofern zuallererst darin, im Gescheiterten, im Gekreuzigten, den Sohn Gottes und den von Gott selbst legitimierten Trium-

33 S. Schreiber, Christologie, 161 Anm. 273.

34 E. Schweizer, Jesus Christus, 18.

35 Und zu einem solch gekreuzigten Triumphator, der zwar mehr, aber vor allem anders als ein gewöhnlicher Triumphator ist, hätten direkte, unchiffrierte Allusionen nicht gepasst. Sie hätten einen falschen inhaltlichen Eindruck von Jesus erweckt, weil sie Jesus zu direkt mit den kaiserlichen Triumphatoren verglichen hätten.

phator zu erblicken. Die „Rolle rückwärts“, die mit dem Centurio von Mk 15,39 im hingerichteten königlichen Gefangenen wieder den Triumphator erblickt, ist insofern eine christologische „Rolle rückwärts“: Im Gekreuzigten zeigt sich der Sohn Gottes, der Messias, der König, der Davids- und Menschensohn, der Triumphator. Jesus ist insofern nicht einfach der bessere Kaiser und Triumphator, der wahre Herr der Welt. Das ist er auch, aber vor allem ist er anders als jeder triumphierende Kaiser. Sein Lebensprogramm unterscheidet sich radikal von denjenigen der normalen Weltenherren. Auf dieses Lebensprogramm, in dem sich die mk Christologie zeigt, verpflichtet er seine Nachfolgerinnen und Nachfolger. Und er selbst macht es ihnen auf seine Weise vor.[36]

2.4 Kreuzesnachfolge – oder: Alle können Triumphator werden

Diesem Jesus kann und soll man nachfolgen. Das MkEv vermittelt insbesondere in seinem Mittelteil, Mk 8–10, wie Jesusnachfolge inhaltlich konturiert ist. Sie ist auf Gemeinschaft angelegt,[37] beinhaltet die Bereitschaft zum Dienst aneinander und verträgt sich nicht mit klassischem Karrierestreben. Eine Karriere in der Jesusgruppe kann nach Mk 9,35; 10,42–44 immer nur eine Karriere sein, die danach strebt, den anderen zu dienen. Mit den Augen der Antike betrachtet ist das eine Karriere nach unten. Jesusnachfolge beinhaltet insofern die Umsetzung des Lebensprogramms Jesu und meint letztlich Handeln im Sinne des Willens Gottes (vgl. Mk 3,35). Dann ist man Teil der Jesusgemeinschaft, der *familia dei*. Jesusnachfolge ist dabei auch Kreuzesnachfolge (Mk 8,34). Nimmt man das ernst, dann kann Jesusnachfolge tatsächlich gefährlich werden. Sie kann Kopf und Kragen kosten.[38] Dies hat der mk Jesus selbst im Blick, wenn er die Aufforderung zur Kreuzesnachfolge und zur Selbstverleugnung mit einer Paradoxie vom Retten und Verlieren des eigenen Lebens kombiniert:[39] Wer sein Leben retten will, wird es verlieren; wer es wegen des Evangeliums verlieren wird, wird es retten (vgl. Mk 8,35). Anders gewendet: Wer im Leben (scheinbar) scheitert, wird am Ende gerettet werden und gewinnt. Genau dieses paradoxe Programm wird durch die mk Allusionen auf den Triumphzug

36 S. Schreiber, Christologie, 166, hält m. E. treffend für das MkEv fest: „Die Christologie verbindet sich untrennbar mit der Nachfolge“. Thematisch hängen insofern Christologie und Ekklesiologie des MkEv engstens zusammen.

37 Allerdings ohne dass diese Gemeinschaft einen Exklusivanspruch auf Jesus hätte. Man kann auch außerhalb der Nachfolgegemeinschaft im Namen Jesu handeln (vgl. die Erzählung vom fremden Exorzisten in Mk 9,38–40).

38 Damit ist im Übrigen nicht gesagt, dass man die Gefahr geradezu suchen soll (vgl. G. Theissen, Geheimnis, 64). Man soll ihr nur nicht aus dem Weg gehen.

39 Zu solchen Paradoxien in der ntl. Tradition vgl. M. Ebner, Paradoxien, 79–100; G. Guttenberger Ortwein, Status, 169–198 (zum Positionswechselaxiom in mk Texten).

auch narrativ für Jesus entfaltet. Es ist eben sein Weg ans Kreuz und damit in den Tod, der mit Triumphzugsallusionen versehen ist. Im Sterben und damit im Scheitern zeigt sich Jesus als Gewinner und als Triumphator. Im Gescheiterten und am Kreuz Gestorbenen kann und soll man wieder den Triumphator erblicken, wie es Mk 15,39 vormacht (vgl. III 3.6). Vor diese Herausforderung stellt das MkEv mit seinen Triumphzugsallusionen. Auch für Jesus gilt damit: Wenn er scheitert, gewinnt er und rettet sein Leben, was das MkEv narrativ mit der Ostergeschichte einlöst. Oder mit Blick auf die Regeln für die Jesusnachfolge und die Ausgestaltung der Nachfolgegemeinschaft von Mk 9,35; 10,43f gesprochen: Weil Jesus bereit ist, den letzten Platz einzunehmen und Diener für alle zu werden, was nach Mk 10,45 sich gerade im Sterben Jesu realisiert, wird er zu einem Großen – narrativ eingelöst durch die Doppelrolle von königlichem Gefangenen und Triumphator, die das MkEv Jesus zuweist.

Kombiniert man die aus semantischen Oppositionen bestehenden Paradoxien vom Verlieren und Gewinnen des Lebens mit den ebenso paradoxen Regeln für die Ausgestaltung der Nachfolgegemeinschaft, die den Kleinen zum Großen machen, und wendet man diese auf die Jesusnachfolge an – und genau in die Situation der Jesusnachfolge hinein werden sie im MkEv vom mk Jesus gesprochen (vgl. Mk 8,34f; 9,35; 10,43f) –, dann lässt sich sagen, dass in der Kreuzesnachfolge Jesu, also in der Bereitschaft den letzten Platz einzunehmen, in der Bereitschaft zum Scheitern und zum Einsatz des eigenen Lebens, letztlich jede und jeder die Chance hat, Triumphator zu werden und ihr/sein Leben endgültig zu gewinnen. Das aber ist nach Mk 8,36f überhaupt das Größte, was ein Mensch gewinnen kann. Die Triumphzugsallusionen in der Passionsgeschichte stellen insofern auch eine narrativ-metaphorische Umsetzung der Paradoxien vom Kleinen und Großen und vom Verlieren und Gewinnen im Blick auf Jesus dar. Zugleich findet geradezu eine metaphorische Demokratisierung der prestigeträchtigsten Rolle statt, die sich im Imperium Romanum denken lässt: Jede und jeder kann in der als Kreuzesnachfolge verstandenen Jesusnachfolge zum Triumphator werden.

Dass diese auf den ersten Blick vielleicht etwas eigenwillig wirkende Kombination der Paradoxien vom Retten und Verlieren und vom Großen und Kleinen mit der Triumphthematik durchaus vom mk Text gedeckt ist, zeigt der Kontext der Paradoxie von Mk 8,35. In Mk 8,36 wird nämlich die paradoxe Gegenüberstellung vom scheiternden Versuch, das eigene Leben zu retten, aus V. 35a weiter narrativ entfaltet (s. die Tabelle auf der nächsten Seite): Der Versuch, das eigene Leben zu retten (V. 35a), wird in V. 36a unerwartet auf ein völlig anderes semantisches Feld übertragen: Im Blick ist plötzlich jemand, der die ganze Welt gewonnen hat, man möchte fast übersetzen: unterworfen hat, der Herr der ganzen Welt ist.[40] Triumphierende römische Kaiser inszenieren sich

40 Es ist durchaus bemerkenswert, dass LSJ für κερδαίνω und κατακυριεύω (Mk 10,42) die gleiche Primärbedeutung „to gain" angibt.

im Triumph als solche Weltenherrscher.[41] Aber auch ihnen gilt, dass sie ihr Leben nicht werden retten können, ja sogar mit Bestrafung rechnen müssen. Die Paradoxien vom Retten, Gewinnen und Verlieren sind in Mk 8 also bereits mit einer herrschaftskritischen Spitze versehen. Das macht ihre Anwendung auf die Triumphzugsallusionen in der mk Passionsgeschichte plausibel.

Vers	*Ziel des menschlichen Handelns*	*Folge*
35a	ὅς γὰρ ἐὰν θέλῃ τὴν ψυχὴν αὐτοῦ σῶσαι	ἀπολέσει αὐτήν
35b	ὅς δ᾽ ἂν ἀπολέσει τὴν ψυχὴν αὐτοῦ ἕνεκεν ἐμοῦ καὶ τοῦ εὐαγγελίου	σώσει αὐτήν
36a	τί γὰρ ὠφελεῖ ἄνθρωπον κερδῆσαι τὸν κόσμον ὅλον	καὶ ζημιωθῆναι τὴν ψυχὴν αὐτοῦ

Im Zuge der Untersuchungen der mk Perikopen hat sich allerdings gezeigt, dass die Schüler Jesu in dieser Kreuzesnachfolge krachend scheitern. Das wird in den in dieser Arbeit untersuchten Perikopen mehrfach in Erinnerung gerufen (vgl. III 2.4; III 2.9). Andere Erzählfiguren nehmen unfreiwillig die Plätze und Aufgaben ein, die eigentlich die Schüler Jesu übernehmen sollten. Am deutlichsten scheitert in der mk Erzählung Petrus, weil er besonders vollmundig die Kreuzesnachfolge inklusive des Einsatzes des eigenen Lebens verspricht (vgl. Mk 14,29–31) und an seiner Erzählfigur vorexerziert wird, was „sich selbst verleugnen" (vgl. Mk 8,34) im mk Sinne bedeutet, nämlich sich auch in Gefahr zu Jesus zu bekennen. Und genau das leistet der mk Petrus nicht.

Um in diesem Sinne die Bedeutung von „sich selbst verleugnen" innerhalb der mk Erzählung zu verstehen, ist es hilfreich, auf die weitere Verwendung des Verbs „verleugnen" innerhalb des MkEv zu achten.[42] Nur in einem weiteren mk Text findet es sich. In Mk 14,30 sagt Jesus Petrus in geradezu hellseherischer Weise voraus, dass dieser ihn noch in dieser Nacht – es ist die Nacht nach dem letzten Mahl, die Schülergruppe ist auf dem Weg zum Ölberg und nach Gethsemani, die Verhaftung Jesu und sein Verhör stehen kurz bevor – dreifach *verleugnen* wird. Eingebunden ist diese Vorhersage Jesu in zwei Bekenntnisse des Petrus. Er verspricht Jesus, dass er treu an der Seite Jesu stehe, auch dann noch, wenn alle anderen Mitschüler in Zweifel geraten sollten (V. 29). Mehr noch: „Wenn es nötig wäre, dass ich mit dir sterbe, ganz sicher nicht werde ich dich verleugnen!" (V. 31). Was Petrus – und mit

41 Einen Bezug auf römische Kaiser in Mk 8,36 erwägt zustimmend auch K. M. Schmidt, Wege, 311.

42 Im Hintergrund stehen Überlegungen von M. Ebner, Mk, 91; die Verbindung von Mk 8,34 mit Mk 14 deutet sich bereits bei D. Lührmann, Mk, 152, an.

ihm alle anderen Schüler[43] – verspricht, ist nicht weniger als Treue bis in den Tod hinein. Er ist in Aufnahme von Mk 8,34 bereit, sein Kreuz zu tragen, sich hinrichten zu lassen und mit Jesus in den Tod zu gehen. Jesus wird freilich Recht behalten. Während Jesus von den jüdischen Autoritäten verhört wird, muss sich Petrus, der sich immerhin bis in den Hof des Hohepriesters – und damit weiter als alle anderen Schüler Jesu (V. 50.54) – vorgewagt hatte, einem ganz eigenen Verhör stellen (V. 66–72). Und während Jesus auf die Frage, ob er der Messias sei, freimütig mit „Ich bin (es)" antwortet (V. 61 f), leugnet Petrus dreimal, Jesus überhaupt zu kennen. Er flucht und schwört: „Nicht kenne ich diesen Menschen" (V. 71). Von Treue zu Jesus und der Bereitschaft, das eigene Leben zu riskieren, ist keine Spur mehr vorhanden. Petrus hat sich entschieden, Jesus zu verleugnen, statt sich selbst zu verleugnen und sein Kreuz zu tragen. Für die mk Nachfolgekonzeption ist dabei entscheidend, dass dieses „Jesus verleugnen" und „sich selbst verleugnen" eine semantische Opposition bilden. Und wenn „Jesus verleugnen" bedeutet, sich nicht zu Jesus zu bekennen, dann ist das Gegenstück, also das „sich selbst verleugnen", dahingehend aufzulösen, dass mit „sich selbst verleugnen" letztlich ein „sich zu Jesus bekennen" gemeint sein kann. Diese Erwartung des mk Jesus ist in der Tat radikal. Jesusnachfolge beinhaltet das Bekenntnis zu Jesus – auch dann, wenn dieses Bekenntnis lebensgefährlich sein kann.[44]

Dieses erzählte Scheitern des Petrus und aller Schüler Jesu öffnet die Nachfolgethematik im Blick auf die Leserinnen und Leser. Sie sind aufgefordert, es besser zu machen, und haben doch zugleich gute Vorbilder an der Seite, die das potentielle Scheitern der eigenen Nachfolgebemühungen auffangen. Und allen, den Schülerinnen und Schülern im MkEv wie auch den Jesusnachfolgerinnen und Jesusnachfolgern in der mk Gemeinde, gilt, dass sie stets neu die Chance auf einen Neuanfang mit Jesus haben. Das ruft die Osterbotschaft mit ihrer auffällig doppelten Adressatenangabe[45] von Mk 16,7 in Erinnerung: „Aber los, sagt seinen Schülern und dem Petrus: Vorausgeht er euch in die Galiläa, dort werdet ihr ihn sehen, gleichwie er euch gesagt hat." Diese Verheißung einer

---

43 Mk 14,31 endet mit: „Ebenso aber sprachen auch alle". Alle Schüler Jesu machen sich also das Programm des Petrus zu eigen. Und alle werden daran scheitern. Allerdings erzählt das MkEv dieses Scheitern vor allem für Petrus, der selbst den Gegensatz zwischen dem potentiellen Scheitern der anderen („Wenn auch alle Anstoß nehmen werden …") und seiner eigenen Treue eröffnet hatte („… ich nicht", Mk 14,29).

44 Vgl. zu diesem Petitabschnitt meine Überlegungen in M. Lau, Jesusnachfolge, 11 f, an denen ich mich hier eng orientiert habe.

45 Zur Adressatenangabe in Mk 16,7, die zwischen den Schülern und dem Petrus augenscheinlich differenziert, vgl. M. Ebner, Chance, der die Hervorhebung des Petrus als Reflex auf das durch die dreifache Verleugnung gebrochene Versprechen versteht, das Petrus mehr oder weniger aus der Gruppe der Schüler exkludiert habe. Die explizite Adressierung der Osterbotschaft an Petrus räume insbesondere ihm – und allen Gemeindegliedern, die z. B. in Verfolgungssituationen schwach geworden sind und wie Petrus Jesus verleugnet haben – eine zweite Chance ein. Vgl. auch M. D. Hooker, Beginnings, 195. Sie versteht den auffälligen Zusatz „und Petrus" als eine „message of forgiveness, offering him [sc. Peter, M. L.] the chance to begin again on the path of discipleship".

Neubegegnung mit dem auferweckten Jesus in Galiläa gilt allen Schülern Jesu, also auch jenen, die zur Kreuzesnachfolge bereit waren und gescheitert sind. Sie alle sind zur Neubegegnung mit Jesus in Galiläa und damit natürlich auch zu einem Neuanfang in der Jesusnachfolge eingeladen.

3. Literarische Nachwehen – ein (vorläufiger) Schlusspunkt

Mindestens ein Aspekt dieses mk Programms hat Schule gemacht. Denn in den Spuren des MkEv Jesusnachfolge als Kreuzesnachfolge mit der Metaphorik des Triumphzugs zu kombinieren, hat Eingang in die Literatur des Frühchristentums und der Alten Kirche gefunden. Das möchte ich abschließend aufzeigen.

Ganz am Ende seiner um 197 n. Chr. verfassten Apologie des Christentums kommt Quintus Septimius Florens, Tertullian genannt, auf Wert und Würde, aber auch auf die Paradoxie des christlichen Martyriums zu sprechen. Im Rahmen eines fiktiven Dialogs, den er mit Gegnern des Christentums führt, legt Tertullian diesen Gegnern den folgenden Satz in den Mund (Apol 50,1 [Georges]):

> Also, sagt ihr, warum beklagt ihr euch, dass wir euch verfolgen, wenn ihr leiden wollt, da ihr doch die lieben müsstet, durch die ihr das erleidet, was ihr wollt?

Tertullians Antwort ist schonungslos ehrlich und in der Sache schlagend, weil sie auf die Paradoxie des Martyriums abhebt, durch die der Tod zum Sieg wird. Um das auszudrücken, rekurriert er auf eine Metaphorisierung der Realie des Triumphzugs, die er über eine nicht markierte, aber in der Sache deutliche Referenz einspielt (Apol 50,1–3 [Becker; Georges]):

> Gewiss wollen wir es, aber in der Weise, in der auch ein Soldat den Krieg will. Niemand leidet nämlich mit Freude, da Zittern und Gefährdung dabei unausweichlich sind. 2 Dennoch kämpft der, welcher sich über den Kampf beklagte, mit allen Kräften und freut sich, wenn er im Kampf siegt, weil er sowohl Ruhm als auch Beute erlangt. Ein Kampf ist es für uns, dass wir vor die Gerichte gerufen werden, um dort unter Lebensgefahr für die Wahrheit zu streiten. Ein Sieg ist es aber, das zu erlangen, wofür man gestritten hat. Dieser Sieg umfasst sowohl den Ruhm, Gott wohlgefällig zu sein, als auch die Beute, in Ewigkeit zu leben. 3 Aber wir unterliegen. – Gewiss, wenn wir uns durchgesetzt haben. Also siegen wir, wenn wir umgebracht werden, kurz: Wir entkommen, wenn wir unterliegen. Mögt ihr uns nun auch „Reisig-" und „Halbbrettleute" nennen, weil wir, an den Pfahl eines halbierten Bretts gebunden und von Reisig umgeben, verbrannt werden. Dies ist unsere Siegeshaltung (*hic est habitus victoriae nostrae*), dies das Palmengewand (*haec palmata vestis*), auf solch einem Wagen feiern wir Triumph (*talis curru triumphamus*)!

In der Niederlage den Sieg zu erkennen und den Triumph gerade im Scheitern zu feiern, als Gefangener zu sterben und gerade dadurch zum Triumphator transformiert zu werden, das Triumphgewand anzulegen und in der Quadriga den Triumph zu feiern, auf diese Weise Ruhm und Beute, nämlich ewiges Leben, zu erwerben – all das liegt auf einer inhaltlichen Fluchtlinie mit dem mk Programm der Triumphzugsallusionen, das ist die Fortentwicklung des

Kreuzesnachfolgeprogramms von Mk 8,34 und der Paradoxien vom Retten, Gewinnen und Verlieren (vgl. Mk 8,35 f), eben die Nachfolge eines schon selbst gekreuzigten Triumphators, der gerade darin sein so ganz anderes Königsein gezeigt hat. Jede und jeder kann in dieser Perspektive zu einer Triumphatorin oder einem Triumphator nach jesuanischem Vorbild werden.

V. Abkürzungs-, Quellen- und Literaturverzeichnis

Biblische Schriften werden nach den Loccumer Richtlinien abgekürzt. Die Abkürzungen für Reihen, Lexika, Corpora und Zeitschriften richten sich im folgenden Literaturverzeichnis sowie in der gesamten Arbeit nach: SIEGFRIED M. SCHWERTNER, Internationales Abkürzungsverzeichnis für Theologie und Grenzgebiete, Berlin ²1992. Zudem werden folgende Abkürzungen im Literaturverzeichnis und in der gesamten Studie verwendet:

BDR
: BLASS, F./DEBRUNNER, A./REHKOPF, F., Grammatik des neutestamentlichen Griechisch, Göttingen ¹⁷1990.

DNP
: Der Neue Pauly, hg. von H. Cancik/H. Schneider, Stuttgart 1996–2003.

HBS
: Herders biblische Studien, Freiburg i. Br.

LSJ
: LIDDELL, H. G./SCOTT, R., A Greek-English Lexicon. A New Edition Revised and Augmented throughout by H. S. Jones, Oxford ⁹1953. With a New Supplement 1996 (Online: http://www.perseus.tufts.edu/hopper/search?redirect=true bzw. http://www.tlg.uci.edu/lsj/).

LXX
: RAHLFS, A., Septuaginta. Id est Vetus Testamentum graece iuxta LXX interpretes. Duo volumina in uno, Stuttgart 1979.

LXX Deutsch
: KRAUS, W./KARRER, M. (Hg.), Septuaginta Deutsch. Das griechische Alte Testament in deutscher Übersetzung, Stuttgart 2009.

NA^{27}/NA^{28}
: NESTLE-ALAND. Novum Testamentum Graece post Eberhard et Erwin Nestle. Editione vicesima septima revisa. Communiter ediderunt B. et K. Aland/J. Karavidopoulos/C. M. Martini/B. M. Metzger. Apparatum criticum novis curis elaboraverunt B. et K. Aland una cum Instituto Studiorum Textus Novi Testamenti Monasterii Westphaliae, Stuttgart ²⁷1996.
: NESTLE-ALAND. Novum Testamentum Graece, begründet von Eberhard und Erwin Nestle, hg. von B. und K. Aland/J. Karavidopoulos/C. M. Martini/B. M. Metzger, 28 revidierte Auflage hg. vom Institut für Neutestamentliche Textforschung Münster/Westfalen unter der Leitung von H. Strutwolf, Stuttgart ²⁸2012.

TLG
: Thesaurus Linguae Graecae. A Digital Library of Greek Literature (Online: http://www.tlg.uci.edu/).

EÜ
: Einheitsübersetzung der Heiligen Schrift. Das Alte Testament, hg. im Auftrag der Bischöfe Deutschlands, Österreichs und der Schweiz u. a., Stuttgart 1980.

Antike Quellentexte jeglicher Provenienz werden nach dem Abkürzungsverzeichnis des ThWNT abgekürzt. Dort nicht verzeichnete Quellentexte habe ich entweder nicht abgekürzt oder, sofern sie häufiger im Text genannt werden, die folgenden Abkürzungen verwendet (zu Abkürzungen für Papyri und Inschriftenkorpora vgl. die jeweiligen Abschnitte in diesem Quellenverzeichnis):

Caes., Bell Civ	Caesar, De Bello Civili
Cic., Pis	Cicero, In Pisonem
Gaius, Inst	Gaius, Institutiones
Juv., Sat	Juvenal, Satiren
Luc., Dial Het	Lukian, Hetairikoi Dialogoi
Petron, Sat	Petron, Satyricon
Plin., Pan	Plinius, Panegyrikus
Plut., Cic	Plutarch, Cicero
Plut., Marc	Plutarch, Marcellus
Plut., Rom	Plutarch, Romulus
RG	Res Gestae
Sallust, Catil	Sallust, De Coniuratione Catilinae
Sen., Ep	Seneca, Ad Lucilium Epistulae Morales
Ulpian, Dig	Ulpian, Digesten
1 Klem	Erster Klemensbrief

Die Zitation der Sekundärliteratur erfolgt im Haupttext jeweils mit Autorennamen und Kurztitel. Die Titelei von Kommentaren zum MkEv wird in den Anmerkungen durch Mk abgekürzt. Zur eindeutigen Identifikation der Sekundärliteratur wird mit Ausnahme der Kommentare zum MkEv der Kurztitel am Ende jeder bibliographischen Angabe in diesem Literaturverzeichnis in eckigen Klammern eigens genannt.

Quelleneditionen und Übersetzungen

Biblisches

Einheitsübersetzung der Heiligen Schrift. Das Alte Testament, hg. im Auftrag der Bischöfe Deutschlands, Österreichs und der Schweiz u. a., Stuttgart 1980 [EÜ].

Elliger, Karl/Rudolph, Wilhelm/Schenker, Adrian (Hg.), Biblia Hebraica Stuttgartensia, Stuttgart ^{5}1997.

Hainz, Josef (Hg.), Münchener Neues Testament. Studienübersetzung, Düsseldorf ^{6}2002.

Hoffmann, Paul/Heil, Christoph (Hg.), Die Spruchquelle Q. Studienausgabe. Griechisch und Deutsch, Darmstadt/Leuven 2002 [Spruchquelle].

Kraus, Wolfgang/Karrer, Martin (Hg.), Septuaginta Deutsch. Das griechische Alte Testament in deutscher Übersetzung, Stuttgart 2009 [LXX Deutsch].

Nestle-Aland. Novum Testamentum Graece post Eberhard et Erwin Nestle. Editione vicesima septima revisa. Communiter ediderunt Barbara et Kurt Aland,

Johannes Karavidopoulos, Carlo M. Martini, Bruce M. Metzger. Apparatum criticum novis curis elaboraverunt Barbara et Kurt Aland una cum Instituto Studiorum Textus Novi Testamenti Monasterii Westphaliae, Stuttgart ^{27}1996 [NA^{27}].

NESTLE-ALAND. Novum Testamentum Graece, begründet von Eberhard und Erwin Nestle, hg. von Barbara und Kurt Aland / Johannes Karavidopoulos / Carlo M. Martini / Bruce M. Metzger, 28 revidierte Auflage hg. vom Institut für Neutestamentliche Textforschung Münster / Westfalen unter der Leitung von Holger Strutwolf, Stuttgart ^{28}2012 [NA^{28}].

RAHLFS, ALFRED (Hg.), Septuaginta. Id est Vetus Testamentum graece iuxta LXX interpretes. Duo volumina in uno, Stuttgart 1979 [LXX].

Jüdische Literatur

Flavius Josephus, Der jüdische Krieg

Flavius Josephus, De Bello Judaico / Der jüdische Krieg. Griechisch und Deutsch. Hg. von O. Michel / O. Bauernfeind, Bd. 1: Buch I – III, Darmstadt ^{3}1982.

Flavius Josephus, De Bello Judaico / Der jüdische Krieg. Griechisch und Deutsch. Hg. von O. Michel / O. Bauernfeind, Bd. 2/1: Buch IV–V, Darmstadt 1963.

Flavius Josephus, De Bello Judaico / Der jüdische Krieg. Griechisch und Deutsch. Hg. von O. Michel / O. Bauernfeind, Bd. 2/2: Buch VI–VII, Darmstadt 1969.

Josephus, The Jewish War. Books IV–VII. With an English Translation by H. St. J. Thackeray (LCL), London / Cambridge (MA) 1957.

Flavius Josephus, Jüdische Altertümer

Flavius Josephus, Jüdische Altertümer. Übersetzt und mit Einleitung und Anmerkungen versehen von H. Clementz, Wiesbaden 2004 (Neuausgabe).

Philo von Alexandrien, Gegen Flaccus

Philo von Alexandria, Die Werke in deutscher Übersetzung, hg. von L. Cohn u. a., Bd. 7, Berlin 1964, 122–165 (übers. von K.-H. Gerschmann).

Philo von Alexandrien, Über das Leben Mosis

Philo von Alexandria, Die Werke in deutscher Übersetzung, hg. von L. Cohn u. a., Bd. 1, Berlin ^{2}1962, 217–365 (übers. von B. Badt).

Der Aristeasbrief

N. Meisner, Aristeasbrief (JSHRZ II / 1), Gütersloh ^{2}1977.

Das Buch der Jubiläen

K. Berger, Das Buch der Jubiläen (JSHRZ II / 3), Gütersloh 1981.

Griechisch-römische Literatur

Ammianus Marcellinus, Römische Geschichte

Ammianus Marcellinus, Römische Geschichte. Lateinisch und Deutsch und mit einem Kommentar versehen von W. Seyfarth, Bd. 1: Buch 14–17 (SQAW 21,), Berlin ^{5}1983.

Ammianus Marcellinus, Römische Geschichte. Lateinisch und Deutsch und mit einem Kommentar versehen von W. Seyfarth, Bd. 3: Buch 22–25 (SQAW 21,3), Berlin ^{3}1986.

Appian, Die Bürgerkriege

Appian von Alexandria, Römische Geschichte. Zweiter Teil: Die Bürgerkriege. Übersetzt von O. Veh. Durchgesehen, eingeleitet und erläutert von W. Will (Bibliothek der griechischen Literatur 27), Stuttgart 1989.

Appian's Roman History. With an English Translation by H. White, Vol. 3 (LCL 4), London/Cambridge (MA) 1979 (Reprint).

Appian, Römische Geschichte

Appian's Roman History. With an English Translation by H. White, Vol. 2 (LCL 3), London/Cambridge (MA) 1972 (Reprint).

Athenaios, Deipnosophistai

Athenaios, Das Gelehrtenmahl. Buch I – VI. Erster Teil: Buch I – III. Eingeleitet und übersetzt von C. Friedrich. Kommentiert von T. Nothers (Bibliothek der griechischen Literatur 47), Stuttgart 1998.

Aulus Gellius, Attische Nächte

Die attischen Nächte des Aulus Gellius. Zum ersten Male vollständig übersetzt und mit Anmerkungen versehen von F. Weiss, Bd. 1: Bücher I – VIII, Leipzig 1875.

Caesar, De Bello Civili

C. Iulius Caesar, Der Bürgerkrieg. Lateinisch – deutsch, hg. von O. Schönberger (Sammlung Tusculum), München ^{2}1990.

Cassius Dio, Römische Geschichte

Dio's Roman History. With an English Translation by E. Cary, Vol. 6 (LCL 83), Cambridge (MA)/London 1980 (Reprint).

Dio's Roman History. With an English Translation by E. Cary, Vol. 8 (LCL 176), London/New York (NY) 1995 (Reprint).

Cato, De Agri Cultura

Marcus Porcius Cato, Über den Ackerbau. Hg., übersetzt und erläutert von D. Flach, Stuttgart 2005.

Cicero, Brutus

Marcus Tullius Cicero, Brutus. Lateinisch-deutsch. Hg. von B. Kytzler (Sammlung Tusculum), München ^{4}1990.

Cicero, In C. Verrem

Marcus Tullius Cicero, Die Reden gegen Verres. In C. Verrem, Bd. 2. Lateinisch – deutsch. Hg., übersetzt und erläutert von M. Fuhrmann (Sammlung Tusculum), Zürich 1995.

Cicero, In Lucius Calpurnium Pisonem Oratio

Marcus Tullius Cicero, Die Prozessreden, Bd. 2. Lateinisch – deutsch. Hg., übersetzt und erläutert von M. Fuhrmann (Sammlung Tusculum), Zürich 1997.

Pseudo-Demetrius von Phaleron, De Elocutione

Aristotle, Poetics. Edited and Translated by S. Halliwell. Longinus, On the Sublime. Translation by W. H. Fyfe, revised by D. Russell. Demetrius, On Style. Edited and Translated by D. C. Innes, based on W. R. Roberts (LCL 199), Cambridge (MA)/London 1995.

Diodorus Siculus, Griechische Weltgeschichte
Diodoros, Griechische Weltgeschichte. Fragmente (Buch XXI–XL). Übersetzt, eingeleitet und kommentiert von G. Wirth (BGrL 67), Stuttgart 2008.
Diodorus of Sicily. With an English Translation by F. R. Walton, Vol. 11: Fragments of Book XXI–XXXII (LCL 409), Cambridge (MA)/London 1980 (Reprint).
Dionoysios von Halikarnassos, Römische Altertümer
The Roman Antiquities of Dionysius of Halicarnassus. With an English Translation by E. Cary on the Basis of the Version of E. Spelman, Vol 2 (LCL 347), Cambridge (MA)/London 1978 (Reprint).
Epictetus, Dissertationes
Epictetus. The Discourses as Reported by Arrian, the Manual, and Fragments. With an English Translation by W. A. Oldfather, Vol. 2 (LCL 218), Cambridge (MA)/London 1985 (Reprint).
Euripides, Medea
Euripides. With an English Translation by A. S. Way, Vol. 4 (LCL 12), London/New York (NY) 1980 (Reprint).
Euripides, Orestes
Euripides. With an English Translation by A. S. Way, Vol. 2 (LCL 10), London/New York (NY) 1978 (Reprint).
Gaius, Institutiones
Gaius, Institutiones/Die Institutionen des Gaius. Hg., übersetzt und kommentiert von U. Manthe (TzF 81), Darmstadt 2004.
Homer, Ilias
Homer, Ilias. Griechisch – deutsch. Übertragen von H. Rupé. Mit Urtext, Anhang und Registern (Sammlung Tusculum), Berlin [16]2013.
Homer, Odyssee
Homer, The Odyssey. With an English Translation by A. T. Murray, Vol. 1 (LCL 104), Cambridge (MA)/London 2002 (Reprint).
Horaz, Carmina
Q. Horatius Flaccus, Oden und Epoden. Hg. und übersetzt von G. Fink (Sammlung Tusculum), Düsseldorf/Zürich 2002.
Juvenal, Satiren
Juvenal, Satiren. Lateinisch-deutsch. Hg., übersetzt und mit Anmerkungen versehen von J. Adamietz (Sammlung Tusculum), München 1993.
Livius, Römische Geschichte
T. Livius, Römische Geschichte. Buch I – III. Lateinisch und deutsch hg. von H. J. Hillen (Sammlung Tusculum), München 1987.
T. Livius, Römische Geschichte. Buch IV–VI. Lateinisch und deutsch hg. von H. J. Hillen (Sammlung Tusculum), München 1991.
T. Livius, Römische Geschichte. Buch VII–X/Fragmente der zweiten Dekade. Lateinisch und deutsch hg. von H. J. Hillen (Sammlung Tusculum), Zürich 1994.
T. Livius, Römische Geschichte. Buch XXI–XXIII. Lateinisch und deutsch hg. von J. Feix (Sammlung Tusculum), München [4]1991.
T. Livius, Römische Geschichte. Buch XXIV–XXVI. Lateinisch und deutsch hg. von J. Feix (Sammlung Tusculum), München [2]1986.
T. Livius, Römische Geschichte. Buch XXXI–XXXIV. Lateinisch und deutsch hg. von H. J. Hillen (Sammlung Tusculum), München [3]1991.

T. Livius, Römische Geschichte. Buch XXXV–XXXVIII. Lateinisch und deutsch hg. von H. J. Hillen (Sammlung Tusculum), München ^{2}1991.
T. Livius, Römische Geschichte. Buch XXXIX–XLI. Lateinisch und deutsch hg. von H. J. Hillen (Sammlung Tusculum), München 1983.
T. Livius, Römische Geschichte. Buch XLII–XLIV. Lateinisch und deutsch hg. von H. J. Hillen (Sammlung Tusculum), München 1988.
T. Livius, Römische Geschichte. Buch XLV/Antike Inhaltsangaben und Fragmente der Bücher XLVI–CXLII. Lateinisch und deutsch hg. von H. J. Hillen (Sammlung Tusculum), Düsseldorf 2000.

Lukian, Hetairikoi Dialogoi
Lucian. With an English Translation by M. D. MacLeod, Vol. 7 (LCL 431), London/Cambridge (MA) 1992 (Reprint).

Martial, Epigramme
M. Valerius Martialis, Epigramme. Lateinisch/Deutsch. Hg. und übersetzt von P. Barié/W. Schindler (Sammlung Tusculum), Düsseldorf 1999.

Musonius, Diatriben
Epiktet; Teles; Musonius, Ausgewählte Schriften, hg. und übersetzt von R. Nickel (Sammlung Tusculum), Zürich 1994.

Ovid, Amores
Publius Ovidius Naso, Liebesgedichte. Amores. Lateinisch-deutsch. Hg. und übersetzt von N. Holzberg (Sammlung Tusculum), Düsseldorf 1999.

Ovid, Ars Amatoria
Publius Ovidius Naso, Liebeskunst. Ars Amatoria. Lateinisch-deutsch. Hg. und übersetzt von N. Holzberg (Sammlung Tusculum), München ^{2}1988.

Ovid, Epistulae ex Ponto
Publius Ovidius Naso, Briefe aus der Verbannung. Tristia – Epistulae ex Ponto. Lateinisch und deutsch. Übertragen von W. Willige. Eingeleitet und erläutert von N. Holzberg (Sammlung Tusculum), München 1990.

Ovid, Fasti
Publius Ovidius Naso, Fasti. Festkalender. Lateinisch – deutsch. Auf der Grundlage der Ausgabe von W. Gerlach neu übersetzt und hg. von N. Holzberg (Sammlung Tusculum), München 1995.

Ovid, Tristia
Publius Ovidius Naso, Briefe aus der Verbannung. Tristia – Epistulae ex Ponto. Lateinisch und deutsch. Übertragen von W. Willige. Eingeleitet und erläutert von N. Holzberg (Sammlung Tusculum), München 1990.

Pausanias, Beschreibung Griechenlands
Pausanias, Description of Greece. With an English Translation by W. H. S. Jones/H. A. Ormerod, Vol. 2: Books III–V (LCL 188), London/Cambridge (MA) 1977 (Reprint).

Pedanios Dioskurides, De Materia Medica
Des Pedanios Dioskurides aus Anazarbos Arzneimittellehre in fünf Büchern. Übersetzt und mit Erklärungen versehen von J. Berendes, Stuttgart 1902 [http://buecher.heilpflanzen-welt.de/Dioskurides-Arzneimittellehre/].

Petron, Satyrica
Petronius Arbiter, Satyrische Geschichten. Satyrica. Lateinisch – deutsch. Hg. und übersetzt von N. Holzberg (Sammlung Tusculum), Berlin 2013.

Platon, Protagoras
Platon, Werke. Bearbeitet von H. Hofmann, griechischer Text von L. Bodin u. a., deutsche Übersetzung von F. Schleiermacher, Bd. 1, Darmstadt ^{4}2005.
Plautus, Persa
Plautus. Komödien, Bd. 4: *Miles gloriosus – Mostellaria – Persa*. Lateinisch und deutsch. Hg., übersetzt und kommentiert von P. Rau (Edition Antike), Darmstadt 2008.
Plinius, Briefe
Gaius Plinius Caecilius Secundus, Briefe. Epistularum Libri Decem. Lateinisch – deutsch hg. von Helmut Kasten (Sammlung Tusculum) München ^{6}1990.
Plinius, Historia Naturalis
C. Plinius Secundus d. Ä., Naturkunde, Buch 8. Lateinisch-deutsch, hg. und übersetzt von R. König in Zusammenarbeit mit G. Winkler (Sammlung Tusculum), Kempten 1976.
C. Plinius Secundus d. Ä., Naturkunde, Bücher 14/15. Lateinisch-deutsch, hg. und übersetzt von R. König in Zusammenarbeit mit G. Winkler (Sammlung Tusculum), München 1981.
C. Plinius Secundus d. Ä., Naturkunde, Buch 19. Lateinisch-deutsch, hg. und übersetzt von R. König in Zusammenarbeit mit J. Hopp/K. Bayer/W. Glöckner (Sammlung Tusculum), Zürich 1996.
C. Plinius Secundus d. Ä., Naturkunde, Bücher 21/22. Lateinisch-deutsch, hg. und übersetzt von R. König in Zusammenarbeit mit G. Winkler (Sammlung Tusculum), München 1985.
C. Plinius Secundus d. Ä., Naturkunde, Buch 28. Lateinisch-deutsch, hg. und übersetzt von R. König in Zusammenarbeit mit G. Winkler (Sammlung Tusculum), München 1988.
C. Plinius Secundus d. Ä., Naturkunde, Bücher 29/30. Lateinisch-deutsch, hg. und übersetzt von R. König in Zusammenarbeit mit J. Hopp (Sammlung Tusculum), München 1991.
C. Plinius Secundus d. Ä., Naturkunde, Buch 33. Lateinisch-deutsch, hg. und übersetzt von R. König in Zusammenarbeit mit G. Winkler (Sammlung Tusculum), München 1984.
C. Plinius Secundus d. Ä., Naturkunde, Buch 34. Lateinisch-deutsch, hg. und übersetzt von R. König in Zusammenarbeit mit K. Bayer (Sammlung Tusculum), München 1989.
C. Plinius Secundus d. Ä., Naturkunde, Buch 35. Lateinisch-deutsch, hg. und übersetzt von R. König in Zusammenarbeit mit G. Winkler (Sammlung Tusculum), München ^{3}2007.
Plinius, Panegyrikus
Plinius der Jüngere, Panegyrikus. Lobrede auf Kaiser Trajan, hg., eingeleitet und übersetzt von W. Kühn (TzF 51), Darmstadt ^{2}2008.
Plotin, Enneaden
Plotinus. With an English Translation by A. H. Armstrong, Vol 5 (LCL 444), Cambridge (MA)/London 1984.
Plutarch, De Fraterno Amore
Plutarch, Moralphilosophische Schriften. Ausgewählt, übersetzt und hg. von H.-J. Klauck (Reclams Universal-Bibliothek 2976), Stuttgart 1997.

Plutarch, Quaestiones Romanae
Plutarch, Römische Fragen. Ein virtueller Spaziergang im Herzen des alten Rom. Hg., übersetzt, kommentiert und interpretiert von J. Scheid (TzF 103), Darmstadt 2012.
Plutarch, Vitae Parallelae
Plutarch, Große Griechen und Römer, Bd. 3. Eingeleitet und übersetzt von K. Ziegler, Zürich 1955.
Plutarch's Lives. With an English Translation by B. Perrin, Vol 5: Agesilaus and Pompey / Pelopidas and Marcellus (LCL 87), London / Cambridge (MA) 1968 (Reprint).
Plutarch, Fünf Doppelbiographien, Bd. 2. Übersetzt von K. Ziegler und W. Wuhrmann, ausgewählt von M. Fuhrmann. Mit einer Einführung und Erläuterungen von K. Ziegler (Sammlung Tusculum), Zürich 1994.
Polyaenus, Strategika
Polyaenus, Stratagems of War, edited and translated by P. Krentz / E. L. Wheeler, Vol. 1, Chicago (IL) 1994.
Polybius, Historien
Polybius, The Histories. With an English Translation by W. R. Paton, Vol. 1 (LCL 128), Cambridge (MA)/London 1998 (Reprint).
Polybius, The Histories. With an English Translation by W. R. Paton, Vol. 6 (LCL 161), Cambridge (MA)/London 1980 (Reprint).
Quintilian, Ausbildung des Redners
Marcus Fabius Quintilianus, Ausbildung des Redners. Zwölf Bücher, hg. und übers. von H. Rahn, Darmstadt ^{5}2011.
Sallust, Catilinae Coniuratio
Sallust, Werke. Lateinisch und deutsch von W. Eisenhut / J. Lindauer (Sammlung Tusculum), München 1985.
Seneca, Ad Lucilium Epistulae Morales
L. Annaeus Seneca, Philosophische Schriften, Bd. IV: Ad Lucilium Epistulae Morales LXX–CXXIV, [CXXV]. An Lucilius Briefe über Ethik 70–124, [125]. Übersetzt, eingeleitet und mit Anmerkungen versehen von M. Rosenbach, Darmstadt 1999.
Seneca, De Beneficiis
L. Annaeus Seneca, Philosophische Schriften, Bd. V: De clementia / De beneficiis. Über die Milde / Über die Wohltaten. Übersetzt, eingeleitet und mit Anmerkungen versehen von M. Rosenbach, Darmstadt 1999.
Seneca, De Vita Beata
L. Annaeus Seneca, Die kleinen Dialoge, Bd. 2. Lateinisch-deutsch. Hg., übersetzt und mit einer Einführung versehen von G. Fink (Sammlung Tusculum), München 1992.
Silius Italicus, Punica
Titus Catius Silius Italicus, Punica. Das Epos vom zweiten Punischen Krieg. Lateinischer Text mit Einleitung, Übersetzung, kurzen Erläuterungen, Eigennamenverzeichnis und Nachwort von H. Rupprecht, Mitterfels 1991.
Sueton, Kaiserviten
C. Suetonius Tranquillus, Die Kaiserviten / De vita Caesarum. Berühmte Männer / De viris illustribus, hg. von H. Martinet (Sammlung Tusculum), Düsseldorf 1997.

Tacitus, Annalen
P. Cornelius Tacitus, Annalen. Lateinisch-deutsch, hg. von E. Heller. Mit einer Einführung von M. Fuhrmann (Sammlung Tusculum), Mannheim ^{6}2010.
Tacitus, Historien
P. Cornelius Tacitus, Historien. Lateinisch-deutsch, hg. von J. Borst (Sammlung Tusculum), Zürich ^{5}1984.
Tibull, Liebeselegien
Tibull und seine Fortsetzer. Zweisprachige Gesamtausgabe. Lateinisch und deutsch. Mit Einleitung und Kommentar, hg. und übersetzt von D. Flach (TzF 107), Darmstadt 2015.
Ulpian, Digesten
W. Eck/J. Heinrichs (Hg.), Sklaven und Freigelassene in der Gesellschaft der römischen Kaiserzeit (TzF 61), Darmstadt 1993.
Valerius Maximus, Facta et Dicta Memorabilia
Valerius Maximus, Facta et Dicta memorabilia. Denkwürdige Taten und Worte. Übersetzt und hg. von U. Blank-Sangmeister (Reclams Universal-Bibliothek 8695[4]), Stuttgart 1991.
Varro, De Lingua Latina
Varro, On the Latin Language, Vol. 1: Books V–VII. With an English Translation by R. G. Kent (LCL 333), Cambridge (MA)/London 1977 (Reprint).
Varro, Rerum Rusticarum
Marcus Terentius Varro, Gespräche über die Landwirtschaft, Buch 1. Hg., übersetzt und erläutert von D. Flach (TzF 65), Darmstadt 1996.
Marcus Terentius Varro, Gespräche über die Landwirtschaft, Buch 3. Hg., übersetzt und erläutert von D. Flach (TzF 67), Darmstadt 2002.
Vergil, Aeneis
P. Vergilius Maro, Aeneis. Lateinisch-deutsch, hg. und übersetzt von G. Fink (Sammlung Tusculum), Düsseldorf 2005.

Epigraphik

Augustus, Tatenbericht [RG]
Augustus, *Res Gestae*. Tatenbericht (Monumentum Ancyranum), hg. von M. Giebel (Reclams Universal-Bibliothek 9773), Stuttgart 1999.
Corpus Inscriptionum Iudaeae/Palaestinae [CIIP]
Volume I/1:
Jerusalem, hg. von H. M. Cotton u. a., Berlin 2010 [CIIP I/1].
Volume I/2:
Jerusalem, hg. von H. M. Cotton u. a., Berlin 2012 [CIIP I/2].
Volume II:
Caesarea and the Middle Coast, hg. von W. Ameling u. a., Berlin 2011 [CIIP II].
Volume III:
South Coast, hg. von W. Ameling u. a., Berlin 2014 [CIIP III].
Corpus Inscriptionum Judaicarum [CIJ]
Frey, Jean-Baptiste, Corpus Inscriptionum Judaicarum. Jewish Inscriptions from the Third Century B.C. to the Seventh Century A.D., Vol. 1: Europe (LBS), New York 1975.

Corpus Inscriptionum Latinarum [CIL]
Onlineausgabe sämtlicher Bände im Rahmen des Akademieprojekts der Berlin-Brandenburgischen Akademie der Wissenschaften: http://cil.bbaw.de/index.html.
Freis, Helmut, Historische Inschriften zur Römischen Kaiserzeit. Von Augustus bis Konstantin (TzF 49), Darmstadt ^{2}1994 [Inschriften].
Inscriptiones Judaicae Orientis [IJO]
Noy, David/Panayotov, Alexander/Bloedhorn, Hanswulf (Hg.), Inscriptiones Judaicae Orientis, Vol. 1: Eastern Europe (TSAJ 101), Tübingen 2004 [IJO I].
Ameling, Walter (Hg.), Inscriptiones Judaicae Orientis, Bd. 2: Kleinasien (TSAJ 99), Tübingen 2004 [IJO II].
Noy, David/Bloedhorn, Hanswulf (Hg.), Inscriptiones Judaicae Orientis, Vol. 3: Syria and Cyprus (TSAJ 102), Tübingen 2004 [IJO III].
Jewish Inscriptions of Western Europe [JIWE]
Noy, David, Jewish Inscriptions of Western Europe, Vol. 1: Italy (Excluding the City of Rome), Spain and Gaul, Cambridge 1993 [JIWE I].
Noy, David, Jewish Inscriptions of Western Europe, Vol. 2: The City of Rome, Cambridge 1995 [JIWE II].
Schumacher, Leonhard, Römische Inschriften. Lateinisch/Deutsch (Reclams Universal-Bibliothek 8512), Stuttgart 1996 [Inschriften].

Numismatik

Hendin, David, Guide to Biblical Coins, New York ^{5}2010 [Guide].
Meshorer, Ya'akov, Ancient Jewish Coinage, Bd. 2: Herod the Great through Bar Cochba, New York (NY) 1982 [Coinage].
RIC I^{2}
C. H. V. Sutherland, The Roman Imperial Coinage, Vol. I: From 31 BC to AD 69, London 1999 (Reprint der Revised Edition von 1984).
RIC II/1^{2}
I. A. Carradice/T. V. Buttrey, The Roman Imperial Coinage, Vol. II/1: From AD 69–96 Vespasian to Domitian, London ^{2}2007.
RPC I
M. Amandry/A. Burnett/P. P. Ripollès, Roman Provincial Coinage, Vol. I: From the Death of Caesar to the Death of Vitellius (44 BC – AD 69), London/Paris 1998 (Reprint).

Papyrologie

BGU IV 1097
B. Olsson, Papryrusbriefe aus der frühesten Römerzeit, Uppsala 1925, 112–116.
POxy 1223
The Oxyrhynchus Papyri. Part IX. Edited with Translations and Notes by A. S. Hunt (Graeco-Roman Branch/Egypt Exploration Fund 12), London 1912.

PSI IV 410
Papiri Greci e Latini, Vol. 4, Florenz 1917, 137f. (Online: http://www.archive.org/stream/papirigrecielati04sociuoft#page/136/mode/2up) (zuletzt abgerufen am 04.06.2018).

Christliche Literatur

Augustinus, Vom Gottesstaat
Aurelius Augustinus, Vom Gottesstaat, Bd. 1: Buch 1–10; Bd. 2: Buch 11–22. Aus dem Lateinischen übertragen von W. Thimme, München ³1991.

Justin, Dialog mit Trypho
Justinus, Dialog; Pseudo-Justinus, Mahnrede. Aus dem Griechischen übersetzt von P. Hauser (BKV I/33), Kempten/München 1917.
Iustini Martyris, Dialogus cum Tryphone, ed. by M. Marcovich (PTS 47), Berlin 1997.

Leben und Wunder der heiligen Thekla
G. Dagron, Vie et Miracle de sainte Thècle. Texte grec, Traduction et Commentaire (SHG 62), Brüssel 1978.

Paulus Orosius, Historien
Paulus Orosius, Die antike Weltgeschichte in christlicher Sicht, Bd. 2: Buch V – VII. Übersetzt und erläutert von A. Lippold (BAW), Zürich 1986.

Tertullian, Apologie
Tertullian, Apologeticum/Verteidigung des Christentums. Lateinisch und Deutsch. Hg., übersetzt und erläutert von C. Becker, München ²1961.
T. Georges, Tertullian „Apollogeticum“ (Kommentar zu frühchristlichen Apologeten 11), Freiburg i. Br. 2011.

Hilfsmittel

Aland, Kurt (Hg.), Synopsis of the Four Gospels. Greek-English Edition of the Synopsis Quattuor Evangeliorum. Completely Revised on the Basis of the Greek Text of Nestle-Aland 26th Edition and Greek New Testament 3rd Edition. The English Text is the Second Edition of the Revised Standard Version, Stuttgart 1975.

Bauer, Walter, Griechisch-deutsches Wörterbuch zu den Schriften des Neuen Testaments und der frühchristlichen Literatur. Hg. von K. und B. Aland, Berlin ⁶1988 [Wörterbuch].

Blass, Friedrich/Debrunner, Albert/Rehkopf, Friedrich, Grammatik des neutestamentlichen Griechisch, Göttingen ¹⁷1990 [BDR].

Bornemann, Eduard/Risch, Ernst, Griechische Grammatik, Frankfurt a. M. ²1978 [Grammatik].

Gemoll, Wilhelm, Griechisch-Deutsches Schul- und Handwörterbuch, München/Wien ⁹1965 [Handwörterbuch].

HAINZ, JOSEF (Hg.), Synopse zum Münchener Neuen Testament, Düsseldorf ^{2}1998.

Konkordanz zum Novum Testamentum Graece von Nestle-Aland, 26. Auflage und zum Greek New Testament, 3rd Edition. Hg. vom Institut für Neutestamentliche Textforschung und vom Rechenzentrum der Universität Münster, Berlin ^{3}1987.

LIDDELL, HENRY GEORGE/SCOTT, ROBERT, A Greek-English Lexicon. A New Edition Revised and Augmented throughout by Sir Henry Stuart Jones, Oxford ^{9}1953. With a New Supplement 1996 (Online: http://www.perseus.tufts.edu/hopper/search?redirect=true bzw. http://www.tlg.uci.edu/lsj/) [LSJ]

MENGE, HERMANN, Langenscheidts Großwörterbuch. Griechisch-Deutsch. Unter Berücksichtigung der Etymologie, Berlin ^{24}1981 [Großwörterbuch].

PASSOW, FRANZ, Handwörterbuch der griechischen Sprache, Darmstadt 2008 (Reprint der Ausgabe: Leipzig ^{5}1841–1857) [Handwörterbuch].

Perseus Digital Library (Online: http://www.perseus.tufts.edu/hopper/).

Thesaurus Linguae Graecae. A Digital Library of Greek Literature (Online: http://www.tlg.uci.edu/) [TLG].

Vetus Latina Database (Online: http://apps.brepolis.net/vld/Default.aspx).

Kommentare zum Markusevangelium

BLACK, C. CLIFTON, Mark (Abingdon New Testament Commentaries), Nashville (TN) 2011.

DSCHULNIGG, PETER, Das Markusevangelium (Theologischer Kommentar zum Neuen Testament 2), Stuttgart 2007.

EBNER, MARTIN, Das Markusevangelium. Neu übersetzt und kommentiert, Stuttgart 2008.

ECKEY, WILFRIED, Das Markusevangelium. Orientierung am Weg Jesu. Ein Kommentar, Neukirchen-Vluyn 1998.

EVANS, CRAIG A., Mark 8:27-16:20 (Word Biblical Commentary 34B), Nashville (TN) 2000.

FRANCE, R. T., The Gospel of Mark. A Commentary on the Greek Text (The New International Greek Testament Commentary), Grand Rapids (MI) 2002.

GNILKA, JOACHIM, Das Evangelium nach Markus. 1. Teilband Mk 1-8,26 (EKK II/1), Zürich/Neukirchen-Vluyn ^{5}1998.

–, Das Evangelium nach Markus. 2. Teilband Mk 8,27-16,20 (EKK II/2), Zürich/Neukirchen-Vluyn ^{5}1999.

GUNDRY, ROBERT H., Mark. A Commentary on His Apology for the Cross, Grand Rapids (MI) 2000.

IERSEL, BAS M. F. VAN, Mark. A Reader-Response Commentary (JSNT.S 164), Sheffield 1998 [Mc].

–, Markus. Kommentar, Düsseldorf 1993 [Mk].

KERTELGE, KARL, Markusevangelium (NEB.NT 2), Würzburg 1994.

KLOSTERMANN, ERICH, Das Markusevangelium (HNT 3), Tübingen ^{4}1950.

LOHMEYER, ERNST, Das Evangelium des Markus (KEK I/2), Göttingen ^{16}1963.

Lührmann, Dieter, Das Markusevangelium (HNT 3), Tübingen 1987.

Marcus, Joel, Mark 1–8. A New Translation with Introduction and Commentary (AncB 27), New York (NY) 2000.

–, Mark 8–16. A New Translation with Introduction and Commentary (AncB 27A), New York (NY) 2009.

Moloney, Francis J., The Gospel of Mark. A Commentary, Peabody (MA) 2002.

Pesch, Rudolf, Das Markusevangelium I. Teil. Einleitung und Kommentar zu Kap. 1,1-8,26 (HThK.NT II/1), Freiburg i. Br. ³1980.

–, Das Markusevangelium II. Teil. Kommentar zu Kap. 8,27-16,20 (HThK.NT II/2), Freiburg i. Br. ²1980.

Schenke, Ludger, Das Markusevangelium. Literarische Eigenart – Text und Kommentierung, Stuttgart 2005.

Schmithals, Walter, Das Evangelium nach Markus. Kapitel 1-9,1 (ÖTBK II/1); Gütersloh/Würzburg 1979.

–, Das Evangelium nach Markus. Kapitel 9,2-16,18 (ÖTBK II/2); Gütersloh/Würzburg 1979.

Schweizer, Eduard, Das Evangelium nach Markus (NTD 1), Göttingen ⁸1998.

Stolle, Volker, Das Markusevangelium. Übersetzung und Kommentierung (unter besonderer Berücksichtigung der Erzähltechnik) (OUH. Ergänzungsband 17), Göttingen 2015.

Struthers Malbon, Elizabeth, Hearing Mark. A Listener's Guide, Harrisburg (PA) 2002.

Trocmé, Étienne, L'Évangile selon Saint Marc (CNT[N] 2), Genf 2000.

Wellhausen, Julius, Evangelienkommentare. Mit einer Einleitung von Martin Hengel, Berlin 1987 (ND) [Evangelienkommentare].

Venetz, Hermann-Josef, Er geht euch voraus nach Galiläa. Mit dem Markusevangelium auf dem Weg, Freiburg (Schweiz) 2005.

Witherington III, Ben, The Gospel of Mark. A Socio-Rhetorical Commentary, Grand Rapids (MI) 2001.

Yarbro Collins, Adela, Mark. A Commentary (Hermeneia), Minneapolis (MN) 2007.

Weitere Literatur

Ahearne-Kroll, Stephen P., The Psalms of Lament in Mark's Passion Narrative. Jesus' Davidic Suffering (MSSNTS 142), Cambridge 2007 [Psalms].

Ahl, Frederick, The Art of Safe Criticim in Greece and Rome, in: AJP 105 (1984) 174–208 [Criticism].

Aland, Barbara, Welche Rolle spielen Textkritik und Textgeschichte für das Verständnis des Neuen Testaments? Frühe Leserperspektiven, in: NTS 52 (2006) 303–318 [Rolle].

Aland, Kurt, Der wiedergefundene Markusschluß? Eine methodologische Bemerkung zur textkritischen Arbeit, in: ZThK 67 (1970) 3–13 [Markusschluß].

–, Der Schluß des Markusevangeliums, in: K. Aland, Neutestamentliche Entwürfe (TB 63), München 1979, 246–283 [Schluß].

– /Aland, Barbara, Der Text des Neuen Testaments. Einführung in die wissenschaftlichen Ausgaben und in die Theorie und Praxis der modernen Textkritik, Stuttgart ²1989 [Text].

Albers, Jon, Campus Martius. Die urbane Entwicklung des Marsfeldes von der Republik bis zur mittleren Kaiserzeit (Studien zur antiken Stadt 11), Wiesbaden 2013 [Campus Martius].

Albert, Sigrid, *Bellum iustum*. Die Theorie des „gerechten Krieges" und ihre praktische Bedeutung für die auswärtigen Auseinandersetzungen Roms in republikanischer Zeit (Frankfurter Althistorische Beiträge 10), Frankfurt a. M. 1980 [Bellum iustum].

Alföldi, Andreas, Die monarchische Repräsentation im römischen Kaiserreiche, Darmstadt 1970 [Repräsentation].

Alföldy, Géza, Augustus und die Inschriften: Tradition und Innovation. Die Geburt der imperialen Epigraphik, in: Gym. 98 (1991) 289–324.Tafel I - VIII [Augustus].

–, Eine Bauinschrift aus dem Colosseum, in: ZPE 109 (1995) 195–226 [Bauinschrift].

Alkier, Stefan, „Geld" im Neuen Testament. Der Beitrag der Numismatik zu einer Enzyklopädie des frühen Christentums, in: S. Alkier/J. Zangenberg (Hg.), Zeichen aus Text und Stein. Studien auf dem Weg zu einer Archäologie des Neuen Testaments (TANZ 42), Tübingen 2003, 308–335 [Geld].

–, Intertextualität, in: Neues Testament und Antike Kultur I (2004) 60–65 [Intertextualität].

Al-Suadi, Soham, Essen als Christusgläubige. Ritualtheoretische Exegese paulinischer Texte (TANZ 55), Tübingen 2011 [Essen].

Álvarez Cineira, David, The Centurion's Statement (Mark 15:39): A *restitutio memoriae*, in: P. v. Gemünden/D. G. Horrell/M. Küchler (Hg.), Jesus – Gestalt und Gestaltungen. Rezeptionen des Galiläers in Wissenschaft, Kirche und Gesellschaft (FS G. Theißen) (NTOA 100), Göttingen 2013, 153–168 [Statement].

Amedick, Rita, „Iesus Nazarenus Rex Iudaiorum". Hellenistische Königsikonographie und das Neue Testament, in: A. Weissenrieder/F. Wendt/P. von Gemünden (Hg.), Picturing the New Testament. Studies in Ancient Visual Images (WUNT II/193), Tübingen 2005, 53–66 [Königsikonographie].

Angenendt, Arnold, Die Revolution des geistigen Opfers. Blut – Sündenbock – Eucharistie, Freiburg i. Br. 2011 [Revolution].

Athanassaki, Lucia, The Triumph of Love and Elegy in Ovid's Amores 1, 2, in: Materiali e discussioni per l'analisi dei testi classici 28 (1992) 125–151 [Triumph].

Aus, Roger David, Feeding the Five Thousand. Studies in the Judaic Background of Mark 6:30–44 par. and John 6:1–15 (Studies in Judaism), Lanham (MD) 2010 [Studies].

Ax, Wolfram/Glei, Reinhold F. (Hg.), Literaturparodie in Antike und Mittelalter (Bochumer Altertumswissenschaftliches Colloquium 15), Trier 1993 [Literaturparodie].

–, Phasellus ille / Sabinus ille. Ein Beitrag zur neueren Diskussion um die Beziehung zwischen Texten, in: W. Ax/R. F. Glei (Hg.), Literaturparodie in Antike und Mittelalter (Bochumer Altertumswissenschaftliches Colloquium 15), Trier 1993, 75–100 [Beziehung].

Baasland, Ernst, Die περί-Formel und die Argumentation(ssituation) des Paulus, in: StTh 42 (1988) 69–87 [Paulus].

Backhaus, Knut/Häfner, Gerd, Zwischen Konstruktion und Kontrolle. Exegese als historische Gratwanderung, in: K. Backhaus/G. Häfner, Historiographie und fiktionales Erzählen. Zur Konstruktivität in Geschichtstheorie und Exegese (BThSt 86), Neukirchen-Vluyn 2007, 131–136 [Konstruktion].

Bammel, Ernst, The *titulus*, in: E. Bammel/C. F. D. Moule (Hg.), Jesus and the Politics of His Day, Cambridge 1984, 353–364 [titulus].

Barthes, Roland, Der Tod des Autors, in: F. Jannidis/G. Lauer/M. Martinez/S. Winko (Hg.), Texte zur Theorie der Autorschaft (Reclams Universal-Bibliothek 18058), Stuttgart 2000, 185–193 [Tod].

Bartsch, Shadi, Actors in the Audience. Theatricality and Doublespeak from Nero to Hadrian, Cambridge (MA) 1994 [Actors].

Bauckham, Richard, For Whom Were Gospels Written?, in: R. Bauckham (Hg.), The Gospels for all Christians. Rethinking the Gospel Audiences, Edinburgh 1998, 9–48 [Gospels].

Bauer, Thomas Johann, Who's who in der Welt Jesu, Freiburg i. Br. 2013 [Welt].

Beard, Mary, The Roman Triumph, Cambridge (MA) 2007 [Triumph].

Beck, Hans, Züge in die Ewigkeit. Prozessionen durch das republikanische Rom, in: Göttinger Forum für Altertumswissenschaft 8 (2005) 73–104 [Züge].

Beck, Norman A., Anti-Roman Cryptograms in the New Testament. Hidden Transcripts of Hope and Liberation (Studies in Biblical Literature 127), New York (NY) 2010 (Revised Edition) [Cryptograms].

Becker, Eve-Marie/Engberg-Pedersen, Troels/Müller, Mogens (Hg.), Mark and Paul. Comparative Essays II. For and Against Pauline Influence on Mark (BZNW 199), Berlin 2014 [Mark].

Bedenbender, Andreas, Orte mitten im Meer. Die geographischen Angaben des Markusevangeliums, in: Texte & Kontexte 23/86 (2000) 31–60 [Orte].

–, Topographie des Schreckens. Der Jüdische Krieg im Spiegel der Ortsangaben des Markusevangeliums, in: Texte & Kontexte 30–31/116–117 (2007/2008) 1–105 [Topographie].

–, Frohe Botschaft am Abgrund. Das Markusevangelium und der jüdische Krieg (Studien zu Kirche und Israel. Neue Folge 5/Arbeiten zur Bibel und ihrer Umwelt 2), Leipzig 2013 [Botschaft].

Bellen, Heinz, Grundzüge der römischen Geschichte, Bd. 2: Die Kaiserzeit von Augustus bis Diocletian, Darmstadt 1998 [Geschichte].

Bendemann, Reinhard von, Zwischen ΔΟΞΑ und ΣΤΑΥΡΟΣ. Eine exegetische Untersuchung der Texte des sogenannten Reiseberichts im Lukasevangelium (BZNW 101), Berlin 2001 [ΔΟΞΑ].

–, Die Latinismen im Markusevangelium, in: M. Janßen/F. S. Jones/J. Wehnert (Hg.), Frühes Christentum und Religionsgeschichtliche Schule (FS G. Lüdemann) (NTOA 95), Göttingen 2011, 37–52 [Latinismen].

–, Sehen und Verstehen (Die zweiphasige Heilung des namenlosen Blinden). Mk 8,22-26, in: R. Zimmermann u. a. (Hg.), Kompendium der frühchristlichen Wundererzählungen, Bd. 1: Die Wunder Jesu, Gütersloh 2013, 341–349 [Sehen].

Bender, Helmut, Römische Straßen und Straßenstationen (Kleine Schriften zur Kenntnis der römischen Besetzungsgeschichte Südwestdeutschlands 13), Stuttgart 1975 [Straßen].

Bergler, Siegfried, Jesus, Bar Kochba und das messianische Laubhüttenfest, in: JSJ 29 (1998) 143–191 [Laubhüttenfest].

Bergmann, Birgit, Der Kranz des Kaisers. Genese und Bedeutung einer römischen Insignie (Image & Context 6), Berlin 2010 [Kranz].

Berliner, Abraham, Geschichte der Juden in Rom von der ältesten Zeit bis zur Gegenwart. Zwei Bände in einem Band, Hildesheim 1987 (ND Frankfurt a. M. 1893) [Geschichte].

Bester, Dörte, Körperbilder in den Psalmen. Studien zu Psalm 22 und verwandten Texten (FAT II/24), Tübingen 2007 [Körperbilder].

Binder, Vera, Römischer Triumph und griechisches Epinikon. Bemerkungen zu Hor. *Od.* 4,4, in: H. Krasser/D. Pausch/I. Petrovic (Hg.), Triplici invectus triumpho. Der römische Triumph in augusteischer Zeit (Potsdamer Altertumswissenschaftliche Beiträge 25), Stuttgart 2008, 169–190 [Triumph].

Blänsdorf, Jürgen, Art. Atellana fabula, in: DNP II (1997) 151–153 [Atellana].

Blatz, Heinz, Die Semantik der Macht. Eine zeit- und religionsgeschichtliche Studie zu den markinischen Wundererzählungen (NTA NF 59), Münster 2016 [Semantik].

Blech, Michael, Studien zum Kranz bei den Griechen (RVV 38), Berlin 1982 [Studien].

Bleicken, Jochen, Die Verfassung der römischen Republik. Grundlagen und Entwicklung (UTB 460), Paderborn [7]1995 [Verfassung].

Blumenthal, Christian, Gott im Markusevangelium. Wort und Gegenwart Gottes bei Markus (BThSt 144), Neukirchen-Vluyn 2014 [Gott].

Böcher, Otto, Art. δαιμόνιον, ου, τό, in: EWNT I (1992) 649–657 [δαιμόνιον].

Bons, Eberhard, Die Septuaginta-Version von Psalm 22, in: D. Sänger (Hg.), Psalm 22 und die Passionsgeschichten der Evangelien (BThSt 88), Neukirchen-Vluyn 2007, 12–32 [Septuaginta-Version].

Boomershine, Thomas E./Bartholomew, Gilbert L., The Narrative Technique of Mark 16:8, in: JBL 100 (1981) 213–223 [Technique].

Booth, Joan, The *Amores*. Ovid Making Love, in: P. E. Knox (Hg.), A Companion to Ovid (Blackwell Companions to the Ancient World), Malden (MA) 2009, 61–77 [Amores].

Borais, Alexander, Karel Čapeks Poetik der noetischen Detektion im Kontext seiner Pragmatismus-Rezeption, Hamburg 2011 [Poetik].

Bosenius, Bärbel, Der literarische Raum des Markusevangeliums (WMANT 140), Neukirchen-Vluyn 2014 [Raum].

Botermann, Helga, Das Judenedikt des Kaisers Claudius (Hermes.E 71), Stuttgart 1996 [Judenedikt].

Boyd, Barbara Weiden, The *Amores*. The Invention of Ovid, in: B. W. Boyd (Hg.), Brill's Companion to Ovid, Leiden 2002, 91–116 [Amores].

Bradley, Keith R., Suetonius' *Life of Nero*. An Historical Commentary (Latomus 157), Brüssel 1978 [Nero].

Brandenburger, Egon, Markus 13 und die Apokalyptik (FRLANT 134), Göttingen 1984 [Markus 13].

Brandon, Samuel George Frederick, The Fall of Jerusalem and the Christian Church. A Study of the Effects of the Jewish Overthrow of A.D. 70 on Christianity, London 1951 [Fall].

–, Jesus and the Zealots. A Study of the Political Factor in Primitive Christianity, Manchester 1967 [Jesus].

Brennan, T. Corey, Triumphus in Monte Albano, in: R. W. Wallace/E. M. Harris (Hg.), Transitions to Empire. Essays in Greco-Roman History, 360-146 b.c. (FS E. Badian) (Oklahoma Series in Classical Culture 21), Oklahoma (OK) 1996, 315–337 [Triumphus].

Breytenbach, Cilliers, Paul's Proclamation and God' „Thriambos". Notes on 2 Corinthians 2:14–16b, in: Neotest. 24 (1990) 257–271 [Proclamation].

–, Das Markusevangelium, Psalm 110,1 und 118,22f. Folgetext und Prätext, in: C. M. Tuckett (Hg.), The Scriptures in the Gospels (BEThL 131), Leuven 1997, 197–222 [Markusevangelium].

Brilliant, Richard, „Let the Trumpets Roar!". The Roman Triumph, in: B. Bergmann/C. Kondoleon (Hg.), The Art of Ancient Spectacle (Studies in the History of Art 56/Symposium Papers 34), New Haven (CT), 221–229 [Triumph].

Broer, Ingo, Art ἐξουσία, ας, ἡ, in: EWNT II (1992) 23–29 [ἐξουσία].

–, Einleitung in das Neue Testament. Studienausgabe, Würzburg 2006 [Einleitung].

–, Der Kreuzestitulus (Mk 15,26 parr.), in: U. Busse/M. Reichardt/M. Theobald (Hg.), Erinnerung an Jesus. Kontinuität und Diskontinuität in der neutestamentlichen Überlieferung (FS R. Hoppe) (BBB 166), Göttingen 2011, 267–283 [Kreuzestitulus].

Broich, Ulrich, Formen der Markierung von Intertextualität, in: U. Broich/M. Pfister (Hg.), Intertextualität. Formen, Funktionen, anglistische Fallstudien (Konzepte der Sprach- und Literaturwissenschaft 35), Tübingen 1985, 31–47 [Markierung].

–, /Pfister, Manfred (Hg.), Intertextualität. Formen, Funktionen, anglistische Fallstudien (Konzepte der Sprach- und Literaturwissenschaft 35), Tübingen 1985 [Intertextualität].

Burtchaell, James Tunstead, From Synagogue to Church. Public Services and Offices in the Earliest Christian Communities, Cambridge 1992 [Synagogue].

Buth, Randall, Mark 3:17 ΒΟΝΕΡΕΓΕΜ and Popular Etymology, in: JSNT 10 (1981) 29–33 [Etymology].

Cadbury, Henry J., Mark 16 8, in: JBL 46 (1927) 344f. [Mark].

Cahoon, Leslie, The Bed as Battlefield. Erotic Conquest and Military Metaphor in Ovid's *Amores*, in: Transactions of the American Philological Association 118 (1988) 293–307 [Battlefield].

Campbell, J. Brian, Art. Cohors, in: DNP III (1997) 61f. [Cohors].

–, Art. Praetorium, in: DNP X (2001) 264 [Praetorium].

Catalano, Rosann M., A Matter of Perspective. An Alternative Reading of Mark 15:38, in: M. C. Boys (Hg.), Seeing Judaism Anew. Christianity's Sacred Obligation, Lanham (MD) 2005, 187–199 [Perspective].

Catchpole, David R., The ‚Triumphal' Entry, in: E. Bammel/C. F. D. Moule (Hg.), Jesus and the Politics of His Day, Cambridge 1984, 319–334 [Entry].

Chance, J. Bradley, The Cursing of the Temple and the Tearing of the Veil in the Gospel of Mark, in: Biblical Interpretation 15 (2007) 268–291 [Temple].

Chaniotis, Angelos, Acclamations as a Form of Religious Communication, in: H. Cancik/J. Rüpke (Hg.), Die Religion des Imperium Romanum. Koine und Konfrontationen, Tübingen 2009, 199–218 [Acclamations].

Chapman, David W./Schnabel, Eckhard J., The Trial and Crucifixion of Jesus. Texts and Commentary (WUNT 344), Tübingen 2015 [Trial].

Cichorius, Conrad, Art. Adlocutio, in: PRE I/1 (1894) 375f. [Adlocutio].[1]

Claussen, Carsten, Versammlung, Gemeinde, Synagoge. Das hellenistisch-jüdische Umfeld der frühchristlichen Gemeinden (StUNT 27), Göttingen 2002 [Versammlung].

Coarelli, Filippo, Rom. Ein archäologischer Führer, Freiburg i. Br. 1975 [Rom].

–, Art. Porta Triumphalis, in: Lexicon Topographicum Urbis Romae III (1996) 333f. [Porta Triumphalis].

Coen, Alessandra, Corona etrusca (Daidalos 1), Viterbo 1999 [Corona].

Coleman, Kathleen M., Fatal Charades. Roman Executions Staged as Mythological Enactments, in: JRS 80 (1990) 44–73 [Charades].

Colwell, Ernest C., A Definite Rule for the Use of the Article in the Greek New Testament, in: JBL 52 (1933) 12–21 [Rule].

Cook, John Granger, John 19:17 and the Man on the *Patibulum* in the Arieti Tomb, in: Early Christianity 4 (2013) 427–453 [Tomb].

–, Crucifixion in the Mediterranean World (WUNT 327), Tübingen 2014 [Crucifixion].

Croy, N. Clayton, The Mutilation of Mark's Gospel, Nashville (TN) 2003 [Mutilation].

Danker, Frederick W., Menander and the New Testament, in: NTS 10 (1964) 365–368 [Menander].

Danove, Paul L., The End of Mark's Story. A Methodological Study (Biblical Interpretation Series 3), Leiden 1993 [End].

Davis, Philip G., Mark's Christological Paradox, in: JSNT 35 (1989) 3–18 [Paradox].

Dawson, Anne, Freedom as Liberating Power. A Socio-Political Reading of the ἐξουσία Texts in the Gospel of Mark (NTOA 44), Freiburg (Schweiz)/Göttingen 2000 [Freedom].

Deissler, Alfons, Zwölf Propheten, Bd. 3: Zefanja, Haggai, Sacharja, Maleachi (NEB.AT 21), Würzburg 1988 [Sach].

Deissmann, Adolf, Licht vom Osten. Das Neue Testament und die neuentdeckten Texte der hellenistisch-römischen Welt, Tübingen ^{4}1923 [Licht].

Denyer, Nicholas, Mark 16:8 and Plato, Protagoras 328D, in: TynB 57 (2006) 149f. [Mark].

Develin, Robert, Tradition and the Development of Triumphal Regulations in Rome, in: Klio 60 (1978) 429–438 [Tradition].

Dingel, Joachim, Art. Seneca. 2. L. Annaeus S., in: DNP XI (2001) 411–419 [Seneca].

Döpp, Heinz-Martin, Die Deutung der Zerstörung Jerusalems und des Zweiten Tempels im Jahre 70 in den ersten drei Jahrhunderten (TANZ 24), Tübingen 1998 [Deutung].

---

1 Die Bände der PRE verzeichne ich jeweils unter Angabe der Reihe (I/II) sowie der jeweiligen Halbbandnummer (I/1–47; II/1–19).

Donaldson, Terence L., „Gentile Christianity" as a Category in the Study of Christian Origins, in: HThR 106 (2013) 433–458 [Category].

Dormeyer, Detlev, Die Passion Jesu als Verhaltensmodell. Literarische und theologische Analyse der Traditions- und Redaktionsgeschichte der Markuspassion (NTA NF 11), Münster 1974 [Passion].

–, Evangelium als literarische und theologische Gattung (EdF 263), Darmstadt 1989 [Evangelium].

–, Das Markusevangelium als Idealbiographie von Jesus Christus, dem Nazarener (SBB 43), Stuttgart 1999 [Markusevangelium].

–, Davidssohn und Herrscherideologie im Markusevangelium, in: M. Bär/M.-L. Hermann/T. Söding (Hg.), König und Priester. Facetten neutestamentlicher Christologie (FS C.-P. März) (EThS 44), Würzburg 2012, 73–87 [Davidssohn].

Dronsch, Kristina, Bedeutung als Grundbegriff neutestamentlicher Wissenschaft. Texttheoretische und semiotische Entwürfe zur Kritik der Semantik dargelegt anhand einer Analyse zu ἀκούειν in Mk 4 (Neutestamentliche Entwürfe zur Theologie 15), Tübingen 2010 [Bedeutung].

Dschulnigg, Peter, Sprache, Redaktion und Intention des Markusevangeliums. Eigentümlichkeiten der Sprache des Markus-Evangeliums und ihre Bedeutung für die Redaktionskritik (SBB 11), Stuttgart 1984 [Sprache].

Duff, Paul Brooks, The March of the Divine Warrior and the Advent of the Greco-Roman King. Mark's Account of Jesus' Entry into Jerusalem, in: JBL 111 (1992) 55–71 [March].

Eberhardt, Barbara, Wer dient wem? Die Darstellung des flavischen Triumphzuges auf dem Titusbogen und bei Josephus (*B.J. 7.123-162*), in: J. Sievers/G. Lembi (Hg.), Josephus and Jewish History in Flavian Rome and Beyond (JSJ. Supplements 104), Leiden 2005, 257–277 [Titusbogen].

Ebner, Martin, Du hast eine zweite Chance. Das Markusevangelium als Hoffnungsgeschichte, in: O. Fuchs/M. Widl (Hg.), Ein Haus der Hoffnung (FS R. Zerfaß), Düsseldorf 1999, 31–40 [Chance].

–, Feindesliebe – ein Ratschlag zum Überleben? Sozial- und religionsgeschichtliche Überlegungen, in: J. M. Asgeirsson/K. de Troyer/M. W. Meyer (Hg.), From Quest to Q (FS J. M. Robinson) (BEThL 146), Leuven 2000, 119–142 [Feindesliebe].

–, Im Schatten der Großen. Kleine Erzählfiguren im Markusevangelium, in: BZ NF 44 (2000) 56–76 [Schatten].

–, Klage und Auferweckungshoffnung im Neuen Testament, in: JBTh 16 (2001) 73–87 [Klage].

–, Kreuzestheologie im Markusevangelium, in: A. Dettwiler/J. Zumstein, Kreuzestheologie im Neuen Testament (WUNT 151), Tübingen 2002, 151–168 [Kreuzestheologie].

–, „Kinderevangelium" oder markinische Sozialkritik? Mk 10,13-16 im Kontext, in: JBTh 17 (2002) 315–336 [Kinderevangelium].

–, Evangelium contra Evangelium. Das Markusevangelium und der Aufstieg der Flavier, in: BN 116 (2003) 28–42 [Evangelium].

–, Die Etablierung einer „anderen" Tafelrunde. Der „Einsetzungsbericht" in Mk 14,22-24 mit Markus gegen den Strich gelesen, in: M. Ebner/B. Heininger (Hg.), Paradigmen auf dem Prüfstand. Exegese wider den Strich (FS K. Müller) (NTA NF 47), Münster 2004, 17–45 [Tafelrunde].

–, Überwindung eines „tödlichen“ Lebens. Paradoxien zu Leben und Tod in den Jesusüberlieferungen, in: JBTh 19 (2004) 79–100 [Paradoxien].
– /Heininger, Bernhard, Exegese des Neuen Testaments. Ein Arbeitsbuch für Lehre und Praxis (UTB 2677), Paderborn ²2007 [Exegese].
–, Jesus von Nazaret. Was wir von ihm wissen können, Stuttgart 2007 [Jesus].
–, Mahl und Gruppenidentität. Philos Schrift *De Vita contemplativa* als Paradigma, in: M. Ebner (Hg.), Herrenmahl und Gruppenidentität (QD 221), Freiburg i. Br. 2007, 64–90 [Mahl].
–, „Evangelium“, in: M. Ebner./S. Schreiber (Hg.), Einleitung in das Neue Testament (KStTh 6), Stuttgart 2008, 112–124 [„Evangelium“].
–, Das Markusevangelium, in: M. Ebner./S. Schreiber (Hg.), Einleitung in das Neue Testament (KStTh 6), Stuttgart 2008, 154–183 [Markusevangelium].
–, Die Rechtfertigungslehre des Paulus in soziologisch-sozialgeschichtlicher Perspektive, in: N. Kleyboldt (Hg.), Paulus. Identität und Universalität des Evangeliums, Münster 2009, 93–104 [Rechtfertigungslehre].
–, Von gefährlichen Viten und biographisch orientierten Geschichtswerken. Vitenliteratur im Verhältnis zur Historiographie in hellenistisch-römischer und urchristlicher Literatur, in: T. Schmeller (Hg.), Historiographie und Biographie im Neuen Testament und seiner Umwelt (NTOA 69), Göttingen 2009, 34–61 [Viten].
–, Das Markusevangelium und der Aufstieg der Flavier. Eine politische Lektüre des ältesten „Evangeliums“, in: BiKi 66 (2011) 64–69 [Aufstieg].
–, Spiegelungen: himmlischer Thronsaal und himmlische Stadt. Theologie und Politik in Offb 4f. und 21f. in: B. Heininger (Hg.), Mächtige Bilder. Zeit- und Wirkungsgeschichte der Johannesoffenbarung (SBS 225), Stuttgart 2011, 100–131 [Spiegelungen].
–, Die Stadt als Lebensraum der ersten Christen. Das Urchristentum in seiner Umwelt I (NTD.Ergänzungsreihe/Grundrisse zum Neuen Testament I/1), Göttingen 2012 [Stadt].
–, Wessen Medium willst du sein? („Die Heilung des Besessenen von Gerasa“). Mk 5,1-20 (EpAp 5,9f.), in: R. Zimmermann u. a. (Hg.), Kompendium der frühchristlichen Wundererzählungen, Bd. 1: Die Wunder Jesu, Gütersloh 2013, 266–277 [Medium].
–, Die Rede von der „Vollmacht“ Jesu im MkEv – und die realpolitischen Implikationen, in: Zeitschrift für Neues Testament 31/16 (2013) 21–30 [Vollmacht].
–, Die Exorzismen Jesu als Testfall für die historische Rückfrage. Die Herausforderung des *linguistic turn* als Chance für die exegetische Wissenschaft, in: P. v. Gemünden/D. G. Horrell/M. Küchler (Hg.), Jesus – Gestalt und Gestaltungen. Rezeptionen des Galiläers in Wissenschaft, Kirche und Gesellschaft (FS G. Theißen) (NTOA 100), Göttingen 2013, 477–498 [Testfall].
Eck, Werner, Art. Caligula, in: DNP II (1997) 937–939 [Caligula].
–, Art. Germanicus II, in: DNP IV (1998) 963–966 [Germanicus].
Eckstein, Hans-Joachim, Markus 10,46-52 als Schlüsseltext des Markusevangeliums, in: ZNW 87 (1996) 33–50 [Schlüsseltext].
Eco, Umberto, Nachschrift zum „Namen der Rose“, München ⁸1987 [Nachschrift].
–, Die Grenzen der Interpretation, München 1992 [Grenzen].
–, Lector in fabula. Die Mitarbeit der Interpretation in erzählenden Texten, München ²1994 [Lector].

–, Intertextuelle Ironie und mehrdimensionale Lektüre, in: U. Eco, Die Bücher und das Paradies. Über Literatur, München 2003, 212–237 [Ironie].

–, Streit der Interpretationen, Hamburg 2005 (Neuauflage) [Streit].

Eder, Walter, Art. Triumph, Triumphzug, in: DNP XII/1 (2002) 836–840 [Triumph].

Edwards, J. Christopher, The Ransom Logion in Mark and Matthew. Its Reception and Its Significance for the Study of the Gospels (WUNT II/327), Tübingen 2012 [Logion].

Egger, Wilhelm/Wick, Peter, Methodenlehre zum Neuen Testament. Biblische Texte selbständig auslegen (Grundlagen Theologie), Freiburg i. Br. ^{6}2011 [Methodenlehre].

Ehlers, Wilhelm, Art. Triumphus, in: PRE II/13 (1939) 493–511 [Triumphus].

Emmenegger, Gregor, Ein koptisches Amulett als Beleg für den kurzen Markusschluss, in: ZNW 103 (2012) 142–145 [Amulett].

Engels, David, Das römische Vorzeichenwesen (753-27 v. Chr.). Quellen, Terminologie, Kommentar, historische Entwicklung (Potsdamer Altertumswissenschaftliche Beiträge 22), Stuttgart 2007 [Vorzeichenwesen].

Engels, Johannes, Die Exempla-Reihe *De Iure Triumphandi*. Römisch-Republikanische Werte und Institutionen im frühkaiserzeitlichen Spiegel der *Facta et Dicta Memorabilia* des Valerius Maximus, in: A. Barzanò, u. a. (Hg.), Identità e valori. Fattori di aggregzione e fattori di crisi nell'esperienza politica antica, Rom 2001, 139–169 [Exempla-Reihe].

Enslin, Morton S., ἐφοβοῦντο γάρ, Mark 16 8, in: JBL 46 (1927) 62–69 [Mark].

Ernste, Stefan, Kein Markustext in Qumran. Eine Untersuchung der These: Qumran-Fragment 7Q5 = Mk 6, 52–53 (NTOA 45), Freiburg (Schweiz)/Göttingen 2000 [Markustext].

Esch-Wermeling, Elisabeth, Thekla – Paulusschülerin wider Willen? Strategien der Leserlenkung in den Theklaakten (NTA NF 53), Münster 2008 [Paulusschülerin].

Eubank, Nathan, Dying with Power. Mark 15,39 from Ancient to Modern Interpretation, in: Bib. 95 (2014) 247–268 [Power].

Eve, Eric, Spit in Your Eye. The Blind Man of Bethsaida and the Blind Man of Alexandria, in: NTS 54 (2008) 1–17 [Spit].

Fabry, Heinz-Josef/Scholtissek, Klaus, Der Messias (NEB.Themen 5), Würzburg 2002 [Messias].

Farmer, William R., The Last Twelve Verses of Mark (MSSNTS 25), Cambridge 1974 [Verses].

Faust, Eberhard, Pax Christi et pax Caesaris. Religionsgeschichtliche, traditionsgeschichtliche und sozialgeschichtliche Studien zum Epheserbrief (NTOA 24), Freiburg (Schweiz)/Göttingen 1993 [Pax Christi].

Feneberg, Rupert, Der Jude Jesus und die Heiden. Biographie und Theologie im Markusevangelium (HBS 24), Freiburg i. Br. 2000 [Jude].

Feneberg, Wilhelm, Der Markusprolog. Studien zur Formbestimmung des Evangeliums (StANT 36), München 1974 [Markusprolog].

Fenton, J. C., Paul and Mark, in: D. E. Nineham (Hg.), Studies in the Gospels (FS R. H. Lightfoot), Oxford 1955, 89–112 [Paul].

Fiebiger, Otto, Art. Sagum, in: PRE II/2 (1920) 1754f. [Sagum].

Fink, Gerhard, L. Annaeus Seneca: Die kleinen Dialoge, Bd. 2 (Sammlung Tusculum), München 1992 [Seneca].

Finnern, Sönke, Narratologie und biblische Exegese. Eine integrative Methode der Erzählanalyse und ihr Ertrag am Beispiel von Matthäus 28 (WUNT II/285), Tübingen 2010 [Narratologie].

Fischer, Florian, Das Literaturplagiat. Tatbestand und Rechtsfolgen (EHS II/1972), Frankfurt a. M. 1996 [Literaturplagiat].

Flaig, Egon, Ritualisierte Politik. Zeichen, Gesten und Herrschaft im Alten Rom (Historische Semantik 1), Göttingen [2]2004 [Politik].

Fleddermann, Harry, A Warning About the Scribes (Mk 12:37b - 40), in: CBQ 44 (1982) 52–67 [Warning].

Flower, Harriet I., The Tradition of the *Spolia Opima*. M. Claudius Marcellus and Augustus, in: ClA 19 (2000) 34–64 [Tradition].

Fludernik, Monika, Einführung in Erzähltheorie (Einführung Literaturwissenschaft), Darmstadt 2006 [Erzähltheorie].

Focant, Camille, La tête du prophète sur un plat, ou, L'anti-repas d'alliance (Mc 6.14-29), in: NTS 47 (2001) 334–353 [tête du prophète].

Förster, Niclas, Der *titulus crucis*. Demütigung der Judäer und Proklamation des Messias, in: NT 56 (2014) 113–133 [Demütigung].

Foerster, Werner, Art. ἔξεστιν, ἐξουσία, ἐξουσιάζω, κατεξουσιάζω, in: ThWNT II (1960) 557–572 [ἐξουσία].

Förtsch, Reinhard, Art. Capitolium, in: DNP II (1997) 972f. [Capitolium].

Fowler, Robert M., Loaves and Fishes. The Function of the Feeding Stories in the Gospel of Mark (SBL.DS 54), Chico (CA) 1981 [Loaves].

–, Let the Reader Understand. Reader-Response Criticism and the Gospel of Mark, Harrisburg (PA) 2001 [Reader].

Foxhall, Lin/Salmon, John (Hg.), Thinking Men. Masculinity and its Self-Representation in the Classical Tradition (Leicester-Nottingham Studies in Ancient Society 7), London 1998 [Men].

–/– (Hg.), When Men Were Men. Masculinity, Power and Identity in Classical Antiquity (Leicester-Nottingham Studies in Ancient Society 8), London 1998 [Masculinity].

Fraenkel, Eduard, Plautinisches im Plautus (Philologische Untersuchungen 28), Berlin 1922 [Plautus].

Frankemölle, Hubert, Evangelium. Begriff und Gattung. Ein Forschungsbericht (SBB 15), Stuttgart 1988 [Evangelium].

Fredrickson, David E., Nature's Lament for Jesus, in: Word and World 26 (2006) 38–46 [Lament].

Freund, Winfried, Die literarische Parodie (Sammlung Metzler; M 200: Abt. E: Poetik), Stuttgart 1981 [Parodie]

Frey, Jörg, Zu Text und Sinn des Freer-Logions, in: ZNW 93 (2002) 13–34 [Text].

–, Das Freer-Logion, in: C. Markschies/J. Schröter (Hg.), Antike christliche Apokryphen in deutscher Übersetzung, Bd. 1/2: Evangelien und Verwandtes, Tübingen [7]2012, 1059–1061 [Freer-Logion].

Fritz, K. von, Art. Musonius, in: PRE I/31 (1933) 893–897 [Musonius].

Fritzen, Wolfgang, Von Gott verlassen? Das Markusevangelium als Kommunikationsangebot für bedrängte Christen, Stuttgart 2008 [Gott].

Fröhlich, Gerhard, Plagiate und unethische Autorenschaften, in: Information Wissenschaft & Praxis 57/2 (2006) 81–89 [Plagiate].

Füssel, Kuno / Füssel, Eva, Der verschwundene Körper. Neuzugänge zum Markusevangelium, Luzern 2001 [Körper].

Furstenberg, Yair, Defilement Penetrating the Body. A New Understanding of Contamination in Mark 7.15, in: NTS 54 (2008) 176–200 [Defilement].

Gabelmann, Hanns, Antike Audienz- und Tribunalszenen, Darmstadt 1984 [Tribunalszenen].

Galinsky, Karl, The Triumph Theme in Augustan Elegy, in: WSt NF 3 (1969) 75–107 [Triumph Theme].

Gall, Dorothea, Zur Technik von Anspielung und Zitat in der römischen Dichtung. *Vergil, Gallus und die* Ciris (Zet. 100), München 1999 [Technik].

Galsterer, Hartmut, Art. Monumentum Ancyranum, in: DNP VIII (2000) 388f. [Monumentum].

–, Art. Pomerium, in: DNP X (2001) 86f. [Pomerium].

Garský, Zbyněk, Das Wirken Jesu in Galiläa bei Johannes. Eine strukturale Analyse der Intertextualität des vierten Evangeliums mit den Synoptikern (WUNT II/325), Tübingen 2012 [Wirken].

Gehrig, Stefan, Leserlenkung und Grenzen der Interpretation. Ein Beitrag zur Rezeptionsästhetik am Beispiel des Ezechielbuches (BWANT 190), Stuttgart 2013 [Leserlenkung].

Geiger, Georg, Falsche Zitate bei Matthäus und Lukas, in: C. M. Tuckett (Hg.), The Scriptures in the Gospels (BEThL 131), Leuven 1997, 479–486 [Zitate].

Gelardini, Gabriella, Christus Militans. Studien zur politisch-militärischen Semantik im Markusevangelium vor dem Hintergrund des ersten jüdisch-römischen Krieges (NT.S 165), Leiden 2016 [Christus Militans].

Genette, Gérard, Palimpseste. Die Literatur auf zweiter Stufe (Edition Suhrkamp 683), Frankfurt a. M. 1993 [Palimpseste].

Gennep, Arnold van, Übergangsriten (Les rites de passage), Frankfurt a. M. 1999 [Übergangsriten].

Georges, Tobias, Tertullian „Apollogeticum" (Kommentar zu frühchristlichen Apologeten 11), Freiburg i. Br. 2011 [Tertullian].

Georgia, Allan T., Translating the Triumph. Reading Mark's Crucifixion Narrative against a Roman Ritual of Power, in: JSNT 36 (2013) 17–38 [Triumph].

Gerber, Christine, Paulus und seine ‚Kinder'. Studien zur Beziehungsmetaphorik der paulinischen Briefe (BZNW 136), Berlin 2005 [Paulus].

–, Es ist genug für alle da! (Die Heilung der Tochter der Syrophönizierin) Mk 7,24-30, in: R. Zimmermann u. a. (Hg.), Kompendium der frühchristlichen Wundererzählungen, Bd. 1: Die Wunder Jesu, Gütersloh 2013, 313–322 [Heilung].

Gibson, Roy K., The *Ars Amatoria*, in: P. E. Knox (Hg.), A Companion to Ovid (Blackwell Companions to the Ancient World), Malden (MA) 2009, 90–103 [Ars Amatoria].

Giebel, Marion, Augustus, *Res Gestae*. Tatenbericht (Monumentum Ancyranum) (Reclams Universal-Bibliothek 9773), Stuttgart 1999 [Res Gestae].

GILLIVER, KATE, Auf dem Weg zum Imperium. Eine Geschichte der römischen Armee, Stuttgart 2003 [Imperium].

GILLMAYR-BUCHER, Susanne, Art. Intertextualität, in: www.wibilex.de (zuletzt abgerufen am 29.05.2018) [Intertextualität].

GIZEWSKI, CHRISTIAN, Art. Lictor, in: DNP VII (1999) 180f. [Lictor].

GLANCY, JENNIFER A., Unveiling Masculinity. The Construction of Gender in Mark 6:17–29 in: Biblical Interpretation 2 (1994) 34–50 [Masculinity].

GLAVINIC, THOMAS, Gebrauchsanweisung zur Selbstverteidigung, München ^{2}2017 [Gebrauchsanweisung].

GLEI, REINHOLD F., Art. Parodie, in: DNP IX (2000) 345–349 [Parodie].

GÖBL, ROBERT, Antike Numismatik, Bd. 1–2, München 1978 [Numismatik].

GOLDBECK, FABIAN/MITTAG, PETER FRANZ, Der geregelte Triumph. Der republikanische Triumph bei Valerius Maximus und Aulus Gellius, in: H. Krasser/D. Pausch/I. Petrovic (Hg.), Triplici invectus triumpho. Der römische Triumph in augusteischer Zeit (Potsdamer Altertumswissenschaftliche Beiträge 25), Stuttgart 2008, 55–74 [Triumph].

GOULET-CAZÉ, MARIE-ODILE, Art. Musonius Rufus, in: Dictionnaire des philosophes antiques IV (2005) 555–572 [Musonius].

GRAF, FRITZ, Art. Bellona, in: DNP II (1997) 556 [Bellona].

GRAY, TIMOTHY C., The Temple in the Gospel of Mark. A Study in its Narrative Role (WUNT II/242), Tübingen 2008 [Temple].

GREGORY, CASPAR RENÉ, Das Freer-Logion (C. R. Gregory – Versuche und Entwürfe 1), Leipzig 1908 [Freer-Logion].

GRIFFIN, MIRIAM T., Seneca on Society. A Guide to *De Beneficiis*, Oxford 2013 [Seneca].

GROSS, KARL, Menschenhand und Gotteshand in Antike und Christentum, Stuttgart 1985 [Gotteshand].

GRUBER, MARGARETA, Der Gefangene und sein Triumphator. Zur Wirkungsgeschichte der Triumphmetapher 2 Kor 2,14 in der Märtyrertheologie von den Acta Pauli bis zu Johannes Chrysostomos, in: R. Hoppe/M. Reichardt (Hg.), Lukas – Paulus – Pastoralbriefe (FS A. Weiser) (SBS 230), Stuttgart 2014, 215–229 [Gefangene].

–, Der Vorhang zerreißt. Nähe und Ferne Gottes im Markusevangelium, in: GuL 87 (2014) 184–192 [Vorhang].

GRÜSSINGER, RALF, Bilder vom Sieg. Römische Triumphalkunst im gesellschaftlichen Kontext, in: LWL-Römermuseum, Haltern am See/R. Aßkamp/K. Jansen (Hg.), Triumph ohne Sieg. Roms Ende in Germanien (Zaberns Bildbände zur Archäologie), Darmstadt 2017, 22–33 [Bilder].

GUNDRY, ROBERT H., Matthew. A Commentary on His Handbook for a Mixed Church Under Persecution, Grand Rapids (MI) 1994 [Matthew].

GURTNER, DANIEL M., LXX Syntax and the Identity of the NT Veil, in: NT 47 (2005) 344–353 [Syntax].

GUTHRIE, GEORGE H., Paul's Triumphal Procession Imagery (2 Cor 2.14-16a). Neglectes Points of Background, in: NTS 61 (2015) 79–91 [Imagery].

GUTTENBERGER ORTWEIN, GUDRUN, Status und Statusverzicht im Neuen Testament und seiner Umwelt (NTOA 39), Freiburg (Schweiz)/Göttingen 1999 [Status].

GUTTENBERGER, GUDRUN, Ethnizität im Markusevangelium, in: P. v. Gemünden/D. G. Horrell/M. Küchler (Hg.), Jesus – Gestalt und Gestaltungen. Rezeptionen des Galiläers in Wissenschaft, Kirche und Gesellschaft (FS G. Theißen) (NTOA 100), Göttingen 2013, 125–152 [Ethnizität].

HAAKE, MATTHIAS, Diadem und *basileus*. Überlegungen zu einer Insignie und einem Titel in hellenistischer Zeit, in: A. Lichtenberger u. a. (Hg.), Das Diadem der hellenistischen Herrscher. Übernahme, Transformation oder Neuschöpfung eines Herrschaftszeichens? Kolloquium vom 30.–31. Januar 2009 in Münster (EUROS. Münstersche Beiträge zu Numismatik und Ikonographie 1), Bonn 2012, 293–313 [Überlegungen].

–, Das Diadem – königliches Symbol in hellenistischer Zeit, in: K. Ehling/G. Weber (Hg.), Hellenistische Königreiche, Darmstadt 2014, 24–28 [Diadem].

HAASE, MAREILE, Art. Trankopfer. II. Klassische Antike, in: DNP XII/1 (2002) 752f. [Trankopfer].

HÄFNER, GERD, Konstruktion und Referenz. Impulse aus der neueren geschichtstheoretischen Diskussion, in: K. Backhaus/G. Häfner, Historiographie und fiktionales Erzählen. Zur Konstruktivität in Geschichtstheorie und Exegese (BThSt 86), Neukirchen-Vluyn 2007, 67–96 [Konstruktion].

–, Erosion des Urgesteins? Zu Überlieferung und Auslegung der Gleichnisse Jesu, in: U. Busse/M. Reichardt/M. Theobald (Hg.), Erinnerung an Jesus. Kontinuität und Diskontinuität in der neutestamentlichen Überlieferung (BBB 166), Göttingen 2011, 181–196 [Erosion].

HAFEMANN, SCOTT JACK, Suffering and the Spirit. An Exegetical Study of II Cor. 2:14-3:3 within the Context of the Corinthian Correspondence (WUNT II/19), Tübingen 1986 [Suffering].

–, Art. Roman Triumph, in: Dictionary of New Testament Background, Downers Grove (IL) 2000, 1004–1008 [Roman Triumph].

HAHN, FERDINAND, Christologische Hoheitstitel. Ihre Geschichte im frühen Christentum (FRLANT 83), Göttingen 1963 [Hoheitstitel].

HAMMES, AXEL, „Er trägt den Namen ‚König der Könige und Herr der Herren'" (Offb 19,16). Die Johannesapokalypse als Politische Theologie, in: B. Heininger (Hg.), Mächtige Bilder. Zeit- und Wirkungsgeschichte der Johannesoffenbarung (SBS 225), Stuttgart 2011, 167–186 [Johannesapokalypse].

HANELL, KRISTER, Art. Trankopfer, Spenden, Libationen, in: PRE II/12 (1937) 2131–2137 [Trankopfer].

HARTMANN, ANDREAS, Zwischen Relikt und Reliquie. Objektbezogene Erinnerungspraktiken in antiken Gesellschaften (Studien zur Alten Geschichte 11), Berlin 2010 [Relikt].

HARTMANN, MICHAEL, Der Tod Johannes' des Täufers. Eine exegetische und rezeptionsgeschichtliche Studie auf dem Hintergrund narrativer, intertextueller und kulturanthropologischer Zugänge (SBB 45), Stuttgart 2001 [Tod].

HARTWIG, CHARLOTTE/THEISSEN, GERD, Die korinthische Gemeinde als Nebenadressat des Römerbriefs. Eigentextreferenzen des Paulus und kommunikativer Kontext des längsten Paulusbriefes, in: NT 46 (2004) 229–252 [Gemeinde].

HAUSMANN, MICHAEL, Die Leserlenkung durch Tacitus in den Tiberius- und Claudiusbüchern der *Annalen* (UALG 100), Berlin 2009 [Leserlenkung].

Hays, Richard B., Echoes of Scripture in the Letters of Paul, New Haven (CT) 1989 [Echoes].

Heil, Christoph, Evangelium als Gattung. Erzähl- und Spruchevangelium, in: T. Schmeller (Hg.), Historiographie und Biographie im Neuen Testament und seiner Umwelt (NTOA 69), Göttingen 2009, 62–94 [Evangelium].

Heilig, Christoph, Hidden Criticism? The Methodology and Plausibility of the Search for a Counter-Imperial Subtext in Paul (WUNT II/392), Tübingen 2015 [Methodology].

–, Paul's Triumph. Reassessing 2 Corinthians 2:14 in its Literary and Historical Context (BToSt 27), Leuven 2017 [Triumph].

Heininger, Bernhard, Metaphorik, Erzählstruktur und szenisch-dramatische Gestaltung in den Sondergutgleichnissen bei Lukas (NTA NF 24), Münster 1991 [Metaphorik].

–, „Politische Theologie" im Markusevangelium. Der Aufstieg Vespasians zum Kaiser und der Abstieg Jesu zum Kreuz, in: B. Heininger, Die Inkulturation des Christentums. Aufsätze und Studien zum Neuen Testament und seiner Umwelt (WUNT 255), Tübingen 2010, 181–204 [Theologie].

Helbig, Jörg, Intertextualität und Markierung. Untersuchungen zur Systematik und Funktion der Signalisierung von Intertextualität (Beiträge zur neueren Literaturgeschichte III/141), Heidelberg 1996 [Markierung].

Hengel, Martin, Mors turpissima crucis. Die Kreuzigung in der antiken Welt und die „Torheit" des „Wortes vom Kreuz", in: J. Friedrich/W. Pöhlmann/P. Stuhlmacher (Hg.), Rechtfertigung (FS E. Käsemann), Tübingen 1976, 125–184 [Kreuzigung].

–, Entstehungszeit und Situation des Markusevangeliums, in: H. Cancik (Hg.), Markus-Philologie. Historische, literargeschichtliche und stilistische Untersuchungen zum zweiten Evangelium (WUNT 33), Tübingen 1984, 1–45 [Entstehungszeit].

–, Jesus als messianischer Lehrer der Weisheit und die Anfänge der Christologie, in: M. Hengel/A. M. Schwemer, Der messianische Anspruch Jesu und die Anfänge der Christologie (WUNT 138), Tübingen 2001, 81–131 [Jesus].

–, Die Evangelienüberschriften, in: M. Hengel, Jesus und die Evangelien. Kleine Schriften V (WUNT 211), Tübingen 2007, 526–567 [Evangelienüberschriften].

Hentig, Hans von, Vom Ursprung der Henkersmahlzeit, Tübingen 1958 [Henkersmahlzeit].

Herrmann, Florian, Strategien der Todesdarstellung in der Markuspassion. Ein literaturgeschichtlicher Vergleich (NTOA 86), Göttingen 2010 [Strategien].

Herrmann-Otto, Elisabeth, Sklaverei und Freilassung in der griechisch-römischen Welt (Studienbücher Antike 15), Hildesheim 2009 [Sklaverei].

Herter, Hans, Art. Effeminatus, in: RAC IV (1959) 620–650 [Effeminatus].

Hickson, Frances V., Augustus *Triumphator*. Manipulation of the Triumphal Theme in the Political Program of Augustus, in: Latomus 50 (1991) 124–138 [Augustus].

Hickson Hahn, Frances, Triumphal Ambivalence. The Obscene Songs, in: D. Dutsch/A. Suter (Hg.), Ancient Obscenities. Their Nature and Use in the Ancient Greek and Roman Worlds, Ann Arbor (MI) 2015, 153–174 [Obscene Songs].

Hindermann, Judith, Der elegische Esel. Apuleius' *Metamorphosen* und Ovids *Ars Amatoria* (Studien zur klassischen Philologie 162), Frankfurt a. M. 2009 [Esel].

HIRSCH, ERIC DONALD, Validity in Interpretation, New Haven (CT) 1967 [Validity].

HOCK, ANDREAS, Christ is the Parade. A Comparative Study of the Triumphal Procession in 2 Cor 2,14 and Col 2,15, in: Bib. 88 (2007) 110–119 [Christ].

HÖCKER, CHRISTOPH, Art. Triumph- und Ehrenbogen, in: DNP XII/1 (2002) 838–846 [Triumph- und Ehrenbogen].

HOESCH, NICOLA, Art. Triumphalgemälde, in: DNP XII/1 (2002) 847f. [Triumphalgemälde].

HÖLKESKAMP, KARL-JOACHIM, Der Triumph – „erinnere Dich, daß Du ein Mensch bist“, in: E. Stein-Hölkeskamp/K.-J. Hölkeskamp (Hg.), Erinnerungsorte der Antike. Die römische Welt, München 2006, 258-276.745-747 [Triumph].

HÖLSCHER, TONIO, Römische Bildsprache als semantisches System. Vorgetragen am 16. Juni 1984 (AHAW.PH), Heidelberg 1987 [Bildsprache].

–, Provokation und Transgression als politischer Habitus in der späten römischen Republik, in: Mitteilungen des deutschen archäologischen Instituts. Römische Abteilung 111 (2004) 83–104 [Provokation].

–, The Transformation of Victory into Power. From Event to Structure, in: S. Dillon/K. E. Welch (Hg.), Representations of War in Ancient Rome, Cambridge (MA) 2006, 27–48 [Transformation].

HOFFMANN, PAUL, Studien zur Theologie der Logienquelle (NTA NF 8), Münster ^{2}1975 [Studien].

HOLLIDAY, PETER J., Roman Triumphal Painting. Its Function, Development, and Reception, in: ArtB 79 (1997) 130–147 [Triumphal Painting].

–, The Origins of Roman Historical Commemoration in the Visual Arts, Cambridge 2002 [Origins].

HOLLIS, ADRIAN S., Ovid: Ars Amatoria I, Oxford 1977 [Ovid].

HOLMBERG, ERIK J., Zur Geschichte des cursus publicus, Lund 1933 [Geschichte].

HOLTHUIS, SUSANNE, Intertextualität. Aspekte einer rezeptionsorientierten Konzeption (Stauffenberg Colloquium 28), Tübingen 1993 [Intertextualität].

HOLZBERG, NIKLAS, Publius Ovidius Naso: Liebeskunst. Ars Amatoria (Sammlung Tusculum), München ^{2}1988 [Liebeskunst].

–, Publius Ovidius Naso: Liebesgedichte. Amores (Sammlung Tusculum), Düsseldorf 1999 [Liebesgedichte].

HOOKER, MORNA D., Endings. Invitations to Discipleship, Peabody (MA) 2003 [Endings].

–, Beginnings and Endings, in: M. Bockmuehl/D. A. Hagner (Hg.), The Written Gospel, Cambridge 2005, 184–202 [Beginnings].

HORSLEY, RICHARD A., Hearing the Whole Story. The Politics of Plot in Mark's Gospel, Louisville (KY) 2001 [Story].

– (Hg.), Hidden Transcripts and the Arts of Resistance. Applying the Work of James C. Scott to Jesus and Paul (SBL.Semeia Studies 48), Atlanta (GA) 2004 [Transcripts].

– (Hg.), In the Shadow of Empire. Reclaiming the Bible as a History of Faithful Resistance, Louisville (KY) 2008 [Shadow].

HORST, PIETER WILLEM VAN DER, Musonius Rufus and the New Testament, in: NT 16 (1974) 306–315 [Musonius Rufus].

–, Can a Book end with *Γάρ*? A Note on Mark XVI. 8, in: P. W. van der Horst/G. Mussies, Studies on the Hellenistic Background of the New Testament (Utrechtse theologische reeks 10), Utrecht 1990, 100–102 [Book].

Hossfeld, Frank-Lothar/Zenger, Erich, Die Psalmen, Bd. I: Psalm 1–50 (NEB.AT 29), Würzburg 1993 [Psalmen].

– / –, Psalmen 101–150 (Herders Theologischer Kommentar zum Alten Testament), Freiburg i. Br. 2008 [Ps].

Hudson, Donald Foster, ὡς ἐξουσίαν ἔχων, in: ET 67 (1955/1956) 17 [ὡς ἐξουσίαν ἔχων].

Hünemörder, Christian, Art. Myrrhe, in: DNP VIII (2000) 602f. [Myrrhe].

Hurschmann, Rolf, Art. Diadema, in: DNP III (1997) 498f. [Diadema].

–, Art. Kranz, in: DNP VI (1999) 805–807 [Kranz].

–, Art. Tropaion, in: DNP XII/1 (2002) 872f. [Tropaion].

Incigneri, Brian J., The Gospel to the Romans. The Setting and Rhetoric of Mark's Gospel (Biblical Interpretation Series 65), Leiden 2003 [Gospel].

Innitzer, Theodor Kardinal, Kommentar zur Leidens- und Verklärungsgeschichte Jesu Christi (Kurzgefasster Kommentar zu den vier heiligen Evangelien V), Wien ^{4}1948 [Kommentar].

Iser, Wolfgang, Der implizite Leser. Kommunikationsformen des Romans von Bunyan bis Beckett (UTB 163), München ^{2}1979 [Leser].

–, Der Akt des Lesens. Theorie ästhetischer Wirkung (UTB 636), München ^{4}1994 [Akt].

Itgenshorst, Tanja, Augustus und der republikanische Triumph. Triumphalfasten und *summi-viri*-Galerie als Instrumente der imperialen Machtsicherung, in: Hermes 132 (2004) 436–458 [Augustus].

–, Tota illa pompa. Der Triumph in der römischen Republik. Mit einer CD-ROM: Katalog der Triumphe von 340 bis 19 vor Christus (Hyp. 161), Göttingen 2005 [Triumph].

–, Der Princeps triumphiert nicht. Vom Verschwinden des Siegesrituals in augusteischer Zeit, in: H. Krasser/D. Pausch/I. Petrovic (Hg.), Triplici invectus triumpho. Der römische Triumph in augusteischer Zeit (Potsdamer Altertumswissenschaftliche Beiträge 25), Stuttgart 2008, 27–53 [Princeps].

Iverson, Kelly R., A Further Word on Final Γάρ (Mark 16:8), in: CBQ 68 (2006) 79–94 [Word].

–, A Centurion's „Confession". A Performance-Critical Analysis of Mark 15:39, in: JBL 130 (2011) 329–350 [Analysis].

Jackson, Howard M., The Death of Jesus in Mark and the Miracle from the Cross, in: NTS 33 (1987) 16–37 [Death].

Jannidis, Fotis/Lauer, Gerhard/Martinez, Matias/Winko, Simone (Hg.), Rückkehr des Autors. Zur Erneuerung eines umstrittenen Begriffs (Studien und Texte zur Sozialgeschichte der Literatur 71), Tübingen 1999 [Rückkehr].

–/–/–/–, Rede über den Autor an die Gebildeten unter seinen Verächtern. Historische Modelle und systematische Perspektiven, in: F. Jannidis/G. Lauer/M. Martinez/S. Winko (Hg.), Rückkehr des Autors. Zur Erneuerung eines umstrittenen Begriffs (Studien und Texte zur Sozialgeschichte der Literatur 71), Tübingen 1999, 3–35 [Rede].

Janowski, Bernd, Das Leben für andere hingeben. Alttestamentliche Voraussetzungen für die Deutung des Todes Jesu, in: J. Frey/J. Schröter (Hg.), Deutungen des Todes Jesu im Neuen Testament (UTB 2953), Tübingen 2007, 97–118 [Leben].

Jaroš, Karl, Das Neue Testament und seine Autoren. Eine Einführung (UTB 3087), Köln 2008 [Autoren].

Jauss, Hans Robert, Literaturgeschichte als Provokation der Literaturwissenschaft (Konstanzer Universitätsreden 3), Konstanz ²1969 [Literaturgeschichte].

Jay, Jeff, The Tragic in Mark. A Literary-Historical Interpretation (HUTh 66), Tübingen 2014 [Tragic].

Jeremias, Joachim, Die Abendmahlsworte Jesu, Göttingen ⁴1967 [Abendmahlsworte].

–, Art. γραμματεύς, in: ThWNT I (1957) 740–742 [γραμματεύς].

Jochum-Bortfeld, Carsten, Die Verachteten stehen auf. Widersprüche und Gegenentwürfe des Markusevangeliums zu den Menschenbildern seiner Zeit (BWANT 178), Stuttgart 2008 [Widersprüche].

Johnson, Anne, Römische Kastelle des 1. und 2. Jahrhunderts n. Chr. in Britannien und in den germanischen Provinzen des Römerreiches (Kulturgeschichte der antiken Welt 37), Mainz 1987 [Kastelle].

Johnson, Earl S., Is Mark 15.39 the Key to Mark's Christology?, in: JSNT 31 (1987) 3–22 [Key].

–, Mark 15,39 and the So-Called Confession of the Roman Centurion, in: Bib. 81 (2000) 406–413 [Confession].

Jones, F. Stanley, An Early Aramaic Account of Jesus' Crucifixion, in: M. Janßen/F. S. Jones/J. Wehnert (Hg.), Frühes Christentum und Religionsgeschichtliche Schule (FS G. Lüdemann) (NTOA 95), Göttingen 2011, 53–62 [Account].

Jonge, Henk Jan de, Plight, Ethos and Theology in Mark, in: J. Flebbe/M. Konradt (Hg.), Ethos und Theologie im Neuen Testament (FS M. Wolter), Neukirchen-Vluyn 2016, 59–81 [Plight].

Jüthner, Julius, Art. Εἰσελαστικὸς ἀγών, in: PRE I/10 (1905) 2141 [Εἰσελαστικὸς ἀγών].

Kammler, Hans-Christian, Rez. zu J. Frey/U. Poplutz (Hg.), Narrativität und Theologie im Johannesevangelium (BThSt 130), Neukirchen-Vluyn 2012, in: ThLZ 139 (2014) 727–730 [Rez.].

Karrer, Martin, Der Gesalbte. Die Grundlagen des Christustitels (FRLANT 151), Göttingen 1990 [Gesalbte].

Keel, Othmar, *Minima methodica* und die Sonnengottheit von Jerusalem, in: I. J. de Hulster/R. Schmitt (Hg.), Iconography and Biblical Studies. Proceedings of the Iconography Sessions at the Joint EABS/SBL Conference, 22–26 July 2007, Vienna, Austria (AOAT 361), Münster 2009, 213–223 [Minima methodica].

Kehne, Peter, Augustus und ‚seine' *spolia opima*. Hoffnungen auf den Triumph des Nero Claudius Drusus?, in: T. Hantos/G. A. Lehmann (Hg.), Althistorisches Kolloquium aus Anlass des 70. Geburtstags von Jochen Bleicken. 29.–30. November 1996 in Göttingen, Stuttgart 1998, 187–211 [Augustus].

Kelhoffer, James A., Miracle and Mission. The Authentication of Missionaries and Their Message in the Longer Ending of Mark (WUNT II/112), Tübingen 2000 [Miracle].

–, The Witness of Eusebius' *ad Marinum* and Other Christian Writings to Text-Critical Debates Concerning the Original Conclusion to Mark's Gospel, in: ZNW 92 (2001) 78–112 [Witness].

–, „How Soon a Book" Revisited. ΕΥΑΓΓΕΛΙΟΝ as a Reference to „Gospel" Materials in the First Half of the Second Century, in: ZNW 95 (2004) 1–34 [Materials].

Keller, Andrea, Cicero und der gerechte Krieg. Eine ethisch-staatsphilosophische Untersuchung (Theologie und Frieden 43), Stuttgart 2012 [Cicero].

Kienast, Dietmar, Römische Kaisertabelle. Grundzüge einer römischen Kaiserchronologie, Darmstadt ^{2}1996 [Kaisertabelle].

Kim, Tae Hun, The Anarthrous υἱὸς θεοῦ in Mark 15,39 and the Roman Imperial Cult, in: Bib. 79 (1998) 221–241 [Cult].

King, C. E., Quadrantes from the River Tiber, in: NumC 7/15 (1975) 56–90 [Quadrantes].

Kinman, Brent, Jesus' ‚Triumphal Entry' in the Light of Pilate's, in: NTS 40 (1994) 442–448 [Entry].

Kircher, Karl, Die sakrale Bedeutung des Weines im Altertum (RVV 9), Gießen 1910 [Bedeutung].

Klaffenbach, Günther, Griechische Epigraphik (SAW 6), Göttingen 1957 [Epigraphik].

Klauck, Hans-Josef, Die religiöse Umwelt des Urchristentums, Bd. II: Herrscher- und Kaiserkult, Philosophie, Gnosis (KStTh 9,2), Stuttgart 1996 [Umwelt].

–, Vorspiel im Himmel? Erzähltechnik und Theologie im Markusprolog (BThSt 32); Neukirchen-Vluyn 1997 [Vorspiel].

–, Die antike Briefliteratur und das Neue Testament. Ein Lehr- und Arbeitsbuch (UTB 2022), Paderborn 1998 [Briefliteratur].

–, Die Kreuzesstrafe in der Antike und Jesu Tod am Kreuz, in: H.-J. Klauck, Vom Zauber des Anfangs. Biblische Besinnungen (Franziskanische Impulse 3), Werl 1999, 17–33 [Kreuzesstrafe].

–, Die kleinasiatischen Beichtinschriften und das Neue Testament, in: H.-J. Klauck, Religion und Gesellschaft im frühen Christentum. Neutestamentliche Studien (WUNT 152), Tübingen 2003, 57–81 [Beichtinschriften].

–, Heil ohne Heilung? Zur Metaphorik und Hermeneutik der Rede von Sünde und Vergebung im Neuen Testament, in: H.-J. Klauck, Religion und Gesellschaft im frühen Christentum. Neutestamentliche Studien (WUNT 152), Tübingen 2003, 82–115 [Heil].

–, Des Kaisers schöne Stimme. Herrscherkritik in Apg 12,20-23, in: H.-J. Klauck, Religion und Gesellschaft im frühen Christentum. Neutestamentliche Studien (WUNT 152), Tübingen 2003, 251–267 [Herrscherkritik].

–, Religionsgeschichte wider den Strich – ein Perspektivenwechsel?, in: M. Ebner/B. Heininger (Hg.), Paradigmen auf dem Prüfstand. Exegese wider den Strich (FS K. Müller) (NTA NF 47), Münster 2004, 117–140 [Religionsgeschichte].

–, „Ein Wort, das in die ganze Welt erschallt". Traditions- und Identitätsbildung durch Evangelien, in: F. W. Graf/K. Wiegandt (Hg.), Die Anfänge des Christentums (Forum für Verantwortung), Frankfurt a. M. 2009, 57–89 [Wort].

Klauser, Theodor, Art. Akklamation, in: RAC I (1950) 216–233 [Akklamation].

Klijn, Albertus Frederik Johannes, Scribes Pharisees Highpriests and Elders in the New Testament, in: NT 3 (1959) 259–267 [Scribes].

Klinghardt, Matthias, Gemeinschaftsmahl und Mahlgemeinschaft. Soziologie und Liturgie frühchristlicher Mahlfeiern (TANZ 13), Tübingen 1996 [Gemeinschaftsmahl].

–, Boot und Brot. Zur Komposition von Mk 3,7-8,21, in: BThZ 19 (2002) 183–202 [Boot].

–, Legionsschweine in Gerasa. Lokalkolorit und historischer Hintergrund von Mk 5,1-20, in: ZNW 98 (2007) 28–48 [Legionsschweine].

Kloppenborg, John S., *Evocatio Deorum* and the Date of Mark, in: JBL 124 (2005) 419–450 [Evocatio].

Klumbies, Paul-Gerhard, Der Mythos bei Markus (BZNW 108), Berlin 2001 [Mythos].

–, Die Verknüpfung von Auferweckungsbekenntnis und leerem Grab in Mk 16,1-8, in: P.-G. Klumbies, Von der Hinrichtung zur Himmelfahrt. Der Schluss der Jesuserzählung nach Markus und Lukas (BThSt 114), Neukirchen-Vluyn 2010, 106–128 [Auferweckungsbekenntnis].

Knox, Peter E., A Poet's Life, in: P. E. Knox (Hg.), A Companion to Ovid (Blackwell Companions to the Ancient World), Malden (MA) 2009, 3–7 [Life].

Köves-Zulauf, Thomas, Die Worte des Sklaven an den Triumphator, in: AuA 44 (1998) 78–96 [Worte].

Kollmann, Bernd, Brot und Fisch bis zum Abwinken (Die Speisung der Fünftausend). Mk 6,30-44 (ActJoh 93), in: R. Zimmermann u. a. (Hg.), Kompendium der frühchristlichen Wundererzählungen, Bd. 1: Die Wunder Jesu, Gütersloh 2013, 294–303 [Brot].

Konradt, Matthias, Matthäus und Markus. Überlegungen zur matthäischen Stellung zum Markusevangelium, in: P. v. Gemünden/D. G. Horrell/M. Küchler (Hg.), Jesus – Gestalt und Gestaltungen. Rezeptionen des Galiläers in Wissenschaft, Kirche und Gesellschaft (FS G. Theißen) (NTOA 100), Göttingen 2013, 211–235 [Matthäus].

–, Das Evangelium nach Matthäus (NTD 1), Göttingen 2015 [Mt].

Koskenniemi, Erkki/Nisula, Kirsi/Toppari, Jorma, Wine Mixed with Myrrh (Mark 15.23) and *Crurifragium* (John 19.31-32). Two Details of the Passion Narratives, in: JSNT 27 (2005) 379–391 [Wine].

Kraeling, Carl H., A Philological Note on Mark 16 8, in: JBL 44 (1925) 357f. [Note].

Kraft, Konrad, S(enatus) C(onsulto), in: JNG 12 (1962) 7–49 [Senatus Consulto].

Krasser, Helmut, *Ianus victor*. Ein Leitmotiv im ersten Fastenbuch Ovids, in: H. Krasser/D. Pausch/I. Petrovic (Hg.), Triplici invectus triumpho. Der römische Triumph in augusteischer Zeit (Potsdamer Altertumswissenschaftliche Beiträge 25), Stuttgart 2008, 265–284 [Leitmotiv].

Kraus, Hans-Joachim, Psalmen. I. Teilband (BK 15/1), Neukirchen-Vluyn ^{3}1966 [Psalmen].

Kreitzer, Larry J., Striking New Images. Roman Imperial Coinage and the New Testament World (JSNT.S 134), Sheffield 1996 [Coinage].

Krieger, David J./Belliger, Andréa, Einführung, in: A. Belliger/D. J. Krieger (Hg.), Ritualtheorien. Ein einführendes Handbuch, Wiesbaden ^{2}2003, 7–34 [Einführung].

Kübler, Bernhard, Art. Lictor, in: PRE I/25 (1926) 507–518 [Lictor].

KÜCHLER, MAX, Jerusalem. Ein Handbuch und Studienreiseführer zur Heiligen Stadt (OLB IV/2), Göttingen 2007 [Jerusalem].

–, „Aus seiner Fülle haben wir alle empfangen". Joh 1,16a als literarisches Pendant zum antiken Bildmotiv des überfließenden Füllhorns, in: A. Dettwiler/U. Poplutz (Hg.), Studien zu Matthäus und Johannes/Études sur Matthieu et Jean (FS J. Zumstein) (AThANT 97), Zürich 2009, 135–155 [Fülle].

–, Jesus von Nazaret und Schime'on ben Kosiba. Zwei „Könige der Juden" und ihre Sterne in Texten und auf Münzen, in: P. v. Gemünden/D. G. Horrell/M. Küchler (Hg.), Jesus – Gestalt und Gestaltungen. Rezeptionen des Galiläers in Wissenschaft, Kirche und Gesellschaft (FS G. Theißen) (NTOA 100), Göttingen 2013, 317–345 [Jesus].

–, Jerusalem. Ein Handbuch und Studienreiseführer zur Heiligen Stadt (OLB IV/2), Göttingen ^{2}2014 [Handbuch].

KÜGLER, JOACHIM, Paulus und der Duft des triumphierenden Christus. Zum kulturellen Basisbild von 2 Kor 2,14-16, in: R. Hoppe/U. Busse (Hg.), Von Jesus zum Christus (FS P. Hoffmann) (BZNW 93), Berlin 1998, 155–173 [Paulus].

–, Das Johannesevangelium, in: M. Ebner./S. Schreiber (Hg.), Einleitung in das Neue Testament (KStTh 6), Stuttgart 2008, 208–228 [Johannesevangelium].

KÜHN, WERNER, Plinius der Jüngere: Panegyrikus. Lobrede auf Kaiser Trajan (TzF 51), Darmstadt ^{2}2008 [Panegyrikus].

KUEN, GABRIELE, Die Philosophie als „dux vitae". Die Verknüpfung von Gehalt, Intention und Darstellungsweise im philosophischen Werk Senecas am Beispiel des Dialogs „De vita beata". Einleitung, Wortkommentar und systematische Darstellung (WKLGS), Heidelberg 1994 [Philosophie].

KÜNZL, ERNST, Der römische Triumph. Siegesfeiern im antiken Rom (Beck's Archäologische Bibliothek), München 1988 [Triumph].

KUHN, HEINZ-WOLFGANG, Die Kreuzesstrafe während der frühen Kaiserzeit. Ihre Wirklichkeit und Wertung in der Umwelt des Urchristentums, in: ANRW II/25.1 (1982) 648–793 [Kreuzesstrafe].

KUHN, THOMAS S., Die Struktur wissenschaftlicher Revolutionen, Frankfurt a. M. ^{24}2014 [Struktur].

KUNKEL, WOLFGANG/WITTMANN, ROLAND, Staatsordnung und Staatspraxis der Römischen Republik. 2. Die Magistratur (HAW X/3.2.2), München 1995 [Staatsordnung].

LAMPE, PETER, Die stadtrömischen Christen in den ersten beiden Jahrhunderten. Untersuchungen zur Sozialgeschichte (WUNT II/18), Tübingen ^{2}1989 [Christen].

–, Das korinthische Herrenmahl im Schnittpunkt hellenistisch-römischer Mahlpraxis und paulinischer Theologia Crucis (1 Kor 11,17-34), in: ZNW 82 (1991) 183–213 [Herrenmahl].

–, Juden und Christen in Rom. Sozialhistorische Aspekte, in: BiKi 65 (2010) 132–136 [Juden].

LAQUEUR, RICHARD, Über das Wesen des Römischen Triumphs, in: 44 (1909) 215–236 [Wesen].

LATTE, KURT, Römische Religionsgeschichte (HAW V/4), München 1960 [Religionsgeschichte].

LAU, MARKUS, Die *Legio X Fretensis* und der Besessene von Gerasa. Anmerkungen zur Zahlenangabe „ungefähr Zweitausend“ (Mk 5,13), in: Bib. 88 (2007) 351–364 [Legio].
–, Entlang des Weges gesät – doch nicht vergebens! Eine Notiz zu Mk 4,4 im Licht von Mk 10,46, in: BN 142 (2009) 99–103 [Notiz].
–, Rez. zu A. Winn, The Purpose of Mark's Gospel. An Early Christian Response to Roman Imperial Propaganda (WUNT II/245), Tübingen 2008, in: BZ NF 54 (2010) 133–135 [Rez.].
–, Rez. zu B. Mutschler, Die Verspottung des Königs der Juden. Jesu Verspottung in Jerusalem unter dem Blickwinkel einer parodierten Königsaudienz (BThSt 101), Neukirchen-Vluyn 2008, in: BZ NF 54 (2010) 137–140 [Rezension].
–, Blutige Hände. Beobachtungen zur Rezeption alttestamentlicher Motive in Mt 27,24f., in: Protokolle zur Bibel 21 (2012) 42–76 [Hände].
–, Fieberfrei auf dem Weg Jesu (Die Heilung der Schwiegermutter des Petrus). Mk 1,29-31 (Mt 8,14f.), in: R. Zimmermann u. a. (Hg.), Kompendium der frühchristlichen Wundererzählungen, Bd. 1: Die Wunder Jesu, Gütersloh 2013, 214–220 [Schwiegermutter].
–, „Wenn einer hinter mir nachfolgen will ...“ Konturen markinischer Jesusnachfolge, in: ThG 58 (2015) 2–15 [Jesusnachfolge].
–, Mit Lukas in das Jenseits blicken – oder: Reichtum ist gefährlich (Lk 16,19-31), in: C. Heil/R. Hoppe (Hg.), Menschenbilder – Gottesbilder. Die Gleichnisse Jesu verstehen, Ostfildern 2016, 217–244 [Jenseits].
–, Theologisches Katastrophenmanagement. Antike Deutungs- und Bewältigungsstrategien im Umfeld der Zerstörung des Jerusalemer Tempels 70 n. Chr. – ein Vergleich zwischen Flavius Josephus Bell VI, 4 Esra und der Münzprägung Bar Kochbas, in: SNTU 41 (2016) 41–62. [Katastrophenmanagement].
–, Die Witwe, das γαζοφυλάκιον und der Tempel. Beobachtungen zur mk Erzählung vom „Scherflein der Witwe“ (Mk 12,41-44), in: ZNW 107 (2016) 186–205 [Witwe].
–, In Stein gemeißelt (Wunderbare Bewahrung einer Inschrift). MirThecl 10, in: R. Zimmermann (Hg.), Kompendium der frühchristlichen Wundererzählungen. Bd. 2: Die Wunder der Apostel, Gütersloh 2017, 530–539 [Stein].
LEANDER, HANS, Discourses of Empire. The Gospel of Mark from a Postcolonial Perspective (SBL.Semeia Studies 71), Atlanta (GA) 2013 [Empire].
LE BOHEC, YANN, Art. Castra. A. Militärlager, in: DNP II (1997) 1022–1024 [Castra].
LEE, G. M., Mark XV 21. „The Father of Alexander and Rufus“, in: NT 17 (1975) 303 [Father].
LEHNEN, JOACHIM, Adventus principis. Untersuchungen zu Sinngehalt und Zeremoniell der Kaiserankunft in den Städten des Imperium Romanum (Prismata. Beiträge zur Altertumswissenschaft 7), Frankfurt a. M. 1997 [Adventus principis].
LEIDIG, TILMANN, SC auf kaiserzeitlichen Bronzemünzen, in: JNG 31/32 (1981/1982) 55–76.Tafel 20–23 [Bronzemünzen].
LEON, HARRY J., The Jews of Ancient Rome (The Morris Loeb Series), Philadelphia 1960 [Jews].
LEVICK, BARBARA, Vespasian, London 2005 [Vespasian].
LEVINE, LEE I., The Ancient Synagogue. The First Thousand Years, New Haven (CT) 2000 [Synagogue].

Libero, Loretana de, Art. Imperium, in: DNP V (1998) 955–958 [Imperium].

Lichtenberger, Achim u. a. (Hg.), Das Diadem der hellenistischen Herrscher. Übernahme, Transformation oder Neuschöpfung eines Herrschaftszeichens? Kolloquium vom 30.–31. Januar 2009 in Münster (EUROS. Münstersche Beiträge zu Numismatik und Ikonographie 1), Bonn 2012 [Diadem].

Lichtenberger, Hermann, Der Mythos von der Unzerstörbarkeit des Tempels, in: J. Hahn (Hg.), Zerstörungen des Jerusalemer Tempels. Geschehen – Wahrnehmung – Bewältigung (WUNT 147), Tübingen 2002, 92–107 [Mythos].

Liew, Tat-siong Benny, Re-Mark-able Masculinities. Jesus, the Son of Man, and the (Sad) Sum of Manhood?, in: S. D. Moore / J. Capel Anderson (Hg.), New Testament Masculinities (SBL.Semeia Studies 45), Atlanta (GA) 2003, 93–135 [Masculinities].

Lindemann, Andreas, Die Osterbotschaft des Markus. Zur theologischen Interpretation von Mark 16. 1–8, in: NTS 26 (1980) 298–317 [Osterbotschaft].

Linke, Angelika / Nussbaumer, Markus / Portmann, Paul R., Studienbuch Linguistik (Germanistische Linguistik 121), Tübingen [5]2004 [Studienbuch].

Linnemann, Eta, Der (wiedergefundene) Markusschluß, in: ZThK 66 (1969) 255–287 [Markusschluß].

Long, Anthony Arthur, Epictetus. A Stoic and Socratic Guide to Life, Oxford 2002 [Epictetus].

Love, Howard, Attributing Authorship. An Introduction, Cambridge 2002 [Authorship].

Lucarelli, Ute, Exemplarische Vergangenheit. Valerius Maximus und die Konstruktion des sozialen Raumes in der frühen Kaiserzeit (Hypomnemata 172), Göttingen 2007 [Vergangenheit].

Lücking, Stefan, Die Zerstörung des Tempels 70 n. Chr. als Krisenerfahrung der frühen Christen, in: J. Hahn (Hg.), Zerstörungen des Jerusalemer Tempels. Geschehen – Wahrnehmung – Bewältigung (WUNT 147), Tübingen 2002, 140–165 [Zerstörung].

Lührmann, Dieter, Die Pharisäer und die Schriftgelehrten im Markusevangelium, in: ZNW 78 (1987) 169–185 [Pharisäer].

Luther, Susanne, Sprachethik im Neuen Testament. Eine Analyse des frühchristlichen Diskurses im Matthäusevangelium, im Jakobusbrief und im 1. Petrusbrief (WUNT II/394), Tübingen 2015 [Sprachethik].

Luz, Ulrich (Hg.), Zankapfel Bibel. Eine Bibel – viele Zugänge. Ein theologisches Gespräch, herausgegeben im Auftrag der Theologischen Kommission der Schweizerischen Evangelischen Kirchenbundes, Zürich 1992 [Zankapfel].

–, Die Jesusgeschichte des Matthäus, Neukirchen-Vluyn 1993 [Jesusgeschichte].

–, Intertexts in the Gospel of Matthew, in: HThR 97 (2004) 119–137 [Intertexts].

Lyons, William John, The Hermeneutics of Fictional Black and Factual Red. The Markan Simon of Cyrene and the Quest for the Historical Jesus, in: Journal for the Study of the Historical Jesus 4 (2006) 139–154 [Hermeneutics].

Macholz, Christian, Das „Passivum divinum", seine Anfänge im Alten Testament und der „Hofstil", in: ZNW 81 (1990) 247–253 [Passivum divinum].

Magness, J. Lee, Sense and Absence. Structure and Suspension in the Ending of Mark's Gospel (SBL.Semeia Studies 15), Atlanta (GA) 1986 [Sense].

Majoros-Danowski, Johannes, Elija im Markusevangelium. Ein Buch im Kontext des Judentums (BWANT 180), Stuttgart 2008 [Elija].

Malitz, Jürgen, Nero (Beck Wissen 2105), München 1999 [Nero].

Mantovani, Mauro, *Bellum iustum*. Die Idee des gerechten Krieges in der römischen Kaiserzeit (GWZ 77), Bern 1990 [Bellum iustum].

Martin, Jochen, La Rome antique. Histoire et Civilisations, Paris 1994 [Rome].

Martinet, Hans, C. Suetonius Tranquillus: Die Kaiserviten = De vita Caesarum. Berühmte Männer (Sammlung Tusculum), Düsseldorf 1997 [Kaiserviten].

Martini, Wolfram, Raum und Ritual im römischen Triumph. Die Wegstrecke des Triumphzugs, in: H. Krasser/D. Pausch/I. Petrovic (Hg.), Triplici invectus triumpho. Der römische Triumph in augusteischer Zeit (Potsdamer Altertumswissenschaftliche Beiträge 25), Stuttgart 2008, 75–94 [Raum].

Marxsen, Willi, Einleitung in das Neue Testament. Eine Einführung in ihre Probleme, Gütersloh ^{3}1964 [Einleitung].

Matjaž, Maksimilijan, Furcht und Gotteserfahrung. Die Bedeutung des Furchtmotivs für die Christologie des Markus (fzb 91), Würzburg 1999 [Furcht].

Mau, August, Art. Diadema, in: PRE I/9 (1905) 303–305 [Diadema].

Mayordomo-Marín, Moisés, Den Anfang hören. Leserorientierte Evangelienexegese am Beispiel von Matthäus 1–2 (FRLANT 180), Göttingen 1998 [Anfang].

McKeown, James C., Ovid: Amores. Text, Prolegomena and Commentary, Bd. 2: A Commentary on Book One (Arca. Classical and Medieval Texts, Papers and Monographs 22), Liverpool 1989 [Ovid].

Meister, Jan B., Der Triumphator. Gewand und Insignien der Macht, in: LWL-Römermuseum, Haltern am See/R. Aßkamp/K. Jansen (Hg.), Triumph ohne Sieg. Roms Ende in Germanien (Zaberns Bildbände zur Archäologie), Darmstadt 2017, 72–80 [Triumphator].

Mell, Ulrich, Art. Ackerbau, in: www.wibilex.de (zuletzt abgerufen am 29.05.2018) [Ackerbau].

Merz, Annette, Die fiktive Selbstauslegung des Paulus. Intertextuelle Studien zur Intention und Rezeption der Pastoralbriefe (NTOA 52), Freiburg (Schweiz)/Göttingen 2004 [Selbstauslegung].

–, Wie verändert die Genderforschung die Frage nach dem historischen Jesus?, in: P. v. Gemünden/D. G. Horrell/M. Küchler (Hg.), Jesus – Gestalt und Gestaltungen. Rezeptionen des Galiläers in Wissenschaft, Kirche und Gesellschaft (FS G. Theißen) (NTOA 100), Göttingen 2013, 597–622 [Genderforschung].

Metzger, Bruce Martin, Der Text des Neuen Testaments. Einführung in die neutestamentliche Textkritik, Stuttgart 1966 [Text].

–, A Textual Commentary on the Greek New Testament. A Companion Volume to the United Bible Societies' Greek New Testament, London 1971 [Commentary].

Michel, Diethelm, „Warum" und „Wozu"? Eine bisher übersehene Eigentümlichkeit des Hebräischen und ihre Konsequenzen für das alttestamentliche Geschichtsverständnis, in: J. Hesse (Hg.), „Mitten im Tod – vom Leben umfangen" (Gedenkschrift W. Kohler) (SIGC 48). Frankfurt a. M. 1988, 191–210 [Eigentümlichkeit].

Michel, Dorothea, Alexander als Vorbild für Pompeius, Caesar und Marcus Antonius. Archäologische Untersuchungen (Latomus 94), Brüssel 1967 [Alexander].

Möllendorff, Peter von, Es war einmal … ein Becher des Nestor. Probleme von Intertextualität und Intermedialität am Beispiel des Skyphos von Ischia, in: U. Egelhaaf-Gaiser / D. Pausch / M. Rühl (Hg.), Kultur der Antike. Transdisziplinäres Arbeiten in den Altertumswissenschaften, Berlin 2011, 413–433 [Intertextualität].

Mohr, Till Arend, Markus- und Johannespassion. Redaktions- und traditionsgeschichtliche Untersuchung der Markinischen und Johanneischen Passionstradition (AThANT 70), Zürich 1982 [Johannespassion].

Montefiore, Hugh, Revolt in the Desert? (Mark VI. 30ff.), in: NTS 8 (1961/1962) 135–141 [Revolt].

Moore, Anne, Enigmatic Endings and Delayed Signs. The Ending of Mark's Gospel, in: J. H. Ellens (Hg.), Text and Community I (FS B. M. Metzger) (New Testament Monographs 19), Sheffield 2007, 103–120 [Endings].

Moresino-Zipper, Andrea, Die Judaea-Capta-Münze und das Motiv der Palme, in: G. Theißen u. a. (Hg.), Jerusalem und die Länder. Ikonographie – Topographie – Theologie (FS M. Küchler) (NTOA 70), Göttingen 2009, 57–72 [Palme].

Motyer, Stephen, The Rending of the Veil. A Markan Pentecost, in: NTS 33 (1987) 155–157 [Veil].

Muddiman, John, The Triumphal Entry and Cleansing of the Temple (Mark 11.1-17 and Parallels). A Jewish Festival Setting?, in: C. Tuckett (Hg.), Feasts and Festivals (Contributions to Biblical Exegesis and Theology), Leuven 2009, 77–84 [Entry].

Müller, Beate, Komische Intertextualität. Die literarische Parodie (Horizonte. Studien zu Texten und Ideen der europäischen Moderne 16), Trier 1994 [Parodie].

Müller, Peter, „Verstehst du auch, was du liest?". Lesen und Verstehen im Neuen Testament, Darmstadt 1994 [Lesen].

Müller, Wolfgang G., Interfigurality. A Study on the Interdependence of Literary Figures, in: H. F. Plett (Hg.), Intertextuality (Untersuchungen zur Texttheorie 15), Berlin 1991, 101–121 [Interfigurality].

Mutschler, Bernhard, Die Verspottung des Königs der Juden. Jesu Verspottung in Jerusalem unter dem Blickwinkel einer parodierten Königsaudienz (BThSt 101), Neukirchen-Vluyn 2008 [Verspottung].

Myers, Ched, Binding the Strong Man. A Political Reading of Mark's Story of Jesus, Maryknoll (NY) 2008 (Jubiläumsausgabe) [Strong Man].

Nelissen, Klaus, Eine neue Lesebrille für das Alte Testament? Intertextualität – Orientierungen für eine Lesart der Bibel in der Postmoderne, in: Orientierung 67 (2003) 195-200.206-210.223f. [Lesebrille].

Neudecker, Richard, Die Pracht der Latrine. Zum Wandel öffentlicher Bedürfnisanstalten in der kaiserzeitlichen Stadt (Studien zur antiken Stadt 1), München 1994 [Latrine].

Neumann, Gerhard, Rituale der Liebe, in: A. Michaels (Hg.), Die neue Kraft der Rituale, Heidelberg 2007, 45–65 [Rituale].

Nicklas, Rainer / Kügler, Joachim, Essig auf der „Klobürste" – Der Schwamm am Stock als Zeichen des Spotts. Kulturgeschichtliche Notiz zu *Mk 15,36 par. Mt 27,48 (Joh 19,29)*, in: BN 117 (2003) 27–32 [Essig].

O'Brien, Kelli S., The Use of Scripture in the Markan Passion Narrative (LNTS 384), Sheffield 2010 [Use].

Oeming, Manfred, Biblische Hermeneutik. Eine Einführung (Einführung Theologie), Darmstadt [3]2010 [Hermeneutik].

Östenberg, Ida, From Conquest to *Pax Romana*. The *Signa Recepta* and the End of the Triumphal *Fasti* in 19 BC, in: O. Hekster/S. Schmidt-Hofner/C. Witschel (Hg.), Ritual Dynamics and Religious Change in the Roman Empire. Proceedings of the Eighth Workshop of the International Network Impact of Empire (Heidelberg, July 5–7, 2007) (Impact of Empire 9), Leiden 2009, 53–75 [Conquest].

–, Staging the World. Spoils, Captives, and Representations in the Roman Triumphal Procession (Oxford Studies in Ancient Culture and Representation), Oxford 2009 [World].

–, *Titulis oppida capta leget*. The Role of the Written Placards in the Roman Triumphal Procession, in: MEFRA 121 (2009) 463–473 [Placards].

–, *Circum Metas Fertur*. An Alternative Reading of the Triumphal Route, in: Hist. 59 (2010) 303–320 [Route].

–, *Veni Vidi Vici* and Caesar's Triumph, in: CQ 63 (2013) 813–827 [Triumph].

–, Animals and Triumphs, in: G. L. Campbell (Hg.), The Oxford Handbook of Animals in Classical Thought and Life, Oxford 2014, 491–506 [Animals].

Olsson, Bror, Papyrusbriefe aus der frühesten Römerzeit, Uppsala 1925 [Papyrusbriefe].

Omerzu, Heike, Die Rezeption von Psalm 22 im Judentum zur Zeit des Zweiten Tempels, in: D. Sänger (Hg.), Psalm 22 und die Passionsgeschichten der Evangelien (BThSt 88), Neukirchen-Vluyn 2007, 33–76 [Rezeption].

–, Geschichte durch Geschichten. Zur Bedeutung jüdischer Traditionen für die Jesusdarstellung des Markusevangeliums, in: Early Christianity 2 (2011) 77–99 [Geschichte].

Oppitz, Michael, An den Rändern des Rituals, in: A. Michaels (Hg.), Die neue Kraft der Rituale, Heidelberg 2007, 261–290 [Rändern].

Ostermann, Siegfried, Lepton, Quadrans und Denar. Drei Münzen im Jerusalemer Tempel zur Zeit Jesu, in: G. Theißen u. a. (Hg.), Jerusalem und die Länder. Ikonographie – Topographie – Theologie (FS M. Küchler) (NTOA 70), Göttingen 2009, 39–56 [Lepton].

Ottley, Richard R., ἐφοβοῦντο γάρ Mark XVI 8, in: JThS 27 (1926) 407–409 [Mark].

Pabst, Angela, „... ageret faceret quaecumque e re publica censeret esse.“. Annäherungen an die lex de imperio Vespasiani, in: Festschrift Robert Werner (Xenia 22), Konstanz 1989, 125–148 [Annäherungen].

Paige, Terence, 1 Corinthians 12.2: A Pagan *Pompe*?, in: JSNT 44 (1991) 57–65 [Pompe].

Parker, David, The Sons of Thunder, in: S. E. Porter/P. Joyce/D. E. Orton (Hg.), Crossing the Boundaries. Essays in Biblical Interpretation in Honour of Michael D. Goulder (Biblical Interpretation Series 8), Leiden 1994, 141–147 [Sons].

Pascut, Benjamin, The So-Called *Passivum Divinum* in Mark's Gospel, in: NT 54 (2012) 313–333 [Passivum Divinum].

Pausch, Dennis, ‚*hi nostri reditus exspectatique triumphi?*‘. Die Heimkehr des Pallas zwischen *pompa funebris* und *pompa triumphalis* (Verg. *Aen*. 11,1-99), in: H. Krasser/D. Pausch/I. Petrovic (Hg.), Triplici invectus triumpho. Der römische Triumph in augusteischer Zeit (Potsdamer Altertumswissenschaftliche Beiträge 25), Stuttgart 2008, 239–264 [Heimkehr].

Payne, Robert, The Roman Triumph, London 1962 [Triumph].

Pekáry, Thomas, Untersuchungen zu den römischen Reichsstraßen (Ant. I/17), Bonn 1968 [Reichsstraßen].

Pelikan Pittenger, Miriam R., Contested Triumphs. Politics, Pageantry, and Performance in Livy's Republican Rome, Berkely (CA) 2008 [Triumphs].

Pellegrini, Silvia, Elija – Wegbereiter des Gotttessohnes. Eine textsemiotische Untersuchung im Markusevangelium (HBS 26), Freiburg i. Br. 2000 [Elija].

Peppard, Michael, The Son of God in the Roman World. Divine Sonship in Its Social and Political Context, Oxford 2011 [World].

Perri, Carmela, On Alluding, in: Poetics 7 (1978) 289–307 [Alluding].

Pesch, Rudolf/Kratz, Reinhard, So liest man synoptisch. Anleitung und Kommentar zum Studium der synoptischen Evangelien, Bd. 3: Wundergeschichten. Teilband 2: Rettungswunder, Geschenkwunder, Normenwunder, Fernheilungen, Frankfurt a. M. 1976 [Anleitung].

Petersen, Norman R., Die Zeitebenen im markinischen Erzählwerk. Vorgestellte und dargestellte Zeit, in: F. Hahn (Hg.), Die Erzähler des Evangeliums. Methodische Neuansätze in der Markusforschung (SBS 118/119), Stuttgart 1985, 93–135 [Zeitebenen].

Petersen, Silke, Die Evangelienüberschriften und die Entstehung des neutestamentlichen Kanons, in: ZNW 97 (2006) 250–274 [Evangelienüberschriften].

Petrovic, Ivana, Aitiologie des Triumphes. Die Hymnen von Kallimachos und Properz 4,6, in: H. Krasser/D. Pausch/I. Petrovic (Hg.), Triplici invectus triumpho. Der römische Triumph in augusteischer Zeit (Potsdamer Altertumswissenschaftliche Beiträge 25), Stuttgart 2008, 191–208 [Aitiologie].

Pfanner, Michael, Der Titusbogen (Beiträge zur Erschließung hellenistischer und kaiserzeitlicher Skulptur und Architektur 2), Mainz 1983 [Titusbogen].

Pfister, Manfred, Konzepte der Intertextualität, in: U. Broich/M. Pfister (Hg.), Intertextualität. Formen, Funktionen, anglistische Fallstudien (Konzepte der Sprach- und Literaturwissenschaft 35), Tübingen 1985, 1–30 [Konzepte].

Phillips, Jane E., Verbs Compounded with *Trans-* in Livy's Triumph Reports, in: CP 69 (1974) 54f. [Verbs].

Pickl, Josef, Messiaskönig Jesus in der Auffassung seiner Zeitgenossen, München 1935 [Messiaskönig].

Plett, Bettina, Die Kunst der Allusion. Formen literarischer Anspielungen in den Romanen Theodor Fontanes (Kölner Germanistische Studien 23), Köln 1986 [Allusion].

Plett, Heinrich F., Sprachliche Konstituenten einer intertextuellen Poetik, in: U. Broich/M. Pfister (Hg.), Intertextualität. Formen, Funktionen, anglistische Fallstudien (Konzepte der Sprach- und Literaturwissenschaft 35), Tübingen 1985, 78–98 [Poetik].

–, The Poetics of Quotation, in: J. S. Petöfi/T. Olivi (Hg.), Von der verbalen Konstitution zur symbolischen Bedeutung – From Verbal Constitution to Symbolic Meaning (Papiere zur Textlinguistik 62), Hamburg 1988, 313–334 [Poetics].

– (Hg.), Intertextuality (Untersuchungen zur Texttheorie 15), Berlin 1991 [Intertextuality].

Pohlmey, Emil, Der römische Triumph. Der Triumph im allgemeinen, der Triumph des Ämilius Paullus, Germanikus, Titus (Gymnasial-Bibliothek 4), Gütersloh 1891 [Triumph].

Pokorný, Petr, Das Markus-Evangelium. Literarische und theologische Einleitung mit Forschungsbericht, in: ANRW II 25/3 (1984) 1969–2035 [Markus-Evangelium].

Pollmann, Ines, Gesetzeskritische Motive im Judentum und die Gesetzeskritik des Paulus (NTOA 98), Göttingen 2012 [Motive].

Poplutz, Uta, Narrative Spannung und erzählte Welt. Anmerkungen zur Theorie des Plots und zur Plotting-Strategie im Matthäusevangelium, in: U. Poplutz, Erzählte Welt. Narratologische Studien zum Matthäusevangelium (BThSt 100), Neukirchen-Vluyn 2008, 1–56 [Spannung].

Porter, Stanley E., The Use of the Old Testament in the New Testament. A Brief Comment on Method and Terminology, in: C. A. Evans / J. A. Sanders (Hg.), Early Christian Interpretation of the Scriptures of Israel. Investigations and Proposals (JSNT.S 148/Studies in Scripture in Early Judaism and Christiantiy 5), Sheffield 1997, 79–96 [Use].

Prescendi, Francesca, Art. Fetiales, in: DNP IV (1998) 496f. [Fetiales].

Raccanelli, Renata, Esercizi di dono. Pragmatica e paradossi delle relazioni nel de beneficiis di Seneca (Letteratura classica 34), Palermo 2010 [Esercizi].

Rademacher, Anne, *Achtet auf das, was ihr hört!* (Mk 4,24). Das Markusevangelium als Lesebuch für Gemeinden (EThSt 98), Würzburg 2011 [Markusevangelium].

Reich, Ronny, The Roman Destruction of Jerusalem 70 CE. Flavius Josephus' Account and the Archaeological Record, in: G. Theißen u. a. (Hg.), Jerusalem und die Länder. Ikonographie – Topographie – Theologie (FS M. Küchler) (NTOA 70), Göttingen 2009, 117–132 [Destruction].

Reinach, Théodore, „Mon Nom est Legion", in: REJ 47 (1903) 172–178 [Nom].

Reinbold, Wolfgang, Der älteste Bericht über den Tod Jesu. Literarische Analyse und historische Kritik der Passionsdarstellungen der Evangelien (BZNW 69), Berlin 1994 [Bericht].

Reiser, Marius, Numismatik und Neues Testament, in: Bib. 81 (2000) 457–488 [Numismatik].

Rengstorf, Karl Heinrich, Die ΣΤΟΛΑΙ der Schriftgelehrten. Eine Erläuterung zu Mark. 12,38, in: O. Betz / M. Hengel / P. Schmidt (Hg.), Abraham unser Vater. Juden und Christen im Gespräch über die Bibel (FS O. Michel) (AGSU 5), Leiden 1963, 383–404 [ΣΤΟΛΑΙ].

Repschinski, Boris, Nicht aufzulösen, sondern zu erfüllen. Das jüdische Gesetz in den synoptischen Jesuserzählungen (fzb 120), Würzburg 2009 [Gesetz].

Rich, John W., Augustus and the spolia opima, in: Chiron 26 (1996) 85–127 [Augustus].

Rieble, Volker, Das Wissenschaftsplagiat. Vom Versagen eines Systems, Frankfurt a. M. 2010 [Wissenschaftsplagiat].

Riedo-Emmenegger, Christoph, Prophetisch-messianische Provokateure der Pax Romana. Jesus von Nazaret und andere Störenfriede im Konflikt mit dem Römischen Reich (NTOA 56), Freiburg (Schweiz)/Göttingen 2005 [Provokateure].

Ritter, Hans-Werner, Diadem und Königsherrschaft. Untersuchungen zu Zeremonien und Rechtsgrundlagen des Herrschaftsantritts bei den Persern, bei Alexander dem Großen und im Hellenismus (Vestigia. Beiträge zur Alten Geschichte 7), München 1965 [Königsherrschaft].

Robbins, Vernon K., Exploring the Texture of Texts. A Guide to Socio-Rhetorical Interpretation, Valley Forge (PA) 1996 [Texture].
Roh, Taesong, Die *familia dei* in den synoptischen Evangelien. Eine redaktions- und sozialgeschichtliche Untersuchung zu einem urchristlichen Bildfeld (NTOA 37), Freiburg (Schweiz)/Göttingen 2001 [familia dei].
Ronning, Christian, Stadteinzüge in der Zeit der römischen Republik. Die Zeremonie des *Adventus* und ihre politische Bedeutung, in: C. Ronning (Hg.), Einblicke in die Antike. Orte – Praktiken – Strukturen (Münchner Kontaktstudium Geschichte 9), München 2006, 57–86 [Stadteinzüge].
Rook, John T., Boanerges, Sons of Thunder (Mark 3:17), in: JBL 100 (1981) 94f. [Boanerges].
Rose, Christian, Theologie als Erzählung im Markusevangelium. Eine narratologisch-rezeptionsästhetische Untersuchung zu Mk 1,1-15 (WUNT II/236), Tübingen 2007 [Theologie].
Rosen, Ralph M./Sluiter, Ineke (Hg.), Andreia. Studies in Manliness and Courage in Classical Antiquity, Leiden 2003 [Andreia].
Rosenberg, Arthur, Art. Imperium, in: PRE I/18 (1916) 1201–1211 [Imperium].
Roskam, Hendrika Nicoline, The Purpose of the Gospel of Mark in its Historical and Social Context (NT.S 114), Leiden 2004 [Purpose].
Rüegger, Hans-Ulrich/Hämmig, Annelies, „Mein gott: varzuo hastu mich gelassen?". Philologische Annäherung an eine theologische Frage (Mk 15,34), in: ZNW 102 (2011) 40–58 [Annäherung].
Rüpke, Jörg, Domi militiae. Die religiöse Konstruktion des Krieges in Rom, Stuttgart 1990 [Domi militiae].
–, Die Religion der Römer. Eine Einführung, München 2001 [Religion].
–, Historische Religionswissenschaft. Eine Einführung (Religionswissenschaft heute 5), Stuttgart 2007 [Religionswissenschaft].
–, Neue Perspektiven auf alte Statuenrituale. Überlegungen zu *Res gestae Divi Augusti* 4, in: H. Krasser/D. Pausch/I. Petrovic (Hg.), Triplici invectus triumpho. Der römische Triumph in augusteischer Zeit (Potsdamer Altertumswissenschaftliche Beiträge 25), Stuttgart 2008, 11–26 [Statuenrituale].
Rüsen-Weinhold, Ulrich, Der Septuagintapsalter im Neuen Testament. Eine textgeschichtliche Untersuchung, Neukirchen-Vluyn 2004 [Septuagintapsalter].
Rusam, Dietrich, Das Alte Testament bei Lukas (BZNW 112), Berlin 2003 [Lukas].
Ryberg, Inez Scott, Rites of the State Religion in Roman Art (MAAR 22), Rom 1955 [Rites].
Sänger, Dieter (Hg.), Psalm 22 und die Passionsgeschichten der Evangelien (BThSt 88), Neukirchen-Vluyn 2007 [Psalm 22].
Salzer, Dorothea M., Die Magie der Anspielung. Form und Funktion der biblischen Anspielungen in den magischen Texten der Kairoer Geniza (TSAJ 134), Tübingen 2010 [Magie].
Samter, Ernst, Art. Fasces, in: PRE I/12 (1909) 2002–2006 [Fasces].
Samuelsson, Gunnar, Crucifixion in Antiquity. An Inquiry into the Background and Significance of the New Testament Terminology of Crucifixion (WUNT II/310), Tübingen 2011 [Crucifixion].
Sax, William S., Heilen Rituale?, in: A. Michaels (Hg.), Die neue Kraft der Rituale, Heidelberg 2007, 213–235 [Rituale].

Schäfer, Thomas, Ein frühkaiserzeitliches Relief mit *pompa triumphalis*, in: H. Krasser/D. Pausch/I. Petrovic (Hg.), Triplici invectus triumpho. Der römische Triumph in augusteischer Zeit (Potsdamer Altertumswissenschaftliche Beiträge 25), Stuttgart 2008, 137–154 [Relief].

–, Der Triumphzug. Realität und ikonographisches Narrativ, in: LWL-Römermuseum, Haltern am See/R. Aßkamp/K. Jansen (Hg.), Triumph ohne Sieg. Roms Ende in Germanien (Zaberns Bildbände zur Archäologie), Darmstadt 2017, 55–71 [Narrativ].

Schäfer-Schmitt, Julia, *candida victima* im tristen Tomis. Zur Funktionalisierung des Triumphmotivs in Ovids *Epistulae ex Ponto* 2,1, in: H. Krasser/D. Pausch/I. Petrovic (Hg.), Triplici invectus triumpho. Der römische Triumph in augusteischer Zeit (Potsdamer Altertumswissenschaftliche Beiträge 25), Stuttgart 2008, 285–304 [Funktionalisierung].

Schams, Christine, Jewish Scribes in the Second-Temple Period (JSOT.S 291), Sheffield 1998 [Scribes].

Schanz, Martin, Geschichte der römischen Literatur bis zum Gesetzgebungswerk des Kaisers Justinian, Bd. 1: Die römische Literatur in der Zeit der Republik (HAW VIII/1), München ^{4}1979 [Literatur].

Schapdick, Stefan, Der gebundene Starke (Mk 3,27) als markinisches Programm einer Umwertung der Werte, in: Bib. 95 (2014) 546–569 [Programm].

–, Feindschaft und Ehrenrettung. Zur Funktion der Erzählfigur des Josef von Arimathäa im Markusevangelium, in: BZ NF 59 (2015) 179–207 [Feindschaft].

Scheid, John, Art. Menschenopfer. III. Klassische Antike, in: DNP VII (1999) 1255–1258 [Menschenopfer].

Schenk, Wolfgang, Der Passionsbericht nach Markus. Untersuchungen zur Überlieferungsgeschichte der Passionstraditionen, Gütersloh 1974 [Passionsbericht].

Schenke, Ludger, Studien zur Passionsgeschichte des Markus. Tradition und Redaktion in Markus 14,1-42 (fzb 4), Würzburg 1971 [Studien].

–, Die Wundererzählungen des Markusevangeliums (SBB), Stuttgart 1974 [Wundererzählungen].

Scherer, Hildegard, Pompe und Bekenntnis. Zum Hintergrund von 1 Kor 12,1-3, in: BZ NF 55 (2011) 103–114 [Pompe].

Scheufele, Bertram, Frames – Framing – Framing-Effekte. Theoretische und methodische Grundlegung des Framing-Ansatzes sowie empirischer Befunde zur Nachrichtenproduktion (Studien zur Kommunikationswissenschaft), Wiesbaden 2003 [Frames].

Schimmel, Roland, Zum erfolgreichen Plagiat in zehn einfachen Schritten. Eine Anleitung, in: http://www.textundtext.de/wp-content/uploads/Zum_erfolgreichen_Plagiat....pdf (zuletzt abgerufen am 29.05.2018) [Plagiat].

Schinkel, Dirk, Kanzler oder Schriftführer? Apg 19,23-40 und das Amt des γραμματεύς in griechisch-römischen Vereinigungen, in: D. C. Bienert/J. Jeska/T. Witulski (Hg.), Paulus und die antike Welt. Beiträge zur zeit- und religionsgeschichtlichen Erforschung des paulinischen Christentums (FS D.-A. Koch) (FRLANT 222), Göttingen 2008, 136–149 [Kanzler].

Schipporeit, Sven T., Wege des Triumphes. Zum Verlauf der Triumphzüge im spätrepublikanischen und augusteischen Rom, in: H. Krasser/D. Pausch/I. Petrovic (Hg.), Triplici invectus triumpho. Der römische Triumph in augusteischer

Zeit (Potsdamer Altertumswissenschaftliche Beiträge 25), Stuttgart 2008, 95–136 [Wege].

Schittko, Martin Paul, Analogien als Argumentationstyp. Vom Paradeigma zur Similitudo (Hypomnemata 144), Göttingen 2003 [Analogien].

Schlink, Bernhard, Laudatio auf Ernst-Wolfgang Böckenförde zur Verleihung des Sigmund-Freud-Preises für wissenschaftliche Prosa 2012, in: https://www.deutscheakademie.de/de/auszeichnungen/sigmund-freud-preis/ernst-wolfgang-boeckenfoerde/laudatio (zuletzt abgerufen am 29.05.2018) [Laudatio].

Schmid, Konrad, Die Zerstörung Jerusalems und seines Tempels als Heilsparadox. Zur Zusammenführung von Geschichtstheologie und Anthropologie im Vierten Esrabuch, in: J. Hahn (Hg.), Zerstörungen des Jerusalemer Tempels. Geschehen – Wahrnehmung – Bewältigung (WUNT 147), Tübingen 2002, 183–206 [Zerstörung].

Schmidt, Karl Matthias, Der Friede von Caesarea. Apg 12,20-22 und die Krönung des armenischen Königs Tiridates, in: BZ NF 52 (2008) 110–117 [Friede].

–, Wege des Heils. Erzählstrukturen und Rezeptionskontexte des Markusevangeliums (NTOA 74), Göttingen 2010 [Wege].

Schmidt, Thomas E., Mark 15.16-32. The Crucifixion Narrative and the Roman Triumphal Procession, in: NTS 41 (1995) 1–18 [Narrative].

–, Jesus' Triumphal March to Crucifixion. The Sacred Way as Roman Procession, in: BiRe 13 (1997) 30–37 [March].

Schmithals, Walter, Der Markusschluß, die Verklärungsgeschichte und die Aussendung der Zwölf, in: ZThK 69 (1972) 379–411 [Markusschluß].

Schmitt, Armin, Entrückung – Aufnahme – Himmelfahrt. Untersuchungen zu einem Vorstellungsbereich im Alten Testament (fzb 10), Stuttgart 1973 [Entrückung].

Schmitz, Barbara, Prophetie und Königtum. Eine narratologisch-historische Methodologie entwickelt an den Königsbüchern (FAT 60), Tübingen 2008 [Prophetie].

Schmitz, Thomas A., Moderne Literaturtheorie und antike Texte. Eine Einführung, Darmstadt 2002 [Literaturtheorie].

Schneider, Carl, Art. ῥάβδος, ῥαβδίζω, ῥαβδοῦχος, in: ThWNT VI (1959) 966–972 [ῥάβδος].

Schneider, Helmuth, Nero, in: M. Clauss (Hg.), Die römischen Kaiser. 55 historische Portraits von Caesar bis Iustinian, München ²2001, 77–86 [Nero].

Schneider, Karl, Art. purpura, in: PRE I/46 (1959) 2000–2020 [Purpura].

Schnelle, Udo, Einleitung in das Neue Testament (UTB 1830), Göttingen ⁴2002 [Einleitung].

–, Das frühe Christentum und die Bildung, in: NTS 61 (2015) 113–143 [Christentum].

Scholtissek, Klaus, Die Vollmacht Jesu. Traditions- und redaktionsgeschichtliche Analysen zu einem Leitmotiv markinischer Christologie (NTA NF 25), Münster 1992 [Vollmacht Jesu].

–, Vollmacht im Alten Testament und Judentum. Begriffs- und motivgeschichtliche Studien zu einem bibeltheologischen Thema (mit einem Ausblick auf das Neue Testament) (PaThSt 24), Paderborn 1993 [Vollmacht].

Schottroff, Luise, Maria Magdalena und die Frauen am Grabe Jesu, in: L. Schottroff, Befreiungserfahrungen. Studien zur Sozialgeschichte des Neuen Testaments (TB 82), München 1990, 134–159 [Maria Magdalena].

Schramm, Christian, Alltagsexegesen. Sinnkonstruktion und Textverstehen in alltäglichen Kontexten (SBB 61), Stuttgart 2008 [Alltagsexegesen].

Schreiber, Stefan, Gesalbter und König. Titel und Konzeptionen der königlichen Gesalbtenerwartung in frühjüdischen und urchristlichen Schriften (BZNW 105), Berlin 2000 [Gesalbter].

–, Caesar oder Gott (Mk 12,17)? Zur Theoriebildung im Umgang mit politischen Texten des Neuen Testaments, in: BZ NF 48 (2004) 65–85 [Caesar].

–, Begleiter durch das Neue Testament, Düsseldorf 2006 [Begleiter].

–, Der Text des Neuen Testaments, in: M. Ebner./S. Schreiber (Hg.), Einleitung in das Neue Testament (KStTh 6), Stuttgart 2008, 53–66 [Text].

–, Der Römerbrief, in: M. Ebner./S. Schreiber (Hg.), Einleitung in das Neue Testament (KStTh 6), Stuttgart 2008, 277–302 [Römerbrief].

–, Weihnachtspolitik. Lukas 1–2 und das Goldene Zeitalter NTOA 82), Göttingen 2009 [Weihnachtspolitik].

–, Paulus als Kritiker Roms? Politische Herrschaftsdiskurse in den Paulusbriefen, in: ThGl 101 (2011) 338–359 [Paulus].

–, Die Anfänge der Christologie. Deutungen Jesu im Neuen Testament, Neukirchen-Vluyn 2015 [Christologie].

Schubert, Christoph, Studien zum Nerobild in der lateinischen Dichtung der Antike (BzA 116), Stuttgart 1998 [Nerobild].

Schürer, Emil, Die Gemeindeverfassung der Juden in Rom in der Kaiserzeit. Nach den Inschriften dargestellt, Leipzig 1879 [Gemeindeverfassung].

–, Geschichte des jüdischen Volkes im Zeitalter Jesu Christi. II. Die inneren Zustände, Leipzig 1907 (ND Hildesheim 1970) [Geschichte].

Schumacher, Leonhard, Sklaverei in der Antike. Alltag und Schicksal der Unfreien (Beck's Archäologische Bibliothek), München 2001 [Sklaverei].

Schumacher, Thomas, Zur narrativen Funktion der Taufe Jesu im Markusevangelium, in: S. Luther/J. Röder/E. D. Schmidt (Hg.), Wie Geschichten Geschichte schreiben. Frühchristliche Literatur zwischen Faktualität und Fiktionalität (WUNT II/395), Tübingen 2015, 155–179 [Funktion].

Schweizer, Eduard, Jesus Christus im vielfältigen Zeugnis des Neuen Testaments (GTBS 126), München 1968 [Jesus Christus].

Schwier, Helmut, Tempel und Tempelzerstörung. Untersuchung zu den theologischen und ideologischen Faktoren im ersten jüdisch-römischen Krieg (66–74 n. Chr.) (NTOA 11), Freiburg (Schweiz)/Göttingen 1989 [Tempel].

Schwindt, Rainer, Erschütterung statt Freude. Zum Schluss des Markusevangeliums (Mk 16,8), in: TThZ 117 (2008) 56–79 [Erschütterung].

Scott, James C., Domination and the Arts of Resistance. Hidden Transcripts, New Haven (CT) 1990 [Domination].

Seelentag, Gunnar, Kinder statt Legionen: Die Vorbereitung der Nachfolge Vespasians. Der Befund der Münzen und methodische Bemerkungen zum Umgang mit den literarischen Quellen, in: N. Kramer/C. Reitz (Hg.), Tradition und Erneuerung. Mediale Strategien in der Zeit der Flavier (BzA 285), Berlin 2010, 167–190 [Kinder].

Seer, Marcel, Die Suche nach Golgota, in: Welt und Umwelt der Bibel 75/20 (2015) 61–64 [Golgota].
Shae, Gam Sen, The Question on the Authority of Jesus, in: NT 16 (1974) 1–29 [Question].
Shepherd, Thomas R., Narrative Analysis as a Text Critical Tool. Mark 16 in Codex W as a Test Case, in: JSNT 32 (2009) 77–98 [Analysis].
Shepherd, Tom, Markan Sandwich Stories. Narration, Definition, and Function (Andrews University Seminary Doctoral Dissertation Series 18), Berrien Springs (MI) 1993 [Sandwich Stories].
Shiner, Whitney, T., The Ambiguous Pronouncement of the Centurion and the Shrouding of Meaning in Mark, in: JSNT 78 (2000) 3–22 [Pronouncement].
Siebert, Anne Viola, Instrumenta Sacra. Untersuchungen zu römischen Opfer-, Kult- und Priestergeräten (RVV 44), Berlin 1999 [Instrumenta].
Sim, David C., The Gospels for All Christians? A Response to Richard Bauckham, in: JSNT 84 (2001) 3–27 [Gospels].
Smit, Peter-Ben, Fellowship and Food in the Kingdom. Eschatological Meals and Scenes of Utopian Abundance in the New Testament (WUNT II/234), Tübingen 2008 [Fellowship].
–, Eine neutestamentliche Geburtstagsfeier und die Charakterisierung des „Königs" Herodes Antipas (Mk 6,21-29), in: BZ NF 53 (2009) 29–46 [Geburtstagsfeier].
Söding, Thomas, Für euch – für viele – für alle. Für wen feiert die Kirche Eucharistie?, in: M. Striet (Hg.), Gestorben für wen? Zur Diskussion um das „pro multis" (Theologie kontrovers), Freiburg i. Br. 2007, 17–27 [Kirche].
–, Der König am Kreuz. Politik und Religion in der Passionsgeschichte, in: M. Bär/M.-L. Hermann/T. Söding (Hg.), König und Priester. Facetten neutestamentlicher Christologie (FS C.-P. März) (EThS 44), Würzburg 2012, 89–120 [König].
Sommer, Urs, Die Passionsgeschichte des Markusevangeliums. Überlegungen zur Bedeutung der Geschichte für den Glauben (WUNT II/58), Tübingen 1993 [Passionsgeschichte].
Spalinger, Anthony/Armstrong, Jeremy (Hg.), Rituals of Triumph in the Mediterranean World (Culture and History of the Ancient Near East 63), Leiden 2013 [Rituals of Triumph].
Spannagel, Martin. Exemplaria principis. Untersuchungen zu Entstehung und Ausstattung des Augustusforums (Archäologie und Geschichte 9), Heidelberg 1999 [Exemplaria].
Sperber, Daniel, Mark xii 42 and its Metrological Background. A Study in Ancient Syriac Versions, in: NT 9 (1967) 178–190 [Background].
Stadler, Hermann, Art. Essig, in: PRE I/11 (1907) 689–692 [Essig].
Stärk, Ekkehard, Politische Anspielungen in der römischen Tragödie und der Einfluß der Schauspieler, in: G. Manuwald (Hg.), Identität und Alterität in der frührömischen Tragödie (Identitäten und Alteritäten 3), Würzburg 2000, 123–133 [Anspielungen].
Standhartinger, Angela, „Und alle aßen und wurden satt" (Mk 6,42 par.). Die Speisungserzählungen im Kontext römisch-hellenistischer Festkulturen, in: BZ NF 57 (2013) 60–81 [Speisungserzählungen].
–, Aus der Welt eines Gefangenen. Die Kommunikationsstruktur der Philipperbriefs im Spiegel seiner Abfassungssituation, in: NT 55 (2013) 140–167 [Welt].

Stanzel, Jürgen, Art. Anspielung, in: Reallexikon der Deutschen Literaturwissenschaft I (2007) 93–96 [Anspielung].

Starbatty, Angelika, Aussehen ist Ansichtssache. Kleidung in der Kommunikation der römischen Antike (Münchner Studien zur Alten Welt 7), München 2010 [Aussehen].

Stegemann, Wolfgang, Hat Jesus die Speisegesetze der Tora aufgehoben? Zur neuesten kontroversen Einschätzung der traditionellen Deutung des sog. „Reinheitslogions" von Mk 7,15, in: P. v. Gemünden/D. G. Horrell/M. Küchler (Hg.), Jesus – Gestalt und Gestaltungen. Rezeptionen des Galiläers in Wissenschaft, Kirche und Gesellschaft (FS G. Theißen) (NTOA 100), Göttingen 2013, 29–50 [Speisegesetze].

Steudel, Marion, Die Literaturparodie in Ovids *Ars Amatoria* (AWTS 25), Hildesheim 1992 [Literaturparodie].

Stocker, Peter, Theorie der intertextuellen Lektüre. Modelle und Fallstudien (Explicatio), Paderborn 1998 [Theorie].

Stöckl Ben Ezra, Daniel, Art. Markus-Evangelium, in: RAC XXIV (2010) 173–207 [Markus-Evangelium].

Stollberg-Rilinger, Barbara, Rituale (Historische Einführungen 16), Frankfurt a. M. 2013 [Rituale].

Strack, Hermann L./Billerbeck, Paul, Kommentar zum Neuen Testament aus Talmud und Midrasch, Bd. IV/2: Exkurse zu einzelnen Stellen des Neuen Testaments. Abhandlungen zur neutestamentlichen Theologie und Archäologie, München ^{4}1965 [Kommentar].

Strecker, Christian, Die liminale Theologie des Paulus. Zugänge zur paulinischen Theologie aus kulturanthropologischer Perspektive (FRLANT 185), Göttingen 1999 [Theologie].

Strelan, Rick, A Greater than Caesar. Storm Stories in Lucan and Mark, in: ZNW 91 (2000) 166–179 [Caesar].

Strotmann, Angelika, Der markinische Petrus im Kontext des antiken Männlichkeitskonzepts. Ein Charakter in Entwicklung, in: BiKi 63 (2008) 156–161 [Petrus].

Struthers Malbon, Elizabeth, Mark's Jesus. Characterization as Narrative Christology, Waco (TX) 2009 [Christology].

Studenovský, Zbyněk, „Dort werdet ihr ihn sehen" (Mk 16,7). Der Weg Jesu nach Galiläa bei Johannes und Markus, in: J. Frey/U. Schnelle (Hg.), Kontexte des Johannesevangeliums. Das vierte Evangelium in religions- und traditionsgeschichtlicher Perspektive (WUNT 175), Tübingen 2004, 517–558 [Weg].

Suhl, Alfred, Die Funktion der alttestamentlichen Zitate und Anspielungen im Markusevangelium, Gütersloh 1965 [Zitate].

Sumi, Geoffrey S., Art. Triumph, in: The Oxford Encyclopedia of Ancient Greece and Rome VII (2010) 121–124 [Triumph].

Tatum, W. Barnes, Jesus' So-Called Triumphal Entry. On Making an Ass of the Romans, in: Foundations and Facets Forum. New Series 1 (1998) 129–143 [Entry].

Telford, William R., The Theology of the Gospel of Mark (New Testament Theology), Cambridge 2003 (Reprint) [Theology].

Theisen, Ulrike, ‚Princeps triumphans' oder der gebaute Triumph des iulisch-claudischen Kaiserhauses in Rom, Pompeji und Mérida, in: H. Krasser/D. Pausch/

I. Petrovic (Hg.), Triplici invectus triumpho. Der römische Triumph in augusteischer Zeit (Potsdamer Altertumswissenschaftliche Beiträge 25), Stuttgart 2008, 155–167 [Triumph].

Theissen, Gerd, Wanderradikalismus. Literatursoziologische Aspekte der Überlieferung von Worten Jesu im Urchristentum, in: G. Theißen, Studien zur Soziologie des Urchristentums (WUNT 19), Tübingen 1979, 79–105 [Wanderradikalismus].

–, Lokalkolorit und Zeitgeschichte in den Evangelien. Ein Beitrag zur Geschichte der synoptischen Tradition, Freiburg (Schweiz)/Göttingen ²1992 [Lokalkolorit].

–, Urchristliche Wundergeschichten. Ein Beitrag zur formgeschichtlichen Erforschung der synoptischen Evangelien, Gütersloh ⁷1998 [Wundergeschichten].

–, Auferstehungsbotschaft und Zeitgeschichte. Über einige politische Anspielungen im ersten Kapitel des Römerbriefs, in: S. Bieberstein/D. Kosch (Hg.), Auferstehung hat einen Namen. Biblische Anstöße zum Christsein heute (FS H.-J. Venetz), Luzern 1998, 59–68 [Auferstehungsbotschaft].

– /Merz, Annette, Der historische Jesus. Ein Lehrbuch, Göttingen ⁴2011 [Jesus].

–, Evangelienschreibung und Gemeindeleitung. Pragmatische Motive bei der Abfassung des Markusevangeliums, in: B. Kollmann/W. Reinbold/A. Steudel (Hg.), Antikes Judentum und Frühes Christentum (FS H. Stegemann) (BZNW 97), Berlin 1999, 389–414 [Evangelienschreibung].

–, Das Neue Testament (Beck Wissen 2192), München 2002 [Testament].

–, Die Religion der ersten Christen. Eine Theorie des Urchristentums, Gütersloh ³2003 [Religion].

–, Jesus und die symbolpolitischen Konflikte seiner Zeit. Sozialgeschichtliche Aspekte der Jesusforschung, in: G. Theißen, Jesus als historische Gestalt. Beiträge zur Jesusforschung. Zum 60. Geburtstag von Gerd Theißen herausgegeben von Annette Merz (FRLANT 202), Göttingen 2003, 169–193 [Konflikte].

–, Sakralmahl und sakramentales Geschehen. Abstufungen in der Ritualdynamik des Abendmahls, in: M. Ebner (Hg.), Herrenmahl und Gruppenidentität (QD 221), Freiburg i. Br. 2007, 166–186 [Sakralmahl].

–, Rituale des Glaubens. Religiöse Rituale im Lichte akademischer Riten, in: A. Michaels (Hg.), Die neue Kraft der Rituale, Heidelberg 2007, 11–44 [Rituale].

–, Die Entstehung des Neuen Testaments als literaturgeschichtliches Problem. Vorgetragen am 27.11.2004 (Schriften der Philosophisch-historischen Klasse der Heidelberger Akademie der Wissenschaften 40), Heidelberg 2007 [Entstehung].

–, Die Bedeutung der Tempelprophetie Jesu für die ersten Christen. Die Wirkungsgeschichte der Tempelprophetie im 1. Jh. n. Chr., in: G. Theißen u. a. (Hg.), Jerusalem und die Länder. Ikonographie – Topographie – Theologie (FS M. Küchler) (NTOA 70), Göttingen 2009, 149–201 [Bedeutung].

–, Kritik an Paulus im Matthäusevangelium? Von der Kunst verdeckter Polemik im Urchristentum, in: O. Wischmeyer/L. Scornaienchi (Hg.), Polemik in der frühchristlichen Literatur. Texte und Kontexte (BZNW 170), Berlin 2011, 465–490 [Kritik].

–, Das Geheimnis des Gottessohnes. Monotheismus und Christologie im Markusevangelium, in: M. Bär/M.-L. Hermann/T. Söding (Hg.), König und Priester. Facetten neutestamentlicher Christologie (FS C.-P. März) (EThS 44), Würzburg 2012, 63–72 [Geheimnis].

THEMANN-STEINKE, Andrea. Valerius Maximus. Ein Kommentar zum Zweiten Buch der *Facta et Dicta memorabilia* (Bochumer Altertumswissenschaftliches Colloquium 77), Trier 2008 [Valerius Maximus].

THOMAS, DAVID ANDREW, Revelation 19 in Historical and Mythological Context, New York (NY) 2008 [Context].

THRALL, MARGARET E., Greek Particles in the New Testament. Linguistic and Exegetical Studies (NTTS 3), Leiden 1962 [Particles].

THURMANN, ERIC, Looking for a Few Good Men. Mark and Masculinity, in: S. D. Moore/J. Capel Anderson (Hg.), New Testament Masculinities (SBL.Semeia Studies 45), Atlanta (GA) 2003, 137–161 [Mark].

–, Novel Men. Masculinity and Empire in Mark's Gospel and Xenophon's *An Ephesian Tale*, in: T. Penner/C. Vander Stichele (Hg.), Mapping Gender in Ancient Religious Discourses (Biblical Interpretation Series 84), Leiden 2007, 185–229 [Men].

TISCHER, UTE, Die zeitgeschichtliche Anspielung in der antiken Literaturerklärung (Leipziger Studien zur klassischen Philologie 3), Tübingen 2006 [Anspielung].

TRILLING, WOLFGANG, Der zweite Brief an die Thessalonicher (EKK XIV), Zürich/Neukirchen-Vluyn 1980 [2 Thess].

TROBISCH, DAVID, Die Endredaktion des Neuen Testaments. Eine Untersuchung zur Entstehung der christlichen Bibel (NTOA 31), Freiburg (Schweiz)/Göttingen 1996 [Endredaktion].

TUVAL, MICHAEL, From Jerusalem Priest to Roman Jew. On Josephus and the Paradigms of Ancient Judaism (WUNT II/357), Tübingen 2013 [Priest].

UEBERSCHAER, NADINE, Mit allen Sinnen leben! (Die Heilung eines Taubstummen). Mk 7,31-37, in: R. Zimmermann u. a. (Hg.), Kompendium der frühchristlichen Wundererzählungen, Bd. 1: Die Wunder Jesu, Gütersloh 2013, 323–331 [Heilung].

ULANSEY, DAVID, The Heavenly Veil Torn. Mark's Cosmic Inclusio, in: JBL 110 (1991) 123–125 [Veil].

URENA, LOURDES GARCÍA, Colour Adjectives in the New Testament, in: NTS 61 (2015) 219–238 [Adjectives].

VERSNEL, HENDRIK SIMON, Triumphus. An Inquiry into the Origin, Development and Meaning of the Roman Triumph, Leiden 1970 [Triumphus].

–, Making Sense of Jesus' Death. The Pagan Contribution, in: J. Frey/J. Schröter (Hg.), Deutungen des Todes Jesu im Neuen Testament (UTB 2953), Tübingen 2007, 213–294 [Sense].

VIELHAUER, PHILIPP, Geschichte der urchristlichen Literatur. Einleitung in das Neue Testament, die Apokryphen und die Apostolischen Väter (de Gruyter Lehrbuch), Berlin 1975 [Geschichte].

VOSS, JENS, Die Menora. Gestalt und Funktion des Leuchters im Tempel zu Jerusalem (OBO 128), Freiburg (Schweiz)/Göttingen 1993 [Menora].

WALLISCH, ERNST, Die Opfer der römischen Triumphe, Diss. masch. Tübingen 1951 [Opfer] [NB: Die Seitenzählung der Ausgabe der Universität Bern weicht von der Originalausgabe ab].

WALTER, UWE, Kalender, Fasten und Annalen – die Ordnung der Erinnerung, in: E. Stein-Hölkeskamp/K.-J. Hölkeskamp (Hg.), Erinnerungsorte der Antike. Die römische Welt, München 2006, 40-58.729-731 [Kalender].

Watson, Patricia, *Praecepta Amoris*. Ovid's Didactic Elegy, in: B. W. Boyd (Hg.), Brill's Companion to Ovid, Leiden 2002, 141–165 [Elegy].

Wefald, Eric K., The Separate Gentile Mission in Mark. A Narrative Explanation of Markan Geography, the Two Feeding Accounts and Exorcisms, in: JSNT 60 (1995) 3–26 [Mission].

Weihs, Alexander, Die Deutung des Todes Jesu im Markusevangelium. Eine exegetische Studie zu den Leidens- und Auferstehungsansagen (fzb 99), Würzburg 2003 [Deutung].

Weileder, Andreas, Valerius Maximus. Spiegel kaiserlicher Selbstdarstellung (Münchener Arbeiten zur Alten Geschichte 12), München 1998 [Valerius Maximus].

Weinlich, Barbara, Ovids Amores. Gedichtfolge und Handlungsablauf (BzA 128), Stuttgart 1999 [Amores].

Weiser, Wolfgang/Cotton, Hannah M., „Gebt dem Kaiser, was des Kaisers ist…“ Die Geldwährungen der Griechen, Juden, Nabatäer und Römer im syrisch-nabatäischen Raum unter besonderer Berücksichtigung des Kurses von Selaʿ/Melaina und Lepton nach der Annexion des Königreiches der Nabatäer durch Rom, in: ZPE 114 (1996) 237–287 [Geldwährung].

Weissenrieder, Annette, The Crown of Thorns. Iconographic Approaches and the New Testament, in: I. J. de Hulster/R. Schmitt (Hg.), Iconography and Biblical Studies. Proceedings of the Iconography Sessions at the Joint EABS/SBL Conference, 22–26 July 2007, Vienna, Austria (AOAT 361), Münster 2009, 113–138 [Crown].

Wengst, Klaus, Pax Romana. Anspruch und Wirklichkeit. Erfahrungen und Wahrnehmungen des Friedens bei Jesus und im Urchristentum, München 1986 [Pax Romana].

–, Ostern – Ein wirkliches Gleichnis, eine wahre Geschichte. Zum neutestamentlichen Zeugnis von der Auferweckung Jesu (KT 97), München 1991 [Ostern].

Werbick, Jürgen, Den Glauben verantworten. Eine Fundamentaltheologie, Freiburg i. Br. 2000 [Glauben].

Wetz, Christian, Eros und Bekehrung. Anthropologische und religionsgeschichtliche Untersuchungen zu „Joseph und Aseneth“ (NTOA 87), Göttingen 2010 [Eros].

Wickert, Lothar, Art Princeps (civitatis), in: PRE I/44 (1954) 1998–2296 [Princeps].

Wiemer, Hans-Ulrich, Akklamationen im spätrömischen Reich. Zur Typologie und Funktion eines Kommunikationsrituals, in: AKuG 86 (2004) 27–73 [Akklamationen].

–, Voces populi. Akklamationen als Surrogat politischer Partizipation, in: E. Flaig (Hg.), Genesis und Dynamiken der Mehrheitsentscheidung (Schriften des Historischen Kollegs. Kolloquien 85), München 2013, 173–202 [Surrogat].

Wiesehöfer, Josef, Art. Proskynesis, in: DNP X (2001) 443f. [Proskynesis].

Williams, Joel F., Other Followers of Jesus. Minor Characters as Major Figures in Mark's Gospel (JSNT.S 102), Sheffield 1994 [Followers].

Willi-Plein, Ina, Haggai, Sacharja, Maleachi (ZBK 24,4), Zürich 2007 [Sach].

–, Deuterosacharja (BK XIV/7.2.1), Neukirchen-Vluyn 2014 [Deuterosacharja].

Winn, Adam, The Purpose of Mark's Gospel. An Early Christian Response to Roman Imperial Propaganda (WUNT II/245), Tübingen 2008 [Purpose].

–, Tyrant or Servant? Roman Political Ideology and Mark 10.42-45, in: JSNT 36 (2014) 325–352 [Political Ideology].

–, „Their Great Ones Act as Tyrants over Them". Mark's Characterization of Roman Authorities from an Distinctly Roman Perspective, in: C. W. Skinner/M R. Hauge (Hg.), Character Studies and the Gospel of Mark (LNTS 483), London 2014, 194–214 [Characterization].

Winterling, Aloys, Caligula. Eine Biographie, München 2003 [Caligula].

Wischmeyer, Oda/Sim, David C./Elmer, Ian J. (Hg.), Paul and Mark. Comparative Essays I. Two Authors at the Beginnings of Christianity (BZNW 198), Berlin 2014 [Paul].

Wittkowsky, Vadim, „Pagane" Zitate im Neuen Testament, in: NT 51 (2009) 107–126 [Zitate].

Wolter, Michael, Der Heilstod Jesu als theologisches Argument, in: J. Frey/J. Schröter (Hg.), Deutungen des Todes Jesu im Neuen Testament (UTB 2953), Tübingen 2007, 297–313 [Heilstod].

Wong, Eric Kun Chun, Evangelien im Dialog mit Paulus. Eine intertextuelle Studie zu den Synoptikern (NTOA 89), Göttingen 2012 [Evangelien].

Wrede, William, Das Messiasgeheimnis in den Evangelien. Zugleich ein Beitrag zum Verständnis des Markusevangeliums, Göttingen ^{2}1913 [Messiasgeheimnis].

Wulf, Christoph, Die Erzeugung des Sozialen in Ritualen, in: A. Michaels (Hg.), Die neue Kraft der Rituale, Heidelberg 2007, 179–200 [Erzeugung].

Wypadlo, Adrian, „Wahrhaftig, dieser Mensch war Gottes Sohn" (Mk 15,39). Überlegungen zur Funktion des Centuriobekenntnisses im christologischen Entwurf des Markusevangeliums, in: BZ NF 55 (2011) 179–208 [Funktion].

–, Die Verklärung Jesu nach dem Markusevangelium. Studien zu einer christologischen Legitimationserzählung (WUNT 308), Tübingen 2013 [Verklärung].

–, Paulus im Triumphzug Christi (2 Kor 2,14). Überlegungen zum Selbstverständnis des Apostels Paulus vor der Hintergrund antiker Triumphzugspraxis, in: SNTU.A 38 (2013) 146–187 [Paulus].

Yates, Roy, Colossians 2:15: Christ Triumphant, in: NTS 37 (1991) 573–591 [Christ Triumphant].

Zanker, Paul, Augustus und die Macht der Bilder, München ^{5}2009 [Augustus].

Ziegler, Ruprecht, Münzen, Münzsysteme und Münzumlauf im Palästina der frühen römischen Kaiserzeit, in: Neues Testament und Antike Kultur I (2004) 130–136 [Münzen].

Zimmermann, Ruben, Auslegungskunst. Sehepunkte zur Wundererzählung vom Besessenen aus Gerasa (Mk 5,1-20), in: BN 152 (2012) 87–115 [Auslegungskunst].

Zirpel, Thimo, Postkoloniale Exegese, in: M. Lau/N. Neumann (Hg.), Das biblische Methodenseminar. Kreative Impulse für Lehrende (UTB 4612), Göttingen 2017, 268–283 [Exegese].

Zuntz, Günther, Ein Heide las das Markusevangelium. Ein Vortrag, in: H. Cancik (Hg.), Markus-Philologie. Historische, literargeschichtliche und stilistische Untersuchungen zum zweiten Evangelium (WUNT 33), Tübingen 1984, 205–222 [Heide].

Zwick, Reinhold, Montage im Markusevangelium. Studien zur narrativen Organisation der ältesten Jesuserzählung (SBB 18), Stuttgart 1989 [Montage].

VI. Register

Stellenregister

Altes Testament (LXX / MT)

Neues Testament

Weitere antike Quellentexte

Epigraphische, numismatische und papyrologische Zeugnisse

Antike Personen-, Erzählfiguren-, Orts- und Sachregister

Das Register will seinen Benutzerinnen und Benutzern die Möglichkeit eröffnen, ohne Lektüre des Gesamtbuches und ohne Kenntnis der inneren Zusammenhänge einzelner Themenbereiche schnell über Stichworte einen Zugang zum Buch zu erhalten. Daher wurde darauf verzichtet, die unterschiedlichen Lemmata zu Gruppen zu bündeln. Zur Orientierung über wesentliche Inhalte des Buches ist freilich auch das Inhaltsverzeichnis hilfreich. Bei Registereinträgen, die zu einer unübersichtlichen Vielzahl von Verweisen geführt hätten, habe ich eine Auswahl im Blick auf Verweise zu zentralen Abschnitten innerhalb der Studie getroffen. Zusammenhängend notierte Seitenangaben (z. B. 170 f; 175–178) verweisen im Gegensatz zur Aufzählung von Folgeseiten (z. B. 175, 176, 177) auf eine besonders eng zusammenhängende Thematik.

Griechische Begriffe